# 세계 영화예술의 역사
## (개정증보)

정 태수 鄭泰秀

• 러시아 국립영화대학교(ВГИК·VGIK) 영화학 석사
• 러시아 국립영화대학교(ВГИК·VGIK) 예술학 박사
• 현재 한양대학교 교수

세계 영화예술의 역사 (개정증보)

**초판 1쇄 발행**  2016년 10월 31일
**초판 3쇄 발행**  2019년 11월 28일

**지은이** 정태수 ▮ **펴낸이** 박찬익 ▮ **편집장** 권이준 ▮ **책임편집** 강지영
**펴낸곳** ㈜ **박이정** ▮ **주소** 서울시 동대문구 천호대로 16가길 4
**전화** 02) 922-1192~3 ▮ **팩스** 02) 928-4683 ▮ **홈페이지** www.pjbook.com
**이메일** pijbook@naver.com ▮ **등록** 2014년 8월 22일 제305-2014-000028호

ISBN 979-11-5848-249-7 (93680)

\* 책값은 뒤표지에 있습니다.

# 세계
# 영화
# 예술의
# 역사

정태수 지음

(주)박이정

## 일러두기

1. 본문의 원어는 괄호 안에 표기했으며, 인명이나 용어, 제목은 필요하다고 판단되는 부분에만 원어를 병기했습니다.

2. 인용된 외국어 원문과 명시할 필요가 있다고 판단되는 참고자료 및 인용 출처는 축약하지 않고 가능한 인용 원문 전체를 각주로 붙였습니다.

   바로 위의 논저를 인용한 경우 위의 책, 위의 논문으로, 앞에서 인용한 논저를 다시 인용한 경우 저자명과 함께 앞의 책, 앞의 논문으로 하였고 영어 논저일 경우 각각 Ibid., 저자명, op. cit.,로 하였으며 그 밖의 외국어 논저일 경우에는 가능한 그 나라의 방식을 따라 표기했습니다. 재인용할 경우 원문을 먼저 표기하고 재인용한 논저를 표기 순서에 따라 하였습니다.

   그리고 직접 인용된 문장 중 ( ) 표시 안의 글은 문맥을 보다 명확하게 전달하기 위해 저자가 첨부한 내용입니다.

3. 고유명사 등 외국어의 우리말 표기는 현행 외국어 표기법을 따르되, 표기법이 어색하거나 혼동의 여지가 있는 경우에는 발음에 가깝도록 하였습니다.

4. 이 책에서 사용된 저서는 『 』, 논문은 「 」, 신문명, 잡지명, 작품집, 학술지명은 《 》, 작품명과 신문기사명은 〈 〉, 직접인용은 " ", 간접인용 및 강조는 ' '로 하였습니다.

로스티슬라브 니콜라에비치 유레네프(P. H. Юренев)
선생님께 바칩니다.

# 머리말(개정증보)

『세계 영화예술의 역사』는 내가 바라본 영화, 내가 바라본 영화 역사는 무엇일까?로부터 시작되었다. 영화와 영화 역사에 대한 기존의 개념과 논의의 틀로부터 벗어나서 보다 자유롭게 보고 싶었다. 그것은 영화 텍스트 그 자체의 내적 논리의 역사로부터 벗어나 영화를 구성하고 감싸고 있는 다양한 요소들을 영화로 끌어들이는 것이었다. 이것이 영화에 대한 인식을 더욱 풍요롭게 할 것이라 믿었다. 이러한 믿음 하에 영화 연구자들에게 중요하면서도 빈번하게 회자된 보편적인 영화적 경향을 대상으로 삼았다. 왜냐하면 그것의 원인과 과정, 결과를 밝히는 것이 다른 어떤 것들보다 훨씬 더 설득력을 가질 수 있을 것으로 판단했기 때문이다.

이를 위해 영화적 경향의 내용과 형식에 결정적 영향을 준 요인이 무엇인지를 먼저 파악했다. 그것이 정치적 요인이면 정치적 요인을, 경제적 요인이면 경제적 요인을, 사회적 요인이면 사회적 요인을, 예술적 요인이면 예술적 요인을, 영화적 요인이면 영화적 요인을, 아니면 그러한 것들이 혼재되어 있으면 그에 따라 분석하였다.

그 결과 이 책에서는 각각의 영화적 경향에 따라 정치적, 경제적, 사회적, 예술적, 영화적 요인들이 영화의 내용과 형식을 결정짓는 중요한 요인으로 부상하였다. 이러한 요인은 영화의 내용과 형식의 전개 과정뿐 아니라 특징, 그리고 그것이 사라지게 되는데 까지 깊은 영향을 미쳤다.

이에 따라 2010년 출간된 기존 책의 16개의 테마에서 20개의 테마로 늘어난 개정증보판은 다양한 역사적 요인을 통해 서술되었다. 그 과정에서 이전 출간된 책에서 발견된 오기 등은 보다 세밀하게 살펴보면서 수정, 보완하였고 세계 영화 역사에서 빠져서는 안될 브라질의 시네마 누보,

쿠바의 혁명 영화, 체코의 혁신 영화, 대만의 신전영이 새로 추가되었다. 따라서 새로 증보, 개정된 세계 영화예술의 역사는 영화 등장에서부터 한국 영화로 종결되는 총 20개의 테마로 구성되었다. 이를 통해 필자는 영화 연구자들에게 영화에 대한 인식이 더욱 다양하고 총체적으로 파악하도록 하는데 작은 보탬이 되길 진심으로 바란다.

오랫동안 써 온 이 책의 수정, 보완을 최종적으로 끝마치는 순간에도 언제나 한없는 사랑으로 지켜봐 준 가족과 1991년 소련이 붕괴되기 이전 세계 최초의 영화 대학인 소련국립영화대학(VGIK)으로 유학을 떠날 때의 비장했던 마음가짐, 그곳에서 로스티슬라브 니콜라에비치 유레네프(P. H. Юренев) 선생님과의 만남과 모습이 떠올랐다. 비록 영면에 드셨지만 지금까지도 유레네프 선생님은 변함없는 나의 학문적 표상이다. 이 책을 쓰고 수정, 보완하면서 그 분의 마지막 박사과정 학생이었던 것에 대해 다시 한 번 자부심을 느낄 수 있었다. 또한 이 책은 2010년 처음 출간하였을 때 언급하였던 것처럼 그동안 필자의 협량(狹量)의 학문적 활동을 고백하고 청산하는 계기의 연장선이 될 것이다.

그리고 지금까지 시간을 두고 학술지에 발표되었던 이 책의 모든 원고를 처음부터 마지막까지 꼼꼼히 읽으면서 교정 과정에 도움을 준 제자에게 고맙다는 말을 전하고 싶다. 끝으로 이 책을 선뜻 개정증보판으로 출간해준 박이정출판사 여러분에게도 깊은 감사를 드린다.

2016년 10월

로유(露儒)

# 영화와 영화역사를 어떻게 이해해야 할 것인가

영화는 등장 시기부터 현재까지 인간과 인간의 일상적 삶을 대상으로 하고 있다. 이것은 영화가 인간의 일상적 삶과 행동 양식을 창작의 토대로 삼고 있음을 말한다. 영화가 때론 인간과 인간의 삶을 직접적으로 묘사하지 않고 전혀 다른 의미의 양식과 수법, 스타일을 화면에서 구사하고 있더라도 그 토대는 인간의 삶과 행동에 근거한 축적된 인식의 범위 안에서 이루어지고 있다. 이러한 사실은 영화에 있어 대단히 중요한 요소이며 특징이다. 이것은 곧 인간과 인간의 삶이 영화 창작의 토대가 되며 영화를 인식하는데 가장 중요한 선결조건이 되어야 한다는 것을 의미한다. 그리고 인간의 삶은 인간이 존재하고 이루고 있는 사회와 연결되어 있다. 그러므로 영화는 인간과 인간의 삶, 사회, 역사를 그 대상으로 해야만 하는 필연성을 가진다.

그러나 영화를 인식하고 서술하는데 있어 일부 영화 창작가들, 역사가들, 이론가들은 이러한 근본적이고 기본적인 요소들을 간과하는 경향이 있다. 이들은 영화를 마치 인류의 탄생과 진화 과정에서부터 시작된 함축적이고 상징화된 수법을 구사한 인접 예술처럼 인식하고 있다.

특히 영화를 구성하고 결정하는 본질이 무엇인지 깊이 성찰하지 않은 섣부른 기술주의자들과 기능주의자들은 심각할 정도로 이러한 경향에 경도되어 있다. 영화 역시 예술이기 때문에 인접 예술처럼 함축과 상징의 역사를 지니고 있는 것은 당연한 사실이다. 그럼에도 불구하고 영화는 인접 예술이 구사하고 있는 창작 요소, 수법과 많은 면에서 차이를 지닌다. 왜냐하면 영화는 인간이 행동하고 말하는 과정을 화면을 통해 인식에 이르게 하는 예술이기 때문에 인접 예술의 그것과 구별된다. 음악과 회화, 무용, 문학 등이 하나의 특징적인 지배적 요소인 소리와 색, 행위, 언어로 이루어져 있는 것에 비해 영화는 소리와 색, 행위, 언어의 총체적 요소로 이루어져 있기 때문에 창작 요소 자체가 다르다고 할 수 있다. 그렇기 때문에 영화에 대한 인식과 이해는 이들 인접 예술과 다를 수밖에 없다.

영화는 인간이 존재하기 위한 모든 요소들을 창작의 원천으로 삼고 있다. 즉 개별 인간 자체로서뿐만 아니라 개인의 일상적 삶과 보편적 인간에 의한 사회, 그것을 통해 이루어진 역사 등은 영화가 필연적으로 간과하지 말아야 할 핵심적 요소이다. 영화 창작과 탐구는 이와 같은 영화의 본질적이고 근본적인 것들로부터 벗어날 수도 없으며 벗어나서도 안 된다. 이러한 측면에서 영화 역사는 곧 인간의 가장 직접적인 역사인 것이다. 따라서 영화 역사는 인간과 인간의 삶이 이루어 놓은 것들을 전적으로 중심에 두어야 한다. 영화는 끊임없이 인간의 삶의 역사를 토대로 그 역사를 써나가야 한다. 영화가 인간 삶의 역사를 건너뛰고 분리되는 순간 영화는 존재 근거 자체를 잃어버릴 수도 있다. 그러므로 영화의 특징과 경향은 결코 영화 자체의 역사로서만 이해되거나 파악될 수 없다. 실제로 영화의 창작적 특징과 경향에는 인간의 삶의 역사 속에서 가장 중요한 것들을 내포하고 있다. 영화 속에는 영화 창작의 본질적인 문제에서 부터 동시대 인간이 고민하고 해결하고자 했던 다양한 문제들이 씨줄과 날줄로 연결되어 있는 것이다.

영화는 인간의 삶의 역사로부터 시작되었고, 그 속에서 존재하기 때문에 영화 속에 다양한 개별 인간의 역사와 함께 정치, 경제, 사회, 문화, 예술의 역사가 포함되어 있다. 이러한 특징과 경향은 시대적 요청에 따라 그 강조점이 각각 다른 형태로 영화 속에 투영되어 나타난다. 그러므로 영화와 영화 역사를 보다 정확하고 객관적으로 이해하기 위해서는 영화 자체의 변화와 발전뿐 아니라 동시대의 정치, 경제, 사회, 문화, 예술의 흐름을 함께 파악해야 한다. 이는 영화를 자체의 형식 논리의 역사로서만 접근해서는 안 되고 영화 속에 내재되어 있는, 인간이 이루어 놓은 삶의 역사를 이해하는 것이 선행되어야 한다는 의미이다. 현재 영화가 직면하고 있는 창작의 한계는 영화가 지니고 있는 이러한 본질적 요소로부터 벗어나 있기 때문인지도 모른다.

영화를 발명한 것은 과학이지만 영화를 창작의 영역으로 격상시킨 것은 인간의 삶, 사회, 역사를 관통하는 인간의 사상이다. 이것은 영화의 표현 수단이 필름에서 디지털로 바뀌고 새로운 형태의 포스트 시네마의 시대가 도래할지라도 변하지 않을 세계 영화예술의 보편성을 이루게 되는 핵심이다.

# 차례

# 제1장
# 영화의 등장

## 1. 영화 속의 역사

1895년 12월 28일 프랑스 파리의 그랑 카페에서 일반인들에게 공개된 뤼미에르 형제(Auguste et Louis Lumière)의 10여 편의 영화는 과연 과학적인 매커니즘만의 산물이었을까? 영화의 등장을 가능케 하였던 직접적인 원인이 과학 기술의 발전과 불가분의 관계를 갖고 있다고 할지라도, 영화는 과학의 발전이 없었다면 정녕 플라톤의 이데아처럼 우리가 꿈꿔왔고 꿈꾸고 있는 현실 재현에 대한 욕망을 이루어내지 못했을까? 영화는 역사적 현상의 다양한 요소들을 소홀히 한 채 과연 과학이라는 한 가지 측면만으로 해석될 수 있는 것인가? 많은 영화 학자들, 비평가들은 영화 등장 원인을 과학의 발전으로만 치부하면서, 영화 등장에 대한 다양한 연구 가능성을 스스로 차단해 버리는 오류에 빠지지는 않았는가? 영화 등장 원인에 대한 이와 같은 근본적인 문제 제기는 영화의 본질적 특징을 규명하는 데 있어 결코 간과 될 수 없는 것들이다. 이 문제에 대한 앙드레 바쟁(André Bazin)의 언급은 지금도 관습처럼 인식되어 있는 과학 기술로 인한 영화 등장이라는 일방적 태도에 다양한 접근을 가능케 한 소중한 논리라 하지 않을 수 없다.

앙드레 바쟁은 자신의『존재론과 영화언어(Ontologie et langage)』에서 영화 등장의 보다 근원적인 이유에 대해 언급하고 있다. 그에 따르면 영화는 단순히 과학 기술의 발전에 의한 수동적인 형태로 등장한 것이 아니라 이미 인간의 관념 속에 내재하고 있었다. 바쟁은 "영화는 관념적인 현상이다. 인간들이 갖는 관념은 마치 플라톤의 천상계처럼 그들의 뇌리에선 완전 무장한 채로 존재한다. 우리를 놀라게 하는 것은 탐구자의 상상력에 대한 기술의 충고라기보다는 오히려 관념에 대한 물질적인 끈질긴 저항이다. 결국 영화는 거의 과학적 정신의 도움을 받지 않았다. 영화 창시자들은 전혀 과학자들이 아니었다"[1]라고 하였다. 한 발 더 나아가 그는 "영화의 발견을 그 기술상의 발견들로부터 출발시킨다면 영화의 발견을 잘 설명할 수 없을 것이다. 이와는 반대로 관념의 개략적이고 복합적인 실현은 언제나 그러한 관념의 실제적 적용으로부터 시작할 수 있는 산업상의 발견에 선행한다"[2]고 주장했다. 영화의 등장에 있어 관념적인 부분이 과학적인 부분에 선행한다는 바쟁의 시각은 영화 등장에 관한 다양한 역사적 해석을 열어놓았다. 바쟁은 인간의 욕구와 다양한 사회적 층위들의 역학적 관계 속에서 영화가 등장했다는 해석의 가능성을 제시하였던 것이다. 따라서 영화의 등장 원인은 바쟁의 관점을 수용하면서 산업혁명 이후 다양한 사회적 모순을 드러내고 있던 19세기 유럽 사회 변화 과정 속에서 파악되어야 한다. 이것은 19세기 유럽 역사의 변화를 가져온 원인과 결부시키면서 영화 등장 원인을 이해해야 한다는 뜻이다. 왜냐하면 "역사는 정해진 것이 아니라 자유로웠다. 역사는 과학적인 역사가들이 생각할 수 없을

---

1   앙드레 바쟁, 안병섭 옮김,『존재론과 영화언어(Ontologie et langage)』, 영화진흥공사, 1990, 22쪽.
2   위의 책, 23쪽.

정도로까지 의식적이든 무의식적이든 인간 의지의 산물 이었다"[3]라는 조르주 소렐(Georges Sorel)의 말처럼 역사적 현상은 인간의 욕구와 의지의 총체적 산물이기 때문이다. 이러한 측면에서 1895년 뤼미에르 형제에 의해 등장한 영화는 다양한 사회적 변화에 대한 인간 인식의 한 발현으로 볼 수 있다. 영화는 분명 과학 기술의 진보와 발전에 힘입은 바 크지만, 그러한 것들을 가능케 한 보다 근원적 요인은 사회 구조 변화의 역학관계 속에서 파악될 수 있기 때문이다. 이것은 19세기 영화의 등장이 카메라와 영사기 발명과 같은 과학 발전과 무관하다는 것을 의미하는 것이 아니라, 영화 등장의 원인을 다양한 역사적 변화 과정 속에서 찾을 수 있다는 것을 말한다. 이른바 역사 전개 과정의 필연성이 동시에 고려되어야 한다는 뜻이다.

　19세기의 유럽은 새로운 형태의 사회 구조로 빠르게 변화하였다. "19세기에 들어오면서 서구사회는 이전시대의 전통적인 사회로부터 대중사회, 산업사회로 나아가고 있었다. 이러한 가운데 대다수 지식인들은 과거의 공동체와 전통, 질서의 붕괴가 가져다 준 엄청난 변화에 상당한 우려와 반감을 갖고 있었으며, 이러한 현상에 대해 에드먼드 버크(Edmund Burke)는 『프랑스 혁명에 대한 고찰(Reflections on the Revolution in France)』이라는 책에서 당시 계몽주의자들에게 가한 비판을 급격히 수용하고 예술 작품과 철학적 저작들에서 변화의 부정적인 성격들을 통렬히 비판하였다."[4] 이것은 유럽이 새로운 형태의 모습으로 변해 가면서 드러난 여러 가지 부정적인 현상에 대한 우려이다. 이러한 변화 과정 속에서 발생된 다양한 현상들을 담고 있는 영화는 19세기 유럽 사회 변화의 상징적 매체였고, 그로부터 발생한 문제들을 해결할 수 있는 가능성의

---

3　프랭클린 보머, 조호연 옮김, 『유럽 근현대 지성사(Modern European Thought)』, 현대지성사, 1999, 547쪽.
4　김문환, 『19세기 문화의 상품화와 물신화』, 서울대학교 출판부, 1998, 10쪽.

수단이었다. 따라서 영화는 19세기 유럽 사회의 변화와 발전 과정의 총체였고 인간의 욕구를 대체할 수 있는 유일한 결정체로 부상했다. 영화는 르네상스 이후 인간과 신의 문제가 인간의 문제로 집중되기 시작한 후 이성 우위의 철학이 도래하면서 이성의 확대가 극대화되었을 때, 이로 인해 사회적 변화가 지속되면서 계급의 문제가 발생했을 때, 그리하여 계급간의 소통, 즉 개인과 개인, 개인과 집단, 집단과 집단 사이의 소통이 단절되었을 때, 그리고 산업혁명 이후 빠르게 변한 속도에 대한 인간 시각의 변화가 충만했을 때 등장했다. 따라서 영화는 계급, 소통, 속도의 변화가 빠르게 전개되는 역사 발전 과정의 중심에 서게 되었다.

## 2. 계급과 영화

영화 등장에 있어 영화와 계급은 어떤 관계를 가지고 있는가? 이에 대한 질문을 영화 스스로가 그 등장 시기를 자신의 표현 형식과 내용을 갖추지 못한 채 자신의 목소리, 즉 이데올로기적 판단을 할 수 없었던 19세기 영화 등장 무렵의 시기로 제한 한다면, 우리들의 판단은 적지 않은 당혹스러움에 빠지게 된다. 이것은 영화의 등장이 곧 유럽 사회의 문화적, 기술적 발전 과정의 발현이었고 계급의 규정이 다양한 사회, 문화적 행위와 인식을 포함하고 있다는 확신을 가짐으로써 쉽게 납득될 수 있다. 이는 에드워드 톰슨(Edward Thompson)이 『영국 노동 계급의 형성(The Making of the English Working Class)』에서 언급한 계급 개념에서 찾아볼 수 있다. 그는 "계급을 생생한 경험 재료와 의식적으로 서로 관련 없는 사건들처럼 보이고 많은 것들을 통합하는 역사적 현상으로 이해한다. 나는 그것이 역사적 현상이라는 것을 강조한다. 나는 계급을 구조로서 보지 않을 뿐만 아니라 하나의 범주로도 보지 않는다. 오히려 그것은 인간관계에서 실제로 일어나는 그 어떤 것이라고 본다. 따라서 계급의 개념에는 역사적 관계의 개념이 뒤따른다."[5] 이것은 계급의 형성이 사회의 총체적 원인과 토대로부터 형성된다는 것을 의미한다. 이러한 측면에서 19세기 영화의 등장은 몇 가지 역사적 현상의 인과적 관계에서 비롯되었다고 할 수 있다. 그 중에서도 영화가 등장하기 이전 시기부터 진행되어 온 유럽의 산업화로 인하여 초래된 급격한 사회 변화는 영화 등장에 적지 않은 역사적 토대를 제공했다. 특히 19세기는 이전 세기와 달리 산업화로 인한 사회적 모순들이 표면적으로 나타나기 시작한 시기였다. 그 구체적 징후는 도시화와 함께 진행된 농촌 인구의 도시 집중 현상이었다. 유럽에서의 도시화와 인구 집중화는 매우 빠른 속도로 진행되었다. 이 시기 유럽의 도시화가 얼마나 빠르게 진행 되었고 도시 인구수가 얼마나 급속하게 팽창되었는지는 에릭 홉스봄(Eric Hobsbawm)의 다음의 통계에서 알 수 있다.

도시화는 1850년 이후에 급격히 진행되었다. 이 세기(19세기)의 전반에는 단지 영국만이 연간 0.20 포인트 이상의 도시화율을 나타내고 있었다. 그리고 벨기에도 거의 그 수준에 달해 있었다. 그러나 1850년에서 1890년 사이에는 심지어 오스트리아, 헝가리, 노르웨이, 아일랜드조차도 위의 비율만큼 도시화가 진전되었으며 벨기에와 미국은 0.30에서 0.40사이, 오스트레일리아와 아르헨티나는 0.40에서 0.50 사이, 잉글랜드 지방과 웨일스 지방, 작센 지방은 연간 0.50 이상의 도시화 율을 기록하고 있었다. 이리하여 도시의 인구 집중을 가리켜 '금세기의 가장 두드러진 사회 현상'이라 함은 자명한 일이 되었다.[6]

---

5   E. P. Thompson, *The making of the English working class*, Vintage books, 1966, p.9.
6   에릭 홉스봄, 정도영 옮김, 『자본의 시대(*The Age of Capital*, 1848-1875)』, 한길사, 2001, 406쪽.

도시화와 함께 인구의 도시 집중 현상도 가속화되었다.

빈은 1846년에 인구 40만을 약간 넘었던 것이 1880년에는 70만으로 증가하였으며, 37만 8000명(1849년)이었던 베를린은 근 100만 명(1875년)이 되었고, 1851년과 1881년 사이에 100만이었던 파리는 190만으로, 250만이었던 런던은 390만으로 각각 증가하였다.[7]

그러나 도시화와 도시 인구가 빠르게 팽창하고 있는 것과는 반대로 노동자들의 여가 활동 수단과 시간은 공장 노동 시간 증가로 감소하고 있었다. 프랑스 노동 사회학의 원조라 일컬어지는 보방 후작(Marquis de Vauban)에 따르면 1700년경 일반 평민들의 여가 혹은 비노동일은 대체로 1년에 160일 이상이었으며, 18세기 중엽에는 연간 180일 정도였다고 한다.[8] 반면 공장제 기계 공업이 도입되는 산업혁명과 함께 노동 시간은 극단적으로 연장된다. 전통적으로 내려오던 풍습과 자연적인 제한, 연령과 성별에 의한 제한, 낮과 밤의 제한 등 모든 제한이 분쇄되고 오로지 이윤 추구라는 자본의 작동 원리에 노동 시간의 설정이 맡겨짐으로써 노동자들의 가정생활이나 건강 자체가 무너질 정도까지 노동 시간이 연장된 것이다.[9] 그 결과 대부분의 노동자들에게 과거 의미의 민속 문화나 대중들의 새로운 문화가 형성될 여지는 거의 없게 되었다. 문화의 암흑기라고 할 정도의 시기가 1830년대에서 1840년대에 걸쳐 진행된 것이다. 이처럼 노동자들의 여가 활동 시간과 수단의 축소와 같은 사회 구조의 변화는 유럽에서 과거의 전통적인 사회 집단인 공동체와 전통이 붕괴되는 시발점이 되었고 도시에 집중된 대규모의 도시 노동자들은

---

7  위의 책, 408쪽.
8  김문겸, 『여가의 사회학』, 한울아카데미, 1993, 61쪽.
9  위의 책, 64쪽 참고.

오히려 사회를 위협하는 불안 요인이 되었다. 따라서 "도시 인구의 다수를 차지하고 있던 도시 빈민들은 필요악적인 존재로 용인되었지만 그들은 결코 환영받는 존재는 아니었다. 당시의 도시계획 담당자들에게 빈민은 공공에 위해(危害)로운 존재였다. 폭동을 일으킬 잠재적 요인인 빈민들의 집중은 분열시켜야만 했다."[10] 당시의 공공 관리들은 도시화로 인해 넘쳐나는 가난한 도시 노동자들에 의해 발생되는 문제점들을 심각하게 인식하고 있었을 뿐만 아니라 도시 노동자들을 기존의 사회 질서와 문화를 해치는 잠재적인 위험 요소로 생각했다. 그들은 이러한 문제에 대한 해결책의 하나로 특정 지역 안으로 도시 노동자들을 분리시켜 사회의 질서를 유지하려 하였다.

그러나 관리들의 분리 정책과 관계없이 이 무렵 유럽의 도시 노동자들은 관리와 자본가들과 같은 지배계급에 맞서기 위한 기본적 수단으로 이미 정서적 일체감을 갖기 시작했다. 이와 같은 상황을 에릭 홉스봄은 다음과 같이 언급하였다. "노동자들은 육체노동과 착취에 대한 공통된 의식으로 실상 단결되어 있었으며, 이 단결은 임금 소득자라는 공동 운명에 의하여 점점 더 강화되어 갔다. 노동자들은 부르주아들의 부가 극적으로 증대하여 그들과 부르주아들이 점점 더 동떨어지게 격리됨에 따라, 그리고 그들의 형편은 예나 다름없이 불안정한 데 반해 부르주아들의 처지는 점점 더 자기 폐쇄적이 되어 밑으로부터 올라오려는 자들을 받아들이지 않으려 함에 따라 단결하게 되었다 …… 가장 의식이 강한 자들은 급진주의자가 되었고 1860년대와 1870년대에는 인터내셔널을 지지하였으며 그 후에는 사회주의를 따랐다."[11] 산업화와 함께 급격한 사회 구조의 변화로 도시 빈민층으로 전락한 노동자들은 점차 부르주아지들과 대립적인 위치에

---

10 에릭 홉스봄, 정도영 옮김, 앞의 책, 409쪽.
11 위의 책, 429-430쪽.

서게 되는 계급[12]이 되었던 것이다. 그리고 도시 노동자들은 "의심할 바 없이 '노동 빈민'이라는 서로 이질적인 집단들로 구성 되었고 도시와 공업 지대에서 프롤레타리아라는 단일 계급으로 되어 가는 경향이 있었다. 1860년대에 노동조합의 중요성이 증대한 것이 바로 이것을 나타내주고 있다."[13] 이것은 곧 도시 노동자들이 사회 구조 속에서 자신들의 입장을 자각하게 되면서 계급의식[14]을 가지게 되었음을 의미한다. 도시 노동자들의 이러한 계급의식은 19세기 유럽 사회 구조의 근본적인 모순을 노출시켰고 유럽 사회의 잠재적 불안 요소가 되었다.

그러나 새롭게 형성된 이러한 사회 구조를 적절하게 이용하고 대처한 진영은 당시의 지배계급인 산업 자본가들이었다. 이들은 칼 마르크스(Karl Marx), 프리드리히 엥겔스(Friedrich Engels)가 언급한 "물질적 권력을 가진 계급이 동시에 그 사회의 지배적인 정신적 권력도 갖는"[15] 지배계급인 것이다. 공장 등을 소유한 이들 산업 자본가들은 계속적인 자신들의 새로운 이윤 창출 활동에 잠재적 위험 요소로 작용한 노동자들의 계급적 의식을 회석시킬 수 있는 수단을 필요로 했다. 무엇보다 이 시기는 도시 집중화와 노동자들의 급격한 증가로 인해 이미 대중문화 창출 여건이 조성되어 있었다. 따라서 이 시기 자본가들은 여가 수단을 통한 노동자들의 계급의식

---

12 계급은 역사적으로 규정된 사회적 생산체계 내에서 차지하는 위치, 생산수단에 대한 관계, 사회적 노동 조직 내에서의 역할, 그리고 그 결과로 사회적 부에서 자신이 유용할 수 있는 몫의 크기 및 그 획득 방식 등에 의해 서로 구별되는 거대한 인간 집단을 계급이라 부른다. 특정한 사회적 경제 체제 내에서 차지하는 지위의 차이 때문에 어느 한 인간 집단이 다른 인간 집단의 노동을 전유할 수 있을 때 이런 인간 집단들이 바로 계급이다. ─한국철학사상연구회편, 『철학대사전』, 동녘, 1989, 65쪽.

13 에릭 홉스봄, 정도영 옮김, 앞의 책, 430쪽.

14 계급의식은 사회내의 한 계급이 다른 계급 및 계층과 국가에 대해 맺는 관계, 그 계급의 물질적 존재 조건, 그리고 역사적 발전 과정에서 이 계급이 맡는 객관적 역할을 반영한다. 계급의식은 계급 전체에 의하여, 그들의 물질적인 사회적 관계들로부터 산출되고 형성된다. ─한국철학사상연구회편, 앞의 책, 67쪽.

15 만프레드 클림, 조만영·정재경 옮김, 『마르크스·엥겔스 문학예술론(Marx · Engels, Über Kunst und Literatur)』, 돌베개, 1990, 87쪽.

약화와 상업적 측면에서의 이윤 창출이라는 목적을 수행할 수 있는 새로운 대중문화의 필요성이 증대된 시기로 판단했다. 다시 말하자면, 도시 노동자들의 욕구를 해소하고 잠재적인 위협 요소 중 하나인 계급의식을 완화시키는 것이 19세기 유럽 부르주아 사회의 공통된 과제였던 것이다. 그러므로 이 시기에는 이러한 목적을 만족시킬 수 있는 새로운 대중매체의 창출이 무엇보다 시급하였다.

이러한 역사적 필요성에 부응한 것이 프랑스의 샤를-에밀 레이노(Charles-Émile Reynaud)와 미국의 토마스 에디슨(Thomas Edison)이었다. 레이노는 1877년 프락시노스코프(Praxinoscope)라는 광학적 장난감을 만든 이래 1889년 움직이는 그림을 흥행시키는 이른바 발전된 프락시노스코프에 성공하였고, 1893년 에디슨은 브루클린 예술과학연구소(The Brooklyn Institute of Arts and Sciences)에서 키네토스코프(Kinetoscope)를 선보였다. 이들 기계 장치에 의해 보여진 움직이는 화면은 19세기에 당면한 유럽 사회의 두 가지 바람인 이윤 창출과 계급의식 완화를 이루어낼 수 있는 가장 효과적이고 적합한 매체로 인식되었다. 영화 속에서 보여지는 사람과 풍경, 사물에 대한 재현의 신기함은 당시 힘든 도시 노동자들의 삶의 무게를 덜어줄 수 있는 요소가 되었다. 특히 많은 사람들이 한 곳에 모여 신기하게 움직이는 화면을 보는 집단적 행위는 무엇보다 산업화와 도시화로 인하여 촉발된 계급의식을 일시적이나마 완화시키는 데 적지 않은 기여를 했다. 그리고 이것은 산업자본가들인 부르주아지들에게는 자신들의 바람대로 자신들을 향한 노동자들의 계급의식을 약화시키는 데 중요한 매체로 활용할 수 있는 최적의 도구가 되었다.

19세기 유럽 사회는 산업의 발달과 함께 도시화, 인구 집중화가 빠르게 진행되면서 사회 구조가 급격하게 변했다. 그 과정에서 유럽 사회는 산업자본가들과 도시 노동자계급으로 재편되었다. 산업사회가 진전됨에 따라 공장 지대에 거주하고 있는 도시 노동자들의 집단성은 자본가들 중심의 사회 구조를 위협할 수 있는 잠재적 불안 요소로 대두되었다. 이러한 잠재적 불안 요인을 제거하기 위해 자본가들에게는 무엇보다 도시 노동자들에게 현실을 잊어버리고 자신들의 계급의식을 약화시키는 것으로서의 적절한 여과장치가 필요하게 되었다. 그것은 노동자들을 한 장소에 모아 호기심을 자극하여 계급의식을 적정한 수준으로 유지시키도록 한 움직이는 신기한 사진이었다. 따라서 19세기 영화는 노동자들의 계급의식을 통제하는 역사적 당위성, 필요성이 영화 등장의 요인으로 작용했다고 할 수 있다.

## 3. 소통과 영화

인간은 이 세상에 던져져 있는 한 개별적으로 존재 할 수 없으며, 끊임없이 타인, 또는 다른 사물과의 관계 속에서 살아갈 수밖에 없다. 이것은 인간이 자신의 사고와 타인과의 사고, 자신의 사고와 집단과의 사고, 자신이 속한 집단과 이질적인 집단과의 끊임없는 교류 속에서만 존재 가능하다는 의미이다. 이러한 인간의 교류 형태는 인류 역사를 구성하는 필연적 요소이다. 우리는 그러한 역사 구성의 필연적 조건을 소통의 관계로 이해할 수 있다.

이러한 측면에서 근대화로 이행해 가는 모더니티를 비판적으로 수용하고 긍정적으로 이해하면서 역사 발전의 변화를 소통 행위와 그 관계의 변화에서 찾은 위르겐 하버마스(Jürgen Habermas)의 소통 이론은 19세기 영화 등장의 필연성을 설명하는 데 유용한 근거가 될 수 있다. 그는 이를 다음과 같이 설명하고 있다.

> 인간의 행위를 사회적 행위와 비사회적 행위로 나누고 사회적
> 행위를 다시 성공 지향적 행위와 이해 지향적 행위로 구분하여
> 전자를 전략적 행위로 후자를 의사소통 행위로 나눈다. 비사회적

행위는 자연을 대상으로 하는 성공 지향적 행위로서 도구적 행위로 본다. 사회적 행위 중 전략적 행위는 타인에게 자신의 의도나 목적을 관철하기 위해 영향력을 행사하는 행위이며 의사소통 행위는 행위자 상호간의 이해 도달을 목표로 이루어지는 행위이다. 도구적 행위와 전략적 행위는 둘 다 인식적—도구적 합리성이 지배하는 행위 유형 으로서 전통적 의식 철학의 독백적 행위 모델에 기초를 두고 있으며, 그 안에는 행위 주체의 독단적 의식에서 나타나는 목적—수단 연관 이 자리를 잡고 있다. 반면에 이해 도달을 지향하는 의사소통 행위는 2인 이상의 언어 행위자들의 서로간에 합의를 통해 행위 조정을 이루고자 하는 행위 유형이다. 여기선 상대방은 자신의 목적 달성을 위한 전략적, 수단적 대상이 아니라 합의에 이르기 위해 서로 필요로 하는 협력자로 등장하며 따라서 의사소통 행위는 이해 도달의 상호 주관성에 바탕을 둔 행위이며, 상호 이해의 과정에서 구현되는 의사소통 합리성에 의해 이루어지는 행위이다. 하버마스는 목적 합리성과 의사소통 합리성의 범주적 구분을 사회 행위론과 연결 지음으로써, 합리성 이론을 사회 이론의 지평으로 확장할 수 있는 근거를 마련하였다.[16]

이처럼 하버마스가 말하는 소통 이론은 소통이 인간 사이의 관계뿐 아니라 인간과 집단 간의 이해와 합의 과정을 통해 도달되며 그것이 최종적으로 사회 변화를 이루게 한다는 실마리를 제공하고 있다.

그러나 하버마스가 말하는 행위자 상호간의 이해 도달을 목표로 하는 소통은 19세기 유럽사회에서는 원활하게 이루어지지 않았다. 서양 역사 에서 19세기는 산업화, 도시화를 거치면서 급격한 사회 구조의 변화를

---

16  장춘익 외 지음, 『하버마스의 사상(김재현, 하버마스 사상의 생성과 발전)』, 나남, 2001, 43쪽.

일으켜 수많은 사회적 모순들이 폭발적으로 증가한 시기라 할 수 있다. 그 중에서도 가장 근본적인 문제 중 하나가 인간 사이의 소통 문제다. 산업화와 도시화로 개별화된 개인과 개인, 개인과 집단, 집단과 집단과의 소통이 원활하게 이루어지지 못함으로써 그동안 유럽 사회가 추구해왔던 진보와 발전의 기본 가치는 심각하게 위협받고 있었다. 이와 같은 사회적 상황을 빗대어 게오르그 짐멜(Georg Simmel)은 "커뮤니티의 해체와 객관성의 중압감이 유발하는 개인의 고립과 소외라 불렀다. 그는 이것을 자신의 에세이『대도시와 정신적 삶(The Metropolis and Mental Life, 1903년)』에 나오는 대도시의 주민, 토마스 엘리어트(Thomas Eliot)의 『황무지(The Waste land, 1922년)』에 나오는 거짓 도시의 속이 텅 빈 인간, 박제 인간 등을 가리켜 고립 되고 소외된 인간의 모습을 예술적으로 형상화한 것이라 하였다."[17] 짐멜이 언급한 것처럼 19세기 유럽 사회는 급격한 사회 구조의 변화를 겪으면서 인간의 소통 관계가 큰 혼란 속에 빠져 있었다. 따라서 이 시기에는 소통 단절로부터 발생된 문제를 해결하는 것이 하나의 중요한 사회적 과제로 부상했다. 이러한 문제를 충족시킬 수 있는, 인간의 호기심을 자극하고 인간 내면에 존재하고 있는 욕구를 반영하면서 인간 사이의 소통을 원활하게 해 줄 수 있는 수단이 필요해졌다. 이것을 해결할 수 있는 것으로 영화는 매우 효과적이었다. 왜냐하면 영화 등장 이전에는 대규모 사람들이 모여 한 작품을 감상하거나 즐길 수 있는 대중 매체가 존재하지 않았기 때문이다. 영화는 제한된 공간과 시간 속에서 상호 이해가 전제된 한정된 사람들끼리의 소통에만 머물렀던 특정한 형태의 예술 행위로부터 벗어나게 하였다. 영화는 개인과 개인, 개인과 집단, 집단과 집단의 간격을 완화시키면서 대중들의 의식과 정서가 일체감이 되도록 하는 데 커다란 기여를 했던 것이다. 이것은 영화가

---

17 김문환, 앞의 책, 14쪽.

인류 역사상 최초로 특정한 관계들만의 소통에서 개인과 개인, 개인과 집단, 집단과 집단으로의 소통 관계를 변화시키기 시작하였음을 의미한다. 그 결과 영화는 상호 이해가 전제된 상태에서 누구나 손쉽게 접근할 수 있는 예술 매체이자 대중문화가 되었다. 영화가 사람들에게 얼마나 접근이 용이한 대중매체였는지는 아르놀트 하우저(Arnold Hauser)의 다음과 같은 언급을 통해 확인할 수 있다.

> 모든 진보적 예술은 특별한 훈련을 안 받은 사람으로서는 거의 접근할 수 없게 되어 있다. 의사전달 형식이 오랫동안 그 장르 특유의 발전을 거치는 사이에 일종의 암호처럼 되어 버려서 본질적으로 비대중적일 수밖에 없다. 그에 반해, 아무리 원시적인 영화 관객이라도 새로 만들어지고 있는 영화의 관용구(Idiom)를 이해하는 것은 놀면서도 할 수 있는 일이다.[18]

이러한 이유로 영화는 19세기에 유럽 사회가 산업화된 이후 드러난 개인과 개인, 개인과 집단, 집단과 집단 사이의 원활하지 못한 소통 관계를 해소할 수 있는 효과적인 수단으로 등장할 수 있었다. 그리고 영화는 자신의 특징인 현실 재현의 용이성을 이용해 19세기 유럽 사회의 모순된 사회 구조를 해소하려 했다. 이는 "영화는 유럽의 근대 문명이 그 개인주의적 도정에 오른 이래 대중 관객을 위해 예술을 생산하려 한 최초의 기도"[19]라고 한 하우저의 말에서 상징적으로 드러난다. 따라서 영화는 산업화 이후 인간의 소통 문제를 해소할 역사적 필요성이 절실한 시점에 필연적으로 등장할 수밖에 없었다고 할 수 있다.

---

18 아르놀트 하우저, 백낙청·염무웅 공역, 『문학과 예술의 사회사: 현대편(*Sozialgeschichte der Kunst und Literatur*)』, 창작과 비평사, 1993, 253쪽.
19 위의 책, 252쪽.

# 4. 속도와 영화

　19세기 유럽 사회는 과학 기술의 진보와 발전으로 사물에 대한 새로운 인식을 요구받았다. 이와 같은 시대적 의미를 보여주고 있는 것은 이동 수단의 발전으로 인한 속도의 변화였다. 마차에서 기차로의 발전은 곧 속도의 변화를 의미하였고, 그것은 사람들의 인식 한계에 적지 않은 영향을 미쳤다. 이것은 산업화 이전 시기의 사람들이 사물에 대한 인식과 이해에 있어 전체적인 모습을 파악하는 데 그다지 큰 어려움을 겪지 않았음을 의미하기도 한다. 사람들은 사물의 구체적인 형태를 통해서 전체적인 모습을 떠올리거나 사물의 구체적인 형태와 전체적인 외양을 동시에 이해하는 데 익숙해져 있었다.

　그러나 19세기 과학 기술의 발전과 이동 수단의 변화로 인간의 지각 인식 능력은 빠르게 변화하는 사물의 움직임을 포착하는 데 적지 않은 어려움을 겪었다. 그 결과 속도의 변화는 인간으로 하여금 사물의 구체적 형태 파악 인식 욕구를 증진시키는 계기가 되었다. 이러한 인간의 인식 욕구에 가장 민첩하게 대응하고 각광받았던 것이 사진이었다. 사진은 인간 인식 능력의 한계를 극복하고자 한 과학 기술의 결과인 것이다.

　조세프 니에프스(Joseph Niépce)와 루이 다게르(Louis Daguerre)에 의해 발명되고 1839년 공식화된 사진은 속도의 변화에 따른 인간의 바람을 구체적으로 실현했다. 사진은 있는 그대로의 모습을 세밀하고 정밀한 부분까지 묘사할 수 있어 빠르게 변한 속도로 인해 지나가는 대상을 정확하게 인식하지 못한 인간의 시·지각 능력의 한계를 보완해 주었다. 한 장의 사진 속에는 속도, 시간, 공간이 놀라울 정도로 완벽하게 보존되어 있다. 그러나 유감스럽게도 사진 속에는 속도의 연속성과 시간의 연속성, 공간의 연속성이 담보된, 즉 완벽한 사실성이 보존되어 있지는 않았다. 사진은 움직임, 속도와 시간의 통제가 이루어지는 완벽한 현실을 재현하는데까지는 나아가지 못했던 것이다.

속도의 변화는 사진뿐만 아니라 인접 예술 분야에도 영향을 미쳤는데, 그 예를 인상주의 회화에서 찾아 볼 수 있다. 인상주의는 19세기 유럽 사회에서 속도의 변화를 가장 사실적이고 실제적으로 표현하고 있는 회화적 경향이다. 앙리 베르그송(Henri Bergson)은 인상주의의 특징을 속도와 시간의 변화로 결부시키면서 '순간의 일회성'으로 자신의 시간 개념을 설명했다. 아르놀트 하우저 역시 19세기 유럽의 문화, 예술적 현상을 집약하고 있는 인상주의에 대해 다음과 같이 언급하였다.

> 지속과 존속에 대한 순간의 우위, 모든 현상은 어쩌다가 일시적으로 그렇게 놓여 있을 뿐이라는 느낌, 두 번 다시 발 디딜 수 없는 시간의 강물 위로 사라져 가는 하나의 물결이라는 말로써 표현할 수 있을 것이다. 인상주의적 방법은 모든 예술적 수단과 기교를 동원하여 무엇보다 이러한 헤라클레이토스(만물유전설)적 세계관을 표현하려고 하며 현실이란 존재가 아니라 생성이요 결정된 상태가 아니라 움직이는 과정임을 강조하려 한다. 모든 인상주의의 그림은 존재의 영구 운동에 있어서의 한 순간을 포착하며 서로 갈등하는 힘들의 움직임에 있어서 위태롭고 불안정한 균형 상태를 묘사한다. 인상주의적 시점은 자연의 모습을 생성과 소멸의 한 과정으로 변모시킨다.[20]

또한 하우저는 "인상주의의 묘사는 좁은 의미의 자연주의보다 감각적 경험에 더욱 밀착하며, 이론적 지식의 대상을 과거의 어느 예술보다 더 완전하게 직접적 시각적 체험의 대상으로 대치시키는 것이다. 그러나 경험의 시각적 요소를 개념적 요소에서 분리시키고 시각적인 것에 애써 자율성을 부여함으로써 인상주의는 지금까지의 모든 예술 활동으로부터, 따라서 자연주의로부터 멀어진다 …… 인상주의는 순수하게 시각적인

---

20 위의 책, 171쪽.

것의 동질성을 추구한다는 점에 있다. 인상주의는 작품에 묘사된 것이 곧 현실 자체와 같다는 착각을 자연주의보다 덜 일으킨다"[21]고 하였다.

이처럼 시각에 의존한 인상, 즉 외형의 모습을 묘사하는 데 주안점을 두었던 인상주의 회화의 수법은 19세기 중반 사실주의 회화의 경향을 인상주의로 대체하도록 했다. 사실주의 회화에서 인상주의 회화로의 전환의 원인 중 하나는 산업화 이후 급속하게 변모한 속도에 대한 인간의 지각 인식 능력의 한계에 있다고 할 수 있다. 속도가 배가됨으로써 인간의 감각기관인 시각을 통한 사물과 자연에 대한 구체적이고 세밀한 모습의 재현이 불가능하게 되면서 인간은 그것으로부터 받은 인상과 외형의 모습에 천착하게 되었다. 따라서 인상주의 회화는 인간이 보고 느낀 감각의 상태, 즉 "자연을 색채 현상으로 파악하여 순간순간 옮겨가는 색의 미묘한 변화 속에서 자연을 묘사하는 것을 목표로 삼았던 것이다."[22] 인상주의자들은 19세기 유럽 사회의 특징인 움직임을 통한 운동과 속도, 시간으로부터 직접적인 영향을 받았다.

예를 들면, 1866년 에두아르 마네(Édouard Manet)의 〈롱샹의 경마장(Hippodrome de Longchamp)〉과 1877년 연기 속을 헤치고 들어오는 기차의 모습을 그린 클로드 모네(Claude Monet)의 〈생 라자르 기차역(La Gare Saint-Lazare)〉은 이와 같은 19세기 유럽 사회 풍경의 특징을 함축하고 있다. 이들 그림은 속도와 산업화 이후 빠르게 변한 현실의 느낌을 전하는데 주안점을 두었다. 인상주의 회화가 지니고 있는 이와 같은 특징과 함께 사물에 대한 구체성과 세밀함에 대한 인간의 욕구는 상대적으로 더욱 커져 갔다. 속도와 시간을 통제하고자 한 인간의 꿈은 사진의 발명과 인상주의 회화를 거치면서 키네토스코프, 시네마토그라프(Cinématographe) 등을

---

21 위의 책, 173쪽.
22 다께우찌 도시오, 안영길 외 옮김, 『미학, 예술학 사전(美學, 藝術學 事典)』, 미진사, 1993, 370쪽.

통해 보여진 활동사진이라 불린 영화를 통해 이루어졌다. 이제 인간은 정지되어 있는 사물뿐 아니라 움직이는 대상을 이전 시기와는 비교할 수 없을 정도로 정밀하고 세밀하게 화면으로 재현하여 우리 눈앞의 현실로 묘사할 수 있었다. 속도와 시간을 통제하고자 한 인간 의지의 상징인 영화는 인간으로 하여금 빠르게 변한 속도의 순간과 현재를 인식 가능케 하였으며, 당면하고 있는 현실에서 동시성을 느끼게 했다. 뿐만 아니라 영화는 현실을 재현하고 있는 화면 속 그림을 단순한 호기심의 대상으로만 여겼던 사람들에게도 빠르게 변하고 있는 속도와 시간을 보다 정확하게 인식할 수 있도록 하여 동시대인들과의 체험을 공유할 수 있게 하였다. 이러한 변화에 따라 "이전의 스케치나 그림에 대한 대안으로 간주되었던 사진과 같은 어떤 예술도 영화에 견줄 수는 없었고, 20세기 예술의 모든 것을 지배하게 되었다. 역사상 최초로 영화는 운동을 가시적으로 표현할 수 있게 됨에 따라, 움직이는 행위가 부과했던 제한으로부터 즉각적으로 해방되었다. 그리고 역사상 최초로, 드라마나 영화는 이전의 환상적 무대가 갖고 있었던 제한은 말할 것도 없고, 시간과 공간과 관찰자의 물리적 본질에 의해 부과되는 제약으로부터 자유로워졌다."[23]

이처럼 영화의 등장은 인간이 속도와 시간의 한계로부터 탈피하고자 한 역사적 의지의 산물이었고 상징이었다. 산업화 이후 세계는 예기치 못한 사회 구조의 급격한 변화를 맞이하게 되었다. 특히 19세기 유럽의 상황은 인간으로 하여금 빠른 속도의 변화로 잃어버린 사물의 명확성에 대한 의지를 더욱 강하게 하는 계기가 되었다. 그중에서도 빠르게 변한 속도에 대한 인간의 시각은 사물을 그대로 보존하고 있는 사진과 그것을 보고 느낀 그대로 그린 인상주의 회화에 투영되었다. 속도와 시간에 대한

---

23  에릭 홉스봄, 김동택 옮김, 『제국의 시대(*The Age of Empire*, 1875-1914)』, 한길사, 1998, 430쪽.

인간 우위의 의지는 19세기 등장한 영화라는 근본적인 해결책을 찾은 것이다. 영화가 등장함으로써 비로소 인간은 속도와 시간으로부터 자유롭게 되었다. 따라서 영화가 등장하게 된 요인 중 하나는 속도와 시간을 지배하고자 한 인간 의지와 노력의 일환이라 할 수 있다.

* * *

역사는 인간 의지의 결정체이다. 역사는 인간 의지로부터 벗어난 적이 없다. 우연의 역사라고 부르는 것조차도 그 시대의 연속선 위에서 파악될 수밖에 없다. 왜냐하면 역사는 그러한 것조차도 포함하고 있기 때문이다. 따라서 인간은 결코 역사 — 시간의 개념, 또는 공간의 개념으로서의 역사가 아닌 시간과 공간을 모두 포함하는 역사 — 를 초월해서 존재할 수 없다.

19세기 뤼미에르 형제에 의해 등장한 영화 역시 인간 의지의 산물이다. 영화라는 매체의 등장에 과학 기술의 발전이 직접적 기여를 한 것은 사실이지만 그것 또한 인간이 창조한 역사의 일부분에 불과하다. 그러므로 영화의 등장은 역사라는 거대한 흐름 안에서 필연성과 당위성을 가지고 있는 것이다. 19세기 유럽 사회 구조의 변화는 이러한 역사 전개 과정의 인과관계를 뒷받침하고 있다. 이 시기는 사회적 모순들이 심각하게 표출되었던 시기였다. 그리고 그 직접적 원인은 산업화에 있었다. 산업화는 도시화를 빠르게 진척시켰고, 도시화가 진행되면서 인구의 집중화가 이루어졌다. 그러나 도시로 집중된 대부분의 사람들은 가난한 도시 노동자로 전락했다. 도시 노동자로 전락한 대부분의 사람들로 인해 몇 가지 사회 문제가 태동하였다. 산업화, 도시화가 진행되면서 자본가와 도시 노동자라는 대립적인 계급 구조가 자연스럽게 형성되었다. 그러한 계급 구조의 형성은 전체 사회 구조의 소통 관계를 단절시켰다. 그리하여 산업화 이후 인간은 개별화 되었고, 그 결과 인간과 인간, 인간과 집단, 집단과 집단과의 소통이 원활하지 못하였다. 또한 급격한 과학 기술의 발전으로 인해 속도와 시간에 대한 인간의 시각 인식 능력에 대한 한계가 구체적으로 노출되었다.

19세기 유럽 사회는 바로 이와 같은 문제를 해소해야만 하는 역사적 상황에 직면해 있었다. 뤼미에르 형제들에 의해 등장한 영화는 19세기가 안고 있는 이러한 문제들을 해소할 수 있는 통로가 되었다. 비록 그 통로가 선동가들과 자본가들에 의해 변질되기도 하였지만, 영화의 등장은 이러한 19세기의 역사적 요청에 화답한 것이라고도 볼 수 있다. 영화 등장의 역사적 필연성에 대해 에릭 홉스봄은 이전 시대에는 경험하지 못한 "영화보다 더 극적으로 그리고 전적으로 비전통적인 예술의 근대주의의 요구사항과 그것의 의도하지 않은 승리를 표현할 수 있는 예술은 일찍이 없었다"[24]고 하였고, 벨라 발라즈(Béla Balázs)는 "영화의 정신이란 진보의 정신이다"[25]고 했다. 이런 측면에서 19세기 영화의 등장은 당시 유럽 사회 전체의 문제를 아우르고 있었다고 해도 과언이 아니다. 영화는 산업화로 분열되었던 계급과 소통, 속도에 대해 적절하게 대응하도록 했고, 무엇보다 개별적인 인간 내면의 경험을 공동으로 인식하게 만드는 거대한 커뮤니티의 탄생을 견인하였다. 따라서 영화의 등장은 단순한 과학 기술의 발전으로서뿐만 아니라 사회 구조 변화와 함께 오랫동안 인간의 바람과 꿈들을 실현시킨 역사적 필연성의 결정체인 것이다.

이것은 회화가 붓을, 음악이 악기를, 문학이 펜을 뛰어넘어 논의되듯이 영화도 과학 기술의 산물인 카메라와 영사기를 뛰어넘을 때 비로소 영화에 대한 온전한 논의가 가능해진다는 것을 말한다.

---

24  위의 책, 431쪽.

25  카르스텐 비테, 박홍식·이준서 옮김, 『매체로서의 영화(*Theorie des Kinos*)―1930년 벨라 발라즈의 〈이데올로기와 제작(Ideologie und Produktion)〉에서 언급한 내용』, 이론과 실천, 1996, 300쪽.

# 제 **2** 장
# 현실재현으로부터의 이탈, 1920년대 아방가르드 영화 (1916-1930)

## 1. 아방가르드의 이념과 전개과정

### 아방가르드의 이념

예술적 경향의 이념을 규정하고 정의하는 것은 다양한 역사적, 사회적, 예술적 인식으로부터 비롯된다. 그런데 이에 대한 규정과 정의는 창작 과정의 특징과 지향을 통해 명명된 구체적 명칭의 이해를 통해 알 수 있다. 그리고 그 명칭의 이해는 창작 과정의 형식과 지향을 담고 있는 이념을 파악하는 데 중요한 토대로 작용한다. 여기에는 아방가르드 예술 역시 예외일 수는 없다.

아방가르드(Avant-garde)라는 용어의 유래와 의미는 프랑스에서 군대 용어로 처음 사용되었고 이후 정치적 급진주의자들과 혁신적인 예술적 경향을 지칭하기 위한 것으로 변용되었다는 데 큰 이견은 없다. 아방가르드 용어는 등장 초기에 지금의 예술적 경향을 지칭하기 위해 사용된 것이 아니라 "전투 중 군대의 본대에서 떨어져 나와 본대가 진군하는 방향의 적정이나 지형 등의 상황을 정찰하는 임무를 띤 일부 병력을 뜻하는 말이었다. 1830년경에 와서는 군주제에 반대하는 사람들, 특히 공화파 사람들에 의해 처음으로 아방가르드라는 말이 정치적 용어로 사용되기 시작했다. 그 무렵 차츰 이상주의적 사회주의 진영에서 쓰이기 시작하면서 이 단어는 대중적인 인기를 얻게 되었다. 생시몽(Saint-Simon)파의 에밀 바로(Émile Barrault), 샤를 푸리에(Charles Fourier) 사상의 후계자인 가브리엘-데시레 라베르당(Gabriel-Désiré Laverdant), 그리고 거의 같은 무렵에 피에르 푸르동(Pierre Proudhon)이 이 말을 썼는데, 특히 그의 글 속에서 이 말은 사회적 진보, 사회주의적 사상, 그리고 예술가와 문필가의 집단행동 등의 의미를 함축했다. 19세기 후반에 와서 이 단어는 거의 정치적인 용어로만 쓰였다."[1]

그러나 이 용어는 19세기 말과 20세기 초에 접어들면서 일부 사회주의 및 공산주의 사상의 조류에서만 정치적 의미로 사용되었고 점차 문학과 예술 쪽에서 급진적 경향을 지닌 창작가들에게로 그 의미가 옮겨 가기 시작했다. 이 시기부터 당대의 예술적, 사회적 편견에 대해 구체적인 방식으로 대응, 대항하려는 태도가 문화적으로 점차 보편화 되면서 아방가르드는 혁신적 의도를 지닌 예술 경향을 지칭하는 말로서 의미가 뚜렷해졌다. 따라서 아방가르드는 기존의 가치와 이념적 토대 위에서 창작된 예술적 경향들로부터 이탈하여 혁신적인 창작 방법을 구사한 일련의 예술적 경향들을 지칭하는 용어로 사용되었다.

레나토 포지올리(Renato Poggioli)는 『아방가르드 예술론(Teoria Dell' Arte D' Avanguardia)』에서 이와 같은 아방가르드 용어가 지니는 역사적 의미에 대해 구체적으로 언급하고 있다. 여기서 그는 아방가르드 예술이라는

---

1   성완경, 『민중미술, 모더니즘, 시각문화』, 열화당, 1999, 137-138쪽.

용어는 신라틴어 어족과 문화에 있어 매우 배타적인 어휘론적, 비평적 유산이라 했고 스페인 문화와 남미 문화에서 규칙적으로 사용되고 있다고 지적하면서 아방가르드의 명칭과 규정의 다양함을 다음과 같이 설명하고 있다.

> 귈레르모 데 토레(Guillermo de Torre)는 문학적 아방가르드주의의 수많은 특수한 양상과 움직임들을 아주 날카롭게 연구한 어느 책 표지에서 그 용어를 사용했다. 반면 아방가르드 예술의 문제에 전력을 다해 부딪쳐 왔던 유일한 작가 호세 오르테가 이 가세트(José Ortega y Gasset)는 그 용어를 피하는 대신 '비인간화된 예술' '추상예술' '새로운 예술' '젊은 예술'이란 용어를 선호했다. 이는 아마도 한편으로는 아방가르드 예술의 지적 급진주의를 강조하고 또 한편으로는 그 예술이 새로운 세대의 도래와 일치한다는 사실을 강조하고 싶었을 것이다.[2]

포지올리에 의하면 아방가르드 예술은 이전에 존재 하고 있었던 역사적, 사회적 가치에 대한 배타성 및 거부라는 지적 경향을 표현 형식이라는 수단을 통해 그 의미와 사상을 구현한 것이다. 이는 아방가르드가 19세기말과 20세기 초기 이전부터 존재하고 있었던 예술의 가장 강력한 표현 수단 중 하나인 현실에 토대한 표현 형식으로부터의 거부와 이탈을 특징으로 하고 있으며 인간의 내면과 영혼, 정신 그리고 사물의 총체성 구현에 대한 표현을 목표로 하고 있음을 뜻한다. 이러한 의미의 아방가르드는 기존의 가치를 전복시키면서 예술의 변혁과 밀접한 연관을 가진다. 기존의 가치를 거부하면서 사회적 변혁을 꾀한 아방가르드의 급진성은 푸리에주의자(fourierista)인 가브리엘-데시레 라베르당의 언급에도 잘 드러나고 있

---

2  레나토 포지올리, 박상진 옮김, 『아방가르드 예술론(Teoria Dell' Arte D' Avanguardia)』, 문예출판사, 1996, 24쪽.

다. 그는 "1848년의 혁명이 일어나기 3년 전 '예술의 사명과 예술가의 역할에 대하여(De la mission de l'art et du rôle des artistes)'라는 제목의 글에서 예술과 사회의 관계를 확인했다. 그는 예술과 사회의 상호 의존성의 이상은 물론이고 예술을 행동과 사회 개혁의 도구이자 혁명적 선전과 정치적 선동의 수단으로 보는 이론을 검증했다."[3] 사회 변혁이라는 의미의 급진성을 가진 아방가르드는 무정부주의자들에 의해 사용되기도 했다. 특히 러시아의 무정부주의자 미하일 바쿠닌(Михаил Бакунин)은 "아방가르드의 이미지와 용어가 무정부주의적이고 자유주의적인 반란과 사회 혁명, 그리고 프롤레타리아 폭동의 사도들에게 친숙한 것이었다는 사실을 1878년 자신이 스위스의 쇼 드 퐁(La Chaux-de-Fonds)에서 정치적 토론을 주로 하는 정기 간행물 《라방가르드(L'avant-garde)》를 창간하고 잠시 동안 편집했다는 사실이 이를 증명해 준다"[4]고 했다.

정치적이고 사회 변혁적인 의미로 사용되었던 초기 아방가르드의 이념과 가치는 19세기 말에 이르러 유럽의 역사, 특히 프랑스의 역사적 상황을 지나면서 정치적인 아방가르드와 예술적인 아방가르드로 각각 분리 되어 인식되기 시작했다. "1870년에서 불과 몇 년 지나지 않았던 그때는 프랑스 정신이 프러시아(Prussia)의 전쟁에서의 패배와 코뮌의 혁명과 진압으로 표현되는 국가적, 사회적 위기를 극복하는, 그러나 잊지는 못하던 상태였다. 이때부터 비로소 아방가르드 이미지는 두 가지의 의미, 즉 사회적이고 정치적인 아방가르드와 예술적, 문학적 아방가르드로 분리해서 지칭되기 시작한 것이다. 더 정확히 말하면, 지칭하는 것에서 멈추지 않고 더 폭넓으면서 변별적인 맥락에서 사회, 정치적인 아방가르드라는 개념이 출현했다. 1830년과 1848년의 혁명 사이에 갇힌 세대는 그 두 개의 아방가르드를

---

3  위의 책, 28쪽.
4  위의 책, 29쪽.

따로 놓고 생각을 하고 있었다."[5]

아방가르드의 의미가 예술과 정치의 구분으로 이루어진 것은 위에서 언급한 것처럼 프러시아와의 전쟁 패배와 그로부터 발생한 사회, 문화, 정치에 대한 다양한 인식의 변화에 기인한 것이라 할 수 있다.

그러나 아방가르드의 핵심 이념인 기존 가치의 거부, 단절, 전복이라는 의미만큼은 정치와 예술 두 영역에 공통적으로 내재되어 있었다. 아방가르드의 의미는 정치와 예술이라는 각각의 영역 내에서 존재하고 있었지만 그것의 본질적 지향의 의미는 동일한 것이다. 이러한 아방가르드 이념이 정치와 예술에서 양립할 수 있었던 근거는 정치적 아방가르드와 예술적 아방가르드 사이를 모두 통합적으로 다루었던 프랑스의 《독립지(La Revue indépendante)》에서 찾을 수 있다. 1880년경 창간된 이 잡지는 사회사상과 예술사상의 두 차원에서 개진된 대표적인 의견들, 그리고 정치와 예술의 반란을 자체의 구호로 삼고 이를 뜨겁게 받아들였던 마지막 기관지였다.[6]

하지만, 이 두 분야에 양립되었던 아방가르드의 이념은 이후 주로 예술 영역에서만 사용되기 시작했다. 이것은 정치와 예술에 적용되었던 두 아방가르드의 결별을 뜻하는 것이었다. 그 직접적인 원인은 아방가르드의 핵심적 이념인 기존 사회에 대한 가치의 거부와 불신을 표현할 수 있는 문학을 비롯한 표현 수단의 급속한 확장에 기인한다고 할 수 있다. "아방가르드 예술과 문학이라는 표현이 유행처럼 번져나간 것은 다양한 정신의 집단과 잡지의 출현과 함께 일어난 것으로 재빠르게 프랑스 언어와 문화의 정통적인 유산으로 되었고, 사상의 국제 시장에서 그야말로 현찰로서 국경을 넘나들었다. 그때까지 부차적인 의미였던 것이 일차적인, 아니 유일한 의미가 된

---

5   위의 책, 30쪽.
6   위의 책, 31쪽.

것은 그러한 과정을 겪으면서였다. 별개의 이미지를 지녔던 축약적인 용어인 아방가르드는 당연히 예술적 아방가르드와 동의어가 되었고, 반면 정치적 개념은 그저 수사적인 기능을 유지했으며 혁명적 내지는 전복적인 이상을 추구하는 신도들이 배타적으로 사용하는 용어로 격하되었다."[7]

이와 같은 역사적 과정을 거친 아방가르드의 의미는 예술의 영역에서 보다 활발하고 활동적으로 전개되기 시작했고 전통적이면서 아카데믹하고 고전적이었던 과거의 예술적 가치와 표현은 점차 자리하지 못하게 되었다. 아방가르드는 이제 정치적 급진성보다는 예술적 급진성에 더욱 박차를 가하였고, 그것은 곧 아방가르드의 표현 형식과 밀접한 연관을 가졌다. 그럼으로써 아방가르드의 이념, 즉 "미래의 이름으로 과거와 현재를 끊임없이 거부하는 것, 그것이 아방가르드의 기본 성격 그 자체가 되었다. 그것은 곧 현재에 대한 한없는 투쟁이며, 그것이 끝없이 추구되고 자극되고 욕구되면서 그 자체의 존재 이유 비슷한 것을 만들어 냈다."[8] 따라서 아방가르드는 과거로부터 이어져 내려온 역사적 결과물을 계승하는 것이 아니라 존재하고 있는 과거의 것들을 거부하고 전복시킴으로써 새로운 것들을 창조해 내는 것으로서의 의미로 존재하게 되었다.


## 아방가르드 예술 역사의 전개 과정

아르놀트 하우저(Arnold Hauser)는 『예술의 사회학(*Soziologie der Kunst*)』의 '현대 예술의 전제 조건들'이라는 글에서 사회의 진보와 예술의 진보 사이에는 어떤 연관성이 있고 그 발전 과정은 변증법적이라고 언급하

---

7   위의 책, 32쪽.
8   성완경, 앞의 책, 140쪽.

면서 현대 예술의 역사를 다음과 같이 정의하였다.

　　현대 예술의 시대로서의 20세기는 본래적인 의미에서 보자면 제1
차 세계대전이 지난 뒤에 비로소 시작된다. 즉 1920년대부터 시작된
다고 볼 수 있는데, 이는 19세기가 1830년에 시작되었던 것과 마찬가
지이다. 제1차 세계대전이 면면히 이루어지고 있는 발전 과정에
있어서 어떤 획기적인 단계를 형성한다고 말할 수 있는 것은 다만
다음과 같은 이유에서이다. 그 세계대전을 분기점으로 하여 그 이전에
이미 존재했던 가능성들, 그러니까 전전(戰前)시대의 현상들, 후기
자본주의, 대역 작용을 통하여 이루어진 가능성들 사이에 선택이
가능해졌다는 점이 그것이다. 현대 예술의 주된 조류는 반 고흐(Van
Gogh), 에드바르트 뭉크(Edvard Munch), 아우구스트 스트린드베리
(August Strindberg) 등의 격렬하면서도 개인적인 인상이 주는 친밀
성을 단념하는 표현주의 예술, 폴 세잔(Paul Cézanne)과 조르주
쇠라(Georges Seurat) 등에 의해 대표되는 엄격한 형식주의, 아르튀
르 랭보(Arthur Rimbaud)나 스테판 말라르메(Stéphane Mallarmé)
등이 보여주는 거의 초현실주의적 대담성을 드러내주는 비유법들,
초기 파블로 피카소(Pablo Picasso)나 조르주 브라크(Georges
Braque) 등의 입체주의, 바실리 칸딘스키(Wassily Kandinsky)나
파울 클레(Paul Klee)의 추상적 형식의 구성물들로 이루어진다.[9]

　이처럼 현대 예술의 특징은 사회의 가치, 이념 변화에 따라 예술의
표현 수법도 변한다는 데 있다. 이것은 새로운 형태의 창작 경향과 패러다임
이 시대적 변화와의 관계 속에서 형성된다는 것을 말한다.

---

9　아르놀트 하우저, 최성만·이병진 역,『예술의 사회학(*Soziologie der Kunst*)』, 한길사,
　　1988, 341쪽.

19세기 말과 20세기 초 유럽이 당면하고 있던 가장 심각한 문제는 자본주의 사회의 병폐들과 전쟁의 위기감, 전쟁이었다. 이것은 사람들로 하여금 그동안 자신들이 이루어 놓은 현실세계에 대해 깊은 회의감과 절망감을 갖도록 하기에 충분하였다. 당시 창작가들은 자신들이 처한 이러한 역사적 상황을 냉정하게 인식하기 시작했고 역사적, 사회적 모순을 초래한 원인이 무엇으로부터 비롯되었는가에 대한 깊은 의문에 휩싸였다. 이는 창작가들을 창작 목표의 변화와 혁신으로 이끈 동기가 되었다. 그 결과 창작가들의 관심은 그동안 인간이 이루어 놓은 실제적인 경험적 가치들과 현실로부터 점차 멀어지면서 인간과 사물이 지니는 속성과 내면, 정신, 꿈 등으로 이동했다. 이들은 이전 시대가 안고 있던 사회적, 예술적, 역사적 가치들을 점차 부정하기 시작하였다. 이러한 인식이 창작가들 사이에 확산되기 시작하면서 창작 가치와 표현 수단에 있어 이전 시기와의 단절과 부정은 피할 수 없는 역사적 흐름이 되었다. 각 나라마다 다소 차이가 있을지 몰라도 프랑스를 비롯한 유럽의 예술 분야에서 나타난 이러한 흐름은 중세 이래 줄곧 물리적 현실에 토대한 예술 창작 방식이 이어져 오던 상태였기 때문에 더욱 급진성을 띤 것으로 받아들여졌다.

이와 같은 경향은 특히 회화 분야에서 두드러졌다. 그것은 자연주의의 종말과 함께 찾아온 인상주의적 관념과 표현 수법의 새로운 변화로부터 시작되었다. 그동안 자연주의 전통을 고수하던 예술가들은 "인상주의 이후의 예술에 와서 처음으로 현실의 환영을 추구하는 것을 포기하고 자연 물체의 고의적인 데포르마숑(왜곡, Déformation)을 통해 자신의 인생관을 표현하려 했다."[10] 즉 "이제까지의 현실감 있는 환상은 포기되었고 의식적으로 그리고 종종 심하게 강조하여 변형시킨 어떤 자연현상을

---

10 아르놀트 하우저, 백낙청·염무웅 공역, 『문학과 예술의 사회사: 현대편(*Sozialgeschichte der Kunst und Literatur*)』, 창작과 비평사, 1993, 232쪽.

통해 세계관이 표현되기 시작했다. 처음부터 표현주의(Expressionism), 입체주의(Cubism), 미래주의(Futurism), 다다이즘(Dadaism), 그리고 초현실주의(Surrealism)는 한결같이 단호하게 자연을 긍정하고 현실에 얽매여 있던 인상주의를 배격했다."[11] 이는 창작가들로 하여금 인간의 정신, 영혼, 꿈과 사물이 지니고 있는 내면과 본질에 대한 탐구로 집중하게 하였다. 실제로 19세기 말과 20세기 초 유럽의 예술적 경향을 아우르는 입체주의, 미래주의, 다다이즘, 초현실주의 등을 포함한 이른바 아방가르드의 등장은 이러한 유럽의 역사 발전 과정의 특징을 나타내고 있는 전형적 예라 할 수 있다. 이와 같은 일련의 창작 경향 속에는 19세기 말과 20세기 초 유럽의 창작가들이 유럽 사회를 어떻게 인식하면서 진단하고 파악하였는지가 고스란히 내포되어 있었던 것이다.

예컨대 기존의 사회적 가치와 예술적 경향에 대한 거부와 새로운 접근은 사물에 대한 보다 과학적인 탐구와 이해를 시도한 입체주의에서 나타난다. 입체주의는 1907~1908년 파리를 중심으로 생겨난 운동으로서 자연은 구, 원뿔, 원통으로 이루어졌다는 세잔의 자연 해석과 함께 자연과 인간을 기본적이고 기하학적인 단순 형체로 환원시키려 한 피카소, 브라크, 앙드레 드랭(André Derain)으로부터 시작되었다. 이에 대해 하우저는 다음과 같이 설명하고 있다.

현상을 예술적으로 묘사할 때 어떤 지속적인 특성들을 추구하려는 것은 더욱더 해체되고 믿을 수 없게 되어 가는 세계의 존속에 대한 우려의 징후임이 명백하다. 대상들의 구조에 대한 관심, 그것들의 조성을 분석하려는 마음, 대상을 관찰할 수 있는 여러 가지 측면에 대한 관심, 그리고 가변적인 형태들의 일시적이고 총괄적인 모습을

---

11  아르놀트 하우저, 최성만·이병진 역, 앞의 책, 343쪽.

분해하는 대신 그리고 여러 가지 조망들의 동시성을 분석하는 대신에 견고한 물체를 분석해 보려는 마음, 이러한 관심들은 인상주의적인 주관주의가 구체적인 객관주의로 그리고 환상적인 세계상이 보다 더 사실주의적인 세계상으로 전환되어 가는 현상의 순수한 표지이다 …… 본래의 입체주의는 구성물들을 합쳐 놓은 것이 아니라 그것들을 부분들로, 각 측면으로, 원근법적으로 서로 상이한 모습으로 분해시킨 다. 스스로 옮겨가는 시점들은 역동적인 효과를 가져 오며 생성, 시간, 발생 등을 공간적인 것 속으로 들여온다. 그리하여 입체주의는 주로 그것이 보여주는 공간, 시간적인 복합체 때문에 미래주의, 영화, 라디오 및 텔레비전으로 계속 이어지는 예술사적인 발전과정의 요소 가 될 수 있는 것이다.[12]

이처럼 입체주의는 사물에 대한 일방향적 접근의 불완전성을 인식하여 사물이 지니고 있는 다양한 측면을 분석하고 사물의 총체성을 파악하여 진실을 획득하고자 하는 것을 지향한다.

또한 기존의 전통적인 개별 사물에 대한 인상주의적 창작 토대를 과감하 게 버리고 사물 자체의 본질적 특성을 시간, 공간 운동으로 환원하여 사물을 총체적으로 파악하고자 한 시도가 미래주의라는 이름으로 등장하였 다. 미래주의는 "1909년 시인 필리포 마리네티(Filippo Marinetti)가 기초한 '미래주의 선언(Manifeste de Futurisme)'이 프랑스의 《피가로(Le Figaro)》 지에 발표되면서 건축가이자 화가인 움베르토 보치오니(Umberto Boccioni), 제노 세베리니(Geno Severini), 카를로 카라(Carlo Carra), 루이지 루솔로 (Luigi Russolo), 화가 지아코모 발라(Giacomo Balla), 시인 지오반니 파피니(Giovanni Papini), 건축가 안토니오 엘리아(Antonio Elia) 등이 참여한 운동이었다. 미래주의적인 예술 이론은 기술에 대한 찬미와 근접해

---

12  위의 책, 385-386쪽.

있으면서 다양한 매체들의 통합을 지향하고 있다. 따라서 회화, 연극, 문학, 음악이 동등하게 고려되고 하나의 종합을 추구해 나간다."[13] 그러므로 미래주의자들은 "율동, 민첩성, 역동성, 산업 경제의 기계적인 생산 방식에 탐닉했다. 그에 따라 시간 개념과 시간에 대한 체험이 역시 예술적인 관심의 중심에 놓이게 되었다. 회화의 영역에서는 고트홀트 레싱(Gotthold Lessing)도 일찍이 다루었지만 시간과 공간 사이의 관계가 중심적인 문제가 되며, 사고의 범주들 일반에 대한 비판에서도 마찬가지겠지만 예술적인 지각의 이론에서는 서로 다른 시점에서 일어나는 개별적인 사건들의 동시성 문제는 가장 중요한 관찰 대상 및 숙고의 대상들 가운데 하나가 된다. 그러한 두 영역의 상호 결합이 뜻하는 것은 미래주의 스스로가 말하고 설명했던 것처럼 인물들과 이들의 활동 배경 사이의 연관 관계를 유지하는 일만이 아니라 훨씬 더 포괄적인 복합체를 만들어내는 일, 즉 내적인 현실과 외적인 현실 전체를 포함하고 그 사이의 간극을 지양하는 어떤 통일체를 만들어내는 일이다. 이처럼 미래주의는 새로운 시대의 도래를 체험하고 분석함으로써 주체와 객체, 시간적 활동과 그 활동의 공간적 기저와의 종합을 의미하였다."[14]

다다이즘은 제1차 세계대전으로 인하여 드러난 현실 사회에 대한 위기감과 절망감에서 비롯되었다. "1916년 스위스 취리히에서 시인 트리스탄 짜라(Tristan Tzara)와 리하르트 휠젠벡(Richard Hülsenbeck) 등이 사전에서 우연히 찾아낸 다다(dada, 장난감 목마)라는 말을 사용한 데서 생겨난 명칭인 다다이즘은 제1차 세계대전의 정신적 산물로서 전통을 부정하고 이성을 멸시하는 완전한 허무주의인데 사회 관습에 대한 악마적인 반항, 풍자를 무기로 하는 반합리적, 반미적, 반도덕적 태도를 특징으로 한다.

---

13  우도 쿨터만, 김문환 옮김, 『예술이론의 역사(Kleine Geschichte der Kunsttheorie)』, 문예출판사, 2000, 234쪽.

14  아르놀트 하우저, 최성만·이병진 역, 앞의 책, 375쪽.

기법으로는 꼴라주(collage), 프로타주(frottage) 등을 사용하고 있다. 이 운동은 독일에서 1920년, 프랑스에서 1922년까지 계속되었는데 비합리적이어서 통제를 받지 않는 예술 제작을 강조하는 점에서는 초현실주의와 공통되지만, 반항적이며 무의식의 반이성적 예술이라는 점에서는 반항적이 아니라 초이성적으로 꿈의 형상을 의식적으로 보여주는 프로이트적인 초현실주의와 구별된다."[15]

그리고 아방가르드 예술에 있어 가장 혁신적이고 핵심적 경향이라 할 수 있는 초현실주의는 이성의 지배를 거부하고 비합리적인 것, 의식 아래의 세계, 즉 영혼의 무의식적 영역과 지배되지 않은 영역들 속에서 어떤 새로운 진리와 미의 원천을 표현하고자 했다. 크리스토퍼 빅스비 (Christopher Bigsby)는 『다다와 초현실주의(*Dada and Surrealism*)』라는 책에서 초현실주의자 앙드레 브르통(André Breton)이 1922년 다다와 결별하면서 초현실주의의 이론적 좌표의 궤적이 어떻게 변화했는지를 언급하고 있다. 여기서 "앙드레 브르통은 '정신은 자신의 노력에 의해 논리, 이성, 그리고 의식적 통제의 제약으로부터 해방될 수 있고 또 사고가 물질을 지배하고 있다'고 믿었다. 1924년 발간된 그의 '초현실주의 선언문 (Manifeste du surréalisme)'에는 이 정신이 기술되어 있다."[16] 초현실주의는 현실세계에서 드러나고 있는 불합리한 모순의 근원을 탐구하고 해명하고자 하는 데서부터 출발한다. 그러므로 초현실주의자들은 현실에 토대하여 현실을 왜곡하거나 변형시키는 대신, 현실을 이루고 있는 근본적 요인인 인간의 내면과 정신, 영혼으로부터 그 해법을 찾고자 한 것이다. 따라서 애초부터 초현실주의는 물리적 현실에 토대하고 있는 변증법적 발전 관계가 아닌 비변증법적 요인을 가지고 있다. 그러므로 "초현실주의는

---

15 다께우찌 도시오, 안영길 외 옮김, 『미학, 예술학 사전(美學, 藝術學 事典)』, 미진사, 1993, 374-375쪽 참고.

16 C. W. E. Bigsby, *Dada and Surrealism*, Methuen & Co Ltd, 1972, p.42.

예술적인 묘사에 있어서 경험적인 요소들과 허구적인 요소들 사이의 모순성을 부정하며 그들의 연관 관계에 대해 합리적으로 납득할 수 있는 설명을 찾아내거나 그것들 사이에 어디에 한계가 있고 또 그들의 대립은 어떻게 조정될 수 있는가 하는 것을 밝혀내기를 단념한다. 초현실주의의 기초적인 공식은 은유이다. 은유라는 것은 상(像, 이미지)과 사물 사이의 간격을 줄이기보다는 오히려 늘이려고 하는 어떤 비유적인 언어의 완성된 양식 수단이다."[17]

일반적으로 과거 전통적 가치와의 절연을 통해 혁신적이고 급진적인 수법을 획득한 예술적 경향들은 무엇보다 사회적 모순으로 인하여 사회적 가치가 급격하게 변화해 간 역사 전개 과정과 결부되어 있다. 특히 19세기 말과 20세기 초에 드러난 유럽의 사회적, 역사적 모순은 아방가르드로 불리는 급진적 예술이 등장할 수 있는 토대를 마련하였다. 아방가르드는 기존의 가치관과 전통, 속박으로부터의 해방, 그리고 영원한 혁명을 꿈꾸었다. 이러한 측면에서 아방가르드는 이전 시기의 가치, 이념, 즉 사회적 통념과 예술 창작의 방향에 대한 근본적인 회의와 거부로부터 시작된 것이라 할 수 있다. 그것의 근원적 토대는 제1차 세계대전 전후에 걸쳐 일어난 산업 자본주의와 전쟁으로 촉발된 사회적 모순들이었다. 사람들은 스스로의 이성을 통해 형성된 이와 같은 현상을 대단히 심각하게 받아들였다. 그 결과 사회와 역사를 구성하고 있는 인간의 이성 능력의 한계를 깊이 인식하기 시작했다. 특히 1900년에 등장한 지그문트 프로이트 (Sigmund Freud)의 『꿈의 해석(*Die Traumdeutung*)』이나 프리드리히 니체(Friedrich Nietzsche)와 앙리 베르그송(Henri Bergson), 칼 융(Carl Jung) 등에 의해 앞다투어 주창되었던 이성보다는 본능이, 이성보다는 무의식이 중요하다는 논리는 점차 인간으로 하여금 이성적 능력의 불완전

---

17  아르놀트 하우저, 최성만·이병진 역, 앞의 책, 399-400쪽.

함을 인식하도록 했다. 자본주의 사회의 모순이 격화되는 시점에 인간은 아이러니하게도 인간 자신이 이루어 놓은 현실 세계에 부정적 의미를 부여하기 시작했던 것이다. 아방가르드주의자들은 바로 이 지점에 서 있었다. 이것은 아방가르드가 현실이라는 물리적 토대로부터 벗어나 존재한 듯 하지만 아방가르드주의자들의 좌표와 인식인 기존의 가치에 대한 거부, 혁신의 의미는 역사적 전환 과정에서 결코 벗어날 수 없음을 의미한다. 그리고 이와 같은 아방가르드 전개 과정의 역사를 움직이는 화면을 통해 창조적으로 묘사한 것이 바로 아방가르드 영화인 것이다.

## 2. 아방가르드 영화의 존재 이유

아방가르드 영화는 1910년대를 지나면서 1920년대에 걸쳐 프랑스를 중심으로 러시아, 독일, 이탈리아, 스페인 등 유럽에서 일어난 특별한 창작의 흐름이다. 이것은 이전의 전통적인 영화 표현 형식과 구분되면서 이미지와 사운드에 의해 새로워진 표현을 목적으로 사용된 테크닉의 영화이며, 대중의 기호에 호소하지도 않고, 접근할 수 없는 표현 너머를 내포하고 있는 미래의 영화적 형식과 진보 영화의 능력을 가지고 있는 영화이다.[18] 그러나 이러한 특징은 인접 예술의 다양한 창작 목표와 표현 수법의 가치를 받아들이면서 이루어졌다. 즉 문학과 회화를 비롯한 인접 예술의 다양한 창작 목표와 실험이 영화에 적용되면서 영화는 그 안에서 전통적 수법과의 단절을 꾀할 수 있는 계기를 통해 형성되었다. 그렇다면 영화는 왜 19세기 말과 20세기 초 유럽의 문학과 회화에서 유행하였던 입체주의,

---

18  P. Adams Sitney, *The Avant-Garde Film, A Reader of Theory and Criticism*, New York University, 1978, p.43. – Germaine Dulac, *The Avant-Garde Cinema*, Le Cinéma des Origines à nos Jours, Ed du Cygne, 1932.

미래주의, 다다이즘, 초현실주의 등과 같은 혁신적인 인접 예술의 창작 수법들을 받아들이게 되었을까? 이것은 두 가지 측면에서 파악될 수 있다.

첫 번째는 창작으로서의 영화 자체에 대한 근본적 한계를 들 수 있다. 1910년대를 지나 1920년대로 진입하면서도 영화는 표현 수법에 있어 독창적이고 독립적인 뚜렷한 진보를 이루어 내지 못하고 있었다. 특히 영화를 전 세계로 유포시키고 확장시켜왔던 프랑스는 이에 대해 더욱 그러했다. 그러므로 이 시기는 영화가 단순히 문학작품과 같은 인접 예술의 특징을 빌어 기록하고 묘사하는 한낱 볼거리 수단으로서만 머물 것인지, 아니면 새로운 창작 예술로서 존재하게 될 것인지를 가늠하는 중대한 시기였다. 즉 영화가 자신의 존재 가치를 확실히 증명해야 할 역사적 필요성이 대두되었던 것이다. 그리고 무엇보다 이 시기는 영화 표현의 혁신에 있어 유리한 환경이 조성되어 있었다. 그것은 다름 아닌 제1차 세계대전을 전후로 형성된 유럽 사회의 모순과 비극적 상황이었다. 제1차 세계대전은 그동안 유럽에서 유지되었던 모든 전통적인 사상과 이념, 가치를 붕괴시키기에 충분하였다. 빅스비의 언급대로 "1914년에서 1918년까지 지속되었던 전쟁은 사람들에게 전체적인 지적, 문화적, 사회적 체제 파산의 마지막 증거였다는 것을 의미한 것이다."[19] 그 결과 유럽의 지성인들은 새로운 시대에 대체할 사상과 이념, 가치를 탐구할 수 있는 계기를 마련하고자 했다. 이들 중 많은 창작가들은 그동안 인간이 믿어 왔던 이성과 축적된 실제적 경험의 체계를 거부하였고, 이는 예술 각 분야에서 인간의 의식과 사물의 내면과 통합체에 대한 실험으로 이어졌다. 이러한 경향은 당시 유럽에서 하나의 흐름으로 자리 잡았다. 여러 예술 분야 가운데 영화도 이러한 흐름의 한 자락을 움켜잡았다. 영화는 그동안 지지부진하게 전개되어 왔던 표현 수법의 협소함에서 벗어날 수 있는 가능성을

---

19  C. W. E. Bigsby, *op. cit.*, p.8.

유럽 사회가 겪고 있는 급격한 변화와 혼돈으로부터 찾고자 하였다. 그리하여 영화는 그때까지 중요한 표현 요소로 인식되었던 물리적 현실과 직접적인 사물 묘사로부터 이탈하기 시작했다. 이는 곧 전통적인 영화 표현 수법인 현실세계의 재현으로부터의 이탈이었으며, 단순히 물리적 현실과 사물을 충실히 묘사하거나 문학작품에 기대어 일시적으로 관객들을 끌어들이는 수준에 머문 기존 영화에 대한 반작용이기도 했다. 그 결과 영화는 영화 역사에서 그때까지 존재하지 않았던 전혀 다른 차원의 창작 가치와 이념을 추구하면서 독창적인 표현 수법인 현실 묘사와 재현으로부터의 이탈과 기능을 가지게 되었다. 따라서 아방가르드 영화는 급변하고 있는 유럽의 예술사적 가치를 받아들이면서 영화의 존재 자체를 위협하고 있던 표현의 한계성을 탈피하는 목적을 달성할 계기를 갖게 되었다.

영화가 인접 예술의 특징을 받아들이게 된 두 번째는 프랑스 영화 산업의 불안한 상황에 기인했다. 제1차 세계대전 이후 유럽에서는 미국 영화가 물밀듯이 유입되어 상영되었고 프랑스를 비롯한 많은 국가들은 이에 대한 대처에 골몰하였다. 1920년대 초 프랑스에서는 치솟는 인플레이션과 함께 불균형적인 예산 문제로 경제뿐만 아니라 영화 산업에도 불안이 야기되었다. 특히 프랑스의 경제 상황은 제1차 세계대전 시기와 비교하여 더욱 악화되었다. 예컨대 "1914년 60억 프랑이던 화폐 유통량이 1920년 12월에는 379억 프랑이나 되었다. 전후 물가는 급등했으나 정부는 이를 이해하지 못했을 뿐만 아니라 해결하는 데는 더더욱 무능함을 드러냈다. 그 결과 프랑화의 가치가 붕괴되었다."[20] 또한 "1914년에 1천1백30억 금프랑으로 평가되던 금융자산이 1924년에는 6백에서 7백억 지폐프랑밖에 되지 않았는데, 이는 1914년을 기준으로 환산하면 1백50억에서 1백80억

---

20 로저 프라이스, 김경근·서이자 옮김, 『혁명과 반동의 프랑스사(A Concise History of France)』, 개마고원, 2001, 297쪽.

프랑에 해당된다. 고정 수입을 가지고 있는 사회 계층은 인플레이션과 물가 상승으로 인하여 수입을 85%까지 잃게 되었다."[21] 프랑스의 모든 금융자산은 폭락했다.

이러한 안팎의 경제적 위기 상황이 프랑스 영화 산업에 파급되었다. "1920년에서 1923년 사이 프랑스에서 제작된 영화는 연간 약 110편에 이르렀지만, 1924년에는 76편으로, 1924년에서 1929년까지 평균은 대략 67편으로 줄었다."[22] 이에 대한 대응은 두 가지로 압축되어 나타났다. 첫째는 유럽의 영화 산업을 시스템적으로 확고하게 보호하는 것이었다. 이를 위해 프랑스를 비롯한 유럽의 몇몇 국가에서는 미국 영화의 막대한 파급력을 차단하기 위해 미국 영화에 대한 금지 조치를 취하기도 하였고, 프랑스와 독일에서는 단일 유럽 영화권을 창설하였다. 1924년 프랑스의 영화 배급업자인 루이 오베르(Louis Aubert)와 독일의 영화사인 우파(Universum Film Aktiengesellschaft, UFA) 수장인 에리히 폼머(Erich Pommer) 사이에 '우파-오베르 협약'이 결성되어 프랑스에서는 독일 영화를, 독일에서는 프랑스 영화를 서로 배급해 주기로 했다. 이러한 조치는 영화 상영 규모가 확대되어 일정 부분 미국 영화의 상영을 감소시키는 일시적 효과를 거두기도 하였지만 1920년대 말 경제공황의 여파와 영화의 유성화로 인한 언어의 문제로 큰 실효를 거두지 못하였다.

둘째는 영화 표현에 있어 미국 영화와 차별화를 도모하는 것이었다. 독일의 표현주의 영화에서처럼 새로운 시도가 성공을 거두면서 프랑스에서도 새로운 영화 표현에 대한 실험이 활성화되었다. 물론 이에 대한 원인은 유럽의 역사적 상황에 토대하고 있었다. 이미 언급한 것처럼 제1차 세계대전을 전후로 발생한 유럽 사회 모순의 폭발은 기존의 인식 체계뿐 아니라

---

21  조르주 뒤프, 박단·신행선 옮김, 『프랑스 사회사(La Société Française)』, 동문선, 2000, 221쪽.

22  Susan Hayward, French National Cinema, Routledge, 2001, p.77.

창작의 가치와 목표에도 큰 변화를 주었다. 이것은 영화 창작가들로 하여금 이제껏 표면으로 드러나지 않았던 의식과 무의식, 꿈, 환상, 내면과 같은 곳으로 눈을 돌리도록 하였고, 이러한 변화는 영화의 표현 수법에도 큰 영향을 미쳤다. 그 결과 시각예술가들의 독창적인 시도가 영화와 결합되면서 영화의 표현 수법은 더욱 다양해지고 구체화되었다. 시각예술과의 결합으로 영화는 문학 등에 의존한 그동안의 표현 수법에서 벗어나 표현의 다양성을 획득할 수 있었다. 이것은 영화를 창작의 대상으로 인식하게 하는 데 중요한 작용을 했을 뿐만 아니라 미국 영화와의 차별을 확실하게 하는 데 결정적 역할을 하였다.

이처럼 아방가르드 영화는 영화 자체 내에서 제기되었던 창작의 한계를 타개하기 위한 역사적 필연성과 미국 영화에 대응하기 위한 프랑스 자체 내 영화 산업과 유럽 영화의 변화 과정과 밀접한 연관 관계를 가지고 있다. 이러한 관계 속에서 영화는 아방가르드 예술의 특징과 결합했다. 그 결과 1910년대를 지나 1920년대에 걸쳐 프랑스를 중심으로 유럽에서 일어난 아방가르드 영화의 경향은 크게 두 가지로 구분된다. 하나는 영화의 본질적이고 근본적인 요소로서 화면의 시각적 측면을 탐구한 경향이고, 또 다른 하나는 감추어져 있으면서 드러나지 않은 인간의 의식과 무의식, 꿈과 환상, 욕망 등을 묘사한 것이다. 이 두 가지가 아방가르드 영화의 특징을 구성하고 있다.


## 3. 현실 재현으로부터의 이탈

### 영화 본질에 대한 탐구: 시각성

아방가르드 영화의 특징 중 하나는 화면을 통해 표현할 수 있는 창작 영역의 무한한 유연성을 증명하는 것이다. 이것은 현실을 그대로 기록하거나 재현하는 것에서 벗어나 창작가의 의도와 목표를 화면에 자유롭게 표현할 수 있는 시각적 다양성을 제시했다는 것을 뜻한다. 동시에 아방가르드 영화가 어떠한 창작 목표와 형식을 지니고 있다 할지라도 결국 시각적 표현으로 귀결된다는 의미이다. 그리고 그것의 최종적 목표는 인접 예술로부터 영화가 독립적이고 독창적인 창작 매체로서 존재하도록 하는 것과 결부되어 있다.

이런 점에서 1923년 리치오토 카뉘도(Ricciotto Canudo)가 '제7예술의 선언(Manifeste du septième art)'[23]에서 언급한 내용은 시사하는 바가 크다. 그는 영화를 인접 예술의 하위로 보지 않고 영화의 독자성을 강조하였다. 카뉘도는 "영화를 연극에 결부시키려는 안이한 영화관(映畵觀)을 고발하고 너무나 무거운 유럽의 문학적인 전통에서 영화를 해방하라고 주장했다."[24] 이는 영화가 예술로서의 독자성과 독립성을 가지기 위해서는 영화 자체의 독립적인 표현 수단을 가져야 한다는 뜻이었다. 이러한 카뉘도의 주장은 루이 델뤽(Louis Delluc)과 제르멘느 뒬락(Germaine Dulac)의 시각주의로 발전한다. 특히 뒬락은 영화가 제일 먼저 직면하는 장애는 줄거리를 이야기해야 한다는 선입관과 배우에 의지하고 연극적 움직임을 불가결한 것으로 믿는 데 있다고 지적하면서 영화는 그 시각성을 회복해야 한다고 주장하였다. 이는 영화가 배우의 연극적 행위와 문학적 요소인 서술적 기능을 과감하게 버리지 않으면 표현의 독자성을 확보하기 힘들고 결코 진보할 수 없음을 의미한다. 카뉘도, 루이 델뤽, 제르만 뒬락은 영화의 독자성을 확립하기 위해 영화의 가장 본질적인 특성인 시각성을

---

23  리치오토 카뉘도는 1911년 10월 25일 영화를 '움직이는 조형예술(plastic art in motion)'로서 '6번째 예술의 탄생(Naissance d'une sixième art)'이라고 했고, 1923년에 이르러 영화를 제7예술로 선언하였다. — Scott MacKenzie, *Film Manifestos and Global Cinema Cultures, A Critical Anthology*, University of California Press, 2014, p.595.

24  이용관 편역, 『전위영화의 이해』, 예니, 1991, 82쪽.

강조한 것이다. 이들의 주장은 사물과 대상을 있는 그대로 정밀하고 아름답게 묘사하거나 재현하는 데 있는 것이 아니라 간결함과 함축성, 역동성, 총체성 등을 시각적으로 표현해 냈을 때 비로소 영화의 독립성과 창작성이 발전할 수 있다는 시각 우선주의에 있었다.

이와 같은 시각 우선주의의 아방가르드 영화는 1916년 이탈리아의 미래주의 예술가 집단이 만든 〈미래주의자의 삶(Vita futurista)〉이라는 짧은 영화 속에서 그 특징이 나타나기 시작했다. 이 영화를 만든 미래주의 예술가들은 관습적인 논리를 회피하였고 빠른 행위를 포착한다든지, 심지어 연속하는 사건을 동시에 일어나는 사건으로 묘사하는 것에 열광하였다. 영화 〈미래주의자의 삶〉은 화가 지아코모 발라(Giacomo Balla)가 의자에게 구애하고 결혼하는 것을 포함하고 있는 몇 개의 연결 되지 않은 부조리한 단편으로 구성되어 있다 …… 그리고 미래주의 사진작가 안톤 브라가글리아(Anton Bragaglia)는 미래주의적 관점에 의해 두 편의 영화 〈타이스(Thaïs, 1917)〉, 〈악마의 마법(Il perfido incanto, 1917)〉을 상영했다.[25] 이들 영화에서는 혁신적인 기술이 시도되었고 흐릿한 초점 등과 같은 시각적 특징이 사용되어 아방가르드 영화의 가능성을 선보였다.

아방가르드 영화에서 시각성이 보다 특징적으로 나타난 데에는 무엇보다 추상주의 화가 바실리 칸딘스키의 영향이 컸다고 할 수 있다. 특히 형(形)과 색(色)으로만 구성된 1910년 칸딘스키의 〈추상 수채화(Abstract Watercolor)〉는 영화가 시각적 특성을 표현의 중심 요소로 전환하는 데 중요한 역할을 했다. 이러한 칸딘스키의 사물에 대한 추상성과 "비재현적 양식은 영화에도 그대로 적용되었다. 1910년대 후반 독일의 몇몇 예술가들은 영화가 회화와 같은 시각예술이기 때문에 영화의 가장 순수한 형식은 추상일 것이라고

---

**25** Kristin Thompson & David Bordwell, *Film History: An Introduction*(Third Edition), McGraw-Hill, 2010, p.158.

믿었다." [26]

이들 중 이러한 시각적 특성을 영화의 가장 중요한 창작 수법으로 삼은 이는 발터 루트만(Walter Ruttman), 한스 리히터(Hans Richter), 바이킹 에겔링(Viking Eggeling) 등이었다. 루트만은 이미 1918년에 움직이는 회화라는 아이디어에 몰두해 있었고 영화를 통해서 그것을 창조할 수 있는 방식을 모색하기 시작했다. 그는 유리에 기름으로 그림을 그리면서 젖은 페인트의 일부를 썻어내고 다시 그림을 그려 넣었다. 루트만은 그 유리 밑에 조명을 설치하고 각각의 변화를 촬영하였다. 이를 통해 그는 〈리흐츠피엘 오푸스 1(Lichtspiel Opus 1)〉을 만들어 1921년 4월 프랑크푸르트에서 선보였다. 또한 루트만은 이와 유사한 세 편의 단편 영화 〈리흐츠피엘 오푸스 2(Lichtspiel Opus 2, 1921)〉, 〈루트만 오푸스 3(Ruttrmann Opus 3, 1924)〉, 〈루트만 오푸스 4(Ruttrmann Opus 4, 1925)〉를 만들었다. 그의 영화에서 나타난 각각의 추상적인 형태는 마치 살아 있는 것처럼 성장하고 줄어들고 변형된다. 루트만은 원래 자신의 영화가 음악과 손으로 그린 것으로 보이게 하려고 했다. 이것은 추상적 형태들을 서로 운율적으로 혼합하거나 분리시키면서 화면의 시각적 변화를 창조했다는 데 있다.

또한 표현주의 집단에서 연구한 경험이 있는 리히터는 순수한 시각적 특징만을 이용하여 세 편의 단편 추상 영화를 만들었다. 리히터는 1921년 최초의 단편 추상 영화라 주장한 〈리듬 21(Rhythmus 21)〉을 비롯하여, 이른바 리듬 시리즈라 불린 〈리듬 23(Rhythmus 23)〉, 〈리듬 25(Rhythmus 25)〉를 연이어 만들었다. 그리고 에겔링은 움직이는 추상 이미지들을 음악과 같은 것으로 보면서 음향 반주 없이 상영해야 한다고 주장한 영화 〈대각선 교향곡(Diagonal-Symphonie)〉을 만들었다. 이 영화는 검은 화면을 배경으로 복잡한 유형으로 움직이는 흰색의 대각선들과 같은 시각

---

26  *Ibid.*, p.158.

적 특성을 이용하여 일련의 변주를 창조한다.[27] 이들은 화면의 시각적 특징만으로도 음악과 같은 리듬을 창조할 수 있다는 시각적 표현의 무한한 가능성을 증명했다.

아방가르드 영화가 지니고 있는 시각적 특성의 영화는 다다이즘의 영향을 받은 영화에서도 나타났다. 이런 경향의 대표작으로는 프랑스의 르네 클레르(René Clair)가 감독하고 만 레이(Man Ray), 에릭 사티(Erik Satie), 프란시스 피카비아(Francis Picabia), 앙드레 브르통 등이 제작에 참여한 〈막간극(Entr'acte, 1924)〉을 들 수 있다.

이 영화는 뚜렷한 하나의 줄거리를 갖고 있지 않고 숲 속의 축제에서 하룻밤을 보낸 한 남자의 악몽을 표현하고 있다. 이것은 등장인물들의 행위에 아무런 의미를 부여하지 않고 오히려 부조리하고 장난스러운 행동들을 아무렇게나 뒤섞은 다음, 그것들의 충돌에서 나타나는 낯선 유머로 세상을 조롱하는 것이 그들 작업의 목적이었다. 따라서 이 영화에서 중요한 것은 이전까지의 모든 영화적 규칙들로부터 과감히 벗어나서 기계적이고 도식적인 사회적 관습들을 우스꽝스럽게 만드는 일이었다. 이를 위해 그들은 다양한 촬영 기법 특히 극단적인 로우 앵글을 사용하여 주목을 받았는데 오늘날까지도 유명한 무희의 춤 쇼트가 바로 그 예이다.[28] 이처럼 〈막간극〉은 문학과 희곡에 의존한 서사적 기능을 완전히 포기하면서 카메라의 기능과 광학적 작용을 통해 화면 자체가 가지고 있는 시각적 특징을 묘사함으로써 영화 창작의 본질적 기능을 실험했다.

이와 같은 특징을 보다 구체적으로 묘사한 영화는 1924년 만 레이가 촬영하고 프랑스 화가 페르낭 레제(Fernand Léger)가 완성한 〈기계무용(Ballet mécanique)〉을 들 수 있다. 이 영화는 전혀 관련 없는 요소들을

---

27  *Ibid.*, pp.158-160.

28  피종호 외, 『유럽영화예술(김호영, 1920년대 프랑스의 영화예술 운동)』, 한울아카데미, 2003, 15-16쪽 참고.

조합한 콜라주 기법을 사용했다. 레제는 회화 이미지와 냄비 뚜껑이나 기계 부품 같은 대상의 쇼트를 복잡하게 병치하여 새로운 시각 이미지를 구축하였다. 반면 마르셀 뒤샹(Marcel Duchamp)은 조각이나 원판 위에 단순한 형태나 문장을 써놓고 모터를 통해 그 조각이나 원판을 회전시키면서 나타나는 추상적인 시각 이미지를 통해 영화 〈빈혈 영화(Anémic Cinéma, 1926)〉를 만들었다. 이것은 현실의 실제적 인물과 사물을 통해 시각 이미지를 표현한 것이 아니라 검은 바탕 위에 원모양의 선으로 마치 어지러움에 빠진 눈동자와 같은 화면을 제시함으로써 영화의 시각적 특성을 묘사했다.

시각적 특성을 보다 적극적으로 화면에 적용시킨 아방가르드 영화도 이 시기에 등장하였다. 이와 같은 특징은 영화의 독자성을 강조한 시각적 표현만을 통해 순수한 형식을 탐구하려는 앙리 쇼매트(Henri Chomette)와 제르멘느 뒬락의 순수 영화(cinéma pur)에서 두드러지게 나타난다. 특히 앙리 쇼매트는 1925년 최초의 순수 영화 〈반영과 속도에 관한 유희(Jeux des reflets et de la vitesse)〉와 1926년 〈순수 영화의 5분(Cinq minutes de cinéma pur)〉이라는 영화를 만들었다. 이들 영화 중 〈순수 영화의 5분〉은 검은색을 배경으로 크리스털의 유형들이 변하는 것을 시각적 움직임만을 통해 보여 주고 있다. 또한 제르멘느 뒬락은 1928년에 〈원판 927(Disque 927)〉, 〈주제와 변주(Thèmes et variations)〉에서, 1929년에는 〈아라베스크(Arabesque)〉에서 순수 영화를 시도했다. 그는 특히 〈주제와 변주〉에서 기계 부품과 공장들의 쇼트와 발레리나가 춤을 추는 쇼트를 교차시키면서 서로 다른 움직임과 형태 사이의 추상적인 유사성을 보여주고 있다.[29] 즉 서로 다른 사물과 인물의 행동과 움직임을 통해 비슷한 형태의 시각적 특성을 창조하고 있는 것이다. 이를 통해 영화의 중심이

---

29  Kristin Thompson & David Bordwell, *op. cit.*, pp.164-165.

시각적 특징이라는 것을 인식할 수 있는 계기가 되었다.

이처럼 아방가르드 영화는 시각적 표현의 무한성을 다양한 수법으로 실험하여 영화가 지니고 있는 가장 기본적 특성인 시각적 요소를 통해 화면을 구축했다. 이것은 영화 자체의 창작적 요소를 재발견하는 순간이었고 창작으로서의 한계를 타파하는 데 중요한 기여를 하였다.

## 보이지 않는 세계에 대한 탐구: 꿈, 환상, 무의식, 욕망

아방가르드 영화가 지니고 있는 또 다른 특징은 영화 표현에 대한 지속적인 탐구와 함께 매체의 특성을 이용하여 인간과 사물의 심리, 영혼, 내면을 드러내는 데 있다. 이것은 이전까지 영화가 지니고 있던 표현 수법인 현실을 재현하거나 모사하는 데서 벗어나 보이지 않는 세계로까지 창작 영역을 확대시킨 것이라 할 수 있다. 이처럼 보이지 않는 세계에 대한 묘사가 영화의 존재 가치를 결정하는 중요한 요소가 된다는 주장을 한 인물로는 심리학자 휴고 뮌스터베르그(Hugo Münsterberg)를 들 수 있다. 그는 1916년에 발표한 「사진극: 심리학적 연구(The Photoplay: A Psychological Study)」에서 이 문제를 제기했다. 이 글에서 그는 "영화란 현실이 아니라 정신의 매체이고, 그것의 토대는 기술에 있는 것이 아니라 정신세계 속에 존재하고 있다"[30]는 것을 강조하고 있다. 영화가 단순히 현실 세계만을 표현하는 매체가 아니라는 그의 언급은 영화 창작과 표현에 대한 근본적 수정을 통해서만 영화의 존재 가치를 지속적으로 확보할 수 있다는 것을 의미한다. 그리고 이를 구체화한 것은 인상주의 영화와 초현실주의 영화에서 두드러지게 나타났다.

---

30 Dudley Andrew, *The Major Film Theories*, Oxford University Press, 1976, p.20.

인상주의 영화는 회화적 아름다움에 천착하였지만 루이 델뤽의 포토제니 (photogénie)론[31]이 등장하면서 심리적, 정서적 측면으로 확대되었고, 그것은 곧 영화 표현 요소가 현실로부터 이탈하여 새롭게 전개될 수 있는 가능성을 제기하였다는 데 큰 의미가 있다. 따라서 "인상주의자들은 영화 형식이 연극적, 또는 문학적 서사들을 모방하지 말아야 하며 시각적 리듬에 기초해야만 한다고 주장했다. 이는 이야기보다는 정서가 영화의 기반이 되어야 한다는 인상주의자들의 신념에서 나온 것이다 …… 영화의 본질에 대한 이러한 가설들은 인상주의 영화들의 양식과 서사 구조에 상당한 영향을 미쳤다. 가장 중요하게는 영화적 기법들이 종종 인물의 주관성을 전달하는 기능을 한다는 것이다. 이 주관성은 환상, 꿈 또는 기억들, 광학적인 시점 화면, 그리고 시점 화면 없이 제시된 사건들에 대한 인물의 지각과 같은 정신적 이미지들을 포함하고 있다. 모든 나라의 영화들이 인물의 사고나 감정을 보여주기 위해 합성 화면과 회상 화면 같은 장치들을 사용해 온 것이 사실인데 인상주의자들은 이 방향을 더욱 발전시켰다."[32]

이런 특징의 영화들로는 1918년 아벨 강스(Abel Gance)의 〈10번 교향곡 (La Dixième Symphonie)〉을 시작으로 〈바퀴(La roue, 1923)〉, 〈아벨 강스가 본 나폴레옹(Napoléon vu par Abel Gance, 1927)〉, 마르셀 레르비에(Marcel L'Herbier)의 〈장미-프랑스(Rose-France, 1919)〉, 〈엘도라도

---

31 포토제니는 영화의 본질을 정의하기 위해 사용된 용어였다. 이 용어는 1918년 경 루이 델뤽에 의해 원래 촬영되는 대상과 촬영된 필름을 구분해 주는 특성을 정의 내리고자 사용됨으로써 대중화 되었다. 델뤽에 의하면 영화화의 과정은 한 사물에 새로운 표현성을 부여해 주는데 이는 관객에게 그 사물에 대한 신선한 지각을 제공해 줌으로써 이루어진다. 포토제니란 카메라의 특성, 즉 배경으로부터 대상을 분리하는 화면화, 그 형상을 변형하는 흑·백 필름, 그것들을 더욱 변화시켜 주는 특수 광학 효과 등에 의해 창조된다. 그러한 수단으로 인상주의 이론가들은 영화가 사람들로 하여금 일상을 넘어선 영역에 접근하게 해준다고 믿었다. 영화는 사람들의 영혼과 사물의 본질을 보여준다는 것이다. 이처럼 포토제니란 사물의 단순한 사진적인 것 이상의 복잡한 어떤 것을 나타낸다.

32 Kristin Thompson & David Bordwell, *op. cit.*, pp.77-78.

(El Dorado, 1921)〉, 〈고 마티아스 파스칼(Feu Mathias Pascal, 1926)〉,
디미트리 키르사노프(Dimitri Kirsanoff)의 〈메닐몽탕(Ménilmontant,
1926)〉 등이 있다. 이들 영화에서는 인물의 주관적 심리와 상황들이
카메라의 다양한 기술적, 광학적 장치에 의해 시각적으로 표현되어 화면에
묘사되고 있다. 따라서 화면에는 본래의 인물 및 사물의 모습과 그들의
내면적 상태, 심리, 상황을 묘사한 두 가지 이상의 의미가 나타나는 것이다.
　　보이지 않는 세계를 가장 강력하게 묘사한 영화로는 꿈과 같은 무의식의
세계를 표현한 초현실주의 영화를 들 수 있다. 초현실주의 영화는 1900년
프로이트의『꿈의 해석』으로 촉발된 무의식의 세계를 다룬 정신 분석학
이론에서 많은 영향을 받았다. 초현실주의는 "많은 부분에서 전통적인
예술을 경멸했다는 점에서 다다와 유사하다 …… 초현실주의자들은 예술
작품의 창조를 위해 순수한 우연에 의존하기보다는 무의식적인 세계에
문을 두드렸다. 특히 그들은 의식적인 사유 과정의 방해 없이 언어나
이미지에서 꿈의 비논리적인 내러티브를 직접적으로 묘사하기를 원했다.
막스 에른스트(Max Ernst), 살바도르 달리(Salvador Dalí), 호안 미로(Joan
Miró) 그리고 파울 클레 등이 중요한 초현실주의 예술가들이었다. 이상적인
초현실주의 영화들은 유머스럽고, 혼돈스러운 사건들의 조합이 아니라는
점에서 다다이즘 작품과는 달랐다. 대신에 그것은 해석할 수 없는 꿈의
논리를 따랐던 충격적인, 흔히 성적으로 자극적인 이야기를 기술했다."[33]
또한 벨라 발라즈(Béla Balázs)는 "초현실주의 영화는 일종의 영상적
환각이라는 수단을 통해 내적 기분이나 마음 상태를 묘사하려고 했다"[34]고
주장하였다. 그러나 사실 초현실주의는 단순히 현실을 초월하는 것에
만족하는 운동이 아니라 오히려 현실에 대한 강한 비판을 동반하는 지극히

---

**33** *Ibid.*, p.163.
**34** Béla Balázs, *Theory of the film*, Dennis Dobson LTD, 1952, p.180.

현실 참여적인 운동이었다.

이러한 초현실주의 영화의 특징을 내포하고 있는 대표적 영화로는 살바도르 달리와 루이스 부뉴엘(Luis Buñuel)이 만든 〈안달루시아의 개(Un chien andalou, 1929)〉와 〈황금시대(L'Âge d'or, 1930)〉를 들 수 있다. 특히 스페인 출신이면서 프랑스의 장 엡스탱(Jean Epstein)의 조감독 출신이었던 부뉴엘의 〈안달루시아의 개〉는 성적 욕망에 사로잡힌 인물을 통하여 현실과 무의식의 인과 관계가 무너진 비정상적 행위들이 영화 표현의 주축을 이룬다. 그 중에서도 영화 처음 부분에서 "면도칼을 손질하던 남자가 여자의 눈동자를 반으로 자르자 분출물이 쏟아져 나온 장면은 이 영화가 초현실주의의 가치를 가장 직접적으로 표현하고 있는 장면이라 할 수 있다. 부뉴엘은 프로이트의 이론에 따라 달과 눈동자는 여성의 성기를, 면도칼은 남성 성기를 각각 상징하는 것으로 표현했다고 한다. 이 장면은 수정(면도칼을 가는 행위), 만삭(보름달), 분만(눈의 파열) 등의 과정을 나타내며 인간의 출생 자체가 끔찍한 폭력이라는 것을 알레고리 형식으로 전하는 것이다."[35] 이와 같은 비현실적 요소와 무한한 상상력을 통한 알레고리적 표현은 영화 〈황금시대〉에서도 나타난다. "〈황금시대〉의 첫 부분에는 검, 미사용 성수, 살포기가 중첩되어 나타나는데 이것은 다름 아닌 주교와 식민지 개척자들의 결합, 즉 무력과 종교와 정치의 야합을 상징하는 것이다. 다시 말해, 하늘의 재판이 지상의 재판으로 변형되고 신학이 정치학으로 변질되었던 당대 가톨릭 종교에 대한 영상적 비판인 셈이다."[36] 이처럼 초현실주의 영화는 꿈과 무의식, 상상력을 토대로 현실에 기반을 둔 이전의 영화 창작을 전복시켰을 뿐만 아니라 표현 영역을 무한히 넓혔다.

---

[35] 피종호 외, 앞의 책, 21쪽.
[36] 위의 책, 22쪽.

아방가르드 영화는 보이지 않은 세계, 즉 꿈과 무의식, 의식, 심리에 이르기까지 영화 표현의 영역을 확장시켰다. 이것은 이전까지의 영화가 눈에 보이는 현실 세계에 기반 한 창작 영역에 머물렀던 것과 달리 아방가르드 영화를 통해 보이지 않은 세계로 영역을 넓히면서 창작 매체로서 온전한 기능을 하게 되었음을 의미한다.

* * *

에릭 홉스봄(Eric Hobsbawm)은 아방가르드 회화가 재현이라는 전통적 표현 수단을 버렸을 때 회화 수용자, 즉 감상자와 소통을 어떻게 전개시켜 나갈 것인지에 대한 우려를 다음과 같이 표현했다.

> 일단 재현이라는 전통적 어휘를 버리고, 혹은 회화를 이해할 수 없는 것으로 만들기 위해서 회화의 관습적 어휘에서 멀어지게 되자 회화가 무엇을 할 수 있고 또 무엇을 전달할 수 있었겠는가? 새로운 미술은 어디로 가게 될 것인가?[37]

그는 현실 재현이라는 전통적 표현 수단을 버렸을 때 회화의 수용자와 감상자의 소통 관계가 원활하지 못하게 된 것이 아방가르드 회화가 쇠퇴한 직접적 원인이라고 보았다. 이러한 홉스봄의 시각은 아방가르드 영화의 쇠퇴에도 적용될 수 있다. 그러나 한편으로 아방가르드 영화는 오랜 역사를 지니고 있으면서 독창적이고 독립적인 표현 수법의 축적을 통해 형성된 회화를 비롯한 인접 예술과는 본질적으로 다르다. 왜냐하면 영화는 단순한

---

37  에릭 홉스봄, 양승희 옮김, 『아방가르드의 쇠퇴와 몰락(*The Decline and Fall of the Twentieth-Century Avant-Gardes*)』, 조형교육, 2001, 37쪽.

물리적 현실 재현과 인접 예술에 토대한 표현 수법만을 통해서는 자신의 지속적인 존재 근거를 찾을 수 없을 정도로 그 역사가 짧기 때문이다.

이 때문에 영화는 등장 초기부터 존재 자체에 많은 위기감을 지닐 수밖에 없었다. 그 위기감은 바로 축적되지 않은 영화의 표현 수법의 협소함에서 비롯되었다. 아방가르드 이전의 영화는 여전히 단순한 현실 묘사와 재현, 그리고 인접 예술 ─ 연극의 희곡과 문학 ─ 을 토대로 했다는 이유로 독창성과 창작성에서 끊임없는 위기감과 맞닥뜨렸다. 이러한 위기감은 영화로 하여금 표현 수법의 다양한 변화를 추구하도록 했다. 그것은 그동안의 전통적인 표현 수법인 현실 묘사와 재현으로부터의 이탈이었다. 아방가르드 영화는 기존의 전통적 가치와 표현 수법에서 탈피하여 그동안 표현 대상으로 인식되지 못했던 인간과 사물의 의식, 내면과 총체성으로 창작 대상을 옮겨가기 시작하였다. 창작 대상의 이동은 표현 수법의 혁신과 풍요로움을 가져왔고, 이로 인해 본격적인 아방가르드 영화가 등장하게 되었다. 이것은 "아방가르드 영화 작가들의 주요 목표가 예술로서 영화를 탐험하는 것이었다"[38]는 레미 란조니(Rémi Lanzoni)의 언급과도 일맥상통한 것이라 할 수 있다. 중요한 것은 영화에서의 표현 수법의 혁신이 궁극적으로 영화의 독창성과 창작성을 확보하게 하였다는 점이다.

그런데 그 혁신의 이면에는 제1차 세계대전과 결부된 다양한 유럽의 지적 경향과 일체성이 있다. 아방가르드 영화는 제1차 세계대전 전후 유럽의 사회적 상황으로부터 형성된 유럽 지성사의 예술적 가치와 이념을 받아들이면서 당면한 영화 표현의 한계를 현실 묘사와 재현으로부터의 이탈에서 찾았다. 현실 묘사와 재현으로부터의 이탈은 그동안 지속되어 왔던 영화 표현 수단의 기본적 토대인 현실로부터 그 너머에 존재하고

---

38  Rémi Fournier Lanzoni, *French Cinema: From Its Beginnings to The Present*, Continuum, 2002, p.45.

있는 것들로 옮겨가게 하였고 그럼으로써 창작 수법의 혁신을 가져왔다. 이를 통해 영화가 지니고 있는 창작의 본질적 기능인 시각적 특징과 드러나지 않은 현실 세계를 묘사할 수 있는 영화 창작의 무한성을 증명해 내려고 하였다. 현실 재현으로부터의 이탈을 통해 아방가르드 영화는 그동안의 영화 표현 수법의 협소함을 잠재우고 표현 수단의 독창성과 창작 영역의 확대를 가져왔다. 이러한 측면에서 본다면 1910년대 후반에서 1920년대까지 프랑스를 중심으로 유럽에서 형성된 아방가르드 영화는 영화 역사 발전에서 하나의 중요한 계기가 되었다고 할 수 있다. 왜냐하면 아방가르드 영화를 통해 영화가 창작의 다양한 가능성과 함께 영화를 더욱 풍요롭게 이해하는 데 기여를 했기 때문이다.

이처럼 아방가르드 영화는 전통적 수법인 현실 재현으로부터의 이탈을 통해 자신의 존재 가치를 보다 확고히 했다. 따라서 아방가르드 영화의 중요성은 영화가 표현 수법의 한계에 부딪쳤을 때 새로운 창작 수법을 통하여 영화의 존재를 계속 전진하도록 했다는 데 의의가 있다고 할 수 있다.

제 3장

# 영화의 진보성과 보수성, 독일 표현주의 영화 (1920-1924)

## 1. 표현주의의 개념과 역사성

### 표현주의의 개념

표현주의 영화는 표현주의 예술의 형식과 정신이 투영되기 시작한 1920년 로베르트 비네(Robert Wiene)의 〈칼리가리 박사의 밀실(Das Cabinet des Dr. Caligari)〉에서부터 1924년 파울 레니(Paul Leni)의 〈밀랍인형 전시실(Das Wachsfigurenkabinett)〉까지 지속되었던 독일의 특정한 영화들을 가리킨다.

그러나 어떤 영화들을 표현주의 영화의 범주에 포함시킬 것인지에 대해서는 다양한 의견이 존재한다. 최초의 표현주의 영화라 불리는 〈칼리가리 박사의 밀실〉을 유일한 표현주의 영화라 주장하는 이도 있고, 어떤 이들은 〈칼리가리 박사의 밀실〉 성공 이후 비슷한 구상으로 만들어진 6, 7편의 영화만으로 한정하기도 하며, 또 다른 이들은 〈칼리가리 박사의 밀실〉

전후의 유사한 주제와 스타일을 갖고 있는 영화들로 제한하기도 한다. 심지어 단순한 표면적 현실의 재현이 아니라 내면세계의 표출이란 의미에 서 심리 묘사에 치중한 이른바 '실내극 영화(Kammerspiel film)'까지 표현주의 영화에 포함시키는 이들도 있다.[1]

그럼에도 불구하고 표현주의 영화를 언급할 때 가장 자주 거론되는 작품은 로베르트 비네의 〈칼리가리 박사의 밀실〉, 파울 베게너(Paul Wegener)의 〈골렘(Der Golem, 1920)〉, 프리츠 랑(Fritz Lang)의 〈고단한 죽음(Der Müde Tod, 1921)〉, 〈도박사, 마부제 박사(Dr. Mabuse, der Spieler, 1922)〉, 〈니벨룽겐(Die Nibelungen, 1924)〉, 프리드리히 무르 나우(Friedrich Murnau)의 〈노스페라투(Nosferatu, 1922)〉, 〈유령 (Phantom, 1922)〉, 그리고 아르투어 로비손(Arthur Robison)의 〈그림자 (Schatten, 1923)〉, 파울 레니의 〈밀랍인형 전시실〉 등이다. 이 영화들이 표현주의 영화로 자주 거론된 이유는 표현주의 예술의 가치와 정신, 수법들 이 영화 속에 특별하게 구현되고 있기 때문이다. 이것은 표현주의 영화가 유럽과 독일의 회화·연극 등에서 유행하였던 표현주의 예술의 형식, 가치와 불가분의 관계에 있음을 말한다. 따라서 표현주의 영화에 대한 논의는 표현주의에 대한 개념과 그것의 역사적 궤적으로부터 시작되었다는 것이 자연스러운 것이다.

표현주의 용어의 등장 시기와 정의, 사용은 미학자, 예술학자, 문학자들 사이에서도 통일되어 있지 않다. 그것은 대체로 어떤 미학적, 예술적 경향이 등장한 후에는 후대의 학자들이 그러한 경향들을 재규정하기 때문에 표현주의라는 용어 등장과 사용의 역사적 시기가 명확하게 구분 되어 사용되고 있지 않다. 이러한 측면을 수용한다면 표현주의에

---

1  남완석, 「바이마르 공화국 시대의 영화」, 《문학과 영상》 Vol.4 No.1, 문학과 영상학회, 2003, 114쪽.

대한 이해는 보다 다양한 역사적 시기에 관한 논의에서 시작되어야 하고 그러한 논의를 다양하게 인정하는 데서부터 출발해야 한다는 결론에 도달한다.

레이먼드 퍼니스(Raymond Furness)는 자신의 책 『표현주의(Expressionism)』에서 표현주의 용어의 사용은 먼저 회화에서 유래하였다고 한다. 그는 표현주의 용어의 근원을 19세기 중엽 존 윌레트(John Willet)가 당시 현대적 회화를 지칭하기 위하여 사용한 것으로부터 보았다. 그에 의하면 표현주의라는 용어는 "1850년 초 현대적 회화를 기술하기 위하여 사용되었다고 한다. 윌레트는 이 말이 특별한 정서나 감정의 표현을 시도한 사람들을 기술하기 위하여 1880년 맨체스터에서도 사용되었다고 쓰고 있다. 표현주의란 말이 인상주의를 넘어서서 곧 인상의 수동적인 수용을 넘어서서, 특히 반 고흐(Van Gogh)가 보여주는 바와 같은 보다 격렬하고 화끈하며 정력적인 창조성을 추구한 화가들의 작품에 담긴 특별한 강렬함을 가리키는 데 쓰였음을 지적하는 비평가도 많다. 인습적 형식의 해체, 색채의 추상적인 사용, 강렬한 감정의 우위, 무엇보다도 모사 원칙에 등 돌리기 등이 회화에서, 그 뒤를 따라 문학에서 새로운 의식, 새로운 접근을 선포하는 것이다"[2]고 하였다.

또한 "허버트 리드(Herbert Read)는 표현주의 회화의 원천을 유겐트슈틸(Jugendstil), 아르누보(Art Nouveau), 반 고흐와 폴 고갱(Paul Gauguin)의 작품, 특히 고딕 미술에서 찾았다. 빌헬름 보링거(Wilhelm Worringer)에 의하면 르네상스 미술은 라틴 민족의 미술이며 고딕 미술은 게르만족의 미술이다. 이러한 관점에서 보면 독일 표현주의 미술은 독일의 민족적인 전통을 계승하고 있다고 볼 수 있다. 전통적으로 독일의 화가들은 이탈리아나 프랑스의 화가들과는 달리 조형적 규범이나 비례, 해부학

---

2  R. S. Furness, *Expressionism*, Methuen & Co Ltd, 1973, p.4.

등의 이론적 연구에는 그다지 관심을 보이지 않았고 내적 감정의 표현을 더 중시하였다."[3]

한편 조창섭은 「표현주의 생성 역사에 대한 연구」라는 논문에서 표현주의 용어의 의미와 사용에 대해 다음과 같이 언급하고 있다.

> 표현주의라는 용어는 1901년 파리에서 개최된 독립파 살롱의 전시회 카탈로그에서 처음으로 사용되었다. 이때 프랑스의 화가 줄리앙 에르베(Julíen Hervé)는 표현주의라는 표제 아래 여덟 점의 그림을 전시하였다. 그러나 이 그림들은 후에 표현주의적 특징을 지닌 것으로 평가된 앙리 마티스(Henri Matisse)와 바실리 칸딘스키(Wassily Kandinsky)의 작품들과는 화풍이 사뭇 달라 공통점을 거의 갖고 있지 않았다. 표현주의라는 명칭 역시 1901년 프랑스에서 마티스와 인상주의 화가들을 구별하는 데 사용되었던 용어였다. 이 용어, 표현주의는 프랑스에서 계속 사용되지 못하다가, 1911년 이후에 독일로부터 새로이 받아들여졌다 …… 독일에서는 표현주의 회화가 1905년 드레스덴에서 최초로 공개되었다. 그리고 표현주의라는 용어는 1911년 4월부터 그 해 늦여름까지 개최된 '베를린 분리파(Berliner Sezession)'의 제22회 전시회에서 처음으로 사용되었다. 이 전시회에서는 중요한 인상주의 화가들의 그림들이 대개 전시되었지만 막스 슐레포그트(Max Slevogt), 스위스의 페르디난트 호틀러(Ferdinand Hodler), 칼 바슬러(Karl Wasler)의 그림도 끼어 있었고, 에른스트 바를라흐(Ernst Barlach)의 조각도 있었다. 전시장의 특별 홀에는 젊은 프랑스 화가들의 그림들이 따로 전시되고 있었는데, 이 가운데는 프랑스의 입체파 및 야수파 화가들인 파블로 피카소(Pablo Picasso), 조르주 브라크(Georges Braque), 앙드레 드랭(André Derain), 모리

---

3  서울대학교 독일학연구소, 『독일 이야기』, 거름, 2000, 417쪽.

스 드 블라밍크(Maurice de Vlaminck), 알베르 마르퀴(Albert Marquet), 앙리 망갱(Henri Manguin), 에밀-오톤 프리즈(Emile-Otton Friez), 클리스 반 동겐(Kees van Dongen), 라울 뒤퓌(Raoul Dufy) 등의 작품도 끼어 있었다. 바로 이 화가들이 베를린에서 표현주의자라고 불린 사람들이며, 이 전시회의 카탈로그의 머리말에도 표현주의라는 용어가 대두되고 있었다.[4]

이렇듯, 조창섭은 표현주의를 프랑스에서 전시된 독특한 회화로 칭하면서 점차 독일로 유입된 화풍을 구별하기 위해 사용한 것이었다고 설명한다. 이와 관련하여 막스 오스보른(Max Osborn)은 1911년 5월 5일자 《예술연대기(Kunstchronik)》에서, 빌헬름 보링거는 1911년 8월 잡지 《폭풍(Der Strum)》에 기고한 글 〈현대 회화의 발전사에 대하여(Zur Entwicklungsgeschichte der modernen Malerei)〉에서 표현주의라는 용어를 각각 사용하였고, 파울 슈미트(Paul Schmidt)는 1911년 12월 《라인지방(Rheinland)》이라는 잡지에서 이 용어를 언급했다. 그 결과 1912년경에 이르러 표현주의라는 용어는 독일에서 전혀 낯설지 않게 되었다. 그리고 "1914년에 파울 페히터(Paul Fechter)가 표현주의에 관한 최초의 저서를 쓴 후, 이 명칭은 예술사적 전문 용어로서 어느 정도 정착되었다."[5] 이들이 칭한 표현주의 용어 속에는 이전 세대의 예술적, 미학적 경향에 대한 전면적인 거부가 내포되어 있었다. 따라서 표현주의 회화는 인상주의의 시각적 특징에 의존한 화풍보다는 인간의 내면과 정신, 영혼에 대한 탐구를 중요시했다. 즉 표현주의는 눈에 보이는 물질적인 외양보다는 정신적 가치 탐구에 더 몰두하였다. 이러한 경향은 독일의 드레스덴과

---

4  조창섭, 「표현주의 생성역사에 대한 연구」, 《독어교육》 Vol.7 No.1, 한국독어독문학회, 1989년, 72-73쪽.

5  위의 논문, 74쪽.

뮌헨에서 창립된 '다리파'[6]와 '청기사파'[7]에 의해 회화 운동으로 구체화되었다. 이들은 경험하거나 눈으로 본 것을 믿지 말고 자기 자신의 내면세계를 믿으라는 프랑스의 화가 귀스타브 모로(Gustave Moreau)의 말을 자신들의 창작의 토대로 삼았다. 이들 집단은 자신들의 내면세계를 반영하기 위하여 기존의 전통적인 회화적 수법과 가치를 거부하고 대상을 보다 단순화하고 추상화하는 한편 인간의 내면적 세계와 정신적 가치를 강조했다. 이러한 기조 위에서 표현주의는 정신과 영혼에 대한 가치를 가장 중요한 임무로 여겼다. 정신과 영혼을 강조한 회화에서의 표현주의는 빠른 속도로 연극, 음악, 문학과 같은 다른 인접 예술에게로 퍼져나갔다.

---

6  서울대학교 독일학연구소, 앞의 책, 419쪽.
   다리파(Die Brücke, 1905-23)는 1905년 드레스덴에서 결성되었고 후에 베를린으로 활동 무대를 옮겼다. 낡은 세대의 가치관을 거부하고 새로운 미래를 향한 다리임을 자부한 다리파는 특히 전통적인 가치체계에 대한 신념을 뒤흔들어 놓은 제1차 세계대전 이후에 대중적으로 상당한 호응을 얻게 되었다. 다리파는 에른스트 루드비히 키르히너(Ernst Ludwig Kirchner, 1880-1938), 에리히 헤켈(Erich Heckel, 1883-1970), 카알 슈미트-로틀루프(Karl Schmidt-Rottluff, 1884-1976) 등에 의해 창립되었는데 그 중 키르히너가 중심인물이었다. 그는 드레스덴의 민속 박물관에서 본 원시 미술작품들에서 강한 자극을 받아 기교나 조화보다는 투박하지만 강렬한 표현을 중시하는 새로운 미술을 추구하였다. 목판에 새긴 다리파의 선언문에서 그는 자신의 창조적 충동의 원천을 직접적으로 가식 없이 표현하는 모든 사람은 우리에게 동참할 수 있다고 말했다.

7  위의 책, 423-425쪽.
   청기사파(Der blaue Reiter, 1911-14)는 뮌헨을 중심으로 활동하였고 이들의 중심인물은 바실리 칸딘스키(Wassily Kandinsky, 1866-1944)이다. 청기사는 칸딘스키와 프란츠 마르크(Franz Marc)가 1912년에 출간한 연감의 제목이다 …… 청기사파와 다리파는 모두 표현주의의 중심에 있었지만 두 단체가 지향하는 바는 달랐다. 다리파가 인상파에서 정점에 도달한 서구 미술의 전통과 결별하고 원시 미술 혹은 중세 미술을 모범으로 삼은 것은 정교한 세련미 대신에 투박하지만 강렬한 단순미를 추구하는 것을 의미했다. 칸딘스키 역시 원시 미술에 관심이 있었지만 그의 관점은 상당히 달랐다. 그는 원시 미술의 단순미에 매혹된 것이 아니라 원시 미술이 초자연적인 것에 대한 인간의 인식이나 즐거움 또는 공포를 표현하고 있다는 것을 높이 평가하였다 …… 칸딘스키는 '예술에서의 정신적인 것에 대하여'라는 저서에서 예술의 기능은 물질주의의 악몽에서 벗어나 인간의 정신을 일깨우는 데 있으며 순수한 색채 이를테면 빛나는 빨강색이 우리에게 트럼펫 소리 같은 효과를 불러일으킬 수 있다고 주장하였다 …… 동물을 주로 그린 청기사파 일원이었던 마르크는 미술의 본질은 자연으로부터 과감하게 탈피하여 정신세계로 가는 가교라고 생각했다.

특히 연극에서는 이전까지 자연주의자들이 추구하였던 외면적 현실의 재현이 '인간의 본질에 대해 아무것도 말해 주지 않는다'고 주장하면서 이전 시대의 연극적 경향을 거부하도록 했다. 그 결과 연극에서의 "표현주의자들은 이전 계몽주의 이후 연극의 가장 중요한 구성 원리가 된 개연성이나 인과율을 무시했다."[8] 이것은 "1917년 베를린의 도이체스 테아터(Deutsches Theater)에 설치된 실험무대에서 이루어진 라인하르트 조르게(Reinhard Sorge)의 〈거지(Der Bettler, 1912년작, 1917년 초연)〉를 비롯하여 라인하르트 괴링(Reinhard Goering)의 〈해전(Seeschlacht)〉, 프란츠 폰 운루(Franz von Unruh)의 〈종족(Ein Geschlecht)〉, 오스카 코코슈카(Oskar Kokoschka)의 〈불타는 가시덤불(Der brennende Busch)〉 등이 막스 라인하르트(Max Reinhardt)나 또는 다른 젊은 연출가들에 의한 작품 제작, 공연을 통해서 표현되었다."[9] 이와 같은 특징, 즉 개연성이나 인과율의 파괴는 연극에서뿐만 아니라 아르놀트 쇤베르크(Arnold Schönberg), 알반 마리아 요하네스 베르크(Alban Maria Johannes Berg), 안톤 폰 베베른(Anton von Webern)으로 대표되는 독일과 오스트리아 음악가들에게도 영향을 미쳤다. 또한 문학에서는 1910년부터 문학 활동의 새로운 시도가 나타나기 시작하여 새로운 문학그룹과 새로운 형태의 서정시 등이 등장했다.[10] 문학적 경향은 쿠르트 힐러(Kurt Hiller)에 의해 1911년 7월 《하이델베르크 신문(Heidelberger Zeitung)》의 월간 부록 〈문학과 과학(Literatur und Wissenschaft)〉에서 표현주의를 문학 사조의 용어로 사용하기 시작하면서 하나의 흐름이 되었다.[11]

이와 같이 표현주의는 19세기 중엽부터 20세기를 지나면서 회화, 연극,

---

8  위의 책, 357쪽.
9  이원양, 『독일연극사』, 두레, 2002, 230쪽.
10  조창섭, 『독일표현주의 드라마』, 서울대학교 출판부, 1990, 38쪽.
11  위의 책, 12쪽.

음악, 문학에서 나타났다. 그것은 기존의 외형적 대상과 가치에 대한 거부와 반대로부터 출발했다. 외형적 대상과 가치에 대한 거부와 반대는 자연스럽게 사물의 본질과 인간의 내면적 감정의 표현을 더 중시하게 만들었다. 그런데 이러한 표현주의의 사상적, 이념적 가치의 직접적 토대는 산업 혁명 이후 유럽과 독일에서 촉발된 빈부 격차의 심화, 세기말적 분위기, 그리고 제1차 세계대전의 전운이 감도는 분위기 속에서 등장했다. 전통적 가치와의 차별을 위해 사용된 표현주의는 점차 이와 같은 시대적 상황과 밀접한 연관을 가지게 되었다. 표현주의 용어 규정의 다양성은 바로 이 지점에서 발생했다. 즉 기존의 전통적인 회화 경향과의 차별로서 출발한 표현주의는 산업혁명 이후 사회적 모순이 격화되면서 그 시대와 가장 반대되는 가치로 의미가 확장되었다. 이처럼 표현주의의 의미는 역사가 변하면서 그 개념도 다르게 변화했고, 이는 표현주의라는 정의를 다양하게 하는 원인으로 작용하였다.

## 표현주의의 역사성

표현주의의 역사성은 맬콤 패슬리(Malcolm Pasley)가 구분한 표현주의의 4가지 특징을 통해 알 수 있다.

(1) 구문상의 압축이나 상징적인 이미지의 연속과 같은 다양한 반자연주의적인 것이나 추상화하는 장치의 활용, (2) 좌파 국제주의 입장으로부터 빌헬름 시대의 신성한 부르주아에 대한 공격, (3) 정신적 활력 혹은 소생이라는 주제의 채택, (4) 열정적, 선언적 어조의 채택이다. 첫째 항목은 예술에서 국제적인 경향을 가리키고 나머지 세 항목은 독일적인 특성을 나타낸다. 유감스럽지만 표현주의라는

말은 이들 두 가지 의미를 모두 표현한다.[12]

  이러한 표현주의에 대한 맬콤 패슬리의 구분을 통해 다음과 같은 역사적 의미를 도출할 수 있다. 첫째, 표현주의가 지향한 가치는 유럽에서 나타났던 기존의 정신적 가치의 위기감으로부터 비롯되었다는 것이고, 둘째, 표현주의가 독일에서 집중적으로 나타났다는 점이다. 이것은 표현주의가 지향한 정신적 가치와 지역적 특징의 토대가 무엇으로부터 근거하고 있고, 그 역사적 원인의 본질은 무엇인가라는 의문에 직면하게 한다. 그리고 이것의 역사적 특징에 대한 판단은 앞에서 언급한 것처럼 산업혁명 이후 유럽 사회의 상황 속에서 찾을 수 있다.

  산업혁명은 유럽인들로 하여금 이성에 대한 믿음과 이성 우위에 대한 확신을 갖도록 하기에 충분하였다. 따라서 이 시기 유럽인들은 산업혁명을 통하여 형성된 과학 기술의 발전과 진보를 바라보면서 인간의 존재 가치가 높아졌다고 스스로 인식했다. 그러나 산업혁명 이후 과학 기술의 진보와 발전으로 형성된 물질 우선주의는 오히려 인간들 상호간의 질서와 반목을 초래했고 계급적 모순을 격화시켰으며, 그로 인한 인간의 정신적 가치는 더욱 황폐화되었다. 이러한 모순된 사회적 현상에 유럽인들은 당황했고 자신들이 이루어 놓은 물질 우선주의에 대해 점차 깊은 회의를 느끼게 되었다. 그 결과 유럽인들은 한쪽에서는 이러한 모순을 해결하기 위하여 새로운 사회 질서를 위한 투쟁의 깃발을 높이 쳐들었고, 또 다른 쪽에서는 이러한 상황에 깊은 번민과 고민을 하였다. 이제 유럽인들에게는 드러난 사회적 모순을 해결하기 위해 정면으로 맞서거나 아니면 그러한 현상에 눈을 감고 뒤돌아서 있어야 하는 역사 인식 주체로서의 선택이 사명으로 부과되었다. 이와 같은 상황은 오히려 다양한 철학적, 예술적 사고를 갖도록

---

12  R. S. Furness, *op. cit.*, p.1.

유도하였지만, 궁극적으로 무엇이 새로운 유럽 사회의 패러다임이 되어야 한다는 데에는 뚜렷한 결론을 도출하지 못했다. 그래서 공산주의자부터 극단적 민족주의자에 이르기까지 이 문제에 대한 나름대로의 다양한 시각이 존재하였다. 이 시기의 지적, 예술적 운동은 바로 이와 같은 유럽의 상황으로 부터 비롯되었다. 따라서 많은 지식인들과 철학자들 그리고 예술가들은 드러난 현상에 대한 탐구가 더 이상 궁극적 해결책이 될 수 없다고 보고 인간의 내면과 정신, 영혼 속으로 파고들었다. 이러한 기조는 제1차 세계대전을 겪으면 서 유럽인들로 하여금 유럽 전체의 지적 운동에 일대 전환을 가져왔고 인간의 가치와 존재의 가치 그리고 물신화에 대한 자기 성찰을 요구하게 되었다.

독일에서는 이러한 성찰이 역사적 상황 변화와 함께 지식인들의 지적 운동으로 표면화 되었다. 이에 대한 이론적 토대는 프리드리히 니체 (Friedrich Nietzsche)와 앙리 베르그송(Henri Bergson)으로부터 표출되 었다. 특히 니체는 기존 가치에 대한 거부와 자아에 대한 성찰을 강조함으로 써 표현주의적 사고에 예리한 추진력을 제공했다. 니체는 현상으로부터 도출된 그 시대 인간이 고민하고 있는 것들, 예컨대 "인간은 신이 떠난 자리의 공허를 진정 메꾸어 채울 수 있는가? 아니면 인간은 살신(殺神)의 엄청난 범죄로 말미암아 파괴되는 것인가?"[13]와 같은 문제를 제기했다. 인간 존재의 불안정에 대한 깊은 우려를 표명한 니체의 철학은 표현주의자 들에게 정신적 토대를 제공했다. 이러한 토대 위에서 표현주의자들은 과거로부터 존재해 왔던 가치를 송두리째 뒤엎고 새로운 가치를 세우려고 하였다. 그 결과 표현주의자들은 전통적 질서와 가치에 대한 거부로 인해 급진적이고 좌파적 특징을 가지고 있는 것처럼 인식되기도 했다. 실제로 당시의 많은 표현주의 작가들과 화가들은 사회당과 공산당에 가담하기도 하였지만, 표현주의가 표방하고 있는 주관주의, 정신과 영혼에 대한 숭배는

---

13  *Ibid.*, p.8.

오히려 우파 진영의 이데올로기와 연결되기도 했다. 따라서 표현주의의 지향성을 지나치게 좌파나 우파 진영의 한쪽으로 몰고 가는 것은 표현주의를 올바르게 이해하는 데 방해가 될 수 있다.

이에 대해 퍼니스는 "비록 많은 독일 표현주의자들이 특히 제1차 세계대전 중에 사회당과 공산당에 가담한 것은 사실이지만 막힘을 모르는 강렬한 이상주의는 우파 정치판도 안에서 흔히 표현되었다. 주관성의 강조, 비이성의 애호, 새로운 인간의 선망은 국가 사회주의에서 그 출구를 찾았다"[14]고 했다. 또한 게오르그 루카치(Georg Lukacs)는 좌파냐 우파냐 하는 표현주의의 역사적 정체성과 이데올로기적 시각에 대해 다음과 같이 설명하였다.

혼란스러운 무정부주의적–보헤미안적 관점에 입각한 저항인 점에서 표현주의는 물론 다소 강력하게 우파에 대립하는 경향을 띤다. 또 수많은 표현주의자들 및 그들과 가까웠던 작가들은 정치적으로도 다소 좌파적인 입장이었다. 그러나 상당수의 작가들이 주관적으로는 성실하게 그런 입장을 취했을지 몰라도, 근본적인 문제들을 왜곡하는 일, 특히 추상적으로 시민성에 반대하는 일은 쉽사리 정반대의 극단으로 변할 수 있었다. 즉 우파적인 입장에 의거한 시민성 비판이나 자본주의에 대한 온갖 선동적 비판으로 변할 수 있었다. 그리고 이는 후에 파시즘이 대중적 기반을 얻는 데에 본질적으로 기여했다. 그처럼 비판의 성격이 변할 수 있었던 것은 표현주의자들이 시민성에 대한 비판을 자본주의 체제에 대한 경제적인 인식과 분리했을 뿐만 아니라 프롤레타리아 계급의 해방을 위한 투쟁과도 무관한 것으로 만들어 놓았기 때문이다.[15]

---

14 *Ibid.*, p.10.
15 게오르그 루카치, 홍승용 옮김, 『문제는 리얼리즘이다(*Es geht um den Realismus*)』, 실천문학사, 1985, 22쪽.

루카치는 표현주의의 현실에 대한 추상적 표현이 오히려 우파의 전형인 파시즘 형성에 중요한 기여를 한 것으로 보았다.

　퍼니스와 루카치는 표현주의 속에 전통적 가치에 대한 저항과 현실에 대한 추상성이 내재하고 있기 때문에 좌파적 성향과 우파적 성향 둘 다 존재하고 있다고 보았다. 표현주의에 대한 이런 상반된 견해가 존재하는 것은 표현주의가 본질적으로 전통적 가치를 거부하는 급진성과 불연속적인 것으로 대변되는 형식의 보수성을 동시에 포함하고 있기 때문이다. 표현주의자들이 표현하고자 한 것은 기존에 존재했던 낡은 가치와 정신을 타파하기 위해 나름대로의 급진적인 정치적 시각에 의존하였지만 동시에 그들에게는 본질적으로 인간의 내면, 비이성, 정신, 영혼에 집착한 이중적 경향이 내재되어 있었다.

　이러한 표현주의의 이중적 역사성은 독일에서 보다 선명하게 드러난다. 그것의 이유를 이해하기 위해서는 독일의 역사적 이행과정의 분위기를 먼저 살펴볼 필요가 있다. 이는 표현주의가 등장하기 바로 전 빌헬름 (Wilhelm) 시대로부터 축적된 독일의 사회, 문화적 상황과 제1차 세계대전 전후 무렵의 독일의 특수한 상황과 연관시켜 표현주의를 파악해야 한다는 것을 의미한다.

　제1차 세계대전 전의 독일은 기존의 질서와 가치에 대한 심각한 회의가 점철되기 시작하였다. 많은 예술가들은 "빌헬름 시대의 제도적 장치들의 숨막힐 듯한 허세, 즉 부르주아 규범(moeurs)의 안일성, 위선과 군사주의적 엘리트 집단의 방만함에 맞서 저항의 기치를 들었다 …… 기성사회의 위선이 보다 적나라하였고, 전통적으로 예술가의 고립감과 무력감이 깊었기 때문에 반란의 기운이 유럽의 다른 어떤 나라보다 첨예하였다 …… (이러한 상황과 관련하여) 세계대전 직전부터 독일 표현주의 극작가들이 진지하고 열정적으로 그려낸 것은 대체로 냉소적이고 반어적이기는 하였지만 이미 프랑크 베데킨트(Frank Wedekind, 1864~1918)의 희곡에서 당시 독일 사회에 대한 풍자가 담겨 있었다. 베데킨트의 작품에 담겨져 있는 주된 목표는 성의 힘을 찬양하고 위선적이고 정신 나간 사회를 공격하는 것이었다. 그의 첫 번째 희곡인 〈눈뜨는 봄(Frühling Erwachen)〉은 1890년에 시작되어 1906년에 최초로 공연되었는데 부르주아 윤리에 대한 공격이 무자비하였다."[16]

이러한 베데킨트의 희곡에 나타난 기존 가치 질서에 대한 회의와 그에 따른 표현 수법은 제1차 세계대전 전후 무렵에 더욱 강화되었다. 특히 "오스트리아의 헤르만 바르(Hermann Bahr)는 1914년에 완성하여 2년 후에 출판한 『표현주의(Expressionismus)』에서 이렇게 상황 의식을 집약하고 있다. 인간은 자기 영혼의 심부로부터 비명을 지른다. 시대 전체가 하나의 유일한 꿰뚫는 비명이 된다. 예술도 역시 깊은 어둠 속으로 들어가 구원을 찾아서, 정신을 찾아서 비명을 지른다. 이것이 표현주의다. 새로운 비전, 새로운 현실, 새로운 인간에 대한 요청, 이것이 표현주의의 암호이다."[17] 이처럼 독일에서는 이미 제1차 세계대전 전부터 새로운 가치를 요구하는 역사적 인과성이 형성되었고 표현주의라는 지적 운동에 대한 역사적 명분이 갖춰져 있었다. 이러한 지적 운동이 독일이라는 지역적 공간에서 더욱 활성화될 수 있었던 것은 1918년 11월 제1차 독일혁명과 제1차 세계대전의 패배로 인하여 제정이 무너지고 난 후 뚜렷한 정치적 비전과 패러다임을 제시하지 못한 독일의 역사적 상황에 기인하고 있다. 특히 전쟁 패배 후 1918년 11월 9일 성립된 독일의 바이마르공화국은 여러 정파들 간의 극한적인 대립과 전후 배상금 상환 문제로 극심한 경제적 어려움을 겪게 되었다. 이러한 상황에 직면한 독일 국민들은 정신적 혼란에 휩싸이게 되었고, 드러난 현실에 대하여 관심을 가지기보다는 자연스럽게 보이지 않은 현상에 집중했다. 이것을 표현한 것이

---

16  R. S. Furness, *op. cit.*, p.22.
17  *Ibid.*, p.48.

표현주의 양식으로 특성화된 것이다.

이처럼 표현주의는 유럽 전체가 안고 있는 모순에 대한 새로운 이해와 접근, 그리고 독일 내부의 역사적 변화 과정 속에서 필연적으로 등장할 수밖에 없는 역사적 조건성으로부터 추출된다. 산업 혁명 이후 물질 우선주의가 낳은 많은 모순들은 유럽 지식인들과 예술가들로 하여금 전통적 가치에 대한 거부로부터 새로운 가치를 창조하도록 견인하였다. 그러한 역사적 요구는 각기 처해진 상황에 따라 조금씩 다르게 전개되었다. 특히 독일의 제1차 세계대전 패배는 독일 국민들에게 기존의 전통적 가치에 대한 단순한 거부를 넘어 인간의 내면적인 심리와 영혼에 빠져들게 만들었다. 따라서 표현주의의 이면에는 산업혁명 이후 물신화된 유럽 사회의 모순과 그로부터 파생된 미래 사회에 대한 불안과 회의, 성찰이 내재되어 있다. 그리고 이것들은 독일 역사 전개 과정에서 집약되어 강력하게 표출되었다.

## 2. 전쟁의 패배와 혁명의 실패

표현주의 영화는 표현주의 회화를 비롯한 인접 예술로부터 유입된 양식적 특징과 함께 혁명의 실패와 제1차 세계대전의 패배, 인플레이션 등으로 경제적 혼란에 빠진 독일의 사회적 현상과 밀접한 관계에 있다. 특히 전쟁의 패배는 표현주의 예술의 내면과 정신적 가치에 기반 하고 있는 표현주의 영화의 내용과 직접적으로 연결되어 있다. 이것은 표현주의 영화가 전쟁의 패배를 직접적으로 다루고 있다는 의미가 아니라 전쟁으로 인해 초래된 독일의 사회적 현상이 영화의 내용을 결정하는데 중요한 토대가 되었음을 말한다. 여기에 로자 룩셈부르크(Rosa Luxemburg)와 카를 리프크네히트(Karl Liebknecht)가 주도한 사회주의 혁명 세력의 봉기와 실패는 독일의 정치적 혼란을 더욱 가중시켜 표현주의 영화의 특징을 구축하는데 또 다른 영향을 주었다.

무엇보다 표현주의 영화는 1918년 10월 28일 해군 지휘부가 독일의 명예를 회복하기 위해 키일(Kiel)과 빌헬름스하벤(Wilhelmshaven)에 정박 중이던 해군 병사들에게 영국 함대에 최후의 공격 명령을 하달하면서부터 이미 내재되어 있었다. 독일의 해군 병사들은 자살 행위나 다름없는 해군 지휘부의 공격 명령을 거부하면서 봉기를 일으켰고, 10월 29일 혁명위원회를 만들었다. 이를 계기로 며칠 만에 혁명적 봉기는 북부 독일로부터 시작해, 사회주의자 쿠르트 아이스너(Kurt Eisner)가 봉기를 주도한 바이에른(Bayern)에 이르기까지 독일 전역으로 확산되었다.[18] 그리고 11월부터는 각 지역별로 노동자, 병사 평의회가 조직되어 황제와 지방 군주들의 퇴진을 요구하였다. 이른바 제1차 독일혁명이 전개되었다. 마침내 11월 9일 빌헬름 2세가 물러나면서 독일의 제정이 무너지고 공화국이 선포되었다. 독일사회민주당(Sozialdemokratische Partei Deutschlands, SPD)의 리더인 프리드리히 에베르트(Friedrich Ebert)가 임시정부의 수상으로 취임하면서 독일의 과도 정부가 탄생했다. 마티아스 에르츠베르거(Matthias Erzberger)는 파울 폰 힌덴부르크(Paul von Hindenburg)의 승인을 얻어 1918년 11월 11일 휴전 협정에 조인하면서 전쟁은 종결되었고 독일은 최종적으로 패전의 책임을 지게 되었다.[19]

그러나 공화국이 선포되고 전쟁이 끝났지만 독일은 군부와 관료로 대표되는 서로 다른 정치세력, 즉 옛 제국권력의 잔존 세력과 독일사회민주당, 독일중앙당(Deutsche Zentrumspartei, ZENTRUM), 좌파 자유주의자들로 구성된 의회의 온건 정치세력과 의회주의를 거부하고 기존의 경제 질서 및 사회 질서를 모두 전복함으로써 사회주의 국가 수립을 목표로 하고

---

18 메리 풀브룩, 김학이 옮김, 『분열과 통일의 독일사(A Concise History of Germany)』, 개마고원, 2000, 232쪽.

19 서울대학교 독일학연구소, 앞의 책, 134쪽.

있는 로자 룩셈부르크와 카를 리프크네히트가 이끄는 스파르타쿠스단(Spartakusbund) 간의 내전에 가까운 경쟁이 지속되었다. "이러한 권력 투쟁은 혁명 수 일 만에 온건 정치세력 진영에 유리한 쪽으로 결정이 났다. 독일사회민주당과 이들보다 좌파 쪽으로 기운 독일독립사민당(Unabhängige Sozialdemokratische Partei Deutschlands, USPD)이 연합하여 프리드리히 에베르트와 후고 하아제(Hugo Haase)를 공동위원장으로 하는 인민 대표자회의를 결성하였다. 이 인민대표자회의는 일종의 혁명적 제국 정부로서 사실상 국가의 최고 권력기관이었다."[20] 그리고 인민 대표자회의는 군의 최고 지도부와 상호협조 관계를 유지하기로 합의하면서 실제적 권력이 독일사회민주당을 중심으로 형성하게 하였다. 군부와 손을 잡게 된 독일사회민주당은 옛 정규군과 자발적으로 결성된 지원군의 도움을 받아 베를린과 그 밖의 지역에서 벌어졌던 일종의 시민 전쟁과 같은 양상을 띠었던 격렬한 시위를 무력 충돌을 통해 가혹하게 진압했다. 특히 구스타프 노스케(Gustav Noske)가 이끄는 군대에 의해 스파르타쿠스단을 이끌면서 1919년 1월 1일 독일공산당(Kommunistische Partei Deutschlands, KPD)을 창설한 로자 룩셈부르크와 카를 리프크네히트가 1월 15일 체포되어 살해됨으로써 독일사회민주당은 자신들의 권력에 대한 요구를 관철시킬 수 있었다. 그 결과 1919년 1월 19일에는 새로운 헌법을 만들기 위한 제헌의회 선거를 실시하는데 성공했다 …… 선거 결과 독일사회민주당과 독일중앙당, 좌파 자유주의 독일민주당(Deutsche Demokratische Partei, DDP)의 연정세력이 전체 투표수의 76%를 차지하였다. 독일사회민주당의 필립 샤이데만(Philipp Scheidemann)이 수상이 되었고, 프리드리히 에베르트는 국민의회에 의해 대통령으로 선출되었다.[21]

---

20 하겐 슐체, 반성완 옮김, 『새로 쓴 독일 역사(Kleine Deutsche)』, 知와 사랑, 2008, 216쪽.
21 위의 책, 217쪽.

이렇게 패전 이후 독일의 정치권력은 점차 정리되어 가고 있었지만 정부와 국민의 실제적 어려움은 1919년 5월 7일 연합군측이 독일 대표단에 전한 평화 조건으로부터 본격화 되었다. 이 평화 조건에 의해 독일은 "영토의 14%를 내주어야 했고, 그로 인해 인구의 10%와 철광석 절반, 석탄 매장량의 4분의 1을 내주어야 했다. 모든 해외 식민지를 포기해야 했으며, 해외에 투자한 자금과 특권을 모두 잃게 되었다. 그러나 더욱 놀라운 것은 전쟁 배상금에 대한 요구였다. 10년 동안 그들은 석탄 생산량의 60%, 상선 90%, 거의 대부분의 기차 내연 기관, 철도 차량, 젖소 절반, 화학제품과 의약품 4분의 1 가량도 양도해야 했던 것이다. 또한 독일 군대는 육군 1만 명과 해군 1만 5천명으로 제한되었으며 탱크와 비행기, 잠수함과 독가스 보유가 금지되었다."[22] 독일 측은 이 조약의 조건을 전면적으로 거부하였다. 특히 샤이데만은 이 조약을 결사반대하면서 수상직을 사임했다. 그러나 1919년 6월 28일 독일정부의 두 대표인 헤르만 뮐러(Hermann Müller) 외무장관(사민당)과 요하네스 벨(Johannes Bell) 체신장관(중앙당)이 그 조약에 서명하기 위해 베르사이유 궁에 모습을 드러냈다.[23] 그리고 "1919년 8월 14일에는 바이마르 공화국의 헌법이 공포됨으로써 국가의 기초가 마련되었다. 이로써 혁명의 시대는 끝이 났다. 그러나 그때까지 좌파 쪽에서 왔던 공화국의 위협이 이제는 그 정반대편에서 나타나기 시작했다."[24] 그것은 베르사이유 조약에 대한 불만과 그 조약에 따라 독일 정부의 이행에 대한 문제로부터 비롯되었다.

베르사이유 조약에 따라 독일 정부는 군인들을 최소화하기 위해 보수주의의 자유군단(Freikorps)에 소속된 군인들을 해고시켰다. 그러자 "군대는

---

22  마틴 키친, 유정희 옮김, 『사진과 그림으로 보는 케임브리지 독일사(The Cambridge Illustrated History of Germany)』, 시공사, 2003, 270쪽.

23  하겐 슐체, 반성완 옮김, 앞의 책, 219쪽.

24  위의 책, 221쪽.

공화국 정부에 배신감을 느끼게 되었다. 드디어 1920년 3월 13일 이 군대 소속 부대가 베를린을 점령하였고, 이 군대의 보호 아래 보수주의 그룹이 볼프강 카프(Wolfgang Kapp)의 지휘 아래 쿠데타 정권을 세웠다. 구스타프 바우어(Gustav Bauer) 수상이 이끌던 합법적 정부는 슈투트가르트(Stuttgart)로 피신하였고, 그곳에서 반란자들에게 저항할 것을 호소하였으며 노동조합과 연계해 총파업 투쟁을 벌였다. 쿠데타는 결국 5일 만에 끝났다."[25] 이러한 상황에서 독일의 보수주의 정권은 타격을 받을 수밖에 없었다. 그것은 1920년 6월 6일에 실시된 총선거를 통해 드러났다. 이 선거에서 "독일사회민주당과 독일민주당은 패배를 기록했다. 바이마르 연립 내각 의석은 66%에서 43%로 줄어들었다. 반면 극좌파인 공산당과 독립사회민주당은 20%를, 극우파인 독일민족인민당(Deutschnationale Volkspartei, DNVP)과 민주인민당(Demokratische Volkspartei, DVP)은 28%를 얻었다. 연로한 중도파 정치인 콘스탄틴 페렌바흐(Konstantin Fehrenbach)의 영도아래 중도 우파 정부가 탄생했다."[26] 총선거를 통한 불안한 정치 지형은 1921년 1월 29일 연합군 측에 의해 전쟁 배상금 액수가 발표되면서 독일을 더욱 혼란에 빠져들게 만들었다. 연합군측은 2천2백60억 마르크와 독일 수출액의 12%를 요구했다. 그러나 이 요구는 "페렌바흐 정부의 거부와 영국과 미국의 개입을 통해 1천3백20억 마르크로 조정되었고 연간 6%의 이자를 붙여서 지급하도록 최종 결정되었다. 그리고 독일 수출액 26%를 배상금으로 지불하는데 사용하도록 하였다. 독일 정부는 전쟁 배상금을 갚기 위해 은행에서 거액을 융자받기로 결정했다. 그로 인해 정부 부채가 엄청나게 늘어났다. 그리고 그것은 이미 위험 수위에 달한 인플레이션에 더욱 박차를 가하는 결과를 초래했다. 또한

---

25  위의 책, 222쪽.
26  마틴 키친, 유정희 옮김, 앞의 책, 274쪽.

연합국측은 가치가 떨어진 화폐나 생산물 대신 금이나 경화를 요구했기 때문에 독일 중앙은행의 보유액은 거의 바닥이 난 상태였다."[27] 이를 이행하기 위해 가장 "확실한 해결책은 지폐를 찍어내는 방법밖에 없었다. 지폐 남발은 그렇지 않아도 기승을 부리고 있던 인플레이션을 더욱 부추겨 물가 상승은 이제 통제할 수 없을 정도로 치솟았다."[28] 이러한 경제적 위기는 1923년 10월 구스타프 슈트레제만(Gustav Stresemann) 정부의 렌텐마르크(Rentenmark)를 이용한 통화 개혁을 통해 겨우 진정되었지만 상처받은 독일인들의 자존심과 굴욕감은 쉽게 해결되지 않았다.

이처럼 제1차 세계대전과 전쟁의 패배, 키일과 빌헬름스하벤으로부터 시작된 봉기와 혁명의 실패, 전쟁 패배로 맺어진 조약, 그로 인해 끝없이 치솟는 인플레이션 등은 독일 국민들에게 심각한 고통을 주었을 뿐만 아니라 독일 사회의 미래를 예측할 수 없을 정도로 불안정한 상황에 빠져들게 만들었다. 이러한 불안정성은 독일 국민들에게 현실에 대한 판단을 유보하게 하거나 할 수 없도록 하였고, 막연한 두려움과 공포, 비현실의 세계로 이끌었다. 따라서 전쟁의 패배와 혁명의 실패, 심각한 경제적 혼란으로 초래된 독일의 사회적 현상은 표현주의 영화의 핵심적인 주제로 작용했다.

## 3. 표현주의 영화의 진보성

### 차별화된 전략과 전술

표현주의 예술이 산업혁명 이후 나타난 물질 우선주의 사회의 폐해와 사회적 모순 타파를 위해 새로운 이상의 깃발을 높이 쳐들면서 등장한

---

27  위의 책, 275쪽.
28  메리 풀브룩, 김학이 옮김, 앞의 책, 243쪽.

데 비해 표현주의 영화는 애초부터 그러한 가치 지향성으로부터 출발하지는 않았다. 이것은 표현주의 회화가 표현주의의 정신적 가치와 시각적 표현 형식이 불가분의 자연스러운 관계를 형성하고 있었던 것과 달리 표현주의 영화에서는 그러한 일치성이 확고한 상태에서 시작되지 않았음을 의미한다. 이러한 의미는 표현주의 영화가 다분히 독일 영화 산업의 전략적, 전술적 차원이라는 매우 현실적인 측면에서 표현주의 예술을 차용했다는 해석을 가능케 한다. 이에 대한 근거는 독일의 대표 영화제작사라 할 수 있는 우파(Universum Film Aktiengesellschaft, UFA)사가 취한 두 가지 전략을 통해서 확인할 수 있다. 그것은 "미국영화의 급격한 유입에 대해 국내(독일)의 이익을 보호하기 위한 것과 미국의 문화 헤게모니를 두려워하고 있는 것에 대해 유럽의 대안에 기여하기 위해서이다."[29] 이와 같은 매우 현실적인 상황, 즉 독일로 밀려들어 오는 미국 영화에 대해 효과적으로 대응하기 위해 독일에서는 할리우드와 차별화된 특별한 형태의 영화가 필요하게 되었다. 이에 대해 우파사의 실질적 책임자인 에리히 폼머(Erich Pommer)는 독일에서 영화가 표현주의 회화의 형식을 채택하게 된 이유를 다음과 같이 설명하고 있다.

> 독일 영화 산업은 돈을 벌기 위해 양식화된 영화들을 만들었다. 구체적으로 설명하자면 제1차 세계대전 후에 할리우드 영화 산업은 세계 최고를 향해 움직였다 …… 독일은 패전국이었다. 그러한 독일이 어떻게 다른 나라의 영화와 경쟁할 수 있는 영화를 만들 수 있겠는가? 할리우드나 프랑스 영화를 모방하는 시도는 불가능한 일이었다. 그래서 우리는 무엇인가 새로운 것을 시도하였는데, 그것이 표현주의 영화이거나 양식화된 영화들이다. 이것은 독일이 훌륭한 예술가와

---

29 Sabine Hake, *German National Cinema*, Routledge, 2002, p.30.

작가들, 강력한 문학적 전통, 그리고 연극의 위대한 전통을 지녔기 때문에 가능하였다 …… 산업적 관점에서 볼 때 표현주의 영화는 생산-분화의 결과, 즉 유럽 시장에서의 할리우드 영화에 대한 경쟁 시도였다. 그 시리즈의 최초의 영화가 에리히 폼머 자신의 회사인 데크라(Decla)에서 제작 된 〈칼리가리 박사의 밀실〉이었다.[30]

이처럼 표현주의 영화는 독일 영화 산업의 전략과 전술 속에서 형성되었고 그것이 독일에서 표현주의 양식이 영화와 결합하게 된 중요한 이유 중 하나였다.

물론 이것은 이 시기 급속하게 팽창한 독일 영화 관람객 수에 토대하고 있다고도 할 수 있다. 1919년에는 3천여 개의 극장에서 독일 국민 1백만 명의 인파가 매일 영화를 관람하였고, 1922년에 이르면 일일 평균 관객 수가 약 2백만 명에 이르렀다.[31] 3년 사이 영화 관객 수는 거의 두 배로 증가했다. 영화 관객의 폭발적인 증가는 영화가 독일 국민들에게 전쟁의 패배와 혼란스러운 정치적 상황, 전쟁 배상금, 인플레이션과 실업 등으로 늘어난 삶의 고통을 잠시 치유할 수 있는 가장 큰 위안거리로 작용했기 때문이다. 이러한 독일의 사회적 현상은 독일 국민들로 하여금 영화로 모여들게 하는 계기가 되었다. 즉 하루 종일 상영한 영화관에 들러 영화를 보는 것은 노동자들이 즐기는 축구, 술집, 놀이공원 등과 같은 사교적인 오락의 일환이었다.[32]

이러한 영화 열풍 현상에 대해 작가 알프레드 되블린(Alfred Döblin)은 그것을 '영화 전염병'이라 부르면서 조처를 요구하기도 하였고 "에곤 야콥존

30  George A, Huaco, *The Sociology of Film Art*, Basic Books, Inc, 1965, pp.35-36.
31  남완석, 앞의 논문, 108쪽.
32  볼프강 야콥센·안톤 케스·한스 헬무트 프린츨러, 이준서 옮김, 『독일영화사1(*Geschichte des Deutschen Films*)』, 이화여자대학교 출판부, 2007, 72쪽.

(Egon Jacobsohn)은 스파르타쿠스단 지도자인 로자 룩셈부르크와 카를 리프크네히트가 살해된 날 발간된 글에서 '베를린 전역에서 정부군과 스파르타쿠스단 사이에 유혈 기관총 전투가 일어났음에도 불구하고, 많은 무고한 구경꾼들의 목숨을 앗아간 유탄들에도 불구하고, 시민들은 거리로 나오지 말라는 긴급 호소에도 불구하고, 시내 전차와 에스 반(S-Bahn) 인력들의 파업에도 불구하고, 볼셰비키가 전기, 가스, 수도 시설을 폭파하려 한다는 소문이 들불처럼 퍼지고 있는데도 불구하고, 영화관과 극장들은 전투 지역에 있지 않는 한 방해 받지 않고 영업을 계속했으며, 많은 관객을 누리고 있다'고 썼다". [33] 이와 같이 이 시기 독일에서는 영화 관객의 폭발적인 증가와 열풍이 있었다.

이것은 영화 제작사, 제작 편수 및 영화 시설에 대한 변화를 동반했다. 그 결과 "1919년에는 2백여 개의 제작사들에 의해 대략 5백여 편의 영화들이 독일 제국에서 제작되었으며, 3천여 개의 영화관이 존재했다 …… 독일에서 가장 큰 제작회사인 우파사는 평균 1천5백석의 대형 영화극장 11개를 보유하고 있었다." [34] 그리고 표현주의 영화의 시기와 중첩된 바이마르 공화국 초기의 작품 수를 살펴보면 "1921년에는 646편, 1922년 474편, 1923년 347편, 1924년 271편이 만들어졌다." [35] 이와 같은 작품 수의 규모는 바이마르 공화국에서 "연평균 2백편에서 5백편 사이의 영화가 제작 되었고 독일의 영화 산업은 규모면에서 유일하게 할리우드에만 뒤질 따름이었다." [36] 이를 통해 당시 독일에서의 영화 산업은 세 번째로 거대한 산업 분야가 되었다. [37]

---

33  조원옥, 「바이마르 공화국 시기(1918-1933) 상업영화의 정치적 성격」, 《역사와 경계》 Vol.58, 부산경남사학회, 2006, 270쪽.
34  볼프강 야콥센·안톤 케스·한스 헬무트 프린츨러, 이준서 옮김, 앞의 책, 69쪽.
35  조원옥, 앞의 논문, 272쪽.
36  볼프강 야콥센·안톤 케스·한스 헬무트 프린츨러, 이준서 옮김, 앞의 책, 78쪽.
37  남완석, 앞의 논문, 108쪽.

표현주의 영화는 인접 표현주의 예술의 경우와 달리 표현주의 지향성과 가치에 대한 선언적 의미가 부재한 상태에서 상업적, 경제적 측면을 고려하여 미국 할리우드 영화 산업과 경쟁하기 위해, 나아가 독일, 유럽과 미국의 문화 헤게모니 싸움에서 우위를 확보하기 위해 표현주의의 형식적 요소를 차용한 전략과 전술이 중요한 영향을 주었던 것이다. 그러나 이러한 시각은 표현주의 영화의 역사적 의미에 관한 논의를 매우 협소하게 만드는 측면도 있다. 그리고 이것은 어떠한 정신적 가치나 이상향의 목표를 표방하지 않은 상태에서 표현주의 영화에서 나타난 형식적 특징에 과연 특별한 역사적 의미를 부여할 수 있는가에 대한 문제를 동반할 수 있다. 이와 같은 우려에 대해 비록 표현주의 영화가 산업적 목적을 극대화하기 위하여 표현주의 예술로부터 표현 형식을 차용함으로써 예술적 경향에 반드시 있어야 할 정신적 가치와 표현 수법과의 일치성을 가지고 있지는 않지만, 역설적으로 표현주의 영화의 시각적 특징이 표현주의 예술의 양식으로부터 비롯되었다는 것을 오히려 명백하게 밝힘으로써 영화 역사 발전의 징검다리 역할을 하고 있다고 할 수 있다. 따라서 표현주의 영화의 형식적 특징 형성의 중요한 기반은 이 두 가지 요소, 즉 표현주의 회화를 비롯한 인접 예술의 특징과 산업적 측면으로서의 차별화된 전략과 전술이 결합되어 시너지 효과를 창출했다.

## 표현주의 영화의 표현주의 형식

표현주의 영화에 나타난 두드러진 특징은 표현주의 회화를 비롯한 인접 예술의 형식이 영화 창작에 직접적으로 영향을 미쳤다는 사실이다. 그렇기 때문에 표현주의 예술이 추구하였던 특징과 가치가 얼마나 이 시기 독일 영화에 투영되고 있는가가 표현주의 영화의 판단 기준이 될 수 있다.

이런 측면에서 표현주의 예술의 표현 형식은 표현주의 영화를 이해하는데 있어 중요한 요소라 할 수 있다.

그렇다면 표현주의 영화의 형식적 특징을 결정한 표현주의 예술, 그 중에서도 표현주의 회화의 시각적 특징은 무엇일까? 그것은 바로 빛을 통한 명암의 대비와 그림자, 건축학적인 직선과 곡선, 건축물 틈 사이로 들어오는 빛의 효과와 기하학적인 선들이다. 이것은 표현주의 회화에서 추구하였던 가치의 표현으로서 표현주의 영화 양식 전체를 지배했던 수법이었다. 이와 같은 표현주의 영화와 표현주의 회화 사이의 표현 형식의 연관성은 이미 표현주의 영화에 참여한 사람들의 성향에서 예견되었다. 표현주의 영화를 주도하였거나 핵심적 역할을 한 로베르트 비네, 프리츠 랑, 프리드리히 무르나우 등의 영화감독들은 영화 창작 이전에 연극, 회화, 미학 등을 통해 표현주의 회화 운동의 흐름에 영향 받았던 인물들이었다. 그리고 표현주의 영화의 혁명적인 디자인은 세 명의 표현주의 화가인 헤르만 바름(Hermann Warm)과 발터 뢰리히(Walter Rorig), 발터 라인만(Walter Reinmann)의 영화에서의 활동에 의해 이루어졌다. 에리히 폼머는 이들 세 명에게 표현주의 영화의 시작을 알린 〈칼리가리 박사의 밀실〉의 세트와 의상 제작을 맡겼다. 이들은 자신들의 표현주의의 개념을 로베르트 비네의 영화 〈칼리가리 박사의 밀실〉에 적용시켰다.[38] 이들은 "직선이나 곡선의 사용과 같은 시각적인 변화를 통해서 사물에 불과한 소도구와 세트에 생명을 불어넣었고, 여기에서 두드러지는 추상적인 형상 원리들은 영화의 환상적인 성격을 시각적으로 뒷받침했다."[39] 특히 최초의 표현주의 영화로 불린 〈칼리가리 박사의 밀실〉에서는 표현주의 회화의 주요 수법인 명암 대비, 그림자, 기하학적인 직선과 곡선 등의 특징들이 구체적으로

38 Stephen Brockmann, *A Critical History of German Film*, Camden House, 2010, p.60.
39 노인화, 「독일표현주의 영화 연구」, 중앙대학교 대학원 박사학위 논문, 1998, 55쪽.

나타나기 시작했다. 예를 들면 영화 속 인물, 알렌이 목숨을 잃게 되는 위험한 순간에는 공포와 두려움을 강조하기 위해 극단적인 명암의 대비인 그림자를 통해, 몽유병 환자 세자르의 예언으로 야기된 불안감은 곡선으로 이루어진 계단과 조명, 기하학적 형태를 띤 통로와 같은 건축학적 구조의 모습을 통해, 제인이 올슨 박사를 찾기 위해 내려가는 계단은 Z형태를 통해 묘사되고 있다. 그리고 이 영화에서 토대하고 있는 비현실의 왜곡되고 변형된 양식은 당시 독일이 처해 있던 사회적 상황에 근거한 독일인들의 불안한 심리 상태와 부합하였다. 〈칼리가리 박사의 밀실〉에서 나타난 이와 같은 표현 수법은 이후 표현주의 영화로 범주화 할 수 있는 대부분의 영화의 특징으로 자리 잡았다.

이러한 특징은 파울 베게너가 표현주의 영화로 만들 의도를 가지고 있지 않았다고 주장한 영화 〈골렘〉에서도 나타난다.[40] 이 영화가 의심의 여지없이 표현주의 영화로 불리게 된 것은 연속된 이야기가 연극의 막처럼 총 다섯 개의 막, 즉 5개의 에피소드로 구성되어 있고 인공적인 세트로 이루어졌기 때문이다. 이것은 영화 〈골렘〉이 표현주의 영화의 중요한 특징인 기하학적이고 조형적인 무대, 선명한 명암 조명 등으로 구성되어 있음을 말한다. 그중에서 유대인에게 재앙이 닥칠 것을 예견한 랍비 뢰브가 밤하늘을 관측할 때 선명한 조명을 통해 환상적이고 괴기스러운 분위기를 묘사하고 있는 장면은 이러한 특징을 대변하고 있다.

또한 표현주의적 양식을 최소화 하면서 서술의 내용에 더 집중하고 있는 것처럼 보이는 프리츠 랑의 영화 〈고단한 죽음〉에서도 표현주의적 특징을 찾아 볼 수 있다. 이 영화에서는 죽음의 신이 나무숲에서 유령처럼 등장하는 장면과 젊은 여인이 죽음의 신을 만나기 위해 화면 한 가운데 위치한 조형적 형태의 계단을 올라가는 모습 등은 표현주의적 요소로부터

---

40 Lotte H. Eisner, *The Haunted Screen*, University of California Press, 2008, p.56.

영향 받았다고 할 수 있다.

프리츠 랑의 영화에서 표현주의적 특징이 구체적으로 나타나고 있는 것은 1부와 2부로 나뉘어 구성된 〈도박사, 마부제 박사〉를 들 수 있다. 특히 이 영화에서는 도박과 식사가 이루어지는 호텔 레스토랑과 무대 위 공연장면의 배경이 기하학적인 선을 통해 묘사되어 있고 영화 속 인물들이 표현주의 예술을 직접적으로 언급하고 있는 대화 장면에서 표현 주의 특징을 확인할 수 있다. 즉 카드 게임을 위해 호텔 클럽에 모여 있는 사람들 중 한 사람이 마부제 박사에게 "표현주의에 대해 어떻게 생각하십니까?" 하고 묻자 그는 "표현주의는 오락거리에 불과합니다. 하지만 왜 그러면 안됩니까? 오늘날 모든 것은 오락거리입니다."라고 대답한다. 이들의 대화는 현실을 직접적으로 묘사하고 있지 않은 표현주의 가 독일 사회의 부르주아 계층과 어떻게 결합하고 있는지를 보여주고 있기도 하지만 이 영화가 표현주의 예술을 심각하게 의식하고 있다는 것을 증명하고 있다.

그리고 1924년 2월에 등장한 〈니벨룽겐〉의 첫 번째 영화 〈지그프리트 (Siegfried)〉와 4월에 등장한 두 번째 영화 〈크림힐트의 복수(Kriemhilds Rache)〉에서도 표현주의 양식적 특징이 나타난다. 게르만 민족의 대표적 인 영웅 신화에 근거하여 만든 이 영화에서의 표현주의적 요소는 인공적 형태를 띤 조형적인 세트를 들 수 있다. 즉 군터 왕이 거주하고 있는 성의 모습은 단순하고 직선적인 건축학적 특징을 지니고 있고, 브룬힐트가 군터 왕에게 세 가지 종류의 결투를 신청하고 난 후 결투가 시작되기 전 병사 너머로 보여지는 선명한 흑백의 빛과 거대한 산의 모습은 조형적인 표현주의적 요소를 지니고 있다. 뿐만 아니라 크림힐트가 지그프리트가 안치되어 있는 제단으로 혼자 걸어가는 모습 뒤로 보이는 건물의 기하학적 형태는 표현주의 회화로부터 영향 받았음을 보여주고 있다.

무르나우도 영화 〈노스페라투〉와 〈유령〉에서 표현주의 양식을 효과적으

로 사용하고 있다. 브람 스토커(Bram Stoker)의 원작 〈드라큘라(Dracula)〉
에 토대하여 연극의 5막처럼 구성된 〈노스페라투〉에서는 사람의 피를
빨아 먹는 드라큘라의 섬뜩한 공포와 두려움을 밤과 어둠, 유령 등을
동원하여 어둠 속에서 천천히 드리워지는 그림자를 통해 묘사하고 있다.
여기서의 "그림자는 무의식에서 우리의 의식에 가장 가까이 있는 부분이다.
무의식이 의식화 되는 과정에서 제일 먼저 만날 수 있는 심리적 내용이
그림자이며 나의 어두운 면이다. 그래서 그림자는 자아와 비슷하면서도
대조 되는, 자아가 가장 싫어하는 열등한 성격을 지니고 있는 것이다."[41]
이와 같은 의미의 그림자를 무르나우는 조명의 효과를 통해 계단을 오르고
긴 손톱과 손가락을 통해 천천히 움직이면서 다가오는 드라큘라의 모습으
로 표현주의적 요소의 효과를 극대화 하고 있다. 또한 후터가 엘렌이
있는 집으로 되돌아가기 위해 타고 간 배 위에 그려진 그림과 공포스러운
관 속의 노스페라투의 모습은 전형적인 표현주의적 특징을 사용하고 있음
을 보여준다.

이러한 특징은 가난에 시달리는 작가 로렌즈를 묘사하고 있는 무르나우
의 영화 〈유령〉에서도 나타난다. 이 영화 역시 연극의 한 형태처럼 6막으로
구성되어 있다. 영화에서는 로렌즈 가족의 가난하고 고단한 삶을 강조하기
위해 선명하고 대조적인 조명을 통해 집으로 들어가는 계단, 실내, 로렌즈의
어머니, 동생 휴고의 얼굴을 묘사하고 있다.

표현주의 영화에서 가장 빈번하게 사용되었던 수법 중 하나로 조명의
그림자를 통한 의미 부여는 아르투어 로비손 감독의 〈그림자〉에서도
나타난다. 이 영화는 연극의 형태와 매우 밀접하게 결합되어 있다. 연극처럼
영화는 무대의 커튼이 열리면서 시작되고, 인물의 소개도 무대 뒤의 그림자
를 통해 먼저 보여주고 난 후 실제 인물이 무대 위로 나오는 형식을

---

41  안인희, 『게르만 신화 바그너 히틀러』, 민음사, 2003, 111쪽.

취하고 있다. 뿐만 아니라 화면에서 보여진 장면은 무대 위에서 공연되었던 것들과 비슷한 형태로 전개된다. 따라서 영화는 마치 연극의 무대 위 세트에서 일어난 것들을 그대로 촬영한 것처럼 보인다. 특히 영화에서 조명을 통한 그림자의 효과는 표현주의 예술의 전형적 특징을 가지고 있다고 할 수 있다.

파울 레니의 〈밀랍인형 전시실〉에서도 표현주의 예술의 양식적 특징을 찾아 볼 수 있다. 러시아 짜르, 이반의 에피소드에서 흐릿한 안개와 같은 조명에 의한 명암 구성은 디자이너로서 파울 레니의 능숙한 기술을 보여주고 있다.[42] 이것은 이 영화 속에 표현주의 양식의 잔재가 남겨져 있음을 나타낸다.

이처럼 표현주의 영화는 표현주의 예술, 특히 회화의 수법과 밀접한 관계 속에 있다는 것을 표현주의 영화의 양식적 특징을 통해 보여주고 있다. 이러한 표현주의 양식적 특징의 구현은 영화 역사에서 중요한 의미를 갖는다. 이것은 표현주의 영화가 등장하기 이전 영화의 표현 수법을 통해 확인할 수 있다.

표현주의 영화가 등장하기 이전 대부분의 영화에서는 사물과 인물의 단순한 재현과 모사에 지나지 않았다. 표현주의 영화의 등장으로 영화는 표현 형식을 통해 새로운 의미를 창출할 수 있게 되었다. 즉 표현주의 영화를 통해 비로소 화면, 곧 시각적 요소를 통해 다양하고 새로운 의미를 구축할 수 있음이 증명되었다. 이것은 영화의 존재 가치가 새로운 단계로 넘어가는 하나의 전환점이었다. 표현주의 영화 이전까지 존재해 왔던 영화는 끊임없이 창작 가능성에 대한 의문을 요구받았고 그때까지 영화 창작가들은 이러한 의문을 확실히 불식시키지 못하였다. 표현주의 영화는 비록 인접 예술에서처럼 명확한 이념적 지향성을 선언하면서 표현 수법과

---

42  Lotte H. Eisner, *op. cit.*, p.116.

의 일치성을 가지고 출발하지는 못했지만 표현주의 영화에서의 시각적 표현 형식은 영화를 통해 새롭고 다양한 의미를 구축할 수 있는 가능성을 보여주었던 것이다. 이것은 영화의 존재를 새로운 영역으로 진보 발전시키는 중요한 계기가 되었다. 비록 표현주의 영화가 경제적, 문화적 목적을 극대화하기 위하여 인접 표현주의 예술로부터 표현 형식을 차용함으로써 예술적 경향에 반드시 있어야 할 정신적 가치와 표현 수법과의 일치성을 가지고 있지는 않았지만, 영화 역사에서 표현 영역의 가능성을 확장시킨 것은 분명한 사실이다.

# 4. 표현주의 영화의 보수성

## 루덴도르프의 우파(UFA)

표현주의 영화의 또 다른 한 축은 제1차 세계대전 이후의 독일, 즉 불안한 독일 국민들의 심리와 민족 이데올로기를 반영하고 있다는 점이다. 이러한 주장은 매우 보편적인 시각으로 지그프리드 크라카우어(Siegfried Kracauer)의 『칼리가리에서 히틀러까지(*From Caligari to Hitler*)』에서도 지적된 바 있다. 그렇다면 왜 독일 민족의 집단적 심리와 이데올로기에 가까운 내용들이 표현주의 영화 속에 나타나게 되었는가? 다시 말하자면 제1차 세계대전 이후 표현주의 예술 사조는 이미 그 생명력을 잃어 가고 있었다. 표현주의가 가장 치열하고 격렬한 움직임을 보였을 때는 제1차 세계대전 전과 전쟁 기간 무렵이었고, 전쟁 말기와 1918년에서 1919년 독일의 혁명이 실패로 돌아간 후부터는 표현주의의 가치가 새로운 대안으로서 그 기능을 상실하고 있었다. 그 결과 1920년대 초기에는 표현주의를 회고하는 글들이 쏟아져 나왔다. "카시미르 에드슈미트(Kasimir Edschmid)는

《프랑크푸르트(Frankfurt)》 신문에 '세대는 껍질이 벗겨졌다'라고 썼고, 스스로 표현주의자임을 자처한 최초의 작가들 가운데 한 사람인 이반 골(Iwan Goll)은 1921년 유고슬라비아의 잡지 《천정(Zenit)》에 '표현주의 죽다'를 썼다."[43] 표현주의자들은 이미 1910년대 말부터 표현주의가 그들의 유토피아를 대변할 수 없다고 단언하면서 다다이즘, 초현실주의 그리고 심지어는 신 즉물주의(Neue Sachlichkeit)로 전환하고 있었다.

이처럼 표현주의 예술의 이론과 가치가 점차 그 수명을 다해 갈 무렵 1920년 로베르트 비네의 〈칼리가리 박사의 밀실〉이라는 독일 최초의 표현주의 영화가 등장했다. 그렇다면 표현주의 예술의 이상향이 쇠퇴해 갈 무렵 표현주의 영화는 왜 등장하게 되었는가? 여기에는 독일 영화의 경쟁력을 확보하기 위해 표현주의 양식을 차용하였다는 것 이외에 또 다른 중요한 이유들이 있었다. 그것은 이미 언급한 것처럼 제1차 세계대전의 패배와 불안한 독일의 경제, 그로 인해 급격하게 변한 정치의 보수화 등을 들 수 있다.

이것은 영화의 막강한 프로파간다적 특징을 인식한 에리히 루덴도르프 (Erich Ludendorf) 장군이 다양한 정치적 견해로 분열된 국가의 단결력을 결집하기 위해 독일 영화 산업의 통합을 요청하면서부터 그 토대가 마련되었다. 루덴도르프는 1917년 7월 4일 독일의 국방부(Kriegsministerium)에 한 통의 편지를 보냈다. 그는 이 편지에서 통일된 위대한 관점에 따라 국익을 위해 대규모의 대중들에게 계획적이고 단호한 영향력을 행사하기 위해서 독일 영화 산업의 통합이 요청된다고 썼다. 루덴도르프의 이 편지는 영화제작사 우파사의 설립 근거로 간주되었다. 그리고 1917년 12월 18일 2천5백만 마르크의 자본금으로 베를린의 상업 등기부에 영화사 우파사가 등록된다. 육군 원수 파울 폰 힌덴부르크(Paul von Hindenburg)는 우파사의 설립을 국가적, 정치적, 경제적, 문화적으로 막대한 의미를 지닌 기업이

---

43 조창섭, 앞의 논문, 98쪽.

창조되었다고 했다. 이를 바탕으로 우파사는 가장 막강한 독일 영화 콘체른 (Konzern)으로 성장하며 그 때까지 독일 영화에서 중요했던 에리히 폼머의 데크라사와 같은 거의 모든 영화제작사들을 흡수, 합병하면서 독일의 대표적인 영화제작사가 되었다.[44]

　　이렇게 설립된 우파사의 공식적인 목표는 독일 국가의 교육과 국가 정책을 위해 기여할 것을 표방하였다. 동시에 이것은 독일 영화계에 "좌파와 반자본주의 이데올로기를 가진 독일 영화 예술의 부상 가능성을 제거했다. 독일의 표현주의 영화는 응집된 보수 이데올로기로 특징지어진다."[45] 이러한 경향은 제1차 세계 대전의 패배와 1919년 5월 스파르타쿠스단의 마지막 봉기가 진압되면서 혁명의 최종적 실패, 그 해 8월 바이마르 헌법이 공표되고 난 후 패전의 책임으로 맺은 평화조약으로 초래된 경제적 어려움 등으로 독일 정부가 급속도로 보수적 이데올로기로 향해 가고 있는 것과 궤를 같이 한다.

　　표현주의 영화가 보수적 경향을 지닐 수밖에 없었던 또 다른 이유는 표현주의 영화를 만든 창작가들의 사회적 배경에 기인하였다. 즉 표현주의 영화 창작가들인 로베르트 비네, 파울 베게너, 프리츠 랑, 무르나우 등 대부분은 대학을 졸업한 다양한 분야의 전문 지식인들이었다. 이들은 "대체로 중상류층이었고 좋은 교육을 받고 회화와 연극분야에서 일한 공통된 배경을 가지고 있으며 낭만적－보수주의적인 정치적 입장을 지닌 그룹이었다."[46] 따라서 이들은 보수적 이데올로기로 변하고 있는 독일 정치 환경에 대한 거부감이 상대적으로 약했다. 그 결과 표현주의 영화에서 독일 사회의 보수적 경향이 나타난다는 것은 자연스러운 것이었다.

　　이와 같은 이유로 "표현주의 영화에서는 보수적 이데올로기의 혐의로부

---

44　볼프강 야콥센·안톤 케스·한스 헬무트 프린츨러, 이준서 옮김, 앞의 책, 63-64쪽.
45　George A, Huaco, *op. cit.*, p.31.
46　*Ibid.*, p.88.

터 자유롭지 않다. 표현주의 영화에서 나타난 비합리적이고 때로는 예언적인 세계관은 정치적 행동이나 비판보다는 다가올 시절에 대한 두려움과 공포, 희망을 제공했다. 특히 전후의 경제적 궁핍과 정치적 불안은 미래에 대한 두려움을 한층 가중 시켰다. 그리고 이러한 분위기는 표현주의 영화에 잘 반영되었다. 표현주의 영화에서 그려지는 인간은 대개 운명, 폭군의 힘, 초인적인 존재, 자신의 내면으로부터 벗어날 수 없는 존재이다." [47]

루덴도르프로부터 시작된 영화에 대한 목표와 기능은 다분히 독일 국민들의 심리와 국가의 이데올로기를 표현주의 영화를 통해 반영하게 되는데 익숙하게 될 수밖에 없었다. 이것의 중심에 루덴도르프로부터 비롯된 우파사가 있었던 것이다.


## 집단 심리와 민족주의

표현주의 영화에서 나타나고 있는 내용은 크게 두 가지로 압축될 수 있다. 첫 번째는 현실과 밀접한 관계 속에서 즉각적으로 형성된 무기력한 독일 국민들의 심리이고, 두 번째는 현실에 대한 반작용으로 신화 등을 통해 독일 민족의 정체성을 확인받고자 한 열망이다. 그리고 이 두 가지 모두는 독일 국민들의 집단 심리를 반영하고 있는 것이라 할 수 있다.

특히 무기력한 독일 국민들의 심리는 현실과 비현실의 경계를 무너뜨리면서 두려움과 공포의 대상을 통해 현실과 미래에 대한 불안한 심리를 묘사하거나 주종 관계의 인물 설정을 통해 어떤 강력한 힘과 운명에 종속되어 벗어날 수 없는 모습으로 드러난다. 이러한 특징은 베를린의 한 극장에서 개봉된 표현주의 영화의 전형적 특징을 가지고 있는 로베르트

---

47  조원옥, 앞의 논문, 283쪽.

비네의 〈칼리가리 박사의 밀실〉에서부터 나타난다.

영화는 '유령이 있다. 그것은 우리 주변에 존재한다'라는 자막과 함께 프란시스가 마치 무대 위의 인물과 내용을 소개하듯이 지금부터 이야기를 들려주겠다고 하면서 칼리가리라는 살인범을 회상하며 시작된다. 프란시스에 의하면 칼리가리 박사는 23년 동안 관에서 깨어나지 않은 상태의 몽유병 환자 세자르를 깨워 박람회장의 사람들에게 선보인다. 그는 세자르가 과거뿐 아니라 미래까지도 알 수 있는 능력을 가지고 있다고 한다. 프란시스의 친구인 알렌이 세자르에게 자신은 얼마나 살 수 있냐고 묻자 그는 '내일 새벽까지'라고 한다. 세자르는 자신의 예언을 지키기 위해 알렌을 살해하고 프란시스와 알렌이 사랑한 여인 제인도 살해와 유괴의 위협에 시달린다. 이후 영화는 걷잡을 수 없는 두려움과 공포에 휩싸이게 되면서 전개된다. 프란시스는 이러한 범죄가 18세기 대리 살인을 저지르는 강박 관념에 빠진 정신 병원 원장인 칼리가리 박사에 의한 것이라고 말한다. 그러나 이 모든 이야기는 정신 병원에 감금되어 있는 프란시스가 꾸며낸 이야기로, 그는 정신 병원의 환자이고 칼리가리 박사는 그를 담당한 의사라는 사실이 밝혀진다. 이야기는 마치 실제 사실에 근거한 것처럼 전개되지만 정신병자가 꾸며낸 허구에 기반하고 있다. 이것은 이야기 자체의 혼란스러움을 통해 현실을 회피하고자 한 독일 국민들의 심리와 교묘하게 결합된다. 또한 칼리가리 박사와 세자르의 관계는 무기력한 독일 국민들의 모습과 연결되어 있다. 이러한 의미는 영화 시작부터 칼리가리 박사가 세자르를 깨우면서 '난 너의 주인이다'라고 언급할 때 이미 내재되어 있다. 세자르의 모든 사고와 행위를 관장하고 있는 것은 칼리가리 박사이고 세자르는 자신의 주체에 의해 사고하거나 움직일 수 없는 무기력한 상태의 인물이다. 이런 형태의 인물 관계는 제1차 세계대전 이후의 무기력한 독일 국민들의 모습을 비유적으로 묘사한 것으로 표현주의 영화의 전형적 형태라 할 수 있다. 따라서 권위적인 인물에 대한 복종을 조장하고 있는 이 영화는 전후의 불안과 좌절의 심리적 상황에서 내면으로 도피하려 했던 독일 국민들의 정신을 드러내고 있는 것이다.[48]

인물 관계를 통한 독일 국민들의 무기력한 모습을 묘사한 영화는 파울 베게너의 〈골렘〉에서도 나타난다. 영화는 기독교 의식을 게을리 하고 동포들의 재산을 위협하는 게토 지역의 유대교인들에게 눈에 띄지 않게 멀리 떠나라는 황제의 명령과 함께 시작된다. 랍비는 자신이 만들고 있는 거대한 진흙 인형 골렘에게 생명을 불어 넣어 유대교인들에게 닥친 위험을 피하려 한다. 어느 날 황제 앞에 선 랍비는 골렘을 가리켜 자신의 피조물이라고 소개한다. 이것은 랍비가 창조자이자 절대 권력자로서, 그에 의해 탄생된 골렘은 랍비의 지시를 받는 관계로 형성되어 있음을 보여준다. 따라서 골렘은 주체적이고 독립적인 인물이 아니라 자신에게 생명을 부여한 랍비의 지시와 명령에 따라 움직이는, 즉 철저하게 랍비에 종속된 인물이다. 이러한 관계를 통해 묘사된 인물의 모습은 제1차 세계대전 패전 이후 무기력한 독일 국민들이 처한 상황과 유사하다고 할 수 있다.

이와 같은 특징은 죽음의 신을 통해 현실과 비현실, 실제와 환상, 의식과 무의식의 경계를 명확하게 구분하지 않으면서 인간이 피할 수 없는 죽음의 세 가지 예시를 들어 인간의 무력감을 묘사하고 있는 프리츠 랑의 영화 〈고단한 죽음〉에서도 나타난다. 이 영화가 거스를 수 없는 자연의 법칙 앞에 무력한 인간의 모습을 통해 독일 국민들 심리의 한 단면을 드러내고 있다면, 프리츠 랑의 〈도박사, 마부제 박사〉는 〈칼리가리 박사의 밀실〉과 〈골렘〉에서처럼 인물의 관계를 통해 묘사하고 있다. 영화 〈도박사, 마부제 박사〉에서 정신 분석학자인 마부제 박사는 심령술을 이용해 사람들을 현혹시켜 범죄를 저지르도록 유도하고 도박으로 막대한 돈을 번다. 마부제 박사의 심령술에 걸린 사람들은 그의 의지에 따라 행동하게 되고 그의

---

48  위의 논문, 284쪽.

말을 거역하면 카로자와 헐처럼 살해당하거나 자살하게 되어 언제 죽을지 모른다는 두려움과 공포를 가지게 된다. 따라서 마부제 박사는 이들을 통제하고 조종하는 주체이고, 그의 심령술에 걸린 사람들은 자신의 주체적 영혼이 상실된 무기력한 사람인 것이다. 이러한 관계 속 인물, 즉 심령술에 걸린 사람들은 자신이 주체적으로 어떤 문제를 해결할 수 없는 상태를 말하고 있는 것이며, 그것은 독일 국민들의 집단 심리를 반영하고 있다고 할 수 있다. 뿐만 아니라 이 영화는 독일의 보수화된 정치적 시각이 명확하게 드러나고 있다. 이것은 영화 2부에서 마부제 박사가 차량을 습격하고 사람들을 석방하라고 선동한 후 경찰의 추격으로 자신의 집에 포위당하면서 벌어지는 총격전 장면을 통해서 알 수 있다. 마부제 박사와 경찰들과의 총격전은 마치 스파르타쿠스 단원과 자유주의자들과의 싸움을 상징적으로 묘사하고 있는 것처럼 보인다. 이러한 의미, 즉 이 영화가 어떠한 수법으로 독일의 정치적 보수성을 표현하고 있는지는 에리히 폼머의 진술을 통해 알 수 있다. 그는 이 영화에 대해 "〈도박사, 마부제 박사〉를 만든 사람들의 보수 이데올로기는 우익 테러리스트의 정치적 암살이라는 당시 상황을 무시하는 쪽을 선택했다는 것으로 명백해진다. 그 대신에 그들은 극좌파를 범죄 요소와 동일시하는 쪽을 선택했는데 그러한 동일시는 정치적인 사실과는 부합되지 않는다"[49]고 했다. 따라서 이 영화는 마부제 박사의 심령술을 통해 독일 국민들의 무기력한 집단 심리 상태를 드러내고 있기도 하지만 마부제 박사를 급진주의자인 독일 공산주의자들과 연결시키고 있다. 이러한 이유로 이 영화는 동시대 삶의 초상화라고 불리기도 하였고, 프리츠 랑역시 이 영화를 현재 세계에 관한 다큐멘트라고 불렀다.[50] 이것은 프리츠랑의 영화 〈도박사, 마부제 박사〉가 바이마르 공화국 출범 이후 독일

---

49  George A, Huaco, *op. cit.*, p.46.
50  Siegfried Kracauer, *From Caligari To Hitler*, Princeton University Press, 1974, p.81.

정치의 보수적 흐름 속에서 만들어졌다는 것을 보여준다.

현실에 대한 막연한 두려움과 공포는 5막으로 구성된 무르나우의 〈노스페라투〉에서도 확인된다. 영화는 '1838년 비스보르그(Wisborg)의 대죽음의 기록, 노스페라투! 이 이름이 깊은 밤 죽음의 부름처럼 들리지 않는가. 소리 내어 부르지 마라, 그러면 생명체의 영상이 희미한 그림자로 변하고 악몽이 당신의 피 속에 싹틀 것이다'라는 자막과 함께 공포스러운 분위기로 시작된다. 그리고 화면은 후터와 그의 부인 엘렌이 살고 있는 한 작은 마을의 평온한 일상적 풍경을 보여준다. 이 일상적 평온함은 부동산업자 크노크가 후터에게 멋있는 집을 구매하고자 한 오를록 백작을 방문하여 설명하도록 부탁하면서 두려움과 공포로 변하기 시작한다. 후터는 오를록 백작을 방문하는 과정에서 "밤을 찬양하는 일은 죽음을 찬양하는 일이고 또한 죽음의 황홀경에 빠져드는 일인 것"[51]과 같다는 어둠의 악령들을 만난다. 오를록 백작을 만난 후터는 그가 흡혈귀인 것을 알고 그 성을 탈출하여 배를 타고 다시 집으로 돌아온다. 그러나 배에는 흡혈귀, 즉 드라큘라 관이 있고 그 속에는 죽음을 부른 페스트 병의 원인인 쥐들이 우글거린다. 이것은 전염병으로 죽어 나가는 사람들의 관을 통해 상징적으로 보여준다. 쥐는 죽음의 공포이고 드라큘라는 페스트와 같은 죽음의 공포를 몰고 오는 것과 같은 것이다. 이와 같은 두려움과 공포는 현실과 미래에 대한 불확실성으로 막연한 두려움과 공포를 가지고 있는 독일 국민들의 집단 심리와 무관하지 않음을 말하고 있다.

이 시기 표현주의 영화에서는 현실과 미래에 대한 막연한 두려움과 공포, 무기력 그 자체만을 다루고 있는 것이 아니라 그에 대한 강력한 반작용으로 독일 국민들의 민족주의를 자극시키는 특징들도 나타난다.

이러한 특징은 파울 베게너의 〈골렘〉에서 찾아볼 수 있다. 이 영화에서는

---

51 안인희, 앞의 책, 161쪽.

"시대적 배경이라고 주장되는 16세기 유대인의 삶보다는 오히려 1920년대 초의 반유대주의적 전형에 상응하는 동유럽 유대인들의 이미지를 제시한다. 여기서 유대인들은 기독교 공동체 내부에서 완전히 낯선, 그래서 두려움을 유발하는 요소로서 나타나고 있다."[52] 이와 같은 경향은 축제가 거행되는 동안 랍비가 황제 앞에서 유대인들의 역사를 보여주면서 떠들거나 비웃으면 안 된다고 말했음에도 불구하고 황제를 비롯한 신하들이 크게 떠들고 웃는 장면 등에서 독일 민족이 이들을 어떻게 바라보고 있는지를 통해서 드러난다.

이와 같은 시각은 무르나우의 〈노스페라투〉에서도 찾아볼 수 있다. 즉 영화에서 제시되고 있는 지역은 유대인 이민자들의 출신지이기도 한 루마니아의 한 지역인 머나먼 트란실바니아(Transilvania) 지역이다. 그곳으로부터 온 낯선 침입자가 브레멘(Bremen)에 도착하자마자 페스트가 급속히 퍼진다. 살아가기 위해서 기생충처럼 피를 빨아먹어야만 하는 노스페라투는 시각적으로 들쥐와 동일시된다. 이러한 연상 몽타주는 궁극적으로 유대인들을 죽음을 몰고 오는 위험한 낯선 침입자로 보여준다.[53] 영화 〈골렘〉이나 〈노스페라투〉에서는 독일의 반사회적 인물로서 유대인을 암시하기도 하지만 그것은 오히려 독일 국가와 민족의 단결과 신화를 창조하는 기제로 사용된다.

이것은 두 편으로 구성된 프리츠 랑의 〈니벨룽겐〉에서 과거 독일 역사나 신화에서 등장하였던 강력한 카리스마를 가진 초인 같은 인물을 통해 묘사된다.

영화는 두 편 모두 '독일 민족에게 바침(Dem deutschen Volke zu eigen)'이라는 민족주의적 시각을 표명하고 있는 자막과 함께 시작된다.

---

52 볼프강 야콥센·안톤 케스·한스 헬무트 프린츨러, 이준서 옮김, 앞의 책, 87쪽.
53 위의 책, 88쪽.

제1편에서는 지그문트의 아들 지그프리트가 용과의 싸움에서 승리한 후 용의 피로 목욕을 하면 무적의 용사가 된다는 신화에 따라 무적의 용사와 초인이 되어 가는 과정과 그의 활약상을 묘사하고 있다. 지그프리트는 니벨룽겐의 통치자 군터 왕을 도와 북쪽의 성(城)을 통치하고 있는 여왕 브룬힐터와의 결투를 승리하도록 이끌고 최고의 미인이라는 군터 왕의 누이 크림힐트와 결혼한다. 그러나 지그프리트는 군터 왕의 신하인 하겐 트론제의 음모로 사냥터에서 자신의 유일한 약점인 등에 창을 맞고 죽는다. 제2편에서는 5세기 대제국을 건설하였던 중앙아시아 훈족의 왕 아틸라와 재혼한 크림힐트가 지그프리트를 죽인 군터 왕국과의 전쟁을 통해 복수하는 내용을 다루고 있다. 이처럼 〈니벨룽겐〉은 독일 민족 신화를 국가와 민족의 자긍심 찾기의 한 상징처럼 제시한다. 독일 국민들은 영화 속에 등장한 강력한 힘을 가진 무적의 영웅인 지그프리트를 초인으로 신비화하면서 그가 자신들의 운명을 이끌고 갈 것처럼 기대한 것이다. 이것은 프리츠 랑이 독일의 과거의 영웅 서사시를 통하여 강력한 지도자나 초인을 필요로 하는 독일 민족의 집단 심리를 그려낸 것이라 할 수 있다.

이처럼 표현주의 영화에서 다루고 있는 것은 제1차 세계대전 패전 이후 혹독한 현실과 불투명한 미래에 대한 독일 국민들의 막연한 불안감을 두려움, 공포, 무기력, 그리고 신화 속 영웅적인 초인으로 표현했다. 이것은 표현주의 영화가 독일이 처한 역사적 상황에 근거하여 그 현실을 독일 국민들이 어떻게 받아들이고 있는가에 토대하고 있음을 말하고 있다. 따라서 표현주의 영화 속에는 현실과 미래에 대한 독일 국민들의 집단 심리를 반영하고 있으면서 민족 신화를 이야기의 중심에 위치시킴으로써 독일 국가와 민족의 부흥에 대한 열망을 표현하고 있다. 이와 같은 표현주의 특징은 표현주의 영화가 그 당시 독일이 처한 사회적 상황과 결합하고 있었기 때문에 이미 예견되었던 것이다. 이것은 독일 정부의 정치적 기류가 좌익에서 우익으로 급격하게 보수화되기 시작하면서 표현주의 영화가 등장하였던 시기와 일치한다. 이러한 이유로 표현주의 영화는 그 지향점에 있어서 필연적으로 독일 국가와 민족 이데올로기를 환기시키는 형태를 띠게 되었다.

* * *

영화 등장 이후 영화가 자신의 고유한 표현 수법으로 자신의 모습을 드러내기 시작한 시기는 언제부터였던가? 그리고 그 영화 속에 사회적 담론을 담아내기 시작하였던 시기는 과연 언제부터였는가? 이러한 질문은 표현 형식으로서의 영화와 내용과 사상의 담지자로서의 영화, 즉 완벽한 창작으로서의 영화를 염두에 두고 제기한 질문이다.

영화를 통해 이러한 질문에 대한 논의의 가능성은 독일의 표현주의 영화로부터 시작될 수 있다고 할 수 있다. 독일 표현주의 영화는 비록 인접 예술의 표현 형식, 사상과 철학을 받아들였지만 화면을 통하여 미학적, 정신적 가치를 담아낼 수 있는 가능성을 열었다는 점에서 의미 있는 경향이라고 할 수 있다. 그러나 독일 표현주의 영화는 화면을 통해 정신적, 사상적 가치를 표현할 수 있는 가능성을 열었지만, 아직 독창적인 이론적 토대를 갖추지 못한 상태에서 출발하였고, 그 결과 인접 예술의 이론적, 미학적, 정신적 가치에 상당 부분 의존하게 되었다. 이러한 한계는 독일 표현주의 영화에 고스란히 남아 있다. 이것은 영화 형식의 발전에 있어서는 진보성으로, 내용에 있어서는 독일 민족의 보수성으로 드러났다. 특히 표현주의 영화에서 나타난 정치적, 사회적 이데올로기의 보수성은 독일의 정치적 기류가 우익으로 변해 가고 있는 환경과 맞물리면서 국가와 민족 이데올로기를 옹호하는 데 주도적 역할을 하게 된다.

또한 영화 산업에 있어 우파사는 표현주의 영화가 내용에 있어 보수성을 강화하는 데 중요한 기능을 하였다. 즉 우파사의 독점적 기능은 다양한 영화 제작과 독일 사회에 대한 날카로운 비평을 통제하는 역할을 하였던 것이다. 이것은 표현주의 영화가 보수적 이데올로기를 수용하는 데 매우 유리한 조건을 만들었다는 것을 말한다. 따라서 독일 표현주의 영화가 보수적 색채를 띠고 있는 것은 분명한 사실처럼 보인다. 그리고 그것은 제1차 세계대전 이후 독일의 사회가 전반적으로 보수화되는 경향과 밀접한 연관성을 가지고 있다.

분명 인접 예술의 표현주의 예술은 기존의 가치와 전통에 반대하고 새로운 가치의 깃발을 올리면서 등장했다. 그러나 제1차 세계대전 후 표현주의의 이상은 점차 퇴색되기 시작하였고 많은 표현주의자들이 새로운 가치를 위해 표현주의를 떠나고 있었다. 독일 표현주의 영화는 인접 표현주의 예술가들이 하나 둘 떠나가고 있던 시점에 이미 낡은 표현주의 형식을 받아들였고, 영화에서 표현되고 있는 내용과 지향성은 보수화로 치닫고 있는 독일 국가 이데올로기를 받아들였다. 표현주의 영화는 표현 영역 가능성의 확대 측면에서는 진보성을, 독일 국가와 민족 이데올로기를 무비판적으로 수용한 내용과 사상의 측면에서는 보수성을 지니고 있다. 표현주의 영화는 바로 이와 같은 시대 간극 간의 영화적 경향이다. 따라서 독일 표현주의 영화의 이중성은 표현주의 영화의 형식과 내용, 사상과의 간격에서 드러난 전형적 형태라 할 수 있다.

그러나 어쩌면 표현주의 영화 속에는 루카치가 1910년대 표현주의 예술을 사회적 문제들을 추상적으로 얼버무리는 행위이며 궁극적으로 제국주의에 동조하는 경향이라고 비판한 그 속에 이미 표현주의 영화의 진보성과 보수성이 내포되어 있었는지도 모른다. 이러한 가치를 포함하고 있는 표현주의 영화는 1920년대 중반 현실을 객관적으로 파악하고, 현실 그 자체에서 아름다움을 찾겠다는 신 즉물주의 등장으로 나타난 거리영화, 실내극영화 등으로 바뀌면서 그 흔적을 점차 찾아보기 어려워졌다.

# 제4장
# 영화의 정치적 기능화와 창작으로서의 영화, 1920년대 소비에트 영화 (1922-1930)

## 1. 혁명이후 영화의 정치적 기능화

1917년 10월 혁명 이후 영화가 소련에서 가장 중요한 예술로 인정을 받게 된 것은 대중적 효과와 기능면에서 다른 인접 예술을 압도했기 때문이다. 문맹률이 높은 당시 사회적 상황에 비추어 볼 때 사실성과 실재성이라는 표현 수단을 지니고 있는 영화는 혁명 정부의 이념과 이데올로기를 전달하는데 매우 효과적인 매체였다. 이와 같은 영화의 기능과 효과를 정확하게 인식한 인물이 사회주의 혁명을 이끈 블라디미르 레닌(Владимир Ленин)이었다. 그는 영화를 선전과 선동, 계몽과 교육을 통하여 문화혁명을 이룰 수 있을 뿐만 아니라 소비에트 정부와 일체감을 갖도록 하는데 가장 탁월하고 효과적인 수단으로 보았다. 그러한 이유로 영화는 10월 혁명 이후 소비에트 정부의 직접적인 통제를 받게 되었고, 국가의 관리체제로 편입되었다. 1918년 1월 페트로그라드(Петроград)의 '국가 계몽위원회 대외국 영화분과(кинोподотдел внешкольного отдела Государственной комиссии по просвещению)'가 창립되었고,

그 해 3월 '모스크바 영화위원회(Московский кинокомитет)'가 소비에트 행정기관으로 설치되었으며, 임시정부 최고기관인 '스코벨레브스키 위원회(Скобелевский комитет)'의 영화 활동도 국가의 직접 통제를 받게 되었다.[1] 1918년 5월 모스크바 영화위원회는 '계몽인민위원회(Наркомпрос)'의 직접적인 관리체제 속에 편입되었고, 1919년 8월 27일 레닌이 '사진, 영화 무역과 산업 변경에 관한 법령(Декрет о переход фотографической кинематографической торговли и промышленности)'에 서명함으로써 마침내 영화는 국유화 되었다.[2] 소비에트 정부는 보다 체계적이고 조직적인 인력 확보를 위하여 같은 해 모스크바 국립 영화학교[3]를 설립했다.

혁명 이후 영화에 대한 이처럼 신속한 조치는 향후 영화를 통하여 효과적으로 소비에트 정부의 혁명 이념과 사회주의 이념, 국가 정책 등을 구체화시키겠다는 복안에서 이루어졌다. 이것은 1920년대 소련 영화가 불가피하게 소비에트 정부의 형성과 전개 과정에 깊숙이 개입할 수밖에 없는 상황에서 정치적 효과를 창출할 수 있는 역할을 부여받게 된 계기가 되었음을 의미한다. 그 결과 1920년대 소련 영화는 소련 민중들에게 사회주의 이념과 이데올로기에 대해 긍정적이고 우호적인 인식을 갖도록 혁명 이후 소비에트 정부에 의해 추진되고 있는 국가 정책 현장과 정치 지도자들의 활동 모습을 빈번하게 보여주었다.

이와 같은 특징은 주로 뉴스 영화에서 나타났다. 뉴스 영화 속에는 소비에트 정부의 정치 지도자들의 활동 모습과 변화하고 있는 사회 상황과

---

1    М. П. Власов, *Кино Дореволюционной России/Становление и Расцвет Советской Кинематографии*, ВГИК, 1992, с.26.

2    Р. Н. Юренев, *Краткая История Советского Кино*, Москва, 1979, с.23.

3    모스크바 영화학교는 이후 '소련 국립 영화대학(ВГИК · VGIK)'으로, 1992년 소연방이 해체되고 난 후 '러시아 국립 영화대학((ВГИК · VGIK)'으로, 2008년 영화대학 설립 90주년을 맞이하여 '러시아 국립 영화대학교((ВГИК · VGIK)'로 그 명칭이 바뀌었다.

정책을 계몽하는 내용들이 포함되어 있었다. 소비에트 정부는 이러한 내용들을 효과적으로 소련 전역에 확산시키고 선전, 계몽하기 위하여 선동 열차(агитационный поезд)를 등장시켰다. 선동 열차는 혁명 이후 1918년부터 1920년 사이에 집중되었다. 선동 열차가 혁명이후 초기에 집중된 이유는 혁명으로 인하여 변화된 시대 상황과 새롭게 등장한 혁명 정부의 지향과 방향을 신속하게 소련 전역에 확산시키면서 안정적이고 확고한 권력 기반을 조성하기 위해서였다. 따라서 선동 열차에는 이러한 소비에트 정부의 목적에 부합하는 영화들, 즉 소비에트 정부의 정치 지도자들의 모습과 과학 기술을 다룬 계몽 영화들이 실렸고, 이들 영화는 노동자, 농민들이 밀집된 지역에서 집중적으로 상영되었다. 그러나 이 영화들은 소련 민중들에게는 흥미를 끄는 것이었지만 혁명 정부의 정치적 지향과 목표를 각인시키는 데는 한계가 있었다. 그 결과 소비에트 권력의 중요한 정치적 목적과 방향을 직접적으로 표현하고 있는 정치적 영화인, 이른바 '플래카드 영화'와 '삐라 영화'로 명명된 영화들이 등장했다. 소비에트 정부는 혁명 이데올로기와 정치적 지향 등을 보다 선명하게 대변하고 있는 이 영화들을 통해 혁명 정부의 정치적 상황을 견고하게 구축하려 했던 것이다.

소비에트 정부는 이러한 목표를 체계적으로 달성하기 위하여 다양한 정책들을 시도하였다. 시나리오 공모뿐 아니라 영화의 이데올로기적 선전 효과를 강화하기 위하여 당 중앙위원회의 선동, 선전부 영화 분과에 영화 위원회를 설치하였고, 혁명 정부의 국가 이념과 지도 방침을 원활하게 전달할 수 있도록 '루시(Русь)'—이후 메즈라브폼-루시(Межрабпом-Русь)로 바뀜—와 같은 영화사를 설립하였다. 그리고 그동안 다양한 제작의 조직 체계를 갖추고 있던 일련의 영화 조직인 '프롤레트 키노(Пролет Кино)', '키노 모스크바(Кино Москва)', '붉은 별(Красная Звезда)' 등이 1924년 단일 조직인 '소브키노(Совкино)'로 통합되었다. 이러한 영화 제작 조직의 통합으로 소비에트 정부는 영화에 대한 직접적인 명령

체계를 갖추게 됨으로써 정부의 정책과 이데올로기를 더욱더 원활하게 전달할 수 있게 되었다. 영화를 제작할 수 있는 영화 제작사의 정비뿐만 아니라 이 시기에는 '혁명영화협회, 아르크(Ассоциация революционной кинематографии, АРК)'의 활동이 시작되었고, 《키노(Кино)》, 《프롤레타리아 키노(Пролетарское Кино)》, 《아르크(АРК)》, 《소비에트 에크란(Советский Экран)》 등과 같은 출판 간행물이 등장하여 영화에 대한 다양한 견해와 이론들이 등장할 수 있는 토대가 마련되기도 했다.

그러나 무엇보다 이 시기 소련 영화에 있어 가장 중요한 것은 영화에 대한 레닌의 조치와 언급이었다. 그는 1921년 인민 계몽위원회의 책임자인 에브그라프 리트켄스(Евграф Литкенс)에게 모든 영화 상영에 관한 책임을 부여하는 조치를 취했고, 1922년 아나톨리 루나차르스키(Анатолий Луначарский)와의 대담에서는 "영화가 우리들에게 모든 예술 중에서 가장 중요한 예술이다(…из всех искусств для нас важнейшим является кино)"[4]고 천명했다. 이러한 레닌의 언급은 소련 영화가 소비에트 정부의 정책과 이데올로기를 가장 효과적으로 대변할 수 있는 매체로 등장하였다는 것을 공식화한 것이며, 1920년대 소련 영화 창작의 활성화를 가져온 직접적인 계기가 되었을 뿐만 아니라 영화의 정치적 기능의 확대로 이어졌다. 따라서 이 시기에 만들어진 대부분의 영화들은 소비에트 정부가 지향하고 있는 특징들이 직, 간접적으로 반영될 수밖에 없었다.

이와 같은 특징이 구체적으로 반영된 영화로는 1920년대 소련 영화의 걸작이라 일컫는 세르게이 에이젠쉬테인(Сергей Эйзенштейн)의 〈파업(Стачка, 1925)〉, 〈전함 파춈킨(Броненосец потёмкин, 1925)〉, 〈10월(Октябрь, 1927)〉, 〈낡은 것과 새로운 것(Старое и Новое, 1929)〉, 브세볼로드 푸도브킨(Всеволод Пудовкин)의 〈어머니(Мать, 1926)〉,

---

4  С. И. Юткевич, *Кино словарь*, Москва, 1987, с. 232.

〈상트-페쩨르부르그의 종말(Конец Санкт-Петербурга, 1927)〉, 〈징기스칸의 후예(Потомок Чингисхана, 1928)〉, 알렉산드르 도브젠코(Александр Довженко)의 〈즈베니고라(Звенигора, 1928)〉와 〈조병창(Арсенал, 1929)〉, 〈대지(Земля, 1930)〉, 드지가 베르토프(Дзига Вертов)의 일련의 뉴스 영화들과 레프 쿨레쇼프(Лев Кулешов)에 의해 만들어진 〈볼쉐비키 나라에서 미스터 베스트의 특이한 사건들(Необычайные приключения мистера Веста в стране большевиков, 1924)〉, 〈살인 광선(Луч смерти, 1925)〉 등이 있다. 이들 영화에는 1920년대 소비에트 정부의 화두가 된 혁명의 당위성과 불가피성, 혁명 이후 도래할 희망찬 새로운 세계의 모습, 노동자, 농민들의 집단화된 모습들이 영화 표현의 주요 내용과 형식으로 나타났다.

이러한 기조는 1928년 '소련 당 영화 협의회(Всесоюзное партийное совещание по кино)'에서 소련 영화의 기능과 목적에 대해 보다 명확한 개념으로 구체화 되었다. 이 협의회에서는 1922년 루나차르스키와의 대담에서 레닌이 언급한 '영화가 우리들에게 모든 예술 중에서 가장 중요한 것이며 광범위한 교육적 작업과 공산주의적 프로파간다, 당의 임무와 기치 아래 대중들의 계몽과 조직, 적당한 휴식과 오락으로서 그리고 문화적 혁명 영역에서 중요한 지위를 점할 수 있고 점해야 한다는 것'을 재인식 했다.[5] 이 협의회의 의결로 그동안 직, 간접적으로 레닌이 점유해 왔던 영화에 대한 인식의 중요성이 다시 부각되었다. 이것은 1920년대의 소련 영화가 소비에트 정부의 정책과 이념을 반영하고 사회주의 애국심 등을 계몽할 수 있는 확실한 근거가 되었다. 이는 1920년대 소련 영화의 발전과 전개 과정이 소비에트 정부의 정치권력 구도의 변화와 밀접한 연관을

---

5  Из материалов Первого Всесоюзного партийного киносовещания при ЦК ВКП(б), 15-21 марта 1928 г.-В сб: *КПСС о культуре просвещении и науке*, *Сборник документов*, М: политич. литературы, 1963, с.160.

가지고 있음을 뜻한다. 따라서 1920년대를 가로지르는 소련 영화는 1920년대 전반기에는 레닌의 시각과 방향에 의해 특징화 되었고, 1924년 레닌 사후에는 영화 창작가의 의지가 중요한 창작 경향의 한 축을 담당하였으며, 권력 투쟁이 끝나갈 무렵인 1928년에는 새로 구축된 권력 관계와 구조 속에서 새롭게 정립되고 설정되었다는 것을 말한다. 이것은 소비에트 정부와 정치 권력자들의 목표와 목적이 1920년대 소련 영화의 긍정과 부정의 요소를 지니게 만든 원인이 되었음을 의미한다.

이처럼 1920년대 소련 영화는 소비에트 혁명 정부의 목표를 구현하기 위하여 진행된 다양한 제도적 정비와 장치, 정책 추진 상황들을 반영하면서 형성되었다. 비록 그 다양성이 정치 권력자들의 부침에 의해 좌우되었다 하더라도, 이는 분명 소련 영화의 발전과 진보의 토대가 되었다.

그러나 1928년에 이르러 소련 영화의 풍부한 창작적 실험과 시도를 가능케 하였던 정치 권력자들의 투쟁이 이오시프 스탈린(Иосиф Сталин) 한 사람으로 정리되어가게 되면서 소련 영화도 점차 하나의 단일한 특징으로 변모해 갔다. 그리고 이것의 구체적 현상이 1934년 유일한 창작 법칙으로 공식화 한 '사회주의 리얼리즘(социалистический реализм)'의 등장이었다. 이 창작 법칙은 1935년 '제1회 소비에트 영화 노동자 협의회 (Первое всесоюзное совещание работников советской кинема тографии)'에서 1920년대의 뛰어난 영화와 창작가들을 격렬하게 비판하는데 이론적 근거로 작용했다.

이와 같은 소비에트 정부의 역사 전개 과정과 상황은 1920년대 소련 영화에 고스란히 반영되었다. 이 시기 영화가 소비에트 정부와 정치 권력자들의 행보와 일체감을 갖게 된 가장 큰 이유는 혁명 정부에게 혁명의 당위성과 이념, 이데올로기를 선전, 선동할 필요성이 제기되었고, 영화는 그러한 요구를 수행할 최적의 매체로 인식되었기 때문이다. 이와 같은 역사적 상황과 이행 과정 속에서 1920년대 소련 영화 창작가들은 영화를 통하여 혁명 정부의 이데올로기, 이념, 정책들을 적극적으로 반영하였던 것이다. 특히 에이젠쉬테인, 푸도브킨, 베르토프, 도브젠코, 쿨레쇼프 등의 영화 창작가들은 소비에트 정부의 역사적 요청에 적극적으로 부합하기 위하여 보다 효과적이고 강력한 감성과 감정을 자극하고 통제할 수 있는 영화 표현 수법을 찾게 되었다. 그 결과 1920년대의 소련 영화에는 1920년 대의 역사적 변화와 전개 과정들을 반영하면서 형성된 역할을 보다 효과적으로 수행하기 위하여 독창적이고 다양한 창작 법칙들이 장착되었다. 그리고 이것을 가능케 하였던 것은 영화에 대한 레닌의 확고한 지지로 인해 소련의 정치 권력자들이 영화가 아닌 문학을 중심으로 권력 투쟁이 전개되었다는 역사적 상황도 함께 존재하였다.

## 2. 예술 창작이론 투쟁과 영화

1920년대에 혁신적인 창작 법칙으로 소련 전역에 혁명 사상을 전파하였던 뛰어난 소련 영화들은 1935년 제1회 소비에트 영화 노동자 협의회에서 형식주의 영화들이라고 격렬한 비판을 받았다. 그렇다면 1930년대의 소련 정부는 무슨 이유로 모든 예술 중에서 가장 중요한 예술로서 찬사를 받았던 1920년대의 소련 영화를 형식주의로 비난하였는가? 반면 그렇게 비난 받았던 1920년대 소련 영화의 창작적 실험과 시도는 어떤 역사적 상황이었기에 제작이 가능했는가? 그리고 1920년대의 소련 영화가 이와 같은 극단적인 평가를 받게 된 이유는 무엇일까? 이러한 의문에는 1920년대와 1930년대의 정치적 상황이 달랐다는 것을 의미한다. 즉 1920년대는 혁명 이후 소비에트 정부가 표방하고 있는 사회주의 이념의 실현 과정에서 레닌을 비롯한 레프 트로츠키(Лев Троцкий), 니콜라이 부하린(Николай Бухарин), 스탈린과 같은 정치 권력자들 간의 이데올로기적 갈등과 투쟁이 맞물려 있었다. 이러한 경향은 혁명 직후와 1920년대 초기 소비에트 정부의 새로운 이데올로기와 이념의 당위성을 세우기 위해 적대적인 기존의 문화와 예술창작 이론에 맞서 투쟁한 시기를 지나면서 본격화되었다. 특히 신경제 정책, 즉 네프(Новая экономическая политика, НЭП, 1921-1927) 시기를 거치면서 예술창작 이론은 정치 권력자들의 정치적 견해의 장이 되었다. 그 중에서 문학창작 이론을 둘러싸고 벌어진 1920년대 다양한 정치 권력자들과 집단들 간의 투쟁은 소련 문화와 예술 분야에서 가장 대표적인 예라 할 수 있다.

1920년대 소련 내에서 등장하였던 모든 문화 예술 창작 이론의 전개 과정은 '혁명 직후 어떻게 프롤레타리아 문화 예술과 문학이 존재할 수 있는가'로부터 시작되었다. 프롤레타리아 문화 예술과 문학창작 이론을 정립시키기 위하여 혁명 이데올로기에 부합하지 않은 기존의 창작 이론은 제거되어야 했다. 우선적인 제거 대상은 부르주아 예술과 문학을 거부하면서 혁명 초기에 잠정적이고 일시적인 도움이 되었음에도 불구하고 새로운 형식에 대한 집착을 유지하였던 미래주의자들과 1915년 로만 야콥슨(Роман Якобсон)을 중심으로 모스크바 대학교의 학생들로 구성된 '모스크바 언어학 그룹(Московский лингвистический кружок, 1915-1924)', 1916년 빅토르 쉬클롭스키(Виктор Шкловский)와 보리스 에이헨바움 (Борис Эйхенбаум)을 중심으로 페쩨르부르그에서 결성된 '시어(詩語) 연구회, 오포야즈(Общесво по изучению поэтического языка, ОПОЯЗ, 1916-1925)' 등으로 대표되는 형식주의 집단과 이론들이었다. 이들 단체가 제기한 이론에 대한 소비에트 혁명 세력의 공격은 프롤레타리아 문화와 예술 이론 확립을 앞당기는데 효과적이었을 뿐 아니라 1920년대 소련의 문화 예술과 문학 이론에 대해 정치 권력자들이 개입하게 되는 계기가 되었다. 이것은 1920년대 소련 문화 예술과 문학 이론의 역사가 정치 권력자들의 세력의 부침에 영향을 받을 수밖에 없었음을 의미한다.

이와 같은 현상은 1917년 등장한 '프롤레트쿨트(Пролеткульт)'에서 부터 1932년 '러시아 프롤레타리아 작가 협회, 라프(Российская ассоциация пролетарских писателей, РАПП)'의 해체기까지 1920년대의 소련 문화 예술, 문학 이론의 역사 전개 과정 속에서 파악될 수 있다. 특히 1917년 혁명 전후 수많은 창작 이론 중에서 프롤레타리아 문화를 주창한 알렉산드르 보그다노프(Александр Богданов)에 의해 등장한 프롤레트쿨트는 그러한 역사 전개 과정의 신호탄이 되었다. 보그다노프는 프롤레트쿨트를 창립하면서 혁명 이후의 사회주의적 사고와 감정, 그리고 생활 방식을 창조하기 위해 새로운 문화와 예술에 대한 이론적, 실천적 수법을 요구했다. 이를 위하여 프롤레트쿨트는 1918년부터 《프롤레타리아 문화(Пролетарская культура, 1918-1920)》라는 기관지를 발행했다. 또한 프롤레트쿨트 진영에서는 자신들의 모든 창작적 방향과 목적 그리고 실천이 "소비에트 정부와 공산당의 정치적 통제 밖에서 이루어져야만 한다고 주장했다."[6] 특히 "보그다노프는 당의 모든 사업은 당의 정치적 통제 아래 이루어져야 하지만 프롤레트쿨트는 문화 부문에서 프롤레타리아의 독립적 기관이 되어야 한다는 의견을 피력했다."[7] 이러한 프롤레트쿨트의 방침은 혁명 초기의 소비에트 정부에게는 매우 당혹스러운 것이었다. 왜냐하면 소비에트 혁명 초기 다양한 법령들에 나타난 당의 문화 정책은 크게 두 가지 목표를 지니고 있었기 때문이다.

첫째는 사회의 사상과 분위기를 조성하는 모든 기관들에 대해 당이 확실한 통제권을 확립하는 것이었으며, 둘째는 민중, 특히 노동자와 농민의 사회, 문화 수준을 확대시키는 것이었다. 전자는 권력

---

6    Herman Ermolaev, *Soviet Literary Theories, 1917-1934*, octagon books, 1977, p.11.

7    슐긴·꼬쉬만·제지나, 김정훈·남석주·민경현 옮김, 『러시아 문화사(*Культура России*)』, 후마니티스, 2002, 277쪽.

기관의 필요성에 의해, 후자는 1917년 러시아 혁명에 의해 제기된 대중 교육 확대 과정에서 생겨난 것이었다. 당 문화 정책에서 이 두 과제는 상호 불가분의 관계를 맺고 있었다.[8]

이처럼 소비에트 정부 초기의 문화 정책에는 확고한 목적이 있었음에도 불구하고 당으로부터 프롤레트쿨트의 독립성 보장을 요구하는 것은 소비에트 정부에게 적지 않은 부담이 되었다. 그럼에도 불구하고 프롤레트쿨트의 요구에는 다양한 의견이 동반되었다. 그 중에서도 현재 사회주의 혁명 정부에 프롤레타리아 문화와 예술을 추진할 수 있는 역량이 과연 내재하고 있는지에 대한 근본적인 논의에서부터 프롤레트쿨트 진영의 독립적인 운영에 대한 거부와 부정에 대한 것까지 다양하게 전개되었다.

이러한 다양한 문화 예술 창작 방향에 대한 논의의 중심에는 레닌을 비롯해 트로츠키, 부하린, 스탈린, 루나차르스키, 보그다노프 등이 있었다. 특히 레닌은 프롤레타리아 문화 창조와는 별도로 프롤레트쿨트 조직이 당에 종속되어야 한다고 주장했다. 그는 어떠한 조직도 당에 대한 통제를 벗어난 행위와 시스템은 인정하지 않았다. 따라서 레닌은 보그다노프에 의해 주도 되고 있는 프롤레트쿨트가 당의 통제를 넘는다면 아무리 영향력 있는 조직이라도 그 활동을 묵인하지 않겠다는 의지를 1920년 '프롤레트쿨트 러시아 대회(Всероссийский съезд Пролеткультов)'에서 프롤레타리아에 대한 당의 종속을 통과시킴으로써 증명하였다. 프롤레트쿨트에 대한 레닌의 부정적 시각은 당으로부터 독립하려는 보그다노프의 행위에 대한 경고뿐 아니라 문화 예술 창작에 있어 소비에트 대중에 대한 계몽과 재교육이 무엇보다 중요했기 때문이었다. 레닌은 새로운 문화 창조의 주된 역할을 수행하는 사회계층을 오직 프롤레타리아 하나로

---

8  위의 책, 274쪽.

만 국한시킨 보그다노프의 시각에 동의하지 않았고 프롤레타리아 문화를 보다 광의의 사회주의 문화로 규정하면서 "사회주의 문화는 본질적으로 프롤레타리아적 이데올로기를 포함하고 있으며 이는 다양한 사회 계층에 의해 수용될 수 있다"[9]고 주장했다. 레닌은 당의 통제로부터 벗어나고자 하면서 프롤레타리아 계급이라는 협의(狹意)의 창작 목표를 지닌 프롤레트쿨트를 시대착오적인 것으로 인식하였던 것이다. 또한《프라브다(Пра вда)》신문 편집장이었던 부하린과 루나차르스키 역시 프롤레트쿨트의 목적과 행위에 대해 부정적이었다. 이들은 프롤레타리아 문화와 예술을 선호하였지만 프롤레타리아 당기구로부터 독립해 있겠다는 프롤레트쿨트의 주장은 잘못된 것이라 하였다.

당으로부터의 독립성을 주장한 프롤레트쿨트에 대한 레닌의 단호한 조치로 이 시기 대부분의 정치 권력자들은 프롤레타리아 혁명 이데올로기에 부합할 수 있는 문화 예술 이론과 문학의 창작 이론 구축에 집중하게 되었다. 왜냐하면 이들은 문화 예술 이론과 문학의 창작 이론을 향후 소비에트 정부의 권력 구조 변화와 함께 자신들의 정치권력을 확대할 수 있는 중요한 사상적, 이론적 토대와 수단으로 인식하여 자신들의 혁명 이론과 정치 노선을 결부시켰기 때문이다. 이러한 측면에서 1920년대 소비에트 권력의 한 축을 형성하고 있었던 트로츠키, 부하린, 스탈린 등은 그 대표적인 예라 할 수 있다.

이들의 논쟁의 시발점은 프롤레타리아 문화 창조에 대한 시기가 과연 적절한지와 소련 내 사회적 조건과 역량이 과연 가능한 것인지에 대한 근본적인 의문에서 비롯되었다. 특히 1922년 12월 7일 결성된 '10월(Октя брь)' 그룹의 기관지인《나쁘스투(На Посту, 초소에서)》의 편집 위원과 기고자들을 일컫던 '파수꾼(Напостовцы)'에 대한 반대자 중 한명인

---

9  위의 책, 278쪽.

알렉산드르 보론스키(Александр Воронский)는 "프롤레타리아 독재라는 전환기에 프롤레타리아 예술은 있지도 않으며 있을 수도 없다. 문화 영역에서 이 시기의 임무는 우선적으로 프롤레타리아가 모든 기술, 과학, 그리고 지난 세기의 예술을 숙달하는 것이다. 그리하여 사업의 첫 번째 임무로서 우리들은 프롤레타리아 예술 창조가 아니라 모든 이전의 획득물과 업적에 대한 비판적인 동화를 통해서, 프롤레타리아가 부르주아에 승리하도록 하는 혁명적 이행기 예술과 같은 창조 문제를 채택해야 한다"[10]고 주장했다. 이에 대해 파수꾼은 "'한 사회의 지배이념은 언제나 그 사회의 지배계급의 이념이다'는 마르크스주의의 명제로 보론스키의 명제를 되받아쳤다. 그러므로 프롤레타리아 문학이 프롤레타리아 계급의 이데올로기 표현으로 존재한다는 것은 절대적인 역사적 필연이었다. 트로츠키, 보론스키의 개념들과 그들에 대한 동조자들은 이데올로기와 예술의 문제에 적용된 트로츠키주의로 비난받았고, 그것은 계급투쟁의 무시, 프롤레타리아 문화 목적에 대한 한계, 그리고 예술에서의 부르주아 헤게모니의 인정을 뜻했다."[11] 그러나 보론스키는 예술은 삶의 인식이라는 것을 근본 개념으로 삼았고 이것을 과학과 비교하여 설명했다. 그에 의하면 "예술과 과학은 현실을 다루고 객관적인 진실을 제공한다. 분석과 논리를 통해 지식을 획득하는 과학과 달리, 예술은 이미지에서 감각적 관조와 종합을 통해 지식을 획득한다. 과학은 인간 지성을 향해 있다. 예술은 인간의 감각 본성을 향해 있다. 그럼에도 불구하고 예술은 현실에 대해 수동적이거나 모사(模寫) 사진적인 재생산이 아니다. 진정한 예술가는 수많은 현상 속으로 볼 수 있고 참된 인식 가치를 가진 것들만을 선택할 수 있다. 예술가는 무의미하고 피상적인 삶의 표현에 대해 듣지도 않거나 보지도

---

10  Herman Ermolaev, *op. cit.*, p.38.
11  *Ibid.*, p.39.

않는다. 예술가는 하찮게 보이는 것들을 확대시키고 종합하며 작품 속에 정제된 삶을 창조한다"[12]고 했다. 이러한 보론스키의 객관적 묘사 예술에 대한 견해에 대해 그리고리 렐레비치(Григорий Лелевич)는 마르크스주의로부터 벗어나 있다고 비판했다. 렐레비치는 "보론스키의 현실에 대한 객관적 묘사가 의미하는 것은 날카로운 시각과 재능을 가진 작가라면 누구나 삶을 진실하게 묘사 할 수 있다는 것이다. 그래서 보론스키는 작가가 제한된 계급적 시각을 통해 현실을 묘사한다는 것을 이해하는 데 완전히 실패했다고 주장했다."[13]

이들 두 진영의 갈등과 논쟁은 결국 당 중앙위원회로 옮겨갔다. 이를 위해 1924년 5월 당 중앙위원회는 당의 문화 정책을 해결하기 위하여 각각의 대표자들을 소집했다. "여기에는 세 가지 입장을 대변하고 있는 각각의 대표자들이 참석하였다. 첫 번째는 트로츠키와 보론스키의 입장으로 동반작가(Писатель-попутчик, 혁명노선을 따라가지만 독자적인 창작을 추구하는 작가)와 좌익전선, 레프(Левый фронт, ЛЕФ)를 옹호하고 프롤레타리아 문학 운동이 정책적으로 지원을 받아 이들을 압도해서는 안된다고 주장했다. 두 번째는 나쁘스투 계열의 입장으로 프롤레타리아 문학의 헤게모니 획득의 필요성을 주장했다. 세 번째는 부하린과 루나차르스키의 입장으로 앞의 두 이론을 절충하고 있었다."[14]

결국 이들의 결전은 1924년 1월 레닌이 사망한 후 소비에트 권력의 중심이 점차 부하린과 스탈린쪽으로 이동하고 있던 시점인 1925년 2월과 3월 당 중앙위원회 문학위원회 회의에서 벌어졌다. 여기서 부하린은 프롤레타리아 문화 창조의 불가능성에 대한 트로츠키의 주장에 이의를 제기하였다. 그는 아직도 1917년 러시아 혁명을 불완전한 혁명으로 인식하고 세계

---

12  *Ibid.*, p.39.
13  *Ibid.*, p.42.
14  이한화 엮음, 『러시아 프로문학운동론 I』, 화다, 1988, 21쪽.

혁명이 빨리 오기를 기대하고 있는 트로츠키 진영의 러시아 프롤레타리아의 낮은 수준으로는 스스로 프롤레타리아 문화를 창조할 수 없다는 견해를 문제 삼았다. 즉 부하린은 "노동 계급이 다른 나라에서 아직 권력을 장악하지 않았기 때문에 프롤레타리아 독재 기간이 연장될 것이라는 사실을 트로츠키가 간과했다고 말했다. 그래서 소비에트 내에서 지배계급의 특징을 반영하고 있는 프롤레타리아 문학은 이미 형성 과정에 있으며 계속 발전할 것이다"[15]고 했다. 또한 "부하린은 '예술 문학의 영역에서 당 정책에 관하여 (О политике партии в области художественной литературы, 1925, 6, 18)'란 당 중앙위원회 결의문을 통해 프롤레타리아 문화 창조의 가능성을 확인시켰을 뿐만 아니라 다른 소비에트 문예 분파에 대한 문학의 헤게모니를 성취하려는 프롤레타리아 문학 조직에 대한 지원을 확실히 약속했다."[16] 부하린의 결의 사항에 의해 스탈린 역시 프롤레타리아 문화는 지금 건설의 과정에 있으며 이 문화는 그 내용에서 사회주의적이며 형식면에서 민족주의적이라고 하였다. 이것은 문학 창작 논쟁이 정치권력 투쟁으로 변모하게 되었음을 명백하게 보여주고 있다.

이 논쟁으로 프롤레타리아 문화 예술을 불가능한 것으로 여긴 트로츠키파의 세력은 급속하게 약화되었다. "1925년 6월 18일 채택된 이 결의는 트로츠키와 마르크스주의 비평가 보론스키, 그리고 프롤레타리아 문화가 불가능하다고 믿었던 사람들이 결정적으로 패배했다는 것을 의미하였다."[17] 트로츠키파의 후퇴는 트로츠키 정치권력의 후퇴를 가져 왔다. 이것은 혁명 이후 형식주의적 문학 이론의 연구 성과의 질은 의심하지 않지만 주로 일관된 세계관이 결여되어 있다고 공격받으면서도 나름대로 소련 문화와 예술 이론의 한축으로 지속되었던 형식주의적 문학 이론과 사적

---

15  Herman Ermolaev, *op. cit.*, p.46.
16  *Ibid.*, p.3.
17  *Ibid.*, p.3.

유물론적 문학 이론 간의 상호 보완적이고 긍정적 발전의 가능성이 사라지는 계기가 되었다. 이후 '10월' 그룹은 레닌 이후 1925년 10월 당 중앙위원회로부터 프롤레타리아 문화의 선두 주자로 공식 인정을 받았다. 이렇게 된 배경에는 트로츠키파와의 정치권력 투쟁의 과정에서 형성된 스탈린과 부하린 우파와의 잠정적 연대가 근본적 원인이었다. 이러한 정치적 연대 결과 프롤레타리아 예술과 문학은 당의 적극적인 개입과 지원 체제를 가진 강력한 중앙집권적 지도력의 통제 하에 들어가게 되었다. 이것은 또한 1925년에서부터 1930년대 초반까지 프롤레타리아 마르크스주의에 기반한 소련 문학예술 이론이 성립하게 되었음을 뜻하였다.

이처럼 1920년대 소련 문화 예술 창작 전개 과정을 관통하고 있는 것은 프롤레타리아 문화가 가능한 가에 대한 논쟁이었다. 그리고 그 논쟁의 이면에는 1920년대를 대표하는 정치 권력자들의 직접적인 개입이 있었다. 프롤레타리아 문화와 예술 창작 이론에 대한 정치 지도자들의 개입은 그것이 소비에트 문화와 예술 형성에 영향을 강하게 미쳤든 약하게 미쳤든, 혹은 그 집단이 소비에트 권력구조로부터의 독자성을 획득하고 있었든 획득하지 못하였든 소비에트 정부 내에 존재했던 모든 문학 그룹과 문화 예술 그룹에 적지 않은 영향을 미쳤다. 특히 스탈린이 소비에트 권력의 핵심으로 등장하기 시작한 1920년대 후반부터 소련 문화 예술과 문학 이론에 대한 권력의 영향은 점차 일방향이 되어갔다. 이것은 1920년대 후반부터 1930년대 초 스탈린이 권력을 완벽하게 통제하게 된 이전 시기까지는 비록 정치 권력자들이 문화 예술과 문학 이론 투쟁을 자신의 정치권력 확대와 연결시켰을지라도 창작에 대한 근본적 욕구의 시도를 일방적이고 강력한 제도적 장치로 통제하지는 않았음을 의미한다.

이러한 흐름은 1929년 부하린을 정치국에서 축출하여 부하린 우파가 몰락하고 난 후 스탈린이 권력 투쟁에서 최종적으로 승리하게 되면서 막을 내리게 된다. 특히 1930년 6월, 7월에 전개되었던 제16차 전당 대회는 그러한 스탈린의 정치권력 투쟁이 이미 종식되었고 자신의 권력 기반 구축이 확고해졌음을 보여준 대회였다. 그 후 스탈린은 이데올로기 통합을 제시하였다. 그의 지시에 따라 다양한 투쟁과 격론을 통해 형성되어 왔던 소련 예술과 문학의 창작 이론은 단일한 이데올로기로 전환하게 된다. 그동안 소련 문학 이론의 최대 집단으로 형성되었던 라프 그룹 마저도 문학이 사회주의 건설 과정과 보조를 맞추지 못하고 있다는 이유로 비난을 받았다. 특히 스탈린이 장악한 당은 라프를 비난하는데 가장 선두에 섰다. 당은 1931년 4월 19일자 프라브다 신문의 사설 〈프롤레타리아 문학을 위하여(За пролетарскую литературу)〉를 통해서 라프를 "거만한 관리 방식, 불충분한 자아비판, 그리고 게오르기 플레하노프(Георгий Плеханов) 이념의 유포에 대해서 비난했다. 당은 문학이 하루속히 사회주의 건설이라는 위업에 반응을 나타내고 그 목적에 대중을 결집시키도록 그 필요성을 강조했다."[18] 라프에 대한 당의 본격적 비판은 결국 소비에트 정부 내에 존재하고 있었던 모든 문학 및 예술 단체를 해체하고 새로운 단일 조직을 결성하도록 했다. 이로 인해 1932년 4월 23일 당의 결정에 의해 '소련 작가동맹(Союз писателей СССР)'이 등장했고 그것의 실천적 내용을 담아 공식화된 것이 이른바 1934년 사회주의 리얼리즘(Социалистический реализм)이다.

이처럼 혁명 후 소비에트 시기의 문학 및 예술 이론은 프롤레타리아 문화와 예술에 대한 가능성으로부터 시작되어 정치 권력자들의 개입으로 권력을 향한 이론 투쟁과의 밀접한 연관 속에서 형성되었다. 이것은 1920년대 소비에트 정부의 역사적 과정에 있어 중요한 두 가지 의미를 함축하고 있다. 첫째, 1920년대 소비에트 혁명 정부에는 자신들의 이념과 이데올로기 전파를 위한 구체적이고 명확한 창작 이론이 부재했다는 것이고, 둘째,

---

18  *Ibid.*, p.108.

혁명 이후 소비에트 정부 아래에서 다양한 창작적 시도와 실험을 할 수 있는 공간이 존재하였다는 것이다. 이 두 가지는 1920년대 소련 영화를 비롯한 문화와 예술의 성격과 특징을 이해하는데 있어 결코 간과되어서는 안 될 요소들이다.

특히 이 시기 문학 창작 이론에 대한 투쟁이 영화에 있어 중요한 의미를 갖는 것은 1920년대 소비에트 정치 권력자들의 권력 투쟁이 문학을 중심으로 전개되었기 때문에 영화가 정치적 대립을 내포하고 있는 문학의 이론적 규정과 투쟁의 중심으로부터 어느 정도 벗어날 수 있게 되었다는 점이다. 이러한 상황은 1920년대 영화만의 독창적인 창작 이론 기반 형성에 중요한 토대가 되었다. 그 결과 1920년대의 소련 영화는 무엇보다 인접 예술에서 다양한 창작 이론들의 투쟁 속에서 행해지고 있던 시도들을 긍정적으로 받아들이면서 영화 창작의 독창적 수법을 창조할 수 있게 되었다. 이것은 이 시기 존재했다가 사라져간 수많은 이론들, 즉 미래주의, 형식주의, 구성주의에서부터 거대한 문학 조직인 레프, 프롤레트쿨트, 라프 등에서 형성된 다양한 형식적, 사상적 시도 속에서 소련 영화가 가능했음을 의미한다. 이러한 토대 위에서 1920년대 소련 영화는 혁명 이후 정치적으로 형성된 혁명의 정당성과 당위성을 긍정적으로 표방하면서 영화 형식의 다양성을 추구할 수 있게 되었다.


## 3. 창작으로서의 영화

### 집단주의

1920년대 소련 영화의 특징 중 하나는 한 개인의 영웅적 행위보다는 집단의 힘을 상징하는 수많은 노동자, 농민들이 영화 속 주요 인물로 등장했다는 데 있다. 이는 혁명 이후 소비에트 정부가 노동자, 농민들에게 혁명의 주체 세력과 이데올로기 정체성이 어디에 있는지를 명확하게 해야 했던 필요성과 그 궤를 같이한다. 이는 소비에트 정부와 정치 권력자들이 노동자, 농민들을 혁명의 주체 세력으로 인정하면서 그들에게 새로운 소비에트 사회 건설에 동력을 부여하고자 했던 것이다. 이러한 전략적 목표는 1917년 11월 5일 혁명 이후 레닌이 노동자들에게 한 연설에서 이미 예견되었다. 레닌은 여기서 다음과 같이 말하였다.

노동자 동지들! 동지들은 바로 동지들 자신이 국가를 운영하고 있다는 것을 기억하시오. 여러분 스스로가 단결하지 않고 제반 국가 업무를 인수하지 않는다면 아무도 여러분을 도와줄 사람이 없는 것이오. 여러분의 소비에트를 중심으로 뭉쳐서 소비에트를 강하게 만드시오.[19]

레닌의 이 말은 비록 혁명 직후의 상황에 관한 것일지라도 소비에트 민중들의 단결을 강조할 필요성이 제기된 1920년대의 소비에트 정부와 권력자들에게 매우 유효했다. 왜냐하면 1920년대는 혁명 이후 소비에트 권력의 위상을 강화하는 것뿐만 아니라 소비에트 정부가 추진하고자 한 여러 가지 정책들을 실행하는데 있어 소련 민중들의 역할이 중요했기 때문이다. 그 중에서 1920년대 초기에 찾아온 최악의 기근과 산업 생산성의 후퇴는 소비에트 정부로 하여금 빠른 시간 내에 이 절박한 상황을 타개하도록 요구하였다. 특히 "1920년과 1921년 가장 비옥한 지역 중 하나인 볼가강 유역마저도 가뭄이 들 정도로 비축된 식량이 없어 무방비 상태인 농가는 2년에 걸쳐 연속으로 흉작을 겪었다. 정부로서도 어떻게 손을

---

19 Geoffrey Hosking, *A history of the Soviet Union*, Fontana Press/Collins, 1985, p.58.

써볼 수 없는 기근이 찾아 왔다 …… 산업도 또한 절박한 상황에 있었다. 주요 제조업 분야의 경우 1921년의 생산량은 1913년 수준의 5분의 1에도 못 미쳤다."[20]

이와 같은 급박한 상황은 많은 논란에도 불구하고 소비에트 정부를 신경제 정책의 일환인 부분적인 사유화 정책을 취할 수밖에 없는 상황으로 몰아갔다. 무엇보다 당시 직면하고 있던 기근 타개와 열악한 산업 생산성에 대한 부흥은 농촌의 농민들과 프롤레타리아 계급간의 연결 고리 등에 의해 추진될 수밖에 없었다. 또한 소비에트 정부가 추진하고자 한 농촌의 집산주의, 1928년부터 시작된 소비에트 연방의 경제 계획 프로그램인 고스플란(госплан) 추진에 있어서도 노동자들과 농민들의 적극적 협조는 필수적인 것이었으며, 이것은 곧 소비에트 정부의 권력 구조 기반의 견고화와 밀접한 연관을 가지고 있었다. 따라서 1920년대 소련 영화에서는 노동자, 농민과 같은 인물의 집단화가 중요한 요소로 등장하게 되었다. 이러한 특징은 1920년대의 뛰어난 영화 창작가들인 베르토프, 에이젠쉬테인, 푸도브킨, 도브젠코 등의 영화에서 나타나고 있다.

특히 전선에서 촬영된 다양한 필름을 통해 13편으로 구성된 베르토프의 〈국내 전쟁사(История гражданской войны, 1922)〉는 이러한 특징을 잘 대변하고 있다. 이 영화는 처음부터 촬영가 자신들의 명확한 사상이나 뚜렷한 영화적 표현 목표를 가지고 촬영되지는 않았다. 그러나 영화 속에는 1920년대 소비에트 역사 변동의 주체 세력이자 힘의 상징인 노동자, 농민, 붉은 군인 집단이 영화의 주된 인물로 묘사되고 있다.[21] 이와 같은 특징은 베르토프가 1926년에 만든 〈소비에트여 진군하라!(Шагай Совет!)〉에서도 나타나고 있다. 그는 전쟁으로 인하여 파괴된 공장과 집들, 병들고

---

20  Ibid., p.120.
21  정태수, 『러시아―소비에트 영화사 I』, 도서출판 하제, 1998, 57쪽.

굶주린 사람들의 모습과 활기차게 돌아가는 공장과 굴뚝, 깨끗한 거리와 위생 시설, 건강 검진, 새로운 아파트로 들어가는 생기 넘치는 노동자들의 모습을 대조적으로 보여주면서 1920년대 초기의 소련의 모습과 신경제정책으로 인해 변화된 1920년대 중반기의 소련의 모습을 묘사하고 있다.

혁명이후 1920년대 소비에트 가치의 전형적 모습인 노동자, 농민들과 같은 집단을 다룬 특징은 에이젠쉬테인의 영화에서 두드러지게 나타난다. 이것은 1925년 그의 첫 장편영화인 〈파업〉에서부터 나타나기 시작하였고, 그는 이 영화의 창작 목표를 집단, 즉 노동자들의 역동적 움직임과 위력에 초점을 맞추었다. 따라서 에이젠쉬테인은 이 영화의 "중심적인 등장인물을 개인적 인물이 아니라 파업 노동자들과 자본가들, 그들의 앞잡이인 경찰관, 관원, 불량배들과 투쟁하는 집단을 중심으로 하고 있다."[22] 영화는 적대적 계급간의 투쟁과 혁명과정을 묘사하고 있지만 그 중심은 그들과 투쟁하고 있는 노동자 집단들이다. 에이젠쉬테인은 자신의 영화 속 중심인물을 한 개인보다는 집단을 배치함으로써 역사에 대한 자신의 시각과 당시 소련 사회의 보편적 가치와의 일치를 드러내고자 했다. 이와 같은 특징은 영화 〈파업〉에 뒤이어 만든 〈전함 파춈킨〉에서도 나타난다. 에이젠쉬테인은 이 영화를 1905년 2월 혁명이 격렬하게 진행되고 있는 것 같은 인상을 불러일으키도록 하기 위해 사건을 연대기적으로 배열하면서 드라마처럼 작용하도록 하였다.[23] 이러한 목표에 의해 영화는 전제정치와 착취를 폭로하면서 무력에 저항하는 민중들의 혁명 투쟁을 묘사했다. 에이젠쉬테인은 민중들의 거대한 집단의 힘에 의해 새로운 역사가 창조되고 있다는 것을 이 영화를 통해 보여주고 있는 것이다. 따라서 영화 속에는 어떤 특정한 개별 인물이 주인공으로 등장하지 않는다. 영화의 중심은 혁명

---

22  М. П. Власов, *Там же*, с.68.

23  С. И. Юткевич, *Эизенштейн Том 3*, Москва, 1964, с.46.

과정에서 중요한 요소로 등장한 전함의 병사들, 그리고 불특정 다수의 노동자를 비롯한 일반 민중들인 것이다. 에이젠쉬테인은 이러한 민중들의 모습을 영화 전면에 배치하고 그들을 소비에트 혁명 역사의 주체로 묘사하면서 혁명 이후 1920년대 소련 역사의 주체가 누구에게 있는지를 명확하게 제시하고 있다. 이와 같은 그의 창작 기조는 1927년 10월 혁명 10주년 기념일에 맞추어 등장한 영화 〈10월〉에서도 계속 유지되었다. 에이젠쉬테인은 10월 봉기의 실행과 준비 과정 그리고 백군과의 전쟁 파노라마를 이 영화에서 보여주고자 했다. 그러므로 이 영화에서도 혁명 과정에서 필연적으로 등장한 대규모 군중 장면들이 중요한 요소가 되었다.

이처럼 베르토프, 에이젠쉬테인의 영화에서 나타나는 노동자, 농민을 대상으로 한 집단은 1920년대 소련 영화 창작가들에게 하나의 주요한 전형으로 자리 잡았다. 이와 같은 특징은 푸도브킨의 영화 〈어머니〉에서도 나타난다. 이 영화는 어머니가 아들을 통해 혁명에 참여하게 된 과정에 초점이 맞추어져 있다. 특히 이 영화의 마지막 부분인 어머니가 감옥으로 향하는 과정에 등장한 수많은 군중들의 모습은 집단의 힘에 의해 새로운 세계가 도래할 것이라는 희망을 표현하고 있는 것이다. 1927년 〈상트-페쩨르부르그의 종말〉에서도 푸도브킨은 개인이 아니라 집단에 초점을 맞추고 있다. 이를 위해 그는 농촌에서 올라온 농부가 "프롤레타리아의 혁명 인식에 대한 성장과 진보의 모습이 영화의 중심이 되도록 하였다. 푸도브킨은 이들 주인공에게 개인적 특성과 개성이라는 성격을 부여하지 않았다. 그는 이러한 방법으로 사회적 보편성과 구체적 모습의 대표성을 강조하려 했던 것이다."[24] 푸도브킨은 이와 같은 창작 목표를 통해 프롤레타리아 집단의 의식 형성 과정과 혁명으로의 진입 과정을 보여주고자 했다. 그는 영화 속에서 묘사된 민중들을 인간 해방의 진정한 주체 세력으로 인정하고

---

24 정태수, 앞의 책, 145쪽.

자 한 것이다.

이러한 특징은 1920년대 소련 영화의 또 한 명의 뛰어난 감독인 도브젠코의 영화에서도 나타난다. 1928년 도브젠코에 의해 만들어진 영화 〈조병창〉은 1918년 우크라이나의 부르주아 민족 정부에 대항한 키에프(Киев)의 조병창 노동자들의 봉기에 관한 내용을 토대로 하고 있다. 그는 이 영화에서 주인공 티모쉬를 페트루로프(Петлюров) 반혁명 세력들이 총을 쏴도 죽지 않은 인물로 설정했다. 이 영화에서의 티모쉬는 개인적인 한 인물로 국한되지 않고 우크라이나 프롤레타리아 노동자들의 영웅의 상징이자 대표성으로 묘사되고 있다. 따라서 이 영화에서도 봉기를 일으킨 대규모 노동자들이 역사 변동의 주체로 묘사되고 있는 것이다.

이처럼 개인이 아닌 집단이 영화 속 주요 인물로 등장한 것이 1920년대 소련 영화의 중요한 특징이었다. 당시 소련 영화는 집단을 강조함으로써 소련 민중들이 혁명의 대의와 소비에트 정부와의 일체감을 유지할 수 있도록 견인했다. 이것은 다름 아닌 소비에트 정부가 민중들을 하나의 이데올로기적 목표로 집중할 수 있도록 하게 하는 소비에트 권력자들의 전술적 목표와 밀접한 관계 속에 있는 것이다. 이에 대한 근거로 혁명 과정의 사회를 한 여인과 두 남자의 낭만적이고 자유로운 로맨스를 통하여 묘사한 1927년 아브람 로옴(Абрам Роом)의 영화 〈삼류 소시민(Третья Мещанская)〉이 소비에트 정부를 적대적으로 묘사하지 않았음에도 불구하고 혁명 사상, 즉 프롤레타리아를 비롯한 집단을 영화 속에 명확하게 제시하지 않았다는 이유로 비판에 처하게 된 사실을 통해 알 수 있다.

이처럼 집단이 강조된 1920년대의 소련 영화에는 그 시대의 가치와 이데올로기, 정치 패러다임이 함축되어 있다. 그 결과 정치적, 경제적, 사회적 상황 속에서 집단주의가 영화 속에 자연스럽게 구축되었다. 따라서 1920년대 소련 영화 속에 나타난 인물의 집단화는 혁명 이후 소비에트 정부의 정책과 그 당시 역사적 필연성이 영화 속에 묘사되고 투영된 것이라고 할 수 있다.

## 다큐멘터리의 사실성

1917년 10월 혁명 이후 소비에트 정부는 혁명의 이념과 정책을 소비에트 민중들이 보다 쉽고 신속하게 받아들이는 것이 무엇보다 중요했다. 이를 위해 소비에트 영화는 영화 창작에 있어 혁명 이념과 정책을 가장 생생하게 사실적으로 묘사하는 것이 우선되었다. 이것은 베르토프를 비롯한 에두아르드 티쎄(Эдуард Тиссэ), 표트르 노비쯔키(Пётр Новицкий), 표트르 에르몰로프(Пётр Ермолов), 그리고리 렘베르그(Григорий Лемберг) 등과 같은 일련의 뉴스 영화 촬영가들과 다큐멘터리스트들의 작업을 통해 사실과 진실에 대한 영화적 표현 수법으로서의 경험이 이미 축적되어 있었던 것과 무관하지 않다. 이들은 소련에서 일어난 모든 정치적 사건과 정책 추진 방향과 과정 등을 실제 현장에서 촬영하고 구성하여 노동자, 농민들에게 소개했다. 이것은 초창기 소련 영화가 선동영화와 뉴스영화에 집중하게 된 직접적 배경이 되었다.

그러나 다큐멘터리의 사실성은 혁명 이후 초창기 소련 영화에서 정치 권력자들의 활동상이나 정책의 내용을 전달하는 계몽 차원과 극적 효과를 강화하기 위해 극영화에서 보다 적극적으로 사용되었다. 이것은 혁명 과정의 역사적 사실을 영화화 하는 과정에서 자연스럽게 나타난 수법이었다. 이 시기 소련 영화에서는 역사적 사실이 지니고 있는 사실성과 그에 부합하는 표현 수법인 다큐멘터리 수법이 효과적으로 결합되었다. 이와 같은 특징은 베르토프와 에이젠쉬테인, 푸도브킨의 영화에서 나타났다.

베르토프는 소련에서 일어난 다양한 역사적 사실과 정치 권력자들의 일상적 모습 등을 촬영한 필름을 토대로 새로운 이야기를 구성했다. 그는 실제적 풍경과 역사적 사실에 기반한 화면을 통해 보다 극적 효과를 창조하기 위해 새로운 구성의 실험을 하였다. 이것은 그의 영화 창작이 새로운 의미를 생산해 내는 이야기의 극적 효과에 초점이 맞추어져 있음을 의미한다. 그럼에도 불구하고 그의 영화 창작이 소련 전역에서 찍은 필름에 기반한 다큐멘터리 사실성으로부터 시작되었다는 것은 부인할 수 없다. 그가 만든 대부분의 영화, 즉 〈혁명 기념일(Годовщина револю ции, 1919)〉, 〈스탈린그라드에서의 전투(Бой под Царицыном, 1919-1920)〉, 〈세르게이 라도네즈스키 유골의 해부(Вскрытие мощей Сергея Радонежского, 1919)〉, 〈러시아 중앙 집행위원회 선동열차(А гитпоезд ВЦИК, 1921)〉, 〈국내 전쟁사(1922)〉, 〈키노글라즈(Киног лаз, 영화눈, 1924)〉의 첫 번째 시리즈이면서 6편으로 구성된 〈갑작스런 삶(Жизнь врасплох, 1924)〉, 그리고 23호까지 발행되어 상영된 〈키노 프라브다(Киноправда, 1922-1925)〉와 〈소비에트여 진군하라!(1926)〉 등은 역사적 사실에 기반한 다큐멘터리 필름으로부터 크게 벗어나지 않았 다. 베르토프는 다큐멘터리 필름을 통해 새로운 의미 생산과 이야기의 논리적 전개 과정에 집중했지만 그의 영화의 시작과 본질은 다큐멘터리의 사실성에 토대하고 있다.

반면 에이젠쉬테인은 극적 구성을 가진 영화 속에 다큐멘터리의 사실성 을 개입시켜 그 효과를 극대화했다. 그는 영화 전체의 극적 효과를 위한 수법으로서 다큐멘터리의 사실성을 이용하였던 것이다. 따라서 에이젠쉬 테인의 다큐멘터리 사실성은 베르토프의 그것과는 근본적으로 다르다고 할 수 있다. 그의 작품에서 나타난 다큐멘터리 사실성은 자신의 창작 목표에서 뚜렷이 제시되고 있다. 이러한 특징은 에이젠쉬테인의 첫 번째 장편 극영화인 〈파업〉을 촬영할 때 그가 제시한 창작 방향을 통해 알 수 있다. 그는 혁명 운동 참가자들에 의한 역사적 자료가 생생한 사실적 재료로서 작용하여 영화의 주제를 풍부하게 하도록 하였다. 이를 위해 에이젠쉬테인은 의미가 점차 확대되는 논리적 인과 관계 수법을 사용했다. 즉 절도죄로 몰린 노동자와 공장주의 불평등한 관계를 모티프로 하면서 이에 대한 노동자들의 구체적인 전략과 대책, 파업 위원회의 비밀 회합과 선동 작업, 열심히 일하고 있는 노동자들의 모습, 공장주와 노동자 대표의 회담, 파업 노동자들의 시위와 해산, 노동자들에 대한 기병대들의 급습, 파업 노동자들에게 발포하는 경찰과 군인들을 인과 관계에 따라 파업이 일어나게 된 원인과 진행 과정 전체를 묘사하고 있다. 이것은 일련의 과정들이 마치 역사적 사건의 전 과정을 실제로 눈앞에서 보고 있는 것처럼 관객들에게 인식되도록 창작의 목표를 세웠다는 것을 말한다. 에이젠쉬테인은 노동자들의 집단적 모습과 행위가 역사 속에서 노동자들의 일상적 행위를 그대로 옮겨 놓은 것처럼 보이도록 했다. 이러한 창작 수법은 노동자들의 행위와 사건이 실제로 일어나고 있는 듯한 느낌을 갖도록 한 다큐멘터리의 사실성에 근거한 표현 수법이다.

이와 같은 특징은 영화 〈10월〉에서 더욱 구체적으로 나타나고 있다. 왜냐하면 에이젠쉬테인은 다큐멘터리적 사실성을 영화 〈10월〉의 직접적인 창작 목표로 삼았기 때문이다. 그는 이 영화에서 10월 혁명 전 과정을 단순한 파노라마적 특징으로 묘사한 것이 아니라 역사적 사실을 재현하고 있는 것처럼 1917년 2월부터 10월까지 페트로그라드에서 일어난 혁명적 사건을 관객이 실제적으로 보고 있는 듯한 느낌이 들도록 하였다. 그럼으로써 비무장한 사람들에게 총격을 가한 7월 3, 4일 대규모 시위 장면들이 당시 시위 참가자들의 진술에 따라 르포르타쥬처럼 인식되도록 했다. 이를 위해 에이젠쉬테인은 혁명 과정에서 일어난 수많은 군중들의 시위 장면과 총격으로 죽어가는 모습을 마치 역사적 현장에 있는 듯한 착각이 들도록 사실성과 현장성을 강조한 다큐멘터리 수법을 사용하였던 것이다. 이러한 창작 수법을 통해 에이젠쉬테인은 극영화가 지니고 있는 허구적 모습을 다큐멘터리의 사실성을 통해 차단하면서 영화에서의 극적 효과를 최대한도로 증폭시켰다.

이와 같은 다큐멘터리의 사실성은 푸도브킨의 영화 〈어머니〉에서도 찾아볼 수 있다. 특히 영화 마지막 장면에서 군중들과 함께 아들이 수감되어 있는 감옥을 향해 가고 있는 어머니의 모습은 실제 역사적 현장에 있는 것 같은 강렬하고 격정적인 감정이 들도록 다큐멘터리의 사실성을 효과적으로 이용한 장면이라 할 수 있다.

이처럼 베르토프, 에이젠쉬테인, 푸도브킨의 영화에서는 다큐멘터리의 사실성이 창작의 주요한 수법으로 사용되었다. 이것은 혁명 과정의 역사적 사실이 1920년대 소련 역사를 이끌어가는 중요한 힘으로 작용했기 때문이다. 그러므로 이 시기 영화 창작가들은 자연스럽게 역사적 사실에 토대한 사건을 영화화하게 되었다. 그 과정에서 이들은 다큐멘터리의 사실성을 중요한 표현 요소로 인식했다. 그 결과 이 시기 영화 창작가들은 영화적 효과를 보다 사실적이고 극대화하기 위한 창작 수법으로 다큐멘터리의 사실성을 이용했다. 이러한 표현 수법은 영화에서 사실성과 허구적 요소간의 경계를 허물면서 영화 창작의 영역을 확대하는 계기가 되었다. 이것은 1920년대의 소련 영화 창작가들이 단순히 혁명 사상과 사회주의 이념을 전달하는데 그치지 않고 어떻게 하면 혁명 이념과 사상을 보다 효과적이고 극적으로 전달할 수 있을 것인가에 초점을 맞추고 있었기 때문에 가능한 것이었다. 이로 인해 영화 창작에 있어 형식적 측면에 대한 사고와 고민이 본격적으로 소련 영화에 개입하게 된 계기가 되었고, 이것은 소련 영화를 단순히 혁명 사상과 사회주의 이념을 전파하는 선동, 선전 영화로 귀결되지 않도록 하는데 중요한 역할을 했다. 이와 같은 표현 수법에 대한 탐구는 궁극적으로 1920년대 소련 영화의 모든 것이라 할 수 있는 화면의 구성, 이른바 몽타주 이론으로 수렴되게 만드는 결정적 요인이 되었다.

# 새로운 의미의 탄생, 몽타주

1920년대 소련 영화가 세계 영화 역사의 주목을 받게 된 가장 큰 이유는
영화가 창작의 대상으로 존재할 수 있느냐 없느냐 하는 역사의 갈림
길에서 서로 다른 의미의 화면과 화면이 결합되어 새로운 의미를 탄생시킨
다는 몽타주, 즉 화면 구성의 법칙에 있다. 이것은 1920년대 소련 영화가
등장하고 난 후 영화 창작의 역사에서 비로소 영화가 완전한 창작 매체로서
의 존재감을 갖게 되는데 새로운 전기를 마련했음을 말한다. 이러한 영화
역사의 진보와 발전의 견인차 역할은 베르토프를 비롯한 쿨레쇼프, 에이젠
쉬테인, 푸도브킨, 도브젠코로부터 시작되었다. 이들은 보다 많은 사람들에
게 혁명 사상과 사회주의 이념을 효과적으로 전파시키고 이해시키는 것을
창작의 가장 중요한 목표로 삼았다. 그 결과 1920년대 영화 창작가들은
이와 같은 목표를 극대화하기 위하여 영화 표현 수법에 있어 어떻게
하면 이러한 이념과 사상을 보다 효과적이고 극적으로 전달할 수 있을
것인가에 초점을 맞추었다. 이른바 영화 표현에 대한 수법과 방법이 본격적
으로 창작의 가장 중요하고 본질적인 요소로 부각되었던 것이다.

베르토프는 현장에서 찍었던 필름들을 통해 가장 중요한 영화 창작의
해법을 찾았다. 그는 음악과 시에서 특정한 두 개의 단편에 의해 몇
개의 리듬적인 조화가 달성되는 가장 단순한 결합 원칙에 따라 영화
촬영을 통합시키는 것을 깨달았다. 즉 창조적 요소는 표제, 제목의 구성에
따라 발생되며 하나의 무미건조한 정보는 사건에 대한 생생한 사회 평론적
해설로 바뀌게 된다는 것이다.[25] 베르토프는 단순한 정보와 사실을 담은
뉴스릴 필름 등을 테마에 따라 적절히 이용하여 새로운 영화들의 조합을
보여주었다. 이것은 기존의 단순한 사실 전달과 시간과 공간의 동일성으로

---

25 М. П. Власов, *Там же*, с.55.

부터 벗어나 영화에 감정과 정서를 표출시킬 수 있는 새로운 표현 형식의
발견이었다. 이를 통해 베르토프는 전혀 다른 시간과 장소에서 촬영된
필름을 통해 테마와 주제에 따라 전혀 다른 이야기를 가진 영화를 만들
수 있음을 증명했다. 이러한 창작 실험과 시도의 결과 베르토프는 몽타주가
영화를 표현하는데 가장 중요한 요소라는 것을 인식하고 다음과 같은
키노글라즈(영화눈) 선언을 하였다.

> 나는 키노글라즈―나는 아담보다 더욱더 완벽한 인간을 창조하고,
> 미리 인식된 다양한 도면과 개요에 따라 수많은 다양한 사람들을
> 창조한다.
> 나는 키노글라즈.
> 나는 가장 강하고 가장 편안한 손을 갖고 있고, 다른 한편에는
> 가장 균형 잡히고 가장 빠른 다리를 갖고 있으며, 세 번째로는 가장
> 아름답고 가장 표현력이 풍부한 두뇌를 갖고 있고, 몽타주로서 새롭고
> 완벽한 인간을 창조한다.[26]

이와 같은 베르토프의 선언은 영화 표현에 있어 카메라와 화면 구성,
즉 몽타주의 전능함을 선포한 것이다. 이 선언으로 베르토프는 정치적
슬로건과 캠페인, 이데올로기 등을 다룬 이전의 혁명 영화들과는 차원이
다른 영화를 만들게 되었다. 그는 새로운 영화 형식을 통해 사람들의
감정과 정서를 통제하면서도 그 효과를 강화할 수 있도록 자신의 영화를
치밀하게 조직했다. 따라서 그의 영화는 테마에 따라 서로 전혀 관련이
없는 필름 등을 조합하여 만들어진 새로운 영화들이었다. 이러한 이론에
따라 등장한 영화들로는 1920년대 소비에트의 삶을 새로운 것과 낡은

---

26 С. В. Дровашенко, *Дзига Вертов*, Искусство, Москва, 1966, с.55.

것과의 대조로 구축된 다큐멘터리 영화 〈갑작스런 삶(1924)〉과 〈키노프라브다〉, 즉 영화 진실을 비롯한 일련의 영화들이다. 특히 1922년부터 1925년 사이 23호까지 만들어져 상영된 〈키노프라브다〉는 테마와 순서에 따라 구성되었다. 즉 키노프라브다는 〈어제, 오늘, 내일(Вчера, Сегодня, Завтра, 키노프라브다 13호, 1923)〉, 〈봄날의 진실(Весенняя правда, 키노프라브다 16호, 1923)〉, 〈선구자의 진실(Пионерская правда, 키노프라브다 20호, 1923)〉처럼 테마와 순서에 의해 각각 구분되어 상영되었다. 키노프라브다 중 당시 소련에서 가장 호평을 받았던 두 편의 영화는 3편으로 구성된 키노프라브다 21호의 〈레닌의 키노프라브다(Ленинская киноправда, (1924)〉와 두 편으로 구성된 키노프라브다 22호인 〈농민의 가슴속에 레닌은 살아있다(В сердце крестьянина Ленин жив, 1925)〉였다. 이 중 첫 번째 영화는 연도순으로 레닌의 활동상과 병과 죽음 그리고 레닌의 업적을 찬양하고 계승하고자 하는 영화였고, 두 번째 영화는 농민 대표들이 모스크바를 견학하고 레닌 묘를 참배하면서 레닌의 뜻을 이어가고자 다짐하는 장면들을 묘사하였다.

테마에 따라 시간과 공간을 초월해서 만들게 된 창작 법칙, 이른바 몽타주 법칙은 베르토프의 계몽 영화에도 적용되었다. 이와 같은 베르토프의 영화로는 〈소비에트여 진군하라!〉와 〈세계의 6분의 1(Шестая часть мира, 1926)〉를 들 수 있다. 첫 번째 영화에서는 뉴스 필름을 이용해서 소비에트 혁명 정부 초기와 신경제 정책 이후 변화된 사회적 상황을 비교하면서 소비에트 정부의 업적을 묘사하였고, 두 번째 영화에서는 6개의 서로 다른 테마─첫 번째: 자본주의 구조의 비인간성, 두 번째: 자연의 풍요로움과 다양한 인종 구성, 세 번째: 소련 민중들의 생활 모습, 네 번째, 다섯 번째: 소련 경제와 세계 경제와의 관계, 여섯 번째: 산업국으로 변모된 소련의 모습─에 따라 자본주의와 사회주의를 대비시키면서 사회주의의 우월성을 표현했다.

베르토프의 영화 창작의 법칙과 실험이 집약되어 있는 영화로는 1929년 〈카메라를 든 사나이(Человек с киноаппаратом)〉를 들 수 있다. 이 영화에서 베르토프는 "자막을 거부하고 의도적으로 키노글라즈에 의한 효과를 보여주면서 아침부터 저녁까지 주제에 따라 화면을 배열하면서 테마의 유사성에 따라 재료를 구성했다. 무엇보다 영화는 영화 예술의 독자적인 영역으로서 다큐멘터리 영화의 변화와 발전의 가능성을 보여주었을 뿐만 아니라 풍부한 영화 표현 수법을 체계화하였다는 데 큰 의의가 있다고 할 수 있다. 따라서 이 영화는 베르토프의 표현 방법, 즉 클로즈업에 의한 다양한 영화 재료의 대비, 물리적 대상의 세밀하고 정교함, 원근법, 몽타주적 촬영, 리드미컬한 영화 표현 수법, 사회 평론적이고 시적인 기능으로서의 자막 등과 같은 영화 내적인 표현 방법으로서의 특징과 장르로서의 특징"[27]이 총체적으로 결합된 영화가 되었다. 베르토프 영화가 지니는 새로운 형식의 시도는 소련 영화가 정치적 기능으로서 뿐만 아니라 창작으로서 존재하게 하는데 중요한 역할을 했다. 따라서 베르토프의 영화에서 나타난 화면 구성의 법칙인 몽타주적 실험은 1920년대 소련 영화가 단순한 혁명적 사실을 전달하고 권력의 나팔수 역할로부터 벗어날 수 있는 창작 실험이고 시도였던 것으로 평가 받을 수 있다.

베르토프가 영화의 사회 평론적 기능을 유지하면서 영화 창작 수법에 관심을 가졌던 것과 달리 쿨레쇼프는 영화에서 표현 요소의 다양한 기능과 효과에 더 집중했다. 쿨레쇼프는 영화에서의 화면 구성을 통합적인 지각의 원리 속에 토대한 표현의 결합으로 이해하고 있었다. 그는 쇼트와 쇼트의 결합이 인간의 지각 속에 통합된 의미로 작용한다고 주장했다. 이것은 쿨레쇼프가 영화를 어떠한 의미나 느낌, 감정을 포함하고 있지 않은 쇼트에 다양한 표현의 화면을 결합했을 때 나타난 의미가 몽타주의 효과로 파악한

---

**27** 정태수, 앞의 책, 100쪽.

것이다. 그는 이것을 '쿨레쇼프 효과(эффект Кулешова)'라는 이론을 통해 감정과 느낌이 배제된 객관화된 자연적 상태의 화면과 화면을 구성함으로써 새로운 의미가 발생할 수 있다는 것을 증명했다. 이로 인해 영화 표현에 있어 무한한 다양성의 가능성과 의미의 무궁무진함을 보여주었다. 이것은 영화가 창작적 대상이냐 아니냐의 논쟁을 종식시키는데 중요한 이론적 단초가 되었다.

그러나 화면과 화면과의 관계 속에서 의미를 창출한 쿨레쇼프의 몽타주 이론은 불가피하게 화면 안에 존재하고 있는 사람이나 사물을 하나의 기호처럼 인식하게 함으로써 존재론적 가치와 인식에 대한 중요성이 경시될 여지가 있었다. 이로 인해 쿨레쇼프의 이론에는 1920년대 소련 정부의 요청 사항과 부합하지 않은 부분이 존재하게 되었다. 그 결과 소련 정부는 혁명적인 역사적 사실에 주목하지 않고 지나치게 영화 표현의 형식에만 몰두하고 있는 쿨레쇼프에게 충고를 하기도 했다. 그러나 그는 아랑곳하지 않고 1925년 자신의 창작 목표와 가능성을 제시한 〈살인 광선〉이라는 영화를 만들었고 1926년에는 몽타주적인 실험과 시도가 강하게 나타난 〈법규에 따라(По закону)〉를, 1929년에는 오락적인 수법으로 〈즐거운 카나리아(Веселая канарейка)〉를 각각 만들었다. 이와 같은 창작 행위는 1935년 제1회 소비에트 영화 노동자 협의회에서 격렬한 비판에 처하게 되는 원인이 되었고 결국 쿨레쇼프는 형식주의 이론으로 불린 자신의 몽타주 이론을 수정해야 하는 상황을 맞이했다. 그럼에도 불구하고 쿨레쇼프의 몽타주 이론이 1920년대 소련 영화 발전에 중요한 초석이 되었음은 부인할 수 없다.

흔히 1920년대 소련 영화의 뛰어난 진보와 발전을 언급할 때 에이젠쉬테인의 창작 이론이 가장 중요하게 거론된다. 그는 영화로 진입하기 전 이미 연극 작업을 통해 자신의 대표적인 영화 창작 이론인 '아트락찌온 몽타주(Монтаж аттракционов, 견인 몽타주)' 이론을 완성했다. 에이젠쉬테인은 알렉산드르 오스트롭스키(Александр Островский)의 〈모든 현인에게 소박함이 가득하다(На всякого мудреца довольно посототы)〉라는 희곡 작품을 각색하여 1923년 연극 〈현인(Мудрец)〉을 연출했다. 그는 이 작품에서 브세볼로드 메이에르홀드(Всеволод Мейерхольд)의 연기 이론을 차용하여 자신의 창작 이론인 아트락찌온 몽타주 이론을 적용했다. 에이젠쉬테인은 1923년 《레프》지 5호에 발표된 글에서 '아트락찌온 몽타주'의 본질을 혁명 예술의 효과적인 표현이라 주장하면서 "혁명 예술의 중요한 임무는 이데올로기적인 명확한 방향성에서 관객들의 완성으로 이루어진다"[28]고 했다. 즉 모든 예술에 있어서 예술의 내적 요소는 명확한 이데올로기적 목표에 따라 구성된다는 것이다. 따라서 에이젠쉬테인의 아트락찌온 몽타주 이론은 친절하고 정교한 연결 구조보다는 격정적으로 감정을 증폭시키면서 관객들에게 창작가의 의도와 이데올로기를 전달하는데 있다. 그리고 그것의 완성은 창작가의 혁명에 대한 동조와 이데올로기적 방향에 대하여 격렬한 감정과 격정으로 반응하는 관객들의 호응에 기반 하고 있는 것이다. 그러므로 에이젠쉬테인의 영화 창작 수법은 효과적으로 이야기를 전달하는데 그치는 것이 아니라 관객들로 하여금 끊임없이 정서적, 감정적 긴장과 충격을 유지하는 것이 중요하다. 그에게 영화는 연속적이고 기술적인 화면의 연속이 아니라 정서적으로 긴장과 충격을 주면서 관객들을 화면으로 몰입시키는 것이었다. 그렇기 때문에 에이젠쉬테인의 영화에서는 뚜렷한 대조, 전혀 서로 다른 의미의 화면 구성, 이른바 충돌이 그의 모든 영화 창작의 핵심 이론이 되었다.

이와 같은 그의 창작 이론은 1925년 고스키노(госкино)에 의해 제작된 영화 〈파업〉에 적용되기 시작했다. 이를 위해 에이젠쉬테인은 우선적으로 영화의 주제를 풍부하게 하기 위해 직접 혁명에 참가한 사람들의 회상,

---

28  М. П. Власов, *Там же*, с.67.

러시아 비밀경찰의 보고 등과 같은 실제적인 역사적 자료에 근거하면서 영화 〈파업〉에 대해 다음과 같은 몇 가지 창작 원칙들을 세웠다.

1. 구체적인 파업이 아니라 그것의 일반적인 모습을 보여주고 노동자 계급의 파업 투쟁의 기술을 보여준다. 2. 중심적인 등장인물로 는 개인적 인물이 아니라 자본가들과 그들의 앞잡이−경찰관, 관원, 불량배−들과 투쟁하는 파업 노동자들의 집단으로 한다. 3. 아트락찌 온 몽타주의 방법으로 영화를 구성한다.[29]

이러한 원칙에 따라 영화의 형식과 내용의 구조를 배열한 결과 착취자로 서의 부도덕한 공장주, 즉 부르주아에 대한 통렬한 비판과 함께 혁명의 당위성을 제기할 수 있게 되었다. 그 결과 이 영화는 소비에트 10월 혁명 이전 시기의 계급투쟁을 가장 혁신적인 수법으로 묘사한 첫 번째 영화가 되었다.

영화 〈파업〉에 뒤이어 혁명 20주년 소련 중앙위원회(Центральный комитет СССР) 소속 기념 위원회는 1905년 혁명의 거대한 서사시를 포함하고 있는 일련의 혁명 영화들을 1925년 12월 무렵까지 완성하라는 임무를 고스키노에 부여하였다. 고스키노는 1905년 실제 혁명 참가자인 아가드자노바-슈트코(Агаджанова-Шутко)에게 시나리오를, 에이젠 쉬테인에게 영화의 연출을 의뢰하였다. 에이젠쉬테인은 원래 이 작품을 1905년에 일어난 혁명을 파노라마적으로 보여주는 거대한 혁명 서사시로 만들려고 하였으나 혁명 20주년 기념일에 맞추지 못할 것 같아 혁명의 전체 과정 중 핵심적인 에피소드인 '전함 파촘킨-타브리치스키(Князь потемкин-Таврический)' 선상 봉기 사건만을 영화화하기로 했다.

---

29  *Там же*, с.68.

영화 〈파업〉이 혁명 이전의 계급투쟁을 묘사하면서 혁명 기운의 전조를 묘사하였다면, 영화 〈전함 파춈킨〉은 민중들의 혁명 투쟁 과정을 사실적으로 묘사했다. 따라서 이 영화에서는 인물 개인보다는 집단의 모습이 더 중요하게 되었다. 집단의 모습은 고전적 드라마투르기에 가까운 발단, 전개, 절정, 결말이라는 전체 영화의 극적인 구조 속에서 사실성과 역동성을 가졌다. 이러한 사실성과 역동성은 영화 속에서 보여지는 다양한 화면들, 즉 무감각한 기계들, 둔감한 승무원들, 영악하고 겁 많은 신부, 도덕성이 상실된 의사, 일사분란한 군인들의 장화 대오, 손에 총을 들고 앞으로 달려오는 카자크 기병대, 오뎃사 계단에서의 비무장한 군중들의 모습, 어린이들과 여인들을 향해 발사하는 자동소총들, 어린아이의 유모차, 병사의 칼에 맞은 안경 낀 여인, 시간이 정지되는 듯한 함대와의 조우, 정적이고 역동적인 모습으로 비유되는 포효하는 돌사자, 군중들과 각 개인의 모습들, 갑판에서의 충돌 에피소드 등은 강력한 대조의 충돌 수법을 통해 의미가 강화된다. 에이젠쉬테인은 이처럼 서로 다른 의미를 가지고 있는 요소들을 대조와 충돌을 통해 화면을 구축했다. 이러한 창작 수법은 혁명에 대한 강렬한 감정을 관객들이 즉각적이고 사실적으로 인식하도록 하는데 있다. 이렇듯 에이젠쉬테인은 대조와 충돌을 통해 자신의 창작 이론인 몽타주 이론을 완성하여 갔다.

이후 에이젠쉬테인은 1927년 10월 사회주의 혁명 10주년 기념작의 의뢰로 영화 〈10월〉을 만들었다. 영화 〈10월〉은 혁명의 전체 과정이 아니라 1917년 2월부터 10월까지 페트로그라드에서 일어난 혁명적 사건을 다큐멘터리 수법으로 실제 보고 있는 듯한 착각이 들도록 묘사했다. 뿐만 아니라 이 영화에서 에이젠쉬테인은 전체적인 분위기를 혁명 과정의 실제적 느낌이 들도록 하면서도 풍자의 끈을 놓치지 않았다. 특히 알렉산드르 케렌스키(Александр Керенский)가 계단을 올라가는 장면은 마치 제자리에 머물러 있으면서 제자리걸음을 하고 있는 듯한 묘사를 통해 더 이상 오를 곳이 없는 권력의 최정상에 있는 그의 모습을 풍자적이고 은유적으로 표현하고 있다. 또한 에이젠쉬테인은 다양한 신의 모습, 즉 부처와 예수로부터 시작하여 원시 부족의 우상으로 끝난 장면을 통해 신에 대한 환상과 허구적 현상을 관객들에게 각인시켜 주는 '지적영화이론(теория интеллектуального кино)'[30]을 구현했다. 이처럼 그는 의미가 서로 다른 일반적이고 보편적 재료를 통하여 지적인 인식과 정서를 관객들에게 불러일으키고자 했다.

영화 〈10월〉을 끝마친 후 1929년 에이젠쉬테인은 그리고리 알렉산드로프(Григорий Александров)와 함께 1926년 촬영이 중단되었던 영화 〈전선(Генеральная линия)〉을 〈낡은 것과 새로운 것〉으로 개명하여 다시 만들기 시작했다. 그는 이 영화에서 일상적이고 평범하지만 시골과 도시, 콜호즈(колхоз, 집단농장)와 소브호즈(совхоз, 국영농장), 기계와 농부, 트랙터와 말(馬)의 공동 협력을 통해 하나의 목표를 향해 힘들고 어렵게 전진해 가는 과정을 이야기하고 있다. 그렇기 때문에 영화는 보다 단순하면서도 명확해야 했다. 이와 같은 창작 방법과 목표에 따라 에이젠쉬테인은 표면적인 형식적 탐구와 수법을 거부했다.[31] 그러나 그는 지적 몽타주 수법으로 농업 집단화, 부농 계급의 청산, 농촌의 새로운 기술 도입 과정에서 발생한 복잡하고 당면한 현실적인 문제를 표현하려 했다.[32] 뿐만 아니라 그는 이전 영화에서처럼 각 에피소드마다 고유한 자신의 테마를 가지고 있었고, 그 테마는 아트락찌온 몽타주 이론으로 구성되었다. 예컨대 혹독한 가뭄 시기 들판을 가로지르는 그리스도교도의 행렬 의식,

---

30  이 이론은 1929년 '전망(Перспективы)'이라는 잡지에 게재되어 영화언어의 발전(이후 기호학 이론에서)을 촉진시키는 것에 대해 격렬한 논쟁을 야기 시켰다. —С. И. Юткевич, *Кино словарь*, *Там же*, с.508.

31  С. И. Юткевич, *Эйзенштейн Том 1*, Москва, 1964, с.147.

32  Р. Н. Юренев, *Там же*, с.44.

우유분리기 실험을 바라보면서 긴장과 미소가 교차하는 다양한 표정의 농민들, 암소의 결혼식 장면들과 같은 것은 〈전함 파춈킨〉에서처럼 사건 갈등의 내부적 논리의 발전과 관련이 있다고 할 수 있다. 이와 같은 요소는 농촌 경제의 통합의 의미와 사상을 관객들에게 설명하는 일종의 정치적 테제를 관객들에게 제시했던 것이다.[33] 그러나 이러한 수법은 오히려 영화를 실험적인 작품으로 만들었다.

특히 이 영화가 등장하기 전 1928년은 '소련 당 영화 협의회'가 열렸고 레닌과 루나차르스키의 대담의 중요성이 다시 언급되면서 사회주의적 애국심과 문화적 애국심이 강조되었던 시기였다. 그리고 영화에 대한 평가에 있어 작품이 난해하지 않은 형식, 즉 얼마나 많은 사람들이 쉽게 이해할 수 있느냐가 새로운 평가의 기준이 되었다. 동시에 이 시기는 영화 〈낡은 것과 새로운 것〉에서 나타난 것처럼 에이젠쉬테인의 창작 이론이 혁명적 사건 자체에 대한 적극적인 묘사에서 점차 벗어나기 시작한 시점이었다. 이것은 영화를 통해 민중들의 시각과 관념을 변화시킬 수 있다는 그의 믿음에서 비롯되었다. 따라서 에이젠쉬테인은 영화를 통해 자신의 관념과 사상을 논리적 구조와 체계 속에서 민중들을 선동할 수 있고 교화할 수 있다는 자신의 영화 창작 논리에 빠져들었다. 이러한 그의 창작 이론에 대한 탐색은 소비에트 권력 구조가 안정화 되고 스탈린 일인 중심으로 재편되어 가고 있는 시점에서 소비에트 정부에게는 점차 부담스러워졌다. 특히 1930년대부터 만들어진 〈안녕하세요 멕시코(Да Здравствует Мексика, 1931)〉, 〈베진 초원(Бежин луг, 1935-1937)〉, 〈알렉산드르 네브스키(Александр Невский, 1938)〉, 〈폭군 이반 Ⅰ(Иван грозный Ⅰ/1945, 1946년에 상영됨)〉, 〈폭군 이반 Ⅱ(Иван грозный Ⅱ/1945, 1958년에 상영됨)〉 등은 향후 에이젠쉬테인의 창작 여정이 얼마

---

**33** М. П. Власов, *Там же*, с.80.

나 힘겨웠는지를 보여주는 대표적인 작품이라 할 수 있다.

반면 푸도브킨의 몽타주 이론은 소련 정부와 민중들의 요구에 효과적으로 부합하였다. 그것은 푸도브킨의 영화 창작 이론이 에이젠쉬테인의 몽타주 이론보다 인과적인 사실성을 지니고 있기 때문이다. 즉 푸도브킨의 영화 형식의 구조는 에이젠쉬테인의 영화에서처럼 충격적이고 대조적인 화면 구성이라기보다는 관객들에게 의미의 실제성과 사실성을 확보하기 위한 체계적이고 연결적인 화면 구조의 특징을 가지고 있다. 이러한 이유로 푸도브킨에게는 연속적인 화면 구조와 실제적인 의미를 창출할 수 있는 배우의 연기와 역할이 매우 중요했다.

이와 같은 특징은 메즈라브폼-루시 영화사에서 푸도브킨에게 의뢰한 막심 고리키(Максим Горький)의 소설 〈어머니〉를 영화화 하면서부터 나타나기 시작했다. 이 영화에서 푸도브킨은 시나리오 작가 나탄 자르히(Натан Зархи)와 공동으로 작업하면서 영화 속 인물의 역할을 효과적으로 창출하는데 초점을 맞추었다. 그는 이 영화의 가장 중요한 창작 목표를 평범한 어머니 닐로브나와 아들 파벨이 사상적, 정신적 일체감을 갖게 되면서 혁명 과정에 참여하는 것에 두었다. 이를 위해 푸도브킨은 소설에서 지니고 있는 서술적 특징을 과감하게 생략하고 배우들에게는 과도한 움직임이나 분장 등의 비사실적 요소들을 제거하면서 보다 세밀하고 치밀하게 자신들의 역할을 하도록 했다.

이러한 사실성에 집착한 푸도브킨은 영화 표현에 있어 미장센을 중요한 요소로 인식하였다. 그 결과 풍부한 영화적 장치들을 설정하여 주어진 상황을 극대화하고 다양화했다. 특히 촬영가 아나톨리 골로브냐(Анатолий Головня)는 영화에서 등장한 인물의 심리적 상황을 강화하기 위해 인물을 둘러싸고 있는 모든 환경적 조건들을 결합함으로써 그 인물이 지니는 심리적 상태를 더욱 부각시켰다. 이러한 표현 수법은 푸도브킨의 〈어머니〉를 이루는 중요한 창작 방식이 되었다. 따라서 푸도브킨은 영화 속 인물의 상황을 극대화하기 위해 주변의 모든 요소들을 동원하였고 주어진 상황에서 인물을 보다 선명하게 인식시키기 위해 극적인 대비의 수법으로 이를 구축했다. 술 취한 남편의 모습과 낮은 천장이 있는 좁은 공간에서 높은 시각으로 촬영된 왜소한 어머니의 모습, 삶에 찌들리고 생기 없는 슬픈 어머니의 모습, 그리고 영화 마지막 장면에서 희망이 가득한 시위 군중 속에서의 어머니 모습, 파벨의 재판 장면에서 무관심하고 무표정한 재판관의 모습을 정면으로 보여주면서 흥분된 재판정의 참석자들과 대조적으로 슬프고 절망적인 표정의 어머니 모습 등은 이 영화가 극적인 대조적 형식을 통해 역동적인 창작 체계와 심리주의, 사실주의적 정확성과 낭만주의적 격정을 결합시킨 통일적 양식으로 귀결된 영화임을 보여주고 있다.

이와 같은 인물의 심리 상태를 설명하기 위한 사실주의적 장치들과 인과 관계적 특징은 10월 혁명 10주년 기념작으로 1927년에 만든 〈상트-페째르부르그의 종말〉과 제국주의 식민지 지배계급과 피지배계급과의 관계를 묘사한 1928년 〈징기스칸의 후예〉에서도 이어진다.

푸도브킨은 〈상트-페째르부르그의 종말〉에서 몇 가지 주요한 사건과 에피소드를 통해 이들의 관계를 구축했다. 영화는 1) 러시아 짜르 시대 피폐한 농촌의 삶이 파괴되어 가는 과정과 힘들고 괴로운 노동자들의 삶의 모습, 2) 제1차 세계대전기의 전선과 후방에서 일어나는 사건들, 3) 노동자들의 혁명적 봉기와 그 이행 과정을 각각 보여주고 있다. 첫 번째 에피소드에서는 짜르 시대의 농촌이 파괴되어 힘든 삶을 살아가던 농부가 일자리를 구하러 도시로 떠나는 모습을 통해 짜르 시대의 무능함과 부패함을 비판하는 것이고, 두 번째 에피소드에서는 농부가 일자리를 찾으러 가는 과정에서 겪은 전쟁이 시대의 변화와 다가올 미래 시대를 암시하고 있으며, 세 번째 에피소드에서는 농부가 일자리를 찾으러 가는 과정에 노동자들의 봉기를 접하게 되면서 자신의 문제가 곧 많은 다른 사람들의 문제와 본질적으로 동일한 것이며 그것의 해결 방법은 혁명적 행위에 동참하여 그들과 일체감을 갖고 행동하는 것이라는 것을 보여주고 있다. 이런 형태의 이야기 구조는 푸도브킨의 영화에서 나타나는 가장 중요한 형식적 특징이라 할 수 있다. 즉 각각의 에피소드에서 나타나는 인물과 사건은 다음 단계의 에피소드로 이행하는데 있어 논리적 근거와 인과 관계를 갖게 되면서 인물과 사건은 최종적인 결말의 단계로 이행하게 된다는 것이다. 따라서 이 영화는 영화 〈어머니〉에서 보여주었던 인물의 설정, 이야기 구조의 전개방식 등과 비슷한 궤적을 갖는다. 영화 〈어머니〉에서 어머니가 아주 평범하고 소박한 인물로 묘사되다가 점차 아들의 혁명적 사상을 믿게 되면서 아들과 동화되어 일체감을 갖게 되는 것처럼, 영화 〈상트-페쩨르부르그의 종말〉에서도 가난한 농부가 일자리를 구하러 도시로 오면서 우연히 혁명적 봉기에 참여하게 되고 점차 혁명적 사상을 인식하게 되면서 봉기하는 노동자들과 자신과의 일체감을 갖게 되는 이야기 구조를 가지고 있다. 푸도브킨은 이들 영화의 최종적 목표를 효과적으로 달성하기 위해 인물의 전형성, 즉 주어진 사건 속에 가장 적합한 인물의 외형적 모습에 토대한 티파즈(типаж) 형식을 통해 구현하려 했다. 또한 그는 대비와 대조의 영화적 장치라 할 수 있는 페쩨르부르그의 거대한 대도시의 건축물과 촌스런 농부와의 대비, 전선에서 군인들의 죽음과 페쩨르부르그의 전쟁물자 공급, 주식 투기 시장과의 대조의 수평 몽타주를 통해 관객들의 정서적 효과를 창출하고자 했다.[34]

이와 같은 대비와 대조의 형식과 인물을 통한 사실적 구현, 논리적 인과 관계의 이야기 구조 법칙 등은 푸도브킨의 중요한 영화적 표현 언어가 되었다. 이러한 특징은 1928년 〈징기스칸의 후예〉에서도 나타난다. 이 영화에서도 푸도브킨은 제국주의로서의 식민지 착취자의 거짓과

---

34 정태수, 앞의 책, 146쪽.

위선에 대항한 순결하고 순박한 몽고 목동 바이르의 모습과 그와 반대되는 인물로 식민지 개척 부대를 지휘하는 영국군 장교와 그의 부인, 파렴치한 모피 구매자, 탐욕스러운 수도사 등을 배치했다. 이처럼 푸도브킨은 극단적 모습을 가진 인물을 통해 영화 형식과 의미의 관계를 명확하게 했다.

푸도브킨은 자신의 영화 창작 과정에서 대조와 대비, 비교 등의 방법으로서 몽타주의 가능성과 조형적 요소의 중요성을 보여주었고, 문학작품의 이야기 구조 법칙을 영화에 효과적이고 독창적으로 적용하였다. 이러한 그의 형식적 탐구는 1920년대 소련 영화를 더욱 풍요롭게 하였다. 특히 그의 영화 속에 나타난 구체적인 인물 묘사와 체계적이고 인과 관계적 이야기 구조는 1930년대 사회주의 리얼리즘이라는 창작 법칙에 기반하여 1920년대 영화 창작가들에 대한 비난을 다소 비켜갈 수 있는 요인이 되기도 하였다.

1920년대 소련 영화의 역사 발전에서 가장 중립적인 시각을 가진 것으로 평가 받는 감독은 도브젠코를 들 수 있다. 그에 대한 평가가 에이젠쉬테인이나 푸도브킨의 그것과 다른 것은 그들이 휩쓸고 간 흔적이 너무도 깊게 패어있기 때문일 것이며, 그의 작업이 모스크바나 페쩨르부르그가 아닌 우크라이나에서 이루어졌기 때문이다. 그럼에도 불구하고 도브젠코는 분명 1920년대 소련의 시대적 영향을 강하게 받았고 그 속에서 일어난 사건들을 자신만의 독특한 시각으로 구성해 낸 창작 스타일을 견지했다. 그는 역사적이고 사실적인 재료를 통하여 자신의 특징인 시적 표현 수법을 구축했다. 영화에서 나타난 그의 시적 표현은 다가오는 미래에 대한 절망과 비극이 아닌 희망으로 귀결된다. 이러한 그의 독특한 표현 방식은 혁명이라는 역사적 당위성을 취하면서 자신의 창조적인 창작 영역을 유지할 수 있는 근본적인 토대가 되었다. 이것을 도브젠코는 혁명의 역사적 사실과 민중들에게 전해 내려온 민속적 내용을 결합시키면서 자신의 영화 창작의 독창성을 확보해 나갔다.

이와 같은 그의 특징은 1928년 우크라이나 민중들에게 전해 내려온 구전 이야기 형식을 토대로 우크라이나의 혁명 역사에 대해 서술한 〈즈베니고라〉에서부터 나타나기 시작했다. 이 영화는 역사와 전설, 국내 전쟁기가 결합되어 서사적이고, 서정적이면서 풍자적인 형태로 구성되었다. 따라서 영화는 우크라이나의 전설과 민속적인 에피소드들과 사실주의 장면들이 번갈아 나타나면서 우크라이나에서의 혁명적 사건을 묘사한 이야기로 바뀌면서 전개된다. 특히 혁명적 사건을 묘사한 과정에서 노동자들의 모습은 중요한 영화적 방향을 내포하고 있다. 즉 영화에서 노동자들의 모습은 집단의 의미가 되고 집단은 혁명의 상징이 되며, 혁명의 상징은 혁명에 부합한 영화 속 인물인 군인이자 노동자인 티모쉬로 상징화 되면서 그 인물은 구전되어 내려오고 있는 머리가 하얗고 지혜로운 할아버지 상으로 수렴된다. 도브젠코는 영화 속에서 항상 사실과 낭만, 사실과 은유, 사실과 서정, 사실과 시적의 유기적 관계 속에서 미래의 희망과 믿음, 이상을 보고자 하였다. 〈즈베니고라〉에서 보여준 도브젠코의 이러한 영화적 인식과 형식 그리고 전개 방식은 그의 영화 창작에서 중요한 수법이 되었다. 이러한 그의 시각은 1929년 영화 〈조병창〉에서도 드러난다.

영화는 1918년에서 1920년 기간 동안 우크라이나 내전 때 반혁명 세력인 페트루로프에 대항하여 봉기한 키에프의 조병창 노동자들에 관한 것이다. 이 영화에서도 도브젠코는 역사적 사실을 토대로 서사적인 요소와 서정적 요소를 결합시켜 구축했다. 영화에서 등장한 티모쉬는 우크라이나의 민족 전설처럼 영원히 죽지 않은 프롤레타리아 영웅주의의 상징처럼 묘사되었다. 이를 위해 도브젠코는 반혁명세력인 페트루로프주의자들이 티모쉬를 살해하려 총을 발사했지만 죽지 않은 비현실적 표현을 사용했다. 이와 같은 표현들은 비유와 대조, 논리의 비약을 통해 묘사되었지만 그 속에는 풍자와 혁명의 불멸성, 영원성에 대한 도브젠코의 철학이 내포되어 있다.

무엇보다 도브젠코의 사상과 철학의 결정판이라 할 수 있는 영화는

1930년에 등장한 〈대지〉라 할 수 있다. 이 영화에서 도브젠코는 다른 영화들에서처럼 혁명적 사건과 사회, 정치 평론으로서의 목표를 직접적으로 드러내지는 않았다. 그는 오히려 영화 〈대지〉를 통해 자신의 세계관인 미래에 대한 이상과 믿음을 구체화시켰다. 이러한 측면에서 영화 〈대지〉는 우크라이나의 전설이라는 특수성으로부터 인간과 자연의 보편성에 이르도록 한 영화라 할 수 있다. 영화는 바람이 부는 대지와 하늘, 풍성하게 익은 과일을 보여주고 죽음을 앞두고 누워 있는 할아버지 세묜 주변에 모여 있는 사람들을 보여주면서 시작된다. 도브젠코는 인간의 삶을 자연 현상과 대비시키면서 적대적인 계급인 지주, 성직자와 집단농장의 평범한 농부들의 모습을 통해 자신의 시적 자연주의를 구체화하고 있는 것이다. 이것을 그는 우크라이나의 농촌 풍경과 아버지를 바라보고 있는 바실리, 임신한 바실리의 어머니, 그 옆에서 천진난만하게 놀고 있는 어린 아이들의 모습을 통해 묘사하고 있다. 이러한 특징은 지주인 호마에게 살해당한 바실리의 죽음과 장례식 장면에서 나타난다. 모든 농촌의 주민들이 바실리의 죽음을 슬퍼하지만 바실리의 어머니의 산통을 통해 슬픔이 넘쳐나는 절망적인 상태에 빠져들지 않은 형태로 묘사되고 있다. 즉 바실리의 죽음으로 인해 슬프지만 동시에 미래의 희망을 내포하고 있는 기쁜 슬픔의 표현인 것이다. 도브젠코는 이를 미래를 낙관하는 낙천적인 시적 어조와 리듬감 있는 아름다운 선율 구조의 비교 몽타주로서 우크라이나 민중들의 심원한 사상의 세계가 구체화되도록 했다.[35] 그는 이 영화를 통하여 자연과 민중들의 일체감 속에서 인간들의 미래 역사에 희망을 표현하고자 하였다.

도브젠코는 1920년대의 혁명적 사건과 열정 속에서도 비교적 차분하고 관조적으로 자신의 영화 창작 수법을 견지했다. 그는 1920년대에 진행되고 있었던 역사의 변환 과정의 사건 속으로 지나치게 깊게 빠져들지도 않았고,

---

35 위의 책, 156쪽.

당면한 시대로부터 뒤돌아 눕지도 않았다. 그의 영화적 원천은 우크라이나의 민중들에게 전해 내려온 민속 이야기에 기대고 있지만 그 속에서 그는 영원성이라는 것을 포착했다. 영원성은 곧 자연과 인간과의 일체성으로 집약되고 인간의 모든 삶과 역사 역시 그 영원성으로 통합된다. 따라서 그의 영화에서 현재의 절망과 분노, 적대감 등은 결국 영원성이라는 이름 아래 낙관과 희망, 믿음으로 귀결된다. 도브젠코는 에이젠쉬테인이나 푸도브킨, 베르토프처럼 뚜렷하고 선명한 몽타주 이론을 통해 역사적 사건과 사실을 격렬하게, 직접적으로 묘사하지 않았다. 이것은 그의 영화가 에이젠쉬테인이나 푸도브킨, 베르토프처럼 화려한 각광을 받지 않은 이유이기도 하다. 그러나 1920년대의 소련 영화 역사에서 도브젠코의 시적 표현과 영원성에 대한 창작 경향과 지향은 이 시기 소련 영화 역사를 다양하고 풍요롭게 하는데 매우 중요한 역할을 한 것임에 틀림없다.

1920년대 소련 영화가 뛰어난 창작 수법으로 자리매김할 수 있었던 가장 큰 원동력은 영화 창작가들이 혁명 이념에 동조하면서 그 혁명의 열정을 어떻게 보존하고 효과적으로 표현할 수 있을까 하는 고민으로부터 비롯되었다. 이로부터 생성된 선명하고 명확한 창작 목표는 에이젠쉬테인을 비롯한 1920년대 소련 영화 창작가들로 하여금 다양한 영화 창작 수법과 이론의 체계화를 이루는 근본적인 토대가 되었다. 따라서 이 시기의 영화 창작 수법과 이론의 중심에는 혁명과 혁명 이념에 대한 열정을 관객들이 그대로 느낄 수 있도록 하기 위한 표현 수법들이 중요한 요소였다. 이것은 곧 영화 창작과 영화 이론이 서로 분리되어 독립적으로 존재하는 것이 아니라 창작과 이론이 서로 견인하는 구조를 낳았다. 따라서 1920년대의 소련 영화에는 영화 역사에서 최초로 이론과 표현 수법이 영화 작품에 이상적으로 적용되었다. 이것이 이 시기의 영화가 몽타주 이론으로 대표되고 그 이론에 의해 구축된 영화들을 흔히 몽타주 영화로 부르는 이유인 것이다.

몽타주 이론은 세계 영화 창작 역사에 혁신적인 변화를 가져왔다. 즉 1920년대의 소련 영화에 적용된 몽타주 이론은 이제껏 영화가 인간의 정신으로부터가 아닌 카메라를 통하여 객관적 대상을 묘사하므로 결코 창작 예술일 수 없다는 이전까지의 다양한 시빗거리를 일소에 부쳤다. 이제 영화는 몽타주 이론으로 자신만의 고유한 표현 수법을 가지게 되었으며 이는 영화가 창작가의 논리와 이상, 목표를 표현할 수 있는 매체로 변모하는데 결정적 역할을 했다. 이렇듯 영화 창작에 대한 근본적인 시각을 뒤바꾼 것이 혁명 이데올로기를 효과적으로 전달하고 혁명의 생생한 기운을 전달하려고 하는 목적에서 비롯된 에이젠쉬테인을 비롯한 1920년대 소련영화 창작가들의 화면 구성 이론인 몽타주 이론이었다.

* * *

1920년대 소련 영화는 세계 영화 역사를 획기적으로 발전시켰다. 그 이유는 위에서 언급하였듯 영화가 완전한 창작의 세계로 진입할 수 있느냐 없느냐 하는 시점에서, 몽타주라는 자신만의 정교한 창작 논리를 작품을 통해 구체화했기 때문이다. 이것은 마치 인상주의 회화가 빛과 시간에 따라 변하는 찰나의 순간을 주관적 관점에 따라 묘사하면서 화가가 보다 독립적이고 독창적인 예술가로 존재하기 시작한 것처럼 영화도 더 이상 카메라의 예술이 아니라 인간의 예술임을 증명한 것이다. 그렇다면 이와 같은 획기적 변화는 어떠한 역사적 공간이었기에 가능하였는가라는 의문을 가져봄직 하다. 이것은 1920년대 소련 영화를 이해하기 위해서는 영화 창작의 시대적 조건을 파악해야 한다는 것을 의미한다. 다시 말하자면 영화 창작의 원동력과 주어진 역사 전개 과정에서 1920년대의 영화적 특징과 성격을 파악하는 것이 이 시기 소련 영화의 진정한 해법이라 할 수 있다.

1922년 레닌은 '영화가 우리들에게 모든 예술 중에서 가장 중요하다'고 공식화 하였다. 이것은 영화를 통해 혁명의 당위성과 이데올로기 등을 확산시켜 소비에트 정부의 토대를 견고하게 할 필요성이 제기되었기 때문이다. 그러나 영화는 1917년 혁명 직후부터 이미 혁명 정부의 욕구를 충족시키는 최적의 도구로 평가받았다. 영화 창작가들 역시 혁명 이후 전개될 새로운 세계에 대한 기대감을 영화로 화답하였다. 영화는 혁명 이후 레닌과 소비에트 정부에게 있어 대단히 중요한 매체가 되었고 정부의 정책 방향과 흐름을 반영하는 최전선에서 그 역할을 수행했다. 혁명 정부와 영화와의 긴밀한 관계는 소련 영화가 꽃피울 수 있는 근본적 토대였다. 당시 정치적 기능으로서의 역할이 강조된 소련 영화들이 등장하게 된 이유가 여기에 있다.

그러나 1920년대의 소련 영화가 단순히 정치적 기능으로서만 역할을 한 것은 결코 아니었다. 그것은 1920년대 소련에서 영화가 차지하는 위상과 소비에트 권력 구조의 특징에 기인한다. 이 시기 영화 창작은 소비에트 정부의 이념과 이데올로기에 적대적이지만 않으면 일정한 형태의 실험과 시도가 허용되었던 분위기였다. 이것을 가능케 하였던 또 다른 요인 중 하나는 레닌 이후 문학을 중심으로 형성된 다양한 문화와 예술의 창작 경향에 대하여 치열하게 전개된 정치 권력자들과 집단들 간의 투쟁을 들 수 있다. 이들의 투쟁은 단순히 문화와 문학 이론에 대한 투쟁만이 아니었다. 그들의 투쟁 속에는 향후 1920년대 소련 문화와 예술의 향방이 내포되어 있었다. 이것은 소련 정치 권력자들의 권력 확장의 이론적 토대로 작용했다. 즉 소련 문화 예술 이론을 규정하기 위하여 동원된 투쟁은 문화, 문학의 영역에만 국한된 것이 아니라 1920년대 소련의 정치권력의 지형도를 결정짓는 치열한 대결의 장이었다. 이른바 문화, 문학 이론 투쟁이 권력 투쟁과 맞물린 것이다. 이들의 투쟁이 영화에 있어 중요한 의미를 갖게 된 것은 1920년대 소련의 정치 지도자들의 권력 투쟁이 문화, 문학예술을 중심으로 전개되었기 때문에 영화는 그 투쟁의 중심으로부터 어느 정도 벗어날 수 있게 되었기 때문이다. 이러한 상황은 1920년대 영화만의 독창적인 창작 이론 기반 형성에 중요한 토대가 되었다. 그 결과 영화는 이들의 이론 투쟁의 범위에서 벗어나서 영화만의 독자적이고 독창적인 다양한 수법을 영화 창작 과정에 적용할 수 있었다. 이것은 영화가 1920년대 소련의 정치적 흐름으로부터 벗어나 있으면서도 동시에 그것과 매우 밀접한 연관관계를 가지고 있음을 의미한다.

1920년대 소련 영화의 특징과 성격은 바로 이러한 정치적 흐름으로부터 결코 분리될 수 없다. 그것은 이 시기 소련 영화가 다양하고 총체적인 역사적 스펙트럼 속에서 파악되어야 한다는 뜻이다. 이러한 측면에서 1920년대 소련 영화는 정치적 기능으로서의 영화와 창작으로서의 영화가 갖는 절묘한 변증법적 발전의 구체적인 현상인 것이다.

# 제 5 장
# 현실과 감성을 넘어,
# 프랑스 시적 리얼리즘 영화
# (1930-1939)

## 1. 불의 십자가와 인민 전선

시적 리얼리즘(Réalisme poétique)은 1930년 장 그레미용(Jean Grémillon)의 〈어린 리즈(La Petite Lise)〉에서 나타난 현실, 감성의 흔적에서부터 제2차 세계대전 참가를 선언한 1939년 장 르누아르(Jean Renoir)의 〈게임의 규칙(La Règle du jeu)〉까지 지속되었던 1930년대 프랑스의 특별한 영화적 경향을 말한다. 이 특별한 경향의 영화들을 가르쳐 조르주 사둘 (Georges Sadoul)은 시적인 것과 리얼리즘인 것의 조합이라 하였고, 알렉산드르 아르누(Alexandre Arnoux)는 차별화된 프랑스 영화의 스타일에 관한 것으로, 더들리 앤드류(Dudley Andrew)는 사회적 현실과 미학적인 것의 결합이라고 주장했다.[1] 이들의 언급은 궁극적으로 드러나지 않은 현실 너머에 존재하는 그 무엇과 현실에 기반하고 있는 삶의 흐름으로 환원될 수 있다. 결론적으로 시적 리얼리즘은 사둘의 언급처럼 현실 너머에 존재하는 그 무엇,

---

1    Dudley Andrew, *Mists of Regret*, princeton university press, 1995, p.7.

즉 감성적인 것과 현실의 삶이 동시에 포함되어 있음을 의미한다. 그리고 이것은 감성적인 것과 현실적인 것에 토대하여 만든 1930년대 프랑스의 몇몇 특별한 영화들을 시적 리얼리즘 영화로 지칭할 수 있는 근거로 작용한다.

그러나 현실에 토대하면서 현실과 감성을 넘어 시적 리얼리즘 영화의 구체적 징후를 열었다고 할 수 있는 창작가로는 두 편의 단편 영화를 제작하고 스물아홉에 사망한 장 비고(Jean Vigo)를 들 수 있다. 장 비고는 1933년 〈품행제로(Zéro de conduite, 1945년 상영)〉와 1934년 〈라탈랑트(L'Atalante)〉를 통해 1920년대 영화와 차별화하면서 향후 1930년대 프랑스 영화의 특징과 전개 과정을 예시하였다. 그의 영화에는 1930년대 시적 리얼리즘 영화에서 나타나는 현실과 감성에 대한 징후들이 나타나고 있다. 장 비고의 영화 〈품행제로〉에서는 권위, 억압에 대한 학생들의 저항의 심리를 은유적 표현을 통해 상징적으로 드러냈고, 〈라탈랑트〉에서는 현실의 혹독함을 통해 사랑의 회복을 묘사하였다. 장 비고의 두 작품에서 나타나고 있는 심리적 은유와 현실에 대한 묘사는 비록 그것이 시적 리얼리즘 영화의 핵심적 요소인 현실과 감성이 통합된 모습으로 나타나고 있지는 않지만 1930년대의 프랑스 영화가 현실과 감성 표현이 주된 창작의 목표가 될 것임을 보여주는 서막과 같은 의미를 지녔다고 할 수 있다. 그렇기 때문에 장 비고의 영화는 의식의 흐름과 같은 보이지 않는 세계에 집중한 1920년대의 영화와는 다르다고 할 수 있다. 따라서 시적 리얼리즘 영화를 개별 작품에 한정하거나 1930년대 전체 영화의 역사적 관점으로 제한하여도, 현실과 감성은 시적 리얼리즘을 규정하는 데 있어 가장 핵심적 요소로 인식 되어야 하는 것은 부인할 수 없다. 이러한 특징은 장 르누아르의 〈암캐(La chienne, 1931)〉, 〈익사에서 구조된 부뒤(Boudu sauvé des eaux, 1932)〉, 〈토니(Toni, 1935)〉, 〈랑주씨의 범죄(Le crime de Monsieur Lange, 1936)〉, 〈인생은 우리의 것(La vie est à nous, 1936)〉, 〈시골에서의 하루(Partie de campagne, 1936 – 단편영화)〉, 〈거대한 환상

(La grande illusion, 1937)〉, 〈라 마르세예즈(La Marseillaise, 1938)〉, 〈게임의 규칙, 1939〉, 자크 페데르(Jacques Feyder)의 〈미모사 하숙집 (Pension Mimosas, 1935)〉, 줄리앙 뒤비비에(Julien Duvivier)의 〈라 방데라(La Bandera, 1935)〉, 〈멋진 팀(La belle équipe, 1936)〉, 〈페페 르모코(Pépé le Moko, 1937)〉, 〈무도회의 수첩(Un carnet de bal, 1937)〉, 〈하루의 끝(La Fin du jour, 1939)〉, 마르셀 카르네(Marcel Carné)의 〈안개 낀 부두(Le quai des brumes, 1938)〉, 〈북 호텔(Hôtel du Nord, 1938)〉, 〈새벽(Le jour se lève, 1939)〉 등의 영화에서 나타난다. 그리고 해안가 부두와 한적한 시골 마을을 배경으로 이루어진 마르셀 파뇰(Marcel Pagnol) 의 영화 〈조프루아(Jofroi, 1933)〉, 〈앙젤르(Angèle, 1934)〉, 〈세자르 (César, 1936)〉, 〈새싹(Regain, 1937)〉, 〈빵집 마누라(La femme du boulanger, 1938)〉에서도 시적 리얼리즘의 영향을 찾아 볼 수 있다.

문제는 프랑스 영화 역사에서 현실과 감성에 대한 추구가 왜 발생하였는가 하는 것이다. 이는 영화 창작이 인간과 사회, 역사와의 관계 속에서 어떻게 형성되어 왔는지에 눈을 돌리면 그 실마리는 자연스럽게 풀린다. 따라서 프랑스의 시적 리얼리즘 영화 역시 1930년대 프랑스의 사회, 역사와의 관계 속에서 파악되어야 하는 것이 중요하다.

이런 측면에서 아르놀트 하우저(Arnold Hauser)의 1930년대에 대한 언급은 이 문제 이해의 단초가 될 수 있다. 그는 1930년대의 역사를 "사회 비판의 시대, 사실주의와 행동주의 시대의 역사이고 모든 정치적 입장이 극단화 된 시대이며, 오직 극단적인 해결만이 도움이 될 수 있다는, 다시 말해서 모든 온건주의자들의 역할이 끝났다는 신념이 널리 퍼진 시대이다"[2]라고 규정했다. 그의 언급은 1930년대의 유럽에서 합리주의적

---

2    아르놀트 하우저, 백낙청·염무웅 옮김, 『문학과 예술의 사회사: 현대편(*Sozialgeschichte der Kunst und Literatur*)』, 창작과 비평사, 1993, 230쪽.

민주주의 역사가 실종되고 대립과 대결의 역사가 난무하였음을 증언하는 것이다. 이처럼 1930년대가 극단적인 역사로 점철되었던 이유는 다양한 사회적 모순들이 이미 제1차 세계대전 이후부터 배태되어 있었기 때문이다.

제1차 세계대전 이후 유럽 사회는 이념과 이데올로기의 혼돈이 들불처럼 번져 나간 시기였다. 그것은 1917년 러시아의 10월 혁명 이후 인민을 권력의 중심 세력으로 규정한 사회주의 정권인 소비에트 연방 공화국의 성립과 그에 대한 반작용으로 국가와 민족을 명분으로 한 강력한 파시스트 정권이 1922년 이탈리아의 베니토 무솔리니(Benito Mussolini)에 의해 성립되면서 본격화 되었다. 서로 다른 이념과 이데올로기를 가진 두 권력 진영의 등장은 유럽의 다가올 미래 사회에 대한 이념적 지향에 있어 적지 않은 혼돈과 대립에 빠지도록 했다. 특히 1930년대 독일의 히틀러와 스페인의 프란시스코 프랑코(Francisco Franco) 정권의 등장은 유럽으로 하여금 무솔리니, 히틀러, 프랑코로 이어지는 강력한 파시즘 국가로서의 단일 전선을 형성하게 했다.

파시즘 국가의 등장은 불가피하게 1930년대의 유럽을 파시즘 국가들과 비파시즘 국가들로 양분시켰다. 이러한 현상은 프랑스와 영국의 내부에서 조차 사회주의 혁명 정권의 성립을 두려워하여 파시즘을 지지하는 우파 집단과 파시즘 정권 등장에 대한 우려로 사회주의 이념을 지지하는 좌파 집단 간의 이데올로기적, 이념적 대립을 격화시키는 요인이 되기도 했다. 이와 같은 좌파와 우파 집단의 대결과 대립은 유럽의 각 국가가 처한 정치적, 경제적 해법 등 모든 영역에서 이루어지고 있었다. 특히 1929년 미국으로부터 시작된 경제공황은 우파 집단에게는 국가와 민족이 우선하는 파시즘 국가에 대한 욕망을, 좌파 집단에게는 인민을 중심으로 한 사회주의 계급 혁명에 대한 욕망을 달성할 수 있는 최적의 기회인 것처럼 보였다. 이들 집단은 한편에서는 국가와 민족을 명분으로 강력한 파시스트 정권을, 다른 한편에서는 혁명의 조건이 성숙되어 인민을 명분으로 혁명의 깃발을 꽂으려 했던 것이다. 이러한 유럽의 대립과 대결의 역사 풍경은 프랑스에서 재현되었다.

프랑스에서 재현된 1930년대 정치적, 사회적 대립의 역사는 1930년대 초에 상륙한 경제공황이 중요한 원인이 되었다. 1929년 미국에서 경제공황이 발생하고 얼마 되지 않을 때까지만 해도 프랑스의 경제 문제는 다른 유럽 국가들과 달리 쉽게 극복될 수 있는 것처럼 보였다. 유럽의 자본이 프랑스로 유입되고 1928년 선거에서 레이몽 푸앵카레(Raymond Poincaré)의 세력이 다수당이 되면서 프랑스 상품의 경쟁력을 강화시키기 위한 안정책이 실시되었다. 그러나 프랑스의 경제공황은 조금 늦게 영향을 받은 대신 오히려 그 여파는 유럽의 다른 어떤 국가들보다 오래 그리고 심각하게 전개 되었다. 푸앵카레의 안정책도 프랑스에 닥쳐온 경제공황을 피할 수는 없었다. "푸앵카레의 안정책은 그리 오래가지 못했고 그저 장기적인 불안정 사이의 짧은 간주곡이었을 뿐이다. 이 조치에 대해 사회주의자 레옹 블룸(Léon Blum), 보수주의자 폴 레노(Paul Reynaud) 같은 저명한 인사를 제외한 대부분의 정치 지도자들은 무역을 촉진시키기 위해 영국과 미국이 각기 1931년과 1933년에 채택했던 것과 같은 화폐의 평가 절하 조치에 대해서 강력하게 반대 했다 …… (그럼에도 불구하고) 푸앵카레는 국제 시장에서 프랑스 화폐의 가치, 지위, 구매력을 보존함과 동시에 1920년대와 같은 심각한 인플레이션이 재발하는 것을 막기로 결정함으로써, 프랑스 생산품은 국제 시장에서 점점 더 경쟁력을 잃어갔다. 국제 무역의 총량에서 차지하는 프랑스 생산품의 몫은 급감해 1929년의 11.2%에서 1937년의 5.8%로 하락했다."[3] 이른바 끝이 보이지 않은 1930년대 프랑스의 위기의 10년이 시작된 것이다. 그러나 프랑스의 경제적 위기

---

3  로저 프라이스, 김경근·서이자 옮김, 『혁명과 반동의 프랑스사(*A Concise History of France*)』, 개마고원, 2001, 301-302쪽.

상황이 미치는 파장은 사회 집단에 따라 편차가 컸다. 그 중에서도 가장 큰 타격을 받은 집단은 농업에 종사한 사람들이었다. 프랑스 농부들의 농업 수입은 "1929년부터 1932년까지 40%가 감소하였으며 1934년과 1935년에는 새로운 타격을 입게 되어 이 시기에는 그 수입의 5분의 3이 잘려 나가게 되었다."[4] 농업에 종사한 사람들의 막대한 경제적 손실에 비해 "산업 노동자들 다수는 비록 임금 하락과 실업의 위협에 노출되어 있었지만 한편으로는 실질 임금의 증가로 혜택을 누렸다. 고용주들의 순이익은 약 18% 하락했는데 그 중에서도 소규모 제조업자와 상점주들이 가장 많은 피해를 입었다. 반면 고정된 수입에 의존하는 금리 생활자와 지주들의 실질 소득은 오히려 상승하는 경향을 나타냈다. 사회, 정치적 긴장이 점점 심화되어 갔던 이 시기에도 부유층은 대체로 자신들의 특권적 지위를 유지했다."[5]

이러한 경제적 침체와 위기의 여파가 사회 계층에 따라 각각 다르게 나타나면서 프랑스 국민들은 자신들의 정치적, 사회적, 이념적 지향에서 보다 선명한 대립적 구도를 형성해 갔다. 그것은 선거를 통해 나타났다. 예컨대 1932년 5월 계속된 경기 침체 속에서 실시된 선거에서 '좌파 연합(Cartel des Gauches)'은 "급진파 1백57명, 사회주의자 1백29명을 포함 334명의 좌파 의원들을 당선시켰으며, 이는 2백30명뿐인 우파를 훨씬 능가하는 것이었다."[6] 승리의 결과 좌파 연합은 경제공황으로부터 촉발된 해결책으로 우파 집단들이 주장한 경기의 활성화를 위하여 정부 예산의 지출을 확대하는 것이 아니라 오히려 정부 예산의 긴축 재정을 주장했다. 그러나 좌파 연합이 채택한 정부 예산의 축소, 즉 긴축 재정은

---

4  조르주 뒤프, 박단·신행선 옮김, 『프랑스 사회사(*La Société Française*)』, 동문선, 2000, 231쪽.
5  로저 프라이스, 김경근·서이자 옮김, 앞의 책, 303쪽.
6  위의 책, 305쪽.

프랑스의 경제 상황을 더욱 악화시켰다. 경제 상황의 악화는 국가와 민족을 모토(motto)로 하는 우파 집단들의 성장을 가져왔다.

우파 집단들의 성장은 점차 좌파 연합에 대한 공격적인 정치적 행위로 나타났다. 그 구체적 징후는 1931년 직업군인이었던 라 로크(La Rocque)가 퇴역 군인들의 소규모 단체인 '불의 십자가(Croix-de-feu)'를 조직하면서 본격화되었다. 라 로크의 불의 십자가는 일부 학자들에 의해 1930년대 프랑스에서도 파시즘[7]이 존재했다는 구체적 상징으로 언급되기도 한다. 그러나 분명한 것은 불의 십자가가 파시즘적 요소를 지니고 있는지의 여부와 관계없이 성장하는 우파 집단들의 대표격이었던 것만은 분명했다. 그 결과 불의 십자가는 프랑스에서 좌파 집단의 정책과 이념, 이데올로기에 맞서는 프랑스 우파의 상징적 집단이 되었다. 불의 십자가를 주도하고 있던 라 로크는 이 조직을 정치 단체로 확장시키면서 위기의 프랑스를 구하기 위한 명분으로 '다양한 계층의 사람들을 끌어들이고, 의회의 우유부단함과 부정부패를 비난했으며, 볼셰비키 혁명 운동의 위협을 경고하고 국가 조합주의 경제 속으로 통합된 노동자들을 끌어들이기 위해 정의 구현과 권위주의 국가를 주장했다. '디스포스(dispos)'라 불렸던 준군사 조직은 1933년과 1934년에 군사주의적 자동차 행진을 벌이기도 했다."[8] 불의 십자가를 비롯한 이러한 우파 집단들의 행동은 프랑스 내부의 정치, 경제 문제의 악화와 함께 1933년 1월 히틀러가 독일 총통에 취임하면서

---

7  1930년대 프랑스의 파시즘의 존재 유무에 대해 다음과 같은 견해가 존재한다. 일부 학자들은 파시즘적 토대는 프랑스에서는 자생적인 파시즘이 존재하지 않았으며, 기껏해야 외국의 사례를 모방해서 프랑스 내의 보나파르트주의 전통에 덧칠한 겉만 파시즘적인 수준에 불과하다고 주장한다. 그러나 그 대척점에는 프랑스가 파시즘의 진정한 요람이라고 주장하는 학자들이 있다. 체프 슈테른헬(Zeev Sternhell)은 프랑스를 떠들썩하게 만들었던 열성 극우 세력의 존재와 1940년 6월 프랑스가 패전한 후 민주주의가 손쉽게 전복되고 말았다는 사실을 고찰한 끝에 양차 세계대전 사이 프랑스 대중들의 언어와 사고방식에 파시즘이 깊숙이 들어와 있었다는 결론을 내렸다.—로버트 O. 팩스턴, 손명희·최희영 옮김, 『파시즘(The Anatomy of Fascism)』, 교양인, 2005, 168쪽 참고.

8  위의 책, 170쪽.

제네바 비무장 협정에서 탈퇴한 독일이 파시즘 국가로 선회하자 이들이 주창한 강력한 국가와 민족에 대한 모토는 더욱 힘을 받게 되었다. 이들의 과감한 행위는 프랑스의 계속된 경제 상황 악화와 약화된 군사력을 인지하면서 후퇴하고 있는 국가에 대한 위기의식에서 비롯되었다고 할 수 있다.

이러한 위기의식은 1934년 좌파 연합 정권에서 발생한 스타비스키 (Stavisky) 사건에 이르러서는 우파 집단들의 총공세로 이어졌다. 우파 집단들은 우크라이나 출신 유태인으로 프랑스에 귀화한 스타비스키의 시정과 관련된 뇌물 사건에 급진파 의원들이 깊숙이 연루되어 있다는 의구심을 품고 반유태인과 좌파 내각에 대한 항의 시위를 벌였다. 이 사건에 항의하기 위하여 대규모 군중들이 시위를 하였고 우파 집단들의 공격은 절정에 다다르면서 1934년 2월 6일 프랑스 의회는 군중들에게 완전히 포위되었다. 군중들이 국회로 진격하기 위해 경찰의 비상선을 돌파하는 과정에서 15명이 사망하고 2천여 명이 부상당하는 사태가 발생했다. 프랑스 좌파 집단들은 이러한 우파 집단들의 소요 사태를 경험하면서 불의 십자가를 파시스트 집단으로 규정했다. 따라서 좌파 집단은 불의 십자가를 비롯한 우파들의 집단행동에 긴장할 수밖에 없었고, 다시 좌파 연합을 형성하여 우파 집단에 대응하였다. 1934년 2월 우파 집단의 준동으로 좌파 집단은 파시스트 쿠데타의 위협에 대비하고 공화정을 수호하기 위하여 오랫동안 대립해 왔던 공산당과 사회당이 제휴하여 양당의 통일 강령을 채택하지 않을 수 없게 되었다. 그리고 1935년 6월 중간 계급이 지지하는 급진 사회당이 이에 가담하여 총 98개에 달하는 인민 연합이 결성되었다. 이것을 이른바 '인민 전선(Front populaire)'이라 부르고 1936 년 1월에 인민 전선의 강령이 발표되었다.

그러나 인민 전선에는 근본적으로 서로 다른 노선이 존재했다. 즉 "공산주의자들은 계급 갈등을 지지하면서 경기 침체가 자본주의 제도의 최대 위기라고 확신하고 있었기에 무엇보다도 사회주의 배신자들에게 적개심을 품고 있었고, 사회주의자들은 노동 계급을 진정한 목표로부터 개량주의로 오도하고 있다고 비난했다. 사회주의자들은 또 그들 나름대로 단일 전선을 구성해 협력하자는 제안에 대해 극도의 의구심을 가지고 있었다 …… 게다가 급진파와 공산주의자는 서로 상극이었다."[9] 그럼에도 불구하고 이들 세 좌파 세력은 1935년 6월에 협정을 체결하였고, 1936년 4-5월에 있을 선거 운동에 서로 협력할 위원회를 발족하기로 했다. 이들이 서로 동의한 선거 운동에 협력할 "강령은 신성 동맹(Heilige Allianz)에 압력을 가하고 민간 교육과 노조의 권리를 보호하는 것 등 공화제를 수호하는 제안을 포함하고 있었다. 강령은 기존의 디플레이션 정책을 비난하고 실업을 줄이고 노동 계급의 삶의 질을 개선하기 위해 공공사업 계획, 실업 수당 인상, 노동 시간 감축과 같은 방안을 제시했다. 조세 개혁과 함께 이들 정책은 구매력을 회복시키고 경제 회복을 촉진시키는 데 기여하게 된다"[10]는 내용이었다.

이러한 좌파 집단들의 연합 결과 1936년 4월 "제1차 투표에서 인민 전선은 5백42만 표를 획득했는데, 이는 1932년에 획득했던 것보다 불과 30만 표가 더 많은 것일 뿐이었다. 가장 효과적인 방법은 이들 투표자가 5월 치러지는 제2차 투표에서 성공의 가능성이 가장 많은 단일 후보에게 표를 던지도록 유도하는 것이었다. 그 결과 우익 정당들에게 돌아간 222석에 비해 인민 전선은 367석을 확보해 다수파가 될 수 있었다. 노동 계급의 지지를 공고히 하는 것에서 더 나아가 좌파는 중간 계급, 하층, 특히 프랑스 남부와 농촌에서 표를 획득했다."[11] 그 결과 인민 전선은 우파 집단들에게 또다시 패배를 안겨 주었고, 1936년 6월 레옹 블룸을 수반으로 하는 인민 전선 내각을 구성하였다. 승리한 인민 전선을 축으로 한 좌파

---

9   로저 프라이스, 김경근·서이자 옮김, 앞의 책, 311쪽.
10  위의 책, 313쪽.
11  위의 책, 314쪽.

세력에게는 무엇이든지 가능한 것처럼 보였고, 그 기대감 또한 컸었다. 그러나 블룸 내각에게는 해결해야 할 정치, 경제적 사안이 산적해 있었다. 블룸 내각은 프랑스가 안고 있는 노동자들의 문제와 유럽을 둘러싼 국제적 긴장의 고조, 그로 인한 국방비 확보 등을 해결해야 했다. 그것의 첫 번째 과제로 등장한 것이 1936년 6월 노동자들의 총파업으로 인한 노동자들의 문제였다. 노동자들의 총파업으로 인해 블룸 내각은 노동자들의 요구사항을 대부분 들어주어야 했다. 그것은 '마티뇽(Matignon)'협정으로 구체화되었다. 즉 15%의 임금 상승, 40시간 노동, 휴일의 제정 등이 마티뇽 협정의 내용이었다.

그러나 좌파 연합 전선인 인민 전선에 보다 심각하고 불가피한 문제들이 이 시기에 등장했다. 그것은 라인란트(Rheinland) 지역의 독일 재군비에 대응하기 위하여 재무장을 지원하는 문제였고, 다른 하나는 1936년 7월 발발한 스페인 공화국의 내전에서 스페인 인민 전선을 지원할 것인지에 관한 문제였다. 스페인 내전에 대한 지원 문제는 그동안 유지되어 왔던 좌파 연합인 인민 전선의 와해를 가져온 결정적 계기가 되었다. 즉 블룸 정권은 스페인 내전의 개입이 미국과 영국의 동맹으로부터의 압력과 프랑스에서도 내전이 발발할 수도 있다는 두려움을 가지고 있어 불개입 입장을 선택하였다. 좌파 진영, 특히 프랑스 공산당(Parti Communiste Français, PCF)은 이 결정을 파시즘 투쟁에 대한 인민 전선 조항의 배신으로 받아들였다. 결과적으로 블룸 정부는 프랑스 공산당의 지지를 잃게 되었다 …… (그리고) 프랑스 투자가들은 자신들의 자금을 프랑스의 외부로 유출시켰다. 결국 1937년 초 블룸은 사회적 개혁에 관한 모라토리엄(moratorium)을 선언하지 않을 수 없었다. 이러한 선언은 이전의 노동자들과 맺었던 마티뇽 협정의 파기를 야기했고 결국 고용주들을 격려하는 것이 되었다.[12]

---

12 Susan Hayward, *French National Cinema*, Routledge, 2001, p.123.

이러한 상황에 직면한 인민 전선의 블룸 내각은 물러나지 않을 수 없게 되었고 정권 초기에 기대하였던 희망의 불꽃은 점차 희미해졌다. 뒤이어 등장한 카미유 쇼탕(Camille Chautemps) 내각은 1938년 노동자들의 총파업으로 더 이상 인민 전선 정부가 유지될 수 없을 만큼 악화되었다. 그 사이 프랑스의 우파 집단의 상징인 라 로크의 불의 십자가는 명칭을 바꾸어 이제 100만 명의 당원을 거느린 '프랑스 사회당(Parti Social Français, PSF)'이 되어 있었고 1938년 3월 히틀러는 오스트리아를 침공하였지만 국제 사회는 어떠한 조치로도 히틀러의 공개적인 전쟁 조짐을 통제할 수 없게 되었다. 1938년 3월 사임한 쇼탕 내각에 뒤이어 등장한 에두아르 달라디에(Édouard Daladier)의 정부는 결국 피할 수 없는 운명에 굴복하고 말았다. 1938년 9월의 뮌헨 협정에서 프랑스와 영국은 오스트리아의 합병을 비준하고, 히틀러가 북부 체코슬로바키아에 있는 수데텐란트(Sudetenland)를 요구하자 그것을 들어주었다 …… (그러나) 1939년의 독일과 소련의 불가침 협정은 프랑스의 정치판에 폭탄과 같은 충격을 주었고, 9월에 히틀러가 폴란드를 침공하자 암울함은 더해 갔다. 1939년 9월 프랑스와 영국이 독일과의 전쟁에 돌입했을 때 1914년의 열광적인 전투 분위기는 거의 사라졌고, 오히려 조심스러운 체념과 정치적 분열의 조짐이 팽배하였다. 공산당—공산당은 즉각 불법화 되었다—의 충성심이 의문시 되었다. 우파 진영에서는 공산주의 혁명에 대한 두려움으로 참전에 대한 확신이 흔들렸다.[13]

좌파 세력에게도 우파 세력에게도, 불의 십자가에도 인민 전선에게도 그동안 그들만의 전투로 인하여 텅 빈 전쟁터의 포연처럼 희뿌연 연기 기둥만이 프랑스의 운명을 예견하고 있는 듯했다. 1939년 9월 프랑스의

---

13 콜린 존스, 방문숙·이호영 옮김, 『사진과 그림으로 보는 케임브리지 프랑스사(The Cambridge Illustrated History of France)』, 시공사, 2002, 312쪽.

달라디에는 독일에 선전 포고를 하면서 전쟁에 돌입하였으나 제2차 세계 대전의 발발은 프랑스에게는 전쟁에서 승리할 수 있다는 희망과 용기가 보이지 않는 힘겨운 싸움의 시작이었다. 이전의 경제적, 정치적, 사회적 토대의 붕괴로 인하여 모든 정치 세력들과 국민들은 산산이 분산되어 있었고 피로감과 좌절감, 희망이 부재한 상태에서 전쟁을 맞게 되었다. 1940년 6월 13일 독일군이 파리에 입성하자 폴 레노 총리가 사임하고 앙리 페탱(Henri Pétain)은 독일에 항복했다. 그 결과 7월에 프랑스 국토의 3분의 2를 독일에게 통치를 위임하고 나머지 3분의 1을 프랑스 남부 오베르뉴(Auvergne)의 온천 도시 비시(Vichy)에 있는 정부에서 관할하도록 하는 신헌법이 발효되었다. 1942년 피에르 라발(Pierre Laval) 내각이 들어서면서 프랑스는 일시적인 안정을 찾는 듯했다. 그리고 1944년 연합군의 노르망디 상륙 작전으로 프랑스는 해방되었다.

1930년대 프랑스에서의 "좌파는 제3인터내셔널의 일당 전제(專制)와 프롤레타리아 독재의 선동을 따랐고, 우파는 이탈리아 파시즘이라는 위험한 선례를 따라 프랑스의 반동주의자에게 왕정 아니면 전체주의라는 무모한 희망을 주었다."[14] 이처럼 이 시기는 좌파 집단과 우파 집단이 서로 다른 이념적 대립으로 인하여 끊임없이 충돌했다. 그들은 정치적 목적에 따라 각각 인민 전선과 불의 십자가라는 연합체와 단체를 조직했다. 이들의 대립과 대결은 프랑스 국내의 정치와 사회를 피폐하게 만들었고 국가의 능력마저 황폐화시켰다. 1930년대의 프랑스를 감싸고 있던 희망의 부재, 좌절, 불안, 숙명론 등은 경제공황 여파로 인한 정치적, 사회적 흐름이 낳은 현실 정서인 것이다. 이러한 현실 정서가 낳은 희망의 부재와 좌절, 불안, 숙명론 등이 1930년대 프랑스 영화에 투영되었다. 즉 1930년대 프랑스의 영화는 경제 공황으로 인한 프랑스의 좌절과 함께 우파 집단인

---

14  앙드레 모로아, 신용석 옮김, 『프랑스사(Histoire de la France)』, 기린원, 1993, 538쪽.

불의 십자가와 좌파 세력인 인민 전선 사이의 정치적 대립으로부터 영향을 받았다. 이들 영화 속에는 한치 앞을 예측할 수 없는 프랑스 사회의 현실과 그 속에 내재되어 있는 국민들의 피로감과 좌절감 그리고 희망 없음이 반영되어 있는 것이다. 그러한 요소들이 1930년대 프랑스 영화에서 때론 사실의 모순을, 때론 그것을 바라본 감성을 묘사하게 했다.

## 2. 영화제작 토대의 변화

경제공황과 주변국들의 파시즘화, 그로 인한 프랑스 내부의 정치적 대립 관계 속에서 초래된 우파 집단인 불의 십자가와 좌파 집단 연합체인 인민 전선의 등장은 1930년대 프랑스의 정치, 사회를 가르는 흐름이었다. 서로 다른 이념과 시각을 지닌 이 두 집단은 1930년대 프랑스의 정치, 경제, 사회, 문화, 예술의 흐름과 풍경을 낳는데 중요한 영향을 미쳤다. 이들 집단의 대립과 대결, 혼란 속에는 1930년대 프랑스 사회가 지니고 있는 본질적인 문제와 상황이 결부되어 있다. 그것은 현실적 상황, 즉 주변 국가들의 파시즘화와 경제공황으로 인한 프랑스 국내 정치의 혼란 등으로부터 발생한 것과 그러한 상황을 바라보고 있는 프랑스 국민들이 느끼는 감성이기 때문이다.

이러한 측면에서 시적 리얼리즘 영화에서 묘사된 현실과 감성은 1930년대 프랑스의 일반 역사를 관통하고 있을 뿐만 아니라 문화, 예술, 영화 창작에 있어서도 중요한 의미를 지니고 있었다. 이것은 1930년대 프랑스를 지배하고 있었던 정치적, 경제적, 사회적 모순으로 점철된 현실과 그로부터 발생한 감성이 이른바 시적 리얼리즘 영화 창작의 토대와 목적이 되었기 때문이다. 이를 위해 1930년대의 영화 창작가들은 이 시기 프랑스가 당면하고 있는 대내외적 정치, 경제, 사회로부터 발생한 현실에 근거하면서 프랑스 자체 내의 영화 역사적 경험과 인접 국가들의 영화적 수법, 그리고 프랑스를 둘러싸고 있던 다양한 사회적 조건들을 받아들였다. 그것은 영화의 유성화로 1920년대까지 존재하였던 아방가르드 영화에서 나타난 기존의 미학적 가치를 시대적 흐름에 따라 새로운 내용과 형식을 지닌 영화로 전환하게 하는 것과 경제공황으로 인하여 프랑스 영화 창작의 산업적 토대의 변화로부터 발생한 새로운 영화 산업 구조, 러시아 10월 혁명, 파시즘화로 인해 인접 국가들로부터 유입된 영화 인력과 창작 수법 등이었다.

특히 경제공황으로 인한 프랑스 영화 산업의 불안정한 토대는 창작 여건의 근본적 변화를 가져왔다. 이것은 프랑스가 경제공황의 터널로 진입하게 되면서 나타난 대형 영화사의 합병과 파산이었다. 즉 경제공황으로 인한 불안정한 경제 구조는 그동안 프랑스 영화 산업을 지배하고 있었던 대형 영화사인 고몽(Gaumont)사와 파테(Pathé)사의 재정을 약화시켜 1930년대를 기점으로 새로운 자본에 의해 합병되거나 파산하는 데 직접적인 영향을 주었다.

고몽사는 1929년 여름 국민은행(Banque Nationale de Crédit, BNC)의 지원으로 지주 회사 고몽-프랑코 필름-오베르(Gaumont-Franco Film-Aubert, GFFA)에 합병되었고, 1929년 베르나르 나탕(Bernard Natan)이 인수한 파테사 역시 비슷한 운명을 가졌다. 고몽사는 1차로 1934년 파산을 맞이하여 1938년 해체되었고, 파테사 역시 전쟁 말기에 신 파테 영화사(Société Nouvelle Pathé-Cinéma, SNPC)로 바뀌었다. 따라서 이 시기의 프랑스 영화는 재정이 취약한 소규모 영화사들에 의해 제작될 수밖에 없었고, 어떤 영화사들은 1편의 영화만 제작하고 사라진 경우도 있었다.[15] 이와 같은 프랑스 영화 산업 구조의 변화는 영화 창작과 지향에 적지

---

15  장 피에르 장콜라, 김혜련 옮김, 『프랑스 영화사(*Histoire du Cinéma Française*)』, 동문선, 1995, 60-61쪽.

않은 변화를 주었다. 작은 규모의 영화사가 활성화되어 다양한 형태의 작품이 등장할 수 있는 기회가 확대되었던 것이다. 이로 인해 프랑스의 영화 제작 편수는 오히려 증가하였다. 즉 "1929년 52편, 1930년 94편, 1931년 139편, 1932년 157편, 1933년 158편, 1934년 126편, 1935년 115편, 1936년 116편, 1937년 111편, 1938년 122편, 1939년 91편을 각각 제작하였다."[16] 이처럼 대규모 영화사가 합병과 파산을 맞았는데도 프랑스의 전체 영화 제작 편수는 일정한 규모를 유지하고 있었다. 뿐만 아니라 1935년에는 프랑스의 자국 영화가 영화 시장의 절반 이상을 점유하게 되었고 극장 수익도 증가하였다. 작은 규모의 영화사가 많이 등장함으로써 영화 작품 수와 수익이 증가하였던 것이다. 무엇보다 중요한 것은 작은 영화사의 등장으로 영화 창작가들은 그동안 프랑스의 영화 산업을 지배한 고몽사와 파테사가 요구하였던 상업성으로부터 벗어날 수 있게 되었고 자신들의 창작 활동을 자신의 인식 기반 위에서 수행할 수 있게 되었다는 점이다. 이것은 고몽사와 파테사와 같은 기존의 대형 영화사가 아닌 작은 규모의 영화사들로 영화 제작 환경의 변화가 시적 리얼리즘 영화의 중심축인 현실과 감성에 근거하여 영화를 만드는 데 중요한 요소가 되었음을 의미한다. 따라서 대형 영화사인 고몽사와 파테사의 합병과 파산은 곧 프랑스 영화 산업 구조를 변화시켰고, 프랑스 영화 작품의 특징을 변화시켰으며, 그 변화의 중심에 프랑스의 현실이 자리 잡게 했다.

1930년대 시적 리얼리즘 영화를 관통하고 있는 현실과 감성의 표현을 풍부하게 한 또 다른 요인으로는 10월 혁명과 함께 프랑스로 망명한 러시아 영화인들과 히틀러의 파시즘 정권을 피해 프랑스로 건너온 독일 영화 인력들을 들 수 있다.

---

16  Kristin Thompson & David Bordwell, *Film History: An Introduction*(Third Edition), McGraw-Hill, 2010, p.260.

이들 망명 인력들의 축적된 영화적 경험은 1930년대 프랑스의 시적 리얼리즘 영화를 풍요롭게 하는 데 적지 않은 도움을 주었다. 러시아의 10월 혁명 이후 1920년대 프랑스로 망명한 몇몇 러시아 영화인들 중 "라디슬라브 스타레비치(Ladislav Starevitch), 빅토르 투어르잔스키(Victor Tourjanski)와 이반 모주힌(Ivan Mosjoukine)과 그의 아내 나탈리 리센코(Nathalie Lissenko)가 등장한 야콥 프로타자노프(Яков Протазанов)의 〈불안한 모험(L'Angoissante aventure, 1920)〉은 프랑스 영화의 토대가 되었고, 1930년대의 프랑스 영화의 상징인 페르낭델(Fernandel)과 장 가뱅(Jean Gabin)이 등장한 영화를 만든 아나톨리 리트박(Anatole Litvak)은 〈라이락(Lilac, 1931)〉에서 미래의 시적 리얼리즘에 기여했다."[17] 러시아 출신 영화인들이 시적 리얼리즘 영화에 영향을 미친 부분은 주로 연기 수법에 관한 것들이었다. 이들은 프랑스에서 만든 영화에서 시적 리얼리즘 영화를 대표할 수 있는 프랑스 연기자들인 장 가뱅, 페르낭델 등을 발굴하면서 체계화된 연기 수법을 통해 향후 시적 리얼리즘 영화의 현실과 감성을 효과적으로 드러내는데 기여했다.

시적 리얼리즘 영화의 형식적 특징인 세트 디자인, 촬영기법, 조명 등에 대한 것은 독일 영화인들로부터 영향을 받았다. 독일 영화와 시적 리얼리즘과의 연관은 시적 리얼리즘 영화에서 묘사되고 있는 대상들이 주로 소외된 사람들, 즉 실업자들과 서민들의 애환을 대상으로 하고 있다는 측면을 들 수 있다. 이러한 특징으로 인해 조형적이고 기하학적인 효과를 강조하였던 표현주의 영화에 대항하여 등장한 슈트라센슈필 필름(Strassenspiel film) 운동, 이른바 거리의 영화를 예로 들기도 한다. 그러나 시적 리얼리즘 영화에 대한 독일 영화인들과의 직접적인 관계는 세트

---

17  Remi Fournier Lanzoni, *French Cinema: From Its Beginnings to The Present*, Continuum, 2002, p.63.

디자이너 알렉산더 트로네(Alexandre Trauner)와 빌리 와일더(Billy Wilder), 프리츠 랑(Fritz Lang), 막스 오필스(Max Ophüls) 감독과 기술자, 무대 감독, 촬영 감독들인 쿠르트 쿠란트(Curt Courant), 외젠 슈프탄(Eugen Shüftan)과 같은 전문적인 독일 영화인들이 나치 정권 등장 이후 프랑스로 건너오면서 나타났다. 이들은 독일의 바벨스베르크(Babelsberg) 무대에서 배웠던 조명 기술을 프랑스 영화에 전수했다. 특히 이들은 〈안개 낀 부두〉와 〈새벽〉에서 마르셀 카르네의 음울한 분위기에 기여했다.[18] 이들의 전문 기술은 1930년대 프랑스 시적 리얼리즘 영화의 중심 요소인 현실과 감성의 풍요로움을 드러내기 위한 효과적인 표현 형식 수법에 영향을 미쳤다. 이들이 창조해 낸 스튜디오에서의 인공적인 현실 재현과 촬영 기법, 답답하면서 비관적인 분위기를 자아내는 조명 기법들은 1930년대 시적 리얼리즘의 현실과 감성을 자아내는 데 매우 탁월하게 작용하였다.

이처럼 시적 리얼리즘은 경제적, 사회적, 정치적 변화와 이로 인한 영화 제작 토대의 변화와 수용을 통해 1930년대 프랑스가 직면하고 있는 시대의 현실과 감성에 대한 독특한 영화적 표현을 구축했다. 그 결과 1930년대의 프랑스 영화는 동시대의 현실의 모순과 그것으로부터 발생한 감성을 영화 속에 투영시킬 수 있었다.

## 3. 현실과 감성을 넘어

### 형식을 통한 현실 드러내기

시적 리얼리즘 영화에서 나타난 가장 중요한 토대와 특징은 누가 뭐래도

---

18  장 피에르 장콜라, 김혜련 옮김, 앞의 책, 61쪽.

1930년대 프랑스의 정치, 경제, 사회적 현상으로부터 드러난 사회적 모순들이다. 이것은 시적 리얼리즘 영화 창작가들이 1930년대 프랑스가 직면하고 있는 정치, 경제, 사회의 현실과 그 흐름에 주목하였음을 말한다. 따라서 시적 리얼리즘 영화에서 묘사되고 있는 내용과 형식의 수법은 1930년대 프랑스의 현실과 관련을 맺고 있다고 할 수 있다. 이와 같은 창작과 현실과의 관계는 프랑스에서 이미 존재하였던 사실주의 문학 전통과 동시대의 문학적 경향, 인민 전선의 정치적 목적과 결부되면서 그 특징을 형성하였다.

특히 사실주의 문학 전통과 동시대의 문학적 경향은 1930년대 프랑스가 당면하고 있는 역사적 상황과 부합될 수 있는 필요조건이었고 문학가들은 그것을 문학을 통해 효과적으로 표현하고 있었다. 이로 인해 프랑스의 시적 리얼리즘 영화가 현실을 표현하기 위해 19세기 프랑스의 사실주의 문학 전통과 1920년대 동시대의 문학적 경향이나 창작가들과 결부되었다는 것은 매우 자연스러운 현상이라 할 수 있다.

이러한 측면에서 1930년대 프랑스 시적 리얼리즘 영화의 창작적 근원은 자연주의 소설 이후에 등장한 오노레 드 발자크(Honoré de Balzac), 빅토르 위고(Victor Hugo), 에밀 졸라(Émile Zola) 등의 작품에 나타나는 사회적 소설까지 거슬러 올라간다. 사회 현실에 주목하고 있는 문학에서의 리얼리즘은 18세기 유럽 문학 운동으로서 규범화된 고전주의의 반동으로부터 시작하여 산업혁명 이후 과학의 진보와 더불어 팽창된 사회와 유리된 인간에 대한 실제적 삶을 보다 정밀하고 세밀한 관찰을 통하여 구축했다. 이와 같은 시각은 더들리 앤드류가 시적 리얼리즘 영화에 대한 특징과 기원을 1920년대와 1930년대 소설과의 관계 속에서 언급하면서 이어받는다. 그는 시적 리얼리즘의 기원은 문학의 수법에서 왔다고 했다. "그것은 어두운 과거 도시에서 고달픈 생활을 하고 있는 잊혀진 소수의 사람들을 다룬 1929년 소설 마르셀 아이메(Marcel Aymé)의 〈이름 없는 거리(La

Rue sans nom)〉를 언급한 잡지 《뉴 프랑스 리뷰(La Nouvelle revue française)》의 유명한 편집자 장 폴핸(Jean Paulhan)에 의해 부여되었다. 체날(Chenal)이 1933년 후반 실제 로케이션 촬영에 의존하고 있는 이 작품을 각색했을 때, 《시네몽드(Cinémonde)》지의 한 평론가는 '이 영화는 프랑스 영화에서 전적으로 새로운 장르, 즉 시적 리얼리즘의 시작이다'고 선언했다. 그는 그때 평범한 영화의 인공적 리얼리즘과 체날의 새로운 시도를 구별했고 그 시도를 가장 비참하지만 가장 생생하게 사실적으로 보이는 동시대 사회생활과 연결시켰다."[19] 여기서 더들리 앤드류는 시적 리얼리즘 영화의 현실에 대한 관심의 토대는 1929년 소설로부터 시작하여 이전의 영화, 즉 1920년대 아방가르드 영화에서 보여줬던 것과 전혀 다른 영화적 경향과 형식을 묘사한 영화들 속에서 드러난다고 인식했다.

또한 클로드 뮈르시아(Claude Murcia)도 시적 리얼리즘 영화와 동시대 문학과의 상관관계를 언급하면서 1930년대 프랑스가 처한 사회적 환경이 불가피하게 사실주의에 대한 요구를 증대시켰던 시기라고 규정했다. 클로드 뮈르시아는 "국가와 재정의 불안, 사회적 동요, 정치적 경쟁과 스캔들, 그리고 민족주의와 그로 인한 공포의 부상으로 특징지어지는 1930년대는 소설에 '사실주의적' 차원의 관심을 다시 들여놓는다. 로제 마르탱 뒤 가르(Roger Martin du Gard)는 1920년대에 쓰기 시작한 장대한 가족 프레스코 〈티보가의 사람들(Les Thibault)〉을 발표한다. 조르주 뒤아멜(Georges Duhamel)이 10권의 『파스키에 가 연대기(Chronique des Pasquier)』를 쓸 동안 쥘 로맹(Jules Romains)은 27권짜리 《선의의 사람들(Les Hommes de bonne volonté)》을 쓰는 데(1932-1947) 몰두 한다"[20]고 주장했다.

---

19 Dudley Andrew, op. cit., p.11.
20 클로드 뮈르시아, 이창실 옮김, 『누보 로망, 누보 시네마(Nouveau roman, Nouveau cinéma)』, 동문선, 1998, 12쪽.

이와 같이 더들리 앤드류와 클로드 뮈르시아는 시적 리얼리즘 영화가 문학과 사회의 문화적 경향, 분위기와 밀접한 관련 속에서 형성되었다는 시각을 견지하고 있다. 이들은 사회적 현실에 기반하여 등장한 문학작품들과 창작가들의 경향이 시적 리얼리즘의 영화 창작과 공통적인 경향을 공유하고 있다고 했다. 그 공통적인 경향이 바로 사회적 현실과 이를 바라보면서 느끼는 감성이 창작의 중심에 있다는 것이다. 그 중에서도 현실에 대한 주목은 1930년대 프랑스의 사회적 현실을 묘사하는 것이었고 시적 리얼리즘 영화 창작에서도 그러한 것들이 간과되지 않았다. 이것은 해결되지 않은 1930년대 프랑스의 정치, 경제, 사회의 문제가 문학 등에서 사실주의에 대한 욕구를 확산시켰고 시적 리얼리즘 영화 창작가들에게도 현실에 눈을 돌리지 않을 수 없게 만들었다는 것이다.

무엇보다 시적 리얼리즘 영화가 현실과 직접적으로 연결되어 있는 것은 1930년대 프랑스의 정치권력의 중심에 있던 인민 전선의 지원을 받아 만들어졌던 영화들 때문이다. 이 시기는 인민 전선이 프랑스의 사회적, 정치적 담론의 진원지 역할을 했다. 특히 끝없는 경제공황의 터널에 갇혀 있던 프랑스의 현실에 대한 인민 전선의 시각은 프랑스의 문화와 예술의 경향과 흐름에 적지 않은 영향을 미쳤다. 따라서 인민 전선과 결부된 영화는 다른 영화 창작가들의 작품보다 당면하고 있는 현실 문제에 더욱 집중할 수밖에 없었다. 왜냐하면 인민 전선은 영화를 통해 자신들의 정치적 입장을 전달하거나 선거와 정치적 상황을 유리하게 이끌 수 있도록 프랑스의 현실을 드러내도록 했기 때문이다. 영화에 대한 인민 전선의 이러한 시각은 영화 창작에 보다 조직적으로 개입하게 하는 동기가 되었다. 그 결과 인민 전선은 1936년 1월 '시네-리베르테(Ciné-Liberté)'라는 영화 집단을 조직했고 잡지도 발행했다. 이 집단의 구성원은 이른바 시적 리얼리즘의 핵심 인물이라 할 수 있는 장 르누아르를 비롯한 마르크 알레그레(Marc Allégret), 자크 페데르, 제르멘느 뒬락(Germaine Dulac) 등이 포함되어 있었다. 이들은 인민 전선의 정치적 견해를 뒷받침하는 영화들을 만드는 데 주력했다. 시네-리베르테의 지원을 받은 영화들로는 몇 편의 단편 영화들과 장 르누아르의 〈인생은 우리의 것〉, 〈라 마르세예즈〉 등을 들 수 있다.

이들 영화에서 기술자, 예술가, 노동자들로 구성된 이른바 집단제작 영화인 〈인생은 우리의 것〉은 두 개의 선명한 대립적 구도를 통해 이데올로기적 시각을 드러내고 있다. 영화는 이데올로기의 두 진영, 즉 부유층, 라 로크의 불의 십자가 집단의 군사 훈련과 퍼레이드, 히틀러의 연설 장면을 동물의 소리로 빗대어 보여주면서 파시즘과 연결시키고 있고, 파시즘에 저항하는 노동자, 농민, 레닌, 스탈린을 비롯한 공산주의 지도자들의 모습을 보여주면서 인민 전선, 공산주의와 연결시키고 있다. 인민 전선의 정치적 시각에 부합한 영화는 1789년 7월 14일부터 1792년 8월 4일까지 프랑스 혁명의 역사 전개 과정을 농민, 노동자, 시민을 통해 묘사한 영화 〈라 마르세예즈〉에서도 나타난다.

그리고 인민 전선의 직접적인 선거 캠페인 영화는 아니지만 그것과 직, 간접적인 연관을 지니고 있는 영화로는 1930년대 장 르누아르의 일련의 영화들과 줄리앙 뒤비비에의 〈멋진 팀〉을 들 수 있다. 이들 영화는 1930년 대 프랑스의 현실에서 나타난 모순을 그 배경으로 하고 있다.

특히 1930년대 프랑스를 대표하는 창작가라 할 수 있는 장 르누아르는 탁월한 형식적 실험과 시도로 현실과 그 속에 내재되어 있는 모순을 드러내고 있다. 이것은 그가 현실에 대한 선호와 집중을 영화 창작의 토대로 삼았고 이를 위해 1930년대 자신이 만든 대부분의 영화에서 사용한 딥 포커스(deep focus), 다층적 의미의 프레임화, 유려한 카메라 움직임 등을 통해 시적 리얼리즘 영화 미학의 특징을 구축했음을 의미한다.

이러한 그의 형식적 특징은 영화 〈암캐〉에서 인형을 통해 인물이 소개되고 난 후 시작되는 파티 장면과 비루한 삶을 살아가고 있는 화가 모리스

르그랑이 자신을 속인 젊은 여인 루루가 살고 있는 아파트 앞 길거리에서 그녀를 살해한 아파트를 보여 주기 위해 카메라의 수직 이동을 통해 드러난다. 또한 영화 〈익사에서 구조된 부뒤〉에서는 서점 주인인 레스탱구아의 아파트 내부의 창문과 창문을 통한 화면 속 분절화를 딥 포커스를 통해 표현하고 있다. 영화 〈토니〉에서는 이탈리아 사람들이 프랑스에 와서 겪는 일과 사랑의 비극성을 프랑스의 어느 마을 철도역에 도착하는 이탈리아 사람들의 모습으로 시작되는 장면과 범죄로 쫓기는 토니가 자신이 프랑스에 처음 도착했던 철도역 근처에서 경찰의 총격으로 죽어 가는 모습, 그리고 영화의 처음 시작 장면에서처럼 또다시 열차가 도착하면서 내리는 이탈리아 사람들의 모습을 보여주고 마무리되는 수미쌍관법적 수법을 통해 나타난다. 영화 〈랑주씨의 범죄〉에서는 열차 사고로 출판업자인 바탈라가 사망했다는 소식이 랑주에게 전해지는 장면에서 거의 360도 회전하는 카메라 움직임과 화려하고 유려한 촬영 기술을 통해 그 의미가 극대화 된다. 특히 이 영화에서 나타난 화면 내의 다양한 인물들과 사물들과의 관계는 작용과 반작용의 의미를 창출하도록 구성되어 있다. 이것은 주로 다리를 다쳐 누워 있는 샤를의 장면에서 나타난다. 즉 랑주가 방안 침대에 누워 있는 샤를과 대화하는 도중에 열어놓은 방문 너머로 잘못 찾은 우편배달부와 샤를 어머니와의 대화 장면과 발렌틴의 세탁소에서 일하는 에스텔이 침대에 누워 있는 샤를을 만나러 오는 장면에서 확인할 수 있다. 이 장면에서 화면은 창문 안쪽에 샤를이 누워 있고 창문 너머에는 벽기둥에 의해 두 공간으로 분할되어 있다. 화면 오른편에는 사람들 사이를 통과해 오는 에스텔의 모습을, 왼편에는 이들과 전혀 상관없는 사람들의 대화 모습이 보여진다. 따라서 화면은 세 가지 서로 다른 모습들이 존재함으로써 그 의미는 더욱 다양하게 증폭되고 확장된다. 장 르누아르의 이러한 형식적 시도는 그의 영화 창작이 단순히 현실에만 머물러 있지 않고 화면 내의 모든 요소들이 다양하고 다층적 시각을 유지하도록 하는데 있음을 알 수 있다. 이것은 그의 영화 창작에서 가장 중요한 미학적 요소라 할 수 있으며 그것은 현실을 강화하는 요소로서 뿐만 아니라 그들 간의 상호 밀접한 연관을 지니면서 의미의 극대화를 창출하는 영화적 표현 수법인 것이다. 이와 같은 그의 표현 수법은 1930년대 르누아르 영화 전체에서 나타나고 있으며 시적 리얼리즘 이후의 영화에서도 지배적인 미학적 형식을 이루고 있다.

이러한 특징은 극적 구성에 따라 의미가 다르게 사용되는 프레임에 대한 미학적 시도로 나타난다. 이에 대한 구체적 예로는 영화 〈거대한 환상〉에서 전쟁 중 독일의 포로가 된 프랑스 측 장교 볼드위와 마래샬이 독일 측 장교 폰 라우펜슈타인과 기술 장교와의 식사 장면에서 확인된다. 프랑스 귀족 출신인 볼드위는 독일 장교 폰 라우펜슈타인과 노동자 출신 장교인 마래샬은 프랑스 리옹(Lyon)에서 기술자로 일한 경험이 있는 독일의 기술 장교와 자연스러운 대화를 통한 화면 구성으로 국가와 민족에 우선한 계급 동질성이라는 의미로 재편 된다. 이러한 계급적 시각에 의한 화면 구성은 포로수용소 장면에서 한 화면의 구성이 어떻게 극적 구성에 따라 다르게 사용되고 있는지를 보여주고 있다. 예컨대 많은 사람들이 수용되어 있는 수용소 장면에서는 꽉 찬 화면을, 마래샬과 유태인 출신 사업가인 로젠탈이 탈출한 후 볼드위와 폰 라우펜슈타인의 화면에는 빈 공간이 많은 화면으로 구성된다. 이러한 화면 구성은 영화의 이야기 흐름과 결부되어 극적 구조의 형식적 의미를 지니게 되는 것이다.

이러한 측면에서 장 르누아르의 영화 〈게임의 규칙〉은 그의 미학적 의미가 가장 화려하고 완성된 형태의 시도로 평가 받고 있는 영화라 할 수 있다. 이 영화는 사회 비판의 역설적 의미를 암시하고 있는 것처럼 자막으로 '제2차 세계대전 직전의 시기를 배경으로 하고 있으면서 사회 비평이 아니고 오락물로 의도된 것'이라 하고 마치 한편의 연극처럼 '피가로의 결혼 제4막 10장(Le Mariage de Figaro Acte IV, Scéne X)'으로 시작된다. 그리고 영화는 최초로 23시간 만에 대서양을 단독 비행한 비행 영웅 앙드레, 부유한 귀족 로베르, 그의 부인 크리스틴, 그녀를 오랫동안 알고 지내오면서 사랑한 옥타브, 로베르의 정부 주느비에브 등을 중심으로 펼쳐진다. 이들은 로베르의 별장에 모여 가장 무도회 파티를 한다. 파티가 진행되면서 복잡하게 얽혀 있는 이들의 애정 관계가 하나둘씩 드러나면서 위장된 그들의 믿음과 신뢰 관계가 거짓과 위선으로 가득 차 있는 실체가 묘사된다. 따라서 영화는 부르주아 사회에 대한 비판을 겨냥하고 있음을 알 수 있다. 이것을 장 르누아르는 쉼 없이 멈추지 않고 인물들을 쫓아가는 화려한 카메라 움직임으로 그들의 위선과 속마음 사이의 행위를 하나씩, 하나씩 포착하면서 그들의 행태를 폭로한다. 이러한 모든 행태는 사냥꾼 슈마세가 앙드레를 자기 아내, 리제트를 유혹한 인물인 마르소로 착각하여 총으로 살해한 후 종결된다. 그리고 영화는 크리스틴과 함께 떠나기로 했던 옥타브가 떠나게 되고, 로베르가 마치 연극의 막이 닫히듯이 자신의 별장의 대문을 닫으면서 마무리된다. 이처럼 영화는 다양한 형식을 취하면서 다양한 인물들의 얽히고설킨 복잡한 관계를 카메라의 유려한 움직임을 통해 구축했다.

장 르누아르의 영화에서 보여준 이와 같은 형식적 시도와 미학적 원칙의 대부분은 1930년대 프랑스의 현실을 진단하고 비판하는 데 있다. 이러한 시각은 그가 1930년대 프랑스가 직면하고 있는 현실과 그로부터 발생한 문제점으로부터 결코 유리되지 않았음을 의미한다. 장 르누아르는 다양한 형태의 내용과 시각을 자신의 영화에서 보여주고 있는데, 〈암캐〉에서는 모리스 르그랑이라는 중년의 인물을 내세워 영화 표현에 대한 탐구를, 〈토니〉를 통해서는 노동자들의 비극적 모습을, 〈인생은 우리의 것〉에서는 인민 전선의 정치적 시각을, 〈거대한 환상〉에서는 계급적 시각을, 〈게임의 규칙〉에서는 프랑스가 당면하고 있는 복잡한 현실의 사회적 문제를 다루고 있다. 이것은 그가 프랑스의 역사적 현실과 흐름에 눈을 감지 않았음을 말한다. 그리고 이것이 1930년대 그의 영화 창작의 특징을 결정지었다 해도 과언은 아니다. 따라서 그의 영화에서는 항상 현실이 중요했고 현실과 결부된 시각이 곧 그의 창작의 근본적인 토대였다고 할 수 있다.

줄리앙 뒤비비에는 장 르누아르와는 달리 현실에 대한 모순을 드러내는 데 있어 다소 감성적으로 접근한다. 이러한 경향은 그의 영화 〈멋진 팀〉을 통해 알 수 있다.

영화는 돈도 없고 직업도 없는 다섯 명의 친구들이 우연히 복권에 당첨되어 큰돈을 얻게 되자 파리 근교의 낡은 집을 구입하여 커다란 카페를 다시 지으면서 벌어지는 이야기를 다루고 있다. 카페를 짓는 도중 친구들 중 자크는 캐나다로, 마리오는 결혼을 위해 각각 떠나게 되고, 레이몽은 사고로 지붕에서 떨어져 죽는다. 그리고 카페에는 장과 샤를만이 남게 된다. 그러나 남아 있는 두 친구도 샤를의 부인이었던 지나라는 여인 때문에 서로 오해를 하게 되면서 장이 우발적으로 샤를을 권총으로 살해하게 되고 그들의 관계는 비극적으로 끝이 난다. 영화 〈멋진 팀〉이 프랑스의 사회적 현실에 기반하고 있다고 할 수 있는 근거는 영화의 마지막 장면, 즉 경찰이 장을 체포하러 올 때 그가 혼자 의자에 앉아서 "그것은 환상적인 생각이었다. 우리는 환상적인 생각을 가지고 있었다. 그것을 실현하기에 너무 좋았다"고 중얼거리는 대사를 통해서이다. 이 장면은 1936년 프랑스의 사회적, 정치적 현실을 은유적으로 빗대어 의미 있게 상징화 한 것이라 할 수 있다.

1930년대 시적 리얼리즘 영화는 현실과 감성이라는 두 축을 묘사하고 드러내는 것이 창작의 주된 목표였다. 그 중에서 현실에 대한 집중은 프랑스가 처한 정치적, 경제적, 사회적 상황에 대해 즉각적으로 대응하고 있는 것이라 할 수 있다. 이를 위해 시적 리얼리즘 영화 창작가들은 1930년대 프랑스의 사회적 현실에 부합되는 19세기 사회적 리얼리즘의 문학 전통과 동시대의 문학적 경향과 분위기를 자신들의 영화 속으로 끌어들였다. 또한 인민 전선은 영화에 대한 지원 체계를 갖추고 후원하면서 당면한 프랑스의 현실과 그 속에 내재 되어 있는 모순을 묘사하도록 유도했다. 이를 통해 장 르누아르와 줄리앙 뒤비비에를 비롯한 1930년대 시적 리얼리즘 영화 창작가들은 자신들의 영화 속에 프랑스가 당면하고 있는 현실과 그로부터 파생된 모순을 드러내기 위해 독창적이고 과감한 형식적 시도와 수법으로 자신들의 창작 목표를 구체화 했다.

## 현실을 통한 감성 드러내기

현실과 감성은 1930년대 프랑스의 시적 리얼리즘 영화를 규정하는 가장 핵심적 요소이다. 이것은 시적 리얼리즘 영화가 더 이상 영화 자체의 존재론적 목적만을 추구하지 않았음을 의미한다. 이제껏 영화 역사는 내용과 형식을 중심으로 각각의 작용과 반작용을 통해 발전해 왔다. 그러나 시적 리얼리즘 영화에 이르러 현실과 감성이라는 이름으로 그것의 통합적 시도가 나타나기 시작했다. 따라서 물리적 현실에 기반하면서 그것으로부터 발생한 감성을 통합시키는, 이른바 현실과 감성을 넘어 새로운 영화 창작의 영역으로 진보, 발전하기 시작한 것이 시적 리얼리즘 영화에 이르러 나타났다. 이런 측면에서 예술 창작의 전통적 흐름과 비교해 보면 시적 리얼리즘 영화는 또다른 측면에서 발전된 현상이라 할 수 있다. 왜냐하면 예술 창작의 역사에 있어 현실 묘사와 감성 묘사로 일컬어지는 두 가지 창작 목표가 동시에 통합되어 그 중요성이 부각되는 예는 그리 흔하지 않기 때문이다. 전통적인 예술 창작의 역사에서는 현실과 감성 중 어느 하나가 보다 상위 개념으로 작용하여 주된 흐름으로 흘러가는 것이 일반적 현상이다. 그에 반해 영화 역사에서 두 개의 지향이 동등한 가치를 지니고 있는 시적 리얼리즘은 그러한 예술 창작 역사의 흐름으로부터 다소 벗어나 있다고 할 수 있다.

시적 리얼리즘 영화에서 현실과 감성의 두 요소가 동등한 가치를 지니면서 그것의 통합적 시도가 나타나게 된 것은 이미 언급한 것처럼 1930년대 프랑스의 현실에 힘입은 바 크다. 침체된 경제와 인접 국가들의 파시즘화, 프랑스 내부의 정치 세력들의 극심한 대립은 영화에서 현실과 감성을 표현하도록 했다. 따라서 1930년대 시적 리얼리즘 영화 창작가들이 묘사하고자 했던 현실과 감성은 1930년대 프랑스의 역사 속에서 포착된 개념이다. 특히 주변 국가들의 파시즘화와 좀처럼 벗어날 수 없을 것만 같은 기나긴 경제공황의 터널, 정치적 혼란 등을 바라보고 있던 프랑스 국민들이 느끼는 감성은 시적 리얼리즘 영화와 연관을 가지고 있다. 그것은 시적 리얼리즘 영화의 또 다른 특징이라 할 수 있는 인물들의 정서, 즉 불안감과 무기력, 희망의 부재, 숙명론과 비관론 등이다. 1930년대 프랑스 사회의 현실로부터 발생한 이러한 흐름은 클로드 뮈르시아가 루이-페르디낭 셀린(Louis-Ferdinand Céline)의 〈밤의 끝으로의 여행(Voyage au bout de la nuit, 1932)〉, 〈외상 죽음(Mort à crédit, 1936)〉을 들어 시적 리얼리즘 영화에 흐르고 있는 비관적이고 비극적인 정서를 1930년대의 소설이 공유하고 있다고 주장하고 있는 것과 일맥상통하기도 한다.[21]

현실에 기반 하면서도 우울하고 비극적인 다양한 정서와 감성을 드러내는 시적 리얼리즘 영화의 이와 같은 특징은 주로 줄리앙 뒤비비에, 마르셀 카르네, 마르셀 파뇰의 영화에서 두드러지게 나타나고 있다.

줄리앙 뒤비비에는 이러한 경향에 있어 중요한 역할을 하였다. 그는 1925년 〈홍당무(Poil de carotte)〉로 데뷔하였지만 1930년대 그가 만든 대부분의 영화는 시나리오 작가이자 문학가인 샤를 스파크(Charles Spaak)와의 작업을 통해 이루어졌다. 줄리앙 뒤비비에는 샤를 스파크와의 작업을

---

21 위의 책, 13쪽.

통해 1930년대 프랑스의 현실을 암울하고 비극적인 정서로 묘사했다. 그는 이러한 정서를 이미 발생한 비극적 사건으로부터 시작하면서 표현했다. 따라서 영화는 사건이라는 프레임 속에 갇힌 상태에서 탈출구를 찾을 수 없는 인물의 상황을 통해 전개된다. 그러므로 영화는 누군가에게 쫓기는 불안한 상황에 놓여 있는 인물과 그 인물의 비극적 결말이 예정되어 있는 것이다.

이와 같은 특징은 영화 〈라 방데라〉와 〈페페 르 모코〉에서 나타난다. 〈라 방데라〉에서는 프랑스에서 살인을 저지른 후 스페인으로 건너가 외인부대의 용병이 되어 아프리카의 모로코 지역에 파견되어 그곳에서 사망하게 된 피에르 질리에트를 통해서 나타나고, 〈페페 르 모코〉에서는 은행을 턴 페페가 알제리(Algeria)의 수도 알제(Algier)의 카스바(Casbah) 항구 도시에 잠입하여 그곳에서 우연히 만난 파리의 여행자 가비와의 사랑으로 인해 형사들에게 체포되자 스스로 죽음을 선택한 장면에서 나타난다. 영화 〈라 방데라〉에서는 피에르가 살인을 저지르고 난 이후부터, 〈페페 르 모코〉에서는 페페가 은행을 턴 이후 카스바에 잠입한 이후부터 각각 시작된다. 이들이 왜 살인을 저지르고, 왜 은행을 털었는지에 대한 구체적 원인은 영화에서 드러나지 않으며 그것의 결과인 사건이 발생한 이후부터 이야기는 시작된다. 따라서 영화 속 인물들은 필연적으로 범죄라는 틀 속에 갇히게 되고, 그 속에서 인물들은 비극적 운명을 맞이할 수밖에 없다.

이러한 수법은 마치 1930년대 프랑스의 경제적 침체와 정치적 갈등으로 인해 탈출구가 없는 사회적 상황과 매우 유사한 형태라 할 수 있다. 그리고 이러한 형식은 이들 영화에서 제시되고 있는 공간적 배경을 통해서 그것의 상징적 의미가 강화된다. 즉 〈라 방데라〉는 스페인의 아프리카 식민지 모로코를 배경으로 하고 있고, 〈페페 르 모코〉에서는 프랑스의 식민지 알제리를 배경으로 하고 있다. 이것은 뒤비비에가 영화의 형식적 수법을 통해 비극적인 정서를 유발하고 있기도 하지만 그것은 공간이 갖고 있는 정치적 함의를 1930년대 파시즘으로 흐르는 유럽의 정치적 현실에 빗대어 비판적으로 암시하고 있다는 것을 말하고 있는 것이다.

그러나 줄리앙 뒤비비에의 〈무도회의 수첩〉과 〈하루의 끝〉에서는 위에서 언급한 영화의 특징과는 조금 다른 경향을 보이고 있다. 이들 영화에서는 과거의 회상을 통해 지나간 시간과 시절에 대한 우수어린 정서와 쓸쓸함이 묘사되고 있다.

영화 〈무도회의 수첩〉에서는 크리스틴이 남편이 죽고 난 후 젊은 시절 무도회장에서 만나 자신에게 사랑을 고백했던 남자들을 찾아다니면서 과거의 사랑을 회상하는 형식을 취하고 있다. 이와 같은 방식, 즉 크리스틴이 자신에게 고백했던 남자들을 찾아다니면서 과거를 회상하는 것은 그들의 모습을 통해 프랑스의 현실을 파악할 수 있는 기회를 제공하기도 하지만 그 자체로서 감성적 정서가 배어나오도록 하게 하는 것이다. 이러한 특징은 연극 무대와 공연 장면으로 시작되면서 은퇴한 배우들의 화려했던 과거 이야기를 통해 지나간 세월의 쓸쓸함을 묘사하고 있는 영화 〈하루의 끝〉에서도 나타난다.

이처럼 줄리앙 뒤비비에는 "사물과 공간에 대한 정확하고 객관적인 묘사와 인물들의 내면에서 일어나는 갖가지 감정들에 대한 묘사를 정교하게 결합해 낼 수 있는 남다른 능력을 가지고 있다."[22] 이와 같은 그의 영화 연출은 1930년대 프랑스가 직면하고 있는 현실에 대한 사실적 묘사, 즉 경제적, 정치적 혼란과 언제 일어날지 모르는 전쟁에 대한 막연한 불안이 프랑스인들의 비관적이고 도피적인 관점으로부터 비롯되었다고 할 수 있다. 이러한 시각은 줄리앙 뒤비비에로 하여금 자신의 영화를 비극적이고 엇갈린 운명으로 종결짓게 하도록 했다. 이것은 곧 1930년대

---

[22] 김호영, 『프랑스 영화의 이해』, 연극과 인간, 2003, 106쪽.

프랑스가 처한 딜레마를 영화 속 인물의 비극적인 운명으로 끝을 맺게 하는 것과 같다. 이와 같은 줄리앙 뒤비비에의 영화적 특징인 비극성과 도피성, 애조와 우수는 1930년대 프랑스가 직면하고 있는 현실로부터 발생한 감성의 결과라고 할 수 있다. 따라서 그의 영화 기저에는 1930년대의 함축된 현실과 관계 맺고 있는 감성이 내재되어 있는 것이다.

혼히 1930년대의 프랑스 영화를 거론할 때는 장 르누아르를 가장 중요한 인물로 인식하고 있다. 그러나 시적 리얼리즘을 얘기할 때는 오히려 마르셀 카르네를 더 중심에 놓는 영화 역사가들도 있다. 이들은 진정한 의미에서의 시적 리얼리즘 영화는 마르셀 카르네로부터 시작되었고 완성되었다고 본 것이다. 이러한 시각은 현실에 대한 인식보다 현실을 바라보는 감성을 우위에 두었을 때 나타나는 현상이다. 이와 같은 시각이 유지될 수 있는 가장 중요한 요인으로는 마르셀 카르네가 지치고 힘든 프랑스 사람들의 소외된 삶과 그에 대한 시각을 영화에서 대변하고 있기 때문이다.

마르셀 카르네가 이러한 감성 표현을 통해 시적 리얼리즘 영화의 중심에 설 수 있게 된 가장 큰 요인으로는 시인이자 문학가인 자크 프레베르(Jacques Prévert)와의 만남을 들 수 있다. 그를 만나기 전 마르셀 카르네는 자크 페데르의 조감독을 거친 후 〈제니(Jenny, 1936)〉와 〈이상한 드라마(Drôle de drame, 1937)〉라는 장편 영화를 만들었지만 자신의 창작 역량을 충분히 발휘하지 못했다. 그러나 자크 프레베르가 영화 창작에 합류한 후 카르네는 비로소 시적 리얼리즘의 한 축을 형성하게 되었다. 왜냐하면 마르셀 카르네의 영화 창작에서 자크 프레베르에 의해 구축된 이야기와 시적인 대사는 1930년대의 프랑스의 암울한 현실과 그로부터 발생한 프랑스 사람들의 감성과 정서를 함축적으로 표현하고 있기 때문이다. 마르셀 카르네는 자크 프레베르의 시나리오를 토대로 만든 영화들 — 〈안개 낀 부두〉, 〈북 호텔〉, 〈새벽〉 —을 통해서 시적 리얼리즘의 특징인 감성을 묘사하였다.

이러한 특징은 프레베르와 함께 구축된 이야기 구조 형식을 통해 확인할 수 있다. 마르셀 카르네의 영화에서 나타난 대부분의 이야기 구조는 줄리앙 뒤비비에의 영화 〈라 방데라〉와 〈페페 르 모코〉에서처럼 사건의 원인과 과정을 통해 결과에 이르게 되는 이야기 구조를 가지고 있지 않고 인과관계의 과정이 생략되면서 사건의 결과가 발생한 시점에서부터 시작된다. 따라서 영화 속 인물들은 사건이라는 하나의 프레임 속에 종속되어 그 속에 갇히게 되어 이야기는 제한된 답답한 상황 속에서 전개되면서 비극적 결론을 이끈다.

예컨대 영화 〈안개 낀 부두〉에서는 식민지 주둔 군대를 탈영한 장이 르 아브르(Le Havre)를 향해 가는 트럭을 얻어 타고 가는 장면으로부터 시작되고, 영화 〈북 호텔〉에서는 젊은 연인인 피에르와 르네가 자살을 시도하기 위해 호텔 방으로 들어간 장면으로부터, 영화 〈새벽〉에서는 주인공인 프랑수아의 살인 장면으로부터 각각 시작된다. 이와 같은 방식은 인물들의 비극과 이야기의 비극성을 이끌게 된다. 영화 〈안개 낀 부두〉에서는 장과 그가 사랑한 넬리와의 비극을, 영화 〈새벽〉에서는 프랑수와와 그가 사랑한 프랑수와즈와의 비극을 들 수 있다. 이것은 영화 〈안개 낀 부두〉에서 해안가에 위치한 파나마(Panama)라는 집을 은신처 삼아 모여든 다양한 인물들을 통해, 〈북 호텔〉에서 허름한 호텔에 머무르는 노동자들과 그들의 일상적 모습을 통해, 〈새벽〉에서 프랑수아와 프랑수와즈, 마술가인 발렌틴과 그의 여인 클라라의 얽히고설킨 관계를 통해 부가된다. 그리고 이들의 모습은 마르셀 카르네 영화의 스튜디오를 전담한 세트 디자이너 트로네의 정밀한 묘사로 1930년대 프랑스의 현실을 상징하고 있는 허름한 호텔과 카페, 지저분한 빈민가의 거리와 결합되면서 감성이 강화된다. 특히 트로네의 세트 디자인은 현실을 인공적으로 창조한 1930년대 시적 리얼리즘 영화의 가장 중요한 특징 중 하나이다. 트로네는 마르셀 카르네의 영화에서 묘사된 1930년대 프랑스의 현실과 그것을 바라본 정서를 효과적으로 일치시키는 것에 세트 디자인의 가장 중요한 목표를 두었다. 그러나 이러한 그의 세트 디자인은 "비참한 현실의 거리를 대부분 거대한 스튜디오에서 만들어 냈기 때문에 시간이 흐를수록 점점 더 실제 현실과는 무관한 다분히 현실 도피적이고 환상적인 세계를 그려 낼 수밖에 없었다. 또 하층민들의 비루한 삶의 이유를 타고난 운명 내지는 도저히 뛰어넘을 수 없는 사회적 조건 탓으로 돌려 지나치게 비관적인 세계관에 사로잡혀 있었다. 이러한 카르네의 영화를 영화평론가 프랑수아 비뇌이 (François Vinneuil)는 유사 사실주의라고 분류하면서 연극적인 분위기의 미장센과 무대장식을 비판했다."[23] 트로네의 스튜디오 작업이 점차 현실로부터 멀어지고 있다는 비판과 함께 카르네 역시 시적 리얼리즘 영화로부터 점점 이탈하게 되었다. 시적 리얼리즘 영화가 현실과 현실을 바라본 사람들의 감성을 축으로 하고 있기 때문에 그러한 현실로부터 이탈이 이루어지면 그로부터 벗어나게 되는 것은 자연스러운 현상인 것이다. 그럼에도 불구하고 마르셀 카르네의 영화에서 나타난 의미는 1930년대 프랑스의 역사적 현실에 주목했고 그 현실로부터 발생한 감성을 프레베르의 시적인 대사와 트로네의 세트 디자인과 함께 표현하였다는 데 있다.

시적 리얼리즘 영화의 한 자락을 붙잡고 있는 이 시기의 또 다른 영화 창작가로는 소설가이자 연극인이기도 한 마르셀 파뇰을 들 수 있다. 그는 영화에 대한 전문 지식을 《카이에 뒤 시네마(Cahiers du cinéma)》에 기고하면서 축적했다. 그는 창작의 토대를 자신이 어린 시절을 보낸 프랑스 남부 프로방스(Provence) 지방의 삶을 서정적으로 묘사하는 데서 찾았다. 따라서 현실의 격렬함이나 프랑스의 현실을 안쓰럽게 바라보는 감성에 대한 것은 그의 중심 테마에서 일정하게 벗어나 있다. 그보다는 도시의 불완전함과 자연과 인간의 조화로운 삶이 그의 중심 테마로 작용했다.

---

23 위의 책, 102쪽.

그렇기 때문에 이 시기 파뇰 영화의 대부분은 비극이 아니라 행복한 결말로 마무리 된다. 그는 자연과 인간의 조화와 인간의 선함에 대한 테마를 "소설가 장 지오노(Jean Giono)로부터 소박한 우화시의 플롯을 빌려와 그만의 독창적인 영화 세계를 만들어 갔다. 이와 같은 영화들로는 〈조프루아〉, 〈앙젤르〉, 〈세자르〉, 〈새싹〉, 〈빵집 마누라〉를 들 수 있다."[24] 마르셀 파뇰은 현실과 결부된 감성과는 분명 비켜 있는 것이 사실이다. 그럼에도 불구하고 그는 시적 리얼리즘의 경향이 중요하게 인식하고 있는 정서와 감성을 통해 자신의 영화를 창작했기 때문에 조르주 사둘의 시적인 것과 리얼리즘적인 것의 한 지류라고 볼 수 있다.

이 시기 시적 리얼리즘 영화 창작가들의 작품에서 나타난 경향과 특징 속에는 하나같이 1930년대 프랑스가 직면하고 있는 동시대의 현실로부터 발생한 감성이 영화의 중심에 놓여 있다. 이것은 이 시기의 영화 창작가들이 현실로부터 배어나온 감성을 자신의 창작의 토대로 삼았음을 말한다. 따라서 이들의 영화 속에 흐르는 감성은 현실에 기반 하고 있는 것이며 그것은 현실과 감성의 통합적 시도라 할 수 있다. 이와 같은 새로운 창작의 지평을 꿈꾸는 시도가 시적 리얼리즘 영화에서 나타나고 있는 것이다.

\* \* \*

영화는 비록 현실과 사실을 정밀하게 복제하거나 재현해 내는 데 있어 다른 인접 예술과 비교할 수 없을 정도로 탁월하지만, 인접 예술이 오랜 역사적 변환 과정을 거치면서 이루어 놓은 고유한 창작 수법인 인간의

---

24 위의 책, 109쪽.

감성과 현실에 대한 인식을 독창적인 창작 법칙과 역사 속에서 쉽게 조합해 낼 수 없었다. 그것은 영화가 다른 인접 예술에 비해 인간의 감성과 현실 묘사에 대한 다양하고 풍요로운 표현 수법들이 그리 오랜 역사를 지니고 있지 않기 때문이다. 특히 인간이 지닌 감성과 인간에 의한 다양한 현실은 예술의 모든 역사를 관통하는 영원한 창작의 대상이다. 창작가는 궁극적으로 독창적인 감성을 통해서 창작의 과정에 이르지만, 그 감성은 또한 인간이 존재하고 영위해 가는 다양한 현실의 기반 위에서 형성되기도 한다. 그러나 예술이 지나치게 인간의 감성에 의존하게 되면 낭만적이거나 감상적이 되기 쉽고, 지나치게 현실을 강조하게 되면 메시지 (message)만 부각되어 창작 과정의 중요한 요소인 감성에 대한 자극을 협소하게 만든다. 따라서 모든 예술가에게는 이러한 두 가지 요소가 어떻게 조화를 이루게 할 것인가가 창작 역사에서의 최종적 고민거리였음은 말할 나위 없다. 특히 오랜 역사를 지니고 있는 예술 분야는 이러한 창작의 변증법적 과정을 통해 발전해 온 역사를 지니고 있다.

그러나 19세기 말에 등장한 영화는 인접 예술이 오랜 세월을 거치면서 형성해 온 창작 과정의 변증법적 발전의 역사가 짧은 것이 사실이다. 아직도 영화 창작의 역사는 단순한 현실의 재현에서부터 영화 창작가가 지니고 있는 사상과 이념, 이데올로기를 표현하기 위한 표현 논리의 개발, 영화 표현 수법에서 가장 강력한 기반 중의 하나인 현실로부터의 이탈에 이르기까지 다양한 창작의 궤적을 그리면서 전진을 거듭하고 있다.

1930년대에 등장한 프랑스의 시적 리얼리즘 영화는 바로 그러한 영화 창작 과정의 역사적 맥락에서 이해되어야 한다. 그동안 영화 창작은 단순한 현실 재현과 함께 영화가 창작의 대상으로서 존재하기 위한 창작가의 표현 수법의 논리 구축에 보다 집중했다. 그러나 1930년대 시적 리얼리즘 영화에 이르면 인간의 감성과 정서의 직접적인 표현이 현실과 함께 영화 역사의 전면으로 등장하게 된다. 영화 속에서 인간의 감성과 현실이 구체적 표현을 통하여 개별적 작품으로서 혹은 역사적 과정으로서의 조화를 이루려는 시도였다. 이러한 시도는 영화 역사에서 비로소 영화 속에 인간의 감성과 현실을 조화시키려는 이른바 창작가로서 표현 능력에 대한 유연함, 주체적인 창작 표현의 역량을 확대시킨 것이라고 할 수 있다. 이것은 무엇보다 영화 자체의 역사 발전과 함께 1930년대 프랑스가 당면하고 있던 정치와 사회적 변화 과정과 밀접한 관련이 있다.

미국으로부터 유입된 경제공황의 터널은 오랫동안 심각하게 전개 되었고 정치적으로는 인접 국가들의 급격한 파시즘화와 함께 스페인 내전에 민첩하고 실질적인 대응을 할 수 없을 정도로 취약한 내부의 권력 토대를 지니고 있었다. 특히 불의 십자가와 인민 전선으로 대표되는 우파 집단과 좌파 집단의 끊임없는 대립과 혼란은 1930년대의 프랑스가 더 이상 정치적, 경제적 해결 능력이 없는 그야말로 총체적인 위기의 시대를 대변한 상징이었다.

이러한 상황 속에서 영화 창작의 토대 역시 고몽사와 파테사의 대규모 영화사에서 소규모 영화사로 급격하게 재편되어 갔다. 소규모 영화사로 재편되면서 영화 창작가들은 자신들의 창작 이념과 시각에 따라 다양한 영화적 경향을 창출할 수 있었다. 그러나 이들의 공통된 창작의 토대는 1930년대 프랑스의 현실이었고, 그 현실을 바라보는 프랑스인들의 감성이었다. 즉 시적 리얼리즘 영화는 이러한 역사적 현실에 기반하고 있고 로드니 휘태커(Rodney Whitaker)[25]가 언급한 것처럼 그 역사를 마주하고 있는 프랑스 사람들의 도피의 욕구, 숙명론, 효과 없는 행동으로 나타났다. 시적 리얼리즘 영화 창작가들은 이러한 역사적 현실을 함축된 의미와

---

25 Rodney Whitaker, "The Content Analysis of Film: a Survey of the Field, an Exhaustive Study of Quai des brumes, and a Functional Description of the Elements of the Film Language"(Ph.D. dissertation), Northwestern University, 1966, p.238. − Jack C. Ellis, *A History of Film*(Fourth Edition), Allyn and Bacon, 1995, p.144.

감성으로 표현하면서 영화 창작의 내용과 형식의 조합을 이끌어 냈다. 이것은 1930년대 시적 리얼리즘이 문학작품과의 지나친 친밀한 관계로 비판받았음에도 불구하고 그동안 영화가 독립적이고 개별적으로 지녀 왔던 현실과 감성의 창작 역사에서 벗어나 현실과 감성이라는 역사적 토대를 통합하여 그 두 가지를 넘어서고자 한 경향이라 할 수 있다.

# 제**6**장

# 미국적 가치의 정체성 혼란,
# 필름 누아르
# (1941-1958)

## 1. 미국적 가치의 정체성

필름 누아르(film noir)[1]는 1970년대 폴 슈레이더(Paul Schrader)가 1941년 존 휴스턴(John Huston) 감독의 〈말타의 매(The Maltese Falcon)〉에서부터 1958년 오손 웰즈(Orson Wells)의 〈악의 손길(Touch of Devil)〉까지 미국에서 지속되었던 특별한 영화적 내용과 형식을 규정하고 지칭한 것이 가장 설득력 있는 시각이다. 이 기간 동안 지속되었던

---

1  필름 누아르는 1920년대 '블랙 마스크(Black Mask)'의 작가들인 대실 하멧(Dashiel Hammet), 레이몬드 챈들러(Raymond Chandler), 제임스 케인(James Cain) 등의 작품을 토대로 영화화 된 1940-50년대 미국의 특정한 영화들을 가리킨다. 이 명칭은 영화 〈말타의 매(The Maltese Falcon)〉, 〈살인, 내 사랑(Murder, My Sweet)〉, 〈이중 배상(Double Indemnity)〉, 〈로라(Laura)〉, 〈창문 속의 여인(The Woman in the Window)〉 등이 제2차 세계대전 이후 프랑스에서 상영되자 프랑스의 영화비평가 니노 프랑크(Nino Frank)가 1946년 8월 《레크랑 프랑세(L'Écran français)》지에 '새로운 탐정 장르: 범죄 모험(Un nouveau genre policier: l'aventure criminelle)'이라는 글을 통해 할리우드 영화에서 보여지는 새로운 형식의 특징들을 지칭하기 위해 프랑스의 로망 누아르(roman noir)라는 명칭에 착안하여 필름 누아르라 칭하였다.

특정한 영화들²이 특별한 이유는 이전의 미국 영화에서 보여주었던 특징과 많이 달랐기 때문이다. 이 시기의 미국 영화는 그동안 전통적으로 보여주었던 정숙한 여성의 이미지가 성적 매력과 범죄 음모의 주체인 팜므 파탈(femme fatale)의 여성 이미지로 변모했고, 가정을 수호하고 사회의 질서를 회복하는 역할을 하는 남성 이미지는 혼란스러운 음모에 빠져 헤어나오지 못한 반(反)영웅적 이미지로 변화했다. 그리고 이를 위해 사용된 다층적이면서 명확하지 않은 내러티브 구조와 어둡고 음울함을 강조하기 위한 다양한 표현 수법들은 필름 누아르의 중요한 형식적 특징이 되었다. 이와 같은 필름 누아르의 특징은 그동안 미국적 가치를 대변하여 왔던 미국 영화 역사에서는 특별한 경향이었다. 이것은 필름 누아르가 미국 영화에서 일반적으로 나타나고 있는 미국적 가치의 기조 속에서 만들어져 왔던 흐름으로부터 벗어나 있음을 말한다. 이러한 특징과 흐름은 1929년부터 제2차 세계대전 참전 이후 발생한 미국적 가치에 대한 정체성 혼란과 깊은 관계가 있다고 할 수 있다.

특히 1929년 발생한 대공황과 1941년부터 연합군으로 참가한 제2차 세계대전, 그리고 종전 후 곧바로 소련과의 냉전 등과 같은 일련의 역사적 사건과 그 전개 과정은 미국인들로 하여금 미국적 가치의 정체성에 심각한

---

2  알프레드 히치콕(Alfred Hitchcock)의 〈의심의 그림자(Shadow of a Doubt, 1943)〉, 에드워드 드미트릭(Edward Dmytryk)의 〈살인, 내 사랑(Murder, My Sweet, 1944)〉, 빌리 와일더(Billy Wilder)의 〈이중 배상(Double Indemnity, 1944)〉, 오토 프레밍거(Otto Preminger)의 〈로라(Laura, 1944)〉, 〈천사의 얼굴(Angel Face, 1952)〉, 프리츠 랑(Fritz Lang)의 〈창문 속의 여인(The Woman in the Window, 1944)〉, 마이클 커티즈(Michael Curtiz)의 〈밀드레드 피어스(Mildred Pierce, 1945)〉, 존 스탈(John Stahl)의 〈그녀를 하늘에 맡겨라(Leave her to Heaven, 1945)〉, 하워드 혹스(Howard Hawks)의 〈빅 슬립(The Big Sleep, 1946)〉, 찰스 비더(Charles Vidor)의 〈길다(Gilda, 1946)〉, 테이 가넷(Tay Garnett)의 〈포스트 맨은 벨을 항상 두 번 울린다(The Postman Always Rings Twice, 1946)〉, 로버트 시오드막(Robert Siodmak)의 〈킬러(The Killers, 1946)〉, 오손 웰즈의 〈이방인(The Stranger, 1946)〉, 조지 마셜(George Marshall)의 〈푸른 달리아(The Blue Dahlia, 1946)〉, 로버트 몽고메리(Robert Montgomery)의 〈호수의 여인(Lady in the Lake, 1947)〉, 피터 고드프리(Peter Godfrey)의 〈두 명의 캐롤 부인(The Two Mrs. Carrolls, 1947)〉, 자크 투르뇌르(Jacques Tourneur)의 〈과거로부터(Out of the Past, 1947)〉, 조셉 루이스(Joseph H. Lewis)의 〈건 크레이지(Gun Crazy, 1950)〉 등의 영화를 말한다.

혼란을 느끼게 했다. 이러한 역사적 상황들은 필름 누아르의 내용과 형식에 적지 않은 영향을 미쳤다. 따라서 필름 누아르에 대한 인식은 미국의 1930년대부터 1950년대까지 역사의 흐름 속에서 미국적 가치의 정체성과 연관 지어 파악될 수밖에 없다. 그 중에서 미국적 가치의 정체성은 가장 근본적인 요인이라 할 수 있다. 왜냐하면 필름 누아르의 내용과 형식은 1940년대, 1950년대의 미국의 역사적, 사회적 전개 과정의 징후들을 내포하고 있지만 그 시기를 관통하면서 발생한 일련의 역사적 사건들은 미국적 가치의 정체성 확보와 밀접한 관련을 맺고 있기 때문이다.

그렇다면 미국적 가치란 무엇인가? 미국적 가치를 정의내리기 전에 먼저 가치에 대한 이해가 선행되어야 할 것이다. 일반적으로 가치의 의미는 인간이 목적을 지닌 목표 지향적 활동으로 보는 데서 출발한다.

> 인간은 의식적으로 목표를 설정하며 이때 그 목표와 관련하여 추구되는 대상을 사회적 또는 개인적 욕구의 대상으로 삼는다. 실천적이고 생산적인 활동을 비롯하여 여러 가지 사회적 활동을 해나가는 과정에서 인간은 무수히 반복되는 그 자신의 경험을 토대로 사물과 자연 현상 및 사회 현상의 어떠한 속성이 자신의 욕구와 관심을 충족시키는 데 중요한 것인지를 알아차린다. 인간이 의식적으로 권유하거나 이용하는 가운데, 사회와 개인의 발전에 중요한 것으로 드러나는 현상들이 추구할 만하고 욕구할 만한 자산으로 쟁취하거나 지켜야 할 자산으로 여겨져서 가치로서 정착되는 것이다. 일반적 의미에서의 가치는 주변 세계에 대한 인간의 실천적—정신적 관계의 응축물일 따름이다. 이러한 관계는 그때그때마다의 사회 구조에 의해 영향을 받으며, 따라서 특정한 계급의 이해에 좌우된다. 그러므로 가치는 역사적 산물이라고 할 수 있다.[3]

---

3  한국철학사상연구회편, 『철학대사전』, 동녘, 1989, 12쪽.

이와 같은 가치 개념에 근거한다면, 미국적 가치는 미국인들이 지향하고 도달하고 유지하고자 하는 정신적, 사회적, 역사적 결정체라 할 수 있다. 따라서 미국적 가치는 미국인들의 구체적 발현인 국가와 체계를 형성하고 있는 가장 근본적인 정신적 가치를 말한다. 그것은 때론 사회적, 정치적 요인으로 인해 다양한 역사적 변환을 겪기도 하지만 그 변화 과정에도 중심을 잃지 않도록 견인하는 정신적 응축물인 것이다. 이러한 미국인들의 정신적 응축물인 미국적 가치에 대해 많은 사상가들은 종교적 기반과 개척, 개인주의와 물질주의, 정착의 과정에 이르기까지 다양하게 인식하고 있다.

그 중에서도 "1592년 4월 독일의 슈파이어(Speyer)에서 열린 국회에서, 종교 개혁 측에 선 소수파의 제후와 도시가, 다수파의 가톨릭 측의 황제에 대해서 자신의 입장을 '공적으로 표명해서 항의(protestatio)'한 것에서 유래 한 프로테스탄티즘(Protestantism)"[4]과 루터의 종교 개혁을 더욱 혁신적으로 개혁한 캘빈주의(Calvinism)를 토대로 형성된 청교도주의(Puritanism)[5]의 종교적 사상은 미국의 정신과 사상을 구성하고 있는 가장 본질적 요소라 할 수 있다. 이는 미국이 청교도주의의 종교적 사상을 통해 형성되었다 해도 무방하다는 의미이다. 이것은 윈턴 솔버그(Winton Solberg)가 "청교적 신교주의는 미국의 사상과 문화가 형성되는 시기에 결정적 영향을 끼친 첫 번째 요소였다"[6]고 주장한데서 청교도주의를 미국

---

[4] 종교학사전편찬위원회, 『종교학대사전』, 한국사전연구사, 1998, 1427쪽.

[5] 청교도주의는 16세기에서 17세기 캘빈주의(Calvinism)의 영향 하에 일어난 영국의 종교개혁 운동으로 가톨릭적 구습이나 잔유물을 배제하고 성서에 따라 이를 정화하는 것을 구하는 사람이라는 적극적 의미를 가진다. 따라서 청교도의 사상은 널리는 캘빈주의의 흐름에 속하지만 '계약신학'이라는 독자적인 교리에 의해 신인(神人)관계도, 사회관계(가정이나 국가)도 계약으로 생각하였으며, 성서에서 따서 지상에 신의 나라, 그리스도의 왕국, 새로운 예루살렘 등으로 불린 이상사회를 실현하고, 신에 대해서 책임 있는 생활을 하는 것을 목표로 하였다.─위의 책, 1421쪽.

[6] 윈터 U. 솔버그, 조지형 옮김, 『미국의 사상과 문화의 역사(A History of American Thought and Culture)』, 이화여자대학교 출판부, 1996, 42쪽.

의 근본적 가치로 인식하고 있다는 것을 알 수 있다. 또한 미국 지성사의 선구자격인 패리 밀러(Perry Miller)는 "미국의 종교적 정신에서 미국의 정신과 미국의 의미를 찾고자 했다. 미국 정신의 '정통'은 바로 청교도 정신에서 출발하며 그 청교도(Puritans)들이 추구했던 목적 속에 미국의 의미가 있다"[7]고 했다.

이러한 청교도 정신은 1776년 7월 4일 독립 선언서가 채택되고 난후 영국의 식민지 시대가 청산되기 시작하면서 새로운 시대를 맞이한 이후에도 "미국의 종교, 사회, 경제, 정치, 문학, 예술, 학문 등 모든 면에서 크게 영향을 미쳤다. 특히 미국에 있어서 단일 사상으로는 미국 문화와 사회를 형성하는데 가장 영향력 있는 문화유산과 요소가 되었다."[8]

청교도주의가 이렇게 미국 사회 곳곳에 침투하여 사상적 근간을 이루게 된 가장 큰 이유는 종교적 윤리 때문이었다. 즉 "미국에서는 주로 청교도와 장로교도들이 유럽의 종교 개혁 시대에 부르주아 계급의 관심을 끌었던 캘빈주의 교리를 많이 믿었다. 캘빈주의는 개인의 영적 구원과 개인의 직업적 성공을 결부시켜 생각했기 때문에 경제적으로 성공한 중산 계급 사이에서 인기가 높았다. 따라서 그것은 세속적 성공을 위한 근면, 자조, 절약, 도덕의 생활을 강조하게 되었다. 이와 같은 청교도적 생활 방식에 대해 많은 미국인들이 동의하였다."[9]

존 윈스럽(John Winthrop)이나 코튼 매더(Cotton Mather) 같은 식민지 시대의 지도자들도 "인간은 그 앞에 놓인 의무가 무엇이든 최선을 다해 일할 것이며 하나님께 경외하는 시선을 거두지 않는 범위 내에서 일과

---

7   Perry Miller, *Orthodoxy in Massachusetts, 1630-1650* 1st ed, 1933, Gloucester, Mass.: Peter Smith, 1965. – 김형인 외, 『미국학(이형대, 미국의 지적 전통과 위기)』, 살림, 2003, 77쪽에서 재인용.

8   배한극, 『미국 청교도 사상』, 혜안, 2010, 56쪽.

9   이주영, 『미국의 좌파와 우파』, 살림, 2003, 4-5쪽.

쾌락을 즐길 것을 가르쳤다. 즉 하나님은 정의로운 자에게 물질적으로 보상을 내리기 때문에 재산의 축적은 곧 구원의 표시라고 설명하였던 것이다. 이러한 현세적 보상론을 강조하는 청교도주의의 노동 윤리는 18세기 계몽주의의 영향을 받은 합리주의자 벤자민 프랭클린(Benjamin Franklin)에 의해 더욱 세속화되었다. 실제로 프랭클린은 인간의 이성에 절대적인 신뢰를 두고 원죄 의식을 부정하고 인간은 노력하면 얼마든지 자기 성취를 할 수 있다고 믿었다."[10] 이런 이유로 "막스 베버(Max Weber) 는 캘빈교도들에게서 직업의 귀천 사상이 없어졌고 프로테스탄트의 직업 윤리관이 세워졌으며 이것이 바로 자본주의를 발달시키는 원동력이 됐다고 했다."[11] 청교도 정신은 경제적 이윤 확대를 추구하는 이른바 자본주의 논리에 대한 합리적이고 긍정적인 시각을 제공해 주었고 미국이 자본주의 국가로 나아갈 수 있는 초석이 되었다. 그리고 미국에서 자본주의 논리가 강화될 수 있었던 실제적 요인은 영국이 미국을 관리하는 데 있어 다른 제국의 경우와는 달랐기 때문이다. 즉 "스페인 제국이 이민 사업을 정부 주도로 기획한 것과는 달리 영국에서는 그것을 개인이나 사기업에게 나누 어 주고 그들로 하여금 자유로이 식민지 개발을 유도하게 했다. 일단 탐험가들이 어떤 땅에 대해서 영국 왕의 영유권을 주장해 버리면, 왕은 개인이나 집단에게 특허장으로 왕령 토지를 갈라 주면서 식민지 개발권을 위임했다. 어떠한 성격의 수혜자에게 특허가 주어지든 왕은 식민지 총수익의 5%를 거두어들일 뿐, 그 수익을 어떻게 창출할 것인가는 전적으로 식민지 경영자들에게 맡겨졌다."[12] 이러한 미국에 대한 영국의 관리는 이민자들로 하여금 영토의 개척과 자본 축적에 대한 합리적 인식이 중요한 가치로 자리 잡도록 했다. 그리하여 개인적 가치, 자유와 청교도 정신은 미국을

---

10  김형인 외, 앞의 책(이영옥, 미국문학의 미국적 특성), 110쪽.

11  김형인, 『미국의 정체성』, 살림, 2005, 56쪽.

12  위의 책, 20쪽.

이루고 있는 정신적 토대이며 자본주의를 발전시키는 바탕이 되었다.

청교도 사상이 미국의 모든 영역에 침투하여 영향을 미쳤다면 또 다른 미국의 중요한 가치는 개인주의라고 할 수 있다. 미국에서의 개인주의에 대한 신념과 가치는 개인의 자유와 개인의 자기실현을 최고의 목표로 삼는 가치관으로서 근대 유럽의 부르주아 계급에 의해 처음으로 천명되었다.[13]

> 미국적 개인주의의 사상적 원천은 17세기 영국의 사상가 존 로크 (John Locke)의 이론에서 찾아볼 수 있다. 로크는 시민적 자유와 소유의 신성함을 주장함으로써 자본주의의 태동과 함께 대두하게 된 시민 사회의 이론적 토대를 마련하였으며, 새롭게 부상하는 신흥 계급의 이익을 대변하게 되었다. 로크는 왕권신수설에 반해 주권은 자연법 하에서 개인과 개인의 자유로운 계약에서 비롯된다고 보았다. 따라서 주권은 완전히 자유롭고 평등한 개인들이 자신들의 권리를 최대한 보장받기 위해 그 일부를 위임한 것이라고 생각하였다. 이리하 여 로크는 왕권과 종교로부터 개인의 자유를 주창함으로써 개인주의 의 기본 틀을 마련하였다.[14]

이와 같은 개인주의에 대한 미국인들의 확고한 신념은 연방정부의 헌법 비준에 대한 토마스 제퍼슨(Thomas Jefferson)과 알렉산더 해밀턴 (Alexander Hamilton)의 타협에서 드러난다.

> 미국이 독립할 당시 13개 주를 연방으로 묶어놓은 기본 규약은 '연합헌장(Articles of Confederation)'이었다. 이것은 마치 국제연합 헌장과 같이 중앙 정부의 지휘력과 결속력이 없었고 각 주에게 너무

---

13  이주영, 앞의 책, 4쪽.
14  신조영, 「미국적 가치관 비판」,《미국사연구》Vol. 13, 한국미국사학회, 2001, 195쪽.

많은 권력을 위임했다. 그리하여 헌법을 새롭게 만들고자 각 주의 대표들이 모여 헌법을 기안해 통과시켰다. 당시 조지 워싱턴(George Washington) 대통령 밑에서 재무 장관을 하던 해밀턴의 연방파는 경제, 군사, 외교의 막강한 권력을 연방 정부로 집중시켜 강력한 정부를 만들려는 꿈에 부풀어 있었다. 그러나 이 문서는 다시 각 주에서 비준 받아야 했다. 새로 생겨난 13개주들의 3/4이 동의하면, 그것은 그제서야 미국 연방 정부의 헌법이 되는 것이었다. 그러나 제퍼슨은 당시 세력이 가장 막강하던 버지니아 주에서 이 헌법의 비준에 결사반대했다. 그가 반대한 이유는 이 헌법은 정부의 구조에 대한 이야기뿐이었고, 개인의 권리를 보장하는 부분이 없다는 것이었다. 그리하여 제퍼슨을 따르는 자들은 종교의 자유에서부터 행복 추구권까지 시민의 기본권을 명시한 10개조의 수정 조항을 헌법에 부가할 것을 전제 조건으로 약속받고서야 비준에 동의했다. 이 최초의 10개 수정 조항은 미국의 권리장전으로 불리며 현재도 미국 시민들의 개인적 권리를 보호하는 가장 기본적 근거로 쓰인다.[15]

연방 헌법의 비준 안을 밀고 나간 해밀턴을 따르던 연방파와 개인의 권리와 자유, 행복 추구권을 놓고 헌법 비준에 반대한 제퍼슨을 따르던 반연방파는 미국에서 보수주의자와 자유주의자로 구분되었다. 그 결과 해밀턴의 연방파와 제퍼슨의 반연방파는 각각 공화당과 민주당의 원조가 되었다. 이것은 그만큼 미국에서 개인의 권리와 자유에 대한 가치가 중요하게 인식되었다는 것을 말한다.

미국에서 이 두 가지의 중심적 가치와 더불어 중요했던 또 다른 것은 이 가치를 어떻게 유지할 것인가였다. 왜냐하면 미국은 외부로부터의 서로 다른 종교적 기반을 가진 사람들로 구성되었기 때문이다. 예컨대

---

15 김형인, 앞의 책, 10-11쪽.

영국에서는 "16세기 후반에 성공회를 국교로 새로 세운 후 국교, 가톨릭, 청교도가 삼파전으로 대립했는데, 한 종파가 권력을 잡아 다른 교파가 박해를 받게 되면, 박해를 받은 자들은 아메리카로 피난을 갔다. 청교도가 박해 받자 뉴잉글랜드 식민지를 세웠고, 메릴랜드는 가톨릭교도의 피난처로, 또 신흥 종교였던 퀘이커 교도들은 펜실베이니아로 이주했다."[16] 이처럼 미국은 애초부터 서로 다른 성격을 가진 이민자들로 구성된 나라였다. 즉 "유럽인들에게는 귀족적 질서가 있고, 동양인에게는 집안과 혈통적 규범이 사회에 안정감을 가져다주었으나, 미국인은 이런 구세계의 질서와 절연됐다. 그들은 개척 생활에서 이질적이고 독립적인 개개인을 묶어 놓을 수 있는 사회적 규범은 서로 합의해서 도출된 법률 밖에 없다는 결론에 도달했다. 이에 따라 미국인은 일단 규율을 세우면 그것을 지키는 준법의 습관을 익혀 갔다."[17] 미국에서는 국민적 합의가 중요했고 그 합의는 미국의 체제가 되었다. 따라서 미국에서는 엄격한 규율에 대한 준수와 일단 규율이 세워지면 누구나 그 규율과 법을 지키는 것이 중요하였다. 왜냐하면 준법정신은 영국의 박해를 피해 개인의 자유를 구현하려는 자유 사회(liberal society)와 그 개인의 자유정신을 최대한 보장해 주면서 캘빈주의에 기반 한 청교도주의의 도덕적 윤리와 결합하여 미국의 식민지 개척을 합법화하고 자본주의를 유지하기 위한 효과적인 수단이었기 때문이다. 그러므로 미국에서의 법률 체계는 유럽과 동양에서 전통과 혈연에 근거하고 있는 국가구조나 사회 구조와는 다른 성격과 특징을 지니게 되었다. 즉 미국에서의 법률 체계는 미국적 가치의 정체성과 체제가 유지될 수 있도록 하는 필수 불가결한 관계를 형성하게 되었다. 따라서 미국인들의 정신에 내재되어 있는 개인주의 사상과 종교적 토대에 근거하고 있는

---

16  위의 책, 42쪽.

17  위의 책, 33쪽.

윤리 의식, 자본에 대한 합리적 논리 그리고 이것을 유지하기 위한 사회적 질서 체계가 이른바 미국적 가치라 할 수 있다.

이러한 미국적 가치는 미국 내부의 분열과 외부의 위협으로부터 미국의 정체성을 확보하는 강력한 이념적, 이데올로기적 수단으로 작용하였고, 이는 미국 영화의 내용과 형식에 있어서도 예외는 아니었다. 영화의 내용과 형식이 미국적 가치 추구로부터 이탈하게 되거나 부합하지 않으면 다양한 장치로 견제를 당했다. 필름 누아르의 내용적, 형식적 변화는 이러한 미국적 가치의 정체성이 외부와 미국 내의 역사적 상황과 조건에 반응한 것이며 궁극적으로 미국의 가치와 정체성 혼란에 대한 대응이었던 것이다.

## 2. 영화 검열과 미국적 가치의 수호

많은 국가들이 영화 검열을 정치적 목적이나 정치 지도자의 권력을 강화하기 위한 수단의 한 방편으로 사용해 왔다. 그러나 초창기 미국에서의 영화 검열은 청교도적인 종교적, 윤리적 원리에 근거하면서 미국적 가치를 수호하는 것이 기준이 되었다. 이것은 비록 1940, 1950년대 전쟁과 냉전으로 대내외의 정치적 변화에 의해 이데올로기적 통제를 강화하기 위한 수단으로 사용되기도 했지만, 대체로 미국에서의 영화 검열은 청교도적 윤리를 중심으로 한 미국의 국가 가치의 정체성을 확보하기 위해서였다. 이는 미국에서 영화가 경제 이윤의 극대화를 추구하는 산업으로 인식되고 있음에도 불구하고 미국이 영화에 개입하게 하는 요인이라 할 수 있다. 따라서 검열의 목표는 할리우드가 경제적 이윤을 극대화하기 위하여 다양하게 시도한 영화 표현 수법과 내용 중에서 가정과 사회의 질서를 깨뜨리는 살인과 폭력 등과 같은 비윤리적인 표현을 바로잡는데 집중되었다. 즉 할리우드 영화의 내용과 표현 수법이 미국의 가치와 정체성, 윤리성을 훼손하거나 할 우려가 있다고 판단될 때 검열이라는 사회적 합의가 작동되었던 것이다.

그 시작은 1920년대 초 세 명의 할리우드 스타들의 살인 및 마약과 관련된 스캔들－코미디언 로스코에 아버클(Roscoe Arbuckle)의 살인 혐의에 대한 재판, 감독 윌리엄 데스몬드 테일러(William Desmond Taylor)의 살인, 영화배우 월레이스 레이드(Wallace Reid)의 마약 복용에 의한 사망－이 계기가 되었다. 이들의 비윤리적 행위로 할리우드 영화인들은 자신들이 만든 영화에서 묘사된 살인, 폭력 등이 가정과 사회에 부정적 영향을 준다는 사실을 인식했다. 그리고 이들은 국가가 영화 제작 과정에 개입하는 것을 미리 차단하고 대중과의 관계를 개선하여 할리우드의 이익을 증진시키기 위한 하나의 방편으로 1922년 '미국 영화 제작자 및 배급자(Motion Picture Producers and Distributers of America, MPPDA)' 단체를 만들었다. 여기서 할리우드 영화인들은 장로교도인 윌 헤이스(Will Hays)를 책임자로 두면서 '헤이스 코드(Hays Code)'라 불리는 '제작규정(Production Code)'을 두어 자발적인 검열 장치를 구축하였다. 윌 헤이스는 검열 장치의 도덕적 권위를 확보하기 위해 영화 제작자들에게 영화에서 범죄, 성, 폭력 등의 내용의 삭제와 스튜디오의 계약서에 배우들의 윤리 조항을 포함시키라고 압력을 가하였다.

그러나 1930년까지 지속된 윌 헤이스의 제작규정의 효과는 미미했다. 왜냐하면 "헤이스 코드에 의해 금지된 폭력과 섹스 등은 많은 영화 관객을 모을 수 있는 요소들로서 영화사의 이익과 직접적인 관계를 맺고 있었기 때문이다. 그러므로 이익을 우선하는 영화 산업 체제 내에서, 헤이스 사무소(office)의 검열은 엄격하게 지켜지지 않았다. 그 예로 1930년대에 등장한 갱스터 영화인 〈리틀 시저(Little Caesar, 1930)〉, 〈공공의 적(Public Enemy, 1931)〉, 〈스카페이스(Scarface, 1932)〉 등은 헤이스 사무소가 금지한 주인공인 갱-영웅을 긍정적으로 묘사하고 있으며, 미국 현대 도시 생활에 잠재하고 있는 위험과 폭력을 보여주었다."[18] 이로 인해 미국인들은 표현과 묘사에 있어 미국적 가치의 정체성과 유지를 위해 검열이 엄격하게 적용되고 있지 못한 것에 대한 불만을 제기했다. 그 결과 1930년 3월 31일 '영화제작규정(Motion Picture Production Code, MPPC)'이 제정되었다. 이 규정은 '일반규칙(General Principles)'과 '실행규칙(Working Principles)'으로 구성되어 있다. 그리고 실행규칙에 다음과 같은 '세부적용사항(Particular Applications)'을 두고 있다.

⟨**범법행위(Crimes against the law)**⟩

1. 살인
   a. 살인의 수법은 모방을 초래하지 않은 방식으로 표현되어야 한다.
   b. 잔인한 살인은 자세하게 표현되지 않아야 한다.
   c. 현대 사회에서의 복수는 정당화되어서는 안 된다.
2. 범죄의 수법은 노골적으로 표현되지 않아야 한다.
   a. 절도, 강도, 금고를 터는 행위 그리고 기차, 광산, 빌딩 등의 폭파는 자세한 방법으로 표현되지 않아야 한다.
   b. 방화 역시 위와 동일하게 취급되어야 한다.
   c. 화기의 사용은 반드시 제한되어야 한다.
   d. 밀수의 방법들은 표현되지 않아야 한다.
3. 불법마약거래는 결코 표현되지 않아야 한다.
4. 플롯의 흐름상 또는 적절한 성격묘사를 위해 필요성이 요구되지 않을 때, 미국인의 삶에서 음주는 보여주지 않아야 한다.

---

18 장윤정, 「모더니즘의 알레고리와 비전으로서의 필름 느와르」, 중앙대학교 대학원 박사학위 논문, 2004, 25쪽.

### 〈성(Sex)〉

1. 때때로 필요한 플롯 소재인 간통은 노골적으로 다루거나 정당화, 혹은 매혹적으로 표현되지 않아야 한다.
2. 욕정의 장면들은 플롯에 필요하지 않을 때는 제시되지 않아야 한다. 일반적으로, 지나친 욕정은 그 장면들이 저급하고 본능적인 요소를 자극하지 않도록 다뤄야 한다.
3. 유혹이나 강간
   a. 유혹이나 강간은 암시된 것 이상이 돼서는 결코 안 되고, 플롯을 위해 필요할 때만 그리고 이러한 경우에도 결코 노골적인 방식으로 보여주어서는 안 된다.
   b. 유혹이나 강간은 결코 코미디를 위한 적합한 주제가 되어서는 안 된다.
4. 변태성욕이나 그것에 대한 어떤 상상도 금지된다.
5. 백인노예는 다루지 않는다.
6. 다른 인종간의 출산은 금지된다.
7. 성위생과 성병은 영화의 주제가 아니다.
8. 실제적인 어린아이 출산 장면은 사실 혹은 실루엣으로도 결코 표현되지 않아야 한다.
9. 어린아이의 성기는 결코 노출시키지 않는다.

### 〈저속성(Vulgarity)〉

저속하고 역겹고, 불쾌한 것들의 취급은 반드시 악의 주제가 아니더라도 좋은 취향을 항상 받아들이게 하도록 해야 하고 관객의 감성을 배려해야 한다.

### 〈외설(Obscenity)〉

말, 몸짓, 특정한 언급, 노래, 농담이나 암시에 의한 외설적 표현은 금지한다.

### 〈춤(Dances)〉

외설적인 동작을 강조한 춤은 음란한 것으로 간주된다.

### 〈신성모독(Profanity)〉

신랄한 신성모독이나 저속한 표현은, 관습적인 것일지라도 금지한다.

### 〈의상(Costume)〉

1. 나체는 결코 허용되지 않는다. 이는 실제 나체나 실루엣 또는 영화 속 다른 등장인물에 의한 누드에 관한 외설적이거나 음탕한 언급 또한 포함한다.
2. 과도한 노출이나 춤에서의 외설적인 행위를 허용하려는 의도가 있는 춤 의상은 금지한다.

### 〈종교(Region)〉

1. 어떤 종교적 신념에 대해 조소를 던지는 영화나 에피소드는 허용하지 않는다.
2. 종교 성직자 캐릭터는 코믹한 인물이나 야만인으로 이용하지 말아야 한다.
3. 어떤 확고한 종교의 의식은 조심스럽고 정중하게 다뤄야 한다.

### 〈국민감정(National feeling)〉

1. 국기의 사용은 항상 경의를 표하여 한다.
2. 역사, 제도, 유명한 사람과 다른 국가들의 시민들은 공정하게 묘사해야 한다.

### 〈영화제목(Titles)〉

음탕하고 외설스럽거나 음란한 영화제목은 사용하지 말아야 한다.

### 〈혐오감을 주는 주제들(Repellent subjects)〉

아래 주제들은 고상함을 해치더라도 신중히 고려한 범위 내에서 다뤄져야 한다.
1. 실제적인 교수형이나 범죄에 대한 법률적 징벌로서 전기사형
2. 고문의 수법들
3. 잔인성과 가능성 있는 섬뜩함
4. 사람이나 동물들에게 낙인(烙印)찍기
5. 어린이나 동물에 대한 명백한 학대
6. 외과수술[19]

그러나 이 영화제작규정 역시 효과적으로 적용되지 못하였다. 영화제작
규정은 존재하였지만 대부분의 영화 제작자들은 대체로 그것을 무시했다.
미국의 '국가가톨릭도덕연합회(National Catholic Legion of Decency)'는
이와 같은 할리우드 영화 제작자들의 비협조적 태도를 강력하게 비난하였
다. 그 결과 영화제작규정이 효과적으로 기능하고 있지 못한 것을 체계적으
로 보완하기 위하여 미국 영화 제작자 및 배급자 단체는 1934년 6월
13일 '제작규정관리위원회(Production Code Administration, PCA)'를
두어 조셉 브린(Joseph Breen, 1934~1954년)을 검열의 책임자로 임명하
여 보다 조직적이고 체계적인 검열이 이루어지도록 했다. 브린은 1930년대
가톨릭 신도인 마틴 퀴글리(Martin Quigley)와 다니엘 로드(Daniel Load)
신부에 의해 작성된 제작규정관리위원회의 도덕적 윤리 기준들을 더욱
엄격하게 적용하면서 검열의 기준을 강화하였다. 이들에 의해 강화된
검열 기준은 무엇보다 영화가 지니고 있는 표현의 사실성과 실재성이
다른 어떤 매체보다 사회적 책임이 크다는 데 근거를 두고 있다. 조셉
브린에 의한 엄격한 검열의 기준과 적용은 미국에서 영화가 미국적 가치의
정체성에 어떤 기능을 하고 작용의 대상으로 인식되고 있는지를 상징적으로

---

19  Richard Maltby, *Hollywood Cinema*(Second Edition), Oxford: Blackwell Publishing,
2003, pp.593-597.

보여주고 있다. 이러한 검열의 기준, 적용에 대해 조나단 먼비(Jonathan Munby)에 의하면 "제작규정관리위원회는 1930년대 할리우드의 도덕적 강화의 조치로서 형성되었고, 이를 통한 가톨릭의 도덕적 지도력의 확대는 진정한 미국적 정체성과 가치의 정의를 확립하려는 중요한 문화적 투쟁의 콘텍스트에 위치시킬 때만이 완전히 이해될 수 있다"[20]고 하였다. 먼비의 주장대로 미국 영화에서의 검열 기준은 곧 미국적 가치, 윤리와 밀접한 관계 속에서 파악되어야 함을 의미한다.

조셉 브린에 의한 제작규정관리위원회의 엄격한 검열 기준과 적용으로 미국 영화는 내용과 표현에 다소 변화가 있었다. 무엇보다 1930년대의 미국 영화에서 섹스와 폭력에 대한 직접적인 표현 수법이 감소되었다. 특히 여성에 대한 이미지는 직접적인 성적 이미지를 드러내기보다는 점차 상징과 생략을 통한 은유적 표현으로 변모되었다. 이러한 경향의 구체적 증거로 "1929년 대실 하멧(Dashiel Hammet)의 소설을 원작으로 한 1931 년 로이 델 루스(Roy del Ruth)의 〈말타의 매〉와 1936년 윌리엄 디털리 (William Dieterle)의 〈사탄은 여자를 만났다(Satan met a lady)〉가 영화화 되었을 때 이 두 편의 영화는 소설에서 검열의 위반 조항을 제거한 상태에서 각색하여 하멧 소설의 원작이 지니고 있는 특징도 같이 삭제되었다."[21]

이와 같은 검열 기준은 미국이 제2차 세계대전에 참전하게 되면서 또 다른 변화가 일어났다. 미국 영화 제작자 및 배급자 단체의 자체 기구에 의한 검열 기준이 전시 체제의 국가 이익과 목적에 부합하도록 변모된 것이다. 따라서 그동안 "도덕과 윤리적 측면을 중시하던 미국 영화 제작자 및 배급자 단체 산하의 제작규정관리위원회는 그 영향력이 약화되었던 반면 정부 산하의 군 기관이나 정보 기관의 검열은 강화되었다.

---

20 Jonathan Munby, *Public Enemies, Public Heroes*, The University of Chicago Press, 1999, p.144.

21 장윤정, 앞의 논문, 31쪽.

1942년 초반에 '전쟁정보사무소(The Office of War Information, OWI)' 산하에 '영화국(Bureau of Motion Picture, BMP)'이 생겼으며 영화산업에 대한 정부 정보 지침서가 만들어졌다. 이 지침서는 인민 전쟁은 자기 방어에 대한 투쟁일 뿐 아니라 민주주의와 파시즘의 가치와 힘에 대항하는 네 가지 자유를 위한 투쟁임을 강조하였다."[22] 그리고 "영화국과 전쟁정보 사무소는 제2차 세계대전 전(全) 기간 동안 공식적인 정부의 정책을 증진시키는 것을 도왔다. 즉 '육군성(War Department)'과 군대의 다양한 병영 지부들은 군사 안전을 보호하는 책임을 지고 있었다. 그리고 '검열사무소(Office of Censorship)'는 외국으로 수출하려는 모든 영화들을 검토할 수 있는 권한을 가지고 있었다."[23] 따라서 제2차 세계대전기의 전쟁정보사무소와 영화국의 권한과 지침서는 "1942년 후반이 되면 스튜디오 제작사에 영향을 주게 되었고 이로 인해 많은 전쟁 영화들이 제작되었는데, 이 모든 영화들은 정부의 통제 아래 제작되었다. 당시 할리우드 영화들의 제작 과정에서, 영화들은 전쟁정보사무소에선 프로파간다에 대한 것을, 검열사무소에선 잔인한 폭력성에 대한 것을, 제작규정관리위원회에선 도덕성을 가지고 검열을 받아야만 했다. 하지만 전시 기간 동안 전쟁정보사무소의 검열이 제작규정관리위원회의 검열보다 우위에 있으므로 상대적으로 도덕과 폭력에 대한 부분은 이전보다 완화되었다."[24] 전쟁은 필연적으로 국가와 국가가 폭력적으로 충돌하기 때문에 미국 내부의 할리우드의 검열 기준보다 전쟁기의 전쟁정보사무소의 방향과 기준이 더욱 중요했다. 이에 따라 폭력과 살인, 섹스라는 소재를 영화에서 다룰 수 있는 기회가 제한적이 지만 가능하게 되었다.

그 결과 전쟁으로 인해 필름 누아르의 원형이라 할 수 있는 〈이중

---

22  위의 논문, 36쪽.

23  James Naremore, *More than Night*, University of California Press, 1998, p.105.

24  장윤정, 앞의 논문, 36쪽.

배상(Double Indemnity)〉이 1943년 12월 제작규정관리위원회에서의 최종 승인을 받아 그동안 반대해 온 살인이라는 것을 영화화 할 수 있는 계기로 작용했다. 1944년 〈이중 배상〉이 영화화된 이후 많은 필름 누아르의 영화들이 등장하였고 편수도 빠르게 증가하여, 1940년에서 1943년까지 제작된 필름 누아르는 12편뿐이었지만 1944년 17편, 1945년 16편, 1946년 24편, 1947년 29편을 기점으로 본격적으로 활발하게 제작되었다. 이러한 작품의 증가를 통해 미국에서 전쟁과 검열의 관계를 엿볼 수 있다.

그러나 미국의 제2차 세계대전 참전으로 할리우드 영화 표현에 있어 살인과 폭력, 섹스에 관한 엄격한 검열의 기준이 일시적으로 완화되었다 할지라도 도덕적, 윤리적 기준에 기반하고 있는 검열은 여전히 미국의 가치와 정체성의 수호를 견인하고 있는 장치로 작용했다. 특히 조셉 브린 사무소의 검열은 여전히 영향력을 지니고 있었다.

> 1941년 5월 31일 월별 보고에 따르면, 조셉 브린은 미국 영화 제작자 및 배급자 단체가 다섯 개의 카테고리−사회적 문제: 〈상하이 제스처(The Shanghai Gesture)〉를 포함한 16편, 범죄·공포: 〈말타의 매〉를 포함한 43편, 뮤지컬: 14편, 웨스턴: 32편 그리고 잡다한 것 45편−로 110편의 각본에 대한 재검토를 완성했다고 윌 헤이스에게 고지하였다. 그들 전체 영화 중 다섯 편은 불법적인 섹스와 음주로 거부되었다. 잭 워너(Jack Warner)에게 보고한 제작규정관리위원회에 따르면 〈말타의 매〉는 다음과 같이 개정할 것을 요구받았다. 조엘 카이로는 동성애적인 타입으로 하지 말 것, 사무엘 스페이드와 브리지드 사이에 비윤리적 성적 암시를 제거할 것, 음주 장면을 줄일 것, 이바 아처와 스페이드 사이의 육체적 접촉이 없어야 할 것 등이다.[25]

---

25 James Naremore, *op. cit.*, p.98.

이와 같은 조셉 브린 사무소의 지적에 따라 1941년 존 휴스턴의 〈말타의 매〉는 더 이상 소설에 충실하지 않았다. 그것은 단순히 진지하거나 심지어 엄숙한 장르로서 필름 누아르를 형성하여 왔던 이상에 따르고 있다. 왜냐하면 휴스턴은 가능한 대부분 모든 코믹적 요소를 제거하였고, 사랑의 관계조차도 극적이고 진지함을 유지하려 했다."[26] 이것은 존 휴스턴이 검열을 피하기 위해 문제의 소지가 될 만한 많은 부분을 제거하였음을 의미한다. 예컨대 "동료인 마일즈 아처의 부인과 주인공인 스페이드의 불륜 관계와 동성애자인 카이로에 관해서 약간의 암시만 주었을 뿐이고, 스페이드와 팜므 파탈인 브리지드 간의 성적인 관계는 생략하여 남녀 간의 성적인 친밀감은 영화 속에서 보여 지지 않게 만들어 검열을 피하였다."[27] 〈말타의 매〉는 조셉 브린 사무소의 구체적 지적 사항을 따르고 난 후 영화화될 수 있었다. 또한 1944년 제임스 케인(James Cain)의 소설을 토대로 만든 빌리 와일더(Billy Wilder)의 〈이중 배상〉은 "원작이 가지지 못한 대사를 통해 성적 은유를 나타내고 있으며 새로운 방식의 보이스 오버 내레이션 (voice over narration)을 사용하고 있다 …… 검열 때문에 영화에서 성적 관계나 에로틱한 장면을 직접 묘사하지는 못하였지만 레이몬드 챈들 러(Raymond Chandler)와 빌리 와일더가 각색한 여주인공 필리스의 첫 등장 장면은 관객에게 그녀를 충분히 에로틱한 팜므 파탈로 보도록 하고 있다 …… 이 영화는 소설이 묘사하고 있는 두 주인공 남녀의 이끌림이나 관계를 표현해야 했고 남편 살해의 공모와 살인 장면 등을 삽입해야 했다. 두 각색자는 그들의 성적인 이끌림이나 관계를 대사나 생략을 통해서 검열을 피해 갔다."[28] 이처럼 검열의 기준이 전쟁으로 인해 다소 완화되었다

---

26  Joan Copjec, *Shade of Noir*(Marc Vernet, Film Noir on the Edge of Doom), Verso, 1993, p.21.
27  장윤정, 앞의 논문, 31-32쪽.
28  위의 논문, 32-33쪽.

고 하지만 미국적 가치와 정체성을 훼손하는 도덕적, 윤리적 기준은 여전히 할리우드 영화 표현의 기준으로 작용했다.

1945년 미국 영화 제작자 및 배급자 단체가 '미국영화협회(Motion Picture Association of America, MPAA)'로 개편되면서 에릭 존스톤(Eric Johnston)이 협회장으로 취임하였다. 그리고 미국은 제2차 세계대전 종전과 함께 연합국이었던 소련과의 이데올로기적 냉전의 시기를 맞이했다. 냉전의 도래와 함께 미국은 가상의 적이었던 소련에 의한 공산주의의 확산에 두려움을 갖게 되면서 '의회반미활동위원회(House Un-American Activities Committee, HUAC)'를 구성하였고 위원장으로는 공화당 의원인 파넬 토머스(Parnell Thomas)가 임명되었다. 의회반미활동위원회는 무엇보다 대중들에게 영향이 큰 영화에 관심을 가졌다. 이 위원회는 냉전의 상황에서 이데올로기의 중요성을 특별히 강조하였다. 그 결과 미국의 검열은 이데올로기에 집중하게 되었고, 영화 표현의 모든 측면들까지도 그 대상에 올랐다. 즉 제작규정관리위원회의 도덕적, 윤리적 기준을 피하기 위해 은유와 형식의 변환을 통해 이루어졌던 영화들이 이데올로기적 장치로서 사용되고 있는지에 대한 의혹으로 은유의 의도성까지 검열의 대상이 되었던 것이다. 이로 인해 많은 영화들, 즉 〈철의 장막(The Iron Curtain, 1948)〉, 〈붉은 위협(The Red Menace, 1949)〉, 〈붉은 다뉴브(The Red Danube, 1949)〉 등과 같은 영화에서는 반공주의를 표방하거나 이데올로기적 의심을 받을 수 있는 영화적 내용과 표현 수법의 시도가 크게 위축되었다. 제임스 나레모어(James Naremore)는 "이 시기(1941년과 1955년 사이)를 아마도 미국의 엔터테인먼트의 역사에서 가장 통제되고 주도면밀하게 조사가 이루어졌던 시기"[29]라고 했다. 이러한 주도면밀한 검열은 "1952년 대법원이 수정 헌법 제1조항에 의해 '영화는 표현의 자유에 의해

---

29 James Naremore, op. cit., p.105.

보호를 받는다'고 선언한"[30] 이후 미국의 각 지역의 검열 위원회가 해체되면서 영화는 비로소 검열로부터 자유로워졌다.

이처럼 미국에서의 영화 검열은 여느 국가의 검열의 형태와 다소 다른 모습을 취하고 있다. 많은 국가들에서는 검열의 주체가 국가와 권력자로부터 시작되었지만 미국에서의 검열은 전적으로 사회적 필요성에 의해 할리우드 자체 내부의 기구로부터 미국의 정체성, 청교도적인 윤리적 관점에서 시작되었고 유지되었다. 제2차 세계대전과 냉전 시기가 도래하면서 검열이 비록 국가의 이데올로기적 정체성을 가르는 수단으로 기능하기도 했지만 그 이면에는 본질적으로 미국적 가치의 정체성을 유지하는 데 초점이 맞추어져 있었다. 따라서 미국에서의 영화 검열은 미국을 떠받치고 있는 청교도주의의 윤리적, 도덕적 사상과 개인의 자유주의 사상, 그것의 합리적 실행 체제인 민주주의를 견인하는 토대로 작용했다고 할 수 있다.

## 3. 미국적 가치의 정체성 혼란

### 제2차 세계대전과 냉전 이데올로기

할리우드 영화에서 검열의 기준은 궁극적으로 미국적 가치의 토대인 종교적, 윤리적 사상과 자유주의 그리고 사회 질서에 대한 동의 등으로 이루어진 미국의 정체성을 유지 견인하기 위한 것에 초점이 맞추어졌다. 이것은 미국적 가치와 정체성의 개념이 곧 할리우드 영화의 가치 판단에 중요한 요소를 이루고 있다는 의미이다. 그러나 할리우드 영화의 가치

---

30 Kristin Thompson & David Bordwell, *Film History: An Introduction*(Third Edition), McGraw-Hill, 2010, p.307.

판단의 토대로 작용하고 있는 미국적 가치의 정체성에 대한 인식과 개념은 1929년 대공황 이후 변화하기 시작하였다. 그것은 노동자들이 느끼는 삶에 대한 위기감과 박탈감으로부터 비롯되었다. 이는 노동자들로 하여금 집단적 행동을 하도록 유도하였고, 미약하지만 사회주의 세력이 그 간격을 파고들 수 있게 했다. 그 결과 전통적으로 유지되어 왔던 미국적 가치와 정체성은 1930년대에 일정한 타격을 받았다.

1930년대의 후유증이 제2차 세계대전과 냉전으로 이어지면서 미국 사회의 가치, 정체성은 적지 않은 혼란을 겪었다. 그것은 1941년 3월 미국이 연합국을 지원하기 위한 조치로 프랭클린 루즈벨트(Franklin Roosevelt) 대통령이 '무기대여법(The Lend-Lease Act)'을 통과시킨 후 실질적인 전쟁에 참여하게 되면서부터 예견된 것이었다. 1930년대 파시즘과 인민 전선과의 투쟁을 통해 유럽의 이념적, 이데올로기적 혼란을 목격한 미국이 제2차 세계대전기에 동일한 적을 상대로 자신과 전혀 다른 가치와 이념을 가진 공산주의 종주국 소련과 연합군으로 참여하였다는 사실은 미국 사회를 떠받치고 있던 고유한 미국적 가치와 정체성에 혼란을 불러일으켰다. 특히 제2차 세계대전 후 미국은 국가 내부의 가치와 이념, 이데올로기의 정체성을 강화하기 위하여 연합군이었던 소련과 적대적 전선을 형성해야 하는 이른바 냉전이라는 아이러니한 역사적 상황을 맞이했다. 따라서 1940~50년대 미국 사회의 풍경과 정신적 가치를 지배하고 있는 것은 제2차 세계대전과 함께 미국적 가치의 정체성의 혼란과 결부되어 있는 소련과의 냉전이 중요한 요인이라 할 수 있다. 특히 냉전은 제2차 세계대전과 오버랩(overlap)되면서 미국적 가치의 정체성, 이데올로기에 대해 재인식, 재정비를 하도록 이끈 역사적 계기가 되었다.

냉전이란 말은 월터 리프만(Walter Lippmann)의 1947년 논문 「냉전(Cold War)」에서 비롯되었다. 그러나 제2차 세계대전 중 1943년 테헤란 회담에서 루즈벨트와 윈스턴 처칠(Winston Churchill)이 역사적으로 폴란드의 일부 지역을 이오시프 스탈린(Иосиф Сталин)이 병합할 수 있도록 소련의 국경을 서부로 이동하는 것에 기꺼이 동의하려 한 시점에서 이미 시작되었다. 그러나 스탈린과 루즈벨트, 처칠은 제2차 세계대전 이후 이 지역에 세워질 정부의 성격에 대하여 서로 전혀 다른 생각을 가지고 있었다. 스탈린은 친공산주의 정부를 염두에 두고 있었고, 루즈벨트와 처칠은 친자본주의 정부의 성격을 띤 망명 정부를 지원했다. 그러나 1945년 2월 얄타(Ялта)회담 무렵 폴란드를 점령하고 있던 소련은 폴란드에 이미 친공산주의 정부를 세웠다. 1945년 5월 7일 독일군이 항복 문서에 서명하면서 제2차 세계대전이 종결되자 그동안 유지되어 왔던 연합국의 틀이 제거되면서 본격적으로 소련과 미국이라는 양대 진영의 대결 구도가 형성되었다.

미국은 소련의 팽창 정책에 대하여 우려의 시각으로 바라보았지만 소련은 아랑곳하지 않고 1948년까지 동유럽 국가에 차례로 친공산주의 정부를 세웠다. 그 결과 공산주의 영역은 발트 해 연안부터 아드리아 해 연안까지 확장되었다. 동유럽 국가들을 포함하고 있는 하나의 거대한 공산주의 블록을 형성한 소련의 팽창 정책을 1947년 처칠은 '철의 장막이 쳐져 있다'고 비난하였다. 미국은 대외적으로는 이러한 소련의 공산주의 이데올로기의 공격과 팽창 정책이 더 이상 확대되지 않도록 봉쇄 정책으로 응수하였고, 대내적으로는 이데올로기를 통한 미국 내부의 일체성을 견고하게 하여 미국적 가치의 정체성을 재확인 하였다.

특히 소련의 팽창 위협에 맞선 미국의 대외 정책은 이미 제2차 세계대전이 끝난 직후 1945년의 외교 정책으로 취한 것이었다. 제2차 세계대전 직후 "미국의 외교관 조지 캐넌(George Kennan)은 미국이 미국과 더불어 어떠한 일시적 타협도 할 수 없다는 광적인 신념을 가진 정치 세력과 맞서 있으며, 유일한 해답은 러시아의 팽창 경향에 대한 장기적이고 끈기 있는, 그러나 단호하고도 빈틈없는 봉쇄라고 경고했다. 1947년 3월 12일

트루먼은 의회에 출석하여 트루먼 독트린으로 알려지게 된 캐넌의 경고를 사용했다. 그는 '나는 미국의 정책이 무장한 소수 세력이나 외부의 압력이 시도하는 예속에 저항하는 자유민을 도와야 한다고 믿는다'고 주장했다."[31] 이러한 봉쇄 정책의 일환으로 유럽의 공산화를 막기 위해 1947년 6월 미국의 국무부장관인 조지 마셜(George Marshall)은 유럽의 경제적 재건을 돕는 프로그램인 마셜 플랜(Marshall Plan)을 발표했다. 그리고 "1948년 2월 체코슬로바키아에서 쿠데타가 일어나 소련 지배의 공산 정권이 들어서게 된 후 그 해 4월 의회는 마셜 플랜의 구체화를 위한 대외원조기구인 '경제협력처(Economic Cooperation Administration, ECA)'의 창설을 승인했다. 그 후 3년이 넘는 기간 동안 마셜 플랜이 실시되어 120억 달러 이상의 미국 원조가 유럽으로 흘러들어 갔고, 이는 실제적인 경제 부흥을 일으키는 데 도움을 주었다. 1950년이 끝나갈 무렵 유럽의 산업 생산은 64% 증가했고, 회원국 내의 공산주의 세력은 감소했으며, 미국이 교역할 수 있는 기회가 되살아났다."[32]

이와 함께 공산주의와 자본주의 진영의 구분을 보다 명확하게 하여 서로의 전선을 형성하게 한 것은 1948년 7월 발생한 베를린 봉쇄 사건이었다. 소련이 베를린을 봉쇄하자 미국은 서베를린에 대한 지원을 확고히 하기 위하여 공중으로 원조를 단행했다. 미국의 단호한 조처로 소련은 봉쇄를 풀었고 미국은 자본주의의 맹주로서 확고하게 인식되었으며, 서유럽과의 관계에 있어서도 소련과 맞선 단일한 전선을 형성하여 동맹관계로 발전시키는 계기가 되었다. 그 결과 1949년 4월 4일 미국 주도로 12개국이 참가한 북대서양조약기구인 나토(NATO)가 창설되면서(소련은 1955년 바르샤바조약으로 대응함), 한 회원국에 대한 군사 공격은 전체에 대한

---

31 앨런 브링클리, 황혜성 외 옮김, 『있는 그대로의 미국사 3(The Unfinished Nation)』, 휴머니스트, 2005, 284쪽.

32 위의 책, 285쪽.

도전으로 간주한다고 선언했다.

소련의 팽창 정책에 대한 미국의 단호한 대외적 조치에도 불구하고 소련에 대한 우려는 다양하게 나타났다. 특히 "1949년 9월, 소련이 예상보다 몇 년 앞서 최초의 원자폭탄을 성공적으로 폭발시키자, 많은 미국인들이 경악하고 공포에 빠졌다. 미국인들은 1949년의 마지막 몇 달 동안 중국에서 장제스(蔣介石)의 국민당 정부가 놀라운 속도로 붕괴한 사건에도 놀랐다. 장제스는 정치적 동맹자들과 군대의 잔여 병력과 함께 중국 본토 앞 바다에 있는 포모사(Formosa; 대만)라는 섬으로 도망쳤다. 그리고 중국 본토 전체는 많은 미국인들이 소련의 확장이라 믿었던 공산주의 정권의 통제 하에 들어갔다 …… 1950년 4월의 보고서에서는 공산주의에 대항하는 데 있어 선제권을 갖기 위하여 미국이 더 이상 다른 국가들에 의존할 수 없다고 주장했다. 미국은 사실상 공산주의 팽창이 일어나는 곳이면 문제 지역이 전략적 혹은 경제적 가치가 있건 없건, 어디든지 달려가야 한다고 생각했다."[33] 그 결과 1950년 한국전쟁이 발발하자 미국은 즉각적으로 개입했다. 미국은 소련의 팽창을 공산주의 팽창으로 인식했고 공산주의 팽창은 곧 미국이 그동안 유지해 온 미국적 가치와 이데올로기의 정체성에 대한 심대한 위협으로 간주하였다. 특히 미국의 보수주의자들은 공산주의가 시대의 대세가 된 것에 심각한 우려를 느꼈다.

그들은 밖으로부터 밀려들어 오는 공산주의 혁명의 물결 앞에서 미국의 전통적인 제도, 즉 자유주의적이고 자본주의적인 체제는 위태롭게 되었다고 생각했다. 그리고 그들은 좌파들에 의해 체제 전복의 음모가 벌어지고 있다고 믿게 되었다.[34]

---

33  위의 책, 289-290쪽.
34  이주영·김용자·노명환·김성형, 『서양현대사』, 삼지원, 1994, 81쪽.

보수주의 세력들의 우려와 대외 정책의 기조는 미국의 내부적 전열을 재정비하도록 하였다. 소련의 공격적인 팽창 정책은 미국의 대외 정책과 밀접하게 연결되게 되었고, 그것은 미국 내부의 정치적, 사회적 경향을 이루는 지배 요인이 되었다. 소련의 팽창 정책과 이데올로기의 공세로 도래한 냉전과 함께 미국 사회는 급격히 보수주의로 변모하였다. 보수화된 미국의 정치 세력은 미국적 가치이자 정체성인 자유와 종교적인 도덕적 윤리, 사회 질서 체계에 대한 인식을 조금이라도 훼손하거나 할 우려가 있다고 판단되는 그 어떤 것에 대해서도 자본주의 이데올로기를 통하여 공격하기 시작했다. 그러한 현상은 루즈벨트 대통령에 의해 추진되었던 뉴딜(New Deal)정책의 일환으로 노동의 불안을 해소하기 위해 제정된 1935년 와그너법(Wagner Act)이 공격받으면서 노동자들에 대한 권리를 보다 강하게 제한할 수 있는, 1947년 공화당의 로버트 태프트(Robert Taft)와 민주당의 프레드 하틀리(Fred Hartley, Jr) 의원에 의해 제출된 이른바 '태프트-하틀리 법(Taft-Hartley Act)'으로 더 알려진 '노사관계법 (Labor-Management relations Act)'이 제정되면서 보다 선명하게 나타났다. 이 법안의 제정으로 "폐쇄 사업장(closed shop, 우선적으로 노조의 일원이 아니면 누구도 고용될 수 없는 일터)이 불법화되었다. 그리고 비록 유니온 샵(union shop, 노동자들이 고용된 후 반드시 노조에 가입해야 하는 사업장)을 만드는 것은 허용되었지만, 여러 주에서는 그것조차 금지할 수 있는 노동권 법령들을 통과시킬 수 있도록 했다. 또한 태프트-하틀리 법으로 인해 대통령은 국가적 안전이나 보건을 위험하게 하는 어떠한 노동 중단에 대해서도 강제 명령을 발포함으로써 전면 파업 이전에 10주간의 냉각기간을 요구할 권리를 갖게 되었다."[35] 또한 이 법안에는 자본주의 이데올로기에 대한 투명성이 포함되어 있었다. 즉 "노동조합

---

35 앨런 브링클리, 황혜성 외 옮김, 앞의 책, 295-296쪽.

지도자들이 공산주의자가 아님을 공개적으로 밝히도록 하였다 …… 사용
자와 노동조합 사이의 분쟁이 평화적으로 해결되지 못했을 경우 고용주가
제시한 조건을 놓고 노동자들이 비밀투표로 수락 여부를 결정하도록
했다. 파업이 일어나면 고용주는 노동조합과의 계약을 파기하고 파업으로
일어난 손해에 대한 보상을 노동조합에 요구할 수 있게 하였다."[36] 이처럼
미국은 반노동 정책과 함께 노동자들에게 이데올로기에 대한 투명성을
요구했다.

미국 사회에서 이데올로기에 대한 투명성의 요구는 정치적 집단과 행정
부에서 보다 노골적으로 전개되었다. 특히 1947년 하원에서 시작된 의회반
미활동위원회는 이데올로기적 투명성을 이유로 미국 내부의 미국적 가치에
대한 대대적인 재정비를 감행하였다. 의회반미활동위원회는 민주당 정권
하에서 정부가 공산주의자의 전복을 용납했다는 것을 증명하기 위해 공개
조사위원회를 열었다. 그리고 "1947년 연방정부 직원들의 충성심을 점검하
는 프로그램을 실시하였다. 1951년에는 2천 명이 넘는 정부 직원이 압력
하에 사임했으며 212명은 해고되었다."[37] 의회반미활동위원회와 미국의
관리에 대한 충성 프로그램은 향후 미국 전역에서 공산주의자들과 공산주
의자로 의심받는 모든 이들을 공격할 수 있는 공개적인 이데올로기 선별
위원회였다.

할리우드는 이러한 이데올로기적 공격의 중심에 있었다. 의회반미활동
위원회는 할리우드가 공산주의 사상에 오염되어 있다고 주장하면서 "1947
년 10월 영화 산업에 대한 공산주의 침투를 본격적으로 조사하기 시작하였
다. 처음에는 제작자 루이스 메이어(Louis Mayer)와 월트 디즈니(Walt
Disney), 배우인 로버트 테일러(Robert Taylor), 게리 쿠퍼(Gary

---

36 이주영·김용자·노명환·김성형, 앞의 책, 82쪽.
37 앨런 브링클리, 황혜성 외 옮김, 앞의 책, 312쪽.

Cooper), 로널드 레이건(Ronald Reagan) 같은 사람들이 등장하여 할리우드 영화의 소재가 공산주의 사상에 물들어 있음을 주장하면서 할리우드의 공산주의 위협에 관해 진술하였다. 청문회는 공산주의자가 시나리오 작가 조합을 장악하고 있다는 것을 증명하려고 43명의 증인을 소환했다."[38] 그 결과 증언대에 올랐던 이른바 "할리우드 텐(Hollywood Ten)은 대부분 이 시나리오 작가로서 존 하워드 로슨(John Howard Lawson), 댈튼 트럼보(Dalton Trumbo), 앨버트 몰츠(Albert Maltz), 앨바 베시(Alvah Bessie), 새뮤얼 오니츠(Samuel Ornitz), 허버트 비버만(Herbert Biberman), 링 라드너 주니어(Ring Ladner Jr), 레스터 콜(Lester Cole), 그리고 감독 에드워드 드미트릭(Edward Dmytryk)과 프로듀서 애드리언 스콧(Adrian Scott)으로 이들은 공개적으로 영화 산업에서 일할 수가 없었다."[39] 그리고 1차 청문회 이후인 1947년 11월 "영화 제작자들은 폭력이나 불법적인 방법에 의해 미국 정부의 전복을 주장하는 집단이나 당의 구성원, 공산주의자로 알려진 사람들을 더 이상 영화 산업에 고용하지 않을 것을 선언한 '월도프 성명(Waldorf Statement)'을 통과시켰다."[40] 할리우드 영화인들은 "블랙리스트에 기록되면 지지자들은 사라지고 스튜디오를 닫아야 했다. 그리고 다시 일자리를 얻으려면 클리어링 오피스(Clearing Office)를 거쳐 자신의 자유주의적인 입장을 밝혀야만 했다."[41] 일종의 자아비판을 해야만 비로소 일을 할 수 있었던 것이다.

미국인들을 더욱 놀라게 한 것은 "국무부의 전직 고위 간부 앨저 히스(Alger Hiss)를 의회반미활동위원회가 불충성 죄목을 들어 수사 대상으

---

38 장윤정, 앞의 논문, 50-51쪽.

39 Kristin Thompson & David Bordwell, *op. cit.*, p.299.

40 Lary May, *The Big Tomorrow: Hollywood and the Politics of the American Way*, The University of Chicago Press, 2000, p.197.

41 장 루이 뢰트라, 곽노경 옮김, 『역사적 관점에서 본 시네마(*Le Cinéma en perspective: Une histoire*)』, 동문선, 1992, 40쪽.

로 삼은 일이었다. 1948년 과거에 공산주의 요원이었으며 당시《타임
(Time)》지의 보수적 편집자였던 휘태커 체임버스(Whittaker Chambers)
는 히스가 자기에게 1937년과 1938년에 비밀로 분류된 국무성의 문서들
을 넘겨주었다고 동(同) 위원회에서 증언했다."[42] 이것은 미국 내부의
핵심 조직에도 공산주의자들이 침투해 있다는 우려가 현실로 드러난 것이
었다. 이러한 사건을 계기로 1950년 의회는 전복 행위에 대한 여러 법률
가운데 모든 공산주의 조직은 정부에 등록하고 그들의 기록을 공표하라고
규정한 '매커랜 국내보안법(McCarran Internal Security Act)'을 통과시
켰다.

공산주의에 대한 우려와 함께 소련과의 전선이 더욱 강화되자 반국가적
행위에 대한 의심이 포착되면 모든 사람과 사항에 대하여 조사가 이루어
졌다. 특히 "1949년 소련이 원자폭탄 폭발을 성공하자 일부 사람들은
미국의 핵 비밀을 러시아인들에게 넘긴 음모가 있다고 생각했다. 1950
년 영국의 젊은 물리학자인 클라우스 푹스(Klaus Fuchs)가 러시아인들에
게 폭탄 제조의 세부 사항을 넘겼다고 증언했을 때 이러한 두려움이
확인되는 것처럼 보였다. 그 사건은 뉴욕에 살던 무명의 공산당원 부부인
줄리어스와 이설 로젠버그(Julius and Ethel Rosenberg)에게 옮겨 갔다.
정부는 로젠버그 부부가 뉴멕시코 주에서 맨해튼 계획을 위해 일했던
기계 기술자인 이설의 남동생으로부터 비밀 정보를 받아, (푹스를 포함한)
다른 요원들을 통해 소련으로 전달했다고 주장했다."[43] 로젠버그 부부는
기소되어 사형을 언도받았고 미국은 소련과 공산주의에 대한 위협을
더욱 느끼게 되었다.

이러한 위협은 1950년 2월 웨스트버지니아 주 휠링(Wheeling)에서

---

42  앨런 브링클리, 황혜성 외 옮김, 앞의 책, 311쪽.
43  위의 책, 312쪽.

국무부 내 205명의 공산주의자 명단이 자기 손 안에 있다고 주장한 조셉 매카시(Joseph McCarthy)의 등장에 이르면서 절정에 달했다. 그는 "반역자들이 정부 고위 조직에까지 침투해 있고 미국 자본주의를 붕괴시키려는 음모가 존재하며 학교, 교회, 대중매체 속에 공산주의자 및 그 하수인들이 미국적 생활양식을 파괴하고 있다고 주장했다."[44] 더 나아가 그는 중국 대륙이 공산주의자들에게 넘어가게 된 것도 국무부의 용공적인 전문가들의 책임이라고 주장하였고 트루먼 정부 전체가 용공적인 내각이라고 주장했다. 매카시는 미국 내 공산주의 세력에 대한 공격을 미국 육군 전체로 확대시켰다. 많은 미국인들은 1954년 1월 육군부의 로버트 스티븐스(Robert Stevens)와 육군 전체를 공격하는 이른바 육군-매카시 청문을 보면서 미국에서의 매카시 공격으로 대변되는 마녀 사냥식의 이데올로기적 공격이 막바지로 치닫고 있다고 느꼈다.

제2차 세계대전과 냉전으로 초래된 미국의 반공산주의, 반소련 정책은 1940년, 1950년대의 미국인들의 의식과 사회를 지배하였다. 이러한 반공산주의와 반소련 정책은 가상 적을 통하여 미국적 가치와 정체성을 회복하는 데 있어 미국 사회 내부의 질서를 새롭게 재편하거나 인식시키는 데 중요한 역할을 했다. 특히 제2차 세계대전과 냉전은 미국의 역사 속에서 미국적 가치의 정체성을 위하여 내부, 외부와 맞서는 이중적 대응을 해야 하는 상황이었다. 이와 같이 제2차 세계대전과 냉전 시기는 미국적 가치의 정체성 혼란을 초래한 역사적 과정이었던 것이다. 그러한 역사적 과정 속에서 영화는 대단히 협소한 창작적 수법을 선택할 수밖에 없었고 그 속에서 미국인들이 겪는 정치적, 사회적 혼란, 이른바 미국적 가치의 불안정성이 투영되는 영화가 만들어지게 되었다. 그것이 필름 누아르의 내용과 형식에 깊은 영향을 주었다.

---

44 윈턴 U. 솔버그, 조지형 옮김, 앞의 책, 138쪽.

## 표현수법의 전복

### 전도된 남성과 여성의 이미지

필름 누아르는 고전 할리우드 영화에서 추구했던 규범적이고 보편화된 인물을 중심으로 전개되는 이야기 구조 등에서 이탈하여 전도된 미국적 가치의 정체성 혼란을 반영한 내용과 형식으로 변화하였다. 이것은 미국인들이 전통적으로 중요하게 여긴 가족의 중요성과 남성과 여성의 역할, 낙관적이고 긍정적인 전망을 위한 명확한 이야기 구조 등, 이른바 미국적 가치를 떠받치고 있는 기본적 요소들이 필름 누아르에서는 찾아보기 어렵다는 것을 말한다. 필름 누아르에서는 가족의 중요성이 약화되고 강인함과 질서의 상징으로 인식된 남성은 혼란에 휩싸여 문제 해결 능력이 부재한 수동적인 모습으로 묘사되었다. 그리고 가정의 교화자이자 정숙한 아내로서의 여성은 사건을 기획하고 관장하거나 남성을 파멸에 이르게 하는 팜므 파탈적 모습으로 변모하였다. 또한 명확한 결말을 지니고 있던 이야기 구조는 사건이 계속되거나 결말이 도출되지 않는 형태를 취하였고, 시각적 표현 수법 역시 이러한 의미의 영화적 내용을 강화하는 요소로 기능했다. 따라서 필름 누아르 영화에서는 사건의 배경이 되는 가족과 가족을 수호하기 위한 행위가 이전의 영화에서처럼 중요한 요소로 부각되지 않는다. 비열한 범죄 집단을 묘사하면서도 최후의 심리적 피난처이자 안식처로 여겨졌던 1930년대 하워드 혹스(Howard Hawks)의 〈스카페이스〉적 가족의 모습은 필름 누아르에서는 더 이상 중요한 요소로 등장하지 않는다. 이것은 고전 할리우드 영화에서 감성적인 안식처로서 미국 사회 구성의 축소판으로 나타났던 전통적인 가족관과 기능이 변한 것이며 제2차 세계대전과 냉전 시기를 거치면서 미국적 가치와 사회 질서의 개념이 변했기 때문이다. 그리고 그 변화의 중심에는 가족을 구성하고 있는 남성과 여성의 역할 변화가 자리 잡고 있다.

특히 제2차 세계대전은 미국에서 여성의 역할과 이미지가 변하게 되는 계기가 되었다. 미국의 여성들은 남성들이 전쟁터로 떠나자 그 빈자리를 메웠다. 여성들은 산업 현장과 방위 산업체에서 무기를 만들면서 그동안 미국 사회에서 남성이 해왔던 역할을 수행했다. 이런 현상은 전쟁 기간 동안 여성의 노동력 분포에서도 드러난다. "전쟁 초기 여성 노동자들의 수는 6백50만 명이었던 것이 1945년이 되면 2천만 명에 이르게 된다."[45] 이것은 "전쟁 기간 동안에 여성 노동력이 57% 증가했고 고용된 여성의 비율은 25%에서 36%로 상승하였다는 것을 말한다. (그리고) 전쟁이 시작 되었을 때, 실제적으로 전쟁이 끝나면 모든 새로운 여성 근로자들은 곧 가정으로 돌아가야 할 것으로 생각되었다. (하지만) 4년 후 80% 이상의 사람들이 정부 여론 조사에서 일자리에 계속 머무르고 싶다고 응답했다. 여성들은 일에 대해 보수를 받고 사회로부터 인정을 받고, 집 밖에서 적극적인 역할을 하는 기회를 즐겼다."[46]

그러나 전쟁이 끝나고 남성들이 돌아오자 여성들의 의지와 상관없이 여성에 대한 대량 해고 사태가 이어졌다. 대량 해고는 전쟁 이후 돌아갈 직장이 없는 남성들을 배려했기 때문이었다. 그리고 그 이면에는 미국 사회에서 질서의 표상으로 인식되었던 남성의 역할과 존재감이 축소되면서 가정의 질서가 위협받게 된다는 우려가 깃들어 있었다. 이러한 우려의 한 단면을 보여주는 것으로 미국 사회의 저명한 문학가, 사회 평론가, 정치가, 사업가들이 여성들에게 주부로서 가정으로 복귀해야 한다고 호소 하였다는 사실에서 나타난다.

---

45 Frank Krutnik, *In a Lonely Street-Film noir, genre, masculinity*, Routledge, 1991, p.57.
46 루터 S. 루드케, 고대영미문화 연구소 역, 『미국의 사회와 문화(*The Society and Culture of the United States*)』, 탐구당, 1989, 349쪽.

베스트 셀러인 페르디난드 런버그(Ferdinand Lundburg)와 매르니아 판햄(Marynia Farnham)이 쓴 『현대 여성: 잃어버린 성(*Modern Woman: The Lost Sex, 1947*)』에서는 '직장을 가진 여성들은 신경병 환자임에 틀림없고, 독립한 여성이란 말은 용어상 모순이다'라고 밝혔다. 아그네스 메이어(Agnes Meyer)는 《애틀랜틱(The Atlantic)》지에서 유사한 주제를 반영하면서 '여성들은 사회의 기반 구실을 했다'고 말했다. 현대 여성이 되찾아야 할 것은 단지 여성이 되는 것이 중요한 임무이며 가장 위대한 명예임을 깨닫는 것이다. 여성들은 주부와 어머니의 일보다 더욱 절실하고 필수적이고 보답 받는 일은 없다고 강력히 주장해야 한다'고 메이어는 확신했다.[47]

또한 미국의 '전국제조업자협회(National Association of Manufacturers)' 회장인 프레데릭 크로포드(Frederick Crawford)는 여성 근로자들에게 가정으로 복귀하도록 촉구하였다. 그는 1946년 "인도주의적인 견지에서 너무 많은 여성들이 노동인구로 머물러서는 안된다. 가정은 미국의 기본적인 단위이다"[48]고 했다. 이와 같은 크로포드의 언급은 가정이라는 이름으로 점증된 미국 여성 노동력에 대한 우려를 나타낸 것이라 할 수 있다. 이러한 사회적 분위기와 더불어 전쟁 이후 많은 남성들이 산업 현장으로 복귀함으로써 일부 여성들은 자발적으로 일자리를 떠나기도 했다. 그 결과 1947년에 이르면 300만 명의 여성들이 공장을 그만두게 되었다.

그러나 전쟁을 통해 미국의 여성들은 이미 독립적인 경제 활동을 경험하였다. 이들은 제2차 세계대전 이후 미국의 사회적 변화 즉 "전후 인플레이션, 고도 소비사회의 상승하는 기대에 맞춰야 하는 압력, (많은 여성들이 스스로의 경제적 복지를 책임지게 된) 이혼율의 증가, 이 모두가 결합하여

---

47 위의 책, 349쪽.
48 Frank Krutnik, *op. cit.*, p.61.

유급 고용을 바라는 여성의 수요가 늘어갔다. 여성들은 산업 일자리에서 배제된 것을 알게 되면서, 다른 경제 영역(무엇보다 서비스업)으로 점차 이동해 가면서"[49] 자신들의 경제 활동 영역을 넓혀 갔다. 제2차 세계대전 기에 남성의 역할을 대신해 왔던 여성들은 보이지 않는 국가적, 사회적 압력에도 불구하고 전쟁 전과는 비교할 수 없을 만큼 자신감으로 충만해 있었고 가정을 최우선으로 생각했던 관습에서 벗어나려는 의지가 강했다. 이러한 의지와 적극적인 경제 활동으로 미국에서 여성들의 지위는 사회적 역할에 있어 남성의 지배에 대한 도전으로, 혹은 일정한 헤게모니를 가지고 있는 것처럼 인식되었다. 그러나 여성의 역할이 중대되는 것과 달리 미국 사회에서 여성에 대한 시각은 긍정적이지 않았다. 왜냐하면 경제 활동을 활발하게 한 대부분의 여성들은 30세가 넘은 기혼 여성들이었고 그들의 경제 활동 영역의 확대는 곧 미국의 전통적인 가족과 여성의 역할이라는 가치에 맞서는 것으로 인식되었기 때문이다. 이러한 미국 사회에서의 여성의 사회적 역할과 이미지에 대한 변화는 필름 누아르에서 재현된다.

필름 누아르에서 나타나는 여성은 더 이상 전통적인 교화자로서의 정숙한 여성이 아니라 자신의 성적 매력을 이용해 사건을 능동적으로 관장하고 조정하는 주도적 주체로서 등장한다. 즉 필름 누아르에서의 여성은 자신이 지니고 있는 성적 매력을 발산하여 남성을 파멸로 이끄는 이른바 팜므 파탈이라는 부정적 모습으로 변모되어 나타났다. 팜므 파탈로 묘사된 여성 이미지는 〈말타의 매〉와 〈이중 배상〉 그리고 〈포스트 맨은 벨을 항상 두 번 울린다(The Postman Always Rings Twice, 1946)〉, 〈로라〉, 〈살인, 내 사랑(Murder, My Sweet, 1944)〉 등 많은 필름 누아르 영화에서 공통적으로 나타나고 있는 특징이다. 〈이중 배상〉에서 키즈는 남편 디드

---

49 앨런 브링클리, 황혜성 외 옮김, 앞의 책, 294쪽.

릭슨을 살해하기 위해 자신의 아름다움을 이용하여 보험원 네프를 끌어들여 파멸로 이끌고 있고, 〈말타의 매〉에서 브리지드 역시 부를 얻기 위해 탐정 스페이드를 음모에 끌어들이고 이용하는 여성으로 묘사되고 있으며, 〈살인, 내 사랑〉의 그레인 또한 자신의 욕망을 위해 맬로이와 말로우를 유혹하여 배반한 여성으로 묘사되고 있다. 이처럼 필름 누아르에서 묘사된 여성은 자신의 아름다움을 이용하여 남성을 파멸에 이르게 한다.

필름 누아르에서 팜므 파탈로 묘사된 여성의 이미지는 미국의 전통적인 가족 관계와 가치관에 심각한 위협을 가하는 상징이었다. 즉 "전형적인 필름 누아르의 가족은 남편을 죽이는 아내들 〈이중 배상〉, 〈포스트 맨은 벨을 항상 두 번 울린다〉, 아내를 죽이거나 죽이려고 하는 남편들 〈가스불빛(Gaslight)〉, 〈두 명의 캐롤 부인(The Two Mrs. Carrolls)〉, 부모나 계부모를 죽이거나 죽이려는 자녀들 〈마사 아이버스의 이상한 사랑(The Strange Love of Martha Ivers)〉, 〈천사의 얼굴(Angel Face)〉, 조카를 죽이려는 삼촌들 〈의심의 그림자(Shadow of a Doubt)〉, 서로를 죽이는 연인들 〈과거로부터(Out of the Past)〉, 〈건 크레이지(Gun Crazy)〉로 구성되었다."[50] 이와 같은 필름 누아르 영화에서 나타난 여성의 역할과 묘사는 단순히 팜므 파탈로서의 이미지뿐만 아니라 다음과 같은 두 가지 미국적 가치에 대한 심각한 위협을 내포하고 있다고 할 수 있다.

첫째는 제2차 세계대전 이후 여성의 지위와 역할의 급격한 변화로 인해 미국에서 전통적으로 유지되어 온 가족 의미의 해체를, 둘째는 남성이 파멸의 대상으로 전락하고 사건의 수동적 주체로 묘사되면서 미국에서 사회와 도덕적 질서를 수호하는 상징으로 인식된 남성에 대한 전통적 질서 개념의 재규정을 내포하고 있다. 필름 누아르에서 여성이 팜므 파탈로

---

50 John Belton, *American Cinema, American Culture*(Third Edition), McGraw-Hill, 2009, p.235.

묘사됨으로써 초래된 이 두 가지 특징은 곧 미국적 가치와 정체성의 혼란을 드러내는 것이었다.

팜므 파탈로 상징화된 여성 이미지의 변화와 함께 필름 누아르에서 묘사된 남성의 역할과 이미지는 고전 할리우드 영화에서 보여졌던 사회의 정의와 가족의 질서를 담당하던 강력하고 적극적인 주체적 모습에서 음모와 배신의 대상으로 전락하면서 도덕적 기반을 상실한 나약하고 혼란스런 반 영웅의 모습으로 변모했다. 수많은 고전 할리우드 영화에서 보편적으로 묘사되었던 남성은 "야만으로부터 문명화된 공동체를 지켜나가는 서부의 영웅이나 자본주의 성공 신화를 꿈꾸며 부와 권력을 획득하지만 파멸을 맞게 되는 1930년대의 갱스터 영화의 주인공들이나 촌스럽지만 선(善)하며 미국의 정의를 실현시키는 진정한 보통 시민의 주인공들로 요약될 수 있다. (그러나) 필름 누아르 영화에서의 주인공들은 허약하며 비도덕적이며 여성을 욕망하며 사회의 주변적인 인물들로 그려졌다."[51] 여성을 욕망하면서 어처구니없게도 사건 의뢰자인 여성에 의해 함정에 빠지면서 파멸의 길을 걷는 비도덕적이며 혼란스러운 남성 이미지는 필름 누아르의 주된 표현 형식 가운데 하나라고 할 수 있다. 〈이중 배상〉의 네프, 〈말타의 매〉의 스페이드, 〈포스트 맨은 벨을 항상 두 번 울린다〉의 프랭크, 〈길다〉의 조니 페럴, 〈빅 슬립〉의 말로우, 〈로라〉의 마크 맥퍼슨, 〈킬러〉에서 권투선수 출신의 스위드 등은 모두 여성과 관련하여 어려움이나 죽음에 처하게 되면서 그들 행위의 도덕적이고 윤리적인 근거는 매우 설득력 없게 묘사되었다.

필름 누아르에서 묘사된 남성의 역할과 이미지의 변화는 여성의 역할과 이미지의 변화만큼 미국적 가치와 윤리, 사회적 질서의 틀과 인식으로부터

---

51  서정인, 「필름 느와르를 통한 미국문화 읽기」, 이화여자대학교 대학원 석사학위 논문, 2002, 15쪽.

심각하게 이탈된 현상들이었다. 이것은 미국 사회에서 남성과 여성의 역할과 기능에 대한 개념이 전도되기 시작하였고 미국적 가치에 심각한 변화가 초래되었음을 의미한다. 이와 같은 현상에 대해 존 벨튼(John Belton)은 '그동안 미국 사회는 여러 신화에 의해 미국의 정체성이 유지되어 왔는데 제2차 세계대전 이후 나타난 성적 관계의 불안정성이 미국 사회의 더 큰 무질서를 나타내는 증상'이라고 우려하였다. 이것은 제2차 세계대전 과 냉전을 거치면서 나타난 미국 사회의 가치와 정체성의 변모와 혼란을 내포하는 것이었다. 특히 그 속에서 미국의 남성들은 불가피하게 여성들과 경쟁하게 되었고 변모된 사회 구조 속에서 자신의 존재와 위치에 대하여 혼란을 겪게 되었다. 그것이 남성과 여성의 전도된 이미지로 나타났고 필름 누아르의 특징을 이루게 된 것이다.

## 불명확한 내러티브 구조와 불안한 심리의 표현

필름 누아르에서 나타난 전통적인 남성과 여성의 역할과 기능, 이미지의 변화로 상징화된 미국적 가치의 혼란은 선명하지 않은 내러티브 구조와 다양한 시각적 표현 형식으로 재현되고 강화되었다. 필름 누아르에서의 내러티브 구조는 비교적 복잡하고 완곡하며 의도적으로 혼란스러운 수법을 사용하고 있다. 따라서 "누아르의 이야기들은 전형적으로 비연대기적 순서로 제시되어 있다. 분절된 시간 시퀀스 속에서, 플래시 백(flash back) 은 현재의 행위를 가로지름으로써, 인물들은 과거를 재구성하려 하고, 그것을 이야기의 실마리, 사실, 해답을 위해 결합시키려 한다."[52]

이러한 비연대기적 순서로 구성되어 있는 내러티브 구조에 균형을 유지 하고 있는 것은 화자(話者), 즉 내레이터에 의해 사건을 설명하고 있는

---

52  Foster Hirsh, *The Dark Side of the Screen, Film Noir*, Da Capo Press, 2001, p.72.

보이스 오버 내레이션(voice over narration)이다. 〈빅 슬립〉의 경우에서와 같이 "일련의 엇갈림, 이중적인 엇갈림, 배신, 기만 등에 의해 추진되면서누아르의 이야기들은 의도적으로 복잡하게 얽히게 된다. 치명적으로 불안한 누아르의 세계에서, 보이스 오버 내레이션은 중심(anchor)으로 기능한다 …… (그리고 복잡한 사건을 설명해 나가는 데 있어) 일반적으로사색적이고 양식 있는 보이스 오버 내레이터는 미로와 같은 누아르의세계로 우리들을 안내한다. 〈살인, 내 사랑〉의 딕 포웰(Dick Powell),〈포스트 맨은 벨을 항상 두 번 울린다〉의 존 가필드, 〈상하이로부터온 여인(The Lady from Shanghai)〉의 오손 웰즈, 〈이중 배상〉의 프레드맥머레이 등은 모두 명쾌하고 솔직한 방식으로 말한다. 때로는 고백적이고,때로는 단순히 정보만 전달하는 그들의 꾸밈없는 내레이션은 의심스러운인물과 복잡하게 꼬여 있는 플롯과는 대조적이다. 차분한 내레이터는스크린 위에 이미지가 현재 진행되고 있는 동안, 이미 일어난 사건들에관하여 말하고 있다. (그럼으로써) 우리가 현재 보고 있는 것과 내레이터가우리에게 말하고 있는 것 사이에 거리감을 창조한다."[53]

내레이터에 의해 이야기의 실마리를 찾아가는 필름 누아르의 내러티브구조는 고전 할리우드 영화의 내러티브 구조와는 근본적으로 차이가 있다.

고전 할리우드 영화의 내러티브 구조가 인과 관계로 연결되어
논리적 통일성을 지녔다면, 누아르 영화는 논리적 사건에 의한 전개보
다 운명적인 사건에 의해 이야기를 전개시키고 있고, 고전 할리우드
영화가 발단 - 전개 - 갈등과 위기 - 절정 - 끝맺음의 완결된 내러
티브를 그 공식으로 삼는다면, 누아르는 사건의 해결을 통한 결말보
는 개별 사건의 끊임없는 등장으로 인하여 긴장감을 주며, 사건은

---

53  *Ibid.*, p.75.

미해결인 상태로 남는 등의 안정—파괴—혼란—혼란 요소 미해결—지속(불안정)이라는 예측 불허의 결말을 보여주고 있다.[54]

필름 누아르의 내러티브 구조는 영화에서 인물 상호간의 경계 지음에도 영향을 미쳤다. 필름 누아르에서 묘사된 인물들은 "드러나는 것(조사자=해결사=영웅)과 드러나지 않은 것(희생자=피해자=반영웅)을 통하여 단선적이고 고정적인 인물이 아니라 상반된 이미지의 겉과 안을 포섭하며 가변적인 인물상을 창조했다. 인물은 피해자와 가해자로서 자신의 위치를 구별하지 못하고 그 경계선에 머무르고 있는 가변적인 존재로 그려졌다. 또한 사건의 해결로 인한 안정의 회복은 외적인 것으로 일시적인 결말에 지나지 않으며 뒤이을 혼란을 예고하는 긴 여운을 남겼다 …… 이처럼 필름 누아르의 내러티브는 인물상과 결말을 통하여 드러나는 것과 드러나지 않은 부분을 동시에 보여줌으로써 누아르의 내러티브 구조가 겉과 안이 구분 불가능한 뫼비우스 띠와 같음을 증명하고 있다"[55] 이와 같은 내러티브 구조의 특징은 제2차 세계대전 이후 냉전기 미국의 동시대적 사회적 상황과 역사적 흐름을 공유하고 표현하는 데 있어 매우 효과적인 수법이었으며 대부분의 필름 누아르 영화에서 나타나고 있다. 이러한 내러티브 구조를 일컬어 "폴 슈레이더는 필름 누아르는 자신의 사회적 조건을 공격하고 해석하였으며, 누아르 시대의 종언기에는 단순한 반영을 뛰어넘는 새로운 미학적 세계, 반영보다 훨씬 더 창조적인 미국적 매너리즘의 악몽을 만들어냈다. 왜냐하면 필름 누아르는 스타일이 우선하기 때문에, 갈등을 테마적이 아니라 시각적으로 해결했기 때문에, 자신의 정체성을 인식하고 있었기 때문에 사회적 문제에 대한 미학적 해결을 창조할 수 있었다"[56]고

---

54 서정인, 앞의 논문, 32쪽.
55 위의 논문, 34쪽.
56 Thomas Schatz, *Hollywood Genres*, McGraw-Hill, 1981, p.115.

했다. 이것은 미국이 직면하고 있는 동시대의 사회적, 역사적 상황이 명확하지 않은 결말을 가진 내러티브 구조를 통해서뿐만 아니라 시각적 표현 수법에서도 나타나고 있음을 의미한다.

필름 누아르의 시각적 표현 수법은 미국의 영화적 경험과 함께 다양한 국가로부터 유입된 표현 수법을 필름 누아르 영화에 적용하면서 그 특징이 형성되었다. 따라서 필름 누아르의 시각적 표현 수법은 제2차 세계대전과 냉전기의 미국적 가치와 혼란, 그로부터 발생한 불안감을 표현하기 위해 필름 누아르의 기원이라 할 수 있는 "1910년대 후반과 1920년대 독일 표현주의, 1930년대 미국 범죄 영화와 제2차 세계대전 이후 이탈리아 네오리얼리즘의 몇몇 특징들을 흡수하고 있다."[57] 이는 필름 누아르의 시각적 표현 수법의 중심에 미국의 동시대적 사회의 불안감이 내재되어 있고, 그 불안감을 효과적으로 묘사하기 위해 필름 누아르는 다양한 영화적 표현 수법들을 차용했다는 것을 말한다. 이를 통해 선명한 빛과 어둠, 즉 명암의 대비, 카메라 앵글과 구도의 불안함 등이 필름 누아르의 시각적 표현 수법의 지배적 형식으로 사용되었다. 필름 누아르는 로우 키(low key) 조명을 사용하여 "주변 환경을 매몰시킴으로써 등장 인물의 존재를 더욱 불안하게 했다. 명암의 대비가 주는 이러한 효과는 자명한 외적 현실의 존재를 지워버림으로써 인간을 혼란에 빠뜨렸다."[58] 특히 인물에 집중된 명암의 대비는 인물의 비정상적인 모습과 불안감을 증대시키는 효과를 가져왔다.

이에 대한 구체적인 시각적 표현 수법으로는 챈들러의 원작 〈안녕, 내 사랑(Farewell, My Lovely)〉을 1944년 에드워드 드미트릭이 영화화한 〈살인, 내 사랑〉에서 말로우가 살인 사건에 연루돼 경찰로부터 심문을 받는 장면에서 확인할 수 있다.

---

57  Foster Hirsh, *op. cit.*, p.53.
58  서정인, 앞의 논문, 10쪽.

이 장면에서 유일한 광원은 화면 가운데 놓여있는 책상 램프이다. 화면은 옅은 어둠이 드리워져 있고 심문하는 경찰의 모습은 어둠에 가려져 있다. 말로우가 자신이 어떻게 그 사건에 얽혀 들었는지를 이야기하면서 회상 장면이 시작된다. 카메라가 책상 위 불빛의 반사를 천천히 포착하면서 장면은 탐정-주인공이 홀로 앉아 있는 말로우의 어두운 사무실로 디졸브 된다. 카메라는 말로우 어깨 위에 위치해 있고 도시의 불빛들이 켜졌다 꺼졌다 하면서 말로우의 회상도 유리창 위에서 나타났다 사라졌다를 반복한다. 그러다 갑자기 또 한 사람의 얼굴이 유리 위에 반사된다. 바로 무스 멜로이의 얼굴이다. 영혼이 빠져나간 듯한 그의 얼굴은 불빛 위에 매달려 있고 로스앤젤레스의 실루엣이 그 뒤로 드리워져 있다. 내러티브의 도입부를 제공하는 이 초반 장면을 통해 드미트릭은 탐정 특유의 고독과 태도를 효과적으로 영상화하고 있다.[59]

그리고 필름 누아르에서는 인물이 처한 불안감과 답답함, 미약한 존재감 등을 표현하기 위해 인물의 모습을 주로 창틀이나 철창, 문 등에 배치하면서 공간을 분할하였다. 이러한 필름 누아르의 공간 배치는 "르네상스 회화의 구성 원칙에서 차용한 것으로 전통적으로 조화로움을 이루고 있는 삼각형 '쓰리 쇼트(three shot)'와 균형 잡힌 '투 쇼트(two shot)'와 같은 화면 구성을 필름 누아르 영화에서는 거의 사용하지 않았다는 것을 의미한다. 오히려 일반적인 수법은 항상 극적이고 예상치 못한 변화를 예고하고 있는, 결코 안정적이거나 안전하지 않은 세계를 창조하는 특이한, 기존의 앵글에서 벗어난(off-angle) 모습의 구성물들이다. 문, 창문, 계단, 철로 된 침대 프레임과 같은 밀실 공포증적인 구성 장치들이나 단순한 그림자들은 인물을 다른 인물들, 그의 세계나 그 자신의 감정과 분리시킨다. 그리고

---

59 Thomas Schatz, *op. cit.*, p.131.

물체들은 화면의 전경 속으로 그들의 방식으로 밀어 넣어 사람들보다 더욱 강력한 힘을 갖고 있는 것처럼 보이도록 한다."[60] 인물보다 더욱 도드라져 보인 이러한 물체들은 인간 존재의 미약함을 부각시켜 더욱 불안감과 강박감을 주는 이미지로 다가온다.

특히 카메라의 앵글은 극단적인 로우 앵글(low angle)과 하이 앵글(high angle)을 사용하여 인물의 얼굴과 모습을 왜곡하고 파멸이 임박해 오고 있음을 나타내는 시각적인 신호로 사용했다. "전통적인 눈높이 카메라의 위치는 〈죽음 같은 키스(Kiss Me Deadly, 1955)〉에서와 같은 영화에서처럼 극단적인 로우 앵글과 하이 앵글 시점에 자리를 내주었다."[61] 이러한 앵글의 사용은 등장인물들을 불안정하게 배치시킴으로써 불안전한 세계를 만들어 냈다. 이처럼 필름 누아르의 시각적 표현 수법은 인물의 불안감과 혼란스러움을 표현하는 데 초점이 맞추어졌다.

제2차 세계대전과 냉전기를 거치면서 미국 사회는 미국적 가치의 정체성에 대한 위협을 이념적, 이데올로기적 세력의 재편 과정 속에서 겪게 되었다. 이러한 과정 속에서 미국인들은 불안감과 혼란을 경험하였다. 미국의 사회적 변화와 흐름의 구체적 징후들이 필름 누아르의 복잡한 내러티브 구조와 시각적 표현 수법을 통해 나타났고 그것을 구체화한 것이 바로 필름 누아르 영화의 특징을 이루고 있는 것이다.

* * *

필름 누아르는 제2차 세계대전과 냉전이라는 역사적 흐름을 거치면서

---

60  Bill Nichols, *Movies and Methods*, University of California Press, 1976, pp.334-335.
61  John Belton, *op. cit.*, p.227.

형성된 미국의 특정한 영화적 경향이다. 필름 누아르가 미국의 특정한 영화적 경향으로 일컬어질 수 있는 가장 큰 요인은 무엇보다 필름 누아르의 내용과 표현 형식이 이전 시기에 존재했던 고전 할리우드 영화와 확연히 다르다는 데 있다. 그 다름의 중심에는 표면적으로 제2차 세계대전과 냉전이라는 미국의 역사적 사건과 흐름이 내재하고 있지만, 그 속을 다시 들여다보면 미국이라는 국가와 사회가 성립되면서 미국인들이 가장 중요하게 인식하고 유지해 온 미국의 가치와 정체성에 대한 끊임없는 재확인이라는 역사적 행위가 존재하고 있는 것이다. 필름 누아르는 바로 이것과 결합되어 있다.

필름 누아르에서 나타나고 있는 여성과 남성 이미지에 대한 급격한 변화, 그러한 것들을 강화하기 위한 비연대기적 내러티브 구조와 독특한 시각적 표현 수법 등은 제2차 세계대전과 냉전의 역사에서 표면적으로 반영되어 나타난 특징들이었다. 필름 누아르에 나타난 이러한 특징들은 고전 할리우드 영화에서뿐 아니라 미국의 역사와 사회를 지배하고 있는 전통적인 미국적 가치나 정체성과는 배치되는 것들이었다. 그때까지 미국을 떠받치고 있었던 것은 미국적 가치와 정체성의 근본 요소를 이루고 있는 청교도 정신에 기반 한 윤리 의식과 자본주의에 대한 신념, 그리고 자유주의 사상과 사회의 질서를 유지하기 위한 합리적인 제도적 규약에 대한 이해들이었다. 이러한 것들은 미국의 영화에서도 직, 간접적으로 반영되어 왔다. 즉 필름 누아르 이전의 대부분의 영화들에서는 개인의 가치와 가족과 사회의 질서를 해치는 집단이 명백하게 대립적으로 설정되었다. 그 과정에서 단순한 선과 악의 대립 구도, 정숙한 여성의 이미지, 그리고 여성과 가족, 사회가 위험에 처해 있거나 혼란에 빠져 있을 때 단숨에 달려와서 다시 질서를 회복시키는 강한 남성의 이미지가 미국 영화의 일반적 특징이었다. 그리고 여성과 가족을 구하고 사회의 질서를 회복시키는 남성은 영웅화된 인물로 묘사되곤 했다. 이렇게 묘사된 인물은 미국의 가치와 정체성을 대변하는 데 대단히 효과적인 장치들이었다.

  그러나 이러한 영화적 흐름이 제2차 세계대전과 냉전의 시기를 거치면서 등장한 필름 누아르에서는 전혀 다른 형태의 인물과 수법으로 변모되어 나타났다. 여성은 가정의 정숙한 여인에서 팜므 파탈의 이미지로, 가족과 사회의 강력한 질서의 상징인 남성은 비도덕적이고 욕망에 빠져 파멸을 맞는 인물로 묘사되었고, 수호해야 할 가족의 존재는 그 중요성이 부각되지 않았으며 선명한 내러티브 구조는 비연대기적 순서로 복잡하게 얽혀 있다. 이것은 필름 누아르가 고전 할리우드 영화와 달리 제2차 세계대전과 냉전으로 인하여 미국적 가치와 정체성에 대한 혼란을 반영하면서 나타난 영화적 특징이며 현상이었다. 따라서 필름 누아르는 1930년대 경제 대공황과 1940년대 제2차 세계대전, 냉전의 시기를 거치면서 전통적인 미국적 가치와 정체성이 심각하게 위협을 받았던 사회 현상에 부합하여 형성된 미국의 특정한 영화적 경향과 특징을 가리킨다고 할 수 있다.

# 제 7 장

# 현실과 표현의 일체화,
# 이탈리아 네오리얼리즘 영화
# (1945-1952)

## 1. 베리스모와 네오리얼리즘

### 베리스모의 등장

제2차 세계대전 이후 1945년부터 1952년까지 치열하게 지속되었던 이탈리아 네오리얼리즘(neorealism, 이탈리아어로는 네오레알리즈모 neorealismo) 영화의 탁월함을 언급할 때는 그들 영화 속에 내재 되어 있는 내용의 사실성과 그 사실성에 부합한 뛰어난 표현 수법을 이야기하지 않을 수 없다. 그러한 창작 요소들은 이탈리아 네오리얼리즘 영화로 하여금 영화 역사 속에서 새로운 차원으로의 진보와 발전을 이루는 데 중요한 역할을 했다. 그동안 인접 예술의 직, 간접적인 영향으로 내용과 형식의 불완전한 발전이 지속되었던 영화는 이탈리아 네오리얼리즘 영화의 등장으로 비로소 영화 내용의 본질적인 특성인 사실성과 형식적 특징인 표현 수법이 일치를 이루게 되는 가능성을 열었다. 그 결과 영화 창작가들과 이론가, 역사가들은 제2차 세계대전 이후 이탈리아 영화에서 완전에 가까운 영화 창작의 새로운 지평을 보게 된 것이다. 그들은 이탈리아 네오리얼리즘 영화 창작의 혁신적 발전과 진보에 대해 환호하면서 그것의 근원적 요인이 무엇으로부터 기인하는지에 눈을 돌렸다. 그들 중 일부는 영화 역사 전개 과정의 필연적인 결과라고 인식하기도 하고, 또 다른 사람들은 네오리얼리즘 영화가 내포하고 있는 내용의 사실성과 부합하는 영화의 표현 형식에 집중하기도 했다. 이들의 인식과 판단은 일정한 타당성을 지니고 있지만 이탈리아 네오리얼리즘 영화를 총체적으로 파악하는 데에는 다소 아쉬운 느낌을 지울 수 없다. 이것은 네오리얼리즘 영화의 근원을 이탈리아의 예술 창작의 역사를 탐구할 때 비로소 이해 될 수 있다. 왜냐하면 네오리얼리즘은 제2차 세계대전 이후 등장한 특정한 이탈리아 영화를 지칭하는 용어로 규정되어 있고, 그것은 이미 이탈리아 예술의 역사 속에서 리얼리즘의 존재를 전제하고 있기 때문이다. 따라서 네오리얼리즘은 이탈리아의 창작과 지성의 역사와 연결되어 있다고 할 수 있다. 이와 같은 시각은 피에르 소르랭(Pierre Sorlin)의 다음과 같은 언급에서 확인되고 있다.

네오리얼리즘이라는 말은 객관적 사실로 인간 사고의 독립성이 존재하고 있다고 주장하는 철학자들에 의해 20세기 초에 처음으로 사용되었다. 그것은 그때 잊혀졌고, 1920년대 말, 주로 문학 비평에서 다시 재포장 되었다. 내가 발견한 첫 번째 활자화된 언급은 1930년대 '알마나크 문학(Literary Almanac)'에서였다. 전형적인 이탈리아 지식인의 특징을 그리는 알마나크는 지식인이 네오리얼리스트의 눈을 가졌다고 추정했다. 그러한 애매모호한 용어는 새로운 파시스트 인간을 칭송한 파시스트에 의해서, 혹은 실제적 인간을 찾는 반파시스트에 의해서, 나중에는 베니토 무솔리니(Benito Mussolini)의 꼭두각시로 사용되었다. 외국의 비평가들이 다양한 영화 페스티벌에서

〈로마, 무방비 도시(Roma, città aperta)〉를 보았을 때, 그들은 전통적인 멜로 드라마적 이야기와 촬영, 연기의 새로운 태도가 능숙하게 뒤섞여 있는 것을 정의하고자 하는 방법을 찾으려 하였다. 네오리얼리즘은 공허한 기표였고, 그들은 그것을 채택했다. 그러나 그들의 해석은 다양했다. 몇몇은 전쟁으로 인한 도덕과 육체적 절망을 가장 잘 묘사한 것으로 생각하였고, 다른 사람들은 그것이 절망에 직면한 인간 존재의 형이상학적 이미지를 제공하고 있다고 주장했다. 이탈리아인들은 그 용어에 관하여 열광하지 않았다. 그것은 1940년대 후반에 거의 사용되지 않았거나, 19세기 자연주의 전통을 언급한 또 다른 형식, 네오베리스모(neoverismo)로 제시되었다.[1]

피에르 소르랭은 네오리얼리즘을 이탈리아의 다양한 창작의 역사적 징후들이 내포되어 있기 때문에 이탈리아의 지적 경향인 철학과 자연주의, 사실주의 문학인 베리스모(verismo)[2], 그리고 영화에까지 연결되어 있다고 보았다. 이것은 네오리얼리즘이 제2차 세계대전 이후의 특정한 영화적 흐름을 의미하기도 하지만 1920년대 후반부터 제2차 세계대전 전후(前後)까지 이탈리아의 특별한 문학적 흐름과 이탈리아의 일반 예술의 역사에서 리얼리즘이라고 일컬을 수 있는 창작 경향이 이미 존재했다는 사실 때문에 이와 차별화하기 위해 선택된 용어라는 점이다. 따라서 네오리얼리즘은 이탈리아 예술의 역사 속에서 리얼리즘이 추구했던 가치, 즉 현실 사회의 모순을 드러내기 위하여 현실과 사실에 대한 묘사를 주요한 특징으로 하고 있는 것과 밀접한 연관을 지니며 그것의 발전적 형태라 할 수 있다. 이처럼 네오리얼리즘이라는 용어의 역사성 때문에 네오리얼리즘이 추구하

---

1  Pierre Sorlin, *Italian National Cinema 1896-1996*, London and New York, 2001, pp.89-90.
2  베리스모는 이탈리아어로 진실주의, 현실주의를 뜻하지만 19세기말 이탈리아 문학 운동인 사실주의 문학을 의미하기도 한다.

고 있는 개념과 표현 수법은 이탈리아의 문학과 영화를 비롯한 창작의 역사적 관계 속에서 이해되고 파악되어야 한다는 것이 정당성을 획득하게 된다. 그러므로 네오리얼리즘 영화는 이탈리아 창작의 역사 속에서 존재했던 리얼리즘적 흐름과 문학에서의 네오리얼리즘과 일정한 역사적 토대를 공유하면서 그로부터 발전하여 확장된 새로운 의미의 창작 경향이라 할 수 있다. 이러한 인과 관계 때문에 네오리얼리즘 영화가 지니고 있는 특징인 현실과 사실에 대한 근거를 19세기에 등장한 베리스모, 즉 사실주의 문학과 1920년대 말부터 등장한 문학에서의 네오리얼리즘, 영화에서의 네오리얼리즘에 대한 역사적 궤적을 통하여 파악하는 것이 우선되어야 한다.

베리스모는 1850년대 이후 프랑스 문학의 주된 흐름인 자연주의로부터 영향을 받은 후 현실을 문학적 비평과 창작의 중요한 요소로 인식한 문학사가이자 비평가인 프란체스코 데 산치스(Francesco De Sanctis)로부터 비롯되었다. 이탈리아 문학을 총정리한 《이탈리아 문학사(Storia della letteratura italiana)》를 쓴 프란체스코 데 산치스는 "느낌과 환상이 결여된 상상, 도식적인 추상성, 차가운 열기, 구체성이 없는 보편성, 또 과장과 수사(修辭)와 같은 것들로 이루어진 문학을 퇴폐적인 것으로 정의하였다 …… (그리고) 예술의 본질은 살아있음, 즉 형식이다. 이 형식은 내용에서 태어난다. 내용은 어떤 하나의 형식을 미리 배태하고 있다. 따라서 내용을 잘 들여다보면 거기에 합당한 형식이 도출된다. 형식이 구체화 되면 그 형식은 내용을 담아낸다. 형식과 내용의 어우러짐에서 나오는 예술은 살아있다. 삶으로서의 예술은 완전한 논리를 지닌다"[3]고 했다. 그는 "자신의 비평적 판단이 시대와 현실에 강하게 결합되어 있다는 것을 선언하면서, 위대한 작품들이 시대와 현실에 그 모태를 두고 있다는 것, 다시 말해

---

3   박상진, 『이탈리아 문학사』, 부산외국어대학교 출판부, 1997, 273쪽.

시대와 현실을 재구성한 것임을 명확하게 믿으면서 그 시대와 현실이 작품과 맺는 연관 관계를 내용 – 형식의 관계로 설명해 내는, 걸출하고 선구적인 비평의 모범을 세웠다."[4] 이러한 프란체스코 데 산치스의 시각은 이탈리아 문학의 창작 목표와 수법이 사실주의로 나아가게 하는 계기가 되었고, 1880년대 이후 사실주의가 이탈리아 문학의 주된 흐름으로 자리 잡을 수 있는 토대가 되었다.

초기 베리스모의 문학가들은 이탈리아에서 현대 소설을 창조하기 위하여 프랑스의 자연주의 문학가들 – 귀스타브 플로베르(Gustave Flaubert), 기 드 모파상(Guy de Maupassant), 에밀 졸라(Émile Zola) 등 – 의 작품에 나타난 모델과 수법을 모방함으로써 사실주의 문학적 목적과 수법이 프랑스의 자연주의의 문학적 지향과 매우 유사하게 되었다. 이와 같은 경향은 베리스모의 선구자격인 "스카피글리아투라(Scapigliatura), 펠리스 카메로니(Felice Cameroni)와 로베르토 사케티(Roberto Sacchetti) 그리고 시칠리아인인 지오반니 베르가(Giovanni Verga)와 그 도시에 살고 있었던 루이지 카푸아나(Luigi Capuana)와 같은 사람들이 서로 조우하면서 1877년 후반과 1878년 초에 밀란(Milan)에서 시작되었다."[5] 이러한 이유 때문에 일부 문학 이론가들은 베리스모를 프랑스의 자연주의 문학의 변형으로 보기도 한다. 그러나 이탈리아의 베리스모는 프랑스의 자연주의를 수동적으로 받아들이고 모방했다고는 볼 수 없다. 즉 "자연주의의 영향을 받은 것은 사실이되, 그것을 이탈리아의 특수한 역사적, 문화적 상황에 맞춰 변형해 낸 것이 바로 베리스모였다. 베리스모의 문학은 관념을 표현하거나 환상을 쫓으려고 하지 않는다. 또한 고전적이고 아카데믹한 언어를 배격하고 이탈리아의 여러 지역의 민중적이고 실제적인 삶에 밀착된 언어를

---

4  위의 책, 274쪽.

5  Peter Hainsworth and David Robey, *The Oxford Companion to Italian Literature*, Oxford University press, 2002. p.619.

선택함으로써, 문학적 인식과 실천의 차원을 현실 쪽으로 확장하고자 하는 모습을 보였다."[6]

이러한 특징으로 인해 베리스모는 다음과 같은 몇 가지 독립적이고 일반적인 규범의 원칙들을 지니게 되었다.

> 1. 형식은 개인과 관계가 없어야 한다. 2. 언어와 스타일은 주제와 일치해야 한다. 3. 목적은 최하 계급에서부터 최상 계급에 이르기까지 현대 이탈리아를 탐구해야 한다. 4. 방법은 실증주의와 자연주의에 의해 이론화된 결정론자의 기준에 따라 사회, 경제, 지역 등 주변 환경 탐색에 기초한 과학적인 것이어야 한다.[7]

베리스모의 원칙에는 프랑스의 자연주의의 영향이 배어 있지만 그것과 중요한 차이점이 존재하고 있음을 알 수 있다. 베리스모의 규범적 원칙들에서 나타난 몇 가지 중요한 특징은 비개인적 대상을 표방하고 있고, 표현 형식은 주제와 일치성을 유지해야 하며, 문학적 표현 대상은 이탈리아의 전체 계층을, 그것의 표현 수법은 대상에 대한 정밀하고 세밀한 과학적 수법으로 이탈리아의 구체적 현실을 사실적이고 진실 되게 묘사해야 한다는 데 있다. 베리스모의 원칙들은 이탈리아 문학이 단순히 추상적인 관념이나 환상을 추구하거나 고전적인 아카데믹한 언어를 배격하는 데만 머물지 않고, 이탈리아의 여러 지역의 실제적인 삶과 밀착된 언어를 선택함으로써 문학적 인식을 현실의 실천적 차원으로 확장시키는 데 있었다. 이와 같은 문학적 시도는 1880년대에 주로 이루어졌고, 그것의 전파는 베리스모의 중요한 시발점이 된 루이지 카푸아나의 첫 번째 소설 〈지아친타(Giacinta, 1879)〉와 1878년과 1880년에 쓰인 베르가의 소설 전집 《전원생활(Vita

---

6  박상진, 앞의 책, 282쪽.
7  Peter Hainsworth and David Robey, *op. cit.*, p.619.

dei campi)》이 등장한 이후 이탈리아 전역으로 확산되었다.

이러한 이유 때문에 문학사가이자 비평가인 나탈리노 사페뇨(Natalino Sapegno)는 지오반니 베르가를 이탈리아의 베리스모 문학에서 절대적이고 중요한 인물로 묘사했다. 이것은 베르가의 문학 창작 지향과 탐색이 이탈리아의 베리스모가 추구하고 있는 내용과 형식에 그만큼 일체성을 지니고 있음을 의미한다. 베르가 자신도 자신의 문학적 창작 토대가 베리스모에 근거하고 있다고 주장하면서 '이탈리아 문학은 낭만주의의 즉흥성, 주관주의와 심리주의에서 벗어나 사물의 변화 자체를 예술 작품으로 만드는 데 목적이 있다'고 했다. 이러한 베르가의 시각은 현실에 대한 소명의식을 갖는 데서 그의 창작 수법이 토대하고 있고 무엇보다 "그 자신이 늘 염두에 두던 시칠리아 하층민들에 대한 객관적인 기록이 아닌, 그들의 인간적인 진실한 모습을 추적하고자 했던 것에 자신의 창작적 목표를 두었음을 알 수 있다."[8] 그는 현실로부터 소외된 인간들과 그들의 진실한 모습을 묘사하면서 현실을 다루었다. 그렇다면 베르가는 왜 동시대의 현실과 그것으로부터 소외된 계층과 인간에 집중하였을까? 이에 대해 그는 소외된 계층과 인간들을 일종의 패배자로 인식하면서 다음과 같이 말하고 있다.

패배자들이야말로 인간의 패배적 운명을 가장 겸허하게 수용하고 그 속에서 오히려 인간으로서의 의연한 자세를 견지한다고 본다. 고통스러운 삶과 엄청난 운명의 힘에 대한 용기 있는 감수로 그들의 삶은 역설적인 승화와 존엄성, 그리고 해방의 기쁨을 얻는 것이다. 이는 곧 패배자들의 '영웅적 전환(trasfigurazione eroica)'이라 일컬을 만하다.[9]

---

8  박상진, 앞의 책, 285쪽.
9  위의 책, 286쪽.

베르가는 "사실주의로 분류되는 문학 사조들이 일반적으로 사회 현실의 고발로서 인간의 어둡고 비천한 측면을 돌아보고 이를 단순히 묘사하고 나열하기만 하는 데 비해, 그는 거기에서 인간의 삶을 발견하고 건강하고 힘찬 맥박을 느끼는 것이다. 실제로 베르가의 의식은 부동의 현실에 대한 고통스러운 인정 위에 기초하여 발전된다."[10] 그는 "창작가란 현실로부터 소외된 인간과 현실을 외면하지 않고, 현실에 대한 소명 의식으로부터 이탈해서는 안 된다는 것이 문학 창작에서 가장 중요한 근본이념이 되어야 한다"고 주장했다. 베르가는 자신의 문학적 목표가 되었던 소외된 사람들, 즉 하층민들을 단순히 객관적으로만 묘사하는 것이 아니라 그들의 삶에서 드러나는 진실한 모습을 묘사하고자 했다. 그에게 객관적인 현실에 대한 완벽성의 의미는 객관적 묘사 속에 진실이 내재되어 있는 것이었다. 그 진실을 드러내기 위하여 베르가는 당면하고 있는 이탈리아의 현실에서 나타난 모순들을 추적하고 탐색하였다. 이러한 그의 창작 목표는 자신의 소설 〈넷다(Nedda, 1874)〉를 거쳐 〈말라볼리아(I Malavoglia, 1881)〉, 〈돈 제수알도 선생(Mastro Don Gesualdo, 1889)〉에 이르면서 구체화되고 완성된다. 이와 같은 베르가의 창작 목표와 특징 때문에 나탈리노 사페뇨는 그를 주저 없이 베리스모 문학에 있어 절대적인 의미와 중요성을 지니고 있는 인물이라고 하였던 것이다. 베르가의 이러한 독창적이고 견고한 문학적 경향으로 인하여 사실성과 상상력을 통해 단테 알리기에리(Dante Alighieri)의 〈신곡(La divina commedia)〉과 비교되는 역사 소설 〈약혼자 (I promessi sposi, 1827, 데 산치스는 역사적 요소보다는 이상적 요소가 부각되었다고 비판함)〉를 쓴 알레산드로 만초니(Alessandro Manzoni)적 전통을 계승하고자 했던 작가들 — 에밀리오 데 마르키(Emilio De Marchi) 와 에드몬도 데 아미치스(Edmondo De Amicis) 등 — 도 베르가가 추구하

---

10  위의 책, 286-287쪽.

였던 창작적 경향에 영향 받으면서 문학이 진실과 유용성을 지녀야 한다고 보았다.[11]

이처럼 현실에 토대하면서 그 속의 진실을 포착하고자 했던 1880년대 베리스모의 문학적 경향은 1920년대 이후 파시즘과의 투쟁과 제2차 세계대전 후 이탈리아의 현실과 마주하면서 이탈리아 창작가들로 하여금 또 다시 현실과 그 속에 내재된 진실은 과연 무엇인가에 주목하도록 견인하였다. 이것은 베리스모의 창작 목표와 수법이 제2차 세계대전 전후 이탈리아의 문학과 영화에서 나타난 역사적 사실과 현실에 대한 사실적 전달과 표현을 목적으로 한 이른바 네오리얼리즘이라는 창작 경향의 중요한 토대로 작용하였음을 말한다.

## 문학과 영화에서의 네오리얼리즘

흔히 네오리얼리즘은 제2차 세계대전 이후의 루키노 비스콘티(Luchino Visconti), 로베르토 로셀리니(Roberto Rossellini), 비토리오 데 시카(Vittorio De Sica), 체사레 자바티니(Cesare Zavattini), 주세페 데 산티스(Giuseppe De Santis), 루이지 잠파(Luigi Zampa), 알베르토 라투아다(Alberto Lattuada), 피에트로 제르미(Pietro Germi) 등에 의해 창작된 영화들이 우선적으로 언급된다. 그러나 그것의 징후는 1920년대 이후부터 제2차 세계대전 시기를 거치면서 전개된 이탈리아 문학의 창작 궤적과 연관을 가지고 있다. 이것은 이탈리아 네오리얼리즘 영화가 1920년대 이후 파시즘 시기부터 제2차 세계대전 전후의 투쟁 과정에서 발생한 문학에서의 네오리얼리즘과 밀접한 관계 속에서 형성되었음을 의미한다.

---

11 위의 책, 287쪽.

1920년대 무렵부터 이탈리아의 문학에는 두 가지 흐름이 존재했는데 "시에서의 에르메티즈모(ermetismo)와 소설에 있어서의 네오레알리즈모(neorealismo)이다. 순수시 운동으로 대변되며 극단적인 문학의 순수성을 강조한 전자의 입장이나, 사회와 인간의 현실 반영을 모토(motto)로 삼은 후자의 입장은 본질적인 개념에서는 서로 상반될지는 모르나 직접적으로든 간접적으로든 파시즘에 반대했다는 점에서 공통점을 찾을 수 있다."[12] 이 두 가지 문학적 경향은 20세기 이탈리아 문학의 정체성을 이루게 되지만 그 중에서도 소설에서의 네오리얼리즘적 경향이 파시즘 시기와 제2차 세계대전 전후의 이탈리아 문학 창작가들에게 강력한 표현 수단의 흐름으로 자리 잡았다. 당시 이들 창작가들에게 던져진 문제는 이탈리아 사회의 모순과 그로부터 파생된 피폐한 인간의 삶에 관한 것이었다. 이것을 집약하고 있는 것은 "외적 상황으로서, 노동 계층과 남부 지방의 문제, 파시스트와 식민지 전쟁, 부르주아 계층의 도덕적 윤리적 타락, 정치적 위기와 경제적 문제 등을 들 수 있고, 내적 상황으로는 정신적 귀족주의에 의한 상아탑의 성 안에 스스로를 유폐한 지식인들, 그들과 단절을 경험하는 민중, 무관심에 의한 절박한 소외감에 빠진 소시민들, 전쟁이라는 가치 전도에 의한 단절감과 절망감, 인간과 사회 간의 단절과 무관심, 그로 인한 소외의식 등을 들 수 있다."[13] 이것은 이 시기 문학 창작가들이 이탈리아의 다양한 모순들이 집약되어 있는 현실과 그 현실로부터 소외된 사람들을 사실적으로 묘사하는 것을 창작의 목표로 삼았다는 것을 말한다. 이러한 창작 목표의 실현을 주도한 인물들로는 알베르토 모라비아(Alberto Moravia), 체사레 파베세(Cesare Pavese), 엘리오 비토리니(Elio Vittorini)를 들 수 있다. 이들은 제2차 세계대전 전후의 모순투성이인 현실 속에서

---

12　한성철, 『세계의 소설가 II』, 한국외국어대학교 출판부, 2001, 292쪽.
13　위의 책, 293쪽.

살아가는 이탈리아인들의 삶에 관심을 보이면서 궁극적으로 참된 삶이란 무엇인가 하는 것에 초점을 맞추었다.

1929년 22세의 나이로 혜성같이 등장한 알베르토 모라비아는 자신의 첫 번째 장편소설 〈무관심한 사람들(Gli indifferenti, 1929)〉을 비롯한 〈아름다운 인생(La bella vita, 1935)〉, 〈아고스티노(Agostino, 1944)〉, 〈거역(La disubbidienza, 1944)〉, 〈로마의 여인(La Romana, 1947)〉, 〈부부애(L'amore coniugale, 1947)〉, 〈로마의 이야기(Racconti romani, 1954)〉, 〈촌부(La ciociara, 1957)〉 등에서 파시즘을 배경으로 중산층의 붕괴와 이탈리아가 직면하고 있는 다양한 사회적 현실의 문제점을 상징적인 수법으로 날카롭게 비판하였다. 특히 모라비아는 〈사기꾼(L'imbroglio, 1937)〉, 〈게으른 자의 꿈(I sogni del pigro, 1940)〉, 〈가면무도회(La mascherata, 1941)〉 등과 같은 작품에서 "문학적 표현이 허용하는 한도를 최대한도로 넓히면서 허구적 상황을 설정하여 교묘한 수법으로 무솔리니의 체제를 비판하는데 주안점을 두었다."[14] 이와 같은 모라비아의 현실 비판적인 시각은 파베세와 비토리니에게도 영향을 미쳤다.

체사레 파베세는 무솔리니의 파시즘 정권 하에서 창작의 한 방편으로 미국 문학작품을 번역하면서 등장했다. 그의 번역 작업은 아메리카 신화를 이탈리아 문단에 확산시키는 역할을 하였고, 파시즘의 숨막히는 문화 검열을 피해 가는 하나의 방편이었다. 또한 그것은 전통적인 이탈리아 문학을 내부적으로 해체하여 새로운 주제와 표현 기법, 현실에 대한 새로운 접근 방식을 찾는 결과를 가져왔다. 창작 목표와 수법에 대한 그의 시각은 자신의 창작 과정에서 현실과 공산주의 이념(파베세는 제2차 세계대전 이후 공산당에 가입함)에 대한 토대를 더욱 견고하게 형성하는 데 중요한 역할을 했다. 파베세는 산문시들의 모음인 〈피곤한 노동(Lavorare stanca,

---

14 한형곤, 『이탈리아 문학의 연구』, 한국외국어대학교 출판부, 2009, 440-441쪽.

1936년에 쓰고 1943년 출판)〉에서 "존재의 뿌리, 원초적 생명으로 되돌아가고자 하는 갈망을 언덕과 초원, 태양, 하늘, 들판, 대지, 성, 피, 죽음 따위를 매개로 표현하면서 제2차 세계대전 중에 이탈리아 사회 내에 팽배해 있던 좌절감을 내면으로부터 포착하고 있다."[15] 그리고 "소설가로서의 파베세는 사실주의자로서의 모습을 분명하게 보여준다. 1941년에 발표한 〈너의 나라(Paesi Tuoi)〉는 배경이 농촌이다. 도시 출신의 어느 기술자가 농촌의 신비로운 세계에 적응하려 하지만 폭력과 피로써 거부되는 내용의 이 소설에서 농촌은 어둡고 무거운 분위기로 묘사된다. 이 소설에서 넓은 공간을 차지하는 것은 풍경과 인물 성격, 폭력, 감정의 흐름, 그리고 경제적 이해관계의 논리 등에 대한 묘사이다. 이러한 방향에서 파베세는 네오리얼리즘주의자의 위치를 굳히면서 실제 인물을 다룬 소설 〈동료(Il Compagno, 1947)〉를 발표한다. 이 작품에서는 지식인의 사회 참여 문제가 다루어지는데, 비토리니에 의하면, 〈언덕 위의 집(La casa in collina, 1949)〉에 이르게 되면 그러한 사회 참여는 나약하고 소극적이며 의심에 찬 것으로 변형된다고 한다. 전체 맥락은 일관되게 작가의 고향인 랑게(Langhe)와 연결되는데 그곳의 산과 들이 배경을 이루고 전쟁과 레지스탕스의 이야기가 줄거리를 형성한다."[16] 이들 작품 외에 〈아름다운 여름(La bella estate, 1949)〉, 〈닭이 울기 전에(Prima che il gallo canti, 1949)〉 등과 같은 짤막짤막한 시적 산문체 소설들에서도 파베세는 네오리얼리즘적 특징의 기조를 유지하고 있다.

이탈리아 현실의 모순들을 폭로하는 것은 비토리니에게서 더욱 뚜렷하게 나타난다. 19세기의 베리스모 문학에 베르가가 있었다면, 20세기의 네오리얼리즘 문학에는 비토리니가 있다고 할 수 있다. 그의 네오리얼리즘 문학

---

15  박상진, 앞의 책, 384쪽.
16  위의 책, 385쪽.

활동의 시작은 1930년 "엔리코 팔퀴(Enrico Falqui)와 공동으로 이탈리아 작가 연구서인 『새로운 작가들(*Scrittori nuovi, 1930*)』을 펴내면서부터라 할 수 있다. 이 책을 통해 당대 지식인인 작가는 사회의 가장 예민한 의식의 정점에서 사회를 반영하고 이끌어 나가야 한다는 소위 행동하는 작가의 모습을 강조하고 있다."[17] 지식인에 대한 비토리니의 인식은 1931년 이탈리아 지식인의 무능과 위선을 냉소적으로 바라보면서 쓴 자신의 첫 번째 장편소설인 〈소시민(Piccola borghesia)〉에서 드러난다. 이탈리아 지식인에 대한 비판적 시각을 지닌 비토리니는 피렌체의 잡지인 《솔라리아 (Solaria)》에서 1930년대 파시즘과 부르주아의 역사적 타협을 거부하면서 논쟁을 벌였고, 이 잡지에 〈빨간 카네이션(Il Garofano rosso, 1933~1934 연재, 1948년 출판됨)〉을 연재하면서 그것을 구체화하기도 했다. 그는 "1938년 밀라노로 이주하여 본격적인 반파시스트 운동에 참여하기 위하여 공산당에 가입하면서 자신의 반파시스트 활동 경력, 당시 유럽 사회를 큰 충격으로 몰아넣은 스페인 내전과 학살, 이탈리아 파시스트 정부의 인종주의와 조작된 영웅주의에 대한 비판의식을 당대 최고의 문예지인 《문학(Letteratura)》지에 연재한 〈시칠리아에서의 대화(Conversazione in Sicilia, 1941)〉"[18]와 〈인간 그리고 인간이 아닌(Uomini e no, 1945)〉, 〈셈피오네가 프레유스에게 눈짓한다(Il Sempione strizza l'occhio al Frejus, 1947)〉, 〈멧시나의 여인들(Le donne di Messina, 1949)〉을 통하여 구체적으로 묘사하였다. 또한 비토리니는 1945년 사회과학 잡지인 《폴리테크니코(Il Politecnico, 1947년 12월 폐간됨)》의 편집인으로 임명되면서 이 잡지를 통해 전후 이탈리아가 안고 있는 문제들을 어떻게 해결해야 할지에 대한 다양한 논쟁들을 이끌었다. 특히 "《폴리테크니코》에서는

---

17 한성철, 앞의 책, 288쪽.
18 위의 책, 289쪽.

전후 이탈리아의 여러 문제점들, 즉 국가의 재건과 경제적 상황, 지역 문제, 정당 문제, 문학, 사상, 과학, 철학 등과 같은 현안 문제들에 대해 실제 행동으로 대처해 나갈 것을 의도하였다. 이 잡지는 네오리얼리즘 문인들의 주된 활동 무대였고, 이를 통해 많은 네오리얼리즘 작가와 작품이 배출되었다."[19] 무엇보다 "《폴리테크니코》의 중요성은 그것이 정치와 문화를 주요 논의 대상으로 삼으면서 전통 문화가 사회에서 고통당하고 압제받는 인간들을 그저 위로하는 위안자로서의 기능만을 가지고 있음을 지적하고 위안자로서의 문화는 한 사회의 자생적인 문화가 아니므로 선도 적인 역할이나 해방적인 수단을 제공할 수 없다고 보면서, 사회의 구조 내에서 직접 생산된 활동적이고도 민중적인 '새로운 문화(cultura nuova)' 를 일구어야 할 때라고 주장했다는 데 있다. 그 새로운 문화는 민중주의 (populismo)라는 개념으로 요약될 수 있는데 이는 일찍이 안토니오 그람시 (Antonio Gramsci)가 제창한 새로운 문화에서 시작해서 코라도 알바로 (Corrado Alvaro)의 〈아스프로몬테의 사람들(Gente in Aspromonte, 1930)〉을 거쳐 비토리니의 〈시칠리아에서의 대화〉에 이르기까지 소위 부정과 저항의 문학과 문화를 일컫는 말이고 이는 네오리얼리즘의 또 다른 명칭으로 볼 수 있다."[20]

이처럼 비토리니는 이탈리아 네오리얼리즘 문학이 지니는 민중과 현실 묘사, 그리고 지식인들의 역할을 가장 적극적으로 주장했다. 그의 주장은 제2차 세계대전 전후에 나타난 이탈리아 현실과 그로 인한 인간의 단절감, 소외감, 비극성에 대한 고발이었다. 그의 문학적 목표와 특징은 모라비아, 파베세와 함께 이탈리아 네오리얼리즘의 가장 두드러진 특징이 되었다.

이와 같은 네오리얼리즘 문학의 특징과 경향은 이탈리아의 모순된 현실

---

19 한성철, 「빗토리니 문학의 사회성 연구」, 한국외국어대학교 대학원 석사학위 논문, 1985, 41쪽.
20 박상진, 앞의 책, 378-379쪽.

19 한성철, 「빗토리니 문학의 사회성 연구」, 한국외국어대학교 대학원 석사학위 논문, 1985, 41쪽.
20 박상진, 앞의 책, 378-379쪽.

19 한성철, 「빗토리니 문학의 사회성 연구」, 한국외국어대학교 대학원 석사학위 논문, 1985, 41쪽.
20 박상진, 앞의 책, 378-379쪽.

에 대한 생생한 사실을 전달하거나 전후의 비극적 인간의 모습과 파시즘에 대한 고발을 담아내는 데 있었다. 제2차 세계대전 전후 이탈리아에서 드러나고 있었던 사회적 현실과 모순들, 그리고 파시즘과 전쟁에 대한 깊은 성찰을 통하여 이탈리아의 네오리얼리즘 문학에서 추구하였던 몇 가지 특징적 원칙들을 다음과 같이 살펴볼 수 있다.

첫째, 전쟁에 참전하거나 반파시스트 운동과 사회주의 운동에 전념하였던 경험을 바탕으로 새로운 문화와 지식인의 유형을 제시하려 하는 것, 둘째, 전쟁에 대한 관념적인 생각을 바탕으로 인간의 내면에 내재되어 있는 양면성, 양가성을 집요하게 추적하는 것, 셋째, 이탈리아의 남부 문제, 사회적 모순, 여성 문제, 계층 간의 갈등, 지역 간의 갈등에 천착하였던 것으로 나누어 볼 수 있다.[21]

이처럼 당면한 시기의 다양한 문제들을 포함하고 있는 이탈리아 네오리얼리즘 문학의 특징들은 비스콘티, 로셀리니, 데 시카, 자바티니 등으로 대표되는 이탈리아 네오리얼리즘 영화에서 더욱 생생하게 나타난다. 이것은 이탈리아 네오리얼리즘 영화가 네오리얼리즘 문학과 동일한 창작의 역사적 흐름과 맥락 속에서 발생하였고 전개되었음을 의미한다. 다시 말하자면 이탈리아 네오리얼리즘 영화의 역사적 근거는 19세기 베리스모로부터 시작되어 제2차 세계대전 전후의 네오리얼리즘 문학과 깊은 관련이 있다는 것이다. 이러한 역사적 관계는 많은 영화 역사가, 이론가, 문학가들에 의해 네오리얼리즘이 언급될 때 영화가 이탈리아의 현실을 가장 정확하고 사실적으로 묘사하고 있다는데 크게 이의를 제기하지 않도록 하게 한 요인으로 작용한다. 이것은 네오리얼리즘 영화가 베리스모와 네오리얼

---

21 한성철, 앞의 책, 286쪽.

리즘 문학의 이론에 토대하고 있으면서 그것을 더욱 발전시키고 꽃피운 역할은 역사적 사실성과 실제성에 근접하여 탁월하게 표현한 이탈리아 네오리얼리즘 영화감독들에 의해 이루어졌기 때문이다.

이러한 측면에서 이탈리아 네오리얼리즘 영화에 두 가지 역사적 측면을 부여할 수 있다. 첫째, 네오리얼리즘 영화의 토대가 이탈리아의 예술, 즉 문학의 역사－베리스모와 네오리얼리즘 문학 등－와 밀접한 관계를 지니고 있다는 것이며, 둘째, 네오리얼리즘 영화가 제2차 세계대전 이후 이탈리아의 현실에 대한 날카로운 비판과 사실성을 드러내는 창작 수법에 있어 문학을 비롯한 다른 인접 예술의 표현 수법을 압도하고 있다는 점이다.

이와 같은 효과를 창출할 수 있었던 가장 중요한 요인은 이탈리아 네오리얼리즘 영화가 이탈리아의 창작 역사의 기조를 유지하고 있었고 제2차 세계대전 이후 이탈리아의 역사적 사실과 현실을 포착하고 표현하는 데 있어 가장 효과적이고 적절한 수단으로 작용했기 때문이다.


## 2. 최적화된 현실묘사, 영화

이탈리아에서 비판적 시각을 토대로 사회의 내부 모순을 드러내고 묘사하는 창작 경향의 역사적 뿌리는 이미 언급한 것처럼 19세기 베리스모로부터 시작되어 제2차 세계대전 전후 네오리얼리즘 문학과 영화에 이르기까지 지속되었다. 그러나 제2차 세계대전 이후 이탈리아의 역사적 사실과 사회적 현실을 묘사하는 데 있어 영화는 훨씬 더 큰 대중적 파장과 강렬함으로 문학을 압도했다. 이것은 네오리얼리즘 영화가 베리스모와 네오리얼리즘 문학으로부터 적지 않은 창작의 토대를 공유하고 있었고 영감을 받았음에도 불구하고, 또한 문학과 영화에서 동일한 시기인 제2차 세계대전 전후의 역사적 사실과 사회적 현실을 대상으로 하고 있음에도 불구하고, 이탈리아의 네오리얼리즘에서는 영화가 창작 경향의 주도적 위치를 점유하고 있었다는 것을 말한다.

그 이유는 제2차 세계대전 이후 이탈리아가 처해 있는 사회적 현실이라는 시대적 조건들과 그것을 가장 사실적으로 묘사하여 강력한 효과를 창출할 수 있었던 최적의 표현 매체가 다름 아닌 영화였기 때문이다. 따라서 네오리얼리즘 영화는 영화에서 실제 현실처럼 묘사된 이탈리아의 역사적, 사회적 전개 과정의 특징과 그것을 드러내는 데 있어 최적의 표현 수단이라는 영화 매체와의 상관관계 속에서 이루어졌다.

제2차 세계대전 이후 이탈리아는 승전국으로 전쟁을 마쳤지만 패전국과 마찬가지로 혹독한 현실에 직면하였다. 1940년 6월 10일 무솔리니는 프랑스와 영국에 선전포고를 하고 히틀러가 일으킨 세계대전에 주도국으로 참여했지만 전쟁에 대한 책임으로 1943년 실각 당해 1945년 처형되었다. 무솔리니의 뒤를 이어 등장한 피에트로 바돌리오(Pietro Badoglio) 장군은 1943년 연합군과 협정을 맺고 그 이듬해 연합군 측에 참가하여 독일군과 싸웠다. 이탈리아 정부와 정치 지도자들의 이와 같은 혼란스런 궤적은 이탈리아가 정치적, 경제적, 사회적으로 황폐화되는 데 결정적 역할을 하였다. 이것은 1945년 5월 전쟁이 끝나고 레지스탕스가 정부 통치권을 인수하면서 이탈리아가 우선적으로 해결해야 할 가장 근본적인 다음 세 가지 문제로 귀결되었다.

> 첫째는 숙청의 문제였다. 어떻게 파시스트들과 그 동조자들을 처벌하고 그들을 공직에서 추방할 것인가. 두 번째는 제도의 문제였다. 어떤 형태의 헌법과 정부가 전후 이탈리아에 적합할 것인가. 세 번째는 경제 문제였다. 최악을 향해 치닫고 있는 인플레이션과 실업, 재건과 같은 급한 문제들과 남북의 격차와 같은 좀 더 장기적인

구조적 문제들을 어떻게 해결할 것인가.[22]

숙청의 문제에 있어서는 "1945년 봄부터 여름까지 무차별적인 보복과 복수의 악순환이 반복되어 4월에서 6월에 이르는 3개월 동안 대략 1만 5천 명이 살해되었고"[23] 재판에 회부되었다. 그러나 지식인들뿐만 아니라 재판을 하는 판사나 이탈리아 국민 중 어느 누구도 엄혹한 파시스트 체제 하에서의 협력으로부터 자유로울 수 없었다. 그 결과 이탈리아 전체 국민들의 집단적 과실(過失)이라는 결론이 지지를 받으면서 체계적인 파시스트 숙청은 마무리되었다.

두 번째 문제는 이탈리아 정부의 형태와 정치 제도에 관한 것이었다. 이것은 군주제와 공화제 사이에 선택을 해야 하는 문제였다. 이 때문에 1946년 6월 2일 제헌의회 선거와 함께 국민 투표가 치러졌다. 선거 결과 2백만 표 차이로 공화국이 승리하여 공화제가 채택되었다. 제헌의회 선거 에서는 기독교 민주당이 총 5백56석 가운데 2백7석을, 공산당은 1백4석, 사회당은 1백15석을 각각 차지하여 좌파 세력이 우세한 다당제의 의회정치 제도가 확립되었다.[24] 이러한 정치 지형도는 네오리얼리즘 영화 창작가들 이 이탈리아의 사회적 현실을 묘사하는데 유리한 환경을 조성하기도 했지 만 국민투표 과정에서 이탈리아 북부와 남부 사이에 심각한 균열이 발생하 였다. 즉 산업적 토대를 가지고 있는 북부는 공화제를 지지한 반면 소외되고 상대적 박탈감을 가지고 있는 농업이 기반인 남부는 군주제를 압도적으로 지지했다. 이러한 극심한 정치적 균열은 이탈리아의 새로운 공화국이 해결해야 할 문제로 대두되었다.

---

22 크리스토퍼 듀건, 김정하 옮김, 『미완의 통일 이탈리아사(A concise history of Italy)』, 개마고원, 2003, 346쪽.

23 위의 책, 347쪽.

24 위의 책, 350-351쪽.

제2차 세계대전 이후 이탈리아인들이 가장 현실적으로 직면한 세 번째 문제는 경제적 문제를 들 수 있다. 이 문제는 피폐한 남부의 농촌 현실과 함께 네오리얼리즘 영화에서 가장 많이 다루고 있는 테마였다. 즉 "해방된 이탈리아는 비참한 경제 상황에 처해 있었다. 국가의 경제 자산 1/5이 전쟁 중에 파괴되었는데, 주요 도시의 중심지가 심하게 파괴 되었고 도로와 교량 및 철도가 몹시 손상되었다. 또한 인플레이션은 가장 빈곤한 계급에 타격을 주었고 통제되지 않는 투기가 시장을 지배했다."[25] 전쟁 전과 비교하여 물가는 50배나 상승했고 화폐 유통의 증가로 소비주의가 팽배하였으며 실업은 최악의 상태였다. 당시 이탈리아는 제2차 세계대전 후 미국의 마셜 플랜(Marshall Plan)에 의해 1943~48년 사이에 15억 달러와 20억 달러 상당의 물자를 지원받았다. 그러나 미국의 지원 정책으로 가장 큰 혜택을 받은 것은 섬유와 철강 산업과 같은 수출 산업을 하던 공기업과 사기업들이었다. 이들 기업들은 노사 관계에 있어서도 자신들의 권리를 매우 효과적으로 주장하고 이용하였다. 비록 1944년 노동 연맹이 재건되어 최저 임금이 보장되고 인플레이션에 따라 노동자들의 임금이 자동적으로 조정되어 생활수준의 하락을 막기는 하였지만 전체적인 주도권은 기업가에 있었다. 그 결과 이탈리아노동자총동맹(Confederazione Generale Italiana del Lavoro, CGIL)이 재건되었음에도 불구하고 노동자들은 1946년 이탈리아 경영자 단체인 이탈리아공업총연맹(Confederazione generale dell'industria italiana, Confindustria)의 압력에 굴복하여 대규모 해고를 수용하였다. 이렇게 고용주들의 입장이 더욱 강화될 수 있었던 것은 넘쳐나는 노동 인력 때문이었다. 당시 이탈리아 노동력의 54%는 전쟁이 종식되던 당시까지 농업에 종사하고 있었던 농부들이었다.[26] 남부

25 허인, 『이탈리아사』, 대한교과서, 2005, 309쪽.
26 크리스토퍼 듀건, 김정하 옮김, 앞의 책, 356-358쪽.

지역의 농업에 종사하였던 노동자들은 토지 개혁을 기대하였다가 실망하자 폭동을 일으켜 토지를 점유하는 등 공권력에 저항했으며 이로 인한 충돌로 많은 희생자가 생기기도 했다. 생존권에 대한 투쟁과 어려운 경제 상황이 이 시기 이탈리아의 사회 풍경이었다. 이러한 일은 제2차 세계대전 이후 이탈리아에서 일상적으로 일어나는 현상들이었다.

이처럼 제2차 세계대전 이후 이탈리아가 시급히 해결해야 할 문제는 파시스트에 대한 숙청문제, 정치와 정부의 제도문제, 경제문제 등이었다. 네오리얼리즘 영화 창작의 주요 대상은 이러한 문제들과 결부되어 있다. 즉 전쟁기의 독일군과 투쟁한 레지스탕스, 전쟁으로 파괴된 이탈리아의 현실, 그로부터 발생한 실업과 인플레이션, 노동의 불안, 남부에 밀집되어 있는 농촌, 어촌의 상대적 박탈감 등과 같은 전쟁 이후 비참하고 힘든 이탈리아인들의 삶이었다.

그렇다면 이 시기 이탈리아에 집약되어 있는 이러한 역사적, 사회적 문제들을 가장 사실적으로 포착하고 드러냄으로써 직접적으로 문제제기를 할 수 있는 창작 수단은 과연 무엇이었을까? 이 질문은 제2차 세계대전 이후 이탈리아의 역사적, 사회적 현실 묘사에 있어 영화처럼 탁월하게 사실적으로 묘사할 수 있는 창작 수단이 과연 존재하고 있는가라는 것의 다름 아니다. 이것은 현실과 사실 전달이라는 표현 수법의 측면에서 영화가 다른 인접 예술의 창작 수단을 압도하고 있다는 것과 결부되어 있다. 비록 인접 예술에서도 동일한 역사적 시기(문학은 시기에 있어서 범위가 더 넓다)와 공간 속에서 발생한 사건과 사실을 창작의 대상 ─제2차 세계대 전기의 독일 파시스트 군에 대한 레지스탕스의 투쟁과 실업의 문제 그리고 과거로부터 전해져 내려온 이탈리아 남부와 북부 사이의 이질적인 문화와 경제적 불평등 ─으로 설정하고 있지만 제2차 세계대전 이후 모순들이 집약되어 있는 이탈리아의 현실을 묘사하고 표현하는 데 있어 다른 어떤 수단보다 영화는 탁월했다. 즉 영화가 지니고 있는 사실성, 현실성, 직접성의 표현 요소야말로 제2차 세계대전 이후 이탈리아가 직면하고 있던 역사적, 사회적 현실에 가장 잘 부합된 창작 매체였던 것이다. 이것은 지그프리드 크라카우어(Siegfried Kracauer)가 "영화는 그 자체로 현실을 촬영하고 기록하기 때문에, 그것은 독립적으로 있는 그대로를 묘사할 수 있는 것이다"[27]고 언급한 것처럼 이탈리아 네오리얼리즘 영화의 존재 가치를 결정 짓는 중요한 요인이라 할 수 있다. 영화는 영화가 지니고 있는 현실에 대한 기록과 묘사, 화면의 유동성으로 집약된 본질적 특성을 통하여 현실을 사실적으로 드러내는 데 있어 어떤 인접 예술도 필적할 수 없을 만큼 구체적이다. 따라서 영화는 영화가 지니고 있는 자신의 고유한 특성으로 제2차 세계대전 이후 이탈리아가 당면하고 있는 역사적, 사회적 현실의 피폐함에 보편적 인간들의 비극적 삶을 결합시키는 강력한 수단이 되었고 당대의 이탈리아 현실을 객관적이고 사실적으로 묘사하는 최적의 표현 수단이 되었다.

네오리얼리즘 영화 창작가들은 이탈리아가 직면하고 있는 현실을 보다 정확하고 사실적으로 묘사하여 있는 그대로의 현실을 화면에 드러냄으로써 그것을 증명했다. 이것이 바로 이탈리아 네오리얼리즘을 규정할 때 영화가 문학을 비롯한 다른 인접 예술보다 중요하게 인식하게 된 요인이었고 독립적으로 발전하는 계기가 되었다.

## 3. 네오리얼리즘 영화의 시작

역사적 필연성과 요청에 의한 최적의 현실 표현 수단을 가지고 있는 영화는 이탈리아 네오리얼리즘 영화라는 구체적 창작 경향을 탄생시켰다.

---

27 Leo Braudy, Marshall Cohen, *Film Theory and Criticism*(Fifth Edition), Oxford University, 1999, p.166.

따라서 네오리얼리즘 영화는 제2차 세계대전 이후 이탈리아가 직면하고 있는 사실과 현실에 근접하여 그것을 얼마나 객관적으로 충실하게 묘사하면서 영화 속 내용과 형식을 일체화시키고 있는지가 중요한 요소가 되었다. 이것은 네오리얼리즘 영화가 제2차 세계대전 이후의 역사적 사실과 현실을 단순히 드러내는 데만 목적이 있는 것이 아니라 현실과 창작 표현 수법에 대한 미학적 관계를 통해서 이탈리아가 당면하고 있는 현실적 문제점들을 함축적이면서 사실적으로 표현하였다는 의미이다. 그러므로 네오리얼리즘 영화의 표현 수법과 가치는 이 지점과 밀접한 연관을 지니고 있다. 왜냐하면 네오리얼리즘 영화에서 제2차 세계대전 전후의 역사적 사실과 현실에 결부된 다양한 정치적, 경제적, 사회적 경향과 그로부터 파생된 이탈리아인들이 겪고 있는 어려운 삶을 주어진 창작의 조건 하에서 보다 객관적이고 사실적으로 묘사하기 위해 선택한 수법이 네오리얼리즘 영화의 양식적인 특징을 이루고 있기 때문이다. 이와 같은 네오리얼리즘 영화의 특징은 비록 이탈리아 문학과 역사적 토대를 공유하고 있지만 그것의 직접적 움직임은 1936년 7월에 창간되어 1938년부터 발행된 《시네마 (Cinema)》지가 중요한 역할을 했다. 이 잡지는 당시 파시즘 정권으로부터 보호를 받고 있었으며 반파시스트와 파르티잔들의 은신처 기능을 하고 있었다. "1943년 이들 중 몇몇은 체포되었음에도 불구하고 공산당에 호의를 보이거나 입당한 주세페 데 산티스, 카를로 리자니(Carlo Lizzani), 잔니 푸치니(Gianni Puccini), 안토니오 피에트란젤리(Antonio Pietrangeli), 구이도 아리스타르코(Guido Aristarco), 루키노 비스콘티는 자신들의 입장을 분명히 했을 뿐만 아니라 영화 작업 속에서 사회 변화에 대한 의식을 준비했다. 1930년대에 발행된 많은 기사들은 이전의 영화와 백색전화 영화, 비스콘티의 〈시체들(Cadavres, 1941)〉에 대한 반대와 도래하는 리얼리즘 영화, 주세페 데 산티스의 〈이탈리아의 풍경을 위하여(Pour un paysage italien)〉, 주세페 데 산티스와 마리오 알리카타(Mario Alicata)

의 〈진실과 시, 베르가와 이탈리아 영화(Vérité et poésie, Verga et le cinéma italien, 1941)〉, 비스콘티의 〈인간의 형상을 한 영화(Le cinéma anthropomorphique, 1943)〉, 리자니의 〈영화에 있어서 인간과 사회적 현실(Réalité humaine et sociale dans le cinéma, 1943)〉 등을 위한 논쟁과 선언에 대한 교육적 열정을 표명하고 있다. 1943년 네오리얼리즘의 등대가 되는 영화 〈강박관념(Ossessione)〉이 등장한 것은 바로 그와 같은 비판적 격동 속에서였다. 이 영화는 비스콘티, 주세페 데 산티스, 피에트란젤리의 연출과 비스콘티의 혁명적인 스타일을 '네오레알리스토(neorealisto)'라는 용어로 명명했다고 알려져 있는 편집자 마리오 세란드레이(Mario Serandrei)가 모여서 만든 것이다."[28]

　이처럼 본격적인 네오리얼리즘 영화 등장 이전의 네오리얼리즘 영화의 수법과 양식은 이미 《시네마》지를 중심으로 활동하고 있던 이들 창작가들 사이에서 광범위한 창작적 공감대를 형성하고 있었다. 즉 파시즘에 대한 거부와 독일 파시스트에 대한 저항, 전쟁 이후의 사회적 현실에 대한 직접적인 묘사가 네오리얼리즘 영화 창작가들의 창작 목표로 설정된 것이다. 따라서 네오리얼리즘 영화의 시기와 범위는 이러한 테마와 형식을 취하고 있느냐가 중요한 관건이 될 수밖에 없다. 이와 같은 기준에 의한 특징을 갖고 있으면 그것은 네오리얼리즘 영화라 할 수 있지만 그것을 포함하고 있지 않으면 네오리얼리즘 영화라는 틀을 벗어나게 되는 것이다. 이러한 특징은 네오리얼리즘 영화를 주도했던 루키노 비스콘티, 로베르토 로셀리니, 비토리오 데 시카, 체사레 자바티니, 주세페 데 산티스, 루이지 잠파, 알베르토 라투아다, 피에트로 제르미 등과 같은 영화 창작가들의 작품에서 나타나고 있다. 따라서 이들 영화의 내용과 형식이 네오리얼리즘

---

28　로랑스 스키파노, 이주현 옮김, 『이탈리아 영화사(Le cinema Italien)』, 동문선, 1995, 16쪽.

영화의 구체적 현상들이고 특징인 것이다.

이것은 파베세가 무솔리니 시대 이탈리아가 처한 역사적, 사회적 현실을 우회적으로 표현하기 위하여 미국 소설을 번역하면서 네오리얼리즘 문학의 한 특징을 열었던 것처럼 네오리얼리즘 영화도 제2차 세계대전기에 직접 게릴라 활동을 한 좌파적 성향의 비스콘티가 미국의 제임스 케인(James Cain)의 소설 〈포스트 맨은 벨을 항상 두 번 울린다(The Postman Always Rings Twice)〉에서 소재를 빌려와 각색한 후 1943년 영화화한 〈강박관념〉으로부터 그 징후가 나타나기 시작했다. 비스콘티의 〈강박관념〉은 자바티니의 시나리오를 토대로 만든 몇몇 영화─1943년 알레산드로 블라세티(Alessandro Blasetti)의 〈구름 속에서 네 걸음(4 passi fra le nuvole)〉, 1944년 〈아이들이 우리를 보고 있다(I bambini ci guardano)〉─와 함께 파시즘이 요구하였던 교훈적인 주제로부터 이탈하는 데 적지 않은 영향을 주었고, 사실과 현실에 기반 한 영화가 등장할 수 있는 계기를 마련하면서 네오리얼리즘 영화의 본격적인 등장을 알리기 시작하였다.

## 4. 현실과 표현의 일체화

### 전쟁의 비극성

이탈리아 네오리얼리즘 영화는 전쟁의 비극성과 전쟁 이후의 사회 현실, 오랫동안 지속되어 왔던 계급의 불평등에 관한 문제를 다루고 있다. 이러한 주제의 네오리얼리즘 영화는 다큐멘터리를 통해 영화 창작의 경험을 쌓았던 로셀리니로부터 시작되었다 해도 과언은 아니다. 왜냐하면 1940년대 그가 만든 전쟁 3부작, 〈로마, 무방비 도시(1945년)〉, 〈파이자(Paisà, 1946년)〉, 〈독일 영년(Germania anno zero, 1947년)〉 중 첫 번째 영화인

〈로마, 무방비 도시〉에 네오리얼리즘 영화로 규정할 수 있는 일반적 특징을 내포하고 있기 때문이다. 이 영화에는 제2차 세계대전시기 전쟁의 풍경, 즉 독일 파시스트와 투쟁하는 이탈리아 레지스탕스의 역사와 그들의 비극적 운명을 묘사하고 있을 뿐만 아니라 네오리얼리즘 영화의 형식적 특징을 결정하는 비전문 배우들과 오픈된 공간에서의 로케이션 촬영, 뚜렷하지 않은 결말 등의 수법을 통해 역사적 사실과 상황을 객관적이고 사실적으로 바라보고자 한 창작 목표와 의도가 집약적으로 나타나고 있다. 따라서 〈로마, 무방비 도시〉는 네오리얼리즘 영화의 가장 기본적 요소를 지니고 있다고 할 수 있다.

　이러한 특징은 제2차 세계대전의 비극적 상황을 묘사하는 서막과 같은 역할을 하고 있는 장면, 즉 노래를 부르고 로마 시내를 행진하면서 레지스탕스 만프레디를 체포하기 위해 가택 수색을 하는 독일 군인들의 모습을 통해 드러나기 시작한다. 이 장면은 영화 〈로마, 무방비 도시〉가 독일 파시스트와 투쟁하는 레지스탕스와 그들을 체포하기 위해 혈안이 되어 있는 독일군과의 관계를 축으로 형성되어 있음을 말하고 있다. 여기에 결혼식을 앞둔 인쇄공 프란체스코와 그의 아내가 될 피나, 그리고 마라나의 밀고로 체포된 만프레디, 레지스탕스에 협력하고 있던 피에트로 신부의 비극성이 결합되면서 영화는 더욱 극적으로 전개된다. 이러한 전쟁의 비극성은 마치 있는 그대로의 사실을 촬영한 다큐멘터리 영화처럼 묘사됨으로써 객관성을 획득한다. 이것은 로셀리니가 이 영화를 "사실과 픽션, 현실과 인공 사이를 통합하려는 내러티브를 창조하고자 한"[29] 의도에서 비롯되었다고 할 수 있다. 따라서 〈로마, 무방비 도시〉에서 나타난 전쟁이라는 내용과 표현 수법은 비록 네오리얼리즘 영화 전체를 가르는 결정적 기준은 아닐지라도 네오리얼리즘 영화의 일반적 특징을 견인하게 된 핵심

---

29　Peter Bondanella, *Italian Cinema*, Continuum, 1995, p.38.

적 요인인 것이다. 이것은 로셀리니의 〈로마, 무방비 도시〉에서 나타난 내용과 표현 수법이 곧 네오리얼리즘 영화로 규범화할 수 있는 근거가 된다는 의미이다. 이와 같은 특징은 1946년 남쪽의 시칠리아와 북쪽의 포(Po) 강가에서 이탈리아 레지스탕스, 연합군과 독일 파시스트들과의 투쟁을 6개의 비극적인 에피소드로 표현한 〈파이자〉와 1947년 전쟁 이후 독일의 참담한 경제적 현실을 어린아이의 시각을 통해 묘사한 〈독일 영년〉을 통해서도 나타난다.

영화 〈파이자〉는 제2차 세계대전기 연합군의 이탈리아 상륙 작전을 날짜별로 적시하면서 각각의 지역을 배경으로 6개의 에피소드로 구성되어 있다. 첫 번째 에피소드는 1943년 7월 10일 밤 연합군 함대의 상륙 작전이 전개되었다는 내레이션과 함께 전쟁으로 가족을 잃은 여인 카밀라가 시칠리아 지역에 상륙한 연합군의 길잡이로 나선 후 해안 절벽에 떨어져 죽게 되는 비극적 상황을 다루고 있고, 두 번째 에피소드는 9월 8일 해방된 나폴리(Napoli)의 파괴된 도시 풍경을 다큐멘터리 수법으로 묘사하면서 자신을 영웅으로 환대해 줄 것으로 생각한 미군 병사의 모습과 전쟁으로 부모를 잃은 소년이 그의 군화를 훔치려는 장면을 통해 전쟁으로 인한 비극과 소년의 힘든 삶에 관해 묘사하고 있다. 세 번째 에피소드는 내레이션으로 1944년 2월 22일 안치오(Anzio) 지역의 상륙과 폐허가 된 도시, 후퇴하는 독일군의 모습과 6월 4일 로마 해방에 관한 전황(戰況)을 설명하면서 미군병사 프레드가 사랑했던 이탈리아 여인 프란체스카가 거리의 여인으로 변한 모습을 통해 관계의 비극성을 묘사하고 있고, 네 번째 에피소드는 내레이션으로 8월 초 후퇴하는 독일군과 격렬하게 싸우는 이탈리아 레지스탕스의 모습을 다루고 있다. 다섯 번째 에피소드는 내레이션으로 수도원을 방문한 미군 병사들의 모습을 수도원과 성당의 역사를 들어 설명하고 있고, 마지막 여섯 번째 에피소드는 내레이션으로 전선에서 떨어진 지역의 레지스탕스의 전투를 설명하면서 이탈리아를 가로지르는 포 강가에서 전투를 벌이는 레지스탕스와 독일군들을 다루고 있다. 특히 이 에피소드에서는 독일군들이 포로로 잡은 미군 병사들과 레지스탕스들을 한명씩 차례로 강물에 빠트리고 난 후 출렁이는 강물을 보여주면서, 그것은 1944년 겨울쯤이었다는 내레이션을 통해 사건의 사실성과 진실성을 높이고 있다. 이처럼 영화 〈파이자〉는 전황을 내레이션과 자막을 통해 정확한 날짜와 지역을 제시함으로써 역사적 사실의 객관성을 확보하여 전쟁의 비극성을 배가하고 있는 것이다.

이러한 로셀리니 영화의 특징은 전쟁 3부작의 마지막 영화인 〈독일 영년〉에서도 나타난다. 이 영화는 1947년 여름, 전쟁으로 폐허가 된 베를린을 배경으로 힘겹게 살아가고 있는 베를린 사람들의 모습을 대상으로 하고 있다는 점에서 이탈리아를 배경으로 하고 있는 앞의 두 영화와 구별된다. 영화는 '1947년 여름 베를린에서 촬영되었다는 사실과 350만명의 사람들이 이 도시에서 힘겹게 살아가고 있는 모습을 객관적 시각으로 담으려 하였다는 사실, 그리고 독일인들의 잘못을 고발하려고 하는 것도 아니며 그들을 옹호하고자 하는 것도 아닌 객관적 관찰일 뿐이다'라는 내레이션과 함께 다큐멘터리 방식으로 시작된다. 이것을 영화는 12살 소년 에드문트의 삶의 추적을 통해 묘사하고 있다. 그는 병들어 일을 할 수 없는 아버지와 나치 군인이었던 사실이 알려질까 두려워 외부 활동을 하지 않은 형 칼 하인츠, 밤마다 클럽에 나가 미군들로부터 담배 등을 얻으면서 생활 하는 누나 에바와 함께 비좁은 아파트에서 살아가고 있다. 이와 같은 가족 구성으로 인해 에드문트는 가족 생계의 일부분을 책임지게 되는 상황에 처하게 된다. 그러나 그는 자신에게 지워진 삶의 무게를 견디지 못하고 혼자 거리를 방황하다 폐허가 된 건물에 올라가 스스로 떨어져 죽음으로써 자신의 짧은 삶을 마감한다. 이러한 에드문트의 죽음은 폐허가 된 베를린의 도시 풍경과 함께 파괴적이고 비인간적인 전쟁의 비극적 모습을 상기시키고 있다.

이처럼 전쟁 3부작은 로셀리니의 영화중에서 네오리얼리즘 영화의 특징을 구체화 한 영화라 할 수 있다. 이것은 이미 로셀리니 스스로가 언급한 창작 목표와 수법에 대한 것, 즉 "나는 계산하지 않는다. 나는 내가 무엇을 말하고 싶은지 알고 있고 그것을 말하기 위해 가장 직접적인 수단을 찾아낸다. 직업 배우뿐만 아니라 배우가 아닌 이들도 기용했는데 어떤 인물들은 영화를 촬영하기 바로 직전에 현장에서 발탁하기도 했다"[30]와 1955년 자신의 영화 표현 스타일에 대해 "일반적으로 전통적인 영화에서는 정해진 방식으로 장면을 촬영하거나 잘라내고, 중간 샷이라든가 클로즈 미디엄 쇼트(close medium shot), 클로즈업(close up) 등으로 배경과 인물을 명확히 구분하면서 스토리를 전개시킨다. 그런데 나는 그 반대의 방식으로 촬영 한다"[31]라는 진술에서 알 수 있다. 이러한 그의 창작 목표와 수법은 역사적 사실을 보다 생생하고 사실적으로 표현하기 위한 것과 연결되어 있다. 이것은 어떤 조건에서 영화 〈파이자〉를 촬영하였는지 페데리코 펠리니(Federico Fellini)의 언급을 통해서 확인된다.

로셀리니는 거리에서 연합군의 대포가 바로 우리의 등 뒤 1미터도 채 떨어지지 않은 곳에서 지나가고, 사람들이 창가에서 노래를 하거나 소리를 지르며, 촬영 중인 우리 주위에서 물건을 팔거나 훔쳐가려고 하는 끓고 있는 냄비 같은 곳에서 사람들로 붐비는 수용소 같았던 나폴리와 피렌체 그리고 로마와 포 강의 늪지대에서 영화를 찍었다 …… 그에게는 영화가 영화인 동시에 놀랍고 이야기하고 싶은 삶이었다.[32]

---

30 로랑스 스키파노, 이주현 옮김, 앞의 책, 44쪽.
31 위의 책, 46쪽.
32 위의 책, 45쪽.

이처럼 로셀리니는 역사적 사실과 현실에 기반 한 영화를 창작하기 위해 사건의 현장과 그 대상에 카메라를 최대한 근접하여 촬영했다. 이것은 그 스스로가 말한 것처럼 "진실을 포착할 수 있는 기법 같은 것은 존재하지 않고, 오직 어떤 도덕적 태도만이 그렇게 할 수 있다"[33]는 신념으로 자신의 영화 창작의 목표와 수법을 탐구하였음을 말한다.

로셀리니 영화에서처럼 전쟁과 관련된 주제를 다루면서 네오리얼리즘의 특징이 나타나는 영화는 알베르토 라투아다의 〈악당(Il bandito, 1946)〉, 〈동정도 없이(Senza pietà, 1948)〉와 루이지 잠파의 〈평화로운 삶을 위하여(Vivere in pace, 1947)〉에서도 나타난다.

특히 라투아다의 영화 〈악당〉은 전쟁이 끝나는 시기를 배경으로 터널을 빠져나오는 기차와 기차의 바퀴, 연료통, 연료를 태우는 불꽃 등이 클로즈업 되면서 시작된다. 그리고 전쟁 포로였던 병사들을 태운 열차 객차의 표면에는 브리티시 존-오스트리아(Britische Zone-Österreich), 비바 이탈리아(Viva L'Italia), 미국(USA), 교수형에 처한 사람의 모습을 그린 그림, 나치 문양과 함께 히틀러(Hitler)라는 글씨가 씌어져 있다. 이러한 다양한 글씨와 그림은 전쟁이 끝나가는 것을 의미하기도 하지만 이탈리아가 처한 역사적 상황을 설명하기도 한다. 그리고 잠시 후 열차가 이탈리아에 도착한 후 내린 주인공 에르네스토는 폐허가 된 도시의 건물을 따라 자신이 살았던 집을 찾아 가면서 비극적 상황과 마주하기 시작한다. 그는 자신의 어머니가 폭격으로 사망했고 여동생 마리아는 매춘부로 전락하게 된 사실을 알게 된다. 마라아를 찾아간 에르네스토는 여동생의 남자를 죽이게 되고 의도치 않게 갱단의 두목이 되어 경찰에 쫓기게 되면서 죽음을 맞게 된다. 그가 죽음에 이르게 되는 궤적은 궁극적으로 이탈리아가 겪었던 전쟁의 비극성과 맞닿아 있다.

---

33 홍성남·유운성 엮음, 『로베르토 로셀리니(*Tag Gallagher, The Adventures of Roberto Rossellini*, De Capo Press, 1988년 글을 발췌한 것임)』, 한나래, 2004, 67쪽.

전쟁으로 인한 이와 같은 비극성은 잃어버린 자신의 동생을 찾기 위해 파괴된 풍경을 배경으로 선착장을 찾은 안젤리나와 미군의 흑인 병사 제리와의 비극적 결말을 다룬 〈동정도 없이〉에서도 나타난다.

전쟁과 사실성, 객관성에 천착한 네오리얼리즘 영화의 특징은 독일군 진영에서 탈출한 두 명의 미군 병사를 이탈리아의 한 작은 마을에 사는 소년 소녀가 숨겨주면서 벌어지는 다양한 에피소드를 다루고 있는 루이지 잠파의 영화 〈평화로운 삶을 위하여〉에서도 드러난다. 이 영화는 제2차 세계대전기에 독일 파시스트와 이탈리아인, 미국인 병사, 러시아인 등 다양한 인물들을 영화에 등장시키면서 전쟁의 비극성과 파시스트의 등장, 전쟁의 책임에 대하여 묘사하면서 내레이션을 통해 이 이야기는 전혀 가공되지 않고 실제적 사실에 근거하고 있다는 점을 강조한다. 이것은 이 영화에서 다루고 있는 내용이 실제 역사적 사실에 근거하고 있다는 것을 강조함으로써 이야기의 객관성을 확보하고자 한 것이다.

이처럼 네오리얼리즘 영화는 전쟁과 투쟁, 그로부터 발생한 실제적 사건들에 근거하여 영화를 만들고자 하였다. 이를 위해 네오리얼리즘 영화 창작가들은 내레이션과 자막 등을 사용하여 영화에서 다루고 있는 내용이 역사적 사실임을 강조하고 있다. 그리고 그것의 객관성을 확보하기 위해 그들은 다큐멘터리적 효과를 강조한 관찰자적 시선의 촬영 수법을 사용했다. 이것은 전쟁 이후 이탈리아의 역사적 사실과 전쟁의 비극을 드러내는데 가장 효과적인 수법으로 작용하였고 그것이 곧 네오리얼리즘 영화의 중요한 지향과 특징이 되었다.


## 사회적 현실

이탈리아는 제2차 세계대전으로 국가 경제가 심각한 수준으로 파괴되어 황폐화 되었다. 이로 인한 인플레이션, 물가 상승, 실업 등은 이탈리아인들에게 극심한 경제적 고통을 주었다. 네오리얼리즘 영화 창작가들은 전쟁으로 인한 이와 같은 경제적 어려움에 처해 있는 사회적 현실을 영화의 중심으로 옮겨왔다. 특히 비토리오 데 시카는 이러한 이탈리아의 사회적 현실을 드러내는데 있어 탁월한 영화 창작가라 할 수 있다. 그는 자바티니와 함께 1946년 〈구두닦이(Sciuscià)〉, 1948년 〈자전거 도둑(Ladri di biciclette)〉, 1951년 〈밀라노의 기적(Miracolo a Milano)〉, 1952년 〈움베르토 D(Umberto D)〉를 통해 이탈리아인들이 전쟁 후 직면하고 있는 고통스러운 현실의 삶을 마치 현미경으로 들여다보듯이 세밀하게 묘사했다. 그리고 그 속에서 데 시카는 이탈리아 사회 구조의 문제가 무엇인지를 예리하게 포착해 냈다.

이러한 그의 특징은 영화 〈구두닦이〉에서부터 나타난다. 비토리오 데 시카는 이 영화에서 두 명의 주요 인물인 소년 주세페와 파스콸리를 통해 그들의 꿈이 누구에 의해 어떻게 좌절되고 있는지를 보여주고 있다. 즉 주세페와 파스콸리는 경주마(馬)를 사기 위해 구두닦이를 하고 범죄 집단의 심부름을 하면서 돈을 모은다. 그렇게 모은 돈으로 주세페와 파스콸리는 말을 사게 되지만 오히려 범죄 혐의를 받고 소년원에 수감된다. 그들은 재판관의 무성의한 재판으로 중형을 선고 받게 되자 주세페는 다른 수감자들과 함께 소년원을 탈출한다. 그러나 그는 경찰에 쫓기다 사고로 다리에 떨어져 죽음을 맞게 된다. 데 시카는 이 영화에서 주세페가 비극적 죽음에 이르게 되는 원인을 다양하게 제시하고 있다. 첫 번째는 어린 소년들을 이용한 탐욕스러운 범죄자들을 들 수 있다. 두 번째는 소년원 원장과 하급 관리, 재판관들의 무관심이다. 이들은 소년들의 범죄가 어떻게 이루어졌는지, 그것의 진실이 무엇인지에 대해 전혀 관심이 없다. 영화에서 이러한 어른들에 대한 모습은 재판관의 형량이 내려지자 이를 지켜보고 있던 주세페의 동생인 어린 소녀가 울먹이면서 이들을 비난하는 장면을 통해서 나타난다. 이것은 전쟁 이후 아이들의 희생이 어른들로부터 비롯되었다는 사회적 현실을 고발하고 있다. 비토리아 데 시카는 이 영화에서 두 소년의 비극적 상황과 운명을 보여주면서 어린 아이들의 삶의 파괴는 결국 어른들이 조성한 사회적 환경으로부터 기인한다는 사회구조적 문제를 제기하고 있는 것이다.

사회 구조, 환경에 대한 데 시카의 문제 제기는 전쟁 이후 로마를 배경으로 가난과 절망, 만성적인 실업을 세밀하게 탐색한 〈자전거 도둑〉에서 보다 사실적으로 나타난다. 데 시카는 이 영화에서 유일한 생계 수단인 자전거를 잃어버리고 난 후 결국 다른 자전거를 훔치는 아버지 리치와 그의 아들 브루노의 모습을 쫓는 다큐멘터리식 방식을 통해 이탈리아 노동자들의 비참한 삶을 묘사했다. 이를 위해 데 시카는 일자리를 구하기 위해 길게 서 있는 사람들의 행렬과 허름한 아파트 풍경, 음울하고 어두운 노동자 리치의 집, 엄청난 규모의 물건이 맡겨져 있는 전당포, 미신을 통해 자신의 운명을 알고자 하는 사람들의 모습을 통해 제시하고 있다. 그는 이러한 현실적 상황에 실제성을 더하기 위해 두 명의 주요 인물인 노동자 아버지 리치와 아들 브루노 역을 실제 공장 노동자인 람베르토 마죠라니(Lamberto Maggiorani)와 어린이 엔조 스타이올라(Enzo Staiola)라는 비전문 배우에게 맡겼다. 이를 통해 영화는 사실성과 현실성이라는 네오리얼리즘 영화 창작의 특징과 도덕성을 획득하게 되었다. 그러나 이 영화는 이탈리아에서 많은 논란을 불러일으켰다. 특히 1948년 이후 기독교 민주당을 중심으로 형성된 보수주의자들은 〈자전거 도둑〉에서 이탈리아의 비참한 현실을 보여주는 것은 마치 조국을 욕보이는 것과 마찬가지라고 하면서 이 영화를 비난했다. 그럼에도 불구하고 비토리오 데 시카의 이러한 영화 창작 목표와 특징은 1951년 〈움베르토 D〉에서도 지속되었다.

영화는 부감 촬영으로 연금 인상을 요구한 퇴직자들의 시가행진 모습으로 시작된다. 이 장면에 이어 영화의 주인공인 움베르토는 자신이 가지고 있는 물건들을 하나씩 팔아가면서 살아가고 있는 장면으로 연결된다. 그는 적은 연금과 더 이상 팔 물건이 없어 집세를 내지 못하게 되는 상황에 이르게 되자 집을 나와 자살을 시도하지만 실패하고 자신이 기르는 강아지와 함께 공원에 머문다. 영화는 더 이상 경제 활동을 할 수 없는 나이 많은 퇴직자의 가난하고 외로운 삶을 묘사하고 있다. 이 영화에서도 비토리오 데 시카는 전문 배우가 아닌 한 대학교 교수를 퇴직한 연금 실업자 역할을 하도록 하여 그것의 현실성과 실제성을 높였다. 그러나 1952년 이탈리아 영화 책임자인 줄리오 안드레오티(Giulio Andreotti)는 데 시카에게 보낸 공개서한에서 이 영화를 "매우 진보적인 사회적 법률을 자랑할 수 있는 국가(이탈리아)를 비난하고 있다고 하면서 이탈리아 감독들은 보다 낙관적이고, 건전하고, 건설적 태도를 가져야 한다"[34]고 비판했다.

이처럼 데 시카는 제2차 세계대전 이후 이탈리아인의 일상적인 삶에서 만날 수 있는 보편적이고 평범한 인물들과 그를 둘러싸고 있는 사회적 환경과 조건을 세밀하게 관찰하면서 영화의 테마와 형식적 수법을 구축했다. 그의 이러한 영화적 특징에는 1942년 〈아이들이 우리를 보고 있다〉 이후 데 시카 영화 대부분의 시나리오를 함께 해 온 자바티니의 인간과 사회에 존재하는 것들의 상호 연관성과 현재성을 연결시키려는 태도가 적지 않은 영향을 미쳤다고 볼 수 있다. 자바티니는 "우리들의 의식을 통해 모든 존재하는 것들의 상호 연관성을 파악하는 것은 일어난 모든 것 속에서의 인간의 결정적이고 지속적인 현재성을 파악하는 것과 같다. 그것은 모든 개인들에게 순간순간 끊임없는 답변의 의무를 지운다. 그리고 보고 분석하려는 영화의 강력한 충동, 현실에 대한 굶주림은 다른 사람들, 아니 존재하는 모든 것들에 대한 구체적인 경의이다"[35]고 했다. 그가 말하는

---

34 Peter Bondanella, *op. cit.*, p.87.
35 카르스텐 비테, 박홍식·이준서 옮김, 『매체로서의 영화(*Theorie des Kinos*)』, 이론과 실천, 1996, 198쪽.

존재하는 것들의 상호 연관성은 곧 현재성이고 그 현재성은 개별 인간들에게 부여된 구체적 삶의 형상이라 할 수 있다. 따라서 역사와 사회의 현실 앞에 제시된 구체적 형상은 한 인간의 삶을 객관적으로 묘사하면 그것이 곧 전체적인 상호 연관성을 드러내는 표본이 되는 것이다. 이러한 인식의 토대 위에서 자바티니는 삶이란 이야기 속에 꾸며진 것과는 다르기 때문에 삶을 알기 위해서는 극도로 정확하고 중단 없는 연구가 필요하다고 하면서 다음과 같이 인물의 영웅화에 대해 부정적 태도를 피력했다.

> 나는 기이한 인물에 반대한다. 나는 영웅에 반대한다. 나는 언제나 그들에 대한 본능적인 증오를 느낀다. 나는 다른 수많은 사람들과 더불어 제외 되었다는 모욕감을 느낀다. 우리들 모두가 등장인물이다. 영웅은 관중들에게 열등감을 준다. 이제는 관중들에게 당신들 자신이 삶의 진정한 주인공이라고 말할 시간이다. 그 결과는 책임감과 모든 인간 존재의 위엄에 대한 끊임없는 호소가 될 것이다. 게다가 스스로를 허구의 인물과 동일시하는 잦은 습관은 무척 위험하다. 사람은 오로지 그 자신과만 동일시되어야 한다 …… 네오리얼리즘은 모두에게 용기를 주려는, 모두에게 인간이라는 의식을 주려는 목표를 가지고 있다.[36]

이처럼 자바티니는 영화 속에서 인물의 영웅화는 상호 연관성과 현재성 그리고 현실을 견인하고 있는 보편적 인물의 본질적 특징으로부터 이탈된 것으로 여겼다. 그는 영화 속에 등장한 보편적 인물과 현실을 존재하는 모든 것들의 상호 관계가 결합된 구체적 현상으로 파악했다. 이러한 자바티니의 시각은 제2차 세계대전 이후 어려운 상황에 처해 있는 이탈리아의 일상적이고 보편적 인물을 통해 현실의 문제와 그것의 상호 연관성을

---

36 위의 책, 211쪽.

접근시키는 수법인 데 시카의 영화 창작에 중요한 토대가 되었다. 따라서 데 시카와 자바티니의 영화 속에서 세밀하게 묘사되고 있는 이탈리아의 현실과 어려운 삶 속에서의 보편적 인물들은 현실이 지닌 상호 연관성을 가장 구체적으로 드러내는 모습이다.

이탈리아의 사회적 현실에 대한 묘사는 로셀리니의 〈스트롬볼리 (Strombli), 1950〉와 〈유로파 51(Europa '51, 1952)〉, 주세페 데 산티스의 〈로마 11시(Roma, ore 11, 1952)〉에서도 드러난다.

로셀리니의 영화 〈스트롬볼리〉에서는 안토니오와 카렌이 스트롬볼리라 는 척박한 섬에서 살아가면서 겪는 갈등과 어부들의 고기잡이를 통해 힘겹게 살아가는 섬사람들을 묘사하였다. 반면 〈유로파 51〉에서는 주인공 아이렌의 모습을 통해 이탈리아의 사회적 현실을 드러내고 있다. 이 영화는 크게 세 부분으로 구성되어 있다. 첫 번째는 아이렌의 화려한 삶과 자신의 아들 미첼의 자살, 두 번째는 빈민촌에서 아이들을 돌보는 아이렌, 세 번째는 정신 병원에 감금된 아이렌의 모습이다. 이 영화에서 사회적 현실에 집중하고 있는 것은 두 번째 에피소드라 할 수 있다. 그녀는 자신의 아들의 충격적인 자살로 인해 삶의 의욕을 잃게 된 후 우연히 빈민촌의 아이들을 만나게 되면서 그들에게 관심을 가지게 된다. 그곳에는 비참한 생활을 하는 공장 노동자, 매춘부 등의 사람들과 사회에서 버려진 아이들이 살고 있다. 영화는 이들을 돌보는 아이렌의 모습을 통해서 비참하고 열악한 이탈리아의 사회적 현실을 자연스럽게 드러내고 있는 것이다.

이탈리아 사회가 직면한 비참한 사회적 현실은 실제 사건에 기반 하고 있는 주세페 데 산티스의 영화 〈로마 11시〉에서 보다 사실적으로 묘사되고 있다. 영화는 1951년 1월 로마에서 실제 발생한 사건과 관련된 사람들의 이야기를 자유롭게 각색하여 만든 것이라는 자막으로 시작된다. 이러한 사실성의 객관화를 위해 영화는 150여 명이 직업을 구하기 위해 건물 내부의 계단에서 굴러 떨어져 수십 명이 부상당하고 한 명이 사망했다는 사건을 보도하고 있는 신문들의 타이틀을 클로즈업을 통해 보여준다. 그리고 영화는 다양한 지역과 배경, 직업을 가진 수많은 여성들이 한 명의 타이피스트를 뽑는 구인 광고를 보고 몰려든 모습과 서로 먼저 면접을 보기 위해 몸싸움을 벌이면서 아수라장이 되어 건물이 무너지는 비극적 상황을 보여준다. 이러한 비극적 상황을 주세페 데 산티스는 무너진 건물에서 부상당한 여성들의 비참한 모습들과 그들 중 한 명이 사망했다는 소식으로 묘사하고 있다. 그는 이러한 장면을 통해 이탈리아 사회가 직면하고 있는 실업의 문제를 직접적으로 제기하고 있다.

네오리얼리즘 영화 창작가들은 전쟁 이후 이탈리아 사회에서 벌어지고 있는 현실의 문제를 다루었다. 이것은 그들이 현실을 화면에 묘사함으로써 이탈리아 사회가 직면하고 있는 문제를 해결할 수 있다는 믿음에서 비롯된 것이라 할 수 있다. 그리고 이들의 이러한 시도는 영화가 현실을 가장 직접적이고 사실적으로 묘사할 수 있다는 매체적 특성과 그것을 창작의 영역인 비판적 기능으로 확대할 수 있음을 증명했다.

## 계급적 인식

네오리얼리즘 영화는 서로 다른 계층의 사람들을 다룸으로써 계급적 인식을 드러내기도 했다. 이것은 네오리얼리즘 영화가 단순히 전쟁의 풍경, 비참한 사회적 현실 자체를 묘사하면서 사회 구조에 대한 모순을 제기하는 것뿐만 아니라 서로 다른 계층, 즉 지배자와 피지배자, 착취자와 피착취자로 구별되는 인물들이 영화 속에 제시됨으로써 계급적 시각을 묘사하고 있다는 의미이다. 이러한 특징은 주로 주세페 데 산티스, 루이지 잠파, 알베르토 라투아다, 비토리오 데 시카, 비스콘티의 영화에서 확인할 수 있다.

앙드레 바쟁이 유일한 네오리얼리스트라고 인정한 주세페 데 산티스는

1946년 〈비극적 사냥(Caccia tragica)〉과 1947년 〈쓰디쓴 쌀(Riso amaro)〉에서 지주와 농민들을 대립적으로 묘사하면서 계급적 시각을 드러냈다. 특히 영화 〈쓰디쓴 쌀〉에서는 이러한 특징을 튜린(Turin)지역의 라디오 방송국의 아나운서가 카메라를 보고 '오랫동안 북이탈리아에는 부유한 사람들이 증가했다'는 내레이션과 함께 수많은 여성 노동자들이 쌀을 얻기 위해 열차에 몸을 싣고 거대한 쌀 농장으로 향하는 시작 장면을 통해서 묘사된다. 이어서 영화는 농촌에서 일하고 있는 여성 노동자들의 모습을 보여주면서 하루 노동의 대가로 1kg씩 쌀을 얻지만 비가 와서 일을 하지 못하게 되면 1kg의 쌀이 손실된다는 사실을 언급한다. 이러한 불합리한 구조는 '매년 5월이면 많은 지역에서 쌀 농장으로 오게 될 것이다' 라는 내레이션을 통해 계속 반복 될 것임을 암시하고 있다. 이처럼 주세페 데 산티스는 지역, 토지, 여성을 들어 계급에 대한 문제의식을 제기했다. 이것은 그가 자신의 영화에서 지주와 농민들을 대립적으로 묘사하면서 지주는 항상 농민들의 적대 세력인 범죄자들과 동맹을 맺고 농민들은 서로간의 협력으로 이러한 어려움을 돌파해 나간다는 인식에 기반하고 있다. 동시에 '농민들이 내부적으로 분열되어 있거나 갈등을 일으키면 결국 지주계급과 적대세력에 이로움을 준다'는 메시지도 내포되어 있는 것이다. 이러한 그의 창작 목표는 그가 "인간을 작품의 중심에 두는 식으로 레지스탕스 활동을 하던 대다수 민중들에게 발언권을 부여하는 영화를 만들고자 했기 때문이다 …… (그리고 영화 표현 수법에 있어) 이야기의 전통적인 전개 방식을 충실히 따르는 편인 주세페 데 산티스는 굵직한 주제들－토지개혁, 여성노동, 전쟁의 여파 등 － 을 과감하게 선택하여 맹렬한 사회 비판을 펼쳤다."[37] 이것은 주세페 데 산티스가 자신의 영화에서

---

37 르네 프레달, 김희균 옮김, 『세계영화 100년사(Histoire du Cinema)』, 이론과 실천, 1999, 187-188쪽.

계급적 대립을 명확하게 설정하거나 비합리적인 사회 구조의 문제점을 제시함으로써 창작의 궁극적 목적을 해결하려 시도했던 것이다.

이와 같은 계급적 인식은 루이지 잠파의 영화 〈영광스런 안젤리나 (L'onorevole Angelina, 1947년)〉에서도 나타난다. 영화는 도시 근교 빈민촌의 풍경을 배경으로 주인공 안젤리나 가족들이 자고 있는 모습으로 시작된다. 그리고 영화는 폭리를 취하기 위해 식료품을 의도적으로 팔지 않고 있는 상점으로 몰려간 안젤리나와 수많은 여인들의 집단행동을 보여 준다. 이후 이들의 집단행동은 나오지 않던 수돗물을 나오게 하고 다니지 않던 버스를 다니게 하는 문제 해결의 수단이 된다. 또한 홍수가 나서 빈민촌이 물에 잠기게 되자 안젤리나를 비롯한 많은 사람들은 근처에 새로 지은 아파트에 무단으로 들어간다. 그러나 안젤리나는 이들을 주동한 혐의로 경찰에 체포되고, 그녀는 그곳 경찰서에서 주변 사람들로부터 새로운 제안, 즉 정당에 가입하라는 것과 새로운 당을 만들자는 요구를 받는다. 그러나 영화는 홍수가 끝나자 빈민촌에 있는 자신의 집으로 돌아와 침대에 누워 있는 안젤리나 가족의 모습을 보여주면서 종결된다. 루이지 잠파는 이 영화에서 집단투쟁을 통해 새로운 변화를 주도할 수 있는 가능성을 보여주고 있다. 그는 이것을 수많은 군중 장면과 끊임없이 정당에 관한 것을 언급하면서 그들의 집단적 투쟁이 어떻게 결합되어야 하는지를 제시하고 있는 것이다. 따라서 루이지 잠파는 이 영화에서 등장한 도시 빈민촌의 사람들과 새로 지은 아파트의 사장, 경찰들과의 대립적 구조를 통해 계급적 인식과 정치적 시각을 드러내고 있다고 할 수 있다.

네오리얼리즘 영화에서 계급에 대한 인식과 묘사는 베리스모를 추구 한 뛰어난 작가 베르가의 소설 〈말라볼리아〉를 토대로 비스콘티가 만든 장편영화 〈흔들리는 대지(La Terra trema, 1948년)〉에서 가장 선명하게 나타난다. 이 영화를 만들기 전 "비스콘티는 1941년 초 시네마지에 실린 주세페 데 산티스와 마리오 알리카타의 에세이 〈진실과 시, 베르가와 이탈리아 영화〉라는 타이틀에 포함된 이탈리아 문화의 최대의 사실주의 전통으로의 회귀를 요구하였던 것을 결코 잊지 않았다"[38]고 했다. 이것은 비스콘티가 〈흔들리는 대지〉의 창작 목표와 수법을 결정하는 요인이 되었다. 영화는 소설에서처럼 시칠리아 연안의 작은 마을인 아시 트레자 (Aci Trezza)를 배경으로 어부, 농부, 상인들이 직접 출연하였다는 사실과 그들 지역의 방언을 사용했다는 것을 언급하면서 그것의 의미, 즉 방언은 곧 고통과 소망을 나타내는 수단이라는 자막과 함께 시작된다. 이것은 비스콘티가 이들 어부들의 삶의 실제성을 위해 전문배우 보다는 실제 어부들과 그들의 이름을 사용하였다는 것을 말하며 그것은 베르가의 문학적 지향과 형식에 근거하고 있음을 의미한다. 또한 이러한 실제성은 내레이션을 통해 화면을 설명하는 방식에 의해 전개된다. 즉 앤토니 가족의 일상적 모습과 조상 대대로 바다에서 고기를 잡으면서 생활했다는 것, 해안가 풍경을 보여주고 어부들이 잡은 고기 대부분은 중간상인과 선주에게 돌아간다는 사실 등을 언급하면서 노동력 착취와 불평등에 관해 말하고 있다. 그리고 어부들의 고기 잡는 장면과 함께 중간상인들의 담합으로 가격을 낮춰서 구입하는 불공정, 이에 대해 불만을 표시한 젊은 어부들의 모습을 보여준다. 젊은 어부 앤토니는 이러한 불평등, 불공정 구조에 분노를 느끼면서 자신의 집을 저당 잡혀 돈을 빌려 배를 사서 고기를 직접 인근 도시 카타니아(Catania)에 가서 팔려고 한다. 그러나 그의 희망은 태풍으로 인해 배가 파괴되면서 사라진다. 이후 앤토니 가족은 비참한 생활을 하게 되고 그는 다시 이전처럼 다른 선주의 배를 타고 바다로 나간다. 이와 같은 영화의 마지막 장면은 어쩔 수 없이 착취당하고 복종하면서 살 수밖에 없는 어부들의 삶을 묘사하고 있는 것이다. 비스콘티는 자신의 영화에서 어부들이 어떻게 착취당하고

---

38  Peter Bondanella, *op. cit.*, p.67.

있는지 그 구조를 선명하게 묘사하고 있다. 그는 그것을 선주들은 연합하지만 한 푼이라도 더 받기 위해 분열되어 연합하지 못한 어부들의 태도를 통해 드러낸다. 또한 비스콘티는 이러한 불평등한 사회적 구조를 포폴로 무솔리니(Popolo Mussolini, 민중 무솔리니)라는 글씨를 통해 묘사한다. 즉 앤토니가 배를 다시 타기 위해 선원 등록 사무소를 찾았을 때 카메라는 그의 뒤를 쫓으면서 벽에 있는 포폴로 무솔리니라는 글씨를 보여준다. 그리고 이 글씨는 선원 등록 사무소 책임자가 벽장에서 다시 칼을 꺼낼 때 카메라는 좀 더 가까이 다가가 더욱 크게 보여준다. 이것은 선원등록 사무소 책임자의 권력과 정치 권력자인 무솔리니의 권력을 은유적으로 일치시키면서 풍자적 의미로 사회 구조의 모순을 연결시키고 있는 것이다. 궁극적으로 비스콘티는 이 영화에서 "어부들이 착취당하는 민중이라는 것을 암시하고, 개별적인 저항(그것은 집단이나 계급의 저항이 되지 못한다)은 실패로 귀결된다"[39]는 주제를 드러낸다. 비스콘티는 〈흔들리는 대지〉를 촬영하면서 "가난한 어부 가족의 몰락을 그린 베르가의 소설에서 착상한 상황 설정에 따라 텍스트를 요약한 뒤 카메라 앞에서 단 한 마디도 바꾸지 않고 연기하는 비스콘티식 즉흥 연기를 하였다."[40] 그는 〈흔들리는 대지〉를 통해 현실과 사실에 가장 근접하도록 자신의 창작 목표를 구현하였던 것이다. 소설가 카를로 레비(Carlo Levi)는 이 영화야말로 비스콘티의 한계와 네오리얼리즘을 가장 잘 구현한 영화라 했다.

비스콘티식의 계급적 대립은 1949년 알베르토 라투아다의 〈포 강의 방앗간(Il mulino del Po)〉에서도 나타난다. 영화는 지주가 밀 생산을 늘리기 위해 현대화된 기계를 도입하면서 소작 농부들을 내쫓는 과정에서 지주에

---

39 George A, Huaco, *The Sociology of Film Art*, Basic Books, Inc, 1965, p.177.
40 로랑스 스키파노, 이주현 옮김, 앞의 책, 47쪽.

대항하기 위해 농촌 노동자들의 결속과 그들과의 연대를 거부하는 개인주의자들과의 관계를 묘사하고 있다. 이러한 대립적 관계, 즉 계급적 시각의 묘사는 많은 사람들이 공장은 노동자에게, 토지는 농부에게, 우리가 싸워야 할 것은 전쟁이 없고, 불공정이 없는 노동자들이여 단결하라는 연설에 환호를 보내는 반면 환호를 받지 못하고 있는 종교에 관한 연설 장면에서 나타나고 있다. 이러한 선명한 계급적 시각은 지주와의 대립과 투쟁에서 승리한 농촌 노동자들의 모습과 포 강의 방앗간 사람들의 비극적 죽음을 통하여 개인주의적 이익에 천착해 있는 것을 비판함으로써 구체화하고 있다.

또한 피에트로 제르미는 1950년 〈희망의 길(Il cammino della speranza)〉을 통해 광산을 폐쇄하려는 데 맞서 파업을 한 광산 노동자들의 투쟁 과정을 묘사하면서 계급적 시각을 드러냈다.

이러한 관점은 데 시카의 〈밀라노의 기적(Miracolo a Milano, 1951년)〉에서도 찾아 볼 수 있다. 그는 이것을 판자촌에서 살고 있는 사람들과 땅을 개발하고자 한 지주의 모습을 통해 드러내고 있다. 영화는 경찰을 동원하여 판자촌을 철거하여 개발하고자 하는 땅 소유자와 이에 대해 격렬하게 저항하는 판자촌 사람들로 구성되어 있다. 그러나 이들의 대립적 관계는 신비로운 능력을 가지고 있는 토토라는 인물에 의해 때론 코믹하게, 때론 판타지적으로 묘사되면서 그 관계가 완화된다. 이러한 수법은 네오리얼리즘 영화들이 "그들의 예술에서 작용한 두 가지 역할의 이해를 강조하기 위하여 환상과 현실, 픽션과 사실의 관계를 강조하고 있다"[41]는 것을 말한다. 이러한 이유로 데 시카의 〈밀라노의 기적〉에서는 계급간의 대립적 구도를 형성하고 있지만 그것이 격렬하게 표현되고 있지는 않다.

네오리얼리즘 영화는 계급적 대립을 통해 계급적 인식을 드러냄으로써 이탈리아 사회의 구조적 문제를 묘사했다. 이러한 시각은 베르가, 비토리니

---

41  Peter Bondanella, *op. cit.*, p.34.

를 비롯한 이탈리아의 문학 창작과 안토니오 그람시의 문화 헤게모니 이론과 같은 사상에 깊은 영향을 받았다. 이것은 이탈리아 네오리얼리즘 영화 창작가들이 이탈리아 사회 구조의 문제를 계급적 인식을 통해 바라보게 된 계기가 되었다. 그 결과 비스콘티, 주세페 데 산티스, 알베르토 라투아다 등의 영화에서 계급적 인식이라는 네오리얼리즘 영화의 또 다른 중요한 특징들이 나타난 것이다.

이런 측면에서 네오리얼리즘 영화 창작의 내용과 구체적 표현 형식은 제2차 세계대전 전후 이탈리아에서 벌어진 다양한 역사적 사실과 현실과의 밀접한 관계, 즉 독일 파시스트에 대한 저항과 투쟁, 연합군으로서 이탈리아에 진입한 미군과의 관계, 전쟁 이후 붕괴된 경제적 현실로부터 발생한 이탈리아인들의 피폐한 삶과 사회의 불평등 구조로부터 발생하였음을 알 수 있다. 이러한 것들에 기반 하여 형식으로 구체화한 것이 이른바 네오리얼리즘 영화의 성격과 특징이라고 할 수 있다. 따라서 네오리얼리즘 영화에서 나타난 내용과 표현 형식은 이탈리아 창작의 역사 전개 과정에서 도출된 현실과 사실이라는 역사적 토대와 제2차 세계대전 이후의 이탈리아 현실과 사실과의 최적의 조우라 할 수 있다.


## 5. 서로 다른 현실

1953년 파르마 회의(Parma Congress)에서 저널리스트들과 영화감독들은 이전까지 네오리얼리즘 영화가 이루었던 것이 무엇이었는지에 대해 논의하였다. 이 회의에서는 "네오리얼리스트들의 성명서나 프로그램이 존재하지 않았고, 단지 보다 더한 사실주의를 위한 호소와 동시대의 주제들과 노동 계급의 삶에 대한 강조만이 있었다 …… 하나의 관점은 레지스탕스와 이탈리아의 봄 동안 잠시 이루어졌던 정치적 연합이라는 이름으로 개혁을 요구함으로써 르포르타주로서의 네오리얼리즘을 다루었다. 또 다른 관점은 이 운동의 중요성이 등장인물들의 개인적 문제들을 보편적인 의미를 획득하게 하는 역량에 있다고 주장함으로써 이 영화들의 도덕적 차원을 강조했다. 세 번째 관점에 따르면 네오리얼리즘의 다큐멘터리 방식의 접근은 관객들로 하여금 일상적인 삶의 아름다움을 인식하게 한다는 것이다."[42] 이 회의에서의 논의는 역설적으로 네오리얼리즘 영화가 추구하고 있는 미학적 가치가 심각한 위기에 처해 있음을 단적으로 보여주고 있다. 그러나 1956년 젊은 남녀의 주거 문제를 제기한 비토리오 데 시카의 〈지붕(Il Tetto)〉이 등장할 때 네오리얼리즘 영화는 이미 그 시대적 소명을 다한 듯 보였다. 제2차 세계대전 이후 이탈리아 사회가 직면하고 있는 현실을 묘사함으로써 이탈리아가 안고 있는 사회적 모순을 해결하기를 바랐던 많은 네오리얼리스트들은 점차 자신들의 역사적 임무가 끝나 가고 있음을 감지했다. 그러한 전조는 1948년 4월 18일 총선거에서 보수주의 정당인 기독교 민주당이 압도적 지지를 받으면서 시작되었다. 이 선거에서 "기독교 민주당은 48.5%의 득표율을 얻었고 상, 하원의 5백74석 중 3백5석을 차지했다. 공화국의 역사상 최초로 한 당이 절대다수를 획득한 것이었다. 공산당과 사회당은 31%의 득표율을 기록했는데, 이는 1946년에 비해 8%가 적은 것이었다. 그러나 공산당의 의석수는 1백6석에서 1백40석으로 증가한 반면, 사회당의 의석수는 1백15석에서 41석으로 급감했다. 이것은 대부분 지난해에 있었던 사회당의 치명적인 분열에서 기인한 결과였다."[43] 그리고 그 이듬해인 1949년 3월 좌파의 반대를 무릅쓰고 기독교 민주당의 이탈리아는 이념적, 이데올로기적 가치에 따라 유럽이 동서로 분열된 세계 질서의 냉전의 상징인 북대서양조약기구에 가입했다. 이처럼 총선 이후 이탈리아의 정치적 기류는 급격

---

42  Kristin Thompson & David Bordwell, *Film History: An Introduction*(Third Edition), McGraw-Hill, 2010, p.333.
43  크리스토퍼 듀건, 김정하 옮김, 앞의 책, 360쪽.

히 보수주의로 변하였다. 그러나 기독교 민주당이 정치의 주도권을 잡았음에도 불구하고 이탈리아는 여전히 해결해야 할 문제가 산적해 있었다. 남부와 북부의 경제적 불평등, 남부의 토지 개혁, 그리고 도시로 이주해 온 수많은 노동자들의 실업 문제들이 현존하고 있었다.

이탈리아 네오리얼리즘 영화 창작가들은 제2차 세계대전 이후 지속된 이러한 이탈리아의 현실을 창작의 주요 원천으로 삼고자 했다. 그들은 제2차 세계대전 이후 자신들이 견지한 이탈리아의 역사적 사실과 현실에 대한 정밀하고 세밀한 창작의 법칙을 포기하지 않았다. 네오리얼리즘 영화 창작가들은 기본적으로 이탈리아가 처한 경제적, 사회적 현실을 객관적으로 드러냄으로써 오히려 이탈리아가 지니고 있는 정치, 경제, 사회의 모순을 해결하고 자존심을 회복할 수 있다고 믿었다. 이러한 네오리얼리즘 영화 창작가들의 신념은 1948년 총선에서 승리한 기독교 민주당의 정책 방향과 근본적으로 달랐다. 즉 이탈리아가 당면하고 있던 현실에 대하여 네오리얼리즘 영화 창작가들과 기독교 민주당은 서로 다른 현실을 보았다. 권력을 쥐게 된 기독교 민주당의 많은 정치가들은 네오리얼리즘 영화를 좌익 세력의 소굴로 인식했다.

그 결과 기독교 민주당은 내각 총리실의 줄리오 안드레오티로 하여금 이탈리아 영화 산업 정책을 주도하도록 했다. 안드레오티는 이탈리아 네오리얼리즘 영화가 추구하는 있는 그대로의 현실 묘사에 대해 비애국적인 창작 경향이라 비판하면서 "영화의 임무는 실제로 현실에 부응해야 한다. 그러나 영화는 객관적이어야만 하고 어떠한 과장도 피해야 한다. 영화는 그 자체로 대중에게 건강하고 건설적인 낙관주의를 제공하여야 한다. 바꿔 말하자면 영화는 모든 것이 좋고 모든 사람들이 만족하는 것을 보여주어야 한다"[44]고 주장했다. 그리고 1949년 효력이 발생한 '안드

---

44 Pierre Sorlin, *op. cit.*, p.89.

레오티 법(Andreotti's Law)'을 만들었다. 이 법에 의해 이탈리아 정부는
"수입 제한과 스크린 쿼터제를 입안했을 뿐만 아니라 제작 회사들에게
융자도 해주었다. 그러나 융자를 받기 위해서는 정부 위원회가 각본을
승인해야 했고 정치와 무관한 경향을 보이는 영화들은 더 많은 금액으로
보상받았다. 더 나쁜 점은 이탈리아를 비방한 영화는 수출 허가를 거부할
수 있었다는 점이다. 안드레오티법은 사전 제작 심의를 만든 것이었다."[45]
제2차 세계대전 이후 냉전이라는 세계 질서 속에서 "안드레오티는 제각기
다른 수준의 검열과 보이콧, 좌파 시네아티스트들을 반대하기 위한 블랙리
스트 작성 등 다양한 방법으로 네오레알리즈모(네오리얼리즘)가 지속되는
것을 좌절시키는 정책을 펼쳤던 것이다."[46] 그는 네오리얼리즘 영화에
대해 노골적으로 적대감을 표출했다. 주세페 데 산티스가 '네오리얼리즘은
자연사한 것이 아니고 국가가 폭력적으로 암살한 것이다'라고 항변한
이유가 바로 여기에 있다.

이러한 기독교 민주당의 정책 방향에 대해 가톨릭교회는 좌파에 대한
전쟁을 선포하고 근대 문화를 비난하는 것으로 정부를 최대한 지원했다.
즉 "교회는 공산주의자, 유물론자, 반가톨릭 교리주의자들을 축출했고,
가톨릭 신도와 같은 가능한 모든 수단을 이용해 신자들을 동원하려고
노력했다. 소위 신의 마이크로 불렸던 신부 리카르도 롬바르디(Riccardo
Lombardi)는 가톨릭의 가치를 방어하고 사회주의를 공격하는 라디오
설교로 명성을 날렸다. 교회는 나이트클럽, 재즈 그리고 현대 생활의
여러 모습들을 음탕한 것이라고 비난했다."[47]

이처럼 기독교 민주당과 가톨릭측은 현실을 객관적으로 묘사한 네오리
얼리즘 영화와 대중문화에 대하여 부정적 시각을 가지고 있었다. 이러한

---

45  Kristin Thompson & David Bordwell, *op. cit.*, pp.332-333.
46  로랑스 스키파노, 이주현 옮김, 앞의 책, 56쪽.
47  크리스토퍼 듀건, 김정하 옮김, 앞의 책, 374쪽.

부정적 시각은 총선 이후의 기독교 민주당이 바라본 이탈리아의 정치, 경제, 사회적 현실과 네오리얼리즘 영화 창작가들이 바라본 현실이 근본적으로 달랐기 때문이다. 이것은 동일한 역사적 사실과 구체적 현실에 대해 네오리얼리즘 영화 창작가들과 기독교 민주당, 가톨릭의 연대로 형성된 보수주의 정치 세력의 해석이 확연하게 달랐음을 의미한다. 현실은 하나지만 그것을 바라보는 시각은 서로 다른, 마치 하나의 몸에 머리가 두 개인 쌍 독수리가 각자 자신이 보고 싶은 방향만 보고 있는 모습과 같은 것이었다. 이것이 결국 네오리얼리즘 영화의 생명을 단축시켰다고 할 수 있다.

\* \* \*

앙드레 바쟁은 네오리얼리즘 영화를 미국 영화와 프랑스 영화의 탐미주의와 대립되는 것으로써 역사적 사실과 현실에 토대한 시사성, 휴머니즘과 리얼리즘으로 영화 표현 수법에서의 혁신이라 하였고, 질 들뢰즈(Gilles Deleuze)는 네오리얼리즘 영화를 운동 이미지에서 시간 이미지로 전환하는 시기라 규정하면서 무성 영화에서 유성 영화로 전환하는 것보다 더 획기적인 사건이라 찬사를 보냈다. 그러나 1950년대에 접어들면서 점차 네오리얼리즘 영화의 내용과 형식은 사라지고 '장밋빛 네오리얼리즘(Rosy Neorealism)'이라는 영화가 이탈리아 영화의 지배적 형식이 되었다. 그것은 "루이지 코멘치니(Luigi Comencini)의 〈빵, 사랑 그리고 환상(Pane, amore e fantasia, 1953)〉의 성공이 일련의 모방작들을 유도하였고, 그것은 1960년대까지 계속 되었다. 장밋빛 네오리얼리즘은 야외 촬영과 비전문 배우의 기용 등을 어느 정도 유지하면서 때때로 사회 문제를 다루기도 했지만 그것은 네오리얼리즘을 이탈리아 코메디 영화의 강력한 전통 속으로 흡수한 것이었다."[48] 네오리얼리즘 영화에서 장밋빛 네오리얼리즘 영화로 오버랩(overlap)되면서 네오리얼리즘 영화가 지향하던 가치와 개념은 점차 퇴색하였다. 이것은 19세기 베리스모에서부터 시작되어 1920년대 말부터 전개된 네오리얼리즘 문학과 제2차 세계대전 이후의 네오리얼리즘 영화가 추구하였던 현실과 사실이라는 창작의 원천적 토대의 역사적 연결 고리가 느슨하게 이완되고 와해되기 시작했다는 의미이다.

그럼에도 불구하고 네오리얼리즘 영화는 제2차 세계대전 이후의 이탈리아 현실이라는 역사적 상황들과 마주하면서 영화 역사에서 표현 매체로서의 영화의 시작을 알린 혁신적 의미를 갖고 있다고 할 수 있다. 이는 영화가 지니고 있는 본질적 특성인 사실과 현실을 기록하고 보존하고 표현하는 데 있어 문학을 비롯한 인접 예술의 표현 수법을 네오리얼리즘 영화가 압도하기 시작했다는 의미이다. 영화가 제2차 세계대전 이후 이탈리아에서 일어난 독일 파시즘과의 투쟁과 힘든 경제적, 사회적 상황에 직면한 이탈리아 인들의 현실을 가장 근접해서 사실적이고 객관적으로 묘사할 수 있는 최적의 표현 매체로 등장하였다는 것이다. 이것은 무엇보다 영화라는 표현 매체가 제2차 세계대전 이후 이탈리아의 현실에 유기적으로 부합하였기 때문이다. 이른바 표현 대상인 물리적 현실과 표현 수단과 수법의 일체화가 네오리얼리 즘 영화에서 이루어졌다는 것이다. 따라서 네오리얼리즘 영화는 보다 직접적 인 이탈리아의 정치적, 사회적 변화에 따라 파악되어야 한다는 주장은 분명한 역사적 타당성을 지니고 있다. 더욱 중요한 것은 19세기의 베리스모와 1920년대 말부터 시작하여 제2차 세계대전 전후까지의 네오리얼리즘 문학에 서 이탈리아의 지적, 창작의 역사적 바통을 이어받으면서 표현 대상인 현실과 표현 수단이 네오리얼리즘 영화에서 비로소 일체화 되어 영화가 완전하게 나아가게 된 역사적 의미를 지니게 되었다는 데 있다.

---

48  Kristin Thompson & David Bordwell, *op. cit.*, p.337.

# 제 8 장

# 전통적 사회 구조의 비판과 현대화, 가치의 재인식, 1950년대 일본 영화 (1949-1962)

## 1. 제2차 세계대전의 패전과 점령 정책

1950년대의 일본 영화는 크게 두 가지 측면에서 이해될 수 있다. 첫째는 일본 영화의 재부흥이라는 내부의 역사적 측면이고, 둘째는 일본 영화의 미학적 가치를 서방 세계에 각인시키면서 외연을 확대시킨 국제화의 측면 이다. 이것은 1950년대의 일본 영화가 동시대의 사회적 현상에 기반하고 있는 제2차 세계대전 이전 본래의 영화적 기능과 역할로 환원되었음을 알리는 것이었고 동시에 독창적인 표현 수법을 통해 세계 영화 창작의 한 부분을 이루게 되었다는 것을 의미한다. 1950년대의 일본 영화가 이와 같은 의미를 지닐 수 있었던 것은 패전 이후 일본에 대한 연합군의 점령정책과 그것으로부터의 반작용에 기인한다고 할 수 있다. 왜냐하면 패전 이후 단행된 미국 주도의 점령 정책들은 1950년대 일본의 총체적인 역사적 상황과 일본 영화를 설명하는 중요한 토대로 작용하고 있기 때문이 다. 따라서 점령 정책은 1950년대 일본 사회 구조로부터 발생된 모순들과 현상들을 드러내는 데 기여했을 뿐 아니라 전통적 가치에 대한 재인식에도 중요한 역할을 했다. 이러한 역사적 상황의 구체적 현상들이 바로 1950년대를 대표하는 영화감독 미조구치 겐지(溝口健二), 오즈 야스지로(小津安二郎), 구로사와 아키라(黑澤明), 나루세 미키오(成瀬巳喜男) 등의 영화에서 나타나고 있다. 그러므로 1949년 오즈 야스지로의 〈만춘(晩春)〉에서부터 1962년 〈꽁치의 맛(秋刀魚の味)〉에 이르기까지 지속되었던 1950년대의 일본 영화를 일본에 대한 미국의 점령 시점인 1945년 8월부터 1951년 9월 8일 미국, 영국의 공동 제안으로 샌프란시스코에서 조약이 체결되어 1952년 4월 28일 평화 조약이 발효될 때까지 진행되었던 다양한 점령 정책에 근거하여 파악하는 것은 자연스러운 현상이라 할 수 있다.

1945년 8월 이후 일본에 대한 실질적인 점령 정책은 결정 기관과 집행 기관으로 나눌 수 있는데 점령 정책의 결정 기관은 극동 위원회(Far Eastern Commission, FEC)와 미국 정부이다. 그리고 "점령 정책의 집행기관은 연합군 최고 사령관(Supreme Commander of the Allied Powers, SCAP) 및 그 산하의 총사령부(General Headquarters, GHQ)이다. 극동 위원회에서 결정된 정책은 미국 정부를 통해 연합군 최고 사령관에게 전달되었다. 연합군 최고 사령관은 점령군의 최고 책임자로서 실권을 장악하고 있었다."[1] 특히 총사령부(GHQ)는 패전 후 일본의 점령 정책을 실질적으로 집행하고 유도하는 전위적 역할을 담당하는 기구였다. 이 기구로부터 일본의 정치, 경제, 사회, 문화의 모든 정책의 방향과 목표가 제시되고 집행되었다. 이러한 점령 정책의 기본 방향과 목표는 "1945년 9월 22일 미국 정부가 발표한 항복 후의 '미국의 초기 대일방침(United States Initial Post-Surrender Policy for Japan)'과 1945년 11월 1일에 공개된 일본 점령과 관리를 위한 연합국 최고 사령관에 대한 초기 기본 지령(Basic Initial

---

1  정현숙·김웅렬, 『현대 일본 사회론』, 한국방송대학교 출판부, 2005, 13쪽.

Post-Surrender Directive to Supreme Commander for the Allied Powers for the Occupation and Control of Japan)에 포괄적으로 제시되고 있다."[2]

이들에 의한 기본적 방향과 목표는 다시는 일본이 전쟁을 일으킬 수 없도록 '비군사화' 정책과 전쟁을 지원하는 사회 구조의 시스템, 즉 수직적 계급 구조에 기인한 일본의 전통적 사회 구조를 타파하여 미국식 민주주의로 재편하는 정책에 맞추어져 있었다. "비군사화의 궁극적인 목적은 일본의 전쟁 수행 능력을 상실하게 함으로써 일본이 두 번 다시 미국 및 세계의 평화와 안전에 위협이 되지 않도록 하는 데 있었다. 그리고 민주화는 이러한 목적의 실현을 위한 사회적 토대를 형성하는 좀 더 근본적인 방법으로 간주되었다."[3] 일본 점령에 대한 미국의 기본적 목적과 목표에 의해 1945년 10월 11일 연합군 최고 사령관 더글라스 맥아더(Douglas MacArthur) 장군은 새롭게 출범한 시데하라 기주로(弊原喜重郎) 내각에 5대 개혁 지령, 이른바 5대 개혁인 여성의 선거권 부여 등을 통한 여성 해방, 노동자의 단결권 보장, 학교 교육의 자유화, 억압적 제도의 폐지, 경제 기구의 민주화로 불리는 정책을 일본 전역에서 추진하도록 했다. 5대 개혁 정책은 그동안 일본을 엄격하게 지탱하고 있으면서 전쟁의 원동력이 되었다고 판단되는 불합리한 일본의 사회 구조를 해체하여 수평적이고 평등한 사회 구조로 새롭게 구축하는 것을 목표로 했다.

일본의 사회 구조를 개혁하기 위한 총사령부의 구체적 실행 조치로서 1945년 12월 선거법 개정이 단행되었다. 선거법 개정으로 "전전(戰前)에는 25세 이상의 남성에게만 주어졌던 참정권이 전후에는 20세 이상 남, 여 모두에게 부여되었다. 또한 중의원 의원, 지방의원, 시정촌장의 피선거권이 25세 이상으로 조정되어 젊은 층이 국정에 참여할 수 있는 기회가 생기게

---

2  이혜숙, 『일본현대사의 이해』, 경상대학교 해외지역연구센터, 2003, 84쪽.
3  위의 책, 85쪽.

되었다."[4] 특히 여성에 대한 참정권 부여는 남성 위주의 일본 사회 구조의 위계질서가 점차 붕괴되어 가는 계기가 되었고, 그러한 현상은 1950년대 산업화, 현대화로 진입하면서 더욱 두드러지게 나타났다.

　총사령부는 회사와 노동자들의 수직적 관계를 보다 유연하게 하기 위하여 노동자들의 단결권을 보장하였다. 노동자들의 단결권 보장은 노동 개혁의 상징적 신호였다. 그 결과 "1945년 12월 노동조합이 일본 역사상 처음 법으로 제정되었는데, 이로써 노동조합을 결성하는 단결권, 노동자 대표를 통해 노동 조건을 교섭하고 결정하는 단체 교섭권, 단체 교섭이 제대로 이루어지지 않았을 경우 파업이나 태업 등을 통해 사용자에게 압력을 가할 수 있는 쟁의권 등 노동 3권이 법률적으로 보장되게 되었다."[5] 총사령부가 노동조합을 법으로 제정하여 노사 관계를 균형적으로 발전시키려고 한 목적은 무엇보다 군국주의의 부활에 맞서 민주주의 정착에 대한 가장 강력한 방어 세력이 될 수 있을 것으로 여겼기 때문이다. 이를 통해 총사령부는 노동조합의 활동이 곧 민주주의를 앞당길 수 있는 역할을 할 것으로 기대하였다. 그러나 노동조합은 1940년대 후반 미, 소간의 냉전이 격화되면서 공산주의자들의 활동 무대로 인식되어 애초의 목표와 인식에서 후퇴했다.

　5대 개혁 정책과 더불어 1946년 1월 1일 총사령부는 일본의 수직적 사회 구조의 정점에 있는 천황으로 하여금 자신은 신(神)이 아니라 인간(人間)임을 선언하게 하고, 일본 민족이 다른 민족보다 우월하다는 신국(神國) 일본 사상을 부인하는 성명을 내도록 했다. 이로써 천황은 신의 후손이며, 일본 민족은 우월하다는 식의 천황제 이데올로기는 공식적으로 부정되었다. 총사령부에 의한 천황의 보편적인 인간화 선언은 일본 사회를 구성하고

---

4　이시재·이종구·장화경, 『현대일본』, 일조각, 2005, 58쪽.
5　정현숙·김응렬, 앞의 책, 20쪽.

있는 수직 구조의 가장 핵심적인 제도, 즉 천황에서부터 일반 가족까지 연결되어 있는 가족 제도인 이에제도(家制度)의 폐지를 가져왔다. 이에제도는 위로는 천황에게 아래로는 가장에게 절대 복종을 강제함으로써 천황에서부터 일반 가정에 이르기까지 모든 계층을 유기적으로 결합시키는 하나의 단일한 사회 구조라 할 수 있다. 총사령부는 이에제도가 일본 사회에서의 철저한 수직적 계급 구조를 낳았고 그것이 일사불란하게 전쟁을 일으킨 가장 큰 원동력으로 파악하고 있었다. 따라서 총사령부는 일본의 이에제도가 존속하는 한 일본의 민주화와 사회 구조의 변화는 근본적으로 이루어질 수 없다고 주장했다.

총사령부가 청산의 대상으로 여겼던 이러한 일본의 사회 구조와 형식, 제도는 교육 제도에 의해서 강화되었다. "교육 전문가들이 분석한 패전 전의 일본 교육의 문제점은 제도나 교과목이 천황제 국가주의를 주입하고 군국주의 사상을 강화하는 것이 가장 중요한 목표의 하나였다는 데 있다. 그리고 이러한 교육은 일본을 군국주의로 발전하게 하였고 초국가주의적 사상을 고취시키는 데 크게 기여하였다. 교사들은 창의적 교육을 능동적으로 주도하는 것이 아니라 정부가 정해 준 교육 내용을 정부의 지침에 합당한 교육 방법에 따라 전달하는 수동적 입장이었다."[6] 따라서 총사령부는 천황에게 충성을 강요하였던 교육에서 벗어나 창의적이고 민주적인 교육의 형태로 변하도록 했다. 이것의 구체적 현상으로 "국무부가 작성한 문서 중 교육 개혁에 관한 내용을 살펴보면 첫째, 반동적 이데올로기를 교과 내용에서 배제한다. 둘째, 민주주의와 평화사상을 학교 교과서나 그 이외의 방법을 통해서 일본인에게 침투시켜 나간다는 것이었다."[7] 총사령부는 교육의 민주화 정책을 통해 일본의 사회 구조를 개혁하고자

---

6　이혜숙, 앞의 책, 127쪽.

7　위의 책, 124쪽.

하였던 것이다.

또한 총사령부는 대기업들과 권력과의 결탁을 일본의 전쟁 수행 능력 중 하나로 파악했다. 따라서 총사령부는 대기업, 즉 재벌의 해체를 일본의 민주주의를 위한 개혁의 중요한 수단으로 인식했다. 그 결과 "총사령부는 1945년 11월에 재벌 재산의 동결 및 해체를 지시하였고 1946년 8월 22일 지주회사정리위원회를 설립하도록 하여 4대 재벌인 미쓰이(三井), 미쓰비시(三菱), 스미토모(住友), 야스다(安田)의 본사를 해산시키고 4개 사를 포함한 83개 사를 지주 회사로 지정해 이들 회사에 대해 해산 또는 주식 처분을 명령했다 …… 1947년 4월 14일에는 공정하면서 자유로운 경쟁을 촉진하기 위해 독점금지법을 공포하였고, 이러한 경제력 집중 배제의 조치로 7월 3일 미쓰이 물산과 미쓰비시 상사에 즉시 해산 명령을 내렸다. 그리고 독점금지법을 보완하기 위해 12월 18일 과도경제력집중배 제법이 제정되었고, 이에 의거해 1948년 2월에 지주회사정리위원회는 325개 사를 집중 배제의 심사 대상으로 지정하였다."[8] 이러한 단계적 조치는 일본에서 기업의 독점을 금지하게 하면서 자본의 집중과 대규모 자본과 권력과의 결탁을 견제하도록 했다.

이러한 5대 개혁 정책의 추진과 함께 총사령부는 일본에서의 개혁 정책을 보다 근본적으로 제도화하기 위하여 1946년 2월 초순부터 직접 헌법 개정 작업에 착수했다. 헌법 개정의 3원칙으로서 "1) 상징적 존재로서 의 천황제의 존속, 2) 일체의 전쟁과 군비의 포기, 3) 귀족 제도의 폐지라는 3원칙에 입각한 헌법 초안의 작성을 총사령부 민정국에 지시하였고, 여기서 작성된 헌법 초안이 일본 정부에 제시되어 부분적 수정을 거친 다음 1946년 10월 7일 국회에서 통과되어 1947년 5월 3일 시행되었다."[9] 헌법

---

8　정현숙·김응렬, 앞의 책, 19-20쪽
9　김장권·김세걸, 『현대 일본정치의 이해』, 한국방송대학교 출판부, 2004, 9쪽

개정의 3원칙에 따라 전쟁을 일으킬 수 있다고 판단된 모든 사회적 구조와 요소들의 해체가 점령 정책의 5대 핵심 개혁 정책에 의해 더욱 강력하게 추진될 수 있게 되었다.

그러나 총사령부의 개혁 정책과 목표, 헌법 개정은 소련과의 냉전이 격화되면서 불가피하게 역코스(reverse course)라는 정책의 변환을 통해 그 목적이 수정되었다. 특히 1948년 소련의 베를린 봉쇄 정책과 중국의 공산화 조짐은 일본에 대한 정책의 수정과 속도 조절을 불가피하게 만들었다. 그 결과 1948년 10월 미국의 안전보장회의에서는 미국의 점령 종료 후에도 일본이 자발적으로 안정을 유지하고 미국의 우호국으로 남기 위하여 경제적, 사회적으로 강해져야 한다는 견해가 우세하였다. 따라서 일본에 대한 주도적인 정책은 공산주의 세력에 대응하기 위한 경제 부흥과 함께 국가의 성장에 초점이 맞추어졌다. 정책 목표의 변화에 따라 먼저 1948년 12월 경제안정원칙인 예산 균형을 맞출 것, 탈세에 대해 엄중히 대처할 것, 융자 대상을 한정할 것, 임금을 안정시킬 것, 가격 통제를 강화할 것, 무역 및 외환 관리를 개선할 것 등이 제시되었다. 그리고 이러한 경제 정책은 1949년 도지 라인(dodge line)으로 구체화되었다. 도지 라인에서는 인플레이션을 억제하고 임금 상승을 억제할 것, 재정 적자를 없애기 위해 부흥 자금을 중단하고 수출품에 대한 보조금을 폐지할 것, 실업 대책을 삭감하고 세금 부담률을 높여 세수의 증대를 꾀할 것 등의 강력한 긴축 정책을 실시했다. 도지 라인에 이어 총사령부는 일본에서 활동하고 있는 공산당원과 그의 동조자들을 정리 대상으로 인식했다. 그 결과 "레드 퍼지(red purge)를 단행했는데 맥아더는 일본공산당 중앙위원 24인을 추방하도록 하는 지령을 일본 정부에 내렸고 다음날 공산당 기관지인 《아카하타(赤旗)》의 편집 간부 17명의 공직 추방을 지령하고 그 후 《아카하타》의 발행도 정지시켰다. 또한 1950년 7월 24일 신문 협회의 대표에게 공산당원과 동조자들의 추방을 권고하여 신문과 방송 분야에서 레드 퍼지가 이루어졌고, 이후 이러한 움직임은 정부기관 및 민간 기업으로 확산하여 그 수는 무려 2만여 명을 넘어서게 되었다."[10] 총사령부의 점령 정책의 목표 설정과 추진은 1950년대 일본 사회의 전반적인 제도와 가치의 변화를 초래했다. 일본의 비군사화와 민주화 정책의 추진과 그것의 전략적 수정인 역코스 정책은 1950년대 일본 경제의 급성장의 배경이 되었고 그것으로부터 다양한 사회적 현상과 모순들이 노출되었다.

## 2. 전통적 사회 구조의 비판과 현대화

패전 이후 총사령부 점령 정책의 연속성과 반작용으로 인하여 1950년대 일본을 관통하고 있는 것은 불합리하고 불평등한 전통적 사회 구조에 대한 지속적인 비판과 경제 성장을 통한 현대화, 그와 연관된 전통적 가치에 대한 재인식을 들 수 있다.

1950년대에도 지속되었던 일본의 전통적 사회 구조 비판의 직접적인 동기는 패전 이후 총사령부에 의한 개혁 정책에서 비롯되었다. 그것은 총사령부가 일본에서 전쟁 이전부터 유지되어 왔던 사회 구조와 요소가 전쟁의 원동력이 되었다고 인식하면서 청산과 비판의 대상이 되었기 때문이다. 특히 패전 이후 일본에 유입된 "미국의 물질적 풍요는 (일본에 비해) 압도적으로 우수하다는 것을 증명한 결과를 초래 하여 전쟁 전의 일본 사회를 부정하는 반전통주의적 사고를 강화시켰다. 전전(戰前)에 했던 것은 전부 악이었으며 새로운 출발은 전후(戰後)부터 시작한다는 사고가 지배적이었다."[11] 이러한 인식의 결과 "일본 사회는 전전의 국수주의적

---

10 정현숙·김웅렬, 앞의 책, 30쪽.
11 구견서, 「전후 일본의 민족주의의 형성과 전개」, 《한국사회학》 Vol.32, 한국사회학회, 1998, 825쪽.

정신문화와 천황을 신적 존재로 위치 지운 천황 절대주의로부터 탈피하려 했다. 천황주의와 국가 중심적 사상의 영향력이 약화되고 국민 통합의 토대가 되었던 집단주의가 배척되었다."[12] 일본에서의 집단주의는 일본 전체 사회 구조와 체계를 구성하고 있는 가장 근본적이며 상징적인 요소라 할 수 있다. 따라서 집단주의에 대한 비판은 일본의 전체 사회 구조를 비판하는 것과 같은 의미를 지닌다고 할 수 있다. 집단주의는 자기가 속한 집단의 목표와 가치를 중시하고 우선한다는 점에서 개인의 목표나 가치가 우선하는 서구의 개인주의와는 본질적으로 다르다. 서구에서의 집단주의는 개인주의에 대한 대립적 개념인 데 비해 일본에서의 집단주의는 개인과 집단, 좀 더 추상적으로 말하면 개(個)와 전체(全體)는 대립, 협조의 관계가 아니라 융합, 일체화의 관계라 할 수 있다. 개인의 이해가 집단의 이해이고 집단의 이해가 곧 개인의 이해이다. 이러한 개인과 집단과의 관계를 스즈키 에이타로(鈴木榮太郎)는 자신의 이익을 지키기 위해서는 집단의 이익을 동시에 추구해야 하며 집단의 성공이나 존속이 자신의 이익이나 장래를 보장하고 있다고 했다.[13] 따라서 일본에서의 집단주의 문화의 성립은 곧 자기가 속한 계층의 신뢰를 토대로 이루어지고 있는 것이다.

이러한 일본의 사회 구조의 근간을 이루고 있는 집단주의에 대하여 루스 베네딕트(Ruth Benedict)는 온(恩)과 온의 반대 의무인 기무(義務), 기리(義理)에서 찾고 있다. 여기서 "온은 수동적으로 입는 의무이고 그 외 생애에서 온갖 접촉을 통해 다른 사람으로부터 받은 온이라 할 수 있다. 온의 반대 의무는 은인에게 부채, 의무를 갚는다는 갚음의 적극적인 의무로서 기무와 기리가 있다. 기무는 아무리 노력하더라도 결코 그 전부를 갚을 수 없고 또 시간적으로도 한계가 없는 의무이다. 기무는 주로 충,

---

12  위의 논문, 816쪽.
13  김선영, 「일본적 집단주의의 사회적 기반에 관한 연구」, 계명대학교 대학원 석사학위 논문, 1997, 13쪽.

효, 임무를 말한다. 기리는 자신이 받은 은혜와 같은 수량만을 갚으면 되고, 또 시간적으로 제한된 부채이다."[14] 따라서 일본의 집단주의 속에는 온(恩, 은혜)을 입고 그 은혜에 대한 의무가 내포되어 있다. 나카에 지에(中根千枝)는 일본의 집단주의를 장(場)—개인의 특정한 자격 등을 문제시하지 않고 개인이 소속되어 있는 특정한 집단—의 문화라고 규정했다. 그는 '장의 문화를 구성원의 전 인격적인 참가를 강조하고 조직과의 일체감을 강조함으로써 공과 사의 구분을 애매하게 하고 다른 집단에 대해서는 배타성을 갖는 폐쇄적인 세계를 형성한다'고 보았다. 그리고 도이 다케오(土居健郎)는 이러한 집단주의 문화를 아마에(甘え)라는 개념을 통해 타인에게 의존하고자 하는 아마에의 심리가 일본인의 독특한 심리로서 널리 존재한다고 지적했다.[15]

그러나 일본 사회 구조의 토대인 집단주의는 이에제도, 즉 가족 제도로부터 발생되었다. 왜냐하면 가족 제도가 집단주의를 발생시키는 근본적인 단위이기 때문이다. 이것은 일본 가족 제도의 특징들이 집단주의의 원형으로 작용하고 있고 그것이 곧 일본의 전체 사회 구조를 형성하고 있기 때문이다. 따라서 일본의 사회 구조에 대한 비판은 집단주의에 대한 비판이자 일본의 가족 제도에 대한 비판인 것이다. 이러한 의미를 지니고 있는 일본의 가족 제도는 성별과 연령, 세대에 따라 자신의 위치가 구분되고 최고의 연장자는 가족의 모든 일에 절대적 권위를 가지고 있으며 가족들은 그러한 절대적 권위에 복종해야 한다. 가족의 우두머리는 절대적 권위를 가지고 가족을 대표하면서 가족과 가문의 명예에 대한 책임을 져야 한다. 그 결과 가족의 우두머리는 가족 내부에서 절대 권력을 행사하게 된다. 이러한 수직적 구조는 필연적으로 계층간, 남성과 여성, 연령 사이에

---

14  루스 베네딕트, 김윤식·오인석 옮김, 『국화와 칼(The Chrysanthemum and the Sword)』, 을유문화사, 2002, 145쪽.
15  정현숙·정미애, 『일본 사회문화의 이해』, 방송통신대학교 출판부, 2005, 42-43쪽.

불평등한 구조를 드러내게 되고 그것이 곧 일본의 사회 구조 속에 뿌리 깊게 내포 되어 있었음을 의미한다. 그리고 이러한 가족 제도를 가족 자체로 제한하는 것이 아니라 "국가의 기본적인 편성 단위로 간주하고 천황과 국민의 관계를 본가와 분가의 가계로서 파악하거나 천황을 대가장 (大家長), 국민을 적자(赤子)로 간주하고, 또는 천황가가 모시는 신화적 조상의 우산 아래 이에(가족)의 조상을 수렴시키는 이데올로기로 개발될 수 있었던 것은 이에 내부에 그 성원을 통합하는 원리로서의 출계가 존재했기 때문에 가능했다."[16]

가와시마 다케요시(川島武宜)는 일본 사회 구조가 절대적 권위와 수직적 구조를 가지고 있는 일본 가족 제도의 의제적 관계에 기초하고 있다고 하면서 이러한 가족제도를 비판했다. 그는 이에제도라고 불리는 일본의 전통적인 가족 제도가 가장의 절대적 권위에 대한 복종을 기초로 하고 있으며 이런 가족 관계는 스스로의 판단에 따라 행동하는 근대적인 인격체를 만들어내지 못한다고 지적한다. "이러한 가족생활의 원리는 사회생활 전반에 그대로 확대되어 나타나게 되는데 그 결과 일본인의 사회관계는 권위에 의한 지배와 권위에 대한 무조건적 복종의 관계를 이루고 있으며 자신의 가치관과 판단에 따라 행동하기보다는 타율적으로 행동하며 자신의 행동에 대해 책임감을 갖지 않는 사람을 낳고 있다고 했다."[17]

총사령부는 점령 당시 일본의 집단주의와 연결되어 있는 가족 제도를 중요한 개혁 대상의 하나로 여겼다. 그 결과 일본의 가족 제도는 총사령부에 의해 1947년 11월 국회의 동의를 거쳐 1948년 1월 법률로서 폐지되었다. 구체화된 법률 조항은 "대가족 제도로서의 이에제도를 폐지하고 부부 중심의 근대적인 혼인 가족 제도를 채용하여 가족 관계에서 개인의 존엄과

---

16 김선영, 앞의 논문, 36쪽.
17 정현숙·정미애, 앞의 책, 154쪽.

남녀평등을 관철시키려는 것이었다. 민법 개정에 의해 이에 및 호주에 관한 규정이 폐지됨에 따라 결혼과 가족에 대한 개념은 이전과 다른 의미로 작용하였다."[18] 이처럼 일본의 사회 구조 전체를 이루고 있는 가족 제도, 집단주의는 패전 이후 일본에서 가장 먼저 청산되어야 할 핵심적 요소였다. 일본 사회 구조를 개혁하고 청산하기 위하여 그 사회 구조를 이루고 있는 가장 근본적인 가족 제도와 그로부터 발생된 집단주의 등은 역사적 전개 과정 속에서 개혁의 대상이 되었던 것이다.

그리고 1950년대 일본은 해방과 더불어 경제성장을 통한 현대화로의 진입을 최우선 정책으로 정했다. 이러한 일본의 목표에 의해 패전 이후 그동안 일본 사회에서 비판의 대상이 되었던 전통적 사회 구조와 가치에 대한 재인식이 시도되었다. 이것은 경제 성장 정책과 현대화라는 국가적 목표를 실현하기 위하여 일본 국민들을 하나로 묶는 장치가 필요했기 때문이다. 패전 이후 일본이 지니고 있었던 전통적인 사회 구조에 대한 후진성과 개인의식의 결핍이 강조되어 문화적으로 자기 상실에 빠져 있던 일본 국민들에게 전통적인 사회 구조와 문화적 가치를 재인식시킴으로써 자긍심을 고취시키고 정체성을 확보하는 것이 중요했다. 왜냐하면 패전 이후 점령 정책으로 격하 되었던 일본의 전통적인 사회, 문화적 가치가 일본의 경제 성장의 동력으로서 새로운 목표를 실현하는 데 중요한 정신적 기능을 한다고 판단했기 때문이다. 그 결과 일본은 1950년대 부유하고 현대화된 경제 국가라는 새로운 목표를 실현하기 위하여 "국가적, 국민적 역량을 총동원하여 경제 성장을 달성할 수 있었고 국제 사회에서 경제 대국으로 탈바꿈하게 되어, 일본 사회에서 부정되어 왔던 전통 문화를 재평가하는 계기가 되었으며, 서구 사회의 발전을 주도해 왔던 서구형 발전 모델의 위기를 극복하는 원동력을 전통문화에서 찾았다. 그 과정에서

_____

18  이혜숙, 앞의 책, 145쪽.

일본 기업가들은 전통적인 집단주의 문화를 기업 문화의 근간으로 삼았다. 전통적인 집단은 개인이 획득한 자격보다는 장소에 의해 형성되며, 집단으로의 전면적 참가와 종적 조직에 의한 인간관계로 구성되는 특징이 있다 …… 전통적 가족주의 원리는 기업 조직에서 자기와 타자가 정서적으로 결속감을 갖게 하는 조직 원리로 작용했다."[19] 이와 같은 일본의 사회 구조와 전통에 대한 재평가와 재인식은 "근대화를 달성한 서구의 개인주의적 신화와 근대주의적 신화로부터 탈피하여 일본적 집단주의와 일본적 전통주의로 근대화를 달성했다는 일본적 신화의 기초가 되었다."[20] 이처럼 일본의 전통적인 사회 구조와 가치에 대한 재인식은 1950년대 일본 국가의 경제 성장과 결부되어 있음을 알 수 있다.

따라서 1950년대 일본에서는 패전 이후 불합리와 불평등의 상징으로 여겨졌던 전통적인 사회 구조와 가치에 대한 비판적 시각과 경제성장을 통한 부국과 현대화 정책 추진을 위해 비판의 대상이 되었던 전통의 사회 구조와 가치에 대한 재인식이 공존하고 있었다. 이러한 현상, 즉 같은 시기에 발생한 역사적 현상에 대한 서로 다른 인식은 양립할 수 없는 것처럼 보이지만 1950년대 일본의 사회, 문화를 지배하고 있던 역사적 풍경이기도 했다. 모든 역사적 현상들이 와해와 후퇴의 역사적 합목적성을 가지고 있는 것처럼 패전 이후부터 1950년대의 일본에서 이루어진 역사적 상황들 – 전통적인 일본 사회 구조와 가치의 격하, 1950년대의 경제성장 우선정책과 현대화, 그것을 달성하기 위한 동력으로 패전 이후 격하되었던 일본의 전통적인 사회 구조와 가치에 대한 재인식 – 역시 이러한 역사적 합목적성을 통해 전개되었다. 이러한 가치들이 혼재되어 나타나고 있는 시기가 바로 1950년대 일본의 실체적 현상이었다.

---

19  구견서, 앞의 논문, 831쪽.
20  위의 논문, 837쪽.

이러한 1950년대 일본의 역사적 특징들은 미조구치 겐지, 오즈 야스지로, 구로사와 아키라, 나루세 미키오 등의 영화에서 중요한 창작의 재료로 나타나고 있다. 이들 영화감독들은 자신들의 작품 속에 불합리 하고 모순된 일본의 전통 사회 구조와 가치를 비판하기도 하고, 당면하고 있는 1950년대를 진단하면서 일본의 정체성을 드러내기도 하였고 경제성장과 현대화로 변해 가는 일본의 전통적 사회 구조와 가치의 와해를 묘사하기도 했으며 일본인들의 삶 속에 내포되어 있는 아름다움에 대한 시각을 자신들의 영화 표현 수법에 적용하기도 하였다.

## 3. 영화 제작 환경의 변화

1950년대로 진입하면서 일본 영화는 새로운 환경을 맞이했다. 첫째는 독립영화 제작사의 등장을 들 수 있고, 둘째는 대형 영화사들의 활성화를 들 수 있다. 특히 독립영화 제작사의 등장으로 패전 이후 총사령부의 하부 조직인 민간정보교육국(Civil Information and Education Section, CIE)과 민간검열대(Civil Censorship Detachment, CCD)에 의해 통제되었던 검열과 같은 제약 조건들이 1950년대 완전한 해방과 더불어 해제되면서 역사적 사건에 대한 주관적 해석이 가능하게 되었다. 독립영화 제작사에 의해 만들어진 영화는 전쟁이라는 역사적 사건 묘사에 있어서 매우 특별한 의미를 지니고 있었다. 이 영화들은 전쟁의 비참함과 원자 폭탄의 후유증에 초점이 맞추어져 있기 때문에 오히려 피해자로서의 일본이 부각되면서 전쟁 당사자로서의 책임이 모호해졌는데, 이것은 제2차 세계대전의 역사적 원인과 책임에 대한 본질을 흐리게 하는 결과를 가져왔다. 이와 같은 경향의 영화들로는 근대 영화협회인 '독립영화사'를 결성하여 포격당한 어린이들의 후유증을 묘사한 "요시무라 고자부로(吉村公三郎)와 신도 가네

토(新藤兼人)의 영화 〈원폭의 아이(原爆の子, 1952)〉를 들 수 있다 ……
(또한) 이마이 다다시(今井正)는 〈히메유리의 탑(ひめゆりの塔, 1953)〉에
서 격전지 오키나와에서 죽은 소녀들을 아름답게 묘사해 냈다. 기노시타
게이스케(木下惠介)는 〈24명의 눈동자(24のひとみ, 1954)〉에서 소학교
여교사의 눈에 비친 제자들의 비참함을 그렸고, 이치카와 곤(市川崑)은
〈버마의 하프(ビルマの竪琴, 1956)〉에서 외국에서 싸우던 일본 병사들의
진혼을 주제로 한 작품을 제작하였다 …… 1950년대에는 그밖에도 〈전함
야마토(戰艦ヤマト)〉와 〈태평양의 독수리(太平洋の鷲)〉, 〈군신 야마모토
원수와 연합함대(軍神山本元帥と連合艦隊)〉 등 전쟁에 대한 기억을 담은
영화가 양산되었다."[21]

이와 같은 독립영화 제작사와 더불어 1950년대 일본 영화의 새로운
환경 변화의 한 축은 대형 영화사들－쇼치쿠(松竹), 도호(東寶), 다이에이
(大映), 신도호(新東寶), 도에이(東映), 닛카쓰(日活)－이 일본 영화 산업을
장악하면서 작품의 양적 팽창이 활성화 되었다는 데 있다. 이들 대형
영화사들은 저마다 고유한 장르와 테마에 따라 제작을 활성화시켜 양산
체제에 들어갔다. 그 결과 일본 영화계는 "1950년에 2천6백4십1개에 달하던
영화관 수가 1959년에 7천4백1개로 늘어났으며, 제작 편수도 1950년의
215편에서 1953년에는 302편, 1956년 이후에는 500편 안팎의 양산 체제를
확립했다. 당시 일본 영화의 주종은 오락 영화였고 미점령군의 보호 하에서
미국 영화, 유럽 영화들이 시장을 석권하고 있었다. 1951년의 경우 일본
영화가 208편이 개봉된 데 반해 외국 영화는 231편(미국 영화 181편)이
개봉되었다 …… 관객 증가의 수치를 보면 1940년에 4억 명이었던 관객이
1952년에는 8억3천 명, 1958년에는 11억2천만에 달해 정점을 이루었다."[22]

---

21  요모타 이누히코, 박전열 옮김, 『일본영화의 이해(日本映畵史 100年)』, 현암사, 2001.
    158-159쪽.
22  주윤탁 외, 『아시아 영화의 이해』, 제3문학사, 1993, 64-65쪽.

이처럼 이 시기 일본에서는 영화 제작 환경이 이원화 되면서 독립영화 제작사에서는 그동안 총사령부에 의해 통제되어 다루지 못했던 전쟁 책임자와 가해자로서가 아닌 피해자로서의 일본을 묘사함으로써 심각한 역사 왜곡이 이루어졌고, 대형 영화 제작사에서는 다양한 오락 영화 등으로 잊고 싶은 전쟁 패배의 정서를 치유하였다. 그러나 영화 제작 구조의 빠른 환경 변화에도 불구하고 1950년대 일본 영화 창작의 중심적 토대는 패전 이후 전통적인 일본의 사회 구조와 가치에 대한 비판적 시각과 1950년대 국가의 목표인 경제 성장과 현대화 정책 추진으로 인해 형성된 전통적 사회 구조와 가치에 대한 재인식에 근거하고 있다. 1950년대의 이러한 경향은 미조구치 겐지, 오즈 야스지로, 구로사와 아키라, 나루세 미키오 등의 영화에서 주요한 표현 대상이 되었다. 이들은 서로 다른 가치가 양립하고 있는 1950년대 일본의 역사적 상황에 주목하였고, 거기에서 발생된 다양한 현상들ー불합리한 전통적 사회 구조의 비판, 일본의 현대화 과정 속에서 와해되는 전통적 사회 구조, 패전 이후 일본의 정체성과 연관된 전통적 가치에 대한 재인식ー을 자신들의 미학적 원리와 결합시켜 표현했다. 이들 작품의 영화적 내용과 형식은 1950년대 일본 사회가 직면하고 있던 일본 역사의 현재성이자 미학적 표현 형식인 것이다.

## 4. 사회 구조의 비판과 현대화, 가치의 재인식

### 불평등한 사회 구조의 비판과 여성

1950년대 일본 영화 역사에서 일본의 사회 구조에 대한 날카로운 비판을 가장 중요한 창작의 원동력으로 삼았던 감독으로는 미조구치 겐지를 들 수 있다. 그는 이 시기 다른 어떤 감독들보다 불합리하고 불평등한 일본의 사회 구조를 강도 높게 비판했다. 이러한 비판의 이면에는 가난 때문에 게이샤로 팔려간 누이와 아버지의 폭력을 목격하면서 자란 미조구치 감독의 불행한 어린 시절에 기인한다. 그의 개인적 삶의 역사는 자신의 창작 과정에서 여성의 비극적인 운명과 불행한 삶을 통해 불합리하고 불평등한 일본의 역사와 사회 구조를 바라보도록 이끌었다. 그는 여성의 비극적인 운명과 불행한 삶의 역사를 일본의 사회 구조 속에서 가장 모순되고 불합리한 제도의 산물로 보았다. 따라서 그의 영화에는 철저한 남성 위주의 계급 구조로 형성된 과거 일본 사회 구조에 의해 희생된 비극적이고 불행한 여성의 삶이 영화의 전면에 등장한다. 그들 여성의 비극적 운명과 불행한 삶은 단순히 일차적 의미만을 지니고 있지 않다. 이를 통해 미조구치 는 일본의 역사와 사회 구조에 내재하고 있는 불합리하고 불평등한 모순을 드러내고자 했다.

이러한 토대 위에서 만들어진 미조구치의 창작 방향과 목표는 〈오유님 (お遊さま, 1951)〉과 〈무사시노의 부인(武藏野夫人, 1951)〉에서부터 그의 마지막 영화 〈수치의 거리(赤線地帶, 1956)〉에 이르기까지 그의 대부분의 영화에 나타나고 있다.

사회의 도덕적 제약으로 서로 사랑하는 사람들의 안타까움과 불행을 묘사하고 있다는 측면에서 〈오유님〉과 〈무사시노의 부인〉은 비슷한 특징 을 지니고 있다. 이중 〈무사시노의 부인〉에서는 제2차 세계대전 이후 전쟁을 일으킨 군인에 대한 비판이 언급되면서 패전 이후 무너지고 있는 일본의 사회적, 도덕적 가치를 다시 세우는 것은 "사람에 대한 신뢰와 사람의 말을 믿어야 하는 것"이라고 했다. 패전 이후 일본의 사회 구조와 전통적 가치가 혼란스러운 시기에서 일본의 정체성을 찾는 일은 신뢰임을 암시하고 있는 것이다. 이를 미조구치는 영화 속 인물인 미치코의 발언과 희생을 통하여 구현하고 있다. 그는 행복하지 않은 여성의 삶을 패전 이후 일본 사회의 도덕적 질서를 견인하는 매개물로 표현했던 것이다.

불행한 여성의 삶과 희생이 불합리하고 불평등한 일본 사회 구조의 상징으로 나타나고 있는 것은 1950년대 미조구치의 대표작 중 하나인 〈오하루의 일생(西鶴一代女, 1952)〉을 들 수 있다. 그는 이 영화에서 남성 위주의 계급 구조 속에서 비극적이고 불행하게 희생되어 가는 여성을 직접적으로 묘사하고 있다. 미조구치는 여성의 비극적인 운명을 통하여 일본의 사회 구조와 계급, 남성과 여성의 차별을 비판했다. 그는 이 영화에서 한 여성, 즉 오하루가 일본의 엄격한 신분 사회 구조에서 신분이 낮은 남성과 사랑을 하게 되면서 그와 함께 자신의 신분도 점차 추락하여 결국 창녀로 전락해 가는 과정을 묘사하고 있다. 미조구치는 "이 세상의 모든 사회적 계층이 사라지는 날이 오기를 진심으로 바란다"는 영화 속 인물인 가쓰노스케의 유언과 오하루의 절규, "서로 사랑하는데 계층이 같고 다름이 무슨 문제가 되나요"를 통해 일본의 사회 구조와 계급, 남성과 여성의 차별이 한 여인(인간)을 어떻게 파멸시키고 절망에 이르게 하는지를 보여주고 있다. 이를 통해 미조구치는 일본 사회 구조의 모순을 정면으로 비판하고 있는 것이다. 그는 이 영화에서 오하루의 추락은 곧 한 개인의 욕망으로부터 비롯된 것이 아니라 일본이 본질적으로 지니고 있는 불합리한 사회 구조로부터 기인한다고 보았다. 따라서 사회 구조가 변하지 않으면 여성의 불행, 곧 인간의 불행은 피할 수 없다는 것을 이 영화를 통해 제시하고 있는 것이다. 이를 위한 효과적인 표현 방법으로 미조구치는 자연과 불교 사상에 기반 한 일본의 전통적인 미의식인 관조적 수법을 채택하고 있다. 특히 가쓰노스케가 오하루에게 사랑을 고백하는 장면에서 사용한 파노라마와 수평 트래킹 쇼트(tracking shot), 롱 테이크(long take), 크레인(crane)과 하이 앵글(high angle) 등의 표현 수법은 마치 일본의 전통적인 회화 두루마리 족자를 펼쳐 보이는 것처럼 인물의 움직임을 따라 건물 내부의 공간을 드러내면서 제한된 공간을 오히려 프레임 외의 공간으로 활용하여 관객으로 하여금 긴장감을 유도하고 공간을 확장시키는 효과를 나타내고 있다. 이러한 미조구치의 수법은 "패닝 (panning)과 트래킹을 이용해서 탈중심화 된 시점을 제시하고 있으며 일본식 가옥의 내부 구조를 이용해 등장인물의 내적 상태와 대비되는 공간을 묘사하고 있다."[23] 그의 표현 수법은 관객들로 하여금 인물과 사물 자체에 대한 집중을 통하여 시각 주체를 명확히 하면서 화면 자체로만 의미가 발생하는 것을 근본적으로 차단하고 있다. 즉 화면 속의 인물과 사물이 각각의 주체로서 작용하기보다는 오히려 관객의 인식의 대상으로 위치시킴으로써 화면의 의미와 시각의 풍요로움을 생산하게 한다. 이러한 표현 수법의 극단적 예는 가쓰노스케의 참수 장면에서 보여진다. 이 장면에서 검(劍)은 오히려 가쓰노스케를 부재시키는 역할을 하게 되고 참수 장면의 효과를 극대화하는 기능을 한다. 예컨대 "사형집행인이 형을 집행하려 할 때 카메라는 가쓰노스케를 떠나서 검을 중심으로 화면을 구성한다. 일련의 카메라 움직임과 피사체의 이동이 진행되는 동안 검은 주된 동일시 존재로서 화면 안에 나타났다 사라지기를 반복하며 마침내 카메라가 검의 이동을 따라 위쪽으로 이동하는 순간, 검은 그것의 부재를 알리는 공허한 하늘만 남긴 채 화면에서 사라진다. 사형 집행인은 검을 든 채 다시 프레임 안으로 걸어 들어온다 …… 검의 움직임으로 알 수 있는 것은 화면 밖에서 벌어지는 실제적인 참수형뿐 아니라 그러한 과정적인 광경을 통해 보여지는 극단적인 부재 현상들의 결합 또한 의심할 여지없이 화면 밖에서 감추어진 일들에 대한 관객의 욕구를 한층 더 강렬하게 만든다."[24] 인물의 부재를 통한 이러한 수법은 화면 내부의 사건을 화면 외부로 확장시키면서 표현의 풍요로움을 창출하였다. 즉 "화면에서 나타나고 있는 인물과 관객과의 동일시를 약화시킴으로써 관객의 자율권과 식별력을

---

23 민병록, 『미조구치의 작품세계』, 시네마테크 부산, 2003, 30쪽.
24 아서 놀레티·데이비드 데서, 편장완·정수완 옮김, 『일본영화 다시보기(Reframing Japanese Cinema)』, 시공사, 2001, 80쪽.

강화하고 있다."[25]

이러한 그의 표현 수법은 무엇보다 일본의 전통적인 미의식에 기반한 것이다. 자연과 불교 사상으로부터 형성된 일본의 전통적 미의식인 관찰과 관조에 대한 태도가 미조구치 영화의 표현 수법에 적지 않은 영향을 미쳤다. 이것은 1950년대 그의 창작 수법에 있어 지배적인 경향을 형성했을 뿐만 아니라 일본의 사회, 문화적 측면에서 중요한 의미를 지니고 있다. 1952년 〈오하루의 일생〉, 1953년 〈우게츠 이야기(雨月物語)〉, 1954년 〈산쇼다유(山椒太夫)〉가 베니스영화제에서 연속으로 수상하고 그의 원 쇼트 원 시퀀스 트래킹 쇼트(one shot one sequence tracking shot)가 독창적인 것으로 평가받자 패전 이후부터 일본 내에서 전개되어 왔던 일본의 전통적인 사상이나 미의식을 부정하는 논쟁이 점차 사라지게 되었다.[26] 어쩌면 그는 이 영화를 통하여 일본의 전통적인 사회 구조와 가치에 대한 비판과 함께 전통적 가치에 대한 재인식을 불러일으키는 1950년대 아이러니한 일본의 역사적 의미를 드러내고 있는 것인지도 모른다.

미조구치 영화가 지니는 이러한 역설적 의미에도 불구하고 그는 자신의 영화에서 전통적인 일본의 사회 구조와 가치의 불합리한 모순들을 드러냄으로써 동시대 일본의 사회 구조와 가치 그리고 현대화를 비판하고 있다는 것은 부인할 수 없다. 이러한 측면에서 1950년대 일본의 경제 성장 정책과 현대화가 맞물리면서 인간의 삶과 행복의 조건으로서 물질에 대한 탐욕과 출세에 대한 욕망이 얼마나 허망한 것인가를 보여주고 있는 미조구치의 〈게이샤(祇園子, 1953)〉와 〈우게츠 이야기〉는 매우 의미 있는 작품이라 할 수 있다.

미조구치는 영화 〈게이샤〉에서 물질 앞에서 무너지는 여성을, 〈우게츠

---

25 위의 책, 85쪽.
26 사토오 다다오, 유현목 옮김, 『일본영화사(日本映畵史)』, 다보문화, 1993, 267쪽.

이야기〉에서는 입신양명을 위해 가족을 버리고 떠난 도공 겐쥬로와 토베―사무라이가 되어 출세하겠다는―에 관해 묘사하고 있다. 특히 〈우게츠 이야기〉에서 겐쥬로와 토베는 자신들이 떠난 이후 가족이 해체되면서 맞게 되는 비극적 상황을 목격하면서 자신들이 꿈꾸었던 입신양명과 출세가 얼마나 무의미한 것인지를 깨닫게 된다. 미조구치는 이들 두 인물을 통해 물질과 출세가 행복한 삶의 절대조건이 아님을 묘사하고 있다. 이러한 물질에 대한 탐욕과 출세에 대한 욕망은 1950년대 경제 성장과 현대화로 변해 가는 일본 사회의 풍경과 비유되고 있다고 할 수 있다. 따라서 이들 영화에는 1950년대 일본의 현대화에 대한 우회적 비판이 내포되어 있음을 알 수 있다.

여성의 불행한 삶을 통해 일본의 전통적인 사회 구조를 비판한 미조구치의 창작 경향은 〈산쇼다유〉, 〈지카마츠 이야기(近松物語, 1954)〉, 〈신헤이케 이야기(新平家物語, 1955)〉, 〈양귀비(楊貴妃, 1955)〉, 〈수치의 거리〉에서도 이어진다.

이들 영화중에서 〈산쇼다유〉는 한 가정의 아버지 히라마사가 부당하게 유배되면서 가족 전체가 질곡의 운명으로 빠져들게 되는 이야기를 다루고 있다. 이 영화에는 가장이 부당하게 유배되어 있는 섬으로 아버지를 찾으러 가는 과정에서 인신 매매단의 꼬임에 빠져 창녀로 변하게 되는 어머니 타마키, 노예로 팔려가는 딸 안쥬와 오빠 즈시오가 등장한다. 여기서 노예로 전락한 딸은 오빠의 탈출을 돕기 위해 호수로 뛰어들어 죽게 되고 오빠는 탈출하여 행정관이 되어 돌아와 자기가 관리하고 있는 지역에서 불평등한 계급을 해체시킨 후 그 관직을 버리고 어머니를 찾으러 떠난다. 미조구치는 이 영화를 통해 일본 사회를 형성하고 있는 계급 구조에 대한 비판과 함께 인간은 모두 평등할 권리가 있다는 것을 제시하고 있다. 이러한 창작의 목표를 미조구치는 영화 〈산쇼다유〉에서 아버지가 유배되면서 아들에게 한 말을 빌어 드러내고 있다. 즉 "인간은 모두가 평등할 권리가 있다. 동정심이 없는 것은 인간이 아니다"라는 말 속에 미조구치가 겨냥하고 있는 영화 창작의 궁극적 목표가 내포되어 있는 것이다.

영화 〈산쇼다유〉가 일본의 사회 구조와 계급에 대한 비판과 함께 보편적 인간의 평등사상을 묘사하고 있다면 몰락한 집안을 구하기 위해 돈 많은 한지 공장 주인의 아내가 된 여인과 그 공장에서 일하고 있는 하인 사이의 통정이 발각되어 그들 모두 비극적인 죽음에 이르게 된다는 내용의 〈자카마츠 이야기〉는 전통적으로 존재해 온 남성과 여성의 불평등에 기반 한 사회 구조와 제도를 비판하고 있다. 미조구치는 이 영화에서 서로 사랑하는 두 연인의 비극적 결말을 통해 인간의 비극성은 불평등하고 불합리한 경직된 사회 구조와 체계, 규약의 모순들로부터 발생한다는 것을 보여주고 있다. 이와 같은 미조구치의 시각은 〈신헤이케 이야기〉에서도 유지되고 있다. 그는 이 영화에서도 진실에 의해 사회의 정상화를 추구하고자 하는 인물인 사무라이가 천황의 견제로 오히려 부당하고 비극적인 모습으로 전락해 가는 과정을 묘사하면서 일본의 사회 구조와 제도, 규약의 부당함을 드러내고 있다. 그럼에도 불구하고 이 영화는 다가올 시기를 긍정적이고 희망적으로 묘사하고 있다. 이러한 묘사는 1955년 일본이 경제 계획을 제도적으로 수립하던 시기와 맞물리면서 다양한 역사적 의미를 내포하고 있다고 할 수 있다.

일본이 직면하고 있는 동시대의 사회적 상황과 여성과의 관계를 드러낸 영화는 제2차 세계대전 이후 당시 일본 풍경을 배경으로 하고 있는 미조구치의 마지막 작품인 〈수치의 거리〉에서도 나타난다. 미조구치는 이 영화에서 매춘의 거리에서 일하고 있는 다양한 여인들의 삶―유메는 자식을 위하여, 하나에는 병든 남편과 자식을 위하여, 야스미는 아버지의 보석금을 위하여, 미치코는 아버지에 대한 반발로, 고리에는 시집가기 위하여― 을 조망하면서 경제 대국을 강조하는 일본 정부와 물질로부터 결코 자유로울 수 없는 현대화되어 가고 있는 일본 사회의 풍경을 묘사했다. 그는 매춘 거리의 여인들을 통하여 1950년대 경제 성장과 현대화되어 가는 일본 사회의 이면에 드리워진 어두운 그림자들을 묘사한 것이다.

이처럼 미조구치의 영화에는 항상 비극적인 결말에 이르는 여인들이 그 중심에 있다. 그러나 그는 단순히 여인들의 비극적 모습에만 주목하지 않았다. 그는 여인들의 비극적인 삶을 통하여 일본 사회 속에 내재하고 있는 불평등한 계급 구조, 남성과 여성의 차별 등과 같은 전통적인 사회 구조를 비판하였을 뿐 아니라 현대화되어 가는 일본 사회의 불합리한 이면도 드러내고자 했다. 미조구치는 이와 같은 사회 구조 속에서 최대의 피해자는 여성이라고 생각하고 자신의 영화 속에서 묘사된 여인의 비극성 속에 일본의 모든 사회 구조의 불평등과 모순들이 내재되어 있다고 판단하였다. 이것은 곧 미조구치 영화에서 중요한 것은 인간과 사회 구조의 모순에는 여성들의 희생과 불행한 삶이 자리하고 있다는 것을 의미한다. 이러한 인식으로 인하여 미조구치는 전통적인 일본의 사회 구조와 가치의 모순을 통해서 1950년대에 직면하고 있는 일본의 현재성을 연결시키고자 했다. 따라서 1950년대 만들어진 그의 영화 속에는 전쟁 이전부터 존속되어 왔던 전통적 사회 구조와 가치에 기반 한 불합리한 역사에서부터 경제 성장 정책으로 현대화되어 가고 있는 1950년대가 함께 연결되어 있다. 그는 영화를 통해 일본의 사회 구조와 가치에 대한 비판뿐 아니라 경제 성장 정책으로 현대화되어 가고 있는 일본 사회의 모순들에 대한 비판을 동시에 하고 있는 것이다.

## 전통적 가치의 와해와 가족

1950년대 일본 영화에서 다루고 있는 중요한 것 중 하나는 경제 성장과 함께 일본의 현대화가 진행되면서 나타나는 전통적 가치의 와해를 들수 있다. 이 시기의 감독들 중 오즈 야스지로는 경제 성장으로 현대화되어가고 있는 1950년대 일본의 풍경과 함께 전통적 사회 구조와 가치의와해 그 자체에 주목했다.

이와 같은 오즈의 창작 경향은 1949년에 만든 〈만춘〉에서 엿볼 수있다. 오즈는 이 영화에서 제2차 세계대전 이후 개혁의 대상으로 인식되었던 일본 사회의 수직적 구조의 기본 단위인 가족을 오히려 딸의 결혼과아버지의 재혼이라는 소재를 통해 헌신과 배려, 사랑으로 이루어진 공간으로 묘사했다. 오즈에게 〈만춘〉은 일본의 전통적 가치와 경제 성장 정책, 현대화를 대비시키면서 1950년대 일본이 직면하고 있는 역사적 상황을객관적이고 관조적으로 바라보게 하는 창문의 틀과 같은 영화이다. 그의영화에는 경제 성장 정책으로 현대화되어 가고 있는 일본 사회의 변화와그 속에서 허물어져 가는 전통적인 사회 구조와 가치의 가장 근본적단위인 가족이 중심을 이루고 있다. 오즈는 1950년대 일본의 사회적풍경을 통해 현재와 과거의 일본을 대비시키면서 역사의 변화 과정을보여주고 있는데, 이러한 창작 목표와 수법은 1950년대 오즈의 모든 영화에서 나타나고 있다고 해도 과언이 아니다.

이러한 측면에서 볼 때 1951년에 등장한 〈맥추(麥秋)〉는 적절한 예가될 수 있다. 이 영화는 노리코가 이미 결혼 경험이 있는 남성과 결혼을하려는 것으로부터 시작된다. 가족 모두 그 결혼을 반대하지만 그녀는반대를 무릅쓰고 자신의 의지대로 결혼을 한다. 오즈는 이 영화에서 노리코의 결혼 문제를 통해 부모와 자식, 남성과 여성, 형제간의 갈등과 대립을다루면서 패전 이후 산업화, 현대화되면서 나타난 일본의 다양한 가족들의모습을 통해 전통적인 가족 구조의 질서가 와해되어 가는 모습을 일상적인삶이라는 틀 속에서 묘사하고 있다. 따라서 영화에서는 일상적 삶 속에서의전통적인 사회 구조라 할 수 있는 부모와 자식, 남성과 여성의 위치가

현대화와 함께 이미 변해 가고 있음을 묘사하고 있다. 이러한 오즈의 창작 목표와 수법은 영화 〈맥추〉에서뿐 아니라 1950년대의 영화 〈오차즈케의 맛(お茶漬の味, 1952)〉, 〈동경 이야기(東京物語, 1953)〉, 〈조춘(早春, 1956)〉, 〈동경의 황혼(東京暮色, 1957)〉, 〈피안화(彼岸花, 1958)〉, 〈부초(浮草, 1959)〉, 〈안녕하세요(お早よう, 1959)〉, 〈가을 햇살(秋日和, 1960)〉, 〈고하야가와가의 가을(小早川家の秋, 1961)〉, 〈꽁치의 맛(1962)〉에서 일관되게 묘사된다.

특히 〈동경 이야기〉에서 오즈는 노부부가 결혼한 아들과 딸, 전쟁 미망인이 된 며느리의 집을 방문하게 되면서 그들의 삶을 통해 산업화, 현대화 과정 속에서 가족 간의 전통적인 연대감과 사회적 가치가 이미 변해 버린 1950년대 일본의 풍경을 묘사하고 있다. 오즈는 일본의 전통적인 사회 구조 및 가치와 현대화되어 가면서 변해 가고 있는 일본을 양립시키면서 1950년대 현재 일본에 대한 자신의 역사적 시각을 드러내고 있다. 이와 같은 오즈의 창작 수법은 영화 〈조춘〉에서도 드러난다. 그는 현대화된 도시 풍경을 배경으로 일상적으로 일어나는 다양한 인간의 모습과 고민을 각각의 인물들을 통해 묘사했다. 오즈는 이 영화 속의 젊은 부부들의 갈등과 고민을 통해 1950년대 일본의 변화된 사회 구조와 가치를 보고자 했다. 왜냐하면 이 영화에서 묘사된 부모와 자식, 남성과 여성 간의 대립과 갈등은 1950년대 일본의 사회 구조의 변화를 읽을 수 있는 함축적인 요소들이기 때문이다. 오즈에게 가족은 일본의 전통적 사회 구조와 가치 그리고 현대화로 인하여 형성된 새로운 일본으로의 변화를 암시하는 상징적 재료이다. 따라서 오즈에게 가족과 가족을 구성하고 있는 인물들 그리고 그들 사이에서 일어나고 있는 대립과 갈등은 일본 사회의 축소판이라고 할 수 있다. 그는 가족 내에서 벌어지고 있는 다양한 갈등과 사건들을 전통적 가치와 현대적 가치의 대립으로 보았고 그것이 곧 1950년대의 일본 사회를 의미한다고 판단했던 것이다.

이렇게 가족을 통해 전통적 사회 구조 및 가치와 현대화된 일본의 가치를 대비시켜 묘사한 창작 수법의 기조는 오즈의 최초의 컬러 영화인 〈피안화〉에서도 유지되고 있다. 영화 〈피안화〉에서는 아버지 세대들이 모여서 부인과 여성에 대해 농담을 하는 장면으로 시작된다. 이들은 당시 젊은이들의 자유스러운 결혼에 대해 부정적인 의견을 피력한다. 그중 한 명은 딸의 결혼 문제로 갈등을 겪고 있는데 그 과정에서 아버지의 권위는 받아들여지지 않는다. 이것은 이미 시대가 변했다는 것을 의미한다. 그리고 아버지 세대는 이미 변화의 대상이 되고 있음을 받아들여야 한다는 것으로 묘사되고 있다. 이러한 경향은 영화 〈안녕하세요〉에서도 나타난다. 이 영화에서도 오즈는 보수적인 아버지 세대와 새로운 세대의 자식들을 대비시키면서 서로 다른 가치관을 보여주고 있다. 이와 같은 아버지(전통적인 세대)와 자식들(신세대)과의 갈등의 중심에는 1950년대 일본의 경제 성장과 현대화의 상징인 텔레비전이라는 매체가 자리 잡고 있다. 오즈는 텔레비전으로 상징된 현대화를 1950년대를 지배하는 하나의 역사적 흐름으로 보았고 그것이 자연스럽게 일본의 전통적인 사회 구조와 가치에 변화를 초래할 것으로 인식했다. 세대간, 남녀 간의 가치의 변화를 가족 관계의 변화에 토대하여 표현하고 있는 오즈의 창작 경향은 영화 〈가을 햇살〉에서도 동일하다. 이 영화에서 오즈는 시어머니와 젊은 부부의 갈등을 통해 이미 변해 버린 가족 관계를 묘사하고 있다. 이렇게 변화라는 의미에 집중하였던 오즈는 1962년 그의 마지막 작품인 〈꽁치의 맛〉에서는 보다 깊은 인생의 의미를 보여준다. 이 영화는 전통과 현대화된 일본의 대비가 아니라 주인공 자신의 딸에 대한 결혼과 인간의 삶의 순환성을 관조적으로 바라보면서 인생에 대한 순환성과 자연 법칙에 순응하는 것을 깊이 인식하고 있다.

오즈는 일상적 삶과 가족이라는 틀을 통해 현대화되어 가고 있는 일본의 현재와 전통 사회의 가치를 대비시키면서 자신의 창작 목표를 달성하고자 했다. 이러한 오즈의 창작 목표와 수법은 1950년대 일본의 역사를 관통하고 있는 변화라는 개념으로 압축되고 있다. 오즈는 일본의 역사적 변화 과정을 1950년대 일본이 직면하고 있는 역사적 현상이라고 파악하였다. 그에게 전통적인 사회 구조, 가치와 변하고 있는 현대의 사회 구조, 가치와의 대비는 동시대 일본의 역사적 상황을 드러내는 데 있어 매우 효과적인 수법이었다. 특히 오즈에게 가족은 과거의 전통적인 일본의 사회 구조와 가치, 그리고 변하고 있는 현대의 사회 구조와 가치를 가장 함축적으로 내포하고 있는 기본 단위였다. 그러므로 그의 영화에서 묘사되고 있는 가족과 그 구성원은 1950년대 일본의 역사가 변하고 있는 교차점이라고 할 수 있다. 그러나 그것을 바라보는 오즈의 태도는 매우 관조적이다. 그의 관조는 창작의 대상과 목적으로서가 아니라 대상에 대한 태도이다. 오즈의 창작의 대상과 목적에는 1950년대 동시대의 역사적 상황에 대한 비판이 내재되어 있지만 그에 대한 태도는 변화에 집중하고 있기 때문에 필연적으로 관조적이고 객관적일 수밖에 없다. 이러한 토대 위에 오즈 영화에서 묘사되고 있는 1950년대 일본의 역사적 상황은 누구도 거역할 수 없는 인생의 순환과 자연법칙처럼 변해 가고 있는 현상에 대한 쓸쓸함과 아쉬움이 정서적으로 결합되어 나타나고 있다. 이것은 1950년대 오즈 영화의 목적이 되기도 하였고 궁극적인 표현 수법이 되기도 하였다. 이러한 시각에 토대하고 있기 때문에 오즈는 항상 직접적 표현 수법으로 의미를 강화시키지 않는다. 이러한 그의 특징을 막스 테시에(Max Tessier)는 다음과 같이 말한다.

모든 시학적 방법이 그러하듯 오즈의 방법도 간접적이다. 그는 감정과 대결하는 것이 아니라 감정을 사로잡는다. 보다 정확히 말하자 면 더 잘 보기 위해 자신의 시야를 한정한다. 일단 경계가 정해지면 그 경계는 초월되어질 수 있다. 그의 영화 예술은 시와 비교할 수 있는 형식주의를 지닌다. 자체의 엄정한 법칙을 따르는 문맥 내에서 그는 모든 습관과 모든 친숙함을 파괴하고 각각의 단어, 각각의 이미지에 원래의 절박함과 신선함을 되돌려 준다. 이 점에서 오즈는 수미에(墨繪)와 하이쿠(俳句; 일본 특유의 17자로 된 단문시)의 대가들과 유사하다 …… 그의 영화가 지닌 독창성은 또한 간결한 인간미에서 연유한다. 오즈의 인물은 영화 인물들 중 가장 사실과 가까운 인물들 가운데 하나이다. 이 인물들은 주체로서 줄거리의 외적 압력에 굴복하지 않는다. 그들은 그 자체로 존재한다 …… 우리는 절대적 사실성이 항상 가져다주는 환희와 인간의 아름다움과 유약함에 대한 예리한 인식 속에서 그들의 존재가 전개되어 가는 것을 본다. 이러한 뛰어난 인간미는 엄격한 구조에 의해서만 가능해진다. 오즈의 영화는 일본 건축물처럼 전체의 균형에 모두 필수불가결한 그 영화 고유의 지주(支柱)들을 보여 준다. 집안에는 인간이 살고 있다. 오즈는 그 인간을 예측하거나 또 비교하려 들지 않으며, 그 인간에게는 미리 정해진 어떤 임무가 없다. 오즈 영화의 마력은 이들 정적인 요소와 동적인 요소가 서로 만나는 데서 비롯한다.[27]

이처럼 오즈는 매우 절제된 미적 개념과 수법을 사용하고 있다. 미조구치가 일본의 전통적인 삶으로부터 형성된 전체 사물과 대상에 대한 관찰자의 미적 개념에 더 충실하였다면 오즈 영화에서 나타난 표현 수법은 보고 있는 사람의 구체적 사물과 대상에 더 충실하였다고 할 수 있다. 즉 미조구치가 사물의 전체성과 보는 사람과의 관계를 통해서 자신의 영화 창작을 구축하였다면, 오즈는 사물의 전체성을 지니고 있는 개별 사물과 보는 사람과의 관계를 통해서 자신의 표현 수법을 구축하였다는 의미이다. 따라서 오즈 영화는 대단히 구체적인 특징을 지니고 있으면서 철저하게

---

27  막스 테시에, 최은미 옮김, 『일본 영화사(Le Cinéma japonais-Donald Richie의 Ozu 서문의 내용을 번역한 것임)』, 동문선, 2000, 65쪽.

계산되고 절제되어 표현된다. 그리고 표현된 수법은 그 효과의 압축미가 극대화되어 나타난다. 그 구체적 영화 표현 수법이 〈만춘〉, 〈무네가타의 자매들(宗方姉妹, 1950)〉을 비롯하여 1950년대 그의 전체 영화에서 일본의 전통적 삶에 기초한 이른바 다다미 샷, 여백을 사용한 사물의 배치와 구도, 빈번한 자연물의 사용, 적절한 파우즈(pause), 즉 침묵, 화면과 전통적이고 자연적인 소리와의 결합 등으로 시간의 흐름과 인식에 있어 절제되고, 관조적이며, 함축적이면서 지적인 의미로 유지된다.

이러한 그의 표현 수법 때문에 일부 비평가들은 그를 전통주의자로 칭하기도 하지만 이것은 전적으로 잘못된 평가이다. 그의 영화가 비록 전통적인 일본의 사회, 문화적 가치와 미적 개념에 의존하고는 있지만 동시대의 일본이 지니고 있는 역사적 상황에서 결코 벗어나지 않았다. 왜냐하면 1950년대 일본이 직면하고 있는 "세대 간의 피할 수 없는 오해, 모든 사회에 명백히 나타나고 있는 불공정성, 그리고 변화에만 민감한 세계 속에서 안정을 갈망하는 사람의 마음만큼 중요한 사회적 문제도 없기 때문이다."[28] 오즈는 1950년대 일본이 직면하고 있는 사회적 현상과 전통적인 일본의 사회 구조와 가치를 가족을 통해 바라보면서 동시대의 일본의 역사적 상황을 묘사했다. 그러므로 오즈의 영화에서는 1950년대 일본이 직면하고 있는 현상을 가족이라는 가장 기본적인 단위를 통하여 와해되어 가는 전통적인 사회 구조와 가치를 극도의 절제된 정서로 묘사하고 있는 것이다.


## 일본의 정체성 확립과 역사 발전에 대한 희망

1950년대 일본에서의 구로사와는 미조구치, 오즈와 다른 특별한 의미를

---

28 도날드 리치, 김태원·김시순 옮김, 『오즈 야스지로(Ozu)』, 현대미학사, 1995, 103쪽.

지니고 있다. 그는 패전 이후 일본 영화의 존재를 본격적으로 서방 세계에 알린 감독이다. 그만큼 구로사와는 1950년대 일본 영화의 상징이었다. 그러나 그의 영화 창작의 목표와 수법은 미조구치, 오즈와 차이가 있다. 그는 미조구치와 오즈가 1950년대의 일본을 전통적 사회 구조와 현대화로 양립시키면서 비판과 관조적 태도를 유지하고 있는 것과 반대로 패전 이후 혼란에 휩싸인 일본의 정체성을 확립하려 했다. 이러한 그의 시각은 1950년대 자신의 영화-〈추문(醜聞, 1950)〉, 〈라쇼몽(羅生門, 1950)〉, 〈백치(白痴, 1951)〉, 〈살다(生きる, 1952)〉, 〈7인의 사무라이(七人の侍, 1954)〉, 〈살아 있는 자의 기록(生き物の記録, 1955)〉, 〈밑바닥(どん底, 1957)〉, 〈거미의 성(蜘蛛巣城, 1957)〉, 〈숨겨진 요새의 세 악인(隱し砦の 三惡人, 1958)〉, 〈나쁜 놈일수록 잘 잔다(惡い奴ほどよく眠る, 1960)〉, 〈요짐보(用心棒, 1961)〉-에서 중요한 창작의 토대가 되었다.

그에게는 역사를 구성하고 있는 인간의 실체와 진실의 탐구를 그것의 역사적 실체와 진실이 무엇인가로 연결시키는 것이 무엇보다 중요했다. 이것은 실체와 진실에 대한 단정적인 판단을 유보하면서 다양한 역사적 판단이 존재할 수 있다는 여지를 두었다. 이러한 구로사와의 시각은 패전 이후 정체성과 자신감을 상실한 일본으로 하여금 역사적 판단에 대한 실체와 진실에 대한 다양한 시각을 제공함으로써 일본인들이 자기 부정에 서 벗어날 수 있도록 유도하였다. 구로사와는 1950년대 일본의 역사 발전은 패전 이후 일본인들이 지니고 있는 전쟁 책임과 패전에 대한 역사적 굴레로부터 벗어났을 때 가능하다고 판단했다. 그에게는 1950년대 일본의 역사를 발전시키기 위해 패전에 대한 다양한 접근의 역사적 판단이 필요했던 것이다. 이러한 기조 속에서 등장한 것이 〈라쇼몽〉이다.

〈라쇼몽〉은 실제적 사실에서 벗어나 무분별한 언론의 선정성을 고발한 같은 시기 구로사와가 만든 영화 〈추문〉과 달리 1950년대 일본의 역사적 판단의 다양성을 제기함으로써 역사 전환 과정에서 매우 중요한 의미를 갖는 영화가 되었다. 영화 〈라쇼몽〉은 비가 억수같이 내리는 허름한 목조 건물 아래에 나무꾼과 스님, 비를 피하러 온 한 남자의 대화로 시작된다. 그들 중 나무꾼은 "모르겠어, 모르겠어, 뭐가 뭔지 모르겠어"라고 중얼거리고, 스님은 "도적떼, 전염병, 기근, 전란보다 더 무서운 것은 인간에 대한 믿음이 사라진 것"이라고 말하는 것에서 이미 이 영화의 화두는 던져졌다. 이들의 말, 즉 '모르겠어'와 '믿음이 사라졌다'라는 말에 대한 대응은 살해당한 한 남자에 관한 나무꾼의 회상과 함께 산적 다조마루, 사무라이 부인, 죽은 사무라이 순서로 이에 대해 각각 서로 다른 진술로 이어진다. 그리고 각각의 서로 다른 진술이 끝나자 목조 건물 아래에 있는 세 사람은 그것에 대한 평가를 내리지만 갈수록 헷갈려 한다. 나무꾼은 "인간은 다 이기적이야, 변명뿐이지"라고 하면서 자신을 반성한 후 각자 서로 다른 진술을 한 세 사람을 비난한다. 그때 목조 건물 아래에 있던 세 사람, 즉 나무꾼, 스님, 한 남자 앞에 버려진 채 울고 있는 어린 아기가 발견된다. 그들 중 나무꾼은 그 아기를 키우겠다고 한다. 세 명 중 비를 피하러 온 남자는 떠나고 스님은 나무꾼에게 믿음이 사라졌다고 비판한 것을 부끄러워하면서 인간에 대한 믿음을 갖게 되었다고 말하면서 아기를 안고 떠나가고 있는 나무꾼을 바라보고 있는 모습으로 영화는 종결된다.

구로사와는 〈라쇼몽〉을 통하여 두 가지 중요한 의미를 드러내고 있다. 첫째는 한 사건에 대한 다양한 사람들의 서로 다른 진술을 통해 일본이 직면하고 있는 역사적 사건, 즉 제2차 세계대전의 전쟁 책임에 대한 다양한 판단의 여지를 열어 놓았다는 점이다. 둘째는 역사의 발전은 인간들의 믿음과 신뢰의 회복으로부터 시작된다는 것이다. 구로사와는 이 영화를 통해 인간에 대한 믿음이 와해되었을 때 탐욕과 거짓이 난무하고 자기주장만이 진리처럼 존재하게 되어 주관적인 역사와 사회만 존재할 뿐이라는 것을 제시하고 있다. 즉 개별적이고 주관적인 시각만 존재할 때 일본은 자신의 정체성으로부터 이탈하게 될 것이고 동시대의 문제를 해결할 수 없다는 것이다. 구로사와에게 믿음의 회복은 곧 탐욕과 거짓으로부터 해방되는 조건이고 보편성의 진리로서 역사와 사회가 성립되는 데 필요한 요소인 것이다. 결국 구로사와의 〈라쇼몽〉은 일본의 집단주의 전통의 부활과 패전 이후 일본의 가치를 회복시킴으로써 일본의 역사 발전에 초점을 맞추고 있는 영화라 할 수 있다. 따라서 그의 영화에는 일본의 과거 전통적인 가치보다는 동시대와 미래의 역사 발전에 더 무게 중심이 있는 것이다.

이러한 시각은 그로 하여금 영화 창작의 재료와 소재의 선택에 있어 유연한 태도를 견지하도록 했다. 그는 1950년대 일본의 내적인 역사 전개 과정의 조건들을 매우 엄격하게 진단하면서도 영화적 재료와 형식에 있어서는 일본의 미학적 전통에만 국한시키지 않았다. 이것은 일본의 영화 창작가들이 대부분 국내의 문학작품에 의거해 영화 창작의 독창성을 유지하였던 데 비해 구로사와는 일본뿐 아니라 다른 나라들의 문학작품을 통해서도 자신의 독창성을 창출하였다는 의미이다. 특히 표도르 미하일로비치 도스또예프스키(Фёдор Михайлович Достоевский) 소설의 특징 중 하나인 극단적 상황 속에서 인간이 겪는 심리에 대한 탐구와 존 포드(John Ford)와 같은 미국 영화감독으로부터 영향 받은 이야기와 인물 구조, 전투 장면 등은 구로사와의 독창적인 창작 수법을 형성하는 중요한 재료로 작용했다. 이런 측면에서 1950년대의 〈백치〉, 〈살다〉, 〈7인의 사무라이〉, 〈밑바닥〉, 〈거미의 성〉, 〈숨겨진 요새의 세 악인〉은 특별한 의미를 갖는다.

이들 영화 중 도스또예프스키의 소설을 토대로 직접 만들었거나 그와 비슷한 인간 탐구의 수법을 이용해 만든 1950년대의 영화로는 〈백치〉와 〈살다〉를 들 수 있다. 이 두 영화는 극단적인 운명과 삶에 직면한 인간이 어떻게 삶을 마무리하는지를 보여주고 있다. 영화 〈백치〉에서는 도스또예프스키가 실제 경험 했던 것처럼 전범으로 사형 선고를 받고 처형 직전에 석방되어 풀려 나온 주인공 모리 마사유키를 통해, 영화 〈살다〉에서는 평범한 시청 공무원인 와타나베를 통해 그것을 구체화하고 있다. 특히 영화 〈살다〉에서는 와타나베를 비롯한 다양한 인간들의 내면 탐구를 토대로 1950년대 일본 사회에 만연해 있는 물질주의와 관료주의, 전통적인 가족 관계의 와해와 계층 간의 대립 등을 비판하고 있다. 이러한 비판은 와타나베에 대한 조문(弔問) 장면에서 매우 사실적으로 묘사된다. 구로사와는 와타나베가 이룬 업적을 자신들의 업적으로 가로 채려고 하는 부시장과 다른 업무 과장들의 모습을 주민들의 울음과 대비시킴으로써 도덕과 윤리, 염치가 무너지고 있는 일본 사회에 대한 풍자와 비판을 이끌어냈다. 그리고 몇몇 공무원들은 와타나베의 헌신성과 비타협성을 따르자고 결의하지만 일상으로 되돌아와서는 다시 이전처럼 변하지 않은 관료주의 행태를 보여주면서 영화는 끝이 난다. 구로사와는 이 영화를 통해서 인간 삶의 덧없음과 일본 사회의 모순이 무엇으로부터 기인하는지를 비판적으로 보여주고 있다.

1954년 등장한 영화 〈7인의 사무라이〉는 구로사와의 가장 뛰어난 작품 중 하나이다. 이 영화는 많은 측면에서 미국의 존 포드의 서부영화 〈황야의 결투(My Darling Clementine, 1946)〉와 비교되면서 회자되었다. 〈7인의 사무라이〉는 16세기 초 혼란스러운 시기를 배경으로 3시간이 넘는 영화로서 산적의 침입과 약탈로 고통 받는 농부들이 자신들을 보호해 줄 사무라이를 직접 찾아 나서면서부터 이야기가 시작된다. 농부들이 찾는 사무라이는 자신들을 지켜 줄 수호자의 의미를 지닌다. 따라서 영화 〈7인의 사무라이〉는 수호자로서의 사무라이와 침략자로서의 산적, 그리고 수호의 대상인 농민들로 구성되어 있다. 이러한 인물 구성은 마치 개척자들과 개척자들을 보호하는 보안관, 그리고 침입자들로 구성되어 있는 서부 영화의 구조와 비슷하다. 그리고 영화는 크게 사무라이의 지도에 의한 농부들의 전투 훈련과 산적들과의 실제적인 전투 장면으로 구성되었다. 사무라이들과의 훈련과 산적들과의 전투를 통해서 농부들은 점차 두려움에서 벗어나게 되고 자신감으로 충만해 가고 있는 스스로를 발견하게 된다. 산적들과의 전투는 결국 4명의 사무라이가 죽으면서 사무라이와 농부들의 승리로 끝이 난다.

이와 같은 내용과 구조를 가지고 있는 영화 〈7인의 사무라이〉는 두 가지 측면으로 이해될 수 있다. 첫째는 1950년대 일본의 상황, 즉 패전과 새로운 사회 제도와 체제의 등장으로 움츠러 들었던 일본 국민들이 지니고 있던 막연한 두려움으로부터 벗어날 수 있도록 한 역사적 상황과의 결부이며, 둘째는 영화 마지막 장면에서 암시하듯 전쟁의 진정한 승리는 사무라이들이 아니라 농부들이라고 한 데서 찾을 수 있다. 이것은 농부들이 두려움을 극복하는 과정을 통해 패전 이후 일본 민족과 국가의 자신감과 용기, 희망을 표현하고 있는 것이다. 여기에는 1950년대 일본 국가에 대한 낙관적이고 미래 지향적인 의미가 함축되어 있다. 이처럼 구로사와는 일본의 역사를 판단하는 데 있어 동시대에 대한 진단과 함께 미래 지향성을 띠고 있다. 그의 영화 속에서 묘사되고 있는 전통적인 시대의 역사나 동시대의 역사는 항상 미래를 향하고 있다. 이러한 이유로 구로사와는 자신의 영화에서 묘사되고 있는 과거의 역사적 사건을, 만약 그것이 일본의 역사 발전을 방해하는 것이라면, 구체적이고 실제적인 역사적 대상과 판단으로부터 벗어나 오히려 보편적 대상과 보편적 판단으로 귀결시킨다. 그럼으로써 일본은 구체적인 역사적 책임에서 벗어나게 되는 것이다.

이런 측면에서 수소폭탄의 위험과 그로 인한 공포를 한 노인을 통해 인간의 우둔함과 나약함을 표현하고 있는 구로사와의 1955년 〈살아 있는 자의 기록〉은 그러한 기조 속에서 파악될 수 있는 영화라 할 수 있다.

구로사와는 1957년 윌리엄 셰익스피어(William Shakespeare)의 〈맥베스(Macbeth)〉에 기반 하여 영화 〈거미의 성〉을 만들었다. 이 영화는 반군을 진압하고 스즈키 영주로 되돌아가는 도중에 미로의 숲에서 길을 잃어 유령으로부터 이상한 예언을 듣게 되는 제1성주 와시쓰와 제2성주 미키가 벌이는 음모와 배신, 파멸, 죽음을 묘사한 영화이다. 그는 이 영화를 일본의 미적 장르인 노(能)의 형식을 통해 표현하였다. 노 형식은 불교의 선(禪)사상을 바탕으로 암시와 단순함, 섬세함, 절제미를 바탕으로 구성된 일본의 미 형식이라 할 수 있다. 구로사와는 이러한 노의 형식을 "클로즈업과 같은 쇼트의 사이즈는 거의 없고 롱 쇼트의 카메라, 테크닉을 자주 사용하여 고전극 양식의 연극적 무대를 연상시켜 주는 듯한 특이한 시공간을 조형적으로 묘사하고 있다. 즉 각 쇼트가 커트되어 조립되어지는 것이 아니고 평면과 깊은 공간 속에서 움직이는 인물들을 전후, 좌우, 또는 정지된 선으로 설정해 놓고 길게 찍어 묘사함으로써 마치 연극을 보고 있는 듯한 특이한 연출의 화면 구성이다."[29] 그는 일본의 미적 형식을 영화 〈거미의 성〉에 적용하였다.

이처럼 구로사와는 서양 문학작품을 토대로 일본의 전통적인 미 형식을 결합하여 자신의 독창적인 수법을 창조했다. 이러한 경향은 가난한 사람들의 삶을 우화적이고 역설적으로 묘사한 1957년 막심 고리키(Макси́м Го́рький)의 희곡 〈밑바닥에서(На Дне)〉를 토대로 만든 영화 〈밑바닥〉에서도 나타난다. 이러한 그의 우화적이고 풍자적인 수법은 16세기 일본의 전국시대를 배경으로 세 영주들과 두 명의 농부들을 배경으로 만들어진 1958년 〈숨겨진 요새의 세 악인〉에서도 드러나고 있다. 그리고 1960년 구로사와는 영화 〈나쁜 놈일수록 잘 잔다〉를 통해 일본의 관료 사회를 정면으로 비판하고 있다. 그러나 여기서 구로사와의 비판은 일본의 전통적인 사회 구조, 가치 자체에 대한 것이라기보다는 동시대의 역사적 상황을 토대로 일본 국가와 민족에 대한 정체성 확립을 목표로 하고 있다는 것을 부인할 수 없다. 이러한 창작 목표를 위해 그는 일본의 과거 역사적 사건에

---

29 최영철, 『영화감독의 미학』, 한국학술정보, 2006, 137쪽.

대한 시각으로부터의 유연함을 채택했다. 이 유연함은 전통적인 일본의 사회 구조, 가치, 역사에 대한 재해석을 할 수 있는 여지를 주었고 동시대뿐 아니라 다가오는 미래의 역사 발전에 대해서도 긍정적 의미를 부여하였다. 이를 위해 구로사와는 자신의 영화 창작에 있어 편협함으로부터 해방되어야 할 필요성이 있었던 것이다. 1950년대 구로사와 창작의 토대는 바로 이 지점에서 결정되었다. 이것은 이 시기에 만들어진 중요한 구로사와의 영화들의 내용과 형식이 외국 문학작품과 영화 수법에 근거하고 있는 데서 알 수 있다. 그의 영화 작품에 존재하고 있는 미적 형식과 내용은 서구 예술과 영화의 "철저한 모방, 주체적인 변형, 일본적인 미학의 완성, 그 미학의 세계화, 이런 과정을 통해 형성한 것"[30]이라고 할 수 있다.

1950년대 구로사와 영화가 겨냥하고 있는 것은 일본이 직면하고 있는 사회의 모순들에 대한 비판의 칼날이라기보다는 동시대와 미래의 일본에 대한 정체성 확립과 역사 발전에 대한 희망의 동력을 부여하는 것이다. 이러한 그의 애국적 창작 목표로 인하여 구로사와 영화에서는 일본의 전통적인 창작 수법과 서구의 창작 수법이 양립하면서 자신만의 특별한 영화 세계를 구축하고 있다. 구로사와는 이 시기에 활동하였던 다른 창작가들보다 1950년대 일본 국가가 요청한 동시대적 사명을 가장 정확하고 긍정적으로 표현하고 있으며 일본 역사 발전의 궤적과 밀접한 연관을 지니고 있다 해도 과언이 아니다.


## 남성과 여성, 부부, 가족과 일상적 현실

1950년대의 일본 영화에 대한 규정은 미조구치, 오즈, 구로사와로 상징되

---

30 이정국, 『구로사와 아키라』, 지인, 1994, 59쪽.

고 있는 것이 일반적인 시각이다. 그러나 "1995년 동경 영화제의 닛뽄시네 마클래식 부문에서 나루세 미키오의 1930년대 작품의 몇 편을 새 프린트로 상영했을 때 젊은 세대의 관객들이 이것을 열광적으로 환영했다. 이리하여 나루세 미키오는 현대에 되살아나게 된 것이다."[31] 그동안 그의 영화가 일본 영화사에서 제대로 평가를 받지 못했던 이유는 무엇 때문인가? 아마도 그것은 나루세가 미조구치, 오즈, 구로사와처럼 일본이 직면하고 있는 동시대적 화두를 독창적으로 묘사하지 못하였기 때문이 아니라 이 시기에 만들어졌던 그의 많은 작품 — 1950년부터 1961년까지 무려 29편 — 들을 일정한 형식과 내용으로 쉽게 규정할 수 없었기 때문일 것이다. 이 시기에 만들어진 그의 작품 대부분은 남녀간, 부부간의 사랑과 도덕적 일탈 등을 다루고 있기 때문에 감성적 분위기가 지배적인 것처럼 인식되어 강렬한 메시지나 화려한 형식이 부재한 듯이 보인다.

그는 남녀간, 부부간의 사랑과 도덕적 일탈로 남성과 여성이 지녔던 일본의 전통적 관계의 변화와 해체되는 가족 등을 통하여 현대화되고 있는 일본의 사회 현상들을 묘사했다. 그가 묘사하고 있는 인물과 대상들은 현대화되고 있는 일본 사회에서 쓸쓸하고 외롭고 불운한 인간들의 삶으로 확장된다. 따라서 그의 영화에는 "인간의 따뜻한 휴머니즘도 미래도 없다. 오직 현재만이 있을 뿐이다 …… 나루세는 인간의 고통이 외부적 요인들 탓이 아니라고 생각했기 때문에 거기에 자연주의는 없으며, 그리고 거기에 는 이상주의도 없다. 그의 작품은 사람들을 피곤하게 하며 별 보상도 없는 잔인한 리얼리즘을 표방한다. 나루세는 우리가 삶이라 부르는 그 치유할 수 없는 상처에 대해 초상화를 스케치해 온 것이다."[32] 이러한 그의 창작의 원천에는 하야시 후미코(林芙美子)의 소설이 중요한 토대가

---

31 하스미 시게히코 외, 박창학·유맹철 옮김, 『나루세 미키오(成瀬巳喜男)』, 한나래, 2002, 30쪽.
32 위의 책, 111쪽.

되었다. 1950년대 나루세 미키오가 하야시 후미코의 소설을 토대로 만든 영화들이 비록 다섯 작품 -〈밥(めし, 1951)〉, 〈번개(稻妻, 1952)〉, 〈아내(妻, 1953)〉, 〈만국(晚菊, 1954)〉, 〈부운(浮雲, 1955)〉-에 불과하지만 이 시기 그의 최고의 작품으로 평가 받는 영화 〈밥〉과 〈부운〉이 그녀의 소설에 기반하고 있기 때문이다. 따라서 1950년대 나루세 미키오의 영화의 중심을 이루고 있는 남녀 간의 사랑이나 부부간의 위기로 가족이 해체되기에 이르는 일상적 삶에 대한 묘사는 하야시 후미코 소설로부터 영향을 받았다고 할 수 있다.

이러한 측면에서 영화 〈밥〉은 중요한 의미를 지닌다. 이 영화는 패전 이후 일본의 역사적 상황을 묘사하기 위해 오사카 지역의 다양한 일상적 풍경을 배경으로 하고 있다. 영화는 결혼한 부부가 반복되는 일상으로 인해 점차 서로에게 권태를 느끼는 상태에서 시작된다. 그러던 어느 날 도쿄에서 조카 사도코가 등장하면서 부부 관계는 변하게 된다. 그녀는 남편 하쓰노스케에게 애정 표현을 한다. 이것을 알게 된 부인 미치요는 동경에 있는 친정집으로 잠시 떠나게 되고 남편은 부인의 빈자리를 절감하면서 부인을 데리러 도쿄로 가서 함께 오사카로 돌아온다는 이야기다. 이 영화에서 나루세는 부부간의 관계를 통해 이미 변해 버린 1950년대 일본의 현대 사회를 바라보고 있다. 영화에서는 남성과 여성의 도덕적 경계가 불분명하게 나타나면서 여성이 수동적 대상으로서가 아니라 적극적인 주체로 묘사되고 있다. 나루세는 변화된 여성의 모습을 통하여 인간의 관계를 결정짓는 것은 바로 신뢰라는 것을 암시함으로써 남성과 여성의 관계를 전통적 시각에서 벗어나 수평적 관계로의 묘사를 시도하고 있다.

남성과 여성에 대한 수평적 관계의 시도는 1953년 〈부부(夫婦)〉와 〈아내〉에서 더욱 구체적으로 나타난다. 영화 〈부부〉에서는 집주인을 좋아하는 아내를 통하여, 영화 〈아내〉에서는 남편을 꼼짝 못하게 하는 부인을 통하여 그동안의 순종적이고 헌신적인 일본의 전통적 여성에 대한

인식에서 벗어나게 한다. 이러한 경향은 1954년 〈산의 울림(山の音)〉에서 보다 차분하고 절제된 수법으로 표현되고 있다. 이 영화에서는 다른 여성과 끊임없이 불륜을 저지르는 남편 슈이치의 행동을 더 이상 참을 수 없던 부인 기쿠코가 친정으로 돌아가면서 한 가정이 해체되는 과정을 묘사하고 있다. 이러한 상황들을 나루세는 도덕적 규범을 이탈한 채 다른 여성과 함께 있는 남편 슈이치의 모습을 시부모에게 헌신하고 남편에게 순종하는 부인 기쿠코의 모습과의 대조를 통해 표현하고 있다. 이와 같은 대비적 묘사는 가정 해체의 책임을 전적으로 남편 슈이치에게 전가시키면서 아내 에게는 그에 대한 도덕적 정당성을 부여하고 있다. 따라서 이 영화에서 여성은 피해자로, 남성은 가해자로 묘사되면서 남성과 여성에 대한 일본의 전통적인 관계에 대한 비판과 현대화 되면서 새롭게 변한 문화를 묘사하고 있는 것이다.

이와 같은 기조는 1950년대 나루세 미키오의 가장 뛰어난 작품으로 알려진 〈부운〉에서도 이어진다. 이 영화는 제2차 세계대전기와 패전 이후의 일본 사회를 배경으로 만들어졌다. 제2차 세계대전 시기 인도차이 나에서 남자(도미오카)와 여성(유키코)이 만나는 시점에서부터 시작되는 영화는 패전 이후의 일본 사회를 사실적으로 묘사하고 있다. 유키코는 사랑하는 남자로부터 배신당하지만 끊임없이 그 남자의 주변에 머물면서 그에 대한 사랑을 갈망하고 있는 헌신적인 여인이다. 그리고 그녀는 사랑하 는 남자가 파견된 근무지로 마지막 여행을 떠나면서 외딴섬에서 죽음을 맞이한다. 이 영화는 나루세에게 중요한 전환기적 의미를 지니고 있다. 왜냐하면 이 영화를 통해서 그의 대비와 대조라는 창작 수법이 보다 다양한 의미로 표현되었기 때문이다. 그는 이 영화에서 제2차 세계대전기 로부터 패전 이후까지 전개된 다양하고 구체적인 일본의 역사적 현실을 남성과 여성의 상반된 태도를 통해 일본의 가족과 사회를 구성하고 있는 최종 책임에 대한 의문을 던지고 있다.

이러한 대비적 수법 때문에 나루세에게는 다양하고 복잡한 인물을 통한 묘사는 큰 의미를 갖지 않는다. 나루세의 영화 대부분은 남녀간, 부부간의 관계를 중심으로 묘사되고 그의 표현 수법은 최소화된 인물과 수법으로 이루어져 있다. 따라서 "나루세 미키오에게 있어 영화가 성립하기 위해서는 무엇보다도 우선 화면을 구성하는 모든 요소가 남과 여로 환원되지 않으면 안 된다. 〈부운〉의 마지막에서 여자의 건강을 걱정하는 동네 사람들이 남자의 지시로 사라져 버리는 것은 그 때문이다."[33] 또한 나루세의 영화는 두 인물을 통하여 일상적 삶을 묘사하고 있기 때문에 복잡한 기교나 엄격한 구도 등으로부터 비교적 자유롭다. 이러한 그의 영화 표현 수법을 하스미 시게히코(蓮實重彥)는 "나루세 영화의 구도와 카메라 앵글, 그리고 편집도 오히려 척하지 않는 단조로움으로 자리 잡고 있다고 할 정도이다"라고 했다. 영화 〈부운〉에서 나타나고 있는 나루세의 이러한 형식적 특징은 오히려 영화 속 인물과 사건에 대한 집중력을 높이는 효과를 갖는다. 즉 나루세의 영화에서는 복잡한 일본의 역사적, 사회적 현실이 남과 여로 수렴되기 때문에 남성과 여성의 관계에 더욱 집중할 수 있게 되는 것이다. 그에게 남성과 여성은 1950년대 일본의 역사적, 사회적 현실을 보는 창문과 같은 존재인 것이다.

그는 남성의 행위와 여성의 운명을 통해 일본의 역사와 사회의 현실뿐 아니라 그 책임까지도 묻고자 했다. 비록 영화 〈긴자 화장품(銀座化粧, 1951)〉, 〈여자가 계단을 오를 때(女が階段を上る時, 1960)〉에서처럼 여성의 삶이 운명론에 의해 냉혹한 현실에 홀로 던져져 있다 할지라도 나루세는 남성과 여성을 통해 가족관계와 동시대의 일본 사회를 파악하고자 했다. 그의 이러한 시각은 1956년 〈흐르다(流れる)〉에서 보다 다양하고 구체적으로 묘사된다. 영화 〈흐르다〉에 묘사된 각각의 게이샤들은 일본의 와해된

---

33 위의 책, 64쪽.

가족의 축소판이다. 와해된 가족의 이면에는 권위적이고 윽박지르면서도 책임지지 않는 남성이 자리하고 있다. 남성은 가족 해체의 근본 원인이고 가족의 해체는 곧 사회의 모순을 드러내는 상징이다. 따라서 일본에서의 남성은 전통적 사회 구조와 가치로부터 현대화로 이행되고 있는 역사적 현실에 가장 부합하지 못한 대상으로 묘사되고 있다. 이러한 측면에서 "나루세는 거의 항상 동시대적인 주제를 다룬다. 따라서 관객들이 일본 시대극들을 보면서 그 액션이 13세기나 18세기 혹은 20세기 초에 일어나고 있다는 표시를 찾지 못할 때 일어날 수 있는 시대적 방향 감각 상실의 위험은 (나루세의 영화에서는) 없다."[34] 그는 일상적 삶을 이루고 있는 가족, 즉 부부나 남성과 여성을 통해 1950년대 변화하고 있는 일본 사회를 표현하고 있다. 그는 부부나 남성과 여성을 통해 가족을 보고자 하였고 그들의 관계 변화를 통해 일본 역사와 사회의 변화를 이해하고자 했다.

이러한 그의 창작 경향과 특징은 1950년대 다른 영화들—〈번개, 1952〉, 〈오누이(兄妹, 1953)〉, 그의 첫 컬러 영화인 〈약운(鰯雲, 1958)〉—에서도 유지되고 있다. 그는 남성과 여성의 운명을 통해 동시대의 현실을 바라보았기 때문에 그의 영화는 대부분 비관적이면서 달콤하지만 쓰디 쓴 세상을 제시한다. 또한 그는 이러한 효과를 강화하기 위하여 영화 문법의 기본적인 양식적 기술들—카메라의 움직임, 오버랩, 클로즈업 등—을 포기하지 않았으며, 의외로 일본 영화에는 그리 자주 사용되지 않았던 간소한 서사 구조와 배우들의 지침을 사용하였다.[35] 이러한 창작 목표와 양식적 특징으로서 나루세 미키오는 전통적 사회 구조, 가치로부터 1950년대 현대화로 상징되는 경제 성장과 발전의 이면에 존재하고 있는 사람들의 일상적 삶을 부부와 남성과 여성, 가족을 통해 진단하고 있는 것이다.

---

34 위의 책, 122쪽.
35 막스 테시에, 최은미 옮김, 앞의 책, 68-69쪽.

* * *

1950년대의 일본은 패전의 아픔을 잊고 경제 성장을 통해 부유한 국가에 이르는 것이 중요한 국가 목표였다. 1950년대 일본에서는 이러한 국가 목표를 달성하기 위해 일본의 역량을 결집시킬 수 있는 역사적 필연성이 요청되었다. 여기에 부합할 수 있는 가장 중요한 요소는 패전 이후 총사령부의 점령 정책으로부터 비판과 청산의 대상으로 전락하였던 전통적인 일본의 사회적 가치와 개념에 대한 재인식이었다. 그 결과 1950년대의 일본에서는 패전 이후부터 존재해 온 일본의 전통적인 사회 구조와 가치에 대한 비판적 시각과 그에 대한 재인식이라는 사회적 분위기가 형성되었다. 이러한 분위기에 힘입어 1950년대 일본의 경제 성장률은 평균 9%에 이를 정도로 가파르게 상승하였다. 경제 성장과 더불어 1950년대 일본은 현대화, 도시화가 빠른 속도로 진행되었다. 현대화, 도시화가 진행되면서 나타나는 가장 큰 변화는 가족제도의 변화였다. 가족제도의 변화는 남성과 여성의 가치와 역할의 변화를 가져왔고, 이것은 곧 전통적인 일본의 사회 구조와 가치가 변하기 시작하였다는 것을 의미했다. 일본의 사회 구조와 가치의 변화는 1950년대 일본이 경제 성장을 중심으로 다양한 역사적 스펙트럼을 형성하고 있음을 보여주고 있다. 따라서 1950년대의 일본에서는 패전 이후부터 형성된 전통적인 사회 구조와 가치에 대한 비판적 시각과 그것의 재인식을 통하여 경제 성장을 달성함으로써 부유한 국가로의 진입을 위한 역사적 현상들이 공존하게 되었다.

1950년대 일본의 이러한 역사적 현상들은 이 시기 일본 영화의 발전과 진보를 알린 미조구치, 오즈, 구로사와, 나루세의 영화 창작에 중요한 영향을 미쳤다. 전통적 가치와 현대적 가치가 공존한 1950년대 일본의 역사적 풍경 속에서 미조구치는 여성의 비극적인 운명을 토대로 일본 사회가 지니고 있는 모순과 불평등, 불합리한 구조를 드러냈고, 오즈는 현대화, 도시화되어 가고 있는 1950년대 일본의 역사 전개 과정을 동시대의 상황과 과거의 전통적인 사회 구조와 가치의 대비를 통해 변화라는 철학적 개념으로 묘사하였고, 나루세는 부부와 남녀의 관계를 통해 1950년대의 변화되고 있는 일본의 현상을 드러냈다.

이들 세 명의 감독들이 이러한 1950년대 일본의 역사적, 사회적 구조와 가치에 보다 집중한 반면 구로사와는 1950년대 일본의 발전이라는 국가적 목표에 가장 적극적으로 부합한 인물이다. 그는 미조구치, 오즈, 나루세와 달리 패전 이후 훼손된 일본의 정체성과 일본인들의 자신감을 회복시키는 데 주력하였다. 1950년대 만들어진 영화에서 그는 줄곧 일본인들의 신뢰와 믿음, 자신감을 강조하였고 은근한 교훈적 지침을 제시하기도 했다. 구로사와는 패전 이후 일본 역사의 발전은 인간의 신뢰와 믿음, 자신감으로부터 비롯된다고 보았다. 그에게 믿음과 신뢰, 자신감의 회복은 곧 일본이 지니고 있는 전통적인 가치에 대한 긍정적 믿음이다. 따라서 구로사와는 이 시기 만들어진 영화들 중에서 한 번도 미조구치, 오즈처럼 일본의 역사적 상황에 대한 비판적 시각을 취하거나 변모되어 가고 있는 현상에 대하여 객관적 자세만을 유지하고 있지는 않았다. 그는 관료주의를 비판할 지언정 일본 사회 구조와 가치에 대한 비판을 시도하지 않았다.

그러나 이들 감독들에게서 공통적으로 포착되는 것은 전쟁 직후 일본이 패전하게 된 궁극적인 원인을 찾아내는 것이었고, 1950년대의 변화 과정에서 노출된 모순들을 드러내면서 일본 역사의 새로운 전기를 마련하고자 하는 것이었다. 이들의 작품 속에서는 1950년대의 일본의 화두인 변화와 개혁을 위해 일본이 안고 있는 구조적 모순이 무엇으로부터 기인하는지가 영화 창작의 중요한 테마가 되었고, 동시대의 사회적 변화와 함께 일본의 전통적인 규약과 가치관이 어떻게 변화하고 있는가에 창작의 초점이 맞추어져 있었다. 그 결과 이들은 패전 직후 경시되어 왔던 일본의 고유한 가치를 송두리째 버리지 않았다. 그들은 오랫동안 일본의 사회와 문화를 떠받치고 있는 전통적 미의식으로부터 자신들의 창작 수법을 찾았다. 즉 미조구치와 오즈, 구로사와, 나루세의 영화에서 그들은 자신들의 표현 형식의 독창성을 일본이 지니고 있는 전통적인 미의식을 통해 형성하였던 것이다. 그들의 표현 수법인 화면의 완만한 흐름, 구도의 간결함, 물질의 대상화, 배우들의 치밀한 움직임, 화면 쇼트의 단순화, 절제된 대사 등은 이들이 표현 형식에 있어 얼마나 일본의 전통적인 미적 의식과 체계를 영화 속에 깊게 결합시키고 있는지를 알 수 있게 한다. 일본 영화의 뛰어남은 바로 이와 같은 내용적 지향과 결부된 미적 형식의 체계에 있다 해도 과언이 아니다. 그리고 이러한 창작의 토대는 패전 이후부터 지속되어 왔던 전통적 사회 구조에 대한 비판과 경제성장 정책을 통해 무너져 내리는 일본의 가치와 그것의 재인식 과정 속에 존재하고 있다.

제 **9** 장

# 현실에 대한 저항과 전복,
# 민족의 정체성 탐구, 브라질의 시네마 누보
# (1955-1971)

## 1. 개발주의와 군부정권

시네마 누보(Cinema Novo)[1]는 브라질 영화 역사에서 가장 급진적인 변화를 가져온 경향이라 할 수 있다. 이것은 시네마 누보가 브라질 영화 역사 발전의 실제적 중심에 존재하고 있다는 것을 말한다. 그 이유는 브라질의 정치, 경제, 사회, 문화, 예술의 총체적인 지적 토대가 영화 속으로 집결되어 영화 창작가들의 독창적인 목표와 수법이 시네마 누보를 통해 비로소 실현되었기 때문이다.

그러나 시네마 누보에 대한 정의와 해석은 다양하게 존재하고 있다.

---

[1] 시네마 누보는 브라질의 특정한 시기의 영화들을 지칭한다. 반면 '새로운 라틴아메리카 영화(New Latin America Cinema: NLAC)'는 1967년 칠레에서 개최된 〈비냐 델 마르(Viña del Mar)〉 영화제 폐막식에서 다음과 같은 내용으로 선언되면서 정의되었다. 선언의 내용은 1. 라틴민족의 문화의 발달과 강화를 위한 제국주의를 비롯한 문화적 식민주의에 대한 저항으로서의 영화 2. 라틴민족의 미래 통합을 위한 공동의 문제와 대상을 향한 전략 3. 영화는 민중의 사회적 의식을 높이고, 비판적 사회 투쟁을 위해 사용되어야 한다. ─ 전기순, 「중남미영화: 뉴라틴아메리카 시네마(NLAC)를 중심으로」, 《라틴아메리카연구》 Vol. 13 No. 1, 한국라틴아메리카학회, 2000, 32쪽.

카를로스 디에구에스(Carlos Diegues)는 역사적 성명서의 부재와 어떤 특별한 집단의 사상에 기반 한 창작이 없었다는 점을 들어 시네마 누보는 단순히 브라질 사회를 변화시키는 거대한 과정의 한 부분이었고, 오랜 시간이 흐른 후 마침내 영화가 달성한 것으로 창작과 표현의 자유로 인해 구축된 형태로 간주했다.[2] 글라우베르 호샤(Glauber Rocha)는 브라질 영화인들이 어떻게 미국 영화의 공식을 사용하지 않고 대중을 끌어들일 것인지와 모방 언어의 거부를 통해 만들어진 독창적인 브라질 영화를 시네마 누보라 불렀다.[3] 이러한 시네마 누보의 개념과 정의에 대한 각각의 주장에도 불구하고 시네마 누보는 영화 학자들 사이에 역사적으로 크게 세 단계의 시기를 거쳐서 진행되었다는 점과 1964년 군사 쿠데타가 시네마 누보의 이행과정에 있어 중요한 전환점이 되었다는 사실, 그리고 1971년을 기점으로 점차 약화되었다는 소멸 시기에 대해서는 특별한 이론(異論)이 제기되지 않는다. 그럼에도 불구하고 시네마 누보의 시기를 구분하는데 있어서 영화 학자들 사이에는 서로 다른 시각이 존재한다.

그들 중 일부는 시네마 누보를 1960년에서 1971년까지로 한정하고 있다. 이들은 시네마 누보의 핵심 인물이라 할 수 있는 글라우베르 호샤의 영화 창작 과정의 단계를 시기 구분의 중요한 요소로 인식하고 있다. 따라서 이들은 시네마 누보의 첫 번째 단계를 1960년에서 1964년까지, 두 번째 단계를 1964년부터 1968년까지, 세 번째 단계를 1968년부터 1971년까지로 본다.

그러나 이들과 달리 게르베르 하께우(Gerber Raquel)와 알렉스 비아니 (Alex Viany) 같은 영화 비평가들은 시네마 누보의 시작을 1955년 넬슨 페레이라 두스 산토스(Nelson Pereira dos Santos)의 〈리우 40도(Rio

---

2　Michael T. Martin, *New Latin American Cinema*(Volume Two), Wayne State University Press, 1997, p.272.

3　*Ibid.*, p.278.

326　세계 영화예술의 역사

40 Graus)〉까지로 확장하고 있다. 이들은 시네마 누보의 첫 번째 단계를 1955년부터 1964년까지, 두 번째 단계를 1964년부터 1968년까지, 세 번째 단계를 1968년부터 1971년까지로 본다. 이들 사이의 가장 큰 차이는 영화 〈리우 40도〉를 시네마 누보의 시작으로 보느냐 아니면 그것을 시네마 누보 등장의 토대로 보느냐에 관한 것이다. 전자는 〈리우 40도〉가 시네마 누보의 가장 중요한 특징인 브라질의 열악한 현실을 직접적으로 묘사하고 있기 때문에 당연히 시네마 누보의 범주에 포함된다고 간주한 반면, 후자는 〈리우 40도〉가 시네마 누보 등장에 중요한 역할을 하였지만 그것이 본격적인 시네마 누보의 특징을 지니고 있지 않다는 점을 들고 있다. 이들의 주장은 각각의 타당성을 갖고 있지만 영화 〈리우 40도〉에서 나타나는 내용과 형식이 시네마 누보의 특징을 드러내고 있다고 판단되기에 여기서는 시네마 누보가 1955년부터 1971년까지 지속되었던 브라질의 특별한 영화적 경향을 지칭한다는 것에 더 큰 역사적 의의를 부여한다.

따라서 브라질의 시네마 누보는 1955년 넬슨 페레이라 두스 산토스의 〈리우 40도〉가 등장하면서부터 1969년 호아킴 페드로 지 안드라지(Joaquim Pedro de Andrade)의 〈마꾸나이마(Macunaíma)〉를 거쳐 1971년 넬슨 페레이라 두스 산토스의 〈내 작은 프랑스인이 얼마나 맛있던지(Como Era Gostoso o Meu Francês)〉까지 지속되었던 글라우베르 호샤, 넬슨 페레이라 두스 산토스, 호아킴 페드로 지 안드라지, 알렉스 비아니, 카를로스 디에구에스, 루이 게라(Ruy Guerra), 호제리우 스간제를라(Rogério Sganzerla), 안드레아 토나치(Andrea Tonacci), 구스타보 달(Gustavo Dahl), 줄리우 브레산니(Júlio Bressane) 등이 만든 브라질의 특별한 영화를 지칭한다.

이 시기에 존재했던 영화들이 브라질 영화 역사에서 중요한 의미를 부여받은 것은 다음과 같은 이유 때문이다. 첫째, 이들 시네마 누보 영화는 이전 시기 브라질에서 유행하였던 대중오락 영화인 샨사다(Chanchada)[4] 와 근본적으로 다른 경향을 보이고 있기 때문이고, 둘째, 이들 영화들은 브라질의 정치, 사회의 역사 전개 과정 속에서 드러난 다양한 현상과 모순을 직접적으로 혹은 함축적으로 드러내고 있기 때문이다. 이러한 의미의 시네마 누보는 브라질 역사에서 두 가지 중요한 역사적 국면의 작용과 반작용을 통해 형성되었다. 그것은 1950년대에 접어들면서 시작되는 브라질 정부의 경제개발 정책 추진과 1964년 군부의 쿠데타를 들 수 있다. 이 두 가지로 인해 나타난 현상과 모순은 브라질 시네마 누보의 등장과 소멸에 직접적인 연관을 가지고 있다.

브라질에서의 경제개발 정책은 1951년 1월 31일 제툴리우 바르가스 (Getúlio Vargas)가 대통령에 취임하면서부터 시작되었다. 바르가스는 브라질 경제의 누적된 국제수지 적자를 해소하기 위해 산업화를 촉진해야 한다는 명분하에 국가 경제개발 계획을 추진했다. 그럼에도 불구하고 브라질의 경제 불안은 오히려 가중되었다. 예를 들면 "1947년 2.7%에 머물던 물가 상승률이 1948-1953년 기간에는 연평균 13.8%에 달했다.

---

4　샨사다 영화는 시네마 누보 등장 이전 브라질에서 집중적으로 만들어진 할리우드 영화를 모방한 상업 영화를 지칭한다. 브라질의 지식인들과 비평가들은 이들 영화들을 브라질에서 할리우드 영화의 모방과 저급한 상업 영화의 남발을 조장한다는 이유로 혹독하게 비판했다. 브라질에서 샨사다 영화가 부정적 평가를 받게 된 이유는 1941년 리우 지 자네이루 (Rio de Janeiro)의 '아틀란찌다 시네마토그라피카 스투지우(Atlântida Cinematográfica Studio)'와 1949년 상파울루(São Paulo)의 베라 크루즈 스투지우(Vera Cruz Studio) 설립과정과 연관되어 있다. 이들 스투지우는 처음부터 미국 할리우드 영화의 특징과 시스템을 모델로 했다. 즉 아틀란찌다 스투지우에서는 스타를 만들기 위한 방법을 할리우드 스튜디오를 통해 확보하였고, 베라 크루즈 스투지우는 스튜디오의 구조, 배우, 감독들의 급여 체계 등을 할리우드의 영화사 MGM을 통해 획득하였다. 이후 베라 크루즈는 콜롬비아 (Columbia)사와 유니버살(Universal)사와 협력 관계를 유지하였다. 이들 스투지우를 통해 만들어진 영화는 자연스럽게 미국의 할리우드 영화를 모방하게 되었고, 그것이 미국의 자본과 배급 체인망을 통해 브라질의 영화 산업을 지배하게 되었다. 이와 같은 상황에 대해 시네마 누보 영화 창작가들은 할리우드 영화와 미국 자본의 표상인 샨사다 영화가 브라질 영화를 식민화하고 있다고 비난하면서 브라질의 정치적, 사회적 현실과 문화적 전통에 기반 한 영화를 만들기 시작했다.

그리고 1953년 한 해에는 20.8%까지 치솟았다."[5] 이와 같은 불안한 경제기조에도 불구하고 경제개발 정책은 '50년의 발전을 5년에(Cinquenta anos de progresso em cinco de governo)'라는 슬로건으로 대통령에 당선된 주셀리누 쿠비체크(Juscelino Kubitschek)에 의해 강화되었다. 그는 1956년 1월 31일 대통령에 취임한 이후 "메타스 플랜(Plano de Metas)이라는 국가개발 계획을 수립하여 경제발전에 매진했고 에너지, 교통, 식량, 기초산업, 교육과 브라질리아(Brasília) 건설 등의 6개 분야에 31개의 목표를 세웠다. 기본적으로 산업 팽창과 국토의 통합을 통한 경제의 성장과 다변화를 목표로 했다."[6] 쿠비체크가 추진한 경제개발 프로그램인 메타스 플랜은 괄목할 만한 성과를 이루었다. 특히 "1955년부터 1961년까지 공업 생산액은 평균 80%의 성장률을 기록하였다. 공업부문 내에서도 철강(100%), 기계설비(125%), 전기·통신(380%), 운송장비(600%) 등이 강세를 보였다. 또한 1957년부터 1961년까지 국내 총생산도 연평균 7%의 증가를 달성하였다. 이는 1인당 약 4%의 성장을 이룬 것과 같았다. 1950년대 전체를 놓고 보면, 브라질의 1인당 국민 총생산 증가율은 여타 라틴 아메리카 국가들의 약 3배에 해당한다."[7] 그 중에서 1957년 2월에 시작하여 1960년 4월에 완공된 브라질의 새로운 수도 브라질리아 건설은 쿠비체크의 경제발전 추진 계획 중 가장 큰 사업이었다. 이 사업으로 인해 "전국을 통합할 수 있는 중심지가 마련되었고, 많은 일자리가 창출되었으며, 주로 브라질의 북동부로부터 많은 노동력이 흡수되었고 중서부와 북부의 경제발전을 촉진했다는 긍정적인 평가를 받았다."[8] 바르가스와 쿠비체크에 의한

---

5   보리스 파우스투, 최해성 옮김, 『브라질의 역사(História Concisa Do Brasil)』, 그린비, 2012, 353쪽.

6   김영철, 『브라질의 역사』, 이담북스, 2011, 191쪽.

7   보리스 파우스투, 최해성 옮김, 앞의 책, 369쪽.

8   김영철, 앞의 책, 192쪽.

경제개발 추진으로 인해 "1950년대 브라질은 농촌 중심 사회에서 도시 중심 사회로 변모했다. 산업개혁으로 산업생산력이 증가하면서 경제성장은 새로운 동력을 찾았다."[9] 이와 같은 경제성장의 기조는 1964년 군부정권이 들어선 이후에도 지속되었고 1968년에는 더욱 가파르게 성장하였다. 즉 "1964년에서 1967년까지의 경제성장률은 연평균 4.2%에 불과하였지만 브라질의 기적이라고 불리는 1968년부터 1973년까지는 연평균 11.2%에 이르렀다."[10]

경제개발과 발전, 성장에도 불구하고 그 이면에는 보다 심각한 브라질 사회의 어두운 현실이 존재하였다. 쿠비체크 집권기간 동안에 "대규모 경제 프로젝트를 추진하면서 많은 외채를 차입해 집권 초기 15억 달러였던 것이 임기 말기에는 38억 달러로 국가 부채가 상당한 규모로 증가했다."[11] 그와 동시에 "브라질의 인플레이션은 연평균 증가율이 1960년 26.3%에서 1961년에는 33.3% 그리고 1962년에는 54.8%를 기록했다."[12] 인플레이션의 증가로 부의 불평등은 더욱 심화되었다. 예컨대 "브라질 인구의 10%가 국민소득의 40%를 차지하고 60%의 가난한 브라질 인들이 나머지 국민소득 24%를 차지하고 있는 상황"[13]과 같은 빈부격차의 확대로 이어졌다. 이 시기 브라질에서 경제적 불평등이 얼마나 심화되었는지의 지표는 인구 분포와 소득 분포와의 관계를 0에서 1사이로 구분하여 완전 평등인 0에서 1에 근접하면 할수록 불평등의 정도가 심하다는 것을 나타내는 '지니 지수'를 통해 알 수 있다. 즉 "1960년 지니 지수는 0.50으로 상당히 높아

---

9  위의 책, 194쪽.

10  자료: Conjuntura Econòmica(1997: XVIII) – 윤택동, 「브라질의 불평등, 제도 그리고 경제발전의 상관관계에 대한 연구」, 《국제지역연구》 Vol.12 No.1, 서울대학교 국제학연구소, 2003, 119쪽.

11  김영철, 앞의 책, 192쪽.

12  보리스 파우스투, 최해성 옮김, 앞의 책, 394쪽.

13  김영철, 앞의 책, 196쪽.

불평등이 이미 상당히 심한 상태였고, 1970년에는 0.56으로 더욱 악화되었다."[14] 그리고 "한 국가의 모든 사람을 그의 부에 따라 10개 그룹으로 구분하여 최상위 10%의 평균소득과 최하위 10%의 평균소득을 비교하는 10분위 지수를 보면 다시 한 번 부의 분배의 악화 현상을 확인할 수 있다. 즉 1960년의 10분위 지수는 34배에서 1970년에는 40배로 악화되었다."[15] 이 통계에 의하면 1950년대 중반부터 본격화된 경제개발 정책으로 인해 인플레이션이 증가하였고 이에 따라 최상위 층과 최하위층 간의 부의 불평등이 지속적으로 악화되었음을 알 수 있다. 그 결과 "1970년에는 브라질 총가구수의 44%가 절대 빈곤층에 속해 있었다."[16] 이와 같은 상황은 경제개발 정책으로 인한 경제적 혜택은 특정한 일부 계층에게만 집중되었고 대부분의 브라질의 노동자, 농민들은 빈곤층으로 전락하였음을 의미한다. 이것은 시네마 누보에서 다루고 있는 열악하고 굶주린 인물들의 표본이 경제개발 정책으로 인해 나타난 브라질의 불균형적 사회 현실에 기반하고 있고 그것이 중요한 창작의 원천으로 작용하였다는 것을 말해주고 있다.

브라질의 시네마 누보에 영향을 준 또 다른 요인은 1964년 3월 31일 쿠데타를 통해 민주정부인 주앙 굴라르(João Goulart)정부가 해체되고 브라질에 군부 정권이 세워진 사건이었다. 쿠데타를 통해 "권력을 장악한 군사 정부는 권위주의, 헌법적인 권리 억압, 정치음모, 반대 세력들에 대한 투옥과 고문, 언론 매체의 검열로 점철되는 군부 독재 체제를 구축했다."[17] 이것은 1964년 6월 13일 국가 정보원(Serviço Nacional de

---

14  자료: Barro and Mendonça(1933: 544) − 윤택동, 앞의 논문, 119쪽에서 재인용.
15  위의 논문, 120쪽.
16  자료: Velloso, 1991. − 윤택동, 「브라질사회의 갈등과 그것의 경제적 영향 그리고 해소 위한 방안」, 《중남미연구》 Vol.22 No.1, 한국외국어대학교 중남미연구소, 2004, 76쪽에서 재인용.
17  김영철, 앞의 책, 203쪽.

Informações, SNI)의 창설과 함께 '제도법령(Ato Institucional)' 이른바 긴급 조치법을 통해서 이루어졌다. 군부정권은 제도법령을 차례로 공포하면서 시민단체의 정치 활동과 노조 활동 금지(제도법령 제1호, 1964년), 기존 정당을 해산하고 대통령 선거제도 변경(제도법령 제2호, 1965년), 주지사와 시장선거제도 변경(제도법령 제3호), 브라질의 신헌법제정(제도법령 제4호), 대통령의 의회 해산권과 출판 및 언론 검열과 통제(제도법령 제5호)를 통해 권력을 효과적으로 이용하였다. 특히 제도법령 제5호가 발표된 1968년은 시네마 누보 특징 형성에 중요한 의미를 가진 해였다. 1968년 3월 반정부 운동을 하던 리우 지 자네이루(Rio de Janeiro)의 소규모 집회에서 학생 한명이 헌병에 의해 살해되는 사건이 발생하였다. 이 사건으로 수천 명의 학생들이 장례식에 참여했고, 가톨릭교회, 중산층의 분노한 시민들이 가세하여 대규모 시위로 확대되었다. 6월에는 이른바 리우 지 자네이루의 '10만 인의 산책(Passeata dos 100,000)'으로 불리는 시위가 이어졌다. 이와 더불어 벨로 오리존찌(Belo Horizonte) 인근의 꼰따젱(Contagem)과 상파울루(São Paulo) 지역의 오사스꼬(Osasco)에서도 대규모 노동자 파업이 발생했다.[18] 이 사건을 계기로 군부 정권은 "1968년 4월 17일 68개 지방에 계엄령을 선포하면서 대통령이 시장을 직접 임명할 수 있게 되었을 뿐만 아니라 같은 해 12월 13일에 제도법령 제5호를 통해 대통령이 의회 해산권을 지니고 정치인들을 체포할 수 있었으며 억압적인 제도를 마련했다. 제도법령 제5호로 모든 언론들이 검열을 받았으며 정치 활동은 일시 중단되었다."[19]

브라질의 시네마 누보의 특징과 경향의 새로운 국면은 바로 이 시기와 관련 있다고 할 수 있다. 즉 1964년 군사 쿠데타 이후 군부가 집권한

---

18 최영수, 「브라질 군부정치체제에 관한 연구」, 《중남미연구》 Vol. 28 No. 2, 한국외국어대학교 중남미연구소, 2010, 455쪽.
19 김영철, 앞의 책, 208쪽.

후 브라질의 시네마 누보는 현실에 대한 직접적인 묘사보다는 비유적 표현과 브라질에만 한정되어 있던 계급적 시각이 브라질과 서구 국가들과의 관계로 확대되었다. 이로 인해 나타난 현상은 오히려 현실을 전복하는 혁명에 대한 욕구와 브라질 민족의 정체성 탐구라는 새로운 방향으로 나아가게 되었다. 그것은 현실에 대한 직, 간접적 묘사에서 탈피하여 브라질 내부 역사에 내재되어 있는 미학적 토대를 근거 삼아 브라질의 역사적 정체성과 혼종성 탐구로 이어졌다. 이것은 '열대주의(Tropicalismo)'라는 미학적, 문화적 이론의 틀 속에 '식인주의(Antropofagismo)'를 토대로 글라우베르 호샤의 '배고픔의 미학(Estética da fome)'에 근거한 영화들이 나타나게 된 원인이 되었다.

따라서 브라질의 시네마 누보의 내용과 형식적 특징은 경제개발 정책과 군사 쿠데타로 집권한 군부 정권의 제도적인 법적 조치에 의한 직접적 영향의 작용과 반작용을 통해 형성되었다 할 수 있다.

## 2. 다양한 사회이론과 새로운 영화미학

시네마 누보의 창작 방향과 수법의 실제적 특징은 브라질을 둘러싸고 있는 역사적 조건들을 분석하고 해석할 수 있는 다양한 사회, 문화 이론이 중요한 영향을 미쳤다. 특히 경제 개발정책으로 인해 초래된 브라질의 불평등한 현실은 시네마 누보의 특징이 사회 이론에 근거하도록 하게 한 요인이라 할 수 있다. 이와 같은 이론들은 브라질의 현실을 유럽과 서구중심주의에서 벗어나고자 하는 탈식민주의, 국가의 존재와 민족의 정체성을 지배와 피지배의 시각으로 바라본 식민주의, 세계를 중심국과 주변국으로 설정하고 그 둘 사이에 경제적 교역이 일어날 경우 중심국에 의한 주변국의 착취로 이어지면서 중심국의 경제적 부가 축적되는 경제적 현상에 근거한 종속이론[20] 등이었다. 이 중에서 종속이론은 라틴아메리카의 근대화 이론을 거부하는 마르크스주의에 토대한 경제 이론으로서 1960년대 브라질을 포함한 라틴아메리카의 경제적 모순을 진단하고 해결할 수 있는 이론으로 부각되었다. 그리고 이들 사회 이론은 무엇보다 1959년 쿠바 혁명으로 논리의 정합성을 획득함으로서 더욱 설득력 있게 다가왔다. 따라서 시네마 누보는 탈식민주의, 식민주의, 종속이론을 기반으로 브라질의 현실을 드러내는 것과 미국을 비롯한 서구 유럽 국가들과 교묘하게 결합되어 있는 브라질의 정치적, 사회적 현실을 지배와 피지배라는 계급적 관계로 적용시켜 폭로할 수 있는 이론적 근거를 가지게 되었다. 이들 사회 이론은 1940년대에서 1950년대까지 약 20여 년 동안 서구 영화의 모델로 대표된 할리우드 영화를 모방하면서 상업적 목적을 위해 만들어진 샨샤다 영화 장르의 성행과 1949년 설립된 '베라 크루즈 스투지우(Vera Cruz Studio)'가 1954년 파산함으로써 다른 영화사의 연쇄 도산을 야기하여 영화 제작의 뿌리가 흔들리는 결과를 가져왔던[21] 브라질의 영화 제작 상황과 결합되면서 비참한 현실과 사회적 모순에 대한 묘사를 견인하는 토대가 되었다. 그 결과 대부분의 시네마 누보 영화 창작가들은 마르크스주의 이론을 따라 브라질 영화가 할리우드에 식민화 되었다는 사실을 비난하면서 그들의 작품 속에서 고전적 서사 체계를 전복시키기 위해 신식민주의적 태도를 견지했다.[22] 또한 미국 영화 제작사의 독점과 서구 영화와의 단절을 꾀하기 위해 비판적 사실주의와 민중 지향적이면서 반제국주의적인 혁명 영화를 지향하였다.[23] 이러한 인식을 브라질 영화의 독립성과 현실이

---

20  이 이론은 염홍철의 『다시 읽는 종속이론(한울아카데미, 1998)』을 참고할 것.
21  박규원, 「탈식민주의 관점에서 본 브라질 신영화운동(Cinema Novo)과 사회」, 부산외국어대학교 대학원 석사학위 논문, 2010, 24쪽 참고.
22  송병선, 『라틴아메리카의 신영화』, 이담북스, 2010, 27쪽.
23  위의 책, 62쪽.

라는 틀에서 실마리를 찾고자 한 시도가 "1952년 4월 15일에서 17일까지 상파울루에서 영화 산업 전문가들에 의해 개최된 '제1차 상파울루 브라질 영화 회의( I Congresso Paulista de Cinema Brasileiro, CPCB)'를 통해서였다. 이 회의는 '브라질 영화'의 정의를 설명하기 위해서 소집되었고, 브라질 영화의 경제적, 문화적 발전을 보증하기 위한 표준들을 제안하기 위해 모였다."[24] 여기서 넬슨 페레이라 두스 산토스는 "국내 시장을 장악할 수 있는 대중 영화를 주장했다. 동시에 비평가들은 오직 브라질 사람들에 의해 만들어진 영화를 요구했다. 그들이 강조한 것은 테마의 내용이었다. 그들은 브라질 북동쪽의 가뭄, 파벨라의 빈곤, 그리고 해방역사 운동에 관한 더 많은 영화들을 요구했다."[25] 이들의 주장과 함께 "이 회의에서는 총 33개의 의제들과 보고서들이 논의되었고, 주제 이나시오 지 멜로 소우자 (José Inácio de Melo Souza)는 이것을 3개의 기본적인 카테고리, 즉 1) 경제적, 2) 기술적, 3) 정치-이데올로기적으로 분류하였다."[26] 여기서 가장 흥미로운 것은 정치-이데올로기적으로 나눈 카테고리라 할 수 있다. "주제 이나시오 지 멜로 소우자는 이 카테고리를 1) 브라질 영화의 정의, 2) 보호 무역주의의 범위, 3) 영화 노동자들의 조직과 보호, 4) 영화에서 브라질 현실을 논의하거나 표현하는 이데올로기적 형태들로 나누었다. 회의에서 규정한 '브라질 영화'의 정의에 따르면, 브라질 영화는 100% 민족 자본으로 제작되어야 하고, 브라질 스튜디오에서 만들어져야 하며 국내 실험실에서 발전되어야 하고, 포루투칼 언어로 된 브라질 이야기, 각본, 대사를 가져야 하고, 최소한 3분의 2이상 브라질 인으로

---

24  Randal Johnson, *The Film Industry in Brazil*, University of Pittsburgh Press, 1987, p.71.

25  Robert Stam, *Tropical multiculturalism a comparative history of race in brazilian cinema & culture*, Duke University Press, 2004, p.157.

26  Randal Johnson, *op. cit.*, p.71.

구성된 기술과 미술 스태프이어야 하며 브라질인 이거나 브라질에서 영구히 살고 있는 외국인에 의해 연출되어야 한다는 것이다."[27] 이 회의는 브라질 전체로 확대되어 "제1회 브라질 영화 민족회의(1 Congresso Nacional de Cinema Brasileiro, CNCB)라는 명칭으로 1952년 9월 22일에서 28일까지 리우 지 자네이루에서 개최되도록 하였다. 그리고 이후 개최된 민족 회의에서는 상파울루 회의에서 논의되었던 많은 문제들이 채택되었다. 그것은 브라질 영화의 정의, 브라질 영화 보호를 위한 상설위원회 설치, 국가로부터 제작지원 요청, 35mm 필름 재료의 지역 생산 주장 등이었다."[28] 또한 "1950년대 후반 알렉스 비아니, 카를로스 오리티즈(Carlos Ortiz), 호돌프 난니(Rodolfo Nanni), 넬슨 페레이라 두스 산토스는 대중적으로 브라질 전통에 의해 성장한 사회적으로 진보적인 영화를 의미한 '민족영화'와 '대중영화'를 옹호하는 일련의 글들을 발표했다. 그들은 염세주의적인 영화와 브라질 인구의 압도적인 다수를 착취하여 화려한 삶을 살고 있는 브라질의 지배계급을 부각시킨 탈도덕적인 영화를 비난했다. 이들 비평가들은 외국 자본과 관련 없는 1백퍼센트 브라질인들이 세운 제작 회사에 우호적이었다."[29]

상파울루 브라질 영화 회의와 브라질 영화 민족회의에서 제기되었거나 채택된 요구들은 시네마 누보의 창작 방향에 깊은 영향을 주었고 이를 글라우베르 호샤가 구체화하였다. 그는 '손에는 카메라, 머리에는 생각(Uma Câmera na Mão e Uma Idéia na Cabeça)'이라는 1960년대 자신의 창작 모토(motto)를 통해 영화는 역사적, 정치적 변화에 민감하게 반응해야 한다는 것을 제시하였다. 이 모토는 시네마 누보의 창작 방향과 영화의 기능을 새롭게 인식하게 하고 적극적으로 실천하게 하는 지침이 되었다.

---

27  *Ibid.*, p.73.
28  *Ibid.*, p.75.
29  Robert Stam, *op. cit.*, p.157.

이를 통해 브라질의 영화 창작가들은 정치, 경제, 사회에서 나타나고 있는 모순된 현실을 드러내는 것과 그것을 가장 직접적이고 적나라하게 묘사할 수 있는 '사실성'[30]을 담보한 영화 수법을 채택했다. 이와 같은 이유로 시네마 누보에서는 현실, 계급, 민족이 핵심적 위치를 차지하게 되었다.

따라서 시네마 누보에서의 현실 묘사는 단순히 현실을 객관적으로 묘사하는 것이 아니라 그것이 갖는 다양한 정치적, 사회적 모순을 드러내는 것이고 그것은 계급적 관계를 통해 묘사하는 것이다. 이것은 사회 이론과 영화 미학의 만남을 통해 이루어졌다. 이를 통해 시네마 누보 창작가들은 브라질이 안고 있는 사회적, 국가적 모순을 영화 속에 과감하게 드러내게 되었고 혁명 영화를 꿈꾸게 되었다.

브라질의 현실을 지배와 피지배라는 계급적 시각을 통해 직접적으로 묘사할 수 있는 논리적 근거가 되었던 사회 이론과 영화 미학과의 조우는 1964년 군사 쿠데타이후 새로운 국면을 맞이하였다. 즉 모순투성이인 브라질 내부의 굴절된 현실을 극명한 계급적 대립으로 묘사하고 있는 시네마 누보는 군사 쿠데타 이후 군부 정권이 취한 다양한 제도법령이라는 조치로 인해 더 이상 현실을 직접적으로 드러낼 수 없는 상황에 직면하게 되었다. 특히 1968년 공포된 '제도법령 제5호'는 영화뿐 아니라 언론 매체 등을 비롯한 기타의 대중 매체를 통제할 수 있는 직접적인 조치였다. 이 조치로 인해 시네마 누보는 브라질 민족의 정체성을 자극하는 문화

---

30  시네마 누보의 사실성은 있는 그대로의 현실을 통해 현실에 대한 계급적 인식과 사회적 메시지를 전하고자 하는 영화적 목표에서 비롯되었다. 이러한 목표는 사실성, 현장성, 즉흥성 등의 수법을 통해 이루어지고 있다. 이러한 측면에서 시네마 누보를 이탈리아 네오리얼리즘 영화와의 관계 속에서 파악하기도 한다. 이와 같은 시각의 타당성을 수용하면서도 시네마 누보가 브라질 민족 내부로부터 형성되었다고 주장하는 리자 쇼(Lisa Shaw)와 스테파니 데니슨(Stephanie Dennison)의 견해도 있다. 이들은 시네마 누보의 특징과 그 형성을 브라질의 모더니즘, 변화하고 있는 브라질의 정치, 사회적 풍경 그리고 브라질에서 시네마 누보 영화 제작의 선구자들인 움베르토 마우로(Humberto Mauro)와 넬슨 페레이라 두스 산토스로부터 깊은 영향을 받았다고 주장하고 있다. - Lisa Shaw and Stephanie Dennison, *Brazilian National Cinema*, Routledge, 2007, p.81.

이론과 새롭게 결합했다. 이것은 시네마 누보가 브라질의 현실을 드러내는 데 있어 탈식민주의, 식민주의, 종속 이론과의 결합을 통해 영화 미학과 창작의 목표를 명확하게 제시할 수 있었던 것처럼 문화 이론과의 결합은 시네마 누보가 새로운 영역으로 확장하면서 발전하게 된 요인이 되었다. 이것의 구체적 발현이 이 시기 문학, 음악 등에서 일어난 열대주의 문화운동 이었다. 브라질의 지식인들은 1964년 이후 군부정권의 강압적인 일련의 조치들을 피하면서 브라질이 직면하고 있는 문제점을 드러낼 수 있는 최선의 방책으로 여긴 것이 바로 브라질 민족의 정체성 찾기였고, 그것이 열대주의 문화 운동으로 이어진 것이다. 이를 위해 이 시기 많은 다양한 문화, 예술 창작가들은 역사 속에서 언급되었던 브라질 민족의 정체성을 규정한 이론들을 부활시켰다. 그것은 1922년 과거 포르투칼로부터 독립 된지 1백년을 기념하면서 발표한 브라질 민족 정체성에 대한 다양한 모더니 즘 경향들과 1928년 5월 오스발드 지 안드라지(Oswald de Andrade)가 발표한 '식인주의 선언(Manifesto Antropófago)'에서 그 근거를 가져왔다. 그의 식인주의는 "예술문화 운동의 하나이며 이는 타 문화에 대한 배척이 아니라 타 문화에 대한 브라질 문화의 뛰어난 포식성과 소화력을 대변하는 것이다"[31]고 했다. 이러한 문화 이론의 부상은 1958년 언어의 시각화 문제를 제기하면서 구체주의 선언문을 발표한 상파울루 중심의 '구체주의 (Concretismo)'의 등장과 함께 1964년 엘리우 오이치시까(Hélio Oiticica) 의 설치예술 '트로피칼리아(Tropicália)'가 발표되면서 열대주의 문화 운동 의 부흥을 견인하였다. 특히 열대주의 문화 운동은 식인주의에서 주장하고 있는 외국 문화에 대한 자신감, 즉 '외국문화는 거부를 통해서가 아니라 변형과 적응을 통해 이루어져야 한다'는 마리우 지 안드라지(Mário de Andrade)의 시각과 오스발드 지 안드라지의 식인주의 관점이 자리하고

---

31  이성형, 『브라질: 역사, 정치, 문화』, 까치, 2010, 252쪽.

있다.[32] 열대주의 문화 운동은 브라질에서 찾을 수 있는 모든 문화적 요소들을 수용하여 용해하려고 한 것이다. 그리고 이것은 점차 "음악, 영화 등 다른 예술 분야로 퍼져나가 브라질의 정체성 찾기를 추구하는 문화 전반의 사조(思潮)로 발전하였다."[33] 따라서 열대주의는 "당대 브라질의 문화 산업과 전통적인 상징들에 대한 사상적 접근을 의미했으며, 당대의 이데올로기적 담론을 정치적 차원에서 미적 차원으로 옮겨놓았던 것이다."[34]

글라우베르 호샤는 이러한 열대주의 문화 운동의 기조를 독창적으로 자신의 미학 이론을 전개시키면서 영화에 적용시켰다. 특히 브라질의 열대주의 문화 운동에 적극 참여했던 그는 군부정권이 들어선 후 식민화되고 저개발이라는 현실사회에 대한 비판적 성향이 무뎌진 브라질 영화인들을 향해 통렬한 비판을 하면서 1965년 '배고픔의 미학'을 발표했다. 호샤는 브라질의 경제, 정치적 상황이 철학적인 메마름을 동반하며 이것을 브라질의 배고픔이라고 주장하고 있다. 배고픔은 곧 브라질의 빈곤과 비참함을 야기한다. 정치, 경제적인 배고픔은 신체적인 배고픔을 동반한다. 그러나 철학적인 배고픔은 지식과 사상의 결여를 의미한다. 따라서 배고픔은 단지 신체적인 배고픔을 가리키는 것이 아니라 그들의 사회상을 대변하는 단어인 것이다. 브라질의 본질은 배고픔이며, 세계 영화와의 관계에서 시네마 누보의 비극적 독창성은 여기에 있다고 한다. 즉 호샤는 우리들의 독창성은 우리들의 배고픔이고 우리들의 가장 큰 고통은 그것을 느끼는데 있으며, 이것은 지식으로는 절대 이해될 수 없다. 우리는 유럽인들과 대다수 브라질인들이 이해하지 못하는 배고픔을 이해하고 있다. 유럽인들에게 그것은 낯선 열대지역의 초현실주의이기 때문이고, 브라질인들에게

---

32  위의 책, 251쪽.
33  김영철, 「브라질 문화의 흑인성 연구」, 한국외국어대학교 대학원 박사학위 논문, 2003, 119쪽.
34  이성형, 앞의 책, 249쪽.

그것은 민족적 수치스러움 때문이다. 그렇기 때문에 그들은 이 배고픔이 어디에서 오는가를 이해하고자 하지 않는다. 이것은 브라질의 현실을 더욱더 배고픔에 빠지게 만들고 비참하게 하는 결과를 낳는다. 따라서 시네마 누보 운동 영화는 절망적이고 절규하는 영화, 추한 현실을 드러내는 영화로 나타난다. 배고픔은 현대 정부로는 치유될 수 없으며, 숨길 수 없을 뿐만 아니라 점점 악화된다. 배고픔은 사회를 약하게 하고 질적으로 쇠퇴하게 만들며, 배고픔에 대한 항거는 폭력으로 표출된다. 피식민지배자들이 무기를 들고 싸우지 않는 한 그들은 노예 상태로 남아있게 된다. 따라서 폭력은 배고픔과 긴밀하게 연결되어 있다. 여기서 '폭력의 미학(Estética da violência)'이 나타난다. 시네마 누보영화 운동에서 폭력의 미학은 미개함의 특징이지만 혁명으로도 표출된다. 배고픔의 미학에 이은 폭력의 미학은 힘에 대한 새로운 이미지를 창출했다.[35]

배고픔의 미학과 폭력의 미학은 현실이라는 문제와 그 현실을 전복시키고자 하는 목표를 드러내고 있다. 이것을 시네마 누보 창작가들은 민족의 정체성과 결합시키면서 묘사했다. 이것은 곧 "브라질의 시네마 누보가 민족영화라는 개념에 뿌리를 두고 가난과 폭력의 현실을 반영하면서 국가가 주도하는 모더니즘적 이미지에 도전한 것이다. 배고픔은 브라질 사회의 본질이며 폭력은 가난을 표현하는 가장 필연적인 행위였기 때문이다."[36]

이처럼 브라질의 시네마 누보는 정치적, 경제적, 사회적 현실을 해석하고 분석하기 위한 사회, 문화 이론과 영화 미학의 결합을 통해 표현되었다. 이러한 이론과 미학은 시네마 누보 영화창작가들이 브라질의 현실과 민족 정체성을 가장 치열하게 드러내고자 한 원동력이 되었다. 이것은 사회 이론과 영화 미학이 이 시기 브라질의 정치와 사회를 전복시키고 새로운

---

35 Michael T. Martin, *New Latin American Cinema*(Volume One), Wayne State University Press, 1997, p.60.—박규원, 앞의 논문, 43쪽.
36 전기순, 앞의 논문, 35쪽.

영화 만들기의 혁명성을 지향하는 영화 역사적 토대로 작용하였다는 것을 말하고 있다.


## 3. 현실, 저항, 전복, 민족의 정체성

### 혹독한 현실 드러내기

브라질의 시네마 누보 영화에 있어 가장 핵심적인 요소는 브라질의 혹독한 사회 현실을 드러내는 것이다. 현실을 드러내는 것은 시네마 누보 창작가들이 전하고자 하는 메시지의 가장 중요한 것이었고 시네마 누보 창작의 시작과 끝이라 해도 과언은 아니다. 그렇기 때문에 많은 시네마 누보의 영화에서는 현실에 대한 혹독함이 직접적으로 묘사되기도 하고 때로는 영화가 시작되면서 다음 단계의 이야기를 전개시켜 나가는데 있어 전제 조건으로 사용되기도 한다. 시네마 누보 영화 창작가들이 현실에 집중하는 것은 경제 개발을 거치면서 나타난 브라질의 불평등한 사회 구조를 비판하기 위한 것이다. 특히 1950년대 이후 브라질의 경제개발 우선 정책은 저임금에 허덕이면서도 불안한 고용환경으로 내몰린 도시에 거주하는 수많은 가난한 노동자들과 자신의 농토를 수탈당하고 비참한 삶으로 내몰려진 농민들을 양산하였다. 이들은 열악한 도시의 변두리 주거 지역인 '파벨라(Favela)'[37]에 거주하면서 자신의 삶을 영위할 수 있는 수단과

---

37  파벨라는 1888년 '황금법(Lei Áurea)'의 공표와 함께 해방 노예들의 거주지로서 본격적으로 형성되기 시작했다. 1950년대 이후 산업화와 발전주의의 화려함 뒤에 가려진 농촌을 떠나 도시에서 노동자로 살고 있는 사람들의 현실적인 빈곤의 고통과 슬픔의 공간, 법과 치안이 부재하는 범죄의 주거 공간으로 재현되었다. 특히 이곳은 세계 3대 미항으로 불리는 리우 시(市)의 아름다운 전경과 대비를 이루며 줄곧 브라질 사회의 어두운 이면을 상징하는 또 다른 얼굴로 인식되어 왔다. − 임소라, 「브라질 영화 속 유토피아와 디스토피아의 공간 '파벨라'」, 《브라질−포르투칼연구》 Vol.6 No.1, 한국포르투칼 −브라질 학회, 2009, 129쪽 참고.

방법들을 강구하기 위해 도시를 배회하기도 하고 생존을 위해 사막 같은 황량한 대지를 횡단하면서 일할 곳을 찾아 헤매었다. 시네마 누보 창작가들은 이들의 비참한 삶의 모습과 현실을 포착했다. 이것이 시네마 누보의 창작 방향과 특징으로 나타나게 된 것은 1952년 상파울루에서 개최된 '브라질 영화 회의'에서 브라질 영화에 대한 정의와 함께 글라우베르 호샤의 '손에는 카메라, 머리에는 생각'이라는 창작 명제가 계기가 되었다. 그의 선언은 브라질이 직면하고 있는 현실을 결코 외면해서는 안 된다는 것이며 오히려 더욱 적극적인 관점과 시각으로 현실을 묘사할 것을 주문하고 있다. 그렇기 때문에 시네마 누보 창작가들은 영화를 개인의 창작 발현의 수단으로 인식하기보다는 불평등한 사회 구조로부터 발생한 현실을 묘사하는 것이 무엇보다 중요하게 되었다. 그 결과 시네마 누보 영화 창작가들은 현실에 절망하고 비참한 삶을 살아가고 있는 도시 노동자들과 농민들의 삶, 그 중에서 브라질 북부 지방에 살고 있는 사람들의 가난하고 빈곤한 삶을 드러내고 묘사하는 것이 중요한 의미를 가지게 되었다. 이것이 브라질의 시네마 누보가 현실의 문제를 영화 창작의 핵심으로 자리 잡게 한 요인이라 할 수 있다. 그리고 이러한 특징은 1950년대 중반 이후부터 1964년 군사 쿠데타가 일어나기 전까지 집중적으로 이루어졌으며 1955년 넬슨 페레이라 두스 산토스 감독의 영화 〈리우 40도〉, 1957년 〈리우의 북쪽(Rio Zona Norte)〉에서부터 나타나기 시작했다.

브라질 특유의 리듬과 함께 리우 지 자네이루의 해안가 풍경을 배경으로 시작된 〈리우 40도〉는 이러한 시네마 누보의 전형적 특징을 잘 보여주고 있다. 이 영화는 땅콩을 팔면서 살아가고 있는 소년들의 모습을 통해 브라질의 빈민가인 파벨라에 거주하고 있는 사람들의 일상을 묘사하고 있다. 영화는 이들 소년들을 중심으로 브라질에서 벌어지고 있는 다양한 현실의 모습들, 즉 파벨라 지역에서 살고 있는 여인들의 일상, 리우 시내의 길거리 풍경, 환호하는 축구경기장의 사람들, 장사하는 소년들과 구걸하는 파벨라 흑인 소년 등을 차례로 보여주면서 노래와 춤으로 어우러진 어두운 도시의 밤 풍경으로 끝을 맺고 있다. 넬슨 페레이라 두스 산토스 감독은 이 영화에서 브라질 사회의 현실을 화려하고 평온한 모습의 부유한 권력의 사람들과 가난하게 살아가면서 불안한 현실에 처해 있는 파벨라에 거주하고 있는 사람들의 모습을 사실적 수법으로 대비시키면서 브라질 사회의 불평등한 현실을 묘사하고 있다.

이와 같은 특징은 파벨라를 배경으로 1957년 산토스 감독이 실제 브라질의 뛰어난 삼바 작곡가 제 케티(Zé Kéti)의 삶에 토대하여 만든 영화 〈리우의 북쪽〉에서도 나타나고 있다. 이를 이 영화에서는 열차 사고로 중태에 빠진 후 사망에 이르게 된 삼바 작곡가 에스피리뚜의 삶을 통해 다루고 있다. 그는 정식 교육을 받지는 않았지만 뛰어난 삼바 음악의 작곡가이다. 에스피리뚜는 당시 유명한 가수 안젤라 마리아(Ângela Maria)와 함께 작업을 하고자 하는 희망을 가지고 있었지만 그의 음악은 주변의 많은 음악인들로부터 외면 당한다. 자신의 뜻을 이루지 못한 에스피리뚜는 깊은 상심에 처하게 되고 어느 날 열차 사고로 중태에 빠지게 된다. 영화는 중태에 빠진 삼바 작곡가의 삶을 의식과 무의식중의 회상을 통하여 묘사하고 있다. 여기서 의식과 무의식의 경계를 표시하는 플래시 백(flash back)과 디졸브(dissolve)는 작곡가의 사고 이전 혹은 바람과 희망을 견인하는 시간 구조를 통해 설명하는 장치로 작용한다. 영화에서는 현대화된 도시의 풍경과 작곡가의 불행했던 결혼 생활, 불량배들로부터 칼을 맞아 비극적으로 사망하게 된 아들의 모습이 파벨라라는 지역과 대비되면서 펼쳐진다. 이것은 작곡가의 비극적 죽음이 파벨라라는 현실적 상황과 불가분의 관계에 있다는 것을 말한다. 이처럼 넬슨 페레이라 두스 산토스는 영화 속 인물의 비극성을 브라질의 현실적 상황으로 회귀시켜 묘사하고 있다. 이와 함께 산토스 영화 중 시네마 누보의 특징인 현실을 가장 잘 구현한 영화로는 1963년에 만든 〈황폐한 삶(Vidas Secas)〉을 들 수 있다.

이 영화는 브라질 북동부의 가난한 농부 파비아누 가족에 관한 이야기이다. 영화는 롱 테이크(long take)로 태양이 작열하는 황량한 들판 위로 멀리서 걸어오는 네 명의 파비아누 가족의 지친 모습이 보여지고 1940년이라는 자막과 함께 시작된다. 파비아누 가족들은 사막과 같은 평원을 걸으면서 지치고 굶주린 나머지 같이 데리고 온 앵무새와 야생의 들쥐를 잡아먹으면서 어느 목장에 도착한다. 파비아누는 그곳에서 겨우 일을 얻었지만 목장주로부터 약속한 임금을 받지 못하게 되자 부족한 임금을 지불할 것을 요구한다. 그러나 그는 얼마 되지 않은 양의 고기로 임금을 대신 지급받고, 그것으로 돈을 마련하기 위해 시장에 간다. 그러나 그는 그곳에서 허가 받지 않은 상행위(商行爲)를 하였다는 이유로 시장 사람들과 경찰로부터 구타를 당하고 경찰서에 감금당한다. 며칠이 지난 후 풀려난 파비아누는 아내와 자식들과 함께 집으로 돌아온다. 그때 파비아누의 자식들은 엄마에게 '지옥이 무엇이냐'고 묻자 그녀는 '뜨겁고 공포스러운 곳'이라 답한다. 파비아누의 아내는 개같이 일해도 먹을 것이 충분치 않은 현실을 한탄하면서 죽고 싶다고 하고 자식들은 지옥, 지옥 하고 외치면서 집 앞의 공터 주위를 돌아다닌다. 그리고 파비아누의 가족은 인간답고 진실한 삶을 꿈꾸면서 그 목장을 떠난다. 그러나 희망 없고 절망만 가득한 그들의 암울한 미래를 암시하듯이, 화면은 처음 시작할 때의 장면처럼 롱 테이크로 작열한 태양에 의해 뿌옇게 보인 황량한 들판을 보여주면서 1942년이라는 자막으로 끝맺는다. 산토스는 이러한 파비아누 가족의 비참한 삶을 부유한 목장주와 흥청망청 먹고 마시고 춤추면서 즐기고 있는 작은 도시 마을의 사람들, 그리고 경찰로 이어지는 지배계급과의 대비를 통해 묘사하고 있다. 이러한 구조는 이 영화가 단순히 가난한 브라질 농민들 그 자체에만 집중하고 있는 것이 아니라 그것의 구조적 모순인 사회의 계급적 대립까지도 제기하고 있음을 보여준다. 따라서 넬슨 페레이라 두스 산토스는 파비아누의 가족을 통해 브라질 농민들의 열악한 삶과 브라질이 처한 현실, 그것을 결정지은 사회적 모순을 양산하고 있는 것의 원인이 무엇인지로 나아가고 있는 것이다.

비참하고 혹독한 현실을 드러내고 있는 영화는 1962년 루이 게라, 글라우 베르 호샤가 참여하고 다섯 명의 감독이 만든 5개의 에피소드로 구성된 〈파벨라를 바라본 다섯 개의 시선(Cinco vezes Favela)〉에서 보다 직접적으로 나타나고 있다.

5개의 에피소드로 구성된 이 영화는 리우 지 자네이루의 파벨라를 배경으로 비참하고 힘들게 살아가고 있는 브라질 사람들의 삶을 묘사하고 있다. 첫 번째 에피소드 〈파벨라 사람들(Um Favelado, 감독: 마르코스 지 파리아스, Marcos De Farias)〉에서는 쓰레기 더미를 뒤지고 있는 부인과 아들, 일자리를 찾기 위해 건설현장을 다니지만 구하지 못하고 소매치기를 하다 경찰에 잡힌 남편의 모습 등을 통해 브라질의 비참한 현실을 묘사하였고, 두 번째 에피소드 〈비참한 인생의 제(Zé Da Cachorra, 감독: 미구엘 보르지스, Miguel Borges)〉에서는 파벨라에서 살기 위해 힘겹게 수레를 끌고 오는 제와 그의 가족, 그리고 그들을 가로막고 있는 파벨라 사람들의 모습을 통해 힘겨운 삶을, 세 번째 에피소드 〈고양이 가죽(Couro De Gato, 감독: 호아킴 페드로 지 안드라지, Joaquim Pedro De Andrade)〉에서는 신문을 팔거나 구두닦이를 하면서 부잣집 고양이를 훔쳐 팔아 돈을 챙기고 고층 빌딩 숲으로 사라지는 파벨라에 살고 있는 어린이들의 모습을 통해 브라질의 현실을 드러냈으며, 네 번째 에피소드 〈삼바학교-삶의 즐거움(Escola de Samba-Alegria De Viver, 감독: 카를로스 디에구에스, Carlos Diegues)〉에서는 삼바 리듬과 함께 파벨라에서 살고 있는 여인들의 모습을 통해 현실을 묘사하고 있고, 다섯 번째 에피소드〈사웅 디오구의 채석장(Pedreira De São Diogo, 감독: 레온 이르스만, Leon Hirszman)〉에서는 채석장과 파벨라가 서로 맞닿아 있는 작은 산 정상을 배경으로 채석장에서 힘들게 일하면서 부상당한 노동자들과 다이나마이트 폭발로 무너져 내리는 파벨라의 모습을 각각 보여주면서 그곳에서 살고 있는 사람들이 얼마나 위험한 상황에 노출되어 있는가를 통해 현실의 혹독함을 묘사하고 있다. 이처럼 다섯 개의 에피소드로 구성된 〈파벨라를 바라본 다섯개의 시선〉은 모두 파벨라를 배경으로 그곳에서 살고 있는 사람들의 모습과상황을 통해 브라질 사람들이 처한 냉혹한 현실을 드러내고 있다.

루이 게라는 자신의 영화 〈총(Os Fuzis, 1964)〉에서 현실의 혹독함을묘사하면서 그것을 투쟁의 의미로까지 확장하고 있다. 영화는 시작과함께 외치는 듯한 목소리로 '지옥의 고통으로 둘러싸인 죽음이 다가오고있다'고 하면서 작열하는 태양 아래 황량한 거리를 소와 사람이 걷고있는 장면으로 시작된다. 그리고 화면은 점차 하얗게 변하면서 빗방울이거대한 물줄기로 변해 강이 되고, 그것이 바다로 흘러 들어가 바다를이루고, 대지 위에 꽃이 피고 사막에서 물이 솟아날 것이며, 사막과 마른땅은 호수처럼 되고 다시 바다가 될 것이라는 내레이션이 이어진다. 이와같은 내레이션은 이후 군인들과의 총격전으로 살해당한 마을 사람들을보여주면서 폭력투쟁의 불가피성과 역사의 인과 관계성을 의미하는 토대로작용하고 있다. 그리고 굶주림으로 인해 죽은 어린 아이가 생길 정도로가난한 브라질의 한 마을에 정치인이 운영하는 가게를 보호하기 위해군인들이 파견된다. 어느 날 술 취한 군인이 염소를 죽인 군인과 언쟁을벌이고 있는 마을 사람을 총으로 사살한다. 이를 본 마을 사람들은 군인들과 총격전을 벌이면서 투쟁에 나서지만 살해당한다. 루이 게라는 영화의시작과 함께 마을에서 전개된 총격전의 비극이 무엇으로부터 비롯되었는지를 제시하고 있다. 따라서 루이 게라의 이 영화는 브라질에서 전개될역사에 대한 합법칙성과 순환성, 미래에 대한 낙관적 전망과 함께 변혁과전복에 대한 희망을 내레이션을 통해 전하고 있다고 할 수 있다.

이처럼 시네마 누보는 브라질 현실이 제공하는 황폐함과 그 속에서비참하고 가난하게 살아가고 있는 도시 노동자들과 농민들의 모습을 묘사하고 있다. 브라질의 현실은 시네마 누보 영화와 창작가 전체를 관통하면서 전제되어 있는 핵심적 요소라 할 수 있다. 그렇기 때문에 시네마 누보 영화 창작가들은 현실을 있는 그대로 묘사하는 것이 중요했고 영화 창작자의 역할 또한 그것에 입각해 전개되었다.


## 계급 대립과 전복

시네마 누보 영화에서는 계급 구조에 대한 인식과 저항, 혁명에 대한 기대감이 강렬하게 나타나고 있다. 이것은 혹독한 현실을 기반으로 명확한 계급적 인식을 통하여 저항과 혁명으로 나아가고 있는 서사 구조를 통해 구현된다. 이는 다음과 같은 두 가지 요인에 의해 형성, 강화되었다고 볼 수 있다. 첫 번째는 브라질에 이미 자본가, 대토지 소유자, 노동자, 농민 등으로 명확하게 계급적 구조가 형성되어 있었다는 점과 두 번째는 시네마 누보 창작가들이 브라질과 미국을 비롯한 서구 국가들과의 관계를 민족주의 대 국제주의라는 대립 구조 속에서 바라보았기 때문이다. 이러한 이유로 대부분의 시네마 누보 영화들에서는 영화 도입부에 혹독한 현실을 보여주거나 전제하면서 대립적인 계급적 갈등 구조를 유지하고 있다. 이와 같은 대립 구조에 의한 계급 구조는 브라질 내부로만 국한되는 것이 아니라 브라질과 미국을 비롯한 서구유럽 국가들과의 관계의 모순으로 확대된다. 이러한 특징은 시네마 누보의 핵심 인물인 글라우베르 호샤의 영화[38]에서

---

38 시네마 누보의 핵심 인물인 글라우베르 호샤의 영화는 다른 시네마 누보 영화들과 차이를 보인다. 그것은 장편 영화에서 글라우베르 호샤가 초기 시네마 누보 영화 창작가들보다는 덜 사실주의적이면서 보다 더 서정적이고 바로크적 이야기 전개 스타일의 특징으로 나타났다. 그는 문학작품을 각색하지 않고 브라질 북동쪽의 길거리 가판대에서 값싸게 팔린 소책자 대중 문학인 '시리즈 문학(literatura de cordel)'이라 불리는 것에 영감을 얻었다. 호샤는 시리즈 문학에서 특징적으로 등장하고 있는 인물인 깡가세이루와 메시아적인 종교적 지도자와 같은 신비롭고 역사적인 인물들을 자신의 영화 속에 채웠다. —Lisa Shaw and Stephanie Dennison, op. cit., p.84.

두드러지게 나타나고 있다. 이것은 브라질의 현실에 근거하면서 그로부터 발생한 계급적 인식을 선명한 갈등과 대립 구조를 통해 전복과 혁명에 대한 기대로 표현한다고 할 수 있다.

글라우베르 호샤는 1962년 자신의 첫 번째 장편 영화인 〈바라벤토 (Barravento)〉에서 바히아(Bahia) 해변에 살고 있는 어부들의 이야기를 통해 이와 같은 시네마 누보의 특징을 묘사하고 있다.

영화는 크게 두 부분으로 이루어졌다. 첫 번째는 문맹 등 무지로 인해 그물 소유주인 백인들로부터 착취당하고 있는 바히아 해변에 살고 있는 어부들의 현실을 묘사하고 있고, 두 번째는 착취당하고 있는 어부들이 불평등한 관계를 점차 깨닫게 되면서 저항과 투쟁에 나서게 되는 장면으로 구성되어 있다. 호샤는 아프리카 신을 숭배하고 신의 왕국을 기다리고 있는 가난하고 무지한 아프리카 혈통의 어부들과 그물과 농장의 소유자인 백인들, 혹독한 바히아 해변의 어촌과 도시를 각각 대립시키고 있다. 호샤는 이러한 대립 구조를 세 명의 젊은 청년들인 피르미노, 나이나, 아루아의 관계를 통해 드러내고 있다. 이들 중 바히아 출신으로 도시에서 살다 온 피르미노는 어부들이 잡은 고기의 대부분을 그물 소유주인 백인들이 가져가는 불평등한 현실을 조롱하면서 어부들의 무지를 일깨워주는 역할을 한다. 영화에서는 백인과 어부들 사이에 존재하고 있는 불평등한 관계를 착취자와 피착취와의 관계로 설정하고 있다. 이것은 피르미노의 자극적인 말과 행동으로 바히아 어부들이 자신들과 그물 소유주인 백인들 사이의 불평등한 관계를 인식하게 되면서 저항과 투쟁으로 나아가 우리의 시대가 온다고 외치는 장면에서 확인할 수 있다. 이처럼 글라우베르 호샤는 착취당하고 있는 아프리카 브라질인들의 불평등한 현실을 묘사하면서 그것의 근원을 인식하도록 하여 저항과 투쟁을 통해서만 현실이 개선된다는 것을 제시하고 있다.

현실, 저항, 투쟁, 전복으로 나아가는 패턴은 글라우베르 호샤의 영화

〈남쪽 나라의 신과 악마(Deus e o Diabo na Terra do Sol, 1964)〉에서도 나타나고 있다.

이 영화에서도 호샤는 혹독한 현실을 드러내기 위해 광활하고 척박한 땅을 부감 촬영하면서 그 위에 죽어있는 동물의 사체를 클로즈 쇼트(close shot)로 보여주고 이를 바라보는 남자의 모습과 함께 읊조리는 듯한 낮은 톤의 노래 소리로 주인공 마누엘과 로자 부부가 황무지에 살았다는 것을 언급하면서 시작한다. 황무지 위의 허름한 집에 살고 있는 마누엘은 소 두 마리를 팔아 땅을 조금 사서 농사짓고 살고 싶다는 소박한 바람을 말하지만 그의 부인 로자는 희망이 없다고 한다. 이 장면은 마누엘과 로자의 가난한 현실과 영화에서 전개될 계급적 인식과 전복, 혁명에 대한 희망을 제시하는 전제로 작용하고 있다. 특히 마누엘은 자신이 돌본 소가 어느 날 뱀에게 물려 죽게 되자 그 책임에 대한 분담 문제로 농장주인 모라에스와 다투게 된다. 그 과정에서 마누엘은 의도치 않게 사람을 죽이게 되자 농장을 떠나 많은 민중들의 추앙을 받고 있는 이교도 지도자 세바스띠아웅(Sebastião)에게로 간다. 세바스띠아웅은 자신을 따른 많은 무리들에게 권력자들에게 힘을 보여주어야 한다고 역설한다. 그리고 권력자, 부유한 사람들을 응징하는 장면을 보여준다. 이러한 장면은 이 영화가 계급적 인식에 기반 하고 있음을 보여주는 직접적 사례라 할 수 있다. 특히 성직자 취급을 받은 세바스띠아웅으로 인해 교회의 수입이 줄었다는 가톨릭 신부의 말에, 법에는 두 가지의 법, 즉 정부의 법과 총의 법이 있다고 말하는 농장주의 말이 이어지면서 암살자, 안토니오를 고용한다. 이러한 행위는 성직자와 농장주의 탐욕이 이들과 연합하여 이루어지고 있음을 보여주고 있는 것이다. 이것은 브라질의 지배계급이 어떻게 형성되어 있고 그것의 속성이 무엇인지를 잘 드러내고 있을 뿐만 아니라 영화에서 묘사된 현실의 혹독함이 무엇으로부터 기인하고 있는지와 앞으로 전개될 계급적 대립과 전복에 대한 주장과 당위성의 토대로 작용한다. 이것을 호샤는 각각 세 인물인 마누엘, 코리스코, 안토니오를 중심으로 전개시켜 나간다. 마누엘은 정의를 부르짖는 이교도 성직자 세바스띠아웅을 따르고 그가 죽자 정부와 지주들에게 복수하고자 한 인물이며, 코리스코는 혁명가 람피아웅(Lampião)이라는 사람을 추종했지만 그가 죽자 그를 위한 복수를 다짐한다. 안토니오는 정부, 신부, 농장주의 청부를 받은 살인자이다. 특히 마누엘이 코리스코를 만나 피 흘리지 않고 정의를 세울 수 없냐고 물을 때 코리스코는 그것은 의미 없다고 단호하게 말하는 장면에서 전복과 혁명에 대한 무장투쟁의 필요성이 부각된다. 이러한 의미는 코리스코가 안토니오에게 죽임을 당하는 순간 '민중에게 권력'이라는 말을 하고 쓰러지면서 강화된다. 이와 같은 장면들은 이 영화의 궁극적 의미와 지향, 목표가 무엇인지를 노골적으로 드러내고 있는 것들이다. 따라서 이 영화는 현실의 혹독함을 통해 계급적 대립을 묘사하면서 전복과 혁명에 대한 필요성과 기대를 드러내고 있는 것이다.

이러한 특징은 글라우베르 호샤의 1969년 〈신성한 전사에 대항하는 사악한 용/죽음의 안토니오(O Dragão da Maldade Contra o Santo Guerreiro/Antônio das Mortes)〉에서도 나타난다. 특히 이 영화는 브라질의 정치, 사회 구조의 계급적 갈등과 대립의 원인을 브라질 내부뿐 아니라 외부적 요인으로 확대하고 있다.

영화는 폭력으로 사회적 불평등을 잡고자 한 깡가세이루(Cangaceiro)인의 전설과 공적을 다루면서 혁명가 람피아웅이 정부와 맞서 25년 동안 싸웠고 그가 죽은 후 그를 따른 소수의 무리들이 전설과 업적을 재현하고자 한다는 자막과 함께 시작된다. 그리고 그들은 브라질에서 존경받는 성직자 성 조지아(Saint Georges)와 흑인 종교적 인물인 옥조세(Oxosse) 깃발 아래 모여 부유한 자들과 싸워 나간다. 여기서 싸움의 대상이자 지배계급의 표상인 부유한 자의 대표적 인물로 호라시우 대령이 등장하고 그는 이들을 제거하기 위해 베테랑 살인 청부업자인 안토니오를 고용한다. 따라서 영화는 지배계급을 대변한 호라시우 대령과 이에 저항하는 가난한 민중들과의 대립적 구조를 형성하면서 전개된다. 호라시우 대령은 안토니오를 고용하여 자신이 하고자 하는 산업화, 농지 개혁 등의 일을 방해하는 농민들을 무력화하려고 하고 농민들과 민중들은 이에 대항하기 위해 전설의 영웅을 계승한 코이라나 대위를 따르면서 저항한다. 이와 같은 구조의 변화는 안토니오가 성녀를 만나고 난 후 호라시우 대령의 청부 살인을 거부하면서 일어난다. 안토니오가 성녀와 같은 길을 걷겠다고 하자 호라시우는 또 다른 용병들을 고용한다. 그 결과 영화는 안토니오와 용병들 간의 대결 구도로 변하면서 지배계급과 민중들과의 대결 구도는 새로운 형태로 이어진다. 이것은 당구장에서 신부가 당구 치고 있는 사람 중 한 사람을 주지사로 만들고 싶어 한다는 장면과 함께 이 나라를 구하는 것은 미국의 달러라고 한 데서 찾을 수 있다. 또한 안토니오가 도로 위를 걸어가는 마지막 장면에서 다국적 정유 회사인 '쉘(SHELL)'의 상호가 보이면서 종결되는 것은 영화에서 제시된 지배계급과 피지배 계급간의 갈등과 대결이 단순히 브라질 내부적 요소에만 국한되어 있지 않고 국가와 국가 사이에도 존재하고 있음을 보여주고 있다. 이처럼 영화 〈신성한 전사에 대항하는 사악한 용/죽음의 안토니오〉에서는 저항과 대결을 통한 계급적 구조의 원인과 대립이 브라질 내부에만 존재하고 있는 것이 아니라 외부적 관계, 즉 브라질과 미국을 비롯한 서구 제국과의 관계로 확대하고 있음을 알 수 있다. 이것은 당시 브라질의 정치와 사회적 관계를 다양한 사회 이론과 논리를 영화 창작에 직접 적용한 사례라 할 수 있다.

브라질에서 벌어지고 있는 계급적 대립의 범위를 브라질의 범위를 넘어서까지 확장한 시네마 누보 영화 창작가로는 루이 게라를 들 수 있다. 그의 이러한 특징은 1962년 자신의 첫 번째 장편영화 〈악당들(Os Cafajestes)〉에서 잘 드러나고 있다. 프랑스의 국립고등영화학교(Institut Des Hautes Etudes Cinématographiques, IDHEC)에서 공부하였고 그곳에서 활동한 경험을 가지고 있던 루이 게라는 이 영화에서 현실과 혁명에 대한 기대를 직접적으로 드러내고는 있지 않지만 브라질의 다양한 문제를 라디오 아나운서의 목소리를 통해 전하고 있다. 영화는 다큐멘터리 수법으로 도시 길거리 풍경을 배경으로 시작되면서 영화 속 인물인 잔디르, 바바가 젊은 여인 레다, 빌마를 이용해 돈을 쉽게 벌기 위해 저지른 범죄를 다루고 있다. 영화는 이들 4명을 중심으로 전개된다. 그러나 영화는 화면에서 보여주고 있는 장면과 함께 라디오에서 흘러나오는 뉴스 내용에 더욱 중요한 의미를 부여한다. 왜냐하면 이들 인물들의 행위는 그 자체로서 의미를 갖기 보다는 마치 내레이션처럼 라디오에서 흘러나오는 아나운서의 뉴스, 즉 화재 사건, 외국의 투자, 장군, 독재자, 케네디 대통령의 베트남 전쟁 지원, 아시아— 아프리카의 포르투칼에 대한 무기 거래 중단, 베트남에 관한 소식, 미국의 국무장관이 라틴아메리카에 대한 기여, 쿠바, 카스트로, 브라질 정치 등의 말과 결합되면서 의미가 증폭되기 때문이다. 특히 바바가 코파카바나(Copacabana) 해안가 근처 사막에서 하늘을 향해 총을 쏘는 장면은 라디오에서 흘러나온 내용과 결합되면서 저항, 투쟁, 혁명에 대한 상징적 의미를 띠게 된다. 이런 이유로 이 영화는 브라질이 처한 현상을 다양한 국제 관계 속에서 파악하고 있고 그것을 전복과 혁명의 상징적 근거로 묘사하고 있다고 할 수 있다.

브라질의 문제를 브라질과 국제 관계의 구조로 확장한 루이 게라의 특징은 1970년에 만든 〈신과 죽음(Os deuses E Os Mortos)〉에서도 나타난다. 영화는 남루한 옷차림의 사람들이 다양한 위치에 배치되어 있고 그 사이를 반복하여 가로 지르면서 열변을 토하는 한 남자의 모습으로 시작된다. 이러한 장면은 이후 농장과 토지를 소유하기 위해 치열하게 전개된 피의 갈등의 근원으로 작용하고 있을 뿐만 아니라 영화 속 인물들이 다국적 정유 회사인 쉘 상호가 있는 도로 위를 거니는 모습을 통해 이 영화에서 제기된 갈등과 원인이 무엇으로부터 비롯되었는지를 보여주고 있다. 이러한 장면은 루이 게라가 브라질과 미국을 비롯한 서구 국가들과의 관계를 착취와 피착취, 지배와 피지배 관계로 보고 있다는 것을 드러내고 있다. 이것의 의미를 좀 더 직접적으로 환원하면 이것은 곧 "민족주의 대 국제주의인 것이다. 브라질의 민족주의는 유럽과 미국의 정치적, 경제적 지배로부터 독립을 획득하고 브라질이 가진 잠재력을 실현시키려는 욕구로부터 성장하였다. 그러나 브라질의 발전 과정은 곧 종속의 심화라는 사실을 드러내기 시작했다. 그것은 브라질의 발전이 다국적 기업과 외채에 대한 높은 의존을 통해서 가능했다"[39]는 판단에 의해서다. 루이 게라는 브라질이 직면하고 있는 현실의 문제를 지배와 피지배, 착취와 피착취의 관계 속에서 파악하고 있는 것이다.

브라질과 서구 국가들과의 종속적 관계를 드러내고 있는 것은 범인이 범죄를 저지를 때 반드시 붉은 불빛을 사용한다는 것으로 유명한 브라질의 범죄 사건을 다루고 있는 호제리우 스간제를라의 영화 〈붉은 불빛의 강도(O Bandido da Luz Vermelha, 1968)〉에서도 나타나고 있다. 이 영화는 범죄 행위를 다룬 것임에도 불구하고 영화 속에는 브라질 사회구조에 대한 비판의 날카로움이 곳곳에서 표출되고 있다. 특히 클럽에서 노래하는 가수와 어울리면서 연주자들에게 팁을 주는 관리가 클럽을 나온 후 차동차 안에서 "나의 꿈은 라틴 아메리카의 미국을 건설하는 것이다"고 말하는 장면은 브라질의 현실과 브라질이 지니고 있는 문제가 무엇으로부터 기인하고 있는가를 직접적이면서 암시적으로 드러내고 있는 것이라 할 수 있다.

지배와 피지배의 종속 관계를 보다 근원적 문제에서 찾고 있는 것은 카를로스 디에구에스의 첫 번째 장편 영화 〈강가 줌바(Ganga Zumba,

---

39 김현창·정진영, 「브라질의 권력구조와 정치과정의 특성」, 《이베로아메리카研究》 Vol.2, 서울대학교 스페인中南美研究所, 1991, 9쪽.

1963)〉에서 나타난다. 이 영화는 17세기 포르투칼의 지속적인 침입에도 불구하고 브라질 북동부에 거의 1세기 동안 지속되었던 공화국 팔마레스(Palmares)의 흑인 원주민들의 이야기를 다루고 있는 주앙 펠리시우 두스 산토스(João Felício dos Santos)의 소설에 토대하고 있다.

디에구에스는 〈강가 줌바〉에서 흑인 원주민들의 현실을 착취와 피착취, 지배와 피지배 구조로 저항과 전복으로 나아가는 형식을 취하고 있다. 그러나 영화에서는 계급적 인식에 있어 다른 시네마 누보 영화와 미세한 차이를 보이고 있다. 즉 대부분의 시네마 누보 영화에서는 혹독한 현실에 기반 한 계급적 인식, 저항과 혁명으로 나아가는 패턴을 유지하고 있는데 비해 〈강가 줌바〉에서는 흑인 노예 문제가 중요한 요소를 차지하고 있다. 이것은 영화가 시작되면서 등에 선명하게 채찍 자국이 나 있는 상태로 나무 기둥에 묶여 죽은 어머니를 바라보고 있는 흑인 노예 안타웅의 모습에서 확인 할 수 있다. 이 장면은 흑인 노예들의 흐르는 눈물과 엄습한 분노의 이미지로 연결되면서 앞으로 전개될 저항과 전복의 근원적 요소로 작용한다. 이 장면과 함께 영화는 사탕수수 농장을 배경으로 노동에 힘겨워 하면서 비참하게 살아가고 있는 흑인 원주민들과 이들을 채찍 등으로 혹독하게 다루는 관리인, 평온한 삶을 누리고 있는 백인의 모습들이 차례로 이어진다. 이것은 채찍으로 상징화된 슬픔과 분노의 이미지가 백인과 흑인 원주민들 간의 지배와 피지배, 착취와 피착취라는 전형적인 대립 구조 속에 내재 되어 있다는 것을 말하고 있을 뿐만 아니라 영화 마지막 부분에서 노예들의 정신적 지도자인 아로라바와 안타웅, 그의 연인 시프리아니가 공모하여 사탕수수 농장 관리인과 백인, 그리고 그의 부인을 살해하고 또 다른 사람을 살해함으로써 전복과 혁명으로 나아가게 되는 추동력의 토대가 된다. 이처럼 디에구에스는 저항과 혁명으로 나아가게 되는 중요한 과정인 계급적 인식을 흑인 노예 문제를 통해 부각시키면서 묘사했다. 이것은 디에구에스가 브라질을 둘러싸고 있는 수많은 모순의 근원을 제국주의의 식민 역사에서 찾고 있다고 할 수 있다.

이와 같이 시네마 누보는 선명한 계급적 대립을 통해 브라질의 정치, 사회를 구성하고 있는 현실을 보여주고 있다. 그리고 이것은 단순히 브라질 내부의 문제에만 국한되어 있는 것이 아니라 미국을 비롯한 서구 세력과의 식민지적 관계 속에서 파악되고 있다. 이와 같은 특징은 1960년대 초 브라질의 시네마 누보 영화에서 두드러지게 나타나고 있는 현상이다. 이것은 시네마 누보 창작가들이 민족 문제를 영화의 중심에 위치시키면서 브라질 내부와 브라질과 미국 및 서구 유럽 국가들과의 관계 속에서 인식하고 있다는 반증이다. 그렇기 때문에 시네마 누보에서는 계급에 대한 선명함이 드러나 있고 그 계급이 브라질과 미국 및 서구 유럽과의 관계를 통해서 묘사되고 있는 것이다. 이 부분이 시네마 누보 영화 창작가들이 군부정권의 지도자들과 충돌한 이유이다. 즉 "민족에 대한 개념에 있어 시네마 누보 창작가들은 주로 마르크스주의자의 계급적 인식을 바탕으로 제국주의와 외국 자본에 대해 배타적인 자세를 취한 것이라면 권위주의 정권의 내셔널리즘은 내셔널을 각인시킴으로써 오히려 사회 내부의 계급적 갈등을 무마하고 다양한 차이들을 균질화 시키려는 동질화 전략이었다."[40]

이런 측면에서 시네마 누보 영화 창작가들은 브라질의 문제를 민족 내부에서 찾고자 하는 군부 정권의 시각을 하나의 기만적인 책략으로 인식하여 동의하지 않았고 오히려 브라질 내부와 브라질을 둘러싸고 있는 미국 및 서구 유럽 국가들과의 식민지적 관계로 확장하였다. 그리고 그것의 해결책으로 폭력적 수단이 불가피한 것으로 인식하여 전복과 혁명에 대한 희망을 계급적 인식과 대립을 통해 기대하고 있는 것이다.

---

40 임호준, 「신영화 운동 이후 라틴 아메리카 영화의 새로운 경향과 전략」, 한국예술종합학교 영상원 예술전문사 학위논문, 2004, 15쪽.

# 굴절된 정치 구조와 사회

1964년 군사 쿠데타 이후 시네마 누보 창작가들은 도심에서 발생한 동시대적인 현실적 문제에 관심을 가졌다. 왜냐하면 군사 쿠데타 이후 성립된 군부 정권은 도덕성이 결여된 정치권력으로 도시의 굴절된 사회적 현상들을 양산하는 근본적 요인으로 인식되었기 때문이다. 따라서 시네마 누보 창작가들이 가장 실제적이고 긴장감이 극대화 되어 있는 사회적 현상을 영화의 중심 테마로 이동시키는 것은 매우 자연스러운 일이었다. 이를 통해 시네마 누보 창작가들은 군부 정권의 통제에 있는 브라질의 정치 현실과 사회를 비판 할 수 있었다. 그러나 그것은 군부 정권이 공포한 제도법령으로 인해 인과 관계 속에서의 직접적인 표현보다는 비유적인 방식을 취했다. 이것은 역설적으로 시네마 누보가 지니고 있는 창작의 토대와 목표인 브라질의 정치, 사회라는 현실에 근거하면서 정치권력 구조의 형성과 현실 사회를 비판하고 사회 전복에 대한 기대를 포기하지 않았다는 것을 의미한다. 따라서 이 시기의 시네마 누보는 직접적 표현을 통한 인과 관계의 범위를 넘나들면서 비유적이고 우회적인 수법을 띠고 있지만 시네마 누보의 본래의 지향과 목표에서 이탈하고 있지는 않다고 할 수 있다. 군부 정권 이후 나타난 이와 같은 시네마 누보의 특징은 글라우베르 호샤의 영화 〈고뇌하는 땅(Terra em Transe, 1967)〉에서 찾아볼 수 있다.

이 영화는 브라질의 사회 구조와 정치 구조가 어떻게 형성되고 있는지를 정치인, 언론인, 경제인, 즉 자본가를 통해 보여주고 있다. 영화는 자막으로 표시된 각각의 내용이 일정한 내러티브 구조 속에서 구성되어 있고 영화 속 인물들의 심리와 상황은 내레이션에 의해 설명되고 있다. 첫 번째 자막 에피소드에서는 정치인 비에이라의 사임을 통보하는 연방 정부 장교와 이를 저항하지 않고 수용하려 하는 주지사 비에이라와 언론인 파울루의 갈등이 묘사되면서 그들의 정치적 이상에 관한 것이 언급되고 있다. 두 번째 자막 에피소드에서는 가난한 사람들을 위한 정치적 지도자가 필요하다고 주장한 파울루와 선거의 후보로 나서게 되는 비에이라의 모습을 통해 정치인과 언론인과의 유착 관계의 실체를 보여주고 있고, 세 번째 자막 에피소드에서는 가난한 사람들에게 둘러싸여 있는 비에이라의 모습과 선거가 끝난 후의 달라진 태도를 묘사하고 있다. 이것은 선거가 끝난 후 농토를 빼앗긴 농민들과 비에이라, 파울루의 모습을 통해 드러나고 있다. 즉 가난한 농민들의 대표인 펠리시우는 농토를 빼앗기게 되는 상황이 되자 그는 주지사에게 이 땅을 떠날 수 없다고 강력하게 항의한다. 그러나 펠리시우가 한밤중 군인에 의해 살해당하자 민중들은 비에이라를 살인자로 규정하고 저항한다. 파울루는 살인에 책임 있는 모레이라를 체포하라고 하지만 비에이라는 이를 거부한다. 이것은 정치인에 기만당한 민중들의 모습과 정치권력의 속성을 적나라하게 드러내고 있다. 네 번째 자막 에피소드에서는 디아즈라는 인물을 통해 정치인과 자본가와의 밀착 관계를 보여주면서 브라질 정치와 지도자의 현주소를 보여준다. 특히 어제의 거짓말이 오늘 수용되고 내일의 부정은 오늘의 진리가 되며, 이것이 민주주의 미덕이라고 언급하는 것은 부도덕한 브라질의 현실 정치를 직접적으로 비판하고 있다. 다섯 번째 자막 에피소드에서는 변질되고 전도된 가치와 혼돈 속의 브라질의 정치, 사회적 현실을 묘사하고 있다. 과거 계급투쟁의 경험이 있다고 주장한 노동 조합의 지도자는 나라가 위기이기 때문에 가장 좋은 것은 대통령의 명령을 기다리는 것이라고 하면서 민중의 정치를 비판한다. 그는 진정한 민중은 바로 자기라 하면서 자기는 일곱 명의 아이들이 있고 살 곳이 없다고 하자 주변 사람들이 오히려 그를 극단주의자, 선동주의자라고 매도한다. 그들은 극단주의자를 행동, 공기, 피, 물과 도덕을 오염시키는 바이러스라고 칭하고 자신들이 살고 있는 상상의 엘도라도(Eldorado) 섬에는 굶주림, 폭력, 가난이 존재하지 않는다고 주장한다. 그리고 주지사인 비에이라는 "하나의 힘만이 역사를 변화시킬 수 있고 누구도 그것을 멈출 수 없다고 하면서 그 힘은 민중이다"고 하자 민중들은 그를 환호한다. 이처럼 영화는 브라질에서 벌어지고 있는 정치권력과 부도덕한 언론, 자본가의 관계를 통해 정치권력이 어떻게 획득되고 그들이 민중들의 무지를 어떻게 기만하고 이용하는지를 보여주고 있다.

반면 호제리우 스간제를라의 영화 〈붉은 불빛의 강도〉에서는 도시에서 의적처럼 영웅화되고 있는 범인을 통해 1968년 군부 정권의 강압적 통치의 어두운 사회 현실을 보여주고 있다. 영화에서는 이것을 내레이션과 화면을 통해 브라질이 직면하고 있는 다양한 문제를 실제적인 현실적 시각으로 묘사하기도 하고 때론 상징적 의미로 언급하기도 한다. 혼란스럽고 양립하기 어려운 브라질의 현재의 모습을 스간제를라는 쓰레기 집하장의 청소년들, 매춘, 범죄가 가득한 도심의 화려한 밤거리 풍경과 총격전 등의 장면과 강도의 강간, 살인 행위를 교차하면서 보여준다. 그리고 이들 화면과 함께 진행된 내레이션은 중요한 의미를 갖는다. 내레이션은 화면에서 보여주고 있는 장면을 설명해주는 보완적 역할을 하기도 하지만 이 영화의 궁극적인 목표를 드러내고 있다. 즉 화면에서 보여주고 있는 것은 브라질이 직면하고 있는 현실의 부조리한 모습들이지만 그것의 의미는 내레이션을 통해 획득되고 있기 때문이다. 예를 들면 내레이션은 화면과 무관한 축구경기, 파라과이(Paraguay)의 대통령 암살, 아즈텍(Aztec)의 후손 등과 같은 뉴스 정보와 "제3세계의 바람이 불 것이며 아마존은 브라질 것이고, 북동쪽에는 굶주린 사람들이 있고, 석유는 우리의 것이다. 인간의 집은 정치적 대중의 상징이 되었고 감옥, 요새의 고문실이 될 수 있다"는 비유적이고 상징적인 정치적 의미를 끊임없이 언급하고 있다. 이것은 화면을 통해서는 브라질의 굴절된 사회적 현실을 묘사하고 내레이션을 통해서는 브라질을 둘러싸고 있는 다양한 정치적 사건들을 언급하면서 브라질의 왜곡된 정치 구조와 사회 현실을 비판하고 있는 것이다. 부자의 재산을 강탈하여 가난한 사람에게 나누어 준다는 행위로 영웅화 되고 그의 활동과 죽음이 마치

UFO처럼 신비화 되는 것은 브라질 사회에서 벌어지고 있는 변질되고 굴절된 현실을 드러내고 있는 것이다. 이것은 궁극적으로 브라질의 현실과 정치 구조를 비판하는데 그 목표가 있다고 할 수 있다.

이와 같은 특징은 안드레아 토나치의 다큐멘터리 영화 〈블라블라블라 (Blablablá, 1968)〉에서 더욱 사실적으로 묘사된다.

영화는 시작과 함께 방송시작을 알린 'ON'이 보이고 어둠 속에서 한 남자의 내레이션으로 전개된다. 그리고 연설하는 남자의 모습이 전체 영화 중간, 중간 교차로 삽입되면서 안전보장 이사회의 UN, 경찰과 대치하면서 데모하는 시민들의 모습, 연설하는 남자, 꽃가루가 휘날리는 카퍼레이드 장면, 환호하는 사람들의 모습과 함께 무장한 군인들의 모습, 가슴을 열어젖히는 여성, 시내로 진입하는 탱크, 권총으로 처형하는 모습, 헬리콥터와 총을 들고 뛰어가는 군인들, 장군 복장을 한 군인, 사람을 끌고 가는 모습, 길거리의 사람들, 천안문 광장의 수많은 사람들, 연설하는 남자의 클로즈 쇼트(close shot) 등이 시간 표시와 함께 보이면서 남자의 얼굴로 끝을 맺는다. 긴박하고 긴장감을 자아내는 이들 장면들은 마치 군사 쿠데타에 관한 실제적인 보고서처럼 보인다. 이것은 군사 쿠데타 이후의 브라질 풍경을 입체적으로 묘사함으로써 군부 정권의 부당성을 폭로한 것이라 할 수 있다.

브라질의 지방 정치의 이면을 통해 브라질의 굴절된 사회를 우회적으로 묘사한 영화는 구스타보 달의 〈용감한 전사(O Bravo Guerreiro, 1968)〉에서 남자들의 대화 장면을 통해서도 확인할 수 있다. 이 영화는 젊은 지방 의원인 미구엘 오르타가 부르주아 정부와 노동조합 사이의 거래를 통해 자신의 정치적 이상과 입지를 구축하려 하지만 좌절하게 되는 과정을 다루고 있다. 따라서 영화는 주로 식당, 의회, 산업기지, 술집, 집 등을 배경으로 대화하는 사람들의 모습으로 이루어졌다. 그러므로 이 영화에서는 격렬하고 자극적인 장면은 나타나지 않는다. 영화는 기껏해야 노동자들의 피켓 시위 장면과 차분하게 무엇인가를 설명하는 남자의 모습을 통해 갈등을 표출하고 있다. 이러한 장면은 바다와 차를 타고 달리는 자연 풍경과 어우러지면서 전체적인 영화의 분위기를 차분하게 유지하도록 한다. 그러나 이러한 차분함은 아내가 떠난 집을 쓸쓸히 바라보면서 권총을 입에 물고 있는 주인공 미구엘 오르타의 모습으로 끝난 충격적인 장면에 의해 정서적 의미가 전복된다. 즉 영화는 이전의 다른 영화들과 달리 정적이고 차분한 분위기로 묘사되고 있지만 충격적인 주인공의 모습으로의 끝맺음은 도덕성이 결여된 정치권력에 의해 양산된 부조리한 브라질 사회의 한 단면을 폭로하고 있는 것이다.

이처럼 시네마 누보는 군사 쿠데타 이후 직접적인 현실을 드러내는 것이 봉쇄당하게 되자 불연속적인 서사구조 속으로 비유적이고 우회적 표현으로, 때로는 다큐멘터리를 통해서 브라질 사회에서 벌어지고 있는 다양한 사회적, 정치적 현실을 묘사함으로써 굴절된 브라질의 현실과 정치권력 구조의 부도덕성을 드러내고 있다.


## 열대주의와 민족 정체성

브라질 시네마 누보의 중요한 특징 중 하나는 브라질 민족의 정체성 탐구를 들 수 있다. 이것이 시네마 누보의 핵심 테마로 등장하게 된 것은 브라질의 모든 언론에 대한 검열과 통제를 할 수 있는 1968년 군부 정권에 의해 공포된 제도법령 제5호가 적지 않은 영향을 미쳤다. 이 조치로 인해 영화를 비롯한 대중 매체는 군부 정권에 의해 엄격하게 통제되었다. 그리고 이것은 군부 정권 하에서 영화의 제작과 배급 등을 촉진하고 통제하기 위해 1966년 '국립영화연구소(Instituto Nacional de Cinema, INC)'가 설립되었고 영화제작, 배급뿐 아니라 해외 수출까지 관장하기 위해 1969년 국영영화기관인 '브라질 영화사(Empresa Brasileira de Filme, Embrafilme)'가 창설되면서 브라질의 영화 산업이 국가 주도로 수직통합 된 일련의 제도적 정비와도 일정한 연관을 가지고 있다. 이것은 브라질의 정치, 사회적 상황은 제도법령 제5호로 영화 창작의 여건은 국가의 영화 산업 수직통합 정책으로 통제가 가능하게 되었음을 의미한다. 이러한 이유로 시네마 누보의 창작 방향은 불가피하게 검열로부터 저촉되지 않거나 비교적 독립적인 여건에서의 제작으로 점차 전환하게 되었다. 군부정권의 억압을 피해 그들이 취한 것은 신화적 알레고리와 인류학적 기록의 의미를 통해 묘사하는 것이었다.[41] 이것은 시네마 누보가 식인주의와 열대주의 문화 운동과의 결합을 통해 이루어졌다. 이들 이론과 운동은 시네마 누보 창작가들이 브라질 민족의 정체성을 표현하는 토대가 되었다. 그 결과 시네마 누보에서 브라질 민족의 정체성은 브라질 원주민인 아프리카계 사람들의 집단적인 삶, 문화를 드러내는 것과 전형적인 서구 제국주의자들의 모습을 묘사하는 것을 통해 나타나고 있다.

이것은 글라우베르 호샤의 영화 〈고뇌하는 땅〉에서 해안가를 배경으로 깃발과 십자가를 들고 걷고 있는 남자 디아즈와 추장 모습을 한 인디오 원주민 사람이 만나 술잔에 술을 부어 마시는 장면에서 확인할 수 있다. 이러한 장면은 마치 이방인이 브라질에 처음 도착했을 때 했던 의식을 재현하고 있는 것처럼 묘사되고 있다. 또한 브라질 민족의 정체성에 관한 탐구는 호샤의 영화 〈신성한 전사에 대항하는 사악한 용/죽음의 안토니오〉에서 코이라나가 춤과 노래하는 원주민 집단들에 둘러싸여 있는 산 중턱 장면을 통해서도 나타난다. 이들 영화와 함께 브라질의 정체성을 가장 적극적으로 묘사한 시네마 누보의 영화는 1928년 마리우 지 안드라지의 소설을 토대로 열대주의에 근거하여 만든 호아킴 페드로 지 안드라지의 〈마꾸나이마〉를 들 수 있다.

---

41  송병선, 앞의 책, 27쪽 참고.

영화는 1900년대 초 독일의 과학자가 수집한 풍자적인 브라질의 대중 문화와 사회적 금기, 모순을 비판하는데 급진적이고 과감한 민간 설화를 토대로 소설가 마리우 지 안드라지가 엮어서 낸 책을 기반으로 만들어졌다 는 설명과 함께 영화의 주인공 마꾸나이마의 기괴한 모험담이 관객들의 즐거움과 기쁨을 주길 바란다는 희망을 피력하면서 시작된다. 그리고 영화는 곧바로 정글 속에서 성장한 채로 태어난 못생긴 남자 아이를 둘러싸고 벌어진 특이한 이야기들이 전개된다. 여섯 살 될 때까지 말을 하지 못하였지만 돈 냄새가 나면 움직이고 마리화나를 피울 때는 갑자기 왕자의 모습으로 변하는 것 등은 초월적인 인식의 원시 사회의 한 단면을 보여주고 있다. 또한 잡은 새끼 돼지를 구워 먹는 그의 모습과 성적 행위 등은 원시사회의 카니발리즘(Canibalism)을 떠올리게 한다. 그리고 묘지에서 커다란 물줄기를 맞고 피부가 하얗게 되었다고 좋아하는 마꾸나 이마의 모습과 도심에서 매일 전투를 치르는 여인, 미심쩍은 이념과 사상을 뿌리 뽑고 무신론자를 추방하고 낡아빠진 전통과 신을 믿지 않은 사람들이 브라질 이름에 먹칠을 하고 있으며 이들이 빨갱이 파괴분자다 라고 주장한 사람들의 거리 시위 장면과 이들의 주장이 새빨간 거짓말이라고 외치는 마꾸나이마의 형제들을 체포하는 경찰들의 모습을 통해서 브라질의 과거와 현실이 충돌하고 브라질의 과거의 정체성과 현재의 정체성이 충돌하고 있음을 보여주고 있다. 이러한 충돌이 노골적으로 묘사된 장면은 수상쩍기 때문에 체포한다는 경찰의 말, 즉 백인이 잘 뛰면 달리기 선수이고 흑인이 잘 뛰면 도둑이라고 하는 마꾸나이마의 말에서 확인 할 수 있다. 이것은 브라질 사회를 지배하고 있는 백인들이 토착 원주민들을 어떻게 이해하고 있는지를 단적으로 보여주고 있는 장면이다. 그리고 영화는 선풍기, 텔레비 전 등을 가지고 돌아오는 마꾸나이마의 모습과 텅 비어 있는 숲 속 집을 통해 정글도 점차 개발과 문명 논리에 파괴 되고 있는 브라질의 현실을 보여주고 있다. 이것은 현재 작동하고 있는 관계들, 즉 사람들−사회,

정치와 경제 사이의 관계들뿐만 아니라 상품의 소비를 통해서 심지어는 보다 직접적인 성적인 관계를 통해 다른 사람들을 먹을 수 있다는 카니발적 요소를 강조하고 있는 것이다.[42] 따라서 이 영화는 브라질의 원시성을 통해서 현실을 풍자하고 카니발리즘과 열대주의를 통해 브라질의 정체성에 대한 문제를 제기하면서 환기시키고 있는 것이라 할 수 있다.

넬슨 페레이라 두스 산토스 감독은 영화 〈정신이상자 아질료(Azyllo Muito Louco, 1970)〉에서 한 손에는 칼을, 한 손에는 성경을 들고 제국주의자들의 정복의 역사가 어떻게 진행되었고 이루어졌는지를 정복의 상징인 나폴레옹 복장을 한 남자와 성직자를 통해서 묘사하고 있다.

영화는 길거리의 의자 위에서 한 남자와 어린 아이가 열변을 토하는 장면과 나폴레옹 모자를 쓴 남자, 성직자, 결혼식 장면으로 시작된다. 이후 많은 사람들이 나폴레옹 모습을 한 사람을 만나기 위해 줄을 서서 기다리는 화면으로 이어진다. 이 장면은 서구 유럽의 정복의 역사가 어떻게 시작되었는지를 보여주고 있다는 측면에서 상징적 의미를 지니고 있다. 이는 사람들에게 먹을 것을 주고, 그들을 치료해 주는 성직자의 모습을 통해서도 표현된다. 그리고 힘든 육체노동을 하는 흑인 원주민들과 이와 대비되는 백인들을 보여주고 이러한 불평등한 상황에 저항하는 여인들과 사람들을 해산하는 모습을 통해 그들에게 감춰진 위선과 폭력을 드러내고 있다. 따라서 영화는 명쾌한 논리적 구조로 구성되어 있음을 알 수 있다. 정복의 상징인 나폴레옹 모자를 쓴 남자와 성직자를 통해 침입 주체인 제국주의 국가들의 속성과 형태를 보여주고 있는 것이다. 즉 흑인 원주민들에게 먹을 것을 주고 치료해 주는 서구 제국주의자들의 모습을 통해 침입의 과정을, 흑인 원주민들을 무력으로 억압해서 착취하는 것을 통해 침입의 본질을, 이에 대해 저항하는 사람들의 모습을 통해 서구 침입자들의

---

42 Lúcia Nagib, *Brazil on Cinema*, I. B. Tauris, 2007, p.67.

목적과 본성을 인식하게 하고 탄압과 무력으로부터 해방된 상황을 남, 녀의 춤으로 형상화하고 있다. 그러므로 이 영화는 서구 제국주의 국가들의 침입과정이 어떻게 이루어지고 있고 그것이 무엇을 초래하고 있는지에 대한 이른바 제국주의 국가들의 침입의 역사 과정을 묘사하고 있다고 할 수 있다.

시네마 누보에서 열대주의 문화 운동의 특징이 가장 잘 구현된 영화로는 넬슨 페레이라 두스 산토스 감독의 〈내 작은 프랑스인이 얼마나 맛있던지〉를 들 수 있다. 이 영화는 열대주의 문화 운동의 핵심이 카니발리즘, 식인주의라는 것을 가장 직접적으로 묘사하고 있다.

영화는 1557년 3월 31일자 해군제독 빌레가논(Villegagnon)이 캘빈(Calvin)에게 보낸 편지의 내용을 내레이션으로 설명하면서 시작된다. 설명된 내용에는 그들이 탐험한 지역의 원주민들은 어떠한 종교, 지식, 정직함도 없는 야만적인 미개인으로서 인간의 얼굴을 한 야생 동물과 같다고 한다. 내레이션이 끝나면 영화는 계속해서 독특한 리듬의 북소리, 주술소리와 함께 원주민들의 모습을 보여준다. 그리고 화면은 포르투칼인과 친한 부족인 뚜피니킴(Tupiniquim)족에 사로잡힌 프랑스 남자를 두고 누가 먹을 것이고 누구의 노예로 삼을 것인가를 결정하는 장면으로 이어진다. 반면 이들과 다른 부족, 즉 프랑스인과 친한 뚜피남바(Tupinambá)족은 어느 날 뚜피니킴족을 침입하여 그들에게 잡혀있는 프랑스 남자를 전리품으로 획득한다. 뚜피남바족의 추장은 프랑스 남자를 포르투칼 사람으로 오해하여 그를 자기가 직접 먹을 것이라고 말한다. 이 오해는 영화가 끝날 때까지 풀리지 않아 프랑스 남자가 뚜피남바 족에 의해 희생당하게 되는 결과를 초래한다. 이러한 장면들은 식인주의와 브라질의 역사 정체성이 서구 유럽 국가들의 침입과 불가분의 관계에 있다는 것을 말하고 있다. 이것은 이 영화 전체 내용을 담보하고 있는 뚜피남바족으로 끌려온 프랑스인의 운명과 식인 원주민들과의 관계를 통해서 보여주고 있다.

그 속에는 프랑스와 포르투칼 사이의 정복의 경쟁자로서 제국주의자들의 얼굴을 한 서구 유럽 국가들과의 탐욕이 내재되어 있다. 특히 프랑스는 매년 원주민들을 브라질 나무숲으로 수천 명씩 데리고 갔다는 자막은 이들을 이용한 서구 유럽 국가들의 식민지적 형태와 탐욕을 드러내고 있다. 영화의 전반부가 서구 유럽 국가들의 침입과 탐욕을 묘사하였다면 후반부는 식인 원주민들의 풍습과 삶을 묘사하고 있다. 식인 원주민들의 원시적 종교, 의식, 주술, 부족들간의 전쟁과 풍습 등을 다루고 있다. 특히 전쟁에서 승리한 후 뚜피남바족이 잡혀 있던 프랑스 인을 먹으면서 벌이는 식인행위의 향연과 축제는 이 영화가 타문화에 대한 브라질의 소화력을 대변한 식인주의의 의미를 구현하고 있음을 보여주고 있다. 그리고 영화는 '브라질 총독 멩 지 사 1557년(Mem de Sá Governador-Geral do Brazil 1557: 이 인물은 1557-1572 동안 포르투칼 왕실이 파견한 브라질 총독)이라는 자막으로 마무리 된다. 영화는 브라질 원주민들의 풍습과 행위를 직접적으로 보여주면서 카니발리즘과 식인주의를 통해서 브라질 민족의 정체성을 드러내고 있다. 이것은 시네마 누보가 민족 정체성 탐구라는 열대주의 운동과 같은 궤적을 통해 형성되었고 동시에 브라질의 역사 형성의 과정을 묘사한 것이라 할 수 있다.

이처럼 시네마 누보는 열대주의 문화 운동을 통한 브라질 민족의 정체성 탐구로 나아갔다. 그리고 그 이면에는 "정치적 억압뿐 아니라 브라질 경제발전 모델에 내재되어 있는 억제되지 않은 소비주의와 아마존의 무익함을 강조하는 어리석음을 비판하였다."[43] 이것은 시네마 누보 창작가들이 군부정권의 강력한 억압과 통제로 인해 브라질 현실에 대한 문제를 직접적으로 묘사할 수 없는 상황에 이르게 되자 1920년대 브라질 독립의 100주년을 기념해서 제기된 민족의 정체성 탐구에 대한 문화 이론적 근거를

---

43 Robert Stam, *op. cit.*, p.242.

열대주의 문화 운동이란 이름으로 새롭게 영화에서 조명한 것이다. 이를 통해 시네마 누보는 현실이라는 창작의 수단과 토대를 민족과 국가의 영역으로 확대할 수 있게 되었다.

\* \* \*

브라질 영화 역사에서 시네마 누보라고 불린 시기인 1955년에서 1971년 사이 브라질에서는 특별한 역사적 상황들이 전개되고 있었다. 그것은 1951년부터 제툴리우 바르가스 대통령에 의해 시작된 경제 개발 정책과 그의 뒤를 이어 1956년 주셀리누 쿠비체크 대통령에 의해 메타스 플랜으로 불리면서 진행된 경제 발전 정책이었다. 그러나 경제 개발과 경제 발전 정책은 브라질 사회에서 극명한 빈부 격차를 초래했고 수많은 브라질인들을 빈곤층으로 전락하게 했다. 시네마 누보는 이러한 브라질의 사회 현실에 눈을 돌렸다. 그러므로 시네마 누보는 이전까지 할리우드 영화를 모방하고 그것을 그대로 답습한 샨사다 영화와는 근본적으로 다르다고 할 수 있다. 시네마 누보 감독들은 샨사다 영화를 브라질에서 청산의 대상으로 여겼고 수많은 브라질 인들이 혹독한 빈곤에 빠지게 된 현실을 묘사하는데 주력했다. 나아가 이들은 자신들의 영화 속에서 단순히 현실을 드러내는데 만 그치지 않고 점차 저항과 혁명에 대한 기대도 동시에 드러냈다. 따라서 이들의 영화 창작에 대한 목표와 이론은 더욱 뚜렷했고 영화는 현실을 변혁하거나 개혁하는 수단으로 인식되었다. 이것을 상징화 한 것이 글라우베르 호샤가 언급한 '손에는 카메라, 머리에는 생각'이라는 창작 모토로 집약되었다. 이러한 창작 목표와 수단은 시네마 누보 창작가들로 하여금 현실을 계급적으로 인식하게 하는 출발점이 되었고, 그것은 곧 저항을 통한 계급적 대립과 전복으로 나아가는 토대가 되었다. 이로써 시네마 누보는 현실을 드러냄으로써 계급적 대립이 중심에 서게 되었고, 그것은 현실에 대한 저항, 투쟁, 전복으로 이어지는 특징들을 가지게 되었다.

그러나 이러한 특징은 1964년 군부의 쿠데타로 인해 본질적 변화를 겪게 되었다. 군부에 의해 설치된 국가 정보원은 '제도법령'이라는 긴급 조치법을 통해 모든 정치활동을 금지시켰고 언론과 창작에 대한 검열과 통제를 하였다. 이로 인해 시네마 누보는 현실을 드러냄으로써 브라질의 모순을 직접적으로 비판하고 개혁하기 위한 사회 변혁의 수단으로 삼았던 것들을 다른 형태로 전환하지 않으면 안 되는 상황에 직면하였다. 그것은 곧 현실을 토대로 저항, 투쟁, 전복으로 이어지는 영화적 패턴이 변화되었음을 말한다.

군사쿠데타로 인해 시네마 누보는 브라질의 현대 사회에서 벌어지고 있는 현실을 이전처럼 직접적으로 묘사하기 보다는 우회적인 수법을 통하거나 범죄와 같은 다양한 부조리한 사회적 현상 등에 주목 하였다. 그러나 군사쿠데타로 인해 나타난 시네마 누보의 특징은 브라질 민족의 정체성 탐구를 들 수 있다. 이것은 현실 묘사의 직접성을 브라질 민족의 정체성을 통해 브라질이 겪고 있는 문제를 찾으려 하였던 것이다.

그것의 이론적 토대가 바로 포르투갈로부터 해방 된지 100주년 기념을 토대로 언급된 식인주의, 구체주의, 열대주의로 대변되는 문화 이론이었다. 이 이론들은 군사 쿠데타로 인해 현실을 직접적으로 묘사할 수 없는 현실에 대한 창작의 돌파구가 되었다. 이를 통해 시네마 누보 영화창작가들은 민족의 정체성을 표방한 영화들을 만들 수 있었고 브라질과 서구 제국주의 국가들과의 관계로 나아갈 수 있었다. 이것은 브라질이 처한 상황과 현실 문제의 근원이 바로 브라질이라는 민족국가와 서구 제국주의 국가들과의 관계 속에서 찾고자 한 것이었다.

이처럼 브라질의 시네마 누보는 다양한 내용과 형식의 스펙트럼 속에서 형성되었다. 그것은 브라질에서 발생하였던 경제 정책과 군사 쿠데타로 인해 발생한 혹독한 현실을 드러냄으로써 브라질의 현실을 개혁하고 치유하기 위해 때론 과거와 단절을, 때론 과거 민족의 근원으로부터 영화적 수법을 취했기 때문이다.

이러한 시네마 누보의 영화적 경향도 1960년대 말에 이르게 되면 점차 새로운 영역으로 대체 되는 조짐들이 나타남으로써 그 역사적 역할이 다했다는 징후들이 드러나기 시작했다. 그것은 시네마 누보 창작의 가장 강력한 미학적 원리라 할 수 있는 배고픔의 미학에 대한 새로운 창작 토대를 찾고자 한 젊은 감독들의 등장에서 찾을 수 있다. 상파울루에 근거하면서 '변방영화(cinema marginal)'로 불리는 영화를 표방한 젊은 영화인들은 새로운 대안적 영화의 영역에서 시네마 누보의 헤게모니에 도전했다. 그들은 "시네마 누보가 황폐한 내부, 도시의 슬럼가, 교외의 하층 계급, 어촌, 댄스홀과 축구 경기장으로 구성된 신화적 영역을 창조하였던 비해, 변방 영화인들은 마약의 남용; 성적 문란; 가족, 재산, 직업 발전과 같은 전통적 가치에 대한 존중 결여; 반노동 윤리와 게으름에 대한 찬양; 정상적 행위에 대한 존경 결여, 초라한 복장, 지저분한 외관 그리고 단정치 못한 걸음걸이로 보여주기; 새로운 생활 스타일의 찬미; 전통적으로 변방화된 집단들, 흑인들, 동성애자들과 토착민들과 여성들에게 우호적인 감정 등을 다루었다."[44] 그들의 영화는 치열하게 현실이라는 것을 움켜지면서 창작의 근본적 토대로 삼았던 시네마 누보 영화와는 달랐다. 다만 그것이 현실 그 자체에 집중되어 있는 것인가 아니면 그 현실을 새로운 관점과 계급적 대립 구조를 통해 나아가고 있는 것인가는 별개의 문제이다. 이런 측면에서 시네마 누보는 혹독한 현실 그 자체에 집중한 영화로서 그것을 통해 현실에 저항하고 투쟁하고 전복을 꿈꾸면서 새로운 세계로 나아가고자 하는 특징을 가진 영화적 경향이라 할 수 있다.

---

44  Lisa Shaw and Stephanie Dennison, *op. cit.*, p.89.

# 제10장
## 정치권력의 변화와 영화,
## 해빙기 시기의 소비에트 영화
## (1956-1966)

### 1. 흐루쇼프의 제20차 전당대회

1957년 미하일 칼라타조프(Михаил Калатóзов) 감독의 〈학이 날다(Летят журавли)〉의 등장은 소련 영화 역사에서 본격적으로 해빙기가 도래했음을 확인시킨 상징적 사건이었다. 이 영화를 통해 소련의 영화 창작가들은 비로소 어느 누구도 의식하지 않고 인간 본래의 모습에 보다 가까이 다가갈 수 있게 되었다. 이 영화가 해빙기 시기 하나의 상징적 사건이 될 수 있었던 것은 무엇보다 1953년 이오시프 스탈린(Иосиф Сталин)의 사망으로부터 비롯되었다. 그리고 그것의 직접적 원인은 1956년 2월 14일부터 25일까지 열린 제20차 전당대회였다. 이 대회에서는 소련의 대외 정책과 이론이 채택되었는데 그것은 "(1) 전쟁 불가피론의 부정과 평화 공존 (2) 사회주의로의 이행의 다양성 (3) 사회주의 혁명의 평화적 발전 가능성 등 세 가지 이론이었다."[1] 그러나 이 대회에서의

---

1  Б. Н. 포노말료프, 편집부 옮김, 『소련공산당사 5(История Коммунистической партии Советского Союза)』, 거름, 1992, 191쪽.

정점은 대회 마지막 날 비공개 회의로 진행된 스탈린의 권력을 이용한 범죄와 전횡에 대한 니키타 흐루쇼프(Никита Хрущёв)의 비판이었다. 그는 이 대회에서 그동안 스탈린에 의해 숨겨져 왔던 블라디미르 레닌(Вл адимир Ленин)의 유언을 낭독하고 스탈린의 공과 과를 논하면서 그의 개인숭배가 당의 원칙, 당의 민주주의, 혁명의 사법성의 심각한 왜곡을 형언할 수 없을 정도로 초래했다고 비판했다.[2] 흐루쇼프는 스탈린 시기 "말년에 더욱 강화된 개인숭배, 무오류성의 신화, 독선적인 권력 남용 등은 레닌주의 집단지도 원칙으로부터의 일탈이었고, 그로 인해 민주주의의 부당한 제한, 사회주의 이념의 침해, 근거 없는 억압, 대 조국 전쟁시의 오판 등의 폐해가 빚어졌다고 호된 비판을 했다."[3]

이러한 비판 중에서 제20차 전당대회를 통하여 제기된 가장 핵심적인 문제는 스탈린 개인숭배와 그 결과를 극복하는 문제였다. 흐루쇼프는 이 대회에서 "마르크스·레닌주의와는 전혀 관계가 없는 개인숭배를 완전히 극복하고 당 활동과 행정 활동, 이데올로기 활동 전(全) 분야에 걸쳐 개인숭배의 결과를 일소하며 레닌의 당 생활 기준과 집단 지도의 원칙을 엄격히 지킬 수 있도록 필요한 조치를 일관되게 강구하라고 중앙위원회에 제안했다. 개인숭배를 비판하면서 당이 지침으로 삼았던 것은 역사에서 인민 대중과 당, 개인이 맡은 역할에 관한 마르크스·레닌주의의 명제, 그리고 그 공적이 아무리 위대하다고 하더라도 정치 지도자에 대한 개인숭배를 허용해서는 안 된다고 하는 마르크스·레닌주의의 유명한 명제였다."[4] 또한 그는 대회 말미에 미래에 대한 계획으로서 "개인숭배 폐기, 집단지도 체제 확립, 당규의 철저한 준수(전당대회를 정기적으로 소집하고 중앙위원

---

2   Geoffrey Hosking, *A history of the Soviet Union*, Fontana Press Collins, 1985, p.336.
3   이무열, 『러시아사 100장면』, 가람기획, 2001, 418쪽.
4   Б. Н. 포노말료프, 편집부 옮김, 앞의 책, 201쪽.

회의 회합도 자주 가질 것 등), 자아비판과 비판정신의 광범위한 실천, 소비에트 헌법의 준수와 사회주의 준법정신의 회복을 주장하였다."[5] 이에 "당은 스탈린에 대한 개인숭배 및 그것이 만들어 낸 오류와 왜곡을 비판하고 개인숭배가 낳은 결과를 일소하기 위해 투쟁을 전개했다. 당은 민주주의 중앙집권제, 집단지도성, 비판과 자기비판 등의 원칙들과 기타 당 생활에 필요한 레닌적인 원칙을 기준으로 삼아 당 활동을 재건하기 위해 여러 가지 사업을 벌였다. 그 결과 당과 대중의 결합이 강화되고 소비에트 국가에서 당이 맡은 지도적 역할이 더욱 증대되었다."[6]

이처럼 제20차 전당대회는 소련 사회 전역에 마르크스·레닌주의라는 전통을 부활시켰다. 특히 흐루쇼프는 스탈린을 비판하면서 그것의 극복 방법으로 "우리는 돌아가야 한다. 그리고 모든 이데올로기 작업을 통해서 마르크스·레닌 과학의 가장 중요한 입장들, 즉 인류의 물질, 정신적 재산의 창조자인 인민, 사회 재건과 공산주의 승리를 위한 혁명 투쟁에서 마르크시스트 당의 결정적인 역할들을 반드시 수행해야 한다"[7]고 했다. 흐루쇼프를 비롯한 "정치가들이 신봉하는 마르크스·레닌주의는 변화무쌍한 현실과 역사를 설명하는 이론이라기보다는 불변의 진리로서의 위상을 가졌다. 그것은 일종의 경전이었고 계속적인 반복과 회귀를 통해서 현실의 질서를 구성하는 원형의 지위를 획득했다. 역설적이게도 과거와의 혁명적 단절을 시도했던 해빙기에 정치의 이상은 전통주의였다."[8] 흐루쇼프에게 소련에서의 전통이라 할 수 있는 마르크스·레닌주의로의 복귀는 어쩌면 필연적인 귀결이었는지 모른다. 흐루쇼프는 스탈린의 개인 우상화를 비판

---

5  Geoffrey Hosking, *op. cit.*, p.337.
6  Б. Н. 포노말료프, 편집부 옮김, 앞의 책, 235쪽.
7  Н. С. Хрущёв, *Хрущёв о Сталине*, Нью-Йорк, 1988, cc.69-70. — 이혜승, 「해빙기 문화에 미친 반 스탈린 운동의 영향」, 《슬라브학보》 Vol.16 No.2, 한국슬라브학회, 2001, 313쪽에서 재인용.
8  위의 논문, 312쪽.

하기 위해서는 공산주의의 근본 원칙을 강조할 수밖에 없었고 소련 사회에 절대적 권위를 지니고 있는 마르크스·레닌의 원칙을 부활시켜야만 정치적 토대가 견고해질 수 있었기 때문이었다.

이러한 정치적 전술과 목표를 잘 인식하고 있던 흐루쇼프는 레닌의 원칙을 강조하면서 집단지도체제가 스탈린식 우상화의 대안이라는 사실을 확실히 인식시켰다. 그는 이것을 구체화하기 위하여 "예술계 대표 인사들이 모인 자리에서 '당, 인민, 레닌은 뗄 수 없다. 레닌의 일이 곧 당의 일이며, 인민의 일이다'라고 강조했다."[9] 이처럼 흐루쇼프는 레닌의 원칙을 부활시킴으로써 소련 인민들에게 선명하고 확실하게 스탈린의 전횡을 비판할 수 있었다. 이후 당의 최고 지도 원칙은 집단성이라는 명제로 확립되었다.

제20차 전당대회에서 스탈린의 전격적인 비판이 해빙기의 큰 기조를 이끌었다면 제2차 해빙기라 불린 제22차 전당대회(1961년 10월 17일~31일)[10]에서도 그에 대한 비판은 지속되었다. 이 대회에서 "흐루쇼프는 스탈린과 그 일파의 죄를 공공연히 고발했다. 이 대회에서는 스탈린의 유해를 붉은 광장의 레닌 묘에서 들어내야 된다는 결정이 내려졌다. 대회가 파한 이후, 이제 모든 분야에서 스탈린 비판이 일어나기 시작했다. 그 결과 1962년에는 라게리(Лагерь, 강제수용소) 생활을 묘사한 알렉산드르 솔제니친(Александр Солженицын)의 소설 〈이반 데니소비치의 하루(Один день Ивана Денисовича)〉가 흐루쇼프의 승인 하에 《신

---

9  Н. С. Хрущёв, 〈Высокая идейность и художественное мастество-великая сила советскойлитературы и искусства(речь на встрече руководителей партии и правительства с деятелями литературы и искусства 8 марта 1963 года)〉, *Высокое признание литературы и искусства*, М, 1963, с.221. — 위의 논문, 315쪽에서 재인용.

10  이 대회에서는 소련이 프롤레타리아 국가에서 전(全) 인민의 이익과 의사를 대변하는 인민의 국가로 전환했다고 선언하면서 1970년까지 모든 부문에서 미국을 따라잡고 1980년까지는 능력에 따라 일하고 필요한 만큼 쓰는 공산주의 시대로 진입한다는 이른바 20세기의 공산당 선언이라고 불리는 공산주의 건설과 청사진이 제시됐다.

세계(Новый мир, 노브이 미르)》지에 실려 커다란 반향을 불러일으켰다."[11] 그리고 제22차 전당대회 이후 소련에서는 다음과 같은 확신에 찬 전망들이 잇달았다.

공산주의가 건설되는 시기에는 문화생활이 전면적으로 발전할 것이다. 소련의 문학, 음악, 미술, 영화, 연극, 텔레비전 등 모든 유형의 예술은 그 사상 내용과 예술성의 측면에서 새로운 높은 단계에 도달할 것이다.[12]

이와 같은 소련의 창작 분야 발전에 대한 확신의 이면에는 제20차, 제22차 전당대회를 거치면서 형성된 마르크스·레닌주의의 원칙으로의 복귀 및 전통주의의 부활이었다. 그것은 흐루쇼프가 제20차 전당대회에서 스탈린의 전횡을 비판할 수 있는 논리의 토대였고 중요한 정치적 기치였다. 그리고 제20차 전당대회에서 강조된 이러한 원칙은 해빙기 소련의 미학적 원칙과 영화 창작의 흐름을 형성하였다.

## 2. 사회주의 리얼리즘의 미학적 법칙의 변화

1934년 사회주의 리얼리즘이 소련의 창작 법칙으로 공식화되면서 제20차 전당대회 이후에도 그것의 본질성이 훼손되거나 폄하되지는 않았다. 사회주의 리얼리즘은 흐루쇼프의 해빙기에도 여전히 소련 사회에서 중요한 창작 법칙으로 작용하였고 소련의 이념과 이데올로기의 지향성과 가장

---

11  이무열, 앞의 책, 420쪽.

12  Б. Н. 포노말료프, 편집부 옮김, 『소련공산당사 6(История Коммунистической партии Советского Союза)』, 거름, 1992, 52쪽.

부합하는 미학적 토대로 인식되었다. 그러나 해빙기 사회주의 리얼리즘은 스탈린 시기의 사회주의 리얼리즘과 창작 법칙이 달랐다. 스탈린 시기의 사회주의 리얼리즘은 스탈린의 공포 정치와 우상화가 진행되면서 창작 법칙으로서의 경직성이 노출되었기 때문에 그것은 제20차 전당대회 이후 더 이상 소련의 미학적 표현 수단의 논리가 될 수 없었다. 따라서 1953년 스탈린이 사망하고 난 후 소련에서는 조심스럽게 스탈린 시기의 사회주의 리얼리즘에 대한 다양한 해석의 시도와 논의가 가능하게 되었다.

이러한 흐름을 이끈 선구적 인물로는 블라디미르 뽀메란쩨프(Владим ир Померанцев)를 들 수 있다. 그는 아직 문화의 해빙이 도래하지 않았던 1953년 소련에서 리얼리즘에 대한 논의를 시작하여 스탈린 시기의 사회주의 리얼리즘에 대한 경직성과 문제점을 정면으로 제기함으로써 해빙기 소련의 미학자, 예술 비평가들로 하여금 사회주의 리얼리즘과 리얼리즘에 대한 논의를 할 수 있도록 했다. 이것은 1953년 그의 「문학에서의 정직성에 관하여(Об искренности в литературе)」라는 논문을 통해 이루어졌다. 뽀메란쩨프는 이 논문에서 "소련의 많은 작가들이 초현실적인 주인공을 창조해 내고 현실을 꾸며내는 데 급급하고 있다고 비난했다. 그는 '존재하는 현실을, 바라는 현실의 모습으로 바꿔치기하는 전(前)시대의 예술 행태를 신랄하게 비판하면서 소련의 문학이 부정직함으로 점철되었다고 일침을 놓았다 …… 부정직함이 꼭 거짓말을 의미하는 것은 아니다. 사물의 꾸며냄도 부정직이다'고 언급하면서 그는 작품 평가의 첫 번째 기준은 '사물의 직접적인 전달, 즉 묘사의 정직성에 있고 정직성이야말로 예술가의 재능'이라고 단언했다."[13] 그리고 "많은 예술인들은 비사실주의적 사회주의 리얼리즘이 몰고 온 가장 큰 소련 예술의 폐해는 현실과 무관한

---

13  В. М. Померанцев, "Об искренности в литературе", 《Новый Мир》 N.12, 1953, cc.218-219. ─이혜승, 「해빙기 예술관의 변화」, 《슬라브연구》 Vol.18 No.2, 한국외국어대학교 러시아연구소, 2002, 230쪽에서 재인용.

374   세계 영화예술의 역사

전형의 창조라는 데 동의했다."[14] 뽀메란쩨프가 제기한 소련에서의 창작 법칙에 대한 논의는 1956년 흐루쇼프의 스탈린 비판 이후 더욱 활성화되었다. 이러한 활성화는 스탈린 시대의 잔재를 청산함으로써 새로운 사회주의 시대를 맞이하고자 한 소련 인민들의 욕구와 부합되었다. 그 결과 제20차 전당대회를 기점으로 소련에서의 창작 집단들은 전에 없이 소련의 미학적 담론에 대한 토론을 진행하였다. 그것은 단순히 사회주의 리얼리즘이라는 단일한 창작 법칙에 대한 것만이 아니라 소련 사회 전체의 새로운 미학적 패러다임에 대한 논의와 함께 전개되었다. 그러한 논의는 특정한 분야가 중심이 되지 않고 모든 분야의 예술 창작가들에게 동시에 발생했다. 그 결과 "《철학의 문제들(Вопросы философии)》, 《문학의 문제들(Вопросы литературы)》, 《미학의 문제들(Вопросы эстетики)》, 《신세계》, 《공산주의자(Коммунист)》, 《10월(Октябрь)》, 《영화(Кино)》, 《연극(Театр)》 등과 같은 미학과 예술 관련 잡지들에서 본질적인 것으로서의 미학과 예술의 대상, 예술의 근원, 미학의 범주들, 미학과 예술 활동 및 예술의 실천적 문제를 주제로 한 논문들이 새롭게 빛을 보았다."[15] 이를 통해 스탈린 시기의 사회주의 리얼리즘으로서의 미학적 시각이 재검토되기 시작했다. 특히 이 시기 이러한 논의를 이끌었던 미학자들은 스탈린 시기의 사회주의 리얼리즘에 대한 한계를 인정하면서 흐루쇼프가 마르크스·레닌주의로 되돌아가자고 한 것처럼 사회주의의 근원을 강조한 전형으로서의 창작 법칙을 주장했다. 이러한 경향은 사회주의 리얼리즘이 내포하고 있는 리얼리즘 논쟁으로부터 시작되었다.

1956년 《철학의 문제들》지 5월호에 실린 「희곡과 연극의 후진성에 관한 문제(К вопросу об отставании драматургии и театра)」라는

---

14  위의 논문, 230쪽.
15  위의 논문, 228쪽.

글에서 나자로프(Б. А. Назаров)와 그리드네바(О. В. Гриднева)는 창작 방법론의 독점을 리얼리즘의 가장 큰 문제로 들었다. 이들은 "리얼리즘의 독점적 상황은 스탈린 시대의 산물이며 사회주의의 근본이념과는 무관하다고 지적한다. 이 견해에 따르면 레닌 시대에는 다양한 예술 사조가 혼재되어 있었으며 공존이 가능했다. 1920년대 초반에는 당이 예술 창조의 자율 경쟁과 평론의 자율성을 지지함으로써 예술의 폭넓은 발전이 가능했다는 것이다. 또한 1925년 문학에 대한 당의 결의에서도 확인할 수 있듯이 마르크시즘 비평은 단일 원칙을 강요하지 않는 것이었다고 그들은 주장했다.[16] 이들에 의해 제기된 문제의 해답은 스탈린 시기의 사회주의 리얼리즘에 결여되어 있던 진정한 리얼리즘 정신을 회복하는 데에 있다는 것이다. 이로 인해 스탈린 시기의 사회주의 리얼리즘은 1920년대와 같은 창작의 다양성을 염두에 두면서 리얼리즘에 대한 다양한 해석의 여지를 주었다.

이것은 곧 리얼리즘이 스탈린의 사망과 제20차 전당대회로 인해 객관 세계에 대한 변화가 가능하다는 것을 보여주고 있다. 이러한 시각은 해빙기 시기의 '사회주의자(社會主義者, общественники)'들에 의해 제기되었다. 이들은 미(美)는 시간, 공간, 미의 창조, 수용자와 무관한 객관 세계의 내재적 본질이라는 주장을 일축하면서 미학적인 것의 본질을 역사적으로 변화하는 사회적 현실과 그에 대응하는 사회적 인간이라고 보았다.[17] 이 그룹의 대표자였던 스톨로비치(В. Н. Столович)는 "한 대상이나 현상의 미학적 의미는 자연적 속성을 변형한 결과가 아니라 그 미학적 의미가 새로운 사회관계 체계 내에 포함됨으로써 변화한다고 말한다."[18] 즉 "미,

---

16  Б. А. Назаров и О. В. Гриднева, "К вопросу об отставании драматургии и театра", 《Вопросы философии》 N.5, 1956, c.87. ─ 위의 논문, 235쪽에서 재인용.

17  위의 논문, 229쪽 참고.

18  В. Н. Столович, "О двух концепциях эстетического", 《Вопросы философии》 N.2. 1962, c.118. ─ 위의 논문, 228쪽에서 재인용.

추, 비극, 숭고, 저속함 등과 같은 미학적 가치는 사회주의자들의 주장에 의하면, 자연 안에 내재되어 있는 것이 아니라 변화하는 사회 속에 사는 인간이 객관 자연과 맺는 관계에 따라 변화한다는 것이다."[19]

이는 미적 조건과 가치가 물리적인 대상과 그 이면에만 내재되어 있는 것이 아니라 변화하고 있는 현실 사회와 인간에 기반하고 있음을 의미한다. 따라서 미학적 가치와 법칙은 항구적인 것이 아니라 역사적, 사회적 조건의 현실에 따라 언제나 변화할 수 있고 변화하여야 한다는 것이다.

이러한 변화하는 현실과 객관 세계의 논리적 관계의 성립은 스탈린 시기부터 진행되어 왔던 사회주의 리얼리즘에 대한 해빙기 시기의 일종의 타개책이었다. 그리고 변화하는 현실과 객관 세계의 관계는 궁극적인 창작 목표의 하나인 진실을 드러내는 의미로 함축되어 나타난다. 따라서 해빙기 시기의 진실에 대한 문제는 스탈린 시기의 과거 역사뿐 아니라 동시대와 인간의 문제에 대한 것까지 포함하게 되었다. 리얼리즘에 대한 논의 역시 변화 하는 현실과 객관적 사실에 대한 관계로 이어져 진실 추구로 확장되었으며 그것은 곧 역사와 인간, 당면하고 있는 동시대, 즉 현대성(современность)과 결합되었던 것이다. 그 결과 해빙기 시기의 미학적 경향은 인간과 현대성이라는 문제로 집중하게 되었다.

그 중에서 인간에 대한 문제는 사회주의자들이 주장하는 사회주의 미학의 원리라 할 수 있는 인간 중심주의를 지향하고 있는 것과 일맥상통한다고 할 수 있다. 이것은 미의 본질이라 할 수 있는 감정, 사고 등 인간적 특징들이 사회적 가치들과의 적극적인 상호 관계에서 나타난다는 것을 의미한다. 이와 같은 인식은 스탈린 시기의 인간에 대한 미학적 태도와 확연하게 구분된다. 즉 "사회주의자들에게 인간은 느낌과 생각을 가진 존재들이다. 인간의 이러한 특성이야말로 미적 가치의 본질을 규정한다.

---

19 위의 논문, 228쪽.

이들은 감정과 사고를 미학적 가치의 핵심으로 판단함으로써 인간을 심미적 활동의 주체로 등장시키고 있다."[20] 이러한 사회주의자들의 인간주의적 경향을 타살로프(B. И. Тасалов)는 "삶에 대한 인간의 능동성을 미학의 개념에 최대한 포함시키려는 사회의 독립적이고 고양된 분위기, 객관적 현실의 강요에 대한 저항, 그리고 자유로운 미학적 주체 앞에 그려지는 현실로 예술을 보려는 동향이 사회주의자들 사상의 근저에 깔려 있다고 했다. 이것은 예술적 가치 창조와 수용의 주체는 어디까지나 불변하는 이데올로기가 아니라 변화하는 감정을 가진 인간이라는 사실을 보여준다 …… 이들은 삶의 미묘한 변화를 인간의 심미적 감정으로 여과하여 창조적으로 승화해 내는 것이 예술 활동이라고 생각했다. 많은 예술 작품들에서 인간의 형상은 이상의 전달자라기보다 감정과 개인의 이상에 충실한 모습으로 혹은 삶의 개척자로 묘사된다. 이것은 이 시대 예술관에서 인간 중심주의적 경향이 뚜렷해지고 있음을 증명한다."[21]

이와 같은 인간 중심 경향은 일리야 에렌부르그(Илья Эренбург)의 단편 소설 〈해빙(Оттепели)〉, 알렉세이 아르부조프(Алексей Арбузов)의 〈이르쿠츠크 이야기(Иркутская история)〉, 빅토르 로조프(Виктор Розов)의 〈영원한 생명(Вечно живые)〉, 〈기쁨을 찾아서(в добрый час)〉, 알렉산드르 볼로진(Александр Володин)의 〈다섯 밤(Пять вечеров)〉, 〈여공(Фабричная девчонка)〉, 〈나의 언니(Мая старшая сестра)〉 등 다양한 문학작품에서 묘사되고 있다. 또한 주요 희곡 작가들도 평범하고 보편적인 인물을 통해 인간의 진실을 찾고자 했다. 이들은 주로 "추상적인 인간형의 제시보다 작은 일상의 진실, 가치의 선택, 자유와 그에 대한 책임 등에 관한 물음을 던지고 있다. 이러한

---

20  위의 논문, 239쪽.
21  위의 논문, 239-240쪽.

작품에는 전신 교환수, 운전사, 여공, 대학 수험생, 창녀 등 원대한 이상과는 무관해 보이는 인물들이 등장한다. 거창한 가치들에 파묻혀 있던 일상은 사람들의 진솔한 모습과 진짜 실존적 가치를 드러내주는 새로운 배경으로 나타나고 있는 것이다. 이 시대 작품들의 주제가 사상에서 '실존'의 문제로 선회한 것은 인간 중심주의적 예술관의 변화를 뚜렷하게 반증하고 있다 …… (이들 작품에서) 주인공의 세계관은 경직된 사고방식에서 벗어나 고유의 가치 체계를 추구하는 해빙기 사회 전체의 이상을 반영한다."[22] 이처럼 해빙기 시기의 문학 및 희곡 작가들은 스탈린 시기에 전형화된 인간들의 모습에서 탈피하여 보편적인 삶 속에서 인간의 진실을 드러내고자 했다.

해빙기 시기의 또 다른 미학적 경향인 객관적 현실로부터 도출된 진실에 대한 탐구는 스탈린 시기의 고정되고 확정된 미학적 시각으로부터 벗어나서 변화하는 현실을 묘사하는 데 있다. 이것은 소련 미학에서 가장 중요하다고 여긴 예술 창작과 현실의 상호 관계로 이어지면서 이른바 현대성에 대한 문제로 확장되었다. 왜냐하면 해빙기 이전 시기에는 현실을 특정한 목적에 따라 재현하거나 묘사할 수밖에 없었기 때문에 현대성의 요소인 현실에 대한 재현과 묘사는 해빙기 시기의 창작 예술이 극복해야 할 또 다른 문제였던 것이다. 이러한 이유로 해빙기 시기의 사회주의 미학자들은 '현대성'을 가장 절실한 문제로 인식했다. 이러한 인식 역시 사실주의 예술과 현실의 상호관계는 항상 변화한다는 것에 토대하고 있다. 이것은 "삶 자체가 끊임없는 변화와 갱생 과정에 있다"라고 언급한 연극 비평가 타티야나 바첼리스(Татьяна Бачелис)와 콘스탄틴 루드니츠키(Константин Рудничкий)처럼 "사회주의 리얼리즘에 특징적이었던 낙관적 미래의 이상을 해빙기의 예술인들은 더 이상 공유하지 않았던 것이다.

---

22 위의 논문, 240쪽.

그들에게는 새로운 가치들을 시의 적절하게 호흡하는 예술이 더욱 필요했던 것이다. 소련 연극계에 새로운 변화를 주도했던 연출가 게오르기 토브스토노고프(Георгий Товстоногов)는 '이 시대의 사람들은 먼 옛날의 선조들이 그랬던 것처럼 고유한 개연성을 필요로 한다. 왜냐하면 현대는 이 시대의 정의와 이 시대의 개연성을 요구하기 때문이다'라는 말로 현대성의 의미를 설명하면서 예술 창조자들이 당대의 현실에 더욱 민감할 것을 요구했다."[23] 현실에 대한 이러한 새로운 해석은 현대성의 개념 자체를 보다 새롭게 규정할 뿐 아니라 그 의미도 확대시켰다. "이들은 현대성을 현재 일어나는 일들, 사건일 뿐 아니라 보이지 않는 깊은 시대정신으로 이해했고 예술가의 임무는 사물의 내적 본질을 얼마나 정확하게 전달하는가에 있었다. 실제 대상과 묘사된 대상의 외적 일치 여부가 아니라 그것의 정신과 본질, 감추어진 내면의 드러냄이 사실주의의 관건이었던 것이다."[24] 이처럼 현대성은 현실 속에 드러난 사물만을 묘사한 것이 아니라 사물이 지니고 있는 본질적 측면까지를 묘사의 영역에 두었다. 사물의 본질적 측면에 대한 묘사는 곧 모든 역사적 사실에 객관적이고 새로운 해석에 대한 문제로 확대될 수 있는 가능성을 열어 주었다. 이것은 현재 인식하고 있는 역사가 과연 얼마나 본질을 내포하고 있고 그것이 진실에 근접하고 있는 것인가의 문제로 연결될 수 있는 것이다. 그 결과 현대성은 동시대의 현재뿐 아니라 과거 역사적 사건에 대한 본질과 진실에 대한 탐구로 이어질 수 있었다.

이처럼 해빙기 시기의 미학적 가치와 의미는 스탈린 시기에 부각되지 못했던 객관적 사실과 진실에 대한 탐구에 있었다. 이것은 변화하는 현실 자체에 대한 새로운 해석의 가능성을 열었다. 그 결과 창작의 대상과

---

23  위의 논문, 231쪽.
24  이혜승, 앞의 논문(해빙기 문화에 미친 반 스탈린 운동의 영향), 307쪽.

수법은 객관적이라는 미학적 토대를 통해서 인간에 대한 문제와 현실과 현실 이면을 다루고 있는 현대성이라는 관점으로 이동하게 되었다. 따라서 해빙기 시기의 주도적 창작 경향은 궁극적으로 객관 세계에 토대한 진실성에 대한 탐구라는 틀 안에서 인간의 진정한 모습과 가치, 그리고 현실과의 상호 관계 속에서 새로운 본질에 접근할 수 있는 현대성에 초점이 맞추어지게 되었다. 이러한 미학적 태도와 방향이 해빙기 시기 소련의 영화적 경향과 밀접한 연관을 가지게 된 것은 자명한 일이다.

## 3. 해빙기 시기의 소비에트 영화

### 혁명 원칙과 정신으로의 복귀

제20차 전당대회에서 스탈린 비판과 함께 혁명 당시 혁명 원칙으로의 복귀는 흐루쇼프에게 많은 정치적 의미와 당위성을 내포하고 있었다. 첫째는 권력 투쟁 과정에서 스탈린의 우상화를 비판함으로써 흐루쇼프 자신이 혁명의 신화적 존재인 레닌의 혁명을 계승하고 있다는 점이며, 둘째는 스탈린 한 개인에게 권력이 집중됨으로써 집단주의로부터 이탈한 소련 사회가 극도로 경직된 사회로 변모되어 국가와 인민들에게 말할 수 없는 고통을 안겨 주었다는 것이다. 셋째는 스탈린에 의한 사회주의국가의 왜곡된 모습을 전 세계 인민들에게 보여줌으로써 체제 경쟁에 있어 사회주의 이데올로기에 대한 도덕적 우위를 확보하는 데 심각한 불안 요소가 되었다는 점이다. 흐루쇼프에게 이러한 문제를 타개하는 데 있어 무엇보다 중요한 것은 사회주의 원칙, 즉 혁명 당시의 원칙과 정신으로 되돌아가는 것이었다. 따라서 흐루쇼프에게는 스탈린의 개인 우상화를 비판하고 청산하여 혁명 당시의 원칙으로 되돌아가는 것이 중요한 정치적 목표가 되었다. 이러한 흐루쇼프의 정치적 목표는 제20차 전당대회에서 행한 비밀 연설을 통해 선언되었고, 그것은 해빙기 소련 영화 형성에 중요한 영향을 미쳤다. 특히 혁명 원칙의 강조는 공산주의에 헌신하는 공산주의자와 동일시되었다. 그 결과 소련 영화에서는 혁명 당시의 정신과 상황에 기반 한 영화를 만들도록 견인하게 되었고, 스탈린 시기에 강조되어 묘사되지 않았던 금욕적이면서도 헌신적인 인간적 면모를 가진 인간주의자로서 공산주의자의 전형이 영화 속에 창조되었다.

이와 같은 경향의 영화로는 1956년 유리 이고로프(Юрий Егоров) 감독이 연출한 〈그들이 처음이었다(Они были Первыми)〉를 들 수 있다. 이 영화는 스탈린 시기의 영화에서 나타났던 격정적이고 열정적인 인물의 감정을 드러내기보다는 서정적인 정서로 콤소몰(Коммунистический союз молодёжи, Комсомол), 즉 공산주의청년동맹을 묘사하였다. 경직된 혁명적 구호만을 외치는 것이 아니라 인간적 정서와 면모를 지닌 공산주의자로서의 모습이 영화의 중요한 요소로 등장하였던 것이다.

해빙기 이후 혁명 당시의 정신과 공산주의자로서의 면모를 보다 직접적으로 묘사한 영화로는 니콜라이 오스트롭스키(Николай Островский)의 〈강철은 어떻게 단련되었는가(Как закалялась сталь)〉라는 소설을 토대로 1957년 알로프와 나우모프(Алов и Наумов) 감독이 만든 〈파벨 코르차긴(Павел Корчагин)〉을 들 수 있다.

영화는 주인공 코르차긴의 과거 회상으로부터 시작되면서 그의 어린 시절, 혁명으로의 진입, 첫 기병 전투의 참가 등의 에피소드로 구성되었다. 영화의 중심에는 공산당청년동맹의 철도 건설 에피소드가 위치한다. 영화는 건설 현장에서 청년들이 얼어 죽어가면서도 자신들의 개인적인 낭만적 감정을 억누르고 시련을 극복해 가는 젊은이들의 금욕적이고 이성적 모습을 묘사했다. 특히 이 영화에서는 혁명적 테마를 다루고 있음에도 불구하고 그 해석에 있어서 스탈린 시대처럼 격정적이고 영웅적인 모습의 형태와 달리 보다 절제된 인물의 모습을 창조하였다는 데서 변화의 일면을 알 수 있다.[25] 그러나 소련의 기성 영화감독들은 이 영화를 매우 비판적으로 보았다. 그중에서 이반 프이리에프(Иван Пырьев) 감독은 이 영화에 대해 '이탈리아 네오리얼리즘 영화처럼 긍정적이고 밝은 내용은 전혀 없고 우울하고 더러운 것만을 묘사하였다'고 비판했다. 이에 대해 레프 아닌스키(Лев Анинский)는 "알로프와 나우모프 감독이 이탈리아 네오리얼리즘의 영향을 인정한 것처럼, 프이리에프의 확신과 같이, 이러한 경향을 냉정하게 판단할 필요가 있다. 물론 여러분들이 네오리얼리즘 영화를 한 편이라도 보았다면, 그들은 알로프와 나우모프의 표상적이고 상징적인 장면으로 네오리얼리즘 미학에 근접해 있는 모든 환상성을 평가할 것이다. 그러나 사람들은 항상 자기 시대의 언어로 말하는 것을 반복한다"[26]고 주장했다. 즉 아닌스키는 알로프와 나우모프 감독의 영화 내용과 형식에 대한 비판에 대해 창작은 동시대적 상황과 밀접한 관계 속에서 발생한다는 논리로 소련의 기성 감독들의 비판과 논쟁을 피해 갔다. 그러나 무엇보다 알로프와 나우모프의 영화에서 가장 중요한 것은 혁명 건설을 화려하거나 아름답게 묘사한 것이 아니라 있는 사실에 근접하여 진실을 묘사하고자 시도하였다는 데 있다. 이러한 창작의 태도는 해빙기 소련 영화의 큰 변화라 할 수 있다.

이들 영화와 함께 인민들 속에서 혁명을 위하여 헌신하는 공산주의자들의 전형적 모습을 구현한 영화들이 등장하였다. 이러한 영화 속 주인공들은 오직 혁명과 인민을 위하여 헌신한 인물로 묘사되었다. 이와 같은 영화의 전형으로는 1957년 에브게니 가브릴로비치(Евгений Габрилович)의 시나리오를 토대로 유리 라이즈만(Юрий Райзман) 감독이 만든 영화

---

25  정태수, 『러시아 소비에트 영화사 2』, 도서출판 하제, 2001, 33-34쪽.

26  Лев Анинский, *Шестидесятники и мы*, М, Союз кинематографистов СССР, 1991, с.16.

〈코뮤니스트(Коммунист)〉를 들 수 있다.

영화 〈코뮤니스트〉는 소비에트 권력 형성 초기 발전소 건설 현장에서 건설을 방해하는 무리들과 싸우면서 헌신적인 노력으로 소련 인민들을 각성시키려 하지만 건설 현장에 불을 지르고 빵을 실은 열차를 탈취한 무장 강도들에 의해 죽게 되는 공산주의자 바실리 구바노프에 관한 이야기를 다루고 있다.[27] 이와 같은 내용의 영화 〈코뮤니스트〉는 격렬하면서도 열정적이지만 비극적인 최후를 맞이한 공산주의자의 헌신적인 삶에 집중하였다. 따라서 이 영화에는 스탈린 시기의 교훈성, 화려함, 그리고 반드시 행복한 결말로 끝나야 한다는 도식성이 사라졌다. 이러한 특징은 스탈린 시대에 상실되었던 공산주의의 본질적 의미로 되돌아가고자 한 선언적 성격을 띠게 되었다. 이에 대해 비탈리 트로야노브스키(Виталий Трояновский)는 영화 〈코뮤니스트〉를 해빙기 시기 "사상 투쟁이 첨예화되었던 시기에 등장한 영화로 새롭고 위대한 단어인 당을 빛나게 하였을 뿐만 아니라 주인공 바실리 구바노프가 혁명의 열정인 공산주의 이상을 위해 생명을 바친 것에 관해 열정적으로 말하고 있다"[28]고 했다. 또한 이 영화 마지막 두 에피소드에서는 스탈린 시기에 빈번하게 등장하지 않았던, 등장하였다 하더라도 표면적 재현에 불과했던 레닌이 일상적인 모습으로 묘사되었다. 이것은 레닌의 평범한 일상성이 역사 전환기에 나타난 영웅적인 특별함과의 융합으로 구현되고 있다고 할 수 있다. 특히 영화 〈코뮤니스트〉에서의 레닌 에피소드는 이후 40여 편의 영화에서 등장한 레닌의 모습을 묘사하는데 있어 중요한 지침이 되었다. 즉 이 시기 레닌을 다룬 대부분의 영화들은 그를 영웅적이거나 격정적인 모습으로 묘사하지 않았다. 이들 영화들은 주로 제20차 전당대회 이후 공개된 각종 서류와 자료를 이용하여 레닌을

---

27  정태수, 앞의 책, 34-35쪽.

28  В. Трояновский, *Кинематограф Оттепели*, Материк, 1996, c.35.

통해 새로운 역사적 사실을 드러내려 했던 것이다. 이것은 소련 영화가 〈코뮤니스트〉 이후 레닌 테마에 관한 새로운 해석을 시도하였음을 의미한다.

레닌에 대한 새로운 해석과 모습의 재현을 목적으로 한 영화로는 "1957년 레닌의 젊은 시절을 묘사한 발렌틴 네브즈로프(Валентин Невзоров) 감독의 영화 〈울리야노프의 가족(Семья Ульяноыx)〉과 1958년 연대기 순으로 만든 세르게이 바실리에프(Сергей Васильев) 감독의 마지막 영화 〈10월의 그날(В дни Октября)〉을 들 수 있다. 그리고 1958년 세르게이 유트케비치(Сергей Юткевич) 감독에 의해 〈레닌에 관한 이야기들(Рассказы о Ленине)〉이 등장하였다.

이들 중에서 유트케비치는 〈레닌에 관한 이야기들〉에서 레닌의 특징을 두 개의 에피소드로 구성했다. 첫 번째 에피소드에서는 혁명기의 복잡성과 갈등을 그린 〈군인 무힌의 업적(Подвиг солдата Мухина)〉이고, 두 번째 에피소드인 〈마지막 가을(Последняя осень)〉에서는 레닌 전기 영화에서 공개되지 않았던 1922년부터 1924년까지의 레닌의 질병과 사망에 관한 것들이 묘사되었다. 그러나 이 영화의 특징은 무엇보다 내용과 관련한 영화적 형식과 수법의 독특함이라 할 수 있다."[29] 이에 대해 알렉산 드르 그로쉐브(Александр Грошев) 등이 기술한 『소련 영화사(*Кратк ая история советского кино*)』에서는 다음과 같이 언급되고 있다. 즉 "첫 번째 에피소드에서는 레닌에 관하여 풍부한 드라마투르그의 드라마 틱한 간결성, 형식의 조화성 그리고 무엇보다 인간적인 세밀함을 통하여 심리적 풍부함을 확보하고 있다. 그리고 세르게이 라흐마니노프(Сергей Рахманинов)와 세르게이 타네에프(Сергей Танеев)의 음악은 보다 더 심원한 정서를 드러내주고 있다"[30]고 하였고, "두 번째 에피소드에서는

---

29 정태수, 앞의 책, 36-37쪽.

30 А. Грошев·С. Гинзбург·И. Долинский·Н. Лебедев·Е. Смирнова·И. Туман ова, *Краткая история советского кино*, М, искусство, 1969, c.416.

외부 세계와 격리되어 있는 레닌을 제1차 세계대전 전후의 역사적이고 혁명적인 영화들의 특징이었던 장렬함과는 반대로 서정적이면서 드라마틱한 표현 수법으로 구현하고 있다. 유트케비치는 자신의 영화 속에서 역사적 인물을 인간적 친밀함과 가정적인 모습 그리고 서정적 풍경을 통해서 묘사하였던 것이다.

이들 영화 외에 레닌의 인간적인 측면과 일상성의 기조를 유지하고 있는 영화들로는 1964년 레프 쿨리드자노프(Лев Кулиджанов) 감독의 〈푸른 노트(Синяя тетрадь)〉와 1966년 유트케비치 감독의 〈폴란드에서의 레닌(Ленин в Польше)〉, 그리고 1968년 율리 카라시크(Юлий Карасик) 감독의 〈7월 6일(Шестое июля)〉에서 찾아볼 수 있다."[31]

이처럼 제20차 전당대회 이후 사회주의 혁명 당시의 근본으로 되돌아가자고 한 흐루쇼프의 기치는 해빙기 영화의 테마와 성격, 방향에 영향을 미쳤다. 그러므로 해빙기 시기의 영화에서는 사회주의 혁명 정신을 잃지 않고 헌신하는 인물과 혁명 당시 레닌의 일상적 모습을 구현하는 것이 중요하였다. 따라서 해빙기의 소련 영화는 흐루쇼프가 주장한 사회주의 원칙과 혁명 정신에 부합하게 되었고 그것의 구체적 형상들이 영화 속에 묘사되었다. 그것이 바로 라이즈만, 유트케비치, 알로프와 나우모프, 쿨리드자노프 등의 영화에서 묘사된 헌신하는 공산주의자, 일상적 삶과 혁명적 삶을 연결시키는 레닌 시리즈 영화들의 등장을 가져왔던 것이다.


## 인간에 대한 탐구

해빙기 시기의 가장 큰 특징 중 하나는 진실에 대한 호기심과 그에

---

31 정태수, 앞의 책, 37쪽.

대한 탐구였다. 그것이 개인에 관한 것이든 역사적 사실에 관한 것이든 진실은 해빙기를 관통하는 핵심적 화두였다. 진실에 대한 열망은 스탈린 시기를 지배했던 창작의 테마와 수법으로부터의 이탈을 의미하였다. 따라서 스탈린 시기 인간 개인을 초월한 우상화는 자연스럽게 사라지게 되었다. 그리고 그 자리에 역사적 사실로서든 한 개인의 역사로서든 인간 자체에 대한 진실 규명과 탐구가 이어졌다. 그 결과 인간에 대한 진실한 묘사가 해빙기 시기 영화 창작의 테마가 되었다. 이것은 첨예한 이데올로기적 대결과 전쟁이라는 역사적 사건 속에서 다양한 인간의 가치와 존재감, 내면, 감성을 드러내는 것으로 연결되었다.

이러한 측면에서 이데올로기의 비극성을 묘사한 그리고리 추흐라이(Гр игорий Чухрай) 감독의 영화 〈마흔한 번째(Сорок первый, 1956년)〉는 중요한 의미를 갖고 있다. 이 영화는 세르게이 유트케비치와 미하일 롬(Михаил Ромм)으로부터 연출 수업을 받았던 추흐라이가 1927년 야콥 프로타자노프(Яков Протазанов) 감독에 의해 이미 영화화 되었던 백군 장교를 사랑한 여성 파르티잔에 대한 보리스 라브레뇨프(Борис Лавренёв)의 소설을 다시 영화화한 것이다. 그는 이 영화에서 백군과 파르티잔 사이의 전쟁과 이데올로기적 갈등을 드러내기 보다는 오히려 경직된 이데올로기가 한 인간의 운명을 어떻게 파괴하고 있는지를 묘사하고 있다. 추흐라이는 1920년대 프로타자노프의 격정적인 수법을 거부하면서 각 인물들이 갖고 있는 특수한 상황을 표현했다. 따라서 영화는 정치적, 이데올로기적인 갈등 구조로서가 아니라 정서적이고 서정적인 기조로 두 인물이 펼치는 사랑의 모습을 보여주는 데 주력했다. 이를 통해 추흐라이는 인간의 존재 근거는 인간 개인의 내부적 자유의 가치임을 드러내고자 했던 것이다.[32] 이것은 추흐라이가 "소련 정부에서 제시한 예술의 전통을

---

32 위의 책, 23쪽.

진리가 아닌 거짓으로 인식하고 도외시하였다는 것을 의미한다. 그는 인간이 처한 삶의 상황이 어떤 도식대로 되지 않을뿐더러 교과서에 규정된 마르크스 · 레닌주의처럼 규정되지도 않는다고 보았다. 아울러 '전쟁을 경험하고 인간 개인의 삶을 경험한 인간이라면 누구나 소련 정부가 제시한 창작 이데올로기가 얼마나 진부한 형태인지 인식할 수 있을 것이고 자신은 이러한 것과 결코 타협할 수 없다'고 하였다."[33] 이와 같은 인식을 가진 추흐라이는 그 시대의 많은 자신의 동료들처럼 소련 정부의 지나친 창작 개입과 이데올로기가 오히려 예술을 소련 인민들로부터 멀어지게 한다고 생각했다. 그는 스탈린 시기의 실제 삶과 사회주의 리얼리즘과의 거리감은 대단히 컸고, 애초의 사회주의 리얼리즘의 원칙은 많이 유실되었다고 보았다. 이러한 추흐라이 감독의 사고와 영화적 표현에 대해 소련 정부 측 영화 관계자들은 적지 않은 우려를 표명했다. 그러나 "1956년 2월 제20차 전당대회로 인하여 이데올로기적 상황 자체가 시간이 지남에 따라 보다 유연하게 변했고 심지어 10월 혁명 기념일에 즈음하여서도 이데올로기 문제를 예민하게 건드린 영화들이 순조롭게 제작되는 분위기가 형성되었다. 이제 소련 영화감독들은 오랫동안 화면에 묘사하고자 원하였던 삶의 진실과 인물의 내부적 세계가 인간의 모든 불필요한 것들을 제거한다는 것과 인물 자체, 즉 인간의 느낌이 인간의 본질이라는 것을 인식하고 그러한 것들을 자신들의 영화에 유지시키고자 했다. 이러한 시대적 흐름에 따라 이 시기 영화의 성패는 정치적, 사회적, 민족적 특징과의 연관성을 초월하여 인간의 가장 보편적인 사랑의 역사, 삶의 역사를 얼마만큼 잘 이해하고 받아들이느냐에 따라 좌우되기 시작했다. 따라서 추흐라이가 영화 〈마흔한 번째〉에서 구사하였던 서정성과 경직된 이데올로기적 수법의 탈피는 이 시기 소련 영화의 변화를 읽을 수 있는 중요한

---

33 위의 책, 24쪽.

전환기적 사실로 인식되었다."[34] 이데올로기가 영화 창작의 최종적인 목적에서 벗어나 인간의 감성이 중심이 된 추흐라이의 영화 〈마흔한 번째〉는 해빙기 시기 소련 영화감독들에게 적지 않은 영향을 미쳤다.

이러한 경향은 마를렌 후찌에프(Марлен Хуциев)의 영화에서도 찾아볼 수 있다. 그는 1956년 〈자레치나야 거리에서의 봄(Весна на заречной улице)〉에서 스탈린 시기의 영화에서 부재하였던 평범한 인간들의 삶과 변화하고 있는 사회의 풍경을 묘사했다. 이 영화는 후찌에프가 펠릭스 미로네르(Феликс Миронер)와 공동으로 시나리오를 쓰고 연출을 한 작품으로서 내용은 매우 단순하다고 할 수 있다. 사범대학 졸업생인 여선생은 어느 마을의 야학 노동자 학교로 파견된다. 학생들은 그 마을의 공장에 근무하고 있는 노동자들이다. 그들 중 알렉산드르 사브첸코라는 젊은 노동자는 선생님을 보고 첫눈에 반한다. 그러나 의도하지 않은 그의 섣부른 행동은 그녀로 하여금 오히려 그를 회피하게 만든다. 이런 이유로 사브첸코는 학업을 그만두게 되지만 그녀에 대한 감정은 쉽게 멈춰지지 않는다. 그녀 역시 시간이 흐를수록 그에 대한 관심과 호기심이 생기게 된다. 그리고 비가 내리는 어느 봄날 우연히 그들은 길거리에서 만나게 되고, 그 만남이 그들 삶의 많은 부분을 변화시키는 계기가 된다. 후찌에프와 미로네르는 일상적인 삶 속에서 평범한 남녀의 감정을 매우 간결한 형식을 통해 묘사했다. 특히 이 영화에서 묘사된 젊은 남녀 간의 세밀한 감정은 스탈린 시기의 영화에서 나타난 과장과 허식, 교훈적인 수법으로부터 벗어나 이 시기 평범한 소련 인민들의 실제적 삶의 진실성과 부합했다. 그만큼 이 영화는 인물과 사물들에 관한 일상적 사실들이 풍부하다는 것을 말하고 있다. 이것은 후찌에프의 영화가 "현실 재현의 원칙에 의해 구축되었을 뿐만 아니라 형식의 결과에 의해 현실화되고 관객에 의해

---

34 위의 책, 25쪽.

지각되며 창작가에 의해 실제적인 사실성처럼 의미화 되고 있기 때문이다. 후찌에프는 영화에서 현실성의 재현의 원칙을 논리적인 완성에까지 이르도록 한 것이다."[35]

해빙기 시기 다양한 인간 내면에 대한 본격적인 탐구는 누가 뭐래도 1957년 미하일 칼라타조프 감독의 〈학이 날다〉로부터 시작되었다 해도 과언은 아니다.

이 영화의 토대는 빅토르 로조프의 희곡 〈영원한 생명〉에 기인한다. 이 희곡을 토대로 만든 영화 〈학이 날다〉는 크레믈린 광장의 시계가 사선으로 뉘어져 있는 시작 장면에서부터 이미 이 영화의 남녀 주인공인 보리스와 베로니카의 비극성을 암시하고 있다. 그 중에서도 영화는 보리스의 죽음보다 베로니카의 비극적인 운명에 더 주목하였다. 그녀는 전쟁으로 자신의 부모와 사랑하는 연인, 보리스를 잃었다. 특히 보리스의 죽음으로 베로니카는 자신이 사랑한 연인, 보리스의 동생과 강제적으로 결혼을 하게 된다. 이러한 비극적 상황 속에서 그녀는 자살을 시도하려 하지만 오히려 교통사고 직전의 또 다른 보리스인 어린 남자 아이를 구함으로써 새로운 자신의 운명을 찾게 된다. 이처럼 영화는 전쟁기의 삶 속에서 드러난 인간의 연약함, 공포를 통해 인간의 내면세계를 드러내고 있다. 그리고 이것은 베로니카가 사랑한 보리스의 정신적 선량함과 전쟁기의 혹독하고 잔인한 사실성과의 대비로서 묘사된다. 즉 순결한 영혼성과 비인간적인 긴장력과의 충돌, 인간의 근본적 가치와 인간성이 모든 전쟁 논리들에 의해 파괴되어 가는 것과의 충돌이 동일한 범주 속에서 하나로 통일되어 나타나고 있는 것이다.[36]

영화 〈학이 날다〉에서 나타난 이러한 영화적 표현 수법들과 이야기

---

35  В. Трояновский, *Там же*, с.90.
36  정태수, 앞의 책, 41쪽.

구조는 변화하고 있는 해빙기의 소련 사회와 문화적 정서를 현실화하고 역사적 재료를 토대로 한 인간의 비극적인 내면을 드러냄으로써 소련 영화가 인간에게 집중할 수 있는 계기를 마련하였다고 할 수 있다. 이와 같은 이유로 〈학이 날다〉는 해빙기 이전 시기 존재했던 많은 영화의 도식과 수법을 뒤엎은 상징적 작품이 되었다. 이 영화의 등장으로 그동안 소련 사회와 창작 문화에서 주저하고 있던 테마와 형식의 금기들은 사라지기 시작하였다. 그만큼 이 영화는 소련 영화 역사에서 중요한 전환점이 되었다. 이 영화의 등장에 대해 그 당시 이론가들과 창작가들의 심리적 충격은 실로 대단했다. 영화 평론가이자 이론가인 아닌스키는 그 당시의 충격을 다음과 같이 기술하였다.

> 해빙기의 첫 번째 영화는 〈학이 날다〉이고 모든 것은 〈학이 날다〉로부터 시작되었다. 모든 것이 기묘했다. 우리들은 이 영화에 대해 터질 듯한 논쟁을 하였다. 왜냐하면 이 영화는 기존의 틀로써 이해되지 않았고 우리가 판단을 하자마자 우리의 논리는 모멸적인 것이 되었기 때문이다. 나는 지금까지도 그 당시 그 영화의 비평에서 논리의 일관성을 찾아 볼 수 없다. 그 누구도 결론을 내릴 수 없었고 그 누구도 침묵할 수 없었다. 진실로 모든 것은 이러한 감정으로부터 시작되었다.[37]

이 영화를 통하여 소련 영화 창작 방향이 인간의 본질에 대해 본격적인 탐구로 집중할 수 있게 되었다. 그동안 숨죽이고 침묵하였던 예술가의 은유적이고 시적 표현에 근거한 인간에 대한 묘사가 비로소 소련 영화에 등장할 수 있었다. 이 영화로 인하여 많은 소련 영화감독들은 소련 영화

---

37  Лев Анинский, *Там же*, с.8.

전통의 하나로 자리매김 되었던 집단과 국가보다는 인간 그 자체에 대한 탐구에 관심을 가지게 되었다. 영화 〈학이 날다〉가 이렇게 중요한 역사적 의미를 지니게 될 수 있었던 또 다른 요인은 무엇보다 제2차 세계대전으로 파괴된 인간의 본질인 실존에 대한 문제가 해빙기 이전 시기의 소련 영화에서는 직접적으로 제기되지 않았기 때문이다. 즉 "전쟁과 인간에 관한 문제를 다루었던 이전의 작품들 — 〈마쉔카(Машенька)〉, 〈무지개 (Радуга)〉, 〈척후병의 공훈(Подвиг разведчика)〉 등 — 에서는 영화 속 인물들이 역사와 분리될 수 없어 그 역사의 일부분으로 편입되면서 인간 존재 자체가 고립되었던 데 반해 이 영화에서는 소련 영화 역사에서 사라졌던 개별적인 인간 존재 가치가 회복되었음을 알린 것이다."[38] 이것은 인간 존재와 본질에 대한 탐구가 역사적 과정에서 반드시 제기되어야 할 과제였음에도 불구하고 전쟁 승리의 영광만 있고 인간의 가치와 전쟁의 비극성을 객관적으로 진지하게 탐구한 적이 없던 사회주의 국가의 역사적 역할의 부재 때문이었던 것이다. 따라서 역사적 사건으로부터 죽음의 현상학을 의미화하고 인간 존재에 대한 내면적 탐구에 집중한 칼라타조프 의 〈학이 날다〉는 소련 영화를 새롭게 전환시키고 발전시키는 계기가 되었고 해빙기 소련 영화의 중심에 서게 되는 작품이 되었다.

〈학이 날다〉에서처럼 전쟁을 소련의 승리와 인민들의 단결로 묘사하지 않고 인간 존재 가치에 주목한 영화로는 1957년 레프 쿨리드자노프 (Лев Кулиджанов)와 야콥 세겔(Яков Сегель)이 만든 〈내가 살고 있는 집(Дом, в котором я живу)〉을 들 수 있다.

이 영화는 1930년대 중반 모스크바 근교에 살고 있는 몇몇 가족들의 뒤얽혀 있는 복잡한 운명과 함께 제2차 세계대전의 혹독한 시기, 그리고 전쟁 이후의 평화로운 시기를 다루고 있다. 영화의 배경은 모스크바 근교에

---

38 정태수, 앞의 책, 42쪽.

제한되어 있지만 극적인 인간 운명과 전쟁기의 냉혹한 현실 사이와의 대비적인 두 현상이 비교적 선명하게 묘사되었다. 따라서 영화는 서로 다른 두 현상의 충돌을 통하여 전쟁의 본질인 비극적 정서를 유발시켰고 이를 통해 당시 많은 소련 인민들의 공감을 불러일으켰다."[39]

이 영화에 뒤이어 인간의 내면을 뛰어나게 묘사한 두 편의 영화 - 세르게이 본다르추크(Сергей Бондарчук) 감독의 〈인간의 운명(Судьба человека, 1959)〉과 추흐라이 감독의 〈병사에 관한 발라드(Баллада о солдате, 1959)〉 - 가 등장했다. 이 두 작품은 전쟁으로 인하여 인간의 운명과 존재 가치가 얼마나 허망하게 파괴되어 가는지를 묘사했다.

특히 "본다르추크의 〈인간의 운명〉은 미하일 솔로호프(Михаил Шолохов)의 동명 소설을 영화화한 것으로 배우 본다르추크가 감독으로 데뷔한 영화이다. 그는 이 영화에서 전쟁으로 아내와 자식을 잃고 자신도 독일군의 포로로 잡혀 고통을 겪은 주인공 소콜로프 역을 하였다 ……본다르추크는 소콜로프라는 인물을 통하여 극단적 상황 속에서의 한 인간을 보고자 하였고 어떠한 고통도 순수한 인간의 본질을 파괴할 수 없다는 것을 증명하고자 하였다."[40] 이러한 측면에서 본다르추크는 영화 〈인간의 운명〉을 역사적 힘의 부가 대상으로서 개인 드라마의 구현으로 묘사했다. 따라서 〈학이 날다〉에서 드러나고 있는 두 개의 서로 다른 정신적 충돌은 여기서는 사라졌다.[41] 이와 같은 본다르추크의 창작 특징은 칼라타조프의 〈학이 날다〉 이후 해빙기 소련 영화에서 다루고 있는 테마와 수법의 연장선에 있는 것이다.

한편 전쟁에 직접 참여했고 수많은 병사들이 죽어가는 것을 목격한 추흐라이 감독은 1959년 〈병사에 관한 발라드〉를 만들었다. 그는 영화

---

39 위의 책, 43쪽.
40 위의 책, 44쪽.
41 Лев Анинский, *Там же*, с.50.

속 주인공인 젊은 병사 알료샤 스크보르쪼브를 통하여 소련 인민들의 보편적이고 일상적인 삶을 비극적인 서정성으로 묘사했다. 이 영화에서 알료샤는 이틀간의 포상 휴가를 받고 시골 고향으로 돌아가는 도중에 다양한 사람들을 만나면서 그들의 크고 작은 일상적인 일에 도움을 준다. 그러는 사이 그에게 남은 휴가 시간은 정작 얼마 남지 않게 된다. 마침내 고향에 도착한 알료샤는 자신을 기다리는 어머니를 포옹하고 단 몇 마디만을 나눈 후 전선으로 떠나 다시는 돌아오지 않는다. 이 영화의 주인공인 알료샤는 제2차 세계대전기에 수없이 죽어간 젊은 소련 병사들의 상징이다. 추흐라이는 이 영화에서 소련을 위해 죽은 젊은이들의 죽음을 결코 미화하지 않는다. 그는 젊은 병사 알료샤를 통하여 인간의 존엄성이 파괴되어 가는 전쟁의 비극성을 묘사하였던 것이다. 이를 통해 추흐라이 감독은 해빙기 이전 시기의 소련 영화에서 나타난 격렬하고 열정적이면서 영웅적 죽음에 대한 묘사를 정면으로 비판했다. 그는 〈병사에 관한 발라드〉의 창작 목적을 다음과 같이 언급하였다.

그 당시에 수많은 병사들이 공격하고 죽어가는 것으로서 영웅적인 죽음을 묘사하는 전쟁 영화에 관한 것들이 마치 유행처럼 많았다. 이러한 구조 속에서 나와 관객들은 나의 죽음을 감탄하며 찬양해야 할까? 나는 전쟁에 참가했고 많은 죽음을 목격했지만 단 한 번도 아름다운 죽음을 목격한 적이 없다. 아름다운 것은 생명이 존재한다는 것이다. 나는 한 인간, 즉 단순히 군인의 그러한 죽음에 관한 영화를 만들고 싶었다.[42]

추흐라이 감독은 인간 생명의 아름다움과 존엄을 죽음에 대비시키면서

---

42  Иенсен, "Четыре дня без войны", 《искусство кино》 N.5, 1995, c.13.

죽음의 현상학에 대한 탐구를 하였던 것이다. 그는 이러한 사상을 "젊은 병사의 귀향 과정의 사실적이고 세밀한 에피소드를 통하여 서정적으로 표현했다. 이것이 역사의 격변과 충돌한 인간 운명의 비극이 더욱 날카롭게 울려 퍼지게 하는 요인이었다. 영화 속에서 젊은 병사는 마주친 사람들에게 자신의 유일한 자산인 시간─그에게 주어진 며칠간의 휴가─을 나누어 주었다. 이러한 그의 선량함이 더욱더 영화의 가슴 아픈 비극적 대단원의 결말을 유도하였다. 추흐라이는 인간 본질의 선함을 통해서 인간의 실존을 해석하였던 것이다."[43]

또한 1962년 안드레이 타르코프스키(Андрей Тарковский)는 영화 〈이반의 어린 시절(Иваного детство)〉에서 전쟁을 통해 한 가족과 순수한 어린 소년이 어떻게 변해 가면서 파괴되어 가는지를 묘사하였다. 타르코프스키는 인간의 존재 가치, 실존의 문제를 항상 자신의 영화 중심에 위치시켰다. 〈이반의 어린 시절〉은 그러한 그의 창작의 중심적 가치와 지향의 첫 번째 영화라 할 수 있다.

이 영화는 어느 날 전선에서 우연히 만난 갈쩨프 대위의 회상에 근거한 블라디미르 보고몰로프(Владимир Богомолов)의 소설 〈이반(Иван)〉에 토대하고 있다. 그러나 타르코프스키는 갈쩨프 대위로 설정된 이야기의 중심축을 어린 소년 이반으로 재구성했다. 어린 소년으로 재구성된 영화 〈이반의 어린 시절〉은 전쟁의 비극성과 인간 존재의 가치 파괴에 대하여 훨씬 더 큰 효과를 창출하였다. 영화 속에서 어린 이반은 어머니를 죽게 한 파시스트와의 투쟁 속에서만 자신의 존재 근거를 찾았다. 그는 어머니의 죽음으로 인하여 삶의 즐거움을 잃었고 단지 가상의 꿈속에서만 즐거움을 찾을 수 있다. 타르코프스키는 파시스트에 대한 증오심과 복수심으로 가득 차 있는 어린 소년의 비극을 꿈속의 아름답고 즐거운 장면들을

---

43 정태수, 앞의 책, 49쪽.

통해 보여주고 있다. 따라서 영화는 두 개의 결합될 수 없는 요소의 충돌, 즉 즐겁고 평화로웠던 이반의 어린 시절과 혹독한 전쟁의 사실성으로 구성되었다. 이러한 극적 효과를 더욱 강화한 것은 영화 마지막 부분에서 나타난다. 즉 이반의 죽음에 관한 장면과 뉴스 연대기적 화면들, 어린 아이들의 시체 묘사와 즐겁고 행복하게 뛰어 노는 천진난만한 모습과의 대비는 마치 그가 자신의 어린 시절과 세계의 아름다움을 변호하고 투쟁하여 사라져간 것처럼 보여 진다.[44] 타르코프스키는 이 영화에서 군인과 군인 간의 직접적인 대결을 통한 전쟁의 비극을 묘사하지 않고 어린 소년의 순수한 눈을 통해 전쟁 자체의 비극성에 초점을 맞춤으로써 인간의 존재 가치에 중심을 두었다. 이러한 측면에서 타르코프스키의 〈이반의 어린 시절〉은 해빙기 시기 인간에 대한 문제를 드러내는 흐름의 연장선에 있다고 할 수 있다.

이처럼 해빙기 소련 영화의 한 축을 형성하고 있는 것은 스탈린 시기의 영화에서처럼 영웅적인 투쟁과 전쟁의 승리감이 강조되기보다는 전쟁의 한복판에 있던 다양하고 보편적인 인간의 존재와 가치, 비극성이 중심을 이루고 있다. 이것은 해빙기 시기 영화창작 법칙에 대한 창작가들의 시각 변화와 함께 그 창작 목표도 변하였음을 의미한다. 이에 따라 해빙기 소련 영화는 전쟁이라는 역사적 사건을 통해 개별 인간에 대한 존재와 가치 탐구가 중요하게 되었고 그것이 이 시기 소련 영화의 특징이 되었다.


## 현대성

해빙기 시기 소련 영화를 지배하고 있는 또 다른 중요한 개념으로는

------

44 위의 책, 57쪽.

현대성을 들 수 있다. 이미 언급한 것처럼 현대성은 현재 보여지고 일어나고 있는 사물과 사건의 본질을 대상으로 하고 있다. 그러므로 실제 대상과 묘사된 대상과의 외적 일치 여부가 중요한 것이 아니라 감추어진 내면, 정신과의 일체화가 현대성의 개념을 이루고 있는 핵심적 요소라 할 수 있다. 따라서 해빙기 시기의 현대성은 첫째, 현실을 대상으로 하고 있다. 즉 왜곡 없이 있는 그대로의 현실을 재현한다. 둘째, 현실을 구성하고 있는 그 이면의 모습을 드러내는 데 있다. 그러므로 현대성은 사물과 사건의 본질에 대한 접근과 이해를 우선한다. 그렇기 때문에 소련 사회가 안고 있는 부조리한 모습과 역사에 대한 다양한 시각은 현대성이라는 이름으로 묘사될 수 있다. 이처럼 해빙기 시기의 현대성은 현실에 대한 어떠한 화려한 수식어보다는 사물과 사건, 그리고 사회를 이루고 있는 근본적 요인들을 직접적으로 묘사하고 대상화하는 데 있다.

이러한 현대성의 개념이 정립할 수 있었던 가장 큰 요인은 해빙기 시기 문학가와 예술 창작가들이 스탈린 시기의 예술, 즉 "사회주의 리얼리즘이 현실의 객관적 묘사를 보장하지 않았을 뿐만 아니라 이 원칙에 기반한 예술 창작이 현실의 왜곡과 진실의 은폐를 조장하고 있다고 비판했기 때문이다. 사실 장밋빛 미래의 묘사에 천착 했던 사회주의 리얼리즘이 현실을 가능한 한 포장하고 장식하고 꾸미는 데 역점을 두었다는 것은 부인할 수 없는 일이다. 문제는 이들 작품의 낙관성 자체가 아니라 객관적 현실과 낙관적 미래의 도치가 현실의 문제를 뒤덮고, 은폐하고, 인내하게 하는 이데올로기의 역할을 수행했다는 점이다."[45] 이러한 인식의 결과 해빙기 이후의 "사실주의자들은 이상의 사실성을 위해 희생되었던 현실 그 자체에 눈을 돌리기 시작했다. 이에 따라 예술이 다루는 현실의 범위는 확장되었다. 낙관적인 측면뿐 아니라 어둡고 부정적인 면들도 현실의

---

45  이혜승, 앞의 논문(해빙기 문화에 미친 반 스탈린 운동의 영향), 307쪽.

지위를 획득하기 시작했다. 개인 우상화로 인하여 역사의 암울한 측면들은 더 이상 권력의 비호를 받을 수 없었다. 그동안 가리워졌던 삶의 문제들은 해빙 분위기를 타고 모습을 드러내기 시작했다. 사실주의를 옹호했던 예술가들은 현실의 작은 문제들과 갈등, 개인의 섬세한 심리 등에 관심을 기울였다. 추상적인 이데올로기나 사회 의식은 구체적인 삶의 문제를 통해서 언급되기 시작했다. 물론 이 경향의 작품들은 미래에 대한 낙관적 확신과 장밋빛 비전과는 거리가 멀었다. 그러나 희망적이든 아니면 절망적이든 있는 그대로의 현실이 예술 활동의 대상이 되었다는 점은 중요한 변화였다."[46] 따라서 현대성은 있는 그대로의 사건과, 사물의 묘사뿐 아니라 그 이면에 내재되어 있는 본질과 진실, 모순을 드러내는 것이 창작의 핵심이 되었다.

이러한 측면에서 현대성과 관련된 영화로는 1956년 이오시프 헤이피쯔(Иосиф Хейциц) 감독의 〈루만쩨프의 임무(Дело Румянцева)〉를 들 수 있다. 이 영화는 제20차 전당대회 이후 등장한 작품으로 당시 소련의 관료 사회에 대한 비판을 담고 있다. 이 영화에서 묘사된 젊은 주인공인 운전자 루만쩨프는 우연히 밀거래 현장을 목격하게 된다. 그러나 이 사실을 눈치 챈 밀거래 공모자 중 한 사람인 자동차 기지 책임자는 오히려 그를 모함하여 경찰서에 집어넣는다. 루만쩨프는 자신의 결백을 주장하고 입증하려 하지만 주변 사람들의 비협조로 어려움에 처하게 된다. "특히 루만쩨프를 심문하는 냉정하고 차가운 이미지의 소유자인 판사 사모힌의 모습은 전체적인 소련 관료 집단들의 대중 억압의 반향을 느끼도록 묘사되었다. 또한 루만쩨프가 자신의 결백을 증명해 달라는 것을 거부한 동료 스네기레프의 모습은 소련 사회에서 살고 있는 전형적인 인간의 모습을 사실적으로 표현하였다. 그는 평소에 루만쩨프와 친밀

---

46 위의 논문, 308쪽.

한 관계였지만 루만쩨프에 대한 도움이 자신에게 어떤 결과로 되돌아올 것인지에 대한 두려움 때문에 도와주기를 주저하게 된다. 이와 같은 스네기레프의 모습은 소비에트 시대의 억압으로부터 형성된 것으로서 평범한 소련 인물의 전형이라 할 수 있다. 이것을 드러내기 위하여 헤이피쯔 감독은 스네기레프와 사모힌의 부정적 모습을 루만쩨프의 선량한 모습과 대조적으로 묘사했다. 그의 이러한 대조적 수법은 소련사회에서 벌어지고 있는 인간 상호간의 믿음과 책임성뿐만 아니라, 소련 관료들의 모습을 비판적으로 묘사하면서 소련 인민들의 정신적 독립성을 강조하고 있다. 이것은 정신적 독립성이 확보되었을 때 새로운 인식의 패러다임을 창출할 수 있음을 의미한다. 따라서 영화는 보편적 인물의 각성과 독립성이 곧 소련 인민들의 역사를 만들어 간다는 것을 암시하고 있는 것이다."[47]

이처럼 현대성에 관한 영화는 현실에서 보이는 사물과 사건들을 문제가 없는 것처럼 묘사하는 것이 아니라 실제 소련 사회 속에서 일어나고 있고 소련 인민들이 겪고 있는 것들을 묘사하고 있다. 따라서 현대성에 관한 영화는 자연스럽게 소련 정부와 관료, 사회의 부정적 모습을 대상으로 하고 있다. 이와 같은 경향의 또 다른 작품으로는 블라디미르 텐드랴코프(Владимир Тендряков)의 〈어울리지 않는다(Не ко двору)〉라는 소설을 토대로 1956년 미하일 쉬베이쩨르(Михаил Швейцер) 감독이 만든 〈낯선 고향(Чужая родня)〉을 들 수 있다. 이 영화에서는 충실한 칼호즈주의자 페도르와 개인주의적 성향을 가지고 있는 실란 랴쉬킨이라는 인물을 통해 묘사하고 있다. 쉬베이쩨르 감독은 집단주의의 특징을 가진 칼호즈들과 소련 사회에서 허용될 수 없는 사유재산과 같은 개인주의적 욕망을 가진 서로 다른 두 진영을 대비시키면

<hr>

47 정태수, 앞의 책, 18-19쪽.

서 사회의 변화가 인간의 속성을 어떻게 변화시키는지를 보고자 했다. 다시 말하자면 그는 인간 속성의 변화가 어떠한 사회적 관계 속에서 발생하고 있는지 그 역학 관계를 자신의 영화 속에서 제시하고 있는 것이다.[48]

이러한 흐름은 1957년 쉬베이쩨르가 텐드랴코프의 〈사샤가 여행을 떠나다(Саша отправляется в путь)〉라는 소설을 토대로 만든 영화 〈단단한 매듭(Тугой узел)〉에서 더욱더 급진적으로 전개되고 있다. 그는 "이 영화에서 행정 집단의 지도 방침 개입으로 인해 칼호즈 농민들의 권리가 박탈되고 있음을 노골적으로 비판했다. 그러나 당 지도 방침과 관료 조직을 정면으로 비판한 쉬베이쩨르의 이 영화는 제20차 전당대회 이후 공식적인 비판을 불러일으켰다. 이 영화에서 묘사된 당 지도 방침의 모든 연결고리-지방 칼호즈 단위에서부터 공산당 비서에 관한 것까지-가 부정적으로 묘사된 것에 대해 소련 정부와 당 지도부는 쉬베이쩨르의 영화를 공식적으로 비판했다. 이러한 비판으로 인해 그의 영화는 끝없는 개정과 재촬영 후 일반 관객들에게 보여 질 수 있었다. 그리고 이 영화 이후 쉬베이쩨르는 더 이상 현대성에 관한 영화를 만들지 않았다."[49]

쉬베이쩨르의 영화에 대한 소련 정부의 조치로 현대성에 관한 영화는 잠시 주춤하게 되었다. 그러나 1960년대로 진입하면서 현대성은 소련 영화에 다시 등장하였다. 그 이유는 제2차 해빙기라 불리는 제22차 전당대회에서 스탈린과 그 일파에 대한 고발이 이어지면서 사회주의 권력 체제의 공포심이 더욱 완화되기 시작하였기 때문이다. 그러나 이 시기 등장한 현대성에 관한 영화들은 현대성을 직접적이고 노골적으로

---

48  위의 책, 20쪽.
49  위의 책, 21쪽.

드러내기보다는 좀 더 분석적이고 탐구적인 형태로 묘사되었다.

이러한 흐름 속에서 등장한 영화로는 다닐 흐라브로비쯔키(Даниил Храбровицкий)의 시나리오를 토대로 1961년 미하일 롬에 의해 해빙기 시대의 휴머니즘적 이상을 묘사한 영화 〈1년의 9일(Девять дней одного года)〉을 들 수 있다. 미하일 롬은 이 영화에서 사랑, 우정, 일과 관련된 세 사람의 삶을 아홉 개의 에피소드로 구성했다. 핵물리학자인 주인공 구세프와 그의 스승 신쪼프, 구세프의 친구 쿨리코프로 이어지는 과학자들은 자신들이 진행하고 있는 연구의 위험성을 알면서도 방사선에 대한 과학적 실험을 계속한다. 미하일 롬은 미래 사회에 대한 과학적 발전의 우려를 실험 과정에서 발생한 상황들을 통하여 묘사하였다. 그는 이것을 단순한 이야기 자체로서가 아니라 한 개인의 도덕적 강렬함과 과학의 진보에 관한 각 인물들의 논쟁과 숙고를 통해 관객들에게 제시했다. 미하일 롬은 이 영화의 중심인물인 구세프를 연구자들 내부의 긴장의 표상으로, 쿨리코프는 긍정적 인물의 표준으로서 이성의 자유로움을 가진 인물로 구축했다. 그리고 구세프와 쿨리코프가 각각 선명한 개인적 특징을 지니고 있으면서 그 속에서 대조 - 구세프는 과학과 인간의 문제에 집중하고, 쿨리코프는 구세프와는 달리 보다 자유스러워야 함 - 를 이루도록 하였다. 미하일 롬의 이러한 대조적인 인물 구조의 수법은 영화 전체의 긴장감을 유발시키고 테마를 선명하게 부각시키는 원동력이 되었다. 그리고 영화는 구세프와 쿨리코프의 개인적 날카로움을 강화하기 위하여 그들 사이에 여성, 렐랴가 배치되었다. "그녀는 구세프와 가까웠지만 쿨리코프와 결혼하려 한다. 쿨리코프는 이러한 사실을 구세프에게 말해야만 했다. 그러나 쿨리코프는 그에게 고통스러운 소식을 알리지 않기로 결정했다. (따라서) 영화의 1/3은 쿨리코프의 불안정한 망설임으로 이루어졌다. 그 결과 영화의 주제는 쿨리코프와 함께 불안정한 긴장감의 지속이라 할 수 있다."[50] 미하일 롬은 이렇듯 정교하게 구축된 대조적인 개별 인물들의 심리적 특징을 통해 1960년대에 지향하던 과학의 현대성과 이성의 자유스러움이라는 두 가지 상황을 효과적으로 묘사했다. 이러한 그의 영화적 탐구는 1966년 〈평범한 파시즘(Обыкновенный фашизм)〉에서도 드러난다.

이 영화에서 미하일 롬은 역사와 인간의 관계에 주목했다. 이것을 "영화에서는 문서 보관소에서 발췌한 특별한 사진들로 화면에 제시된다. 그는 객관적 사실과 문서 보관소의 자료를 통해 과거의 역사를 사실적으로 드러내고자 했다. 이러한 사실적 재료를 통하여 미하일 롬은 파시즘이라는 테마, 즉 전체주의의 기원에 대한 철학적 탐색을 모색하였다. 그는 영화를 마치 논쟁과 숙고의 대상인 것처럼 관객과 작가가 벌이는 격의 없는 대화의 형식으로 구축했다. 이러한 그의 수법은 사실이라는 재료에 토대하고 있지만 그 사실에 대립하도록 한 미하일 롬의 영화적 수법과 일치한다. 미하일 롬은 이러한 구체적 사실과 재료로서 역사를 분석하면서 영화를 만들었다. 그는 이것을 사회 평론과 과학, 극영화와 다큐멘터리 영화, 영화와 텔레비전의 경계에 위치하고 있는 것으로서 새로운 형식의 다큐멘터리 영화를 창조하였다. 이러한 그의 영화적 시도와 수법은 1960년대라는 시대성을 반영하였고 영화를 통해서 시대적인 평가가 가능하도록 하는 데 영향을 미쳤다. 그리고 이 영화에서 나타난 미하일 롬의 가장 큰 미덕은 소련 영화 역사에서 다큐멘터리와 극영화와의 상호 교류가 가능하게 되었다는 것을 증명하였다는데 있다."[51] 이와 같은 그의 영화 창작 수법은 1960년대 영화예술의 혁신과 지적인 경향에 커다란 기여를 하였다.

미하일 롬과 더불어 조용하지만 논리적인 어조로 스탈린 시대의 유산과

---

50 Лев Анинский, *Там же*, с.99.
51 정태수, 앞의 책, 77-78쪽.

의 투쟁을 현대성이라는 테마로 묘사하고자 노력한 특징들은 1961년 그리고리 추흐라이 감독의 〈맑은 하늘(Чистое небо)〉과 1964년 알렉산드르 스톨페르(Александр Столпер) 감독의 〈삶과 죽음(Живые и мертвые)〉 등에서도 나타나고 있다. 이들 영화는 비록 해빙기 소련 영화 역사에서 열렬한 환영을 받지는 못했지만 1930년대 사회주의 리얼리즘에 의해 규정된 도그마로부터 해빙기 이전 시기까지 소련 영화 창작의 중요한 요소였던 스탈린주의의 이데올로기 신화를 탈피하고 소련 인민들의 의식을 해방시키기 위한 조병창 역할을 하였다.

그리고 소련 사회의 일면을 직접적으로 드러내면서 현대성을 묘사한 영화로는 1964년 게오르기 다넬리야(Георгий Данеля) 감독의 〈나는 모스크바를 걷고 있다(Я шагаю по Москве)〉를 들 수 있다. 그는 이 영화에서 1960년대의 소련에서 살고 있는 평범한 인민들을 묘사하면서 객관적인 사실성을 확보하려 했다. 다넬리야는 이것을 청소하는 일꾼의 다음과 같은 에피소드를 통해 드러내고 있다.

청소부:　무엇에 관한 이야기냐?
발로쟈:　음 — 대체로 좋은 사람들에 관한 이야기.
팔로테르: 많지 않아!

이 짧은 에피소드는 마치 음악 연주에 끼워 넣은 일련번호처럼 영화 전체의 다른 어떠한 장면과도 관계가 없는 것처럼 보인다. 그러나 이 장면은 전체 영화 속에서 중요한 의미를 지니고 있다. 즉 발로쟈의 '좋은 사람들에 관한 이야기' 대사가 끝나자마자 팔로테르는 '많지 않아' 하고 단정 짓는다. 이들의 노골적인 대화는 관객들에게 소련 사회를 부정적 집단으로 인식시킬 수 있는 요인을 가지고 있다. 다넬리야는 보다 직접적으로 사건의 본질에 대한 표명을 추구하고 있음을 알 수 있다. 그는 소련의 사회 상황을 위선적으로 아름답게 호도하지 않고 실체적 사실과 본질을

그대로 드러내고자 했다.[52]

　이 시기의 현대성은 다양한 영역에서 다양한 테마로 다루어졌다. 특히 농촌을 배경으로 모순을 드러내는 것은 그 견고한 집단성 때문에 내용과 형식의 작은 변화에도 큰 의미를 가지게 된다. 이러한 측면에서 1964년 알렉세이 살트이코프(Алексей Салтыков) 감독이 만든 〈위원장(Пре дседатель)〉이 적절한 예가 될 수 있다. 이 영화는 시골을 배경으로 집단농장 콜호즈(колхоз)의 위원장이 된 퇴역 군인 이고르 트루브니코프의 생활을 묘사하고 있다. 그는 집단주의와 사회주의의 강한 신봉자이고 집단주의와 사회주의에 대한 자신감을 잃은 그의 형제 세묜과 열정적으로 논쟁을 벌이는 인물이다. 그러나 그는 초기 소련 영화에서처럼 완벽한 인간으로서가 아니라 다리를 저는 육체적 결함을 가지고 있다. 그는 농부들에게 특별히 친절하지는 않지만 그의 행동은 초기 영화에서 나타난 영웅들에 의해 사용되었던 억압과는 다르다. 무엇보다 그는 인민들이 희생이 아니라 행복하기 위해 일을 해야만 한다고 생각한다.[53] 이처럼 영화 〈위원장〉에서는 이전 시기의 영화에서와 달리 집단주의자와 사회주의자를 완벽한 인간으로 묘사하지 않았다. 이른바 새로운 형태의 주인공이 등장하였던 것이다. 이러한 수법은 객관성과 진실성을 드러내는데 있어 오히려 효과적이라 할 수 있다. 그리고 그 효과는 궁극적으로 현대성에 부합하게 된다.

　농촌을 배경으로 하고 있지만 그 수법과 스타일에 있어 살트이코프 감독과 다른 영화는 작가이자 배우인 바실리 슉쉰(Василий Шукшин) 감독에 의해 만들어졌다. 슉쉰은 자신의 창작 모티프를 평범한 러시아 인민들의 삶에 두었다. 그는 농촌의 삶 속에서 러시아인들의 삶의 가치와 정신을 찾고자 하였던 것이다. 이러한 그의 창작 목표는 1964년 자신의

---

52　위의 책, 69-70쪽.

53　Dmitry Shlapentokh and Vladimir Shlapentokh, *Soviet Cinematography 1918-1991*, Aldine de Gruyter, 1993, p.132.

첫 영화 〈이런 녀석이 살고 있다(Живет такой парень)〉에서부터 나타난다. "이 영화는 쾌활한 젊은 트럭 운전자가 여행 도중에 다양한 사람들과 만나면서 그들의 일과 관심을 이해하게 되고 그들과 가까워지게 된다는 이야기다. 슉쉰은 이 인물을 통하여 삶에 대하여 건강하고 순박한 천성을 잃지 않은 사람들의 소중한 진실의 아름다움을 묘사하고자 했다.

그리고 1966년 슉쉰은 자신의 소설 〈스테프카(Степка)〉, 〈이그나하가 왔다(Игнаха приехал)〉와 〈겨울의 독약(Зимний яд)〉이라는 소설을 모티프로 영화 〈당신의 아들과 형제(Ваш сын и брат)〉를 만들었다. 이 영화는 복잡하게 얽혀 있는 네 명의 아들, 딸들의 운명과 함께 힘들게 살아가고 있는 가족들이 어떻게 붕괴되어 가는지를 보여주고 있다. 슉쉰은 이들 영화에서 대지 위의 인간들, 그들의 노동, 그들에게 든든한 힘을 주는 시골 고향에 대한 애착을 묘사했다. 그는 다른 여타 감독들처럼 격렬한 역사적 테마와 현대화된 큰 도시를 묘사하기보다는 오히려 농촌과 작은 도시 주민들의 평범한 삶의 모습을 영화 속에 담았다. 슉쉰은 무엇보다 자신의 영화를 통하여 현대화되어 가고 있는 과정에서 자연으로부터 분리된 인간의 위험성을 날카롭게 묘사했다. 그리고 그는 자신의 영화 속에서 묘사된 인물들을 전혀 이상화 시키려고도 하지 않았고 그 인물에 어떠한 권위를 제시하려 하지도 않았다. 슉쉰의 이러한 수법은 러시아의 문학적 전통과 그의 문학적 경험이 결합되었기 때문이다."[54] 영화학자 세묜 프레일리흐(Семён Фрейлих)는 이와 같은 슉쉰의 작품에 대해 "그의 작품은 러시아 영화사에서 과거와 현재의 정서적 특징에 일치시킴으로써 역사적이고 문화적인 현상을 이해할 수 있는 가능성을 열어 주었다고 결론지었다."[55] 이처럼 슉쉰은 이 시기 많은 영화 창작가들이 간과한 전통과 농촌이라는

---

54 정태수, 앞의 책, 64-65쪽.

55 С. Фрейлих, *Теория кино: От Эйзенштейна до Тарковского*, М, Искусство, ТПО, истоки, 1992, с.226.

공간을 통해 개별화 되어 가고 있는 현대의 소련 사회를 보고자 했다. 그는 농촌을 배경으로 전통과 현대를 대비시키면서 러시아의 근본적인 정서와 현대화된 소련의 정서를 드러내고자 하였던 것이다.

현대성에서 가장 중요한 테마 중 하나는 역사적 사건에 대한 진실과 객관성이 유지된 역사적 사실이다. 왜냐하면 이것은 다른 테마보다 직접적으로 묘사되어 역사적 변화 과정에 즉각적으로 반응하기 때문이다. 이러한 예로는 현재와 과거의 역사적 경계를 넘나들면서 서로 다른 역사적 상황을 묘사한 1965년 후찌에프의 〈나는 20살(Мне 20 лет)〉을 들 수 있다. 영화는 모스크바 거리를 배경으로 세 명의 젊은 노동자들인 세르게이, 니콜라이, 슬라바가 거리를 걷고, 일하고, 배우고, 사랑에 빠지면서 삶에 대해 고민하는 모습을 묘사하고 있다. 따라서 영화 속 이야기는 새로운 풍경의 모스크바에 관한 것이고, 젊은 노동자들에 관한 것이며 과거 역사의 몇몇 잔재에 관한 이야기다. 이를 후찌에프는 서로 다른 세 인물의 가치관과 일상 생활을 다큐멘터리 수법으로 묘사하였다. 예컨대 영화에서의 서정성이 개인의 삶에 집중했다면 다큐멘터리 수법은 역사라는 의미로 확장되고 있다. 이와 같은 수법이 사용된 대표적인 예로는 영화 속의 세르게이가 꿈속에서 무장한 채로 제2차 세계대전에서 사망한 아버지와 만나는 장면을 들 수 있다. 이 장면에서는 과거와 현재의 경계를 넘어선 아버지와 아들의 대화가 이루어진다.

> 세르게이: 어떻게 지내십니까?
> 아버지:　너는 지금 몇 살이냐?
> 세르게이: 23살이요.
> 아버지:　나는 21살이다. (그런데) 내가 어떻게 너에게 충고를
> 　　　　　할 수 있느냐.[56]

---

56 Лев Анинский, *Там же*, с.122.

이 장면은 그 당시 논쟁을 불러일으킨 대화 장면으로 아들을 괴롭힌 문제, 즉 아버지의 삶의 의미인 조국 소련의 운명에 대한 책임감 등이 강력하게 암시되어 있다. 후찌에프는 이러한 에피소드를 통하여 그동안 개인성의 숭배로 파손된 소련의 혁명 사상과 애국심을 다시 한 번 환기시켰다. 그러나 이 영화는 흐루쇼프에 의해 비판에 처해지게 되었다. 그 이유는 "후찌에프가 영화 속 젊은 주인공들의 모습을 세계의 혁신자로서가 아니라 도덕적, 윤리적으로 유약하고 삶에 대한 본분과 높은 목표를 상실한 늙어버린 젊은 청년들로 묘사하였다는 데 있다. 이것은 공산주의를 위한 새로운 세대와 낡은 세대의 공동 투쟁으로 일치시키려 한 당의 시대 목표와 일치하지 않는 것이다. (또한) 후찌에프는 영화 속에서 가족 불화의 원인 제공자를 구세대로 설정하여 마치 젊은이들을 구세대에 대항하는 모습으로서 재현하려 한 것에 대해서도 비난을 받았다."[57]

이러한 비난에도 불구하고 후찌에프는 1967년 〈7월의 비(Июльский дождь)〉를 통해 이미 변해 가고 있는 불안한 소련의 사회적 상황을 묘사했다. 이 영화는 끝나지 않은 무의미한 대화, 모놀로그, 언어의 유희로 가득 찼으며 언어의 의미는 미분화되고 회피적이었다. 그리고 영화 속 인물들은 그 속에 감추어진 비밀스런 의미를 찾으려고 한다. 후찌에프는 흐루쇼프가 실각되고 해빙기의 기운이 점차 사라지면서 새로운 권력의 시대가 도래 하고 있음을 젊은이들의 불안한 모습을 통해 제시하고 있다. 그는 이 영화 속에서 경직된 새로운 사회의 도래를 함축적으로 내포하고 있는 것이다.

이 영화의 등장과 함께 해빙기 시기의 가장 중요한 의미를 지니고 있는 현대성, 즉 객관적 사실과 그 이면에 존재하고 있는 진실의 탐구라는

---

57  Н. С. Хрущёв, *Высокое признание литературы и искусства*, М, издательство Правда, 1963, cc.178-180.

테마도 점차 빛을 잃어가기 시작했다.

＊ ＊ ＊

소련에서의 해빙기는 엄격한 의미에서 1956년 제20차 전당대회 이후부터 흐루쇼프가 실각된 1964년까지의 기간을 일컫는다. 그러나 소련 영화역사에서의 해빙기는 흐루쇼프 실각 이후 1~2년 정도 더 지속되었다고보는 것이 타당하다. 왜냐하면 소련 영화는 국유화되어 있기 때문에 국가의정치권력과 정치 지도자의 목표에 직접적인 영향을 받을 수밖에 없지만흐루쇼프 실각 이후 1~2년은 스탈린 시기처럼 영화에 대한 강압적이고직접적인 통제가 이루어지지 않았기 때문이다. 그런 이유로 소련 영화역사에서의 해빙기는 1956년부터 1966년까지 지속되었다고 할 수 있다.

이 시기 지속되었던 해빙기 소련 영화의 경향과 특징은 어떻게 형성되었는가? 그것은 흐루쇼프의 격렬한 스탈린 비판과 그의 정치적 목표와 패러다임으로부터 비롯되었다 해도 과언은 아니다. 흐루쇼프는 제20차 전당대회에서 스탈린을 비판하면서 마르크스 · 레닌주의의 원칙을 강조하였다.마르크스 · 레닌주의 원칙의 강조는 스탈린의 전횡과 우상화를 비판하는데 중요한 이론적 근거로 작용하였다. 이러한 흐루쇼프의 정치 논리는자연스럽게 사회주의 원칙과 혁명 정신을 강조하는 것으로 귀결되었다.그 결과 해빙기 소련 영화에서는 사회주의 원칙과 공산주의자로서 혁명정신을 헌신적으로 구현한 인물들과 레닌을 묘사한 영화들이 등장했다.

흐루쇼프의 스탈린 비판은 무엇보다 많은 미학자, 창작가들에게 새로운시기가 도래했다는 확실한 신호가 되었다. 소련의 미학자, 창작가들은스탈린 시기에 전개되었던 미학적, 창작적 법칙에 대한 오류를 본격적으로검토하기 시작하였다. 그 결과 사회주의 리얼리즘이 현실을 제대로 반영하지 못하였을 뿐 아니라 객관적 사실과 진실을 호도하고 있다는 인식에 이르렀다. 따라서 해빙기 시기의 미학적, 창작적 법칙은 그러한 오류로부터 벗어나서 인간 개인과 동시대의 실체를 객관적이고 사실적으로 묘사하면서 진실에 도달하는 것을 중요시하였다.

이러한 미학적, 창작적 법칙은 궁극적으로 개인과 현대성이라는 의미로 압축되었다. 개인과 현대성은 드러난 외형적 조건과 형태로서만이 아니라 그 이면에 존재하는 다양한 실체적 진실 묘사에 초점을 맞추었다. 개인은 긍정적이고 영웅적인 모습으로서가 아니라 실제적 경험에 근거한 다양한 내면의 모습을 가진 존재로 묘사되었고, 현대성은 호도된 현실과 역사적 사건으로서가 아니라 그 이면에 존재하는 역사적, 사회적 진실을 드러내는 데 집중하였다. 해빙기 소련 영화는 바로 이러한 개인의 다양한 비극적 상황뿐 아니라 역사적 사실과 동시대를 객관적으로 묘사하여 진실에 접근하고자 하는 현대성에 관한 영화들이 주류를 이루었다.

따라서 해빙기 소련 영화에는 제20차 전당대회에서 흐루쇼프의 스탈린 비판으로 형성된 사회주의 혁명 당시의 원칙을 강조한 절제되고 헌신적인 공산주의자로서의 모습, 다양한 인간 개인에 대한 탐구, 역사적 사실과 현실의 모순을 객관적으로 드러내어 진실을 탐구한 영화가 특징적으로 나타나게 되었다. 이것은 곧 스탈린에서부터 흐루쇼프에 이르기까지의 정치권력과 패러다임의 변화가 해빙기 소련 영화 형성에 중요한 영향을 미쳤다는 것을 의미한다.

# 제11장

영화, 미디어로서의 독립과
창작 이론과의 만남, 프랑스 누벨바그
(1958-1967)

## 1. 드골의 제5공화정과 미디어 환경

프랑스 누벨바그(Nouvelle Vague) 영화는 기존에 존재했던 전통적인
영화 언어의 관습과 수법에서 벗어나 사물과 인물에 대한 혁신적인 묘사와
표현으로 영화 역사의 새로운 전기를 마련했다. 이러한 역사적 의미를 지니고
있는 누벨바그 영화는 두 가지 측면에서 이해되어야 한다. 첫째는 영화의
대중 미디어적 기능과 역할의 변화로부터 파악하는 것이고, 둘째는 카메라-
만년필과 작가주의 이론 등과 같은 영화 역사 자체의 이론과 형식 체계의
발전으로부터 비롯되었다는 것이다. 이 두 가지는 프랑스 누벨바그 영화의
의미와 특징을 이루는데 중요한 요인이라 할 수 있다.

특히 1958년 샤를 드골(Charles De Gaulle)의 제5공화정의 시작과
함께 프랑스 미디어의 환경과 역할의 변화는 누벨바그 영화가 등장할
수 있는 토대를 제공했다. 이것은 누벨바그 영화와 드골의 제5공화정이
단순히 비슷한 시기에 등장했기 때문만이 아니라, 이 시기 빠른 경제
성장으로 인하여 프랑스의 미디어적 환경 변화가 누벨바그 영화 형성에

중요한 역할을 했다는 것을 말한다. 이러한 미디어적 환경 변화의 중심에는 다름 아닌 텔레비전이라는 새로운 미디어 매체의 확산이 자리 잡고 있다. 프랑스에서 텔레비전 매체의 확산은 영화의 대중 미디어적 기능을 변화시켜 누벨바그 영화의 특징에 결정적 영향을 주었다. 왜냐하면 그것은 영화가 가지고 있던 대중 미디어로서의 기능과 영향을 텔레비전이 이어받았기 때문이다. 대중 미디어로서 기능과 역할의 중심이 영화에서 텔레비전으로 이동했다는 사실은 프랑스에서 비교적 명확하게 나타났다.

　프랑스에서 텔레비전 매체 확산의 토대는 1938년 처음으로 텔레비전 전파가 발사되면서 시작되었다. 그러나 그것은 1930년대 초부터 이미 시도되었다. 프랑스에서는 "1931년부터 실험적으로 텔레비전 전파의 송신이 이뤄졌고, 1935년에는 실험용 프로그램 송신까지 했지만 정부는 1938년이 되어서야 공식적으로 텔레비전 방송의 시작을 선언했다. 그럼에도 불구하고 제2차 세계대전이 발발하던 시점까지도 프랑스 전체에 보급된 텔레비전 수상기는 3백여 대에 불과했다. 따라서 전쟁이 끝난 뒤에도 텔레비전 방송은 별다른 주목을 받지 못했다."[1] 그러나 영국의 공영방송사인 BBC(British Broadcasting Corporation)를 모델로 설립된 '프랑스 라디오 방송(Radiodiffusion Française, RDF)'이 "1949년 '프랑스 라디오-텔레비전 방송(Radiodiffusion-Télévision Française, RTF)'으로 확대 개편되면서 텔레비전이라는 매체의 중요성이 대두되기 시작했다. 텔레비전 전파가 발사된 지 11년 만에 이뤄진 프랑스 라디오-텔레비전 방송(RTF)의 출범은 프랑스 텔레비전 방송의 본격적인 출발점이라고 볼 수 있다."[2] 그리고 뒤이어 프랑스에서 텔레비전을 통한 최초의 뉴스가 방송되었다. 그것은 "1949년 6월 29일 프랑스 전국을 돌며 진행되는 자전거 경주대회 투르 드 프랑스(Tour de France)가 막바지에 이른 시점에 발맞추어 국영 방송인 프랑스 라디오-텔

---

1　이주상, 『프랑스 TV와 권력』, 커뮤니케이션 북스, 2005, 4쪽.
2　위의 책, 5쪽.

레비전 방송에서 제작, 방송하였다. 이 프로그램이 대중들의 큰 관심을 끌면서 뉴스는 그해 10월 2일부터 텔레비전 방송의 정규 편성에 포함되었다."[3]

텔레비전 매체가 라디오에 대한 우위권을 확실히 확보한 것은 무엇보다 알제리 전쟁[4] 때문이라 할 수 있다. 알제리 전쟁의 참상이 텔레비전을 통해 알려지기 시작하면서 프랑스에서 텔레비전의 위상은 확연히 달라졌다. 텔레비전의 위상이 변하는 것과 동시에 프랑스 정부는 방송에 대한 통제를 강화했다. 그 결과 "알제리 독립 전쟁에서 2만3천 명의 프랑스 병사들이 사망했지만, 텔레비전에서는 전장의 참상을 볼 수 없었다. 사망자나 부상병, 프랑스로 돌아오는 유해 등 프랑스 국민의 사기를 떨어뜨릴 수 있는 어떤 것도 보도가 금지됐기 때문이다. (프랑스 정부는) 텔레비전 화면에 비쳐질 이미지의 위력을 알았던 것이다."[5] 이와 같은 텔레비전의 위력을 보다 조직적이고 체계적으로 관리하기 위해 "1956년 프랑스 정부는 프랑스 라디오-텔레비전 방송(RTF)의 뉴스 제작 업무를 공보처(Direction de l'Information)로 이관시키기도 했다. 1958년 헌법이 개정되고 드골을 수반으로 한 제5공화정이 수립되면서 방송에 대한 정부의 통제권은 더욱 커졌다. 1963년 드골 정부는 텔레비전과 라디오의 뉴스 책임, 그리고 공보처를 포함한 관련 부처 담당자들이 날마다 모여서 그날의 뉴스 내용을 점검, 조정하는 '공보 관련 관계부처 협의회(Service de Liaison Interministériel pour l'Information, SLII)'를 발족시켰으며, 이 기구는 드골이 사임한 1969년까지 존속하였다."[6] 이처럼 텔레비전은 프랑스의 정치와 사회, 문화

---

3 이상길·박진우, 『프랑스 방송—구조, 정책, 프로그램』, 한나래, 2004, 393쪽.
4 알제리 전쟁(1954-1962)은 프랑스 식민지였던 알제리의 민족해방전선(Front de libération nationale, FLN)이 1954년 11월 무장봉기함으로써 시작된 알제리의 독립 전쟁이다. 제5공화정의 수반인 드골은 1959년 9월 알제리의 독립을 받아들일 준비가 되어있다고 선포하면서 1961년 1월 8일 프랑스 국민들의 절대 다수의 찬성을 얻어 프랑스군의 완전 철수를 단행함으로써 그 이듬해인 1962년 3월 18일 알제리의 완전한 독립을 인정하는 에비앙 협정(conférences d'Évian)을 타결시키면서 전쟁을 종결시켰다.
5 이주상, 앞의 책, 6쪽.
6 이상길·박진우, 앞의 책, 394쪽.

영역에서 미디어의 중심으로 옮겨 갔고 그 영향력은 점차 커져갔다.

드골은 알제리 식민지 전쟁 이후 프랑스를 통합하는데 있어 텔레비전 매체의 영향력을 적극적으로 활용했다. 그가 텔레비전 매체를 효율적으로 활용하기 시작한 것은 주로 담화 발표를 통해서 이루어졌다. "드골은 1958년 7월부터 1962년 12월까지 4년 동안 무려 32번의 텔레비전 연설을 했다. 평균 6주에 한 번 꼴이다 …… 그는 텔레비전이 권력의 보조 수단이므로 텔레비전 기자들 또한 집권 세력의 선거 운동원일 수밖에 없다는 논리를 공공연하게 피력할 정도였다."[7] 그리고 그는 1962년 의회 선거에서 텔레비전의 확산과 함께 압승을 거두게 된다. 이제 텔레비전은 드골 정부의 강력한 통치 수단의 하나가 되었고 지속적인 통제의 대상이 되었다. 그 결과 1963년 공보처의 자체 여론 조사에서는 텔레비전 시청자의 82%가 텔레비전 뉴스에 대해 지나치게 친정부적이라고 생각하는 것으로 나타났다. 그럼에도 불구하고 "드골은 1965년 대통령 선거를 앞두고 텔레비전의 영향력을 좀 더 효율적으로 활용하기 위해 '프랑스 라디오-텔레비전 방송' 조직을 다시 한 번 확대 개편해서 '프랑스 라디오-텔레비전청(Office de Radiodiffusion-Télévision Française, ORTF)'으로 격상시켰다 …… 실질적으로 방송이 채널1 하나인 상태에서 치러진 1965년 선거를 계기로 텔레비전의 영향력은 다른 모든 매체를 앞서게 되었다."[8] 그리고 "재집권한 뒤 드골의 미디어 정책은 더 강력해졌다. 1960년대 중반 이후 생겨나기 시작한 지역 텔레비전은 드골파 정당 지부가 생기는 곳에 함께 생겨났고, 당 지도부 관계자가 사장을 겸하는 경우도 많았다."[9] 이제 텔레비전은 드골 정부에 있어 가장 친밀하고 강력한 통치수단이 되었다. 이것은 텔레비전이 다른 모든 커뮤니케이션 매체를 압도하는 미디어적 특징을 가지고 있을

---

7   이주상, 앞의 책, 7쪽.
8   위의 책, 8쪽.
9   위의 책, 9쪽.

뿐만 아니라, 다른 커뮤니케이션 매체의 존재와 기능을 변화시키는데 중요한 역할을 하였음을 의미한다.

이러한 측면에서 텔레비전 매체와 같은 시각적 표현 수단을 통해 대중과 직접적인 커뮤니케이션 기능을 수행하던 영화는 텔레비전의 확산으로 본질적인 변화를 맞게 된다. 즉 영화는 텔레비전의 확산으로 그동안 자신이 전통적으로 지녀왔던 대중 미디어적 기능과 역할의 변화를 요구받게 되었던 것이다. 누벨바그 영화는 이와 같은 프랑스의 커뮤니케이션 수단과 기능, 역할의 변화 과정과 밀접한 관계를 맺고 있다.


## 2. 텔레비전의 확산과 영화의 대중 미디어적 기능 변화

### 경제성장과 텔레비전의 확산

누벨바그 영화는 시기적으로 1947년부터 1970년대 중반까지 경제와 산업이 급속하게 발전한, 이른바 미증유의 경제 발전을 이룩한 프랑스 영광의 30년으로 불리는 시기의 중심에 위치하고 있다. 이것은 누벨바그 영화가 등장하고 지속될 수 있었던 것이 프랑스의 경제 성장과의 역학 관계 속에서 이루어졌다는 것을 말하고 있다. 프랑스의 경제 성장은 텔레비전 매체의 확산을 가져왔고, 그것은 영화의 전통적인 두 기능 즉, 산업적인 측면과 사회적 담론을 형성하는 대중 미디어적 기능을 본질적으로 변화시키는 계기가 되었다. 왜냐하면 대중 미디어로서의 영화의 사회적 기능과 역할은 경제 성장과 텔레비전의 확산과 밀접한 관계를 갖고 있기 때문이다. 이러한 측면에서 제2차 세계대전으로 파괴된 기간산업의 재건과 산업 복구 사업의 관리가 주요 목표로 정해진 1947년부터 1952년까지의 제1차 경제개발 계획의 실행은 프랑스 누벨바그 영화 등장의 토대를 알린 신호탄

이 되었다. 제1차 경제개발 계획과 더불어 "프랑스의 산업은 눈부시게
발전하였다. 1950년에서 1958년에 이르는 시기 동안 생산량은 80% 증대하
였고 전체 경제도 연평균 5%의 성장률을 보였다."[10] 그리고 "투자율도
1950년대 국내 총생산의 약 20%에서 1965년과 1973년 사이에 연간 23.5%
로 증가했고, 1974년에 24.7%로 절정에 이르렀다. 적어도 투자율 면에서는
유럽에서 프랑스의 수준을 능가하는 국가가 없을 정도가 되었던 것이다."[11]
이러한 경제 성장은 전체적인 프랑스의 경제 활동 인구의 변화를 가져왔다.
그 중에서도 특히 농업에 종사하였던 많은 인력이 줄어드는 결과를 초래했
다. 그 결과 "1946년 경제 활동 인구의 3분의 1을 차지했던 농업 인구는
1950년대 중반 30% 아래로 내려갔고, 1960년대 말 16%로 그 비중이
줄어들었다."[12] 그리고 "경제 성장은 생활수준을 향상시켜 1959년과 1973
년 사이에 1인당 국민소득이 연평균 4.5% 증가했다."[13] 이와 같은 프랑스의
경제 성장은 놀랄만한 것이었다. "1951년 프랑스의 국민 총생산은 단지
영국의 3분의 2였고 수출은 영국의 절반에 불과했다. (그러나) 1965년
무렵 프랑스는 평균 임금 지급을 포함한 모든 영역에서 영국을 추월했다."[14]

놀랄만한 경제 성장과 근대화로의 산업 구조 변화, 실질 임금의 증가는
프랑스 국민들에게 새로운 정신세계의 변화와 소비 형태, 문화적 취향에
깊은 영향을 미쳤다. 그 중에서 프랑스 국민들의 소비 수요가 폭발적으로
증가했다. 그것의 대표적인 예로는 4대 제품이라 불리는 냉장고, 세탁기,

---

10 콜린 존스, 방문숙·이호영 옮김, 『사진과 그림으로 보는 케임브리지 프랑스사(The
   Cambridge Illustrated History of France)』, 시공사, 2002, 341쪽.
11 로저 프라이스, 김경근·서이자 옮김, 『혁명과 반동의 프랑스사(A Concise History
   of France)』, 개마고원, 2001, 369쪽.
12 콜린 존스, 방문숙·이호영 옮김, 앞의 책, 341쪽.
13 로저 프라이스, 김경근·서이자 옮김, 앞의 책, 435쪽.
14 Richard Neupert, A History of the French New Wave Cinema, The University
   of Wisconsin Press, 2002, p.6.

자동차, 텔레비전 수상기의 구매율 증가를 들 수 있다. 1960년대에 프랑스 전체 가구의 절반이 "1965년에는 냉장고(1959년에는 7.5%에 불과함)를, 1966년에는 자동차(바로 몇 년 전인 1960년에는 겨우 30%였음)와 텔레비전 수상기(1962년에 26%였음)를, 1968년에는 세탁기(1954년에 3분의 1의 가구가 수돗물조차 없이 살고 있었음)를 가지게 되었다."[15]

4대 제품 중에서 누벨바그 영화와 직접적인 관계를 맺고 있는 텔레비전 수상기의 확산은 미국에 비해 그리 빠른 편이 아니었다. "1949년 미국은 이미 1백만 대의 텔레비전 수상기를 가지고 있었던 데 비해 프랑스는 단지 수천 대에 불과하였다. 1958년에 그 수는 68만3천 대로 증가했고, 1959년에는 1백만 대를 넘지 않았으며(미국은 그해 5천5백만 대), 1962년 무렵 프랑스에는 2백5십만 대가 있었다. (이것은) 1940년대 후반과 1950년대 초반 프랑스 경제가 1950년대 후반과 1960년대처럼 빠른 속도로 발전하지 않았기 때문이기도 하지만 정부의 텔레비전 수상기 거래에 대한 무거운 세금과 상대적으로 빈약한 방송 프로그램 제공에도 원인이 있다. 예를 들면, 1950년에 프랑스는 단 하나의 국가 운영 텔레비전 방송 채널만을 가지고 있었고, 그것의 방송은 1주일에 20시간에 불과했다."[16] 그리고 "1950년의 경우 프랑스 전체의 10% 지역에서만 텔레비전 전파를 수신할 수 있었다. 1957년에는 수신 가능 대도시 지역이 파리와 릴르(Lille), 스트라스부르(Strasbourg), 마르세유(Marseille), 부르쥬(Bourges) 등 5개로 확대되었지만 1958년이 되어서도 텔레비전 수상기 보유 가구는 8%에 불과했고, 전체 시청자 수도 1백만 명을 넘지 못했다. 청취자가 2천만 명을 넘었던 라디오에 비하면 보잘 것 없는 매체일 수밖에 없었다."[17] 그러나 "1959년 9%에 불과했던 텔레비전 수상기 보유 가구가 1962년 26%로 늘어나고

---

15  콜린 존스, 방문숙·이호영 옮김, 앞의 책, 342쪽.
16  Richard Neupert, *op. cit.*, p.10.
17  이주상, 앞의 책, 6쪽.

전체 시청 가능 인구도 3백만 명에서 1천2백만 명으로 증가하였다."[18]

이처럼 폭발적인 텔레비전 수상기의 확산으로 프랑스 전체의 미디어 환경이 급속하게 변화하였다. 그와 함께 영화의 미디어적 기능도 중대한 변화를 맞이하였다. 이전에 영화가 담당했던 대중매체로서의 역할과 기능은 텔레비전 매체의 확산으로 점차 텔레비전으로 넘어가기 시작했다.

## 대중 미디어로서 영화의 기능변화

프랑스 누벨바그 영화는 관습적인 표현 수법인 문학의 내러티브, 부가적인 의미로서의 음악과 사운드, 엄격하게 구조화된 회화로부터의 종속성을 탈피하면서 영화 자체의 독립적이고 독창적인 표현 요소로서 영화의 역사를 획기적으로 진보, 발전시켰다. 이것은 영화 역사가 누벨바그 영화를 통해서 영화 언어와 문법 체계의 다양성이 확립되었고 영화 자체만의 고유한 역사를 쓰기 시작하였다는 것을 의미한다. 프랑스의 누벨바그 영화가 이러한 역사적 지위와 존재감을 가질 수 있게 된 가장 큰 요인은 1958년 드골의 제5공화정의 등장과 함께 빠른 경제 성장으로 인하여 급속하게 확산된 텔레비전 수상기의 보급으로 대중에 대한 영화의 미디어적 지배 기능이 변한 것이 중요한 이유로 작용하였다고 할 수 있다.

누벨바그 영화가 등장하기 이전 영화의 기능은 크게 산업적인 측면으로서의 오락적 기능과 정치, 경제, 사회의 이데올로기와 담론을 형성하기 위한 대중 매체로서의 기능으로 구분되어진다. 전자는 영화의 탄생과 함께 등장한 가장 보편적 형태라 할 수 있고, 후자는 현실에 기반을 두고 있는 영화와 1920년대의 소련, 이탈리아의 무솔리니, 스페인의 프랑코, 독일의 히틀러, 제1, 2차 세계대전 등과 같은 강력한 지배 권력 구조가 가능한

---

18 위의 책, 7쪽.

역사 속에서 찾아볼 수 있다. 따라서 누벨바그 영화가 등장하기 이전 영화는 산업이라는 보편적 개념에 충실하면서도 정치적, 사회적 이슈와 사건을 전달하거나 선전하는 미디어적 기능이 중요한 역할을 차지했다.

그러나 텔레비전 매체의 확산은 이러한 영화가 지니고 있는 미디어적 기능과 역할에 변화를 가져왔다. 그동안 영화가 지니고 있던 산업적 측면과 정치, 경제, 사회, 문화와 권력, 이데올로기 생산에 대한 대중 매체적 기능은 텔레비전 수상기 보급이 확산됨으로써 보다 접근하기 쉬운 텔레비전으로 넘어간 것이다. 그 결과 텔레비전에는 어떤 대상을 지배하거나 영향을 미칠 수 있는 권력이 존재하게 되었다. 권력은 본질적으로 두 가지 측면이 있다. 즉 "무언가를 할 수 있는 힘(Power to)과 누군가에 대한 힘(Power over)이 있다. 무언가를 할 수 있는 힘은 긍정적인 의미에서는 내가 나의 개인적 또는 집단적 목표를 실현하는 것이고, 부정적인 의미에서는 남의 그 같은 목표 실현을 방해하는 것이다. 누군가에 대한 힘은 권력을 장악한 한 사람 또는 집단이 다른 사람 또는 집단을 지배하는 관계를 칭한다. 이 두 가지 권력 측면 모두 지배 집단과 피지배 집단 간에 힘의 비대칭 관계를 형성한다."[19] 이러한 기본적 권력 관계 속에서 미디어는 그것의 구체적 행위라 할 수 있는 사회적 의제를 선택하고 논의하는데 있어서 중요한 기능을 하게 된다.

텔레비전 매체의 빠른 확산은 이런 측면에서 사회의 지배적인 정치권력이나 이데올로기 등을 생산해내는데 있어 의지적 판단과 행위를 담보해야 하는 영화(비록 뉴스영화라 할지라도)보다 미디어적 효과가 훨씬 크게 미치게 되는 것이다. 이와 같은 구체적 사례는 텔레비전 수상기의 확산으로 영화의 미디어적 기능과 역할의 변화가 극명하게 드러난 영화 관객 수 변화에서 나타난다.

---

19  한국언론정보학회 엮음, 『현대사회와 매스커뮤니케이션』, 한울 아카데미, 2006, 146쪽.

1950년대 중반 경제적 팽창에 따라 유럽 영화 관객 수는 1956년에 절정에 이르렀다. 프랑스는 최고의 박스 오피스(Box Office)의 숫자를 1957년에 도달하였다. 1956년에서 1961년까지 서유럽의 영화 관객 수는 4억 7천 3백만 명으로 감소했다. 프랑스만 홀로 1957년에서 1961년까지 4억 1천 2백만에서 3억 2천 8백만의 티켓이 팔리면서 관객 수는 추락했다. 그리고 이 기간 동안 프랑스 인구의 가장 큰 증가가 있었다. 영화는 다양한 이유로 영화 관객의 3분의 1을 잃었지만 영화의 가장 중요한 경쟁자는 두 가지의 소비 제품인 자동차와 텔레비전이었다 …… 무역 신문, 《버라이어티(Variety)》는 1963년 기사의 제목 〈박스 오피스의 경쟁자들: 자동차, TV, 번영(Box Office Foes: Cars, TV, Prosperity)〉에서 유럽 영화 산업이 직면하고 있는 문제를 압축적으로 요약하고 있다.[20]

그러나 영화의 직접적인 경쟁자는 자동차라기보다 텔레비전이었다. 이에 대해 장 클로드 바츠(Jean-Claude Batz)는 텔레비전의 확산이 가져온 변화를 다음과 같이 설명하고 있다.

텔레비전은 가족의 큰 지출만이 아니라, 다른 여가 비용도 줄이게 하여 가정에서 중요한 위치를 차지했다. 그래서 가족들은 더 이상 자주 함께 영화를 보러 가지 않게 되었다. 그러므로 텔레비전은 관객의 행동 패턴을 영구히 변하게 한다.[21]

이와 같은 현상은 콜린 크리스프(Colin Crisp)가 인용한 자크 듀란트

---

20 Richard Neupert, *op. cit.*, p.8.
21 *Ibid.*, p.10. - 이와 같은 현상은 텔레비전의 확산이 프랑스보다 빠른 미국에서 더욱 빠르게 진행되었다. 영화 티켓 가격이 같은 10년 동안 40%가 증가했어도, 미국의 박스 오피스(Box Office) 수입은 정점기인 1946년과 1956년 사이 23% 하락했다. 티노 발리오(Tino Balio)에 의하면 할리우드의 10개의 주요 영화 스튜디오의 이익이 4천여 개의 극장이 문을 닫을 동안 76% 하락했다고 하였다.

(Jacques Durand)의 아래 도표들을 통해 확인 할 수 있다. 듀란트의
도표는 누벨바그 영화가 시작되는 1958년을 기점으로 프랑스 국민들의
연도별 영화 관객 수가 텔레비전 수상기, 자동차 소유자의 확산 비율의
변화와 반비례하고 있음을 보여주고 있다.

**〈도표 1〉[22] 영화, TV, 자동차**

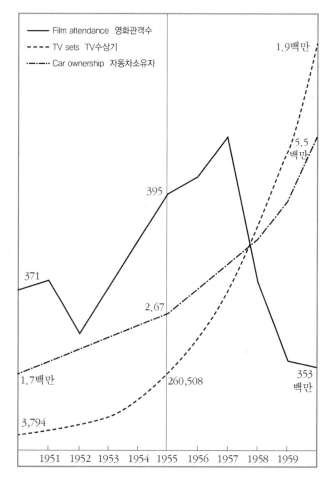

22  Colin Crisp, *The Classic French Cinema 1930-1960*, Indiana University Press, 1993, p.71.

〈도표 1〉에서 나타난 것처럼 프랑스에서 영화 관객 수의 급격한 하락은 1957년 후반기 누벨바그 영화가 등장하기 시작한 시점과 텔레비전 수상기가 본격적으로 확산되기 시작하는 시점과 일치한다. 이러한 영화 관객 수의 급격한 감소는 1960년 4월 무렵 프랑스 전체 가구의 13%만이 텔레비전 수상기를 구비하고 있는데 비해 놀랄만한 추락이었다. 이와 같은 결과는 〈도표 2〉의 연도별 영화 관람 횟수에서도 그대로 반영되어 나타난다.

〈도표 2〉[23] 연도별 연간 영화 관람 횟수, 1928-1976

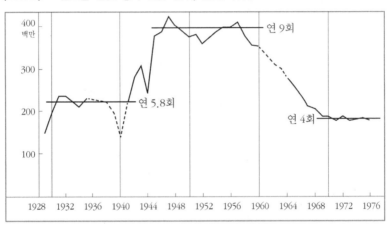

〈도표 2〉에서 나타난 것처럼 1940년 제2차 세계대전기를 제외하고 1960년을 기점으로 연간 총 영화 관람 횟수는 급속도로 줄어들기 시작하여 1970년 무렵에 이르면 최하점에 이르게 된다. 즉 1947년부터 1957년 기간 동안 대략 한 사람이 1년에 아홉 번 정도 극장에 가서 한 해에 총 4억 명 정도였던 것이 1958년 무렵에는 그 횟수가 줄어들어 3천만 명 정도가 줄어든 약 3억7천여 명이 극장에 간 것으로 나타났다. 이러한

---

23  *Ibid.*, p.68.

숫자의 감소는 "1946년에서 1962년 사이에 연간 0.8%라는 프랑스 역사상 가장 빠른 자연적 인구 성장률을 기록한 시기"[24]이었음에도 불구하고 총 영화 관람 횟수는 현저하게 떨어진 것이다.

텔레비전이 영화관객의 감소에 있어 실로 중요한 요인이었다는 것은 프랑스의 여타 지역에서 보다 더 빨리 가정에 보급된 릴르 지역 연구에 의해 설명된다. 1956년과 1961년 사이 312%의 수혜자들 이 증가 했고, 그것은 텔레비전 수혜자들의 15%를 가지고 있는 프랑스 인구의 8%에 해당되었다. 영화 관객 수는 프랑스의 여타 나머지 지역에서보다 릴르 지역에서 훨씬 빠른 속도로 감소했으며, 특히 1957년 이후, 1949년과 1961년 사이 프랑스 전체가 10% 인데 비해 29%나 감소했다.[25]

이러한 통계를 통해 확인할 수 있는 것은 텔레비전의 확산이 영화 관객과 관람 횟수의 감소뿐 아니라 프랑스 국민들이 영화를 접촉할 기회를 상당부분 줄어들게 하였다는 사실이다. 이것은 영화가 프랑스 사회 전반에 대중매체의 미디어적 지배력이 약화되었다는 것을 의미한다. 그 결과 영화는 그동안 지니고 있던 미디어로서의 기능과 역할을 상당부분 상실하 게 되었다. 그리고 그 변화의 자리에 텔레비전 매체가 차지했다.

이처럼 1950년대 후반 프랑스에서의 영화는 텔레비전의 확산으로 자신의 존재 가치와 기능에 대한 심각한 변화를 강요받게 되었다. 그 결과 영화는 그동안 자신이 지니고 있던 대중 매체의 미디어적 기능으로부 터 벗어나 영화 자신만의 독자적이고 독창적인 언어를 통하여 영화의 새로운 가치와 존재감을 확립하는 것을 당면한 역사적 과제와 목표로

---

24  로저 프라이스, 김경근·서이자 옮김, 앞의 책, 381쪽.
25  Colin Crisp, *op. cit.*, p.72.

인식 되었다. 그것이 바로 독립적이고 독창적인 영화 언어를 발전시켜 자신만의 창작 논리의 역사를 써나갈 수 있게 된 누벨바그 영화 형성의 중요한 한 요인이 된 것이다.

# 3. 누벨바그와 누벨바그 영화이론의 토대

## 누벨바그와 누벨바그 영화

누벨바그라는 표현은 1957년 10월 3일자 《렉스프레스(L'Express)》지에서 당시 새롭게 떠오르고 있는 프랑스의 청년 세대를 지칭하기 위해 〈누벨바그가 온다(La nouvelle vague arrive)〉라는 기사제목에서 처음 등장했다. 그리고 이 잡지의 편집장인 프랑수아즈 지루(Françoise Giroud)는 프랑스의 미래를 창조할 수 있는 새로운 청년 세대의 국가적 조망을 시작하면서 우리의 새로운 프랑스 세대(La Nouvell Vague)가 무엇을 원하고, 그들이 누구인가를 밝히려 한다고 하면서 누벨바그라는 용어를 사용했다. 그녀는 "1958년 6월 갈리마르(Gallimard) 출판사를 통해 성공작 『누벨바그, 젊음의 초상(La Nouvelle Vague, portraits de la jeunesse)』을 펴냈다. 영화와 직접적인 관계는 없지만 이 책 역시 프랑스 사회 내부의 변화의 필요성을 주장하고 있었다. 1958년 2월에 평론가 피에르 비야르(Pierre Villard)는 이 용어를 새로운 프랑스 영화에 적용했다. 이어서 1959년 봄 칸느(Cannes)에서 이 표현이 확산되었고, 그해 가을 영화 〈사촌들(Les cousins)〉과 〈400번의 구타(Les quatre cents coups)〉가 개봉되자 지역 매체들은 계속 이 표현을 사용하였다. 곧이어 국제적 언론 매체에서 따라 사용했고, 이때부터 프랑스와 전 세계를 통해 누벨바그에 관한 토론이 마련되지 않는 영화제가 없었다."[26] 이후 누벨바그라는 용어는 1950년대 중반 이후 등장한 프랑스의 특정한 영화적 경향에 적용되어 지칭되기 시작하였다. 그러나 이 시기 프랑스 영화에는 크게 세 가지 흐름이 존재했다.

첫 번째 흐름은 구세대 감독들의 전통적 창작 방식을 그대로 수용하는 감독들 ─ 클로드 오탕라라(Claude Autant-Lara), 로제 바딤(Roger Vadim) 등 ─ 이고, 두 번째는 《카이에 뒤 시네마(Cahiers du Cinéma)》지에 평론을 기고하다가 감독으로 데뷔한 장 뤽 고다르(Jean Luc Godard), 프랑수와 트뤼포(François Truffaut), 클로드 샤브롤(Claude Chabrol), 에릭 로메르(Éric Rohmer), 자크 리베트(Jacques Rivette)이고, 세 번째로는 이들과 일정한 거리를 유지하면서 단편 영화나 기록 영화로 자신들만의 입지를 다진 좌안파(rive gauche) ─ 알랭 레네(Alain Resnais), 아네스 바르다(Agnès Varda), 조르지 프랑쥐(George Franju) 등 ─ 를 들 수 있다.[27]

이 중에서 누벨바그 영화의 작가는 〈사촌들〉과 〈400번의 구타〉를 누벨바그 영화(Nouvell Vague Cinéma)라고 지칭한 이른바 《카이에 뒤 시네마》에 지속적인 평론 작업을 하면서 새로운 창작 논리를 영화에 적용시키고 발전시킨 두 번째 집단인 고다르, 트뤼포, 샤브롤, 로메르, 리베트가 이에 해당된다고 할 수 있다.

그러나 누벨바그의 일반적 의미에는 이전 시기와 다른 새로운 가치와 패러다임 창출에 대한 현상과 지향이 담겨 있다. 이러한 측면에서 독창적이고 새로운 영화 형식을 통해 이를 구현하고 있는 세 번째 집단인 이른바

---

26 앙투안 드 베크·세르주 투비아나, 한상준 옮김, 『트뤼포(*François Truffaut*)』, 을유문화사, 2006, 270쪽.
27 김호영, 『프랑스 영화의 이해』, 연극과 인간, 2003, 194쪽 참고.

좌안파도 누벨바그 영화에 포함시킬 수 있다. 따라서 누벨바그 영화는 1950년대 중반 이후 프랑스 영화의 세 부류 속에서 《카이에 뒤 시네마》에서 평론 활동과 창작 작업을 하고 있던 두 번째 집단과 좌안파로 불리는 세 번째 집단으로 구성된다. 이들 두 집단의 창작가들에 의해 영화 언어에 대한 새로운 탐구와 발전이 이루어졌던 것이다.

그렇다면 이러한 의미를 지니고 있는 누벨바그 영화의 기간은 얼마동안 지속되었는가? 1958년 클로드 샤브롤의 〈미남 세르주(Le Beau Serge)〉가 등장한 이후 영화에서의 누벨바그 지속 시기는 매우 다양하게 규정되고 있다. 즉 누벨바그 영화의 시기를 1950년대 후반부터 1960년대 중반 이전으로 한정하는 경향과 1950년대 후반부터 1960년대 전체시기로 확대 하는 경우가 있다.

누벨바그 영화의 시기를 1960년대 중반 이전으로 한정한 경우는 잭 씨 엘리스(Jack C. Ellis), 르네 프레달(René Prédal), 레미 란조니(Rémi Lanzoni), 김호영과 소련 백과사전(Советская энциклопедия)에서 발행한 『영화 사전(Кино Словарь)』 등이다. 잭 씨 엘리스는 『영화 역사(A History of Film)』에서 누벨바그 영화가 1959년부터 1962년까지 지속되었다고 하였고, 르네 프레달은 『세계 영화 100년사(Hitoire du Cinéma)』에서 1958년부터 1965년까지, 레미 란조니는 『프랑스 영화: 시작에서부터 현재까지(French Cinema: from its beginnings to the present)』에서 1959년부터 1965년까지, 김호영은 『프랑스 영화의 이해』에 서 1959년부터 1965년까지 성행했던 시기로 규정했다. 그리고 러시아의 『영화 사전』에서는 프랑스 누벨바그 영화 시기를 명확하게 정하지 않고 1950년 후반에서 1960년대 초반으로 한정해서 보기도 한다.

반면 누벨바그 영화시기를 보다 세밀하게 분석하면서 그 시기를 넓게 규정하거나 특정한 시기로 제한하지 않은 경우도 있다. 이와 같은 경향은 수잔 헤이워드(Susan Hayward)와 크리스틴 톰슨과 데이비드 보드웰

(Kristin Thompson & David Bordwell)에게서 나타난다. 수잔 헤이워드는 『영화연구, 핵심 개념들(Cinema Studies, The Key Concepts)』과 『프랑스 영화(French National Cinema)』에서 영화 창작가의 개인 양식과 스타일을 중시한 시기(1958-1962년)와 〈그녀에 대해 알고 있는 두세 가지 것들(Deux ou trois choses que je sais d'elle, 1966)〉, 〈중국여인(La Chinoise, 1967)〉, 〈주말(Weekend, 1967)〉 등의 영화에서 나타난 것처럼 정치적 성향이 보다 명확하게 드러난 시기(1966-1968)로 구분하여 누벨바그 영화 시기를 파악하고 있다. 그리고 톰슨과 보드웰은 『영화역사, 입문(Film History, An Introduction)』에서 특별히 한정된 시기를 언급하지 않으면서 1950년대 후반에서 1960년대에 걸쳐 있는 프랑스의 영화적 경향이라고 보고 있다. 이처럼 누벨바그 영화의 범위와 지속기간에 대한 시각은 매우 다양하다.

그러나 누벨바그 영화시기에 대한 논의는 대체로 1958년 클로드 샤브롤의 〈미남 세르주〉에서부터 고다르의 〈중국여인〉, 〈주말〉이 등장한 1967년까지 기간의 영화들에 집중되어 있음을 알 수 있다. 이 시기는 새로운 젊은 세대를 지칭하기 위한 것뿐만 아니라 영화의 대중 매체로서의 미디어적 기능이 텔레비전으로 넘어가게 되면서 영화 자신만의 고유한 표현 언어를 확립하고 영화 언어에 대한 실험이 집중되었던 기간이었다. 그럼에도 불구하고 누벨바그 영화의 특징은 1950년대 후반과 1960년대 뿐 아니라 1970년대에도 나타나기 때문에 그 의미와 시기를 명확하게 단정적으로 규정하기 어렵다는 것은 피할 수 없는 사실이다.


## 카메라-만년필과 작가주의

알렉산드르 아스트뤽(Alexandre Astruc)은 1948년 《레크랑(L'Écran)》

지에 〈새로운 아방가르드의 탄생: 카메라-만년필(Naissance d'une nouvelle avant-garde: La Caméra-stylo)〉이라는 제목의 글에서 영화의 카메라도 문학에서의 만년필처럼 독창적이고 주관적인 시각에 근거하여 표현할 수 있어야 한다고 주장했다. 이 글은 텔레비전의 확산으로 대중 미디어로서의 기능과 역할이 변화된 영화 창작 내부의 이론 발전 과정의 역사를 견인하여 누벨바그 영화 형성에 중요한 이론적 토대로 작용했다. 특히 "고다르는 몇몇 인터뷰에서 아스트뤽이 보다 개인적인 영화와 새로운 영화 언어를 요구하는 그의 비평적 기사 때문만이 아니라 그가 영화 비평에서부터 영화 연출에까지 영향을 준 고다르가 알고 있는 첫 번째 비평가였기 때문에 누벨바그에 영향을 주었다고 언급했다."[28] 또한 "앙드레 바쟁(André Bazin), 트뤼포의 〈영화 언어의 발전(The Evolution of the Language of Cinema)〉, 〈프랑스 영화의 어떤 경향(A Certain Tendency of the French Cinema)〉과 함께 아스트뤽의 '카메라-만년필(Caméra-stylo)'은 프랑스 영화 역사에서 가장 많이 인용된 글이다 …… 아스트뤽의 많은 생각들은 이후 비평가들과 영화 창작가들에 의해 다양한 형식으로 반복된다"[29]고 했다. 따라서 아스트뤽의 "카메라-만년필의 개념은 누벨바그의 작가 정책의 주요 핵심어가 될 '작가'라는 말이 내포하는 스타일과 표현성의 문제, 그리고 비평가로서의 누벨바그가 고전영화 작가들에 대한 구체적인 분석의 초점으로 삼았던 미장센, 즉 영화적 에크리튀르(écriture)의 문제와 긴밀히 연관되면서 영화에서의 작가란 누구인가를 규정하는 작가 정책의 내용의 전제가 된다."[30] 아스트뤽은 카메라-만년필 개념을 통해 "자신에 앞서 영화의 예술성을 부르짖었던 루이 델뤽(Louis

---

28  Richard Neupert, *op. cit.*, p.46.

29  *Ibid.*, p.47.

30  이정하, 「누벨바그의 작가 정책; 문학적 행위와 영화적 행위 사이」, 《불어문화권연구》 Vol.14, 서울대학교 불어문화권연구소, 2004, 22-23쪽.

Delluc)이나 리치오토 카뉘도(Ricciotto Canudo)에 이어, 영화가 문학만큼 자유롭고 섬세한 표현 수단이 되어야 하며, 그러기 위해서는 영화가 지닌 힘을 깨달아야 한다고 주장한 것이다."[31] 그리고 이러한 아스트뤽의 개념은 그에 의해 "순차적으로 장터의 오락거리, 통속극과 유사한 오락물, 혹은 시대의 이미지들을 보존하는 수단이었던 영화가 이제 언어가 된 것이다. 여기서 언어란, 비록 추상적일지라도 예술가가 자신의 사상을 표현하거나, 마치 오늘날 에세이 혹은 소설처럼 자신의 강박 관념을 전달하는 형식 혹은 방법을 의미한다."[32] 이것은 곧 영화는 창작가가 자신의 고유한 수법을 통해 자신의 세계관에 대한 이야기를 할 수 있는 매체임을 선언한 것과 다름없다. 따라서 알렉산드르 아스트뤽의 카메라-만년필 개념은 이전까지 영화가 지니고 있었던 특징에 새로운 개념을 부과하였던 것이다. 이것은 영화 자체에 대한 새로운 문제 제기였고 영화를 새롭게 인식하려는 시도이자 지침이었다. 영화에 대한 이러한 아스트뤽의 개념 규정은 《카이에 뒤 시네마》에서 활동하고 있던 젊은 비평가들에 의해 핵심적인 창작논리로 발전했다.

특히 아스트뤽의 이와 같은 견해는 프랑스 누벨바그 영화 창작 논리의 가장 직접적인 이론적 토대를 제공한 프랑수와 트뤼포의 '작가주의' 개념에 영향을 주었다. 트뤼포는 1954년 《카이에 뒤 시네마》지에 〈프랑스 영화의 어떤 경향〉이라는 글을 통해 그동안 프랑스의 영화를 이끌었던 중요한 영화감독인 르네 클레망(René Clément), 줄리앙 뒤비비에(Julien Duvivier), 마르셀 카르네(Marcel Carné), 장 오랑주(Jean Aurenche)와 피에르 보스트(Pierre Bost) 등을 비판했다. 이 글에서 트뤼포는 "촬영 대본 보다는 문학작품의 의미를, 오리지널 시나리오보다는 각색을, 현장

---

31 위의 논문, 21쪽.
32 Alexandre Astruc, "Naissance d'une nouvelle avant-garde, la Caméra-stylo", L'Écran Françoise, 1948. — 위의 논문, 21쪽에서 재인용.

촬영보다는 스튜디오-세트 제작을, 그리고 한 사람의 작가-감독보다는 전문가들의 팀을 선호하는 당대의 경향을 맹렬히 공격했다. 그런데 트뤼포는 이 비판의 말미에서, 영화 전체의 제작 과정을 지휘하고 책임질 수 있는 한 사람의 작가(auteur)가 필요하며 작가에 의한 '작가 영화(Cinéma d'auteur)'만이 진정한 '예술'로서의 영화를 가능케 한다고 주장한다. 그리고 그 작가의 역할은 다름 아닌 감독이 맡아야 한다고 강조한다. 그 후 작가주의는 영화 이론가 앙드레 바쟁에 의해 '작가의 정치학(La politique des auteurs, 1957)'이라는 용어로 다듬어지면서 하나의 영화 비평 용어로 자리 잡는다. 작가주의 이론을 바탕으로 바쟁과 당대의 젊은 비평가들은 형식적인 탐구 없이 심각한 주제들만 반복하는 유럽 영화보다 통속적이라 일컬어지던 미국의 대중적인 장르 영화들을 지지했고, 프랑스의 알려지지 않은 감독들을 발굴해 내 세상에 알린다."[33] 이것은 영화 창작에 있어 독창적인 창작 양식과 스타일이 영화 평가의 주안점이 되었음을 의미했다. 그 결과 작가주의 개념에는 화면의 구성 요소인 미장센의 가치와 영화의 형식적인 체계가 중요한 요소가 되었다.

이러한 근거에 의해 당시 할리우드의 B급 영화감독으로 치부되던 하워드 혹스(Howard Hawks), 알프레드 히치콕(Alfred Hitchcock), 존 포드(John Ford), 니콜라스 레이(Nicholas Ray) 같은 미국에서 활동한 감독들과 장 르누아르(Jean Renoir), 마르셀 파뇰(Marcel Pagnol), 장 비고(Jean Vigo) 등의 프랑스의 비주류 감독들, 그리고 잉그마르 베르히만(Ingmar Bergman) 감독 등이 작가주의 감독의 모델로 평가되었다. "트뤼포를 포함한 《카이에 뒤 시네마》의 비평가들은, 이들 감독들이 할리우드 시스템 내에서 활동하고 있지만 미장센에 있어 뚜렷한 양식의 일관성과 정체성을 보여주고 있으며, 더 나아가 장르의 관습들은 이들 작가들에게 새로운

---

33 김호영, 앞의 책, 30쪽.

의미들을 봉쇄한다기보다 오히려 의미의 변주와 세공을 위한 장을 제공하기까지 하였다고 말한다."[34] 따라서 트뤼포의 작가주의 개념은 영화에 대한 이론적, 미적, 역사적 판단을 할 수 있는 근본적 토대와 영화 창작의 독립성을 확립시키는데 결정적 역할을 했다. 그 결과 영화는 영화 창작가들의 독립적이고 독창적인 표현 수법의 토대를 가지게 되는 전기를 마련했고 영화라는 매체의 본질적 특성을 드러낼 수 있는 기회를 갖게 되었다. 프랑스 누벨바그 영화는 이러한 이론적 기반 위에서 영화를 재규정하려 하였다. 그리고 이는 《카이에 뒤 시네마》에서 활동한 트뤼포, 고다르, 샤브롤, 로메르, 리베트와 좌안파로 불리는 알랭 레네 등의 영화들에서 구현되었다.

## 4. 영화, 미디어로서의 독립과 창작이론과의 만남

### 단절의 미학, 인과적 내러티브 구조로부터 이탈

텔레비전의 등장으로 영화의 대중 미디어적 기능의 변화와 영화 창작 언어에 대한 이론의 역사가 조우하면서 누벨바그 영화에 나타난 특징 중 하나는 연속성을 가지고 있는 인과 관계적 내러티브 구조에 혁신적인 변화가 일어났다는 점이다. 이는 누벨바그 영화시기에 이르러 그동안 전통적으로 적용되어 표현 되었던 내러티브에 대한 개념이 근본적으로 변하여 새로운 영화 언어에 대한 표현 법칙이 형성되었음을 말한다. 누벨바그 영화에서 나타나고 있는 새로운 표현 법칙은 고전영화 내러티브 구조의 파괴로부터 시작되었다. 이것은 기존의 영화 언어적 전통에 대한 문제

---

34 이정하, 앞의 논문, 25쪽.

제기였고 그 정반대편에서 영화 언어에 대한 실험과 발전이 이루어졌음을 의미한다.

그렇다면 누벨바그 영화 창작가들이 제기한 고전영화 내러티브 구조의 문제는 무엇이었는가? 이에 대해 일반적인 의미의 내러티브의 개념을 살펴볼 필요가 있다. 일반적으로 "내러티브는 실제 혹은 허구적인 사건의 설명을 말한다. 내러티브의 기능은 묘사가 아니라 이야기하기(storytelling)이고, 그것은 다큐멘터리의 한 부분이라 인식된다. 내러티브는 이야기를 조직하기 위하여 채택되는 전략, 약호와 관습으로 지칭된다."[35] 이 때문에 내러티브를 구성하고 있는 요소는 일상적 삶과 문화와 밀접한 관계를 가지게 된다. 그 결과 "내러티브는 대단히 표준화된 패턴의 집합을 따르는 경향이 있는데, 그것은 흔히 혼란/해결로서 언급된 질서/무질서/질서 그리고 질서/수수께끼/해결의 삼항 도식으로 규정될 수 있다."[36] 고전영화는 이러한 내러티브 형식을 취한다. 따라서 고전영화에서의 내러티브 구조는 "어떤 장르에서든 상관없이 내러티브가 완결되는 결말을 갖는다. 플롯은 사건 전개의 논리, 즉 선(先)과 후(後), 원인(原因)과 결과(結果)의 법칙에 따라 연속성의 맥락에 맞춰 서술된다. 영화의 결말이 어떤 형태를 띠든 간에 그 결말은 거의 예외 없이 지배 이데올로기의 메시지를 전하거나 언술한다. 이런 영화들에서 쇼트, 조명, 컬러 또는 편집이나 미장센, 사운드 같은 스타일은 내러티브에 종속되며, 그 자체가 관객의 눈을 끌어서는 안되고 모든 것은 리얼리즘을 만들어 내도록 기능해야 한다."[37] 여기서의 리얼리즘은 미학적 의미로서의 리얼리즘이 아니라 단순히 연속적인 인과 관계의

---

35  Susan Hayward, *Cinema Studies, The Key Concepts*(Fourth Edition), Routledge, 2013, p.268.

36  *Ibid.*, p.270.

37  윤시향, 「현대 영화가 받아들인 브레히트」, 《브레히트와 현대연극》 Vol.6, 한국브레히트 학회, 1998, 45쪽.

내러티브로부터 발생한 리얼리즘이다.

　　그러나 고전 영화의 내러티브와 관련 있는 리얼리즘은 결정적으로 화면에서 발생하고 있는 사건과 사물, 인물에 대한 환영을 제공하여 관객에게 영화를 하나의 객관적 매체라는 인식을 하지 못하게 방해함으로써 오히려 그것의 본질에 접근하지 못하도록 현실을 호도하는 경향이 있다. 왜냐하면 고전 영화 내러티브 구조는 연속성을 통해 현실이라는 환영을 만들어 내고 그것은 실체적 본질을 은폐한 결과이기 때문이다. 따라서 이러한 환영으로부터 벗어나 은폐되고 왜곡된 현실을 드러내기 위해서는 무엇보다 연속적인 인과 관계적 내러티브 구조로부터 벗어나야 한다. 이러한 시도가 누벨바그 영화의 본격적인 시작을 알린 프랑수와 트뤼포와 누벨바그 영화를 실질적으로 이끈 장 뤽 고다르 등의 영화에서 나타난다.

　　트뤼포는 1959년 〈400번의 구타〉를 통해 누벨바그 영화 언어의 신호탄을 쏘아 올렸다. 그는 이 영화에서 주인공 앙투안느가 감호소를 탈출하는 마지막 장면을 정지 화면으로 끝냈다. 대부분의 영화가 관습적이고 익숙한 시작, 중간, 결말이라는 내러티브 구조 속에서 종결되는 것과 달리 이 영화에서는 확실한 결말이 도출되지 않은 열린 개방 형식으로 대체되었다. 영화의 마지막 화면이 이러한 수법으로 마무리됨으로써 이 영화는 기존 영화에서 보여준 내러티브 구조에서 벗어나 다양한 관점을 암시하면서 다양한 의미로 확장되었다. 이것은 영화 〈400번의 구타〉를 통해 고전 영화에서 관습적으로 적용되어 왔던 인과 관계적 내러티브 구조가 해체되기 시작하였음을 말한다. 이와 같은 시도는 트뤼포의 〈400번의 구타〉에서뿐만 아니라 고다르, 알랭 레네 등의 누벨바그 영화 전체에서 행해졌다고 해도 과언은 아니다.

　　특히 고다르는 화면 속 사물과 사건, 그리고 최종적 결론에 대해 객관적이고 냉정한 판단을 유지하기 위하여 단절 없는 연속적인 내러티브 구조를 과감하게 해체하고 그 상황을 다시 한 번 환기시키는 내러티브 구조를 사용했다. 이를 위해 그는 베르톨트 브레히트(Bertolt Brecht)의 연극 이론인 '소격효과(Verfremdungseffekt)',[38] 즉 거리두기를 자신의 새로운 창작의 대안으로 삼았다. 브레히트의 이론을 통해 고다르는 자신의 영화에서 고전 영화의 내러티브 구조인 인과 관계적 구조를 해체하기 시작했고 그 곳에 다양한 단절의 수법들을 개입시켜 화면에서 전개되고 있는 내용과 현상들에 대하여 주의를 환기시키면서 실제적 본질을 파악하도록 하였다. 이를 위해 고다르가 사용한 가장 두드러진 수법으로는 점프 커트(jump cut), 관객을 향한 카메라, 상황의 반복, 인물로부터의 거리두기, 화면과 소리의 불일치 등을 들 수 있다. 이 중에서 점프 커트는 연속적인 내러티브 구조를 파괴하는 가장 핵심적 요소라 할 수 있다. 점프 커트는 기본적으로 연속적인 화면의 연결 구조를 건너뛰어 갑작스럽게 시간과 공간의 영역을 확대하는 것을 말한다. 그렇기 때문에 관객들은 화면에서 진행되고 있는 이야기에 다시 한 번 주의를 기울이게 된다. 이와 같은 수법은 고다르의 첫 번째 장편 영화인 〈네 멋대로 해라(Á bout de souffle, 1959)〉에서 확인할 수 있다.

이러한 특징이 이 영화에서 가장 독특하게 나타나고 있는 부분은 파리 시내에서 미셸이 파트리샤를 데려다 주면서 나누는 자동차 안에서의 대화 장면을 들 수 있다. 이 장면에서는 미셸의 모습은 전혀 등장하지 않고 파트리샤의 모습만이 화면에 등장하면서 대화가 계속 이어진다. 그러나 그들의 대화는 여러 개의 점프 커트가 대화 중간 중간에 삽입되면서

---

38 브레히트의 연극 이론인 소격효과는 극작가와 무대 연출가가 사건을 낯설게 만들고, 그럴듯하고 자연스러운 콘텍스트 바깥으로 왜곡시키고, 관객에게 그들 앞에 표현되고 있는 연극적 환상을 항상 의심하게 만들기 위해 매우 부자연스러운 연극 같은 느낌을 만들어 내는 것을 의미한다. 물론 이것의 최종적인 목적은 관객들이 당연하다고 생각하는 사회적 과정에 대해 주목하고 비판하게 만드는 것이다. -조지 랠리스, 이경운·민경철 옮김, 『브레히트와 영화(Bertolt Brecht, Cahiers du cinéma and contemporary film theory)』, 말길, 1993, 22-23쪽 참고.

그들이 말하는 것이 무엇인지를 파악하기 어렵게 만든다. 이들의 일방적인 대화와 함께 점프 커트는 시간과 공간의 연속성을 건너뛰면서 그것의 변형을 가져와 인과 관계적 내러티브를 파괴하여 관객들을 낯설게 한다.

또한 누벨바그 영화에서 내러티브 구조의 연속성을 해체하는 수법으로는 영화 속 인물들이 마치 관객을 향해 직접 말하는 것처럼 카메라를 보면서 말하는 장면에서 확인할 수 있다. 고전영화에서나 일반적인 영화에서는 영화 속 인물들이 실제 현실과 같은 정서와 느낌을 전달하기 위하여 현실에서의 삶처럼 최대한 자연스럽게 행동하고 말하려고 한다. 이것은 화면에서 벌어지고 있는 상황과 인물에 관객들을 몰입시켜 동일화를 이루도록 하여 관객들로 하여금 호기심과 정서적 카타르시스를 느끼도록 한다. 그러나 고다르는 이러한 수법들이 지배적인 이데올로기 전달에 무방비적으로 노출되어 있다고 판단한다. 따라서 고다르의 영화에서는 화면에서 지속되고 있는 상황과 인물에 몰입되지 않도록 하기 위하여 영화 속 인물이 관객에게 직접 설명하거나 관객과 직접적인 대화를 시도하는 것처럼 카메라를 향해 말한다. 이러한 익숙하지 않은 파격적인 수법은 그동안 영화와의 관계에서 수동적 위치로 자리매김했던 관객들이 영화 속 인물, 상황들과 직접적인 대상자로 위치하게 함으로써 관객의 존재가 주체적으로 바뀌게 된다는 것을 의미한다. 이렇게 영화를 보는 관객의 존재가 변함으로써 고다르의 영화에서는 내러티브의 연속성이 해체된다. 이와 같은 수법은 고다르의 다른 영화 속에서도 찾아볼 수 있다. 예를 들면 '난 프랑스가 좋아'라고 하면서 카메라를 향해 말하는 〈네 멋대로 해라〉, 영화 속 인물의 심리와 상태를 카메라를 보고 말하는 〈여자는 여자다(Une Femme est une femme, 1961)〉, 어떤 장면을 촬영하고 있는 카메라가 갑자기 관객을 향하는 〈경멸(Le Mépris, 1963)〉, 여배우들의 특징을 설명하는 〈미치광이 피에로(Pierrot le fou, 1965)〉, 앞으로 할 일과 계획 등을 카메라를 보고 설명하는 〈그녀에 대해 알고 있는 두세 가지 것들〉

등에서 나타나고 있다. 이러한 수법들은 내러티브가 연속적으로 진행되는 것을 막고 화면 속의 사건과 인물들을 객관화 시키는데 중요한 기능을 한다.

또한 고다르는 내러티브의 연속성을 단절시키기 위해 '상황의 반복'을 이용하기도 한다. 이것은 영화 속 어떤 상황을 반복해서 보여줌으로써 그 상황을 관객들에게 다시 한 번 주지시키면서 그것의 의미를 판단하도록 하기 위한 것이다. 이러한 특징은 자본주의화 된 영화 시스템을 비판한 〈경멸〉에서 시나리오 작가 폴이 부인 까밀에게 자신과는 별도로 영화 제작자 프로코쉬와 함께 다른 장소로 이동하게 하는 장면에서 나타난다. 이 장면에서 고다르는 마치 필름을 되돌리고 있는 것처럼 동일한 장면의 연속적인 반복을 통해 이들 관계의 파국적인 결말을 암시할 뿐만 아니라 자본주의 시스템에 종속되고 있는 현재의 상황을 강조하고 있는 것이다.

인과 관계적 내러티브 구조의 단절은 트래킹(tracking) 수법 등을 통해 화면 속에서 말하고 있는 인물을 방해하면서 이루어지고 있다. 즉 영화 속 한 인물이 자신의 의견을 말하고 있을 때, 자연스럽게 옆에 있는 인물과 전혀 다른 새로운 인물이 등장하여 그 인물에 집중되고 있는 것을 방해하거나 심지어 말하고 있는 영화 속 인물 앞을 가로막고 지나가게 함으로써 그 인물로부터의 거리두기를 통해 화면에서 발생하고 있는 상황의 일방성을 차단한다. 이와 같은 거리두기의 수법은 트뤼포의 〈400번의 구타〉에서 파리의 거리를 유영하듯이 롱 쇼트(long shot)로 촬영된 장면과 고다르의 〈미치광이 피에로〉의 파티 장면에서 볼 수 있다. 특히 〈미치광이 피에로〉에서는 다양한 많은 사람들이 자동차 등에 관해 끊임없이 이야기하고 있다. 그렇지만 그들이 말하고 있는 이야기의 일방성은 그들 앞을 일정한 간격을 두고 규칙적으로 지나가는 사람들에 의해 방해 받는다. 이것은 영화 속 인물들의 논리와 감정에 관객들이 동화되지 않도록 하기 위한 내러티브의 연속성을 단절시키는 고다르의 창작 수법이라 할 수 있다.

연속적인 내러티브의 단절은 화면과 소리와의 극단적인 반복과 불일치, 즉 화면과 소리와의 변증법적 관계 속에서도 나타난다. 이와 같은 형식은 고다르의 〈여자는 여자다〉에서 음악과 무음, 일상적 대화가 서로 독립적으로 진행되는 극장 장면에서 나타난다. 그리고 길거리 장면에서는 소리와 무음과의 혼합, 즉 음악이 등장할 때는 음악만, 소리가 없을 때는 무음으로만, 일상적 대화가 진행될 때는 대화만 진행되고 그 외의 어떠한 소리도 개입하지 않고 반복된다. 대부분의 영화는 화면과 소리 중 한 가지 요소만 부각될 때 그 한가지의 의미가 강조되거나 그것에 집중하게 되지만 고다르 영화에서의 한 가지 요소만의 극단적인 반복과 강조는 오히려 관습적인 영화 창작의 형태로부터 벗어나 그 상황과 인물을 낯설게 하여 객관적이고 냉정한 시각을 유지케 하는 효과를 거둔다. 이러한 수법은 영화 〈알파빌 (Alphaville, 1965)〉에서도 무성의 화면과 유성의 화면이 반복적으로 전개되면서 나타난다. 이러한 특징은 영화 〈비브르 사비(Vivre sa vie, 1962)〉의 시작과 함께 카페 장면에서의 나나와 폴의 모습을 통해 묘사되고 있다. 이들은 카페에서 대화를 나누고 있다. 물론 이들의 모습은 카페 안쪽의 작은 거울을 통해 알 수 있지만, 화면에는 나나가 이야기(소리)할 때 그녀의 뒷모습만 클로즈 쇼트(close shot)로 보여주고 폴이 이야기(소리)하는 모습은 보여주지 않는다. 반대로 폴이 이야기(소리)할 때는 폴의 뒷모습만 클로즈 쇼트로 보여주고 나나가 이야기(소리)하는 모습은 보여주지 않는다. 이것은 나나가 이야기할 때는 폴이 배제되고, 폴이 이야기할 때는 나나가 배제되고 있다는 것을 의미한다. 그리고 이러한 장면은 그 반대로 해석될 수 있다. 즉 나나가 이야기(소리)할 때는 폴의 모습이, 폴이 이야기(소리)할 때는 나나의 모습이 화면에서 지속된다. 결론적으로 이와 같은 장면은 내러티브의 연속성을 담보하기 위한 가장 기본적인 수법인 화면에서 지속되는 인물과 대사의 일체성이 전혀 고려되지 않고 있음을 말한다.

이처럼 고다르의 영화에서 나타난 소리와 화면 구성과의 새로운 관계 설정은 고전 영화의 내러티브 구조가 갖는 연속성을 단절시키는 효과를 가지고 있다.

누벨바그 영화에서는 다양하고 구체적인 방법으로 고전 영화의 인과 관계적 내러티브 구조를 해체하면서 영화 언어를 획기적으로 발전시켰다. 어쩌면 누벨바그 영화의 가장 큰 특징이 여기에 있다 해도 과언은 아니다. 왜냐하면 누벨바그 영화의 모든 실험과 시도는 궁극적으로 기존의 영화에서 나타나고 있는 내러티브 구조의 해체와 연결되어 있기 때문이다. 그리고 그것을 해체함으로써 영화 언어에 대한 역사는 근본적으로 변하였고 영화 창작 영역의 가능성은 무한히 확대되었다.

## 연속적인 시간구조의 해체

영화에서의 시간은 공간과 함께 언급된다. 왜냐하면 시간은 공간 위에서 흐름을 알 수 있고 공간은 시간을 통해서 변화를 알 수 있기 때문이다. 따라서 시간의 흐름은 곧 공간의 변화를 의미한다. 시간은 공간을 형성하고 공간은 시간을 견인하는 요소가 된다. 그리고 이러한 시간과 공간의 상보적 개념은 인간의 의식 속에서 이들을 체계화 하려는 의지와 결합된다. 인간은 일반적으로 어떤 상황을 불규칙적으로 받아들이지만 인식의 과정 속에서 정확한 판단과 이해를 위해 그것을 순차적으로 내재화하여 축적한다. 이러한 인간의 인식의 과정은 시작과 결말로 구성되어 있는 문학과 영화, 희곡 등의 내러티브 구조와 만났을 때 체계화 의지는 더욱 강하게 작동된다고 할 수 있다. 그 결과 시간과 공간에 대한 인식은 예술 영역에 있어 연대기적으로 배열되는 특징을 지니게 된다. 영화는 이러한 측면을 가장 효과적으로 반영하고 있는 창작 매체이다. 따라서 영화에서의 시간은 연대기적 특징을 지니게 되고 공간 역시 그와 부합해서 배열된다. 특히 시간은 영화 속에서 연대기적 수법을 강화하는 가장 강력한 요소라 할 수 있다. 그러나 연대기적 시간 개념은 영화 속에서 플래시 백(flash back)이라는 영화적 수법에 의해 파괴된다. 따라서 인간은 플래시 백이라는 영화적 수법에 의해 비로소 시간과 공간에 대한 무한한 자유 의식을 영화 속에 투영시킬 수 있었다. 물론 플래시 백에는 "질서와 일시성의 가정이 존재하지만, 동시에 그것은 연대기적 시간에 관한 우리들의 추측에 잠재적으로 의문을 제기하기도 한다. 시간은 분할되기도 겹쳐지기도 한다. 그것은 과거이기도 하고 현재이기도 하며, 과거는 우리 눈앞에 가시적인 현재를 만든다. 우리가 플래시 백을 보고 있을 때, 추측된 시간은 과거이다. 그러나 우리는 현재 속에서 영화를 이해한다. 관객은 시간과 관련해서 이중적으로 위치 지어진다. 관객은 플래시 백을 나타내 주는 시각적이고 청각적인 약호들로 인해 그들 자신이 과거에 있다는 것을 알게 된다. 그러나 픽션 내에서의 자연화 과정 때문에 과거를 알지 못하게 되고, 시간과 공간의 이동이 내러티브의 논리를 방해하지 않기 때문에 자연화되고 오히려 그것이 관객을 장소에서 안전하게 지켜 준다."[39] 영화에서 나타나고 있는 이와 같은 시간의 특징은 영화 전체의 내러티브 구조 속으로 확대된다. 따라서 플래시 백에 의해 영화에서의 시간 개념이 파괴된다 할지라도 그것은 영화 속의 특정한 한 부분이거나 적어도 시간의 전후가 명확하게 구분되어 연속적인 인과 관계적 내러티브 구조를 형성하게 된다.

그러나 누벨바그 영화에서는 이와 같은 시간의 경계가 명확하게 구분되지도 않을 뿐 아니라 뒤죽박죽 혼재되어 나타난다. 이것은 주로 자크 리베트와 알랭 레네의 영화에서 두드러진다. 그러나 이 두 창작가들의

---

39 Susan Hayward, *op. cit.*, p.160.

영화에서 나타나는 연대기적 시간 개념의 해체는 서로 다른 양상을 보이고 있다.

특히 누벨바그 영화 창작가들 중 유일하게 평론 활동과 장 르누아르와 자크 베케르(Jacques Becker)의 조감독으로서 현장 활동을 경험한 자크 리베트는 자신의 영화에서 시간 개념을 매우 독특하게 표현하고 있다. 그는 이러한 특징을 영화 〈수녀(La Religieuse, 1966)〉, 〈미치광이 같은 사랑(L'amour fou, 1968)〉, 〈아웃 원(Out one, 1971)〉에서 사용하고 있다. 자크 리베트는 이들 영화에서 시간에 대한 실제적 느낌을 영화 제작 과정과 일체화시키면서 기존의 영화에서 표현되고 있던 일반적인 시간의 개념을 극단적으로 변화시켰다. 이것은 그가 영화의 창작 과정을 연극의 전체 창작 과정으로 인식하면서 그에 대한 집요하고 끊임없는 탐구에 집중했기 때문이라 할 수 있다. 예컨대 그의 영화 〈수녀〉는 연극 〈수녀〉를 토대로 하고 있고, 영화 〈미치광이 같은 사랑〉은 연극 〈앙드로마크 Andromaque〉의 리허설 장면을 배경으로 하고 있으며, 12시간 40분짜리 〈아웃 원〉은 〈프로메테우스를 향하여(Prométhée enchaîné)〉와 〈테베에 저항하는 7인(Les Sept contre Thèbes)〉이라는 연극의 리허설 장면을 배경으로 하고 있다. 특히 〈아웃 원〉에서는 영화 창작의 첫 구성에서부터 전개 과정, 결말에 이르기까지의 배우들과 스태프들을 등장시켜 즉흥 창작과 집단 창작의 극단적인 예를 보여주었다. 이러한 특징은 "시나리오 작성, 제작과 촬영, 몽타주로 구분되는 영화 제작의 세 단계를 완전히 거부하고 '나의 영화적 이상(In my idea of cinema)'에서는 모든 단계가 철저하게 상호 작용해야만 한다"[40]는 그의 창작 원칙에 기반하고 있는 것이다. 이와 같은 리베트의 창작 과정은 영화의 허구적인 스토리 안에서 다양한 내러티브 구조를 취할 수 있는 가능성을 갖게 되기도 하지만

---

40 James Monaco, *The New Wave*, Oxford University Press, 1976, p.319.

영화에서의 시간 개념은 실제 영화 창작의 과정과 최종적인 영화 작품과의 일체감을 느끼도록 하게 한다. 그 결과 그의 영화에서는 초기 영화 역사에서 나타나고 있는 시간과 공간의 일체화가 다시 부활하고 있는 것처럼 보인다. 영화제작 과정에 대한 리베트의 이러한 탐구와 표현 수법은 실제적 시간을 영화 속의 시간과 임의적으로 일체화시키면서 나타나고 있는 정형화된 시간의 개념을 파괴한다. 따라서 리베트 영화에서의 시간 개념은 일반적으로 영화에서 나타나고 있는 정형화된 연속적인 시간을 영화 창작의 과정을 강조함으로써 오히려 시간의 개념을 전복시켰다고 할 수 있다.

누벨바그 영화에서 시간의 경계를 가장 자유롭게 넘나든 영화로는 알랭 레네의 〈히로시마 내 사랑(Hiroshima Mon Amour, 1959)〉과 〈지난 해 마리앵바드에서(L'Année dernière à Marienbad, 1961)〉, 〈뮈리엘 (Muriel ou le temps d'un retour, 1963)〉을 들 수 있다. 이들 영화에서는 과거, 현재, 미래라는 시간의 일반적 규정과 개념이 기억과 망각, 의식의 세계 등을 통하여 시간의 해체와 재구성이라는 독특한 형식으로 구축됨으로써 누벨바그 영화의 지평을 확대하였다. 이러한 시간의 해체와 재구성은 객관적이고 자연발생적인 사실이나 지각, 기억으로부터 벗어나 인간의 의식과 무의식 세계를 강조하고 있는 누보로망(Nouveau roman) 소설로부터 영향을 받았다고 할 수 있다. 왜냐하면 알랭 레네의 대표적인 영화라 할 수 있는 〈히로시마 내 사랑〉, 〈지난 해 마리앵바드에서〉, 〈뮈리엘〉에서 나타난 기억과 망각, 내면과 무의식의 세계는 마르그리트 뒤라스 (Marguerite Duras)와 누보로망 소설가인 알랭 로브그리에(Alain Robbe-Grillet), 그리고 장 카이롤(Jean Cayrol)과 같은 문학가들과 밀접한 작업을 통해 형성되었기 때문이다. 이러한 문학적 특징 때문에 알랭 레네의 영화는 문학에 의존하는 영화들이라고 비판을 받기도 하지만, 그는 자신만의 독창적인 표현 수법이라 할 수 있는 경계가 해체된 시간 구조 속에 이미지와 사운드의 정밀함을 통해 영화 속 인물의 다양하고 복잡한 의식의 세계를 표현했다. 이것은 알랭 레네가 자신의 영화 속 이미지에 치밀하게 계산된 사운드를 부가하여 의식과 내면의 자유스러움이 드러나도록 하게 하여 이중적인 시간 구조를 형성하도록 하면서 복잡한 내러티브 구조에 이르게 됨을 의미한다.

이와 같은 특징은 레네의 최초의 장편 영화인 〈히로시마 내 사랑〉에서부터 주요한 형식으로 나타난다. 이에 대해 레미 란조니는 이 영화를 다음과 같이 언급하고 있다.

> 〈히로시마 내 사랑〉은 영화 언어의 절대적인 변형을 표현했다. 영화는 관객들을 새로운 지적 영역으로 안내하였고, 플롯은 추상적인 모빌아트(mobile art) 형식의 수법으로 각 개인의 상상력과 판타지의 능력에 의해 재창조되었다 …… 이 영화의 스토리 라인은 초현실적인 상상과 무거운 상징주의와는 별도로, 사건의 비직선적인 시퀀스를 따르고, 내부적 모노로그, 빈번한 플래시 백과 커트, 보이스 오버 그리고 히로시마와 네버(never)의 수평 트래킹을 사용하고 있다.[41]

이러한 수법으로 알랭 레네는 프랑스 여배우와 일본인 건축가 사이의 격렬한 정사 장면에서 과거의 연인과 사랑하는 가족을 생각하는 "과거와 현재, 기억과 망각, 실재와 상상 사이를 무수히 오가면서 결국엔 과거와 현재를 동일한 시간대처럼 느끼게 만드는 절묘한 시간 구조를 만들어 냈다"[42]

과거와 현재의 다양한 시간대들이 변별하기 힘들 정도로 뒤섞여 있는 시간 구조의 완전한 파괴는 〈지난 해 마리앵바드에서〉에서도 드러난다.

---

41 Remi Fournier Lanzoni, *French Cinema; From Its Beginnings to The Present*, Continuum, 2002, p.225.
42 김호영, 앞의 책, 181쪽.

이 영화에서 나타난 "현재의 시점은 마치 거대한 과거를 향해 열려있는 듯 과거의 사건들에 의해 끊임없이 단절되고, 과거와 현재의 무수한 순간들이 영화 전체에 파편화된 채 흩어져 있다. 나아가, 영화는 궁극적으로 서로 다른 시간대(즉, 서로 다른 현재)를 살아가는 세 명의 주인공을 제시하고 있는데, 남자주인공 X는 '과거의 현재(présent de passé)'를, 여자주인공 A는 '미래의 현재(présent de futur)'를, A의 남편인 M은 '현재의 현재(présent de présent)'를 살아간다. 영화의 이야기가 제시하고 있는 정해진 시간대와 무관하게, 세 명의 주인공들은 마치 빛의 속도 너머의 거리에 떨어져 있는 서로 다른 혹성에서 살아가는 것처럼 각자 다른 현재를 살고 있는 것이다."[43] 이처럼 알랭 레네는 영화 속에서 의식과 무의식의 세계를 묘사했다. 그렇기 때문에 그는 현실과 과거를 명확하게 구분하는 단일한 시간적 구조를 취하지 않았다. 비록 그의 영화 속에서 서로 다른 두 세계를 구분하는 영화적 장치가 등장한다 하더라도 그것은 서로 다른 두 세계를 연결시키거나 동일한 시간 구조 속에서 해결한다. 따라서 알랭 레네의 영화에서는 의식과 무의식의 세계가 구분되지 않고 다양한 시간 구조가 공존하는 이른바 다층적 시간 구조, 다층적 내러티브 구조가 존재하게 된 것이다.

이러한 특징이 두드러진 영화로는 〈뮈리엘〉을 들 수 있다. 이 영화는 매우 무거운 콘텍스트를 가지고 있다. 영화에는 두 가지 특징적 요소인 '전쟁'과 관련된 '귀환'이 동시에 배열되어 있다. 즉 과거의 연인이었던 엘렌과 알퐁스는 제2차 세계대전 이후 한 번도 만난 적이 없다. 그러나 엘렌은 과거의 옛 연인인 알퐁스를 만나게 된다. "그들은 서로 함께 하였던 과거의 기억을 떠올리지만 그들이 왜 헤어지게 됐는가에 대해 서로 불일치를 드러내기 시작한다. 한편 알제리 군 복무를 마치고 돌아온 엘렌의

43 위의 책, 182쪽.

아들 베르나르는 알제리에서 죽은 소녀 뮈리엘 때문에 강박관념에 시달린다."[44] 이처럼 현재는 과거에, 행위는 의식에 완전히 사로잡혀 있는 상황이 전개된 영화 〈뮈리엘〉에서 알랭 레네는 "기억의 불완전함과 과거 자체의 불명료함이라는 테마를 플래시 백을 사용하지 않으면서도 사물과 풍경들에 대한 세심한 시각적 묘사를 통해 풀어 나갔다."[45] 그는 〈뮈리엘〉에서 서로 다른 시간과 공간이 명백하게 존재하고 있지만 그것을 순차적이고 연속적인 시간 개념을 창출하는 수법으로 사용하지 않았다. 이러한 세밀하고 치밀한 시간 구조 때문에 알랭 레네 스스로는 "관객들이 이해하기 어렵다는 것을 알고 있었다. 그러나 많은 비평가들은 〈뮈리엘〉을 그의 가장 뛰어난 작품으로 간주하였다. 누벨바그의 전성기에 등장한 레네의 초기 세 영화 —〈히로시마 내 사랑〉, 〈지난해 마리앵바드에서〉, 〈뮈리엘〉 —는 가장 어렵고, 타협하지 않은 작품이다. 그의 경력이 발전함에 따라, 그는 자신의 작품에서 관객들의 흥미를 지속시키기 위해, 아방가르드 문학의 형식적 실험에 대한 자신의 특징을 완화하기로 하였다 …… 〈뮈리엘〉 이후 그의 영화들은 역사적 순간과 심리적 관점의 병렬을 위해 내러티브의 동기화가 더욱 강조되었다."[46] 그 결과 알랭 레네는 〈뮈리엘〉 이후의 영화들 —〈전쟁은 끝났다(La guerre est finie, 1966)〉, 〈쥬템, 쥬템(Je t'aime, je t'aime, 1968)〉—에서 비록 플래시 포워드(flash forward)를 사용해 예언적 장면을 제시하고 타임머신을 타고 과거로 떠나는 연인의 이야기를 묘사하기도 하였지만, 〈히로시마 내 사랑〉, 〈지난해 마리앵바드에서〉, 〈뮈리엘〉에서처럼 이야기의 중심이 지나치게 혼란스럽고 복잡한 시간 구조를 취하지는 않았다.

---

44 임재철 엮음, 『알랭 레네』, 한나래, 2001, 177쪽.
45 김호영, 앞의 책, 181쪽.
46 Alan Williams, *Republic of Images; A History of French Film Making*, Harvard, 2003, p.372.

이처럼 알랭 레네는 전통적인 영화의 서사 구조인 과거, 현재, 미래라는 순차적인 시간 개념을 거부하고 인간의 기억과 의식, 상상과 무의식의 세계를 영화 속에 재현하려 했다. 이것은 그의 영화 속에서 인간의 다양하고 복잡한 세계가 복잡한 시간 구조로 나타났다. 따라서 알랭 레네에게 전통적인 영화에서의 표현 수법과 구조는 무의미한 것이 되었고, 그동안 영화 속에서 부가적 의미로만 사용되었던 다양한 표현요소들이라 할 수 있는 배우의 목소리, 사물과 풍경, 소리, 이미지 등은 오히려 알랭 레네 영화에서 복잡한 시간 구조를 뒷받침하는 표현요소가 되었다.

이와 같이 자크 리베트와 알랭 레네는 정반대의 수법으로 자신의 영화 속에서 연속적인 시간 구조를 해체시켰다. 그리고 해체된 그 자리에 다양하고 이중적인 복잡한 시간 구조가 자리 잡았다. 이들은 자신의 영화 속에서 나타난 시간 구조를 통하여 전통적인 영화 언어를 해체시킴으로써 영화 역사에서 새로운 영화 언어를 창출하였다.


## 장르의 수용과 변형

영화에서 "장르는 보증된 생산품을 기다리고 있는 고객에게 전달하는 특정한 공식들의 그물망이다. 그것들은 관객들을 위해 구성된 이미지와 내러티브들과 관객들의 관계를 규정함으로써 의미의 생산을 확실하게 한다."[47] 이러한 측면에서 레오 브로디(Leo Braudy)의 장르 영화에 대한 관점은 매우 유용하다 할 수 있다. 그는 "장르 영화가 이루어 놓은 두 가지 종류의 관계를 제기한다. 첫째, 장르 영화는 장르의 모든 새로운 예시와 그것의 과거 전통과 특징들 사이의 의도적인 관계를 만들어 낸다.

---

[47] Dudley Andrew, *Concepts in Film Theory*, Oxford University Press, 1984, p.110.

둘째, 장르 영화는 그것의 대중성과 친밀성 때문에 관객에게 더 강력한 영향력을 미친다. 그리고 그것은 매우 민주적인 것으로, 관객을 통합된 문화적 힘으로 변환 시킨다"[48]고 하였다. 또한 토마스 샤츠(Thomas Schatz)는 "장르는 근본적인 문화적 갈등을 끊임없이 재확인 시켜주는 상호 연관된 내러티브와 영화 구성요소들의 친밀한 공식이다"[49]고 했다.

이러한 장르 영화에 대한 특징은 누벨바그 영화 창작가들의 창작 논리와 정면으로 배치되는 느낌이 있다. 특히 사건과 사물의 인과 관계와 약속에 기반을 둔 장르적 특징은 관객들에게 환영을 제공하여 영화에서 제공하는 사건과 사물의 본질을 흐리게 하는 경향이 있기 때문이다. 그럼에도 불구하고 누벨바그 영화 창작가들과 영화 이론가들은 프랑스 영화 창작의 새로운 대안으로서 미국의 몇몇 장르 영화감독들을 재평가했다. 이들은 몇몇 장르 영화감독들의 영화에서 보여준 공통적인 체계와 독특한 형식 등을 일관된 창작의 상징으로 보았던 것이다. 이렇게 누벨바그 영화 창작가들은 장르 영화감독들을 재평가하였고 그와 더불어 장르 영화도 자연스럽게 탐구의 대상이 되었던 것이다. 그 결과 누벨바그 영화 창작가들에게 장르 영화는 자신들의 창작 과정에서 수용과 변형의 대상이 되었다. 그 중에서도 관객들에게 익숙하고 관습적인 내러티브 구조에 정반대 논리를 가지고 있으면서 누벨바그를 실질적으로 이끌었던 고다르와 트뤼포, 샤브롤 등에 의해 장르의 수용과 변형이 있었던 것은 역사적 아이러니라 하지 않을 수 없다.

예컨대 고다르는 "〈네 멋대로 해라〉에서 미셸이 엄지손가락을 입술에 문지르며, 무표정하게 굳은 표정의 미국 갱 영화의 영웅 험프리 보가트(Humphrey Bogart)를 흉내 내면서 그의 포스터에다 담배 연기를 내뿜는다. 이 영화는 할리우드의 갱스터 장르를 패러디하고 있으면서, 그리고

---

48 Leo Braudy, Marshall Cohen, *Film Theory*(Fifth Edition), Oxford University, 1999, p.608.
49 *Ibid.*, p.642.

그것에 대해 영화로서 비평을 하고 있기 때문에 고다르는 장르에 기반을 두면서 장르를 해체하고 있는 것이다."[50]

고다르와 달리 트뤼포의 영화에서는 장르 영화에 대한 보다 적극적인 수용과 변형이 나타난다. 트뤼포는 다양한 영화 장르들을 편력하면서 장르들의 변형과 혼합 등으로 독창적인 실험을 했다. "특히, 〈피아니스트를 쏴라(Tirez sur le pianiste, 1960)〉에서는 미국의 서부 영화와 존 웨인(John Wayne)을 언급하면서 당시까지 저급한 장르로만 평가되던 할리우드 B급 영화들에 오히려 경의를 표하고, 1930-40년대 할리우드의 갱스터 영화를 패러디해 새로운 흥미를 만들어내는데 성공했다. 이 영화는 기본적으로는 범죄 영화의 형식을 틀로 하고 있으나 멜로 드라마, 심리 스릴러 영화, 코미디 영화 등 서너 가지의 장르들이 혼합돼 일종의 장르 폭발적인 효과를 낳았다. 특히 '팜므 파탈(femme fatale)' 대신 '옴므 파탈(homme fatale)'에 해당하는 주인공을 만들어내는 등 범죄 영화의 기본 공식들을 뒤집거나 변형해 관객에게 기발한 웃음을 제공하기도 했다."[51]

트뤼포와 고다르의 영화에서 나타나고 있는 이와 같은 장르에 대한 수용과 변형은 자신들의 이론을 실천으로 옮긴 최초의 영화라고 찬사를 받았던 〈미남 세르주〉를 만들면서 등장한 클로드 샤브롤에 의해 새로운 형태로 전개된다. 그는 기존의 영화에서 나타난 장르적 특징을 수용하면서 자신만의 독특한 형태의 탐정 영화(film policier)라는 새로운 장르를 만들었다. 그가 탐정 영화라는 장르에 집중할 수 있었던 토대는 무엇보다 영화는 구조와 형식을 통해 얼마든지 자신이 전달하고자 하는 메시지를 전달할 수 있다고 믿었기 때문이다. 이러한 이유로 샤브롤의 영화에서 나타나는 핵심적 특징은 세 개의 차원으로 분류할 수 있다. "첫째는 장르라는

---

50  윤시향, 앞의 논문, 50쪽.
51  김호영, 앞의 책, 156쪽.

기본적인 구실이고, 둘째는 그가 정교한 관습 체계를 만들었는데(어떤 것들은 장르에서 얻어 온 것도 있고, 많은 부분은 그 자신의 것이다), 이 관습 체계는 과정에 형식을 부여하고 과정을 탈드라마화 시킨다. 마지막으로 시점에 관한 섬세함이다. 미장센은 언제나 인물들의 심리 상태에 우선하고, 미장센의 힘은 이러한 사건과 인물들이 정확한 시점에서 드러나도록 우리의 의식을 강화시킨다. 이 차원은 앞의 두 차원보다 훨씬 더 추상적이고 이해하기 쉽지 않지만, 아마도 이것이 클로드 샤브롤의 영화를 이해하는 열쇠가 된다."[52] 이러한 장르와 관습적인 체계, 시점에 관한 섬세한 강조는 샤브롤의 탐정 영화 구조와 결합되어 빛을 발하게 된다.

그러나 샤브롤은 장르 영화에서 보편적으로 사용하고 있는 범죄의 과정을 강조한 탐정 영화의 구조와는 다른 방법을 취하고 있다. 그러므로 샤브롤의 영화에서 나타나고 있는 탐정 영화 방식은 알프레드 히치콕 등의 영화에서 볼 수 없는 고유한 방식이라 할 수 있다. 따라서 그의 영화는 쫓고 쫓기는 히치콕식 범죄 추적 방식도 아니며 "일반적인 탐정 영화에서 주로 나타나는 객관적 관찰자의 시점으로 등장하는 탐정의 시점에 서지도 못하고 대신 영화 내내 피해자나 가해자의 시점과 동행하게 된다 …… 그리고 그의 영화에는 탐정 영화의 일반적인 공식이라 할 수 있는 주인공 대 적대자의 관계가 존재하지 않는다. 즉 미국의 탐정 영화들에서 흔히 볼 수 있는 쫓기는 자 대 추적자 식의 인물 설정 대신 범인이나 추적자 모두 정도의 차이는 있지만 범죄자인 경우가 많다 …… 이와 같은 두 가지 특징들에서 알 수 있는 것은 샤브롤의 영화에서 진정한 긴장은 영화 속에 등장하는 인물들 사이에서 일어나는 것이 아니라 영화 작가와 관객 사이의 관계에서 일어난다는 것이다."[53] 이와 같은 수법을

---

52  James Monaco, *op. cit.*, pp. 259-260.
53  김호영, 앞의 책, 161-162쪽.

가장 효과적으로 드러내고 있는 것이 바로 샤브롤의 영화 〈사촌들〉, 〈착한 여인들(Les Bonnes Femmes, 1960)〉이라 할 수 있다. 이들 영화에서 나타난 "그의 주된 관심은 살인으로 향하는 사건들이라기보다는 살인의 효과에 있다."[54] 그 결과 영화에서의 살인 장면은 영화의 시작과 중간에 이루어지지 않고 마지막 부분에서만 벌어지게 된다. 즉 이야기 전개 과정에서 벌어지는 극적 긴장감을 최대한도로 끌어올려서 마지막 순간에 해결하는 것이다. 이와 같은 샤브롤의 영화적 형태는 "탐정 영화라는 범주 안에 머물면서 장르의 법칙들을 준수하거나 조금씩 일탈하며 끊임없는 유희를 벌여온 것이다."[55]

그러나 탐정 영화라는 장르를 주된 형식으로 취하면서 나타난 샤브롤 영화의 구조는 최종적으로 도덕적 관념을 드러내는데 집중되어 있다. 즉 그의 영화 속에서 시도 되었던 탐정 영화라는 장르적 구조는 인간의 도덕적 관념에 기반 하면서 부르주아 세계에 대한 비판이라는 주제로 향하고 있는 것이다. 왜냐하면 샤브롤의 창작의 원천은 인간에 대한 관심으로부터 비롯되었기 때문이다. 이것은 "나는 길거리에서 지나가는 사람들에 흥미를 가지고 있다. 나는 그들을 높은 곳에서, 인간 군상을 찬찬히 보는 것과 같이 바라보고 있다. 그러나 나의 주제들은 군중보다 그들의 수많은 다양성 — 시대, 사회적 계급, 어떤 종류의 인물을 가리키는 각각 다른 행위, 얼굴, 몸, 옷 때문에 더 매력을 느낀다"[56]는 그의 언급에서 확인된다. 이와 같이 샤브롤은 인간에 대한 관심을 드러내는데 있어 가장 효과적인 수단으로 탐정 영화라는 구조로 표현했다. 탐정 영화라는 "지극히 통속적이고 도식적일 수밖에 없는 장르 안에서 샤브롤은 부르주아 계층에 대한 경멸과 인간 정신 구조의 분석이라는 두 개의 무거운 작업을 자유자재로

54 James Monaco, *op. cit.*, 1976, p.262.
55 김호영, 앞의 책, 160-161쪽.
56 Alan Williams, *op. cit.*, p.343.

풀어나갔던 것이다."[57]

이처럼 누벨바그 영화 창작가들은 장르영화를 이론적으로 재평가하면서 오랫동안 관습처럼 진행되어 온 영화적 수법들을 수용하면서 자신들의 영화 속에서 그것을 독창적이고 창조적으로 변형하였다. 이와 같은 경향은 샤브롤을 비롯하여 트뤼포, 고다르 등의 영화에서 확인할 수 있으며 그것은 누벨바그 영화의 역사적 가치를 더욱 풍요롭게 만들었다.

## 일상적 현실과 영화 속 현실의 동일화

일상적 현실과 영화 속 현실이 구분되지 않은 동일화는 초기 영화 역사에서 이미 나타난 영화의 근본적 현상이었다. 초기 영화에서는 시간과 공간의 구분이 이루어지지 않았기 때문에 일상적 현실과 영화 속 현실이 따로 존재하지 않았다. 그러나 일상적 현실을 가장 정확하고 정밀하게 기록하는 영화는 시간이 흐름에 따라 그 현실을 다양하게 해석하는데서 그 존재감을 찾았다. 이것은 영화가 창작의 영역으로 나아가는 역사적 과정이었다. 그 과정에서 영화는 일상적 현실을 더욱 강조하거나 그것으로부터 더욱 멀어지면서 작용과 반작용을 통해 영화 창작의 새로운 역사를 열었던 것이다. 그러나 누벨바그 영화는 이러한 역사전개 과정 속에서 일상적 현실과 영화 속 현실을 극단적으로 동일화 시키면서 오히려 창작의 효과를 극대화 시키고 있다. 이것은 누벨바그 영화 창작가들이 자신들의 창작의 토대를 일상적인 현실과 삶을 정밀하게 분석하는 것으로부터 시작했기 때문이다. 이와 같은 특징은 트뤼포와 에릭 로메르의 영화에서 찾아볼 수 있다.

트뤼포는 기본적으로 "일상의 작은 부분들을 섬세하게 포착해 따뜻하고

---

57 김호영, 앞의 책, 161쪽.

아름다운 정서로 표현해내는 것으로 유명하다. 그의 영화는 삶의 미세한 편린들을 관찰하면서, 거기에서부터 사랑, 우정, 권력 등 인간관계의 다양한 양상을 심도 있게 탐구해갔다. 특히, 당대 서구 사회의 거대 담론에 의해 억압되어 있던 일상적 담론들, 혹은 사회적으로 소외되거나 간과되는 주변부 삶들을 세심하면서도 포괄적인 시각으로 보여줘 영화를 통한 '일상의 정치학'을 실현했다는 평가를 받기도 했다. 트뤼포가 지속적으로 수행한 일상과 개인에 관한 탐구는 특별히 '앙투안느 두아넬(Antoine Doinel) 시리즈'라고 불렸던 그의 영화들에서 두드러지게 나타난다."[58] 〈400번의 구타〉, 〈앙투안느와 콜레트(Antoine et Colete, 1962)〉, 〈도둑맞은 키스(Baisers volés, 1968)〉, 〈침대와 탁자(Domicile conjugal, 1970)〉에 이르는 이 시리즈는 앙투안느 두아넬이라는 영화 속 등장 인물이 실제로 성장해가면서 겪는 일들을 연속해서 보여주는 독특한 형식을 취하고 있다. 이를 통해 트뤼포는 실제 인물이 자연적으로 성장하면서 겪게 되는 일상적 현상들을 영화 속에서 동일한 모습으로 묘사하려 하였다. 또한 〈쥘과 짐(Jules et Jim, 1961)〉에서는 한 사물에 대한 다양한 화면 크기와 좌, 우로의 카메라 이동, 시위와 전쟁 장면을 담은 다큐멘터리 필름 삽입 등을 통해서 실제로 인간들이 보고 겪는 다양한 사건들과 경험들을 제시함으로써 영화 속 표현 수법과 일상적 삶의 형태를 동일화하려 하였다. 따라서 트뤼포의 영화 속에서 나타난 현실은 일상적 현실과의 동일화 과정을 거치면서 획득된 것이다. 일상적 현실과 영화 속 현실을 동일화하려는 트뤼포의 노력은 그가 갖는 미학적 신념, 즉 "예술(영화)의 리얼리티가 현실의 리얼리티보다 더 유효하고 매력적이라는 트뤼포의 믿음을 바탕으로 하고 있다."[59] 여기서 현실의 리얼리티는 일반적으로 사실성, 존재성을

---

58 위의 책, 154쪽.
59 위의 책, 155쪽.

기본으로 하고 있다. 이것은 있는 그대로 존재하는 현실의 리얼리티에 어떠한 인위적인 창조적 개념이 부재한 상태를 말한다. 그러나 예술이라는 단어에는 아름다움, 창조라는 개념이 전제되어 있다. 따라서 예술(영화)에서 현실의 리얼리티는 물리적, 자연적 상태의 리얼리티로서 존재하는 것이 아니라, 창조적 아름다움으로 향하고 있기 때문에 실재 현실의 리얼리티와는 다른 개념이라 할 수 있다. 즉 예술(영화)의 리얼리티는 현실의 리얼리티와 그 재료에 있어서 비슷하거나 실제 같다고 할 수 있지만 그것의 목적과 효과는 다르게 나타난다. 그렇기 때문에 예술(영화)에서의 현실의 리얼리티는 필연적으로 의미의 변형을 가질 수밖에 없다. 이것은 예술(영화)의 리얼리티가 현실의 자연적, 물리적 리얼리티와의 동일화 과정을 통해 새로운 창조적 의미를 창출할 수 있다는 것을 의미한다. 이러한 트뤼포의 미학적 신념은 그로 하여금 일상적 현실과 영화 속 현실과의 동일화를 통해 새로운 영화 언어의 발전을 견인하도록 하였던 것이다.

일상적 현실과 영화 속 현실과의 동일화 노력은 누벨바그 영화 창작가들 중 도덕주의자로 알려진 에릭 로메르의 영화에서 가장 두드러지게 나타난다. 왜냐하면 그의 영화에서는 일상적 현실과 영화 속 현실과의 동일화가 창작의 중요한 모티프로 작용했기 때문이다. 그의 영화 창작은 일상적 현실과 영화 속의 현실을 구분 없이 동일화 하려는 노력에서부터 시작하였다. 이와 같은 특징은 그의 영화 〈클레르의 무릎(Le Genou de Claire, 1969)〉에서 야영지 구조원과의 말다툼하는 에피소드에 대한 로메르의 인식에서 확인할 수 있다. 이 에피소드에 대해 로메르는 "나는 쓰여진 대본에서라면 제거되어야 할 진짜 같고 약간은 일관성이 없는 특질이 이러한 즉흥성에 의해 유지될 수 있을까 몹시 우려하였다."[60]고 했다.

---

60 James Monaco, *op. cit.*, p.303.

즉 로메르는 이 영화 속에서 실제적 일상과 현실이 어떻게 파괴될 것인가를 우려하면서 가장 실제적인 현실을 추출하려 하였던 것이다. 이보다 더 극단적인 실제적 현실과 영화 속 현실과의 동일화 노력은 그의 네 번째 도덕 시리즈 영화 〈모드 집에서의 하룻밤(Ma nuit chez Maud, 1969)〉에 임하는 그의 촬영 태도에서 극명하게 나타난다.

"이 영화의 이야기는 크리스마스 이브에 시작된다. 따라서 촬영도 크리스마스 이브에 시작되어야만 했다. 하지만 영화 속의 트랑티낭은 정확히 그 시간에 거기에 있을 수 없었고, 영화는 1년 후의 그 시간으로 연기되었다. 로메르 영화들은 상당 부분 그 영화 속의 장소와 계절의 산물이다. 그는 안느시(Annecy) 혹은 클레르몽 페랑(Clermont-Ferrand)과 같은 장소여야만이 영화에 관해 이야기가 될 수 있는 어떤 스토리가 있음을 안다. 오즈 야스지로(小津安二郎)처럼 그도 어떤 내러티브는 초가을에 속하고 또 다른 내러티브는 6월 말에 속하는 것을 안다. 이러한 모든 것은 세심하고 심지어는 지나치게 까다롭게 까지 보이지만 로메르 영화 각각은 수천 개의 이러한 디테일들의 총합인 것이다."[61] 이처럼 실제 현실과 영화 속 현실과의 동일화 노력은 로메르 자신이 관찰한 삶의 단면들과 인간의 내면 세계를 가장 사실적으로 보여주면서 그 속에서 해답을 찾고자 한 노력에서 비롯된 것이다. 따라서 그에게 영화는 단순히 시간과 공간을 넘어 가공된 이야기 안에서 진행되는 것이 아니라 시간과 공간의 실재성(實在性)과 일체성을 통하여 구축해야 할 대상인 것이다. 그는 일상적 리얼리티를 가장 완벽하게 구축하면서 인간의 정신적 세계를 탐구하는 창작 수법을 근본적 토대로 삼았다. 그 결과 "에릭 로메르에게는 일상은 부조리하고 비도덕적이고 때로는 비루하기도 하지만, 그래도 살만한 것이라는 것이 삶과 자연의 아름다움에 대한 찬미를 지향하게 한다. 그는 대상

---

61  *Ibid.*, p.303.

자체에 이미 아름다움이 존재하고 있으므로 감독은 이미지를 창조하고 해석하기보다는 다만 발견할 뿐이라는 영화 철학을 피력하기도 했다."[62] 이와 같은 로메르의 영화 철학은 실제적 현실을 영화 속의 현실과 동일화하도록 하는 추동력이 되었다. 그는 이러한 실제적 일상을 통해 영화 속에서 표현되고 있는 모든 요소들이 실제적 일상의 느낌을 갖도록 하였던 것이다. 그리고 그 느낌을 통해 인간들이 지녀야 할 도덕적 관념에 더욱 가까워지기를 바랐던 것이다. 로메르는 실제적인 현실의 일상과 영화 속의 일상적 현실과의 동일화를 통해 그것을 바라보는 관객들이 영화에서 제시하는 다양한 도덕적 관념과 지향에 동의하도록 한 것이다.

이처럼 트뤼포와 로메르를 비롯한 누벨바그 영화 창작가들은 일상적 현실과 영화 속 현실과의 동일화를 통하여 영화를 새로운 창작의 영역으로 이끌었다.

* * *

영화 역사에서 프랑스 누벨바그는 창작의 논리를 통해 영화를 확고한 창작의 대상으로 존재하게 만든 1920년대 소비에트 몽타주 영화 이후 가장 혁신적인 경향이다. 이것은 프랑스 누벨바그 영화를 통해서 영화 역사가 비로소 창작 수단으로서의 완전한 존재감을 가지게 되었음을 말한다. 누벨바그 영화가 이러한 역사적 의미를 지니게 될 수 있었던 것은 텔레비전의 확산으로 영화의 기능적 측면의 변화와 프랑스 영화 자체로부터 형성된 창작 이론이 결합되어 새롭게 형성되었기 때문이다. 따라서 누벨바그 영화는 두 가지 측면에서 고려되어야 한다.

---

62  김호영, 앞의 책, 169쪽.

우선 누벨바그 영화는 대중 매체의 미디어적 기능을 담당하고 있던 영화가 그 기능이 변함으로써 창작의 본질적 측면이 부각된 경우이다. 1960년 트뤼포의 영화 〈피아니스트를 쏴라〉에서는 다음과 같은 대사가 등장한다.

텔레비전은 영화관, 집에 있으면서도 갈수 있는 곳.

이 대사는 그동안 대중 미디어로서의 기능과 역할을 담당하고 있던 영화의 존재성이 텔레비전의 확산으로 급격하게 변하고 있다는 역사적 상황을 상징적으로 보여주고 있다. 이러한 영화의 기능과 역할 변화에 대한 역사적 의미 부여는 영화가 우리가 실제 보고 느끼고 있는 현실과 같은 모습으로 사건과 사물을 보여주기 때문에 문자 해독을 통해 지식을 얻는 문학과 대상을 묘사하지만 움직임을 볼 수 없는 회화와 사진, 소리를 통해서만 감성과 정서를 얻는 음악과 같은 인접 예술에 비해 탁월한 대중 매체로서의 미디어적 기능을 내포하고 있기 때문이다. 따라서 영화는 산업적 측면으로서 뿐만 아니라 정치권력과 이데올로기 등과 같은 사회적 담론을 생산해 내는 기능도 동시에 수행하게 되었다. 그 결과 영화는 애초부터 자신만의 고유한 창작 수법의 발전과 대중 매체로서의 독립적인 미디어적 기능을 온전하게 유지할 수 없었다.

그러나 프랑스에서 영화의 미디어적 기능은 텔레비전 매체가 확산되기 시작하면서 본질적으로 변했다. 즉 1950년대 후반 프랑스는 드골의 제5공화정이 등장하면서 새로운 정치적 패러다임과 경제 성장이 동시에 이루어졌다. 프랑스에서의 급속한 경제 성장은 드골정부로 하여금 정치, 사회의 지배적인 이념의 확산을 새로운 대중 매체인 텔레비전을 통하도록 하였다. 특히 경제 성장으로 인한 텔레비전 수상기의 빠른 보급은 프랑스 영화에 직접적인 영향을 미쳤다. 그것은 영화 관객의 급격한 감소로 나타났다. 관객의 감소는 대중 매체로서 영화의 미디어적 지배 기능이 약화되었음을 의미했다. 따라서 영화가 그동안 가지고 있었던 산업과 정치, 사회적 이념을 생산해 내는 미디어로서의 기능은 심각한 변화에 직면하게 되었다. 그러나 텔레비전 매체의 확산은 오히려 그동안 영화가 지니고 있던 산업과 정치, 사회, 경제 등의 이념과 직, 간접적으로 결부된 미디어적 기능을 해소시키는 역할을 했다. 즉 영화에 부가되었던 기존의 전통적인 대중 미디어적 기능이 텔레비전으로 넘어가게 되면서 영화는 산업과 사회적, 정치적 담론을 형성하는 미디어 기능으로부터 일정부분 벗어날 수 있는 계기가 되었던 것이다. 그 결과 영화 창작가는 영화의 본질적인 영화 언어와 문법 탐구에 관심을 가질 수 있는 공간을 확보하게 되었다.

바로 이 순간 프랑스의 영화는 그동안 끊임없이 영화 창작의 독립성을 요구한 카메라-만년필 개념, 작가주의 이론과 결합하였다. 누벨바그 영화는 바로 이 시점과 연결되어 있다. 이와 같은 근거로는 프랑스에서 누벨바그 영화의 등장 시기가 텔레비전 매체의 확산 시점과 트뤼포의 작가주의 이론 등과 같은 창작 이론이 전면으로 부상하게 된 시점과 거의 일치하고 있다는 데서 확인된다. 트뤼포와 고다르, 샤브롤, 로메르, 리베트, 알랭 레네 등으로 대표되는 누벨바그 영화 창작가들은 텔레비전 매체가 확산되기 시작하면서 영화의 미디어적 기능이 변하고 있음을 포착하였던 것이다. 그리고 이들은 영화의 독립적 지위를 주장한 프랑스의 영화 창작 이론을 토대로 발전시키면서 영화 자체의 언어 발전과 기능에 몰두할 수 있게 되었다. 그것의 결과가 누벨바그 영화들에서 볼 수 있는 새로운 영화 언어의 실험과 발견이었다.

이처럼 프랑스 누벨바그 영화는 영화의 미디어적 기능의 변화와 프랑스 영화 역사의 창작 이론과 논리가 만나면서 등장하였고, 그것은 영화 표현의 영역을 최대한 확장시켰을 뿐만 아니라 영화 언어의 역사적 패러다임을 혁명적으로 변모시켰다.

# 제12장
# 단절과 수용의 변증법, 1959년 혁명 이후 1960년대 쿠바 영화 (1959-1971)

## 1. 1959년 혁명과 쿠바영화예술산업협회

1959년 혁명 이후 1960년대 쿠바 영화의 특징으로 폭발적인 관객의 증가를 들 수 있다. 미국을 비롯한 대부분의 서유럽 국가들이 텔레비전 수상기의 보급으로 어려움에 처해 있던 상황과 달리 쿠바에서는 영화 관객이 혁명 이전에 비해 거의 두 배로 증가했다. 즉 1962년에는 5천4백만 명이 넘었고 1972년에는 1억 명에 육박하였다. 이러한 관객의 증가는 토마스 구티에레스 알레아(Tomás Gutiérrez Alea), 홀리오 가르시아 에스피노사(Julio García Espinosa), 호르헤 프라가(Jorge Fraga), 호세 미겔 가르시아 아스코트(José Miguel García Ascot), 움베르토 솔라스 (Humberto Solás), 마누엘 옥타비오 고메스(Manuel Octavio Gómez)가 만든 영화들이 이끌었다.[1] 이들과 함께 '쿠바영화예술산업협회(Instituto

---

1    Michael Chanan, *Cuban Cinema*, University of Minnesota Press Minneapolis. London, 2004, p.356.

Cubano del Arte e Industria Cinematográficos, ICAIC)'의 초대 책임자인 알프레도 게바라 발데스(Alfredo Guevara Valdés)와 산티아고 알바레스(Santiago Álvarez), 호세 마시프(José Massip) 등이 1960년대 쿠바 영화의 중심적 역할을 했다. 이러한 이유로 영화학자들은 이 시기를 쿠바 영화 역사에서 황금기를 이루었던 시기로 부른다.

그러나 쿠바 영화의 실질적 변혁과 발전은 풀헨시오 바티스타(Fulgencio Batista) 정권이 붕괴되면서 1959년 1월 1일 혁명군이 쿠바의 수도 아바나(Havana)에 입성하면서부터 이미 시작되었다. 혁명은 쿠바 영화의 제작, 배급, 상영뿐만 아니라 내용과 형식, 지향과 목표 등에 이르기까지의 모든 형태를 근본적으로 바꾸는데 결정적 계기가 되었다. 이것은 1959년 혁명이라는 역사적 사건이 1960년대 쿠바 영화의 발전에 견인차 역할을 하였을 뿐만 아니라 혁명 이전의 식민지적 유산으로부터 벗어나 새로운 쿠바의 역사로 진입하게 되는 쿠바 역사의 총체적인 이행 과정과 결합되어 있음을 의미한다. 그렇기 때문에 1960년대 쿠바 영화는 1959년 혁명에 이르게 되는 과정의 역사와 혁명 이후의 역사가 직접적인 토대로 작용하고 있다. 전자는 식민지 쿠바로부터 벗어나기 위한 혁명 투쟁의 역사를 말하고, 후자는 혁명 이후 독립된 쿠바의 역사를 의미한다. 따라서 쿠바 영화는 혁명 이전과 이후를 구분하고 가름하는 강렬한 에너지의 역사가 그 중심에 있다고 할 수 있다.

1959년 혁명 이전 쿠바의 역사는 크게 1492년 크리스토퍼 콜럼버스(Christopher Columbus)가 지금의 쿠바를 이슬라 후아나(Isla Juana)로 명명하고 난 후 스페인 제국에 의해 파견된 디에고 벨라스케스(Diego Velázquez)가 무장 세력을 대동하고 진입한 1511년부터 1898년까지 387년간의 스페인 지배기간과 스페인과의 전쟁에서 승리한 미국이 1898년에서 1959년까지 쿠바를 실질적으로 지배한 61년을 포함한 약 448년간의 식민지 쿠바의 시기를 말한다. 특히 미국은 혁명 이후 쿠바 영화에서 제국주의 주체로서의 모습으로 선명하게 대상화 되었던 나라이다. 이는 미국이 스페인과의 전쟁에서 승리한 이후 쿠바에서 행한 역사적 조치와 역할로부터 비롯되었다고 할 수 있다.

　미국은 쿠바의 형식적인 독립을 선포할 수 있도록 도왔으나 1901년 미국 상원의원이었던 오빌 플래트(Orville Platt)에 의해 '플래트 수정안 (Platt Amendment)'이 제기 되었다. 그 결과 1902년 5월 20일 제정된 쿠바의 새 헌법에는 미국이 쿠바에 관한 모든 사항에 간섭하고 재정 및 외교문제를 관리 감독할 수 있는 권리를 보유하는 내용으로 수정되었다. 즉 플래트 수정안은 미국이 쿠바의 국내 문제에 대해 자유재량으로 개입할 권리를 부여하는 것이었다. 이것의 대표적 예로 쿠바는 미국이 해군 기지로 사용하게 될 관타나모 만(Guantánamo Bay)을 영구 임차하는 데 동의할 수밖에 없는 것을 들 수 있다.[2] 이러한 법 규정으로 인해 미국은 일방적인 개입을 통해 쿠바를 실질적으로 지배하게 되었다. 그 후 쿠바에 진출한 "1920년대 미국 회사들은 쿠바 농장의 2/3를 소유하게 되었고 도박과 매춘에 기반을 둔 관광 산업을 성장시켰다."[3] 그리고 이러한 산업적 구조는 미국의 지원을 받고 등장한 헤라르도 마차도(Gerardo Machado), 풀헨시오 바티스타와 같은 쿠바 정치인들의 지원에 의해 통제되었다.

　그러나 1930년대 대공황의 여파로 물가가 급등하면서 사회적 동요로 번졌고, 미국의 절대적인 지지로 정권을 장악했던 당시 대통령 헤라르도 마차도의 강경한 정책도 위기를 맞이하였다. 결국 마차도 대통령은 1933년 8월 바티스타에 의해 축출되었다.[4] 그럼에도 불구하고 미국은 알베르토 에레라(Alberto Herrera), 카를로스 에비아(Carlos Hevia), 풀헨시오 바티스타 등을 내세워 정치적 지원을 계속했다. 특히 1952년 대통령 선거에서

---

2　박종욱, 『쿠바, 영화 그리고 기억』, 이담북스, 2010, 47쪽 참고.
3　위의 책, 48쪽.
4　위의 책, 48쪽.

승산이 없자 쿠데타를 일으켜 미국의 전폭적인 지원으로 쿠바의 대통령직을 유지하게 한 바티스타는 미국의 쿠바 지배의 결정판이었다.

이러한 식민지적 상황을 뒤집을 수 있는 쿠바 혁명의 본격적인 서막은 1953년 7월 26일 피델 카스트로(Fidel Castro)에 의해 산티아고(Santiago)의 몬까다(Moncada) 병영을 공격하면서부터 막이 올랐다. 그리고 혁명군의 무장 투쟁은 "바티스타가 4천만 달러의 정부 기금을 가지고 도미니카 공화국으로 도망가면서 종결 되었다. 이때가 1959년 1월 1일이었다. 전선의 최전방을 지휘했던 체 게바라(Che Guevara)와 야과하이 전투(batalla de Yaguajay)에서 승리를 하고 합류한 까밀로 시엔푸에고스(Camilo Cienfuegos)가 먼저 수도 아바나에 입성할 수 있었고, 당시 혁명군 총사령관으로서 산티아고에 있던 피델 카스트로가 1월 7일 도착함으로써 혁명은 승리의 종지부를 찍을 수 있었다."[5] 쿠바에서의 혁명은 스페인, 미국의 서구 제국주의 지배로부터의 완전한 독립체의 구체적 현상이었다. 제국주의 국가들로부터 저항과 독립 투쟁의 역사는 1960년대 쿠바 영화에서 줄곧 다루어져온 핵심적인 테마가 되었고 혁명 이후 쿠바의 농업 및 산업 정책과 추진 등도 그와 같은 기조 속에서 다루어졌다. 따라서 1960년대 쿠바 영화는 쿠바 혁명투쟁 역사가 중요한 토대가 되었고 앞으로 나아갈 혁명 이후 미래의 국가 정책 지향, 목표가 또 다른 한 축을 형성하였다.

1960년대 쿠바 영화의 이러한 목표는 혁명 정부에 의해 뒷받침 되었다. 그것은 혁명군이 영화를 만들기 위해 얼마나 빠르게 움직였는지를 통해 알 수 있다. 즉 혁명직후 "체 게바라는 1959년 1월 14일 '군사문화학교(military cultural school)'를 열었다. 공산당의 지도자인 아르만도 아코스타(Armando Acosta)는 산티아고 알바레스, 훌리오 가르시아 에스피노사,

---

5  위의 책, 52쪽.

호세 마시프를 포함한 뛰어난 젊은 영화 창작가들의 조직을 주도했다. 가르시아 에스피노사는 까밀로 시엔푸에고스 하에서 혁명군의 '문화책임자(Dirección de Cultura)'를 맡아 두 편의 다큐멘터리 영화를 제작했다. 두 작품 중 하나는 가르시아 에스피노사가 연출한 도시 개혁을 다룬 〈주거(La vivienda, 1959)〉이고 나머지 하나는 가르시아 에스피노사가 원고를 쓰고 토마스 구티에레스 알레아와 공동으로 연출한 토지 개혁과 5월에 소개된 법률 설명과 그것들이 왜 필요한지를 다룬 〈이것이 우리들의 땅이다(Esta tierra nuestra, 1959)〉이다."[6] 혁명 정부는 쿠바 영화의 혁신과 발전을 견인하기 위해 보다 조직적이고 체계적으로 제도적 기구를 구체화했다. 그것은 영화에 대한 혁명 정부의 신속한 조치를 통해 나타났다. 혁명 정부는 혁명 정부의 가장 중요한 첫 번째 문화 분야의 업무로서 피델 카스트로와 교육부 장관인 아르만도 하트(Armando Hart) 주도로 "1959년 3월 24일 제기된 '법령 169(Ley No. 169 del Consejo de Ministros de la República de Cuba)'를 각료 회의 의결로 통과 시켰다. 법령 169는 혁명 정부의 첫 번째 문화기구인 쿠바영화예술산업협회의 설립에 관한 것이었다. 이 법령에 따르면, 쿠바영화예술산업협회는 국내외 시장에서의 영화 제작과 배급을 통제하고 기술자들과 영화 제작자들을 준비시키는 것, 그리고 스튜디오, 실험실과 영화 제작과 관련된 기반 시설을 관리하는 것이었다."[7] 이로 인해 1959년 3월 24일 쿠바영화예술산업협회가 설립되

---

6   Michael Chanan, *op. cit.*, p.119.
    마이클 마틴(Michael T. Martin)에 의하면 혁명이 성공하자마자 혁명군(Rebel Army)은 '민족문화위원회(National Board of Culture)'를 만들었고 그 기구의 한 부분으로서 'Cine Rebelde(반란영화)'가 설립되었다. 반란영화는 다큐멘터리 영화 〈주거〉와 〈이것이 우리들의 땅이다〉를 만들었고 쿠바영화예술산업협회(ICAIC)가 설립된 후 그 기관의 일부분으로 편입되었다.-Michael T. Martin, *New Latin American Cinema*(Volume Two), Wayne State University Press, 1997, p.124.

7   Hector Amaya, *Screening Cuba: Film Criticism as Political Performance During the Cold War*, the Board of Trustees of the University of Illinois, 2010, p.8.

었다. "쿠바영화예술산업협회는 1959년 1월 1일 아바나에 입성한 체 게바라와 까밀로 시엔푸에고스가 이끈 혁명군에 의해 석 달도 채 안 되어 만들어졌다. 혁명의 승리와 함께 쿠바인들은 러시아 10월 혁명에서 취했던 조치보다 더 빠른 속도로 새로운 영화산업 건설을 착수했다."[8] 쿠바영화예술산업협회가 이렇게 빨리 설립된 이유에 대해서는 이 기구의 초대 회장인 알프레도 게바라 발데스의 언급을 통해 확인할 수 있다. 그에 따르면 "사실상 쿠바의 영화 산업은 새 혁명 정부의 최우선 과제였다. 그것은 1960-1961년 국가적 차원의 문맹퇴치 운동보다도 우선되었다. 쿠바영화예술산업협회 창설을 공포한 법령은 영화를 국가 예술로 선언하면서 영화라는 혁명적 영감과 문화와 정보의 원천을 통해 쿠바 국민들을 재교육하도록 지시했다."[9] 이처럼 쿠바영화예술산업협회가 신속하게 설립된 이면에는 혁명 정부의 목표와 이념을 결집시키고 추진하는데 탁월한 기능을 가지고 있는 영화의 미디어적 기능과 역할에 대한 인식이 중요하였다. 이것은 정치적, 경제적, 문화적으로 종속되어왔던 쿠바의 식민지적 요소들의 실체를 빠르게 인식하게 하는데 영화라는 매체가 최적의 수단으로 고려되었음을 의미한다. 이와 같은 혁명 정부의 신속한 판단의 근거는 1950년대 알프레도 게바라 발데스, 호세 마시프, 산티아고 알바레스, 그리고 토마스 구티에레스 알레아가 주도하여 만든 '시네클럽(cine-club)', '필름 사이클(film cycles)', 그리고 '문화 잡지(cultural magazine)'를 통해 다양한 활동을 한 '우리들의 시대(Nuestro Tiempo)'[10]와 1955년 토마스 구티에레스 알레아와 훌리오 가르시아 에스피노사, 알프레도 게바라 발데스, 호세 마시프에 의해 풀헨시오 바티스타 독재 하에서 착취당하고 고통받고 있는 사파타 스왐프(Zapata Swamps) 지역의 노동자들을 고발한 다큐멘터리

---

8   Michael Chanan, op. cit., p.35.
9   송병선, 『라틴아메리카의 신영화』, 이담북스, 2010, 51쪽.
10  Hector Amaya, op. cit., p.3.

영화 〈목탄 노동자(El mégano)〉의 제작 경험을 통해 확인되었다.

영화의 기능에 대한 이러한 인식에는 혁명 이후 쿠바의 독특한 역사적 상황에 기인한 예술가들과 지식인들의 분위기도 중요한 역할을 하였다. 즉 혁명이후 "쿠바의 예술가들과 지식인들은 강력한 반제국주의자가 되어 있었고 영화 기구가 3월 말 법령에 의해 설립되었을 때, 그것은 결코 이전에는 존재하지 않았던 영화에 대한 우호적 기회를 제공했다."[11]

그리고 "쿠바영화예술산업협회의 설립은 쿠바 자국의 영화 산업이 미국에 편중되었던 영화 제작 및 보급의 시스템을 보완하고 대체할 수 있는 장치적 기구로서의 변혁을 의미하게 되었다."[12] 따라서 혁명 이후 1960년대 쿠바 영화의 혁신과 발전은 식민지의 역사를 벗어나 완전한 독립 국가로서의 새로운 장을 연 혁명이라는 결과로 소급된 투쟁 과정의 역사 묘사와 혁명 이후의 정책 목표를 구체화하기 위한 것과 밀접한 연관을 가지고 있다. 그리고 이를 체계적이고 조직적으로 지원하기 위해 쿠바영화예술산업협회가 설립된 것이다. 이것은 쿠바영화예술산업협회가 쿠바 혁명의 역사를 혹은 혁명 이후 쿠바 혁명 정부의 목표를 구현하고 실천할 수 있는 가장 중요하고 핵심적인 기구였다는 것과 1960년대 쿠바 영화의 새로운 혁신과 발전이 본격화 되는 토대가 되었다는 것을 말하고 있다.


## 2. 다양한 영화제작수법의 수용

혁명 이후 쿠바 영화가 직면한 가장 큰 과제 중 하나는 혁명 정부의 목적과 목표에 신속하게 부응하는 것이었다. 그러나 쿠바 영화 제작의 토대와 창작 법칙, 방향에 대한 이론적 토대는 매우 취약했다. 이것은

---

11  Michael Chanan, *op. cit.*, p.121.
12  박종욱, 앞의 책, 68쪽.

쿠바의 영화 작품수와 제작 환경을 통해서 알 수 있다. 즉 "혁명 이전 쿠바에서 만들어진 장편 영화는 약 80여 편으로, 이 시기에 유명한 영화로는 라몬 페온(Ramón Peón)이 만든 〈자비의 성모 마리아(La virgen de la Caridad, 1930)〉와 〈야자수 나무의 로맨스(El romance del palmar, 1938)〉을 들 수 있다. 우리들이 알고 있는 것처럼, 쿠바 영화 산업은 아바나에서 작업하기 위해 온 외국 영화 제작자들의 끊임없는 유입에 의해 소생되고 있었다."[13] 또한 영화 한 편을 구매하려면 B급영화 10편을 사라고 요구한 미국 영화사들의 횡포는 쿠바 국내 영화 상영을 위한 공간을 빼앗았을 뿐 아니라 세계의 다양한 다른 지역의 영화도 볼 수 없도록 만들었다.[14] 이러한 열악한 환경은 혁명이 일어난 그 해 1959년 상황을 통해서도 알 수 있다. 혁명이 일어난 "1959년 쿠바에서 상영된 영화는 총 484편이었는데 그 중 266편은 북아메리카(거의 대부분 미국영화라는 의미) 영화이고, 44편은 영국, 24편은 프랑스, 25편은 이탈리아, 2편은 폴란드, 1편은 브라질과 스웨덴, 8편은 아르헨티나, 19편은 스페인, 3편은 일본과 독일, 79편은 멕시코, 1편이 소련이었다. 나머지 8편은 쿠바 영화들로 혁명 이전 쿠바에서 만들어졌거나 합작한 영화들이고 1959년에 상영되었거나 개봉된 영화들이었다. 이와 같이 상영의 대부분은 할리우드 수중에 있었고 그것의 영향 아래 쿠바 영화 산업이 존재했다. 더욱 심각한 것은 보여준 이들 영화의 특징이다. 484편의 영화 중 140편은 감상적인 드라마와 단순한 갈등 구조를 가지고 있는 것이고 감각적으로 자극적인 것과 때때로 잡지 연재물 같은 볼거리로서의 심리적 수법의 영화들이다. 34편은 전쟁 영화이고 27편은 탐정 영화, 43편은 서부 영화

---

13  Alfonso J. García Osuna, *The Cuban Filmography 1897 through 2001*, McFarland & Company, 2006, p.39.

14  니콜라 밀러·스티븐 하트, 서울대 라틴아메리카연구소, 『라틴아메리카의 근대를 말하다 (*When was Latin America Modern?*)』, 그린비, 2008, 245쪽.

그리고 92편은 액션과 모험 영화이다. 무엇보다 이들 영화들의 가장 중요한 영향은 근절하기 어려운 영화의 습관을 만들어내고 있다는 점이다. 스타 시스템과 더불어 장르 영화들이 지배하게 되었고 그러한 것들의 공식들이 반영화(anticinema)에 이르게 했다."[15] 이것은 미국 영화와 산업이 쿠바에서 독점적 위치를 점유하고 있었고 쿠바 영화가 그것에 종속되어 있다는 것을 명백히 보여주고 있는 것이다. 이러한 이유로 쿠바에서 쿠바 영화의 독자적인 제작 능력과 수법은 매우 미미하거나 일천한 수준에 머무르게 되었다.

이와 같은 환경 속에서 쿠바 영화는 혁명 이전의 정치, 사회, 문화적 패러다임과는 근본적으로 다른 혁명 정부의 투쟁의 역사와 지향, 목표를 달성하기 위한 시대적 요청에 직면하고 있었다. 그러므로 쿠바 영화는 미국을 초월한 새로운 영화 제작의 전형 창조와 자국의 취약한 영화 제작의 물리적 토대와 능력을 신속하게 구축하여 가동해야할 필요성이 제기되었다. 그 결과 쿠바 영화는 이탈리아와 소련을 비롯한 몇몇 사회주의 국가들, 그리고 프랑스로부터 창작 수법을 수용하는 전략을 취했다. 그 중에서도 이탈리아 네오리얼리즘은 1960년대 초기 쿠바 영화 제작 경향과 수법에 중요한 역할을 했다. 그것의 영향은 혁명 이후 쿠바 영화의 핵심이라 할 수 있는 토마스 구티에레스 알레아, 훌리오 가르시아 에스피노사가 이탈리아 로마의 '영화실험센터(Centro Sperimentale di Cinematografia)' 에서 수학한 경험이 토대가 되었다. 이들은 이탈리아의 네오리얼리즘의 인간중심주의와 현실에 기반 한 사실주의적 수법을 쿠바 영화 창작에 접목시키면서 쿠바 영화의 혁신과 발전을 이끌었다.

이와 같은 특징은 1955년 바티스타 독재 하에서 착취당하고 고통 받고 있는 사파타 스왐프 지역 노동자들을 사실적으로 고발한 다큐멘터리 영화

---

15  Michael Chanan, *op. cit.*, p.137.

〈목탄 노동자〉를 통해서 나타났다. 이 영화는 네오리얼리즘의 특징이라할 수 있는 현실에 기반 한 사실주의적 수법을 쿠바 영화에 적용한 첫번째 작품이라 할 수 있다. 이 영화의 제작 경험은 쿠바영화예술산업협회가 네오리얼리즘의 수법이 미국의 할리우드 영화의 지배 양식과 상업 영화에 맞설 수 있을 뿐만 아니라 교육적 목표에 부합할 수 있을 것으로 판단하는데 중요한 역할을 했다. 특히 구티에레스 알레아는 쿠바 영화와 이탈리아 네오리얼리즘 영화 수법과의 상관관계를 역사적인 불가피성으로 보고 다음과 같이 언급하였다. 그는 "혁명 이후 상황에서 영화를 만들 때, 현실 접근의 네오리얼리스트들의 분위기는 우리들에게 매우 유용한 것이었다. 무엇보다 우리들은 영화 제작자로서 다른 시각을 가정할 만큼 충분히 발전되어 있지 않았다. 또한 이 시기가 중대한 시기라는 것이 매우 명확하게 보였던 것은 우리의 국가적 상황이다. 우리들이 해야만 했던 것은 길거리에 카메라를 세우는 것이고, 우리들은 그 자체로서 볼거리였던 현실을 포착할 수 있었다. 영화 만드는 것은 특별한 역사적 순간을 위하여 전적으로 유용한 것이었다."[16] 구티에레스 알레아의 이러한 인식은 쿠바 영화인들이 네오리얼리즘 영화의 특징이라 할 수 있는 현실에 기반 한 사실주의 수법을 수용한 계기가 되었다. 특히 네오리얼리즘 영화의 수법은 다큐멘터리 영화의 활성화를 가져왔을 뿐만 아니라 극영화에서도 다큐멘터리적 요소를 통해 그것의 역사적 사실성을 높이는 데 기여하였다. 이와 같은 특징은 이탈리아에서 수학한 후 쿠바로 돌아온 몇몇 영화 창작가들에 의해서 뿐만이 아니라 이탈리아 네오리얼리즘 영화의 실제 인력들이 쿠바 영화 제작에 참여하면서 구체화 되었다.

이것은 쿠바영화예술산업협회가 제작한 두 편의 영화 토마스 구티에레스

---

16  토마스 구티에레스 알레아의 인터뷰 원문: Julianne Burton, 〈Individual Fulfillment and Collective Achievement, an Interview with T. G. Alea〉, 《Cineaste》 8:1, 1977. — Ibid., p.159.

알레아의 〈혁명의 역사(Historias de la Revolución, 1960)〉와 훌리오 가르시아 에스피노사의 〈쿠바 댄스(Cuba baila, 1961)〉를 통해서 확인 할 수 있다.

이들 영화 중 쿠바 영화와 이탈리아 네오리얼리즘 영화와의 관계를 보다 직접적으로 보여주고 있는 것은 3개의 에피소드로 구성된 영화 〈혁명의 역사〉를 들 수 있다. "원래 이 영화는 구티에레스 알레아와 호세 미겔 가르시아 아스코트에 의해 각각 2개씩 총 4개의 에피소드를 포함시키려 하였다. 4개의 에피소드 모두는 이탈리아 네오리얼리스트 로베르토 로셀리니(Roberto Rossellini)의 영화 〈파이자(Paisà)〉의 촬영가 오텔로 마르텔리(Otello Martelli)가 촬영했다. 그리고 마르텔리의 카메라 보조는 또 다른 네오리얼리스트의 주도자인 체사레 자바티니(Cesare Zavattini)의 아들이 담당했다. (그러나) 구티에레스 알레아가 3번째 에피소드를 촬영하고 있는 동안, 호세 미겔 가르시아 아스코트의 에피소드는 호르헤 프라가에 의해 연출된 마지막 에피소드와 함께 1962년 상영된 또 다른 3개의 에피소드 영화 〈쿠바 58(Cuba '58)〉 속으로 편입되었다."[17] 그리고 음악에 맞춰 춤추는 쿠바 사람들의 모습을 다양한 각도에서 촬영한 훌리오 가르시아 에스피노사의 영화 〈쿠바 댄스〉는 이 영화의 총감독인 이탈리아의 체사레 자바티니가 주도하였다. 이처럼 영화 〈혁명의 역사〉와 〈쿠바 댄스〉는 네오리얼리스트들에 의해 총감독과 촬영이 이루어졌기 때문에 쿠바 영화와 이탈리아 네오리얼리즘과의 밀접한 관계 속에 있다는 것을 증명해주고 있다. 쿠바 영화에서 네오리얼리즘 영화의 특징은 1961년 오스카르 토레스(Oscar Torres)와 에두아르 마네(Édouard Manet)가 함께 만든 60분짜리 극영화 〈국유지 18(Realengo 18)〉에서도 드러나고 있다. 이 영화는 쿠바 동부 시에라(Sierra) 지역에서의 게릴라 투쟁을

---

17  *Ibid.*, p.144.

묘사한 것으로 브레히트적인 단순함과 객관화를 가지고 있으면서 네오리얼리즘 영화의 특징이라 할 수 있는 비전문 배우들을 이용함으로써 역사적 시각을 주제에 성공적으로 적용하였다.[18]

이탈리아 네오리얼리즘 영화는 쿠바 영화의 스타일과 양식뿐만 아니라 영화의 내용에도 깊은 영향을 주었다. 그것은 내용을 결정지은 시나리오 등에 직접 개입함으로써 가능했다. 이것은 17살의 농촌 소년, 페드로가 그의 가족을 떠나 시에라 지역의 게릴라 부대에 합류하는 이야기를 다룬 훌리오 가르시아 에스피노사의 두 번째 장편 영화 〈젊은 반군(El joven rebelde, 1961)〉에서 나타난다. 이 영화는 네오리얼리스트 체사레 자바티니의 오리지널 시나리오를 토대로 호세 마시프, 에르난데스 아르티가스(Hernández Artigas), 엑토르 가르시아 메사(Héctor García Mesa), 가르시아 에스피노사에 의해 다시 만들어졌다.[19] 그러나 이탈리아 네오리얼리즘 영화의 영향은 아이티(Haiti)의 작가 자크 루맹(Jacques Romain)의 소설 〈땀방울의 대가들(Gouverneurs de la rosée)〉을 토대로 아이티의 어느 청년이 15년간 쿠바에 체류하다가 조국으로 돌아가서 가족과의 불화와 가뭄이라는 재앙과 맞서 싸우는 아이티 사람, 마누엘의 이야기를 다루고 있는 1964년 토마스 구티에레스 알레아에 의해 만들어진 영화 〈쿰비테(Cumbite)〉를 기점으로 점차 약화되기 시작하였다. 영화는 연대기적 일화를 취하면서 일상생활을 천천히 관찰하도록 시간을 주기 위하여 의도적으로 느리게 말한다. 이것은 역사적 시기를 재현함으로써 네오리얼리즘적 특징을 취하고 있다고 할 수 있지만 이때의 영화는 픽션 속에서 이루어지고 있다.[20] 즉 영화는 이탈리아 네오리얼리즘 영화의 특징인 현실에 기반 한 사실적 태도에서 벗어나고 있는 것이다.

---

18　*Ibid.*, p.157.
19　*Ibid.*, p.153.
20　송병선, 앞의 책, 94쪽.

그럼에도 불구하고 쿠바 영화에서 네오리얼리즘 영화의 영향은 1960년 대 쿠바 영화의 황금기를 구성하고 있는 극영화들, 〈12개의 의자(Las doce sillas, 1962)〉, 〈어느 관료의 죽음(La muerte de un burócrata, 1966)〉, 〈후안 킨킨의 모험(Las aventuras de Juan Quin Quin, 1967)〉, 〈루시아(Lucía, 1968)〉, 〈저개발의 기억(Memorias del subdesarrollo, 1968)〉 등 곳곳에서 확인할 수 있다. 이것은 인간이 처한 현실과 사회를 객관적으로 바라봄으로써 사진적 진실과 역사적 진실을 찾고자 한 열망에서 비롯된 것이다. 이것이 쿠바영화에서 이탈리아 네오리얼리즘 영화의 흔적을 고스란히 담고 있는 이유이다. 이처럼 네오리얼리즘 영화는 혁명 이후 1960년대 쿠바 영화 형성에 중요한 역할을 했다. 혁명 이후 쿠바영화가 이탈리아 네오리얼리즘 영화를 수용하게 된 가장 큰 이유는 쿠바 영화의 중요 인물이 이탈리아에서 유학한 경험에도 기인하지만 무엇보다 살아있는 현실을 영화 속에 반영함으로써 역사적 진실을 찾게 되고 그것이 쿠바를 구원하게 되는 작은 밑거름이 될 수 있다고 믿었기 때문이다.

혁명 이후 1960년대 쿠바 영화의 혁신과 발전은 이탈리아 네오리얼리즘 영화뿐 아니라 소련을 비롯한 사회주의 국가들의 영화적 경험도 크게 작용했다. 이것은 혁명 이전 그동안 미국에 의해 장악되었던 정치적, 사회적, 문화적 영향으로부터 벗어나 독자적인 정치, 사회, 문화를 건설하고자 하는 쿠바 영화 창작가들의 의도와 맥을 같이 한다. 이와 같은 목표는 1961년 1월 미국과의 국교단절과 4월 15일 CIA에 의한 피그스만, 즉 플라야 히론(Playa Girón) 침공 사건 이후 5월 1일 쿠바의 사회주의 국가 선언이라는 정치적 선언이 기폭제가 되었다. 이를 계기로 쿠바 영화는 소련과 동독, 체코슬로바키아와 같은 사회주의 국가들과의 공동제작을 통해 이루어졌다. 이들과의 공동제작은 〈아바나는 누구를 위하여 춤추고 있나(Para quién baila La Habana, 1962)〉, 〈프레루디오 11(Preludio 11, 1964)〉, 〈나는 쿠바다(Soy Cuba, 1964)〉 3편으로 주로 혁명기 초반인

1962년에서 1964년까지의 기간에 집중되었다.

이들 영화 중 바티스타 독재와 싸웠던 두 친구들이 혁명 이후 서로 다른 길을 가는 모습을 묘사한 〈아바나는 누구를 위하여 춤추고 있나〉는 체코인들에 의해 만들어졌다. 이 영화는 체코인 얀 프로차스카(Jan Procházka)와 오넬이오 호르헤 카르도소(Onelio Jorge Cardoso)의 시나리오로 블라디미르 체흐(Vladimír Čech) 감독에 의해 만들어졌다. 사회주의권 국가들과의 공동 제작은 동독(독일) 영화인들과의 협력을 통해서도 이루어졌다. 이것은 1961년 미국 CIA가 플라야 히론 침공을 준비하는 조력자로서 반혁명군의 군사적 준비에 관한 이야기를 다룬 것으로 울프강 쉬레이어(Wolfgang Schreyer)와 호세 솔레르 푸이그(José Soler Puig)의 시나리오로 동독 감독 쿠르트 마에트지그(Kurt Maetzig)가 연출한 〈프레루디오 11〉이다. 이들 뿐만 아니라 이 영화에서는 촬영가와 편집인 역시 독일인이었다. 사회주의 국가들과의 공동 제작에서 가장 야심차고 성공적인 것은 혁명 이전 쿠바 사회의 다양한 면을 4개의 이야기로 보여준 〈나는 쿠바다〉를 들 수 있다. 이 영화는 소련의 에브게니 에브투쉔코(Евге́ний Евтуше́нко)와 엔리케 피네다 바르네트(Enrique Pineda Barnet)의 시나리오를 토대로 세르게이 우르세브르스키(Серге́й Урусевский)가 촬영하였고 미하일 칼라타조프(Михаи́л Калато́зов)가 만들었다.[21] 이처럼 혁명 이후 1960년대 쿠바 영화는 소련을 비롯한 동독, 체코슬로바키아와의 공동 제작을 통해 영화 창작의 다양한 가능성을 탐구하였다. 그중에서도 식민지 쿠바의 역사를 제국주의 국가들로부터의 수탈과 착취라는 관계 속에서 바라본 사회주의 국가들의 영화적 특징은 쿠바 역사의 현실을 드러내는데 매우 효과적으로 작용하였다.

혁명 이후 1960년대 쿠바 영화는 자신들의 영화 제작의 경험과 물적

---

21  Alfonso J. García Osuna, *op. cit.*, p.43.

토대의 취약함을 이탈리아의 네오리얼리즘 영화 수법과 소련을 비롯한 사회주의 국가들과의 공동 제작을 통해 돌파하였다. 그러나 1960년대 중반이 지나면서 이러한 경험과 물리적 토대는 영화 창작에 대한 새로운 시도와 탐색으로 점차 변해 갔다. 이것은 쿠바 영화가 영화적 표현 방법의 다양화를 꾀하기 시작하였다는 것을 의미하고 그것의 전범(典範)으로 프랑스의 누벨바그 영화에 주목했다. 이러한 변화는 쿠바 영화의 역사 이행 과정에서 매우 자연스러운 현상이었다. 왜냐하면 혁명 이후 쿠바 영화인들은 "미국 할리우드와 라틴 아메리카 상업 영화 지배의 실제적인 대안으로 휴머니즘과 진보적 미학을 표방한 네오리얼리즘 영화로 보았다 …… 그러나 혁명의 급진화의 속도는 영화에 대한 필요와 여지가 존재하고 있다는 것을 보여주고 있다. 정직한 네오리얼리스트의 사상은 혁명 변화의 속도와 깊이를 실제로 따라 잡을 수 없었다."[22] 쿠바 영화인들의 이러한 인식에 따라 쿠바에서 영화 창작에 대한 새로운 모색이 자연스럽게 이루어 졌다. 그것은 알프레도 게바라 발데스가 쿠바영화예술산업협회의 저널 《시네 쿠바노(Cine Cubano)》'에서 네오리얼리즘 영화에 관해 이야기 하면서 쿠바 영화에 영향을 준 것으로 프랑스 누벨바그 영화를 언급한데서 확인할 수 있다. 여기서 알프레도 게바라 발데스는 "에두와르 몰리나로 (Édouard Molinaro), 루이 말(Louis Malle), 로제 바딤(Roger Vadim), 클로드 샤브롤(Claude Chabrol), 그리고 누벨바그 감독들을 우파의 무정부 주의자로 언급한 시몬 드 보봐르(Simone de Beauvoir)를 언급하였다. 그럼에도 불구하고 알프레도 게바라 발데스는 그들의 영화는 젊고 비싸지 않으며 스타가 없는 진실한 영화, 반항적인 것을 묘사하고 있다. 그것은 저항의 영화이고, 미학적으로 비타협주의적인 것, 혁신적이면서 구습 타파 적이고, 훌륭한 가치와 마주하면서도 머뭇거림 없이 그것들을 버릴 준비가

---

22 Michael Chanan, *op. cit.*, p.163.

되어 있는 영화이다. 누벨바그 영화감독들의 작품에는 깨끗하고 신선한 공기가 있다"[23]고 했다. 그리고 토마스 구티에레스 알레아에의 회상에 따르면 "우리의 혁명은 변화의 과정을 경험하기 시작하였다고 하면서 우리들을 둘러싸고 있는 현실에 대해 분석적인 태도를 선택하도록 하였고 그것을 효과적으로 해석하고 분석하기 위해 더욱더 정확한 이론적 기준이 요구되었다고 했다."[24] 이러한 인식과 흐름에 근거하여 1960년대 쿠바영화가 프랑스 누벨바그 영화에 관심을 가진 가장 큰 이유는 이들 영화들이 미학적으로 반체제적이며 저항의 영화였으며, 제작비용도 그리 많이 들지 않는 영화였고 새로운 미학적 패러다임이 요구되었기 때문인 것이다.[25]

이와 같은 시대적 요청과 판단에 따라 등장한 프랑스 누벨바그 영화 영향의 현상으로는 "마누엘 옥타비오 고메스, 움베르토 솔라스, 세르히오 히랄(Sergio Giral)과 마누엘 페레스(Manuel Pérez)와 같은 감독들의 짧은 픽션 영화들을 들 수 있다. 이에 대한 구체적 예로는 세르히오 히랄이 결혼한 남편의 시각에서 편집증으로 고통 받고 있는 여성의 이야기를 다룬 〈새장(La jaula, 1964)〉과 움베르토 솔라스와 오스카르 발데스(Oscar Valdés)의 〈미네르바는 바다를 표현한다(Minerva traduce el mar, 1962)〉이다. 이들은 또한 버려진 집에서 여성의 이미지를 찾고 있는 화가의 이야기를 다룬 영화 〈초상화(El retrato, 1963)〉를 제작했다."[26] 이들 영화중에서 토마스 구티에레스 알레아가 정신병 의사로 연기하고 영화 처음 부분에서 남편의 시각으로 말하고 난후 다시 환자의 시각으로 말하는 영화 〈새장〉은 지나치게 고다르의 영향을 받은 작품으로 인식되었

---

23  *Ibid.*, p.164.

24  토마스 구티에레스 알레아의 인터뷰 원문: Julianne Burton, 〈Individual Fulfillment and Collective Achievement, an Interview with T. G. Alea〉, 《Cineaste》 8:1, 1977. — *Ibid.*, p.159.

25  송병선, 앞의 책, 96쪽.

26  Alfonso J. García Osuna, *op. cit.*, p.43.

다.[27] 그럼에도 불구하고 쿠바 영화는 프랑스 누벨바그 영화의 수법을 통해 연속적인 이야기 구조 방식에서 벗어나 영화 언어를 과감하게 실험할 수 있는 계기를 마련할 수 있었다.

이처럼 혁명 이후 1960년대의 쿠바 영화는 당면한 시대적 흐름과 요청에 따라 다양한 국가들로부터 영화적 토대를 매우 유연하게 수용하였다. 그 결과 이탈리아 네오리얼리즘 영화를 통해서는 쿠바의 현실과 혁명의 역사를 효과적으로 드러낼 수 있게 되었고, 소련 및 동유럽 사회주의권 국가들과의 공동 제작을 통해서는 쿠바의 식민지 역사를 깊이 자각하도록 견인하였으며, 프랑스 누벨바그 영화를 통해서는 영화적 표현 수법과 형식의 역동성과 실험성을 시도할 수 있었다. 이러한 경향은 때론 쿠바 문화의 표면적이고 이국적인 해석을 낳기도 하였고 1960년대 말 무렵에는 양식적 실험과 쿠바의 절충주의에 영향을 주기도 하였다.[28] 그럼에도 불구하고 이러한 다양한 영화 창작의 행태와 수법의 수용은 1960년대 쿠바 영화가 혁신과 독창성의 역사로 나아갈 수 있게 된 토대가 되었다는 것은 부인할 수 없다.

## 3. 혁명의 역사와 혁명이후의 풍경

### 혁명투쟁에 대한 기록

혁명 이후 1960년대 쿠바 영화에서 가장 중요하게 다루었던 것은 혁명 투쟁에 관한 역사적 순간들이다. 이것은 혁명 이후 쿠바 영화의 핵심적 요소라 할 수 있다. 왜냐하면 혁명 투쟁의 역사적 순간들은 혁명 정부의

---

27 Michael Chanan, *op. cit.*, p.164.
28 Michael T. Martin, *op. cit.*, p.132.

성격과 특징을 설명하고 있을 뿐만 아니라 쿠바인들로 하여금 식민지 쿠바의 역사와 혁명 이후 독립된 쿠바 현실을 명확하게 인식하게 하도록 하여 혁명 정부가 당면한 현실의 문제를 해결하는데 있어 그 당위성을 설명하고 계몽하는데 논리적 기반이 되었기 때문이다. 또한 이것은 쿠바 혁명 정부가 혁명 과정을 표현하는데 최적의 수단 중 하나로 영화를 이미 인식하였음을 의미한다. 이러한 인식은 1953년 7월 26일 몬까다 병영의 습격으로 시작된 이른바 쿠바 혁명을 통해 미국의 절대적인 개입과 간섭에 대한 저항과 자기 비판적 성찰이 계기가 되었다.[29] 그 결과 쿠바 영화인들은 혁명 투쟁의 역사와 혁명 정부의 다양한 활동과 정책 추진, 계몽 등을 영화에서 다루는 것이 당연한 것이 되었다. 이러한 이유로 1960년대 쿠바 영화에서 혁명 투쟁의 역사적 순간들은 혁명 전후의 혁명 투쟁 과정의 역사 그 자체뿐만 아니라 혁명 정부의 다양한 활동과 정책 추진, 계몽 등을 다루고 있는 것들을 포함하고 있다. 특히 혁명과 함께 등장한 이 시기 쿠바 영화감독들 대부분의 영화에서는 혁명 투쟁의 역사와 그 기록을 주제로 다루고 있다고 해도 과언은 아니다.

이러한 특징은 힘들게 일하고 있는 노동자들의 삶을 사실적으로 묘사하면서 혁명 투쟁에 대한 결연한 의지를 표현하고 있는 혁명 이전 시기인 1950년대 최고의 쿠바 영화로 평가받고 있는 영화 〈목탄 노동자〉에서부터 나타났다. 그리고 혁명 직후 등장한 가르시아 에스피노사와 구티에레스 알레아의 〈이것이 우리들의 땅이다〉, 가르시아 에스피노사의 〈주거〉 뿐만 아니라 두 명의 프로듀서에 의한 장편 편집 영화인 〈시에라에서 오늘에 이르기까지(De la Sierra hasta hoy)〉와 〈폭정에서 해방까지(De la tiranía a la libertad)〉, 그리고 혁명을 축하하기 위해 쿠바 혁명의 아버지로 불리는 호세 마르티(José Martí)가 어머니에게 보낸 편지에

---

29 박종욱, 앞의 책, 68쪽.

토대하여 만든 영화 〈쿠바의 어머니들에게(A las madres cubanas)〉와 교육부에 의해 시인 엘 인디오 나보리(El Indio Nabori)가 호세 마르티에게 바친 시에 토대한 영화 〈돌보다 단단한 무엇(Algo más que piedra)〉을 통해서도 드러난다.[30]

이와 같은 경향의 영화들은 쿠바영화예술산업협회가 설립된 이후 영화가 규칙적으로 만들어지기 시작한 시점인 1959년 이후부터 1960년대 전반기까지 활성화 되었고 그것은 주로 역사적 사건과 현재의 상황을 신속하고 직접적으로 보여줄 수 있는 다큐멘터리 수법을 통하여 이루어졌다. 이것은 쿠바영화예술산업협회의 설립 이후 구티에레스 알레아가 만든 첫 번째 영화 〈혁명의 역사〉를 통해 나타나고 있다.

영화 〈혁명의 역사〉는 혁명 투쟁의 역사적 순간들을 토대로 세 개의 에피소드 〈1957년 3월 13일, 부상자(el herido 13 de Marzo de 1957)〉, 〈1958년, 시에라 마에스트라의 혁명군(rebeldes Sierra maestra 1958)〉, 〈1958년 12월, 산타 클라라 전투(Santa Clara 28 de diciembre de 1958)〉로 구성되어 있다. 이들 세 개의 에피소드는 1957년에서 1958년 사이 일어났던 쿠바 혁명 투쟁 과정의 역사에서 중요한 세 가지 국면을 묘사하고 있다. 첫 번째 에피소드에서는 실패로 끝난 학생 혁명 지도부(Directorio Revolucionario, DR)의 투쟁 모습을 묘사하고 있다. 즉 1957년 3월 13일 바티스타를 살해하기 위해 대통령 궁으로 침입한 학생 혁명 집단의 투쟁을 자료 필름 등으로 군인들과의 총격전을 보여주면서 사망자들과 부상자들의 이송, 부상당한 혁명 집단의 남자가 어딘가로 전화하는 모습, 연행되어 심문받는 남자, 도심에서의 총격전, 사망한 채로 길거리에 버려져 있는 두 남자와 여인, 이른 아침 부상 입은 남자가 우유 배달부에게 도움을 요청하는 장면 등으로 이루어졌다. 두 번째 에피소드에서는 1958년 시에라

---

30 Michael Chanan, *op. cit.*, p.117.

마에스트라에서 게릴라 투쟁하는 혁명군의 모습을 담고 있다. 세 번째 에피소드에서는 1958년 산타 클라라에서 혁명군의 마지막 해방 투쟁의 모습을 다루고 있다. 이 에피소드에서는 내레이션과 함께 마을을 배경으로 바티스타 군인들에 맞서 화염병 등으로 격렬하게 투쟁하는 혁명군들의 모습과 승리 후 시가 행진, 그리고 혁명군을 뒤따르면서 환호하는 사람들의 모습을 묘사했다. 이러한 구성은 구티에레스 알레아가 혁명 게릴라군들의 투쟁 과정을 투쟁일지에 따라 묘사한 것으로 혁명 역사에 관한 것이라 할 수 있다. 이 영화뿐만 아니라 구티에레스 알레아는 혁명 이후 혁명 이행 과정의 쿠바 현실을 다룬 영화로 아바나의 첫 번째 선언이 공포되었던 1960년 9월 2일 대중 모임을 기록한 영화 〈국회(Asamblea general)〉를 만들기도 하였다.[31]

이러한 경향은 가르시아 에스피노사의 영화 〈젊은 반군〉에서도 나타난다. 에피노사는 〈젊은 반군〉에서 카스트로가 이끄는 게릴라 부대에 합류하여 산악 전투에 참여한 젊은 남자를 통해 쿠바 혁명 투쟁의 역사를 묘사했다. 또한 그는 1970년 〈제3세계, 제3차대전(Tercer mundo, tercera guerra mundial, 1970)〉을 통해 제국주의 국가들의 탐욕을 대상화하기도 하였다.

혁명 투쟁의 역사는 움베르토 솔라스 감독에 의해 독재자 풀헨시오 바티스타 정권과 투쟁하기 위해 시에라 마에스트라 산맥의 게릴라 부대에 합류한 젊은 여성 농부에 관한 이야기를 다루고 있는 영화 〈마누엘라(Manuela, 1966)〉에서도 드러나고 있다. 또한 호르헤 프라가는 1895년 4월 쿠바 혁명당을 결성한 호세 마르티를 중심으로 제2차 독립 전쟁에 토대하여 자연과 게릴라 전사들의 투쟁을 묘사한 〈호세 장군의 오디세이(La odisea del General José, 1967)〉라는 영화를 만들었다. 그리고 2년 후 1969년 마누엘 옥타비오 고메스는 1868년 바야모(Bayamo) 지역에서

---

31  *Ibid.*, p.131.

발생하였던 스페인과의 전쟁을 독창적인 다큐멘터리 드라마, 〈마체테의 첫 번째 임무(La primera carga al machete)〉를 통해 혁명 투쟁의 역사에 관한 영화를 만들었다. 1971년 호세 마시프는 1895년 쿠바 민족의 영웅 호세 마르티의 마지막 시절의 보고서 〈호세 마르티의 일기(Páginas del diario de José Martí)〉라는 영화를 통해 혁명 투쟁 역사에 관한 영화에 합류하였다.[32]

그리고 파스토르 베가(Pastor Vega)는 1965년 〈사탕수수밭 사람들 (Hombres del cañaveral)〉을, 1967년에는 저개발과 혁명을 대조한 〈여행자의 노래(Canción del turista)〉를, 1972년에는 1898년 미국과 스페인과의 전쟁과 쿠바의 역사적 풍경을 다룬 장편 다큐멘터리 영화 〈공화국 만세(¡Viva la República!)〉를 각각 만들었다. 특히 〈공화국 만세〉는 스페인과의 전쟁에서 승리한 미국이 자신의 후견 아래 쿠바 공화국의 정권이 어떻게 세워졌는지를 뉴스 필름과 사진, 정치적 풍자화, 이와 유사한 시각 재료 등을 재미있게 병치시키면서 묘사하였다. 따라서 이 영화 역시 식민지 쿠바의 역사를 탐구하고 있다고 할 수 있다.

이처럼 혁명 투쟁의 역사는 혁명 이후 쿠바 영화에서 가장 중요한 주제로 다루어졌다. 이 주제는 투쟁의 역사적 사건을 기록하고 사실성을 담보로 한 다큐멘터리적 수법의 영화에서 두드러졌다. 이와 같은 특징을 가장 효과적으로 사용하면서 1960년대 쿠바 영화 황금기를 이끈 또 한 명의 감독은 산티아고 알바레스를 들 수 있다.

산티아고 알바레스는 자신의 모든 작품을 다큐멘터리 수법으로 일관하였고 쿠바 혁명 투쟁의 역사를 자신의 창작의 근본으로 여겼다. 왜냐하면 "그는 자신의 영화에서 지배적인 지표로 혁명과 반제국주의자들의 공격에 대한 지지에 두었다. 그렇기 때문에 알바레스 스스로는 나의 스타일은

---

32  *Ibid.*, p.6.

제국주의에 대한 증오의 스타일이다"[33]고 정의했다. 이와 같은 그의 창작목표는 쿠바 혁명 투쟁의 역사뿐만 아니라 혁명을 경험한 나라들까지 창작의 대상으로 삼았다. 이러한 특징을 가진 1960년대 그의 대표적인 작품이라 할 수 있는 것은 1965년 〈지금(Now)〉, 1967년 베트남의 혁명 역사를 주제로 한 〈하노이, 13일 화요일(Hanoi, martes 13)〉, 1968년 〈L.B.J〉 등과 1969년 다양한 몽타주 기법으로 실험한 〈79번째의 봄(79 primaveras)〉을 들 수 있다.[34]

이들 영화중에서 〈Now〉는 '하바 나길라(Hava Nagila)'라는 멜로디와 함께 시위를 진압하는 경찰들과 무장한 군인들의 모습으로 시작된다.

영화는 미국에서 금지되었던 '하바 나길라'의 멜로디를 NOW로 개사하여 부른 흑인 가수 리나 혼(Lena Horne)의 노래 소리와 함께 《LIFE》 잡지의 표지, 링컨 대통령 석상, 흑인들의 시위, 진압하는 경찰 등의 다양한 화면을 통해 미국의 숨겨진 현상들을 폭로하고 있다. 그리고 이것은 영화 마지막 장면에서 자막 'NOW'와 함께 총소리로서 무장 투쟁을 상징화하면서 끝이 난다. 자료 필름과 사진 등을 통해 혁명 투쟁의 역사를 묘사한 산티아고 알바레스 영화의 특징은 영화 〈L.B.J〉에서도 이어진다. 영화 〈L.B.J〉는 미국의 린든 존슨(Lyndon Johnson) 대통령을 가리키는 별칭으로 장엄하고 성스런 음악과 합창이 흐르면서 화면 위로 영화 〈Now〉에서처럼 《LIFE》 잡지가 보이면서 교회에서의 결혼식 장면으로 이어진다. 그리고 조롱 섞인 특이한 웃음소리와 함께 여성의 풍만한 가슴과 엉덩이가 드러나는 플레이보이 잡지와 성스런 교회의 결혼식 장면이 대조적으로 묘사되면서 한 남자가 대형 케이크에서 나와 기관총을 난사하고 영화의 제목인 〈L.B.J〉가 등장한다. 영화는 미국의 린든 존슨 대통령을 조롱한

---

33  *Ibid.*, p.228.
34  송병선, 앞의 책, 51쪽.

카툰과 인디언을 무참하게 살해하면서 세운 미국의 정복역사를 기록한 자료필름이 보여진다. 그리고 영화는 미국의 존 에프 케네디(John Fitzgerald Kennedy) 대통령의 취임식과 장례식, 간디와 혹인 인권운동가인 말콤 엑스(Malcolm X), 마틴 루터 킹(Martin Luther King) 목사의 사진과 연설 장면, 군인들의 사격장면과 죽은 사람들을 재현한 장면, 불길에 휩싸여 죽어가는 사람의 모습으로 종결된다. 이처럼 산티아고 알바레스는 수많은 사실적인 자료 필름과 사진을 통해 제국주의 국가의 모습과 이에 저항하는 사람들의 모습을 대비시키면서 혁명 투쟁을 불러일으키는 원인과 그것의 불가피성을 묘사하고 있다.

1960년대 산티아고 알바레스의 혁명 투쟁의 역사에 대한 탐구는 베트남의 독립 투쟁의 역사로까지 확대된다. 그는 1967년 영화 〈하노이, 13일 화요일〉에서 호세 마르티의 초상화와 함께 베트남의 독립 투쟁의 역사를 내레이션과 자막, 그리고 다양한 자료 필름을 통해 묘사하고 있다. 영화는 연도와 날짜를 표기한 몇 개의 자막과 함께 미국의 린든 존슨 대통령의 출생과 성장, 대통령으로 당선되고 난 후 베트남 전쟁 참여를 결정한 모습과 평화로운 베트남의 풍경과 전투 장면, 그리고 건설 현장과 거리에서 청소하는 베트남인들의 일상적 모습과 폭격 장면, 전투 비행기, 대포 발사, 파괴되고 불타는 건물의 잔해, 장례식, 울부짖고 있는 여인, 인서트 장면으로 이와 무관한 듯 웃으면서 카메라로 사진을 찍고 있는 백인 여성과 생포된 미군들의 모습, 수많은 포탄의 잔해와 시체 모습, 린든 존슨 대통령 등을 보여주고 석불(石佛)을 배경으로 끝난다. 산티아고 알바레스는 실제적인 역사적 사건에 근거한 다양한 다큐멘터리 필름과 사진을 통해 대조와 대비의 수법으로 제국주의에 대한 해방 투쟁의 역사를 베트남 전쟁 승리를 통해 묘사하고 있다. 베트남 독립 투쟁의 역사에 관한 산티아고 알바레스 감독의 탐구는 1969년 〈79번째의 봄〉에서도 지속되었다. 영화는 음악이 흐르면서 다양한 꽃이 아름답게 피는 모습과 그와 닮은 폭탄이 투하되고 파괴되는 장면, 외마디 비명소리가 들리고 청년 시절에서부터 노년에 이르기까지의 호치민(Ho Chi Minh)의 모습이 보여지고 난 후 영화 제목이 등장하면서 시작된다. 그리고 영화에서는 베트남과 쿠바의 독립투쟁의 역사를 베트남의 혁명 영웅인 호치민과 쿠바의 호세 마르티와 결합시키면서 전개된다. 이것은 제목이 등장한 이후 호치민과 호세 마르티라는 자막을 통해서 알 수 있다. 이러한 두 인물의 역사적 의미의 동일화 시도와 함께 이 영화는 베트남 독립 투쟁 일지를 호치민의 전 일생을 기록한 다큐멘터리 필름을 통해 묘사하고 있다. 영화는 서류를 보거나 타이프를 치는 호치민의 일상적 모습과 함께 자막을 통하여 "나는 나의 일생을 나의 인민들에게 바친다(yo le doy a mi pueblo toda mi vida)"라는 의미의 신념과 투쟁 역사를 연도별로 차례로 나열한다. 즉 프랑스, 미국과의 독립 전쟁, 호치민의 사망, 피델 카스트로를 포함한 그를 조문하는 외국의 많은 조문객들의 모습, 불타는 성조기, 사이공의 함락 등이 반복해서 차례로 보여지면서 영화는 처음 시작했던 것처럼 꽃 피는 장면으로 마무리 된다. 영화는 호치민의 생애를 프랑스, 미국과 치른 베트남 전쟁의 역사를 수평적으로 비교하면서 오직 배경 음악과 자료 필름만을 통해서 베트남의 독립 해방 투쟁의 역사를 묘사하고 있다. 산티아고 알바레스가 쿠바를 벗어나서 베트남인들의 독립 투쟁의 역사를 대상화한 것은 제국주의 국가로부터의 독립이라는 역사적 경험과 목표라는 시대적 상황에도 근거하고 있지만 쿠바의 혁명 투쟁의 역사가 베트남의 독립 투쟁의 역사와 유사하다는 동질감으로부터 비롯된 것이라 할 수 있다.

이처럼 1960년대 쿠바 영화에서는 1959년 혁명 이후 혁명 투쟁의 역사적 순간들이 매우 중요하게 인식되었다. 이것은 혁명 투쟁의 역사 그 자체가 독립된 쿠바를 설명하는 것이기 때문이기도 하지만 혁명 정부의 가장 근본적인 토대이기 때문이다. 이를 통해 혁명 정부는 독립된 쿠바의 역사를 쿠바인들에게 인식시킬 수 있게 되었고 혁명 정부의 정책 등을 추진할 수 있는 근거가 될 수 있었다. 따라서 혁명 투쟁의 역사적 순간들에 대한 기록은 1960년대 쿠바 영화 혁신과 발전의 핵심적 요소이자 특징이라 할 수 있다. 그리고 이것은 이 시기 또 다른 중요한 의미를 갖고 있는 영화라 할 수 있는 〈어느 관료의 죽음〉, 〈12개의 의자〉, 〈나는 쿠바다〉, 〈후안 킨킨의 모험〉, 〈루시아〉, 〈저개발의 기억〉 등과 같은 극영화에서도 사실성을 강화하여 극적 요소를 강조하는 토대로 작용하였다.

## 식민지 쿠바의 역사와 여성

쿠바는 1959년 혁명 정부가 성립되기 전 무려 448여 년에 걸쳐 스페인과 미국으로부터 사실상의 식민 지배를 받아왔다. 이러한 이유로 "식민 지배는 쿠바인들의 역사적 트라우마를 구성하는 대표적 요인이다."[35] 따라서 혁명 이후 쿠바 정부는 오랜 기간 쿠바가 식민지에 처하게 된 역사적 상황에 대한 성찰과 그것을 쿠바인들이 인식하게 하는 것이 무엇보다 중요했다. 이것은 식민지화된 쿠바의 역사 속에서 벌어졌던 수탈과 착취의 실제적 현상들을 묘사함으로써 가능하였다. 쿠바 영화에서는 이것을 쿠바에 남아있는 다양한 식민지적 현상들을 드러내는 것과 식민지 쿠바의 역사를 여성에 투영시켜 이미지화함으로써 강한 남성으로 상징화 되는 제국주의 국가들의 수탈과 착취를 폭로하고 고발하는 것으로 묘사되었다. 이를 효과적으로 표현하기 위해 쿠바 영화에서는 정교한 감성적 논리와 극적 요소의 극영화로 접근하였다. 따라서 1960년대 쿠바 영화의 가장 큰 혁신과 발전은 이를 위한 내용과 수법들을 장편 극영화의 중심으로

---

35  박종욱, 앞의 책, 34쪽.

옮겨 놓으면서 본격적으로 시작되었다 해도 과언은 아니다. 이와 같은 특징은 혁명 이후 1960년대 쿠바 영화의 가장 중요한 감독이라 할 수 있는 토마스 구티에레스 알레아, 가르시아 에스피노사, 움베르토 솔라스, 그리고 소련의 미하일 칼라타조프 등에 의해 주도되었다.

특히 구티에레스 알레아는 이러한 경향의 중심에 있었다. 그는 1962년 "일리야 파인질리베르그(Илья Файнзильберг)와 에브게니 카타에프(Евгений Катаев)의 소비에트 혁명 초기의 코믹 소설을 쿠바 혁명에 맞게 각색한 영화"[36] 〈12개의 의자〉를 통해 혁명 이후 다양한 식민지 쿠바의 현상들을 묘사하고 있다. 영화는 환호하는 쿠바인들과 혁명군들의 모습, 카스트로와 체 게바라의 사진, 그리고 자물쇠가 채워져 있는 커다란 집 대문이 보여지고 난 후 애니메이션으로 바뀌면서 경쾌한 음악과 거실에 있는 12개의 고풍스러운 의자를 보여주면서 자막과 함께 시작된다. 영화의 내용은 고풍스러운 12개의 의자 속에 보석이 감추어져 있다는 정보를 임종을 앞두고 있는 장모로부터 알게 된 부르주아의 후손인 이폴리토와 그의 교활한 친구, 그리고 이전에 하인이었던 오스카르가 혁명 정부에 귀속되어 경매로 넘어간 의자를 찾으러 다니면서 벌어지는 이야기다. 따라서 영화는 보석을 찾기 위해 다니는 이들의 추적 장면과 자막, 내레이션 등을 통해 쿠바의 식민지 역사와 혁명 이후의 쿠바 현실을 언급하면서 전개된다. 이와 같은 특징은 영화 곳곳에서 묘사되고 있다. 예를 들면 영화 전반부에 '에고이즘과 허영심의 탄로(Egoismo y Vanidad al Descubierto)'라는 자막이 등장하고 내레이션으로 '우리들의 무지로 인해 그들이 착취할 수 있었다'라는 서술은 외국 기업의 독점주의, 축재(蓄財) 등을 언급하면서 그들의 탐욕과 착취를 상기시킨다. 그리고 이것은 영화 후반부에 혁명 정부가 '사탕수수 농장을 혁명 정부와 인민들에게 귀속한다'

---

36  Michael Chanan, *op. cit.*, p.160.

고 선언하면서 억압받은 인민들은 제국주의 침략으로부터 자신을 보호해야 한다고 하는 장면과 연결된다. 이를 통해 영화는 혁명 이후의 쿠바 현실을 식민지 쿠바의 역사와 직접적으로 비교하고 있다. 혁명 이후 독립된 쿠바의 현실을 식민지 쿠바 역사와 대비시키면서 묘사하는 이와 같은 방식은 한 젊은 노동자가 의자를 찾으러 다니는 이폴리토에게 '당신은 마이애미로 가지 않느냐'는 질문과 거리에서 신문을 파는 남자가 혁명이 언론을 해방시켰다고 외치면서 그들 사이를 지나가는 장면 등에서도 확인할 수 있다. 이러한 장면들은 혁명의 의미와 그것의 구체적 현상들을 직접적으로 드러내고 있는 것이기도 하지만 그것의 반대편에 존재하고 있던 식민지 주체인 제국주의와 독점 자본주의로 점철되었던 식민지 쿠바의 역사를 역설적으로 묘사하고 있는 것이다. 이와 같은 의미를 노골적으로 드러내고 있는 것이 바로 이폴리토와 오스카르가 의자를 찾아다니다 길거리에서 술을 마시면서 '사회주의 건설'과 '사회주의가 무엇인지'를 언급하는 장면에서 알 수 있다. 즉 사회주의 본질에 대한 이들의 의문은 흑인 농부가 이폴리토에게 자신이 혁명에 참가하게 된 이유가 '나는 쿠바인이고, 나는 흑인이고, 나는 사회주의자이기 때문이다'라고 한 말을 통해 혁명 이후의 상황, 즉 1961년 쿠바의 사회주의 국가 선언과 식민지 쿠바로부터의 독립성을 동시에 설명하고 있는 것이다. 그리고 이것은 영화의 마지막 부분에서 이폴리토가 건물을 짓고 있는 군인들에게 의자 속의 보석에 대해 말하자 군인들은 의자 속의 보석으로 빌딩을 짓고 있다고 대답하는 장면에서 식민지 쿠바와 혁명 이후 쿠바의 지향과 목표의 확연한 차이점을 드러냄으로써 마무리되고 있다. 이처럼 영화 〈12개의 의자〉에서는 이폴리토와 오스카르가 의자 속에 감추어져 있는 보석 찾기를 통해 혁명 이후의 쿠바 현실과 물신화된 자본주의, 독점주의, 제국주의의 특성을 드러냄으로써 그것을 식민지 쿠바의 역사와 연결시키고 있는 것이다.

1960년대 쿠바영화에서 식민지 쿠바의 역사를 가장 잘 형상화 한 영화의 전형은 미하일 칼라타조프의 영화 〈나는 쿠바다〉에서 찾아 볼 수 있다. 이 영화에서는 식민지 쿠바의 역사를 여성에 투영시켜 그 이미지를 통해 묘사하고 있다. 이것은 "공격적인 남성성으로 연상되는 제국주의에 의한 피식민의 경험이 식민지인들에게 여성적인 희생과 순응을 강요하기 때문이다. 이에 대한 근거로는 서구의 식민 사업에서 성적 조작의 은폐된 측면을 파헤친 앤 맥클린토크(Anne McClintock)의 시각에 따른다. 그는 제국의 남성성이 정복당한 곳들의 상징적 여성화를 통해 표현되었다고 설명한다."[37] 이것은 식민지 쿠바의 역사와 여성을 동일시하면서 그것이 어떻게 남성 이미지인 제국주의 국가들로부터 유린당하였는지를 보여주고 있는 논리적 근거인 셈이다. 이와 같은 의미는 잔잔한 음악과 함께 하늘 위에서 바다와 인접한 풍요로운 대지를 보여주면서 여성의 목소리로 쿠바 역사를 서술하면서 시작된 영화의 처음 부분에서부터 묘사된다. 자신을 쿠바라고 한 여성 내레이터는 쿠바를 세상에서 가장 아름다운 땅이라고 칭송한 크리스토퍼 콜럼버스에게 고마움을 표한다. 그리고 바다 위 설탕을 가득 실은 배를 화면으로 보여주면서 "설탕 이것은 나에게 수많은 눈물을 남겼는데 그것은 여전히 달콤하기만 하니 어찌된 영문인지 모르겠다"고 한다. 콜럼버스는 식민지 쿠바의 주체인 제국주의자의 상징이고 설탕은 쿠바를 식민화 한 이후의 약탈물의 상징인 것이다. 이러한 의미의 화면을 여성의 목소리로 설명하는 내레이션은 쿠바의 식민지 역사를 가장 함축적이고 상징적으로 표현하고 있다. 이러한 상징적 관계를 영화에서는 바티스타 정권 하에서 여성을 통해 묘사하고 있다. 즉 쿠바의 식민지 역사에 대한 여성의 내레이션이 끝난 후 영화는 곧바로 팝송이 흐르는 술집장면으로 이어진다. 그리고 가난한 쿠바 여인 마리아는 술집에서 만난 백인 관광객을 자신의 허름한 집으로 데리고 와서 그에게 몸을 판다. 이 장면은 혹독한 쿠바인들의

---

37 임호준, 『시네마, 슬픈대륙을 품다』, 현실과 문화연구, 2006, 35쪽.

삶으로 연결되면서 "누가 이 피에 대답할 것인가?(¿Quién responde a esta sangre?)" "누가 이들 눈물에 책임을 질 것인가?(¿Quién responde de sus lágrimas?)"라는 내레이션과 함께 바티스타 장군의 모습이 담긴 뉴스 필름을 보여주고 난 후 거리를 활보하는 미군들이 젊은 쿠바 여대생 글로리아를 쫓아 윤간하려는 장면으로 이어진다. 이와 같은 장면들은 식민지 쿠바와 역사를 여성으로 환원하여 상징화하고 백인 관광객과 미군들을 식민지 주체인 제국주의 국가들의 특성으로 규정하면서 독재자를 그것의 매개물로 간주하고 있는 것이다. 이러한 관계는 농장이 미국의 곡물 회사로 넘어가면서 일터를 잃게 된 쿠바 농부의 혹독한 현실, 바티스타 장군에 대한 쿠바인들의 저항과 투쟁, 그리고 혁명군들의 행진으로 끝나는 장면을 통해 다시 한 번 강조된다. 이것은 이 영화가 제국주의 국가들의 식민주의, 경제종속, 육체종속, 혁명으로 이어지는 구조로 구성되어 있다는 것을 보여주고 있다. 이와 같은 수법은 궁극적으로 혁명 역사의 당위성을 드러내기 위한 것이기도 하지만 그것은 여성을 영화의 중심에 위치시키면서 여성 이미지를 통해 식민지 쿠바의 역사를 드러내고 있는 것이라 할 수 있다.

식민지 쿠바의 역사를 여성을 통해 구현한 영화는 움베르토 솔라스의 〈루시아〉에서도 나타난다. 이 영화는 쿠바 독립의 역사에서 빼놓을 수 없는 중요한 세 가지 국면을 루시아라는 동일한 이름을 지닌 세 명의 여성 이야기를 통해 독립된 세 개의 에피소드로 구성하여 표현하고 있다. 첫 번째 에피소드 '1895'에서는 시인이자 국민적인 영웅이었던 호세 마르티의 스페인과의 독립전쟁 시기를 다루고 있고, 두 번째 에피소드 '1932'에서는 헤라르도 마차도 정권에 대한 반독재 투쟁의 시기를 다루고 있으며, 세 번째 에피소드 '196..'는 혁명 이후 1960년대 초 쿠바의 농촌 사회를 다루고 있다.

이 세 에피소드 중에서 두 번째 에피소드와 세 번째 에피소드에서의 루시아는 반독재 투쟁가로서 그리고 혁명 이후 쿠바 정부의 정책을 적극적으로 실현하고자 하는 인물로 묘사되고 있다. 즉, 두 번째 에피소드에서는 바닷가 별장에 와있던 부유한 부르주아 출신의 루시아가 우연히 마차도 정권의 반독재 투쟁가이자 혁명가인 알도를 만나게 되면서 그녀가 겪게 되는 혁명 그 자체에 대한 좌절과 혼란스러움을 묘사하였다. 세 번째 에피소드에서는 프롤레타리아 여성이었던 루시아가 혁명 이후 결혼과 함께 집에만 있기를 원한 남편 토마스에 의해 노동을 할 수 없게 된 상황을 묘사하였다. 특히 이 에피소드에서는 혁명 이후 다양한 혁명 정부의 정책들이 묘사되면서 1960년대 변화된 쿠바의 모습을 루시아라는 적극적이고 현실참여적인 여성과 토마스라는 폐쇄적이고 권위적인 남성으로 표현하고 있다. 이들 두 에피소드와 달리 식민지 쿠바의 역사를 여성을 통해 직접적으로 묘사하고 있는 것은 쿠바가 식민지 상황에 처해 있던 시기를 다루고 있는 첫 번째 에피소드 '1895'에 집중되어 있다 할 수 있다. 이 에피소드에서는 식민지 쿠바의 역사를 성적으로 유린당한 여성들을 통해 묘사하고 있다. 거리에서 전쟁으로 죽은 사람들을 축복하고 있는 수녀들을 겁탈하려 하는 스페인 사람들의 행위와 스페인 장교 출신 무역업자 라파엘과 사랑에 빠진 루시아가 그에 의해 옷이 벗겨지는 장면 등은 쿠바가 제국주의 국가들로부터 수탈당하고 유린되었다는 것을 상징적으로 보여주고 있다. 이것은 루시아와 라파엘과의 굴절되고 왜곡된 관계를 통해 보다 구체적으로 묘사되고 있다. 즉 루시아에게 청혼한 라파엘에게는 스페인에 부인과 자식이 있다는 사실이 편지를 통해 폭로되면서 이들의 관계는 정상적인 형태를 벗어난 변질된 불륜의 관계로 전락한다. 루시아에게 신성한 청혼과 결혼은 라파엘에 의해 철저하게 훼손당하고 있는 것이다. 그리고 이것의 의미는 '일어나라 쿠바인들아' '깨어나라 쿠바인들아'라고 외치면서 거리를 헤매고 다니는 노파가 루시아를 향해 라파엘과 함께 떠나지 말 것을 충고하는 장면을 통해 이들의 관계를 정확하게 인식하도록 강요받는다. 이처럼 영화 〈루시아〉는 수녀들의 겁탈 장면과 역사적 인식에 투철하지 못한 루시아의 부르주아적인 순진함을 여성의 성적 착취와 유린으로 연결시키면서 식민지 쿠바의 역사를 묘사하고 있다. 이와 같은 의미는 움베르토 솔라스가 "영화 〈루시아〉를 여성에 관한 것이 아니고 사회에 관한 영화(Lucía is not a film about women; it's a film about society)"[38]라고 언급한데서 찾을 수 있다. 이것은 이 영화의 지향에 관한 것으로 식민지 쿠바의 역사로부터 촉발된 쿠바 사회 속에 내재되어 있는 모순된 현상을 여성 이미지를 통해 표현하고 있다는 의미이다. 따라서 이 영화 각각의 에피소드에서 제시된 여성은 제국주의 국가로부터 침탈당하고 유린당했던 식민지 쿠바의 역사와 독재 시기 실패로 끝난 혁명을 내포하고 있는 새로운 식민지로서의 쿠바의 모습, 그리고 혁명 이후의 독립된 쿠바를 상징화 하고 있는 것이다.

이처럼 혁명 이후 1960년대 쿠바 영화에서는 수탈과 침탈이라는 관점으로 식민지 쿠바의 역사를 드러내는 것에 중요한 의미를 부여했다. 그리고 그것은 여성 이미지를 통해 식민지 쿠바의 역사와 동일화, 상징화 하면서 그 의미를 각인시키면서 표현하였다.


## 쿠바인들의 정체성과 현실 인식

1960년대 쿠바 영화인들의 중요한 관심 중 하나는 이 시기 쿠바에서 벌어지고 있는 현실을 쿠바인들이 어떻게 인식하고 받아들이는가에 대한 문제였다. 이것은 혁명 이후 새롭게 변하고 있던 쿠바 사회에 대한 쿠바인들의 가치와 판단의 재정립에 관한 것이라 할 수 있다. 이 문제에 대한

---

38 움베르토 솔라스의 인터뷰 원문: Marta Alvear, 〈Interview with Humberto Solás〉, 《Jump Cut》 No.19, 1978. —Michael Chanan, op. cit., p.276.

쿠바 영화인들의 해결 방식은 쿠바인들 속에 내재되어 있는 정체성을 드러내거나 혁명 이후 쿠바 현실의 풍경을 묘사하는 것이었다.

특히 이 시기 쿠바의 정체성을 드러내는 것은 쿠바인들의 삶 속에서 일상화된 춤과 음악 등을 영화 속에 묘사하는 것이었다. 이것은 쿠바인들의 인종, 민족, 문화의 동질성을 확인시켜줌으로써 혁명 이후 자신들의 정체성을 인식하는데 중요한 요소로 작용했다. 이와 같은 특징을 가진 영화로는 체사레 자바티니가 총감독을 하고 훌리오 가르시아 에스피노사가 연출한 〈쿠바 댄스〉를 들 수 있다. 영화는 다큐멘터리 형식으로 음악에 맞춰 춤을 추고 있는 쿠바인들의 모습, 즉 현란하게 움직이는 몸짓과 스텝 등을 클로즈 쇼트 등으로 다양하게 묘사하면서 쿠바의 전통성과 정체성에 대한 본질적 의미를 확인시켜주고 있다. 따라서 영화는 마치 혁명 이전 부르주아인들의 세계를 다루고 있는 것처럼 보이지만 쿠바의 전통과 정체성과의 밀접한 관계를 드러내고 있다고 할 수 있다.

이와 같은 경향은 1964년 로헬리오 파리스(Rogelio Paris)의 영화 〈우리가 음악이다(Nosotros, la música)〉에서도 나타난다. 영화는 시작과 함께 한 남자의 얼굴이 클로즈업 되면서 다음과 같은 질문과 대답이 이어진다. "당신은 어디서 일하느냐? 나는 미술의 마에스트로이다. 마에스트로? 나는 항상 마에스트로였다. 나는 주변의 움직이는 사람들 여기저기에 색깔을 입힌다. 화가로서! 나는 장식 화가이다." 영화에서 보이스 오버로 계속된 질문과 대답은 대중음악에 관한 것으로 옮겨가면서 쿠바 사람들은 항상 음악만 좋아했다고 한다. 영화는 'HOY 9 PM(오늘 오후 9시)'라는 자막이 등장하고 '민족 민속 앙상블(National Folklore Ensemble)'의 공연장으로 옮겨간다. 민속 음악이 흐르고 배우들의 모습과 공연장면이 보인다. 화면은 피아노 소리와 함께 낡고 오래된 건물과 내부의 다양한 액자, 동상, 악보 등을 보여주면서 쿠바 음악의 변천이 역사의 변화와 함께 했다는 것을 암시하고 있다. 그리고 자신을 '스노우 볼(Snow Ball)'이라 칭하는 한 흑인 남자가 피아노를 치고 노래하면서 자기가 태어났던 장소와 공부했던 과정을 이야기한다. 피아노 소리는 도심의 밤거리 불빛과 어울리면서 점차 쿠바의 민속 리듬과 결합된다. 이러한 장면은 쿠바에서 음악이 어떤 의미를 갖고 있고 어떻게 역사적 변화와 함께 하였으며 쿠바인들에게 음악이 무엇인지를 보여주고 있는 것이다. 즉 음악은 쿠바와 쿠바인들의 역사이자 정체성 그 자체인 것이다. 그리고 영화는 길거리에서 기타 치는 한 흑인 남자에게 '라 트로바(La Trova)'가 무엇이냐고 질문하자 '그것은 무리 짓는 것이어야 한다'고 대답한다. 영화는 다시 '엘레나 버크, 민족문화 회의 고별 리싸이틀(Elena Burke, Farewell Recital Nation's Culture Council)'의 자막과 함께 공연 무대를 보여주면서 리드미컬한 북소리와 함께 쿠바 서민들이 거주하는 주거지와 그들의 모습, 그리고 커다란 광장에 모인 사람들이 노래하면서 춤추는 장면과 함께 '우리가 음악이다'라는 자막으로 마무리 된다. 이처럼 영화는 쿠바인들의 일상적 삶과 역사 속에 음악과 춤이 함께 했다는 것을 보여주고 있다. 이것은 쿠바에서의 음악과 춤은 쿠바인들의 슬픔과 고통, 갈등과 분열을 용해시키는 수단이면서 그들의 뿌리와 정체성을 가늠하는 상징적 의미라는 것이다. 이러한 의미의 특징은 이국적인 타악기들과 원시적 타악기들과의 결합을 통해 혼합, 융합의 쿠바 문화로 이끈 1967년 사라 고메스(Sara Gómez)의 영화 〈… 그리고 운치가 있어(…y tenemos sabor)〉에서도 나타나고 있다.

또한 1968년 구티에레스 알레아 감독의 〈저개발의 기억〉의 도입 부분에 서도 쿠바의 전통적 특징이라 할 수 있는 춤과 음악이 쿠바와 쿠바인들의 정체성을 의미하는 장면들로 묘사되고 있다. 이 영화의 도입부는 흑인 원주민들의 북소리와 여인들의 춤으로 시작된다. 그리고 갑자기 총소리와 함께 사람들이 흩어지고 쓰러진 모습들이 화면에 보인다. 그러나 북소리는 끊이지 않고 지속되고 춤추는 한 여인이 카메라를 응시하면서 도입부가 마무리 된다. 전통적 요소인 음악과 춤에서 총소리로 이어지는 영화 도입부는 쿠바와 쿠바인들의 정체성을 혁명 투쟁과 독립 투쟁의 근거로 상징화하고 있음을 의미한다. 이처럼 1960년대 쿠바 영화에서 다루고 있는 춤과 음악은 쿠바인들 누구나 즐길 수 있는 평등한 것이며 자신들의 삶이자 역사이기 때문에 자신들의 소중한 정체성인 것임을 확인하는 요소이다.

이 시기 쿠바 영화감독들이 중요하게 인식하고 있는 또 다른 것은 혁명 이후 쿠바의 사회적 풍경에 관한 것이다. 이것은 혁명 이후의 쿠바 현실과 그 현실을 대하는 쿠바의 다양한 인물들의 모습을 통해 묘사되었다. 이러한 인물들에 의해 구현된 현실은 매우 다양한 의미를 가지고 있다. 즉 변화된 현실 그 자체일 수도 있고, 그 현실에 대한 풍자와 비판일수도 있으며, 그 현실을 바라본 쿠바인들의 복잡한 인식의 표상일 수도 있다.

이러한 측면에서 1966년 등장한 구티에레스 알레아 감독의 〈어느 관료의 죽음〉은 매우 의미 있는 영화라 할 수 있다. 왜냐하면 이 영화는 혁명 정부의 관료주의를 통해 혁명 이후 쿠바 사회가 직면한 현실을 비판적으로 묘사한 영화이기 때문이다. 따라서 이 영화는 쿠바 혁명 정부 비판의 원류 격으로 일컬어진다.

영화는 타이프 치는 소리와 함께 노동자들의 모범이며 프롤레타리아의 전범(典範)이라고 추켜세워진 페레스라는 인물의 장례식 장면으로 시작된다. 유족들은 노동카드를 고인이 아끼던 물건이라고 생각해 페레스와 함께 묻어버린다. 그리고 다음 화면에서는 이전의 심각한 장면과 무관한 사무실 반대편 창문을 통해 옷을 고쳐 입고 있는 여성을 바라보거나 서류를 찾고 있는 여성의 엉덩이를 쳐다보고 있는 공무원들의 모습을 보여준다. 이러한 장면들은 장례식이 끝난 후 유족들이 연금 신청을 위해 반드시 노동카드가 필요하다는 사실을 알게 되면서 노동카드를 다시 확보하기 위해 유족들과 묘지 관리인들, 연금 신청 서류 접수를 담당하고 있는 공무원들 간의 한바탕 소동이 코믹적 상황들로 전개될 것이라는 것을 암시한다. 이것은 장례식에서 페레스의 젊은 시절을 언급할 때 군중 속에서 보이지 않은 그를 화면 위에 화살표 표시를 하거나 길거리에서 유족이 묘지 관리 인부들과 애기하는 도중에 갑자기 드라큘라 복장을 하고 등장한 술집 종업원의 모습과 묘지 앞 길거리에서 싸움이 벌어져 아수라장이 된 사람들 틈 사이로 뼈다귀를 물고 나오는 강아지의 모습, 노동자의 모습을 놀이 기구와 함께 형상화한 환상적인 꿈 장면, 정신 감정을 받게 되면서 벌어지는 소동과 주인공인 조카의 모습, 포스터 제작을 논의하면서 갑자기 망치를 들고 등장한 비키니 차림의 여성의 모습 등으로 이어진다. 이와 같은 코믹한 장면들은 유족이 연금 신청 서류를 접수하기 위해 찾은 관청 사무실에 근무하는 공무원들의 행태, 즉 잡담하고 있는 관료들의 모습과 빈번하게 자리를 비운 관리들, 길게 줄서서 기다리는 사람들과 상관없이 퇴근 시간이 되자 곧바로 퇴근하는 공무원들의 모습 등을 통해 혁명 이후 쿠바의 관료주의에 대한 비판을 정면으로 제기하고 있음을 보여주고 있다. 이러한 혁명 이후의 쿠바 사회를 구티에레스 알레아는 되는 일도 없고 안 되는 일도 없는 전형적인 비효율적 사회로 비판하고 있는 것이다. 특히 그는 이 영화가 겨냥하고 있는 것이 무엇인지를 영화 마지막 부분의 사무실 벽면에 '어느 관료의 죽음'이라는 포스터를 통해 다시 한 번 상기시키고 있다. 영화는 "혁명 정부의 관료주의를 신랄하게 파헤쳐 당시 쿠바 사회에서 전근대적 관료주의에 대한 논의를 촉발시켰을 정도로 큰 파장을 일으켰다."[39] 이것은 혁명 이후 쿠바 사회가 직면하고 있던 현실이고 영화는 그에 대한 비판을 풍자를 통해 묘사하고 있는 것이다.

쿠바 현실에 대한 문제 제기는 마누엘 옥타비오 고메스가 만든 영화 〈튤리파(Tulipa, 1967)〉에서도 나타난다. 이 영화는 1930-1940년대 농촌에서 인기가 있었던 서커스에 관한 영화로 1960년대 초 공연되었던 무대

---

작품을 토대로 하고 있다. 영화는 시대를 의미하는 다양한 알레고리로 구성되어 있다. 그것은 커튼을 들어 올리는 촌뜨기에서부터 사회자에 의해 호명된 다양한 스타에 이르기까지 서커스인들을 이용한 인물들의 단면들이 알레고리로서 충분히 설득력을 가지고 있다. 따라서 이 영화는 알레고리 형식으로 쿠바 사회를 언급하고 있기 때문에 사회 비판이 충만한 영화라고 할 수 있다.[40]

쿠바 현실과 상황을 독특하게 묘사한 영화는 1967년 사무엘 페이호(Samuel Feijóo)의 소설 〈모초 마을의 후안 킨킨(Juan Quin Quin en Pueblo Mocho)〉을 토대로 훌리오 가르시아 에스피노사가 만든 〈후안 킨킨의 모험〉에서도 찾아볼 수 있다. 〈후안 킨킨의 모험〉은 피카레스크 특징을 가진 영화로서 쿠바의 혁명 게릴라 활동과 다소 어울리지 않을 것 같은 다양한 장면들로 구성되어 있다. 영화는 산등성이 평원에 총을 들고 말을 탄 기병들의 모습으로 시작된다. 그리고 잘 차려입은 커피 농장주와 경찰관의 대화 장면이 보여지고 난 후 곧바로 전쟁 다큐멘터리 필름으로 이어진다. 두 명의 인물과 하나의 자료 필름으로 구성된 이 화면은 혁명 투쟁의 원인을 함축적으로 보여주고 있다. 영화는 타이틀 자막이 등장한 후 성당을 배경으로 열변을 토하는 사제들의 모습과 투계(鬪鷄)대회의 사람들, 호수 근처의 수영복 차림의 여인들, 사자를 끌고 마을로 온 서커스단의 모습과 마을의 소동, 그리고 투우사로 변한 후안 킨킨의 모습 등 일상적인 현실과 혁명 게릴라 투쟁을 코믹하게 묘사한다. 이러한 코믹한 상황들은 불평등한 계약을 통해 힘들게 일하고 있는 농부들의 모습과 연결되면서 쿠바인들이 게릴라 투쟁에 나서게 되는 원인과 결과로서의 논리적 관계를 형성한다. 이로써 영화는 농장의 불평등하고 불공정한 관계와 혁명 게릴라 투쟁의 전략과 성공 등을 보여준다. 따라서 영화는

---

40 Michael Chanan, *op. cit.*, p.257.

불평등하고 불공정한 사회 구조와 그것의 결과인 혁명 게릴라 투쟁을 코믹하고 즐거운 방식으로 묘사하고 있는 것이다.

혁명 이후 쿠바인들의 정체성과 현실에 대한 인식은 라틴아메리카 영화의 전형이자 핵심을 집약해 놓은 것으로 평가받고 칭송 받았던 구티에레스 알레아 감독의 〈저개발의 기억〉에서 가장 두드러지게 나타나고 있다.

영화는 에드문도 데스노에스(Edmundo Desnoes)의 소설에 토대한 것으로 "혁명이 만든 새로운 현실, 즉 새로운 쿠바의 예술적, 지성적 분위기로 진입할 수 없었던 반영웅이자 좌절한 작가에 관한 이야기이다. 또한 보다 넓은 차원에서 살펴보자면, 이것은 과거 이데올로기와의 단절, 즉 사회적 양심의 전형이 되기를 요구하는 새로운 사회에서 문학 작가가 되고 싶어 하는 한 예술가가 느끼는 정체성의 위기에 관한 것이기도 하다."[41] 이 영화의 시대적 배경은 1961년부터 미국 CIA의 도움으로 반혁명군의 플라야 히론 침공이 있던 반혁명 사건과 쿠바의 미사일 기지 설치 문제로 미국과 소련과의 미사일 위기 발발 시점인 1962년 10월까지로 하고 있다. 그렇기 때문에 영화에서는 전쟁과 식민지 트라우마를 가지고 있는 쿠바 역사와 혁명의 불완전성에 대해 작가가 되고자 한 주인공 세르히오의 시각을 통해 묘사하고 있다. 영화는 총 7개의 자막 에피소드로 구성되어 있다. 7개의 자막 에피소드는 쿠바에서 벌어지고 있던 중요한 정치적, 사회적 사건들과 풍경들에 기반하고 있고 그것을 세르히오, 그의 부인이었던 로라와 노에미, 엘레나, 한나와의 관계를 통해 묘사하고 있다. 그러므로 영화는 이들 네 명의 여인들에 대한 세르히오의 관점을 자막 에피소드 사이에 배치되어 있는 동시대에 일어났던 사건들과 결합되면서 전개된다. 그렇기 때문에 영화는 세르히오와 여인들과의 관계를 쿠바의 현실에 빗대어 저개발적인 관점을 통해 풍자하면서 그것을 쿠바에서 일어

---

41  송병선, 앞의 책, 100쪽.

나고 있는 역사적 사건과 연결시키고 있는 것이다.

이러한 특징은 첫 번째 에피소드 '아바나 1961, 수많은 사람들이 나라를 떠나다(La Havana 1961, Numerosas Personas Abandonaron El Pais)'에서부터 드러나고 있다. 이 에피소드에서는 세르히오와 이혼하고 쿠바를 떠나려 하는 로라의 모습과 공항 풍경을 쿠바에 홀로 남게 된 세르히오의 시각을 통해 쿠바의 불안한 현실과 미래를 묘사하고 있다. 이것은 공항에서 로라를 배웅하고 난 후 돌아오는 도중 '인간애는 충분하였으니 이제 바뀌기 시작해야 한다'는 내레이션을 통해 쿠바 혁명 이후의 현실과 미래에 대한 문제를 제기하면서 나타난다. 그리고 이것은 세르히오가 자신의 아파트로 돌아온 후 녹음기에 녹음 되었던 부인 로라와의 논쟁과 대화를 들으면서 그녀와의 추억을 떠올리면서 구체화 된다. 즉 우아함과 저속함, 인위적인 것과 자연적인 것에 대한 그들의 논쟁은 아파트 발코니에서 도심의 풍경을 바라보고 있는 세르히오의 모습과 중첩되면서 내레이션으로 '인생은 그들에게 무슨 의미일까, 내겐 인생은 무슨 의미일까'와 같은 질문과 의미 있게 결합된다. 이러한 함축적인 의미는 두 번째 자막 에피소드 '파블로 (Pablo)'에서 고속도로를 달리는 자동차 안의 세르히오와 친구 파블로와의 대화를 통해 혁명 이후의 쿠바가 처한 현실과 미래에 대한 막연한 두려움과 위기의식으로 묘사되고 있다. 이들은 쿠바가 라틴아메리카에서 최초로 사회주의 혁명을 이뤘다는 자부심을 가지고 있지만, 결국 미국과 러시아가 쿠바의 모든 자원을 독차지 할 것이라는 우려를 한다. 이러한 우려는 내레이션을 통해 '쿠바인들이 참지 못하는 것은 배고픔이고, 그것은 스페인 사람들이 쿠바에 오고나면서부터'라는 내레이션과 함께 화면은 기아에 허덕이는 사람들의 사진으로 이어진다. 이러한 내레이션과 화면은 혁명 이후 쿠바가 처한 현실이 뿌리 깊은 식민지적 상황에 기인한 것으로 그것에 대한 두려움이 혁명 이후에도 쿠바를 비롯한 라틴아메리카에 일정 부분 지속되고 있다는 것을 암시하고 있다. 이와 같은 상황에 처해 있는 쿠바의 현실을 직접적으로 드러내고 있는 것이 '그 집단의 진실은 살인자에게 있다(La Verdad del Grupo está en el asesino)'라는 세 번째 에피소드에서 묘사되고 있다. 이 에피소드에서는 미국 CIA의 지원을 받고 플라야 히론을 침공한 반혁명군들의 체포 장면과 그들에 의해 살해된 사람들의 모습을 담은 자료 필름과 내레이션을 통해 부르주아 계급의 속성을 '자신의 정당과 정치에 무관심하고 모든 것을 개인의 영역으로 치부하면서 자신의 책임을 숨기고 싶을 때는 집단 속으로 숨는다'는 자본주의 부르주아의 전형적 형태를 비판하면서 플라야 히론 반혁명군들의 침입을 도운 미국의 실체를 기아와 질병, 고문 등으로 죽은 사람들의 모습과 화려한 옷을 입고 춤추는 무도회의 모습을 대조시키면서 비판한다. 그리고 네 번째 에피소드 '노에미(Noemi)'에서는 여성의 이미지를 통해 쿠바의 현실을 묘사하고 있다. 즉 세르히오의 아파트에 청소하러 온 노에미는 그에 의해 에로틱한 모습으로 상상된다. 이러한 노에미의 모습은 도심의 빌딩 옥상 수영장에서 선탠하고 있는 여성들과 텔레비전 속의 노래하는 마를린 몬로(Marilyn Monroe)의 모습을 통해 물신화된 여성 이미지와 중첩된다. 그리고 그 이미지는 관타나모 만 기지가 쿠바의 정탐 기지로 사용되고 있다는 보도와 결합된다. 이것은 물신화된 여성의 이미지를 탐욕과 정복의 이미지로 치환 시키면서 쿠바가 직면하고 있는 현실을 상징화 하고 있는 것이다. 여성과의 관계를 세르히오 자신과 쿠바 내부의 문제로 연결시키고 있는 것은 다섯 번째 에피소드 '엘레나(Elena)'에서도 나타난다. 세르히오는 쿠바영화예술산업협회 관계자를 만나기 위해 건물 앞에 서있는 배우 지망생인 엘레나를 우연히 만나 유혹한다. 그들은 영화 촬영의 반복성과 삭제된 장면들을 들어 혁명 이전 독재 시기의 영화 검열 위원회 등을 언급하면서 독재로부터 해방된 현재의 쿠바를 대조시킨다. 그리고 세르히오의 아파트를 방문한 엘레나는 미국으로 떠난 가족을 따라가지 않고 쿠바를 떠나지 않은 이유를 묻기도 하고 자동차 등을 언급하면서 미국에 대해 환상을 가지고 있는 인물로 묘사된다. 이러한 엘레나의 모습은 로라도 그런 생각을 했다는 세르히오의 말에 의해 그녀들 둘이 동일한 가치와 의식을 소유한 인물로 치부한다. 이들의 가치 변화의 가벼움을 내레이션으로 다음과 같이 말한다. "엘레나는 너무 쉽게 변하는 것의 표상이다. 호세 오르테가 이 가세트(José Ortega y Gasset)가 말한 것처럼 완벽한 변화이다. 그녀는 사물과 관계 짓지 않는다. 그건 저개발의 표식 중 하나이다. 사물과 관계 지을 능력이 없는 것이라 하면서 그것을 쿠바인들이 매 순간 적응하면서 허비한다. 사람들은 쉽게 변한다"고 한다. 이처럼 영화는 저개발의 표상을 사물과 관계 지을 능력이 없고 쉽게 변하는 것으로 규정하면서 쿠바에는 이러한 것들이 만연되어 있고 그것을 극복해야 한다고 말한다. 이러한 저개발의 의미는 두 번째 에피소드에서 세르히오와 파블로가 고속도로를 달리고 있는 자동차 안 장면과 연결된다. 즉 그들이 자동차를 타고 가는 도중 1961년 미국이 플라야 히론 침공을 위해 쿠바 혁명군과 전투를 벌였던 지역인 '플라야 히론'의 도로 표지판을 뒤로 하고 쿠바를 떠나는 파블로를 향해 세르히오는 옛날의 독재자에 저항한 혁명가로서의 파블로가 아닌 것을 깨닫고 '혁명은 부르주아지에 대한 복수'라는 내레이션에 의해 그 의미를 강화시킨다. 파블로가 떠난 후 세르히오는 자신의 아파트에서 쿠바의 헤밍웨이(Hemingway) 기념관을 둘러보는 사람들을 내려보면서 내레이션을 통해 헤밍웨이는 쿠바에 관심이 없었고 하나의 도피처로 여긴 것에 불과하였다고 한다. 이것은 쿠바에 혼자 남은 세르히오가 바라보는 쿠바가 처한 현실의 모습인 것이다.

이러한 쿠바의 현실에 대한 풍경은 '문학과 저개발(Literatura Y Subdesarrollo)'이라는 여섯 번째 에피소드에서 직접적으로 묘사되고 있다. 특히 이 에피소드에서의 내레이션은 혁명 이후 쿠바의 현실과 정체성에 대해 날카롭게 이야기 하고 있다. 즉 "저개발 국가에서의 문화는 가끔은 고통스러우며 다음과 같은 사람들의 노력으로 지탱된다. 자신의 사회생활을 변화시킬 능력을 깨달은 사람, 자신의 역사를 기록하는 사람, 그리고 자신의 성과를 위해 최선의 전통을 선택하는 사람, 그 성과는 국가의 자유를 위한 투쟁으로 생겨나는 조건을 통해 이루어진다 …… 사회주의와 자본주의, 프롤레타리아와 자본주의 모순은 현실적이지 않고 추상적이다. 그 기본적인 모순이 구체화되면 전쟁으로 이어진다. 이런 모순이 발견되는 곳이 베트남이다." 이와 같은 내레이션은 혁명 이후 쿠바가 무엇에 의해 어떻게 유지되어야 하는지를 사회 과학적 방법을 통해 객관적이고 냉정하게 말하고 있으며 화면에서 보여준 베트남에 관한 자료 필름은 그것의 구체성을 확인해주고 있다. 이와 같은 선언적 내레이션에 이어 첫 번째, 다섯 번째 에피소드의 로라와 엘레나에서 언급했던 것처럼 저개발 국가에 관한 세르히오의 내레이션이 이어진다. 그러나 여기서 세르히오의 내레이션은 자신의 문제, 즉 개인의 영역으로 향한다. 개인이 어떻게 저개발을 떼어낼 수 있을까 하는 물음을 던지면서 저개발 국가에선 변하지 않은 게 없고 모든 것이 잊혀지고 사람들도 일정치 않다고 한다. 그리고 '가족과 일, 아내는 어디 있지?'라는 물음을 던지면서 자신을 쿠바의 상황과 동일한 프레임 속에 있거나 아니면 그것과 유리되어 있다고 한다. 이것은 혁명 이후의 쿠바의 현실이 일체감이나 동질적 프레임 속에 내재 되어 있는 것에서 벗어나 무엇인가 불협화음 속에 있다는 것을 암시하고 있다. 세르히오는 자신과 쿠바와의 관계의 어긋남을 나치를 피해 쿠바에 정착한 유태계 가족의 딸인 한나와의 만남을 통해 상징화 하면서 증명한다. 그는 한나를 만난 것을 인생의 최고였고 그녀는 저개발 여성들과는 근본적으로 다른 성숙한 여성이었다고 말한다. 세르히오는 그녀를 쫓아가지 않은 것을 깊이 후회한다. 그는 한나를 저개발 여성들과 비교하면서 그 대표적 인물로서 자신의 부인이었던 로라를 잎만 무성하고 과일이 열리지 않은 괴물스러운 채소와 같다고 한다. 그리고 화면은 엘레나 가족에 의해 고소당한 후 재판을 받고 무죄로 풀려나온 세르히오의 모습을 보여준다. 이러한 장면들은 한나를 로라, 엘레나와 비교하면서 그들의 저개발성을 묘사하고 있는 것이다. 이와 같은 저개발성은 미국의 플로리다에 전투기를 증강하고 있는 미국의 상황을 다루고 있는 신문을 보여주면서 혁명 이후 쿠바의 현실의 혼란스러움을 더욱 강화시키는 요소로 작용한다. 여섯 번째 에피소드에서 보여준 이러한 신문 기사는 일곱 번째 에피소드인 '1962년 10월 22일 케네디 연설(22 Octubre 1962 Habla Kennedy)'이라는 자막과 함께 미국의 케네디 대통령의 연설로 이어진다. 그리고 화면은 쿠바의 미사일 기지 건설 공사에 대한 서방 국가들의 우려와 쿠바의 전투태세 준비, 유엔에서 연설하는 카스트로의 모습을 보여준다. 이러한 급박한 상황과 달리 영화는 망원경으로 달을 보고 있는 세르히오의 모습과 길거리의 탱크 부대를 대비시키면서 마치 쿠바의 현실과 미래를 암시하듯이 고요하고 흐릿한 쿠바의 아침 풍경을 보여주면서 마무리 된다.

영화 〈저개발의 기억〉은 1960년대 초 쿠바를 둘러싸고 있는 상황과 급박한 역사적 사건들을 배경으로 쿠바가 처한 현실을 세르히오와 여인들의 관계를 통해 저개발이라는 개념으로 비교했다. 이것은 쿠바가 직면하고 있는 현실, 미국을 비롯한 식민지 주체에 대한 저항과 쿠바에 존재하고 있는 저개발성 사이의 모순과 갈등, 그로부터 발생한 혼돈, 그리고 쿠바가 직면하고 있는 문제와 미래의 정체성이 어떻게 이루어져야 하는지를 객관적이고 냉정하게 분석하고 묘사했다. 이러한 이유로 영화 〈저개발의 기억〉은 1960년대 쿠바 영화의 중심에 위치할 수밖에 없으며 가장 혁신적인 작품이라 불린다.

혁명 이후 1960년대 쿠바 영화는 쿠바의 현실과 정체성에 대한 문제를 다룸으로써 혁명 자체와 그 변화에 대한 문제를 과감하게 제기하였다. 특히 현실 묘사는 혁명 자체와 혁명 이후의 현실과 그것의 지향 등이 미국, 소련과의 급박한 관계의 소용돌이 속에서 나타나는 불가피한 현상이라 할 수 있다. 이러한 측면에서 본다면 1960년대 쿠바 영화는 혁명 이후 쿠바 사회에서 벌어지고 있는 사회적 현실, 현상과 그로부터 발생한 것들을 직면하고 있는 쿠바인들의 가치 판단의 혼란스러움에 기반하고 있다. 이것은 혁명 이후 쿠바의 정체성과 함께 다양한 사회적 풍경을 통해 혁명 자체뿐 아니라 새롭게 변한 쿠바 사회와 역사적 상황들에 대한 쿠바인들의 인식과 가치 혼란을 묘사하고 있는 것이다.

## 새로운 실험정신과 창작논리 구축

혁명 이후 1960년대 쿠바 영화가 혁신과 발전의 황금기라 불릴 수 있는 또 다른 특별함은 영화 창작의 실험과 새로운 논리 구축에 있다고 할 수 있다. 이 시기를 이렇게 규정할 수 있는 것은 영화 창작에 대한 자유를 쿠바 정부로부터 일정부분 보장받았기 때문이다. 이것은 쿠바 영화의 핵심 인력이 공개적으로 혁명에 참여하고 혁명의 이상을 지지하였기 때문에 가능한 것이었다. 이러한 이유로 쿠바 영화인들은 정치적으로 민감한 문제들을 회피하지 않을 수 있었고 쿠바 정부를 비판하는데 있어서도 주저하지 않았다. 뿐만 아니라 이들은 예술적인 차원에서 사회주의 리얼리즘의 요구와 타협하지 않았다. 이것은 쿠바 영화인들이 상대적인 자율성을 누렸다는 것을 증명하고 있는 것이다.[42] 이러한 영화 창작의 자율성은 쿠바영화예술산업협회의 정책에 영향을 주었던 '제1회 민족문화 대회(Primer Congreso Nacional de Cultura, 1962)'에서부터 비롯되었다. 여기서 쿠바영화예술산업협회의 책임자였던 알프레도 게바라 발데스는 에디트 가르시아 부차카(Edith García Buchaca) 수중에 있는 '민족문화위원회(Consejo Nacional de Cultura, CNC)'의 전통적 지위를 비판했다.

---

42  위의 책, 99쪽.

알프레도 게바라 발데스의 비판의 출발점은 1961년 6월 30일 피델 카스트로가 아바나 국립 도서관에서 지식인 집단에게 쿠바의 영화, 문학, 미술에서 무엇이 가장 중요한 테마와 문제가 되어야 하는 것인지를 제시한 이른바 '지식인들에게 고함(Palabras a los Intelectuales)'에 근거하고 있다. 카스트로는 이 연설에서 '모든 것은 혁명 내에서 이루어져야 하고 혁명 밖에서는 아무것도 이룰 수 없다(Dentro de la revolución todo, contra la revolución nada)'.[43] 즉 '예술은 혁명 밖에서는 존재하지 않으며 그것은 예술적 혁신의 유일하게 가능한 원천이고 가장 높은 질서의 창조적 현상이다'라는 쿠바에서의 창작 원칙을 말했다. 알프레도 게바라 발데스는 카스트로가 언급했던 이 말을 '예술가들의 노력은 자율적이다'라는 의미로 이해하였다. 그리고 예술은 교육적 가치이지만 그것의 목적은 교육적이지 않다. 쿠바영화예술산업협회가 만약 정치적 연설이나 철학적 에세이와 같은 방식으로 혁명적 메시지가 예술 작업의 창작가에게 요구된다면, 그때 유일한 한 가지는 '창작가의 정신적 암살, 산소 텐트에서 예술의 질식이 이루어질 것이다'고 믿었다. 그들이 만들고 있는 짧은 단편 극영화를 생각한다면, 그는 명확하게 젊은 감독들이 자신들의 감각을 찾기 위해 자유스러운 실험을 할 수 있는 공간의 필요를 보호하고 있었다.[44] 알프레도 게바라 발데스의 주장은 "1963년 4월에 홀리오 가르시아 에스피노사에 의해 '쿠바 작가예술가동맹(Unión de Escritores y Artistas de Cuba, UNEAC)'의 간행물인 《가세타 데 쿠바(La Gaceta de Cuba)》의 기사에서 미학 문제에 관한 일련의 긴급한 문제로 공식화되었다. 그리고 영화감독들은 그 해 7월에 만나 3일 동안의 토론을 통해 그들의 결론을 8월 《혁명의 월요일(Lunes de Revolución)》의 계승자인 《가세타(Gaceta)》에 발표했다. 29명의 감독들

---

43  Hector Amaya, *op. cit.*, p.13.
44  Michael Chanan, *op. cit.*, p.168.

이 서명한 성명서에는 문화 발전을 증진시키기 위한 국가의 권리와 의무였던 것에 비해, 미학적 경향과 사상들은 항상 서로간의 갈등 관계에 있으며 그에 대한 해결을 강요하도록 한 시도가 잘못되었다는 선언이었다."[45] 혁명 이후 1960년대 쿠바 영화는 쿠바 영화인들의 예술 창작에 대한 독립적인 개념 정립과 인식, 그리고 쿠바영화예술산업협회의 책임자인 알프레도 게바라 발데스의 끊임없는 정치적 검열에 대한 경계가 혁명 정부에 조성되어 다양한 실험과 시도가 가능하였다. 이러한 환경을 토대로 이 시기 쿠바 영화가 시도한 가장 두드러진 특징은 극영화에서의 다큐멘터리적 요소와 극적 요소의 결합과 영화 창작에서의 양식적 실험이었다. 물론 이것의 직접적 영향은 혁명 이후 이탈리아, 프랑스, 소련 등 외국 영화의 영향으로 형성된 형식의 복합성과 그로부터 발생한 새로운 창작시도에 근거한다고 할 수 있다. 이들 영화는 다큐멘터리적 요소를 극적 요소와 결합하거나 영화 속에 자막과 에피소드들을 사용하여 한편의 영화 속에 독립적인 이야기 구조를 통하여 모더니즘적 서술 구조 등과 같은 다양한 실험과 시도를 특징으로 하고 있다. 이러한 특징은 주로 외국에서 영화를 배웠던 감독들이 주도하였다. 이탈리아에서 영화 공부를 하였던 구티에레스 알레아, 가르시아 에스피노사와 프랑스 누벨바그 영화의 영향을 받았던 움베르토 솔라스, 마누엘 옥타비오 고메스, 호르헤 프라가, 에두아르 마네(Édouard Manet), 마누엘 페레즈(Manuel Pérez) 등은 각각 이탈리아 영화의 특징인 사실주의와 프랑스 누벨바그 영화의 특징인 관습적 수법으로부터의 과감한 이탈 등을 쿠바 영화에 적용했다. 여기에 소련, 체코, 동독 등 사회주의권 영화감독들과의 공동제작 등은 쿠바 영화가 새로운 형태의 창작 수법을 실험할 수 있는 환경을 자연스럽게 만들었다.

---

45 *Ibid.*, p.171.

이러한 복합적 상황이 쿠바 영화의 특징으로 영화 속에 나타나기 시작한 것은 주로 1960년대 극영화 부분에서였다. 특히 이 시기 대표적인 영화적 실험성의 하나로 볼 수 있는 다큐멘터리적 요소와 극영화적 요소의 결합은 1960년대 쿠바 영화의 황금기를 대표 할 수 있는 〈12개의 의자〉, 〈나는 쿠바다〉와 〈어느 관료의 죽음〉, 〈후안 킨킨의 모험〉, 〈루시아〉, 〈저개발의 기억〉, 그리고 1868년의 독립 전쟁을 취재하는 뉴스 기자의 상상적 관점을 보여주고 있는 마누엘 옥타비오 고메스의 영화 〈마체테의 첫 번째 임무〉에서 두드러지게 나타나고 있다.

이들 영화 중에서 구티에레스 알레아가 만든 영화 〈12개의 의자〉에서는 그러한 특징의 조짐들이 나타나는 선구적 영화라 할 수 있다. 이 영화에서는 영화 시작과 함께 카스트로와 체 게바라를 찍은 자료 사진과 애니메이션, 그리고 각각의 자막을 통한 에피소드 형식이 다양하게 사용되고 있으며 내레이션으로 영화 속 내용에 대한 의미를 설명하고 있다. 실제적 사건에 근거한 자료와 그것을 강화하는 요소인 내레이션을 통해 영화 창작의 목표를 구현하려 시도한 것은 칼라타조프의 〈나는 쿠바다〉에서 나타나고 있다. 이 영화에서는 영화 속 인물인 페드로가 사탕수수 농장과 집에 불을 지르는 장면과 함께 그들의 피와 눈물에 대한 책임을 묻는 내레이션과 바티스타 장군의 모습을 다룬 다큐멘터리 필름을 보여주는 장면에서 확인된다. 여기서 다큐멘터리는 쿠바 농민들의 고통과 슬픔이 바티스타라는 인물에 근거하고 있다는 역사적 사실을 부각시키는데 효과적으로 사용하고 있다. 이와 같은 특징은 구티에레스 알레아의 〈어느 관료의 죽음〉에서도 나타나고 있다. 이 영화는 자료 필름을 통해 흑백 사진으로 된 어린 시절, 젊은 시절을 묘사하고 노동자의 모습을 애니메이션으로 재미있게 묘사하면서 시작된다. 이런 장면들은 풍자적이고 코믹한 영화의 성격과 부합되면서 혁명 이후의 쿠바의 관료주의를 비판하는데 효율적으로 사용되고 있다. 극영화 속에 다큐멘터리 자료 필름으로 시작한 영화는 훌리오

가르시아 에스피노사의 〈후안 킨킨의 모험〉에서 나타난다. 이 영화에서는 타이틀 자막이 화면에 등장하기 전 폭격 장면, 비행기, 탱크 등과 같은 전쟁 다큐멘터리 필름을 보여주면서 시작한다. 그리고 자막은 에피소드를 구분한 것으로서가 아니라 영화 속의 한 인물의 심리와 사건의 상태를 나타내며 그것을 내레이션으로 설명한다.

극영화에서 전개되고 있는 이야기를 다큐멘터리의 사실성을 통해 강화하고 있는 것은 쿠바의 혁명 역사를 3개의 에피소드 형식으로 묘사한 움베르토 솔라스 감독의 〈루시아〉에서도 나타난다. 이 영화는 서로 다른 시기에 일어났던 역사적 사건들을 3개의 독립된 에피소드 형식으로 구성되었다. 영화는 세 개의 에피소드 중 첫 번째와 두 번째 에피소드에서 혁명투쟁의 사건의 진실, 사실성을 설명하기 위해 자료 필름을 사용하고 있다. 즉 첫 번째 에피소드에서는 마치 현상된 필름 같은 화면으로 전투 장면에서 혼자 남은 루시아를 묘사하면서 제국주의 혁명 투쟁의 역사적 사실성을 높였고, '1932'라는 두 번째 에피소드에서는 길거리에서의 시위 장면과 총격전, 그리고 잔인하게 진압하는 경찰들을 르포르타주(reportage) 형식의 필름을 사용함으로써 독재자에 대한 혁명 투쟁의 역사적 사실성을 강조하였다.

이처럼 쿠바 영화감독들은 영화 속에서 다뤄진 사건들이 실제 역사 속에서 일어났던 사건들에 기반하고 있다는 이른바 혁명 투쟁의 기록이라는 극적 효과를 강조하기 위해 다큐멘터리적 요소를 극영화 속에 삽입하였다. 왜냐하면 이것은 극영화 속에서 감독이 전하고자 한 영화 창작의 목표로 나아가는데 있어 가장 효과적 방법의 하나로 인식했기 때문이다.

1960년대 쿠바 영화에서는 다큐멘터리적 요소와 극적 요소의 결합을 통해 쿠바 영화 표현의 풍부함을 증명하였을 뿐만 아니라 영화 자체 내의 양식적 실험을 주도한 영화들도 이 시기의 주요한 특징으로 나타났다. 이러한 경향의 영화는 1964년 소설가이자 극작가이면서 영화감독인 에두아르 마네의 〈트래픽(Tránsito)〉에서 드러난다. 그러나 1960년대 초 아바나에서 활동하였던 베네수엘라(Venezuela) 출신의 영화감독 우고 울리베(Ugo Ulive)는 이 영화를 고다르 초기 영화의 빈약한 모방에 불과하다고 비판했다. 반면 마네의 두 번째 극영화 〈집터에서의 하루(Un día en el solar, 1965)〉는 쿠바의 안무가의 발레에 맞춰 노래와 대사를 덧붙인 것으로 뮤지컬 코미디를 모방하려 시도한 영화라 평가받았다.[46] 또한 "시골에 자원한 선생님들의 일상과 부르주아 출신 소녀의 경험에 관한 이야기에 토대하고 있는 1964년 호르헤 프라가가 만든 〈요즘 같은 나날들(En días como estos)〉에서도 이러한 양식적 시도의 흔적을 찾을 수 있다. 이 영화는 공격적으로 새로운 유럽 예술 영화에 고무된 형식적 스타일의 모더니티(modernity) 재현의 시도처럼 보였다. 가르시아 에스피노사는 나중에 그 영화를 정치적으로 추인된 혁명을 모더니티 영화와 동등함을 찾으려 노력하는 젊은 감독들의 싸우기 좋아하는 전형적인 예라고 언급했다."[47] 이러한 실험에도 불구하고 양식적 시도가 보다 뚜렷하게 나타난 이 시기의 영화는 1965년 움베르토 솔라스가 만든 〈추적(El acoso)〉을 들 수 있다. 이 영화는 플라야 히론 침공이 실패로 돌아간 후 탈출한 용병이 시골에서 사람을 죽이고, 옷을 훔치고, 외딴 집에 혼자 있는 여인을 강간하고 난 후 길을 잃고 희망을 상실한 채 바다의 개펄을 헤매고 있는 모습을 묘사하고 있다. 이 영화의 양식적 특징은 용병을 추적하는 이른바 관습적인 추적영화(chase movie)를 구성하고 있는 교차편집(crosscutting)의 수법을 사용하지 않고 거의 고정된 카메라 수법을 사용하여 긴장과 위협의 분위기를 조성하였다는데 있다.[48]

---

46  *Ibid.*, p.179.
47  *Ibid.*, p.180.
48  *Ibid.*, p.165.

그러나 무엇보다 혁명 이후 1960년대 쿠바 영화에서 영화적 실험과 시도의 정점은 이 시기 쿠바 영화의 결정체라 할 수 있는 구티에레스 알레아의 〈저개발의 기억〉에서 찾아 볼 수 있다. 구티에레스 알레아는 이 영화에서 쿠바에서 구사되었던 다양한 영화적 수법들을 창조적으로 시도하고 사용하여 쿠바 영화의 독창성을 구축했다. 그는 쿠바를 비롯한 라틴 아메리카가 안고 있는 저개발성에 대한 문제를 단순히 다큐멘터리 필름과 애니메이션에만 국한시킨 것이 아니라 쿠바 영화가 유럽으로부터 수용된 영화에 대한 개념과 수법, 형식들을 이 영화 속에 총체적으로 결합시키면서 독창적인 수법으로 묘사했다. 우선 영화 〈저개발의 기억〉에서는 자막을 통하여 사건의 핵심적 내용을 설명하는 독립적인 에피소드로 구성되어 있다. 영화 시작 부분에서 북소리에 맞춰 춤추는 원주민들의 모습을 보여주면서 갑작스럽게 들리는 총소리와 쓰러져 있는 사람의 모습과 춤추는 여인이 카메라를 정면으로 응시하는 정지 화면으로 시작되는 장면은 마치 프랑수와 트뤼포(François Truffaut)와 장 뤽 고다르(Jean Luc Godard) 영화의 특징인 이야기의 다양한 의미 해석과 영화에서 전개될 내용에 대한 객관화를 시도한 것처럼 보인다. 특히 '아바나 1961'이라는 첫 번째 자막 에피소드에서 세르히오가 떠나간 부인 로라의 짐을 정리하면서 녹음기에서 자신과 로라의 목소리가 들리는 순간 갑자기 화면에 욕실로 향하는 여인의 등장은 마치 과거와 현재의 시간이 의식이라는 한 곳으로 통합되는 누벨바그 영화의 특징인 알랭 레네(Alain Resnais)의 영화에서처럼 전개된다. 즉 과거에 있었던 시간과 공간이 현재의 시간과 공간으로 침투하여 영화는 이전의 순차적이고 체계적인 시간과 공간을 해체하면서 이야기를 전개시키고 있는 것이다. 또한 '엘레나'라는 에피소드에서 세르히오의 말과 대사 그리고 해변에서의 남녀 정사 장면, 그리고 아파트에서 벌거벗은 여인이 욕실로 들어가는 장면 등이 수차례 반복되는 장면에서도 고다르의 영화적 특징의 흔적이 보인다. 이와 같은 형식적 실험에도 불구하고 영화 〈저개발의 기억〉은 바티스타 타도에 대한 이야기, 플라야 히론 수감자들 이야기 등으로 혁명 과정의 중요한 역사적 사건을 놓치지 않는다. 뿐만 아니라 체포되는 군인들의 모습과 시위하는 사람들과 그들을 진압하는 장면, 케네디의 연설과 유엔에서 카스트로의 연설을 담은 다큐멘터리 자료 필름의 사용과 이를 내레이션으로 설명하는 장면들은 이 영화가 매우 다양한 실험적 요소로 구축되어 있음을 말하고 있다. 이와 같은 다양한 형식적 시도와 실험은 쿠바가 당면하고 있는 역사적 사건과 상황, 그리고 그것을 마주하고 있는 세르히오의 모습을 통해 묘사하면서 그것의 극대화는 다양한 형식적 시도를 통해 달성되고 있음을 보여주고 있는 것이다. 이처럼 다양한 수법들이 영화 속에 표현되고 있다는 것은 혁명 이후 1960년대 쿠바 영화가 다양한 영화 제작 수법을 토대로 실험성을 특징으로 하고 있다는 것을 의미한다.

혁명 이후 1960년대 쿠바 영화에서 나타난 또 다른 특징은 이러한 다양한 창작 실험을 통하여 시대적 흐름을 반영한 영화에 대한 재정의와 함께 독자적이면서 독창적인 창작논리 구축에 대한 시도를 들 수 있다. 이것은 쿠바의 혼란스러운 상황을 마치 예견하듯이 몇몇 영화인들에 의해 새로운 영화에 대한 개념으로 언급되었고 모색되었다. 그것은 가르시아 에스피노사가 주장한 '불완전 영화'의 개념으로 등장하였다. 그러나 이것은 쿠바에서의 지나친 형식주의 시도에 대한 비판적 개념으로부터 비롯되었다 해도 과언은 아니다. 즉 가르시아 에스피노사는 1969년 12월 7일 《불완전 영화를 위하여(Por Un Cine Imperfecto)》라는 에세이를 발표했다. 여기서 그가 언급한 '불완전 영화'는 완전 영화에 대한 규정과 쿠바 영화가 직면하고 있는 현상에 대한 언급과 함께 시작된다. 가르시아 에스피노사는 "오늘날 완전 영화 ― 기술적으로 예술적으로 완벽한 ― 는 거의 항상 반동적인 영화이다. 이 시기 쿠바가 직면하고 있는 가장 중대한 유혹은 스스로를 하나의 완전한 영화로 탈바꿈하려 하는 것이다"[49]고 했다. 그는 예술과 예술가의 정의와 예술에 대한 경건주의와 엘리트주의를 통해 비판하고 불완전 영화는 다음과 같은 정의와 실천에 의해 구축된다고 주장하고 있다. 즉 가르시아 에스피노사는 "불완전 영화의 모토(motto)는 글라우베르 호샤(Glauber Rocha, 브라질 영화감독)가 말한 것처럼 우리는 신경중(neurosis) 문제에는 관심이 없다. 대신 우리는 명료한 문제에 관심이 있다 …… 불완전 영화는 투쟁하는 이들 안에서 새로운 관객을 찾는 것이고 그들의 문제 안에서 주제를 찾는다 …… 그리고 우리는 불완전 영화가 무엇보다 문제들을 야기 시키는 과정을 보여주어야 한다고 주장한다. 그것은 원칙적으로 기념비적인 결과에 헌신한 영화와 반대되는 것으로서 자기 충족적 그리고 자기 관조적 영화와 반대이며, 우리들이 이미 가지고 있는 개념과 사상을 아름답게 묘사하고 있는 영화들과 반대의 것이다 …… 불완전 영화는 하나의 해답이지만 그것은 진행 과정에서 자신의 해답을 찾아야 하는 하나의 문제이다 …… 불완전 영화는 다큐멘터리나 허구적 형식 혹은 그 둘 다를 사용하여 만들 수 있다. 그것은 어떤 장르든 혹은 모든 장르를 사용할 수 있다 …… 불완전 영화는 만드는 사람이나 새로운 관객 모두 즐길 수 있는 것이다 …… 불완전 영화는 말 그대로 자기도취적이고 상업적인 의미에서의 전시주의를 거부한다 …… 불완전 영화는 더 이상 질적 수준이나 기술에 관심을 두지 않는다. 미첼(Mitchell) 혹은 8미리 카메라를 가지고 충분히 우수한 영화가 스튜디오에서든 정글 한 가운데 있는 게릴라 기지에서든 만들어질 수 있다 …… 불완전 영화는 더 이상 미리 결정된 취향들에도 그리고 '좋은 취향(good taste)'에는 더더욱 관심이 없다 …… 이 새로운 시학에 참여하는 영화인은 개인의 자아실현을 자신만의 목적으로 해서는

49 Michael T. Martin, New Latin American Cinema(Volume One), Wayne State University Press, 1997, p.71.

안 된다. 이제부터 영화인은 다른 행동을 해야 한다. 영화인은 혁명가로서 혹은 혁명가를 갈망하는 것으로서 자신의 역할을 규정해야 한다. 한 마디로, 영화인은 예술가로서가 아니라 한 인간으로서 자신을 만족시키기 위해 노력해야 하며, 그렇게 된다면 새로운 시학으로서의 완전 영화의 본질적 목적은 사라지게 된다."[50] 가르시아 에스피노사의 불완전 영화는 대체로 "혁명 영화의 실천에 대한 논쟁적인 반영이고, 그것은 쿠바 영화를 위한 강력한 신조(credo)로서 뿐만 아니라 라틴아메리카의 신영화의 범위를 규정하는 주요한 이론적 진술의 하나이다. 그러나 많은 사람들은 그 에세이가 기술적 완벽함에 대한 경고로서 시작되었다고 잘못 오해하고 있었다. 이것의 핵심적인 의미의 주제는 기술적, 예술적 완벽함은 반드시 정치적으로 효과적인 영화의 존재―그것이 불합리 할지라도―를 방해한다는 것이 아니라, 저개발된 세계에서 이것은 그 자체로서 목표를 세울 수 없다는 것이다. 거대 상업 영화의 제작 가치와 걸맞게 하기 위한 시도가 자원의 낭비 때문만이 아니라, 거대 도시의 상업 영화 속에는 이런 가치들이 돌이킬 수 없는 천박한 것이 되기 때문이고 아름답게 포장된 외양(beautifully controlled surface)이 수동적인 소비로 관객을 달래는 방식이 되기 때문이다. 이것은 확실히 현대 영화의 필요와는 반대되는 것이다."[51] 불완전 영화에 대한 문제 제기는 오늘날 완전한 영화, 즉 기술적으로 예술적으로 세련된 극장용 영화에 대한 거부이자 과도한 미국과 유럽의 영향을 거부한 것이다. 그것은 급진적인 해방 운동 미학과 유럽 영화 사이의 어느 정도의 수용을 가정한 것이 아니라 완전한 단절을 촉구한 것이었다.[52] 가르시아 에스피노사의 이러한 영화에 대한 정의는

50  Julio Garcia Espinosa, 1969. trans. Julianne Burton, 《Jump Cut》 No. 20, 1979, pp. 24-26.

51  Michael Chanan, op. cit., p. 305.

52  Michael T. Martin, op. cit(New Latin American Cinema Volume Two)., p. 145.

형식적, 기술적 완벽함의 추구는 정치적 기능으로서의 영화를 손상시키고 저개발된 국가에서는 그것을 달성하기가 결코 쉽지 않은 것이며, 그것은 상업 영화와 같은 천박한 것이 될 수 있다는 것이다. 이것은 궁극적으로 쿠바 영화의 지나친 형식주의 추구와 실험으로 초래될 영화 본래의 목적에 대한 우려가 내재되어 있다. 15년이 지난 후 "가르시아 에스피노사는 '불완전(imperfect)'이라는 용어가 혼란스러웠다는 것을 인정하였고 그것을 다음과 같은 방식으로 다시 설명했다. 즉 예술은 본질적으로 행동에 흥미를 갖고 있지 않지만 만약 우리들이 흥미를 표현해야만 할 그 순간 우리들이 그 말 속에 있다면, 그때 그것을 공개적으로 실행하고 그것을 위장하기 위해 지속하지 않는다. 그러므로 만약 예술이 본질적으로 행동에 무관심하고 우리들이 흥미로운 방식으로 그것을 해야만 한다면, 그것은 불완전한 예술이 된다. 본질적으로 이것은 내가 불완전이라는 단어를 사용했던 방식이다. 그리고 이것은 윤리적 문제가 아니라 미학적 문제이다. 또한 영화 〈되는대로(De cierta manera, 1974)〉의 감독인 사라 고메스는 1970년대 초 다큐멘터리스트로서 자신의 작품에 관하여 인터뷰를 할 때 그녀는 자기 방식대로 불완전한 영화를 다음과 같이 정리했다. 우리들에게 영화는 불가피하게 '자각(toma de conciencia)'에 의해 결정된 일부분이며, 우리들에게 직면한 문제임에도 불구하고 확고한 태도의 결과이고, 정치적으로 이데올로기적으로 우리들을 탈식민화의 필요성과 전통적 가치들과의 단절의 필요성의 결과이며, 그들은 경제적이고 윤리적이며 혹은 미학적으로 만든다. 표면상, 불완전 영화의 개념은 흔히 브레히트의 이름을 불러일으킨 1960년대 후반 이후 거대 도시에서 급진적인 영화 문화 속에서 발전되어 왔던 이상들과 많은 유사성을 가지고 있고, 이론적으로 구조주의의 지적기술에 토대하고 있으며 탈구조의 임무와 연관되어 있다 …… 가르시아 에스피노사는 불완전 영화의 핵심을 프란츠 파농(Frantz Fanon), 파올로 프레이르(Paulo Freire)처럼 문화 탈식민주의

(cultural decolonization)를 위한 제 3세계의 다른 핵심적인 논객들과 고난을 같이 하는 것으로 불렀다."[53] 그렇기 때문에 "불완전 영화의 개념은 제3영화의 이론 중 관객과 영화 사이의 관계에 천착하고 있다. 감독이 영화의 메시지를 설정하고 관객에게 일방적으로 유도하는 할리우드 영화와, 반면에 작가주의를 표방하는 누벨바그처럼 한 개인으로서의 관객이 열려진 텍스트를 독자적으로 해석하는 것과는 달리, 영화는 사회 속의 집단이 영화의 관객으로서 영화를 통해 집단 내부의 소통을 스스로 형성해 나가는 것이다."[54] 가르시아 에스피노사에 의해 촉발된 불완전 영화에 대한 논의는 쿠바에서 영화에 대한 재규정과 함께 오히려 다양한 실험과 시도를 불러일으키는 자극이 되었다. 이러한 시도는 "호세 마시프 감독의 〈호세 마르티의 일기〉, 마누엘 옥타비오 고메스의 〈물의 날들(Los días del agua, 1971)〉 그리고 토마스 구티에레스 알레아의 〈악마에 대항한 쿠바인들의 투쟁(Una pelea cubana contra los demonios, 1971)〉에서 나타났다. 이들 영화들은 1970년대 초기 쿠바 영화의 주제를 발전시키는데 있어 중요한 업적을 이루었다."[55]

이처럼 혁명 이후 1960년대 쿠바 영화는 새로운 영화 창작에 대한 과감한 실험과 함께 영화에 대한 새로운 논의를 통해 형성되었다. 혹자는 이것을 혁명 정부의 검열과 문화 정책에 의해 부분적으로 주어진 특징이라고 주장한다. 그러나 이 시기는 상대적 자유, 높은 이상주의, 그리고 직관적인 실험의 시기였다는 것은 누구도 부인하지 못할 것이다.[56] 오히려 그것은 다양한 국가로부터 쿠바로 유입된 영화 창작의 다양한 수법들이

---

53 Michael Chanan, *op. cit.*, p.306.
54 전기순, 「중남미 영화 – 뉴라틴아메리카 시네마(NLAC)를 중심으로」, 《라틴아메리카연구》 Vol.13 No.1, 한국라틴아메리카학회, 2000, 35쪽.
55 Michael Chanan, *op. cit.*, p.312.
56 Hector Amaya, *op. cit.*, p.11.

독립적이고 독창적인 방향으로 나아가는 역사적 이행의 한 과정이었다. 이것은 외부로부터의 다양한 방법을 쿠바 내부로 토착화 시키면서 다양한 창작적 실험과 개념, 논리를 구축하였다는 의미이다. 따라서 쿠바가 제국주의 국가들과의 오랜 투쟁을 거쳐 식민지로부터 독립화한 것처럼 쿠바 영화도 그러한 방식을 따라 독립적이고 독창적인 혁명이후 1960년대 쿠바 영화의 특징을 이루었다.

＊ ＊ ＊

1959년 1월 1일 혁명 이후 쿠바가 직면하고 있는 가장 중요한 문제는 혁명 이행 과정에서 나타난 다양한 혁명 투쟁을 통해 독립된 쿠바를 새롭게 건설하는 것이었다. 그것은 오랫동안 스페인과 미국으로부터 지배를 받아왔던 쿠바로서는 가장 우선적인 문제였다. 이를 위한 혁명 정부의 목표는 쿠바인들에게 혁명의 역사와 식민지였던 쿠바의 역사를 상기시킴으로써 쿠바와 쿠바인들의 정체성과 현실 인식을 각인시키는 것이었다. 이러한 혁명 정부의 목표를 가장 신속하고 효과적으로 수행할 수 있는 수단은 영화였다. 이것은 혁명 이전 1955년의 〈목탄 노동자〉 등과 같은 영화의 제작 경험을 통해 이미 입증되었다. 따라서 영화는 혁명 정부의 정치적 목표를 구현할 수 있는 가장 중요하고도 우선적인 것이 되었다. 그것은 혁명 직후 가장 빠른 조치로 쿠바혁명예술산업협회의 설치를 통해서도 확인된다. 따라서 쿠바 영화는 이러한 혁명 이후 혁명 정부의 명확한 목표와 밀접한 관계를 가질 수밖에 없었다. 그로 인해 이 시기 쿠바 영화는 자연스럽게 혁명 투쟁에 대한 기록과 식민지의 역사, 그리고 혁명 정부가 추진하고자 하는 정책, 그로부터 발생한 다양한 현실 인식의 묘사에 집중하였다. 이를 위해 쿠바 혁명 정부는 영화 제작 토대의 취약성을 인식하면서 이탈리아의 네오리얼리즘, 소련을 비롯한 사회주의 국가들로부터의 영화의 이데올로기, 프랑스의 누벨바그 등에 이르기까지 다양한 형태의 영화 창작 수법을 수용했다. 이를 통해 쿠바 영화는 일반적인 의미의 다큐멘터리 영화와 극영화뿐 아니라 그 두 가지 경향들이 결합된 독창적인 형태의 영화들이 등장하였다. 이러한 특징은 기술적이고 예술적으로 완벽한 영화에 대한 거부를 표방하면서 새로운 실험과 창작논리인 '불완전 영화'라는 개념으로 영화를 정의하는데 까지 나아가도록 했다. 따라서 혁명 이후 1960년대 쿠바 영화는 오랜 제국주의의 식민지 지배로부터 벗어나면서 그야말로 창작의 자유스러움이 충만 된 상황 속에서 발전하였다고 할 수 있다.

그러나 이러한 상황은 경제 구조의 다변화의 노력의 시기인 1960년대를 지나 그리 성공적이지 못한 1970년대에 접어들면서 점차 변화하기 시작하였다. 이와 같은 1970년대의 기류는 이 시기 영화 제작에도 직접적인 영향을 미쳤다. 쿠바영화예술산업협회의 계획은 취소되거나 축소되었다. 예컨대 "1970년에는 24편의 다큐멘터리 영화와 30분짜리 짧은 극영화 1편, 그리고 애니메이션 영화 1편만이 제작되었다. 그리고 이러한 상황은 1971년에 더욱 악화되었다. 1971년은 1970년보다 더 적은 수의 다큐멘터리 영화가 제작되었다. 이것은 극영화에 대한 보상으로 이어져 이 기간에는 5편의 극영화가 만들어 질 수 있었다. 그 중 하나는 30분짜리 짧은 단편 영화이고 다른 1편은 발레에 관한 영화였다. 나머지 3편은 호세 마시프 감독의 〈호세 마르티의 일기〉, 마누엘 옥타비오 고메스의 〈물의 날들〉 그리고 구티에레스 알레아의 〈악마에 대항한 쿠바인들의 투쟁〉이다."[57]

이러한 경제적 어려움과 함께 이 시기의 쿠바 영화 창작의 변화를 견인한 것은 그동안 자유스럽게 전개되었던 창작의 분위기가 점차 어두운

---

57 Michael Chanan, *op. cit.*, p.312.

먹구름 같은 기류로 변화하였다는 데 있다. 특히 1971년 시인 에베르토 파디야(Heberto Padilla)의 사건은 이와 같은 기류 변화의 상징성을 나타내 주고 있다. 그는 1968년 시집 〈반칙(Fuera del juego)〉으로 쿠바 작가 예술가 동맹 국제 비평가상을 수상했다. 이들 시 중 일부는 소련에 대해 회의론적이었고 나머지 다른 것들은 쿠바에서의 일에 환멸을 표현했다. 뿐만 아니라 파디야는 쿠바에서 존경받는 혁명작가인 리산드로 오테로(Lisandro Otero)를 공격하면서 자신의 나라와 결별한 기예르모 카브레라 인판테(Guillermo Cabrera Infante)의 책을 옹호했다. 쿠바는 이러한 그의 시각과 행태를 못마땅하게 여겨 1971년 파디야를 체포하여 28일 동안 구금하였다. 이 사건은 국제적 반향을 불러일으켰고 단순히 문화와 정치 분야에서 새로운 위기가 조성되었다. 이를 두고 냉전 쿠바주의자들과 언론에서는 제1세계의 지식인과 예술가들 사이에서 많은 동료 여행자들을 매혹시켰던 쿠바 혁명의 신비한 매력이 끝났다고 선언하였다.[58]

이것은 1970년대에 접어들면서 쿠바가 경제적 어려움과 함께 자유스러운 분위기 역시 위축되었음을 의미한다. 특히 경제적 어려움은 카스트로의 정치 지배력을 오히려 강화시키는 요인이 되었다. 그리고 그것은 혁명 정부에 대한 비판마저도 과감하게 수용하면서 그동안 이루어 놓았던 쿠바의 독창적인 영화적 수법과 논리마저도 무색하게 만들었다. 혁명 쿠바 영화의 후퇴는 1970년대부터 본격화된 경제적 어려움과 1971년 이후의 정치적, 사회 문화적 흐름에 기인한 것이다.

그럼에도 불구하고 쿠바 영화가 어떻게 독립화, 독창적 논리를 가지면서 쿠바 영화의 역사를 만들어갔는지는 라틴아메리카의 수많은 국가들뿐 아니라 자본주의와 사회주의의 벨트에서 벗어난 국가들의 하나의 전형과 나아갈 방향을 제시하였다는데 커다란 역사적 의의가 있다고 할 수 있다.

---

58 *Ibid.*, pp.312-313.

제**13**장

# 영국 사회와 노동자 계급에 대한
# 표면(表面)적 묘사, 영국 뉴웨이브 영화
# (1959-1963)

## 1. 성난 젊은이들과 키친 싱크 리얼리즘

영국 뉴웨이브(British New Wave) 영화는 1959년에서 1963년 사이 영국의 몇몇 영화감독들에 의해 만들어진 장편 극영화에 부여된 명칭이다. 이들 영화는 1930년대의 영국 다큐멘터리 운동, 1950년대 초 프리시네마 (Free Cinema) 운동 그리고 존 오스본(John Osborne)의 성공한 연극 〈성난 얼굴로 돌아보라(Look Back in Anger)〉와 앨런 실리토(Alan Sillitoe)의 〈토요일 밤과 일요일 아침(Saturday Night and Sunday Morning)〉과 같은 소설에 뿌리를 두고 있다. 이러한 이유로 영국 뉴웨이브는 영국의 문학, 연극, 영화에서 다루고 있는 다양한 사회적 현상으로부터 발생한 현실이 창작의 중요한 요소로 작용하고 있다고 할 수 있다. 또한 제2차 세계대전 이후 지속적인 경제 성장[1]으로 인한 물질적 풍요와 이집트 수에즈 운하

---

1   영국의 경제 성장과 풍요에 대해 핀토-더스친스키(Pinto-Duschinsky)의 주장에 따르면 1951년에서 1964년까지 영국에서는 완전한 고용이 지속되었고 생산성은 20세기에 필적할 정도의 다른 어떤 시기보다 빠르게 증가했다. 이 기간 동안 전체 생산은 40%, 평균

사건으로 국제적 비난이 영국에 집중되면서 과거 제국으로서의 위상이 재정립되는 역사적 이행기와 맞물린 영국 뉴웨이브는 이러한 사회적 변화와 더욱 밀접한 관계를 가질 수밖에 없었다. 이와 같은 시각은 존 힐(John Hill)의 언급을 통해 확인된다. 그는 1986년 영국 뉴웨이브 영화를 설명하면서 "광범위한 사회적 흐름의 중요성, 특히 급성장한 소비주의와 1956년 수에즈 운하 위기로 세계의 열강 국가에서 영국의 위치 하락을 강조하고 있다."[2] 존 힐은 영국 뉴웨이브 영화를 경제 성장으로 인한 소비주의와 수에즈 운하 사건으로 국제 사회에서 추락하고 있는 영국의 위상과 연결시켰다. 그 중에서도 경제 성장은 영국인들에게 경제적 풍요를 안겨 주어 소비주의를 촉진시켰지만 그것은 특정한 계층에만 집중되었다. 즉 경제적 상황이 호전되고 성장하였음에도 불구하고 노동자들의 계층 상승에는 근본적인 변화가 이루어지지 않아 여전히 영국 사회는 빈곤층이 광범위하게 존재하였다. 이러한 상황을 단적으로 보여주고 있는 것이 1968년 피터 타운젠드(Peter Townsend)의 통계를 통해 알 수 있다. 그의 통계에 따르면 "당시 빈곤층은 전체 가구의 7.1%, 인구의 6.1%였다. 그러나 빈곤선을 오르내리는 불안정한 층은 전체 가구의 23.8%, 인구의 21.8%였다."[3] 이것은 1950년대에서 1960년대에 걸친 경제 성장에도 불구하고 빈곤 문제는 해결되지 않았음을 보여주는 것이다. 빈곤층과 불안정한 계층의 중심에는 도시의 화이트칼라 계층이 아니라 대부분 공장을 중심으로 형성된 노동자

---

임금은 30% 증가했고, 자동차 소유와 텔레비전 수상기와 같은 개인 소비는 각각 225만대에서 8백만 대로, 1백만 대에서 1천3백만 대로 증가했다. 이러한 경제적 풍요에 대해 영국 수상 해럴드 맥밀런(Harold Macmillan)은 1957년 '자신의 인생에서 결코 경험하지 못했던 경제적 성장과 풍요의 국가를 보게 될 것이다'고 선언하였다. ─ John Hill, *Sex, Class and Realism: British Cinema 1956-1963*, bfi, 1986, p.5.

2　Robert Murphy, *The British Cinema Book*(Second Edition, Peter Hutchings, *Beyond the New Wave: Realism in British Cinema, 1959-1963*), bfi publishing, 2001, p.147.

3　Peter Townsend, *Poverty in the United Kingdom*, Harmondsworth, 1979, p.273. ─ 이영석, 『다시 돌아본 자본의 시대』, 소나무, 1999, 370쪽에서 재인용.

계급이 자리 잡고 있었다. 이러한 이유로 노동자 계급은 경제 성장과 풍요의 이면에 존재하고 있는 영국 사회의 현실과 모순을 상징하는 것이 되었다. 영국 뉴웨이브 영화가 이러한 사회적 현상과 모순을 영화 속에 반영하게 된 것은 무엇보다 영국 사회의 현실을 묘사하면서도 상업적으로 성공을 거둔 젊은 창작가들의 사실주의 계열의 소설과 연극 대본을 각색한 문학작품과 희곡 작품[4]에 토대하고 있기 때문이다. 따라서 영국 뉴웨이브 영화는 인접 예술인 문학과 연극 창작가들의 창작 목표와 양식에 영향 받지 않을 수 없게 되었다.

특히 1956년 영국 로열 코트 극장(The Royal Court Theatre)에서 공연된 존 오스본의 연극 〈성난 얼굴로 돌아보라〉의 성공과 앨런 실리토의 소설 〈토요일 밤과 일요일 아침〉의 등장은 직접적인 계기가 되었다. 여기에 "키쓰 워터하우스(Keith Waterhouse)와 윌리스 홀(Willis Hall)의 희곡, 울프 맨코비츠(Wolf Mankowitz)와 셸라흐 델라니(Shelagh Delaney)의 연극, 존 브레인(John Braine), 스탠 발스토우(Stan Barstow)와 데이비드 스토레이(David Storey)의 소설"[5] 등 극작가, 소설가들도 이 부류에 포함되었다. 이들 중 몇몇의 젊은 창작가들은 1957년 자신들의 주장을 담은 일종의 정치 문학 에세이 《선언(Declaration)》을 출간했고 영국 언론에서는 이들을 특정한 경향을 지닌 집단으로 칭하면서 '성난 젊은이들(angry

---

4 〈꼭대기의 방(Room at the Top)〉은 존 브레인(John Braine)의 소설 〈성난 얼굴로 돌아보라(Look Back in Anger)〉, 〈연예인(The Entertainer)〉은 존 오스본(John Osborne)의 연극 대본, 〈토요일 밤과 일요일 아침(Saturday Night and Sunday Morning)〉, 〈장거리 주자의 고독(The Loneliness of the Long Distance Runner)〉은 앨런 실리토(Alan Sillitoe)의 소설, 〈꿀맛(A Taste of Honey)〉은 셸라흐 델라니(Shelagh Delaney)의 희곡, 〈즐거운 인생(This Sporting Life)〉은 데이비드 스토레이(David Storey), 〈거짓말쟁이 빌리(Billy Liar)〉는 키쓰 워터하우스(Keith Waterhouse)의 소설과 윌리스 홀(Willis Hall)의 희곡, 〈사랑의 한 유형(A Kind of Loving)〉은 스탠 발스토우(Stan Barstow)의 소설을 토대로 영화화 되었다.

5 Anthony Aldgate and Jeffrey Richards, *Best of British Cinema and Society from 1930 to the present*, I.B.Tauris, 2002, p.187.

young men)'이라 불렸으며 그 후 그 명칭이 공식화되었다. 이들은 "존 오스본의 〈성난 얼굴로 돌아보라〉와 같은 성공한 연극과 앨런 실리토의 〈토요일 밤과 일요일 아침〉과 같은 소설에서 공격적이고 반항적인 노동자들의 경험이 중심에 있는 영국 연극과 문학에서의 새로운 계급의식에 토대하고 있었다."[6] 그러나 이들 작품에는 계급의식에 대한 적극적인 지향이 나타나고 있지 않다고 할 수 있다. 왜냐하면 그들의 작품에는 영국의 중산층 이상의 삶이 노동자 계급과 직접적으로 대비되어 묘사되고 있지 않기 때문이다. 그 대신 이들 성난 젊은이들의 작품에는 "변화하고 있는 영국 사회의 본질을 탐구하고 경제적 풍요가 얼마나 이상보다는 더 많은 개인성을 초래하였으며 사회적 책임감을 약화시켰는지에 대해 초점이 맞추어져 있었다."[7] 이러한 창작 목표는 자신들의 창작 대상과 수법의 요소가 되었다. 그 결과 영국 뉴웨이브 영화 창작가들은 영국의 중부 지역과 북부 지역 도시의 공장 지대를 배경으로 노동자들이 생활하고 있는 초라한 아파트 내부, 즉 부엌, 테라스, 2층으로 통하는 좁은 계단 등과 퇴근 이후 주로 시간을 보내고 있는 허름한 술집, 휴일의 시장과 놀이공원 등에서의 평범한 일상을 묘사했다. 그들은 이를 통해 노동자들의 생활을 사실적으로 세밀하게 묘사하면서 영국 사회의 다양한 모순들을 분석하고자 했다. 이와 같은 창작 목표와 수법의 특징들을 가리켜 '키친 싱크 리얼리즘(kitchen sink realism)'이라 부른다. 따라서 키친 싱크 리얼리즘은 성난 젊은이들이 자신들의 창작 목표와 그것을 효과적으로 표현하기 위하여 사용한 일종의 표현 수법인 것이다. 그리고 이러한 수법을 통해 만들어진 영화를 '키친 싱크 리얼리즘 영화'라고 부르고 있다.

이와 같은 흐름은 1950년대, 1960년대 영국의 주요한 문화적 특징이었을

---

6  Julia Hallan, *Realism and Popular Cinema*, Manchester University, 2000, p.45.
7  David Christopher, *british culture*, Routledge, 1999, p.83.

뿐만 아니라 영국 뉴웨이브 영화의 테마와 형식에도 깊은 영향을 미쳤다.

## 2. 프리 시네마와 뉴웨이브 영화

영국 뉴웨이브는 1959년에서 1963년 사이에 등장한 특정한 감독들의 장편 극영화들을 가리킨다. 이와 같은 영화로는 잭 클레이튼(Jack Clayton)의 〈꼭대기의 방(Room at the Top, 1959)〉, 토니 리차드슨(Tony Richardson)의 〈성난 얼굴로 돌아보라, 1959)〉, 〈연예인(The Entertainer, 1960)〉, 〈꿀맛(A Taste of Honey, 1961)〉, 〈장거리 주자의 고독(The Loneliness of the Long Distance Runner, 1962)〉, 카렐 라이츠(Karel Reisz)의 〈토요일 밤과 일요일 아침, 1960)〉, 존 쉴레진저(John Schlesinger)의 〈사랑의 한 유형(A Kind of Loving, 1962)〉, 〈거짓말쟁이 빌리(Billy Liar, 1963)〉, 그리고 린제이 앤더슨(Lindsay Anderson)의 〈즐거운 인생(This Sporting Life, 1963)〉 등을 들 수 있다.

그런데 이들 대부분의 영국 뉴웨이브 영화는 1950년대 중반 등장하였던 단편 영화와 다큐멘터리 영화로 구성된 프리 시네마와 그 역사적 연속성을 갖고 있다. 이것은 프리 시네마가 창작의 테마와 형식에 있어서 영국 뉴웨이브 영화와 공통된 특징을 갖고 있거나 깊은 영향을 주었음을 의미한다. 영국 뉴웨이브 영화가 프리 시네마와 연속성을 갖고 있다고 주장할 수 있는 근거는 다음과 같은 특징 때문이다. 첫째, "노동자 계급에 대한 주제로 정의된 사실주의, 그리고 성에 대한 열린 자세뿐 아니라 미학적 형식이다."[8] 사실주의는 영국 뉴웨이브 영화와 프리 시네마에서 공통적으로 나타나고 있는 특징이며 이들을 연결시키는 핵심적 요소라 할 수

---

8  Andrew Higson, *Dissolving Views*, Cassell, 1996, p.168.

있다. 둘째, 영국 뉴웨이브 영화의 중심인물인 토니 리차드슨, 카렐 라이츠, 린제이 앤더슨은 프리 시네마에서도 중심적 역할을 하였다. 이것은 단순히 인물의 연속성을 의미하는 것이 아니라 이들의 창작 목표와 수법이 프리 시네마와 영국 뉴웨이브 영화에도 적용되고 있음을 말한다. 이것을 뒷받침 하는 것은 1956년 2월 5일 영국의 국립영화극장(National Film Theater)에 서 프리 시네마의 첫 번째 프로그램인 린제이 앤더슨의 〈오 꿈의 나라(O dreamland, 1953)〉, 카렐 라이츠와 토니 리차드슨의 〈엄마가 허락하지 않아요(Momma don't allow, 1956)〉, 그리고 로렌자 마제티(Lorenza Mazzetti)의 〈함께(Together, 1956)〉의 상영과 함께 로렌자 마제티, 린제 이 앤더슨, 카렐 라이츠, 토니 리차드슨이 발표한 '프리 시네마(Free Cinema)' 선언에서 확인할 수 있다. 이들은 프리 시네마를 다음과 같이 선언하였다.

> 이 영화들은 함께 만들지도 않았으며, 함께 상영할 생각도 하지 않았다. 하지만 그들이 함께 세상에 나왔을 때, 우리들은 그 영화들이 공통적으로 하나의 태도를 가지고 있음을 느꼈다. 이런 태도 속에 함축되어 있는 것은 자유, 사람의 중요성과 일상생활의 의미에 대한 믿음이다.
>
> 영화창작가로서 우리들은 영화가 지나치게 개인적이 될 수 없다는 것을 믿는다.
>
> 이미지는 말한다. 소리는 증폭되며 논평한다. 크기는 무관하다.
> 완벽함은 목적이 아니다.
> 태도는 스타일을 의미한다. 스타일은 태도를 의미한다.[9]

---

9  Scott Mackenzie, *Film Manifestos and Global Cinema Cultures, A Critical Anthology*, University of California Press, 2014, p.149.

이 선언서의 발표 이후에도 1957년 '영국을 보아라! 프리 시네마 3(Look at Britain! Free Cinema 3)', 1959년 '프리 시네마 6: 마지막 프리 시네마 (Free Cinema 6: The Last Free Cinema)〉'가 발표되었다. 이들 선언서에서 언급된 핵심은 영화의 사회적 기능과 역할, 창작의 독립성 뿐 아니라 영화 창작가들의 태도 변화를 의미하였다.

그리고 프리 시네마는 1956년부터 1959년까지 총 여섯 개의 프로그램으로 다큐멘터리와 단편 영화들이 상영되었는데, 그것은 영국 영화뿐 아니라 프랑스, 이탈리아, 폴란드의 영화들로 구성되었다. 이러한 이유로 프리 시네마는 국제적 성격을 띠면서 다양한 영화 창작가들이 참여하게 되었다. 특히 이들 영화들은 기존의 산업 구조 외곽에서 만든 것으로 예술과 사회화의 관계가 밀접하게 연결되어 있어 일상생활과 사람들의 모습이 무엇보다 중요하게 묘사되었다. 이를 통해 프리 시네마는 다큐멘터리 영화와 보다 인간주의적이고 시적인 수법에 영향을 주게 되었다.[10]

이러한 인식에 따라 린제이 앤더슨, 카렐 라이츠, 토니 리차드슨은 영국의 실제적 현실에 토대한 다큐멘터리 형식의 단편영화를 만들었다. 이들이 만든 다큐멘터리 형식의 영화에는 1950년대 영국 사회를 반영하는 두 가지 특징이 묘사되어 있다. 첫째는 새로운 대중문화의 아이콘으로 등장한 10대 청소년들의 다양한 모습이다. 이들 영화는 재즈 바에서 밤새 춤추면서 놀고 있는 젊은이들의 일상적인 생활을 쫓아가면서 변하고 있는 영국 사회와 문화를 묘사하고 있다. 이런 특징을 가진 영화는 카렐 라이츠와 토니 리차드슨의 〈엄마가 허락하지 않아요〉, 카렐 라이츠의 〈우리는 램버스 소년들(We Are the Lambeth Boys, 1959)〉 등을 들 수 있다. 둘째는 프리 시네마에서 가장 중심적인 것으로 영국 뉴웨이브 영화에도

---

10  Susan Hayward, *Cinema Studies, The Key Concepts*(Fourth Edition), Routledge, 2013, pp. 163-165.

직접적인 영향을 끼친 노동자들에 대한 묘사를 들 수 있다. 이러한 경향은 린제이 앤더슨의 영화 〈오 꿈의 나라〉를 시작으로 로렌자 마제티의 〈함께〉, 린제이 앤더슨의 〈크리스마스를 제외한 일상(Everyday Except Christmas, 1957)〉, 로버트 바스(Robert Vas)의 〈피난처 잉글랜드(Refuge England, 1959)〉, 마이클 그립스비(Michael Grigsby)의 〈열차기관사(Enginemen, 1959)〉 등에서 보여진다. 이들 영화는 공장과 시장을 배경으로 노동자들의 일상적 삶을 묘사하였다.

이들 영화에서 나타난 특징들은 영국의 뉴웨이브 영화에서도 핵심적인 창작의 요소와 대상으로 작용했다. 즉 프리 시네마에서 묘사된 노동자들의 일상적 모습은 영국 뉴웨이브 영화에서 산업도시의 풍경을 배경으로 구체적이고 사실적인 현실과 결합되어 나타나고 있다. 이것은 프리 시네마의 선언에서 표명된 스타일과 태도의 문제인 사회적 기능과 역할로서 영화의 존재를 영국 뉴웨이브 영화에서 재확인하고 있는 것이다. 따라서 영국 뉴웨이브 영화에서 나타나고 있는 노동자들의 일상적 삶의 모습은 프리 시네마로부터 발전되고 구체화된 것으로서 프리 시네마와 결코 분리될 수 없는 창작 요소들이라 할 수 있다.

그러나 프리 시네마와 영국 뉴웨이브 영화의 연속성에도 불구하고 이 둘 사이에는 적지 않은 차이점이 존재한다. 프리 시네마가 1950년대 영국의 다양한 사회적 현상 중 하나인 10대 청소년들의 대중문화와 함께 경제 성장으로 인한 풍요 속에 감춰진 노동자들을 다루었다면, 뉴웨이브 영화는 영국의 중부 지역과 북부 지역의 공장 지대의 산업 도시를 배경으로 그 속에서 실제적으로 일하고 있는 노동자들의 열악한 삶의 조건들과 그것으로부터 발생한 다양한 문제점들을 보여주는 데 주력했다. 프리 시네마가 사회적 현상에 대하여 단순한 문제 제기 수준에 그쳤다면, 영국 뉴웨이브 영화는 노동자들을 통해 영국 사회가 직면하고 있는 정치적, 사회적 현실에 대한 불평등을 묘사하고 있는 것이다. 이러한 측면에서 영국 뉴웨이브 영화에서는 소극적이지만 프리 시네마에 비해 다소 계급적 특징이 나타나고 있다. 이와 같은 특징은 프리 시네마와 영국 뉴웨이브 영화를 가르는 요인이라 할 수 있다. 그리고 이것은 영국 뉴웨이브 영화가 문학작품과 연극의 대본 못지않게 프리 시네마가 제기한 다양한 창작 목표와 수법들을 지속적으로 수행함으로써 상호 존재감을 확인시켜 준 것이다.

하지만 1963년 토니 리차드슨의 소설 〈톰 존스(Tom Jones)〉이 미국의 유나이티드 아티스트(United Artists)사에 의해 재정 지원을 받게 되면서 프리 시네마와 영국 뉴웨이브 영화의 역사적 연속성은 변하기 시작했다. 이 영화를 기점으로 미국 할리우드 영화의 상업주의적 가치와 개념이 영국의 사회적 현실에 기반 한 영화에 접속되면서 프리 시네마와의 관계 속에서 형성된 영국 뉴웨이브 영화의 문제의식은 역사 속으로 점차 사라지게 된다.

## 3. 영국 뉴웨이브 영화의 화두, 노동자 계급과 사회

### 노동자 계급과 사실주의

영국 뉴웨이브 영화의 내용과 형식을 가로지르는 핵심은 노동자들과 그들의 다양한 삶의 조건들을 사실적으로 묘사하고 있다는 데 있다. 이 두 가지가 영국 뉴웨이브 영화의 시작과 끝이라 해도 과언은 아니다. 이중에서 영국 사회의 모순을 함축하고 있는 노동자들의 삶에 대한 묘사는 영국 뉴웨이브 영화의 주요 형식인 사실주의를 이끈 근본적 요소였다. 이것은 노동자들이라는 계급적 의미가 현실에 토대한 사실주의와 자연스럽게 부합되고 연결되기 때문이다. 특히 창작에서의 사실주의의 이상은 컨텍스트에서 일부분으로 추출되는 노동자 계급의 재현과 연관되어 있다.[11] 영국 뉴웨이브 영화도 이와 같은 노동자 계급과 사실주의의 관계 속에서 형성된 일반적인 예술의 전통을 따랐다. 그 결과 대부분의 영국 뉴웨이브 영화에서는 노동자 계급을 다루고 있고 그들을 가장 실제적으로 묘사하는 사실주의 수법을 취하고 있다. 이에 대해 영국의 영화 역사학자인 앤드류 힉슨(Andrew Higson)은 할리우드 영화와 영국 뉴웨이브 영화와의 다른 점을 언급하면서 사실주의를 표면적 리얼리즘(surface realism)과 도덕적 리얼리즘(moral realism)으로 나누어 설명하고 있다. 그는 표면적 리얼리즘을 어떤 도상학적 세밀화의 물신화로, 도덕적 리얼리즘을 사회 문제와 해결의 특별한 설정, 특별한 사회적 형태와 연관 짓고 있다. 불가피하게, 도덕적 리얼리즘에 대한 요구는 부분적으로 표면적 리얼리즘에 대한 요구와 밀접한 관계에 있고, 거기에는 일반적인 사람들의 재현에 대한 도상학적 약속에 대한 믿음이 존재하고 있다. 그러나 도덕적 리얼리즘에 대한 요구는 보편적 인간의 가치라는 측면에서 특별한 사회의 구조와 관련 있다. 그리고 이것의 근거를 노동자들의 위엄을 보여주어야 한다는 1930년대 영국의 다큐멘터리 전통에 두고 있다.[12] 결론적으로 영국 뉴웨이브에서의 사실주의는 영국에서 삶을 영위해 가고 있는 가장 보편적 사람들의 모습을 통해 영국이라는 사회의 현실과 모순을 바라보고자 한 것이다. 이것은 곧 영국 뉴웨이브 영화가 노동자들의 일상적 모습과 일정한 계급적 인식 등을 통해 영국의 다양한 사회 구조의 문제점들을 드러내고 있다는 의미이다.

이와 같은 문제의식은 대부분의 영국 뉴웨이브 영화에서 나타나고 있다. 예컨대 잭 클레이튼의 〈꼭대기의 방〉은 노동자의 삶에 환멸을 느껴 그

---

11  Justin Ashby and Andrew Higson, *British Cinema, Past and Present*, Routledge, 2004, p.250.

12  Andrew Higson, *op. cit.*, pp.136-137.

계급으로부터 벗어나고자 하는 노동자의 모습을 다루었고, 토니 리차드슨 의 〈성난 얼굴로 돌아보라〉는 계급과 인종 편견에 대한 분노의 대변자로서 노동자들을 묘사하였다. 카렐 라이츠의 〈토요일 밤과 일요일 아침〉은 노동자들의 일상생활을 구성하고 있는 사회적 조건들을 대상으로 하고 있다. 또한 영화 〈꿀맛〉, 〈사랑의 한 유형〉, 〈장거리 주자의 고독〉 등에서 는 공장 지대의 산업 도시를 배경으로 노동자들이 다루어지고 있다. 이들 대부분의 영화에서는 노동자들뿐만 아니라 그들의 다양한 삶의 형태들이 구체적이고 세밀하게 표현되었다. 이를 위해 영국 뉴웨이브 영화 창작가들 은 영국의 중부 지역과 북부 지역의 파노라마적 전경의 산업 도시와 "로케이션 촬영과 알려지지 않은 지역 배우들의 고용, 때때로 즉흥적인 공연 등을 선택함으로써, 이전 영국 스튜디오에서의 특징적인 장소와 인물의 비사실적인 관습들을 거부했다."[13] 특히 〈장거리 주자의 고독〉, 〈즐거운 인생〉에서는 다큐멘터리 수법에 기반 한 트래킹 쇼트(tracking shot)를 사용하여 내레이션과 화면 사이에 적당한 긴장감을 유발하면서도 객관주의적 시각을 유지하여 사실성을 확보하였다. 이러한 특징으로 영국 뉴웨이브 영화에서는 산업도시와 공장의 굴뚝, 공장 안의 기계들, 노동자들 의 허름한 아파트 내부와 여가 시간을 보내는 술집, 놀이공원, 시장 등에서 의 일상적 행위와 삶이 있는 그대로 묘사되었다. 따라서 노동자 계급을 대상화하기 위한 가장 효과적 방편으로 등장한 사실주의는 영국 뉴웨이브 영화 전체를 지배하는 하나의 수법이 되었다. 영국 뉴웨이브 영화에서 나타난 이와 같은 특징의 영화들은 "영국 영화를 위한 발전의 단계, 성숙을 향한 움직임, 동시대의 영국 사회생활과 지적인 연계 그리고 1950년대 초반 스튜디오에 토대한 영국 영화 제작자들에 의해 제공된 무비판적인 오락영화 이후 신선한 공기로써 환영받고 있는 것처럼 그 시대의 비평가들

---

13  John Hill, *op. cit.*, p.127.

에게 보여졌다."[14]

그러나 이런 외형적 조건들에 근거한 사실주의는 오히려 영국 뉴웨이브 영화의 한계로 작용하기도 하였다. 영국 뉴웨이브 영화가 지나치게 외형적인 자연적 사실 묘사에 토대하고 있기 때문에 영화 창작가들의 주관적인 관점과 시각은 그만큼 협소해졌다는 것이다. 그 결과 영국 뉴웨이브 영화는 노동자들을 다루면서도 겉 표면(表面)만의 현실을 재현하는 사실주의 특징에 머무르게 되었고 창작가들의 계급에 대한 태도는 명확하게 드러나지 않게 되었다. 이것은 영국 뉴웨이브 영화 창작가들이 자신들의 영화 창작의 토대를 영국 사회 구조의 모순을 드러내고 그것의 결정체를 노동자 계급으로 설정하고 있음에도 불구하고 계급적 인식을 드러내는 데 일정한 한계를 지니고 있음을 의미한다.

그럼에도 불구하고 영국 뉴웨이브 영화에서 묘사되었던 세밀한 사실주의 수법은 노동자들을 영화의 주요 대상으로 포함시킴으로써 테마와 주제의 문제를 확장시켰다고 할 수 있다. 따라서 영국 뉴웨이브 영화는 영국 사회의 모순을 드러내기 위하여 노동자와 사실주의의 관계의 전형을 제시함으로써 영국 영화를 좀 더 풍요롭게 하는 견인차 역할을 하였다.


## 노동자들의 계급 이동에 대한 욕망

영국의 뉴웨이브 영화의 또 다른 특징 중 하나는 노동자들 스스로가 자신이 처한 상황, 즉 노동자 계층으로부터 벗어나고자 하는 계급 이동 욕망을 드러내고 있다는 것을 들 수 있다. 이것은 경제 성장으로 자본의 가치가 더욱 중요하게 인식되면서 상대적으로 열악한 산업도시의 환경

---

14  B. F. Taylor, *The British New Wave: A Certain Tendency?*, Manchester University Press, 2006, p.4.

속에서 반복되는 일상으로부터 탈출하고자 하는 노동자들의 바람과 연관되어 있다. 이와 같은 현상은 영국 뉴웨이브 영화에서 "도시/시골, 감금/탈출, 대중/개인, 사회적 구조/보헤미안 판타지, 즐거움의 유예/소망의 충족, 일상/낭만"[15] 등과 같은 대립적 개념으로 묘사되었다. 영국 뉴웨이브 영화에서 나타나고 있는 이러한 이항 대립 구조는 노동자들의 계급 이동에 대한 욕망을 설명할 수 있는 형식적 요소로 작용하고 있다. 그러나 이 대립 구조 속에는 뚜렷하고 명확한 이념적, 이데올로기적 시각은 강조되지 않고 있다. 영국 뉴웨이브 영화에서는 노동자들을 다루고 있지만 노동자들의 계급적 인식을 통한 사회 구조의 모순을 직접적으로 드러내기보다는 단순히 열악하고 힘든 노동자의 삶으로부터 벗어나고자 하는 다양한 형태의 노동자들의 모습만 묘사되고 있는 것이다. 따라서 영국 뉴웨이브 영화는 계급적 인식을 가진 계급의 이동이 아니라 노동자 개인의 욕망과 신분 상승의 발현으로서의 이동에 초점을 맞추고 있다고 할 수 있다.

이와 같은 특징을 가진 영화로는 영국 뉴웨이브의 시작을 알리고 딜라이스 파웰(Dilys Powell)이 《선데이 타임스(The Sunday Times)》의 칼럼에서 "그것은 또 다시 영국 영화의 르네상스에 대한 하나의 믿음을 주었다(It gives one faith all over again in a renaissance of the British cinema)"[16]로 알려진 〈꼭대기의 방〉을 들 수 있다. 이 영화는 주인공인 젊은 노동자 조 램프톤이 공장 사장의 딸과 결혼함으로써 단번에 노동자의 신분으로부터 벗어나게 된다는 내용인데, 이는 노동자가 어떻게 계급 이동을 하게 되는지의 전형을 보여주고 있다. 이와 같은 신분 이동의 극적 의미를 강조하기 위해 잭 클레이튼은 열악한 지방 도시의 공장 지대, 노동자들의 반복되는 일상적인 삶과 성적 표현의 솔직함 등을 표현하였다. 이러한

---

15  Andrew Higson, *op. cit.*, p.145.

16  Anthony Aldgate and Jeffrey Richards, *op. cit.*, p.186.

요소들은 계급 이동에 대한 주인공의 강렬한 욕구를 강화시키는 기제로 작용했다.

이 영화와 함께 개인의 계급 이동을 묘사한 또 다른 영화로는 린제이 앤더슨의 첫 번째 장편 영화인 〈즐거운 인생〉을 들 수 있다. 이 영화는 광산 노동자인 프랭크가 럭비 선수로 발탁되어 경제적 부를 축적해 가는 과정을 통해 인간의 다양한 내면과 굴절되고 모순투성이인 사회 구조와의 관계를 표현하고 있다. 이 영화에서는 "영국 럭비 연맹 경영의 부패와 상업주의, 그리고 의사소통의 부족으로 일어나는 연인들 사이의 야만성을 동시에 폭로하면서"[17] 그것을 개인의 계급 이동에 대한 욕구와 결합시키고 있다. 린제이 앤더슨은 노동자 개인의 계급 이동에 대한 욕망의 원천을 물질주의로 점철된 영국 사회 구조와의 관계 속에서 바라보고 있는 것이다.

영국 뉴웨이브 영화의 특징을 가장 잘 구현한 또 다른 영화 중 하나로 인정받고 있는 〈토요일 밤과 일요일 아침〉은 일상적이고 반복적인 삶 속에서 특별한 삶의 의미를 찾지 못하고 있는 노동자의 모습을 통해 계급 이동에 대한 욕망을 묘사하고 있다. 특히 이 영화의 마지막 장면에서 주인공인 노동자 아서 시톤과 그의 여자 친구가 언덕 위에서 새로운 주택 단지를 향해 걸어가고 있는 모습은 마치 계급 이동을 통한 새로운 삶에 대한 그들의 희망과 기대를 상징적으로 묘사하고 있는 듯하다.

이들 영화와 달리 비록 계급 이동에 대한 욕망은 드러나 있지 않지만 상상과 공상을 통하여 현실로부터 탈출하고자 한 주인공을 묘사한 것으로는 존 쉴레진저의 영화 〈거짓말쟁이 빌리〉를 들 수 있다. 이 영화의 주인공 빌리는 자신의 상상과 공상에 의해 황제가 되기도 하고, 경제 범죄를 저지르고 감옥에 가기도 하고, 점술가가 되기도 하고, 때론 인기인이 되기도 한다. 빌리는 이러한 꿈을 성취하기 위해 많은 사람들이 자신들이

---

17 Susan Hayward, *op. cit.*, p.67.

이루고자 한 꿈과 욕망의 발현이라 할 수 있는 런던으로 가고자 하지만 그는 결코 가지 않는다.

이처럼 영국 뉴웨이브 영화에서는 공장 지대인 산업 도시를 벗어나고자 하는 노동자들의 끊임없는 계급 이동에 대한 기대와 희망, 욕망을 다루고 있다. 영국 뉴웨이브 영화 창작가들은 노동자들의 욕망과 꿈을 통해서 1950년대, 1960년대 영국 사회의 모순된 현실을 바라보고자 하였던 것이다.

## 자유로운 성적 태도와 가정의 위기

물질의 가치, 즉 자본의 가치가 상승하면 도덕적, 윤리적 가치는 일시적으로 이전 시기에 비해 약화되는 것이 일반적 현상이다. 따라서 자본 가치의 우위는 필연적으로 도덕적, 윤리적 태도를 희석시켜 자유로운 성적 태도를 조장하는 요인으로 작용한다. 이와 같은 경향은 1950년대, 1960년대 경제 성장으로 인하여 물질적 풍요를 누리고 있던 영국에서도 나타났다. 이것은 영국 사회에서 도덕적, 윤리적 가치보다 자본의 가치가 증대되었다는 것과 함께 성 풍속도에 새로운 변화가 일어났음을 의미한다. 즉 "혼전동거, 이혼, 성 개방 풍조 등이 사회 전반에 나타난 현상이 되었고 여성의 의상도 노브라, 미니스커트, 나일론 스타킹 등 새로운 외관으로 바뀌었다. 무엇보다 가장 큰 것은 가정에서 아내와 어머니로서의 전통적인 이미지는 점차 사라지기 시작하였다는 것이다. 이와 같은 흐름은 노동자들에게도 그대로 파급되었다."[18]

영국 뉴웨이브 영화 역시 이와 같은 사회적 현상을 반영하고 있다.

---

18 이영석, 앞의 책, 374쪽.

이에 대한 예로는 영화 〈꼭대기의 방〉에서 남녀의 성적 관계가 남자의 계급 이동과 신분 상승의 매개물로 작용하고 있고, 영화 〈성난 얼굴로 돌아보라〉에서 부부의 갈등 중심에는 주인공인 남편과 다른 여성과의 성적 관계가 존재하고 있다는 것에서 알 수 있다. 이들 두 영화에서 묘사되고 있는 성적 관계는 영국 사회 세태의 축소판이라고 할 수 있는 가정의 갈등의 원인과 해소의 요인으로 작용하고 있다. 또한 〈토요일 밤과 일요일 아침〉은 젊은 노동자 아서 시튼을 통해 낮에는 공장에서 일하고 밤에는 술과 섹스에 탐닉하는 무분별한 노동자의 모습을 보여준다. 그는 자신의 여자 친구뿐만 아니라 공장 동료의 부인과도 부적절한 관계를 맺고 있다. 이러한 노동자의 모습은 이 시기 영국 사회의 성에 대한 도덕적, 윤리적 의식이 변화하고 있다는 것을 상징적으로 묘사하고 있는 것이다. 이와 같은 특징은 영화 〈꿀맛〉에서도 나타나고 있다. 여자 주인공 조와 남자친구 제프의 혼전 섹스와 임신을 통해 변화된 영국 사회의 자유스런 성적 태도를 표현하고 있다. 뿐만 아니라 성적 태도의 급진적 변화는 영화 〈장거리 주자의 고독〉에서는 아버지가 사망한 후 어머니에게 새로운 남자 친구가 곧바로 나타남으로써 기존의 전통적인 부부 관계의 도덕적, 윤리적 믿음과 신뢰가 영국 사회에서 이미 허물어져 가고 있음을 단적으로 보여주고 있다. 그리고 이러한 가정의 비정상적 상황은 주인공 스미스가 비행 청소년이 되는 요인으로 작용하고 있다. 또한 영화 〈즐거운 인생〉에서는 럭비 선수로 성장하고 있는 주인공 프랭크와 홀로 된 집주인 여자 사이의 왜곡된 성적 관계를 보여주고 있고, 영화 〈사랑의 한 유형〉에서는 여자가 혼전 임신을 함으로써 마지못해 결혼한 젊은 도안공 빅 브라운을 통해 영국 사회에서 벌어지고 있는 성 개방 풍조를 보여주고 있다.

이와 같은 성 개방 풍조와 자유스러운 성적 태도는 영국 사회의 전통적인 가족 관계의 갈등과 위기를 초래했다. 이러한 현상은 대부분의 영국 뉴웨이브 영화에서 나타나고 있는 특징이라 할 수 있다. 영화 〈성난 얼굴로 돌아보라〉에서는 다른 여자와의 부적절한 관계가 부부 관계의 위기를 초래하는 요인이 되었고, 〈토요일 밤과 일요일 아침〉에서는 젊은 노동자가 동료 부인과 불륜에 빠짐으로써 그 가족을 위기에 빠트리고 있다. 영화 〈꿀맛〉에서는 정상적인 가족 관계가 애초부터 묘사되지 않고 있다. 그리고 이러한 비정상적인 가족 관계는 미혼모가 된 주인공 조의 운명에까지 연결되고 있다.

이처럼 영국 뉴웨이브 영화에서는 경제 성장의 풍요가 영국 사회의 윤리적, 도덕적 인식의 변화를 초래하였고, 그것이 노동자들의 자유스러운 성적 태도로 이어지면서 가족 관계의 위기와 연결되고 있음을 묘사했다.


## 수에즈운하 사건과 사회정책 비판

영국 뉴웨이브 영화는 사회와의 관계에서 출발했다고 해도 지나친 말은 아니다. 그러므로 뉴웨이브 영화가 영국 사회에서 벌어지고 있는 다양한 현상에 대해 비판적 관점을 드러내는 것은 지극히 당연한 것이다. 이것이 영국 뉴웨이브 영화 창작의 중요한 요소로 등장하게 된 것은 현실을 계몽하고 비판하는 것으로부터 출발한 1930년대 영국 다큐멘터리 영화 전통과 프리 시네마를 거치면서 형성된 영국 영화의 전통과 연결되어 있기 때문이다. 그러므로 영국 뉴웨이브 영화가 동시대의 현실 정치와 사회에 대한 비판적 시각을 유지하면서 중요한 창작의 테마로 인식하게 된 것은 매우 자연스러운 현상이라 할 수 있다.

1950년대 후반에서 1960년대 초반까지 지속된 영국 뉴웨이브 영화의 시기는 영국에서 정치적으로나 경제적으로 중요한 시기였다. 수에즈 운하 사건으로 영국의 부활을 꿈꾸었던 이집트 침공 사건은 국제 사회의 비난으로 그 목표가 좌절되었고, 영국의 경제 성장은 프랑스나 독일·일본 등에 비해 오히려 완만한 성장에 그쳐 이른바 불안한 경제적 풍요[19]를 유지하고 있었다. 따라서 이 시기는 영국이 국제적으로 적지 않은 도전과 시련에 직면해 있었다. 이와 같은 상황은 "뉴웨이브 창작가들에 의해 만들어진 장편 극영화들이 예술성과 사회적 책임의 부활로 알려지게"[20]하는 데 충분한 조건들을 가지게 되었음을 의미한다.

이러한 측면에서 영국의 사회적 흐름을 묘사한 영화로는 〈연예인〉과 〈장거리 주자의 고독〉을 들 수 있다.

특히 영화 〈연예인〉에서는 희극 배우인 주인공 아치 라이스의 일상을 보여주면서 수에즈 운하 사건에 대한 상황과 젊은이들의 군 입대와 파병, 영국 하원의 정치적 논의 같은 움직임들을 라디오의 뉴스와 신문을 통해 실시간으로 전해 준다. 이러한 뉴스를 접한 영화 속 주요 인물들은 "수에즈 운하 사건에 영국이 개입한 것은 어리석은 행동이며, 이로 인해 모든 것이 나빠지고 있다"고 하면서 영국 정부에 비판적 시각을 드러낸다. 심지어 수에즈 운하 사건에 의한 영국의 이집트 침공은 영국 여왕과 구시대의 제국을 위하는 잘못된 명분이라고 비난하기도 하였다. 이처럼 영화 〈연예인〉은 1950년대 영국 사회를 가장 뜨겁게 달구었던 사회 문제를 다루면서 영국 뉴웨이브 영화의 또 다른 특징을 형성했다.

영화 〈연예인〉이 국제 정치와 사건에 대한 영국의 행위를 부정적으로 묘사했다면, 영화 〈장거리 주자의 고독〉은 현실과 동떨어진 영국의 국내 사회 정책을 비판하고 있다. 이는 주인공인 스미스가 자신의 아파트에서

---

19  커비(M.W. Kirby)가 작성한 '1945년 이후 경제 기록(The Economic Record since 1945)'에 관한 자료에 의하면 1950년대, 1960년대 영국의 국내 총생산(GDP)은 3.0% 증가한데 비해 프랑스는 5.1%, 독일은 5.9%, 미국은 3.7%, 일본은 9.4% 증가하였고, 노동 생산성에서도 영국이 3.2% 증가한데 비해 프랑스 5.1%, 독일 6.0%, 미국 2.5%, 일본 7.7% 증가하였다. 산업 생산에서도 영국은 3.0%, 프랑스 5.9%, 독일 5.5%, 미국 4.9%, 일본 12.6%로 증가하였다. 1950년대, 1960년대에 영국은 프랑스, 독일, 미국, 일본 등 경쟁국들의 증가율보다 낮은 수준임을 보여주고 있다. —위의 책, 364쪽.
20  Julia Hallan, op. cit., p.46.

친구와 함께 텔레비전을 시청하고 있는 장면에서 묘사된다. 이들이 텔레비전을 시청하고 있는 동안 텔레비전에서는 영국의 사회 복지 정책에 대한 선전이 아나운서의 말을 통해 계속 흘러나온다. 스미스와 그의 친구가 텔레비전의 볼륨을 줄이면서 크게 웃는 모습을 강조한 장면은 영국의 사회 복지 정책의 허구성을 비판하고 있는 것이다. 또한 이것은 영국의 사회정책의 결과가 실제 노동자들의 삶과는 괴리가 있음을 강조하고 있다.

이들 영화에서 나타난 것처럼 영국 뉴웨이브 영화는 영국의 정치적 사건과 사회 정책에 대한 비판을 하나의 창작 모티프로 삼았다. 이를 위해 영화에서는 텔레비전과 라디오의 뉴스, 신문 등과 같은 사실성을 가진 매체를 사용하고 있다. 이것은 뉴웨이브 영화가 영국의 정치적, 사회적 사건을 중요한 창작의 토대로 인식하고 있다는 것을 보여주고 있는 것이다.

＊ ＊ ＊

영국 뉴웨이브 영화는 영국의 문학과 연극, 영화적 전통을 이어받으면서 형성된 경향이다. 이런 측면에서 줄리아 할렌(Julia Hallan)의 책 『리얼리즘과 대중영화(Realism and Popular Cinema)』에서 영국 뉴웨이브 영화를 1959년에 뿌리 내리고 1960년대에 정점에 다다른 문화 혁명(cultural revolution)을 대표한다고 보는 아서 마윅(Arthur Marwick)의 견해는 일견 타당성 있는 지적이라 할 수 있다. 이 책에서 마윅은 "영국에서 지식과 예술의 부활의 가장 강력한 증거는 영화에서 발견되었다고 하면서, 그는 1959년부터 그 진행 과정을 추적하여 세 가지 특별한 경향, 즉 통찰적인 사회 비판과 사회 풍자, 그리고 노동자 계급의 생활양식의 정확한 제시, 자연주의 영화로부터 단절하려는 진정한 혁신을 열거하면서 결론지었다."[21] 이것은 영국 뉴웨이브 영화가 문학과 연극에서 중점적으로 다루었던 사회, 정치적 문제와 노동자들의 삶을 영화의 중심으로 위치시켰고, 그것을 사실적으로 묘사하기 위하여 영국의 영화 전통인 다큐멘터리 형식을 취했기 때문에 나타난 현상이라 할 수 있다. 따라서 영국의 뉴웨이브 영화는 1950년대, 1960년대 영국에서 벌어지고 있던 다양한 사회적 현상 및 드러난 문제점들과 영국의 문화 및 예술과의 결합이라는 특징을 띠고 있다.

그럼에도 불구하고 영국 뉴웨이브 영화에 대하여 몇몇 학자들은 영화 창작에 있어 독창성이 심각하게 결여되었다고 주장하면서 비판적 시각을 가지고 있다. 특히 레이몬드 듀르나(Raymond Durgnat)는 1970년에 쓴 『영국을 위한 거울(*A Mirror For England*)』이라는 책에서 영국 뉴웨이브 영화를 다음과 같이 비판하고 있다.

> 토니 리차드슨, 카렐 라이츠와 린제이 앤더슨이 서로 다 같지 않을지라도 1950년대 중반 프리 시네마 다큐멘터리를 만드는 기간에 영화 제작의 첫 번째 경험을 하였다는 한 가지는 공통적일 것이다. 그럼에도 불구하고 그 영향은 그들의 장편 극영화에서 거의 지속되지 않았다 …… 듀르나는 이들이 일반적으로 영국 영화 산업이 사용하였던 전통적인 상업 영화 제작자들의 방식, 이른바 성공한 연극을 각색하거나 문학 텍스트를 영화 스크린에 그대로 옮기는 것을 따랐다고 했다.[22]

또한 영국 뉴웨이브 영화에 대한 피터 월렌(Peter Wollen)의 혹독한 평가절하는 이런 시각에 힘을 실어 주었다.

---

21  Anthony Aldgate and Jeffrey Richards, *op. cit.*, p.188.
22  *Ibid.*, p.187.

그는 1960년대 영국 리얼리즘(british realism)에 관한 논의에서
뉴웨이브라는 명칭의 사용이 적절한가에 대해 의문을 제기하였다.
피터 월렌은 이들 영화들을 뚜렷한 작가적인 특징의 결여, 문학과
연극에 대한 의존 그리고 모더니즘과의 유기적 관계를 방해하는
사실주의 미학의 추종을 비판하였다.[23]

이들의 비판은 영국 뉴웨이브 영화가 1950년대, 1960년대 영국 노동자들의 삶과 사회의 문제점을 지적하고, 그것을 토대로 하고 있음에도 불구하고 독창적인 창작 이론과 계급적 전망을 가지고 있지 못하였다는 평가를 받게 되는 근본적 이유인 것이다. 다시 말하자면 영국 뉴웨이브 영화를 영국의 독창적인 영화 역사의 일부분으로 판단하는데 곱지 않은 시선을 보내는 가장 큰 이유는 영국 뉴웨이브 영화가 수에즈 운하 사건과 노동자들의 일상적 삶을 묘사함으로써 영국 사회의 모순을 드러내고 있지만 노동자들의 시각이 반영된 뚜렷한 문제의식이 존재하지 않았기 때문이다. 즉 노동자들의 삶을 사실적으로 다루면서도 영화 속에 노동자 이외의 대립적 계급을 설정하고 있지 않아 계급의식이 결여되어 있는 것처럼 보인다는 것이다. 이것은 뉴웨이브 영화들이 노동자들의 삶에 대한 보다 치열한 문제의식 없이 표면적인 사실 묘사에 그치고 말았다는 것을 의미한다. 이에 대한 가장 설득력 있는 시각 중 하나는 영국 뉴웨이브 영화 창작가들의 태생적 한계를 지적한 것이다.

영국 뉴웨이브 영화의 핵심 인물이라 할 수 있는 린제이 앤더슨, 토니 리차드슨, 카렐 라이츠는 각각 옥스퍼드 대학과 케임브리지 대학을 졸업한 영국 사회에서의 특권적 위치에 있었다. 이들의 영화는 로이 아메스(Roy Ames)의 말처럼 자신들이 살았던 삶의 경험으로부터 창작하지 않았기

---

23 Justin Ashby and Andrew Higson, *op. cit.*, p.255.

때문에 그들의 시각은 노동자들에 대한 동정적인 영화를 만드는 것 이상이 되지 못하였던 것이다.[24] 이것은 영국 뉴웨이브 영화 창작가들이 자신들의 영화 속에 노동자 계급과 대비되는 사회의 지배 계층을 배치하지 않은 원인으로 작용하기도 했다. 이러한 이유로 영국 뉴웨이브 영화에서는 1950년대, 1960년대 초반 영국 사회의 중요한 흐름이었던 경제 성장과 수에즈 운하 사건, 사회 정책을 배경으로 노동자들의 일상적인 삶의 양태와 욕망, 자유스러운 성적 태도와 가정의 위기 등과 같은 객관적이지만 표면적 사실들만 난무하고 독창성이 결여된 것처럼 인식되고 있는 것이다. 이러한 비판에도 불구하고 영국 뉴웨이브는 자본주의 국가에서 영화의 사회적 역할과 기능에 대한 하나의 한계와 가능성의 예시를 보여주고 있다는 점에서 의의가 있다고 할 수 있다.

---

24  Anthony Aldgate and Jeffrey Richards, *op. cit.*, p.188.

# 제14장

# 역사 정체성 탐구와 파시즘에 대한 우려, 뉴 저먼 시네마 (1962-1982)

## 1. 서구통합 정책과 기성세대 부정

### 제2차 세계대전 이후 서구통합 정책과 미흡한 나치 시기의 역사청산

1962년 2월 28일 오버하우젠 단편 영화제에서 26명[1]의 감독들은 새로운 독일 영화를 표방하면서 "낡은 영화는 죽었다. 우리는 새로운 영화를

---

1   보도 블뤼트너(Bodo Blüthner), 보리스 폰 보레스홀름(Boris von Borresholm), 크리스티안 되르머(Christian Doermer), 베른하르트 되리스(Bernhard Dörries), 하인즈 푸르흐너(Heinz Furchner), 롭 후버(Rob Houwer), 페르디난트 키틀(Ferdinand Khittl), 알렉산더 클루게(Alexander Kluge), 피트 코흐(Pitt Koch), 발터 크뤼트너(Walter Krüttner), 디터 렘멜(Dieter Lemmel), 한스 뢰퍼(Hans Loeper), 로날트 마르티니(Ronald Martini), 한스 위르겐 폴란트(Hans Jürgen Pohland), 라이문트 뤼엘(Raimund Ruehl), 에드가 라이츠(Edgar Reitz), 페터 샤모니(Peter Schamoni), 데텐 슐라이어마허(Detten Schleiermacher), 프리츠 슈베니케(Fritz Schwennicke), 하로 젠프트(Haro Senft), 프란츠-요제프 슈피커(Franz-Josef Spieker), 한스 롤프 스트로벨(Hans Rolf Strobel), 하인즈 티하브스키(Heinz Tichawsky), 볼프강 우억스(Wolfgang Urchs), 헤르베르트 페젤리(Herbert Vesely), 볼프 비르트(Wolf Wirth).

믿는다(Der alte Film Ist tot. Wir glauben an den neuen)"고 선언했다. 이것이 '뉴 저먼 시네마(New German Cinema)'의 시작을 알린 '오버하우 젠 선언(Oberhausen Manifesto)'이었다. 이 선언으로 독일 영화는 과거 영화에 대한 부정과 비판을 넘어 새로운 미학적, 역사적 가치의 영화를 추구하게 되었다. 또한 오버하우젠 선언에는 기존 영화 산업의 관습으로부 터의 자유, 상업적 동반자의 외부적 영향으로부터의 자유, 특정한 관심 집단의 통제로부터의 자유도 함께 언급되었다. 따라서 오버하우젠 선언에 는 독일 영화의 제작 구조 문제뿐 아니라 제2차 세계대전 이후 독일의 정치와 사회적 흐름에 대한 비판도 동시에 겨냥하고 있다고 할 수 있다. 이것은 당시 독일 사회가 다양한 모순을 내포하고 있음을 말하며, 그것은 다름 아닌 나치 시기의 역사에 대한 과거 청산의 미흡으로부터 비롯된 것이다. 왜냐하면 뉴 저먼 시네마의 궁극적인 목표가 독일 영화의 부활과 함께 나치즘과 제2차 세계대전 이후 미흡한 역사 청산이 창작의 원천이 되었기 때문이다.

독일에서 나치즘에 대한 평가가 명확하게 정리되지 않은 채로 지속될 수 있었던 것은 제2차 세계대전 이후 소련과 미국을 중심으로 형성된 냉전이 중요한 작용을 했다. 특히 1945년 제2차 세계대전 이후 미국, 영국, 프랑스, 소련에 의해 점령된 독일이 1949년 각각 독일연방공화국 (Bundesrepublik Deutschland, 서독)과 독일민주공화국(Deutsche Demokratische Republik, 동독)으로 분단되면서 서유럽에서의 독일은 공산 주의와 자본주의 이데올로기가 대결하는 냉전의 최전선의 격전장이 되었다.

이러한 상황 속에서 미국에 의해 추진되었던 독일인들의 의식에서 나치즘 요소를 제거하기 위한 재교육의 효과는 미미하게 되었고 "오히려 역효과를 내는 경우가 대부분이었다는 주장이 지배적이었다. 1950년대 여론 조사의 결과를 보면, 독일인들 사이에 군주정과 우익 정치에 대한 호감은 여전했고, 이와 결부되어 정치적 무관심이 광범위하게 퍼져 있었던 것으로 나타난다."[2] 이와 같은 독일인들의 심리를 바탕으로 1949년 독일기독교민주연합(Christlich Demokratische Union Deutschlands, CDU)의 콘라트 아데나워(Konrad Adenauer) 수상은 나치 시기의 협력자들에 대한 엄격한 처벌을 단행하지 않았고 경제 정책에 기반 한 서구 통합정책을 추진하였다. 이것은 서유럽을 공산주의로부터 경제적, 정치적, 군사적 보루로 통합시키려던 당시 미국의 정책과 일치한 것이었다.

그 결과 독일연방공화국, 즉 "서독은 1949년 10월에 유럽경제협력기구(Organization for European Economic Cooperation, OEEC)의 회원국이 되었고, 1951년 4월에는 유럽석탄 및 철강 공동체(European Coal and Steel Community, ECSC)에 가입했으며, 5월에는 유럽평의회(Council of Europe)의 정회원이 되었고, 1957년 로마 조약으로 유럽경제공동체(European Economic Community, EEC)의 창설 회원국이 되었다. 서독은 1955년 점령 조례가 만료되자 완전한 주권을 확보했고, 1949년에 창설된 바 있는 북대서양 조약기구(North Atlantic Treaty Organization, NATO)의 정회원이 되었다. 1956년에는 상당한 국내 저항이 있었지만 헌법이 수정되어 군대를 보유할 수 있게 되었고, 이어서 징병제가 도입되었다. 서독이 이렇게 국제 공동기구에 재차 가입하는 동안 서독의 경제는 괄목할 만한 성장을 보였다. 황폐화된 패전국의 잔해로부터 눈부신 경제 성장률과 생산성 증가율을 기록하였다."[3] 서독은 "번영의 미래를 건설하는 과업에 집중하느라 과거는 편리하게 묻어버린, 물질주의적인 사회로 발전해 나갔다. 그리고 과거의 나치들은 반공 이데올로기를 내세우면서 물질적인 성공을 새로운 민주주의에 실용적인 정당성을 부여하던 1950년대의 보수적인 독일 속으로 아무런 어려움 없이 편입되

---

2  메리 풀브룩, 김학이 옮김, 『분열과 통일의 독일사(*A Concise History of Germany*)』, 개마고원, 2000, 325쪽.
3  위의 책, 312-313쪽.

었다."[4] 이에 따라 "서독의 서방통합이 심화되면서 연합군이 단죄했던 전범자들 역시 석방되었고 군은 복권되었다. 나치의 거물급들은 연방정부에서 정치적으로 살아남지 못했지만, 중간층들은 이 새로운 국가에서 상당히 빠르게 자리를 잡았다. 나치의 뉘른베르크(인종)법 전문가인 한스 글롭케(Hans Globke)가 아데나워에 의해 연방 수상 비서실장으로 임명된 사실은, 새로운 민주주의에 어두운 그림자를 드리웠다."[5] 그러나 더욱 "심각한 문제는 제3제국 당시 비인간적인 판결을 내린 법조인들의 죄를 동료 판사들이 물으려 하지 않았다는 점이다. 판사들은 그들의 행위가 당시에는 불법이 아니었다는 이유로 그것을 눈감아 주려 했던 것이다. 과거에 잔악한 행위를 했던 판사들이 자신들의 피해자들은 받지도 못하는 연금 혜택을 아무 어려움도 없이 받고 있다는 사실은 독일의 법제도에서 가장 수치스러운 면이었다."[6]

이러한 상황은 1969년 10월 독일사회민주당(Sozialdemokratische Partei Deutschlands, SPD)의 빌리 브란트(Willy Brandt) 수상이 등장하기 전까지 아데나워와 루드비히 에르하르트(Ludwig Erhard), 쿠르트 게오르그 키징거(Kurt Georg Kiesinger)를 거치면서 지속되었다. 특히 과거 나치 시기의 미흡한 역사 청산에 대한 파열음은 미국의 베트남 전쟁과 1960년대 물질 우선주의에 대해 비판적 태도를 취한 68독일학생운동과 결합되면서 불꽃처럼 타올랐다. 그 과정에서 키징거 수상이 과거 나치의 파울 괴벨스(Paul Goebbels) 선전 부장과 함께 일했다는 사실이 밝혀지자 기성세대에 대한 학생들의 분노는 폭발했다. 그리고 많은 학생들과 진보적

---

4  위의 책, 313쪽.

5  에드가 볼프룸, 이병련·김승렬 옮김, 『무기가 된 역사(Geschichte als Waffe: vom Kaiserreich bis zur Wiedervereinigung)』, 역사비평사, 2007, 187-188쪽.

6  마틴 키친, 유정희 옮김, 『사진과 그림으로 보는 케임브리지 독일사(The Cambridge Illustrated History of Germany)』, 시공사, 2003, 344쪽.

인 지식인들이 우려한 대로 극단적인 민족주의를 표방한 극우 독일국가민주당(Nationaldemokratische Partei Deutschlands, NPD)이 서독의 남부 지방 선거에서 적지 않은 득표로 몇몇 의회에 진출하게 되었다. 이러한 극우 독일국가민주당의 의회 진출로 일부에서는 나치당이 다시 부활했다는 다소 과장된 이야기가 퍼지기 시작하였고 서방에서도 경계와 우려의 눈초리를 보냈다. 특히 젊은 세대는 너무 쉽게 보수주의와 독일민족주의로 회귀하려는 기성세대의 정치적 행위와 미흡한 역사 청산에 대하여 거부와 불신을 가졌다. 뉴 저먼 시네마는 이러한 인식을 영화 속에 투영시키면서 등장하였다.

## 기성세대에 대한 부정

아데나워는 집권초기부터 "통치에 필요한 전문 인력으로 20%에 달하는 공무원을 나치 협력자에게 할당했다. 그러나 1950년대가 되면서 그 숫자는 점점 늘어나서 외무부의 고급 관리 중 66%, 법무부는 그 이상의 비율을 차지할 정도였다."[7] 그러나 1960년대에 접어들면서 제2차 세계대전기에 유년 시절을 보냈거나 태어난 세대는 이러한 상황을 받아들이지 못하고 반발하였다. 즉 독일(서독)의 젊은 세대는 나치 시기의 역사적 과오를 청산하지 못하고 오히려 반공이데올로기와 경제 성장 정책으로 권위주의적 지배 체제를 확립하려 한 기성세대의 역사 인식에 동의하지 않았다.

기성세대에 대한 젊은 세대의 부정과 거부는 독일사회주의학생연맹 (Sozialistischer Deutscher Studentenbund, SDS)에 의한 베트남 전쟁

---

7  오제명 외, 『68 · 세계를 바꾼 문화혁명』, 도서출판 길, 2006, 42쪽.

반대 시위, 20억 달러를 착복한 이란의 팔레비(Pahlavi) 왕의 독일 방문 반대 시위 등의 형태로 표출되었다. 그 과정에서 1967년 6월 2일 베를린 대학의 학생인 베노 오네조르크(Benno Ohnesorg)가 경찰의 발포로 사망하게 되면서 젊은 세대들의 시위는 점차 광범위하게 번져갔다. 그리고 "1966년 독일기독교민주연합, 기독교사회연합(Christlich Soziale Union, CSU) 정부가 독일사회민주당과 대연정에 성공하고 난 후 1968년 5월 사회 불안을 조장하는 사건에 대해 국가가 비상 대권을 갖는다는, 이른바 헌법이 보장하는 국민의 민주적 권리와 자유를 크게 제한하는 긴급 조치법이 또 다시 여야의 정치적 타협으로 쉽게 통과되었다."[8] 이와 같은 정치적 타협을 보면서 독일의 젊은 세대들과 학생들, 진보 세력들은 더 이상 기성세대에 대한 기대감을 갖지 않게 되었고, 오직 자신들의 힘에 의해서만 그들을 전복시킬 수 있고 변화시킬 수 있다고 인식하면서 분노는 극에 달했다. 그 결과 기성세대에 대한 부정과 거부는 학생영웅 루디 두치케(Rudi Dutschke)가 등장하면서 68학생운동으로 절정에 이르렀다. 이들은 "자본주의, 파시즘, 제국주의라는 이데올로기를 분쇄하고, 이러한 이데올로기들이 초래한 기성의 억압적인 사회 제도들, 예컨대 권위주의에 기반을 둔 가정과 학교, 폐쇄적인 관료 기구, 물질적 부와 사회적 성공을 최고로 여기는 사회적 통념들을 전복한다는 뚜렷한 흐름을 보여 주었다. 이와 같은 부정적인 요소 뒤에는 일체의 억압과 소외 그리고 지배가 사라진 인간적인 사회의 건설이라는 관념적 유토피아가 자리 잡고 있었고, 이러한 목적의 추구는 1970년대 이후 독일은 물론, 전 세계적으로 발전해나간 신사회운동의 그것과 많은 지향적 유사성을 보여주고 있으며, 일상생활 문화에 심대한 변화를 동반했다."[9] 또한 이들 학생들은

---

8  위의 책, 25쪽.
9  위의 책, 119-120쪽.

고전적 마르크스주의, 트로츠키주의, 모택동주의 등 다양한 이론에 경도되어 있었고, 특정한 이론이 지배하지는 않았지만 기성세대에 대한 부정과 거부의 시각은 공통적으로 존재하고 있었다.

그럼에도 불구하고 이들의 이론적 토대는 프랑크푸르트학파(Frankfurter Schule)의 테오도르 아도르노(Theodor Adorno)와 막스 호르크하이머(Max Horkheimer), 헤르베르트 마르쿠제(Herbert Marcuse)의 이론이 중요한 영향을 미쳤다.

호르크하이머와 아도르노는 자본주의와 파시즘의 관계를 조망하면서 자본주의는 필연적으로 파시즘으로 귀결되며 파시즘은 자본주의의 계승자라는 관점을 고수한다. 즉 자본가의 이익을 대변하는 집단이 바로 파시즘이기 때문에 자본주의와 파시즘 그리고 제국주의가 서로 얽혀 있다고 주장한 것이다. 이러한 현상을 보다 구체적인 이론 개념으로 도출한 것이 호르크하이머와 아도르노의 '반권위주의' 이론이다. 이 이론은 "미국에서 행했던 사회 심리학 연구의 일환으로 1950년에 『권위적 인물론(*The Authoritarian Personality*)』에서 나왔다. 1960년 호르크하이머는 이 책과 같은 논지의 논문 「현대의 권위와 가족(Autorität und Familie in der Gegenwart)」을 썼고, 이 논문은 1967년 『도구적 이성비판(*Zur Kritik der instrumentellen Vernunft*)』에 실린다. (여기서) 권위주의에 관한 호르크하이머의 분석은 학생층에 정치적 권위주의는 물론 가정과 사회에서의 권위주의에 반대하는 논거로 작용한다. 호르크하이머는 파시즘의 선전 선동에 쉽게 넘어가는 인물들은 스스로를 가족과 무비판적으로 동일시하려는 이데올로기를 대변한다고 본다. 이런 인물들은 대부분 유년기에 가정의 권위에 절대적으로 복종했던 사람들이다. 그러니까 파시즘적 성향의 인물들은 가족과의 진정한 관계가 아니라, 전통적인 지배와 복종의 관계만을 지닌 인물들로서 매우 위험스런 성향을 보이게 된다는 것이다. 이러한 복종은 사회 곳곳에서 잠재적인 파시스트를 탄생시킨다는 것이

호르크하이머가 내린 결론이다."[10] 그리고 "이런 관점을 극단화 하면 전통적인 가족 형태는 바로 생활 속의 파시즘을 정착시키는 제도적 장치가 되고 그 계기는 아버지의 권위를 무비판적으로 인정하는 데에 있다."[11] 이처럼 호르크하이머는 파시즘의 원리를 아버지의 권위로부터 추출하면서 그것을 전복해야만 파시즘으로부터 해방될 수 있다는 논리를 펼쳤다.

이와 더불어 1960년대 독일 학생운동에 또 다른 영향을 준 것으로는 『에로스와 문명(*Eros and Civilization*, 1955년)』, 『소비에트 마르크시즘: 비판적 분석(*Soviet Marxism: A Critical Analysis*, 1958년, 이 책은 1964년 동일 제목의 독일어, *Die Gesellschaftslehre des sowjetischen Marxismus* 로 번역되어 출간됨)』, 『일차원적 인간(*One Dimensional Man*, 1964년, 이 책은 1967년 동일 제목의 독일어, *Der eindimensionale Mensch*로 번역되어 출간됨)』을 통해 기존의 사회 질서에 대한 혁명을 주장한 마르쿠제의 이론이라 할 수 있다. 특히 1957년 독일어로 『에로스와 문명(*Eros und Kultur*)』이 처음 번역된 이후 1965년 『충동구조와 사회(*Triebstruktur und Gesellschaft*)』로 다시 번역되어 화제가 된 『에로스와 문명』에서 마르쿠제는 불필요한 억압에 대한 항의, 삶의 두려움이 없는 최고 형태의 자유를 얻기 위한 투쟁의 의미를 '위대한 거부'로 정의했다. 그리고 『일차원적 인간』에서는 현대인을 자연을 지배함으로써 이득을 취하고 기술 문명이 가져다준 생산품에서 만족을 얻는 일차원적 인간으로 정의한다. 여기서 그는 "이런 인간은 현대 문명에 대한 비판적 사유를 포기하고 현실에 만족해버리는 특징을 지니고 있다. 일차원적 인간이 주류를 이루는 사회에서는 사회의 변혁이 불가능하고 억압적인 현실로부터의 초월이 배제될

---

10  Max Horkheimer: *Gesammelte Schriften* hrsg. Bd.12, Fischer Taschenbuch, 1985, S, 280. ―김길웅·오제명, 「68운동의 이념적 지향성과 비판이론」, 《브레히트와 현대연극》 Vol.12, 한국브레히트 학회, 2004, 378-379쪽에서 재인용.

11  위의 논문, 379쪽.

수밖에 없다"[12]고 했다.

이처럼 아도르노와 호르크하이머, 마르쿠제의 이론은 독일의 젊은 세대가 권위주의, 파시즘, 자본주의, 심지어 제국주의적 속성으로 얼룩진 기성세대를 부정하고 비판하는데 중요한 논리적 토대로 작용했다. 그리고 이러한 지적 토대는 1960년대, 1970년대 독일 민족의 역사 풍경과 정체성, 일상에서 내재하고 있는 파시즘적 요소에 대한 우려, 제국주의적 속성 등을 기성세대에 대한 부정과 거부를 압축적으로 묘사한 뉴 저먼 시네마 창작의 근원이 되었다.

## 2. 낡은 영화에 대한 비판과 새로운 제작지원제도 구축

### 낡은 영화와 오버하우젠 선언

1961년 독일 사회에서의 영화적 풍경은 마치 "독일 영화의 예술적 파산의 공식적인 선언처럼 보였다. 베를린 영화제에서 독일연방공화국 내무장관은 가치 있는 영화가 만들어지지 않았기 때문에, 그 해 연방영화 수상작이 없다고 발표했다."[13] 이러한 발표가 있고 난 후 젊은 영화 창작가들은 독일 영화를 낡은 영화와 새로운 영화라는 대조적 개념으로 규정하면서 1962년 오버하우젠 선언을 하였다. 이들에 의해 규정된 독일 영화는 기성세대와 새로운 세대로 확장된다. 즉 낡은 영화와 새로운 영화는 기성세대의 영화와 새로운 세대의 영화라는 의미로 환원되면서 세대적 의미를 내포하게 된 것이다. 따라서 오버하우젠 선언에는 단순히 영화 자체 내부의 시스템 혁신을 통해 새로운 독일 영화를 만들어내는 것뿐만 아니라 기성세

---

12  위의 논문, 382쪽.
13  John Sanford, *The New German Cinema*, Da Capo Press, 1980, p.13.

대에 대한 부정과 거부가 내포되어 있다.

그렇다면 낡은 영화와 새로운 영화가 기성세대와 젊은 세대 간의 갈등으로 확장될 수 있는 것은 무엇을 의미하는 것인가? 이것은 제2차 세계대전 이후 나치 시기 독일 민족의 역사적 과오에 대한 미흡한 역사 청산과 그로부터 발생한 독일 민족의 역사 정체성 확립과의 상호작용 과정으로 볼 수 있다. 따라서 오버하우젠 선언은 당시 독일 영화가 지니고 있던 문제점들을 직접적으로 겨냥하고 있지만, 그것의 또 다른 의미는 제2차 세계대전 이후 독일의 역사 전개 상황과 동일한 의미로 환원될 수 있는 것이다. 왜냐하면 젊은 영화 창작가들은 그 당시 독일의 정치적, 사회적 흐름이 자신들이 직면하고 있는 영화적 흐름과 크게 다르지 않았다고 보았기 때문이다. 이것은 제2차 세계대전 종결 이후 과거 나치 시기에 활동했던 영화 제작자들의 재등장으로 설명될 수 있다. 즉 제2차 세계대전 이 끝난 이후에도 독일 영화계에서는 보수적인 친나치 성향의 영화 인력이 계속해서 활동할 수 있었다. 그래서 "영화 제작에 복귀한 보수적이고 복고적 성향의 나치 시기 영화인들에 의해 민족주의 이데올로기의 교묘한 주입에 이용되었던 나치 영화의 미학이 은근히 답습되고 있었다."[14] 그리고 이들은 "모호하게나마 파시즘에 뿌리를 둔 이념을 계속 재생시켰다."[15] 이런 영화인들의 활동은 젊은 독일 영화 창작가들에게 낡은 영화 세대의 거부라는 명분이 되었다.

또한 오버하우젠 선언은 미흡한 역사 청산으로 단순한 세대 간의 갈등에만 천착하고 있는 것이 아니라, 제2차 세계대전 이후 미국 할리우드 영화의 범람과 그로부터 영향 받은 독일의 상업 영화들에도 시선을 돌렸다. 제2차

---

14  피종호 외 지음, 『유럽영화예술(이상면, 뉴저먼 시네마의 정치적 미학)』, 한울 아카데미, 2003, 82쪽.

15  존 힐·파멜라 처치 깁슨, 안정효·최세민·안자영 옮김, 『세계영화 연구(The Oxford Guide to Film Studies)』, 현암사, 2004, 536쪽.

세계대전이 끝난 후 독일에서는 그동안 상영 금지되었던 미국의 할리우드 영화가 봇물처럼 유입되었다. 그 결과 미국 영화는 1950년대 서독 영화 시장을 전반적으로 지배하게 되었고, 독일 영화 산업은 재성장의 기회를 찾기가 쉽지 않았다. 특히 미국의 할리우드 영화는 피폐해진 독일인들에게 양적으로서 뿐만 아니라 오락과 재미로서 독일 영화계를 재빠르게 지배하고 있었다. 그리고 황폐화된 독일의 영화 시장에 낡은 제작 방식과 할리우드 표현 기법을 흉내 내 만들어진 수준 낮은 상업 영화인 향토영화(Heimatfilm), 범죄영화, 서부영화들이 그 자리를 메웠다.

이와 같은 상황 속에서 독일 영화는 또 다른 두 가지 상호모순적 상황에 직면해 있었다. 첫 번째는 1950년대의 급속한 경제 성장으로 텔레비전 수상기가 보급되기 시작하였다는 점이다. 텔레비전 수상기의 보급으로 대중 미디어 매체는 급격한 변화를 맞이하게 되었고 영화는 관객의 감소라는 타격을 받았다. 두 번째는 1950년대 말 독일은 노동력이 부족한 단계에 돌입하였고 경제 성장의 속도도 약화되어 1960년대에 들어서는 서구 산업 사회와 비슷한 양상을 띠게 되었다.[16] 특히 이전 시기의 급속한 성장에 비해 1950년대 말 독일의 일시적인 경제 성장의 침체는 독일의 많은 기업체들의 파산과 도산을 가져왔고 독일 영화 산업에도 적지 않은 영향을 미쳤다. 그 결과 독일 영화는 텔레비전 수상기의 보급과 일시적인 경제성장의 침체로 영화 제작 규모 축소뿐 아니라 제작 편수 감소가 이루어졌다. 이러한 상황은 표현주의를 통해 세계 영화 역사에 화려하게 각인된 독일 영화에 침체기를 가져와 그 출구를 찾기가 어려웠다. 이 상황을 타개하기 위하여 젊은 영화 창작가들은 낡은 세대의 대표적 표상인 독일의 기성세대 영화에 파산 선고를 하지 않을 수 없었다. 그리고 젊은 독일 영화 창작가들은 이에 대한 돌파의 논리를 기존의 영화 산업구조에

---

16 메리 풀브룩, 김학이 옮김, 앞의 책, 334쪽.

의한 제작 방식과 미흡한 과거의 역사 청산에서 찾았다. 관습적인 영화 제작 방식과 제2차 세계대전 이후 나치 시기에 대한 독일 정부의 미흡한 역사 청산은 젊은 영화창작가들이 이들을 낡은 세대로 규정하게 하는 요인이 되었고, 독일 영화의 새로운 발전은 곧 낡은 세대를 거부하거나 부정하지 않으면 안 되게 되었다.

따라서 뉴 저먼 시네마는 할리우드 영화의 범람, 관습적인 영화제작 구조, 매체 환경의 새로운 변화, 나치 시기의 역사청산에 대한 미흡 등으로 인해 황폐화된 독일 영화를 재건하기 위해 새로운 독일 영화의 출발을 알리고자 하는 것이었다. 그것의 결과가 기존의 낡은 영화제작 관습에 대한 비판과 함께 새로운 독일 영화를 주창한 오버하우젠 선언을 하게 된 것이다.


## 영화제작지원제도 구축과 새로운 영화의 등장

독일의 젊은 영화 창작가들은 오버하우젠 선언을 통하여 기성세대의 영화 제작 시스템으로는 더 이상 독일 영화를 지속시킬 수 없다고 주장했다. 그들은 새로운 독일 영화를 위하여 영화 제작 방식의 개혁과 지원을 통한 혁신적인 변화를 요구했다. 이들의 요구로 독일 영화의 제작 방식과 지원 시스템에 변화가 생겼다.

이에 대한 첫 번째 변화는 1965년 초 독일 정부의 지원으로 설립된 '젊은독일영화위원회(Kuratorium Junger Deutscher Film)'를 들 수 있다. "이 위원회에서는 뛰어난 단편 영화를 제작한 감독의 각본을 심사하여 무이자 대출을 해주었다. 짧은 존속 기간 동안 젊은독일영화위원회가 재정을 지원한 극영화는 24편에 이르렀다. 이들 대부분은 배우들에게 출연료도 거의 주지 않았으며 주로 로케이션 촬영인 저예산 영화들이었다.

배낭영화(Rucksackfilme)라고 불리기도 한 이들 영화들은 참신함으로 충격을 주었다. 그들은 당시의 독일을 파탄에 이른 결혼, 시들해진 사랑, 반항적인 젊은이, 자유분방한 섹스 등으로 묘사하였고 나치의 망령이 현재에도 맴돌고 있다고 암시했다."[17] 이와 같은 지원 시스템을 통하여 만들어진 작품들이 뉴 저먼 시네마의 시작을 알리기 시작했다. 이러한 제작 지원 시스템에 의해 만들어진 영화, 이른바 "젊은독일영화(Young German Film)는 1967년 말 무렵 많은 면에서 성공을 거두었다. 알렉산더 클루게(Alexander Kluge)의 〈어제와의 이별(Abschied von gestern, 1966〉과 폴커 슐렌도르프(Volker Schlöndorff)의 〈젊은 퇴를레스(Der junge Törless, 1966)〉가 8개의 영화제에서 각각 수상하였고, 다른 영화들도 국제 시장에서 좋은 성과를 거두었다."[18] 이처럼 영화제작에 대한 젊은독일영화위원회의 지원은 황폐화된 독일 영화에 새로운 활력소가 되었다. 독일 영화는 점차 침체된 상태에서 벗어나 새롭게 도약할 수 있는 토대가 마련되었다. 뿐만 아니라 독일 정부는 영화제작지원 시스템을 상업영화 제작에까지 확대했다. 그 결과 "독일 정부에 의해 1968년 1월 영화진흥법(Filmförderungsgesetz, FFG)이 마련되었고 영화진흥청(Filmförderungsanstalt, FFA)이 설립되면서 영화는 제도적 차원에서 지원되었다."[19] 단편 영화뿐 아니라 상업 영화에 대한 이러한 제도적 지원은 독일에서 영화 창작과 제작이 활성화 될 수 있는 토대를 마련하였으며 뉴 저먼 시네마 감독들의 창작의 독창성까지 견인하게 되었다.

그리고 뉴 저먼 시네마 창작가들은 제작지원 시스템뿐 아니라 다양한 배급 시스템을 구축하고자 하였다. 이러한 인식에 의해 몇몇 창작가들은

---

17  Kristin Thompson & David Bordwell, *Film History: An Introduction*(Third Edition), McGraw-Hill, 2010, p.420.

18  *Ibid.*, p.421.

19  피종호 외, 앞의 책, 83쪽.

"1971년 무렵 그동안 어려운 조건 하에서 만든 단편 영화와 몇 편의 극영화의 배급과 국제적 판매를 위해 직접 나서기로 했다. (이를 위해) 그들은 '작가영화제작소(Filmverlag der Autoren)'를 만들었다. 그러나 서독 이외의 지역에서의 영화 판매는 성공하였지만 자국 내에서는 그렇지 못하였다."[20]

독자적인 배급 시스템 구축을 시도한 뉴 저먼 시네마 창작가들은 "1974년부터는 영화진흥청과 공영 텔레비전 방송사 아에르데(ARD)와 체데에프(ZDF)사이에 '영화-텔레비전 협정(Film-Fernseh Abkommen)'을 맺어 방송국에서의 영화 방영권을 전제로 제작비를 지원받는 방법들이 시도되었다."[21] 이와 같은 방식에 의해 "영화는 텔레비전에서 방영되기 전 극장에서 2년 동안 상영되어야만 하며, 텔레비전으로부터 선불 구매방식으로 제작 지원을 받은 영화의 경우 텔레비전에서 방영되기 전 5년이 경과해야만 한다는 조건이었다."[22]

이처럼 독일의 뉴 저먼 시네마는 기성세대의 관습적인 영화제작 시스템에 대한 거부와 부정으로부터 시작하여 국가적인 영화제작 지원에 의한 제도적 장치와 자신들의 독자적인 배급 시스템 구축, 그리고 안정적인 상영 통로를 확보하게 되었다. 이와 같은 일련의 지원책과 제도적 장치들이 뉴 저먼 시네마가 1962년 오버하우젠 선언으로부터 시작하여 1982년 파스빈더가 사망할 때까지 오랜 기간 지속될 수 있었던 요인이라 할 수 있다. 이를 통해 등장한 영화들은 1970년대 미국에 의해 새롭게 조명 받게 되었고 영화의 새로운 신동, 독일 영화가 오랫동안 기다린 르네상스라고 평가되면서 독일 영화의 붐을 조성하는 견인차 역할을 하였다.

---

20  Susan Hayward, *Cinema Studies, The Key Concepts*(Fourth Edition), Routledge, 2013, p.198.

21  피종호 외, 앞의 책, 83-84쪽.

22  김선미, 「뉴 저먼 시네마와 문학작품의 영화화」,《카프카연구》Vol.7, 한국카프카학회, 1999, 153쪽.

# 3. 젊은 독일영화와 새로운 독일영화

새로운 독일영화, 즉 뉴 저먼 시네마는 동시대의 역사적 경향과 68학생운동의 흐름으로부터 영향을 받고 독일의 정치적, 사회적, 영화적 상황을 새롭게 인식하면서 등장하였다. 이것은 뉴 저먼 시네마가 지향하고 내포하고 있는 것들이 단순히 영화적 스타일과 형식에만 국한되어 있는 것이 아니라 동시대의 독일 역사가 지니고 있는 모순들과 깊이 공유하고 있음을 의미한다. 이러한 측면에서 뉴 저먼 시네마에 대한 의미와 범위는 비교적 선명한 것처럼 보인다. 그러나 뉴 저먼 시네마의 시작은 1962년 오버하우젠 선언을 기점으로 1982년 파스빈더가 사망할 때까지 형성되었기 때문에 비교적 긴 시간에 걸쳐 다양한 역사 전개 과정을 가지고 있다. 이러한 이유로 뉴 저먼 시네마는 독일 역사에 대한 다양한 탐구와 파시즘에 대한 우려 등을 드러내고 있는 영화뿐 아니라 오버하우젠 선언 이전 시기의 낡은 영화와 형식적으로 차별을 꾀하고자 하는 영화들도 그 과정의 일부분으로 포함된다. 후자의 경향이 오버하우젠 선언 이후에서부터 1968년 무렵까지 주로 제작지원 시스템에 의해 만들어진 초기 뉴 저먼 시네마로 불리기도 한 이른바 '젊은독일영화'인 것이다. "영화 스타일 측면에 있어 젊은독일영화는 세 가지의 기본적 경향과 밀접한 관계를 가지고 있다. 사회적 사실주의 형식으로의 회귀와 다큐멘터리의 영향, 아방가르드와 실험적 수법의 부활, 대중 문화와 다른 현대 대중 미디어에 대한 비판적 약속이다."[23] 따라서 이들 젊은독일영화 창작가들은 주로 영화 형식과 스타일을 통하여 기성세대의 영화와 차별을 꾀하였다. 이러한 흐름에 선언적 의미를 띤 작품으로는 알렉산더 클루게와 장 마리 슈트라우프(Jean Marie Straub)의 영화를 들 수 있다.

---

23  Sabine Hake, *German National Cinema*, Routledge, 2002, p.149.

특히 동독에서 이주한 여성의 법정 사건을 토대로 만든 클루게의 〈어제와의 이별〉에서는 다양한 영화적 형식이 시도되었다. 영화는 빈번한 클로즈 쇼트(close shot)의 사용과 자막을 통한 에피소드 형식, 사진, 그림과 함께 과거 회상 장면의 삽입, 카메라 조작으로 인해 빠르게 움직이는 인물과 사물의 모습, 다큐멘터리 수법과 극영화의 혼합, 프랑스의 누벨바그 영화에서처럼 카메라를 향해 말하거나 보면서 종결되는 화면 등으로 구성되었다. 이러한 수법들은 화면의 연속성을 방해함으로써 영화 속의 현실을 재구성 하게 된다. 이와 같은 형식적 시도는 영화 속 주인공인 아니타라는 여성의 역사를 통해 독일 사회의 이념, 민족 등의 관계를 내포하고 있을 뿐만 아니라 새로운 독일 영화의 등장을 알린 것이라 할 수 있다.

이러한 특징은 슈트라우프 영화에서도 나타난다. 그는 하인리히 뵐(Heinrich Böll)의 소설 〈아홉시 반의 당구(Billard um halb zehn, 1955)〉에 근거한 〈화해 안 됨 혹은 폭력이 지배하는 곳에서는 폭력만이 도움이 된다(Nicht versöhnt oder Es hilft nur Gewalt, wo Gewalt herrscht, 1965)〉와 〈안나 막달레나 바흐의 연대기(Chronik der Anna Magdalena Bach, 1968)〉를 만들었다. 슈트라우프는 이들 영화에서 화면과 사운드간의 부조화 등을 통해 영화의 형식적 실험을 시도했다. 이들 외에 울리히 샤모니(Ulrich Schamoni)의 〈그것(Es, 1966)〉, 로버트 무질(Robert Musil)의 소설 〈생도 퇴를레스의 혼란(Die verwirrungen des Zöglings Törless)〉을 토대로 기숙학교에서 벌어진 집단과 개인, 즉 집단 속의 개인의 관계를 학교를 떠나게 된 퇴를레스를 통해 묘사한 〈젊은 퇴를레스〉, 페터 샤모니(Peter Schamoni)의 〈여우사냥 금지기(Schonzeit für Füchse, 1966)〉, 그리고 에드가 라이츠(Edga Reitz)의 〈식사시간(Mahlzeiten, 1967)〉, 한스 위르겐 폴란트(Hans Jürgen Pohland)의 〈개와 고양이(Katz und Maus, 1967)〉, 하로 젠프트(Haro Senft)의 〈부드러운 코스(Der sanfte Lauf, 1967)〉등의 영화에서도 사회 문제에 대한 관심과 함께 에피소드적이고 아방가르드적인 장면들까지 변주시키면서 형식적 실험이 이어져 기존 상업 영화들의 관습들을 단절시킨 하나의 예를 보여주었다.[24]

이처럼 젊은독일영화는 당면하고 있는 독일의 정치적, 사회적, 역사적 문제들을 직접적으로 담아내기 보다는 영화의 형식과 미학적 혁신에 더 중점을 두었다. 이는 이 시기 영화감독의 독자성과 독창성을 강조한 작가주의 흐름에도 일정한 영향을 받았다고 할 수 있다. 이러한 이유로 젊은독일영화 창작가들은 영화 자체에 대한 형식적 시도와 실험으로 독일의 정치적, 사회적 상황을 제대로 반영하지 못하였다. 이것을 함축적으로 설명하고 있는 것이 1967년 알렉산더 클루게, 에드가 라이츠, 요젭 폰 슈테른베르크(Joseph von Sternberg), 야콥 하이트뷔첼(Jacob Heidbüchel), 라이너 켈러(Reiner Keller), 페 바일란트(Fee Vaillant), 헤르베르트 페트겐스(Herbert Pötgens), 굡츠(K. F. Göltz), 발터 탈몬 그로스(Walter Talmon-Gros), 한스 롤프 슈트로벨(Hans Rolf Strobel), 노르베르트 퀴켈만(Norbert Kückelmann), 미하일 렌츠(Michael Lentz), 하인리히 티카프스키(Heinrich Tichawsky), 페터 라디게스(Peter M. Ladiges)에 의한 '맨하임 선언(The Mannheim Declaration)'이었다. 이 선언에서는 "오버하우젠 선언 이후 6년이 흘렀다. 독일 영화의 부활은 여전히 이루어지지 않았다"[25]고 했다. 이 선언은 비록 독일 영화 산업과 지원 체계에 대하여 한정하고 있지만 영화의 형식과 실험에 집중한 젊은독일영화인들의 한계를 드러내는 언급이기도 했다.

특히 '젊은독일영화'는 오버하우젠 선언에 서명하였던 기존의 인물들과 서명하지 않았던 인물들이 영화를 만들게 되는 1969년 새로운 국면을 맞이하게 된다. 이른바 본격적인 뉴 저먼 시네마가 시작된 것이다. 따라서

---

24  피종호 외, 앞의 책, 89쪽.

25  Scott MacKenzie, *Film Manifestos and Global Cinema Culture, A Critical Anthology,* University of California Press, 2014, p.155.

'젊은독일영화'와 '뉴 저먼 시네마'를 가를 수 있는 중요한 요인 중 하나는 클루게, 슐렌도르프, 장 마리 슈트라우프와 함께 베르너 헤어조크(Werner Herzog), 라이너 베르너 파스빈더(Rainer Werner Fassbinder), 빔 벤더스(Wim Wenders), 한스 위르겐 지버베르크(Hans Jürgen Syberberg) 등이 1969년부터 본격적으로 창작 작업을 하기 시작하였다는 사실을 들 수 있다. 그리고 이 시기는 68학생운동 등으로 독일의 정치적, 사회적 모순들이 전면으로 등장하여 휩쓸고 가면서 그 여진이 사라지지 않은 시기였다. 이러한 이유로 뉴 저먼 시네마 창작가들은 오버하우젠 선언 이후 젊은독일영화 창작가들이 간과했던 독일 역사의 정체성에 대한 탐구와 나치 시기에 경험했던 파시즘에 대한 우려 등을 창작의 모티프로 삼게 되었다. 이러한 측면에서 젊은독일영화와 뉴 저먼 시네마는 명확히 구별되고 있는 것처럼 보인다.

그럼에도 불구하고 젊은독일영화와 뉴 저먼 시네마는 오버하우젠 선언으로부터 비롯되었다고 할 수 있다. 즉 기성세대의 영화에 대한 부정과 거부를 표명한 오버하우젠 선언은 젊은독일영화와 뉴 저먼 시네마가 출현하게 된 동일한 토대이자 시발점인 것이다. 이것이 영화의 미학적 탐구와 실험에 집중한 젊은독일영화가 뉴 저먼 시네마와 구분되기도 하면서 통합적으로 인식되기도 한 이유이다. 분명한 것은 뉴 저먼 시네마는 젊은독일영화를 아우를 수 있지만 젊은독일영화는 뉴 저먼 시네마를 아우르지 못한다는 사실이다.


## 4. 역사 정체성 탐구와 파시즘에 대한 우려, 뉴 저먼 시네마

### 역사 정체성 탐구

뉴 저먼 시네마를 관통하고 있는 가장 중요한 것 중 하나가 제2차 세계대전의 원인과 결과로 얽혀 있는 독일 역사에 관한 딜레마이다. 이러한 인식은 제1, 2차 세계대전을 일으킨 장본인인 독일인들이 갖고 있는 당연한 것인지도 모른다. 이에 대한 보다 직접적 원인은 제2차 세계대전 이후 독일에서 다양한 이유로 역사 청산이 철저하게 이루어지지 못하였다는데 있다. 제2차 세계대전이 종결된 후 독일에서는 냉전에 편승하여 나치 시기의 인물들이 다시 독일의 역사 전면에 등장하게 되었고, 빠른 경제 성장은 과거 나치 시기의 독일이 자행한 역사적 책임으로부터 회피할 수 있는 기반이 되었다. 그 결과 독일은 재무장을 선언하게 되었고 민족주의가 다시 고개를 들 수 있는 여지를 만들었다. 이와 같은 독일의 사회적 변화는 영화 창작가들에게 독일인들이 회피하고 싶었던 과거 역사를 다시 끄집어내게 하기도 하였고, 현재 직면하고 있는 독일의 역사적 상황을 냉정하게 받아들이면서 답답함을 다양한 방법으로 묘사하게 하는데 중요한 역할을 했다. 따라서 "뉴 저먼 시네마는 기억상실증을 극복하기 위해서 뿐 아니라 가까운 과거의 역사로 강박관념 속에 확실하게 자리매김하고 있는 것과의 동일화를 위해 등장하였다."[26]

이는 오버하우젠 영화의 주창자는 아니지만 뉴 저먼 시네마의 실질적 리더였던 파스빈더의 영화에서 확인된다. 그는 현재 시점에서 나치 시기와 전쟁 이후의 독일 역사에 대한 풍경을 비참하고 우울하게 묘사했다. 이와 같은 그의 영화로는 독일 3부작으로 불리는 〈마리아 브라운의 결혼(Die Ehe der Maria Braun, 1979)〉, 〈롤라(Lola, 1981)〉, 〈베로니카 포스의 동경(Die SehnSucht der Veronika Voss, 1982)〉을 들 수 있다. 그 중에서 〈마리아 브라운의 결혼〉은 이러한 파스빈더의 특징이 가장 선명하게 나타난다.

---

26  Tim Bergfelder·Erica Carter and Deniz Göktürk, *The German Cinema Book*, bfi, 2002, p.182.

영화 〈마리아 브라운의 결혼〉은 독일의 현대 역사를 압축하여 탁월하게 묘사하고 있다. 전쟁의 폭격 속에서 결혼한 마리아 브라운은 제2차 세계대전 종전 후 돌아오지 않은 남편 헤르만 브라운을 찾고 기다리면서 매춘을 통해 생계를 유지한다. 그러던 어느 날 소련군의 포로로 붙잡혀 석방된 헤르만은 미군 병사와 침대에 있는 자신의 부인 마리아 브라운을 보게 된다. 그녀는 헤르만이 자신을 보는 순간 술병으로 미군의 머리를 내리친다. 그러나 헤르만은 그녀 대신 감옥에 가게 되고 그동안 마리아는 자신의 미모를 이용해 사회적으로 크게 성공한다. 그리고 시간이 지난 후 사랑하던 남편, 헤르만이 돌아오고 마리아는 꿈에 그리던 그를 만나지만 과거의 상처를 서로 알고 있는 그들 사이에는 오히려 긴장감과 서먹함이 흐른다. 이와 같은 어색한 상황을 달래기 위해 마리아는 담배 불을 붙이기 위해 부엌으로 가지만 누출된 가스로 인하여 부엌이 폭발하면서 그들의 사랑의 역사도 끝이 난다. 그와 동시에 라디오에서는 1954년 스위스 베른(Bern)에서 헝가리를 3대 2로 꺾은 독일의 월드컵 우승 소식이 흥분된 아나운서의 목소리로 전해지고 제2차 세계대전 이후 독일의 역대 수상인 아데나워, 에르하르트, 키징거, 슈미트(Helmut Schmidt)의 초상화가 음화로 보여지면서 영화는 끝이 난다. 이 영화의 가장 중요한 특징은 마리아 브라운을 통해 제2차 세계대전 이후 독일의 역사적 상황을 그대로 상징화하고 있다는 점이다. 즉 영화는 "마리아가 경력을 쌓아가면서 성공해 가는 과정에 정치적 의미를 생각하도록 암시한 것이다. 그것은 전후 독일의 모습을 보여주는 단순한 알레고리를 넘어서 개인과 국가의 재건, 힘을 모은 것과 그에 따른 파괴 간의 모호한 관계를 느끼게 해준다."[27] 특히 영화 중간 중간에 독일의 재무장에 관한 아데나워의 연설은 이 영화가

---

27  로날드 헤이먼, 이성복 옮김, 『라이너 베르너 파스빈더 평전(Fassbinder: film maker)』, 한나래, 1994, 243쪽.

전쟁의 패전과 함께 시작되고 파국으로 끝난 마리아 브라운의 모습을 보여주면서 독일 역사의 반복적 상황에 대한 우려를 나타내고 있다.

빔 벤더스는 파스빈더의 영화와는 다른 방법으로 분단된 독일 역사에 대하여 허무적이고 답답함을 묘사했다. 그는 한 인터뷰에서 "왜 미국의 록 음악과 영화들이 1960년대 삶의 구원자로서 작용하는지에 대해 의문을 던지면서 정치적 기억 상실중에 빠진 20년 동안은 우리에게 구멍을 남겼다. 우리는 그것을 츄잉 껌과 폴라로이드로 덮었다"[28]고 하였다. 빔 벤더스의 이 말은 뉴 저먼 시네마 창작가로서의 그의 특징을 가장 잘 설명해주고 있다. 그는 당시의 독일을 미국의 대중 문화, 회피하고 싶은 제2차 세계대전 전후의 독일의 역사, 현재 직면하고 있는 독일의 상황 등이 총체적으로 뒤섞여 있다고 생각한 것이다. 이를 묘사한 영화로는 〈시간의 흐름 속에(Im Lauf der Zeit, 1976)〉를 들 수 있다. 이 영화는 빔 벤더스가 1975년 7월부터 10월까지 약 11주 동안 동독과 맞닿아 있는 마을을 로드무비 형태로 촬영하였다. 이 영화의 주요 인물인 트럭 운전자는 조그만 도시를 다니면서 극장의 영사기 수리 등을 도와주고 과거 독일의 영화 산업 역사 등을 언급하면서 독일의 현재 상황을 바라본다. 그가 만난 사람들 중에는 과거의 기성세대들도 있고 변화된 독일 사회에서 적응하고 있는 현재의 인물들도 있다. 이들을 통해 빔 벤더스는 변화하고 있지 않은 기성세대의 가치와 현재의 가치를 충돌시키기도 하면서 독일이 직면하고 있는 답답한 현재의 역사를 보여준다. 또한 그는 동독에 인접한 마을들을 돌아다니면서 물리적으로 더 이상 갈 수 없는 한정된 경계를 트럭 운전자를 통해 보여주기도 한다. 이러한 물리적 한계는 마을을 돌아다니면서 그들이 즐겨듣는 미국의 대중 음악과 중첩되면서 독일이 처한 현재의 역사적 상황과 정체성에 대한 의문을 던진다.

---

28  Tim Bergfelder·Erica Carter and Deniz Göktürk, op. cit., p.182.

이와 같은 독일에 대한 역사 탐구는 헤어조크의 영화 〈보이체크(Woyzeck, 1979)〉에서도 나타난다. 그는 이 영화에서 과거 독일 군인의 모습을 통해 전쟁은 단순히 개인의 의지가 아니라 지배계급과 지식인들에 의하여 벌어진 것이라고 암시하면서 그로테스크(groteske)하다는 말로 끝을 맺는다. 이것은 과거 나치 시기의 독일 역사를 독일인들에 의한 것이 아니라 일부 지배계급으로 돌리면서 독일 역사 전개 과정의 비민주성을 풍자하고 있는 것이다.

무엇보다 독일 역사에 대한 탐구와 그것의 딜레마를 선명하게 부각시킨 영화는 슐렌도르프의 〈양철북(Die Blechtrommel, 1979)〉을 들 수 있다. 이 영화는 슐렌도르프가 귄터 그라스(Günter Grass)의 소설을 토대로 만든 것으로 독일과 폴란드의 접경지역인 카슈바이(Kaschubei)라는 마을을 배경으로 제1차 세계대전 전인 1899년부터 제2차 세계대전, 1960년대에 이르기까지의 독일 역사를 배경으로 하고 있다. 이 영화에서는 나치의 행렬과 어머니의 불륜, 독일인들의 민족주의적 발언, 베토벤의 초상화가 히틀러의 초상화로 바뀌는 장면, 독일민족의 우월성을 나타내는 나치즘 열풍, 1939년 독일의 폴란드 침공 등의 장면을 연결시키면서 추한 기성세대의 역사를 어른 세계로 진입하기를 거부하면서 성장을 멈춘 오스카의 시각으로 묘사하고 있다. 기성세대의 추한 행위를 볼 때마다 오스카는 양철북을 두드린다. 이때 주변의 창문 유리창들이 깨져 사람들을 놀라게 한다. 이러한 "비현실적이고 우화적인 이야기 속에서 슐렌도르프는 추악함과 기괴함의 미학으로써 나치 시기를 경험한 독일인들의 치부를 건드리고 나치에 동조한 그들의 의식을 고발하고 있다."[29] 이런 이유로 슐렌도르프의 〈양철북〉은 뉴 저먼 시네마 창작가들이 자신들의 창작의 원천이 어디에 근거하고 있는지를 가장 선명하게 보여준 영화라 할 수 있다.

---

29 피종호 외, 앞의 책, 100쪽.

그리고 철저하지 못한 과거 청산에 대한 독일 현대사는 뉴 저먼 시네마 창작가들에 의해서뿐만 아니라 1979년 1월 미국에 의해 〈홀로코스트(Holocaust)〉라는 텔레비전 시리즈로도 만들어졌다. 이 시리즈는 무엇보다 뉴 저먼 시네마 창작가들에게 나치 시기의 역사적인 사실에 대한 경각심을 불러일으키는데 중요한 영향을 주었다. 특히 이 영화에 대한 독일인들의 입장을 피력한 영화로 "에드가 라이츠의 16시간짜리 텔레비전 시리즈 〈향토(Heimat)〉를 들 수 있다. 이 영화는 라인란트(Rhineland)의 샤바흐(Schabbach)라는 가상의 독일 마을에서 1919년에서부터 1982년까지 60여년이 넘게 살아가던 가족의 연대기로 유럽 필름 페스티벌(European Film Festivals)에서 2부작으로 상영되었고 1984년 여름 독일의 주요 도시에서도 개봉되었으며, 그 해 9월과 10월에는 11부작 텔레비전 시리즈로도 방영되었다. 이 영화는 독일 텔레비전을 통해 2천만 명이 넘은 독일인들이 보았고 뉴 저먼 시네마의 역사 영화로 환영받았다. 〈향토〉는 시골 마을에서의 삶에 관한 충격을 통해 20세기의 독일 정치 역사를 묘사하였다. 에드가 라이츠는 이 영화에서 개인적인 이야기를 통해 역사를 고찰하면서, 단절되고 파편화된 독일의 역사에 지속성을 복원하고자 했다. 인터뷰에서 그는 '우리 독일인들은 우리의 이야기로 어려움을 겪고 있다. 전쟁 이후 40년이 지난 지금까지도, 우리는 우리의 작은 개인의 이야기들이 과거 우리의 나치와 제3공화국에 우리들의 대중 참여를 상기하지 않을까 여전히 두려워하고 있다'"[30]고 했다.

독일 역사에 대한 정체성 탐구는 한스 위르겐 지버베르크의 독일 3부작 − 〈루드비히(Ludwig, 1972)〉, 〈칼 마이(Karl May, 1974)〉, 〈히틀러, 한편의 독일영화(Hitler, ein Film aus Deutschland, 1977)〉−에서도 나타난다. 이들 영화중에서 20세기 독일 역사를 직접적으로 묘사하고 있는 영화는

---

30  Geoffrey Nowell-Smith, *The Oxford History of World Cinema*, Oxford, 1997, p.621.

상영시간 442분의 〈히틀러, 한편의 독일영화〉를 들 수 있다.

이 영화는 20세기 인류 역사에서 가장 특별한 것 중 하나로 '영화의 등장'과 '히틀러'라는 인물을 언급하면서 사회적 역할로서의 영화와 선전, 선동을 통한 히틀러의 역사적 행위와의 상관 관계를 묘사하고 있다. 영화는 내레이터(narrator)의 내레이션과 함께 주제별로 4개의 에피소드로 구성되어 있다. 첫 번째 에피소는 '성배 — 우주의 물푸레나무에서부터 부헨발트의 괴테 오크나무까지(Der Gral, Le Graal, The Grail-Von der Weltesche bis zur Goethe-Eiche von Buchenwald)'로 히틀러가 절대 권력을 획득하게 되면서 벌어지는 우상 숭배와 영화를 통한 선전, 선동에 관한 것을 다루고 있다. 두 번째 에피소드는 '독일의 꿈 …… 세상의 끝까지(Ein deutscher Traum …… bis ans Ende der Welt)'로 1943년 1월 30일 '믿음이 산을 옮긴다(Der Glaube versetzt Berge)'라는 괴벨스의 라디오 연설과 함께 나치 선동과 관련된 독일의 역사와 정신, 민족의 유산을 다루고 있다. 세 번째 에피소드는 '겨울 동화의 종말과 진보의 최후 승리(Das Ende eines Wintermärchens und vom Endsieg des Fortschritts)'로 두 번째 에피소드의 시작에서와 마찬가지로 괴벨스의 라디오 연설과 함께 독일 민족의 우월성과 관련된 인물들, 디트리히 에스카르트(Dietrich Eckart), 히틀러, 홀로코스트의 주범이라 할 수 있는 나치의 친위 대장인 하인리히 힘러(Henrich Himmler) 등의 이데올로기를 다루고 있다. 네 번째 에피소드는 '〈지옥의 아이들인 우리는 성배의 시기를 기억하고 있다(Wir Kinder der Hölle erinnern uns an das Zeitalter des Grals)'로 두 번째, 세 번째 에피소드의 시작과 마찬가지로 괴벨스의 연설과 함께 발터 울브리히트(Walter Ulbricht), 윈스턴 처칠(Winston Churchill), 이오시프 스탈린(Иосиф Сталин) 등 다양한 유럽의 지도자들의 연설과 함께 전쟁의 종결 과정을 다루었다. 그리고 마지막 에피소드는 첫 번째 에피소드에서 묘사된, 마치 나뭇가지에 매달려 있는 것처럼 보인 물방울을 따라 검은 옷을 입은 소녀의 모습이 하얀 옷을 입은 소녀의 기도하는 모습으로 변하면서 영화는 마무리 되고 있다. 지버베르크는 영화라는 매체와 히틀러라는 인물을 통해 굴절된 독일의 역사를 다루고 있는 것이다. 그는 이러한 역사 전개 과정을 독일의 다양한 예술 전통을 통해 상징화하고 있다. 즉 브레히트의 소격 효과에 토대하여 꾸며진 연극 무대, 다양한 표현주의적 회화 양식과 그림, 다큐멘터리 자료 필름과 사진, 바그너의 오페라와 베토벤의 음악, 독일의 문학 등을 통해 구축하고 있다. 지버베르크는 이러한 독일의 다양한 예술적 요소를 이용하여 20세기 독일 역사를 관통하고 있는 히틀러라는 인물을 통해 독일의 역사와 정체성을 설명하고 있는 것이다.

장 마리 슈트라우프는 제2차 세계대전 이후 독일의 군사주의 부흥을 우려한 단편 영화 〈마쇼르카 무프(Machorka-Muff, 1963)〉와 〈화해 안됨 혹은 폭력이 지배하는 곳에서는 폭력만이 도움이 된다, 1965〉를 만들었다. 특히 다니엘 위에(Danièle Huillet)와 함께 만든 〈화해 안 됨 혹은 폭력이 지배하는 곳에서는 폭력만이 도움이 된다〉에서는 경제 발전에 가려 나치 시기의 역사 잔재 청산의 미흡에 대한 경각심을 다큐멘터리 필름 자료와 경계가 명확하지 않은 과거 회상 등의 수법으로 영화 속 페멜의 가족을 통해 표현하였다. 슈트라우프의 이들 영화는 나치 시기의 역사를 통해 독일인들의 삶과 역사가 어떻게 굴절되었는지를 묘사하고 있다.

이처럼 뉴 저먼 시네마는 때로는 기성세대의 역사적 행위를 부정적인 모습으로, 때로는 독일 역사의 정체성에 대하여 답답함으로, 때로는 딜레마에 빠져 있는 독일의 역사를 순응적이면서 비판적으로 탐구하였다. 뉴 저먼 시네마는 바로 이러한 독일의 과거 역사 탐구를 통해 현재 독일이 직면하고 있는 역사를 바라보고자 하였던 것이다. 따라서 이들의 영화에서는 독일의 역사가 비호되거나 우호적으로 묘사되지 않았다. 그들이 꿈꾸었던 역사는 〈마리아 브라운의 결혼〉에서의 마리아의 모습과 같이 장밋빛처럼 화려하게 보이지만 그 이면에 내재되어 있는 음울하고 떳떳하지 못한 독일의 역사가 마치 한 줄기 폭발음으로 날아가 버린 마리아 브라운의 꿈과 희망처럼 묘사되고 있다. 이것이 곧 뉴 저먼 시네마를 관통하고 있는 독일 역사의 정체성 탐구이다.

## 파시즘에 대한 우려

냉전 시기의 도래와 경제 성장이라는 외피의 논리는 나치 시기에 대한 불완전한 역사 청산을 초래했다. 이것은 독일 사회에서 세대적 갈등을 낳게 하였고 독일 청년 세대들이 기성세대를 낡은 세대로 치부하게 된 근본 이유가 되었다. 이들이 기성세대를 비판했던 것은 우월적인 민족주의 의식을 가진 나치 시기의 파시즘적 요소들이 독일 사회에 다시 등장할 조짐과 우려가 있었기 때문이다. 로버트 팩스턴(Robert Paxton)에 의하면 파시즘은 "국가의 총체적 추락을 경험한 대중이 국가 갱생이라는 목표를 메시아적인 신앙으로 받아들인다. 국가를 갱생하려면 그것의 원류를 찾아야 하고 그에 따라 민족의 역사, 뿌리와 우월성을 강조하는 기획이 대대적으로 추진된다 …… (그리고) 파시즘은 시간이 흐르면서 민족 중심에서 제국주의적 팽창 경향까지 띠게 된다는 것이다."[31]

이와 같은 의미에서 제2차 세계대전 종결 이후 독일의 역사 진행 과정을 우려의 시선으로 바라본 것이 1968년 표출된 독일의 학생운동 세력과 진보적인 지식인들이었다. 그리고 뉴 저먼 시네마의 창작가들은 이러한 독일의 역사 전개 과정을 불안하게 바라보고 있는 독일 사회의 지적 흐름과 학생 세력에 동의하고 있었다.

---

31  로버트 O. 팩스턴, 손명희·최희영 옮김, 『파시즘(The Anatomy of Fascism)』, 교양인, 2004, 12쪽.

특히 1960년대 1970년대 기성세대에 대한 비판의 논리적 토대로 인식하고 있는 반자본주의, 반파시즘, 반제국주의는 뉴 저먼 시네마 창작가들의 중요한 창작 원천으로 작용했다. 이것은 기성세대를 비판적으로 바라보고 있는 뉴 저먼 시네마 창작가들이 자본주의는 필연적으로 파시즘을 낳게 되고, 파시즘은 궁극적으로 제국주의 길로 가게 된다는 프랑크푸르트 학파의 이론 체계를 일정부분 수용하고 있는 것이다. 따라서 뉴 저먼 시네마 창작가들은 이러한 자본주의와 파시즘, 제국주의의 삼단계적 관계를 매우 부정적이고 우려스럽게 생각하고 있었다. 특히 이 세 가지 단계 중에서 제2차 세계대전의 도화선이 되었던 파시즘에 대한 우려는 뉴 저먼 시네마 창작가들이 가장 집중적으로 다루고 있는 주제라 할 수 있다. 이에 따라 뉴 저먼 시네마 창작가들은 독일의 일상생활 속에서 드러나고 있는 민족적 우월감이나 다른 나라에 대한 영토 탐험 등으로 제국주의적 속성을 드러냄으로써 독일 사회에 내재되어 있는 파시즘에 대한 우려를 표현했다. 이와 같은 경향은 주로 파스빈더와 헤어조크 영화에서 나타나고 있다.

파스빈더는 독일 사회 내부에서 벌어지고 있는 다양한 파시즘적 징후에 대한 우려를 자신의 영화 속에서 매우 심각하게 드러내고 있다. 이러한 특징은 〈카첼마허(Katzelmacher, 1969)〉와 〈사계절의 상인(Händler der vier Jahreszeiten, 1971)〉, 〈불안은 영혼을 잠식한다(Angst Essen Seele Auf, 1974)〉, 그리고 〈가을의 독일(Deutschland im Herbst, 1977-1978)〉과 〈제3세대(Die Dritte Generation, 1979)〉, 〈롤라〉, 〈베로니카 포스의 동경〉 등에서 확인된다.

영화 〈사계절의 상인〉은 힘 있는 전직 경찰관에서 과일 장수로 전락한 한스가 가족으로부터 경멸당하고 이웃들의 무관심 속에서 쓸쓸히 죽어가는 모습을 보여주면서 독일 사회가 사회적 약자에 대하여 얼마나 편협하고 냉소적이며 적대적인지를 묘사하고 있다. 이 영화를 통하여 파스빈더

는 "개인이 절망적인 상태로 집단에 대항하고 이 싸움은 개인이 파괴되거
나 아니면 개인 스스로를 파괴하면서 끝이 난다는 것을 보여주고 있다"[32]
고 했다. 그는 이러한 모습을 통하여 독일 사회 내부에 존재하는 집단의
식, 즉 파시즘적 요소를 드러내고 있는 것이다. 이것은 곧 파스빈더가
자신을 지배하고 있는 창작 목표가 어디에 있는지를 명확하게 보여주고
있다.

이와 같은 경향은 〈카첼마허〉와 〈불안은 영혼을 잠식한다〉에서 파스빈
더가 보다 선명하게 파시즘적 우려를 묘사하고 있다는데서 알 수 있다.
이 두 영화에서 파스빈더는 1961년 베를린 장벽이 설치되자 노동력 부족으
로 외국의 노동자들이 대거 독일 사회의 노동자로 취업하게 되면서 독일
사회 내부에서 벌어지고 있는 독일 민족과 이민족과의 관계를 통하여
파시즘적 징후를 포착하였다.

이 중에서 〈카첼마허〉는 비현실적 연극 무대를 연상시키는 극히 단순한
공간, 그리고 고정된 카메라 등을 사용하여 소시민 의식과 파시즘의 상관관
계를 탐구할 수 있도록 한 영화이다. 1968년 독일의 소도시에서 살아가는
젊은이들은 자신들의 애인 마리를 차지한 그리스 출신 이민 노동자 요르고
스에 대한 분노를 '질서'를 회복시켜야 한다는 논리를 앞세워 정당화시키려
한다. 그들이 주장하는 질서란 그들의 관계를 지배해 왔던 억압적이고
폭력적인 질서로의 복귀를 의미하며, 결국은 자신들의 배타적 폭력을
정당화하기 위한 미사여구에 불과하다. 이방인을 향한 젊은이들의 폭력적
행위는 벽이나 계단, 장식이 없는 거실, 식당으로 국한된 영화의 배경과
단조롭고 양식화된 배우의 움직임과 반복적 행위와 고정된 카메라에 의해
강조된다. 파스빈더는 이들의 분노의 동기를 단조로운 일상적 분위기
속에서 나치 등장 이전에 독일 소시민이 느꼈던 것과 유사한 불만, 억압적

---

32 로날드 헤이먼, 이성복 옮김, 앞의 책, 162쪽.

인간관계, 감정의 폭발, 그리고 편견 등에서 발견한다.[33] 파스빈더는 이 영화를 통해 이방인에 대한 적대감을 폭력적이고 편협하며 반복적이고 양식화된 수법으로 독일 사회의 파시즘적 징후를 표현했다.

파스빈더는 〈불안은 영혼을 잠식한다〉에서도 일상적인 독일 사회 내부에 존재하고 있는 파시즘적 징후를 치밀한 영화 구조를 통해 묘사하고 있다. 그는 모로코 출신의 아랍계열 노동자와 남편과 사별한 늙은 청소부의 관계를 통해서 집단이 어떻게 형성되고 형성된 집단이 개인을 어떻게 폭력적으로 고립화 시키는가를 드러내고 있다. 이 영화의 주인공인 폴란드계 독일인 늙은 청소부 에미는 어느 날 비를 피하기 위해 아랍인들이 자주 모이는 카페에 들른다. 그곳에서 에미는 모로코 출신 노동자 알리를 만난다. 그들은 독일 사회에서 공통적으로 겪고 있는 소외감과 고독감으로 인하여 서로 사랑에 빠진다. 그러나 에미는 자신들의 관계를 알게 된 청소부 동료들과 그녀가 거주하고 있는 아파트의 이웃 주민들, 그녀의 자식들, 주변의 상점으로부터 모욕적인 취급을 받으면서 배척당한다. 이들에 대한 모욕과 편견은 이들이 히틀러가 자주 찾았던 식당을 결혼 기념으로 방문하게 되면서 극적인 의미를 가지게 된다. 즉 히틀러가 자주 찾았던 식당을 통해 이들을 향한 주변의 차가운 시선이 마치 나치 시기의 히틀러라는 파시즘적 인물의 시각과 동일하다는 것을 상징적으로 묘사하고 있는 것이다. 그러나 알리와 에미의 상황은 갑작스럽게 변한다. 이들을 경멸했던 이웃 주민들은 에미의 지하 창고 공간을 사용하기 위해, 상점 주인은 경제적 이득을 위해, 자식들은 어린아이의 육아를 위해, 이들은 각각의 필요에 따라 알리와 에미의 관계를 문제 삼지 않게 된다. 이러한 급격한 변화를 통해 파스빈더는 파시즘적 요소가 자신들의 이익으로 언제든지 환원될 수 있다는 것을 암시하고 있다.

---

33 조길예, 「파스빈더의 영화 속에 그려진 독일 현대사와 부정의 미학」, 《브레히트와 현대연극》 Vol.7, 한국브레히트학회, 1999, 352-353쪽.

그리고 영화의 마지막 부분에서 유고슬라비아 출신의 청소부가 등장하자 에미는 그동안 자신이 이방인과의 결혼으로 당했던 경험과 상황을 그녀에게 전가시킨다. 이와 같은 구조를 통해 파스빈더는 가장 하층 계급인 청소부 에미에게도 파시즘적 요인의 피해자인 동시에 가해자적 요소가 내재하고 있다는 것을 말하고 있다. 이것은 "이 영화가 외관상 1970년대 독일에서 살아가고 있던 외국인 노동자의 소외와 독일인들 사이에 팽배해 있던 인종적 파시즘에 경종을 울리는 것으로 보이지만, 그에 그치지 않고 일상에 만연해 있는 파시즘적 요소를 인간의 보편적 심리적 현실로 받아들이도록 만든다. 바로 이 점이 파스빈더의 영화에 독일의 역사적 기록을 넘어서는 보편적 가치를 부여할 수 있는 근거이기도 하다." [34]

궁극적으로 파스빈더는 〈카첼마허〉와 〈불안은 영혼을 잠식한다〉를 통해서 무분별한 인종적 증오로 발전하는 파시즘적 형태가 극복된 과거의 일이 아니라 독일 내부에 잠재해 있음을 드러내고자 한 것이다.

독일 사회의 파시즘에 대한 보다 직접적인 표현은 11명의 감독, 즉 파스빈더, 클루게, 에드가 라이츠, 슐렌도르프, 알프 브루스텔린(Alf Brustellin), 막시밀리아네 마인카(Maximiliane Mainka), 베아테 마인카-예닝하우스(Beate Mainka-Jellinghaus), 페터 슈베르트(Peter Schubert), 베른하르트 싱켈(Bernhard Sinkel), 한스 페터 클루스(Hans Peter Cloos), 카티야 루페(Katja Rupé)가 참여하여 옴니버스 형식으로 만든 영화 〈가을의 독일〉에서, 그리고 〈제3세대〉에서 묘사된다.

11명이 참여하여 만든 영화 〈가을의 독일〉은 나치의 잔재 청산과 반자본주의를 주창한 독일의 적군파(Rote Armee Fraktion, RAF)의 테러 사건을 모티프로 하고 있다. 영화는 1977년 9월 5일 나치 협력자인 서독경영자협회 회장인 한스 마틴 슐레이어(Hanns Martin Schleyer)의 납치와 살해, 10월

---

34 위의 논문, 355쪽.

13일 스페인의 마요르카(Mallorca)에서 프랑크푸르트(Frankfurt)로 향하는 루프트한자(Lufthansa) 여객기의 하이재킹(hijacking)과 10월 18일 슈탐하임(Stammheim) 교도소에 수감되어 있는 적군파 핵심 인물인 안드레아즈 바더(Andreas Baader), 구드룬 엔슬린(Gudrun Ensslin), 장-칼 라스페(Jan-Carl Raspe)의 의문의 죽음, 그리고 같은 날 독일 특공대에 의해 모가디슈(Mogadishu)에 착륙해 있는 여객기내의 테러리스트 진압 등의 사건과 그 시기의 독일 사회를 배경으로 하고 있다. 이를 바탕으로 영화는 내레이션과 함께 서로 다른 두 개의 축으로 구성되어 있다. 하나는 나치 시기에 협력한 경력을 가지고 있으면서 제2차 세계대전이후 서독 경제의 핵심 인물이 된 한스 마틴 슐레이어의 장례식에 집결한 정치인을 비롯한 독일 사회의 지도층의 모습을 과거 독일의 역사, 즉 제1차 세계대전과 나치 시기의 역사를 자료 필름 등을 통해 그것의 연관성을 상징화 하여 보여주고 있다. 또 다른 하나는 서독에서 울리케 마인호프(Ulrike Meinhof)와 안드레아즈 바더 등에 의해 적군파가 결성하게 된 계기와 그것의 역사를 적군파 인물인 호르스트 말러(Horst Mahler)와의 인터뷰 등을 통해 보여준다. 중요한 것은 서로 다른 이들 두 집단의 유형에는 파시즘의 가장 본질적인 특성이라 할 수 있는 집단적 폭력성을 내포하고 있다는 사실이다. 따라서 영화는 정반대에 존재하고 있는 두 가지의 파시즘적 형태의 역사를 보여주면서 1977년 독일이 직면하고 있는 정치적 기류와 사회적 분위기를 묘사하면서 파시즘에 대한 논의를 전개시키고 있는 것이다.

　파스빈더의 영화 〈제3세대〉에서는 프랑크푸르트학파가 제기한 것처럼 파시즘의 한 유형인 테러가 자본주의와 연관되어 있음을 보여주고 있다. 영화는 도시를 배경으로 흥미, 서스펜스, 논리, 잔인함과 광기로 가득 찬 여섯 부분으로 구성된 코메디라는 자막이 등장하면서 시작된다. 그리고 영화는 모가디슈 테러와 헤겔, 칸트, 니체, 쇼펜하우어의 철학, 1848년 혁명의 원인과 계급, 부르주아의 정치적 견고함 등과 같은 다양한 사회적 문제들이 언급된다. 이것은 자본주의의 속성을 설명하는 것일 뿐만 아니라 그것이 테러 집단과 연결되어 있음을 드러내고 있는 것이다. 이를 뒷받침하고 있는 것이 사회의 각 계층을 대변하고 있는 영화 속 인물인 가스트의 가족 구성원을 들 수 있다. 즉 "경찰의 우두머리인 게르하르트 가스트가 테러리스트의 일원의 아버지이고 그의 할아버지는 나치 정권에 협력한 사람이라는 사실은 가족이라는 공간이 이미 독일 현실의 폭력성뿐 아니라 파시즘과도 깊은 관련이 있음을 암시하고 있다."[35] 이처럼 파시즘의 한 유형인 자본주의와 테러와의 상관관계에 대해 파스빈더는 테러를 세대 개념으로 설명하고 있다. 즉, 제1세대는 이상주의적 경향, 과도한 감수성, 체제에 대항하는 자신의 무기력함에 대한 병적인 절망감을 갖고 있다면, 제2세대는 제1세대의 테러 동기를 이해하고 동정심을 보이면서 테러를 자행하는 세대이다.[36] 이런 측면에서 "1968년 학생운동의 테러가 제1세대의 유형에 속한다면, 적군파 테러단체는 제2세대의 테러 유형에 속한다 …… 그리고 제3세대의 테러는 이데올로기나 정치적 견해도 없이 단순히 모험적 행동주의에 따라 맹목적으로 테러를 자행하는 세대의 행동 양식을 말한다."[37] 특히 제3세대는 자본주의가 테러와 연관되어 있음을 보여준다. 따라서 영화 〈제3세대〉는 독일 사회 내부에 존재하고 있는 파시즘의 일상성을 경고하고 있는 것이다.

파스빈더의 파시즘에 대한 우려는 영화 〈롤라〉에서도 나타난다. 영화는 전쟁이 종결된 후 경제적 발전을 이룩한 10년의 독일 상황, 즉 1950년대 중반 독일의 바이에른 북부 지방을 배경으로 하고 있다. 영화는 인기

---

35  피종호, 「파스빈더 영화와 혼합된 매체현실」, 《뷔히너와 현대문학》 Vol.20, 한국뷔히너 학회, 2003, 461쪽.

36  R. M. Fassbinder, *Filme befreien den Kopf, Film 1992*, Fischer Verlag, 1992, pp.73-74. -위의 논문, 460쪽에서 재인용.

37  위의 논문, 460-461쪽.

있고 매력적이면서 이중생활을 하고 있는 클럽의 가수 롤라와 그녀와 사랑에 빠진 건설 감독관 폰 봄, 그리고 이 지역의 실력자인 슈커르트, 그와 연결되어 있는 경찰, 지방 공직자 등과의 관계를 중심으로 독일 사회에 만연된 부패와 타락을 보여주고 있다. 이것은 집단이 사회의 구조적 문제를 발생시키는 근본적 요인이라는 것을 암시하고 있는 것이다. 그리고 이에 대한 보다 직접적인 묘사, 즉 파시즘에 대한 우려는 폰 봄의 사무실에서 에슬린이라는 인물이 타이프로 '파시즘은 승리할 것이다(Der Faschismus wird Siegen)'라는 문장을 남기고 떠난 후 그것을 클로즈 쇼트로 보여주는 장면을 들 수 있다. 슈커르트와 그의 주변 인물들로 구성된 집단과 폰 봄이 갈등을 빚고 있을 때 보여주는 이 장면은 파시즘에 대한 우려를 상징적으로 묘사하고 있는 것이다.

이러한 특징은 〈베로니카 포스의 동경〉에서도 나타난다. 영화는 1944년 이후 10년, 즉 1954년까지의 독일의 발전 과정의 역사적 풍경을 나치 시기 명성을 날렸던 여배우 베로니카 포스의 모습을 통해 묘사하고 있다. 그녀는 화려했던 과거에 비해 아무도 찾아주지 않은 현실 사이의 간극에 고통스러워한다. 이러한 베로니카 포스의 괴로움은 독일의 발전 과정과 함께 라디오 뉴스를 통해 흘러나오는 1949년 나토 가입이라는 역사적 사실과 병행되면서 더욱 증폭된다. 이러한 고통을 그녀는 신경 정신과 의사인 카츠 박사에 의한 마약으로 달래고 있다. 그러나 스포츠 기자인 로버트가 비오는 날 그녀를 우연히 만나게 되면서 카츠 박사의 불법적인 의료 행위를 알게 된다. 그는 그 사실을 추적하여 밝히려 하지만 보건 당국자와 연결되어 있는 카츠 박사에 의해 오히려 사진 기자인 자신의 연인인 헨리에테가 살해됨으로써 좌절되고 베로니카 역시 죽음을 맞게 된다. 영화는 카츠 박사와 그녀를 비호하는 집단이 어떤 범죄를 저지르고 있는지, 그 범죄가 어떻게 은폐되고 있는지를 통해 파시즘이 형성되고 있는 사회 구조와 작동 원리를 폭로하고 있는 것이다. 파스빈더는 이것을 영화 중간 중간 라디오를 통해 흘러나오는 '공동체'라는 아데나워의 말과 연결시키고 있다. 즉 파시즘을 생산해 내는 사회 구조는 정치권력과 불가분의 관계에 있는 공동체 의식과 집단의식에 있다는 것을 암시하고 있는 것이다.

독일의 일상적 사회 내부에 존재하고 있는 파시즘적 요소는 헤어조크의 영화에서는 다른 수법으로 묘사된다. 파스빈더는 파시즘에 대한 우려를 독일 사회 내부를 구성하고 있는 사람들의 관계를 통해 표현했지만, 헤어조크는 자본주의, 파시즘, 제국주의와의 관계를 통해 묘사했다. 이와 같은 관계를 헤어조크는 〈아귀레, 신의 분노(Aguirre, der Zorn Gottes, 1972)〉에서 아마존 지역의 황금의 땅 엘도라도를 찾기 위해 원정단을 이끈 정복자 피자로의 종말을 통해 구현하였고, 〈피츠카랄도(Fitzcarraldo, 1982)〉에서는 탐험을 명분으로 자본을 수단으로 페루의 원주민을 지배해 나가는 식민주의자의 모습을 통해 묘사하였다. 헤어조크 영화에서는 "정복의 영웅적 행위는 큰 불행과 죽음을 초래하고, 그리고 해방의 필사적인 시도만이 진보와 변화의 한계를 두드러지게 한다. 그러나 이방인의 모습은 독일인의 강요를 비추고 있는 것뿐만 아니라, 니힐리즘, 신비주의, 그리고 낭만주의에 대한 역사적 친밀감을 포함하고 있다. 문명화의 실패한 이야기들, 혹은 실패한 문명화의 이야기들은 도덕적 원칙을 초월한 세계를 암시하고 있는 창조와 파괴, 지배와 종속의 강력한 역학관계를 불러일으킨다."[38] 따라서 헤어조크의 이 두 영화에는 자본주의, 파시즘, 제국주의와의 관계가 매우 친밀하게 결합되어 있다는 것이 설득력을 갖게 된다. 헤어조크는 직접적인 인물과 사건을 통한 묘사가 아니라 프랑크푸르트학파의 이론적 토대의 가장 상위 개념인 제국주의적 특징을 통해 독일 내부의 파시즘적 우려를 묘사한 것이다.

파스빈더, 헤어조크와 더불어 슐렌도르프도 하인리히 뵐의 소설에 근거한 〈카타리나 블룸의 잃어버린 명예(Die verlorene Ehre der Katharina

---

[38] Sabine Hake, *op. cit.*, p.158.

Blum, 1975)〉를 범죄 영화의 형식을 빌려 독일 사회의 우익 집단들의 논리와 행위들을 관객으로 하여금 관찰하도록 하였다. 이 영화는 "수줍어하고 내성적인 카타리나가 어느 날 파티에서 범죄 혐의를 받고 있는 루드비히라는 청년을 만나 사랑에 빠져 자신의 아파트로 데리고 와 피신시킨다. 다음 날 아침 그녀의 아파트는 그를 찾는 무장한 경찰에 둘러싸여 있지만 루드비히는 한밤중 카타리나의 도움으로 이미 탈출하였다. (그러나) 그 청년은 체포되었고, 카타리나는 《자이퉁(Zeitung)》이라는 신문에 하나의 스캔들로 신속하게 실리게 되면서 하룻밤 사이에 수많은 사람들에게 테러리스트와 매춘녀로 알려진다. 카타리나의 삶은 만신창이가 되었고 그녀의 친구들은 그녀에게 의심의 눈초리를 보내고 병든 어머니는 충격으로 사망하게 된다. 마침내 그녀는 분노와 절망감으로 자신을 파괴한 책임으로 신문 기자를 총으로 사살한다."[39] 슐렌도르프는 이 영화를 통해 우익 집단들이 어떻게 한 인간을 파괴하고 있는지를 묘사하고 있다.

이와 같이 뉴 저먼 시네마는 독일 사회 내부에서 벌어지고 있는 인간과 집단의 사회적 관계와 구조, 그것의 작동 원리뿐만 아니라 자연과 인간의 투쟁으로 미화된 식민주의자로서의 모습을 통해 독일 사회 내부를 겨냥한 파시즘적 요소와 징후에 대한 깊은 우려를 표현하고 있다.

＊ ＊ ＊

오버하우젠 선언으로 시작된 뉴 저먼 시네마는 몇몇 영화학자들에 의해 적지 않은 논란이 되었다. 그것은 1962년부터 1982년까지 지속되었던 독일의 특정한 영화들만을 가리켜 뉴 저먼 시네마로 규정할 수 있는지에

---

39 John Sanford, *op. cit.*, pp.43-44.

대한 것이었다. 이와 같은 문제 제기는 다양한 형태로 표출되었다. 우선 동독이 배제된 상태에서 서독 영화만을 가지고 뉴 저먼 시네마로 부를 수 있는지와 뉴 저먼 시네마 영화들에게는 공통된 통일성이 결여되어 있다는 점에 근거하고 있다. 이러한 시각은 존 샌드포드(John Sandford)의 『뉴 저먼 시네마(The New German Cinema)』라는 책 서문에서 뉴 저먼 시네마를 서로 상이한 감독들의 집합적 개념이라고 주장한데서 엿볼 수 있다. 또한 뉴 저먼 시네마는 1962년부터 1989년까지 국가의 지원을 받은 독립적인 영화들로 한정해야 한다는 시각도 존재한다. 국가의 지원을 받지 않은 영화들은 뉴 저먼 시네마의 범위와 시기에 포함되지 않아야 한다는 다소 엄격한 관점이다. 뿐만 아니라 뉴저먼 시네마는 오버하우젠 선언과의 관계 재설정을 통해 재정의 되어야 한다는 시각도 존재한다. 즉 뉴 저먼 시네마의 특징은 주로 클루게, 슐렌도르프, 파스빈더, 벤더스, 지버베르크, 슈트라우프, 헤어조크에 의해 형성되었다는 것이다. 이러한 관점은 오버하우젠 선언에 서명했던 26명의 영화인들 중 알렉산더 클루게, 에드가 라이츠, 페터 샤모니, 하로 젠프트, 한스 위르겐 폴란트 정도만이 활발한 활동을 하였고 나머지는 뉴 저먼 시네마 시기 중요한 활동으로 주목을 받지 못하였다는 것에 근거하고 있다.

그러나 무엇보다 뉴 저먼 시네마에 제기된 가장 본질적인 문제는 뉴 저먼 시네마가 1970년대 초 미국의 뉴욕의 필름 페스티벌이나 독일 문화원에서 소개된 새로운 독일 영화를 지칭하기 위해 사용되었다는 점이다. 이것은 뉴 저먼 시네마가 독일 내부로부터 형성된 것이 아니라 미국인의 시각을 통해 규정되었기 때문에 독일인에 의한 본질적 특성과 부합하지 않을 수 있다는 주체성에 대한 우려인 것이다.[40]

---

40 뉴 저먼 시네마 규정에 대한 다양한 시각은 남완석의 「뉴저먼 시네마, 신화의 해체와 재구성(독일문학 Vol.97, 한국독어독문학회, 2006)」이라는 논문을 참고할 것.

이러한 다양한 문제 제기에도 불구하고 뉴 저먼 시네마가 독일 영화 역사 이행 과정의 필연성과 그로 인해 특별한 발전을 견인하고 있는 것은 부인할 수 없다. 그것은 뉴 저먼 시네마의 시작을 알린 오버하우젠 선언으로 독일 영화가 직면하고 있는 상황을 낡은 영화와 새로운 영화라는 대비적 개념으로 표명하면서부터였다. 이 개념 속에는 제2차 세계대전 이후 독일의 낡은 영화에 대한 것뿐만 아니라 기성세대를 동시에 겨냥하고 있다. 여기서 낡은 영화는 독일 영화에서 나타나고 있는 내용과 형식, 제도적 개혁을 위한 것이고 기성세대는 제2차 세계대전 이후 나치 시기 역사 청산의 미흡으로 인해 발생한 독일의 사회적 상황에 근거하고 있다. 낡은 독일 영화에 대한 반작용으로 시도된 브레히트의 반환상주의, 폐쇄적인 공간에서 이루어지는 연극적 수법, 미국의 대중 문화와 더글러스 서크 (Douglas Sirk)의 멜로 드라마적 요소 등과 같은 독창적이고 형식적인 미학적 수법 역시 뉴 저먼 시네마의 주요한 특징을 이루고 있는 것이라 할 수 있다.

그러나 뉴 저먼 시네마를 관통하고 있는 것은 미학적, 형식적 혁신과 함께 독일 역사의 정체성 탐구와 파시즘에 대한 우려가 보다 중요한 의미를 지니고 있다. 왜냐하면 제2차 세계대전 이후 독일은 냉전 시기의 도래와 함께 경제 성장 우선 정책으로 나치 시기의 역사가 제대로 청산되지 않았기 때문이다. 그 결과 제2차 세계대전 이후 1950년대부터 독일에서는 정치적인 보수화의 흐름이 다시 형성되기 시작했고 1960년대에는 민족주의를 표방한 독일민족주의 정당이 일정한 지지를 받으면서 출현하게 되었다. 이와 같은 정치적 흐름으로 인해 독일 사회에 파시즘이 다시 등장할 수 있다는 우려감이 확산되기 시작하였다. 이러한 독일 사회의 현상에 대해 클루게, 슐렌도르프, 장 마리 슈트라우프, 지버베르크, 파스빈더, 빔 벤더스, 헤어조크 등으로 대표되는 뉴 저먼 시네마 창작가들은 반자본주의, 반파시즘, 반제국주의를 강조한 프랑크푸르트학파의 이론과 함께 과거

나치 시기의 독일 역사를 상기시키면서 독일의 정체성 탐구와 독일 사회에 내재되어 있는 파시즘적 요소에 대한 깊은 우려를 표명하였다. 이들의 우려는 뉴 저먼 시네마로 불리는 영화에서 구체적으로 표현되었다.

따라서 뉴 저먼 시네마는 영화 자체의 형식적, 미학적 실험과 함께 제2차 세계대전 이후 나치 시기의 역사 청산이 제대로 이루어지지 않은데 따른 독일의 보수적인 정치 행태, 민족주의 부활로 연결되는 파시즘에 대한 우려 등이 창작의 중심에 서게 되었다. 이것이 뉴 저먼 시네마의 성격과 특징을 이루고 있는 것이다.

# 제15장

# 일상적 현실에 대한 풍자와 비판, 창작 수법의 혁신, 체코슬로바키아 영화 (1963-1968)

## 1. 개혁의 시기에서 인간의 얼굴을 한 사회주의로

체코슬로바키아 영화의 혁신은 국립 영화대학인 파무(FAMU)[1]를 졸업한 밀로스 포르만(Miloš Forman), 베라 히틸로바(Věra Chytilová), 야로밀 이레(Jaromil Jireš)가 장편 영화로 데뷔한 1963년부터 소련이 주축이 된 바르샤바 조약 5개국의 수십만 군대가 체코슬로바키아를 침입하여 '프라하의 봄(Pražské jaro, 1963-1968년)'으로 상징되는 민주화를 무너뜨린 1968년까지의 기간에 만들어진 특별한 영화들을 지칭 한다.[2] 이것은

---

1 체코슬로바키아의 국립영화대학인 파무(Filmová a televizní fakulta Akademie múzických umění v Praze, FAMU)는 1946-1947년에 걸쳐 설립되었고 1947년 첫 입학생을 받았다. 파무는 1919년 소련의 모스크바, 1935년 이탈리아의 로마, 1936년 독일의 베를린, 1939년 프랑스의 파리에 이어 세계 다섯 번째로 프라하에 설립된 영화대학이 되었다.

2 이 시기에는 얀 네메치(Jan Němec, 1964), 에발드 쇼름(Evald Schorm, 1964), 이리 멘젤(Jiří Menzel, 1965), 이반 파세르(Ivan Passer, 1965) 등이 새로운 장편 영화로 데뷔하였고 파벨 유라체크(Pavel Juráček), 히네크 보찬(Hynek Bočan), 안토닌 마사(Antonín Máša), 야로슬라브 파푸세크(Jaroslav Papoušek), 유라이 헤르츠(Juraj Herz),

이 시기 체코슬로바키아 영화의 혁신이 정치, 사회 변화와 밀접한 관계 속에서 이루어졌음을 의미한다. 이러한 이유로 체코슬로바키아 영화 혁신은 불가피하게 체코슬로바키아의 다양한 정치, 사회, 문화, 예술의 역사적 흐름에 영향 받지 않을 수 없었다.

그중에서도 1953년 스탈린의 사망, 1956년 흐루쇼프의 스탈린 개인 우상화 비판으로 인한 체코슬로바키아의 정치적 기류 변화와 1950년대 후반부터 급속하게 침체되기 시작한 경제 상황 악화는 정치, 경제, 문화, 예술의 민주화와 자유화를 촉발시키고 체코슬로바키아 영화 혁신의 중요한 토대가 되었다.

이와 같은 분위기를 반영한 현상으로는 1956년 4월 제2차 작가 대회에서 시인인 야로슬라브 사이페르트(Jaroslav Seifert)와 프란티세크 흐루빈(František Hrubín)의 연설이 있은 후 정치적 탄압에 대한 공개적인 비판과 함께 창작의 자유와 사회의 전반적인 민주화에 대한 요구를 들 수 있다. 이들에 의해 제기된 창작의 자유와 민주화에 대한 요구는 공산당 간부들의 강한 불만을 일으켰고 작가들에 대한 탄압의 빌미가 되었다.[3] 특히 1957년에는 안토닌 노보트니(Antonín Novotný)가 대통령으로 선출되고 난 후, 계급적으로, 정치적으로 신뢰할 수 없는 자들을 제거한다는 명분으로 지식인들과 문화, 예술인들에 대한 대대적인 숙청과 탄압을 하였다. 그리고 그는 1960년 권력의 중앙 집권화의 일환으로 당의 지도적 역할에 대한 규정을 담고 있는 새로운 사회주의 헌법을 제정하였다. 이 헌법을 통하여 체코슬로바키아는 사회주의 토대 건설의 종료를 선언함과 동시에 아울러 사회주의 공화국의 시작을 선언하였고 국가의 공식적인

---

오타카르 바브라(Otakar Vávra), 카렐 카츠나(Karel Kachyňa), 엘마르 클로스(Elmar Klos), 보이테치 야스니(Vojtěch Jasný), 프란티세크 블라칠(František Vláčil), 그리고 슬로바크의 스테판 우헤르(Štefan Uher), 유라이 야쿠비스코(Juraj Jakubisko) 등이 체코슬로바키아의 새로운 영화 혁신에 동참하였다.

3   권재일, 『체코슬로바키아사』, 대한교과서주식회사, 1995, 301쪽.

명칭도 체코슬로바키아 사회주의 공화국(Československá socialistická republika, ČSSR)으로 바뀌었다.[4] 중앙 집권적 당의 역할 강조를 위한 헌법이 제정되었음에도 불구하고 체코슬로바키아 사회주의 공화국은 억압과 탄압으로 통제할 수 없는 직접적이고 강력한 뇌관이 이미 작동하고 있었다.

그것은 1950년대 후반부터 진행되고 있었던 심각한 경제 침체였다. 특히 "공업 성장률은 1958-1961년 사이에 연평균 11%에서 8.9%로 하락하였고, 1962년에는 2%, 1963년에는 마이너스 0.4%를 기록하였다."[5] 이러한 경제 성장의 후퇴는 체코슬로바키아의 경제가 심각한 위기 상황에 처해 있을 뿐만 아니라 그동안 야심차게 추진하여 온 제3차 5개년 경제 계획(1961-1965)도 완전히 실패하였음을 의미했다. 이러한 상황은 개혁적인 성향의 지식인들에 의해 사회주의 경제 체제 자체에 대한 문제 제기로 이어졌다. 이들 중 "경제학자 라도슬라브 셀루츠키(Radoslav Selucký)는 1963년 2월 사회주의의 중앙 계획 경제 자체에 대한 의문을 제기했다. 그는 '계획의 우상화(the cult of the plan)'를 '개인의 우상화(the personality cult)'로 빗대면서 그 폐해를 지적함으로써 계획 경제와 스탈린주의를 동시에 공격하였다. 또한 11월의 한 세미나에서는 사회주의 경제 체제의 개선책으로 시장 경제 원리의 도입을 조심스럽게 제기하였고, 12월의 당 중앙 위원회에서는 과학 아카데미 경제 연구소 소장인 오타 시크(Ota Šik)가 소련 경제 모델의 포기와 더불어 계획 경제와 시장 경제의 혼합형을 제시하였다."[6] 이러한 "경제 개혁에 대한 요구는 개혁 운동 그 자체의 촉매로서 작용했다 …… 경제적 탈집중화의 요구는 중요한 정치적 함축성을 지니고 있었다. 경제 개혁가들은 경제가 정치적

---

4  위의 책, 302쪽.
5  이정희, 『동유럽사』, 대한교과서주식회사, 1986, 442쪽.
6  권재일, 앞의 책, 304쪽.

민주화를 동반할 것으로 느꼈다."[7] 그들의 예측처럼 전후 최악의 경제 상황은 경제적 측면에서뿐만 아니라 정치, 사회, 문화, 예술 분야에서도 개혁에 대한 요구가 봇물처럼 쏟아져 나온 계기가 되었다.

그 중에서 정치 분야에서는 1963년 4월 슬로바키아당 제1서기 카롤 바칠레크(Karol Bacílek)를 숙청의 책임자로서 파면시키고 젊은 지방 정치가인 알렉산더 두브체크(Alexander Dubček)를 선출하면서 막이 올랐다. 그리고 《리테라르니 노비니(Literární noviny)》와 《쿨투르니 지보트(Kulturní život)》와 같은 신문과 잡지가 개혁 세력을 대변하여 주면서 체코슬로바키아 사회는 개혁적 분위기로 접어들었다. 이와 같은 분위기 속에서 체코슬로바키아에서는 "마르크시즘(Marxism)에 대한 새로운 해석을 포함한 신사고들이 회자되기 시작하였고 전통적인 가치들의 회복과 서구와의 관계 개선, 소련의 경직된 이데올로기의 굴레로부터의 탈출이 논의되기 시작하였다. 이러한 논의와 비판이 1960년대 전반기 체코슬로바키아 사회의 모습이었고, 프라하의 봄으로 가는 개혁 운동의 시작이었다."[8] 개혁에 대한 요구와 자유화의 효과는 즉각적으로 문화와 지적 분야에 전해졌고, 작가, 사상가, 예술가들과 영화 창작가들은 체코슬로바키아 사회에서 진행되고 있던 이와 같은 변화에 대해 감각적으로 그것을 구현하였다. 따라서 체코슬로바키아 영화의 혁신이 본격화 된 1963년은 이데올로기적, 미학적 제한에 반대해 싸우는 용감한 공격의 서막을 제공하는 체코슬로바키아 문화의 분수령이었다.[9] 이 시기를 기점으로 체코슬로바키아 사회는 다양한 영역에서 민주화, 자유화의 분위기로 접어들었다. 이를 통해 정치 체제, 역사에 대한 날카로운 평가가 뒤따랐다.

---

7    Jonathan L. Owen, *Avant-Garde to New Wave, Czechoslovak Cinema, Surrealism and the Sixties*, Berghahn Books, 2011, p.38.

8    권재일, 앞의 책, 303쪽.

9    Jonathan L. Owen, *op. cit.*, p.40.

특히 "1967년 6월에 개최된 체코슬로바키아 작가동맹(Československý svaz spisovatelů) 제4차대회에서는 작가와 언론인을 당의 시종으로 전락시킨 정치체제를 고발하는 하나의 법정이 되었다."[10] 여기서 작가동맹 의장단의 한 사람인 밀란 쿤데라(Milan Kundera)는 프로파간다의 수준으로 전락한 체코 문학을 비난하였고, 극작가인 파벨 코하우트(Pavel Kohout)는 스탈린주의와 네오 스탈린주의자들의 상황 하에서 수많은 소련 문학의 비극을 묘사한 알렉산드르 솔제니친(Александр Солжени цын)의 편지를 낭독했다. 1년이 지난 1968년 8월 그 당시의 상황에 대해 쿤데라는 작가동맹 대회에서 솔제니친 편지의 낭독에 대해 모스크바의 비난이 있었다고 폭로했다. 또한 영화 비평가인 안토닌 리임(Antonín Liehm)은 문화 정책이 권력과 시장의 지배로부터 자유로워지기를 요구하기도 했다.[11]

그리고 1968년 1월 두브체크가 공산당 제1서기로 취임하면서 민주적인 사회주의의 새로운 모델을 창조하기 위해 '인간의 얼굴을 한 사회주의(Socialismus s lidskou tváří)'를 공식적으로 주창하면서 체코슬로바키아를 새로운 국면으로 이끌었다. 그는 4월 5일 '행동 강령(Akční Program)'[12]이라는 개혁 프로그램을 통해 인간의 얼굴을 한 사회주의를 구체화 하였다. 그르제고르즈 에키에르트(Grzegorz Ekiert)에 따르면 행동 강령에는 기존의 동유럽에서는 상상할 수 없었던 파격적인 조치들로 구성되었다. 그

---

10 윤덕희 외,『체코, 루마니아: 정치, 경제, 사회, 문화구조와 정책(최정호, 체코슬로바키아의 정치와 문화)』, 법문사, 1990, 100쪽.

11 Harry Schwartz, *Prague's 200 Days The Struggle for Democracy in Czechoslovakia*, Frederick A. Praeger, 1969, pp. 43-44.

12 행동강령은 크게 4개의 범주로 구성되어 있다. 첫째는 당의 역할 축소, 둘째는 사회민주주의 발전과 새로운 정치적 사회 관리 시스템을 위한 것, 셋째는 새로운 경제 정책으로 사회주의는 기업 없이 이루어질 수 없다는 것, 넷째는 체코슬로바키아 사회주의 공화국의 국제적인 지위와 외교 정책에 관한 것으로 구성되어 있다. −고가영, 「1968년 프라하의 봄과 소련의 저항운동」,《서양사론》Vol.106, 한국서양사학회, 2010, 252-253쪽 참고.

세부적인 것들로는 "정치 개혁의 필요성, 공산당과 다른 조직 내에서의 민주적 절차, 새로운 선거법에 대한 필요성의 시사, 모든 시민들을 위한 기본적인 정치적 자유 보장과 민족 전선 내에 다른 사회적, 정치적 조직화에 대한 필요성을 포함하고 있었다 …… 뿐만 아니라 경제 개혁과 경제 기구의 민주화를 지지하였고 소규모의 사적 기업의 가능성들을 암시하였다."[13] 두브체크의 '인간의 얼굴을 한 사회주의'는 급기야 1968년 6월 27일 작가 루드비크 바출리크(Ludvík Vaculík)가 기초한 '2000어 선언 (Dva tisíce slov)'을 통하여 행동 강령 실행을 더욱 선명하게 드러내면서 체코슬로바키아의 최종적 개혁의 목표로 설정되었다.

두브체크에 의해 주창되고 바출리크에 의해 대외적으로 선언된 인간의 얼굴을 한 사회주의가 개혁의 목표로 설정된 것에는 소련을 비롯한 동유럽과 체코슬로바키아와의 사회주의 역사 이행 과정에 대한 근본적인 시각차가 존재했기 때문이다. 그것은 레닌에 의해 제기된 역사 발전 과정에 관한 것이었다. 레닌은 프롤레타리아 독재는 오직 자본주의적 사회 질서에서 사회주의적 질서로 이행해가는 과정을 위한 프롤레타리아의 지배 형태로서 과도기적 성격으로 규정한 바 있다. 따라서 프롤레타리아 독재는 사회주의 건설에 반대하는 자본가 계급의 저항이 꺾어지면 소멸되어야 한다는 것이 그의 예상이었다. 1968년에 두브체크는 체코슬로바키아 공산당의 나라 발전 단계가 바로 그러한 시점에 이른 것으로 인식하고 있었다.[14] 그렇기 때문에 체코슬로바키아에서는 프롤레타리아 독재 체제를 유지할 수 있는 역사적 명분이 사라졌다는 것이다. 뿐만 아니라 마르크스주의자이면서 휴머니스트인 "카렐 코시크(Karel Kosík)는 자신의 대표저작인 『구체성의 변증법(Dialektika konkrétního)』에서 마르크스 · 레닌주의에 대한

---

13 Jonathan L. Owen, op. cit., pp.43-44.
14 윤덕희 외, 앞의 책, 91쪽.

스탈린주의자들의 왜곡만이 아니라 레닌주의 그 자체의 몇몇 근본적인 가정들을 비판하고 있다. 즉 마르크스 휴머니즘의 중심 개념은 응용이다. 그것은 창조적이고, 그러므로 스스로를 이해하는 인간 활동인 것이다. 코시크에 따르면 모든 인간에게 선천적으로 가지고 있는 창조력은 혁명적 활동을 확장할 수 있고 그것은 단지 당만이 역사의 주체이거나 집행자일수 있다는 것에 따른 레닌의 사상과도 충돌한다."[15] 이와 같은 사회주의 역사 이행 과정에 있어 독자성과 개별성의 논리적 관점은 체코슬로바키아의 정치, 경제, 사회, 문화, 예술 영역으로 스며들어갔다. 그리고 그것은 계급적 집단성과 당으로 획일화 되는 것이 아니라 인간의 존재와 가치가 우선하는 이른바 휴머니즘의 확장을 의미하였다. 따라서 "공산당의 일당 독재를 시정하여 정치적으로 다원주의와 민주주의를 도입하고 경제적으로 시장 경제적 원리 도입"[16]에 토대하고 있는 '인간의 얼굴을 한 사회주의' 건설은 가장 기본적인 인간의 존재와 가치에 기반 한 휴머니즘에 토대하고 있는 것이다. 그러나 인간의 얼굴을 한 사회주의 건설은 1968년 8월 20일 소련을 비롯한 바르샤바 조약 군대의 프라하 침입으로 좌절되었다. 체코슬로바키아 사회의 모순들을 해결하기 위해 개혁을 기치로 시작되었고 인간의 얼굴을 한 사회주의로 그 개혁을 완성하고자 하였던 꿈이 실패한 것이다.

이 시기 체코슬로바키아에서 진행되었던 정치, 사회, 문화, 예술의 현상과 가치는 체코슬로바키아 영화 혁신에 중요한 영향을 미쳤다. 그것은 단순히 체코슬로바키아 영화 혁신의 시작과 끝이 동일하다는 역사적 시기의 일치 뿐만 아니라 개혁의 기치와 인간의 얼굴을 한 사회주의라는 역사 발전 과정에서 발생한 다양한 현상들이 영화 속에 내포되어 있기 때문이다.

---

15 Jonathan L. Owen, *op. cit.*, p.40.
16 권재일, 앞의 책, 309-310쪽.

따라서 체코슬로바키아 영화의 혁신에서 보여주고 있는 다양한 창작의 내용과 시도, 결과는 이 시기 체코슬로바키아의 새로운 사회주의의 가치 지향과 연결되어 있다.


## 2. 문학적 토대와 영화

1960년대 체코슬로바키아 영화 혁신에 있어 가장 중요한 문제는 소련으로부터 이식된 사회주의 리얼리즘으로부터 벗어나는 것이었다. 이것은 문화, 예술 창작 영역에서 뿐만 아니라 1960년대 체코슬로바키아 영화의 혁신을 이루는 핵심적 요소였다. 이러한 시대적 화두는 당시의 시대적 상황을 벗어날 수 있는 계기와 함께 체코슬로바키아의 문화, 예술적 전통을 복원시키고 영화 역사를 새롭게 발전시킬 수 있는 요인으로 작용하였다.

그 중에서 문학의 중요성은 주목할 만 한 것이었다. 특히 1963년 체코슬로바키아에서 오랫동안 퇴폐적이고 자본주의적인 것으로 배척당하면서 논의조차 금지되었던 프란츠 카프카(Franz Kafka)에 대한 재평가 작업은 하나의 분기점이 되었다. 집단주의와 특권, 부조리에 대한 개인의 소외와 저항을 상징하는 프란츠 카프카에 대한 재평가는 프라하 근교 리블리체(Liblice)에서 국제 심포지움인 카프카-콘페렌즈(Kafka-Konferenz)가 개최되면서 그에 대한 복권이 이루어지면서 본격화되었다.[17] 그의 작품들은 1920년대 초 카프카의 연인이었던 밀레나 예젠스카(Milena Jesenská)가 몇몇 단편 작품들을 체코어로 번역하여 평가를 받은 이후 새롭게 조명되기 시작하였다.[18] 이와 함께 카프카의 작품들은 체코슬로바키아 문학을 비롯

---

17  김연정, 「체코에서의 프란츠 카프카 수용현상」,《독어교육》Vol.42, 한국독어독문학교육학회, 2008, 174쪽.
18  위의 논문, 177쪽.

한 연극, 영화로 각색되어 공연되거나 상영되었다. 카프카에 대한 재조명은 체코슬로바키아 사회가 과거로부터 진행되어 온 스탈린주의와 같은 역사적 유산 등으로부터 혁신적 변화를 이루겠다는 하나의 상징이었다. 무엇보다 카프카에 대한 재평가적 분위기는 체코슬로바키아가 당면한 계획 경제에 대한 비판과 함께 정치 영역에 있어서도 공산당의 관료적 통제와 이데올로기적인 획일성에 대한 비판을 불러일으킨 방아쇠가 되었다. 특히 "리블리체 콘페렌즈를 조직한 사람 중 한 명인 알렉세이 쿠사크(Alexej Kusák)는 카프카 콘페렌즈 이후 문화에서 모든 것이 얼마동안 허용되었고, 허용할 수 있는 문학의 범위를 상당히 확장시켰을 뿐만 아니라 사회주의 사회 내에서 소외의 문제를 제기하는 데 있어서도 중요하였다"[19]고 했다.

이러한 카프카에 대한 재평가의 분위기는 체코슬로바키아의 문화, 예술 분야에 깊은 영향을 미쳤다. 그것은 체코슬로바키아 문화, 예술에 있어 다양한 실험과 시도, 즉 부조리 극, 수정주의 마르크시즘, 블랙 유머 등의 기조가 유지되는데 중요한 역할을 했다는 것을 의미한다. 이로 인한 체코슬로바키아의 문화, 예술 분야의 발전은 놀라운 것이었다. 창작가들은 그동안 침묵을 강요받았던 것으로부터 모든 영역에서의 테마와 형식에 대해 거침없이 묘사했다. 그들은 서방세계의 재즈 음악을 소련의 지령 문화와 대비시키거나, 공산당에 대해 거짓말과 침묵을 강요받았던 경험뿐 아니라 심지어 사회주의 체제 자체를 비판하기도 했다. 또한 창작 형식에 있어서는 사회주의 리얼리즘에 근거하지 않고 그로테스크하고 코믹한 유형의 인물을 통해 묘사하거나 극단적인 초현실주의적 수법 등을 통해 묘사하기도 하였다.

1965년 무렵에는 체코슬로바키아의 아방가르드적 특징을 담고 있는 조세프 토폴(Josef Topol)과 바크라브 하벨(Václav Havel)의 작품이 등장

---

19  Jonathan L. Owen, *op. cit.*, p.39.

하였다. 특히 하벨은 유럽 평단에서 매우 빠르게 알려졌다. 그 이유는 그의 작품에는 서구 연극 연출가와 희곡작가들이 관심 갖지 않았던 정치적 연관성에 대해 주목할 만한 가치가 있다고 평가받았기 때문이다.[20]

여기에 "야로슬라브 하섹(Jaroslav Hašek)으로부터의 코믹적 전통, 블라디슬라브 밴추라(Vladislav Vančura), 비테슬라브 네즈발(Vítězslav Nezval)과 같은 아방가르드 작가들의 귀환, 그리고 보후밀 흐라발(Bohumil Hrabal), 조세프 스크보레츠키(Josef Škvorecký), 밀란 쿤데라, 아르노스트 루스티그(Arnošt Lustig)와 같은 소설가들은 자신들 작품의 각색에 협력하였고, 에스터 크룸바초바(Ester Krumbachová)와 얀 프로차즈카(Jan Procházka)는 독창적인 시나리오를 썼다."[21] 이처럼 카프카에 대한 재평가와 함께 문학 창작가들의 활발한 활동은 1960년대의 영화 창작가들이 자신들이 어떠한 사회적 컨텍스트 내에서 존재하고 있는지를 스스로 알게 했다. 이로 인해 문학과 영화와의 관계는 매우 중요한 것이 되었고 문학작품을 토대로 한 영화들이 이 시기에 등장했다. 그 중에서도 가장 핵심적 인물로는 8편의 작품이 영화화 된 보후밀 흐라발을 들 수 있다. "특히 이리 멘젤(Jiří Menzel)은 그의 작품 중 다섯 작품을 각색하고 영화화하여 체코슬로바키아 영화 혁신에 중요한 기여를 하였다 …… 심지어 1963년 처음으로 출간된 흐라발의 단편 이야기 모음집 《심연의 진주(Perlička na dně, 1965)》는 체코슬로바키아 영화 혁신의 성명서로 간주되었을 정도이다."[22]

카프카에 대한 재평가로부터 시작되어 체코슬로바키아 문학 창작가들의 작품과 창작은 이 시기 영화 혁신에 깊은 영향을 미쳤다. 이로 인해

---

20 Peter Hames, *The Czechoslovak New Wave*, University of California, 1985, p.29.
21 Richard Taylor·Nancy Wood·Julian Graffy·Dina Iordanova, *Eastern European and Russian Cinema*, bfi, 2000, p.53.
22 Peter Hames, *Czech and Slovak Cinema*, Edinburgh University Press, 2010, p.40.

다양한 영역, 즉 현실을 토대로 한 일상을 사실주의 수법을 통해 쾌활한 웃음과 유머, 아이러니를, 아방가르드적 수법을 통해 인간에 대한 휴머니즘에 기반 한 영화들이 본격적으로 등장하였다. 그러므로 "체코슬로바키아 영화 혁신의 양식은 사실주의에서 초현실주의, 즉흥적인 것에서 고전적 내러티브에 까지 걸쳐있다. 그리고 거기에는 많은 양식적, 테마적 연관성이 존재하고 있다."[23] 이것은 체코슬로바키아 영화 혁신이 카프카의 재평가로부터 시작된 창작의 자유와 문학 전통의 역사와의 긴밀한 협력 속에서 이루어졌음을 말하고 있다. 이로 인해 1960년대 체코슬로바키아 영화는 인간의 보편성에 대한 문제, 인간의 존재론적 문제가 자리 잡게 되었고, 그것은 일상적 현실에 대한 묘사와 아방가르드적 실험, 개인과 사회와의 긴장 관계를 통해 나타나고 있다.

## 3. 일상적 현실과 창작수법에 대한 새로운 실험

### 일상적 현실에 대한 풍자와 비판

체코슬로바키아의 새로운 영화에서 나타난 특징 중 하나는 현실에서 일어나고 있는 일상에 대한 풍경 묘사를 들 수 있다. 이러한 특징은 그동안 체코슬로바키아 사회를 짓누르고 있던 사회주의 리얼리즘이라는 도식적인 창작 법칙으로부터 벗어나 일상적 현실을 통해 그에 대한 논의를 확장시키고 사회에 대한 일정한 비판적 시각을 유지하려는 의도에서 비롯되었다. 이것은 창작 과정에 있어 사회주의 리얼리즘에 대한 반작용이 일상적 현실에 대한 관심을 강하게 견인했다고도 볼 수 있다. 이로 인해

---

23  Richard Taylor·Nancy Wood·Julian Graffy·Dina Iordanova, *op. cit.*, p.53.

이 시기 체코슬로바키아 영화는 내용적으로는 일상적 현실에서 일어나고 있는 일들에 기반 하게 되었고, 형식적으로는 시네마 베리테와 같은 사실주의적 경향을 띠게 되었다.

이와 같은 특징을 가진 영화로는 1963년 체코슬로바키아 영화 혁신의 중심 인물인 밀로스 포르만의 작품에서 확인할 수 있다. 그는 일상적인 현실을 통해 체코슬로바키아의 사회를 보고자 했다. 이를 위해 그가 취한 수법은 평범한 인물들을 영화 속에 끌어들이는 것이었다. 포르만은 그들을 통해 일상에서 일어나고 있는 다양한 사회적 현실을 제시하고 그것의 이면을 드러내고자 했다. 이러한 측면에서 1963년 〈경연대회(Konkurs)〉는 매우 특징적이다. 이 영화는 클래식 오케스트라 연습장면 에피소드와 팝송 오디션 에피소드로 구성되어 있다. 첫 번째 에피소드는 전깃줄, 건물 등의 새벽 전경이 보이고 멀리서 지저귀는 새소리가 들리면서 정적을 깨는 오토바이 경주 소리와 함께 중년 지휘자와 오케스트라 단원들의 연습장면으로 시작된다. 이 장면에 이어 또 다른 젊은 지휘자와 오케스트라 단원들의 연습장면이 이어진다. 중년 지휘자의 오케스트라 음악은 완만하고 우아한 반면 젊은 지휘자의 오케스트라 음악은 그에 비해 빠르고 경쾌하다. 화면은 이들의 연습 장면을 번갈아 보여주고 음악이 흐르는 동안 오토바이 경주 대회와 일상적인 거리의 풍경, 공원에서 산책하고 있는 다양한 사람들의 모습을 보여준다. 첫 번째 에피소드에서는 두 지휘자들 사이의 서로 다른 오케스트라 단원들의 연습과 음악을 배경으로 오토바이 경주, 일상적인 거리와 사람에 대한 풍경이 수평적으로 교차하면서 부분과 전체와의 상관관계 속에서 조화가 이루어진다는 함축적인 의미를 보여주고 있다.

두 번째 에피소드에서는 첫 번째 에피소드와 달리 현대적인 음악과 함께 스케이트장, 경연대회 매표소 앞에 모여 있는 젊은이들의 모습으로 시작된다. 그리고 영화는 오디션에 몰려든 소년, 소녀들과 공장장에게 거짓말을 하고 경연대회에 나갔지만 탈락한 후 다시 일상으로 돌아간 베라를 통해 일상적 현실과 그로부터 탈출을 꿈꾸는 현실이라는 서로 상반된 두 영역을 대비시키고 있다. 이를 위해 포르만은 일상적 현실의 사람들을 마치 실제 장면을 찍은 것처럼 사실주의 수법으로 묘사했다. 그럼으로써 그는 체코슬로바키아 사회가 갖고 있는 실제적 현실의 문제를 역설적으로 제기하고 있는 것이다.

일상적 현실을 통해 체코슬로바키아의 사회적 분위기를 꼬집는 포르만의 창작 목표는 영화 〈검은 페트르(Černý Petr, 1963)〉에서도 나타나고 있다. 이 영화 역시 경쾌한 음악과 함께 물건을 사기 위해 상점에서 기다리고 있는 다양한 사람들의 일상적 모습으로 시작된다. 이곳에서 열일곱 살의 페트르는 물건을 훔치려는 사람들을 감시하는 일을 하고 있다. 그러던 어느 날 그는 물건을 훔쳤다고 생각한 노신사의 뒤를 쫓아가지만 그를 놓치고 만다. 그리고 영화는 다시 일상에서 일어나고 있는 다양한 장면들, 즉 길거리에서의 오케스트라 연주장면, 레스토랑의 다양한 사람들의 모습과 춤추는 장면, 다투고 있는 젊은이들의 모습, 술 마시고 있는 사람들을 차례로 보여준다. 페트르의 아버지는 그가 지금 하고 있는 일이 얼마나 가치 없는 일인지를 설명한다. 그럼에도 불구하고 페트르는 또 다시 상점에서 일을 하게 되고 사람들이 물건을 만지는 행위 자체마저도 훔쳐가지 않을까 의심하고 감시한다. 포르만은 이러한 그의 태도를 통해 당시 체코슬로바키아에 만연해 있는 불신의 사회적 분위기를 우회적으로 풍자하고 있는 것이다.

포르만의 이와 같은 일상적 현실에 대한 탐구는 1965년 〈금발의 사랑 (Lásky jedné plavovlásky)〉에서 소년 밀라와 소녀 안둘라의 사랑과 이들의 관계를 불안하게 바라보는 부모들 세대와의 갈등을 통해 묘사하고 있다. 특히 안둘라가 밀라와의 하룻밤 사랑으로 인해 무작정 프라하에 있는 남자친구 집을 찾아오게 됨으로써 발생하는 부모들 간의 말다툼과 갈등은 이것들의 전형을 보여주고 있다. 이들의 모습을 통해 포르만은 체코슬로바키아 사회에서 벌어지고 있는 젊은이들의 사랑의 형태와 이별, 부모들과의 세대 갈등 등을 묘사하고 있는 것이다. 또한 영화는 다양한 유머로서 사회적 풍자를 내포하고 있다. 이것은 예비군들을 환영하는 밴드와 플래카드 장면이 보여지고 난 후 댄스홀에서 소녀들을 향한 결혼한 예비군들의 모습에서 볼 수 있다. 커다란 댄스홀 한 쪽에는 세 명의 예비군들이 앉아 있고 그 반대편에는 안둘라를 포함한 공장에서 일하는 젊은 소녀 세 명이 앉아 있다. 그리고 소녀들 바로 옆에 좀 더 나이 들어 보이는 듯 한 세 명의 여자들이 앉아 있다. 여자들의 모습은 젊은 소녀들과 시각적으로 대비되면서 예비군들의 주목을 전혀 받지 못하게 되는 우스꽝스러운 상황이 연출되기도 한다. 특히 예비군들 중 한 명이 젊은 소녀들을 유혹하기 위해 자신의 결혼 반지를 호주머니로 숨기다가 바닥에 떨어트리고 찾는 모습은 유머러스하기도 하지만 풍자적이기도 하다. 따라서 영화 〈금발의 사랑〉은 젊은이들의 사랑, 도덕적으로 혼란스러운 중년들의 모습, 세대 간의 갈등을 유머와 풍자적 상황을 통해 체코슬로바키아 사회의 일상적 현실의 한 단면을 묘사하고 있다.

일상적 현실과 그에 대한 풍자를 묘사한 또 다른 포르만의 영화로는 〈소방수들의 무도회(Hoří, má panenko, 1967)〉를 들 수 있다. 퇴임한 전임 소방수 위원장의 생일 파티를 준비하면서 벌어지는 다양한 해프닝을 다루고 있는 이 영화는 포르만의 이전 영화에서보다 체코슬로바키아 사회와 사람들에 대해 직접적인 풍자를 내포하고 있다. 이와 같은 장면들로는 무도회가 시작되기 전 부주의로 불이 붙은 현수막을 끄는 장면, 준비한 술과 음식들이 사라지자 이를 위해 감시해야 한다고 하는 사람, 모든 여성에게 끊임없이 관심을 표하는 사람, 위원장에게 선물을 증정할 예쁜 여성을 뽑기 위해 미인 대회 선발을 방불케 한 수영복 심사, 그리고 무도회가 열리고 있는 도중 근처 집에서 불이 나자 그 불을 끄는 소방대원들, 불타는 집을 보고 맥주를 마시는 사람, 기도하는 집 주인, 집 잃은 주인을 위해 모금하고 있는 사람의 모습을 들 수 있다. 이러한 장면들은 이 영화 전체를 혼란스럽고 유머와 풍자가 풍부한 아이러니한 상황으로 몰아가는 요소들이다. 그리고 이것들은 관객들의 예상을 전복하고 있을 뿐만 아니라 그 이면의 감춰진 체코슬로바키아의 현실을 드러내고 있다. 즉 소방수들의 제복, 감시, 파티, 미인 대회와 여성, 불타는 집, 침대 위에 혼자 남은 노인 위로 내리는 눈 등으로 상징화 된 장면들은 체코슬로바키아 사회에서 벌어지고 있는 현실을 매우 은유적으로 표현하고 있다. 이러한 특징은 포르만이 〈경연대회〉, 〈검은 페트르〉, 〈금발의 사랑〉에서 보여준 일상적 현실에 대한 가벼운 풍자 속에서 보다 진지한 체코슬로바키아 사회에 대한 논평으로 옮겨가는 능력을 보여주고 있는 것이다.[24] 이처럼 포르만은 일상에서 일어날 수 있는 일들을 도식적인 사회주의 리얼리즘으로부터 완전히 벗어난 사실주의적 수법으로 일상적인 사람들의 모습을 통해 체코슬로바키아의 현실을 풍자하고 있다.

일상적 현실에 토대하면서 다양한 사회적 비판에 초점이 맞추어진 영화는 밀로스 포르만의 영화와 함께 등장한 야로밀 이레의 영화 〈외침(Křik, 1963)〉에서 확인할 수 있다. 이 영화는 루드비크 아스케나지(Ludvík Aškenazy)의 소설을 각색한 것으로 주제는 비교적 단순하다. 첫 번째 출산을 앞둔 부인, 이반나와 텔레비전 수리공 남편, 슬라벡 사이에서 벌어지는 일상을 다루고 있다. 영화는 해가 뜨고 침대 위에 잠들어 있는 젊은 부부인 슬라벡과 이반나의 모습이 보이고 어린 아이의 울음소리와 함께 만삭인 이반나가 일어나 창문틀 위의 우유를 마시는 아침 풍경으로 시작된다. 그리고 부인은 출산을 위해 병원에 입원하게 된다. 영화는 출산을 위해 그녀가 입원한 시점에서부터 출산하고 난 이후까지의 이들 부부, 즉 슬라벡과 이반나의 기억의 파편들과 현실로 구성되어 있다.

---

24  Peter Hames, op. cit(The Czechoslovak New Wave)., p.141.

영화는 현재에 이르게 되는 그들의 과거와 현재의 일상적 모습을 다양한 사진과 다큐멘터리 필름, 뉴스영화, 내레이션 등을 통해 제시한다. 이러한 이유로 영화는 젊은 부부인 슬라벡과 이반나의 일상적 모습에서 나타난 삶의 서정성을 담고 있으면서도 체코슬로바키아의 사회를 비판하는 함축된 의미로 발전하게 된다. 따라서 영화는 과거의 일상적 모습이 현재의 일상적 모습과 연결되면서 현재 체코의 일상을 묘사한다. 이것은 곧 이 영화가 체코슬로바키아의 사회가 직면하고 있는 다양한 사회적 현실에 대한 근본적 의문과 풍자를 내포하고 있다는 것을 말한다. 그럼에도 불구하고 이 영화는 체코슬로바키아 사회를 직접적으로 비판하고 있지는 않다. 왜냐하면 영화 속 인물들이 어떤 사회적 사건에 연관되어 있지 않기 때문에 역사적 흐름과 변화에 무관한 것처럼 보이기 때문이다. 뿐만 아니라 사회적 요소들을 드러내는데 있어 병원, 개인의 일상생활, 판타지 등으로 구성된 장면들 역시 비판적 요소들을 무디게 하는 요소라 할 수 있다.[25]

일상적 현실을 관조적으로 묘사하면서 그것이 지닌 의미를 드러내고 풍자하는 경향은 블라디슬라브 밴추라의 소설을 토대로 만든 이리 멘젤의 두 번째 장편 영화인 〈변덕스러운 여름(Rozmarné léto, 1968)〉에서도 확인할 수 있다. 이 영화는 여름날 강변에서 물놀이하고 있는 세 남자, 즉 상업에 종사하고 있는 뚱뚱한 남자 안톤 두라, 성직자 캐논 로치, 군인 메이저 휴고의 일상생활에 관한 이야기다. 이들은 끊임없이 건조한 대화와 함께 먹고 마시고, 낚시하면서 여름날의 무료함을 달래고 있다. 영화는 이를 땅 위의 나무펜스 그림자, 절반 정도 비어 있는 와인 병 등과 같은 상징적 쇼트를 통해 마치 부르주아들의 세계를 탐구하듯이 묘사하고 있다. 그러나 이들의 일상은 유랑단의 마술사와 아름다운 금발 미녀의 도착으로 방해 받는다. 즉 세 남자들이 철학을 토론할 때 주변의 여자들은 추억에

---

25  *Ibid.*, p.96.

잠기면서 그들의 토론을 방해하기도 한다. 그들은 먹고, 마시고 말하는 것을 제외하고는 아무것도 하지 않고 주변의 소녀들과 젊은 커플들을 지켜본다. 그리고 그들은 유랑극단에 속해 있는 안나라는 여인을 유혹하지만 누구도 성공하지 못한다. 그들의 모습은 개인이 되는 것을 멈추고 각자는 그들의 사회적 역할의 특징에 의해 정의된다. 정적인 사회의 게으른 표본으로서, 그들은 활동하는 능력을 잃어버렸고 환상과 말을 할 수 있는 능력만 있는 것이다. 그들의 나태한 삶의 모습은 전복적인 예술가들의 생활과 나란히 배열되면서 더욱 부각된다.[26] 이리 멘젤은 이 영화에서 최소화된 행동반경과 움직임으로 일상적 현실의 무료함과 활동력 없음을 보여주면서 체코슬로바키아 사회의 지배 세력의 무기력한 모습을 통해 체코슬로바키아의 사회를 풍자하고 있는 것이다. 이러한 측면에서 "비평가들은 이리 멘젤을 밀로스 포르만과 자주 비교했다. 두 감독은 평범한 사람들에 집중하였고, 유머적 상황을 사용하였으며 비슷한 테마, 즉 전형적으로 사회에서 통용된 사랑과 태도에 초점을 맞추고 있다."[27]

체코슬로바키아 영화에서 일상적 현실과 사회 구조와 사회에 대한 비판적 시각은 이반 파세르(Ivan Passer)의 영화에서도 나타나고 있다. 그의 영화 〈친밀한 불빛(Intimní osvětlení, 1965)〉은 중산층에 대한 이야기로 체코슬로바키아 사회의 현실에 대한 진단을 담고 있다. 영화는 클래식 음악가인 페트르가 시골 음악 학교의 교장으로 있는 친구 밤바스의 집을 방문하면서 벌어지는 사건들을 묘사하고 있다. 파세르는 이야기가 아니라 상황을 제시함으로써 최소한의 내러티브 내용만으로 영화를 전개시킨다. 주말 동안 페트르와 밤바스는 마을 장례식에 참석하기도 하고, 과거와 현재를 비교하기도 하며 취중 속으로 빠져들면서 환경, 나이, 삶으로부터

---

26  *Ibid.*, pp.181-185.

27  Craig Cravens, *Culture and Customs of the Czech Republic and Slovakia*, Greenwood Press, 2006, p.115.

탈출을 시도한다. 그러나 그들은 다음 날 아침 다시 일상의 현실로 되돌아온다 …… 음악을 통해 밤바스와 페트르가 인생의 방향과 의미를 찾는다는 내용을 지니고 있는 이 영화에서 파세르는 어떠한 비판도, 처방도, 치료도 없는 현실을 진단하고 있다. 이것은 개인으로서, 사회로서 사실의 진술이고, 우리들은 영원한 위기에 처해 있는 것을 말하고 있다. 영화의 논리는 연대기적 진행에 의해 결정되고, 인물들은 전형적으로 토요일 아침, 저녁, 이른 저녁, 그리고 늦은 저녁에 움직인다 …… 그것은 문제에 대한 비판적 분석보다는 전형적인 현실의 완고한 탐구인 것이다. 그리고 이것은 밤바스와 페트라가 50대의 사람들이라는 것에 주목할 가치가 있으며 전쟁 전 형성된 인물들과 스탈린 시기의 경험을 하지 않은 성인들 사이의 병렬을 통해 역사적 흐름과 사회적 구조에 대한 비판을 던지고 있는 것이다.[28]

히네크 보칸(Hynek Bočan)은 블라디미르 파랄(Vladimír Páral)의 작품을 각색하여 〈개인적 폭풍(Soukromá vichřice, 1965)〉을 만들었다. 그는 양식화된 프라하의 현실과 다양한 체코슬로바키아 인들을 등장시켜 반복적이고 순환적인 생활 패턴의 일상생활 모습을 유머와 관조를 통해 풍자적인 관점으로 묘사하고 있다. 이런 특징은 토요일 중년의 커플들이 쇼핑을 하면서 끝나는 영화의 마지막 장면을 통해 알 수 있다. 이것은 생활의 순환과 회전이 또 다시 반복된다는 것을 의미하고 있다.[29] 이것은 체코슬로바키아 인들의 단조로운 일상의 모습들을 통해 현실과 그 문제들을 묘사하고 있는 것이다.

다양한 인물을 통해 현실을 묘사한 영화로는 야로슬라브 파푸세크(Jaroslav Papoušek)의 첫 번째 장편 영화 〈최고의 시기(Nejkrásnější věk, 1968)〉를 들 수 있다. 이 영화는 예술학교에서 조각가로 공부한

---

28 Peter Hames, op. cit(The Czechoslovak New Wave)., pp.151-156.
29 *Ibid.*, p.117.

적이 있는 파푸세크가 다양한 인물들의 관찰을 통해 만들어졌다. 영화에는 학생들, 결혼한 젊은이들, 중년의 남자, 나이 먹은 연금 생활자들과 같은 다양한 인물들이 나온다. 이들은 체코슬로바키아 사회의 다양한 스펙트럼을 상징하고 있을 뿐만 아니라 다양한 측면에서 체코슬로바키아의 사회적 풍경을 반영하고 있는 것이다. 그리고 여기에 연금 생활자와 어린이들, 러시아 민요와 같은 그 시기의 의미를 함축하고 있는 노래 등을 통해 세대와 그 당시의 이데올로기적 균형을 유지하고 있다. 이런 균형적이고 우회적 수법은 이 영화가 때론 체코슬로바키아 사회의 일상적 현실로부터 다소 벗어나고 있는 것처럼 보이기도 하지만 그것이 오히려 체코슬로바키아의 일상과 사회적 현실에 대한 사실 탐구로 이어지고 있다고 할 수 있다.

이처럼 이 시기 체코슬로바키아 영화의 새로움은 일상적 현실을 관조적으로 묘사하면서 그 속에 체코슬로바키아의 사회적 현실을 투영시키고 풍자하고 있는 것이다. 따라서 체코슬로바키아 영화의 새로움은 사실주의적 수법으로 일상적 현실을 유머와 풍자를 통해 현실 속에 감춰진 사회와 인간의 깊은 의미들을 드러내는데 있다고 할 수 있다.

## 아방가르드 전통과 실험

1960년대 체코슬로바키아 영화의 새로운 경향과 혁신에는 영화 표현에 있어 과감한 실험이 중요한 위치를 차지하고 있다. 이것은 "체코슬로바키아 영화의 혁신이 확실히 새로운 시각으로 내러티브를 접근하였다는 것과 사실주의에서 부조리주의에 이르기까지 접근의 다양함을 채택했을 뿐만 아니라 초현실주의와 아방가르드 전통을 부활시키고 있다는 의미이다."[30]

---

30 Peter Hames, *op. cit*(Czech and Slovak Cinema)., p.150.

이러한 특징은 제1차 세계대전과 러시아 혁명 이후 체코슬로바키아가 유럽과 러시아 등지에서 몰려든 많은 언어학자와 형식주의자들로 인해 모더니즘과 아방가르드의 중심지 중 하나로 되었고, 이러한 전통을 자연스럽게 반영할 수 있는 토대가 형성되었기 때문이다. 따라서 이 시기 체코슬로바키아 영화는 체코슬로바키아의 아방가르드 문화 전통으로부터 깊은 영향을 받았다고 할 수 있다. 특히 "1920년대 체코 아방가르드는 '아홉 개의 세력(nine strengths)'이라는 의미로, 야생화, 머위 등으로부터 이름을 따왔던 데베스틸(Devětsil, 1920-1931)[31] 집단이 중심이 되었다. 이들의 활동은 문학, 조형 예술, 디자인, 음악, 건축, 연극, 영화 그리고 비평 등 전 영역에 걸쳐 있었다."[32] 이러한 측면에서 1930년대에 체코 아방가르드의 작품은 원칙적으로 국제적 아방가르드의 관심과 연결되었다고 할 수 있다.[33] 이것은 1920년대 카프카를 중심으로 형성되었던 아방가르드적 전통이 1930년대 앙드레 브르통(André Breton)의 프라하 방문으로 더욱 활성화되었다는 사실에서 알 수 있다. 그는 당시 사실상 무명이었던 카프카를 발견하였고 이에 자극받은 프라하의 초현실주의자들은 '초현실주의자 소설(surrealist novel)'이라는 부제로 〈캐슬(The Castle)〉이라는 체코판 출간을 준비했다. 그러나 카프카의 작품은 나치 점령기 동안에는 금지되

---

31 데베스틸 예술연맹(Umělecký Svaz Devětsil)은 1920년에 설립되어 1931년까지 지속된 체코의 아방가르드 예술가들의 협회이다. 이 명칭은 몇 번이고 바뀌어 1925년부터는 '현대 문화 데베스틸 연합(Svaz moderní kultury Devětsil)'으로 불렸다. 그 구성원들의 예술적 결과들은 다양했지만 양식적으로 매직 리얼리즘(magic realism), 프롤레트쿨트(proletkult), 그리고 1923년 초에는 포에티즘(Poetism)적 특징을 나타냈다. 예술적 프로그램은 비테슬라브 네즈발(Vítězslav Nezval)과 카렐 티지(Karel Teige)에 의해 형성되었고, 구성원들은 그 당시 체코 예술을 조직하는 데 있어 매우 활동적이었다. 그들은 《ReD(Revue Devětsilu)》, 《Disk and Pásmo》와 같은 몇몇 예술 잡지와 선집을 출간하기도 했다. 그들 중 가장 중요한 것으로 《Devětsil and Život》가 있다. 대부분의 데베스틸 예술가들은 시와 삽화를 만들었지만, 그들의 창작품은 조각, 영화를 포함해서 많은 다른 예술 형식에 기여를 하였다.

32 Peter Hames, op. cit(Czech and Slovak Cinema)., p.145.

33 Ibid., p.147.

었고, 전쟁 전과 전쟁 후 번역 출간에도 불구하고 그의 작품의 충격은 카프카에 대한 본격적인 재조명이 이루어지기 시작하면서 점차 피부로 느끼기 시작하였다. 저널리스트이자 철학자인 알렉세이 쿠사크는 이러한 '카프카적 상황은 사회주의 국가들에서 잘 알려진 개인숭배시기에 어떤 상황의 모델이었다'고 했다.[34]

이 시기 카프카를 둘러싸고 벌어지고 있던 이러한 사회적 분위기는 1960년대 체코슬로바키아 영화뿐만 아니라 문화, 예술 형성에 중요한 모티프와 돌파구가 되었다. 특히 카프카의 작품이 프라하의 분위기를 무겁게 묘사하였고 그의 잘 알려진 작품들이 체코와 직접적으로 연결되어 있다는 것은 의문의 여지가 없다. 이것은 이 시기 체코슬로바키아의 정치적, 사회적 분위기와 맞물려 문화와 예술 창작의 주요 원천으로 작용하였다.[35] 이에 대해 에발드 쇼름(Evald Shorm)과 같은 영화감독들은 카프카를 중심으로 형성된 문학 정신보다 일반적인 체코슬로바키아의 문화에 영향을 받았다고 주장하면서 문학과 문화를 구분하기도 했다. 그러나 피터 해머스 (Peter Hames)에 따르면 '체코슬로바키아의 새로운 경향의 실험적이고 판타지적인 영화들을 고려하는데 있어 전쟁 이전 문학의 영향이 명확해 보인다'고 주장했다. 거기에는 카프카, 밴추라, 네즈발, 그리고 시인들과 초현실주의자[36]들의 전통과 매우 밀접하게 연결되어 있다는 것을 그 예로 들기도 했다. 그의 시각처럼 이 시기 체코슬로바키아 영화 창작가들은

---

34 Peter Hames, op. cit(The Czechoslovak New Wave)., p.158.

35 Ibid., p.159.

36 초현실주의는 상상과 현실의 상호 작용이고 궁극적으로 두 가지 사이, 즉 삶과 죽음, 과거와 현재, 소통과 불소통, 고급과 저급 사이의 명확함을 문제 삼는다. 체코 초현실주의 그 자체는 전후 시기 부조리와 밀접한 관계 속에서 성장했고, 최소한 현대적이고 풍자적인 경향으로서 명확한 특징을 통해서 성장하였다. 초현실주의는 과거, 현재, 미래와 상호 작용하고 있고 1960년대 체코슬로바키아 영화에서 구체적인 형식으로 발생했다. 어쩌면 1960년대 체코슬로바키아 영화는 아방가르드가 주도하였고 초현실주의는 심오하고 근본적인 것이었다. – Jonathan L. Owen, op. cit., pp.4-5.

현대 문학과의 새로운 관계에 대해 호의적이었던 것만은 분명했다. 그리고
그들의 전통이 1960년대에 다시 나타났다. 이와 같은 체코슬로바키아의
경향과 특징에 직접적으로 연결될 수 있는 이 시기 영화창작가로는 베라
히틸로바를 들 수 있다.

그녀는 체코슬로바키아의 아방가르드적 전통을 이어받으면서 영화의
새로운 흐름에 있어 가장 혁신적이고 과감한 실험을 한 영화감독이다.
히틸로바는 이미 철학과 건축을 통해 인식과 구조에 대한 깊은 이해를
가지고 있었다. 이것은 그녀의 영화가 형이상학적 내용에 형이상학적 형식으
로 구성되어 있다는 것을 말한다. 이와 같은 그녀의 영화적 실험은 1963년에
만든 그녀의 첫 번째 장편 영화인 〈뭔가 다른 것(O něčem jiném)〉에서부터
시도되었다. 영화 〈뭔가 다른 것〉은 서로 다른 두 여성의 삶을 시네마
베리테적 수법과 픽션으로 수평적 형태로 비교하면서 묘사하였다. 즉 "한
여성은 체조 세계 챔피언인 에바 보사코바이고 다른 한 여성은 평범한
가정주부 베라이다. 에바의 이야기는 다큐멘터리 수법으로 촬영하였고,
가정주부 베라는 관습적인 픽션으로 묘사되었다. 히틸로바는 금메달리스트
에 부가된 희생과 한계, 훈련 프로그램의 혹독함, 그리고 존재의 미미함을
탐구하고 있다. 반면 가정주부 베라는 물신 숭배의 소비와 일상의 연애를
통하여 가정과 어머니로서의 단조로움으로부터 탈출하려한다. 영화의 논리
는 두 인물의 생활 방식의 불완전함을 지적하고 있지만, 각각의 여성은
그녀가 살고 있는 범위 내에서 한계를 인식하게 하는 위기를 경험하고,
히틸로바는 어떤 적당한 결론을 피한다. 거기에는 해결책이 없고 두 여성들은
마침내 잘 알지 못했던 인생에서 스스로의 역할을 선택한다."[37] 이 영화에서
특징적 요소는 단선적인 하나의 내러티브 구조에서 발생하는 의미보다는
서로 다른 두 가지 이야기를 사실성과 비사실성으로 충돌시켜 영화의 형식적

---

37 Peter Hames, op. cit(The Czechoslovak New Wave)., p.208.

측면에서 발생하는 의미 발생에 대한 실험을 하였다는데 있다.

히틸로바의 영화 표현과 형식에 대한 과감한 시도는 영화 〈데이지 (Sedmikrásky, 1966)〉에서 더욱 강하게 나타난다. 이 영화는 세상이 망가지고 있다고 판단하고 더 망가뜨려야 된다고 생각한 두 소녀, 즉 마리 I, 마리 II를 통해 다양한 표현적 실험과 시도를 하고 있다. 영화는 거친 입자 화면으로 커다란 기계 바퀴가 돌아가고 거대한 폭발과 총탄 세례 장면이 번갈아 보이면서 시작된다. 이러한 이미지는 영화의 마지막 장면과 대응된다. 이 장면들이 지나고 나면 화면은 비키니 복장을 하고 천진난만한 모습으로 인형처럼 앉아있는 두 소녀가 있는 수영장으로 전환된다. 그리고 두 소녀는 트럼펫을 불고, 코를 만지면서 다음과 같은 파편적인 상징적 의미의 말을 한다. "나는 잘 할 수 있는 것이 아무것도 없다. 그렇다면, 우리가 할 수 있는 것은 무엇일까? 우리는 아무것도 할 수 없다." 그리고 앙상한 건물이 무너진 장면이 보여지고 난 후, 인형 — "나는 인형이다. 너는 이해하니? 이해하는 이는 아무도 없다. 우리를 이해하는 사람은 아무도 없다." 그리고 태엽 감는 소리와 함께 두 소녀는 말하기를 "이 세상 모든 것이 망가졌다. 모든 것이 망가졌다면! 글쎄! 우리도 망가지겠지"라고 하면서 영화는 전개된다. 특히 수영장 장면은 영화에서 파편적으로 던져졌던 흐트러진 부분 부분의 주제 내용을 정리해 주고 새로운 곳으로 전환해 주는 기능을 한다.

그리고 장면이 바뀌면 뒤이어 치마를 입은 두 소녀가 사과와 복숭아가 함께 달린 나무를 배경으로 마치 에덴동산을 형상화한 것과 같은 꽃밭에서 춤을 춘다. 그곳에서 마리 I은 복숭아를 딴다. 이 장면은 영화 시작과 함께 보여 준 이미지와 인과 관계를 형성함으로써 인간의 근원적 욕망과 탐욕을 폭로한다.[38] 이를 효과적으로 드러내기 위해 영화는 수영장, 아파트,

---

38 *Ibid.*, p.213.

클럽, 공중 화장실, 기차역을 중심으로 이루어진다.

예컨대 길거리/침대, 길거리/옷장에서 무더기로 떨어지는 사과를 흑백, 컬러로 번갈아 보여주고 있는 아파트 장면은 두 소녀가 인간의 존재와 탐욕, 근원에 대해 성찰하는 곳이다. 반면 공중 화장실, 클럽은 두 소녀들이 인식하고 느끼는 사회적 대상들이다. 즉 이들 장소는 두 소녀들의 모습을 다양하게 보여주면서 징벌과 회복, 진탕 마시고 떠드는 곳이다. 그리고 기찻길과 역은 레스토랑에서 만난 남자들을 떠나보내는 곳이다. 따라서 이들 장소는 사람들이라는 집단에 의해 초래된 현대 사회의 발전, 새로운 의미의 창출, 소비, 파괴, 이별 등을 함축하고 있다. 이러한 의미는 시계 초침 소리, 타이프 소리, 벨소리 등에 의해 부가되고 강화된다. 그리고 중간 중간에 파란 초원과 초원에서 뒹구는 두 소녀의 장면과 자연 풍경은 이 영화가 지향하는 것이 무엇인지를 엿볼 수 있는 하나의 실마리가 되기도 한다. 반면 뭔가를 태우거나 일하는 농부 등의 장면에서는 성스러운 음악이 흐르면서 그것의 의미와 대비된다. 그리고 강에서 배를 타고 있는 두 소녀는 '왜 물은 여기에 있을까! 왜 강은 거기에 있을까!' 하면서 존재에 대한 근원적 질문을 던진다. 이것은 '우리는 존재 한다'라는 일련의 철학적 내용의 대사와 함께 길거리에 잠겨 있는 수많은 대문의 자물쇠 인서트를 보여주면서 존재와 소통의 불가분의 관계를 의미하기도 한다.

또한 가위로 옷을 자르는 모습과 사람의 얼굴, 손, 몸이 각각 따로 해체되고 배치되는 장면은 두 소녀들이 레스토랑에서 음식을 짓이기고 장난을 하면서 망쳐 놓았던 식탁의 음식을 다시 원상복구하려 한 모습과 대응된다. 그리고 그러한 자신들의 행위를 스스로 행복하다고 식탁 위에 드러 눕는 순간 천장 위의 샹들리에가 떨어지면서 전쟁 자료 필름으로 이어지는 장면은 현대 사회가 직면하고 있는 소통 부재, 이별, 죽음, 존재, 행복 등에 관한 것을 묘사하고 있는 것이다. 물론 이것은 체코슬로바키아의 정치적 상황과 관련된 컨텍스트와 연결되어 있다. 이를 위해 히틀로

바는 전통적인 영화 수법에 기대지 않고 영화에서 보여줄 수 있는 모든 요소들, 즉 하나의 화면 내에서도 변화무쌍하게 끊임없이 변하는 다양한 사운드, 그리고 흑백, 칼라, 모노크롬 등으로 이루어진 색깔, 현실을 진단하고 예언적인 의미의 상징성을 함축하고 있는 파편적인 대사, 다양한 인서트 등으로 인한 화면의 불연속성을 강조한 화면 구성 등 모든 면에서 인과 관계성을 파괴하면서 실험적 형태로 만들었다. 이것은 "히틸로바가 영화 존재에 관한 자신의 관점을 철학적 다큐멘터리의 존재, 몰입으로부터 관객을 전환시키는 것, 심리를 파괴하는 것, 그리고 유머를 가속화 시키는 것으로 만들었다는 것을 의미한다. 이런 모든 것들이 그녀의 영화 속에서 행해졌다는 데 의문의 여지가 없다. 전통적인 내러티브는 리듬의 파편화에 대한 선호로 거부당했다. 거기에는 사실주의 환상을 창조하기 위한 어떠한 시도도 없었다."[39] 히틸로바 자신은 "이 영화를 익살극의 형식에서 철학적 다큐멘터리로 불렀고 그 의도는 인물들의 심리로부터 관객들의 주의를 전환시키기 위해서였다 …… 이러한 수법은 히틸로바의 사회적 비판이 광범위하게 걸쳐 있고, 남성/여성의 고정관념에 대한 비판, 소비의 파괴적인 결과, 전체적인 사회의 이데올로기적 특성을 포함하고 있다."[40] 또한 "히틸로바는 창작가로서 자신의 자유를 방어하면서, 그녀 역시 관객들이 자신의 영화를 보았을 때, 그들이 보았던 대로 해석에 대한 관객의 자유 또한 존중하였다."[41]

이러한 히틸로바의 영화 표현 수법과 창작의 태도는 체코슬로바키아의 아방가르드 문화, 예술적 토대로부터 기인한 실험에 기반 한 것이고 전통적인 내러티브와는 전혀 다른 차원으로 체코슬로바키아 영화의 혁신을 이끌었다는 것을 말한다.

히틸로바가 〈뭔가 다른 것〉이라는 작은 이행기를 거쳐 〈데이지〉에서

---

39  *Ibid.*, p.221.

40  Craig Cravens, op. cit., p.116.

41  Peter Hames, op. cit(Czech and Slovak Cinema)., p.153.

직접적이고 노골적으로 아방가르드 전통과 실험을 통하여 자신의 창작 수법을 구축해나갔다면, 얀 네메치(Jan Němec) 감독은 자신의 첫 장편 영화 〈밤의 다이아몬드(Démanty noci, 1964)〉에서부터 초현실주의와 아방가르드적 실험을 적용했다. 그렇기 때문에 혹자들은 얀 네메치가 체코슬로바키아의 새로운 혁신적 경향의 감독들 중에서 가장 개인적 스타일에 집중한 감독이라 부르기도 한다. 이는 한 인터뷰에서 그가 말한 영화감독이라는 정의와 개념에서 잘 드러나고 있다. 얀 네메치는 "감독은 현실의 독립된 세계, 즉 자신의 세계를 창조해야 한다. 화가들은 그들의 세계를 창조하고 작곡가들 역시 마찬가지다. 그러나 몇몇 영화감독들만이 이런 목표를 달성하고 있다. 만약 내가 현실의 표면을 닮은 영화를 만들려고 한다면, 나는 많은 에너지를 소비하게 될 것이고 문제의 핵심으로부터 벗어나 관객들의 관심을 이끌게 될 것이다"[42]고 하였다. 따라서 얀 네메치는 드러난 현실 자체를 기반으로 표현하는 수법에 중심을 두지 않았다. 이러한 특징에 의해 얀 네메치는 대사가 거의 없는 두 편의 영화-〈밤의 다이아몬드〉, 〈사랑의 순교자(Mučedníci lásky, 1966)〉-를 만들었고, 또 다른 한 편의 영화는 이전의 영화와 전혀 다른 대사와 이미지가 결합된 일반적 성향의 영화-〈파티와 손님들(O slavnosti a hostech, 1966)〉-를 만들었다.

이들 영화 중 〈밤의 다이아몬드〉는 두 명의 젊은 유태인이 나치의 죽음의 열차로부터 탈출하여 숲 속으로 도망치면서 벌어지는 아르노스트 루스티그의 소설 〈어둠은 그림자를 드리우지 않는다(Tma nema stin)〉에 토대하고 있다. 이 영화에서 얀 네메치는 관습적인 내러티브와 심리학적 동기를 끊임없이 파괴한다. 그는 이야기를 말하거나 인물들의 행위를 설명하는데 흥미를 가지고 있는 것이 아니라 인물들의 정신적 상태와의 동일화의 느낌을 창조하는데 흥미를 가지고 있다.

---

42 Peter Hames, op. cit(The Czechoslovak New Wave)., 1985, p.187.

영화는 자막과 함께 교회 종소리가 들리면서 숲 속 기슭을 달리는 거친 숨소리의 두 남자의 모습과 기차소리, 총소리로 시작된다. 두 남자의 달리는 모습과 기차소리, 총소리는 이 두 남자가 현재 어떤 긴박한 상황에 처해있는가를 암시하면서 영화의 긴장감을 지속시키는 역할을 한다. 그러나 이 장면은 궁극적으로 영화에서 그들의 운명에 대한 결론을 향한 선언과 같은 것이 된다. 이것을 영화는 두 남자가 나무 숲 속에서 어딘가를 향해 달려가고 있는 그들의 움직임을 카메라가 수평으로 따르면서 전개된다. 따라서 이 영화는 이들 두 남자가 겪는 다양한 긴장된 상황들을 보여주고 있다. 그 과정에서 이들 두 남자는 발 크기와 맞지 않은 부츠, 숨을 헐떡이고 지쳐 누워 있으면서 뒤척이는 모습, 그들 손 위로 지나가는 수많은 개미, 숲 기슭을 지나 나타나는 작은 마을, 거기서 만난 여인과 농부들, 사냥꾼들, 식당에서 춤추고 있는 노인들을 차례로 바라보고 만난다. 이 장면들이 두 남자를 중심으로 보여준 표면적 화면들이다. 그러나 영화는 이들 주요 장면 사이사이에 두 남자들의 심리와 정신적 상태, 과거의 경험들을 플래시 백(flash back)으로 보여준다. 그것은 환상적 이미지로, 때론 사실적 이미지로, 때론 욕망의 발현으로 끊임없이 화면과 화면 사이를 번갈아 보여주고 있다. 이러한 방식은 "불완전하고, 실질적으로 거의 잠재의식적인, 육체와 정신적인 현재의 요구에 의한 의식의 혼란스러운 불빛이다. 이것은 단순히 화면의 리듬뿐만 아니라 시적인 의미로까지 확장되고 있다. 그리고 영화 마지막에 그들이 죽었는지 살았는지에 대한 애매모호한 결말은 얀 네메치가 사실주의의 완전한 반대쪽에 있다는 것을 확인해주고 있으며 관객들에게는 두 개의 가능성을 제시하고 있거나 그들 중 하나를 자유롭게 선택하도록 남겼다."[43] 이처럼 얀 네메치는 영화를 이야기의 연속성에 기반을 둔 단순한 내러티브에 의지하지 않으면서 표면

---

43  *Ibid.*, pp.188-191.

적으로 지속되고 있는 화면과 인물들의 물리적 경험, 인물들의 심리와 정신적 영역을 동시에 표현하였다. 그렇기 때문에 얀 네메치의 〈밤의 다이아몬드〉는 이전의 영화에서 볼 수 있는 내러티브에 종속된 이야기와 화면구성과는 본질적으로 다르게 표현되었다. 이것은 이미지를 내러티브로부터 독립시켰을 때 표현의 영역에서 뿐만 아니라 의미의 영역에서도 다양성을 획득하여 발전할 수 있다는 것을 보여주고 있는 것이다. 이것이 얀 네메치가 지향하고 있는 창작수법이고, 그것은 체코슬로바키아 영화의 전통이 아방가르드적 실험에 있다는 것을 보여주고 있다.

얀 네메치의 영화 창작에 대한 실험적 탐구는 영화 〈사랑의 순교자〉에서도 지속되고 있다. 이 영화는 화이트칼라 노동자, 웨이트리스 나스텐카, 그리고 고아 루돌프로 대표되는 세 인물의 세 가지 에피소드로 구성되어 있다.

이들 에피소드에는 각각 '화이트칼라의 유혹(Pokuseni manipulanta)', 부유한 사람과 결혼하는 꿈을 꾸는 '나스텐가의 공상(Nastenciny sny)', 가족에 속해 있지 않아 그것을 그리워하고 상상하는 '고아 루돌프의 모험 (Dobrodruzstvi sirotka Rudolfa)'이라는 구체적 이야기를 담고 있다. "얀 네메치는 이들 세 인물에 의한 에피소드를 세 가지 음울한 익살극이라 불렀다. 그는 대부분 성공하지 못한 사람들의 불합리한 유머를 사용함으로서 채플린과 같이 감수성이 강한 영화를 만들려고 했다. 그런 의미에서 〈사랑의 순교자〉는 포에티즘(Poetism), 즉 시적주의의 전통과 결합되어 있다고 할 수 있다."[44] 일반적으로 "체코 영화의 서정주의 논의에서 가장 본질적인 요소들은 시각적 이미지, 긍정적 힘으로서 풍경의 환기와 고향으로서의 시골, 잃어버린 파라다이스, 그리고 회귀의 느낌을 포함하고 있다."[45] 이러한 창작 목표와 영화적 특징에 근거하여 "스크보레츠키는

---

44 *Ibid.*, p.198.
45 Peter Hames, op. cit(Czech and Slovak Cinema)., p.113.

602 세계 영화예술의 역사

〈사랑의 순교자〉야 말로 가장 서정적인 영화라고 했다. 그는 이 영화를 체코 예술의 위대한 전통의 유기적인 부분으로서 간주하였고, 현실의 시적이고 서정적인 제시라고 규정했다 …… 〈사랑의 순교자〉에서 얀 네메치는 대중 노래의 판타지와 같은 꿈의 세계를 창조하였다."[46] 그의 영화에서 나타나고 있는 이미지 중심과 언어의 중의적 의미, 시적주의는 상징이라는 창을 통해 자신만의 세계를 창조하고 있는 것이다. 이러한 얀 네메치 영화의 특징인 상징적 표현은 "얀 잘만(Jan Žalman)이 카프카에 관한 막스 브로드(Max Brod)를 인용하게 한다. 즉 상징은 정신적 돌파구이다. 그것은 개인적 이미지나 무한한 범위의 생각을 주는 긴장 상태를 유지하는 것이다."[47] 얀 네메치 영화에서 나타난 창작적 실험은 바로 이러한 상징이 가지는 무한성에 기반하고 있다. 이것은 자신의 영화 양식을 스스로 '꿈의 리얼리즘'의 하나라고 규정한 것과 일맥상통한다고 할 수 있다.

이러한 아방가르드적 실험은 매우 날카롭고 예리한 정치적 함의를 지니고 있는 영화 〈파티와 손님들〉[48]을 통해 이미지 중심에서 대사 중심으로 변모하였다. 얀 네메치는 이 영화에서 처음으로 많은 대사를 사용했다. 영화 〈밤의 다이아몬드〉에서 나타나는 이미지 중심의 실험은 체코슬로바키아의 정치적 현실에 대한 비판과 결합되면서 보다 직접적 의미를 드러내기 위해 대사 중심의 영화로 변모하였던 것이다. 물론 영화 〈파티와 손님들〉에서도 의식 속의 두려움과 낯설음을 묘사하기 위해 비내러티브적 요소들이 등장하기도 한다. 그러나 영화에서의 대사는 외형적 현실만을 전달하는 대사 자체의 의미보다 대사가 가지는 정치적 의미를 지닌 중의적

---

**46** Peter Hames, op. cit(The Czechoslovak New Wave)., p.205.

**47** Ibid., p.192.

**48** 이 영화는 대통령이자 공산당 서기장인 안토닌 노보트니(Antonín Novotný)에 의해 직접 금지 당했다. 그만큼 영화는 비유적이지만 노골적으로 정치가들을 비판하고 있어 큰 정치적 반향을 불러일으켰다.

의미로서 작용한다. 따라서 정통 내러티브 구조 속에서의 화면과 대사와의 관계 속에서 대사에 의존하기 보다는 오히려 언어적 의미의 변용에 두고 있다고 할 수 있다. 이러한 측면에서 이 영화 역시 화면과 대사와의 관계에 있어 새로운 시도와 실험을 했다고 할 수 있다.

표현에 대한 실험은 야로밀 이레와 유라이 야쿠비스코(Juraj Jakubisko)의 영화에서도 발견된다. 그러나 이들의 수법은 베라 히틸로바의 〈데이지〉나 얀 네메치의 〈밤의 다이아몬드〉에서처럼 이미지 중심의 영화 표현적 혁신과 과감함에 있는 것이 아니라 정서적 측면에서의 시적주의와 전통적 민속에 근거하고 있다는 점에서 차이가 있다. 특히 항상 새로운 것에 대해 자신을 변화시키고 변화시킬 준비가 되어 있는 1920년대 데베스틸 정신은 이러한 시적주의에 적지 않은 영향을 미쳤다.

체코의 초현실주의자 시인인 비테슬라브 네즈발의 동명 소설을 각색한 야로밀 이레의 〈발레리와 그녀의 황홀한 한 주(Valerie a týden divů, 1970)〉는 이런 측면에서 매우 의미 있는 영화라 할 수 있다. "이 영화는 여성에 초점이 맞추어져 있다. 그것은 뱀파이어, 레즈비언, 그리고 음탕한 성직자들이 포함되어 있는 여성의 첫 번째 월경에 관한 이야기다. 내러티브 그 자체는 모호하지만 사춘기의 시작을 경험하고 있는 젊은 소녀의 환상을 암시하고 있는 성적 상징과 상상은 에로틱한 연상으로 과장되어 있다. 그 결과 영화는 마음을 불안정하게 하고 흥분시킨다 …… 영화는 네즈발의 초현실주의가 영화의 실험적 특징으로 재현되고 있다. 그것은 모호하고 전통적인 내러티브의 일관성으로부터 다소 벗어나 있다 …… 발레리의 개별 장면들은 색깔, 상징, 그리고 연상으로 충만하고, 인물들은 고딕풍의 민속 문화로 물들어 있으며, 파편화된 내러티브는 어떤 일관성을 가지고 있다."[49] 이와 같은 특징의 야로밀 이레의 영화는 1924년 카렐 티지(Karel

49 Craig Cravens, op. cit., p.117.

Teige)가 쓴 '포에티즘'이라는 글에서 시적주의를 삶의 한 스타일이라고 하면서 그것은 장난기 많고, 비영웅적이며 비철학적인, 짓궂으면서 환상적인 것으로 예술 성장에 호의적이다"[50]라고 한 측면에 부합하고 있다. 이런 측면에서 이 영화는 체코슬로바키아 영화의 새로운 형태를 보여주고 있다고 할 수 있다.

이처럼 체코슬로바키아 영화 혁신의 한 축을 이끌었던 베라 히틸로바, 얀 네메치, 유라이 야쿠비스코, 야로밀 이레 등의 영화들은 영화 표현에 있어 1920년대부터 활성화되었던 아방가르드 전통과의 연속성 속에 있음을 알 수 있다. 그들은 1960년대 체코슬로바키아 영화 표현의 혁신을 아방가르드적 전통을 창작의 근원으로 인식하고 그것으로부터 영화의 혁신을 찾았던 것이다.


## 개인과 사회 사이의 긴장, 불안과 유머

체코슬로바키아 영화의 혁신은 웃음과 유머를 통해 개인과 사회 사이에서 벌어지는 긴장감과 도덕적 불안감을 표현하고 있다는 점이다. 이것은 체코슬로바키아 정부에 의해 개인의 존재 가치가 훼손됨으로써 개인과 사회 사이의 도덕적 불안감과 긴장감이 존재하게 되었음을 말한다. 이러한 현상은 "1960년대의 체코슬로바키아 문화가 그로테스크, 비극, 부조리, 죽음, 웃음, 양심과 도덕적 책임을 통해 공식적인 사회주의 이데올로기로 인정되었던 것을 거부함으로써 인간 존재의 기본적인 측면들을 강조하기 시작하면서 나타났다."[51] 이러한 문화, 예술적 현상들로 나타나고 있는

---

50  Peter Hames, op. cit(The Czechoslovak New Wave)., p.229.

51  Jonathan L. Owen, *op. cit.*, p.9.

요소들은 어쩌면 1960년대 체코슬로바키아 영화 혁신의 궁극적 목표라 할 수 있다. 개인과 사회 사이의 불균형 속에서 발생하는 도덕적 불안과 긴장감은 영화 속에서 평범한 한 개인이 처한 딜레마적 상황으로 묘사되기도 하고 영화의 표현 수법을 결정짓는 중요한 형식적 요소로 작용하기도 하였다. 그러므로 영화 속에서 개인은 개인을 넘어 사회를 언급하고 있고, 사회는 개인의 존재 가치를 규정하는데 중요한 요인인 것이다. 그리고 이러한 긴장감과 불안감을 해소하는 것으로 웃음, 유머는 매우 효과적인 수단으로 작용하고 있다. 따라서 개인과 개인, 개인과 사회, 이들 사이로부터 발생한 긴장, 불안은 웃음과 유머와 결합되면서 해소되기도 하고 그 자체를 의미하기도 한다.

이러한 측면에서 보후밀 흐라발의 문학작품을 토대로 만든 이리 멘젤의 〈가까이에서 본 기차(Ostře sledované vlaky, 1966)〉는 가장 적절한 예라 할 수 있다.

이리 멘젤은 이 영화의 주된 표현 요소인 아이러니와 웃음, 유머, 풍자를 통해 개인이 지니고 있는 문제와 체코슬로바키아의 사회적 현실을 동시에 묘사했다. 이러한 특징은 기차역으로 첫 출근하는 주인공 밀로스 흐르마를 설명하기 위해 증조할아버지, 할아버지, 아버지의 사진이 담겨있는 액자를 보여주면서 시작된다. 그의 가족의 역사, 즉 증조할아버지는 학생들로부터 돌을 맞아 연금을 받게 되었지만 일하는 노동자를 놀리다가 결국 맞아 죽었고, 할아버지는 염력으로 독일군을 저지하려 하다가 죽었다는 다소 엉뚱한 가족의 역사를 보이스 오버(voice over)로 설명하고 있는데서 알 수 있다. 가족의 역사가 소개되는 동안 화면은 밀로스가 기관사였던 자신의 아버지가 근무하였던 간이 기차역에 출근하기 위해 새 유니폼을 입고 있는 모습을 보여준다. 이를 카메라는 잘 닦여진 신발, 바지 발목, 빛나는 버튼, 모자 그리고 그의 이마 위에 행해진 어머니의 종교적 의식 등을 차례로 보여준다. 이러한 행위는 그의 우아한 유니폼과 기차 간이역에서 그가 담당하는 일의 중요성과 대비되어 웃음을 자아내게 한다. 그리고 이러한 가족의 역사에 대한 설명과 묘사는 밀로스라는 인물의 특징과 영화를 전개시켜 나가는데 있어 근본적 토대로 작용한다. 이것은 밀로스가 간이역에 출근한 이후 사회에서 겪게 될 문제와 행동, 해결 방법에 대한 것을 예측할 수 있는 시금석이라 할 수 있다.

밀로스는 간이역에 출근하면서 뜻하지 않게 두 가지 문제에 직면하게 된다. 하나는 이성과의 성적(性的) 문제이고, 또 다른 문제는 독일군으로부터의 해방이다. 전자는 개인의 문제일 수 있고 후자는 체코슬로바키아 전체인 국가와 사회의 문제일 수 있다. 특히 밀로스가 성적 문제로 호텔에서 자살을 시도한 것은 개인이 겪고 있는 불안정성을 극대화한 것이며, 그를 구출하는 과정에서 벽면을 스쳐지나가면서 보인 낫과 망치로 상징화된 소련과 공산주의에 대한 포스터는 밀로스의 자살이 다양한 의미로 해석될 수 있는 여지를 생산해내고 있다. 이러한 장면은 개인과 사회가 대비되어 불안하고 혼돈스러운 사회적 상황과 비교되면서 이미 구조화되어 있는 사회를 드러내고 있다고 할 수 있다. 그리고 이것은 독일군의 점령 상황으로 치환되면서 마치 체코슬로바키아의 역사를 파노라마로 제시하고 있는 것처럼 보인다. 이리 멘젤은 이렇게 양립하기 어려운 문제들을 밀로스 개인이 안고 있는 성의 문제와 체코슬로바키아의 역사를 비유적이고 아이러니하게 결합하였다. 뿐만 아니라 이러한 아이러니는 밀로스가 자신의 성적 문제를 해결하기 위해 신부님에게 상담을 요청할 때 신부님은 교회가 6백년 동안 정신분석을 관장했다고 주장한 장면을 통해서도 유머와 풍자의 아이러니를 확인할 수 있다. 이러한 개인과 사회, 역사와의 아이러니를 유머러스하고 풍자적으로 보여주고 있는 또 다른 인물은 바로 역장이다. 여기서 역장은 전통적인 미덕의 구현이고 가식이 없는 재미있는 인물로 설정되어 있다. 그는 겉으로 애국주의, 군사주의, 종교, 권위에 대한 존경과 과거 오스트리아-헝가리의 위대한 시절에 대한 끊임없는 향수를 바치면서 자신만의 도덕적 가치로 살아가고자 한다. 그의 이러한 태도가 주어진 현실 상황에 의해 번번이 실패함으로써 역장은 시대착오적이고 유머러스한 인물로 묘사된다. 무엇보다 개인과 국가, 사회관계 속에서 아이러니와 유머의 극단을 보여주고 있는 장면은 성적 결함을 가지고 있는 밀로스가 탄약을 실어 나르는 독일군 기차를 애초의 목표와 다르게 폭파시키는 장면을 들 수 있다. 이것은 밀로스의 성적 결함과 국가의 해방을 결합시킨 것으로 가장 전복적이고 고상한 저항과 투쟁의 관습을 잘라내 버리는 혁신적 표현이라 할 수 있다.[52] 다시 말하자면 이 영화는 개인이 안고 있는 성적 문제를 사회나 국가가 안고 있는 문제와 결합시켜 아이러니하게 해결하고 만 것이다. 이것은 개인과 사회 사이에서 벌어지고 있는 문제를 일체화 시키면서 그것이 안고 있는 문제와 도덕적, 정신적 불안감을 아이러 니와 유머, 웃음, 풍자를 통해 표현한 것이라 할 수 있다.

개인과 사회, 권력과의 사이에서의 도덕적 불안과 긴장은 라디슬라브 그로스만(Ladislav Grosman)의 소설에 토대한 얀 카다르(Ján Kadár)와 엘마르 클로스(Elmar Klos)의 영화 〈중심가의 상점(Obchod na Korze, 1965)〉에서도 나타난다. 이 영화는 이 시기 많은 체코슬로바키아 영화에서 나타나고 있는 것처럼 평화로운 거리 모습을 배경으로 악단이 연주하는 음악과 함께 시작된다. 그 음악과 함께 '1942'년이라는 자막이 등장하고 기차와 독일군 병사들의 모습을 통해 시대를 설명하고 있으며 슬로바키아 의 작은 도시를 배경으로 하고 있다. 그리고 작은 도시에는 독일군들이 보이고, 약간은 긴장되고 불안한 거리 풍경이 이어진다. 이러한 분위기 속에서 상점을 운영하고 있는 귀가 잘 들리지 않은 유태인 할머니와 목수인 토노 브르트코와의 관계가 전개된다. 유태인 할머니는 유태인 집단의 지원을 받고 있고, 토노는 그녀 가게의 조력자이다. 그들 상호간의

---

52  Peter Hames, *op. cit*(The Czechoslovak New Wave)., p.176.

오해는 처음에는 코믹으로 이루어지고 있지만 유태인 강제추방이 이루어지면서 그들의 관계는 변한다.[53] 토노는 이러한 상황 변화에 관해 그녀와 소통할 수 없다는 것과 그녀에게 진실을 말할 수 없다는 사실을 알고 있다. 이러한 상황은 그 도시에서 모든 유태인이 추방될 때 까지 지속된다. 그러나 몇몇 관료들의 실수로 그녀가 추방 명단에서 빠지게 되자 토노는 은신해 있는 유태인을 숨겨두고 있다는 이유로 고발당할 것에 대한 두려움으로 그녀가 추방 대열에 합류되도록 노력했지만 실패하고 그녀를 상점의 작은 방에 가두어 버린다. 추방이 모두 끝났을 때, 그는 그녀가 죽어있는 것을 보고 자신도 목매어 자살한다. 그리고 영화는 환상적인 장면으로 양복과 드레스를 입은 토노와 할머니의 모습이 음악에 맞춰 춤추면서 거리를 거니는 장면으로 끝이 난다. 영화의 긴장감은 듣지 못하는 유태인 할머니와 독일군과의 직접적인 관계를 통해 지속되고 있지만 인간과 권력, 사회와의 그것은 오히려 토노와의 관계 속에서 더 진지하게 드러나고 있다. 영화 속에서는 이러한 긴장감이 음악을 틀어놓고 음악에 따라 흥얼거리면서 노래 부르는 할머니의 모습과 독일군이 작은 광장에서 격렬하게 연설하는 장면을 보고 뒷걸음치면서 물러나는 토노의 모습 뒤로 두 사람이 한가로운 오후 날씨를 함께 즐기는 장면 등을 통해 영화 속 상황이 주는 긴장감을 노래와 환상적인 장면으로 이완시키고 있음을 알 수 있다. 이러한 것들을 통해 이 영화는 기본적으로 전쟁기 인간의 야만성에 초점이 맞추어져 있지만, 작은 집단에서 파시즘의 성장이라는 문제도 동시에 겨냥하고 있다. 어쩌면 영화는 잔혹한 도덕적 우화의 묘사일 수도 있다.

인간과 사회, 권력과의 사이에서 일어나는 불안과 긴장의 특징은 체코슬로바키아 영화 혁신기의 철학자로 불리는 에발드 쇼름의 영화에서도 확인할 수 있다. 쇼름은 1964년 안토닌 마사(Antonín Máša)의 시나리오로

---

53 Peter Hames, *op. cit*(Czech and Slovak Cinema)., pp. 103-104.

첫 번째 장편 영화인 〈일상의 용기(Každý den odvahu, 1964)〉를, 세르게이 마코닌(Sergej Machonin)과 공동 시나리오로 〈탕자의 귀환(Návrat ztraceného syna, 1966)〉을, 그리고 〈다섯 소녀에게 지워진 책임(Pět holek na krku, 1967)〉을 만들었다.

영화 〈일상의 용기〉에서는 스탈린주의 시기의 인간의 오만함을 다루었다. 그로 인해 이 영화는 혁명에 대한 비난으로 비판받기도 하였다. 특히 시나리스트인 마사는 중심인물인 자르다를 친구와 연인을 잃은 협량(狹量)의 당 도그마티스트로 묘사했다. 즉 마사는 자르다를 얼간이와 도그마티스트로 간주하였고 쇼름은 그를 거의 영웅으로 다뤘다.[54] 쇼름은 이러한 인물의 불균형적 특징을 통해 사회를 비판하고 그 과정의 불안과 긴장을 묘사하였다.

또한 쇼름은 인간과 사회의 불균형과 도덕적 불안을 자살을 시도한 건축가를 통해 묘사했다. 특히 자살에 직면해 있는 건축가의 문제를 다루고 있는 〈탕자의 귀환〉은 이에 대한 적절한 표본이 될 수 있다. 이 영화에서는 "모든 것이 왜곡되고 과장되어 나타난다. 인생은 그와 같지 않다"라고 하면서 시작된다. 이 말이 뒤따르고, 쇼름은 의도적으로 시각적 양식과 관습화된 대사를 강화했다. 예컨대 영화는 자막이 올라가는 도중에 앰뷸런스의 움직임, 병원, 환자, 벤치, 테이블, 열려있는 문과 계단 등과 같은 병원의 부정적 이미지들을 보여준다. 그리고 의사가 주인공 얀에게 어떤 신념을 가지고 있는지 질문한다. 이에 대해 얀은 인간은 결과에 관계없이 자신만의 원칙을 지켜야만 한다고 대답한다. 이것은 영화에서 다루고 있는 중심 문제로 그러한 믿음이 사회와 양립할 수 있는 수준이어야 한다는 것을 말한다. 영화 속 인물인 얀에게는 일반 사람들처럼 똑같은 종류의 많은 비슷한 문제들을 가지고 있다. 이것은 그가 체코슬로바키아

---

54 Peter Hames, op. cit(The Czechoslovak New Wave)., p.100.

사회 전반의 평범한 인물로 환원될 수 있다는 것을 의미한다. 그리고 쇼름은 영화의 주요 시각적 특징을 빛과 어둠 사이의 대조로 묘사했고, 외부 존재의 세계의 공포는 번쩍번쩍 빛나는 하얀 불빛의 창문과 문간에 의해 표현되었다. 이러한 장면들은 사회주의 사회에서 고립된 개별을 보여주고 있으며 그로부터 발생된 불안은 그 사회에 의해 요구되어진 타협과 연결된다. 즉 얀이 갖고 있는 문제는 체코슬로바키아의 보편적 사람들의 보편적 문제로, 그 표현 수법은 끊임없는 사회로부터의 타협적 요구로 강제된 속에서의 불안감으로 묘사되었다. 이런 측면에서 근본적으로 쇼름의 영화는 교육받고 사고하는 사람들 사이에 존재하는 도덕적 불안의 초상화이다. 그것의 표상을 쇼름은 얀을 통해 부정직하고 타협적인 얼굴일 수는 없지만 사회 속에서 위치를 발견하기 위해 살아야만 하는 미덕으로 표현 한 것이다 …… 원칙과 타협의 문제들은 체코슬로바키아에서 삶의 중심이다. 그것은 곧 개인과 사회 사이의 관계에 관한 신속한 반영이라 할 수 있는 것이다.[55]

1963년 파벨 유라체크(Pavel Juráček)는 〈조세프 킬리안(Josef Kilián)〉으로 알려진 단편영화 〈지지하는 자(Postava k podpírání)〉를 통해 불합리한 관료정치와 스탈린주의를 비판하였고, 자신의 군대 시절의 경험을 토대로 첫 번째 장편영화 〈모든 젊은이들(Každý mladý muž, 1965)〉이라는 영화를 만들었다. 유라체크 영화 역시 개인과 사회 속에서 벌어지는 불안과 긴장을 경험과 시대적 상황을 통해 묘사하고 있다.

이처럼 체코슬로바키아 영화의 혁신은 개인과 사회 사이에서 벌어진 긴장과 도덕적 불안감을 역설적이고 아이러니한 수법으로 때론 웃음과 유머를 통해 보편화로 환원할 수 있는 여지를 주었다. 이것은 개인과 사회에 대한 비판적 시각의 쟁점이나 목표를 직접적으로 드러내지 않으

---

55 *Ibid.*, p.105.

면서 오히려 웃음과 유머를 통해 개인과 사회 사이에서 발생하고 있는 정치적, 사회적 문제의 긴장감과 불안감을 우회적으로 표현한 역사와 전통에 기인하다고 할 수 있다. 이러한 영화적 수법들이 오히려 체코슬로바키아 사회가 지니고 있는 문제들을 더 깊이 성찰하고 침잠시키는 효과를 가진다.

* * *

체코슬로바키아 영화의 혁신은 1963년부터 1968년까지 지속되었던 독창적이고 창조적인 영화들을 가리킨다. 이 시기는 알렉산더 두브체크가 공산주의 체제의 개혁과 인간의 얼굴을 한 사회주의 이른바 민주적 사회주의 구현을 목표로 하는 시기와 일치한다. 이것은 체코슬로바키아의 혁신적 영화들이 체코슬로바키아의 정치적 프로그램의 시기와 일체감을 가지고 있을 뿐만 아니라 그것으로부터 발생한 다양한 역사적, 사회적 상황들이 영화 속에 투영되었다는 것을 말하고 있다. 따라서 체코슬로바키아 영화의 혁신은 개혁과 인간의 얼굴을 한 사회주의 건설 과정에서 발생된 다양한 정치적, 사회적, 문화적, 예술적 가치가 중요한 토대가 되었다. 이러한 가치들은 이 시기 체코슬로바키아 영화의 내용과 형식에 깊은 영향을 주었다. 이와 함께 체코슬로바키아의 영화 혁신에 보다 직접적으로 영향을 미친 것은 체코슬로바키아 문화, 예술 창작에 적용되고 있던 사회주의 리얼리즘 창작 법칙으로부터 벗어나는 것이었다. 특히 1963년 그동안 퇴폐적이고 자본주의적으로 비판 받았던 카프카에 대한 재평가는 이런 측면에서 매우 의미 있는 사건이었다. 이것은 그동안 일상적 현실에 대한 접근을 차단하도록 하였던 사회주의 리얼리즘을 극복하는 하나의 방편이 되었을 뿐만 아니라 체코슬로바키아의 아방가르드 문화 전통을 다시 복원시켜 혁신적인 창작 수법을 구사하게 되는 계기가 되었다. 그 결과 이 시기 체코슬로바키아 영화는 일상적 현실에 대한 다양한 묘사, 아방가르드적 표현형식, 개인과 사회 사이에서 벌어지고 있는 문제들을 기반으로 하여 독창적인 영화들이 등장하게 되었다.

특히 밀로스 포르만과 이리 멘젤 등의 영화에서 나타나고 있는 일상적 풍경과 현실에 대한 탐구는 웃음과 풍자, 아이러니를 통해 감추어진 체코슬로바키아의 다양한 현실을 재인식하도록 하게 하였다. 또한 히틸로바, 네메치 등의 주요 영화 수법인 의식의 흐름과 화면과의 독립성, 내러티브의 파괴는 이 시기 체코슬로바키아 영화 혁신을 형성하는데 결정적 역할을 하였다. 뿐만 아니라 에발드 쇼름, 얀 카다르 등의 영화에서는 체코슬로바키아의 역사 변환 과정에서 나타난 인간과 인간, 인간과 사회 사이의 불안감, 긴장감들이 무엇으로부터 야기되고 그 속에서 어떻게 현실과 이상의 조우가 이루어지는지를 탐구하고 있다.

그러나 이러한 다양한 특징을 가지고 있는 체코슬로바키아 영화 혁신은 1968년 8월 20일 밤 11시 소련, 폴란드, 헝가리, 동독, 불가리아로 구성된 수십만의 바르샤바 조약군대가 체코슬로바키아 국경을 침공하면서 좌절되었다. 그 다음날 두브체크를 비롯한 체코슬로바키아의 주요 정치 지도자들은 즉각 체포되어 강제로 소련으로 이송되었다. 그리고 "두브체크는 프라하로 돌아와 체코슬로바키아 상황을 정상화하기로 소련 측과 합의했다고 발표했다. 정상화가 의미하는 바는 점진적으로 언론 검열을 재도입하는 것, 침공 기간에 방송을 계속 내보낸 방송 관계자들을 숙청하는 것, 노보트니의 옛 질서에 가장 적극적으로 반대했던 당 지도자들을 축출하는 것, 군대와 경찰 내에 소련이 통제하는 명령 체계를 재확립하는 것 등이었다."[56]

---

56 크리스 하먼, 이수현 옮김, 『세계를 뒤 흔든 1968(*Fire last time: 1968 and after*)』, 책갈피, 2004, 170-171쪽.

체코슬로바키아 개혁을 주창했던 두브체크가 이듬해 4월 해임되자 소련과
의 협정인 '정상화'는 본격화 되었다. 체코슬로바키아의 개혁과 인간의
얼굴을 한 사회주의에 대한 꿈은 역사 속으로 사라지고 체코슬로바키아
영화 혁신의 역사도 점차 자취를 감추었다.

# 제16장

# 기성 사회에 대한 저항과 작가주의와 할리우드 상업주의의 결합, 뉴 할리우드 시네마 (1967-1975)

## 1. 미국의 젊은 세대들의 새로운 가치와 문화

### 새로운 좌파

미국의 할리우드 영화는 전통적으로 경제적 이윤 창출과 직결되어 있기 때문에 경제적 효과의 극대화가 영화의 특징을 좌우한다고 할 수 있다. 이러한 할리우드 영화는 때로는 경제적 이윤 창출이 한계에 부딪쳤을 때 미국의 정치적, 사회적 흐름에 놀라울 정도로 민첩하게 적응하면서 그 상황을 돌파해 나가기도 한다. 특히 영화의 주요 관객층이 미국의 정치적, 사회적 변화의 중심에 밀집되어 있을 때는 더욱 그렇다. 이런 측면에서 제2차 세계대전 이후 태어나 1960-1970년대 할리우드 영화의 주요 관객층으로 성장한 이른바 '베이비 붐' 세대로 불리는 젊은 세대들의 관심과 기호는 이 시기 할리우드 영화 제작의 중요한 척도가 되었다. 이와 같은 이유로 1967년 아서 펜(Arthur Penn)의 〈보니와 클라이드(Bonnie and Clyde)〉에서부터 1975년 스티븐 스필버그(Steven

Spielberg)의 〈죠스(Jaws)〉 등장 이전까지 이른바 '뉴 할리우드 시네마 (The New Hollywood Cinema)'로 불리는 영화들은 당시 미국의 젊은 세대의 의식을 지배하고 있던 인종차별주의 철폐 운동, 베트남 전쟁[1] 반대 운동 등과 밀접한 연관을 가진다. 이 중 전자는 미국 내부를 통합하는데 가장 민감한 인권에 관한 문제였고, 후자는 자본주의와 민주주의 국가로서 제국주의적 속성을 적나라하게 보여준 미국의 도덕성에 관한 문제였다. 이러한 현상의 원인을 미국의 젊은 세대는 정치와 사회의 경직된 미국의 권위주의로부터 비롯되었다고 인식했다. 대학생들이 주축이 된 젊은 세대들은 이와 같은 미국의 기성세대의 정치적, 사회적 행위에 대해 저항하기 시작하였다. 그들의 저항은 새로운 좌파, 즉 '신좌파 (New Left)'라는 세력을 탄생시켰다. 그리고 신좌파는 젊은 세대들의 새로운 행동양식과 생활양식인 '대항문화(Counterculture)'를 낳았다. 이처럼 인종차별주의와 베트남 전쟁은 1960년대 신좌파와 대항문화의 등장을 이끌었고 그 논리를 강화시켜주는 요인이 되었다.

신좌파와 대항문화 등장의 발단이 된 미국의 정치와 사회에 대한 반대 움직임이 실제적으로 가시화된 것은 "1962년 일군의 학생들이 미시간 주에 모여 요구 사항을 전달하기 위해 '민주사회학생연합(Students for a Democratic Society, SDS)'을 조직하면서부터였다. 이 조직은 신좌파의 상징적 존재였다. 이들은 자신들의 신념을 '포트휴런 성명서(Port Huron

---

1  미국의 베트남 전쟁 개입은 실질적으로 1959년부터 군사적, 경제적 지원과 함께 이루어졌다. 그러나 1964년 8월 월맹군에 의해 미국의 구축함이 공격받았다는 통킹만(Gulf of Tonkin) 사건을 계기로 미국은 본격적으로 전쟁에 참여하게 되었다. 그러나 이것은 미국이 베트남 전쟁에 참여하기 위한 명분을 찾기 위해 위장된 사건이었다는 의심이 1971년 6월 《뉴욕 타임스(The New York Times)》 신문에 의해 제기되었고, 미국의 국가안보국(National Security Agency)의 비밀문서가 공개됨으로써 조작된 사건의 전모가 밝혀졌다. 그리고 1973년 미국은 파리평화협정 체결을 통해 베트남에서 완전히 철수하였고 1975년 남베트남의 수도 사이공이 함락되면서 베트남 사회주의 공화국이 수립되고 난 후 베트남 전쟁은 끝이 났다.

Statement)'를 통해 기존 사회에 대한 환멸과 새로운 정치를 건설하겠다는 결의를 표명한 것으로서 그때부터 민주사회학생연합은 학생 급진주의의 선도적 조직이 되었다."[2] 이들은 처음에는 주로 캠퍼스 내의 학내 정치 활동에 치중하여 학생들의 권리와 참여를 언급하였지만 베트남 전쟁으로 인하여 징병 문제가 대두되면서 신좌파의 활동은 점차 반전운동과 함께 정치 투쟁으로 변모했다.

이에 대해 "민주사회학생연합에서 초기에 활동했던 리차드 플랙스 (Richard Flacks)는 신좌파 운동 기간을 크게 세 단계로 나누어 설명하고 있다. 제1단계는 1960년에서 1964년에 이르는 시기로서, 1962년에 톰 헤이든(Tom Hayden)과 같은 급진적인 학생들이 발표한 '포트휴런 성명서' 로 상징되고 있다. 이 시기에 신좌파 운동은 도덕주의적인 관점에서 기성 사회에 대해 항의하고 사회 변혁의 방향을 추구하였다."[3] 따라서 제1단계에 서는 특정한 이데올로기나 이념에 집중한 정치적 행위보다는 그동안 합리 적이고 이성적이라 여긴 미국의 자본주의 체제에 대한 깊은 분노와 좌절감 에 대한 젊은 대학생들의 저항이었다. 그러나 "1964-1968년 제2단계에 접어들면 미국이 베트남 전쟁에 본격적으로 개입하게 되면서 신좌파는 점차 정치 혁명과 국가 통제를 요구하는 이전의 마르크스주의적인 구좌파 운동으로 상당히 되돌아간다. 왜냐하면 기성 체제와의 대결을 선포하고 혁명의 이데올로기인 마르크스주의를 노골적으로 받아들였기 때문이다."[4] 그럼에도 불구하고 이 시기 신좌파의 마르크스주의의 수용은 학생들 내부 에만 머물렀고 노동자를 포함한 계급투쟁의 양상을 띠지는 않았다. 오히려

---

2   앨런 브링클리, 황혜성 외 옮김, 『있는 그대로의 미국사 3(The Unfinished Nation)』, 휴머니스트, 2005, 429-430쪽.

3   미국학연구소, 『미국 사회의 지적 흐름: 정치, 경제, 사회, 문화』, 서울대학교 출판부, 1998, 248쪽.

4   위의 책, 251쪽.

"1970년 뉴욕의 월 스트리트 지구에서 켄트 주립대(Kent State University) 총격 사건에 항의하기 위해 뉴욕 대학교(New York University)와 헌터 대학(Hunter College)의 학생들이 반전 시위를 벌일 때 노동자들은 쇠파이프를 들고 학생들의 시위를 방해할 정도로 신좌파 운동에 적대적이었다. 이를 두고 헤르베르트 마르쿠제(Herbert Marcuse)는 노동자들이 풍요로운 사회에 야합했기 때문이라고 했다."[5] 이러한 노동자들의 행위는 학생들을 중심으로 혁명 수행의 주체가 되어야 한다는 생각의 계기가 되었다. 신좌파 학생 운동이 제2단계에서 제3단계로 옮겨가는 1968-1969년에 이르면 신좌파의 내부 활동 방향과 성격을 놓고 이전의 개인과 도덕주의가 강조된 신좌파주의를 고수하는 측과 새로이 마르크스주의를 받아들여 혁명에 대한 레닌의 전위대 정당을 만들 것인가를 놓고 갈등을 벌이게 된다. 이들의 갈등은 혁명 조직을 대중 조직으로 만들 것인가 아니면 레닌적인 전위대 정당을 만들 것인가를 둘러싸고 심각해졌지만 시간이 지날수록 신좌파는 점차 레닌의 전위대 정당 개념이 우세하면서 이데올로기와 혁명에 대한 방향으로 변모하게 되었다.[6] 그 결과 1968년 이후에는 참여 민주주의의 이상 대신 엘리트주의적 조종의 현실이 우세하게 되었다. 그에 따라 민주사회학생연합 집행부의 운영 방식도 개인적인 것을 강조하는 대신 정치적인 것을 강조하는 경향이 더 우세해져 갔다. 따라서 제3단계에서의 신좌파 진영에는 혁명적 구호가 압도적으로 우세하게 되었다.[7] 그러나 이와 같은 신좌파의 혁명 노선 표방은 오히려 1969년 신좌파 운동의 핵심 집단인 민주사회학생연합이 해체하게 되는 데 중요한 영향을 미쳤다. 그리고 1973년 베트남 전쟁이 종결되면서 신좌파의 그림자는 점차

---

5  이주영, 「1960년대 미국 학생운동의 마르크스주의화 과정」, 《미국사연구》 Vol.9, 한국미국사학회, 1999, 259쪽.
6  위의 논문, 261쪽.
7  위의 논문, 263-264쪽.

사라졌다.


## 대항문화

1960년대 미국의 젊은 세대들의 의식을 휩쓸었던 신좌파 운동은 정치적인 측면에서보다 오히려 문화적인 측면에서 훨씬 더 광범위한 영향을 미쳤다. 이것은 신좌파 운동이 이데올로기 투쟁을 통해 정치권력의 획득으로 나아가기 보다는 인종 차별과 베트남 전쟁 등으로 허물어져 가고 있는 인간 평등에 대한 권리와 민주주의와 자본주의 국가로서 미국의 도덕적 가치와 이상에 좌절하고 저항하는 것이 중요한 원인으로 작용했기 때문이다. 이러한 특징을 뒷받침 하고 있는 것으로 신좌파의 대표적인 이론가 중 한 사람인 제리 루빈(Jerry Rubin)은 신좌파 운동을 "어떤 쟁점에 항의하고 있는 것이 아니라 서양문명(Western Civilization)에 대해 항의하고 있었다"[8]고 했다. 이것은 젊은 세대들의 신좌파 운동이 정치, 사회적인 측면뿐 아니라 문화적인 영역과 긴밀히 결합되어 있었다는 것을 말하고 있다.

이와 같은 신좌파 운동과 맥을 같이 한 것이 바로 '대항문화'였다. "대항문화는 미국사회의 진부함과 공허함, 인위성, 자연으로부터의 고립 등을 공격함으로써 사회의 구조적인 문제에 도전했다. 대항문화는 중간 계급 사회의 가치와 관습을 노골적으로 비웃었다. 이것의 가장 두드러진 특징은 개인적 스타일의 변화였는데 마치 기존 관습에 대한 경멸감을 드러내기라도 하듯 청년들은 머리를 기르거나 누더기 혹은 현란한 옷을 입었으며, 전통적인 말투와 예법에 대해 반항적인 거부감을 드러냈다. 대항문화에서

---

8  정경희, 「초기 신좌파의 성격」, 《미국사연구》 Vol. 13, 한국미국사학회, 2001, 181쪽.

또한 빠트릴 수 없는 것은 마약이었다. 한때 맥주 마시기가 유행했던 것처럼 1966년 이후 젊은이들 사이에서는 마리화나(marihuana) 흡입이 거의 상용화되었고 보다 강력한 환각성을 지닌 LSD(Lysergic acid diethylamide) 같은 것도 사용되었다. 또한 성에 대해서도 더욱 관대한 견해가 새로이 나타났다."[9] 이러한 대항문화의 요소를 실천하는 사람들은 히피(hippie)들이었다. 이들은 절망감에 사로잡혀 술과 마리화나, 섹스 등으로 자신들을 달랬던 비트세대(Beatnik)의 유산을 그대로 답습했다. 이와 같은 젊은 세대들은 이데올로기적 투쟁을 통한 정치권력의 획득으로 나아가지 않은 신좌파 운동의 한계를 인식하면서 미국의 가치, 이상과 현실의 불합리한 모순을 일탈적 행위로 표출하였던 것이다.

이런 특징을 가진 대항문화가 1960년대 미국의 문화적 흐름에 중심을 이룰 수 있었던 것은 제2차 세계대전 이후 태어난 베이비 붐 세대로 인한 젊은 세대의 증가 때문이다. 예컨대 "1965년에 미국의 대학생 수효는 역사상 최대의 숫자인 5백5십만 명으로 크게 늘었는데, 이것은 10대 말의 거의 절반이, 그리고 21세에서 24세에 이르는 청년의 4분의 1이 대학생임을 말한다."[10] 이들은 1960년대부터 1970년대 전반기까지 미국의 정치와 사회가 지니고 있는 모순으로부터 도덕적 좌절감을 갖게 되면서 문화적 행위의 중심에 서게 되었다. 그 결과 수적으로 팽창한 젊은 세대들은 정치적 저항과 함께 문화적 행위를 통해 기성세대를 거부한 것이다.

이들의 거부 행태는 뉴 할리우드 시네마를 알린 아서 펜 감독의 〈보니와 클라이드〉, 데니스 호퍼(Dennis Hopper) 감독의 〈이지 라이더(Easy Rider, 1969)〉 등의 영화에서 나타난 것처럼 머리를 기르거나 누더기 같은 옷을 입고 자유스러운 섹스와 자연에 귀의하여 자신들만의 생활을

---

9  앨런 브링클리, 황혜성 외 옮김, 앞의 책, 432쪽.
10  미국학연구소, 앞의 책, 266쪽.

영위한 소규모 집단주의 등으로 나타났다. 그러나 젊은 세대들의 이러한 대항문화적 행위는 1974년 닉슨 대통령의 사임으로 인한 신우파의 등장으로 점차 사라지게 되었다.

이처럼 신좌파 운동의 실천적 행위로 나타난 대항문화는 미국의 젊은 세대들에게 있어 주요한 문화적 관심과 흐름이 되었다. 할리우드 영화 제작자들은 영화의 주요 관객층으로 성장한 젊은 세대들의 이러한 흐름을 놓치지 않았다.

## 2. 할리우드 영화의 새로운 변화

### 관객층의 변화와 젊은 감독들

1960년대 할리우드는 급격한 관객 감소의 시기로 접어든다. 이러한 원인 중 하나로 미국 전역에 빠르게 확산된 텔레비전 수상기의 보급을 들 수 있다. 텔레비전 수상기의 보급은 기존의 주요 영화 관객층을 형성하였던 가족이나 노부부들로 하여금 영화를 보러 가는 데 드는 시간과 돈 대신 집안에서 편안히 볼 수 있는 텔레비전 시청으로 대체하도록 하였다. 그 결과 "1946년 매주 8천만 명이던 관객이 1971년에 이르러서는 1천7백5십만 명에 지나지 않았다. 이러한 관객의 감소는 1960년대 제작 분야에 있어 또 하나의 몰락을 유발시켰다. 메이저 제작사(major company)들은 1930, 1940년대에는 매년 약 500-700편의 장편 영화를 제작했으나 이제는 그 절반 밖에 제작하지 않게 되었다."[11]

---

11  Guy Hennebelle, *Quinze ans de cinéma mondial:1960-1975*(Gary Crowdus, Un "new american cinema"?), Broché, 1975.―서울영화집단, 『새로운 영화를 위하여(개리 크라우더스, 새로운 미국영화는 가능한가)』, 학민사, 1983, 193-194쪽에서 재인용.

그러나 〈보니와 클라이드〉, 마이크 니콜스(Mike Nichols) 감독의 〈졸업 (The Graduate, 1967)〉, 〈이지 라이더〉 등의 성공은 "젊은이를 대상으로 한 시장의 규모가 지닌 잠재성을 드러냄으로써 할리우드에 커다란 돌풍을 일으켰다."[12] 이들 영화의 성공은 두 가지 의미를 내포하고 있다. 첫째는 영화 관객의 세대교체이고, 둘째는 영화에 대한 기호의 변화였다.

영화 관객의 세대교체는 "전후 베이비 붐, 즉 1946년과 1964년 사이 출생률 증가로 인한 인구 구성 비율을 통해 확인된다. 가장 열광적인 영화 팬이었던 15-24세의 인구수는 1960년대를 지나면서 급속도로 팽창하였다. 1957년에는 이 연령대가 미국 인구의 13%를 이루고 있는 2천2백3십만 명이었던 데 비해, 1970년에는 미국 인구의 18%를 이루고 있는 3천6백5십만 명이었다."[13] 이러한 젊은 세대들의 인구 구성 비율의 변화는 영화관에 가는 빈도수와 티켓 구매력의 변화를 통해 확인할 수 있다. 즉 "1957년, 가장 열광적인 영화 팬들은 15-19세(미국 인구의 7%에 불과하지만 티켓 구매력은 21%였다)였고, 그 다음 20-29세(인구의 9%, 티켓 구매력은 15%), 10-14세(인구의 12%, 티켓 구매력은 20%)순이었다. 더욱이 20-24세는 25-29세보다 더 자주 영화관에 가는 경향을 보였다."[14] 그리고 "1967년 영화 산업의 주요 무역 기구인 '미국영화협회(Motion Picture Association of America, MPAA)'의 조사 통계에 따르면 미국 영화의 주요 관객층은 대부분 젊은 세대들이었다. 이는 단지 전체 조사 표본의 18%에 불과하지만, 16-20세의 78%가 자주 영화관에 갔다. 거의 16-20세 사이에서 전체 미국 영화 티켓의 30%를 구매하였고, 21-24세 사이에서 18%, 그리고 25-29세

---

12  Guy Hennebelle의 위의 책에 실려 있는 Gary Crowdus의 원문 내용을 위의 책, 196쪽에서 재인용.

13  Peter Kramer, *The New Hollywood-From Bonnie and Clyde to Star Wars*, Wallflower, 2005, p.60.

14  *Ibid.*, pp.59-60.

사이에서 10%를 구입하였다. 그러므로 티켓의 58%는 16-30세에 의해서 구매되었다."[15] 이 통계는 비록 1957년의 티켓 구매력과 1967년 티켓을 실제 구매한 것과 단순 비교한 것이지만 1967년 조사 대상이 1957년에 비해 15세에서 16세로 상향 조정되었음에도 불구하고 미국 전체 인구 대비 티켓 구매는 젊은 세대의 관객들이 결정적 헤게모니를 가지고 있음을 단적으로 보여주고 있다. 이것은 1960년대 후반에서 1970년대 전반기까지 젊은 세대의 관객이 미국 영화의 특징과 흐름을 결정한 중요한 요인이라는 것을 설명하고 있는 것이다.

영화 관객의 세대교체는 영화에 대한 관객의 기호도 변하게 하였다. 그런데 새롭게 등장한 젊은 세대들의 영화에 대한 기호는 1960년대, 1970년대 전반기에 걸쳐 발생한 흑인들의 인권운동과 베트남 전쟁으로 인해 혼란스러운 미국의 정치적, 사회적 상황과 연관되어 있다. 왜냐하면 이 시기 젊은 세대들은 백인과 흑인들 사이에 촉발된 인권 운동과 베트남 전쟁을 통해 제국주의적 얼굴을 가진 미국의 이상과 도덕주의에 깊은 회의감을 느꼈기 때문이다. 미국의 할리우드 영화 제작사들은 미국 영화의 주요 관객인 젊은 세대들의 이러한 기류를 재빨리 간파했다. 그 결과 할리우드 영화 제작사들은 젊은 세대들과 밀접한 문화적 벨트를 공유하기 위하여 텔레비전 등 외곽에서 활동한 감독들과 비교적 젊은 20, 30대의 감독들과 제작자들을 등용했다. 이와 같은 감독들로는 뉴 할리우드 시네마의 핵심적 역할을 한 아서 펜(1922년생), 로이 힐(Roy Hill, 1922년생), 샘 페킨파(Sam Peckinpah, 1925년생), 스탠리 큐브릭(Stanley Kubrick, 1928년생), 마이크 니콜스(1931년생), 데니스 호퍼(1936년생) 등을 들 수 있다. 그리고 영화 학교 출신으로서 작가주의 정신과 할리우드 상업주의와의 공존을 모색한 프란시스 포드 코폴라(Francis Ford Coppola, 1939

---

15  *Ibid.*, p.7.

년생), 마틴 스콜세지(Martin Scorsese, 1942년생), 조지 루카스(George Lucas, 1944년생), 스티븐 스필버그(Steven Spielberg, 1946년생)와 이 시기 할리우드 영화 산업의 혁신을 꿈꾸었던 "로버트 에반스(Robert Evans, 1930년생), 리차드 자누크(Richard Zanuck, 1933년생)와 데이비드 피커(David Picker, 1931년생) 등과 같은 최고의 제작자들도 포함되었다."[16]

이들은 1960년대 후반에서부터 1970년대 초반까지 뉴 할리우드 시네마의 중심적 역할을 하였다. 이들에 의해 만들어진 영화들은 1960년대 전반기의 뉴 아메리칸 시네마보다 "훨씬 덜 실험적이며 더욱 관습적인 것들이었으나 창의적이고 창조적 에너지로 가득 찼기 때문에 관객들의 사랑을 받았다. 젊은 시절에 미국 영화에 완전히 길들여진 이들 젊은 감독들의 대부분은 외국 영화의 파편적인 양식, 모호한 인물 성격, 무거운 상징주의를 배격했다. 그들은 강력한 서술 구조와 선명한 성격의 인물, 타이트한 편집, 연기의 강한 개성, 탁월한 카메라 기법의 영화를 만들었다."[17] 이와 같은 이들의 영화적 개성과 특징은 새롭게 등장한 젊은 관객들의 문화와 기호에 부합하여 영화 작품의 독창성과 상업적 성공을 이루게 되는 핵심적 요소가 되었다.

뉴 할리우드 시네마는 젊은 세대가 할리우드 영화의 중심 관객층으로 등장하면서 그에 가장 부합한 영화감독, 제작자들을 통하여 그 국면을 타개하고자 한 할리우드 영화 제작사들의 민첩한 대응이 낳은 것이다. 따라서 뉴 할리우드 시네마는 미국에서 영화에 대한 수요층의 변화와 그에 따른 할리우드 영화 제작사의 기민하고 효과적인 대응 과정에서 발생하였다고 할 수 있다.

---

16  *Ibid.*, p.67.
17  Steven C. Early, *An Introduction to American Movies*, New York, A Mentor Book, 1979. p.111.

## 제작규정의 변화

할리우드 영화 관객층의 변화는 할리우드 영화 제작의 목표가 변하였음을 의미한다. 이것은 곧 미국 영화의 중요한 특징뿐만 아니라 미국 영화 제작의 도덕적 수위를 조절하는 '제작규정(Production Code)'의 변화에도 중요한 영향을 미쳤다.

미국 영화의 제작규정은 1966년에 사실상 무효화 되었다. 이 제작규정에 대한 할리우드 영화 제작사들의 무효화는 이전부터 끊임없이 진행되어 왔다. 그것의 시작은 1950년 두 편의 에피소드로 구성된 "로베르토 로셀리니(Roberto Rossellini)의 영화 〈사랑(L'Amore, 1948)〉의 〈기적(Il Miracolo)〉 에피소드를 신성 모독이라는 이유로 '뉴욕허가위원(The New York Commissioner of Licenses)'이 금지하면서 비롯되었다. 이 영화의 수입업자들은 이 사건에 대해 대법원에 소송을 제기했다. 검열 반대자인 변호사 엡라임 런던(Ephraim London)은 신문, 책이나 잡지 등에 부과되지 않았던 영화의 사전 검열 정책은 불법이므로 똑같은 자유가 영화에도 적용되어야 한다고 주장했다. 고등법원은 이러한 주장을 받아 들였다. 마침내 1952년 대법원은 영화가 정보의 원천일 뿐만 아니라 오락이기도 하며, 헌법에 보장하는 언론의 자유를 누릴 권리가 있다고 판결하면서 '뉴욕영화허가위원회(The New York Film Licensing Board)'의 주장을 만장일치로 기각했다. 1915년 이래로 지속되어왔던 규정을 뒤엎은 이러한 판결은 영화 제작 풍토에 커다란 변화를 가져 왔다."[18] 무엇보다 제작규정에 대한 이러한 판결이 있은 후 "미국영화협회의 새로운 회장인 잭 발렌티(Jack Valenti)는 1966년 9월 새로운 제작규정을 공포했다. 이것은 사실상 성인 관객들을 위해 암시된 꼬리표를 풀어줄 수 있는 대부분의 금지 조항들을

---

18  *Ibid.*, p.102.

제거하였다."[19] 뒤이어 "잭 발렌티는 1968년 10월 7일 새로운 '규정과 등급관리위원회(Code and Rating Administration, CARA)'의 설치를 발표했다."[20] 그리고 "1968년 11월 1일 미국영화협회의 '제작규정관리위원회(Production Code Administration, PCA)'는 '규정과 등급관리위원회'로 교체되었다."[21] 이에 따라 "발렌티와 당시의 저명한 판사였던 루이스 나이저(Louis Nizer)는 각 영화가 자체적으로 판단될 수 있는 새로운 규정의 기준을 만들었는데, 적절한 표현인가 아닌가 하는 판단은 감독의 재량에 맡겨졌다 …… 그리고 G-M-R-X의 등급체계가 만들어졌다. G(general)등급은 누구나 볼 수 있는 영화, M(mature)등급은 성인 관객이나 부모의 충고와 관리 하의 미성년자에게 허용되고, R(restricted)등급은 부모나 성인 동반자 없이는 16세(어떤 주에서는 더 많은 나이를 요구했다) 이상에게만 허용되며, X등급은 어떤 경우에라도 21세 이상에게만 입장이 허용되었다.

1970년 3월 이 최초의 등급 체계는 다시 G-PG-R-X로 수정되었다. G등급은 모든 사람이 다 볼 수 있는 영화, PG등급은 부모의 지도가 요구되는 연령을 제외한 모든 연령층이 볼 수 있는 영화, R등급은 17세 이하는 부모나 보호자를 동반해야 하는 영화이며, X등급은 17세 이하에게는 입장이 금지되는 영화를 가리켰다."[22] 이러한 등급 체계는 1973년 6월 21일 대법원에 의해 또 다른 법령을 포고함으로써 바뀌었다. 즉 '더 이상 영화의 외설성에 대한 국가의 기준은 존재하지 않는다'는 것이었다.[23] 대법원의 결정으로 이제까지 미국 영화의 도덕성을 견인하고 있던

19  Peter Kramer, *op. cit.*, p.48.
20  David A. Cook, *History of the American Cinema*(Volume 9), University of California Press, 2002, p.70.
21  Peter Kramer, *op. cit.*, p.49.
22  Steven C. Early, *op. cit.*, pp.103-104.
23  *Ibid.*, p.104.

제작규정의 변화는 곧 할리우드 영화 제작 수법의 변화를 가져왔다. 그동안 묶여져 있던 할리우드 영화의 도덕적 수위가 허물어지기 시작하면서 과감하고 노골적인 성적 표현과 폭력적인 장면이 등장하였다. 이것은 할리우드 영화제작 규정의 변화와 완화가 뉴 할리우드 시네마의 특징과 경향을 형성하는데 중요한 원인으로 작용했음을 의미한다.

## 3. 뉴 할리우드 시네마, 작가주의와 할리우드 상업주의의 결합

### 뉴 아메리칸 시네마와 뉴 할리우드 시네마

1960년대부터 1970년대 전반까지의 미국 영화는 대체로 '뉴 아메리칸 시네마(The New American Cinema)'와 '뉴 할리우드 시네마(The New Hollywood Cinema)'로 나누어진다. 그리고 뉴 아메리칸 시네마는 다시 '아메리칸 뉴 시네마(American New Cinema)'로 뉴 할리우드 시네마는 '할리우드 뉴 시네마(Hollywood New Cinema)' 등으로 불려진다. 따라서 뉴 아메리칸 시네마는 아메리칸 뉴 시네마와, 뉴 할리우드 시네마는 할리우드 뉴 시네마와 각각 동일한 경향의 영화와 의미를 지칭한다고 할 수 있다. 뉴 아메리칸 시네마와 뉴 할리우드 시네마에 대한 이와 같은 용어 사용의 혼란과 다양성은 이 시기에 관한 대표적인 두 명의 미국 영화 역사가들의 언급에서도 쉽게 확인된다.

폴 모나코(Paul Monaco)는 "1960년대 말에 등장한 뉴 아메리칸 시네마는 주로 고전적 캐릭터의 발전과 극적인 이야기로 감정에 호소하였던 영화 미학의 변화에 토대하고 있다. 화제의 이 영화는 더욱이 그들을 대체하지 않았고, 감각과 스펙타클의 전통적인 할리우드 레퍼토리 위에 부가하였다"[24]고 했다. 즉 폴 모나코는 1960년대 말에 등장한 미국 영화를 뉴 아메리칸 시네마로 인식하고 있는 것이다. 반면 피터 크래머(Peter Kramer)에게 "뉴 할리우드 용어는 1967년부터 1970년대 중반에 걸쳐 만들어진 선별된 일련의 영화들을 구별하기 위해, 그리고 전체적으로 그 시기에 언급된 영화들에 적용된다. 더욱 혼란스러운 것은 1970년대 중반 이후의 시기도 흔히 뉴 할리우드라고 부른다. 그러한 혼란을 피하기 위하여, 나는 그 용어를 미국 영화 역사에서 1967-1976년의 시기를 언급할 때만 사용한다"[25]고 했다. 피터 크래머의 경우 뉴 할리우드 시네마를 1967-1976년까지로 엄격하게 제한하여 사용하고 있음을 알 수 있다.

이처럼 1960년대 후반에서 1970년대 전반에 걸쳐 등장한 일련의 미국 할리우드 영화를 한편에서는 뉴 아메리칸 시네마로, 다른 한편에서는 뉴 할리우드 시네마로 부르고 있다. 비슷한 시기와 영화를 놓고 왜 이런 현상이 벌어지고 있는 것일까? 이는 많은 영화 이론가와 역사가들이 할리우드로 대표되는 미국 영화를 비판하고 그에 대한 대안으로 새로운 창작에 대한 방향과 선언을 표명하면서 실천한 뉴 아메리칸 시네마의 가치와 지향이 뉴 할리우드 시네마에도 일정부분 영향을 미쳤다고 보고 있기 때문이다.

뉴 아메리칸 시네마는 1960년 9월 28일 뉴욕의 '프로듀서 극장 (Producers Theater)'에 모인 23명의 독립영화 감독, 배우, 프로듀서, 배급업자 등으로 이루어진 라이오넬 로고신(Lionel Rogosin), 피터 보그다노비치(Peter Bogdanovich), 로버트 프랭크(Robert Frank), 알프레드 레슬리(Alfred Leslie), 에두아르드 드 라우로(Edouard de Laurot), 벤 카루터스와 아르구스 스피어스 줄리아드(Ben Carruthers and Argus Speare

---

24  Paul Monaco, *History of the American Cinema*(Volume 8), University of California Press, 2003. p.196.

25  Peter Kramer, *op. cit.*, p.2.

Juilliard), 요나스 메카스(Jonas Mekas), 아돌파스 메카스(Adolfas Mekas), 에밀 드 안토니오(Emile de Antonio), 루이스 앨런(Lewis Allen), 셜리 클라크(Shirley Clarke), 그레고리 마르코풀로스(Gregory Markopoulos), 다니엘 탈보트(Daniel Talbot), 가이 토마얀(Guy Thomajan), 루이스 브리간테(Louis Brigante), 해롤드 흄(Harold Humes), 샌더스 브라더스(Sanders Brothers, 참석하지 않음), 버트 스턴(Bert Stern), 돈 질린(Don Gillin), 발터 구트만(Walter Gutman), 잭 펄만(Jack Perlman), 데이비드 스톤(David C. Stone), 셸던 로칠린(Sheldon Rochlin), 에드워드 블랜드(Edward Bland)에 의해 공식화되었다. 이 집단은 1961년 여름《필름 컬처(Film Culture)》잡지에 영국의 프리 시네마, 프랑스의 누벨바그, 폴란드, 이탈리아, 러시아 등과 같은 새로운 세대의 성장에 주목하면서 자신들의 첫 번째 선언문을 발표하였다. 이 선언문에서 이들은 세계 도처에 있는 기존의 영화를 도덕적으로 부패했고, 미학적으로 쇠퇴했으며, 주제적으로는 표피적이고, 쉽게 싫증이 난다고 비판하였다. 또한 예술에서나 삶에서 어떤 고전적인 원칙들을 믿을 수 없다고 하면서 아홉 개의 항을 들어 자신들의 창작 목표와 실행 방향을 표방하였다. 아홉 개의 실행 방향 속에는 영화는 개인의 경험과 불가분의 관계가 있고 검열과 기존의 제작, 배급 방식에 대한 거부, 저예산 제작 등이 포함되어 있었다.[26] 그리고 이들은 "단지 영화 자체만을 공격한 것이 아니라 할리우드의 제작과 배급 체제, 금융 지원의 방법과 검열 모두에 대해 비판을 퍼부었다 …… 무엇보다 이 집단은 돈을 벌기 위한 것이 아니라 영화를 만들기 위한 것이라는 점을 강조했다."[27] 따라서 이들은 자신들의 창작 토대를 독창성과 실험성, 독립성에 두었다. 그 결과 이들의 영화에서는 할리우드 영화에서 볼 수

---

26 P. Adams Sitney, *Film Culture Reader*, Cooper Square Press, 2000, pp. 79-82.
27 임정택 외, 『세계영화사 강의(채윤정, 뉴 아메리칸 시네마)』, 연세대학교 출판부, 2007, 235쪽.

없던 다양한 실험적, 다큐멘터리적 수법 등의 형식적 시도가 두드러졌다. 그러나 이들 집단의 영화적 시도는 할리우드 영화로 대표되는 기존의 올드 아메리칸 시네마(Old American Cinema)의 특징인 "물질적 힘을 과시하기 위하여 값비싼 세트와 배우들로 치장해서 허위적 신념을 믿게 만들기 위해 철저하게 계산된 영화로 인간의 영혼 보다는 경제적 이익을 우위에 두고 있는"[28] 할리우드의 영화 제작 시스템을 극복하지 못하고 지속되지 못하였다.

그럼에도 불구하고 이들 집단의 혁신적인 창작 선언과 목표, 실천은 1960년대 미국 영화에 중요한 영향을 미쳤다. 즉 영화 창작에 대한 뉴 아메리칸 시네마의 새로운 태도와 혁신성의 기조가 뉴 할리우드 시네마에 지속적으로 영향을 미쳤다고 보았기 때문이다. 이것이 뉴 아메리칸 시네마와 뉴 할리우드 시네마의 경계를 모호하게 만드는 근본적인 요인이라 할 수 있다.

그러나 뉴 아메리칸 시네마와 뉴 할리우드 시네마를 가르는 보다 본질적인 요소는 이들 영화를 규정하는 범위와 경계가 근본적으로 다른 곳에서 출발한다는데 있다. 즉, 뉴 아메리칸 시네마는 1960년 23명의 참여와 그 이듬해 잡지를 통해 발표된 공식적인 선언문으로부터 시작되었다는 사실이다. 이들은 비록 할리우드 영화를 미국 영화와 동일시하고 있는 경향이 있지만 영화 제작에 있어서 근본적이고 혁신적인 수법을 통해 미국 영화 전체에 문제 제기를 하고 있다. 따라서 뉴 아메리칸 시네마는 영화 매체의 본질적 측면인 창작의 목표와 형식적 탐구를 통해서 미국 영화의 패러다임을 바꾸는데 초점이 맞추어져 있다. 이러한 측면에서 뉴 아메리칸 시네마는 시기와 지향이 비교적 명확하게 드러나 있다 할 수 있다.

---

28  위의 책, 232쪽.

반면 뉴 할리우드 시네마는 침체된 할리우드 영화 산업 자체에 대한 새로운 돌파구에 초점이 맞추어져 있다. 따라서 뉴 할리우드 시네마는 영화와 산업이라는 불가분의 관계 속에 한정되어 있다. 그렇기 때문에 관객층의 변화와 관객 수의 변화, 이를 위한 할리우드 제작 시스템의 변화가 중요한 요인이 되었다. 이와 같은 이유로 뉴 할리우드 시네마에는 상업적 효과를 극대화하기 위한 할리우드 제작사의 새로운 전략과 목표가 내재되어 있다. 이러한 측면에서 1967년 〈보니와 클라이드〉의 이윤 창출은 할리우드의 새로운 모델로서 전환점이 되었다고 할 수 있다. 이에 대해 1967년 12월 8일 미국의 《타임(Time)》지의 커버스토리에 〈영화에서 자유의 충격(The Shock of Freedom in Films)〉이라는 타이틀로 게재된 엄청난 수익을 올린 〈보니와 클라이드〉를 다룬 다음과 같은 내용의 기사는 뉴 아메리칸 시네마와 뉴 할리우드 시네마를 구분할 수 있는 하나의 근거가 된다. 《타임》지에서는 "이 영화 - 〈보니와 클라이드〉 - 를 일종의 새로운 스타일과 새로운 트렌드의 상징으로 분기점이 되는 영화이며 새로운 것은 단지 시간의 문제가 아니고 태도의 문제(Newness is not merely a matter of time but of attitude)이며, 뉴 시네마(The New Cinema)는 모두 자신만의 고유한 시정(詩情)과 리듬을 발전시킨 것"[29]이라 했다. 이 기사에서는 뉴 할리우드 시네마의 특징을 규정하고 설명할 수 있는 단어가 언급되고 있다. 즉 《타임》지는 〈보니와 클라이드〉를 가리켜 뉴 시네마라는 용어를 사용하였다. 이른바 〈보니와 클라이드〉를 기점으로 미국에서 뉴 시네마, 즉 새로운 영화가 본격적으로 전개되고 있음을 알린 것이다. 그리고 고유한 시정과 리듬은 영화 제작에 있어 감독의 독창성을 언급한 것이라 할 수 있다. 계속해서 《타임》지는 뉴 시네마를 언급하면서 "〈보니와 클라이드〉를 유머와 공포가 뒤섞이면서 반 영웅에 대한 연민으로 관객들의

---

29 〈The Shock of Freedom in Films〉, 《Time》, 1967.12.08.

흥미를 끌었으며, 과거의 미학적 환기와 1960년대 미국의 분별없는 일상적 폭력에 관한 해석이다"[30]고 했다. 즉 영화 〈보니와 클라이드〉에는 새로운 스타일과 트렌드뿐만 아니라 1960년대라는 미국 사회의 일상적 가치와 폭력이 내재되어 있다는 것이다. 이것은 곧 뉴 시네마가 1960년대부터 1970년대 전반기까지 미국의 사회적 현실과 무관하지 않다는 것을 언급하고 있는 것이다.

〈보니와 클라이드〉가 미국 할리우드 영화 역사에 있어 새로운 이정표가 되었다는 시각은 피터 크래머에게서도 확인된다. 그는 "〈보니와 클라이드〉를 할리우드로 하여금 새로운 자유(new freedom)와 광범위한 실험에 토대한 거대한 예술적 업적의 시기인 르네상스를 경험한 것으로 설명했다."[31]

이처럼 《타임》지와 크래머 등이 언급한 미국에서의 뉴 시네마는 단순히 영화적 실험과 시도에만 국한되어 있는 것이 아니라 미국의 사회적 현실의 변화에 따른 관객의 호응을 의식하고 있음을 알 수 있다. 그리고 뉴 시네마는 관객, 흥미, 트렌드라는 할리우드의 전통적 프레임 내에서 영화 제작의 방향, 수법에 있어 새로운 변화를 가져온 〈보니와 클라이드〉가 소개되면서 시작되었기 때문에 시기 문제에 있어서도 동일한 뉴 할리우드 시네마로 환원될 수 있는 것이다.

이런 측면에서 뉴 할리우드 시네마는 1950년대 후반부터 1960년대 전반기까지 뉴욕을 중심으로 할리우드 영화적 수법을 거부하면서 미국영화의 근본적 패러다임을 바꾸고자 했던 뉴 아메리칸 시네마와는 시기와 창작의 목표와 내용에 있어 비교적 확연히 구별된다. 따라서 뉴 아메리칸 시네마와 뉴 할리우드 시네마는 창작의 목표와 방향, 내용, 형식, 제작

---

30  *Ibid.*, 1967.12.08.
31  Peter Kramer, *op. cit.*, p.1.

방식, 시기 등에 있어서 서로 다른 특징을 지닌 영화적 흐름이라 할 수 있다.


## 작가주의와 할리우드 상업주의의 결합

뉴 할리우드 시네마의 특징 형성에는 '작가의식(authorship)'과 할리우드 상업주의의 결합이 또 다른 하나의 토대가 되었다. 특히 작가의식의 기반인 작가주의는 미국에서 새로운 영화 관객층으로 등장한 젊은 세대의 부상과 불가분의 관계를 가지고 있다. 미국의 젊은 세대는 기성세대의 권위에 반항하면서도 매우 개별적이면서 독창적인 사고를 지닌 하나의 문화 집단을 형성하고 있었다. 그리고 이들 집단의 의식과 행동 양식을 효과적으로 표현할 수 있는 창작 수법 중 하나로 프랑스의 '작가주의(auteurism)'가 할리우드 영화 제작에 있어 중요한 대안으로 떠올랐다. 프랑스의 작가주의 이론은 영화를 만드는 감독으로 하여금 창작의 주체로서 고유한 미학적 법칙에 눈뜨게 하였다. 그 결과 이전의 메시지 전달 중심에서 창작가의 개성과 기호에 따라 다양한 형식에 부합한 영화들이 등장할 수 있었다. 따라서 작가주의 이론은 영화 창작에 있어 창작가의 고유한 창작 수법과 법칙의 체계를 이룰 수 있는 중요한 토대가 되었다. 이러한 의미를 지니고 있는 프랑스의 작가주의 이론은 미국의 앤드류 새리스(Andrew Sarris)에 의해 미국에 소개되었다. 그는 "1962/1963년(1962-1963년) 겨울 《필름 컬처》지에 게재한 「1962년 작가이론에 관한 노트(Notes on the Auteur Theory in 1962)」에서 자신의 견해를 처음으로 충분히 피력하였다."[32] 미국에서는 개인의 창작에 대한 시각이 "1960년대

---

32 Jack C. Ellis, *A History of Film*(Fourth Edition), Allyn and Bacon, 1995, p.379.

까지 미국의 비평적 담론으로 유입되지 않았지만, 앤드류 새리스가 《필름 컬처》지의 에세이에서 그것을 작가이론(the auteur theory)이라 명명했고, 미국 감독들의 판테온(pantheon)을 구축하기 시작하였으며, 그것이 『미국 영화: 감독과 연출, 1929-1968(*The American Cinema: Directors and Directions*, 1929-1968)』의 주제가 되었다."[33] 그 후 미국에서 "10여 년간 작가주의 이론은 미국 영화 비평가들 사이에서 미학적 담론의 지배적인 형태가 되었고, 영화 연구로서 같은 시기 동안에 학문으로 유입되어 제도화 되었다."[34]

그러나 일반적으로 "영화를 이해하기 위하여 작가들과 작가적 코드들이 프랑스에서부터 미국으로, 1960년대와 1970년대 그 밖의 다른 곳으로 퍼져나갈 때, 이들 모델들은 개인적인 표현으로서의 권위를 요구한 사르트르(Sartre)주의자들이나 영화의 유일한 창조자로서 문학적 개념의 작가의 완전한 재생은 아니었다. 오히려 작가주의는 산업적 욕망, 기술적 기회들 그리고 마케팅 전략의 변화와 연결되어 있었다. 예를 들어 미국에서 1960년 대 후반부터 1970년대 초까지 작가주의의 산업적 이용은 미국 스튜디오 시스템의 위기와 관련 있다 …… 이와 함께 작가주의에 대한 결정적 기여와 같은 수준으로 인식해야 하는 한 가지는 1960년대 초 영화 관객－유럽과 미국에서 대규모의 10대 관객들－의 새로운 사회적 형성에 의해 구축되어졌다는 사실이다."[35] 작가주의 이론은 영화 창작가들로 하여금 독창적인 미학적 논리를 통해 기존의 정치적, 사회적, 문화적 흐름을 거부하거나 저항하는 수단으로 삼는 이론적 토대가 되었던 것이다. 그리고 이것은 10대와 20대 젊은 세대를 구성하고 있는 제2차 세계대전 이후 태어난 베이비 붐 세대의 성향과 일체성을 가졌다.

---

33 Jon Lewis, *The New American Cinema*, Duke University, 1998. p.11.
34 David A. Cook, *op. cit.*, p.68.
35 Jon Lewis, *op. cit.*, p.40.

이와 같은 경향을 신속하게 포착하여 영화 산업과 연결시킨 것이 미국의 할리우드 영화였다. 이른바 작가이론과 할리우드 산업 논리의 절묘한 결합이 이루어졌던 것이다. 이는 유럽 영화감독들에 대한 할리우드 메이저 스튜디오들의 구애로 나타났다. 특히 《타임》지는 뉴 할리우드 시네마와 프랑스 및 유럽 영화감독들의 관계를 구체적으로 언급했다. 그것은 뉴 할리우드 시네마의 선언적 의미를 갖는 〈보니와 클라이드〉의 처음 제작 시점에서부터 나타났다. 즉 "할리우드 메이저 스튜디오는 〈보니와 클라이드〉의 각본을 미국의 아서 펜에게 넘기기 전 프랑수와 트뤼포(François Truffaut), 장 뤽 고다르(Jean Luc Godard)에게 제의하였으며, 미켈란젤로 안토니오니(Michelangelo Antonioni), 로만 폴란스키(Roman Polanski)와 같은 유럽 영화감독들에게도 계약을 제의하였다." [36]

그러나 〈보니와 클라이드〉는 1967년 미국의 아서 펜 감독에 의해 만들어졌다. 아서 펜은 이 영화를 기존의 할리우드 영화 형식의 내러티브 구조를 심각하게 훼손하지 않고 젊은 세대들의 기호에 맞는 사회 비판적 시각을 유지하면서 여기에 자신만의 독창적인 실험성을 결합시켰다. 그 결과 "이 영화는 1967년 우수영화(best film)로 선정되었고 2백5십만 달러를 투자하여 2천2백8십만 달러의 극장 수입을 얻어 1967-1968년 사이 가장 수입이 많은 영화 중 하나가 되었다. 영화는 장르와 스타일, 그리고 전례 없는 폭력의 혁명적인 혼합으로 산업과 비평 둘 다를 취하면서 성공하였다." [37] 〈보니와 클라이드〉 성공 이후 할리우드는 젊은 세대들의 기호에 부합하기 위하여 동시대의 미국의 역사적, 사회적 배경에 토대하면서 감독의 미학적 논리와 창작 논리를 결합시킨 영화들을 연이어 제작했다. 할리우드는 미국 영화의 주요 관객층으로 등장한 젊은 세대들에 부합하기

---

36  Peter Kramer, *op. cit.*, p.67.
37  Jon Lewis, *op. cit.*, p.12.

위하여 작가이론이라는 감독의 창작 논리를 상업주의와 연결시켜 침체된 할리우드 영화 산업을 돌파하고자 하였던 것이다. 이와 같은 경향의 대표적인 영화들로는 마이크 니콜스 감독의 〈졸업〉과 데니스 호퍼 감독의 〈이지 라이더〉를 들 수 있다.

특히 〈졸업〉은 1967년 최고의 수익을 올린 작품이 되었다. "이 영화는 3천9백만 달러를 벌어들여 10여 년 간 박스 오피스(box office)의 챔피언이 되었고, 니콜스는 1967년 우수감독(best director)상을 수상하였다."[38] 그리고 이 영화에 이어 등장한 〈이지 라이더〉는 "독립 BBS프로덕션이 37만5천 달러를 투자하여 1천9백만 달러를 벌어들였다. 이 영화의 성공으로 프로듀서들은 저예산 영화들도 특별히 젊은이들을 위한 시장을 만들 수 있고 그것들이 하룻밤 사이 블록버스터(blockbuster)가 될 수 있다는 확신을 갖게 되었다."[39] 그 결과 미국 영화 제작자들은 젊은 층들이 선호하는 영화 제작을 지향하는 젊은 감독들에게 시선을 돌렸다. 이들은 미국 사회를 지배하는 가치에 대한 비판적인 시각을 견지하면서 미국의 사회적 분위기를 잘 포착하였다. 이 두 영화의 성공은 토마스 프라이어(Thomas Pryor)가 언급한 것처럼 '시각적으로 흥미 있고, 테마적으로 도전적이고, 양식적으로 개별화된' 그러한 영화들에 우호적인 거대한 새로운 미국 관객이 존재한다는 것을 말하고 있다.[40] 미국 관객은 더 젊어졌고, 더 많은 전문적인 영화 교육을 받았으며, 그들은 기존의 할리우드의 전통적인 관객보다 더 많았다. 이러한 관객층의 변화는 젊은 제작자와 감독들의 기조를 변화시켰으며 1970년대 초반에 이르러서는 관객과 비평가들이 영화를 단순한 오락거리로서가 아니라 하나의 예술 형태로 간주하기에 이르렀다.

---

**38**  *Ibid.*, p.12.

**39**  *Ibid.*, p.13.

**40**  David A. Cook, *op. cit.*, p.69.

이러한 인식의 토대 위에 작가주의 이론과 할리우드 상업주의의 만남이 가장 전략적으로 이루어진 것으로는 "젊은 감독이나 비전통적인 감독들을 고용하는 것이었다. 할리우드의 이 전략은 얼마간의 성공을 거두었고, 1968년과 1969년에는 스탠리 큐브릭의 〈2001: 스페이스 오딧세이(2001: A Space Odyssey, 1968)〉, 로만 폴란스키의 〈로즈마리의 베이비 (Rosemary's Baby, 1968)〉, 아서 펜의 〈앨리스의 레스토랑(Alice's Restaurant, 1969)〉, 그리고 샘 페킨파의 폭력적이고 논쟁적인 〈와일드 번치(The Wild Bunch, 1969)〉처럼 감독들의 작가주의적 위상에 기여한 독특함을 가지고 있고 새롭게 발견된 젊은 관객들의 박스 오피스의 힘을 확인한 대중성을 가진 사람들의 스튜디오 제작들이 목격되었다 ……
이에 대해 존 루이스(Jon Lewis)는 작가주의 이론을 시장 생산품을 위한 또 다른 수단으로 보고자 했다. 메이저 스튜디오의 작가주의 포용은 세대적 차이를 연결해주는 진지한 시도로 나타났고, 그것은 몇 년 동안 실제적인 예술적 자유를 가져왔으며 1940년대 후반 이래 가장 독창적인 미국 영화의 일부가 되었다. 그 시기의 전례 없는 창조적 태도를 상기하면서, 아서 펜은 '그 시기 할리우드에서 일어난 것은 스튜디오 시스템이 붕괴되었기 때문에 거대한 권력이 감독들에게 위임 되었다. 우리는 실제로 그것을 운영하였고, 그래서 우리는 또 다른 종류의 영화를 어떻게 만드는지의 새로운 인식을 소개할 수 있었다'고 했다."[41]

이처럼 뉴 할리우드 시네마는 작가주의 이론의 유입으로 할리우드 영화 감독으로 하여금 미국의 역사와 사회, 문화적 현상에 기반 할 수 있는 근거를 제공했다. 이것은 할리우드 영화가 새로운 관객층인 젊은 세대의 특징과 기호에 민첩하게 반응하였다는 것을 말한다. 이를 위하여 할리우드 영화 제작사들은 작가주의 이론에 기반 한 감독들의 독창적이고 다양한

---

41  *Ibid.*, p.69.

창작의 조건들을 수용하면서 상업주의와 연결시켰던 것이다. 그것이 바로 뉴 할리우드 시네마를 있게 한 전략적 제휴의 순간이었다.

# 4. 새로운 할리우드 영화

## 반 영웅주의

전통적으로 미국 영화에서는 미국식 선과 악의 개념이 비교적 명확하게 구분된다. 이러한 방식은 오랫동안 미국 영화에서 나타나고 있는 일종의 규범과도 같은 것이다. 따라서 영화 속 주인공은 자연스럽게 미국적 가치와 도덕을 대변한 인물이며 이들은 영웅적 행위를 통하여 영웅적 인물로 각인되고 그와 맞서는 인물은 반드시 응징을 받게 된다. 미국영화에서 나타난 이러한 주인공의 긍정적 영웅주의는 시대의 어떠한 지배적 가치와 흐름에 부딪치더라도 대부분의 영화에서 그 기조를 유지하고 있다. 그러나 제2차 세계대전과 연결되어 있는 필름 누아르(film noir)와 함께 1967년 뉴 할리우드 시네마에서의 이러한 주인공의 미국식 영웅주의는 1960년대 인종 차별주의와 베트남 전쟁에 직면하게 되면서 미국의 이상과 도덕적 가치가 훼손된 상태에서 반영웅주의로 변모하였다. 이것은 선과 악을 통해 선명하게 나타나는 전통적인 할리우드의 미국식 영웅주의가 1960년 대에서 1970년대 전반기까지 계속된 미국의 정치적, 사회적 혼란으로 인하여 뚜렷한 선과 악의 개념이 모호해져 오히려 악과 일탈을 일삼고 있는 주인공들을 낭만적이고 인간적으로 묘사하는 반영웅주의로 나타났다. 이로 인해 뉴 할리우드 시네마에서는 영웅과 반영웅 사이의 경계가 뚜렷하게 구분되지 않고 동일한 비중으로 묘사되거나 오히려 그 관계가 역전되어 나타나기도 했다.

이와 같은 영화들로는 1967년 뉴 할리우드 시네마의 시작을 알린 대표적인 영화라 할 수 있는 "〈보니와 클라이드〉, 〈졸업〉, 스튜어트 로젠버그(Stuart Rosenberg) 감독의 〈찬 손 루크(Cool Hand Luke)〉를 들 수 있다. 이들 영화는 반영웅으로서 관객들에게 동일시되는 중심인물을 제시하고 있다 …… (이 세 영화에서 나타나는) 관객들의 반영웅과의 동일시는 미국의 중산층 사회, 미국의 기성세대의 가치와 국가의 경제, 사회 그리고 정치적 체제로부터 광범위하게 퍼져있는 소외감에 근거하고 있다."[42]

이런 면에서 〈보니와 클라이드〉는 범죄인들을 유쾌한 유머 감각을 가진 사랑스런 인물로 바꾸어 국민적 영웅으로 격상시킨 뉴 할리우드 시네마 최초의 반영웅주의 영화가 되었다. 그리고 〈졸업〉에서는 여자 친구 어머니와의 부적절한 관계를 맺고 있던 주인공이 어려움을 극복하고 다른 남자와 결혼식을 올리고 있는 자신의 여자 친구를 데리고 나오면서 마치 영웅적 행위를 한 것처럼 실제 영웅으로 착각하게 만든다. 이것은 도덕적으로 전도된 영웅인 것이다. 주인공의 반영웅주의에 기반 한 영화는 〈찬 손 루크〉에게서도 묘사된다. 감옥에서의 완고하고 자기 파괴적인 이야기를 다루고 있는 "〈찬 손 루크〉는 관객의 취향이 개인주의자들, 불만주의자들 그리고 기성 사회의 정당성에 저항하는 반역자들에 관한 이야기로 옮겨가는 상징이 되었다. 고전적인 영웅은 유행이 이미 지나감으로써, 할리우드는 패배자의 신분, 미국의 개인주의 그리고 정체성에 대한 존재론적 의문과 서유럽 영화에서 발견되고 있는 보다 깊은 철학적 사고가 부족한 자기표현의 모방적 현상으로 반영웅의 해석을 꾸며낸 것처럼 보인다."[43]

---

42  Paul Monaco, *op. cit.*, p.182.
43  *Ibid.*, p.182.

또한 〈이지 라이더〉에서의 주인공들은 마약 거래와 섹스 등을 통한 범죄 행위를 일삼고 있는 청년들이다. 하지만 이들의 범죄 행위는 미국의 정치적, 사회적 현실과 연관되어 있는 것으로 묘사됨으로써 그들의 행위는 관객들에게 적절한 타당성을 제공하고 있다. 특히 이 영화 마지막 장면에서는 미국 전역을 여행하고 다니는 청년들이 어른들의 총격으로 죽게 된다. 그러나 그들의 죽음은 어떠한 악에 대한 결과로서가 아니라 기성세대의 미국에 의한 희생적 제물로 묘사되면서 그들은 반영웅주의로 화려하게 부활한다.

뉴 할리우드 시네마에서 묘사된 반영웅주의는 인물 자체로서뿐 만 아니라 영화의 구조에서도 나타나고 있다. 그와 같은 대표적 영화로는 〈와일드 번치〉를 들 수 있다. 이 영화는 선과 악의 개념이 아니라 악과 악의 구조를 취하고 있다. 즉 〈와일드 번치〉에서는 미국 서부영화에서 나타나고 있는 전통적 방식인 선과 악의 대결 구조로써가 아니라 은행털이 악당과 현상금을 노리고 고용된 총잡이들이 서로 대결하면서 선과 악의 구조를 스스로 차단하고 있다. 이와 같은 영화의 패턴은 미국 영화 역사에서 특별한 것이라 할 수 있다. 또한 로이 힐의 영화 〈내일을 향해 쏴라(Butch Cassidy and The Sundance Kid, 1969)〉에서도 은행 강도인 두 사람은 추격자보다 훨씬 더 멋있게 묘사되고, 이들을 쫓는 추격자들은 오히려 탐욕스럽고 비인간적 모습으로 나타난다. 그리고 추격자들에 의해 포위된 주인공들이 이들을 돌파하기 위해 뛰어 나오는 마지막 장면은 주인공들의 행위를 감성적이고 영웅적 모습으로 표현하였다.

이처럼 뉴 할리우드 시네마에서는 "영웅과 악당은 자주 동일하게 묘사되었고, 도덕은 더 이상 강조되지 않았다."[44] 그러나 중요한 것은 이들의 영화 속에 나타난 주인공들의 반영웅적 행위들은 동시대 미국의 사회에

---

44 Steven C. Early, *op. cit.*, p.107.

대한 비판 의식으로부터 출발하고 있다는 점이다. 이와 같이 뉴 할리우드 시네마는 1960-1970년대 혼란스러운 미국의 정치와 사회의 흐름으로부터 촉발된 다양한 문제들을 영화 속 주인공의 전통적 행위를 반영웅적 행위로 대체하면서 묘사하였다. 이것은 폴 모나코가 〈내일을 향해 쏴라〉에서 언급한 것처럼 '냉소적이고 낭만적인 것 둘 다 가지기를 끊임없이 원했던 미국 청소년들의 열망'이 반영웅이라는 개념 속에 투영된 것이라 할 수 있다.

## 기성세대에 대한 저항

뉴 할리우드 시네마는 인종 차별주의와 베트남 전쟁으로 점철된 기성사회에 대한 젊은 세대들의 반항을 묘사하고 있다. 이것을 압축적으로 내포하고 있는 것이 신좌파와 대항문화라 할 수 있다. 신좌파와 대항문화는 미국 기성세대의 가치에 대한 젊은 세대들의 반항과 저항의 상징적 결과물이다. 따라서 할리우드가 이와 같은 미국 사회 구조 변화와 함께 할리우드 영화의 주요 관객층을 형성하고 있는 젊은 세대들의 의식에 영향 받는 것은 자연스러운 현상이다. 이러한 토대 위에서 뉴 할리우드 시네마는 미국의 기성세대에 대한 젊은 세대의 저항 의식과 행위를 영화 창작의 핵심 사항으로 인식하였다. 이에 대해 피터 크래머는 〈보니와 클라이드〉를 세대 간의 기호가 변하는 전환기적 영화로 간주하면서 다음과 같이 언급하였다.

몇몇 사람들은 그들의 영화적 오락에서 평범함과 진부함을 계속해서
선호한 반면 다른 사람들은 지적인 요구, 〈보니와 클라이드〉에서
보인 정서적으로 충만한 영화의 유형을 원했다. 《타임》지는 가장

중요한 책무로서 할리우드는 혁신의 측면에 있는 젊은 세대들과 전통의 측면에 있는 기성 관객과 경쟁해야 하는 세대 차이를 묘사했다.[45]

〈보니와 클라이드〉를 기점으로 할리우드는 기성세대의 영화와 새로운 세대의 영화로 나뉘었고, 그 속에 세대 간의 의식 차이와 다름이 존재하고 있음을 확인하게 되었다. 그 결과 뉴 할리우드 시네마에서는 세대 간의 갈등이 부각되면서 기성세대에 대한 젊은 세대의 저항이라는 구체적 현상으로 묘사되고 있다. 이러한 관계를 가장 직접적으로 묘사한 대표적인 뉴 할리우드 시네마로는 위에서 언급한 〈보니와 클라이드〉, 〈졸업〉, 〈이지 라이더〉를 들 수 있다.

〈보니와 클라이드〉는 대공황 이후 1930년대 초 미국의 파산한 은행과 압류된 가족들을 보여주면서 1960년대 미국의 현실을 빗대어 상징화하고 있다. 이러한 상황을 배경으로 이 영화의 두 주인공은 목적도 뚜렷하지 않은 허무주의적 강도 행위를 일삼는다. 이들은 기다리고 있던 추격자들에 의해 무차별 총격으로 죽으면서 영화는 종결된다. 이 영화에서는 두 주인공의 강도 행위, 죽음으로 이어지는 마지막 장면을 통해 미국 사회의 현실과 모순을 드러내고 있다. 이것은 곧 미국 사회와 기성세대에 대한 젊은 세대들의 강렬한 저항의 표상이라 할 수 있다.

기성세대에 대한 저항의 또 다른 형태는 영화 〈졸업〉에서도 나타난다. 이 영화에서 주인공은 진로 문제에 있어 일반적인 사회 통념의 가치를 거부할 뿐 아니라 자신을 유혹한 여자 친구의 어머니 로빈슨 부인의 비도덕적 행위를 고발하고 결혼 결정에 있어서도 자신의 의지에 따라 행동하는 젊은 세대로 묘사되고 있다. 영화에서는 아버지 세대로 대표되는 미국 기성세대의 답답함을 수영장에서 스킨 스쿠버 복장을 한 주인공의

---

45 Peter Kramer, op. cit., p.38.

큰 한숨으로 상징화되기도 한다. 무엇보다 이 영화에서 세대 간의 시각차와 갈등이 가장 극명하게 드러나는 것은 주인공이 여자 친구를 찾기 위하여 대학 근처의 방을 구할 때의 장면에서 나타난다. 즉 기성세대의 표상이라 할 수 있는 중년의 집주인은 주인공 벤에게 "학생 운동가는 아니지?" 하면서 자기는 학생들의 주장에 반대 한다는 대조적 견해를 표현하고 있다.

미국 기성세대에 대한 젊은 세대들의 저항은 영화 〈이지 라이더〉에서 절정을 이룬다. 이 영화에서는 숨 막힐 듯한 미국 현실에 대한 답답함이 영화 전체에 나타나고 있다. 영화에서는 불법 마약 거래를 하고 지저분한 복장을 하며, 모터사이클을 타고, 대중음악을 들으면서 도시와 시골 마을 등을 여행하고 다니면서 만나는 다양한 인물들, 즉 도시를 떠나 자신들만의 집단생활을 하는 자연주의자들과 그 도시가 그 도시 같아서 떠났다는 사람, 경찰서 유치장에서 만난 사람 등을 통해 답답한 미국의 현실을 묘사하고 있다. 따라서 이들의 행위와 복장은 미국을 지배하고 있는 기성세대의 가치와 지향에 대항하는 저항의 상징이다. 그리고 이들의 긴 머리와 지저분한 복장 등은 곳곳에서 거부당하기도 하고 심지어 이들을 못마땅하게 여긴 사람들로부터 한밤중에 습격을 당하기도 한다. 이러한 장면은 미국의 보수적인 기성세대가 젊은 세대들의 자유에 대해 적대감을 가지고 있다는 것을 단적으로 보여주고 있다. 이 영화에서 젊은 세대에 대한 기성세대의 적대감이 극단적으로 표출된 것은 트럭을 운전하고 가는 나이 많은 두 사람 중 한 명이 와이어트와 빌리가 타고 있는 모터사이클을 향해 총격을 가하면서 이들이 죽음에 이르게 되는 마지막 장면을 들 수 있다. 이 장면은 잠을 자려고 한 와이어트의 모습에서 플래시 포워드 (flash forward) 수법을 통해 미국의 기성세대가 자신들의 권위와 가치에 도전하고 저항하는 젊은 세대에 대한 적대감을 표현하였을 뿐만 아니라 기성세대의 가치와 젊은 세대의 가치가 서로 양립하지 못하고 있는 미국의 현실을 상징적으로 보여준 것이라 할 수 있다.

이들 영화 이외에도 미국의 기성세대에 대한 젊은 세대들의 저항을 다루고 있는 영화들은 아서 펜의 〈앨리스의 레스토랑〉, 래리 피어스(Larry Peerce)의 〈굿바이, 콜럼부스(Goodbye, Columbus, 1969)〉 등이 있다.

이처럼 뉴 할리우드 시네마는 1960-1970년대 미국을 지배하고 있는 기성세대의 가치와 논리를 출구 없는 답답한 현실로 여긴 젊은 세대들의 반항과 저항을 영화 속에서 중요한 창작의 테마로 다루었다. 이렇게 묘사된 영화들은 뉴 할리우드 시네마의 주요한 특징이 되었고 미국의 젊은 영화 관객들이 가장 좋아하는 영화의 전형이 되었다.


## 인종차별의 상징, 흑인을 다룬 영화

미국의 흑인 인권 운동은 1961년 인종 평등 회의(Congress of Racial Equality, CORE)에서 활동하던 학생들이 버스로 남부를 돌아다니면서 버스 대합실의 흑백 통합을 강행하면서 본격적으로 전개되었다. 뒤이어 흑백 차별 철폐 운동은 1963년 남부에서 절정에 이르게 되고 마침내 1963년 4월 마틴 루터 킹(Martin Luther King, Jr) 목사의 비폭력 시위가 시작되었다.[46] 그리고 "1965년 3월 킹 목사는 앨라배마 주(State of Alabama)의 셀마(Selma)에서 흑인의 투표 등록권을 요구하려고 중요한 시위를 조직했다."[47] 그러나 1968년 4월 4일 킹 목사가 암살되면서 대규모 폭동이 일어났다. 흑인 인권 운동은 1960년대 베트남 전쟁 반대 시위와 결합하면서 미국의 대표적 진보 세력이라 할 수 있는 젊은 세대들의

---

46 앨런 브링클리, 황혜성 외 옮김, 앞의 책, 392쪽.
47 위의 책, 395쪽.

반영웅주의, 기성세대에 대한 저항과 맞물리면서 전개되었다.

할리우드는 이와 같은 상황을 놓치지 않으면서 조심스럽게 반영했다. 할리우드는 흑인을 대상으로 영화를 만들었지만 정치적인 시각은 의도적으로 피하고 인간적인 문제로 접근하면서 예민한 문제를 해결하였다. 이러한 방식으로 만들어진 영화들은 콜롬비아 영화사(Columbia Pictures)의 스탠리 크래머(Stanley Kramer)가 만든 〈초대받지 않은 손님(Guess Who's Coming to Dinner, 1967)〉, 제임스 클래벨(James Clavell)의 〈언제나 마음은 태양(To Sir, with Love, 1967)〉, 노만 주이슨(Norman Jewison)의 〈밤의 열기 속에서(In the Heat of the Night, 1967)〉 등이다. 이들 영화에서 흑인들은 백인 적대자들보다 우월하지는 않을지라도 최소한 동등한 존재로 묘사된다.[48]

그러나 이 시기 흑인에 대한 백인들의 시선은 대체로 부정적이었다. 예컨대 "1968년 〈초대받지 않은 손님〉이 아직 상영되고 있을 때, 백인 응답자들의 76%는 백인과 유색인 사이의 결혼을 인정하지 않을 것이라고 하였고, 1966년에는 백인의 43%가 자신의 가족 구성원이 흑인 친구를 저녁에 초대하기를 원한다면 반대할 것이라고 응답하였다."[49]

이와 같은 백인들의 정서에도 불구하고 이 영화들은 큰 성공을 거두었다. 그 결과 1970년대에 접어들면서 할리우드는 흑인을 대상으로 한 이른바, 블랙스플로이테이션(Blaxploitation) 영화들을 본격적으로 만들기 시작했다. 왜냐하면 영화 성공의 성패를 지니고 있는 요인 중 하나가 흑인들의 영화 관람이었기 때문이다. 즉 "1960년대 후반에서 1970년대 초에 정기적으로 영화를 보러 가는 관객의 4분의 1이 흑인이었다 …… 1970년에서 1972년 사이에는 50편 이상의 극영화가 특별히 흑인 관객만을 위해 만들어

---

**48** John Belton, *American Cinema, American Culture* (Third Edition), McGraw-Hill, 2009, p.348.

**49** Peter Kramer, *op. cit.*, p.70.

졌다. 1970년에 유나이티드 아티스트(United Artists)사는 체스터 하임즈(Chester Himes)의 탐정 소설을 토대로 오씨 데이비스(Ossie Davis)가 〈면화가 할렘에 오다(Cotton Comes to Harlem)〉를 내놓음으로써 새로 부상한 흑인 관객의 기호에 영합하기 시작했다. 이 영화는 주로 흑인 관객이 많은 대도시에서 1천5백40만 달러를 벌어들였다. 1971년에는 멜빈 반 피블스(Melvin Van Peebles)가 쫓기는 무법자를 다룬 〈스위트 스위트백의 뱃애스 송(Sweet Sweetback's Baadasssss Song)〉을 50만 달러 정도를 들여 1천만 달러 이상을 벌어들였다."[50] 또한 이 시기 흑인을 비중 있게 다룬 영화로는 어니스트 티드맨(Ernest Tidyman)의 소설을 토대로 7백만 달러 이상을 벌어들인 MGM이 내놓은 "흑인 탐정의 모험을 다룬 고든 파크스(Gordon Parks)의 〈화살(Shaft, 1971)〉과 〈화살의 큰 상처(Shaft's Big Score, 1972)〉를 들 수 있고 흑인들의 재정 후원으로 만들어진 최초의 흑인 영화였던 고든 파크스 주니어(Gordon Parks, Jr.)의 〈왕파리(Superfly, 1972)〉는 최고의 흥행 기록을 수립했으나 마약 중독자에 대한 찬미로 인해 비평가들로부터 비판적 평가를 받았다. 오스카 윌리엄(Oscar Williams)의 〈최후의 몰락(The Final Comedown, 1972)〉도 인종 불평등 문제에 대해 해결책을 제시하고 있는 흑인들의 반항 영화였다 …… 1972년 최고 우수작 가운데서 생존을 위해 투쟁하는 남부 흑인 소작농 가족의 이야기를 묘사한 마틴 리트(Martin Ritt)의 영화 〈사운더(Sounder, 1972)〉는 높은 평가를 받았다. 이 작품은 최고의 현대 흑인 영화의 모델이 된 대표적인 작품이 되었다."[51]

그러나 무엇보다 이 시기는 워너 브라더스(Warner Bros.)가 제작한 "부패한 백인 사업가와 정치가에 반대하여 싸우는 흑인 보안관에 관한

---

50 John Belton, *op. cit.*, pp.355-356.
51 Steven C. Early, *op. cit.*, pp.112-113.

서부 영화를 패러디한 멜 브룩스(Mel Brooks)의 〈불타는 안장(Blazing Saddles, 1974)〉의 성공으로 끝이 났다. 이 영화는 인종적 비난과 인종적으로 동기화된 폭력들이 풍부한 코믹적 요소로 묘사되었을 뿐만 아니라 흑인 영웅과 백인 여성 사이의 성적 관계를 포함하여 인종 간 결합의 유토피아적 시각도 드러내고 있다. 영화 〈불타는 안장〉은 흑인과 백인 관계의 미래를 위한 가장 성공적인 형식으로 굳어졌다."[52]

할리우드는 1960-1970년대 미국의 사회적 흐름을 예의 주시하면서 그것들을 적절하게 반영하였다. 그러나 할리우드는 미국의 가장 보편적인 정서에서 벗어나지 않았다. 흑인이 영화 관객의 중요한 한 축을 담당하고 있음에도 불구하고 그것의 문제점은 정면으로 다뤄지지 않았다. 이와 같은 할리우드의 선택과 조절의 수법이 뉴 할리우드 시네마의 주요한 특징을 형성하고 있는 것이다.


## 노골적인 성적 표현과 폭력

뉴 할리우드 시네마의 또 다른 특징 중 하나는 노골적인 성적 표현에 있다. 이러한 표현의 직접적 원인은 1968년 11월 1일에 발효된 제작규정의 변화, 즉 등급체계의 도입을 들 수 있다. 등급체계의 도입은 성적 표현에 있어 이전의 간접적인 방식에서 벗어나 직접적인 방식으로 바뀌도록 하는 데 중요한 역할을 하였다.

그 결과 "1969년에 이르면 성과 폭력은 전례 없이 미국의 스크린을 뒤덮었다. 수입 영화인 〈덴마크에서의 성의 자유(Sexual Freedom in Denmark)〉는 뉴욕의 상업 영화관에서 상영된 최초의 포르노 영화가

---

52 Peter Kramer, *op. cit.*, p.57.

되었다 …… 그리고 존 쉴레진저(John Schlesinger)의 〈미드나이트 카우보이(Midnight Cowboy, 1969)〉는 노골적인 성행위 장면을 포함하고 있다. 그럼에도 불구하고 이 영화는 2천만 달러 이상을 벌어들이고 아카데미 우수 영화상, 우수 감독상, 우수 시나리오상을 탔다."[53] 이와 같은 결과는 뉴 할리우드 시네마 감독들로 하여금 더욱 과감한 성적 묘사를 하도록 자극하였다. 이들 젊은 감독들과 제작자들은 "노골적인 언어와 나체, 생생한 성 행위를 묘사하는 대담한 이야기를 선택하고 그러한 경향을 주도하였다. 그들의 영화는 영화 속에서 문제를 일으키는 10대들을 자신과 동일시하는 젊은 관객들을 겨냥한 것이었다."[54] 이에 따라 범죄에 관한 다큐멘터리 방식을 취한 우디 알렌(Woody Allen)의 〈돈을 갖고 튀어라(Take the Money and Run, 1969)〉에서의 성적 표현, 한국 전쟁을 배경으로 베트남 전쟁을 비유적으로 표현한 로버트 알트먼(Robert Altman)의 〈매쉬(M*A*S*H, 1970)〉에서 의도적인 여성의 나체 보여주기 등이 관객들의 흥미를 끌었다.

그러나 성적 표현과 태도에 있어 가장 주목할 만한 장면은 1972년 스탠리 큐브릭의 〈시계태엽 오렌지(A Clockwork Orange)〉에서 나타났다. 이 영화는 성을 묘사하거나 형상화하고 있는 많은 그림과 기구들을 보여주고 있다. 그 중에서도 가장 충격적인 장면은 4명으로 구성된 갱단의 행위를 들 수 있다. 이들은 한 작가의 집에 침입하여 그를 두들겨 패 제압한 후 그의 부인을 강간한다. 그때 갱단의 두목인 알렉스는 〈사랑은 비를 타고(Singing in the Rain)〉 노래를 부르면서 작가로 하여금 강간당하고 있는 부인을 보도록 한다. 이것은 성을 잔인하고 비인간적이면서도 야만적인 태도로 묘사하고 있는 것이다. 이러한 이유로 이 영화는 1971년

---

53  John Belton, *op. cit.*, p.352.
54  Steven C. Early, *op. cit.*, p.106.

X등급을, 1972년에는 변화된 등급 체계로 인해 R등급을 받았다. 또한 유나이티드 아티스트가 배급한 베르나르도 베르톨루치(Bernardo Bertolucci)의 〈파리에서의 마지막 탱고(Last Tango in Paris, 1973)〉에서는 말론 브란도(Marlon Brando)와 마리아 쉬나이더(Maria Schneider)의 노골적인 섹스 행위와 나체 장면이 충격을 주었다. 그러나 이 영화는 "1백2십5만 달러의 예산으로 1973년 미국영화 중에서 8번째에 해당하는 1천6백7십만 달러의 수익을 올렸고 전 세계적으로 2천1백만 달러를 더 벌어들여 총 3천7백7십만 달러의 수익을 얻었다."[55] 이러한 흥행 수익은 1972년 제라르드 다미아노(Gerard Damiano)감독이 만든 세련된 포르노(porno chic)영화로 불리는 〈딥 스로우트(Deep Throat)〉가 2천만 달러의 수익을 낸 것에 비해 엄청난 팽창을 한 것이다. 이와 같이 "성적 묘사는 1972-1973년의 박스 오피스의 정점이었다."[56]

또한 뉴 할리우드 시네마에는 성적 묘사뿐 아니라 또 다른 감각에 호소하는 폭력적 장면을 다룬 영화들도 적지 않았다. 이런 종류의 대표적 영화로는 갱단을 그린 프란시스 포드 코폴라 감독의 〈대부(The Godfather, 1972)〉를 들 수 있다. 이 영화에는 살인과 총격 장면들이 난무하고 있다. 그럼에도 불구하고 이 영화는 8천6백3십만 달러라는 1970년대 5위에 해당하는 수익을 얻었다. 따라서 뉴 할리우드 시네마의 특징은 노골적인 성적 묘사뿐 아니라 폭력으로 확대되었다. 이러한 성적 묘사와 폭력의 특징을 통합해서 자신의 영화에 적용시킨 감독으로 마틴 스콜세지를 들 수 있다. 그는 자신의 영화 "〈박스카 버사(Boxcar Bertha, 1972)〉에서 마이너리그 선수의 모험을 통해 1930년대의 암울한 이야기를 하고 있다. 이 영화는 폭력과 섹스, 유머, 그리고 유혈을 통해 사회에 대한 많은

---

55  David A. Cook, *op. cit.*, p.277.
56  Peter Kramer, *op. cit.*, p.51.

것을 비판하기 위한 또 다른 시도였다."[57]

이처럼 뉴 할리우드 시네마는 제작규정의 변화로 인하여 표현 영역이 확대되면서 노골적인 성적, 폭력적 묘사가 가능해졌다. 할리우드는 더 넓어진 제작 공간을 최대한 이용하여 영화 관객들에게 접근하였다. 미국의 영화 관객들은 이러한 영화 표현에 호의적이었고 할리우드는 엄청난 수익을 얻게 되었다. 그러나 이러한 노골적인 성적, 폭력 묘사는 뉴 할리우드 시네마로 하여금 자신의 존재 근거가 되었던 미국의 정치와 사회적 관심으로부터 멀어지게 되는 계기가 되었다. 즉 새롭게 등장한 젊은 영화 관객들에 기반 하여 미국의 정치와 사회에 대한 비판과 저항으로부터 출발했던 뉴 할리우드 시네마의 시대정신은 점차 사라지게 된 것이다. 이러한 현상은 뉴 할리우드 시네마가 지니고 있던 특징을 약화시켜 뉴 할리우드 시네마 존재 자체에 대한 의식마저도 희미하게 만들었고 본래의 할리우드 영화로 다시 되돌아가게 하였다.

\* \* \*

미국 역사에서 뉴 할리우드 시네마의 그림자가 드리워졌던 1960-1970년대는 인권 운동, 민주당의 대통령 후보인 케네디 대통령의 당선과 암살, 베트남 전쟁의 개입과 패배 등과 같은 미국의 도덕적 가치와 정의가 훼손된 대단히 혼란스럽고 곤혹스러운 시기였다. 이와 같은 시기에 직면한 미국의 젊은 세대는 그동안 미국이 부르짖었던 정의와 도덕적 가치가 다분히 합리화된 미국의 일방적인 주장이었다는 것을 깨닫게 되었다. 이른바 누구에게나 기회를 가질 수 있는 가능성과 평등의 신화가 미국에서

---

57 Steven C. Early, *op. cit.*, p.116.

무너지기 시작하였던 것이다. 그리고 미국의 기성사회에 대한 젊은 세대들의 반항이 시작되었다. 이와 같은 현상은 "미국에서의 거대한 변화였다. 그리고 그 변화의 한 가지 핵심적인 것은 서로 정반대되는 신념의 대립, 서로 다른 사회 집단들의 행위와 태도-흑인과 백인, 남성과 여성, 젊은이와 기성세대, 자유주의와 보수주의, 침묵하는 다수와 대항문화-와 같은 미국 사회의 내부적 분열이 증가하였다는 데 있었다."[58] 이러한 미국의 내부적 모순은 제2차 세계대전 이후 태어나 성장한 젊은 세대의 집단적인 시위 등을 통해 표출되었다. 이들의 저항은 곧 신좌파라는 이념과 대항문화를 탄생시켰다.

이들 젊은 세대들의 행위와 문화는 텔레비전 수상기 등의 확산으로 이미 "1940년에서 1960년대 말까지 영화 관객의 4분의 3을 잃은"[59] 상태인 할리우드 영화 제작에 돌파구를 여는데 효과적인 재료로 이용되었다. 할리우드는 신좌파와 대항문화를 발생시킨 젊은 세대들의 시각, 즉 인종차별주의에 토대한 인권주의와 베트남 전쟁 반대와 같은 미국의 정치적, 사회적 흐름에 대해 비판적 태도를 영화 속에 투영시켰던 것이다. 기성사회에 대한 저항으로 형성된 젊은 세대들의 반영웅적 행위, 기성세대에 대한 반항이 영화 속에서 다뤄졌다.

이 과정에서 앤드류 새리스에 의해 미국으로 유입된 작가주의 이론은 할리우드 영화 제작의 새로운 논리적 기반을 제공하였다.

> 1960년대 후반과 1970년대 초반 작가주의 이론은 단순한 미학적 담론 형태 이상으로 미국 영화에 더 중요해졌다. 허물어져가는 스튜디오 시스템의 불안정한 환경 속에서, 스튜디오 전환기의 운영자들이

58 Peter Kramer, *op. cit.*, p.68.
59 함충범, 「뉴 아메리카와 뉴 시네마, 1960년대 미국영화사 연구」, 《현대영화연구》 Vol.4, 현대영화연구소, 2007, 246쪽.

창작 권한의 지배권을 부상하고 있는 독립 세대와 새로이 등장하고 있는 '젊은 문화' 시장에 부합할 수 있는 가치를 지닌 신인 감독들에게 넘겼을 때, 실제로 어떤 하나의 형식을 실행할 수 있는 기회는 증가하였다.[60]

즉 할리우드는 침체된 영화 산업을 타개하기 위하여 1960년대 주요 영화 관객인 젊은 세대들의 기호에 부합할 필요성이 제기되었던 것이다. 따라서 할리우드는 미국의 정치적, 사회적 흐름에 작가주의 이론에 영향을 받은 많은 젊은 영화감독들의 독창성을 결합시켰다. 이것이 뉴 할리우드 시네마를 관통하는 중요한 요인이라 할 수 있다.

이에 대해 많은 전문가들은 "1960년대에서 1970년대에 이르는 몇 해 동안 할리우드에서 만들어진 영화들이 새로운 미국 영화인가 하는 문제가 제기되었을 경우, 먼저 기억하지 않으면 안 되는 것은 미국의 영화 산업에 있어서 의미 있는 변화라는 것들이 유동적인 시장에 대한 적응 정책의 결과라는 것, 아울러 그 적응 정책이라는 것이 영리 산업으로서의 캘리포니아 대도시의 생존을 위해 불가피한 일이라는 것이다"[61]고 한 것에서 작가주의 이론과 할리우드 상업주의의 결합을 함축적으로 설명하고 있다. 즉 뉴 할리우드 시네마는 세계 영화 산업의 상징이라 할 수 있는 미국의 영화적 전통인 상업주의 침체를 타개하기 위해 할리우드가 젊은 감독들을 등용시켜 미국의 정치와 사회, 문화의 중요 벨트로 성장한 젊은 세대들의 기호에 부합하면서 그들의 독창성을 할리우드 상업주의에 결합시킨 것이다. 이와 같은 수법이 할리우드 전략의 일환이라는 것을 확신할 수 있는 것은 다음과 같은 이유 때문이다. 1973년 베트남 전쟁이 종결되면서

---

60 David A. Cook, *op. cit.*, p.156.
61 Guy Hennebelle의 앞의 책에 실려 있는 Gary Crowdus의 원문 내용을 서울영화집단, 앞의 책, 193쪽에서 재인용.

미국은 보수화의 물결로 되돌아갔고 영화에서도 검열 제도의 재정비가 이루어지기 시작하였다. 1975년 등장한 스필버그의 〈죠스〉가 이전과 비교할 수 없을 정도로 확장된 미디어적 규모로 전혀 다른 할리우드의 새로운 마케팅 전략62을 선보이면서 뉴 할리우드 시네마는 점차 사라지게 되었다. 이것은 곧 마케팅 전략이 〈죠스〉를 통해 완전히 바뀌기 시작했고 이 영화의 상업적 성공으로 할리우드 영화는 더 이상 미국의 정치와 사회적 흐름을 크게 의식하지 않게 되었음을 말한다. 따라서 뉴 할리우드 시네마는 〈죠스〉를 기점으로 점차 사라지게 되었다. 이것은 역설적으로 뉴 할리우드 시네마가 기성사회에 대한 저항을 토대로 작가주의 이론과 할리우드 상업주의의 결합이 낳은 미국의 영화적 경향이라는 것을 보다 명확하게 보여주고 있는 것이다.

---

62  미국영화에서 마케팅 전략의 변화는 1972년 파라마운트(Paramount)사의 〈대부(The Godfather)〉가 극장 수입에만 의존하던 기존의 방식에서 벗어나 다양한 미디어 노출과 같은 새로운 방식의 마케팅 전략이 크게 성공하면서부터 시작되었다. 이후 1975년 유니버설(Universal)사는 〈죠스(Jaws)〉의 개봉에 맞춰 집중적인 미디어 홍보와 영화와 관련된 부대 상품 끼워 팔기를 통해 1억2천9백5십만 달러라는 엄청난 수익을 올렸다. 이러한 마케팅전략은 할리우드 역사에서 영화에 대한 개념을 상품으로서 완전히 자리매김하는 계기로 작용했다. 이 영화를 기점으로 미국의 정치적, 사회적 분위기와 연결되어 있던 '뉴 할리우드 시네마'는 점차 약해지기 시작하였고 상업주의와 수익 창출의 극대화 전략으로 다시 나아가게 되었다. - David A. Cook, *op. cit.*, pp.40-43.

# 제 17 장

# 진실 앞에 선 사회적 현실과 도덕적 관심, 폴란드의 도덕적 불안의 영화 (1976-1981)

## 1. 역사적 사건과 영화의 역할

1976년에서 1981년까지 폴란드에서 지속되었던 특정한 영화적 경향은 흔히 '도덕적 불안의 영화(Kino moralnego niepokoju)'라 불린다. 그런데 이 도덕적 불안의 영화를 이루고 있는 중요한 토대는 폴란드의 역사적 사건과 불가분의 관계에 있다. 이것은 도덕적 불안의 영화가 폴란드의 역사적 사건과 그것으로부터 발생한 다양한 사회적 현상들을 형상화 하였거나 묘사하고 있음을 말한다. 그렇다면 폴란드의 역사적 사건들이 왜 도덕적 불안의 영화에 중요한 의미를 지니게 되었던 것일까? 그 이유는 폴란드 역사가 지니고 있는 특성에 기인한다고 할 수 있다.

폴란드는 러시아, 오스트리아, 프러시아 등과 같은 주변 강대국들로부터 끊임없는 침입에 시달렸다. 그 결과 폴란드는 1772년, 1793년, 1795년 각각 세 번에 걸쳐 분할되기도 하였다. 이로 인해 독립 폴란드공화국은 1918년 11월 3일에 이르러서야 비로소 성립될 수 있었다. 이후 독립

국가로서 20여 년간 지속되어 온 폴란드는 1939년 9월 1일 독일의 침공으로 또다시 히틀러의 지배하에 놓이게 된다. 폴란드 국민들은 조국 폴란드의 독립을 위해 영웅적으로 투쟁하였지만, 1945년 1월 16일 바르샤바 (Warszawa)가 소련군에 의해 해방되면서 2월 1일 폴란드에 과도 정부가 수립되었다. 스스로의 힘으로 독립을 이루지 못한 폴란드에 1947년 2월 새로운 대통령으로 취임한 볼레스와프 비에루트(Bolesław Bierut)를 비롯하여 친소련파 인물들이 정부의 핵심적인 위치를 차지하였다. 이러한 역사적 과정은 폴란드가 온전한 독립국가로서 면모를 갖추고 지속된 기간은 그리 오래되지 않았다는 것을 말해 주고 있다. 따라서 폴란드 국민들은 폴란드의 완전하고 독자적인 독립에 대해 매우 강렬한 염원을 지니고 있었다. 이런 이유로 폴란드 국민들은 폴란드의 독자성과 독립성을 방해하는 세력과 폭압적이고 권위적인 정권에 대해서는 저항과 투쟁을 마다하지 않았다.

그 구체적 현상이 바로 크고 작은 폴란드의 역사적 사건들이다. 그중에서 대표적인 것으로 제2차 세계대전 발발 이후 폴란드에서 벌어진 일련의 사건들, 즉 1944년 8월 독자적으로 폴란드의 독립을 쟁취하기 위해 영웅적으로 투쟁했지만 24만 명의 희생자를 내면서 비극적으로 끝난 바르샤바 봉기, 1956년 6월 28일 노동자들이 처우 개선을 요구하며 시위와 폭동을 일으키면서 수많은 희생자를 낸 포즈난(Poznan) 사건, 1968년 3월 바르샤바 대학생들이 연출한 아담 미츠키에비치(Adam Mickiewicz)의 〈조상의 전야(Dziady)〉를 반소적이라고 하여 상영 금지 처분한 정부에 항의하기 위해 전국적으로 확산된 대학생들의 시위 사태, 1970년 생필품 가격 인상에 대해 항의한 발틱(Bałtyk)해 연안 도시의 노동자들의 폭동, 1976년 농업 부진과 인플레이션으로 식료품 가격 인상에 항의한 라돔(Radom) 노동자들의 파업, 1980년 그단스크(Gdańsk) 레닌 조선소의 파업과 솔리다르노시치(Solidarność), 즉 자유노조 결성 등이다. 이러한 사건들은 폴란드 역사에 있어 중요한 전환점이었을 뿐만 아니라 폴란드 영화의 테마가 되었다.

폴란드의 도덕적 불안의 영화는 바로 이러한 역사적 사건들과 불가분의 관계에 있다. 이것은 이 시기 폴란드 영화 창작가들이 폴란드에서 벌어진 역사적 사건을 영화 창작의 시발점으로 여겼음을 의미한다. 이들이 폴란드의 역사적 사건을 대상화하고 영화 창작의 근본적 책무라고 생각하게 된 계기는 폴란드의 역사적 특징과 맞물린 영화적 전통에 기인한다. 그리고 이러한 역사적 전통의 실마리는 1930년에서 1934년까지 지속되었던 폴란드의 영화 집단인 스타르트(START, Stowarzyszenie Miłośników Filmu Artystycznego)[1]의 지향에서 찾을 수 있다.

이 집단에서는 "영화의 본질적인 문제에 대해 토론과 더불어 비상업적인 세계 영화의 걸작들을 상영하였다. 더 많은 관객들을 영화 예술로 참여시키면서 폴란드에서 영화 평가의 미학적 규범의 토대를 세우는 데 기여하였다. 그리고 영화는 사회적인 현실을 인식하게 하는 예술 미디어여야만 한다고 주장했다."[2] 여기서 중요한 것은 이들이 영화를 사회적 현실과 결합시켰다는 점이다. 즉 스타르트는 영화를 통하여 관객들에게 사회적 현실을 인식시키는 매체로 간주했다. 이러한 영화의 기능에 대한 강조는 이 집단의 대변인 격인 예지 퇴플리츠(Jerzy Toeplitz)에 의해 구체화되었다. 퇴플리츠는 1945년 《쿠즈니차(Kuznica, No. 2)》지에 폴란드 영화의 변화의 필요성과 방향성에 관한 것들을 역설하면서 다음과 같이 주장했다.

훌륭하고 충분히 유용한 영화 창작을 위한 필요 조건은 사적 기업으로부터의 완전한 해방이다. 영화의 제작은 경제적 이윤에 의해 지배되

---

1  스타르트는 예술로서의 영화를 주창한 집단으로 알렉산데르 포르드(Aleksander Ford), 예지 보사크(Jerzy Bossak), 반다 야쿠보프스카(Wanda Jakubowska), 예지 퇴플리츠(Jerzy Toeplitz)가 활동하였다.
2  С. Юткевич, *Кино Словарь*, *Москва*, 1987, c.328.

는 것이 아니라 오직 사회적, 교육적 기준에 의해 평가되어야 한다. 정치적인 관점에서 영화는 매우 중요하다. 영화는 관객들에게 적당한 지적 양식을 제공해야 되고 영화를 접하는 일상은 진실한 예술을 접촉하는 것을 담보해야 한다. 교육적 목적을 위한 영화의 활용은 독서를 장려하고 라디오의 네트워크를 확장하는 것과 마찬가지로 문화의 보급에 있어서도 중요한 역할을 하게 될 것이다. 이것은 새로운 폴란드 영화가 할 수 있는 의무이다.[3]

이와 같은 퇴플리츠의 주장은 폴란드에서 영화가 어떻게 존재해야 하는지를 제시하고 있다. 이에 따라 폴란드에서 영화는 순수한 창작만을 위해 존재하는 것이 아니라 역사적, 정치적 사건과 사회적 현실, 도덕적 지침을 강화하는 역할을 자연스럽게 수행하게 되었다. 이것은 1945년 11월 13일 폴란드 정부의 법령에 의해 영화 제작과 배급의 국유화가 단행된 이후에도 폴란드 영화 창작에 지속적으로 유지되어 온 하나의 특징이었다. 그리고 이와 같은 폴란드 영화의 기능과 역할을 보다 직접적으로 규정한 인물이 바로 야섹 푸크시에비치(Jacek Fuksiewicz)와 안제이 바이다(Andrzej Wajda)였다. 특히 1976년 라돔과 우르수스(Ursus) 등지에서의 노동자들의 대규모 파업을 계기로 폴란드의 민주화를 위한 급진적인 의식이 팽배해졌을 때 영화 역시 현실을 직시하지 않으면 안 된다는 책임론이 번졌다. 이때 폴란드의 영화 비평가인 푸크시에비치는 "폴란드 사회에서 폴란드 영화가 해야만 하는 일은 사회적 혼란과 도덕적 해이 등의 실태를 밝히고 그 원인을 분명하게 지적함으로써 더 나은 폴란드의 발전에 기여하는 것이다"[4]고 했다. 즉 푸크시에비치는 폴란드 영화가 사회적 책임과 역할에

---

3  Bolesław Klimaszewski, Translated by Krystyna Mroszek, *An Outline History of Polish Culture*, Wydawnictwo Interpress, 1984, p.335.

4  David Robinson, 〈Polish Young Generation〉, 《Sight and Sound》, Winter, 1979/1980, p.34.

적극적으로 참여할 것을 주장하였던 것이다. 또한 안제이 바이다 역시 1980년 그단스크의 폴란드영화감독협회(Polish Filmmakers Association)의 포럼에서 영화 창작에 대해 다음과 같이 말했다.

> (영화 창작가는) 동시대 현실의 세심한 검토와 인간의 노력, 고통과 비극의 크기를 자세히 들여다보고 희석되거나 인위적인 것이 아닌, 인간의 정신적 승리를 제공해 주는 기회를 위해 탐구할 경우에만 성공할 수 있다.[5]

바이다는 영화 창작을 동시대의 현실 탐구 뿐 아니라 이를 통해 인간의 미래까지도 담보해야 한다고 주장한 것이다.

이처럼 폴란드 영화는 폴란드의 역사적 이행 과정에 적극적으로 참여하여 그와 동일화하려 하였고, 그 속에서 폴란드 영화의 의미와 존재감을 획득하려 했다. 이와 같은 이유로 폴란드의 역사적 사건들은 폴란드 영화에서 창작의 핵심적 테마가 되었다. 그리고 1976년부터 1981년까지 존재하였던 도덕적 불안의 영화에도 역사적 사건에 대한 영화의 역할이 중요한 특징이 되었다.

## 2. 불안정한 공산주의 체제와 도덕적 불안의 영화

도덕적 불안의 영화는 1976년 크지쉬토프 키에슬로프스키(Krzysztof Kieślowski)의 〈상처(Blizna)〉에서 시작하여 1977년 안제이 바이다의 〈대리석의 사나이(Człowiek z marmuru)〉와 크지쉬토프 자누시(Krzysztof

---

5 David W. Paul, *Politics Art and Commitment in the East European Cinema* (Andrzej Wajda, The Artist's Responsibility), St. Martins, 1983, p.299.

Zanussi)의 〈위장(Barwy ochronne, 1977)〉을 계기로 본격적으로 등장했다. 이 시기는 1952년 7월 22일 새로운 폴란드 인민공화국 헌법이 공포된 이후 유지되어 왔던 공산주의 체제가 불안정한 상태로 진입한 시기이기도 하다. 이러한 징후는 1970년 새로운 폴란드 건설이라는 기치를 내걸면서 출범한 에드바르드 기에렉(Edward Gierek) 정권이 1973년 불어 닥친 세계적인 에너지 위기와 스태그플레이션(stagflation) 등으로 경제에 치명적인 타격을 입으면서 나타나기 시작하였다. 이와 같은 경제적 어려움을 타개하기 위하여 1976년 폴란드 정부는 식료품 60%, 설탕 100%의 가격 인상안을 발표했다. 이에 대해 라돔 등지의 폴란드 노동자들은 파업으로 맞섰다. 기에렉 정권은 이전 권력자들이 해왔던 것처럼 "검거와 해고, 구금 등의 강압적인 방법으로 파업 사태를 진정시키려 하였지만 시간이 갈수록 폴란드 국민들의 마음은 기에렉 정부로부터 멀어졌다. 이 사건을 계기로 노동자들은 과거와는 달리 일시적 파업이나 시위를 통해 의사를 표명하고 요구를 내세우는 것이 아니라 문화 및 학계 인사 등 지식인들과 연합하여 정부를 상대로 조직적인 활동을 전개하기 시작했다."[6]

이 사건으로 폴란드에서는 노동자와 지식인뿐만 아니라 다양한 계층의 사람들과 조직적인 연대가 이루어지기 시작하였다. 그것이 구체적으로 표면화된 것이 구속된 노동자들을 지원하기 위한 '노동자보호위원회(Komitet Obrony Robotników, KOR)'의 설립이었다. 이 조직의 결성에는 폴란드의 민주화는 단순히 노동자들만의 파업이나 학생들의 시위를 통해 달성될 수 없고 다양한 세력들의 협력을 통해 도달할 수 있다는 인식이 밑바탕이 되었다. 이것은 폴란드가 직면하고 있는 근본적 모순과 부조리를 해결하는 것이 무엇보다 급선무라는 시각이 깔려 있었던 것이다. 이를 위해 폴란드 전(全) 세력들은 공산주의 체제로부터 발생한 다양한 모순과

---

6  정병권, 『폴란드사』, 대한교과서, 1997, 322쪽.

부조리의 고발에 초점을 맞추었다. 이것은 곧 폴란드 공산주의 체제 자체에 대한 심각한 의문을 보다 조직적으로 제기하기 시작했다는 것을 의미했다.

이런 인식에 대한 정당성을 더욱 견고하게 만든 것이 1980년 초 이미 파산 상태로 빠져들고 있는 폴란드의 경제적 상황을 전환시키기 위해 취한 정부의 조치였다. 폴란드 정부는 "생활필수품이 절대적으로 부족한 상황에서 식량 확보를 위한 정부 보조금을 삭감하고 국내 물가를 인상시켰다."[7] 정부의 이러한 조치는 노동자들로 하여금 또 다시 즉각적인 파업에 돌입하도록 하였다. 그 결과 그단스크의 레닌조선소와 스체친(Szczecin), 그디니아(Gdynia) 등에서 대규모 파업이 일어났다. 그러나 이 시기 노동자들의 파업 형태는 이전 시기와는 그 양상이 확연히 달랐다. 1980년 노동자들의 파업은 솔리다르노시치, 즉 자유노조의 결성으로 폴란드 전역으로 확대되어 전국적 규모를 띠었다. 그 결과 기에렉이 물러나고 스타니스와프 카냐(Stanisław Kania)가 폴란드공산당 제1서기가 되었다. 그리고 "1980년 8월 파업 지도자들과 정부 대표 사이에 기본적인 협약이 체결되었다. 이에 따라 노동자들에게 독립적이고 자치적인 노동조합 결성권과 파업권이 보장되었다. 그 후 독립적이고 자주적인 노동조합 솔리다르노시치가 국민들의 전폭적인 지지를 받으면서 전국적인 규모로 조직되었다."[8] 솔리다르노시치는 폴란드 자유화 운동의 상징이자 구심점이 되었다. 반면 폴란드의 공산주의 체제는 더욱더 불안정한 상태로 변하여 갔다. 이러한 공산주의 체제의 불안정성을 극단적으로 보여준 것이 바로 1981년 12월 13일 보이치에흐 야루젤스키(Wojciech Jaruzelski)를 비롯한 21명의 장교들이 쿠데타로 폴란드 전역에 계엄령을 선포한 것이었다. 이처럼 폴란드 역사에서 1976년부터 1981년까지의 기간은 오랫동안 지속 되어온 공산주의 체제의

---

7    위의 책, 328쪽.

8    위의 책, 333-334쪽.

불안정성이 극대화되었을 뿐만 아니라 급격한 변화가 이루어진 시기라 할 수 있다.

도덕적 불안의 영화는 이렇게 폴란드 공산주의 체제의 불안정성이 격화된 시점에 등장하였다. 따라서 도덕적 불안의 영화는 공산주의 체제의 불안정성이 지속되는 과정에서 발생한 다양한 부패와 모순을 개인과 사회, 국가 사이의 특별한 관계를 통해 윤리적 문제로 환원하여 묘사하였다. 이러한 것들을 다룬 영화들을 도덕적 불안의 영화라 불렀다. 원래 "이 용어는 영화감독 야누쉬 키요프스키(Janusz Kijowski)에 의해 만들어졌고, 안제이 바이다가 1979년 폴란드 영화 페스티벌의 연설에서 처음으로 사용하면서 공식화 되었다. 이후 이 용어는 영화감독 자누시와 바이다에 의해 구축되었고, 크지쉬토프 키에슬로프스키, 펠릭스 팔크(Feliks Falk), 표트르 안드레에프(Piotr Andrejew), 아그니에쉬카 홀란드(Agnieszka Holland), 야누쉬 키요프스키와 야누쉬 자오르스키(Janusz Zaorski)와 같은 젊은 영화감독들에 의해 1976년에서 1981년 사이에 주로 만들어진 동시대의 문제들을 탐구한 사실주의 영화들을 가리키고 있다."[9]

또한 볼레스와프 미할레크(Bolesław Michałek)와 프랭크 투라이(Frank Turaj)는 자신의 책 『폴란드의 현대영화(The Modern Cinema of Poland)』에서 도덕적 불안의 영화를 정치적이면서 도덕적 측면으로 다음과 같이 언급하였다.

> 그것은 근본적으로 정치적이고 사회적 문제와 관련된 도덕적 문제와 정치와 정치적 결정의 도덕성에 대한 관심이다. 도덕적 혼란이 필연적으로 정치적이지는 않지만, 정치적 결정들은 항상 적어도 부분적으로는 도덕적이며 그러므로 주관적이고 개인적이다. 1970년

---

9    Marek Haltof, *Polish National Cinema*, Berghahn Books, 2002, p.147.

대에는 두 가지 정치적이면서 도덕적 문제들이 영화에 반영되었다. 바로 부패와 사회 조작이다. 도덕적 불안의 영화에 따르면 조작은 바람직한 인간관계를 분리시키고 도덕적 규범을 파괴시킨다.[10]

이와 같은 특징을 가진 도덕적 불안의 영화들로는 바이다의 〈대리석의 사나이〉와 〈마취제 없이(Bez znieczulenia, 1978)〉, 〈철의 사나이 (Człowiek z żelaza, 1981)〉, 자누시의 〈위장〉, 〈불변의 요소(Constans, 1980)〉, 키에슬로프스키의 〈상처〉와 〈아마추어(Amator, 1979)〉, 팔크의 〈승자(Wodzirej, 1978)〉, 〈기회(Szansa, 1979)〉, 안드레에프의 〈클린치 (Klincz, 1979)〉, 홀란드의 〈시골 배우들(Aktorzy prowincjonalni, 1979)〉, 키요프스키의 〈인덱스(Indeks, 1977)〉, 자오르스키의 〈유치한 질문(Dziecinne pytania, 1981)〉 등을 들 수 있다. 이들 영화 외에도 1980년 8월에 일어난 그단스크 조선소 파업 과정을 폴란드 다큐멘터리 팀이 생생히 기록한 다큐멘터리 영화 〈노동자, 80(Robotnicy '80, 1982)〉 등이 있다.

그러나 도덕적 불안의 영화라는 용어 사용과 범위 규정에 대해 이견을 가지고 있는 몇몇 폴란드의 비평가와 감독도 있었다. 이런 경향의 대표적 인물로 폴란드의 영화학자 마리올라 얀쿤-도파르토바(Mariola Jankun-Dopartowa)를 들 수 있다.

얀쿤-도파르토바는 동시대의 테마, 사실주의 그리고 젊은 주인공 들의 사회적 행동으로 특징화된 영화 작품들을 묘사하기 위하여 '불신의 영화(Kino nieufnosci)'라는 새로운 용어를 제안하면서 이 시기에 만들어진 특정한 영화 작품에만 적용하고 있다. 그 영화는

---

10  Boleslaw Michalek and Frank Turaj, *The Modern Cinema of Poland*, Indiana University, 1988, p.72.

자누시의 〈위장〉, 펠릭스 팔크의 〈승자〉와 〈기회〉, 야누쉬 키요프스키의 〈인덱스〉와 〈쿵푸(Kung-fu, 1979)〉, 홀란드의 〈시골 배우들〉, 크지쉬토프 키에슬로프스키의 〈아마추어〉를 언급하였다. 그리고 도파르토바는 안제이 바이다의 〈마취제 없이〉와 〈지휘자(Dyrygent, 1980)〉, 마르셀 워진스키(Marcel Łoziński)의 다큐멘터리 〈우리는 어떻게 살아야 하는가(Jak żyć, 1977)〉, 안드레에프의 〈클린치〉, 바바라 사스(Barbara Sass)의 〈사랑 없이(Bez miłości, 1980)〉와 야누쉬 자오르스키의 〈유치한 질문〉도 나중에 불신의 영화에 합류시켰다.[11]

1976년에서 1981년 사이 폴란드에서 존재했던 영화의 범위를 규정하는 데 있어 키요프스키와 도파르토바의 견해는 서로 다르지만, 이들을 관통하고 있는 공통점은 동시대의 사실주의 수법으로 "국가와 개인 사이의 갈등이 중심에 있다는 것과 진보적인 가설과 그들의 이행 사이의 거대한 간격을 탐구하고 있다는 사실이다. 국가 검열로 인하여 체제는 직접적으로 공격받지 않았으나, 영화는 그것의 기관과 관리들을 목표로 하고 있으며 부패와 사회적 병폐에 초점을 맞추고 있다. 조작과 교조의 메커니즘은 은유적인 수준에서 탐구되었다"[12]는 사실을 판단의 근거로 삼고 있다.

따라서 이 시기 도덕적 불안의 영화는 급격하게 취약해져 가고 있는 폴란드 정부의 불안정성의 다양한 징후들을 포착하여 묘사하였다. 그러므로 도덕적 불안의 영화는 폴란드 공산주의 체제의 불안정성이 본격화되면서 그로부터 발생하고 있는 다양한 역사적 사건과 사회적 모순과 부패에 대한 폴란드 국민들의 도덕적 인식과 태도를 대상화한 것이라 할 수 있다.

---

11 Marek Haltof, *op. cit.*, p.147.
12 *Ibid.*, p.148.

## 3. 역사 탐구와 사회적 현실 앞에 선 진실과 도덕적 인식

### 역사 탐구와 진실을 위하여

도덕적 불안의 영화에서 가장 중요한 부분 중 하나는 폴란드에서 벌어진 역사적 사건을 탐구하여 진실을 드러내는 일이다. 그중에서도 폴란드 공산주의 체제 시기에 자행되었던 왜곡되고 조작된 역사적 사실을 드러내는 것은 이 시기 중요한 창작의 모티프였다. 물론 이것은 폴란드의 정치적 환경과 밀접한 관계 속에서 파악되고 있다.

이러한 측면에서 흑백 사진을 배경으로 남미의 역사적인 해방 투쟁과 혁명에 관한 저널리스트인 예지의 텔레비전 인터뷰 장면으로 시작하는 안제이 바이다의 영화 〈마취제 없이〉는 그러한 특징의 징후를 나타내고 있는 영화라 할 수 있다. 특히 예지가 바르샤바의 자신의 집으로 돌아오면서 맞이하게 되는 상황, 즉 자신의 부인 에바가 집을 나가게 되면서 벌어지는 여러 가지 혼란스러운 현실과 예지의 죽음으로 마무리되는 마지막 장면은 잘못된 것은 모두 정치와 불가분의 관계에 있다는 것을 상징적으로 보여주고 있다.

이와 같은 구체적 경향은 14년 동안 지속적인 시도 끝에 만들어진 안제이 바이다의 영화 〈대리석의 사나이〉에서부터 본격화되었다. 이 영화는 "알렉산데르 시보르-릴스키(Aleksander Ścibor-Rylski)의 원작을 영화화한 것으로 공산주의 국가에 의해 강요된 억압으로부터 고통 받는 스탈린 시기의 실제적인 모습을 탐구하였다."[13] 안제이 바이다는 폴란드 역사에서 공산주의 체제를 유지하기 위해 어떠한 역사적 왜곡과 조작이 자행되었는

---

13  *Ibid.*, p.149.

지를 이 영화의 여주인공인 영화감독 아그니에쉬카와 벽돌공 마테우쉬 비르쿠트를 통해 묘사하고 있다. 이들 중 아그니에쉬카는 영화 속에서 자신의 졸업 작품을 제작하는 과정을 통해 공산주의 체제 하에서 조작된 폴란드 역사를 탐구하는 인물로 설정되었다. 그녀는 과거 노동 영웅으로 열렬히 추앙받았던 벽돌공 비르쿠트가 어느 날 갑자기 사라지게 된 이유를 밝히기 위해 그의 행적을 다큐멘터리 방식으로 추적한다. 아그니에쉬카는 박물관에 방치되어 있는 다양한 조각상과 자료 필름, 그리고 비르쿠트를 감시했던 정보원과의 인터뷰를 통해 그때까지 감춰져 있던 역사적 실체에 접근해 간다. 그녀는 벽돌공 비르쿠트가 순수하고 평범한 노동자에 불과하였지만 폴란드 정부에 의해 노동 영웅이란 칭호를 부여받게 되면서 신화화되었고, 사고로 인해 효용 가치가 떨어지자 순식간에 역사 속으로 사라지게 되었다는 사실을 알게 된다.

안제이 바이다는 이 영화를 통해 한 인물이 어떻게 영웅화되고 신화화되었다가 역사의 뒤안길로 사라지게 되는지를 영웅의 비극성과 역사의 허구성을 통해 보여주면서, 그동안 폴란드 국민들이 믿어 왔던 사실이 왜곡되고 조작된 거짓이었다는 것을 폭로하고 있다. 그리고 이러한 역사 왜곡과 조작이 공산주의 체제를 유지하기 위한 정치적 목적에 의해 이루어졌다는 것을 영화 시작과 함께 등장하는 폴란드의 지도자들과 스탈린의 초상화를 통해 드러내고 있다. 이처럼 영화는 폴란드 역사에서 역사적 사실에 대한 진실을 재조명하고 있을 뿐만 아니라 "폴란드 공산주의 현 정권과 스탈린주의에 대한 대담한 고발로 당시 금기시되었던 장벽을 깨트렸고, 뒤이은 영화 창작가들에게 선례를 보여주었다."[14] 이 영화를 기점으로 폴란드에서는 공산주의 체제와 스탈린주의에 의해 왜곡되고 조작된

---

14  Tomasz Warchol, 〈The End of a Beginning〉, 《Sight and Sound》, Summer, 1986, p.191.

폴란드의 역사에 대한 풍자와 폭로를 다룬 영화들이 등장하기 시작하였다.

이와 같은 주제를 다룬 바이다의 또 다른 영화로는 1981년에 만들어진 〈철의 사나이〉를 들 수 있다. 이 영화는 시작과 함께 "영화 속 인물은 가상이지만 내용은 실제 일어난 일이다"라는 자막을 통해 영화에서 다루고 있는 것들이 실제 폴란드의 역사에 토대하고 있음을 강조하고 있다. 이를 위해 바이다는 과거 폴란드에서 일어났던 역사적 사건들을 촬영한 다큐멘터리 필름을 사용하여 역사적 사실성과 진실성을 높였다. 그 결과 이 영화에서는 1980년 폴란드 자유노조, 즉 솔리다르노시치가 설립되게 된 역사적 이행 과정의 토대가 되는 사건들인 1968년 대규모 학생 시위, 1970년 노동자 봉기, 1970년 노동 영웅 비르쿠트 사망 등이 중심에 위치하고 있다. 그리고 이러한 역사적 이행 과정의 상징적 의미가 영화 〈대리석의 사나이〉에서 여주인공이었던 영화감독 아그니에쉬카, 노동자의 파업에 깊이 관여하고 있는 비르쿠트의 아들 마치에크 톰추크, 그를 제거하기 위해 혈안이 되어 있는 국가 권력자, 그에게 약점을 잡혀 은밀한 거래를 하지만 나중에 톰추크의 시각을 이해하고 그의 편에 선 술주정꾼 저널리스트 빈켈 등을 통해 드러나고 있다. 이들 중 아그니에쉬카와 톰추크는 영화 〈대리석의 사나이〉와 〈철의 사나이〉에서 다루었던 역사적 사건과의 연속성을 지닌 상징적 인물이라 할 수 있다. 왜냐하면 이들을 통해 영화에서 다루고 있는 1968년 학생 시위와 1970년 노동자들의 봉기가 실패로 끝나게 된 원인이 규명될 수 있기 때문이다.

톰추크는 젊은 학생을 대표하는 인물로서 1968년 학생 시위 때 노동자들에게 파업에 동참할 것을 요구하였지만, 노동자들을 대표하는 인물인 아버지는 '그들이 권력 다툼을 하고 있다'면서 학생들의 요구를 거부했다. 반대로 1970년 노동자들의 봉기 때 노동자들은 학생들의 동참을 요구했지만, 학생들은 관여하기 싫다고 하면서 참여하지 않았다. 이처럼 역사 발전 실패의 근본적 원인은 역사적 사건에 대한 서로 다른 견해와 대응에 있다는 것을 이 영화는 제시하고 있다. 이와 같은 역사적 판단에 대한 오류의 경험은 1976년 라돔과 우르수스 지역에서의 노동자 봉기 사건 때 노동자와 지식인, 학생들과 같은 폴란드 국민 전체의 연대를 통해 위기를 극복할 수 있게 해주었으며, 이는 자유노조 설립에 대한 역사적 당위성의 근간으로 작용했다. 이처럼 바이다의 영화 〈철의 사나이〉는 다양한 계층의 연대를 통해 형성된 자유노조인 솔리다르노시치 설립의 역사적 과정과 그 토대를 묘사하고 있다. 영화 〈대리석의 사나이〉가 한 노동자를 통해 공산주의 체제의 조작되고 왜곡된 역사를 폭로하는 데 초점이 맞추어져 있다면, 〈철의 사나이〉에서는 역사적 사건의 실패 원인을 분석하면서 그것의 극복 과정을 다루었다. 바이다는 폴란드의 과거를 통해 미래의 역사에 어떻게 대응해야 하는지를 제시하고 있는 것이다.

이와 같은 역사 탐구의 모습은 도덕적 불안의 영화의 특징과 그 흔적을 지니고 있는 리자르드 부가이스키(Ryszard Bugajski) 감독의 〈심문(Przesłuchanie, 1982)〉에서도 확인할 수 있다. 이 영화는 개인에게 일어난 사건을 통해 공산주의 체제의 잔인함과 폭력성을 폭로하는 데 초점을 맞추고 있다. 영화는 제34회 10월 혁명기념 공연에서 비밀경찰이 여가수 토냐를 납치하면서 시작된다. 그녀를 납치한 비밀경찰은 자신들의 정적을 제거하기 위하여 온갖 모욕과 고문을 통해 그녀에게 임의로 조작된 서류에 서명할 것을 강요한다. 영문도 모른 채 납치당한 그녀는 그들의 요구를 완강히 거부한다. 비밀경찰의 계속된 심문으로 토냐는 감옥에서 자살을 시도하기도 한다. 그러던 어느 날 스탈린이 사망했다는 소식과 함께 그녀는 석방된다. 그녀에게 일어났던 모든 일들이 스탈린주의와 직접적으로 연결 되어 있었던 것이다. 부가이스키 감독은 실제 한 개인이 겪은 경험을 스탈린주의로 점철된 폴란드의 공산주의 체제와 연결시키면서 그 폭력성과 야만성을 묘사하였다. 이처럼 바이다와 부가이스키의 영화에서는 조작되었거나 실제 일어난 역사적 사건들을 통해 폴란드 공산주의 체제의 폭력성과 그 이면에 존재하는 역사적 진실을 밝히는 데 초점이 맞추어져 있다.

반면 과거 폴란드의 역사적 사건을 통해 현재 폴란드가 직면하고 있는 역사적 상황을 풍자한 영화들도 이 시기에 등장했다. 이런 영화로는 1977년에 만들어졌지만 1981년에 공개된 야누쉬 키요프스키의 영화 〈인덱스〉를 들 수 있다.

> 이 영화는 1968년 3월 바르샤바 학생 봉기 때의 활동으로 대학에서 추방된 반체제적인 젊은 청년, 요제프 모네타에 관한 이야기다. 그는 시위에 참가하였던 친구들과 다르게 안정되고 조용한 삶을 위한 자신의 신념과 타협하는 것을 거부했다. 대신 그는 더욱 의미 있는 삶을 위해 노동자 계급에 합류하였다. 영화 중간에 그의 믿음은 자주 시험에 들게 되고, 그의 도덕적 원칙들은 이미 체제와 현실에 순응한 사람들의 위선과 냉소주의와 대비된다.[15]

키요프스키는 역사적 사건에 대한 순수하고 열정적이었던 참여와 믿음의 가치들이 현실 사회와 만나면서 어떻게 변질되어 가는지를 젊은 청년을 통해 묘사하고 있다. 이처럼 이 시기 도덕적 불안의 영화에는 역사적 사건을 탐구한 영화들이 중요한 축을 형성하고 있음을 알 수 있다. 이들 영화는 당시 폴란드의 역사를 조망함으로써 기만적인 공산주의 체제와 이데올로기를 폭로하고 있을 뿐만 아니라 현재 폴란드가 직면하고 있는 역사적 상황을 비판하고 있는 것이다. 그리고 이러한 비판을 통한 영화의 최종적 목표는 역사 속에서 과연 진실이 무엇이었는지를 재정의 하는 데 있다.

---

15  *Ibid.*, p.193.

## 사회적 현실과 도덕적 인식에 대하여

도덕적 불안의 영화가 등장하여 지속된 시기는 이미 언급한 것처럼 1976년에서 1981년까지라 할 수 있다. 이 시기는 폴란드의 경제적, 정치권력의 위기와 함께 오랫동안 지속되어 온 공산주의 이데올로기의 모순들이 사회 전체로 확대되어 나타나던 시기이기도 하다. 이와 같은 폴란드의 사회적 위기 상황은 영화 창작가들로 하여금 자연스럽게 폴란드의 현실에 주목하게 하였다. 그 결과 이 시기 도덕적 불안의 영화라 불리는 영화는 당시 폴란드에서 벌어지고 있는 동시대적 특징인 현대성에 주목하였다. 이것은 폴란드 영화 창작가들이 공산주의 체제로부터 발생한 다양한 사회적 모순들과 그 속의 관계를 창작의 대상으로 삼았다는 것을 의미한다. 도덕적 불안의 영화에서는 국가권력과 이데올로기, 사회와 인간의 특별한 상호관계를 탐구하면서 폴란드 사회에 대한 개인의 책임과 도덕성을 강조하였다. 그럼으로써 폴란드가 직면하고 있는 문제점들을 개인의 도덕성 및 책임감과 결부시키면서 폴란드 사회의 다양한 모순들을 진단하고자 했던 것이다.

이와 같은 특징을 가장 중요하게 인식하면서 표현한 영화감독으로는 자누시를 들 수 있다. 그의 영화는 "젊은이들, 즉 감각적이고 도덕적으로 이상적인 인물들과 부패하고 무관심한 시스템 사이의 갈등에 초점이 맞추어져 있다. 비록 주인공의 의미 있는 관계와 그/그녀의 이상의 실현에 대한 탐구가 자주 좌절과 고립으로 끝날지라도, 자누시의 인물은 결코 윤리적 원칙을 포기하거나 버리지 않는다. 따라서 그는 부패, 부정직과 불공평에 대한 인간의 최선의 보호는 진실, 의지력과 사랑에 근거한 인간 자신의 도덕적 행위로 보고 있는 것이다."[16] 이러한 자누시의 영화적

---

16  *Ibid.*, p.191.

특징을 선명하게 드러내고 있는 것으로 〈위장〉을 들 수 있다.

영화 〈위장〉은 교수와 대학생들이 학문적 토론을 위해 모인 편안한 분위기의 여름 캠프를 배경으로 하고 있다. 이 영화에서의 중심축은 도덕적 이상을 추구하고 있는 캠프 책임자 중 한 사람인 젊은 조교 야로스와프 크루쉰스키와 실용적이면서도 냉소적인 태도를 견지하고 있는 중년의 교수 야쿱 쉘레스토프스키 사이의 심리적 투쟁이다.

> 젊은 조교는 개인적 삶과 사회적 생활이 개인적으로 패배의 위험을 가져오더라도 유지되어야 하며 어떤 도덕적 원칙에 의해 좌우되어야 한다고 믿고 있는 경험이 적고 순진한 인물이다. 그는 도덕적으로 살아가는 한 명이 세계를 바꿀 수 있다고 믿는 다분히 인간적인 면모를 주장하고 있는 것이다. 반대로 중년의 교수는 삶이라는 전쟁에서 노련한 전문가로 세상 안팎의 메커니즘을 알고 있는 날카로운 지식을 겸비한 사람이다. 그는 젊은 조교가 지속적인 가치가 있다고 강조하는 정의, 진실, 충성 같은 것들을 순진하다거나 심지어 바보스럽다고 생각했다. 그에 따르면 세상에 적용되는 단 한 가지는 생존과 성공을 위한 냉정하고 잔인한 게임의 법칙뿐인 것이다. 조교는 세계를 개선시키는 것이 삶의 목표라 하였고, 교수는 살아남는 것이라 하였다. 살아남기 위하여 인간은 자연과 동물의 세계로부터 배워야 한다. 인간은 다른 많은 종(種)들이 스스로를 보호하기 위해 했던 것처럼 환경에 적응하고 색을 바꾸고 위장할 수 있어야 한다. 이것은 일반적으로 자연과 이상 사이의 충돌이라고 했다.[17]

이처럼 자누시는 젊은 조교와 중년 교수의 서로 다른 삶에 대한 태도와 도덕적 가치의 대립적 구도를 통해 폴란드 사회에서 벌어지고 있는 정치적,

---

17  Boleslaw Michalek and Frank Turaj, *op. cit.*, pp.182-183.

사회적 현실을 날카롭게 비판하고 있다. 폴란드 사회에서 벌어지고 있는 다양한 모순을 풍자한 또 다른 영화로는 펠릭스 팔크의 〈승자〉를 들 수 있다.

이 영화는 한 지방 도시의 무용 지도자로 활동하면서 폴란드의 작은 도시의 연예계에서 권력을 갖기 위해 온갖 수단과 방법을 가리지 않는 다니엘락에 관한 이야기다. 그의 야심은 자신의 도시에서 텔레비전으로 방송될 기념 무도회 축제를 주도하는 것이다. 이 일을 성취하기 위해 그는 협박, 뇌물, 투서와 친구에 대한 배신, 성적 서비스 제공 등으로 상대 경쟁자를 제거한다.[18]

펠릭스 팔크는 도덕적 가치의 상실과 출세주의가 만연된 연예 사업의 세계에 빗대어 폴란드 국가와 사회를 날카롭게 비판하고 있다. 이와 같은 경향의 영화는 사회적 명성에 집착한 오케스트라 지휘자를 다룬 안제이 바이다의 영화 〈지휘자〉에서도 나타나고 있다. 이처럼 이들 영화에서 표현되고 있는 배경과 사건은 폴란드 사회의 축소판으로 상징화되면서 폴란드 사회가 지니고 있는 문제점들을 묘사하고 있다.

이러한 특징을 지닌 또 다른 영화로는 과거에 챔피언이었던 권투 선수와 현재의 젊은 권투 선수를 통해 부패한 복싱 세계를 드러내면서 폴란드의 사회적 현실을 묘사한 표트르 안드레에프의 〈클린치〉, 시골 배우들의 삶과 좌절을 통해 폴란드 사회를 풍자적으로 묘사한 아그니에쉬카 홀란드의 〈시골 배우들〉, 그리고 아마추어 영화감독의 영화 제작을 통해 부조리한 폴란드 사회 체계를 비판한 키에슬로프스키의 〈아마추어〉 등이 있다.

특히 홀란드는 이러한 폴란드 사회의 현실을 영화 〈시골 배우들〉에서

---

18  Marek Haltof, *op. cit.*, p.151.

바르샤바 근교의 작은 도시에 새로 온 연출가와 배우들의 관계를 통해 묘사하고 있다. 이들은 1830년대 러시아 짜르에 반대하여 봉기한 사건을 다룬 스타니스와프 비스피안스키(Stanisław Wyspiański)의 고전 『해방 (Wyzwolenie)』에 대한 서로 다른 시각으로 갈등을 표출한다. 연출가는 이 공연의 본질적이고 정치적으로 유효한 부분을 삭제하고 별개의 창작 요소인 아방가르드적 요소를 채택했다. 따라서 시골 배우들에게는 어떠한 창작의 자유도 허용되지 않았다. 그 결과 처음에 배우들은 창조적인 자유의 열정이 넘쳐났지만 연출가에 의해 꼭두각시로 전락하게 되면서 연극에 대한 열정이 사라지게 되었다. 그리고 배우들의 삶은 다시 우울하고 나태한 일상으로 되돌아간다. 이 영화에서 충격적이라 할 수 있는 것은 바로 희망 없는 분위기, 완전한 좌절, 그것을 되돌아보는 정신적 정체이다. 1970년대 후반 이 영화처럼 단조로운 회색빛으로 사회주의 현실을 묘사한 폴란드 영화는 거의 없다.[19] 이렇듯 영화는 시골 배우들의 예술 창작에 대한 좌절과 삶을 통해 폴란드가 직면하고 있는 일방적이고 불합리한 사회적 현실을 묘사하고 있는 것이다.

사건과 배경을 집중화하여 묘사한 영화 〈시골 배우들〉과 달리 폴란드의 현실을 총체적으로 묘사한 영화로는 키에슬로프스키의 〈상처〉와 〈아마추 어〉를 들 수 있다. 특히 키에슬로프스키의 첫 번째 장편 극영화인 〈상처〉는 작은 도시에 화학 공장을 세우면서 벌어지는 다양한 집단들의 모습을 다큐멘 터리 형식과 침묵, 소리와의 결합 등의 수법으로 폴란드 사회를 구성하고 있는 현실을 묘사하고 있다. 그러나 폴란드 현실에 대한 보다 직접적인 묘사는 카메라의 다양한 시각을 통해 드러내고 있는 영화 〈아마추어〉를 들 수 있다. 이 영화에서 키에슬로프스키는 폴란드 사회에서 벌어지고 있는 현실에서 인간과 사회 체계가 어떻게 관계 맺고 있는가를 공장 노동자이

---

19 Tomasz Warchol, *op. cit.*, p.193.

면서 아마추어 영화감독인 필립 모쉬를 통해 드러내고 있다. 그는 이 영화의 의미를 크게 세 부분으로 나누어 표현했다. 첫 번째는 영화 창작과 공산주의 권력 체계와의 관계를 들 수 있다. 즉 필립 모쉬는 출생한 지 얼마 되지 않은 딸의 성장 과정을 기록하기 위하여 8mm 카메라를 구입한다. 그러나 이를 본 필립 모쉬의 공장장은 그에게 공장 창립 25주년 기념식을 촬영해 달라고 부탁한다. 필립 모쉬는 공장장의 부탁으로 기념식을 촬영하고 난 후 자신이 찍은 다양한 화면들을 공장장에게 보여주었다. 그러자 공장장은 검열관처럼 불필요한 부분들을 지적하면서 필립 모쉬에게 그것들을 제거하라고 요구한다. 이러한 장면은 마치 영화 창작과 권력과의 관계를 보여주고 있는 것처럼 보이지만 실제로는 폴란드 국민 전체에 국가 권력이 개입하고 있음을 상징적으로 표현하고 있는 것이라 할 수 있다. 두 번째는 폴란드의 현실 세계를 들 수 있다. 필립 모쉬는 공장에서뿐만 아니라 자신의 주변에서 일어난 일들을 촬영하면서 폴란드의 일상과 현실을 객관적으로 묘사하였다. 이것은 필립 모쉬가 자신을 둘러싸고 있는 일상적 사건들을 촬영하면서 드러나지 않은 현실 세계의 이면에 눈뜨게 되는 계기가 된다. 세 번째는 영화 창작가의 역할과 책임에 관한 것이다. 키에슬로프스키는 영화 창작가가 어떤 사회적 역할과 책임을 지녀야 하는지를 필립 모쉬를 통해 드러내고 있다. 필립 모쉬는 자신이 만든 영화가 영화제 등에서 호평을 받게 되자 사람에 관한 영화를 찍어야 한다고 주장하면서 나이 많은 공훈 노동자의 일대기를 영화로 만든다. 이 영화가 텔레비전에 방송되면서 공장 감독관 오수흐를 포함한 몇몇 다른 노동자들이 해고를 당하거나 불이익을 당하게 된다. 이를 본 필립 모쉬는 방송국에 보내기 위해 촬영한 또 다른 영화 필름들을 길거리에 팽개쳐 버리고 보내지 않는다. 그리고 새로 구입한 16mm 카메라를 자신에게로 향한다. 이와 같은 필립 모쉬의 행위는 영화가 자기반영적일 뿐만 아니라 영화 창작에 대한 창작가로서의 책임감을 강조하고 있는 것이다. 키에슬로프스키는 이 영화를 통해 영화 창작과 검열의 관계, 즉 국가권력과의 관계를, 필립 모쉬가 찍은 일상성을 통해 폴란드의 사회적 현실을, 영화의 텔레비전 방송을 통해 영화 창작가에 대한 사회적 역할과 책임을 강조한 것으로 마무리하고 있다. 이것은 권력과 사회적 현실에 대한 최종적 책임감과 도덕적 인식을 영화 창작가로 귀결시키고 있는 것이다. 이런 의미에서 키에슬로프스키의 영화 〈아마추어〉는 예술가로서 영화 창작가의 도덕적 인식과 책임감을 강조한 것이라 할 수 있다.

이 시기 폴란드 사회에서 벌어지고 있는 현실에 대한 도덕적 인식의 탐구는 펠릭스 팔크의 두 번째 영화인 〈기회〉를 통해서도 확인할 수 있다. 이 영화는 서로 다른 교육관을 가지고 있는 물리 교사와 역사 교사 사이의 갈등을 다루고 있다.

> 물리 교사는 대단히 공격적이고 권위적인 선생님으로서 스포츠 코치의 경험이 있다. 그는 새로 부임한 학교의 운동부 축구팀 지도 교사를 맡아 학생들을 강력하게 훈련을 시켜 대회 우승을 차지한다. 우승은 학교의 명예, 훌륭한 체육관, 사기의 진작이라는 구체적인 성과를 가져왔다. 이에 물리 교사는 훈련을 더욱 강화하여 학생들에게 학업, 동아리 활동 등 다른 생활에 전혀 참여하지 못하게 하고 오직 승리만 쫓도록 한다. 반면 자유로운 마음의 소유자로 개방적이지만 수동적인 역사 교사는 이러한 억압적인 분위기에 불안을 느끼지만 아무런 행동도 하지 못한다. 급기야 선수 중 가장 촉망받는 학생이 자살을 한다. 이 사건으로 물리 교사는 학교를 떠나게 되고 역사 교사는 이러한 사태를 막지 못한 것을 후회하지만 이미 때는 늦었다.[20]

이처럼 이 영화는 폴란드 사회에 만연하고 있는 출세주의와 휴머니즘의

---

20 한영옥, 「사회비평으로서의 전후 폴란드 영화의 주제의식에 관한 연구」, 동국대학교 대학원 석사학위 논문, 1989, 67쪽.

상실이 어떤 비극적 결과를 초래하는지 보여주면서 폴란드의 현실 사회를 겨냥하고 있다. 이러한 측면에서 폴란드 현실에 대한 묘사는 필연적으로 폴란드 사회에서 발생한 다양한 모순들, 즉 부패한 폴란드 사회의 단면을 드러내는 데 중요한 창작의 토대가 되었다. 그리고 이러한 경향은 인간의 도덕적 인식에 대한 탐구로 이어졌다. 이와 같은 흐름을 보다 직접적으로 묘사한 영화로는 1980년에 자누시의 영화 〈계약(Kontrakt)〉과 〈불변의 요소〉를 들 수 있다.

영화 〈계약〉은 벼락부자가 된 공산주의자들과 부패한 폴란드 인텔리겐챠를 묘사하면서 도덕적으로 파산한 폴란드 인민공화국의 엘리트들을 조롱하고 있다 …… 그리고 영화 〈불변의 요소〉는 자누시의 초기 영화들의 기조와 매우 비슷하다. 이 영화의 주인공인 젊은 이상주의자 비톨트는 정직하게 살기를 원하지만 부패한 사회의 현실로 인해 어려움을 겪는다. 그의 주변 사람들 대부분은 부패와 연결되어 있다. 자신의 규범과 타협하지 않으려고 하는 비톨트는 공산주의자 세계와 결합되어 있는 순응주의 유혹을 거절한다. 이러한 그의 태도는 화면에서 자주 언급되면서 보여주는 눈 덮인 히말라야 산 장면을 통해 상징화된다. 그러나 자누시는 영화 마지막 장면에 비톨트의 사고가 어린 소년의 죽음의 원인이 되게 함으로써 삶과 운명의 아이러니함을 드러낸다.[21] 자누시는 이들 영화를 통해 폴란드 사회에서 도덕적으로 사는 것이 얼마나 힘겨운 것인지를 역설적으로 묘사하고 있다.

또한 유명 정치인 등과 같은 사람들과의 인터뷰에만 관심 있던 저널리스트 에바가 알콜 중독자 마리안나를 만나고 난 후 평범한 사람들의 문제에 관심을 갖게 되면서 폴란드 사회의 도덕적 책임을 강조한 바바라 사스의 영화 〈사랑 없이〉도 이 시기에 등장하였다.

---

21  Marek Haltof, *op. cit.*, p.154.

이처럼 도덕적 불안의 영화는 폴란드의 사회 현실에서 일어난 일들을 세밀하게 묘사하면서 폴란드의 도덕적, 사회적 책임감의 상실을 비판하였다. 그것은 때로는 영화 창작가들의 책임감으로, 때로는 인텔리겐챠들의 책임감으로, 때로는 노동자들의 책임감으로 묘사되었다. 그것의 근원은 공산주의 체제가 유지해 온 사회적 모순과 연결되어 있는 것이다. 이들 영화는 이에 대한 강조를 통해 폴란드의 사회적 현실을 영화 속에 드러내면서 동시에 폴란드 국민들에게 역설적으로 책임감을 강조했다. 바로 이것이 도덕적 불안의 영화의 가장 중요한 특징으로 자리 잡고 있다.

\* \* \*

제2차 세계대전 이후 성립된 폴란드 인민공화국은 러시아와 중국에서처럼 독자적인 혁명을 통해 사회주의 정권을 탄생시키지 못했다. 이와 같은 사실은 어떤 행위가 폴란드 역사에서 중요한 가치를 지니게 되는지를 판단하는 데 중요한 요소로 작용한다. 이것은 완전하고 독자적인 독립국가 폴란드를 위한 영웅적 행위와 투쟁이 폴란드의 역사 평가에 있어 중요한 가치로 평가되고 인식되고 있다는 것을 말한다. 그 결과 역사 이행 시기에 등장한 역사적 사건과 그로부터 발생한 다양한 사회적 현상에 대한 탐구는 폴란드에서 매우 자연스러운 것이 되었다.

이와 같은 특징은 폴란드 영화 창작에도 결정적 영향을 미쳤다. 폴란드 영화에서는 역사 탐구와 사회 현실에서 나타난 모순을 묘사하는 것이 영화 창작의 가장 기본적인 목표가 되었던 것이다. 이것은 폴란드 영화가 다른 사회주의권 영화에서 흔히 나타난 것처럼 이데올로기와 당의 사상을 강조하기 위한 수단으로서만 존재하는 것이 아니라 역사적 사건과 현실 사회에서 발생한 다양한 문제들을 묘사하면서 폴란드 역사와 사회의 파수꾼 역할을 수행하게 되었음을 의미한다. 폴란드 영화가 이와 같은 기능을 할 수 있었던 것은 독특한 폴란드의 역사적 흐름에도 기인하지만 무엇보다 그 직접적 요인은 퇴플리츠와 푸크시에비치, 바이다로 이어진 영화 이론가와 창작가들의 영화에 대한 인식 때문이었다. 이들은 영화를 사회적 매체로 정의하고 영화 창작을 역사와 사회적 현실의 흐름에 기반 하면서 진실을 밝히는 것이라 주장했다. 이들의 시각에 따라 폴란드 영화는 역사적 사건을 묘사함으로써 폴란드의 정체성과 독자성을 독려하였을 뿐만 아니라 현실에 직면하고 있는 문제가 무엇인가를 끊임없이 제기하면서 역사 발전에 기여할 수 있는 매체가 되었던 것이다. 그리고 이것은 폴란드 영화에서 변하지 않는 창작의 본질적 특성이 되었다. 이와 같은 특성을 선명하게 반영한 시기가 바로 폴란드 영화 역사에서 가장 풍요로운 시기로 일컬어진 1955년에서 1965년 사이 '폴란드 영화학파(Polska Szkoła Filmowa)'와 1976년에서 1981년 사이의 '도덕적 불안의 영화'라 할 수 있다.

폴란드 영화학파는 1955년 폴란드 정부가 단위 창작 시스템인 제스포위 필모베(Zespoły Filmowe)[22], 즉 유니트(Unit) 제도를 채택하면서 본격화

---

22 제스포위 필모베 창작 단위는 1957년 무렵에는 8개였지만 1972년에 이르러서는 7개로 운영되었다. 각각의 명칭과 주요인물은 다음과 같다. 1957년, 1) 카드르(Kadr): 예지 카발레로비치(Jerzy Kawalerowicz), 2) 일루존(Iluzjon): 루드비크 스타르스키(Ludwik Starski), 3) 리듬(Rytm): 얀 리브코프스키(Jan Rybkowski), 4) 스튜디오(Studio): 알렉산데르 포르드(Aleksander Ford), 5) 스타르트(START): 반다 야쿠보프스카(Wanda Jakubowska), 6) 시레나(Syrena): 예지 자쥐츠키(Jerzy Zarzycki), 7) 카메라(Kamera): 예지 보사크(Jerzy Bossak), 8) 드로가(Droga): 안토니 보흐지에비치(Antoni Bohdziewicz). 1972년, 1) 카드르(Kadr): 예지 카발레로비치(Jerzy Kawalerowicz), 리자르드 코신스키(Ryszard Kosiński), 2) 일루존(Iluzjon): 체스와프 페텔스키(Czesław Petelski), 레흐 바흐(Lech Bach), 3) 프로필(Profil): 보흐단 포렌바(Bohdan Poręba), 바츠와프 빌린스키(Wacław Biliński), 4) 프리즈마트(Pryzmat): 알렉산데르 시보르-릴스키(Aleksander Ścibor-Rylski), 타데우쉬 콘빈스키(Tadeusz Konwicki), 5) 실레시아(Silesia): 카지미에쉬 쿠츠(Kazimierz Kutz), 리자르드 쿠에시(Ryszard Kłyś), 6) 토르(Tor): 스타니스와프 로제비치(Stanisław Różewicz), 비톨드 잘레브스키(Witold Zalewski), 7) 익스(X): 안제이 바이다(Andrzej Wajda), 볼레스와프 미할레크(Bolesław Michałek)—Marek Haltof, *Polish National Cinema* (Berghahn Books, 2002, p.77), Boleslaw Michalek and Frank Turaj, *The Modern Cinema of Poland* (Indiana University, 1988, p.50)에서 참고함.

되었고 폴란드 역사와 제2차 세계대전기에 폴란드 국민들의 영웅적인 독립 투쟁과 저항을 영화 창작의 대상으로 삼았다. 반면 폴란드 공산주의 체제의 불안정성이 극대화된 시기라 할 수 있는 1976년에서 1981년 사이 등장한 도덕적 불안의 영화는 폴란드의 역사적 사건과 함께 폴란드가 직면하고 있는 사회적 문제에 더 집중했다. 이런 측면에서 도덕적 불안의 영화는 비교적 명확한 두 가지 특징을 지니고 있다. 하나는 역사적 사건을 탐구하여 폴란드 정부와 정치권력에 의해 조작되고 잘못된 그것의 비극성과 허구성을 드러내는 것이고, 다른 하나는 폴란드 사회에서 발생한 문제를 통해 공산주의 체제를 고발하면서 비판하는 것이다. 이 두 가지가 이 시기 도덕적 불안의 영화의 내용과 형식을 결정지었다 해도 과언이 아니다.

그러므로 도덕적 불안의 영화는 폴란드의 역사적 사건에 집중하면서 그 속에서 역사적 진실을 밝혀내는 데 주력하게 되었고 현실 사회 속에서 드러난 다양한 모순 속에서 개인과 사회, 국가와의 상호 관계를 책임감과 도덕성에 토대하여 묘사하였다. 도덕적 불안의 영화는 역사적 사건과 현실에 대한 도덕적 원칙을 제기함으로써 폴란드의 역사 발전에 기여해야 한다는 공통된 창작의 목표를 내재하고 있다. 이와 같은 인식은 이 시기 불안정한 상태로 빠져든 폴란드의 정치적, 경제적, 사회적 상황과 맞물리면서 폴란드 영화계로 빠르게 확산되었다. 따라서 도덕적 불안의 영화는 폴란드가 사회적으로 위기와 모순에 빠져들었을 때 그 원인을 진단하고 묘사함으로써 폴란드 역사를 다시 복원하는 역할을 하였다. 이것은 폴란드의 도덕적 불안의 영화가 역사와 사회적 책임으로부터 벗어나지 않으면서 영화의 가장 본질적인 역할을 한 창작의 전형이라 할 수 있는 이유이다.

# 제18장
## 과거와 현실을 통한 대만(臺灣)의 정체성 찾기, 신전영(新電影, 1982-1996)

## 1. 신전영에 대한 경계 짓기

대만의 '신전영(新電影)'은 1982년 〈시간이야기(光陰的故事)〉라는 4편의 옴니버스 영화의 등장에서부터 1987년 2월 53명[1]의 영화인들이 서명하고 잔홍즈(詹宏志)가 발표한 '민국76년 대만영화선언(民國七十六年臺灣電影宣言)'을 기점으로 이 선언서에 서명했던 영화인들과 이 시기에 존재했던 대만의 특정한 영화들을 가리킨다. 이와 같은 견해는 대만영화선언이

---

1 덩야민(丁亞民), 츄옌밍(丘彦明), 시쑹(奚淞), 천준전(陳純眞), 잔홍즈(詹宏志), 샤오예(小野), 우정환(吳正桓), 가오신장(高信疆), 천궈푸(陳國富), 양더창(楊德昌), 징잉루이(井迎瑞), 우녠전(吳念眞), 마이장(馬以工), 천촨싱(陳傳興), 양셴홍(楊憲宏), 왕샤오디(王小棣), 우징지(吳靜吉), 귀리신(郭力昕), 장이(張毅), 랴오칭쑹(廖慶松), 왕페이린(王菲林), 린화이민(林懷民), 타오더천(陶德辰), 장창옌(張昌彦), 치우쯔(齊物子), 바이뤄(白羅), 줘밍(卓明), 타오샤오칭(陶曉清), 장자오탕(張照堂), 장쉰(蔣勳), 주톈원(朱天文), 진스제(金士傑), 황춘밍(黃春明), 장화쿤(張華坤), 차이친(蔡琴), 주톈신(朱天心), 진헝웨이(金恒煒), 황젠예(黃建業), 청좡샹(曾壯祥), 루페이이(盧非易), 리다오밍(李道明), 커이정(柯一正), 천쿤허우(陳坤厚), 퉁와(童娃), 라이성촨(賴聲川), 두커펑(杜可風), 후타이리(胡台麗), 천위항(陳雨航), 자오슝빙(焦雄屛), 두두즈(杜篤之), 허우샤오셴(侯孝賢), 천잉전(陳映真), 완런(萬仁).

신전영의 시기를 가르는 핵심적 지표로 작용하고 있다고 판단하기 때문이다. 그러나 이 선언서에는 대만 영화 역사에서 신전영의 시기를 구분하고 결정짓는 명확한 언급이 존재하지 않는다. 이러한 측면에서 대만 신전영에 대한 경계 짓기는 1970년대에서 1980년대로의 대만 영화 역사 전환 과정과 흐름 속에서 그 근거를 찾는 것이 타당하다고 할 수 있다.

신전영이 등장하기 전 1970년대의 대만 영화는 오랫동안 지속되어 온 계엄 상황으로 인하여 국민당 정부의 정책을 반영한 국책 영화와 상업적인 무협 영화, 정형화된 멜로드라마 등이 남발되면서 영화 창작의 수준은 전반적으로 하락하였다. 여기에 홍콩에서는 1979년 이후 텔레비전에서 영화로 바꾼 쉬안화(許鞍華), 장궈밍(章國明), 쉬커(徐克)와 옌하오(嚴浩), 팡위핑(方育平), 탄자밍(譚家明)과 같은 인물에 의해 기존의 영화 문법과 제작 방식에서 벗어나 홍콩이 직면하고 있는 다양한 문제를 다루면서 홍콩 영화 산업을 활성화시킨 신랑조(新浪潮)의 흐름이 이어졌다. 이러한 상황에 자극받은 대만의 중앙전영공사(中央電影公司, Central Motion Picture Corporation, CMPC)는 대만 영화 활성화에 적극적으로 참여하여 새로운 테마와 감독들을 지원할 수 있는 제작 시스템 정비에 착수하였다. 이로 인해 대만 영화계에서는 영화 제작에 대한 전반적인 인식의 변화가 발생하였고, 이전의 영화 제작 관행으로부터 벗어나서 새로운 영화를 만들어낼 수 있는 제도적 여건이 마련되었다. 이와 같은 흐름 속에서 대만 영화는 새로운 감독들에 의해 이전 시기의 영화에서 보여주었던 주제, 제작 수법으로부터 탈피하여 전혀 다른 방식과 지향의 영화를 만들게 되었다.

이들이 자신의 영화에서 선택하고 토대로 삼았던 주제와 형식은 1970년대 문학가들의 '향토문학논전(鄕土文學論戰)'에서 쟁점이 되었던 농촌과 도시를 배경으로 한 사실주의 수법이었다. 이와 같은 특징을 처음으로 영화에 적용시킨 것이 1982년 타오더천(陶德辰), 양더창(楊德昌), 커이정

(柯一正), 장이(張毅)가 만든 옴니버스 영화 〈시간이야기〉이다. 이 영화를 시작으로 농촌과 도시의 현실을 반영한 사실주의 영화들이 등장하게 되었다. 이러한 특징의 영화들은 1982년부터 1987년 대만영화선언까지의 주요한 흐름이었고 영화 전문가들은 이것을 신전영이라 불렀다. 잔홍즈는 이를 정리하여 신전영의 특징을 다음과 같이 3가지로 언급하였다.

> 1) 형식적인 자각: 형식에 있어서 뚜렷한 동기가 있고 분명한 메시지
> 가 있다. 2) 영화 생산 수단의 변혁: 기존의 영화와 달리 표준 스크린을
> 사용했으며 비전문 배우를 활용했다. 3) 극 개념의 일신: 극적인
> 충돌을 약화시키거나 분산하고 생활화된 연기를 추구했다.[2]

잔홍즈의 규정은 1982년에서 1987년까지 대만 신전영에서 나타난 특징을 정의하는데 매우 유용한 것이 사실이다. 따라서 대만의 신전영은 1982년에서 1987년 영화 선언까지로 한정하는 것이 맞는 것처럼 보인다.

그러나 잔홍즈를 비롯한 몇몇 영화 전문가들이 언급한 신전영의 범위 규정은 영화 역사의 특징을 지나치게 협소하게 인식하여 영화 자체 내부의 변화에만 의미를 부여하고 있다고 할 수 있다. 이것은 향토문학논전, 문화적 흐름과 영화와의 관계만을 신전영과 결부시키면서 그 범위를 1982년에서 1987년까지로 제한하기 때문이다. 이로 인해 신전영의 개념과 시기에 대한 경계 짓기는 오히려 적지 않은 논란을 불러일으키고 있다. 왜냐하면 역사적 판단은 이전 시기와 현재 시기와의 관계 속에서 다양한 역사적 요소들을 통해 다름과 지속을 그 근거로 삼아야 하는 기본적 요소를 간과하고 있기 때문이다. 이것은 영화 역사의 내부적 변화와 함께 영화 역사를 견인하는 다양한 환경적 요소들을 살펴보아야 한다는 의미이다. 이러한 측면에서

---

2  李天鐸 編著, 『當代華語電影論述』－劉現成, 〈放開歷史視野~重新檢視八0到九0年代偏執 的臺灣電影論述〉, 時報出版社, 1996, 81頁.

대만 신전영의 특징과 시기를 보다 정확하게 규정하려면, 먼저 신전영이 이전 대만 영화의 흐름과 어떻게 다르고 차별화 되었는지, 그리고 그것을 가능케 한 다양한 역사적 조건들이 무엇인지를 살펴보고, 그러한 특징들과 혁신적 시도가 얼마 동안 영화 속에 투영되고 지속되어 발전했는지를 파악하는 것이 우선적으로 고려되어야 한다. 이와 같은 관점에 근거하면 대만 신전영의 특징과 성격은 1982년에서 1987년으로 결코 한정 지을 수 없을 뿐만 아니라 오히려 1987년 선언 이후에도 지속되고 있었으며 본격적으로 활성화되었다고 할 수 있다. 이러한 주장에는 신전영의 특징이 단순히 농촌과 산업화 이후 경제 성장 과정에서 발생한 도시의 현실만이 아니라 대만 정부에 의해 오랫동안 통제되고 제한되었던 역사적 풍경과 사실, 사건을 묘사한 영화들까지 포함시켜야 한다는 것이다. 이것을 영화 속에 묘사한 것이 대만 영화의 진정한 혁신이고 새로움이다. 따라서 대만 신전영은 1982년에서부터 대만영화선언과 함께 대만의 과거 역사가 영화에 등장하기 시작한 1987년까지, 이후 일본 식민지 대만의 풍경을 묘사한 왕퉁(王童)의 영화 〈허수아비(稻草人, 1987)〉부터 대만 역사에서 가장 비극적인 사건 중 하나인 1947년 2월 28일 '본성인(本省人)'과 '외성인(外省人)'³과의 충돌을 영화화한 1989년 허우샤오셴(侯孝賢)의 〈비정성시(悲情城市)〉를 거쳐 1996년 탐욕스러운 자본주의 대만 사회를 해부하고 비판한 양더창의 〈마작(麻將)〉에 이르기까지 두 단계를 통해 형성되었다고 할 수 있다. 이것은 1987년 대만에서 38년 넘게 지속되었던 계엄령의 해제와 그 이후의 영화적 행태를 신전영의 특징과 결부시키는데 있어 중요한 요소로 인식하고 있기 때문이다. 이와 같은 주장의 논리적 기반은 몇몇 영화인들이 신전영의 시기를 구분하는 근거로 삼고 있는 1987년 2월 53명의 대만 영화인들이

---

3  외성인은 중국 본토에서 공산당에 패해 장제스와 함께 대만으로 이주해온 사람들을 가리키고, 본성인 혹은 내성인은 이전부터 대만에서 거주한 대만 토착인들을 말한다.

서명한 '민국76년 대만영화선언'에 대한 해석에 토대하고 있다.

실제로 이 선언서에는 당면한 대만 영화 정책과 산업, 시류에 편승한 영화 평론에 대한 비판과 향후 이를 시정하길 바라는 깊은 우려와 앞으로의 기대를 담고 있다. 대만영화선언서에 나타난 내용을 요약하자면, 첫째, 영화 진흥에 대한 기구인지, 정치선전 기구인지가 불명확한 정책 기관에 대한 비판이고, 둘째, 영화의 중요성을 인식하지 못한 대중 매체에 대한 비판이며, 셋째, 평론의 역할에 대한 비판이다. 그리고 대만 영화 변화와 기대에 대한 '결심항목(決心項目)'에서는 첫째, 명확한 영화 정책으로 대만 영화에 대한 지원과 지지를 요청하는 것, 둘째, 영화의 사회적 역할에 대한 관심, 셋째, 독자들의 신뢰를 얻을 수 있도록 평론가들의 역할을 주문하였다. 즉 대만영화선언서에는 그때까지의 신전영 영화에 대해 어떠한 역사적 결정을 단정하고 있지 않았을 뿐만 아니라, 당시 대만 영화의 진흥에 대해 영화 정책 기관과 언론, 사회에 대한 호소문이었음을 알 수 있다. 그러므로 이 선언이 대만 영화 역사에서 하나의 분기점이 되었던 것은 분명하지만 신전영의 특징과 성격에 대한 시기와 개념을 성급하게 단정 짓거나 역사적 종결을 선언하는 의미로서의 결론은 신전영에 대한 역사적 의미를 지나치게 축소 해석한 것이라 할 수 있다. 오히려 이 선언서는 형식적인 것만으로 대만 영화 역사 발전에 더 이상 추동력을 갖지 못하므로 신전영을 지속시킬 수 없다는 대만 영화의 현실을 선언한 것이다.

이러한 측면에서 1987년 7월 14일, 1949년 5월 19일부터 38년 넘게 지속되어 왔던 계엄령의 해제는 대만 신전영의 특징과 성격에 대한 논의에 있어 결코 간과할 수 없는 사건이다. 이와 같은 현상을 직접적으로 보여준 것이 그동안 대만 국민당이 가장 금기시했던 역사적 사건을 영화화한 〈비정성시〉를 들 수 있다. 허우샤오셴의 〈비정성시〉는 1987년 계엄령 해제를 기점으로 대만 신전영 감독들이 1987년 이전에 주로 다루었던 특징들, 즉 유년 시절과 연결된 농촌의 풍경과 산업화 이후 경제 성장과 함께 현대화된 도시를 배경으로 현실과의 관계를 묘사한 것에서 벗어나 보다 직접적인 현실에 대한 문제와 과거 금기시 되었던 역사적 사건에 대한 다양한 관점을 가진 영화들이 등장할 수 있는 계기가 되었다. 이와 같은 테마는 대만의 영화 선언과 계엄령이 해제된 이후 등장한 새로운 흐름이다. 이것은 대만의 신전영이 농촌과 현대화된 도시의 외피를 축으로 새로운 내용과 형식을 통해 표현하는 것으로 한정한다면, 대만 신전영에 대한 표면적 해석에 그칠 것이라는 의미를 내포하고 있다. 그러므로 허우샤오셴의 〈비정성시〉는 그동안 금기시 되었던 역사라는 것을 전면(前面)으로 내세우면서 신전영의 한계를 무너트리고 확장하는 견인차 역할을 했다. 이것은 대만영화선언 속에 내재되어 있는 영화 혁신에 대한 추구와 함께 테마와 형식에 대한 연속성을 가지고 있으며 신전영의 기간과 지속을 견인하고 있다 할 수 있겠다.

따라서 신전영의 시작은 1970년대의 대만 영화로부터의 반작용이었고, 그것은 과거의 기억을 토대로 한 농촌의 풍경과 산업화 이후 경제 성장으로부터 발생한 다양한 현실의 문제만을 대상으로 한 것이 아니라 1987년 계엄 해제로 인해 국민당 정부에 의해 금기시 되었던 역사적 사건을 정면으로 묘사한 것으로 마무리 된다. 그 결과 대만 신전영의 경계 짓기는 역사적 이행 과정에서 나타난 현상을 묘사한 1982년 〈시간이야기〉에서부터 대만 영화의 위기의식을 공유하여 대만영화선언에 서명한 53명과 함께 1989년 〈비정성시〉를 거쳐 1996년 양더창의 〈마작〉에까지 그 잔영을 드리우고 있다 할 수 있다.


## 2. 향토문학논전, 산업화, 정치 민주화

대만 신전영은 크게 두 가지 특징을 가지고 있다. 첫째는 유년 시절의 농촌과 도시의 일상을 배경으로 한 것이고, 둘째는 정치적으로 오랫동안 금기시 되었던 역사적 사건을 영화화한 것이다. 이 두 가지는 대만 신전영의 내용과 형식을 구성하는 핵심 요소이다. 이와 같은 신전영의 특징을 형성하고 있는 토대는 1970년대 문학을 중심으로 형성된 논쟁과 1960년대 산업화 이후 급속하게 성장한 경제 발전, 그리고 1980년대의 정치적 환경 변화가 깊은 영향을 미쳤다.

그 중에서 1970년대 문학 창작 법칙과 방향에 대한 논쟁은 대만 신전영의 내용과 형식 형성에 직접적인 영향을 주었다. '향토문학논전'으로 불리는 이 논쟁은 대만에서 그 수명을 다하였다고 판단한 1960년대 서구의 모더니즘 문학에 대한 비판으로 시작되었다. 여기서 1960년대 서구 모더니즘 문학이 대만에서 성행하게 된 원인을 먼저 살펴볼 필요가 있다. 1960년대 대만에서 서구 모더니즘 문학이 등장하게 된 것은 1950년대 냉전 시기와 어울려 중국 대륙에서 온 외성인 작가를 중심으로 반공 문학과 대륙을 향한 향수 문학이 주류를 이루었고, 항일 문학 운동을 하던 작가들조차도 원천적으로 활동할 수 없게 된 사회적 상황에서 비롯되었다. 이로부터 새로운 돌파구를 찾고자 한 것이 1960년대에 와서 바이셴용(白先勇). 왕원싱(王文興) 등에 의해 '종적(縱的, 중국문학)' 계승을 거부하고 '횡적(橫的, 서구문학)' 이식을 주장하게 되면서, 잡지 《현대문학(現代文學)》을 거점으로 서구 문학의 이념과 방법에 의한 순문학의 재생을 추구하는 움직임이 생겨나면서 본격화되었다 …… 이들은 침체된 문단에 충격을 주기도 하였으나, 한편으로 대만의 현실과 유리된 모더니즘 문학의 풍조를 양성하기도 했다.[4]

1970년대로 접어들면서 대만은 거듭된 외교적 실패로 국제 사회에서

---

4    김양수, 「1970년대 대만의 향토문학논전」, 《중국현대문학》 Vol.19, 한국중국현대문학학회, 2000, 409쪽.

그 존재감이 점차 사라지게 되었다. 이 시기에는 미국과 중국의 관계 정상화가 진행되었고 1971년 4월 조어도(釣魚島) 사건이 발생하면서 미국은 일본 측의 입장을 지지하는 편향된 자세를 보여주기도 하였다. 또한 1971년 10월 25일 중화민국은 '국제 연합 총회 2758호 결의(United Nations General Assembly Resolution 2758)'에 따라 국제 연합 안전보장이사회 상임 이사국의 지위를 박탈당했고 중화인민공화국이 그 자리를 차지하게 되었다. 그리고 1972년 2월 미국의 리차드 닉슨(Richard Nixon) 대통령의 중국방문이 이루어졌다. 이러한 외교적 좌절은 대만으로 하여금 국제적으로 심각한 위기의식을 가지게 했고 국민당 정부의 무능을 확인시켰을 뿐만 아니라 현실에 대한 재인식, 민족에 대한 정체성도 재정립할 필요성이 제기되었다. 이러한 여건 속에서 많은 문학가들은 1960년대 서구 모더니즘 문학이 대만의 정치적, 사회적 현실을 제대로 반영하고 있지 못하고 있을 뿐만 아니라, 대만의 정체성을 확립하는데 있어서도 그 의의를 상실했다는 인식을 갖게 되었다. 이러한 역사적 환경 변화로 인해 대만의 문학가들은 1960년대의 모더니즘 문학에 대한 역사적 의의가 사라졌다고 비판하면서 현실적 상황과 역동적으로 결합되는 새로운 리얼리즘 이론을 주창하였다. 그러한 주장들이 표면화된 것이 향토문학논전이라 불리는 '현대시논전(現代詩論戰)'이다.

현대시논전은 두 번에 걸쳐 일어났는데 첫 번째는 "1972년 당시 싱가포르 대학에 재직하고 있던 관지에밍(關傑明)이 「중국현대시의 곤경(中國現代詩的 困境, 1972년 2월)」과 「중국현대시의 환경(中國現代詩的 幻境, 동년 9월)」을 발표하면서 시작되었다. 관지에밍은 위 두 편의 글을 통해 대만 현대시는 지나치게 서양을 모방한 나머지, 언어 면에서 난해하게 되었다고 하고, 자기 민족의 과거 및 현재에 대한 시인의 인식이 결여되었다는 점을 지적했다 …… 이를 받아 탕원비아오(唐文標)는 1973년 「전통시와 현대시를 논함 – 어떤 시대, 어떤 장소, 어떤 사람, 시의 몰락 – 대만,

홍콩신시의 역사비판(論傳統詩與現代詩－什么時代什么地方什么人, 詩的沒落－台港新詩的歷史批判)」 등의 글을 발표, 전후 대만, 홍콩의 중국문학이 일관되게 현실 도피적이었던 점과 그 중에서도 대표적이라 할 수 있는 야쉬엔(瘂弦), 이에깡(葉剛), 쉬광쫑(徐光中), 루워푸(洛夫) 등의 현실 도피적 성향을 강도 높게 비판했다. 탕원비아오는 종래의 문학을 전면적으로 부정하고 젊은 세대들에게 생생하고 사회, 국가, 동시대와 관련을 가지며, 생명력 있는 신문학, 신예술을 건설할 것을 호소했다."[5] 두 번째 논쟁은 1977년 4월 잡지《선인장(仙人掌)》제2기(第2期) 특집호에 향토문학에 대한 왕투어(王拓)의 「현실주의 문학이지, 향토문학이 아니다(是'現實主義文學', 不是'鄉土文學')」, 인정슝(銀正雄)의 「무덤 안 어디서 들리는 종소리인가(墳地裡哪來的鐘聲?)」, 주시닝(朱西寧)의 「어디로 돌아가고, 왜 돌아가는가(回歸何處? 如何回歸?)」라는 각기 서로 다른 입장의 논문이 실리면서 발단이 되었다.

왕투어의 논문은 "1) 1970-1972년의 대만 사회(一九七0至一九七二年的臺灣社會), 2) 1949년 이후 대만문학에 대한 회고(一九四九以後臺灣文學的回顧), 3) 현실주의 문학이지, 향토문학이 아니다(是'現實主義文學', 不是'鄉土文學')"[6]의 순서로 되어있다. "이 중 가장 핵심적이라 생각되는 것을 요약하면 농촌은 도시에 비해 전통 문화의 특색과 순박한 생활양식을 보존하고 있다. 하지만 이런 특징을 가진 문학이 농촌에만 한정되지는 않는다. 중요한 것은 작품의 지방적 특색이 아니라 작품에 반영된 현실 생활과 그 속에 살고 있는 사람들의 감정의 반응, 그들의 애환, 분투 등이다. 대만이라는 현실 사회의 땅에 뿌리내려 사회 현실을 반영하고 사람들의 생활과 심리적 바람을 반영한 문학이 필요하다는 것이다. 그래서

---

5  위의 논문, 411쪽.
6  위의 논문, 412쪽.

그는 향토문학이 아닌 현실주의 문학을 제창한다."[7] 두 차례에 걸쳐 일어난 논쟁 중 첫 번째 논쟁에서는 주로 1960년대 서구의 모더니즘 문학에 대한 비판에 집중되었고, 두 번째 논쟁에서는 보다 직접적으로 향토문학이란 무엇인가와 향후 대만 문학에 대한 방향정립에 관한 것이다. 그러나 이 두 논쟁에서 핵심적인 것은 현실과 유리된 서구 모더니즘에서 벗어나 현실을 반영하고 현실에 토대한 현실주의 문학을 주장한 것이다. 그리고 향토문학논전은 "1978년 8월 1일 《선인장(仙人掌)》 제12호에 「민족문학 재출발(民族文學再出發)」이라는 특집호가 출간되면서 향토문학논쟁은 일단락된다."[8]

향토문학논전을 통해 나타난 지형은 크게 세 가지로 나뉘었다. "첫 번째는 전후의 대만 경험을 주요한 이론적 근거로 삼는 리얼리즘 문학(王拓, 왕투어), 두 번째는 중국 대륙에 대한 민족주의적 입장을 포기하지 않은 민족 문학론(陳映眞, 천잉전), 마지막으로 본격적으로 대만문학의 정체성을 주장하는 대만 본토 문학론(葉石濤, 예스타오) 등이 그것이다. 이러한 분화는 1980년대 이후 본격적으로 시작된 대만 문학에 관한 논의를 다양한 방향으로 확산시켰다."[9] 이것은 대만의 정치적, 경제적, 사회적 갈등을 외면하고 국민당 정부의 정책에 부응하여 온 당시의 문화, 예술 창작이

---

7  尉天驄 主編, 『鄕土文學討論集』, 遠流·長橋聯合發行部, 台北, 1978, 100-119頁. ―위의 논문, 412쪽에서 재인용.

8  위의 논문, 418쪽.
   참고로 향토문학논전을 회고하면서 재조명한 대회는 1997년 10월 19일 대만사범대학(臺灣師範大學)에서 대만사회과학연구회(臺灣社會科學研究會), 인간출판사(人間出版社), 하조연합회(夏潮聯合會, 향토와 문화에 대한 관심과 정치민주, 경제민주, 사회민주를 실현하기 위해 1976년에 창립된 모임) 주최로 '회고와 재고―향토문학논전20년토론회(回顧與再思―鄕土文學論戰二十年討論會)'로 열렸고, 1997년 10월 24일부터 26일까지 문건회(文建會) 주최로 '청춘시대의 대만―향토문학논전20주년회고연토회(青春時代的 臺灣―鄕土文學論戰二十周年回顧硏討會)'가 타이베이(臺北), 성품서점 돈상점(誠品書店 敦商店)에서 3일간 열렸다. ―위의 논문, 419쪽.

9  장동천, 「대만의 향토문학 서사와 신전영 운동」, 《中國語文論叢》 Vol.31, 中國語文研究會, 2006, 466쪽.

새로운 도전에 직면하게 되었다는 것을 의미하였다. 이로써 향토문학논전은 1960년대에 등장한 '건전한사실주의(健康寫實主義)'의 연장선에 있는 대만 영화계에 중요한 창작의 전환점이 되었다. 즉 향토문학논전은 신전영의 농촌과 도시를 배경으로 한 다양한 인물을 통해 대만 사회의 현실을 드러내는데 가장 효과적인 문화적 토대였다. 그리고 "1970년대에 미만했던 향토의식은 신전영운동의 참여자들에게 대만문화의 정체성 찾기에 관한 어떤 근원적인 공감대를 형성시켰다. 향토문학은 신전영 창작가들의 현실 의식이 형성되는 데 영향을 끼쳤을 뿐 아니라 영화적 영감과 메시지의 원천이 되었다."[10] 이러한 향토문학논전을 통해 논쟁이 된 향토, 사실, 현실주의는 신전영의 테마와 형식에 깊은 영향을 미쳤다. 특히 신전영에서 과거의 기억과 성장의 배경으로 작용하고 있는 농촌에 대한 묘사와 그와 불가분의 관계를 가지고 있는 현대화된 도시에 대한 묘사는 바로 신전영이 향토문학논전으로부터 영향 받은 자장 안에 있는 요소들이다. 향토문학논전과 신전영과의 관계는 대만의 문화적 흐름과 함께 이를 적극적으로 반영한 인적 구성에 근거하고 있다. 향토문학의 영향을 직접 받은 대표적인 인물로 작가 황춘밍(黃春明)을 들 수 있다. "그는 영화화된 자신의 작품 중, 단편 소설 7편 가운데 2편을 직접 각색했다. 반면 향토문학의 영향을 받았지만 향토문학 작가로 보기 어려운 젊은 시나리오 작가들로는 샤오예(小野), 우녠전(吳念眞), 주톈원(朱天文), 딩야민(丁亞民), 장이(張毅), 샤오펑(蕭颯) 등을 들 수 있다. 이러한 젊은 작가들 중 신전영을 통해 작가로서 명성을 얻은 주톈원은 본인의 소설 여섯 편의 시나리오 작업에 모두 참여하였다. 우녠전 같은 사람은 시나리오 창작과 각색 뿐 아니라, 심지어 감독과 배우에 이르기까지 다방면의 역할을 맡았다. 그런가 하면 〈동년왕사(童年往事, 1985)〉에서의 허우샤오셴처럼 감독이 시나리오 창작에 직접

---

10 위의 논문, 471쪽.

나서는 경우도 적지 않았다. 요컨대 신전영은 소설 따로 영화 따로 제작된 것이 아니라 문학과 영화의 직접적인 상호작용 속에서 만들어진 것이라고 할 수 있다."[11] 비록 신전영이라 불리는 영화들이 향토문학작품을 원전으로 한 것보다 모더니즘 계열의 문학작품을 영화화한 것[12]이 더 많다 하더라도, 신전영은 향토문학논전과 불가분의 관계 속에서 형성되었음을 알 수 있다.

그렇다면 신전영이 향토문학논전을 통해 직접적으로 영향 받은 요소는 무엇인가? 신전영이 향토문학논전을 통해 취하고자 한 것은 대만 사회에서 벌어지고 있던 갈등의 현실을 반영한 사실주의 수법이었다. 이 사실주의는 신전영을 관통하는 핵심적 가치였다. 사실주의에 대한 신념이 신전영 창작가들에게 얼마나 중요하게 내면화되어 있는가는 허우샤오셴이 2005년 한국의 영화잡지《씨네 21(Cine 21)》과의 인터뷰에서 엿볼 수 있다. 그는 이 인터뷰에서 '영화란 무엇인가?' '대만 신전영이란 무엇인가?'라는 질문을 스스로 던지면서 영화에서 "가장 중요한 것은 사실주의다. 영화는 현실을 모방하는데서 부터 시작된다. 항상 생각하는 것이 현실문제였다"[13]고 했다. 이처럼 향토문학논전으로부터 유입된 사실주의는 신전영 창작수법의 중요한 토대였다.

또한 허우샤오셴은 신전영이 등장하는데 있어 또 다른 중요한 요소로 대만의 경제발전을 들었다. 그는 "대만 신전영 뿐만 아니라 심지어 동아시아 영화 발전도 산업화 이후 비약적으로 발전한 경제발전의 영향에서 찾았다."[14] 허우샤오셴은 신전영의 등장과 경제발전을 불가분의 관계로 보았던

11  위의 논문, 472쪽.
12  신전영이라 불리는 영화 58편중에서 향토문학원전은 8편에 불과하고, 바이셴용(白先勇)의 〈위칭형수(玉卿嫂)〉, 〈김마담의 마지막 밤(金大班的最後一夜)〉, 리앙(李昻)의 〈살부(殺夫)〉, 장아이링(張愛玲)의 〈원녀(怨女)〉 같은 20여 편의 다양한 모더니즘 계열의 작품도 영화화 되었다.-위의 논문, 472-473쪽 참고.
13  〈대만뉴웨이브영화제 마스터클래스, 허우샤오시엔〉,《씨네 21》, 2005.09.13.
14  위의 잡지. 2005.09.13.

것이다. 그가 경제발전을 신전영의 등장에 중요한 요소로 인식한 것은 경제발전이 전반적인 대만의 영화제작 여건을 개선하여 자신의 관점을 버리지 않고 자신들만의 실험과 생각을 표현할 수 있는 제도적 시스템이 만들어졌다는 점과 경제 발전과정에 나타난 다양한 사회적 모순과 현상들이 신전영의 중요한 창작 재료로 작용하고 있기 때문이다.

이러한 특징의 신전영을 견인하고 있는 대만의 경제 성장과 발전은 1960년대부터 이미 수출주도형 경제체제로 전환이 이루어지면서 시작되었다. 대만의 경제규모는 급속도로 확대되기 시작하여 "1960년대 개인 소득의 성장률은 5.8%이었고, 저축률은 26%나 신장되었으며, 공업부문의 연 성장률은 20%로써 총 수출에서 공업 생산품이 점유하는 비중이 83%나 되었다."[15] 이 기조는 1974년과 1979년 두 차례의 석유 파동으로 인해 성장률이 잠시 주춤하기도 하였지만, 1970년대(1970-1979)의 경제 성장률은 평균 10.24%를 유지하였다. "1980년대에 접어들자 대만은 경제건설 10년 계획이라는 장기 건설계획을 세우고 노동집약적인 산업체계를 탈피하여 자본과 기술집약적인 산업을 집중 육성하는 방향으로 발전방향을 확정하였으며, 이른바 자유화, 국제화, 제도화를 준칙으로 삼아 전면적인 개방을 실행하였다. 또한 전략 산업의 가속적인 발전을 돕기 위한 조치의 일환으로 1980년 12월 신죽(新竹)과학공업단지를 설립하여 입주업체에 중, 장기 저리융자를 제공하면서 활성화 하였다. 그리고 1984년 6월 정부는 대만경외금융중심(臺灣境外金融中心)을 설립 금융 국제화를 위한 첫 발을 내디뎠고, 1989년 4월부터는 환율을 자유화 하였다."[16] 이러한 경제 조치로 인하여 1980년대(1980-1989)에도 경제 성장률은 평균 8.14%를 기록하였다. 이처럼 대만은 1960년대부터 시작하여 1970년대, 1980년대를 거치

---

15　彭懷恩·林鐘雄 著, 金喆洙·高英根·朴靚植 共譯, 『臺灣 政治變遷, 經濟發展 40年』, 성균관대학교 출판부, 1987, 102쪽.
16　김영신, 『대만의 역사』, 지영사, 2001, 359-360쪽.

면서 급속한 경제성장을 이루었다.

대만 신전영은 이와 같은 대만의 급속한 경제성장과 그 과정에서 나타난 대만 사회의 어두운 그늘을 영화의 중심으로 이동시켰다. 이것은 대만인들이 직면하고 있는 현실인 것이다. 이러한 이유로 신전영은 자연스럽게 현재 자신들의 모습에 눈을 돌리게 되었고 그것을 보다 일상화된 현실로 드러내기 위해 형식적으로 사실주의 수법을 취하게 되었다. 특히 산업화 이후 급속한 경제성장과 발전과정에서 나타난 현대화된 도시 현실에 대한 묘사는 향토문학논전으로부터 발생한 사실주의 수법이 매우 효과적이고 적합한 것이었다는 것을 말해주고 있다. 이러한 측면에서 사실주의는 신전영 창작가들에게 농촌과 도시의 모습을 통해 과거에서 현재에 이르는 자신들의 모습뿐만 아니라 그 속에서 드러나지 않은 대만의 현실을 묘사하게 한 최적의 창작수법이었다. 따라서 신전영은 산업화 이후 경제발전으로 인해 나타난 대만의 다양한 모순된 사회적 현상들을 영화에 투영시킬 수 있었다.

그러나 대만의 신전영은 1987년 2월 '대만영화선언'을 기점으로 새로운 상황에 직면하게 되었다. 1975년 4월 5일 장제스(蔣介石)가 사망하고 그의 아들 장징궈(蔣經國)의 시대가 되자 대만은 점차 민주화의 길로 접어들기 시작하였다. 특히 1979년 장징궈가 제6대 총통으로 취임하면서 그는 "정치적 민주화, 경제적 평등 그리고 사회적 다원화를 중국 전역에서 실천하는 것을 강조하는 '삼민주의'에 의한 통일정책을 추진할 것을 선언했다."[17] 이러한 기조는 1986년 9월 28일 오랫동안 당외인사(黨外人士), 즉 재야인사로 머물렀던 인물들이 대만에 민주진보당(民主進步黨, 약칭 민진당)이라는 신당 창당을 선포하면서 본격화 되었다. 민진당의 등장은 대만 역사에서 40여 년 만에 등장한 야당이었고, 이들은 국민당이 중화민족주의를 주장한 것과 달리 대만 민족주의에 기반하고 있으면서 궁극적

---

17  지은주, 『대만의 독립문제와 정당정치』, 나남, 2009, 139쪽.

으로 대만의 독립을 주장하였다. 민진당의 이러한 주장은 1987년 7월 14일을 기해 38년이 넘게 지속되었던 계엄령의 해제로 더욱 탄력을 받았다. 그리고 1988년 1월 13일 장징궈가 지병으로 사망하게 되자, 본성인 출신인 리덩후이(李登輝)가 총통직을 계승하면서 대만에서의 민주화는 시대를 거스를 수 없는 흐름이 되었다. 그 후 "1992년 2월 대만 행정원(行政院) '2.28사건 연구소조'는 대만 역사상 최대의 비극으로 평가되는 2.28사건을 국민당 정부의 폭압에 대한 불만, 대만 성 출신의 정치참여 기회 불공평, 경제적으로는 대만에 대한 무리한 통제, 경기침체로 인한 불경기, 높은 물가와 실업, 기타 사회적인 문제 등 복잡한 발생 배경을 가졌다고 정의하고 사건의 기간을 1947년 2월 27일부터 5월 16일까지로 규정한 연구보고를 발표하였다."[18] 또한 "1992년 12월 입법원 선거에서 민진당은 총 의석 161석 중에서 50석을 차지함으로써 국민당의 독주를 견제할 수 있는 제1야당으로서의 정치적 기반을 확고히 했다."[19] 이와 같은 대만의 정치 민주화는 신전영의 분기점으로 작용하였던 1987년 이후의 영화적 내용과 형식에 큰 영향을 미쳤다. 특히 1987년 대만에 계엄령이 해제되고 "1988년 1월 각종 언론에 대한 검열과 보도규제 조치들의 해제"[20]는 향토 문학논전으로부터 시작된 향토와 경제발전으로 인해 변한 도시의 현실을 드러내는 주제, 형식과 함께 그동안 금기시되었던 역사적 사건들을 영화의 전면에 드러나도록 하는 계기가 되었다. 그것과 직접적인 연관이 있는 영화가 바로 허우샤오셴의 〈비정성시〉라 할 수 있다.

따라서 대만의 신전영은 향토문학논전으로부터 촉발된 향토의식에 기반

---

18 박강배, 「타이완 사람들의 기억과 기념」, 《민주주의와 인권》 Vol.5, 전남대학교 5. 18연구소, 2005, 238쪽. ‒ 이에 대한 연구보고서는 1994년 2월 『2.28事件 硏究報告』로 대만의 時報出版社에서 출판되었다.

19 문흥호, 『대만문제와 양안관계』, 폴리테이아, 2007, 42쪽.

20 이강인, 「대만영화의 뉴웨이브 운동과 정치성에 관한 담론」, 《한국시민윤리학회보》 Vol.22, 한국시민윤리학회, 2009. 178쪽.

하여 농촌과 어촌을 배경으로 영화화한 향토와 이와 결부된 산업화 이후, 도시를 배경으로 한 현실에 대한 문제, 그리고 계엄령 해제 이후 정치 민주화로 인해 과거의 역사적 사건으로까지 확대되었다. 이와 같은 이유로 대만 신전영은 향토문학논전과 산업화 이후 나타난 현실의 문제, 계엄령 해제로 인한 정치 민주화와 불가분의 관계가 있는 것이다. 이것이 대만 신전영의 주요 주제와 형식을 형성하는데 직접적인 영향을 주었다.

## 3. 과거를 통해 현실을 보고 대만의 정체성을 인식하다

### 향토의식과 유년시절로의 시간 여행

대만 신전영의 중요한 토대는 1970년대 대만 문학의 정체성을 놓고 벌인 향토문학논전이고 그로부터 형성된 향토의식이라 할 수 있다. 여기서 말하고 있는 "향토는 지방을 가리키지 않는다. 향토는 논자에 따라 차이는 있지만 대체로 대만 의식이거나 민족주의 혹은 현실주의 문학이라는 보편적인 지향과 맞닿아 논의됐던 개념이었다."[21] 이것을 통해 정립된 것이 향토의식이라 할 수 있다. 그러므로 향토의식은 향토문학논전을 거치면서 창작가들에게 형성된 창작 방향과 관점인 것이다. 이를 통해 신전영 창작가들이 향토의식을 영화 속에서 구체화한 것이 농촌풍경을 배경으로 한 유년시절로의 시간 여행이었다. 향토의식은 신전영 창작가들이 유년시절로의 시간 여행을 통해 도달하려고 하는 최종 목적지로 안내하는 기본적인 토대라 할 수 있다. 이것은 향토문학논전을 통해 형성된 문학적 화두와 문화적 흐름이 신전영 창작가들에게 향토의식을 창작의 중요한 요소로

---

21 박자영, 「거리와 풍경의 청년들─허우샤오셴 영화와 산업사회 타이완 청년」, 《사이間 SAI》 Vol.9, 국제한국문학문화학회, 2010, 96쪽.

인식하게 하는데 적지 않은 영향을 주었다는 의미이다. 그러므로 향토의식은 유년시절로의 시간 여행을 견인하고 있는 근본적 요소라 할 수 있다.

신전영에서 나타난 유년시절로의 시간 여행은 과거로의 시간 여행이다. 즉 과거로의 시간 여행을 통해 도달한 곳은 어른으로 성장하면서 겪었던 어린 시절, 사춘기, 청소년 시기이다. 이것은 대만 신전영 창작가들이 체험하고 경험했던 농촌 등을 배경으로 한 성장의 시기와 자연스럽게 부합하고 있다. 그렇기 때문에 신전영에서 특징적으로 나타나는 유년시절은 어느 시점에서 바라보고 있는가에 따라 어린 시절일수도 사춘기, 청소년 시기일수도 있다. 그것은 단지 어느 시점에서 바라보느냐의 문제일 뿐이지 누구에게나 공통적으로 경험했던 과거 성장기의 한 시기를 말하고 있는 것이다. 그렇기 때문에 신전영에서의 유년시절은 특정한 인물의 한 시기만을 가리키는 것이 아니라 어른이 되어 과거를 회상하면서 바라본 성장기를 총칭한다. 이와 함께 과거 성장기로의 시간 여행은 필연적으로 관조와 회상을 동반하게 된다. 즉 과거의 기억 속에 존재하고 있던 시기와 사실을 끄집어내는 것은 마치 현재 살아있는 생생한 현실의 느낌처럼 느껴지기도 한다. 그렇지만 현실처럼 느껴지는 과거의 기억과 추억은 영화 속에서는 오히려 무의식적으로 객관화되고 대상화되기 마련이다. 이러한 특징들을 효과적으로 표현할 수 있는 수법이 바로 사실주의인 것이다. 이것은 성장하면서 겪은 어린 시절, 사춘기, 청소년기를 회상하기 위한 과거로의 시간 여행이 사실주의 수법을 통해 묘사되고 있다는 의미이다. 이런 이유로 사실주의 수법은 대만 신전영 창작가들에게 농촌, 어촌, 도시를 배경으로 벌어진 소시민들의 일상을 불러낼 수 있게 되었다. 그리고 그 일상 속에는 대만의 역사와 사회, 현실과 어우러진 한 인간과 가족의 험난했던 인생사가 내재되어 있다. 유년시절로의 시간 여행은 바로 그러한 것들을 표현하기 위한 방편인 것이다.

이러한 특징은 대만 신전영의 시작을 알린 〈시간이야기〉에서 그 실마리를 찾을 수 있다. 이 영화는 각기 서로 다른 네 개의 시간과 공간 에피소드로 구성되었다. 타오더천이 만든 첫 번째 에피소드 〈소룡두(小龍頭)〉는 1960년을 배경으로 어린 시절 공룡 장난감에 얽힌 이야기를 다루고 있고, 양더창의 두 번째 에피소드 〈지망(指望)〉에서는 1967년 대학생을 짝사랑한 사춘기 여학생 샤오펜의 이야기다. 커이정의 세 번째 에피소드 〈도와(跳蛙)〉는 1972년 대학생활에 관한 것이고, 장이가 만든 네 번째 에피소드 〈보상명래(報上名來)〉는 1982년 한 남자가 아파트 안에 열쇠를 두고 나와 문이 잠겨 들어가지 못하면서 벌어지는 해프닝을 다룬 내용이다. 무엇보다 이 영화가 신전영 특징의 서막을 알린 작품으로 간주된 가장 큰 이유는 유년시절로의 시간 여행을 다루고 있는 첫 번째와 두 번째 에피소드 때문이다. 그리고 이것을 상징적으로 보여주고 있는 것은 영화의 첫 번째 에피소드가 시작하면서 보여준 기찻길을 들 수 있다. 기찻길을 보여주고 그 길을 따라가는 어린아이의 모습으로 시작되는 첫 번째 에피소드는 신전영의 특징을 가장 선명하게 표현하고 있다. 기찻길을 보여주면서 시작된 이 장면은 이 영화가 단순히 첫 번째 에피소드의 내용을 설명하기 위한 것으로서 뿐만 아니라 신전영의 특징이라 할 수 있는 유년시절을 회상하는 시간 여행의 상징으로 작용하고 있기 때문이다. 즉 기찻길은 유년시절을 회상할 수 있는 시간 여행의 진입로인 것이다. 이 기찻길을 통해 어린 시절, 사춘기, 청소년기로의 시간 여행을 한다. 이러한 수법으로 신전영의 창작가들은 농촌과 어촌 마을의 풍경을 배경으로 어린 시절을 보여주면서 그 당시의 힘들었던 일상적 현실을 묘사할 수 있었다. 그리고 이러한 장면들은 영화 속에서 한 인물의 내레이션과 어우러지면서 유년시절로의 시간 여행이 일정 부분 객관성을 유지하도록 했다. 이러한 것들은 신전영이 어떤 내용과 수법으로 특징화되고 있는지를 가늠할 수 있는 구체적 요소들이자 특징이다.

이와 같은 특징들은 천쿤허우(陳坤厚)의 영화 〈샤오삐의 이야기(小畢的

故事, 1983)〉에서 고스란히 나타나고 있다. 영화는 바닷가의 한 마을을 배경으로 여자 주인공 샤오판이 내레이션을 통해 자기 집 맞은편에 살았던 남자친구 샤오삐의 힘들었던 유년 시절의 이야기를 회상하면서 시작된다. 샤오판은 샤오삐를 키우기 위해 술집을 나가야 했고 나이 많은 남자와 재혼해야 했던 그의 어머니의 삶과 그 과정에서 방황하면서 성장한 그의 어린 시절과 사춘기, 청소년 시기 등에 관한 이야기를 매우 일상적이고 사실적인 기조로 설명하고 있다. 이와 같은 수법은 천쿤허우의 영화가 신전영의 특징인 향토의식과 유년시절로의 시간 여행에 근거하고 있음을 보여준 것이다.

허우샤오셴, 청좡샹(曾壯祥), 완런(萬仁)이 만든 〈아이들의 큰 인형(兒子的大玩偶, 1983)〉을 통해서도 이러한 신전영의 특징은 확인된다. 이 영화는 각각의 감독들에 의해 3개의 에피소드로 구성되어 있다. 첫 번째 에피소드에서는 민국51년, 1962년 죽기(竹崎)라는 자막과 함께 피에로 복장을 하고서 광고판을 들고 길거리를 다니는 가장의 힘든 일상생활을 묘사하고 있고, 두 번째 에피소드 〈비키의 모자(小琪的那頂帽子)〉에서는 일본제 전기밥솥을 광고하고 다니는 두 명의 젊은 직장인 중 우승과 어린 소녀 샤오치와의 만남을 묘사하고 있으며, 세 번째 에피소드 〈사과의 맛(蘋果的滋味)〉에서는 판자촌에 살고 있는 한 남자가 이른 새벽 자전거를 타고 가다 미군 자동차와 교통사고로 미군 병원에 입원하게 되면서 벌어진 해방 이후 대만 사회의 상황과 사회적 불평등, 언어의 불소통[22] 등 그 당시 대만에서 나타나고 있는 다양한 풍경에 대해 묘사하고 있다. 이 영화에서 가장 특기할 만한 것은 끊임없이 회상 장면―첫 번째 에피소드에

---

22 1950년대까지 많은 대만인들이 국어(國語)를 못 알아들었기 때문에 1955년 최초로 대만어 영화를 만들었다. 1960년대까지는 대만어 영화가 전성기를 이루었지만 1969년을 기점으로 국어로 된 영화가 주류가 되었고 1981년이 되자 대만어 영화는 만들어지지 않았다.―장동천, 앞의 논문, 478쪽 참고.

서는 피에로 복장을 하게 된 이유, 두 번째 에피소드에서는 임신한 아내로부터 선물을 받은 장면, 세 번째 에피소드에서는 임신한 여자와 남편이 도시로 가는 기차안과 미군 병원―을 통해 과거 속으로의 시간 여행을 나타내고 있으면서 내레이션을 통해 영화 속에서 전개되고 있는 것이 과거 유년시절에 일어났던 이야기라는 것을 확인하고 있다는 점이다. 이것을 효과적으로 묘사하기 위해 이들 감독들은 현재 속에서 과거를 회상하고 과거와 현재를 끊임없이 비교한다. 이를 위해 감독들은 시각적 장면, 즉 힘들게 살고 있는 삶의 모습을 낡은 판자촌, 오래된 황갈색 톤의 화면과 때로는 음악과 무음 등을 통해 묘사한다. 이러한 수법은 과거를 설명하는 것이기도 하지만 오히려 현재의 의미를 강화하고 설명하는 기제로도 사용되고 있다.

향토의식에 기반 한 유년시절로의 시간 여행은 왕퉁 감독의 〈바다를 보던 나날(看海的日子, 1983)〉에서도 나타난다. 영화는 어린 나이에 바닷가 부두의 술집으로 팔려와 접대부 생활을 하고 있던 바이메이가 임신하게 되자 자신의 고향인 농촌으로 돌아와 다시 새로운 여인으로 거듭난다는 이야기이다. 영화에서는 그녀의 현재 모습은 과거 어린 시절을 통해서, 과거 어린 시절의 모습은 현재의 모습을 통해서 묘사되고 있다. 그녀의 현재 모습은 과거 어린 시절을 불러내게 만드는 동인이고, 과거 어린 시절의 바이메이는 현재의 그녀를 설명하는데 반드시 필요한 시간 여행인 것이다. 그리고 이 두 가지, 즉 과거와 현재를 아우르는 것은 바이메이가 접대부 생활을 청산하고 기차를 타고 고향 농촌으로 되돌아감으로써 해결된다. 여기서의 기찻길은 그녀의 과거와 현재의 모습을 연결하기도 하고 단절시키기도 하는 시간 여행으로의 연결기능을 하고 있는 것이다.

무엇보다 향토의식에 기반 하면서 어린 시절, 사춘기, 청소년기로의 시간 여행은 주로 허우샤오셴의 영화 〈펑구이에서 온 아이들(風櫃來的人, 1983)〉과 〈둥둥의 여름방학(冬冬的假期, 1984)〉, 〈동년왕사(1985)〉, 〈연연풍진(戀戀風塵, 1986)〉에서 두드러지게 나타나고 있다.

특히 바닷가 펑구이라는 어촌 마을을 배경으로 한 〈펑구이에서 온 아이들〉은 주인공 아칭과 그의 친구들을 통해 방황하는 청소년기를 다루었다. 이를 위해 허우샤오센은 영화를 두 부분으로 구성하였다. 첫 번째 부분에서는 펑구이에서 친구들과 몰래 극장에 들어가 영화를 보거나 패싸움 등 온갖 비행을 일삼았던 방황하는 시기를 묘사하였고, 두 번째 부분에서는 부모 몰래 가오슝(高雄)으로 떠나 그곳에서 공장에 취직하게 되고 이웃집 여자를 좋아하게 되면서 겪는 도시생활에 관한 이야기를 다루고 있다. 두 부분으로 구성된 이 영화는 펑구이에서의 일상적 모습과 낯선 도시 가오슝에서의 고달픈 삶을 사실주의 형태로 묘사하고 있다. 여기에 영화의 시작과 중간에 병든 아버지의 모습과 함께 야구를 하고 건강했던 아버지와의 추억, 아버지의 죽음으로 이어지는 회상 장면은 이 영화가 유년시절로의 시간 여행을 하고 있다는 것을 보여주고 있는 것들이다. 따라서 영화에서 벌어진 모든 현상들은 아칭을 둘러싸고 있는 청소년기와 시골, 도시와 연결되어 있다. 이런 측면에서 이 영화는 향토의식을 광범위하게 적용하고 있을 뿐만 아니라 유년시절로의 시간 여행이라는 신전영의 특징을 잘 구현하고 있는 영화라 할 수 있다.

또한 허우샤오센은 영화 〈둥둥의 여름방학〉을 통하여 유년시절에 관한 다양한 이야기들을 다루고 있다. 어린 소년 둥둥은 어머니의 병이 깊어지자 삼촌과 함께 타이베이(臺北)를 떠나 기차를 타고 시골 할아버지 집에 잠시 머무르게 된다. 할아버지 집에 있는 동안 그는 다양한 경험을 한다. 둥둥은 자신의 장난감 자동차를 시골 아이들의 살아있는 거북과 맞바꾸기도 하고 그들과 물놀이와 참새 잡이를 하면서 즐거운 여름방학을 보낸다. 시골의 일상적 풍경들이 아름답게 묘사된 이러한 유년시절의 추억과 기억은 둥둥이 시골을 떠나 다시 타이베이로 떠나면서 끝이 난다. 영화는 마치 오즈 야스지로(小津安二郎)의 정지된 사물과 거리의 풍경 이미지

등을 보여주면서 전환되는 화면처럼 한 편의 아름답고 한가로운 풍경을 배경으로 전형적인 향토의식에 토대한 유년시절로의 시간 여행을 다룬 영화라 할 수 있다.

1980년대 대만 신전영에서 향토의식과 유년시절과의 연관 관계 속에서 대만의 역사적 풍경을 묘사하고 있는 허우샤오셴의 영화로는 〈동년왕사〉를 들 수 있다. 영화는 내레이션을 통해 과거로의 회상, 특히 유년시절에 관한 것임을 표명하면서 시작된다. 그것은 영화 속 인물인 아샤오의 내레이션을 통해 1947년 자신이 태어난 지 40일째 되던 날을 기점으로 그 이후의 기억에 관한 것들을 말하면서 구체화되고 있다. 그것은 아샤오가 자신의 과거 학창시절과 어디에서 살았는지 등의 기억을 빌어 아버지와 가족의 역사를 묘사하면서 전개된다. 이러한 이유로 영화의 중심은 아샤오 가족의 다양한 삶의 역사가 묘사되고 있다. 영화에서 제시된 아샤오 가족의 역사는 가족들이 살고 있는 집 주변의 평온한 길거리 풍경과 함께 언어적 소통도 잘 이루어지지 않은 대만에서 언제든지 중국 대륙의 본토로 갈 수 있다고 생각한 팔순이 넘은 치매에 걸린 할머니의 모습, 어려운 대만의 경제적 상황, 본토에서 건너온 관계로 이데올로기적 어려움에 처하게 된 아버지, 라디오를 타고 흘러나오는 공산당과의 전투 상황과 급박한 정치적 상황들, 그리고 이런 모든 역사적 격변 과정을 함께한 어머니와 아샤오 자신과 형제들의 기억 속에 내재되어 있다. 이러한 과거의 다양한 역사적 기억들은 병으로 인한 아버지와 어머니의 갑작스런 죽음, 뒤이은 할머니의 죽음으로 마무리 된다. 영화는 3대에 걸친 가족의 역사를 대만의 현대사와 결합시키고 그것을 아샤오라는 주인공의 내레이션을 통해 묘사하고 있는 것이다. 허우샤오셴은 아샤오 가족이 겪은 이러한 다양한 삶의 형태를 더운 여름날의 집 내부와 길거리 풍경과 같은 자연적 특징을 통해 때론 정적이고 서정적이면서도 사실성을 배가하는 수법으로 묘사하였다. 이것은 아샤오 가족의 역사를 일상적인 자연의 한 흐름으로 묘사하면서 대만 역사의 객관성을 담보하고자 한 것이다. 따라서 영화에서 묘사되고 있는 가족의 삶의 역사와 대만 현대사의 중첩은 궁극적으로 유년시절이라는 회상과 시간 여행을 통해 이루어지고 있는 것임을 부인할 수 없다.

향토의식과 유년시절로의 시간 여행에 관한 허우샤오셴의 또 다른 영화는 우녠전이 사춘기 청소년기를 거치면서 경험했던 자전적 이야기를 토대로 영화화한 〈연연풍진〉에서도 나타난다. 이 영화는 광산촌을 주요 배경으로 하면서 도시로 간 젊은 남학생 아위엔과 그의 여자 친구인 아윈과의 사랑 이야기를 다루고 있다. 영화는 허우샤오셴의 영화에서 유년시절로의 시간 여행이 시작되면 반드시 상징처럼 나타나는 기찻길과 터널을 지나면서 기차 안의 아위엔과 아윈이 시험에 관한 이야기를 하면서 시작된다. 한 동네에 살면서 서로 좋아했던 이들은 학업을 중단하고 차례로 도시로 가서 각각 인쇄소와 재봉 공장에 취직을 한다. 그러나 이들의 관계는 아위엔이 군대를 가고 아윈이 도시에서 만난 우체국 직원과 결혼을 하게 되면서 끝이 난다. 아윈의 결혼 사실을 알게 된 아위엔은 깊은 슬픔에 빠지지만, 그 슬픔은 시골 할아버지와의 대화를 통해 인생에 있어 젊은 날의 한 추억으로 해소되면서 마무리 된다. 영화는 표면적으로 아위엔과 아윈과의 사랑을 묘사하고 있지만 그 과정에서 농촌과 도시의 다양한 일상적 현실이 담담하게 묘사되고 있다. 그것은 정지된 사물과 한가로운 거리의 풍경 등을 통해 영화 속에서 제시되고 있는 화면들이 객관성과 사실성, 서정성이 융합되어 묘사되고 있기 때문이다. 이러한 한가로운 풍경들과 달리 아위엔이 영화를 보다가 광산 입구에서 사고를 당한 아버지를 부르는 자신의 과거 이미지가 기억 속에 스치면서 정신을 잃은 장면은 그가 무의식 속에 과거의 기억으로부터 자유롭지 못하다는 것을 내포하고 있다. 이것은 농촌과 도시를 연결하는 아위엔의 무의식적 기억이라 할 수 있다. 이처럼 〈연연풍진〉은 대만 신전영의 특징이라 할 수 있는 향토의식과 유년시절에 대한 기억을 묘사하고 있는 영화이다.

유년시절로의 기억과 향토를 배경으로 한 영화는 시나리오 작가로서 대만 신전영의 특징 형성에 실질적 영향을 준 우녠전의 영화에서도 나타난다. 그는 1994년 영화 〈아버지(多桑)〉를 통해 직접 신전영의 특징들을 구현하였다.

　　영화는 많은 신전영에서처럼 시골 탄광마을을 배경으로 영화를 보러 가기 위해 구두를 닦고 있는 흐릿한 아버지의 모습을 통해 이 영화가 과거의 회상을 통해 전개될 것이라는 것을 암시하고 있다. 이 첫 장면은 아버지가 사망하고 난 후 흥얼거리는 노래 소리와 함께 흐릿하게 보여주는 병원 복도의 마지막 장면과 대응된다. 이 영화가 과거 시간에 대한 회상에 기반을 둔 것이라는 사실을 보다 선명하게 구체화 한 것이 바로 영화 속 인물인 원지엔의 출생년도, 즉 소화 4년, 민국 18년(1929년) 출생이라는 내레이션으로 시작되고 있는데서 알 수 있다. 그리고 영화는 탄광촌을 배경으로 술 취한 아버지의 모습, 마을의 혼례식 장면, 비상벨이 울리면서 벌어지는 광산에서의 사고, 바느질하고 있는 어머니, 몇 년 후 폐쇄된 탄광의 모습, 당뇨병과 합병증으로 병원에 입원한 아버지의 자살 등과 같은 한 인간이 지나온 삶이 시대적 흐름에 따라 전개된다. 우녠전은 이러한 것들을 인물과 인물간의 직접적인 대화가 아닌 내레이션을 통해 묘사한다. 이러한 이유로 이 영화에서는 롱 테이크(long take)와 롱 쇼트(long shot)가 지배적인 표현수단이 되고 있다. 그 결과 영화 속에서 묘사된 풍경과 상황은 마치 누군가 멀리서 지켜보고 있는 듯한 느낌의 수법을 취하고 있다. 특히 부엌과 연결된 어두컴컴한 집의 문을 통해 바라본 시시각각 변하는 바깥 날씨 풍경과 바람소리와 같은 자연풍경은 이러한 수법의 핵심적 요소를 차지하고 있다. 우녠전은 신전영의 가장 기본적인 특징이라 할 수 있는 과거의 기억과 회상을 통해 유년시절과 향토의식의 기반인 농촌을 묘사하고 있는 것이다.

　　이처럼 신전영은 향토문학논전과 그 자장으로부터 형성된 향토의식의 문화적 흐름과 창작목표를 과거로의 시간 여행을 통해 유년시절, 사춘기, 청소년기의 성장을 기반으로 삼고 있다. 이러한 특징의 영화들은 1994년 등장한 우넨전의 〈아버지〉와는 달리, 주로 대만 신전영의 전반기라 할 수 있는 1982년부터 1987년 대만영화선언까지의 기간에 만들어졌다. 이것은 향토문학논전으로 인한 논쟁의 화두가 등장한 이후 그것을 대체할 만한 뚜렷한 창작논리가 아직 영화창작에 유입되지 않았기 때문이다. 또한 이 기간에는 오랫동안 지속되어온 대만의 계엄령이 해제되지 않은 정치적 환경 때문에 직접적인 현실에 대한 문제를 영화화하는 것이 쉽지 않았다. 그럼에도 불구하고 신전영에서 다루고 있는 향토의식과 유년시절은 단순히 과거 시골의 일상적 현실만을 드러내고 있는 것이 아니라 대만의 현실과 역사 형성 과정을 함축하고 있다. 이러한 측면에서 신전영의 특징으로 나타난 사실주의는 "영화의 주제가 영상에 담긴 특정한 촬영 환경뿐 아니라 포괄적인 사회적, 역사적 맥락과 밀접한 관련을 갖게 하는 것이었다."[23] 이것은 대만인들의 근원을 탐구하는 것이고 나아가 대만의 정체성과 뿌리에 대한 성찰로 나아가는 것이다. 뿐만 아니라 이것은 이전 시기 대만 영화와의 차별화를 이루는 가장 핵심적 요소이면서 동시에 신전영이 향토의식과의 관계를 설명하는 모티프가 되었다. 그로 인해 신전영은 유년시절로의 시간 여행을 통한 농촌을 배경으로 하게 되었다. 그리고 고향의 농촌 풍경을 오랫동안 응시하도록 하게 하는 롱 테이크와 롱 쇼트는 향토문학을 개입시킨 맥락에서 특별한 의미를 갖는다.[24] 그러므로 대만 신전영은 향토문학논전으로부터 형성된 향토의식과 문화적 흐름을 통해 대만 신전영의 새로운 영화적 특징을 구축했다고 볼 수 있다.

---

23  위의 논문, 473쪽.
24  박자영, 앞의 논문, 97쪽.

# 팽창된 도시화와 현실에 대한 문제

향토문학논전을 통해 대만 신전영의 창작 과정에 영향을 준 또 다른 것은 현실에 대한 인식이다. 이것은 향토문학논전의 결과와 자장이 단순히 농촌의 풍경을 배경으로 그곳에서 벌어진 과거의 현상에만 주목한 것이 아니라 산업화 이후 경제 성장 과정에서 나타난 현실에 대한 인식도 포함하고 있다는 것이다. 이를 위해 신전영이 선택한 수법은 첫 번째가 농촌 풍경을 배경으로 한 성장기의 시절이고, 두 번째는 산업화 이후 도시 팽창으로 인해 나타난 대만 사회의 다양한 현실에 대한 문제이다. 특히 신전영에서 다양한 인물들과 상황들을 통해 도시화된 대만 사회의 현실에 대한 묘사는 산업화 이후 급속도로 팽창된 경제 성장과 밀접한 연관이 있다. 연 10%에 육박하는 1970, 1980년대 대만의 경제 성장률로 인한 도시의 팽창은 필연적으로 자본과 물질에 대한 탐욕과 그것으로부터의 소외에서 나타나는 인간적 외로움을 동반하였다. 이를 위해 신전영 창작가들은 때론 유년시절의 고향을 차용하기도 하고 서정적이고 낭만적인 과거의 기억을 실제적 현실과 대비시키기도 하면서 현실의 모습과 정체성을 파악하고자 하였다. 이것이 신전영이 갖는 하나의 주요한 특징이다. 특히 영화 속에 등장한 청소년들은 산업화와 도시화가 진행되면서 농촌에서 도시로 이동하고 도시에서 농촌으로 이동한다. 청소년들은 이동을 통하여 풍경과 거리를 발견하고 향토를 재해석하는 궤적을 선보인다.[25] 이런 측면에서 대만 신전영에서 다루고 있는 현실은 산업화 이후 도시에서만 나타나는 문제를 묘사하고 있지는 않다. 도시에서 나타난 현실에 대한 문제는 항상 농촌과 같은 자신들이 살았던 향토와의 관계 속에서 비유적으로 재정립된다고 할 수 있다. 그것은 영화 속 인물들이 농촌의

---

25 위의 논문, 83쪽.

삶을 답답하다고 느낄 때 그 탈출구를 도시로 향해 간 것처럼 냉혹한 도시 생활에서 힘들고 지칠 때 삶의 원천을 찾는 것은 그들이 오랫동안 살아왔던 농촌이다. 따라서 영화에서 농촌과 도시는 이동 과정에서만 나타난 것이 아니라 영화 속 인물들의 무의식 속에 자리 잡고 있는 것이다. 그러므로 신전영이 현실에 대한 문제를 제기하는 방법은 산업화된 도시에서 발생한 현상들뿐만 아니라 농촌과의 일정한 연관을 가지고 있다.

이와 같은 특징의 영화들로는 "딸의 성장 과정을 통해 경제적으로 부흥하는 대만과 대비시키고 있는 완런의 〈유채씨앗(油麻菜籽, 1984)〉"[26]과 허우샤오셴의 〈펑구이에서 온 아이들〉과 〈연연풍진〉에서 찾아볼 수 있다. 이들 영화에서는 농촌을 배경으로 서정적이고 낭만적인 정서를 산업화 이후 도시의 모습과 연결하고 경제 발전의 이행과정을 비교하면서 묘사했다. 농촌과 도시에서의 전혀 다른 삶은 이러한 것들을 드러내기에 충분한 것들이었다. 예컨대 도시에서의 삶이 지치고 외로울 때 영화 속 인물들은 항상 자신들이 어렸을 때 시간을 보내고 살아왔던 자신들의 고향을 떠올리면서 정신적 외로움을 달래고 위안 받는 것처럼 묘사되고 있는데서 알 수 있다. 허우샤오셴은 이들 영화에서 산업화 이후 벌어지고 있는 현실과 유년시절의 정서적이고 서정적인 농촌을 그와 정반대의 도시화된 현실을 대비시킴으로써 대만의 경제적 발전과정에 나타난 현실을 묘사하고 있다.

대만의 산업화와 경제 발전을 통해 나타난 현실에 대한 현상과 우려에 대해 보다 직접적으로 묘사한 신전영 감독으로는 양더창을 들 수 있다. 그는 서정적인 농촌을 배경으로 한 유년시절과 비교하여 변화된 대만의 현실을 묘사하지 않고, 산업화 이후 현대화된 도시에서 벌어진 현실의 탐욕과 부조리한 모습을 직접적으로 묘사하고 있다. 이런 특징은 1983년 〈해변의 하루(海灘的日天)〉에서 나타나고 있다. 이 영화는 초기 신전영에

---

26  임정택 외, 『세계영화사 강의(채윤정, 대만 뉴 시네마)』, 연세대학교 출판부, 2007, 291쪽.

서 나타나고 있는 특징처럼 과거의 회상과 기억을 통해 전개되고 있지만 이 영화의 주된 목표는 경제 발전 이후 대만에서 벌어지고 있는 물질에 대한 탐욕과 욕망, 가치관의 혼란, 고독, 소외감에 대한 묘사라 할 수 있다. 영화는 커피숍에서 만난 웨이칭과 지아리가 각각 겪었던 과거의 이야기를 내레이션을 통해 담담하게 회상하면서 시작한다. 그리고 영화는 다시 처음 시작했던 장면처럼 웨이칭과 지아리의 커피숍 장면으로 되돌아 오면서 마무리된다. 그러므로 이 영화는 두 개의 서로 다른 이야기로 구성되어 있다. 첫 번째는 영화의 시작과 함께 13년 만에 귀국한 피아니스트 웨이칭에 관한 이야기이다. 웨이칭은 지아리의 오빠 지아선과 서로 사랑하는 사이였지만 의사인 지아선의 아버지의 완고한 가부장적 태도로 인해 그들이 결별하게 되면서 겪게 되는 불행한 삶에 관한 이야기를 다루고 있다. 두 번째는 행복하지 않은 결혼 생활을 하고 있는 오빠 지아선의 삶을 보고 아버지의 뜻과는 반대로 자신의 의지에 의해 결혼한 지아리에 관한 이야기다. 그러나 이들의 이야기에는 미묘한 차이점이 있다. 지아선과의 사랑과 이별을 다룬 웨이칭의 이야기는 기성세대의 가부장적 태도를 문제 삼고 있지만, 지아리의 이야기는 사랑뿐만 아니라 대만 현실에 대한 문제를 다루고 있다. 특히 지아리의 남편 더웨이가 해변에서 변사체로 발견되면서 맞게 되는 이들 결혼 생활의 파국의 원인에는 빠른 경제 성장으로 인한 물질에 대한 탐욕이 내재되어 있다. 그것의 상징이 더웨이와 그의 친구가 함께 한 회사가 부동산 투기와 연결되어 있다는 것에서 알 수 있다. 물질적 풍요와 탐욕의 성장은 인간의 순수함과 정신적 피폐함뿐 아니라 그들의 결혼 생활도 파국으로 몰고 가게 되는 원인이 된 것이다. 영화는 경제 성장으로 인해 대만의 사회적 가치와 패러다임의 변화를 지아리와 더웨이의 모습을 통해 묘사하고 있다. 따라서 이 영화에는 현대화 되면서 나타난 대만의 문제를 직접적으로 제기하고 있다. 또한 이 영화에는 신전영의 중요한 형식적 특징들이 나타나고 있다. 그것은 이 영화가 과거로의 회상에 토대한 시간 여행에 근거하기 때문에 현재적 관점에서 각각의 과거 이야기를 하고 있다는 점이다. 그렇기 때문에 영화는 과거의 일들이 현재의 일처럼 보이기도 하고 과거에 관한 것들이 또다시 과거 속으로 깊이 들어가 마치 현재에서 과거를 회상하는 장면처럼 묘사되고 있다. 그러나 이것은 과거 속의 또 다른 과거, 즉 대과거로서 존재하는 사건과 인물들이다. 이러한 특징은 지아리가 남편 더웨이를 찾기 위해 바닷가의 사람들에게 남편의 행적을 묻는 장면에서 어부들이 회상하는 장면을 들 수 있다. 이 장면에서 영화 속 현재는 과거를 통해, 과거는 대과거를 통해 전개되고 있다. 즉 대과거는 과거를, 과거는 현재를 설명하기 위한 기제로 작용하고 있고 현재와 과거, 대과거는 서로 불가분의 관계를 형성하게 되면서 현재를 설명하는 중요한 토대가 된다. 이와 같은 시간 구조가 혼재되어 있는 수법은 이 영화에서 매우 빈번하게 사용되고 있다. 그리고 이것의 궁극적 효과는 대과거, 과거를 통해 대만의 현재인 현실을 설명하는 요소로 작용하고 있다는 것을 보여주고 있는 것이다. 이와 같은 시간 구조는 신전영에서 주로 나타나는 공통적 형식이지만 양더창의 영화에서는 보다 극단적으로 나타나고 있다.

도시에서 벌어진 현실의 문제를 다룬 영화는 허우샤오셴과 커이정, 우녠전 등이 출연한 양더창의 〈죽마고우(青梅竹馬, 1985)〉에서도 나타난다. 영화는 두 명의 남자와 여자가 빈 아파트를 둘러보면서 선반과 TV 세트장이 설치되어야 할 위치를 말하고 화장실 등을 살펴보고 스위치를 켜보기도 하면서 시작된다. 그리고 영화 타이틀 자막이 뜨면서 빈 아파트에는 TV 등이 설치되어 있고, 오랫동안 연인이었던 아롱과 아쩡이 타이베이 고층 건물을 보면서 획일화된 도시에 관해 말하고 있다. 이것은 한 아파트에 함께 살게 될 아롱과 아쩡 사이의 문제가 무엇으로부터 기인하게 될 것인지를 함축적으로 내포하고 있다. 그들은 연인이지만 서로 다른 가치관으로 인해 소통에 적지 않은 어려움을 겪는다. 전직 야구선수인 아롱은 미국과 일본의 프로야구 중계를 보고 미국에 관해 이야기 하지만, 아쩡은 타이베이에서 성공하기 위해 열심히 일에 몰두한다. 그들은 자신들의 관심에만 집중하기 때문에 그들 사이에는 어떠한 가치관의 공유에 대한 노력도 소통도 부재한다. 그들의 관계는 점차 멀어지면서 파국으로 치닫게 된다. 이러한 관계를 청산하기 위해 아쩡은 아롱에게 결혼할 것을 요구하지만, 그는 그녀를 떠나 인적이 드문 밤길을 혼자 걷다가 지나가는 불량배에게 칼을 맞고 쓸쓸하게 죽음을 맞는다. 아롱의 죽음과 이들의 비극적 관계의 중심에는 화려한 네온사인과 고층빌딩 너머에 존재하는 산업화 이후 급격하게 변화된 대만 사회의 가치관과 단절되고 소외된 삶이 자리하고 있다. 양더창은 이와 같은 의미에 새로운 의미를 부가한다. 그것은 아롱이 미국과 일본 프로야구 중계를 보고 있는 장면들을 통해서 알 수 있다. 아롱이 항상 보고 있는 미국과 일본의 프로야구는 단순히 프로야구를 의미하는 것이 아니라 산업화된 선진 자본주의 국가들의 상징인 것이다. 이것은 아롱과 아쩡의 서로 다른 문화적 환경과 가치관을 드러내고 있을 뿐만 아니라 그들의 관계가 점차 멀어지고 소통이 부재하게 된 원인으로 작용하기도 한다. 이처럼 영화 〈죽마고우〉는 획일화된 도시에서 인간과 인간 사이의 소통 부재와 근원적 외로움을 묘사하고 있다. 그것은 산업화 이후 나타난 물질화된 도시화와 그 속에서 살아남아야 하는 냉혹한 인간의 현실인 것이다. 양더창은 이러한 것들의 근원을 산업화 이후 도시화로 나타난 대만의 현실에서 찾고 있다.

산업화 이후 현대화된 도시의 황량함과 소외, 개별화된 인간에 대한 것은 영화 〈공포분자(恐怖分子, 1986)〉에서도 나타난다. 영화는 새벽 사이렌 소리, 침대 위에서 밤새워 책을 읽고 있는 여자와 그 소리를 듣고 카메라를 들고 나간 남자가 길거리에 쓰러져 있는 사람과 경찰을 찍으면서 시작된다. 이 장면과 함께 또 다른 아파트에서는 소설 집필로 잠을 못 이루는 결혼한 여성 작가, 조우위펀의 모습이 묘사된다. 그리고 또다시 거리에서 들려오는 총소리와 경찰의 사이렌 소리와 함께 담을 넘어 탈출하는 소녀, 수안이 나타난다. 영화는 이들을 중심으로 전개된다. 특히 책을 읽으면서 밤을 지새우는 여자와 해결 방법을 찾지 못하고 밤을 지새우고 있는 여성 작가의 모습은 앞으로 전개될 이야기가 소설의 내용과 무관하지 않음을 말하고 있다. 그리고 남자의 카메라를 통해 기록된 상황들은 전개될 사건과 극적 구성이 일정한 현실성과 객관성을 유지하고 있다는 것을 의미한다고 할 수 있다. 또한 책 읽는 여자와 글 쓰는 여인과의 대응적 관계를 통해 이 영화가 현실과 비현실 사이를 넘나들면서 전개될 것이라는 것을 암시하고 있다. 이것은 이 영화가 소설이라는 형식을 차용했지만 현실을 기록하고 있는 카메라로 인해 영화에서 묘사되고 있는 내용은 현실에서 벌어지는 사실성의 한 부분일 수 있음을 견인하고 있는 것이다. 여기서의 현실은 도시를 목적 없이 부유하듯이 떠다니면서 비행을 일삼는 소녀, 수안으로 인해 파국을 맞게 되는 현실이다. 즉 사진 찍기를 좋아하는 남자와 여자와의 관계는 그 소녀를 찍은 인화된 사진에 의해, 글을 쓰는 여성 작가와 병원에 근무한 남편, 리리쭝과의 관계는 '자신이 정부다'라는 소녀, 수안의 전화 걸기를 통해 이루어진다. 그 결과 책 읽는 여자는 절망에 빠져 자살을 감행하고, 여성 작가는 남편을 떠나 옛 애인을 만나 불륜을 저지른다. 이 사실을 눈치 챈 남편은 권총으로 자살을 한다. 소녀는 이들의 관계를 변형시키고 파국으로 치닫게 하는 원인과 결과의 동인으로 작용한다. 소녀로 인해 촉발된 모든 것들이 대만에서 벌어진 일상적 현실의 모습이다. 오로지 자신의 일과 성공에만 매몰되어 있어 작은 외부적 충격에도 쉽게 무너지는 개인과 개인 간의 소통 부재, 외로움, 무관심, 소외감, 사랑의 부재, 탈도덕 등으로 점철되어 있는 현대화된 대만의 현실을 묘사하고 있는 것이다. 이러한 현실은 텅 빈 거리와 고층 빌딩으로 가득 찬 답답한 도시환경, 가끔씩 화면으로 보이는 언제든지 터질 준비가 되어있는 듯한 둥근 모양의 커다란 가스통으로 상징화되고 있다. 그러한 이유로

이 영화는 소설이라는 극적 요소와 구성에 카메라의 객관적이고 적나라한 현실을 결합하여 현대화된 도시의 부조리한 면을 드러내고 있는 것이다.

경제가 팽창하면서 나타난 대만의 현실은 1994년 양더창의 〈독립시대 (獨立時代)〉에서 다양한 형태로 묘사되고 있다. 영화는 현대화된 도시 타이베이를 배경으로 '인생은 희극이고 희극은 인생이다'라는 논어(論語)의 자로(子路)편의 경구와 함께 '예술가의 책임은 현 상황을 반영하는데 있다'는 함축적 의미가 제시되면서 시작된다. 영화는 사업하는 여성과 그녀의 남자 친구, 방송인, 희곡 작가, 소설가 등의 일과 사랑, 섹스, 이별 등을 다루고 있다. 이들의 삶의 모습과 행태는 텔레비전에서 중계되고 있는 미국 시카고 불스의 프로농구 경기와 잘 부합하고 있는 것처럼 보인다. 이것은 현대화된 도시 타이베이에서 일어나고 있는 다양한 현상들을 묘사하고 있는 것이다. 영화 속 인물들의 행태와 시카고 불스로 상징화된 서구로부터 유입된 자본주의 타이베이의 현실은 영화 중간 중간에 제시된 경구에 내포되어 있는 화두를 통해 현실에서 인식해야할 가치를 환기시킨다. 이것은 현대화된 대만 사회의 풍경을 묘사함으로써 현실에 내재되어 있는 숨은 의미와 그것에 대한 우려를 나타내고 있는 것이다.

양더창은 1996년 영화 〈마작〉을 통해 물질에 대한 탐욕과 욕망으로 휩싸인 대만 사회의 현실을 정치적 시각으로 접근하였다. 그는 이 영화에서 대만 사회가 직면하고 있는 돈과 물질, 즉 자본주의가 갖는 근본적 문제점을 본격적으로 다루고 있다. 영화는 엄청난 빚을 지고 실종된 진씨를 찾고자 하는 무리와 밤거리의 화려한 도시 뒷골목에서 뚜렷한 목적도 없이 떠다니는 룬룬과 친구들, 외국에서 온 마르쿠스와 진저의 모습으로 시작된다. 도시의 밤거리를 배경으로 전개되고 있는 이들의 굴절되고 왜곡된 모습은 사랑을 위해 파리에서 마르쿠스를 찾아 대만으로 온 순박한 여자 마르트에 의해 일방적 흐름으로 빠지는 것을 제어하면서 정서적 균형을 잡고 있다. 그럼에도 불구하고 이 영화는 현대화되면서 나타나는 일그러진 대만 사회를 매우 의미심장하게 묘사하고 있다. 특히 사업이 실패하자 가정을 버리고 숨겨둔 여인과 함께 사라져 사망한 상태로 아들, 홍위에게 발견된 아버지의 모습은 물질과 욕망에 대한 탐욕의 결과를 나타내기도 하지만 나약하고 무책임한 대만인들 스스로의 모습을 동시에 겨냥하고 있다. 반면 외국에서 온 마르쿠스와 진저는 자기들 나라에서는 직업도 없이 별 볼일 없게 지냈지만 대만에 와서는 디자이너와 술집을 운영하는 성공한 사업가로 변모하였다. 실패한 사업가 진씨, 뚜렷한 목적 없이 밤거리를 배회하는 룬룬과 친구들의 모습은 영화 마지막 부분에서 '19세기는 제국주의 시대였고 21세기도 마찬가지일 것이다'라는 마르쿠스의 내레이션과 중첩되면서 대만 사회가 자본주의화 되면서 나타나는 우려와 문제를 심각하게 제기하고 있는 것이다. 이러한 측면에서 양더창은 자본주의가 극대화되고 있는 대만의 사회적 현실을 역사적인 차원으로까지 확장하고 있다. 그는 개인 주체의 도덕적 판단, 사회적인 종속관계, 문화제국주의, 전통과 현대화 모두에 대한 대만 사회의 우려를 급격한 자본주의 도입과 현대화된 도시의 현실을 통해 묘사하고 있다.

이처럼 신전영은 급속한 경제팽창으로 발생한 대만 사회의 다양한 현실의 모순들을 드러내고 있다. 영화에서는 이를 향토인 시골의 기억과 정서를 통해 드러내기도 하고 때론 발전된 도시를 배경으로 다양한 탐욕과 욕망 그리고 문화적 흐름과 변화를 통해 묘사하고 있다. 그러나 신전영 창작가들은 이러한 현상이 대만의 역사와 어우러져 있는 것을 매우 우려스럽게 바라보고 있다. 따라서 신전영은 단순히 농촌을 배경으로 과거의 기억과 회상에만 천착하고 있는 것이 아니라 경제발전과 그 이행 과정에서 나타난 다양한 현실을 화면에 옮기면서 산업화 이후 대만에서 나타난 자본주의 경제의 의미를 욕망, 탐욕, 외로움, 종속, 제국이라는 단어 속으로 재음미해 보도록 강제하고 있는 것이다.

## 역사적 사건과 대만의 정체성

대만 신전영에 있어 가장 중요하고 핵심적인 특징 중 하나는 정치 환경 변화로 인해 그동안 금기시되었고 은폐되었던 주제들이 영화로 표현되었다는 점이다. 이러한 주제를 포함한 영화들은 신전영의 성격과 특징에 대한 범위를 재규정하였을 뿐만 아니라 그 시기를 확장하는 데도 결정적 역할을 하였다. 이것의 직접적 계기는 1987년 7월 14일 장징궈 총통에 의해 계엄령이 해제되고 1988년 1월 13일 그가 사망함에 따라 본성인 출신 리덩후이가 권력을 승계하게 되면서 나타난 정치 민주화의 진전과 그에 따른 사회적 환경 변화에 기인한다고 할 수 있다. 특히 계엄령 해제는 영화 창작의 주제와 내용에 있어 많은 변화와 영향을 주었다. 그것은 과거 대만이 경험한 예민한 역사적 사건들이 영화화되었다는 것을 말하고 있다. 이로 인해 일본 식민지 대만의 역사적 풍경들과 중국 공산당에게 패배하여 대만으로 쫓기면서 설립한 국민당 정부 성립과정에서 발생한 다양한 비극적인 역사적 사건들이 영화화되었다. 그 중에서 국민당 정부에 의해 오랫동안 금기시되었던 2.28사건이 영화화된 것은 대만 신전영이 단순한 향토의식과 산업화 이후 발생한 사회적 현실이라는 주제로 국한되는 것이 아니라 대만의 역사와 그 정체성까지를 다루게 되었다는 점에서 상징적 의미를 지니게 된다. 이것은 대만 신전영이 단순한 형식과 내용의 논의에서 벗어나 금기시되었던 역사적 사건을 영화 속으로 끌어들임으로써 진정한 의미에서 대만 영화 역사 발전에 있어 중요한 전환점이 되었음을 의미한다. 이러한 경향의 영화들은 주로 1987년 신전영이 선언되고 난 후 계엄령 해제와 함께 등장하였다. 처음에는 일본의 식민지 시기 대만의 역사를 다루는 것으로 시작되었다.

이러한 흐름과 부합한 영화는 왕샤오띠(王小棣), 송훙(宋紘)의 시나리오로 왕퉁 감독이 열었다. 왕퉁 감독은 1987년 〈허수아비〉를 통해 일본 식민지 대만의 풍경을 코믹하고 풍자적으로 묘사했다. 영화는 1940년대 대만의 한가로운 농촌 마을을 배경으로 일본군에 징용으로 끌려가 사망한 대만인의 유골함을 일본 군대의 밴드에 맞춰 고향 농촌으로 반환하는 의식으로 시작된다. 이러한 일본 군대의 기만적 의식의 허위성을 폭로하는 상징적 존재는 징용 간 남편의 죽음으로 정신 이상이 된 부인이다. 그녀는 일본 제국주의가 가지고 있는 비극의 속성을 상징화한 인물이다. 그리고 영화에서는 논밭에 세워진 허수아비를 신격화한 대만 농부들의 무지와 함께 소방 및 교련 훈련, 일본 천황과 군국주의에 대한 강의, 전쟁물자 조달을 위한 쇠붙이와 가축의 강제 징발과 미군의 폭격, 일본경찰 집에서 잡일을 하면서 살아가는 대만인들 등 식민지 시기 대만의 다양한 풍경들이 묘사되고 있다. 특히 미군의 폭격으로 떨어진 커다란 불발탄을 두고 일본 경찰과 대만 농부들 간의 우왕좌왕하는 모습과 그 폭탄을 어깨에 메고 확대된 일본 후지산을 배경으로 사진을 찍는 장면, 불발탄을 옮기면서 흔들거리는 외나무다리 위에서 마주친 장례식 행렬, 바다로 던져진 불발탄 이 폭파되면서 수면 위로 떠오르는 생선을 잡기 위해 모여든 마을 사람들의 모습 등은 매우 풍자적으로 묘사되었다. 이러한 장면들을 통해 왕퉁 감독은 일본과 미국 열강들의 각축장이 된 대만의 역사를 코믹하게 입체적으로 표현하였다. 그리고 이와 같은 풍자와 코믹의 이면에는 허수아비를 신격화 한 농부들의 무지한 모습과 거대한 불발탄과 그 위력을 통해 식민지화된 대만의 역사를 냉정하게 해부하고 있는 것이다.

왕퉁 감독은 1989년 영화 〈허수아비〉에서와 마찬가지로 왕샤오띠, 송홍의 각색으로 영화 〈바나나 천국(香蕉天堂)〉을 만들었다. 이 영화는 중국 본토에서 대만으로의 이주와 함께 대만의 변화 과정의 역사를 다루고 있다. 영화는 민국37년(1948년) 가을 대륙 후어베이(華北)지명과 전투 장면이 보이고 난 후 중국 본토에서 국민당 정부를 따라 이주할 때 대만을 바나나 천국이라고 칭하면서 붙여진 이름 '바나나 천국'이라는 자막과 함께 시작된다. "영화는 농부의 아들이 대만으로 이주하면서 가명을 쓰고 다른 사람으로 살아가면서 정부가 중국 본토의 친척들과 연락을 허락하자 오히려 자신의 비밀스러운 신분이 드러날까 걱정한다는 아이러니한 내용이다."[27] 그리고 영화에서는 장제스의 사망을 알린 《중국시보(中國時報)》의 신문기사와 아시아의 용으로 불리는 경제 성장에 관한 그의 업적들, 그리고 그의 뒤를 이은 아들 장징궈의 사망소식과 계엄령 해제에 관한 내용을 다룬 신문기사들을 자료화면으로 보여준다. 이를 통해 영화는 대만 국민당의 성립과 그 이후 전개된 대만의 역사를 개괄한 것이라 할 수 있다.

또한 왕퉁 감독은 1992년 일본의 식민지 시기 금광촌을 배경으로 〈말없는 산(無言的山丘, 1992)〉을 만들었다. 영화는 금광촌에서 돈을 벌기 위해 먼 길을 온 형제 아주, 아만과 금광을 경영하고 관리하는 일본인, 그리고 주변의 홍등가를 중심으로 전개된다. 특히 금광촌을 경영하고 있는 일본인에 대한 묘사는 깨끗하게 정돈된 집과 항상 클래식 음악을 듣는 고상한 모습으로 묘사되고 있다. 그러나 가난으로 인해 대만으로 팔려온 일본 소녀를 홍등가의 창녀로 만드는 금광촌 경영자의 냉혹한 모습은 식민지 시기 제국주의자의 탐욕적 모습을 보여준다. "영화는 제국주의 지배자 일본인과 제국주의 일본의 희생자인 일본 창녀, 그리고 일제시대를 힘겹게 살아온 대만의 하층 노동자 계급의 이야기가 드라마틱하게 펼쳐진다."[28] 왕퉁은 식민지 시기 제국주의자의 속성이 자본에 대한 무한한 탐욕과 욕망에 근거하고 있음을 금광을 둘러싼 일본인과 대만인, 홍등가 사람들을 통해 묘사하고 있는 것이다.

이처럼 왕퉁 감독은 일본의 식민지 시기 대만을 다룸으로써 그것이

---

27 위의 책, 290쪽.
28 위의 책, 290쪽.

현재의 대만을 설명하는데 중요한 역사적 원천이라는 것을 제시하고 있다. 이로써 식민지 시기 대만의 역사가 국민당 성립과 그 이후 현실의 대만과 연결되어 있음을 암시하고 있는 것이다.

만약 신전영이 새로운 영역과 차원으로 발전하여 그것의 완성된 경향이라 판단할 수 있다고 한다면 1989년 우녠전과 주톈원의 시나리오와 각색으로 허우샤오셴이 만든 영화 〈비정성시〉, 〈희몽인생(戲夢人生, 1993)〉, 〈호남호녀(好男好女, 1995)〉의 등장 때문이라 할 수 있다. 이들 영화는 신전영의 특징이 단순히 문학적 토대로부터 흘러나온 창작의 자양분의 일부분으로 영화적 혁신이 이루어졌다는 판단을 근본적으로 혁파할 수 있는 작품들이다. 그만큼 이들 영화는 형식적인 측면과 내용적 측면에 있어 신전영의 특징을 매조지은 작품이라 할 수 있다.

특히 영화 〈비정성시〉는 이런 영역에서 선구적 역할을 하였다. 영화는 라디오를 통해 51년 동안의 일본 식민 통치에서 대만의 해방을 알리는 일본 천황의 전쟁 항복 선언과 함께 시작된다. 그리고 1949년 대륙이 공산화되고 국민당 정부는 임시 수도를 타이베이로 정했다는 마지막 장면으로 마무리 된다. 따라서 영화에서 다루고 있는 시기는 1945년에서 1949년까지 대만의 격동적인 역사를 배경으로 하고 있다. 그러나 영화에서의 주된 내용은 1947년 대만정부가 오랫동안 금기시하였던 외성인과 본성인들 사이의 비극적 사건인 2.28사건을 축으로 그 전후를 다루고 있다. 이러한 역사적 과정을 허우샤오셴은 샤오샹하이(小上海)라는 음식점을 차린 린아루의 네 아들인 원슝, 원룽, 원량, 원칭을 통해 묘사한다. 큰 아들 원슝은 아버지의 사업을 계승하고, 둘째 원룽은 일본의 징용에 끌려가서 소식이 없고, 셋째 원량은 징용 갔다 정신 이상이 되어 돌아오며, 넷째 원칭은 사진관을 운영하지만 말을 못한다. 여기에 원칭의 친구 관롱은 반정부 활동을 하는 지식인이고, 그녀의 여동생 관메이는 나중에 원칭과 결혼한다. 영화는 린아루의 가족과 관롱, 관메이의 삶의 역사를 말을 못하는 원칭과 그의 연인 관메이의 내레이션을 통해 전개된다. 즉 영화는 그 시대를 살아가는 대만인의 한 가족사를 통하여 가족 정체성과 현재 대만의 정체성을 동시에 해부하고 있다. 그렇기 때문에 롱 테이크와 롱 쇼트에 의한 가족 구성원에 대한 관찰과 관조는 한 인간의 탄생과 죽음, 탄생이라는 순환구조의 인생사이자 대만 역사에 대한 성찰이다. 따라서 영화 〈비정성시〉는 한 인간과 가족의 순환성이 대만의 역사와 맞물리는 그 지점에 있는 영화라 할 수 있다. 그렇기 때문에 영화는 가족의 일상적 삶에서 일어나고 있는 다양한 사건들과 대만의 역사적 의미를 내포하고 있는 사건들이 밀접하게 얽혀 있으면서 전개되고 있다.[29] 이것은 사람들의 일상적 행위가 역사적 의미를 내포하고 있는 요소들이 영화 곳곳에서 나타나고 있다는 의미이다. 이런 특징은 원칭과 그의 친구 관롱의 동료들이 모여서 나누는 대화 중 해방 이후 국기 게양에 대한 무지와 여자들이 일본 국기로 옷을 만들면서 아이들 엉덩이가 온통 빨갛게 되었다는 비유적인 농담이 오간데서 알 수 있다. 또한 이들은 국민당이 친일분자를 재등용하는 것과 정치, 경제적인 농간으로 민생고와 군대, 경찰 권력의 남용 등에 관한 불만을 자연스럽게 표출한다. 관롱과 그의 친구들의 이러한 불만은 1947년 2월 28일 사건이 일어나게 되는 직접적 요인으로 작용하고 있다. 즉 이들의 이야기는 영화 속에서 대만 전역에서 대륙인(외성인)과 대만인(본성인) 사이에 큰 싸움이 일어나서 계엄령이 선포되었다는 소식의 직접적 원인인 것이다. 그리고 큰 싸움이 발발하자 원칭과 관롱은 타이베이로 가던 기차 안에서 승객들 중 외성인을 가려내어 무조건 폭행하는 장면을 목격하게 된다. 이 과정에서 원칭이 체포되지만 큰 형 원슝에 의해 석방된다. 석방된 원칭이 총살된 사람의 유품을 가족에게 전하고 난 후 산으로 피신한 친구 관롱을 찾아 나서지만 게릴라 투쟁을 하겠다는 그를 남겨두고

---

29 이강인, 앞의 논문, 178쪽.

원칭은 다시 집으로 돌아온다. 그리고 이권 다툼으로 큰 형이 살해당하고 산에 있는 관룽과 원칭도 체포당한다. 그 결과 린아루의 4형제 중 정신 이상이 된 셋째 원량과 원칭의 부인이 된 관메이만이 살아남게 된다. 영화는 역사적 소용돌이 속에서 오로지 역사적 사실과 현실에 대해 역사적 판단을 할 수 없게 된 사람만이 살아남게 되는 비극적 상황을 린아루의 가족과 관룽, 관메이를 통해 묘사하고 있다. 이것은 "정치적 큰 사건들이 주변부에 위치한 개개인의 일상과 얼마나 중첩되며 삶의 질곡을 형성하는 지 관조적이며 서정적인 시선으로 바라보고 있는 것이다."[30] 이로 인해 대만의 역사는 비극적 사건을 통해 형성되었고, 그것의 본질에는 대만의 정체성에 대한 물음이 내재되어 있는 것이다. 이를 상징적으로 나타낸 것이 영화에서 사용되는 언어가 "대만어, 일본어, 보통어, 광동어, 상해어 등 다양한 언어가 등장한다는 사실이다. 이러한 언어는 대만의 민족 정체성 에 대한 허구를 드러낸 효과를 낳는다. 이와 같은 장면은 대만어밖에 할 줄 모르는 원숭이 원량을 구출하기 위해 상해어 밖에 할 줄 모르는 상대방 보스를 두 명의 부하들이 통역해 주는 장면을 들 수 있다."[31] 허우샤오셴은 다양한 언어를 통해 대만 역사에서 가장 비극적인 사건이 일어난 근원적 이유와 대만의 정체성과의 필연적 상관관계를 묻고 있는 것이다. 가족의 역사와 대만의 역사를 중첩시키면서 과거의 역사적 사건을 묘사하기 위해 허우샤오셴은 대만 신전영의 전형적인 수법을 취하고 있다. 그것은 바로 역사적 소용돌이 속에서 살아남은 인물이 마치 얼마 전에 일어났던 일처럼 회상하듯이 내레이션을 통해 과거의 역사적 사건을 서술 하는 방식이다. 그렇기 때문에 영화는 과거 역사의 현장 속으로의 시간 여행을 하게 된다. 그로 인한 효과로 영화 속에서 묘사된 사건들은 매우

---

30 임정택 외, 앞의 책, 288쪽.
31 안정훈, 「영화 〈비정성시〉에 나타난 대만의 역사적. 문화적 정체성에 관한 고찰」,《中國小 說論叢》Vol. 28, 한국중국소설학회, 2008, 328쪽.

관조적인 형식인 롱 테이크와 롱 쇼트를 통해 그것의 객관성과 사실성을 확보하게 된다. 역사적 사건에 대한 관심과 그 표현수법을 견인하고 있는 내레이션은 〈비정성시〉 이후 허우샤오셴 영화의 주요 특징으로 자리 잡고 있다.

이와 같은 특징은 인형극의 대가인 리티엔루(李天祿)에 관한 영화 〈희몽인생〉에서도 나타난다. 영화는 경극 음악을 배경으로 1895년 만주국 정부가 서명한 마관조약(馬關條約, 시모노세키 조약으로 부르기도 함)으로 대만과 팽호(澎湖)열도가 일본에 할양되면서 시작된 식민지가 1945년까지 지속되었다는 역사적 사실을 언급한다. 그리고 영화는 인형극 연출가인 리티엔루의 굴곡진 삶과 인생, 다양한 경험들을 내레이션을 통해 전개된다. 그는 일본 식민지시기 대만인들이 일본군인과 친일파가 될 수밖에 없었던 불가피한 상황들을 담담하게 말하면서 그 속에서 인생, 삶, 죽음이란 무엇인가를 설명하고 있다. 그렇기 때문에 이 영화에서의 내레이션은 영화의 전체적인 내용과 장면을 이끌어가면서 그 중심적 역할을 하고 있다. 그것을 통해 영화는 한 사람의 굴곡진 인생 역사와 대만의 역사를 이야기하고 있다. 허우샤오셴은 리티엔루가 살아온 한 개인의 인생 역사를 대만의 역사와 결합시키고 있는 것이다.

거대한 역사적 흐름 속에 내맡겨진 한 인간의 운명의 궤적을 쫓는 것은 1980년대 후반 이후 허우샤오셴의 주된 관심사이다. 그것은 회상을 통해 과거의 기억들이 불규칙적으로 묘사되기도 하고, 때론 규칙적으로 하나 둘씩 참을 수 없는 아픔과 슬픔으로 나타나곤 한다. 특히 인간의 운명이 자신의 선(善) 의지와는 달리 첨예하게 대립된 역사적 소용돌이 속에 휩싸일 때 느끼는 그 아픔과 슬픔은 더욱 참혹한 비극성으로 다가오기 마련이다. 이와 같은 특징을 고스란히 담고 있는 것이 영화 〈호남호녀〉라 할 수 있다.

이 영화는 현재 인물이 기억을 통해 과거의 역사적 사실, 즉 반공 이데올로기의 희생자를 불러내는 현재와 과거가 공존하면서 전개된다. 따라서 "영화의 내러티브는 과거와 현재, 배우의 현실과 배우가 연기하는 실존인물의 과거가 서로 엇갈리면서 배우인 주인공의 옛 애인의 죽음으로 인한 상처와 그녀가 연기하는 인물인 장삐위의 역사에 묻힌 비극이 살아난다."[32] 영화는 공간과 시간을 넘나들면서 과거와 현재와의 이중적 시간 구조를 통한 여섯 개의 에피소드로 구성되어 있고, 이른 새벽 여러 사람들이 노래를 부르면서 들판을 가로질러 걸어오는 장면으로 시작된다. 장면이 바뀌면 아파트 내부가 보이고 텔레비전에서는 남녀가 자전거를 타고 언덕 위를 달리고 있는 오즈 야스지로의 영화 〈만추(晩秋)〉의 한 장면이 보이면서 죽은 연인에 대한 여자 량징의 내레이션이 이어진다. 그녀의 내레이션이 진행되면서 과거의 역사적 사실들이 화면으로 이어진다. 그리고 연극 무대 장면이 보여지고 장삐위는 그녀의 연인인 민족주의자 쫑하오동과 함께 조국의 항전을 위해 대륙으로 건너가 본토의 의료 지원 군대에 입대하러 떠난다. '에피소드 2'에서는 에피소드 1에서처럼 아파트에 있는 여자의 내레이션이 전개되고 에피소드 1의 장삐위와 쫑하오동이 심문받고 있는 장면과 연결된다. 그들은 일본군과 싸우러 본토의 군대에 합류하기 위해 머나먼 길을 왔지만 오히려 간첩 혐의를 받고 사형에 처해지기 직전에 구출된다. 이러한 내용의 영화는 현실과 과거가 각각 수평적으로 컬러와 흑백을 통해 전개된다.

장삐위와 쫑하오동은 1945년 전투에서 승리한 후 대만으로 돌아온다. 그리고 연극 무대 장면을 통해 인물들은 중국 본토의 인민정부와 대만의 2.28사건에 대한 논의와 함께 지배계급만 대변하는 국민당 정부를 비판한다. 그리고 2.28사건은 계급과의 불평등에 관한 것이기 때문에 다양한 전략과 전술이 필요하다고 한다. 그러나 이들은 1949년 국민당 정부에

---

32  임정택 외, 앞의 책, 289쪽.

의해 체포되고 쭝하오동은 처형당한다. 이들의 희생은 1950년 6월 한국전쟁이 발발하고 대만에 강력한 반공전선이 구축되었다는 정치 지형도의 변화로 설명되고 있다. 그리고 영화는 다시 영화가 시작된 첫 장면으로 복귀하면서 이 영화가 국민당 정부가 들어서면서 이데올로기로 인하여 희생된 수많은 사람들과 쭝하오동과 장뻬위 부부에게 바친다는 자막과 함께 종결된다. 궁극적으로 영화는 대만의 독립을 위해 일본제국주의자들과 싸우러 중국 본토로 자원하여 갔지만 오히려 간첩 혐의를 받게 되는 상황과 해방된 이후 대만으로 돌아왔지만 공산주의자들에 대한 탄압으로 희생당하는 인물들을 통해 이데올로기의 폭력성과 대만의 역사적 궤적을 묘사한 것이다. 이를 통해 허우샤오셴은 역사 전개 과정에서 이념과 이데올로기로 희생된 사람들을 영화 전면에 내세우면서 대만의 역사와 정체성을 묻고 있는 것이다.

허우샤오셴이 대만의 역사를 통해 대만의 정체성을 직접적으로 묘사한 감독으로 간주하는 데는 이론의 여지가 없을 것이다. 허우샤오셴은 그만큼 대만 역사의 궤적을 가장 직접적이고 정면으로 묘사한 감독이라 할 수 있다. 그러나 허우샤오셴의 영화에서 나타난 역사 묘사에 대한 직접성과 달리 현상에 대한 구체적 징후를 통해 대만의 역사적 과정과 정체성을 입체적으로 드러낸 영화도 이 시기에 등장하였다.

이와 같은 특징을 가진 영화로는 양더창의 〈고령가 소년살인사건(牯嶺街少年殺人事件, 1991)〉을 들 수 있다. 이 영화는 1960년 타이베이 고령가에서 일어났던 실제 사건을 모티프로 만들어졌다. 영화는 한 남자가 자신의 아들 성적 때문에 선생님과 대화 하고 있는 학교 사무실의 장면과 함께 민국 48년 여름(民國四八年, 夏), 즉 1959년 여름이라는 자막이 뜨면서 시작된다. 뒤이어 '1949년 중국 본토의 수백만 사람들이 국민당 정부와 함께 대만으로 왔고 부모들에 의해 미래에 대한 불확실성으로 어린이들은 불안하고 불편한 상황에서 성장했으며 많은 사람들은 자신들의 정체성과 안전감을 강화하고 찾기 위해 거리의 불량배들로 가득 찼다'라는 내용의 자막이 이어진다. 양더창은 자막을 통해 당시 대만의 전체적인 시대적 풍경을 제공한다. 영화는 또다시 민국 49년 9월(民國四九年, 九月), 즉 1960년 9월이라는 자막을 통해 이 영화에서 다루게 될 내용이 사실성에 근거하고 있을 뿐만 아니라 국민당 정부가 수립된 이후의 정치적, 사회적 풍경과 밀접한 관계가 있음을 설명하고 있다. 영화는 주인공 남학생인 샤오스와 샤오밍을 중심으로 전개된다. 고등학교 시험에 떨어져 야간 학교에 다니는 샤오스는 본성 출신으로 구성된 소공원파(小公園派)와 어울려 다닌다. 그들의 라이벌은 중국 본토에서 건너온 군인들의 자녀들로 구성된 권촌파(眷村派)들이다. 이들은 한밤중에 패싸움을 벌이고 그 과정에서 소공원파 두목이 살해당한다. 소공원파 두목의 애인인 샤오밍을 좋아한 샤오스는 이 싸움에 휘말리게 된다. 그는 샤오밍에게 좋아하는 감정을 고백하지만 그녀는 샤오스의 고백을 거절한다. 샤오밍의 거절에 분노를 참지 못한 샤오스는 그녀를 길거리에서 우발적으로 살해하고 만다.

양더창은 이 영화에서 뒷골목을 헤매는 청소년들의 방황에 근거한 살인 사건을 다루고 있지만 대만의 시대와 역사를 관통하는 다양한 요소들을 영화 속에 결합시키면서 그 사건은 역사적, 사회적 환경 속에서 발생하게 되었음을 말하고자 하였다. 영화는 군인들의 훈련, 군사 고문단이 파견된 학교, 본토를 회복하자는 술주정뱅이, 시험문제로 처벌당한 샤오스에 대한 불공정한 징계 절차, 대륙 출신 외성인과 대만 출신의 내성인 사이의 불신과 반목, 공산주의와의 연관설로 혹독한 고문을 받은 공무원인 아버지 모습 등을 통해 질식할 것 같은 계엄 상황과 반공 이데올로기로 점철된 대만의 시대적 분위기를 묘사하고 있다. 이러한 음울하고 억압적 분위기 속에서 청소년들의 탈출구는 포르노 잡지를 보는 것, 패싸움을 하는 것, 영화 촬영 장면을 보는 것, 팝송 밴드에 환호하는 것 밖에 없다. 이것은 그 시대의 대만에서 벌어지고 있는 다양한 사회적 현상과 상황을 입체적으로 묘사하고 있다. 양더창은 이러한 시대적 분위기를 청소년들의 방황과 일탈행위 그리고 샤오스의 우발적 살인을 통해 드러내고 있다. 그렇기 때문에 영화는 매우 다양한 역사적 토대와 구조를 통해 나타나고 있는 대만의 정치적, 사회적 현상을 총체적으로 해부하고 있으며 이는 곧 대만이 이행해 왔던 역사와 현실, 정체성을 겨냥하고 있다고 할 수 있다.

이처럼 대만의 신전영에 있어 가장 중요한 특징 중 하나는 과거 대만에서 일어났던 역사적 사실을 영화화하였다는 점이다. 그것은 계엄 해제와 함께 정치 민주화로 인해 금기시되었던 과거의 역사적 사건과 풍경들을 영화 속으로 끌어들였다는 것이다. 그 시작은 일본 식민지 시기 대만에서 벌어진 풍경들과 대만 정부가 금기시하였던 사건들, 이른바 국민당이 대만으로 이주하면서 발생하였던 다양한 사건들과 계엄 상황으로 인해 초래된 억압적이고 음울했던 시대적 상황들을 영화화 한 것이다. 이들 영화들이 겨냥하고 있는 최종적 목표는 바로 이러한 역사적 사건들을 영화 속으로 끌어들이면서 대만의 역사와 정체성이 무엇인지를 깊이 성찰 하도록 하는 것이었다.

이러한 테마와 주제는 향토라는 개념으로 한정될 수 있었던 신전영의 범위를 내용과 형식에 있어서도 확장시킬 수 있는 요소이다. 어쩌면 신전영의 핵심적 내용과 형식은 금기시되었던 역사적 사건과 풍경을 영화화하면서 나타난 것일지도 모른다. 그 중심에 허우샤오센과 양더창이 있는 것이다. 이 둘은 대만 신전영의 시작과 끝이라 해도 과언은 아니다.

* * *

대만의 신전영은 1982년 타오더천, 양더창, 커이정, 장이가 만든 네 편의 옴니버스 영화 〈시간이야기〉에서부터 1996년 양더창의 〈마작〉에 이르기까지 비교적 긴 시간에 걸쳐 있다. 이것은 신전영이 두 단계의 이행과정을 거치면서 형성되었기 때문이다. 첫 번째는 문학창작가들의 논쟁에서 촉발된 사실과 현실의 논리를 영화 속에 투영시켜 만든 영화들을 지칭한다. 두 번째는 계엄령 해제로 인해 그동안 금기시되었던 대만의 역사적 사건과 풍경을 다룬 영화들을 가리킨다. 서로 다른 두 단계를 거쳐 형성된 이들 영화들은 궁극적으로 대만과 대만인의 정체성에 대한 문제에 초점이 맞추어져 있다고 할 수 있다. 그렇기 때문에 대만의 신전영 영화들은 대만의 정치적, 사회적, 문화적 환경 변화 속에서 형성되었다 해도 과언은 아니다.

특히 1970년대에 접어들면서 국제사회에서 거듭된 외교 실패와 국제연합 안전보장회의 상임이사국의 자격 박탈은 대만이 자신들이 처한 현실과 정체성에 눈을 돌리게 되는 직접적인 계기가 되었고 이는 정치, 사회, 문화에 즉각적으로 영향을 미쳤다. 문학창작가들은 이러한 흐름의 중심에 있었다. 이들은 1972년, 1977년 두 번에 걸쳐 '현대시논전' 이른바 '향토문학 논전'을 통해 더 이상 현실로부터 유리된 것을 창작의 중심에 두지 않고 현실에 기반 한 사실주의를 창작 법칙으로 끌어들이면서 논쟁화 시켰다. 이로 인해 대만의 현실은 창작의 중요한 지침으로 인식되었다. 따라서 대만 신전영은 문학논쟁으로부터 발생한 현실, 사실이라는 창작 논리를 자연스럽게 영화에 적용시킬 수 있게 되었다. 그것의 시작이 〈시간이야기〉 인 것이다. 이 영화를 기점으로 비로소 대만 영화는 그동안 규범화된 틀 속에서 현실을 호도하거나 회피하는 수단으로서의 영화창작에서 벗어날 수 있는 계기를 마련하였다. 그것의 구체적인 현상들이 유년시절로의 시간 여행을 통한 향토의식과 급속한 경제성장으로 인해 팽창된 도시화 과정에서 발생한 물질주의, 고독, 외로움, 소통부재를 다룬 영화들이다. 이것은 주로 1982년에서 1987년 대만영화선언까지 지속되었던 영화들에 서 나타나고 있는 특징이다.

대만 신전영은 1987년 장제스, 장징궈 부자에 의해 무려 38년여 동안 지속되었던 계엄령의 해제로 새로운 전환기를 맞이한다. 그것은 대만의 현대사가 영화에 등장하기 시작하였다는 사실이다. 그동안 금기시되었던 대만 성립 과정의 비극적인 사건이 영화 속에 묘사되었다는 것은 대만 사회를 짓누르고 있는 본성인과 외성인 사이의 갈등의 역사와 함께 대만의 정체성에 대한 것을 정면으로 거론하기 시작하였다는 것을 의미한다. 특히 대만 신전영의 핵심 인물인 허우샤오셴과 양더창은 이러한 대만의 굴곡진 현대사를 전면에 내세우면서 대만 역사 정체성에 끊임없는 문제를 제기하였다. 따라서 이들은 대만 영화 역사에서 가장 격렬하게 대만의 현대사와 정체성을 묘사한 창작가들이라 할 수 있다. 그러므로 이러한 경향의 영화들은 대만 신전영의 다양성과 발전에 있어 혁신적 의미를 가진다.

이처럼 대만 신전영은 대만의 역사적 변동 과정 속에서 나타난 다양한 현상들과 대응논리의 구축과정과 밀접한 관계 속에서 형성되었다. 그것은 대만 신전영이 급속한 경제발전 과정에서 파생된 다양한 사회적 현상들, 국제사회에서의 위기상황, 향토문학논전, 계엄령 해제로 인해 금기시되었던 역사적 사건에 대한 해부의 중심에 있다는 것을 말한다. 그리고 그러한 모든 것들을 영화 속으로 수렴하였던 것이 대만 신전영의 새로움인 것이다.

# 제 19 장

# 역사 속에서 새로운 창작의 혁신을 찾다, 중국 영화의 혁신기 (1984-1989)

## 1. 1984-1989년 중국 영화에서 나타난 세대론적 시각의 오류

1984년 장쥔자오(張軍釗)의 〈하나와 여덟(一個和八個)〉, 천카이거(陳凱歌)의 〈황토지(黃土地)〉 등이 등장하면서 시작된 중국 영화의 혁신은 1989년까지 지속되었다. 이 시기는 중국 영화에 대한 역사적 판단을 가장 곤혹스럽게 만드는 때이기도 하다. 왜냐하면 1984년부터 1989년까지 중국 영화의 특징에 대해 대부분 천카이거, 장이머우(張藝謀), 톈좡좡(田壯壯), 우쯔뉴(吳子牛), 황젠신(黃建新) 등 이들의 작품을 이른바 '5세대'라는 명칭으로 집단화시켜 정의하고 있기 때문이다. 그렇지만 "5세대 영화 혹은 새로운 중국 영화는 사회문화적 개요와 미학적, 정치적 윤곽의 용어로서 명확한 형태가 없다."[1] 그럼에도 불구하고 많은 영화 역사가들은 중국 영화 역사에

---

1   Xudong Zhang, *Chinese Modernism in The Era of Reforms*, Duke University Press, 1997, p.205.

대해 몇몇 감독들과 작품들의 특징에 한정한 세대론적 시각을 유지하고 있다.

중국 영화에서의 세대론적 관점은 일반적으로 "학술적 동기에서 출발했다기보다는 저널리즘적 동기에서 출발하였던 바, 중국 영화의 역사를 감독 중심으로 재구성하겠다는 의도를 전제하고 있다."[2] 이러한 의미를 지닌 세대론적 구분이 1984년부터 1989년까지의 중국 영화를 설명하는 데 매우 유효한 것도 사실이다. 왜냐하면 이 시기 뛰어난 영화를 만든 감독들은 문화 대혁명과 농촌으로의 하방, 1978년 북경 영화대학 입학, 1982년 졸업, 1983년부터 영화계 진입이라는 공통된 역사적 경험을 가지고 있기 때문이다. 이러한 역사적 경험은 이들 감독들에게 영화 창작의 중요한 토대로 작용하여 이전의 중국 영화에서 볼 수 없었던 변모와 혁신에 결정적 기여를 하였다. 이러한 이유로 1984년에서 1989년까지의 중국 영화 역사는 특정한 감독과 작품의 역할과 기능이 지나치게 집중되어 부각됨으로써 세대론적 관점에 의한 일방적 흐름으로 인상 지워졌다 해도 과언이 아니다. 그렇기 때문에 이들을 집단화하여 세대로 구분하는 것은 일정한 타당성을 갖고 있다.

그러나 1984년부터 1989년까지의 중국 영화 역사를 세대론적 시각인 5세대 중심으로만 바라보는 것은 이 시기 중국 영화 역사에 대한 객관적 판단을 흐리게 할 우려가 있다. 왜냐하면 이 시기는 세대론자들의 구분에 의한 5세대의 영화감독들뿐만 아니라 이른바 3세대, 4세대로 불리는 영화 감독들도 중요한 영화적 특징을 형성하고 있기 때문이다. 이것은 중국 영화의 혁신과 5세대의 시작을 알린 1984년부터 나타난 현상이다. 1984년 중국에는 중국 영화 역사에서 혁신의 시작을 알린 장쥔자오와 천카이거 영화만 존재했던 것이 아니다. 이들 영화와 함께 이전 시기부터 영화를 만들어 왔던 링쯔펑(凌子風)의 〈변경 도시(邊城)〉, 셰진(謝晉)의 〈산 밑의 화환(高山下的花環)〉, 황젠중(黃健中)의 〈양갓집 여인(良家婦女)〉, 5세대로

---

2   임대근, 「중국영화 세대론 비판」, 《중국학연구》 Vol.31, 중국학연구회, 2005, 124쪽.

불리는 영화감독들에게 직접적인 영향을 끼친 우텐밍(吳天明)의 〈인생(人生)〉도 같은 해에 만들어졌다. 이것은 1984년부터 1989년 천안문 사태까지의 중국 영화 역사 풍경에 혁신과 지속이라는 두 가지 측면이 공존하고 있음을 의미한다. 이 시기를 중국 영화 역사에서 다양한 영화감독들의 창작 활동이 이루어진 시기라 할 수 있는 이유가 바로 이 때문이다. 따라서 지나치게 "5세대의 감독과 작품에 집중하고 있는 세대론적 관점은 또 다른 의미의 중요한 영화적 특징과 경향을 형성하고 있는 5세대 이외의 감독들인 셰진, 우텐밍, 황젠중, 셰페이(謝飛) 등과 작품의 의미가 평가절하될 수밖에 없는 상황에 직면하게 된다."[3] 이것은 1984년에서 1989년까지의 중국 영화 역사를 설명하는 데 있어 5세대라고 불리는 감독들의 영화만으로 이 시기 중국 영화의 특징과 경향을 파악할 수 없다는 의미이기도 하다. 그러므로 이 시기를 온전하게 파악하는 데 있어 5세대 중심의 세대론적 관점은 치명적인 결함을 드러내게 된다.

뿐만 아니라 이와 같은 관점은 특정한 영화감독과 작품만을 대상화하고 있기 때문에 필연적으로 편협한 역사적 판단을 내릴 수 있는 가능성이 있다. 5세대로 불리는 영화감독들과 작품들이 기존의 중국 영화 내용과 형식으로부터 벗어나 1984년부터 1989년까지의 중국 영화 역사를 가장 혁신적으로 발전시키고 변모시킨 것은 사실이지만, 이들 감독과 작품만이 이 시기 전체를 설명하고 대변하고 있는 것은 결코 아니기 때문이다. 그것은 전체 역사의 흐름과 맥락 속에서 이해되어야 한다는 것을 의미한다. 몇몇 감독과 작품만을 통한 세대론적 관점에 의해 역사를 구획 짓는 것은 오히려 주변의 중요한 역사적 재료에 눈을 감게 되는 결과를 초래할 수 있다. 따라서 이 시기 중국 영화는 중국의 정치권력의 변화와 문예정책의 변화, 그리고 영화 언어에 대한 논의가 상호 밀접하게 연결되어

---

3 위의 논문, 131쪽.

있으면서 발전하였기 때문에 세대론적 관점뿐 아니라 그 시기를 수놓은 다양한 연대기적 요소들의 통합적 시각에 의해 판단되어야 한다.

## 2. 문예 정책의 변화와 영화 언어에 대한 논의

### 1978년 개혁, 개방 노선과 문예 정책의 변화

중국에서 문예 정책은 매우 중요한 위치를 차지하고 있다. 문예 창작은 중국 공산당의 이념, 이데올로기의 확산과 정책에 주도적으로 기능해야 한다는 창작과 정치와 불가분의 관계를 형성하고 있기 때문이다. 따라서 중국에서의 문예 정책은 국가의 정치권력과 정책의 변화에 매우 민감할 수밖에 없다. 이와 같은 문예 정책의 변화는 영화 정책과 영화 창작에도 그대로 적용된다. 영화 제작과 보급의 기반이 국가의 직접적인 관할 체계 속에 존재하기 때문에 중국에서의 영화는 동시대의 주요 정치 이념과 정책으로부터 형성된 문예 정책과 불가분의 관계를 갖는다고 할 수 있다.

문예 정책에 대한 중국의 가시적 변화는 1976년 10월 문화 대혁명의 4인방인 장칭(江青), 야오원위안(姚文元), 왕홍원(王洪文), 장춘차오(張春橋)가 체포되고, 1977년 8월 12일에 소집된 당 제11기 전국대표대회에서 당주석 화궈펑(華國鋒)이 문화 대혁명의 종결을 선언하면서 10년에 걸친 대단원의 막을 내리는 데까지 거슬러 올라간다. 특히 1978년 5월 27일부터 6월 5일까지 중국문학예술계연합회 제3기 전국위원회 제3차 확대회의가 북경에서 소집되면서 중국의 문예 정책은 신속하고 구체적으로 나타나기 시작하였다. "이 회의에서는 문화 대혁명 기간에 4인방에 의해 제정된 문예 정책과 문예 이론을 모두 폐기하기로 결의했으며, 아울러 문화 대혁명 기간에 활동이 중지되었던 각급 문예협회, 즉 중국문련, 중국작가협회,

중국음악가협회, 중국연극가협회, 중국영화인협회, 중국무용가협회 등 협회의 활동 재개와 《문예보(文藝報)》 복간을 선언했다."[4]

그러나 중국에서 문예 이론과 정책에 대한 획기적 전환점이 된 것은 1978년 12월 18일부터 22일까지 개최된 중국 공산당 제11기 중앙위원회 제3차 전체회의(3중전회)에서 덩샤오핑(鄧小平) 세력의 주도로 선언된 개혁, 개방 정책 노선이라 할 수 있다. 이 대회에서 그들은 "중국 사회가 당면한 주요 모순은 더는 계급 간의 모순이 아니라 경제생활의 향상을 바라는 대중들의 요구와 이에 부응할 수 없는 중국의 경제적 낙후성에서 파생되는 것이라는 점을 재확인하고 계급투쟁보다는 계급 간의 단결과 협력을 바탕으로 경제 발전과 현대화를 추진하는 것이 당과 국가의 최우선적 과제라고 선언하였다. 그리고 이 대회를 통해 덩샤오핑 세력과 지도자들은 지식인들과 일반 대중들에게 11기 3중전회의 사상 해방 정신에 입각해 계급투쟁을 강조하는 문화 대혁명 좌파들의 교조주의적 사상을 비판할 것을 권장했고, 그동안 신성시되었던 마오쩌둥(毛澤東) 사상에 대해서도 실사구시의 정신에 기초해 재평가해야 한다고 주장했다."[5]

이러한 3중전회의 선언은 중국의 과거 문예 작품과 이론, 정책에 대한 재평가 작업 과정에 깊은 영향을 미쳤다. 이것은 3중전회가 결속된 직후 중국의 《문예보》, 《문학평론》 편집부가 연합하여 소집한 '문예작품확정정책좌담회(文藝作品確定政策座談會)'의 결과에서 확인된다. "이 자리에서 문화 대혁명 기간 중에 독초로 낙인이 찍혔던 작품들의 명예 회복 문제가 논의되었다. 이 회의에서는 작품의 명예 회복을 위해 무고하게 독초로 판정된 작품을 선별하는 기준을 정했다. 첫째, 작품에 반영된 현실이나 역사가 진실에서 출발하고 있는가? 둘째, 작품의 사상성이 실사구시적(實事

---

4  김시준, 『중국당대문학사조사연구』, 서울대학교 출판부, 2000. 249쪽.
5  서진영, 『21세기 중국정치』, 폴리테이아, 2008, 301-302쪽.

求是的)인가? 등을 기준으로 하되 다각적인 분석을 통해 많은 작품을 명예 회복시켰다. 다른 문학작품들과 함께 이때 재평가된 영화로는 〈홍일(紅日)〉, 〈노조(怒潮)〉, 〈임가포자(林家鋪子)〉, 〈조춘이월(早春二月)〉, 〈북국강남(北國江南)〉이다."[6] 이와 같은 문예 작품에 대한 재평가와 그 판정 기준은 중국의 문예 이론과 정책이 중국의 경제 개혁 노선과 밀접한 관계 속에서 움직인다는 것을 실질적으로 보여주는 것이다.

이러한 개혁, 개방 정책 노선은 중국의 문예 이론과 정책뿐만 아니라 창작가 개인의 자유를 확대하는 방향으로 나아가도록 견인하는 요인이 되었다. 이를 뒷받침하는 것으로는 "1979년 3월 《문예보》 편집부에서 전국의 문예 평론가들을 소집하여 개최한 '문예이론비평공작좌담회(文藝理論批評工作座談會)'를 통해 확인된다. 이 회의에서는 '문예와 정치의 관계'라는 의제로 열띤 토론이 있었다. 이 회의의 결론에서 '우리의 문예는 당의 영도 하에 행해지는 당의 전체 사업의 일부이므로 당연히 정치에서 벗어날 수 없다. 그러나 문예는 정치를 위해 봉사한다'는 규정은 비과학적이다. '문예는 정치가 임의로 좌지우지할 수 있는 간단한 도구가 아니며, 문예를 간단히 계급투쟁의 도구로 삼아서는 안된다'고 하여 과거 마오쩌둥 시대의 문예 정책을 전면 부인하기로 결의했다. 아울러 '현실주의 문학의 진실성, 전형성, 문예와 생활의 관계를 정립해야 한다'고 강조했다. 이것은 문예계의 전면적인 개혁과 당과 정부의 문예 정책의 전면 수정을 요구하는 것이라고 하겠다."[7] 이 회의에서는 문예가 비록 정치적 행위와 분리될 수 없다는 불가피성을 제시하고 있기도 하지만, 그것으로부터 벗어나야 한다는 것을 주장하고 있다. 이른바 정치로부터 문예의 독립성을 조심스럽게 제기한 것이다.

이러한 기조는 덩샤오핑이 참가하여 축사를 한 1979년 10월 30일부터

---

6　김시준, 앞의 책, 250쪽.

7　위의 책, 250쪽.

11월 16일까지 북경에서 열린 '중국문학예술공작자' 제4차 대표대회에서 더욱 분명히 나타났다. 이 대회에서 덩샤오핑은 문학 예술계에 대한 정부의 방침을 다음과 같이 피력했다.

문학예술이라는 복잡한 정신노동은 개인의 창의적 정신을 발휘하는 것이다. 앞으로 정치의 부당한 간섭이 있어서는 안 된다. 작품의 사상상의 성취와 예술상의 성취는 독자인 인민만이 판단할 수 있다 …… 당은 문예공작의 지도에 대해 명령을 하지 않을 것이고 문학예술이 임시적으로나 구체적으로나 직접적으로나 정치 임무에 종속하라고 요구하지 않을 것이다.[8]

덩샤오핑의 문예 이론, 정책 방향에 대한 언급은 1980년대 중국의 문예 이론과 정책 방향에 직접적인 영향을 미쳤다고 할 수 있다. 이 대회를 기점으로 중국의 문예에는 큰 변화가 일어났다. 즉 문혁 기간과 문혁 이후 지속되었던 교조주의와 마오쩌둥 개인숭배에 근거한 '모범극(樣板戲)'과 '삼돌출론(三突出論)'[9] 수법에서 벗어나기 시작한 것이다.

---

8  위의 책, 255쪽.
9  모범극은 문화대혁명을 주도했던 장칭(江青) 등이 기성의 문화체제를 부정하려고 여덟 개의 공연 작품을 통해 전통경극을 개혁한 현대경극과 서구의 발레에 서사극 양식을 접목한 발레극, 그리고 교향악극 등 3가지 스타일의 모델을 제시한 것을 칭한다. 3가지 스타일의 모델 중 첫 번째 경우는 〈붉은 신호등(紅燈記)〉, 〈사자의 호숫가 마을(沙家濱)〉, 〈지략으로 위호산을 탈출하다(智取威虎山)〉, 〈백호부대를 기습하다(奇襲白虎團)〉, 〈항구(海港)〉, 등 5편으로 가장 많은 비중을 차지한다. 두 번째 경우는 〈백모녀(白毛女)〉와 〈붉은 낭자군(紅色娘子軍)〉 두 편이 해당되는데 모두가 이미 영화로 선을 보였던 것들이다. 마지막 세 번째 경우에는 현대 경극 장르로 만들어진 '사자의 호숫가 마을'을 교향악극으로 재구성한 것이 있다. 이러한 양식상의 모델을 드러내기 위한 창작의 기준으로 강조된 이론이 바로 삼돌출론이다. 이는 모범극뿐 아니라 모든 예술 장르에 적용되는 심미적 기준으로 강조되었다. 인물 묘사에서 긍정적인 인물을 돌출시키고, 긍정적 인물 가운데 영웅적 인물을 돌출시키고, 영웅들 중에도 주요한 영웅을 돌출시킨다는 것이다. 이로 인해 중국의 문예 창작은 극심한 도식주의와 교조주의로 점철되었다. ─장동천, 『영화와 현대중국』, 고려대학교 출판부, 2008, 181-182쪽.

덩샤오핑에 의해 주도된 창작에 대한 이러한 유연성의 기조는 후야오방 (胡耀邦)에게서도 나타났다. 그는 1980년 1월 23일부터 2월 13일까지 중국희극가협회, 중국작가협회, 중국영화협회의 연합회가 소집한 '극본창 작좌담회'에 당 대표로 참가하여 "당 제11기 3중전회 이후 문예전선이 취득한 성과를 긍정하고 동시에 문예 창작에서 사상 해방과 4항 기본 원칙을 명확히 통일하여 줄 것을 제안했다 …… (그리고) 1980년 2월 23일부터 29일까지 소집된 당 제11기 5중전회에서 덩샤오핑은 '목전의 형세와 임무(目前的形勢和任務)'라는 보고에서, 문예계에 대해 다시 한 번 사상 해방의 약속과 창작 자유의 한계를 다음과 같이 다짐했다. 우리는 쌍백방침(雙百方針)과 삼불주의(三不主義)―불조변자(不抓辮子: 머리채 를 잡지 않는다. 즉 억지로 규제를 가하지 않는다), 불구모자(不扣帽子: 모자를 씌우지 않는다. 즉 무고하게 반동으로 몰지 않는다), 불타곤자(不打 棍子: 억지로 죄를 씌우지 않는다) ― 를 견지한다. 문예가 정치에 종속되어 야 한다는 구호는 없을 것이고 간섭도 하지 않을 것이다. 그렇다고 문예가 정치에서 이탈하는 것은 아니다."[10] 이처럼 중국의 문예 정책은 개혁, 개방 노선의 추진과 함께 문혁 시기의 그것과는 비교할 수 없을 정도로 창작에 대해 유연한 정책으로 바뀌어 갔다.

그러나 문예 창작의 독창성 존중이라는 덩샤오핑과 후야오방의 지속적인 언급에도 불구하고 문예 방침에 대한 중국 공산당의 시각은 그동안 추진하 여 왔던 농업, 공업, 국방, 과학 기술의 4개 현대화를 달성하기 위한 경제 개혁, 개방 정책의 폐해가 나타나면서 1983년 3월 소집된 전인대회를 통해 다시 긴장과 조정 국면을 맞는다. 중국의 지도층은 개혁, 개방 정책에 편승하여 창조된 중국의 문예 작품과 중국으로 유입된 외국 문예 작품이 사회주의 이데올로기의 원칙을 심각하게 오염시키고 있다고 판단했다.

---

10 김시준, 앞의 책, 258쪽.

이러한 현상에 대해 "덩샤오핑은 1983년 당 12기 2중전회에서 부르주아 및 여타 착취 계급의 부패하고 퇴폐적인 이념을 확산하고 사회주의 이념과 공산당의 지도력에 불신감을 조장하는 지식인, 소설가, 예술인들을 대상으로 정신 오염이라는 개념을 사용하였다."[11] 특히 펑쩐(彭眞)은 "10월 21일부터 26일까지 당 중앙이 당외 인사, 즉 민주당파와 무당파 인사 270여 명을 초청하여 좌담회를 개최했다. 이 자리에서 당 중앙을 대표하여 〈당 정비와 정신 오염을 반대하는 문제에 대한 담화〉를 발표하였다."[12]

펑쩐의 담화가 발표되자 1983년 10월 31일자 《인민일보(人民日報)》와 《신화사(新華社)》는 즉각적으로 〈사회주의 문예의 깃발을 높이 들어 정신 오염을 확고하게 방지하고 철저히 제거하자(高擧社會主義文藝旗幟, 堅決防止和淸除情神汚染)〉와 〈정신 오염에 대해 투쟁하자(向情神汚染 鬪爭)〉라는 제목의 사설과 통신을 각각 게재하였다. 이와 동시에 "10월 31일 문화부 부장 주무쯔(朱穆之)는 공회(工會) 제10차 대회에 참석한 문화인들을 모아 좌담회를 개최했다. 그는 정신 오염에는 주요한 두 가지가 있다면서 하나는 이론 방면에서 마르크스주의 원칙을 위배하는 것으로, 추상적인 인간의 가치와 인도주의, 이른바 사회주의 이화(異化) 등의 관점을 선양하는 것이고, 또 하나는 문예 작품이나 문예물 상영에서 음란하고 색정적인 것, 흉포한 공포물, 황당하고 기이한 것과 먹고 마시고 노는 부패한 자산 계급적 생활방식을 선전하는 것 등으로, 이 두 가지는 오염의 위해성이 대단히 크다고 했다. 11월이 되면서 정신 오염의 범위는 더욱 확대되어 문예, 신문, 교육, 정치, 법률 등 이르지 않은 데가 없게 된다. 특히 사상계에서는 사회주의 이화 문제로, 문예계에서는 인성과 인도주의 문제로 정신 오염 제거 운동이 활발해졌다."[13] 즉 "1983년 11월

---

11  김영문, 『등샤오핑과 중국정치』, 탐구당, 2007, 329쪽.
12  김시준, 앞의 책, 270쪽.
13  위의 책, 271쪽.

중순부터 덩리췬(鄧力群)의 지도 아래 부르주아 민주화와 자유화, 휴머니즘과 소외, 모더니즘, 서구 문화에 대한 숭배, 개인주의, 기회주의, 미신, 음란 영화와 비디오테이프 등을 정화하는 반정신 오염 운동이 추진되었다."[14]

1983년에 주로 집중적으로 제기된 정신 오염 문제는 개혁, 개방 정책으로 인하여 확대된 문예 이론, 정책의 유연함에 적지 않은 긴장감과 위축을 가져왔다. 따라서 1983년에서부터 1984년까지 문혁 이후 지속되어 왔던 일정한 창작의 자유가 공산당의 통제에 의해 다시금 제한되었다고 할 수 있다. 그러나 이러한 분위기는 "1984년 10월 중국 공산당 제12기 3중전회에서 경제 체제 개혁에 관한 결정을 채택하고 본격적인 경제 체제 개혁에 착수하면서 다시 변하였다."[15] 이 대회를 기점으로 1983년부터 1984년에 걸쳐 문예계에 정신 오염 문제가 제기되면서 비판 운동이 전개된 후 처음으로 1984년 12월 28일부터 1985년 1월 5일까지 전국 성(省)의 문예계 대표자 회의인 중국작가협회 제4차 대표자 대회가 열렸다. 이 대회는 비록 문학에 한정되어 있었지만 향후 중국의 문예 정책의 풍향을 가늠할 수 있는 중요한 대회였다.

> 대회에는 후야오방, 완리(萬里), 시쫑쉰(習仲勛), 구무(谷牧), 후치리(胡啓立) 등 당과 정부의 고위층이 다수 참석했다. 후치리는 당중앙서기처를 대표하여 축사를 했다. 그는 "문학계는 사회주의 법제 관념을 강화하고 백화제방(百花齊放)과 백가쟁명(百家爭鳴)의 방침을 견지하며 창작의 자유를 실현하도록 해야 한다. 문학 창작상에서 나타나는 잘못된 문제는 법률에 위반된 것이 아니면 문예 비평, 즉 비평, 토론, 쟁론을 통해 해결하도록 할 것이며 비평된

---

14  김영문, 앞의 책, 334쪽.
15  서진영, 『현대중국 정치론』, 나남, 1997, 302쪽.

작가가 정치적 차별을 받거나 이것으로 인해 처분 또는 기타 조직으로부터 부당한 대우를 받지 않을 것을 보증한다"고 했다. 물론 이 자리에서도 정신 오염 제거 문제는 제기되었다. 그러나 그는 당과 문예 지도층 사이에 아직도 존재하고 있는 지나친 간섭, 너무 많은 비판, 너무 많은 행정 명령 등의 문제에 대해 지적하고, 앞으로 당은 창작의 자유를 절대 보장하고 스스로 문예계가 정화되기를 바란다고 했다.[16]

후치리의 축사는 중국의 문예 이론, 정책의 기조가 다시 창작의 자율성 보장에 있다는 것을 밝히고 있다. 이것은 1984년 10월 중국공산당 제12기 3중전회에서 자오쯔양(趙紫陽)이 제기한 중국은 아직 사회주의 초급 단계에 있기 때문에 계속 대담한 경제 개혁을 추진해야 한다는 '사회주의 초급 단계론'[17]에서 어느 정도 예견된 것이다. 즉 개혁, 개방 노선을 보다 강력하게 추진할 수 있는 이론적 토대가 사회주의 초급 단계론으로 확립되었기 때문에 문예 정책과 이론, 창작의 유연성이 자연스럽게 연결되었다.

이와 같이 중국의 문예 정책은 1978년부터 사회주의 이데올로기와 정치권력 등의 내부를 정비하고 조심스럽게 추진하여 왔던 개혁, 개방 정책이 1984년을 기점으로 강력한 개혁, 개방 정책 노선으로 바뀌기 시작하면서 창작의 자율성 확보 쪽으로 나아갔다. 문예 정책 방향의 변화와 함께 중국의 영화 언어도 이러한 큰 틀의 흐름과 맥락 속에서 전개되었다.

---

16  김시준, 앞의 책, 275쪽.
17  사회주의 초급단계론은 1980년대 전반기 개혁 이론가들에 의해 산발적으로 제기되었고 공식화 된 것은 1987년 자오쯔양의 당 대회 연설에서부터였다.

# 영화 언어에 관한 논의

문화 대혁명의 시기가 종결되고 개혁, 개방 정책이 추진되면서 문예
이론과 정책의 변화와 함께 중국 영화계에서도 실질적인 조치가 이루어지
기 시작하였다.

> 1978년 11월 문화부 내에 '영화재심위원회(電影復審小組)'가 구성
> 되어 17년간 독초로 규정되어 금지되었던 영화들에 대한 단계적
> 해금 조치가 진행되었다.[18]

이와 같은 조치는 중국의 영화감독들이 영화에 대한 새로운 창작의
시도와 미학적 탐색을 할 수 있는 기반을 조성하였다. 이것은 1984년에서
1989년까지의 중국 영화를 설명하는 데 중요한 요소라 할 수 있다. 왜냐하면
이 시기 중국 영화의 경향과 특징은 1979년 이후 발생한 영화 언어와
창작에 대한 새로운 인식과 태도와 결부되어 있기 때문이다. 특히 문화혁명
이전에 영화대학을 졸업했지만 문혁 기간에 영화 창작 활동을 하지 못하고
1979년부터 본격적으로 활동하기 시작한 영화감독들에게는 영화 창작에
대한 본질적이고 근본적인 문제를 제기할 수 있는 분위기가 형성되었다.

그 구체적 현상은 1979년 잡지 《영화예술(電影藝術)》에 장난신(張煖忻)
과 리투어(李陀)가 공동으로 발표한 「영화 언어의 현대화를 논하다(論電影
語言的現代化)」를 통해 나타났다. 이 글은 중국 영화가 세계 영화에 비해
뒤떨어지고 있는 근본적인 원인이 무엇인지를 규명하기 위해 "영화 언어에
대한 넘치는 질문으로 시작되었다. 영화예술에 대한 이론적 탐구에 관한
우리의 시각은 무엇인가? 우리는 우리 자신의 문화를 발전시킬 수 있는

---

18 장동천, 앞의 책, 197쪽.

비교적 체계적이고 진보적인 영화 미학을 가지고 있는가? 우리의 영화 만들기가 어떤 노골적인 미학적 지침 하에서 혹은 맹목적인 발전으로 이루어지고 있지는 않은가? 우리는 영화 이론과 영화 만들기에 있어 국제적으로 최근 발전에 대한 명확한 지식을 가지고 있는가? 우리는 외국 예술로부터 사상을 받아들이고 배워야만 하는가, 그렇지 말아야 하는가?"[19] 등이었다. 이러한 본질적 질문을 중국 영화에 던지면서 이들은 앙드레 바쟁(André Bazin)의 사실주의 영화 이론을 중국 영화에 접목시켜야 한다고 주장했다. 사실성에 기반을 둔 앙드레 바쟁의 미장센 이론은 이들 세대의 영화에 적극적으로 수용되었다. 이러한 영화 창작 이론에 대한 추구는 기존의 중국 영화 전통에서 탈피해 영화의 현대화를 추구하는 이른바 4세대로 불리는 영화감독들에게 확고한 창작의 동기가 되었다.[20]

이것은 중국의 전통적인 사회주의 창작 법칙으로부터 벗어나 문혁 기간에 자행되었던 역사적 상처를 심오한 은유나 상징을 사용하지 않고 사실적으로 묘사하여 누구나 쉽게 이해할 수 있는 서사적 이야기들에 대한 관객들의 현실적 요구에 장난신과 리투어가 앙드레 바쟁 이론으로 화답한 것이라 할 수 있다. 그 결과 이 시기 4세대로 불리는 영화감독들은 "이전의 영화에서 정치성에 가려졌던 휴머니티와 운명, 그리고 개인 의지와 욕망을 포함한 인간의 내면세계를 작품 속에 등장시키기 시작했다. 이들은 역사 속에서 개인이 처한 운명에 대해 전에 없는 관심을 표했다 …… 이들은 의식의 흐름, 시공간의 교차, 구성의 자유로움 등 미증유의 실험 정신을 통해 궁극적으로 인간의 계몽과 각성, 휴머니즘의 회복에 대한 메시지를 영화에 담았다."[21] 이들의 이러한 대응은 1980년대 중국 영화가 다양한 수법 탐구로 전환하게 하는 계기가 되었다.

---

19  Xudong Zhang, *op. cit.*, p.233.
20  장동천, 앞의 책, 205쪽 참고.
21  위의 책, 205쪽.

그리고 미장센 이론을 통해 구축된 사실주의에 대한 탐구는 영화 창작의 독창성으로 나아가는 초석이 되었다. 이것은 1980년 4월 영화 평론가 천황메이(陳荒煤)의 「영화이론연구강화를 위한 몇 가지 문제(加强電影理論研究的幾個問題)」라는 글에서 확인된다. 천황메이는 이 글에서 다음과 같이 말하고 있다.

> 과거에 문예는 정치를 위해 복무해야 한다는 기계적이고 일방적인 강조가 문예의 단순화와 통속화를 초래했고, 문예 그 자체의 특징뿐만 아니라 문예의 특수한 기능과 역할조차 무시당했다 …… 정치적 기준만을 강조하다 보니 문예의 오락적, 심미적 기능이 부정되면서 문예 창작의 제재는 협소해졌고 형식은 단조로워져 생동감 있고 선명한 예술형상이나 감화력, 심오한 사상성이 결핍되었다. 결국 문예 창작은 메마른 정치적 설교로 변모하였고, 사실상 창작은 삶과 인민으로부터 유리되어 막다른 골목으로 들어서게 되었다.[22]

천황메이는 중국에서 영화가 정치와 밀접하게 결합되어 있어 예술 창작의 본질적 특성과 기능을 상실하고 있다고 우려하였다.

그리고 "1970년대 말과 1980년대 초 중국에서 영화 언어와 영화 문학성에 대한 논의의 확장과 연속성을 가진 '영화감독예술학술토론회(電影導演藝術學術討論會)'가 1984년 7월 중순 북경에서 열렸다. 이 토론회에서 세페이 감독은 「영화관에 관한 나의 생각(電影觀念我見)」이라는 발언을 통해 영화관은 예술사상, 예술내용, 예술기교 등 세 가지가 상호 연관되면서 구별되는 층위를 포함한다고 보았다. 현대 영화관은 삶 자체가 스스로 유동하는 형태를 스크린에 재현하는 기교이며 예술가의 사회와 시대,

22 羅藝軍 主編, 『20世紀中國電影理論文選 下』, 中國電影出版社, 2003, 152-153頁.

삶에 대한 독특하고 심오한 인식과 사고를 표현하는 것, 즉 서양의 작가주의 영화와 유사하다고 보았다."[23] 셰페이 감독은 현대 영화관을 작가주의 영화라고 하면서 중국에서 영화 창작의 독립성과 독창성을 주장하였다.

이들의 언급은 영화가 정치와 이데올로기로부터의 영향을 최소화하고 인간의 삶과 사회에 대해 독립적이고 독창적인 창작과 미학적 시도를 통해 본질적인 영화예술로 회귀하고자 한 염원의 신호탄이었다. 이것은 장난신과 리투어의 사실주의 영화 이론의 연장선이자 사회주의 국가에서 통용되고 있는 이데올로기로서 사회주의 리얼리즘 주도의 창작 이론으로부터 벗어나 새로운 창작 패러다임을 추구하는 것이기도 하였다. 따라서 천황메이의 「영화이론연구강화를 위한 몇 가지 문제」와 셰페이의 「영화관에 관한 나의 생각」은 1978년 장난신과 리투어가 앙드레 바쟁의 미장센 영화 이론을 통해 중국 영화가 직면하고 있던 창작의 문제점을 해결하고자 한 한계를 문예의 본질적 특성을 강조하면서 영화 자체의 독립성과 독창성으로 해결하고자 했다.

이것은 1970년대 후반에서 1980년대 초반까지의 중국 영화에서의 사실주의가 갖는 대표적인 한계라 할 수 있는 공통의 역사적 경험인 집단적 증후로부터 개인적 경험으로 회귀할 수 있는 실마리를 제공했다. 그리고 개인 경험의 강조로 연결된 천황메이, 셰페이의 영화에 대한 새로운 진단과 인식은 그동안 사회주의 도그마로 인하여 개성과 창의성, 다양성을 잃어버리고 정신적 빈곤 상태에 빠져 있는 중국 문화와 영화가 새로운 차원으로 발전할 수 있는 토대가 되었다. 그 결과 중국 영화는 "중국 민족과 개인이 국가의 강요로부터, 사회주의 체제의 도그마로부터 해방되어 놀랍도록 사실적이고 자연주의에 근접한 영상 기법을 도입하고 서구의 이론들을 비판적으로 그들의 문화에 접목시켰으며, 억압적인 도그마에 매몰되어

---

23  同上書, 102頁.

있던 중국의 고유한 문화 전통을 되살려 냈다."[24]

1980년 천황메이의 정치와 결합되어 있는 중국 영화에 대한 날카로운 진단과 1984년 셰페이의 작가주의 영화에 대한 주장은 영화 언어의 독립성과 함께 1980년대 초반까지 중국 영화에 존재하고 있던 표현 방식과의 단절을 가져왔으며 은유와 상징을 통해 사회 비판적 시각을 유지하면서 다양한 표현 양식을 만들어 냈을 뿐만 아니라 영화 창작의 독립성과 독창성을 확립할 수 있는 계기가 되었다. 따라서 1980년대 중국 영화의 역사는 1978년 개혁, 개방 정책 노선 채택으로 인하여 중국 정부의 영화에 대한 다양한 조치들과 함께 새로운 영화 언어의 패러다임 구축이라는 역사적 과제를 안고 시작되었다. 그것을 중국 영화 역사 내부의 논의로 이끈 것이 장난신과 리투어의 「영화 언어의 현대화를 논하다」와 천황메이 의 「영화이론연구강화를 위한 몇 가지 문제」, 셰페이 감독의 「영화관에 관한 나의 생각」인 것이다.

이들에 의한 논의는 1980년대 중국 영화 특징과 창작 방향을 제시한 이른바 4세대, 5세대로 불리는 영화감독들의 독창성의 논리적 기반이 되었다. 특히 "영화 존재론이나 롱 테이크 이론으로 불린 앙드레 바쟁의 이론은 1980년대 초와 중반기의 중국의 영화 혁신가들에게 카메라에 의해 베일이 벗겨진 채 드러난 감추어진 진실을 겨냥하도록 했다."[25] 이것은 지금까지 중국 사회에서 공식적으로 수용되어왔던 중국 현실에 대한 다양한 해석의 가능성이 열리기 시작했음을 의미하였다. 그리고 이와 같은 특징을 가장 효과적이고 실제적으로 구현한 영화들이 1984년에 서 1989년 사이에 나타났다. 이 시기의 영화감독들은 개인에게 각인된 중국 사회와 역사를 영화 속에 투영시킨 영화 창작가들이라 할 수 있다.

---

24 슈테판 크라머, 황진자 옮김, 『중국영화사(Geschichte des Chinesischen Films)』, 이산, 2000, 200쪽.

25 Xudong Zhang, op. cit., p.236.

그리고 이들은 곧 1980년대 중국 영화의 언어가 현대화, 독립화하는 데 커다란 기여를 했다.


## 3. 다층적 의미로의 확장과 전통적 미학 사상

### 선명한 이야기 구조로부터의 이탈

1945년 5월 2일부터 25일 사이 마오쩌둥은 '연안의 문예계 작가들과의 좌담회(在延安文藝座談會上的講話)'에서 문예 창작에 대해 연설했다. 여기서 마오쩌둥은 "문예를 인민과 한마음 한뜻으로 적과 투쟁하는 것을 돕도록 하는 데 있다. 나는 이러한 문제들이 문예 종사자들의 입장 문제, 태도 문제, 사업 대상 문제, 사업 문제와 학습 문제 같은 것이라고 생각한다. 여기서 문예가들의 입장 문제는 프롤레타리아와 인민 대중의 입장에 서야하고 당원에 대해서는 당의 입장에 서야 한다. 태도의 문제에 있어서는 세 가지가 있는데 적에게는 잔혹함과 기만적인 것을 폭로하고, 동맹자에게는 단결과 비판, 우리 자신에게는 찬양해야 한다는 것이다"[26]고 했다. 이와 같은 마오쩌둥의 문예 이론은 1949년 중국 공산당 정부 수립 이후 공식적인 문예 이론으로 발전했다. 이 이론은 "영화의 심사, 지도, 감독 등 보급과 상영에 관한 모든 것을 장악하고 영화가 교육과 선전에서 최대치의 역할을 할 수 있도록 지원하기 위하여 1950년 중앙 인민정부에 의해 영화위원회가 구성되면서"[27] 국가와 이념을 강화하는 형식의 기제로서 자연스럽게 영화 창작 법칙의 토대가 되었다. 그리고 이것은 중국 영화에서 단순하고 선명한 이야기 구조가 등장할 수 있는 계기로 작용했다.

---

26  毛澤東, 이욱연 옮김, 『毛澤東의 문학예술론』, 논장, 1989, 98쪽.

27  장동천, 앞의 책, 146쪽.

그 결과 정형화된 플롯과 직설적인 화법이 중국 영화에서 주요한 특징으로 나타나기 시작했다. 이러한 이유로 "이 시기의 영화는 선악의 대비가 뚜렷한 줄거리 속에서 해방군은 항상 영웅시되었다. 그러나 영웅주의는 원리상으로 새로운 중국을 지배한 반개인주의, 즉 집단주의의 이상과 모순되는 것이었다. 이러한 모순을 해결하기 위해서 건국 초기의 영화에서 개인 영웅은 천재적, 천부적 영웅이 아니라 피압박 민중 속의 평범한 인물이고 그것도 계급의 적에 대한 원한을 가진 인민 가운데서 나타나며 자연인으로서 자신들의 한계를 마오쩌둥과 공산당 사상을 통해 극복하고 영웅으로 성장하는 것으로 묘사되었다."[28] 따라서 마오쩌둥의 문예 이론은 중국 영화가 선과 악, 동지와 적과 같은 단순한 이분법적 구조로 이야기를 풀어가는 데 결정적 역할을 했다.

이러한 영화 형식에 작은 변화가 일어난 것은 1956년 4월 마오쩌둥에 의해 백화제방, 백가쟁명이 선언되면서부터라 할 수 있다. 즉 쌍백방침으로 중국 영화에서 다양한 테마와 인물 묘사가 가능해졌다. 이것은 중국의 문학작품에서 왔다. 그중에서도 루쉰(魯迅) 원작의 쌍후(桑弧) 감독의 〈축복(祝福, 1956)〉, 바진(巴金) 원작의 예밍(葉明), 천시허(陳西禾) 공동 감독의 〈가(家, 1956)〉, 마오둔(茅盾) 원작의 수이화(水華) 감독의 〈린씨네 가게(林家鋪子, 1959)〉, 러우스(柔石)의 단편 소설 〈2월(二月)〉을 각색한 세테리(謝鐵驪) 감독의 〈이른 봄 2월(早春二月, 1964)〉에서 나타난 것처럼 주로 5·4문학을 영화화했다. 또한 문학작품의 영화화는 중국 영화의 다양성뿐 아니라 천편일률적인 도식을 지니고 있는 전쟁 영화에서도 질적인 향상을 이루도록 했다.[29] 그러나 문화혁명 시기가 도래하면서 이야기 구조와 형식의 도식화를 강하게 견인하고 있는 삼돌출 이론이 강조됨으로

---

28 李道新, 『中國電影文化史』, 北京大學出版社, 2005, 271页.―위의 책, 148쪽에서 재인용.
29 위의 책, 158쪽.

써 영화 창작의 다양성 시도는 근본적으로 차단되었다.

이와 같은 기조는 1978년 중국 공산당이 개혁, 개방 노선을 채택함으로써 연안의 문예 강화에서부터 삼돌출 이론에 이르기까지 존재하였던 교조주의적인 문예 이론과 도식적인 창작 법칙은 점차 완화되기 시작했다. 이는 중국 영화가 정형화된 단순한 이야기 구조로부터 벗어날 수 있는 계기가 되었다. 이러한 경향은 중국의 개혁, 개방 정책이 본격화되는 1984년부터 일련의 중국 영화에서 나타났다. 이들 영화에서는 명확한 인물 설정으로 선명한 이야기 구조를 이끌었던 기존의 방식과는 크게 다르게 전개되었다. 즉 긍정적 인물과 부정적 인물 사이의 대립과 투쟁의 관계로서만 이야기를 이끌어가지 않고 이를 인물의 내면과 다양한 관계 속에서 해결하고 있다. 이와 같은 특징은 1984년에서 1989년 시기의 특정한 중국 영화에서 찾아볼 수 있다.

예컨대 천카이거 영화 〈황토지〉에서는 주인공인 팔로군 병사와 대조적, 대비적 인물을 직접적으로 배치하지 않고 오히려 팔로군 병사 구칭에 우호적인 소년과 소녀를 배치함으로써 일방적이고 단순한 이야기 구조를 피하고 있다. 그의 또 다른 영화 〈아이들의 왕(孩子王, 1987)〉에서도 선생님 라오간과 공산당 등과 같은 명확하고 선명한 외부적인 대립적 관계보다는 인물 내면의 정서와 상황을 자연과 결합시키면서 학생들과의 관계를 보여주고 있기 때문에 이야기 구조가 풍요롭고 다층적인 의미를 생산해 내고 있음을 알 수 있다.

이와 같은 경향은 장쥔자오의 영화 〈하나와 여덟〉에서도 나타난다. 이 영화에서는 공산주의자 왕진이 다른 여덟 명의 죄수들을 설득해 가는 과정을 묘사하고 있다. 그렇기 때문에 영화에서 그들 관계의 대립적 모습은 그다지 비중 있게 다뤄지지 않고 있다. 이러한 특징은 링쯔펑의 〈변경 도시(1984)〉, 톈좡좡의 〈말도둑(盜馬賊, 1986)〉, 우톈밍의 〈인생(1984)〉, 〈오래된 우물(老井, 1987)〉에서도 나타나고 있다. 특히 영화 〈오래된 우물〉에서는 우물을 놓고 마을 사람들 사이에서 발생하는 다양한 갈등이 이야기 중심에 자리 잡고 있다. 이러한 이유로 이 영화에서의 이야기 구조는 극단적이고 대립적인 인물을 통한 단순한 도식으로 묘사되지 않는다. 심지어 황젠신의 영화 〈윤회(輪回, 1988)〉에서는 남자 주인공이 마지막에 자살함으로써 선명하고 대립적인 이야기 구조의 한 축이 무너지기까지 한다.

선명한 이야기 구조로부터 이탈함으로써 형성된 다층적 의미의 이야기 구조는 장이머우의 영화 〈붉은 수수밭(紅高粱, 1987)〉에서 보다 발전되고 새로운 형태로 표현된다. 이 영화에서는 대립적인 인물 구도뿐 아니라 주얼과 위잔아오의 사랑과 일본군의 침략이라는 두 가지 사건이 결합되면서 단순화되고 도식화될 수 있는 이야기 구조의 가능성이 차단되어 있다. 예컨대 "영화는 가난하고 굶주린 1920년대 말 중국의 한 농촌에서 벌어진 비인간적 형태의 혼인 관계를 묘사하고 있다. 그러나 이 영화에서는 개인의 사적인 운명을 다루면서도 그 사적인 운명이 가지고 온 갈등이 영화 전반에 이미 다 해결되고 만다. 바로 이 지점, 즉 사적인 서사가 행복한 결말을 맞이하는 그 지점에서 영화는 무거운 역사적 배경과 주제로 카메라의 앵글을 돌린다. 중일전쟁의 발발과 더불어 침략한 일본군의 무자비한 살육의 장면이 펼쳐지고 지금껏 한 여인의 운명에 관심을 집중시켰던 관객으로서는 새로운 무게로 뜻밖의 서사를 맞이해야 하는 상황에 놓이게 된다."[30]

이와 같은 이중적 구조는 하나의 사건 속에 대립적이고 정반대의 인물을 배치함으로써 하나의 결론을 도출하는 전통적인 중국 영화의 이야기 구조와는 다른 전개를 보인다. 이러한 형태의 이야기 구조를 통해 장이머우는

---

30 임대근, 「붉은 수수밭: 모옌과 장이머우 혹은 소설과 영화에 관한 어떤 탐구」, 《중국연구》 Vol.36, 한국외국어대학교 중국연구소, 2005, 168쪽.

"중국 관객들에게 익숙했던 인과 관계를 중요시하는 구성, 정형화 된 인물 유형, 대사 위주의 전달 방식 등에서 벗어나 이전까지의 중국 영화들과는 판이한 시각으로 영화를 다루었다."[31] 이처럼 이 시기 영화들은 인물의 명확한 대립적 구조를 통해서 구축된 이야기 구조가 와해되면서 창작의 혁신과 다양성을 동시에 획득하였던 것이다. 그러나 1984년에서 1989년까지의 중국 영화가 단순하고 정형화된 이야기 구조를 피할 수 있었던 본질적 요인은 무엇보다 이 시기의 영화가 새로운 미학적 혁신을 창작의 목표로 설정하고 그것을 구현하기 위하여 그 당시 문학 등에서 유행하였던 뿌리 찾기 운동이 추구하는 것과 같은 중국의 전통적인 미학 사상과 형식을 취하고 있기 때문이다. 중국의 전통적인 미와 표현 형식은 기본적으로 시간 순서에 의한 구조를 취하지 않는다. 즉 "시간의 흐름에 창작의 목표와 수법을 두지 않고 공간에 두기 때문에 내러티브의 생명이라 할 수 있는 시간 흐름이라는 개념은 없고 대상의 순간 포착이 있을 뿐이다."[32] 이러한 창작 수법은 창작의 목표와 대상을 직접적으로 표현하지 않기 때문에 자연스럽게 은유적인 형태를 띠게 되고 인과 관계적 이야기 구조에서 벗어나게 한다. 이와 같은 특징의 이 시기 중국 영화는 1984년 이전 시기에 유행하였던 선명하고 명확한 이야기 구조를 담보한 중국 사회주의 창작 법칙으로부터 자유로울 수 있었다. 이것은 1984년에서 1989년까지의 중국 영화가 기존의 사회주의 문예 이론의 상징처럼 인식된 명확하고 선명한 대립적 인물을 통해 형성된 도식적이고 단순한 이야기 구조에서 벗어났음을 의미한다.

이와 같이 이 시기 중국 영화의 변화에는 중국 공산당의 개혁, 개방 정책 노선으로 인한 역사적 환경 변화와 그로부터 촉발된 중국 영화감독

---

31 전평국, 「중국 제 5세대 영화의 영상미학적 연구」, 중앙대학교 대학원 박사학위 논문, 1997, 34쪽.
32 위의 논문, 76쪽 참고.

들의 전통적인 미학 사상에 토대한 다양한 영화적 실험과 혁신이 중요한 역할을 했다. 이것은 중국 영화가 그동안 정형화되고 도식화되었던 선명하고 단순한 이야기 구조에서 벗어나 다양하고 다층적 의미의 이야기 구조를 취할 수 있는 근본적 요인이 되었던 것이다.

## 전통적인 미학 사상과 수법으로부터 아름다움 찾기

### 문학작품의 각색과 심근 사조

1984년에서 1989년까지의 중국 영화에서 나타난 가장 두드러진 특징 중 하나는 문학작품을 각색한 영화들이 많다는 점이다. 영화와 문학작품의 관계를 상징적으로 보여주고 있는 것은 장이머우 감독의 다음과 같은 언급을 통해서 알 수 있다.

> 나는 우선 문학가들에게 감사해야 한다. 그들이 품격이 다양하고 의미가 심오한 훌륭한 작품들을 써준 것에 감사해야 한다. 나는 중국 영화는 중국 문학을 떠날 수 없다고 늘 생각해왔다. 최근 몇 년 동안 중국 영화가 발전해 온 과정을 자세히 살펴본다면 훌륭한 영화들이 거의 소설을 각색한 것임을 발견할 수 있을 것이다.[33]

장이머우가 언급한 것처럼 문학작품과 영화의 관계는 우톈밍, 셰진 감독의 영화에서뿐만 아니라 천카이거, 장쥔자오, 장이머우, 황젠신 등 이 시기 많은 중국 영화에서 확인된다.

---

33 한국중국현대문학학회, 『중국영화의 이해(곽수경, 문학과 영화 − 중국영화의 각색과 전환)』, 동녘, 2008, 260쪽.

중국 서북부 지방을 배경으로 새로운 중국의 정세 속에서 살아가고 있는 사람들의 사고방식, 인간관계에서 발생하는 변화들을 묘사한 우텐밍의 영화 〈인생〉은 류야오(路遙) 원작의 〈인생〉을, 1987년 〈오래된 우물〉역시 정이(鄭義)의 동명 소설을 각각 토대로 한 것이다. 문화 혁명을 비판하면서도 그것이 주는 상처에 대한 치료를 묘사한 셰진 감독의 〈부용진(芙蓉鎭, 1986)〉은 1981년 중국 제1회 모순 문학상을 수상한 구화(古華)의 장편 소설 〈부용진〉을 영화화했다. 그리고 천카이거와 함께 새로운 중국 영화의 시기를 열었던 "장쥔자오의 〈하나와 여덟〉은 궈샤오취안(郭小川)의 동명 산문시를 영화로 각색한 것이다. 이후 (세칭) 5세대를 선도하면서 세계 영화계에 이름을 알린 천카이거 감독의 〈황토지〉도 커란(柯藍)의 장편 기록 산문인 〈깊은 골 메아리(深谷回聲)〉를 각색한 영화다."[34] 또한 "천카이거 감독이 한때 살았던 중국 남서부의 한적한 산골을 배경으로 문화 대혁명 시기의 교육 문제를 다루면서 산골 학교로 전근 당한 교사의 교육 이념과 당국과의 갈등을 묘사한 〈아이들의 왕〉역시 아청(阿城)의 동명 중편 소설을 각색해 만든 그의 세 번째 작품이다."[35] 뿐만 아니라 황젠신 감독은 장셴량(張賢亮)의 단편소설을 각색하여 데뷔작인 〈흑포사건(黑炮事件, 1985)〉을 만들었다. 이러한 문학작품의 각색은 모옌(莫言)의 소설을 영화화한 장이머우의 〈붉은 수수밭〉이 1988년 베를린영화제에서 그랑프리를 수상하여 중국 영화를 세계에 알리면서 절정에 이르게 된다.

이처럼 이 시기 중국 영화는 문학작품과의 특별한 관계 속에서 형성되었다. 이것은 곧 그 당시 문학작품이 추구하였던 창작의 목표와 경향이 자연스럽게 영화에 영향을 미쳤다는 것을 의미한다. 특히 이 시기는 중국의 상흔문학(傷痕文學, 문화 혁명기의 상처를 다룬 문학)과 반사문학(反思文

---

34 위의 책(김정욱, 문학과 영화－장르를 넘어 경계를 넘어), 151쪽.
35 정영호, 『중국영화사의 이해』, 전남대학교 출판부, 2006, 77쪽.

學, 극단적인 정치적 행위가 인민들에게 폐해를 주게 되는 원인에 대해 되돌아보는 문학)이 점차 사라지고 중국 민족의 정체성과 뿌리 찾기 운동을 창작의 목표로 한 '심근문학(尋根文學)'이 성행하던 시기였다. 따라서 이 시기는 〈부용진〉에서 묘사되고 있는 것처럼 상흔문학과 반사문학이 추구한 잔영의 일부분과 중국 민족의 전통적 가치에 기반 한 심근문학이 중국 영화의 새로운 혁신에 중요한 영향을 미쳤던 것이다. 특히 심근문학은 1984년에서 1989년까지 중국 영화의 특징 형성에 중요한 토대를 제공한 원천이었다. 이러한 의미를 지니고 있는 "심근문학은 1985년 《장춘(長春)》 제4호에 발표한 한사오궁(韓少功)의 글 「문학의 뿌리(文學的 根)」에서 처음 등장하였다. 그러나 심근문학은 1983년에 발표된 자평와(賈平凹)의 「상저우에 관한 첫 기록(商州初錄)」에서부터 그 흔적이 발견된다. 곧이어 아청의 〈바둑왕(棋王)〉, 〈나무왕(樹王)〉, 〈아이들의 왕〉 3부작, 한사오궁의 〈아빠빠(爸爸爸)〉, 〈여자여자여자(女女女)〉, 정이의 〈오래된 우물〉, 왕안이(王安憶)의 〈바오씨 마을(小鮑莊)〉, 리루이(李銳)의 연작소설 〈비옥한 땅(厚土)〉, 모옌의 연작소설 〈붉은 수수밭〉 등이 탄생했다."[36]

이들 작품에서 나타난 심근문학의 특징은 문화 혁명 기간에 농촌 등으로 하방 된 지식인들의 경험과 결합되어 있다. 농촌으로 하방 된 지식인들은 중국의 농촌 생활을 경험하면서 중국이 지닌 문제점이 무엇인지를 피부로 체험하게 되었다. 이러한 체험은 문학 활동 과정에서 단순히 농촌의 문화와 현실을 묘사하는 것뿐만 아니라 보다 근원적인 중국 민족의 정체성을 모색하는 데까지 확대되었다. 이렇게 형성된 지식인들의 인식은 문학에서는 심근문학으로 나타났고 영화에서는 중국의 농촌 생활을 묘사하면서 그 속에서 일어나고 있는 보편적인 사람들의 본능과 욕망, 역사를 전통적 미의 형식으로 표현하였다. 따라서 심근문학과 영화는 공통의 역사적

---

36 장동천, 앞의 책, 220쪽.

체험을 각기 다른 매체와 수법으로 다루었던 것이다. 이런 측면에서 심근문학, 즉 뿌리 찾기 문학은 "크게 보면 반사문학의 심화이며 개혁문학의 한 지류로서 존재하고 결국 현대인의 모던한 의식으로 전통문화를 성찰하는 역사와 전통을 대하는 어떤 태도라고 할 수 있으며 작가들이 비판적 안목과 현대적 안목으로 그 속에 내재한 부정적 효과를 드러내자는 창작의식의 소산이라 할 수 있다."[37]

이처럼 1984년에서 1989년의 중국 영화는 단순히 창작의 원천으로만 심근문학작품을 영화화한 것이 아니라 공통의 역사적 체험을 서로 나누면서 문학작품을 독창적이고 창조적으로 영화에 적용시켜 중국 영화의 새로운 혁신을 이루었다고 할 수 있다.

## 중국 회화와 영화의 표현 수법

1984년에서부터 1989년까지 지속되었던 중국 영화는 민족의 전통과 정체성 확인, 즉 뿌리 찾기인 심근사조의 목표와 화두를 받아들이면서 영화만의 독창적인 표현 수법을 찾았다. 이러한 경향은 중국 민족의 전통과 정체성을 중국의 고유한 미적 논리와 회화적 수법으로 영화에서 통합시키는 데 깊은 영향을 주었다. 중국의 회화가 추구하고 있는 미적 사상과 수법은 이 시기 중국 영화를 떠받치고 있는 가장 중요한 표현 요소라 할 수 있다.

중국 회화의 전통적인 미적 사상과 수법은 "유가, 도가, 불가, 굴원을 4대 근간으로 하고 있다. 여기에 명 말 낭만사조의 중요성을 강조했다. 그리고 이 다섯을 다시 셋으로 구분할 수 있다. 굴원을 유가에 포함시키고

---

37 임대근, 앞의 논문(붉은 수수밭: 모옌과 장이머우 혹은 소설과 영화에 관한 어떤 탐구), 159쪽.

불교를 도가에 포함하면 중국의 사상은 크게 유가, 도가, 명 말 사조로 나눌 수 있다. 그런데 명 말 사조는 충분히 성숙하지 못했다. 따라서 중국 문화와 미학의 특징은 주로 유가와 도가의 상호 보완관계로 이루어졌다고 할 수 있다."[38] 이들 사상에서 공통적으로 나타난 것은 "천인합일(天人合一), 천인무간(天人無間), 심물합일(心物合一)을 주장하는 일원론으로서 현상과 실체, 정신과 물질의 이분법을 근본적으로 허용하지 않고 있다는 것이다."[39] 그러나 중국의 미적 목표와 형식에 가장 중요한 영향을 미친 것이 바로 도가 사상의 핵심인 무위이무불위(無爲以無不爲)와 우주의 근본 원칙으로부터 발생한 자연주의 사상인 무위자연주의(無爲自然主義)다. 이 자연주의 사상은 "우주 만물을 지배함과 동시에 미와 예술의 현상도 지배한다. 그리고 미와 예술의 감상과 창조에 있어서도 반드시 지켜야 할 준칙으로 존재한다."[40]

이 사상에 따라 중국의 미적 창조 행위는 자연스럽게 사물에 대한 관찰과 사유로부터 시작되었다. 그것을 시각적으로 구체화한 것이 이른바 중국의 회화인 것이다. 따라서 중국 회화는 자연을 축으로 놓고 인간과 사물이 그 속에서 일체화됨으로써 비로소 한 편의 작품이 완성되는 형식을 갖고 있다. 이것은 다름 아닌 화면 전체를 뒤덮을 정도로 강조된 눈앞의 자연, 그 자연을 좌우로 천천히 살펴보는 다양한 시선, 그것을 통해 도달하려고 하는 인간의 이상향 등이다. 따라서 회화에서 자연과 인물이 차지하는 공간 비율은 매우 중요한 의미를 갖는 요소가 된다. 왜냐하면 자연은 인간과 사물의 관계를 설정하기도 하고, 인간과 사물의 심리와 상황을

---

38  張法, 유중하 외 옮김, 『동양과 서양, 그리고 미학(中西美學與文化情神)』, 푸른숲, 1999, 32쪽.

39  임두빈, 『세계관으로서의 미술론』, 서문당, 1999, 142쪽.

40  李澤厚·劉綱紀, 권덕주·김승심 옮김, 『중국미학사(中國美學史)』, 대한교과서 주식회사, 1992, 242쪽.

묘사하기도 하며, 때로는 자연과 합일을 이루면서 미적 논리의 최종적 구현인 인간의 이상향과 연결되고 있기 때문이다. 이러한 중국 회화에서 나타난 미학 사상과 표현 수법은 심근사조의 흐름에 힘입어 1984년에서 1989년까지의 중국 영화에서 가장 중요한 표현 형식으로 자리 잡았다. 이것은 중국 회화에서 나타나고 있는 자연 중심의 공간 배치가 이들 영화의 중요한 표현 요소로 등장하였음을 의미한다.

이와 같은 특징은 링쯔펑의 영화 〈변경 도시〉에서 찾아볼 수 있다. 이 영화는 마치 산수화를 보는 것처럼 안개 낀 산 정경을 파노라마로 보여주고, 강가의 배와 피리 부는 소녀와 배를 타고 건너는 노인 등을 묘사함으로써 중국의 미학적 전통과 회화와 불가분의 관계에 있음을 드러내고 있다. 중국의 미학 사상과 회화의 밀접한 관계는 우텐밍의 영화 〈인생〉에서도 표현되고 있다. 이 영화에서는 산으로 가득 채운 전체 화면의 오른쪽 귀퉁이에 아주 작은 모습으로 도끼질하는 사람과 산, 강, 염소 등을 차례로 보여준다. 이렇게 극단적 공간 분할로 시작된 장면은 또다시 화면 전체를 가득 채운 산을 배경으로 오른쪽에서 왼쪽으로 내려오는 인물을 작게 묘사하면서 종결된다. 뿐만 아니라 이 영화는 젊은 남녀의 사랑이 무르익을 때와 산에 있는 밭으로 일하러 갈 때는 맑은 하늘 배경이 화면을 가득 채우고 그 속의 인물은 아주 작은 부분으로 묘사된다.

이처럼 공간을 통해 의미를 생산하는 표현 수법은 장쿼자오의 영화 〈하나와 여덟〉에서도 나타난다. 이 영화에서 묘사된 중국 회화의 수법은 깊은 웅덩이 속에 갇혀 있는 인물 장면을 통해 드러난다. 즉 화면은 커다란 황토벽이 전체 화면 대부분을 차지하고 있고 인물들은 그 황토벽 아래 작게 위치하도록 구성되어 있다. 그리고 자연을 배경으로 할 때는 광활한 대지, 하늘, 산 등에 비해 인물들은 상대적으로 훨씬 작게 묘사됨으로써 그들이 처한 상황뿐 아니라 자연과 인간의 관계를 드러내고 있다. 이러한 특징을 이 영화에서 가장 극단적으로 표현한 것으로는 하늘과 대지로 가득 찬 화면이 번갈아 보이는 군인들의 이동 장면을 들 수 있다. 즉 군인들의 이동 처음 부분에서는 하늘이 훨씬 크게 보이고 대지와 대지 위의 사람들은 매우 작게 보인다. 그리고 뒤이어 대지와 대지 위의 사람들은 훨씬 크게 보인 반면 하늘은 매우 작게 보인다. 화면에서 하늘과 대지의 공간 비율이 서로 교차하고 반복되면서 그 속에 있는 인간 역시 상황에 따라 다르게 묘사되고 있는 것이다. 이것은 공간의 비율과 배치에 따라 그 의미가 다르게 나타나고 있음을 말한다.

중국의 전통적 미학 사상과 회화의 수법을 자신의 가장 중요한 영화 창작의 핵심적 토대로 삼았던 감독으로는 천카이거를 들 수 있다. 그의 특징은 영화 〈황토지〉에서부터 발견된다. 이 영화 곳곳에는 산이나 하늘과 같은 자연의 모습이 화면 대부분을 차지하고 그 위에 하나의 점처럼 멀리 떨어져 있는 인물들이 위치한다. 이러한 화면 구성은 팔로군 병사가 등장하고 떠나가는 영화의 처음과 마지막 장면이 동일하게 표현되고 있는 것에서뿐만 아니라 멀리 산등성이를 따라 내려가는 결혼식 행렬, 비를 기다리는 왜소한 농부 위로 화면 전체를 뒤덮은 하늘, 산 위의 밭에서 식사하고 있는 병사와 농부, 소년, 소녀 아래로 화면 가득히 채워진 대지, 멀리 떨어져 있는 강가로 물을 길러 구부러진 산등성이를 따라가는 소녀의 힘든 모습 등으로 표현된다. 이와 같이 자연과 인물 간의 불균형적이고 극단적인 공간 분할과 배분은 이 영화의 가장 중요한 형식적 특징이다.

무엇보다 천카이거의 영화에서 중국의 미학 사상과 수법이 일체화된 것은 〈아이들의 왕〉을 통해서다. 이 영화는 1984년에서 1989년까지 중국 영화에서 나타나고 있는 가장 특징적인 표현 형식을 내포하고 있다고 할 수 있다. 이 영화에서 나타나고 있는 중국의 미학 사상과 표현의 통합은 물안개가 가득한 강변을 따라 깊은 산을 넘어 학교로 향해 가고 있는 선생님의 모습이 중국 회화에서 볼 수 있는 자연 속의 한 인물처럼 묘사된 장면에서 찾을 수 있다. 특히 그 과정에서 소떼를 만나는 장면은 이 영화가 전통적인 중국 미학 사상에 근거하고 있음을 단적으로 보여준다. 자연과 인간의 관계에 대한 이상향은 선생님이 동료들을 만나고 다시 학교로 돌아가기 위해 산을 넘어가는 장면에서 구체화된다. 깊은 산을 배경으로 선생님이 마치 산 속에서 나오고, 다시 깊은 산속으로 되돌아가는 듯한 모습으로 종결되는 이 장면은 중국의 전통적인 미학 논리와 수법의 토대인 도교 사상을 구현한 상징이라 할 수 있다. 또한 중국 회화의 수법이 특징적으로 표현된 것은 학교에 나오지 않은 학생을 도와주기 위해 선생님과 학생들이 숲 속으로 이동하는 장면에서 희뿌연 안개가 가득한 산과 강의 풍경을 마치 그림을 펼쳐 놓은 것처럼 패닝(panning)으로 묘사한 것은 이 영화가 중국의 회화 수법에 토대하고 있음을 구체적으로 보여주고 있다. 이처럼 이 시기 천카이거 영화에서는 중국의 미학 사상과 회화적 수법의 근간을 이루고 있는 자연과 사물, 인물의 관계가 창조적으로 수용되면서 표현되었다. 이것은 천카이거가 중국의 미학 사상과 미적 논리, 수법을 자신의 영화에서 결집시켜 집중적으로 표현한 것이라 할 수 있다.

공간을 통한 중국 미학 사상과 회화의 표현 수법은 중국 영화를 세계에 각인시킨 장이머우 감독의 〈붉은 수수밭〉에서도 확인할 수 있다. 이 영화의 주인공인 주얼이 자신을 양조장으로 데려다주고 멀리 사라지는 가마꾼 남자 위진자오를 바라볼 때, 그 남자는 마치 중국 회화에서 자연과 인간을 묘사한 것처럼 황토 빛의 대지와 하늘로 가득 찬 화면 속에 아주 작게 묘사된다. 특히 이 영화에서 중국의 전통적인 미학 사상과 회화의 수법을 가장 효과적으로 반영한 것으로는 수수밭 장면을 들 수 있다. 이 영화에서 수수밭은 주인공들의 사랑의 시작과 종결이 이루어지는 곳일 뿐만 아니라 온갖 기쁨과 슬픔이 담긴 상징적 장소이다. 이와 같은 의미의 장소에서 장이머우는 바람에 휘날리는 수수 잎과 수수밭을 마치 한 폭의 회화처럼 묘사함으로써 중국 회화가 추구하는 미적 사상과 수법을 독창적으로 표현하였다.

1984년에서 1989년까지의 중국 영화의 가장 큰 특징은 중국 민족의 정체성 확인과 함께 중국 민족에 내재되어 있는 미학적 전통을 영화 창작에 결합시키는 것이었다. 이것이 이 시기 중국 영화 창작가들의 가장 중요한 창작 목표였다. 이러한 창작 목표를 구현하기 위해 우톈밍, 링쯔펑, 천카이거, 장쥔자오, 장이머우 등은 자신들의 영화에서 중국 미학 사상과 회화의 수법을 창조적으로 결합하였다.

* * *

1984년에서 1989년까지의 중국 영화는 이전 시기의 사회주의 리얼리즘에 토대한 영화 표현 방식과는 확연히 달랐다. 그 직접적 이유는 1978년 덩샤오핑 세력에 의해 추진된 개혁, 개방 정책 노선에 기인한다. 개혁, 개방 정책 노선은 1949년 공산당 정권 수립 이후 문화 혁명 시기를 거치면서 형성된 사회주의 가치에 혁신을 불러왔다. 성역처럼 존재했던 마오쩌둥 사상과 계급투쟁론 등이 실사구시 이론에 의해 재평가되었다. 이러한 기류는 중국의 문예 정책에도 적용되었다.

그 결과 중국의 문예 정책에 급격한 변화가 도래했다. 경직되고 도식적인 문예 정책과 이론으로부터 다소 벗어나 창작가의 독립성과 독창성에 대한 유연성이 점진적으로 증대되었고, 다양한 테마와 역사적 사건, 현대화된 중국의 모습이 중국 문예의 중심으로 이동했다. 이러한 경향을 상징적으로 나타낸 것 중 하나로 1982년에서부터 1984년 무렵 등장한 뿌리 찾기, 즉 심근사조를 들 수 있다. 심근사조는 한마디로 중국 민족의 전통과 정체성 찾기이다. 심근사조 열풍은 1984년부터 1989년까지 중국 영화 창작의 근본적 토대로 작용하여 이 시기 중국 영화는 심근사조가 주창하고 있는 중국의 전통과 정체성 탐구가 창작의 핵심적 요인이 되었다.

이러한 사회적 분위기에 편승하면서 중국 영화는 심근문학과 중국의 미학 사상을 함축적으로 담고 있는 회화에 눈을 돌렸다. 즉 심근문학으로부터는 영화적 내용과 소재를, 중국의 회화로부터는 시각적 표현 수법을 영화에 적용했다. 이것은 중국 역사 속에서 오랫동안 숨 쉬고 있던 창작의 목표와 형식을 다시 복원하는 것이었다. 따라서 이 시기의 영화는 중국의 전통적인 미학 사상과 미적 논리에 눈을 돌리면서 그동안 진행되어 왔던 영화적 테마와 형식으로부터 벗어나 중국의 역사를 독창적으로 이야기할 수 있게 되었다. 이러한 창작 목표와 수법은 이전까지 중국 영화에서 볼 수 없었던 새로운 것이었다. 이 혁신은 장쥔자오와 천카이거, 장이머우, 황젠신, 톈좡좡 등이 열었다.

그러나 이 시기 중국 영화에는 이들뿐만 아니라 세대를 초월한 다양한 창작가들인 우쯔뉴, 링쯔펑, 황젠중, 우톈밍, 셰진, 셰페이 등과 같은 구세대 감독들도 존재하고 있었다. 이들 역시 뛰어난 작품으로 이 시기의 특징을 형성했다. 이것은 1984년부터 1989년까지의 중국 영화를 특정한 세대들이 대변하고 있는 것처럼 규정지을 수 없다는 것을 단적으로 보여주고 있는 것이다. 세대론적 시각은 이 시기 중국 영화 역사를 편협하고 협소한 시각으로 볼 수 있게 하는 오류의 가능성이 있다. 이러한 측면에서 1984년에서 1989년까지의 중국 영화는 세대론적 시각에서 벗어나야 한다. 그렇게 해야 오래되었으나 새로운 것, 즉 단절되었던 중국의 사상과 역사를 영화가 다시 이어 붙인 것을 총체적으로 파악할 수 있다. 1984년에서 1989년까지 지속되었던 중국 영화의 혁신과 새로움은 바로 이 지점에 있는 것이다.

# 제20장

# 모든 것에 우선한 자본의 가치와 남북 분단에 대한 새로운 인식, 한국영화 (1998-2007)

## 1. 극대화된 자본의 가치와 남북 관계의 변화

### IMF 사태, 한국 사회의 가치 변화와 한국영화

1997년 11월 21일 한국의 김영삼 정부는 국가 부도사태를 피하기 위하여 IMF가 요구한 강력한 경제개혁 정책을 받아들이면서 구제 금융을 수용한다는 발표를 했다. 그리고 12월 3일 IMF가 외환위기를 겪고 있는 한국에 구제 금융을 지원하기로 하면서 한국은 공식적으로 IMF의 관리체제에 놓이게 되었다. 본격적으로 IMF 관리체제에 들어가게 된 시점인 "1998년 초 한국의 총 외채는 국민총생산 4천억 달러의 37%에 달하는 1천5백억 달러였다. 1996년까지 7-9%에 이르던 경제성장률은 1998년에는 마이너스 7%로 떨어졌다."[1] 한국 경제 성장의 신화였던 대기업들이 무너지기 시작하였고 수많은 실업자가 양산되었다. "1997년 10월 2.1%에 불과하였던

---

1  강준만, 『한국현대사 산책, 1990년대편 3권』, 인물과 사상사, 2006, 173쪽.

실업률이 1998년 12월에는 7.9%, 1999년 2월에는 8.6%로 급증하였다."[2] 그 결과 "거리엔 노숙자가 나타나면서 한국 사회 전반에 불안의 그림자가 드리워졌다."[3]

이처럼 불확실하고 불안한 경제 상황 하에서 한국인들은 무한경쟁으로 내몰리게 되었고 그 속에서 살아남아야 하는 절박하고 냉혹한 시장 논리에 내맡겨졌다. 이러한 상황 속에서 "나의 삶을 보장해 주지 않으면 그 어떤 것도 미련두지 않겠다는 탈착 현상이 가속화 된 것이다."[4] 이와 같은 현상을 단적으로 보여준 것이 직업 선택의 조건에서이다. 외환위기 이전인 1995년에는 직업선택의 조건으로 "안정성 29.6%, 장래성 29.2%, 수입 27.1%로 균형적인 비율로 나타났다 …… (그러나) 외환위기 이듬해인 1998년 조사에서는 안정성 41.5%, 장래성 20.7%, 수입 18.2%로 조사됐다."[5] 직업 선택에 있어 안정성이 가장 중요한 요소로 등장했다. 이것은 외환위기 이후 한국 사회가 그만큼 불안정한 상태에 있다는 것을 나타내고 있을 뿐만 아니라 한국 사회에서의 가치관이 변해가고 있음을 보여주고 있다. 이와 같은 구체적 현상이 바로 개인의 성공 조건에 관한 변화이다. 2006년 '취업포털 커리어'가 조사한 〈한국사회에서 개인의 성공조건〉에 관한 자료에 따르면 한국 사회에서 개인의 성공 조건으로 "돈(재력) 53.7%, 처세술 11.7%, 직업선택 11.7%, 노력 7.3%, 사회적 지위(가문) 6.8%, 학벌 4.0%, 연고관계 3.9%, 운 0.8%로 나타났다."[6] 이른바 "능력,

---

2  황경숙, 「IMF사태와 한국사회변화」,《市民敎育硏究》 Vol.30, 韓國社會科敎育學會, 2000, 359쪽.

3  강준만, 앞의 책, 182쪽.

4  박길성, 〈IMF 10년, 그 후 한국은 어떤 가치도 돈 앞에 무릎 꿇다〉,《이코노미스트(통권 880호)》, 2007.03.27.

5  위의 잡지, 2007.03.27.

6  2006년 '취업포털 커리어' 자료, 〈한국사회에서 개인의 성공조건〉.—위의 잡지, 2007.03.27 일자에서 재인용.

소질, 인간관계와 같은 전통적인 덕목이 돈의 위력을 넘을 수 없다는 극단적인 배금주의가 확산되고 있었던 것이다."[7] 특히 노력하면 성공할 수 있다고 믿는 사람이 겨우 7% 정도에 머물고 있다는 것은 외환위기 이후 한국 사회의 가치관이 어떻게 변해가고 있고 무엇을 향해 가고 있는지를 상징적으로 보여주고 있다.

그 결과 외환위기 이후 한국 사회는 돈의 가치, 즉 자본의 가치가 그 어떤 가치보다도 중요한 요소로 등장했다. 이것은 그동안 한국 사회를 지배해 왔던 도덕, 윤리와 집단주의에 토대한 전통적인 가치관의 약화를 의미하였다. 이제 한국 사회에서는 전통적 개념인 인간관계에 기반을 둔 인간적 정서와 개인의 노력의 가치는 축소되고 돈의 가치가 성공과 실패를 가르는 가장 중요한 가치 평가의 척도가 되었다. 이와 같은 변화는 많은 한국인들을 당혹스럽게 하였을 뿐만 아니라 냉혹한 현실에 눈을 돌리게 하는 계기가 되었다. 그리고 이는 자연스럽게 이러한 현상의 근원이 무엇으로부터 비롯되었는지에 대한 탐구로 이어졌다. 그 결과 이 시기 많은 한국인들은 과거 회귀적 경향을 띠게 되면서 과거의 특정한 사건과 시간을 통해 굴절된 현재 자신의 모습을 보고자 했던 것이다. 또 다른 많은 한국인들은 현재의 한국 사회의 모습을 자본의 패권적 가치에 의해 소외된 인간과 인간 사이의 소통 부재, 인간의 본성적 특성과 존재의 무력함에서 찾고자 했다. 이들은 인간의 단절된 소통, 표면적 현실 속에 감춰져 있는 인간의 욕망, 그리고 신을 매개로 자본주의 논리로 내몰린 한국사회의 현실을 보고자 했다. 이와 같은 한국사회의 상황은 1998년에서부터 2007년까지 존재했던 한국영화에 그대로 투영되어 이 시기 한국영화의 한 축을 이루었다.

---

7   위의 잡지, 2007.03.27.

# 새로운 남북 관계

1998년에서 2007년까지 한국 영화의 영역이 확장된 또 다른 요인은 남북 관계의 변화에 있다. 이것은 1998년 출범한 김대중 정부와 2003년 노무현 정부에서 추진되었던 새로운 남북 관계가 이 시기 한국 영화의 내용과 형식에 중요한 영향을 주었다는 것을 말한다.

이 시기 한국 영화에 영향을 준 남북 관계의 변화는 김대중 대통령이 취임사에서 밝힌 화해와 협력, 평화를 통한 남북 관계의 개선이라는 목표와 이를 추진하기 위한 3원칙에 근거하고 있다. 김대중 정부가 공표한 3원칙은 "첫째, 어떠한 무력도발도 결코 용납하지 않는다. 둘째, 우리는 북한을 해치거나 흡수할 생각이 없다. 셋째, 남북 간의 화해와 협력을 가능한 분야부터 적극적으로 추진해나간다"[8]는 것이었다. 김대중 정부의 이러한 대북 정책의 기조는 "한반도의 평화 정착과 점진적 평화 통일을 목표로 분단 상황을 평화적으로 관리하기 위한 것이고 다른 하나는 분단을 극복하고 통일을 이룩하기 위해서는 통일 과정에 가로놓여 있는 냉전 구조라는 장애물들을 어떻게 제거하는가의 문제에 기반 한다."[9] 이러한 목표에 따라 김대중 정부는 그동안 단절되었던 북한과의 대화 채널을 다양하게 가동하기 시작했다. 그 결과 그동안 기능이 마비되었던 '군사정전위원회'가 판문점 장성급 회담으로 재개되어 정전관리체제가 다시 복원되었다. 그리고 1998년 4월 30일 정부의 '남북경협활성화조치'가 발표되었고 6월에는 '현대그룹'과 '조선아시아태평양평화위원회'간의 금강산 관광 및 개발 사업에 합의하여 11월 18일에 금강산호가 이산가족 등 826명을 태우고 동해항을 출발함으로써 역사적인 금강산 관광이 시작되었다. 금강산 관광은

---

8 〈김대중 대통령 취임사〉, 1998년 02. 25.
9 최성, 「김대중 정부의 포괄적 대북포용정책」, 《세계지역연구논총》 Vol. 13, 한국세계지역연구협의회, 1999, 17쪽.

시작된 지 5개월 만에 여행객이 7만 명을 돌파하여 남북 관계의 새로운 변화를 상징적으로 보여주었다. 이러한 남북 관계의 상호 교류 확대는 교역의 양도 증가시켰다. 1999년 2월 말 남북 교역은 전년 대비 65.3% 증가하면서 한국은 중국과 일본에 이어 북한의 3번째 교역 상대국이 되었다. 이와 같은 남북 관계의 변화와 발전을 가장 극적으로 보여준 장면은 2000년 6월 13일부터 15일까지 평양에서 열린 역사적인 남북 정상회담을 들 수 있다. 남북 정상의 만남은 그동안 이데올로기적 대결을 통한 체제 우위 경쟁을 했던 남북 관계에 새로운 전환점을 가져왔다. 이 시기를 기점으로 남북 관계는 관광뿐 아니라 정치, 국방, 경제, 문화 등 전 영역으로 확대되어 상호 교류가 본격화되었다. 특히 남북정상회담 이후 "2000년 7월 개최된 제1차 남북장관 회담과 8월에 개최된 제2차 남북장관급 회담에서 남북한은 경의선 철도(서울 — 신의주) 및 도로(문산 —개성)를 연결하기로 합의했다. 2002년 8월 제7차 남북장관급 회담에서는 동해선 철도, 도로의 착공 등에 합의함에 따라 2002년 9월 18일 동해선 철도, 도로 연결공사 착공식을 남북이 동시에 개최하여 2003년 2월 11일 동해선 임시 도로 개통식을 갖고 금강산 육로 시범 관광을 실시했다."[10] 이처럼 남북관계에 있어서 많은 변화를 이끈 김대중 정부의 대북 정책 기조는 2003년 2월 25일 취임한 노무현의 참여정부에서도 유지되었다.

노무현 정부는 김대중 정부 때 추진되었던 남북한 간의 화해와 협력, 평화 정착 정책의 성과를 계승, 발전시키면서 한반도의 평화를 증진하고 남북한의 공동 번영과 동북아 공동 번영이라는 목표를 추구한 이른바 '평화번영정책'을 취하였다. 이를 위하여 노무현 정부는 김대중 정부 때 추진되었던 3대 경협 사업, 즉 경의선과 동해선의 철도와 도로공사, 개성공

---

10  김영재, 「노무현 정부의 대북정책」, 《국제문화연구》 Vol.24, 청주대학교 국제협력연구원, 2006, 60쪽.

단 건설, 금강산의 육로관광 사업을 실현시켰다. 특히 2003년 8월부터 육로 관광이 재개되면서 2004년도에는 관광객이 월 평균 2만 명을 넘어 총 26만 명에 이르렀고 2005년 8월에는 개성 시범관광이 실시되었다. 그리고 2003년 11월에는 남과 북을 출입하는 인원과 물자 수송 등 교류 협력의 활성화를 위한 남북한 출입사무소가 파주의 도라산역에 개설되었고 "2004년 4월 남북 철도, 도로연결실무협의회 제4차 회의에서 남북 사이에 열차 운행에 관한 기본 합의서에 가서명함으로써 차량 운행 합의서와 더불어 철도, 도로 연결에 따른 기본적인 제도적 장치가 마련되었다."[11] 뿐만 아니라 북한 개성시 일대 약 2천만 평을 개발 목표로 2004년 4월 23일 1단계 1백만 평에 대한 부지 조성 공사 및 시범단지 개발에 착수하였다. 이와 같은 남북한 교류를 보다 활성화시키고 안정적으로 실현하고 관리하기 위하여 2007년 10월 2일부터 4일까지 노무현, 김정일 간의 제2차 남북정상회담이 열렸다. 제2차 정상회담은 남북 관계의 또 다른 변화를 가져왔다. 그것은 남북한 간의 평화적 관계가 지속적으로 유지될 수 있다는 가능성을 보여주었다. 이와 함께 그동안 계획되었던 개성공단 사업들이 예정대로 진행되었다. 2007년 10월 16일 개성공단 1단계 조성 공사 준공식에 이어 12월 31일 1단계 사업이 준공되었다. 또한 2007년 12월 5일부터는 금강산 관광에 이어 개성 유적지 관광이 본격적으로 시작되어 1년 만에 11만 명의 관광객이 다녀왔다.

1998년에서 2007년까지 진행된 이러한 남북한 간의 상호 교류 확대와 증진으로 남북 관계는 중요한 변화의 국면을 맞이하였다. 이것은 김대중, 노무현 정부를 거치면서 남북문제, 즉 분단문제를 바라보는 시각 자체가 변하였음을 의미한다. 이러한 시각 변화는 한국 영화에서 남북문제 또는 분단 문제를 다루는 방식에도 커다란 변화를 일으키는 요인이 되었다.

---

11  위의 논문, 60쪽.

## 2. 일상 속에 감춰진 다양한 사회적 현상들

### 현재 속에 내재되어 있는 과거의 시간과 역사

1998년에서 2007년까지 한국 영화에서 나타난 가장 두드러진 특징 중 하나는 영화 속 인물의 현재 모습이 과거의 시간과 역사와 연결되어 있다는 점이다. 현재는 과거 속에서 규정되고 과거의 시간과 역사를 지나면서 형성된 결정체일 뿐만 아니라 그것으로부터 결코 분리될 수 없다는 것이다. 이것은 한국 영화가 영화 속 현재의 인물 모습을 통하여 한국 사회의 현재 모습을 보고자 하였고 그것을 구성하고 있는 근원을 한국 사회의 과거의 시간과 역사 속에서 찾고자 하였다.

이와 같은 특징을 대변하고 있는 영화로는 이창동의 〈박하사탕(1999)〉을 들 수 있다. 이 영화는 외환위기 사태를 겪으면서 억압과 폭력 위에 세워진 압축 성장의 한국 사회가 얼마나 허망한 것인가를 영화 속 인물 김영호를 통해 묘사하고 있다. 영화는 1999년 봄 과거 공장 동료들의 야유회에 참석한 김영호가 자살을 감행하기 위해 철길 터널 앞에서 "나 다시 돌아 갈래"라고 외치면서 시작된다. 그가 왜 자살을 하려고 하고, 왜 과거로 돌아가고자 하는지에 대한 설명은 영화 시작부터 가장 가까운 시간 순서대로 순차적으로 거슬러 올라가면서 묘사되고 있다. 그리고 그 끝에는 터널을 통한 시간 여행의 마지막 순간, 즉 김영호의 순수함의 원형이라 할 수 있는 1979년 그의 첫사랑 시기가 존재한다. 그러나 순수했던 그의 모습은 1980년 한국 현대사에 있어 가장 부도덕하고 비극적인 사건 중 하나인 광주 민주화 운동에 그가 계엄군으로 투입되어 한 여학생을 살해한 후 변모되기 시작한다. 이 사건을 계기로 김영호는 더 이상 첫사랑 윤순임으로부터 박하사탕을 건네받은 순수한 감정의 소유자가 아니다. 1984년 그는 경찰에 투신하였고 1987년 위기에 빠진 한국의 정치적 상황에서 시국사건으로 잡혀 온 학생들에게 고문을 자행하면서 더욱 잔인한 인간의 모습으로 변해간다. 1994년 그는 사업가로 변신하였고 1997년 말 외환위기를 지나 1999년 사업이 망하게 되면서 한국 사회의 낙오자로 전락한다. 이와 같은 김영호의 변모는 한국 사회의 흐름과 동일한 보조를 취하고 있다. 즉 영화 속 현재 그의 모습은 1980년대 광주 민주화 운동, 경찰의 고문 사건, 호헌 철폐, 올림픽 개최 등과 1990년대 이데올로기가 한국 사회의 중요 가치 판단에서 한 발 물러나게 하는 사회주의 종주국 소련의 해체와 외환위기 사태 이후 신자유주의가 휩쓸아치면서 자본주의의 논리가 한국 사회의 최고의 미덕으로 인식되고 있는 시기와 일치한다. 영화 〈박하사탕〉에서의 김영호의 모습은 바로 이러한 한국 사회 변화의 흐름을 직접적으로 형상화한 것이다. 이런 측면에서 이 영화는 외환위기 이후 1999년 한국 사회가 처해 있는 현재의 모습을 김영호라는 인물로 치환한 것이고 상징화한 것이라 할 수 있다. 따라서 좌절하고 막다른 골목에 처해 있으면서 사회의 낙오자로 전락한 김영호는 단순히 한 개인이 아니라 한국 사회 전체로 확대될 수 있는 상징적 존재이며 현재 한국 사회가 지니고 있는 모순의 전형을 보여주고 있는 인물인 것이다. 이 영화에서는 이러한 모순을 그의 순수했던 인간적 면모와 굴절되고 파행적으로 흘러왔던 한국 사회의 변화 과정들을 대비시키면서 현재의 한국 사회를 진단했다. 이를 위해 영화는 터널을 통해 과거로 회귀하여 그 속에 존재하고 있는 시간과 역사적 사건을 결합시키면서 현재의 근원을 드러내고자 했다.

영화 〈박하사탕〉에서처럼 과거의 시간을 끌어들여 이미 변해 버린 현재를 설명하고 있는 영화로 임상수의 〈오래된 정원(2006)〉을 들 수 있다. 이 영화는 16년 8개월 만에 감옥에서 출소한 오현우에 관한 이야기다. 영화의 대부분은 그가 스스로를 사회주의자라고 주장하고 감옥에서 보낸 16년 8개월 이전 시기에 만나고 경험했던 사람들과 사건들로 구성되어 있다. 이러한 특징을 지니게 된 이유는 그의 모든 기억과 추억이 16년 8개월 이전으로 멈춰져 있기 때문이다. 따라서 영화는 자연스럽게 현재로부터 과거로의 시간 여행이라는 수법을 취한다. 그러나 영화에서 가장 중요한 부분 중 하나는 영화 앞부분에 짧게 묘사되는 엄마의 모습이다. 그녀는 오현우가 감옥에서 출소할 때 백화점에서 1천만 원이 넘는 옷을 거리낌 없이 사줄 정도로 강남에서 부동산으로 많은 돈을 벌었다. 이런 엄마의 모습은 오현우가 광주에서 현실 사회에 적응하고 있는 옛 동지들을 만나면서 그들의 모습과 중첩된다. 이 두 장면, 즉 엄마의 모습과 광주에서의 옛 동지들과의 만남은 비록 영화에서 많은 부분을 차지하고 있지는 않지만 현재 한국 사회가 어떤 가치와 상황 속에서 움직이고 있는지를 상징적으로 보여주고 있다. 이것은 오현우가 16년 8개월 이전의 시간, 즉 치열하게 싸우고 경험 했던 역사적 사건들과 그 속에서 사랑했던 여인과의 아름다운 추억 속으로 여행할 수 있는 직접적 토대로 작용하며 과거에 그가 주장했던 것들이 얼마나 허망한 것인가를 동시에 보여준다. 따라서 영화는 현재를 통해 과거의 모습을 비판하고 있는 것이 아니라 영화 속 인물의 과거 사건과 경험을 통해 변화된 현재 한국 사회의 단면을 묘사하고 겨냥하고 있는 것이다.

이들 영화와 함께 현재의 모습이 과거로부터 견인되고 있는 예는 실직당하고 이혼당한 가장들이 친구의 죽음을 계기로 그동안 잊고 지냈던 과거의 꿈이었던 밴드를 재조직하여 어려운 현실을 타개해 나가는 내용을 담은 이준익의 〈즐거운 인생(2007)〉에서도 찾아볼 수 있다. 그러나 이 영화에서의 현재와 과거의 관계는 〈박하사탕〉, 〈오래된 정원〉에서처럼 현재의 모습과 상황을 비판하거나 설명하기 위해 과거의 시간과 역사로 회귀하는 것은 아니다. 이 영화에서의 과거는 과거의 어떠한 사건들에 토대하고 있는 것이 아니라 과거의 기억과 추억을 불러내 현재의 어려운 상황을 타개해 나가는 동인으로서만 작용하고 있을 뿐이다. 이러한 이유로 영화

〈즐거운 인생〉에서의 과거는 현재를 설명하기 위한 결과로써가 아니라 현재를 구체적으로 묘사하기 위한 실마리로써만 작용하고 있다. 따라서 이 영화는 한국 사회의 현재를 굴절된 과거의 시간과 역사 속에서 찾는 것이 아니라 과거의 추억과 꿈을 통해 현실을 헤쳐 나가는 모습에 중점을 두고 있다.

이처럼 이 시기 한국 영화는 현재를 과거의 시간과 역사로 연결시키면서 현재의 한국 사회를 진단하였고 그 원인을 드러내고자 했다. 이를 위해 현재에서 점차 멀어지고 있는 과거의 사건으로 되돌아가거나 때론 과거 속에 있는 꿈과 추억을 불러내기도 했다. 그 과정에서 영화는 독특하고 다양한 이야기 형식을 취하게 되었다. 이것은 이 시기 한국영화의 발전을 이룬 하나의 토대로 작용했다.

## 인간 사이의 소통과 현실 속에 감춰진 인간의 다양한 욕망과 현상들

### 인간 사이의 소통에 관하여

외환 위기로 인한 IMF 관리 체제는 한국인에게 많은 변화를 주었다. 특히 돈의 가치와 자본 논리의 확산은 한국인의 삶에 대한 가치를 근본적으로 변화시켰다. 그 중에서 가장 중요한 것은 이로 인해 개인의 존재 의식이 집단에 대한 의식보다 더 중요한 요소로 부각되었다는 사실이다. 이것은 IMF 이후 한국인의 가치 판단이 집단과 집단 사이의 경계를 허물어뜨리면서 개인과 개인 사이의 경계로 넘어갔음을 말한다. 가치 판단의 경계가 개인으로 넘어가면서 인간의 개별화가 뒤따랐다. 이 시기 한국 영화는 바로 이러한 개별 인간의 다양한 양태와 소통, 사랑, 욕망 그리고 그것을 구성하고 있는 것들의 불합리성에 초점을 맞추고 있다. 이것은 다름 아닌 현실 속에 감춰져 있는 뒤틀린 한 개별 인간의 모습을 통하여 한국 사회의 모순을 드러내는데 목적이 있음을 의미한다. 그러므로 이 시기 한국 영화에서 나타나는 개인의 모습은 개인 그 자체로서의 의미가 아니라 인간과 인간 사이의 소통에 관한 의미를 가지며, 그것은 한국 사회 전체의 모습으로 확대될 수 있는 요소를 지니고 있다. 이와 같은 특징이 두드러진 영화로는 김기덕의 〈파란대문(1998)〉을 들 수 있다. 이 영화는 에곤 쉴레(Egon Schiele)의 〈서있는 검은 머리 누드 소녀 (Black-Haired Nude Girl, Standing, 1910)〉 그림을 가지고 바닷가 근처로 팔려온 진아가 등장하면서 시작된다. 그녀가 들고 있는 그림의 의미는 진아가 '새장 여인숙'으로 들어가면서 매춘을 위해 고용된 여자라는 의미와 중첩된다. 그러나 영화에서 중요한 것은 그림과 새장 여인숙과의 의미가 오버랩 되는 것이 아니라 그녀를 둘러싸고 있는 다양한 사람들과의 관계이다. 진아는 새장 여인숙의 가족, 경찰, 대학생 등과 직, 간접적인 관계를 맺고 있다. 이것은 그들이 서로 다른 계층에 속하고 서로 다른 직업을 갖고 있을지라도 그녀의 삶과 별반 다르지 않은 똑같은 사람임을 강조하고 있다. "이러한 인물들의 관계를 통하여 모든 인물들이 서로 유기적인 관계를 맺으며 거미줄처럼 얽히고설켜 살고 있음을 말한다."[12] 이것은 곧 사회 구성의 보편적 형태를 보여준다. 그럼에도 불구하고 진아는 매춘이라는 직업 때문에 그들로부터 고립되고 분리되어 있다. 그녀는 사회 구성의 보편적 형태로부터 벗어나 있는 것이다. 영화에서 묘사하고자 하는 핵심이 바로 여기에 있다. 그것은 사회 구성의 보편성 획득은 인간관계에서 배제되는 것이 아니라 사람 사이의 소통으로부터 비롯된다는 점이다. 그것은

---

12  김금동, 「김기덕 영화 파란대문에 나타나는 미학적 특징과 관객의 새로운 역할」, 《영화연구》 Vol.25, 한국영화학회, 2005, 26쪽.

사회를 구성하는 가장 근본적 요건이다. 그리고 소통의 진정성은 상대를 온전히 이해하려는 노력에서부터 시작된다. 이와 같은 내용은 동갑내기인 진아와 혜미의 행위를 통해 확인된다. 즉 진아는 새장 여인숙집 딸인 대학생 혜미와 똑같이 행동하고, 혜미는 아픈 진아 대신 남자가 있는 그녀의 방으로 들어가면서 그들 사이의 소통이 이루어진다. 그러므로 소통은 인간과 인간 사이의 인식과 행동이 일치하는 지점에서 획득된다고 할 수 있다. 영화 〈파란대문〉에서는 진아를 둘러싸고 있는 다양한 사람들을 통해 삶과 사회 구성의 보편성을 묘사하였고 그것을 효과적으로 작동하기 위해서 인간관계의 소통을 제시했던 것이다. 따라서 소통의 진정성이야말로 인간의 삶과 사회를 구성하는 가장 중요한 요소이다. 그것을 이 영화에서는 진아와 혜미를 통해서 보여주고 있는 것이다.

이러한 인간관계의 소통에 관한 문제를 다룬 영화로는 김기덕의 또 다른 영화 〈섬(2000)〉과 〈나쁜 남자(2001)〉를 들 수 있다. 영화 〈섬〉에서는 낚시터를 관리하면서 몸을 파는 희진과 불륜을 저지른 아내의 정부를 권총으로 쏴 죽이고 낚시터로 은신한 전직 경찰 현식이 등장한다. 이들은 이미 사회구성원의 일원으로서 가치를 상실한 상태다. 낚시터에서 은신하고 있는 현식을 향한 희진의 사랑과 질투는 다방 아가씨와 기도인 망치를 호수에 빠뜨려 또 다른 살인을 저지르도록 한다. 그럼으로써 그들은 자신들을 돌이킬 수 없는 극단의 마지막 순간으로 밀어 넣는다. 그 순간 그들은 피할 수 없는 극단적 상황 속에서 자신들만의 일체화를 이룬다. 이들 사이의 일체화는 그들만의 소통이 이루어졌음을 의미한다.

또한 인간과 인간 사이의 소통이 어떻게 이루어지는지 그 과정을 탐구한 영화로는 〈나쁜 남자〉를 들 수 있다. 영화는 한 인간의 폭력적인 욕망이 한 여성을 어떻게 무너뜨리면서 소통에 이르게 되는지를 묘사하고 있다. 영화 속 주인공 한기는 감옥에서 출소한 후 우연히 여대생 선화를 보고 그녀와 강제로 키스한다. 그는 선화와 남자 친구, 주변 사람들로부터 격렬한 제지와 모욕을 받는다. 이후 한기는 선화를 강제로 창녀촌으로 끌고 가서 창녀로 만들어 버린다. 그는 그녀가 창녀로 전락해 가는 전 과정을 지켜본다. 그러던 어느 날 한기는 선화를 풀어주지만 그녀는 갈 곳도 자신을 받아줄 곳도 없음을 깨닫고 다시 창녀촌으로 돌아온다. 이제 선화는 사회로부터 단절되어 가장 밑바닥 인생을 살고 있는 한기와 다를 바가 없게 된 것이다. 이러한 사실을 선화 스스로가 인식하게 되는 그 순간 그녀는 한기와 동질감을 느끼게 된다. 이것은 대학생인 선화가 한기와 같이 사회의 가장 밑바닥 계층으로 끌어내려질 때 소통과 이해가 이루어진다는 것을 의미한다. 이러한 측면에서 진정한 의미의 소통은 서로 다른 계급과 계층, 서로 다른 시각을 통해서는 불가능하다는 것을 영화는 말하고 있다.

이들 영화가 소통을 개별 인간 사이의 관계로 다룬 것과 달리 다양한 인간과 사회 집단의 관계로 확대시켜 표현한 영화로는 이창동의 〈오아시스(2002)〉를 들 수 있다. 영화 〈오아시스〉는 두 가지 차원에서 인간 소통에 관한 문제를 다루고 있다. 첫 번째로는 정상인 홍종두와 비정상인 한공주 사이의 소통 과정을 묘사하였고, 두 번째로는 이들 사이에 소통이 이루어지고 난 후 사회적 편견에 의한 사회 집단과의 불소통 과정을 표현하였다. 홍종두와 한공주가 소통에 이르게 되는 것은 전과자로 내몰린 홍종두와 장애자인 한공주가 사회로부터 벗어난 존재이기 때문이다. 이들은 사회 속에서 인간으로서의 존재 가치를 인정받지 못하고 있다는 공통된 상황의 범주에 처해 있다. 이러한 사실은 이들로 하여금 정상인과 비정상인의 경계를 허물어뜨리고 소통에 이르게 하는 요인으로 작용한다. 그러나 이들이 사회로부터 보편적 존재 가치를 획득하기란 쉬운 일이 아니다. 왜냐하면 이들은 사회적 편견과 선입관으로부터 결코 자유롭지 못하기 때문이다. 이를 단적으로 묘사한 장면이 영화의 마지막 부분에 등장한 홍종두와 한공주의 가족들의 태도에서 확인된다. 즉 한공주 오빠는 홍종두를 강간범으로 몰고 가면서 합의금을 챙기려 하고, 홍종두의 형은 이 일을 계기로 이들의 관계를 떼어놓을 기회로 삼고자 한다. 그들 각각의 목표는 다름 아닌 돈과 체면이다. 이러한 이유로 홍종두와 한공주는 그들만의 소통으로 끝나게 되고 주변인을 통한 사회적 소통으로 나아가는 데는 실패하고 만다.

이처럼 이 시기 한국 영화는 인간과 인간 사이에서 벌어지고 있는 소통에 대해 묘사하고 있다. 그 과정에서 한국 사회가 얼마나 편견과 왜곡으로 가득 차 있는지와 우리들 또한 그 과정에 직, 간접적으로 관여하고 있음을 드러내고 있는 것이다.

## 일상성 속에 감춰진 인간의 욕망과 다양한 사회적 현상

인간의 눈에 보이는 현실은 생각보다 훨씬 다양한 모습을 지니고 있다. 왜냐하면 현실은 드러나는 표면적 현실뿐 아니라 그 이면의 은밀한 인간적 욕망과 탐욕 등으로 구성되어 있기 때문이다. 그리고 이러한 현실은 세련되게 현실 그 자체를 호도하면서 일상성이라는 외피를 통해 우리들에게 다가온다. 그러므로 일상성은 현실을 본질로부터 벗어나게 하면서도 그 본질로 회귀하게 하는 특징을 가지고 있다. 따라서 이 시기 한국 영화는 표면적 현실과 함께 드러나지 않은 현실, 이른바 일상성을 묘사한 영화들이 중요한 의미를 지닌다. 이 중에서도 아주 평범한 일상적 현실에서 벌어지고 있는 것들을 표면으로 내세우면서 그 이면에 존재하고 있는 다양한 현상들을 포착하여 표현한 영화들은 주로 홍상수의 영화-〈강원도의 힘(1998)〉, 〈오! 수정(2000)〉, 〈생활의 발견(2002)〉, 〈여자는 남자의 미래다(2004)〉, 〈극장전(2005)〉, 〈해변의 여인(2006)〉-에서 나타나고 있다. 이들 영화 대부분은 일상에서 벌어지고 있음직한 이야기에 토대하고 있다.

일상적 삶에 토대한 다양성 때문에 이들 영화는 정형화되거나 치밀한 전통적인 영화 형식의 틀을 벗어나고 있는 것처럼 보인다. 그런 이유로 이들 영화는 영화 속 사건들이 끊임없이 우리가 살고 있는 현실 공간에서 발생하고 있다는 것을 강조한다. 이와 같은 특징은 영화 〈강원도의 힘〉에서도 예외 없이 나타나고 있다. 영화의 제목으로 사용되고 있는 강원도는 도시 생활에서 겪은 마음의 상처와 스트레스를 풀 수도 있거나 작은 일탈이 이루어질 수 있는 곳이다. 또한 이 영화에 등장한 세 명의 젊은 여자들과 시간강사 상권의 행위는 이러한 의미의 전형적 형태이다.

이러한 전형적 일상성을 표현하기 위하여 사용한 영화적 장치는 역설적으로 홍상수의 의도적인 표현 수법들이다. 즉 화면 속에 의도적으로 노출된 붐 마이크와 자연광, 롱 쇼트의 사용 등은 일반적으로 영화 수법에서 사용되고 있는 치밀하고 체계적인 형식 구조를 벗어나게 하는 요인들이다. 그러나 이런 장치와 수법은 현실로부터 벗어나게 하는 효과를 가지면서도 오히려 현실의 실재성을 더욱 강조하는 장치로 사용된다. 즉 영화 속의 장면과 실제적 현실의 경계를 와해시키면서 현실에 존재하는 인간들의 다양한 의미를 드러내고 있는 것이다. 이런 특징은 영화 〈오! 수정〉에서 주요한 형식을 이룬다. 영화 〈오! 수정〉에서는 일상에서 벌어지고 있는 인간들의 모습과 그 이면에 존재하는 인간의 모습이 서로 다르다는 것을 묘사하면서 인간에 의한 현실과 일상성에 대한 환상을 버리도록 강요한다. 이를 위해 영화는 재훈과 수정, 영수의 관계 속에서 각 인물들 간의 욕망과 심리 변화, 그리고 관계 변화에 따라 반복적인 형식 구조를 통해 묘사했다. 따라서 이 영화에서의 형식적 수법은 반복적인 일상성에 의존하면서도 표면적 현실이 갖는 이중성을 드러내는 장치로 사용되고 있는 것이다.

일상성을 강조하기 위한 또 다른 장치는 우연성을 통해 묘사하고 있다. 이것은 영화 〈생활의 발견〉에서 기차에서 우연히 만난 경수와 선영의 관계를 통해 확인된다. 즉 일상성을 강조하기 위해 일상성의 하나로 우연을 끌어들인 것이다. 그러나 그 우연성은 현실을 만나게 되면 일회성으로 치부되고 아무런 의미를 갖지 못하는 일상성만을 지니게 된다. 이와 같은 특징은 영화 〈여자는 남자의 미래다〉에서 선화를 찾아간, 헌준과 문호 그리고 우연히 만난 문호의 학생들을 통해 보여 진다.

반면 영화 〈극장전〉에서는 상원과 영실, 동수와 영실의 관계를 통해 영화와 현실의 경계를 명확히 구분하지 않는다. 이것은 실재하는 현실을 제시하고 그 속에 또 다른 영화, 즉 또 다른 현실이 존재하는 것처럼 보여주면서 현실과 영화의 경계를 무너뜨리고 있다. 이와 같은 수법은 영화 속에 또 다른 영화가 존재하기 때문에 실제 보여 지고 있는 영화는 마치 현실에 토대한 것으로 인식되고 사실성을 획득하게 되는 것처럼 보인다. 그러나 이와 같은 수법은 현실의 일상성을 노출시키는 데는 매우 효과적이지만, 영화가 겨냥하고 있는 창작의 목표 역시 일상성에 머물고 있다는 한계를 지니고 있다.

홍상수의 영화가 영화와 현실의 관계를 와해시키면서 한국 사회의 표면적 일상성을 드러내는데 모아졌다면, 김기덕의 〈빈집(2004)〉은 다양한 사람들의 모습을 통해 한국 사회에 감춰져 있는 현실을 묘사하였다. 이 영화의 주인공 태석은 아무도 없는 빈집에 잠입하여 청소도 하고, 고장 난 시계도 고치고, 빨래도 한다. 그는 주인 없는 빈집에 들어가서 그곳이 마치 자기 집인 것처럼 행동하고 머물다가 집 주인이 오기 전 떠난다. 그는 빈집을 찾아다니면서 다양한 사람들을 만난다. 이들은 사진작가의 사진 속의 젊은이들, 가정 폭력에 시달리고 있는 여자, 평범하게 살아가는 사람들, 허름한 아파트에 혼자 죽어있는 노인 등이다. 그가 만나는 다양한 사람들의 모습은 일상 속에 감춰져 있는 한국 사회의 한 단면이라 할 수 있다. 사진작가의 사진을 통해서는 젊은이들의 문화적 흐름을, 폭력에 시달리는 여성을 통해서는 변질되고 왜곡된 사랑을, 평범한 가정을 통해서는 평범한 사람들의 일상적 삶을, 노인을 통해서는 인간의 소외 문제를 묘사하고 있는 것이다. 이러한 이유로 이 영화는 동시대 한국인들이 직면하고 있는 시대상의 축소판이라 할 수 있다.

인간의 욕망과 도덕의 충돌을 통하여 한국 사회를 묘사한 영화로는 김기덕의 〈사마리아(2004)〉, 박찬욱의 〈복수는 나의 것(2002)〉 〈올드보이(2003)〉를 들 수 있다.

영화 〈사마리아〉에서는 두 명의 여학생 재영, 여진이 유럽 여행을 목적으로 돈을 벌기위해 원조교제를 하면서 다양한 계층의 사람들을 만난다. 그러던 어느 날 재영은 경찰의 검문을 피하려다 건물에서 떨어져 죽는다. 그녀의 죽음을 충격으로 받아들인 여진은 재영의 원조교제 상대였던 남자들을 차례로 만나 재영이 했던 것처럼 그들과 잠을 자고 받았던 돈을 다시 돌려준다. 형사인 여진의 아버지는 우연히 여관에서 남자와 함께 있는 자신의 딸을 보고 난 후 충격을 받고 삶의 의미를 상실한다. 그리고 그는 딸이 만났던 사람들을 하나씩 찾아다니면서 응징을 한다. 이와 같은 내용의 영화 〈사마리아〉는 돈을 위해서라면 자신의 모든 것을 교환할 준비가 되어 있는 사람들과 그것에 편승하여 도덕적 가치를 상실한 다양한 사람들의 모습을 통해 극대화된 물질의 가치와 욕망으로 얼룩진 한국 사회의 모습을 폭로하고 있는 것이다.

돈과 자본이 복수의 원인이 되고 복수가 또 다른 복수를 낳게 되어 결국 모든 것을 파국으로 몰고 가는 형태를 띠고 있는 영화로는 〈복수는 나의 것〉을 들 수 있다. 영화 〈복수는 나의 것〉에서 등장한 류는 신장 이식을 해야 하는 누나의 병원비 1천만 원을 위해 자기가 다니는 회사 사장 동진의 딸을 유괴한다. 그러나 누나는 자살하고 유괴한 딸 역시 죽게 된다. 이로써 범죄의 원인과 대상 모두가 사라진 상태가 된다. 범죄에 대한 근본적 두 요인은 사라졌지만 남아 있는 사람들의 복수가 시작된다. 동진은 죽은 딸의 복수를 위해 류의 친구 영미를 고문해서 죽게 하고, 류를 자신의 딸이 죽었던 장소로 끌고 가서 죽인다. 그리고 동진 역시 또 다른 사람들로부터 살해당한다. 영화에서 복수의 시작과 근원은 신장 이식에 필요한 1천만 원이다. 그러나 여기서의 1천만 원은 단순한 돈의 의미가 아니고 현대 사회에서의 자본과 물질주의의 표상이고 상징인 것이다. 따라서 복수의 이면에는 영미가 혼자 외치고 있는 미군 축출, 재벌 해체 속에 내재되어 있는 자본의 논리, 자본의 가치가 초래한 극대화된 물질주의 우선이 내포되어 있다. 이것이 사람들을 복수의 사회로 이끄는 것이다. 따라서 이 영화는 인간과 사회를 파국적으로 몰고 간 근본적 요인으로 자본주의의 냉혹함을 지적하고 있다.

영화 〈복수는 나의 것〉에서 복수의 근원이 자본주의적 가치와 모순에 두고 있는 것과 달리 영화 〈올드보이〉에서의 복수의 근원은 도덕적, 윤리적, 신뢰 관계를 상실한 인간관계에 있다고 할 수 있다. 영화는 어느 날 누군가에 의해 갑자기 사라져 15년 동안 감금되어 있다가 풀려난 오대수의 복수에 관한 이야기를 다루고 있다. 그는 감금되어 있는 동안 나쁜 사람이라고 생각한 사람들을 차례로 기억해내고 처단하려 다짐한다. 그러나 그가 감금당하게 된 직접적 원인은 자신의 친구 이우진의 누나의 죽음과 연관되어 있다. 즉 오대수는 고등학교 시절 친구 이우진이 자신의 누나를 사랑하고 임신까지 시켰다는 사실을 떠벌리고 다닌 것이다. 이우진은 오대수의 폭로가 누나로 하여금 스스로 목숨을 끊게 한 직접적인 이유라고 생각하고 그를 15년 동안 감금했던 것이다. 그리고 그는 오대수를 풀어주면서 자연스럽게 한 여자를 만나게 한다. 오대수는 그 여자와 하룻밤을 지내게 되고 나중에 그 여자가 자신의 딸임을 알게 된다. 이른바 이우진의 복수가 완성된 셈이다. 따라서 영화는 오대수를 향한 이우진의 복수 과정과 결과를 통해 인간의 도덕과 윤리, 신뢰가 무너지면 삶과 사회의 근본적 구성요소들이 파국을 맞게 된다는 것을 강조하고 있다.

이처럼 일상 속에 감춰진 인간의 다양한 욕망과 자본에 대한 숭배는 현실 사회의 표면뿐 아니라 그 이면에 존재하는 도덕적 윤리의 범위를 결정하는 요소이다. 이러한 요소는 한국 사회의 현실을 나타내기도 하고 때론 한국 사회를 구성하고 있는 내면의 가치를 드러내기도 한다. 그러나 이것이 내면에 감춰져 있거나 밖으로 노출되어도 그것은 한국 사회가 지니고 있는 다양한 모습의 표상이다. 왜냐하면 그것은 인간의 욕망과 자본의 논리가 충돌하면서 생산해낸 것들이기 때문이다. 이들 영화는 그러한 한국 사회의 특징을 반영하고 있는 것이다.

## 인간을 심판한 인간

이 시기 한국영화에 나타난 중요한 특징 중 하나는 현실의 모순이 자본과 물질에 대한 인간의 탐욕과 욕망으로부터 비롯된다는 데 있다. 이것이 인간과 사회를 도덕적 타락과 무질서로 이끈 요인이다. 이러한 이행 과정에서 발생한 인간의 행위는 신에 의해 통제될 것이라는 믿음에 심각한 의문을 불러일으킨다. 따라서 자본과 물질에 대한 인간의 탐욕과 욕망으로부터 초래된 행위와 결과는 그 어떤 것도 의심의 대상이 된다. 이와 같은 특징을 다룬 영화로는 박찬욱의 〈친절한 금자씨(2005)〉와 이창동의 〈밀양(2007)〉을 들 수 있다.

영화 〈친절한 금자씨〉는 주인공 이금자가 자신의 아이를 해치겠다는 유괴범 백한상의 협박에 의해 그가 저지른 범죄를 대신 뒤집어쓰고 13년 반 동안 감옥에서 복역한 후 출소하여 그에게 복수한다는 내용을 담고 있다. 따라서 이 영화는 애초부터 종교적 판단이 배제되어 있다. 이러한 특징은 이금자가 감옥에서 출소할 때 찬송가가 울려 퍼지고 마중 나온 전도사에게 "너나 잘 하세요"라고 하면서 종교에 대한 불신감을 표현한데 서 알 수 있다. 짧은 이 한마디는 금자가 인간에 대한 가치를 종교에 기반 한 도덕적 판단을 배제하겠다는 의지의 표현인 셈이다. 이와 같은 그녀의 의지는 내 마음 속에 있는 천사를 부르는 행위가 기도라는 역설적 의미의 내레이션이 흐르면서 강화된다. 이것에 대한 정당성은 감옥에 있는 금자의 의지를 표현한 복수하는 장면과 과거의 사건과 현실이 번갈아 묘사되면서 확립된다. 이에 대한 보편성 획득은 금자가 감옥에서 만난 다양한 사람들, 즉 남파 간첩에서부터 강도, 간통에 이른 다양한 범죄자들의 모습을 통해 뒷받침된다. 그리고 금자는 감옥에서 출소한 후 백한상을 잡아 그가 유괴했던 아이들의 가족들을 불러서 그에게 복수하도록 한다. 영화의 마지막 부분에서는 "이금자는 그토록 원하던 영혼의 구원을 얻지 못하였다. 그렇기 때문에 금자씨를 좋아한다"는 내레이션이 흐른다. 이것은 인간의 도덕과 양심 위에 존재한다고 여긴 신이라는 존재에 심각한 의문을 제기하고 있는 것일 뿐만 아니라 인간이 그러한 것을 통제하였을 때 파국으로 치닫게 되는 사회 현상을 역설적으로 나타내고 있는 것이다.

이와 같은 문제를 인간과 종교로 대비시켜 묘사한 영화로는 〈밀양〉을 들 수 있다. 이 영화의 주인공인 이신애는 남편이 교통사고로 죽자 아들 준과 함께 남편의 고향인 밀양으로 내려와 피아노 학원을 운영하면서 살고 있다. 그녀는 교회 신자들로부터 하느님은 당신을 사랑하고 있다며 교회에 나오라고 권유받는다. 그러던 어느 날 피아노 학원 근처에 있는 약국의 약사가 신애를 붙잡고 하느님에 관해 말하고 있는 동안 그녀의 아들 준은 유괴된다. 그리고 준은 돈을 요구하는 범인에 의해 살해된 채로 발견된다. 이신애는 "모든 곳에 하느님의 사랑이 존재한다고 하는데 왜 아무 죄 없는 준이가 죽어야 하는가" 하고 절규한다. 그녀는 이러한 의문에 답을 얻기 위해 열심히 교회를 다닌다. 그리고 교회 부흥회 때 보이지 않는 것도 믿어야 한다고 주장하는 목사의 말에 따라 아들 준을 죽인 범인을 용서하기 위해 감옥을 방문한다. 그러나 그녀는 뜻밖의 상황을 맞이한다. 범인은 하느님이 자신의 죄를 다 용서하였고 자신은 구원받았다고 말한 것이다. 이러한 범인의 모습을 보고 이신애는 가장 소중하고 자신의 전부인 것을 잃고 고통 받고 있는 자신은 용서하지 않았는데 하느님이 용서했다는 그의 뻔뻔한 태도에 분노한다. 그녀는 어떠한 인간의 행위도 하느님의 용서만 받으면 된다는 이러한 어처구니없는 논리에 강한 의문을 제기한다. 이 논리의 허구성을 폭로하기 위해 이신애는 운동장에서 목사가 설교할 때 〈거짓말이야〉라는 대중가요를 틀기도 하고 교회의 장로를 유혹하기도 한다. 이러한 그녀의 행위는 모든 인간의 행위와 결과에 대한 판단을 하느님으로 돌렸을 때 인간의 존재와 인간의 역할은 무엇인가로 귀착된다. 즉 인간의 행위와 도덕은 인간 스스로가 느끼고 책임을 져야 됨에도 불구하고 하느님으로부터 구원받았다는 말로 용서된다면 인간의 존재와 삶, 사회를 구성하는 것들은 무엇으로 이루어지는가에 대한 질문이다. 따라서 이 영화는 이신애와 교회를 통해 종교가 오히려 인간의 존재 가치와 삶, 사회에 있어 발생하는 모순의 정점에 있는 것이 아닌가 하는 문제를 제기하고 있는 것이다.

이처럼 이 시기의 한국 영화는 인간의 행위를 종교와 대비시키면서 묘사했다. 그리고 이러한 인간 행위의 근본적 요인은 물질과 자본에 대한 인간의 욕망과 탐욕에 근거하고 있다. 따라서 물질과 자본에 대한 인간의 욕망과 탐욕은 한국 영화에서 인간 행위와 사회뿐 아니라 종교를 끌어들이게 한 요인이라 할 수 있다. 이것은 곧 인간과 사회가 직면하고 있는 현재의 모습이자 얼굴이다. 그러므로 인간 스스로를 변화시키는 근본적 요인은 인간에 있다. 이것이 인간과 사회를 구성하는 근본적 요소임을 이 시기의 한국 영화는 물질과 자본, 종교의 대비를 통해 묘사한 것이다.

## 3. 남북 분단 문제에 대한 새로운 인식

1991년 사회주의 종주국이라 할 수 있는 소련이 해체되고 사회주의 블록권이 무너지면서 이념과 이데올로기 대결 구도 자체는 완화되었지만 남북 관계에 있어서는 여전히 남과 북 상호 간의 정치적 판단의 유용한 대상으로 작용하고 있었다. 그러나 남북 관계는 1998년 국민의 정부와 2003년 참여정부의 출범으로 획기적 변화를 맞이했다. 그것의 시작은 김대중, 노무현 대통령이 취임사에서 밝힌 화해와 협력에 토대한 평화정책과 평화번영정책에 기인한다. 북한에 대한 이러한 정책의 변화는 남북 관계뿐 아니라 북한에 대한 태도의 변화를 가져왔다. 북한을 적대적 상대로서가 아니라 언젠가는 같이 해야 할 민족의 일원으로 보게 되었다는 것이다. 이러한 시각은 2000년 남북정상회담 결과 발표된 6.15 공동선언문으로 더욱 구체화되었다. 선언문에는 남과 북의 다양한 협력뿐 아니라 통일에 있어서 우리 민족끼리 힘을 합쳐 해결해 나가기로 했다. 이것은 그동안 적대적이고 대결적이던 남북 관계가 민족공동체 의식을 갖도록 하는데 중요한 역할을 했다. 이러한 민족의식은 남북 분단 문제에 대한 인식의 변화를 가져왔다. 즉 남북 분단을 역사적 현상 그 자체로 받아들이는 것이 아니라 그것의 원인을 조심스럽게 드러내면서 민족의 동질성을 강조하였다. 이러한 남북 관계 변화의 흐름은 한국 영화에 직접적 영향을 주었다.

그것은 1990년대 한국 영화의 최대 흥행작 중 하나인 강제규의 〈쉬리 (1998)〉로부터 시작되었다. 이 영화는 남북 분단 상황이 주는 긴장감을 배경으로 하고 있다. 특히 남한과 북한을 대표하는 유중원과 박무영의 대립은 남북 분단이라는 특수한 상황과 결합되면서 영화 전체의 긴장감을 높이는 데 중요한 작용을 하였다. 그러나 이 영화에서 가장 중요한 것은 이들이 대결하고 있는 근본 원인이라 할 수 있다. 이들의 대결은 남한의 잠실 운동장에 남북 축구 경기를 관람하러 온 남북 정치 지도자들을 제거하기 위한 것에 있다. 즉 북한의 박무영은 이들의 만남을 민족 통일을 가로막는 정치꾼들의 정치 놀음으로 간주하고 이들을 제거하는데 목적이 있고 유중원의 임무는 그런 박무영을 막는데 있다. 이들의 대결은 남한과 북한 각자의 이데올로기와 체제 수호를 내세우면서 서로를 전복시키기 위한 것이 아니라 민족 통일이라는 과제를 가로막는 정치 세력에 초점이 맞추어져 있다. 이것은 이전의 남북 분단에 관한 영화가 상대방을 무너뜨리고 전복시킴으로써 자신의 이데올로기와 체제에 대한 우월감을 확인하는 것이었다면, 이 영화에서는 남북 분단 상황을 고착화하려거나 유지하려는 정치 세력에 초점이 맞추어져 있는 것이다. 유중원과 박무영의 대결 속에 내재되어 있는 이러한 목표는 북한에서 파견된 특수요원인 이방희가 자신의 애인인 남한의 유중원에 의해 저격되면서 남북 분단의 비극적 상황을 최고 지점으로 끌어 올리면서 뒷받침된다. 또한 영화 마지막 부분에서 이방희가 누구였냐는 조사관의 질문에 유중원은 "남북 분단의 비극이 만들어낸 머리 여섯 개 달린 히드라"라는 말을 남기면서 자신들의 대결과 이방희의 죽음이 무엇으로부터 비롯되었는가를 다시 한 번 환기시키면서 남북 분단 자체에 대한 비극성을 부각시키고 있다. 이것은 오히려 역설적으로 민족의 동질성 의식을 고양시키는 의미로 작용하고 있다. 이처럼 영화 〈쉬리〉는 북한을 이데올로기와 체제 수호에 기반을 둔 적대적 대상으로 설정한 영화가 아니라 남북 분단 자체의 비극적 상황을 드러내는 데 초점이 맞추어져 있으며 유중원과 박무영, 이방희는 그것의 비극적 표상이다.

복잡한 지정학적 현실을 통해 남북 분단 문제를 바라본 영화로는 박찬욱의 〈공동경비구역 JSA(2000)〉를 들 수 있다. 이 영화에는 남북 분단으로 얽혀 있는 국제 정치학적 상황과 남북의 권력층, 그리고 남북의 민족 구성원들이라는 세 가지 측면이 복합적으로 연결되어 있다. 영화는 시간, 날짜를 자막으로 처리하면서 마치 실제 사실에 근거한 것처럼 총소리와 함께 시작된다. 그리고 시간과 날짜, 총소리의 진원이 북한 병사 두 명을 살해하고 탈출한 남한의 이수혁 병장의 진술서와 함께 그날 무슨 일이 있었는지에 대한 구체적 내용이 전개된다. 최전방 지역에서 지뢰를 밟은 이수혁 병장을 북한군 초병들이 구해주면서 이들은 밤마다 북한군 초소에서 만나면서 친한 형제와 같은 관계로 발전한다. 이들 사이에 존재하는 북한군과 남한군으로서의 적대적 관계는 일시적으로 와해된다. 이른바 최전방에 위치한 판문점에서 그들은 그들만의 통일을 이루고 있다. 특히 북한군 초소 내부에서 남한과 북한의 초병들이 사진을 찍을 때 뒤쪽에 걸려있는 김일성, 김정일 사진을 가리기 위해 병사들이 서로 밀착하는 장면은 매우 시사적이다. 이들 사이는 이미 작은 통일을 이루고 있는데 비해 그것을 가로막고 있는 요인이 최고 권력자들의 정치 논리일 수 있음을 상징적으로 보여주고 있다. 여기에 이 사건을 조사하기 위해 파견된 중립국 조사관 소피 장으로 상징화된 복잡한 국제정치적 관계가 덧붙여지고 있다. 그리고 이러한 남북 분단의 비극적 상황의 결과는 북한군 초병을 살해하고 스스로 목숨을 끊은 이수혁 병장을 통해서 부각된다. 따라서 이 영화는 남북 분단의 상황을 판문점 초소에서 근무하고 있는 남북한 초병들의 관계를 통해 민족의 동질성을 확인하면서 그것의 반대편에 남북한 최고 지도자들과 표 장군과 소피 장으로 대표되고 있는 복잡하게 얽혀 있는 국제정치적 상황을 대비시키고 있다. 민족의 동질성 확인과 비극의 상징이었던 이수혁 병장과 북한군 초병들의 죽음이 이러한 외부적 요인들로 인해 발생한 것임을 이 영화는 보여주고 있는 것이다.

또한 이 시기에는 남북 분단 자체가 주는 비극적 상황과 통일에 대한 염원을 묘사한 영화들도 등장하였다. 이와 같은 경향의 영화로는 김기덕의 〈수취인 불명(2000)〉과 〈해안선(2002)〉, 박광현의 〈웰컴 투 동막골(2005)〉을 들 수 있다.

이들 영화 중 〈수취인 불명〉은 1970년대 미군 기지촌의 다양한 풍경을 배경으로 하고 있다. 그것은 미군 병사의 성 노리개로 전락한 여고생, 짧은 영어를 사용할 줄 아는 학생들의 우월감, 자신의 꿈을 미군 병사를 통해 실현시키려고 하는 양공주의 미국에 대한 환상, 서로 믿지 못하고 서로 멸시하는 기지촌 사람들 사이의 뒤틀린 관계, 미군을 향해 화살을 쏜 김중호 하사의 아들, 논바닥에 처박혀 죽은 혼혈아 등으로 이루어져 있다. 이들로 대변되는 기지촌에는 한국 역사의 모순과 현실이 그대로 집약 되어 있는 곳이다. 이런 모순의 근원은 1950년 한국전쟁까지 거슬러 올라간다. 그리고 1950년 한국전쟁과 기지촌을 연결하는 인물은 스스로 전쟁 영웅이라고 칭한 김중호 하사이다. 그는 기지촌의 존재와 유지를 설명하는 역사적 이행과정의 상징적 인물이다. 영화는 그를 통해 한국 역사의 모순이 남북 분단과 1950년 한국전쟁으로 인해 발생했음을 암시하고 있다.

영화 〈해안선〉에서는 대중가요 〈과거는 흘러갔다〉라는 노래로 상징화 되듯이 통일된 한반도에 대한 그리움과 분단된 한반도의 실제적 현실을 묘사했다. 한국 사회에서 벌어지고 있는 모순과 왜곡의 직접적 원인은 남북 분단 상황과 연결되어 있음을 영화는 드러내고 있다. 군대에서 해안 경비를 맡고 있는 강한철은 철저하게 훈련된 군인이다. 어느 날 강한철은 금지되어 있는 해안 철책선을 넘어 들어온 사람들을 발견하고 군대 수칙에 따라 총격을 가한다. 그의 총격에 의해 사살된 사람은 동네의 젊은 청년이다. 강한철은 군대 수칙을 철저하게 지켰다는 이유로 포상휴가를 가게 되지만 동네 사람들은 그를 살인자로 매도하고 항의한다. 강한철은 자기가 사람을 죽였다는 사실과 살인자로 매도된 현실에 정신적 충격을 받는다. 이런 어처구니없는 상황과 비극은 영화 마지막 부분에서 그물이 쳐져 있는 한반도를 배경으로 족구를 하고 있는 군인들과 그물이 다시 걷어지는 모습을 통해 남북 분단으로부터 비롯되었다는 것을 의미한다.

이전까지 남북 분단을 다룬 영화들 대부분은 남북 분단으로 인하여 발생한 비극적 상황을 묘사하고 있다. 그것은 이들 영화가 민족 동질성 확보와 민족 내부의 통합을 가로막는 요인으로부터 남북 분단의 근거를 찾고 있기 때문이다. 따라서 이 시기 남북 분단 문제를 다룬 영화에서는 남북한의 정치 지도자들의 정치적 논리와 복잡하게 얽혀 있는 국제정치적 시각이 중요한 요소로 부각되었다. 그러나 한국전쟁 직후 1950년 9월을 배경으로 하고 있는 영화 〈웰컴 투 동막골〉은 통일된 남북 관계의 황홀함과 이상향을 아름답게 제시하고 있다. 부하를 잃은 북한 병사와 부대를 탈영한 남한 병사 그리고 비행기 추락으로 간신히 목숨을 건진 부상당한 미군 조종사 스미스는 우연히 동막골에 머물게 된다. 처음에는 북한군 장교 리수화와 남한군 표현철 사이에 적대적인 긴장감이 조성되지만 서로가 서로에게 점차 인간적 친밀감을 느끼게 되면서 그들의 경계는 허물어진다. 그리고 미군이 비행기 추락 사고를 당한 스미스 대위를 구출하기 위한 작전의 일환으로 동막골을 폭격하려는 계획을 세우자 목표 지점을 다른 곳으로 위장하기 위하여 남북한 병사들은 미군의 폭격에 대항하여 전투를 벌인다. 이것은 남북한 병사들 사이에 이미 통일이 이루어졌고 남북한과 미군이라는 대결 구도를 통해 남북 분단 상황에 대한 인식을 내부적 대결로서가 아니라 민족과 다른 세력과의 대결로 확대하고 있는 것이다. 이러한 상황은 환상적인 나비 장면 등과 결합되어 민족의 염원이자 꿈인 통일에 대한 환상과 이상향을 드러내고 있다.

이처럼 이 시기의 한국영화는 대북 정책의 변화로 인한 남북 관계의 발전이 한국 영화 창작의 다양성을 가져왔다. 그것의 중심에는 바로 남북 분단에 대한 새로운 인식이 존재하고 있다. 이전의 영화가 주로 이데올로기적 대결과 그것으로부터 초래된 비극에 초점을 맞추었다면, 이 시기 한국영화는 남북 분단 상황 자체에 대한 비극뿐 아니라 그것이 낳은 다양한 모순들을 묘사했다. 그러나 무엇보다 이 시기 남북 분단을 소재로 한 영화는 남북 분단 상황을 초래하거나 유지하고 있는 근본적 요인들에 대한 시각이 영화 속에 깊이 투영되었다. 그리고 이 과정에서 남북한의 정치 논리와 국제정치학적으로 얽혀있는 현 상황들은 민족 동질성이라는 이름으로 비판적으로 묘사되었다.

한국 영화 역사에 있어 1998년은 매우 중요한 시기였다. 이 시기는 김대중 정부의 출범과 함께 문화가 21세기 기간산업으로 간주되면서 영화에 대한 체계적인 정책이 추진되기 시작한 해이기도 하다. 이것은 1999년 2월 '문화산업진흥기본법' 제정으로 나타났다. 이 법은 21세기 고부가가치 지식 기반 산업인 문화 산업을 국가 기간산업으로 육성, 발전시키기 위한 정부의 조치로 한국 영화의 정책, 제도 구축에 영향을 미쳤다. 이 법을 통해 영화는 중소기업 창업지원법의 혜택을 받는 업종으로 지정되어 비로소 안정적인 재원을 마련할 수 있었다.[13] 또한 1999년 2월 제2차 개정 영화진흥법을 통해 그동안 국가의 통제를 받았던 영화진흥공사가 민간인이 참여하는 영화진흥위원회로 개편되면서 다양한 영화를 만들 수 있는 기관으로 변모했고 영화 사업도 등록제에서 신고제로 바뀌면서 일정한 절차에 따라 누구나 영화 사업을 할 수 있게 되었다. 이처럼 1998년, 1999년은 영화에 대한 인식과 개념의 변화뿐 아니라 법과 제도, 체계가 구축되어 한국 영화의 새로운 토대를 이루었던 시기이다.

또한 이 시기는 새로운 인력이 영화로 유입되어 한국 영화의 새로운 흐름을 형성했다. 즉 "1990년대 들어 새롭게 데뷔한 감독의 작품 수 비율이 46.5%로 가장 높았을 뿐만 아니라 한국영화 흥행 순위 30위 이내에 든 작품 중 1998년도에 데뷔한 감독의 작품이 무려 50%에 이르렀다."[14] 이와 같은 수치는 1998년을 기점으로 한국 영화에 세대교체의 바람이 불었던 시기라 주장할 수 있는 근거가 되었다. 그리고 1998년은 IMF

---

13 김동호 외, 『한국영화 정책사』, 나남, 2005, 330쪽 참고.
14 안지혜, 「시민사회의 성장과 한국 영화의 역동적 관계에 관한 연구」, 중앙대학교 대학원 박사학위 논문, 2007, 148쪽 참고.

사태로 인하여 1990년대 한국 영화 산업을 이끌었던 대기업 자본이 철수하고 금융자본이 영화에 유입되어 본격적으로 한국 영화의 자금원으로 자리매김하던 시기였다. 한국 영화를 둘러싸고 벌어진 이와 같은 환경의 변화는 한국 영화의 특징과 경향을 좌우하는데 의미 있는 작용을 했다.

그러나 이 시기 한국 영화 형성의 핵심적 역할을 한 것으로는 IMF 사태와 남북 관계의 변화를 들 수 있다. 이 두 가지는 1998년부터 2007년까지의 한국 사회와 한국 영화의 특징을 결정짓는 요소라 할 수 있다.

특히 1997년 12월 한국이 외환위기 사태를 맞이하고 난 후 IMF 관리 체제로 진입하면서 돈과 자본은 한국인들의 의식 변화에 매우 중요한 역할을 했다. 기존의 도덕과 윤리, 인간적 정서에 토대한 한국인들의 전통적 가치관은 개인주의, 물질주의가 우선하는 가치관으로 바뀌어갔다. 그리고 1998년 김대중 정부의 대북포용정책은 북한에 대한 시각을 교정하도록 견인했다. 대북포용정책은 이념과 이데올로기로 그동안 적대적 관계를 형성하여왔던 북한에 대한 시각을 획기적으로 변화시켰다. 북한은 궤멸시켜야 할 적이 아니라 민족 공동체의 일원으로 함께 가야 할 동반자가 되었다. 이것은 남북 관계에 있어 민족이라는 개념이 개입할 수 있는 공간을 마련하여 남북 분단에 대한 인식이 재정립될 수 있는 기회가 되었던 것이다.

1998년에서 2007년까지의 한국 영화는 이와 같은 한국 사회의 흐름과 연관이 있다. 무엇보다 이 시기 한국 영화는 IMF 사태로 인해 한국 사회에서 돈과 자본의 가치가 그 어떤 것보다 우선하다는 인식 하에 발생한 다양한 사회적 현상들에 주목했다. 즉 인간의 개별화로 인하여 발생한 인간 사이의 소통의 문제와 일상적 현실에서 드러나고 있는 것을 그대로 드러내면서도 현실이 갖는 의미의 특별함을 강조하지 않았고 오히려 현실 속에 감춰져 있는 인간의 욕망과 다양한 사회적 현상에 주목했다. 게다가 때로는 현실에서 벌어지고 있는 절망적 상황을 인간의 논리로 신을 거부하기도 했다.

따라서 이 시기 한국 영화에서 나타난 중요한 것은 어떤 내용을 다루더라도 물질주의 우선이 원인과 결과로 귀착된다는 사실이다. 이와 함께 이 시기 한국 영화의 또 다른 축은 남북 관계의 변화로 남북 분단 자체를 문제 삼았다는 데 있다. 이를 통해 민족의 동질성을 강조했고 그것을 가로막는 대상이 누구인지를 부각시켰다.

이처럼 이 시기 한국 영화는 인간 사이의 소통의 문제와 감춰진 일상 속에 존재하는 다양한 욕망과 현상들, 인간의 논리로 바라 본 신의 문제, 그리고 분단의 현실에 대한 근원적 모순을 다룸으로써 민족의 동질성을 강조한 내용들이 큰 흐름을 이루었다. 따라서 이 시기 한국 영화의 뛰어남은 한국 사회에서 벌어지고 있는 다양한 사회적 현상들을 반영하면서 그것으로부터 발생한 모순을 영화 속에 투영시켰다는 데 있다.

# 참고 문헌

**단행본**

강준만, 『한국현대사 산책—1990년대편 3권』, 인물과 사상사, 2006.

권재일, 『체코슬로바키아사』, 대한교과서주식회사, 1995.

김동호 외, 『한국영화 정책사』, 나남출판, 2005.

김문겸, 『여가의 사회학』, 한울아카데미, 1993.

김문환, 『19세기 문화의 상품화와 물신화』, 서울대학교 출판부, 1998.

김시준, 『중국당대문학사조사연구』, 서울대학교 출판부, 2000.

김영문, 『등샤오핑과 중국정치』, 탐구당, 2007.

김영신, 『대만의 역사』, 지영사, 2001.

김영철, 『브라질의 역사』, 이담북스, 2011.

김장권·김세걸, 『현대 일본정치의 이해』, 한국방송대학교 출판부, 2004.

김형인 외, 『미국학』, 살림, 2003.

김형인, 『미국의 정체성』, 살림, 2005.

김호영, 『프랑스 영화의 이해』, 연극과 인간, 2003.

문흥호, 『대만문제와 양안관계』, 폴리테이아, 2007.

미국학연구소, 『미국 사회의 지적 흐름: 정치, 경제, 사회, 문화』, 서울대학교 출판부,
      1998.

민병록, 『미조구치의 작품세계』, 시네마테크 부산, 2003.

박상진, 『이탈리아 문학사』, 부산외국어대학교 출판부, 1997.

박종욱, 『쿠바, 영화 그리고 기억』, 이담북스, 2010.

배한극, 『미국 청교도 사상』, 혜안, 2010.

서울대학교 독일학연구소, 『독일 이야기』, 거름, 2000.

서울영화집단편, 『새로운 영화를 위하여』, 학민사, 1983.

서진영, 『현대중국 정치론』, 나남, 1997.

＿＿＿, 『21세기 중국정치』, 폴리테이아, 2008.

성완경, 『민중미술, 모더니즘, 시각문화』, 열화당, 1999.

송병선, 『라틴아메리카의 신영화』, 이담북스, 2010.

안인희, 『게르만 신화 바그너 히틀러』, 민음사, 2003.

염홍철, 『다시 읽는 종속이론』, 한울 아카데미, 1998.

오제명 외, 『68.세계를 바꾼 문화혁명』, 도서출판 길, 2006.

윤덕희 외, 『체코. 루마니아: 정치, 경제, 사회, 문화구조와 정책』, 법문사, 1990.

이무열, 『러시아사 100장면』, 가람기획, 2001.

이상길·박진우, 『프랑스 방송—구조, 정책, 프로그램』, 한나래, 2004.

이성형, 『브라질: 역사, 정치, 문화』, 까치, 2010.

이시재·이종구·장화경, 『현대일본』, 일조각, 2005.

이영석, 『다시 돌아본 자본의 시대』, 소나무, 1999.

이원양, 『독일연극사』, 두레, 2002.

이정국, 『구로사와 아키라』, 지인, 1994.

이정희, 『동유럽사』, 대한교과서주식회사, 1986.

이주상, 『프랑스 TV와 권력』, 커뮤니케이션북스, 2005.

이주영, 『미국의 좌파와 우파』, 살림, 2003.

이주영·김용자·노명환·김성형, 『서양 현대사』, 삼지원, 1994.

이한화 엮음, 『러시아 프로문학운동론 I』 화다, 1988.

이혜숙, 『일본현대사의 이해』, 경상대학교 해외지역연구센터, 2003.

임두빈, 『세계관으로서의 미술론』, 서문당, 1999.

임재철 엮음, 『알랭 레네』, 한나래, 2001.

임정택 외, 『세계영화사 강의』, 연세대학교 출판부, 2007.

임호준, 『시네마, 슬픈대륙을 품다』, 현실과 문화연구, 2006.

장동천, 『영화와 현대중국』, 고려대학교 출판부, 2008.

장춘익 외, 『하버마스의 사상』, 나남, 2001.

정병권, 『폴란드사』, 대한교과서, 1997.

정영호, 『중국영화사의 이해』, 전남대학교 출판부, 2006.

정태수, 『러시아—소비에트 영화사 1』, 도서출판 하제, 1998.

_____, 『러시아—소비에트 영화사 2』, 도서출판 하제, 2001.

정현숙·김응렬, 『현대 일본 사회론』, 한국방송대학교 출판부, 2005.

정현숙·정미애, 『일본 사회문화의 이해』, 방송통신대학교 출판부, 2005.

조창섭, 『독일표현주의 드라마』, 서울대학교 출판부, 1990.

종교학사전편찬위원회, 『종교학대사전』, 한국사전연구사, 1998.

주윤탁 외, 『아시아 영화의 이해』, 제3문학사, 1993.

지은주, 『대만의 독립문제와 정당정치』, 나남, 2009.

최영철, 『영화감독의 미학』, 한국학술정보, 2006.

피종호 외, 『유럽영화예술』, 한울아카데미, 2003.

한국철학사상연구회편, 『철학대사전』, 동녘, 1989.

한국언론정보학회 엮음, 『현대사회와 매스커뮤니케이션』, 한울 아카데미, 2006.

한국중국현대문학학회, 『중국영화의 이해』, 동녘, 2008.

한성철, 『세계의 소설가 II』, 한국외국어대학교 출판부, 2001.

한형곤, 『이탈리아 문학의 연구』, 한국외국어대학교 출판부, 2009.

허 인, 『이탈리아 사』, 대한교과서, 2005.

홍성남·유운성 엮음, 『로베르토 로셀리니－태그 갤러거』, 한나래, 2004.

彭懷恩·林鐘雄 著, 金喆洙·高英根·朴靚植 共譯, 『臺灣 政治變遷, 經濟發展 40年』, 성균관대학교 출판부, 1987.


게오르그 루카치(Georg Lukacs), 홍승용 옮김, 『문제는 리얼리즘이다(*Es geht um den Realismus*)』, 실천문학사, 1985.

니코라 밀러(Nicola Miller)·스티븐 하트(Stephen Hart), 서울대 라틴아메리카연구소, 『라틴아메리카의 근대를 말하다(*When was Latin America Modern?*)』, 그린비, 2008.

다께우찌 도시오(竹內敏雄), 안영길 외 옮김, 『미학, 예술학 사전(美學, 藝術學 事典)』, 미진사, 1993.

도날드 리치(Donald Richie), 김태원·김시순 옮김, 『오즈 야스지로(*Ozu*)』, 현대미학사, 1995.

레나토 포지올리(Renato Poggioli), 박상진 옮김, 『아방가르드 예술론(*Teoria Dell' Arte D'Avanguardia*)』, 문예출판사, 1996.

로날드 헤이먼(Ronald Hayman), 이성복 옮김, 『라이너 베르너 파스빈더 평전 (*Fassbinder: film maker*)』, 한나래, 1994.

로랑스 스키파노(Laurence Schifano), 이주현 옮김, 『이탈리아 영화사(*Le cinema Italien*)』, 동문선, 1995.

로버트 O. 팩스턴(Robert O. Paxton), 손명희·최희영 옮김, 『파시즘(*The Anatomy of Fascism*)』, 교양인, 2004.

로저 프라이스(Roger Price), 김경근·서이자 옮김, 『혁명과 반동의 프랑스사 (*A Concise History of France*)』, 개마고원, 2001.

루스 베네딕트(Ruth Benedict), 김윤식·오인석 옮김, 『국화와 칼(*The Chrysanthemum and the Sword*)』, 을유문화사, 2002.

루터 S. 루드케(Luther S. Luedtke), 고대영미문화 연구소 역, 『미국의 사회와 문화 (*The Society and Culture of the United States*)』, 탐구당, 1989.

르네 프레달(Rene Predal), 김희균 옮김, 『세계영화 100년사(*Histoire du Cinema*)』, 이론과 실천, 1999.

마틴 키친(Martin Kitchen), 유정희 옮김, 『사진과 그림으로 보는 케임브리지 독일사 (*The Cambridge Illustrated History of Germany*)』, 시공사, 2003.

막스 테시에(Max Tessier), 최은미 옮김, 『일본 영화사(*Le Cinéma japonais*)』, 동문선, 1997.

만프레드 클림(Manfred Kliem), 조만영·정재경 옮김, 『마르크스·엥겔스 문학예술론(*Marx·Engels, Über Kunst und Literatur*)』, 돌베개, 1990.

메리 풀브룩(Mary Fullbrook), 김학이 옮김, 『분열과 통일의 독일사(*A Concise History of Germany*)』, 개마고원, 2000.

毛澤東, 이욱연 옮김, 『毛澤東의 문학예술론』, 논장, 1989.

보리스 파우스투(Boris Fausto), 최해성 옮김, 『브라질의 역사(*História Concisa Do Brasil*)』, 그린비, 2012.

볼프강 야콥센(Wolfgang Jacobsen)·안톤 케스(Anton Kaes)·한스 헬무트 프린츨러 (Hans Helmut Prinzler), 이준서 옮김, 『독일영화사1(*Geschichte Deutschen Films*)』, 이화여자대학교 출판부, 2007.

사토오 다다오(佐藤忠男), 유현목 옮김, 『일본영화사(日本映畵史)』, 다보문화, 1993.

술긴(В. С. Шульгин)·꼬쉬만(Л. В. Кошман)·제지나(М. Р. Зезина), 김정훈·남석주·민경현 옮김, 『러시아 문화사(Культура России)』, 후마니티스, 2002.

슈테판 크라머(Stefan Kramer), 황진자 옮김, 『중국영화사(*Geschichte des Chinesischen Films*)』, 이산, 2000.

아르놀트 하우저(Arnold Hauser), 최성만·이병진 역, 『예술의 사회학(*Soziologie der Kunst*)』, 한길사, 1988.

_____, 백낙청·염무웅 옮김, 『문학과 예술의 사회사: 현대편(*Sozialgeschichte der Kunst und Literatur*)』, 창작과 비평사, 1993.

아서 놀레티(Arthur Noletti, Jr.)·데이비드 데서(David Desser), 편장완·정수완 옮김, 『일본영화 다시보기(*Reframing Japanese Cinema*)』, 시공사, 2001.

앙드레 모로아(Maurois Andre), 신용석 옮김, 『프랑스사(*Histoire de la France*)』, 기린원, 1993.

앙드레 바쟁(André Bazin), 안병섭 옮김, 『존재론과 영화언어(*Ontologie et langage*)』, 영화진흥공사, 1990.

앙투안 드 베크(Antoine de Baecqe)·세르주 투비아나(Serge Toubiana), 한상준 옮김, 『트뤼포(*François Truffaut*)』, 을유문화사, 2006.

앨런 브링클리(Alan Brinkley), 황혜성 외 옮김, 『있는 그대로의 미국사 3(*The Unfinished Nation*)』, 휴머니스트, 2005.

에드가 볼프룸(Edgar Wolfrum), 이병련·김승렬 옮김, 『무기가 된 역사(*Geschichte als Waffe : vom Kaiserreich bis zur Wiedervereinigung*)』, 역사비평사, 2007.

에릭 홉스봄(Eric Hobsbawm), 김동택 옮김, 『제국의 시대(*The Age of Empire, 1875-1914*)』, 한길사, 1998.

_____, 양승희 옮김, 『아방가르드의 쇠퇴와 몰락(*The Decline and Fall of the Twentieth-Century Avant-Gardes*)』, 조형교육, 2001.

_____, 정도영 옮김, 『자본의 시대(*The Age of Capital, 1848-1875*)』, 한길사, 2001.

요모타 이누히코(四方田犬彦), 박전열 옮김, 『일본영화의 이해(日本映畵史 100年)』, 현암사, 2001.

우도 쿨터만(Udo Kultermann), 김문환 옮김, 『예술이론의 역사(*Kleine Geschichte der Kunsttheorie*)』, 문예출판사, 2000.

윈턴 U. 솔버그(Winton U. Solberg), 조지형 옮김, 『미국인의 사상과 문화(*A History of American Thought and Culture*)』, 이화여자대학교 출판부, 1983.

이용관 편역, 『전위영화의 이해』, 예니, 1991.

李澤厚·劉綱紀, 권덕주·김승심 옮김, 『중국미학사(中國美學史)』, 대한교과서, 1992.

장 피에르 장콜라(Jean-Pierre Jeancolas), 김혜련 옮김, 『프랑스 영화사(*Histoire du Cinéma Française*)』, 동문선, 1995.

장루이 뢰트라(Jean-Louis Leutrat), 곽노경 옮김, 『역사적 관점에서 본 시네마 (*Le Cinéma en Perspective: Une Histoire*)』, 동문선, 1992.

張法, 유중하 외 옮김, 『동양과 서양, 그리고 미학(中西美學與文化情神)』, 푸른숲, 1999.

조르주 뒤프(Gerges Dupeux), 박단·신행선 옮김, 『프랑스 사회사(*La Société Française*)』, 동문선, 2000.

조지 렐리스(George Lellis), 이경운·민경철 옮김, 『브레히트와 영화(*Bertolt Brecht, Cahiers du cinéma and contemporary film theory*)』, 말길, 1993.

존힐·파멜라 처치 깁슨(John Hill·Pamela Church Gibson), 안정효·최세민·안자영 옮김, 『세계영화 연구(*The Oxford Guide to Film Studies*)』, 현암사, 2004.

카르스텐 비테(Karsten Witte), 박흥식·이준서 옮김, 『매체로서의 영화(*Theorie des Kinos*)』, 이론과 실천, 1996.

콜린 존스(Colin Jones), 방문숙·이호영 옮김, 『사진과 그림으로 보는 케임브리지 프랑스사(*The Cambridge Illustrated History of France*)』, 시공사, 2002.

크리스 하먼(Chris Harman), 이수현 옮김, 『세계를 뒤 흔든 1968(*Fire last time: 1968 and after*)』, 책갈피, 2004.

크리스토퍼 듀건(Christopher Duggan), 김정하 옮김, 『미완의 통일 이탈리아사 (*A concise history of Italy*)』, 개마고원, 2003.

클로드 뮈르시아(Claude Murcia), 이창실 옮김, 『누보 로망, 누보 시네마(*Nouveau roman, Nouveau cinéma*)』, 동문선, 1998.

프랭클린 보머(Franklin L. Baumer), 조호연 옮김, 『유럽 근현대 지성사(*Modern European Thought*)』, 현대지성사, 1999.

하겐 슐체(Hagen Schulze), 반성완 옮김, 『새로 쓴 독일 역사(*Kleine Deutsche*)』, 知와 사랑, 2008.

하스미 시게히코(蓮實重彦) 외, 박창학·유맹철 옮김, 『나루세 미키오(成瀬巳喜男)』, 한나래, 2002.

Б. Н. 포노말료프(Б. Н. Пономарев), 편집부 옮김, 『소련공산당사 5(История Коммунистической партии Советского Союза)』, 거름, 1992.

_____, 편집부 옮김, 『소련공산당사 6(История Коммунистической партии Советского Союза)』, 거름, 1992.

Alan Williams, Republic of Images; A History of French Film Making, Harvard, 2003.

Alfonso J. García Osuna, The Cuban Filmography 1897 through 2001, McFarland & Company, 2006.

Andrew Higson, Dissolving Views, Cassell, 1996.

Anthony Aldgate and Jeffrey Richards, Best of British Cinema and Society from 1930 to the present, I.B. Tauris, 2002.

B. F. Taylor, The British New Wave: A Certain Tendency? Manchester University Press, 2006.

Béla Balázs, Theory of the film, Dennis Dobson LTD, 1952.

Bill Nichols, Movies and Methods, University of California Press, 1976.

Boleslaw Klimaszewski, Translated by Krystyna Mroszek, An Outline History of Polish Culture, Wydawnictwo Interpress, 1984.

Boleslaw Michalek and Frank Turaj, The Modern Cinema of Poland, Indiana University, 1988.

C. W. E. Bigsby, Dada and Surrealism, Methuen & Co Ltd, 1972.

Colin Crisp, The Classic French Cinema 1930-1960, Indiana University Press, 1993.

Craig Cravens, Culture and Customs of the Czech Republic and Slovakia, Greenwood Press, 2006.

David A. Cook, History of the American Cinema(Volume 9), University of California Press, 2002.

David Christopher, british culture, Routledge, 1999.

David W. Paul, Politics Art and Commitment in the East European Cinema(Andrzej Wajda, The Artist's Responsibility), St. Martins, 1983.

Dmitry Shlapentokh and Vladimir Shlapentokh, Soviet Cinematography 1918-1991, Aldine de Gruyter, 1993.

Dudley Andrew, The Major Film Theories, Oxford University Press, 1976.

_____, Concepts in Film Theory, Oxford University Press, 1984.

_____, Mists of Regret, princeton university press, 1995.

E. P. Thompson, The making of the English working class, Vintage books, 1966.

Foster Hirsh, the Dark Side of the Screen, Film Noir, Da Capo Press, 2001.

Frank Krutnik, In a Lonely Street-Film noir, genre, masculinity, Routledge, 1991.

Geoffrey Hosking, A History of the Soviet Union, Fontana Press/Collins, 1985.

Geoffrey Nowell-Smith, The Oxford History of World Cinema, Oxford, 1997.

George A, Huaco, The Sociology of Film Art, Basic Books, Inc, 1965.

Harry Schwartz, Prague's 200 Days The Struggle for Democracy in Czechoslovakia, Frederick A. Praeger, 1969.

Hector Amaya, Screening Cuba: Film Criticism as Political Performance During the Cold War, the Board of Trustees of the University of Illinois, 2010.

Herman Ermolaev, Soviet Literary Theories, 1917-1934, octagon books, 1977.

Jack C. Ellis, A History of Film(Fourth Edition), Allyn and Bacon, 1995.

James Monaco, The New Wave, Oxford University Press, 1976.

James Naremore, More than Night, University of California Press, 1998.

Joan Copjec, Shade of Noir, Verso, 1993.

John Belton, American Cinema, American Culture(Third Edition), McGraw-Hill, 2009.

John Hill, Sex, Class and Realism: British Cinema 1956-1963, bfi, 1986.

John Sanford, The New German Cinema, Da Capo Press, 1980.

Jon Lewis, The New American Cinema, Duke University, 1998.

Jonathan L. Owen, Avant-Garde to New Wave, Czechoslovak Cinema, Surrealism and the Sixties, Berghahn Books, 2011.

Jonathan Munby, Public Enemies, Public Heroes, The University of Chicago Press, 1999.

Julia Hallan, Realism and Popular Cinema, Manchester University, 2000.

Justin Ashby and Andrew Higson, British Cinema, Past and Present, Routledge, 2004.

Kristin Thompson & David Bordwell, Film History: An Introduction(Third Edition), McGraw-Hill, 2010.

Lary May, The Big Tomorrow: Hollywood and the Politics of the American Way, The University of Chicago Press, 2000.

Leo Braudy, Marshall Cohen, Film Theory and Criticism(Fifth Edition), Oxford University, 1999.

Lisa Shaw and Stephanie Dennison, Brazilian National Cinema, Routledge, 2007.

Lotte H. Eisner, The Haunted Screen, University of California Press, 2008.

Lúcia Nagib, Brazil on Cinema, I. B. Tauris, 2007.

Marek Haltof, Polish National Cinema, Berghahn Books, 2002.

Marta Alvear "Interview with Humberto Solás" Jump Cut 19-Michael Chanan, Cuban Cinema, University of Minnesota Press Minneapolis. London, 2004.

Max Horkheimer: Gesammelte Schriften hrsg. Bd.12, Fischer Taschenbuch, 1985.

Michael Chanan, Cuban Cinema, University of Minnesota Press Minneapolis. London, 2004.

Michael T. Martin, New Latin American Cinema Volume One, Wayne State University Press, 1997.

_____, New Latin American Cinema Volume Two, Wayne State University Press, 1997.

P. Adams Sitney, The Avant-Garde Film, A Reader of Theory and Criticism, New York University, 1978.

_____, Film Culture Reader, Cooper Square Press, 2000.

Paul Monaco, History of the American Cinema(Volume 8), University of California Press, 2003.

Peter Bondanella, Italian Cinema, Continuum, 1995.

Peter Hainsworth and David Robey, The Oxford Companion to Italian Literature, Oxford University press, 2002.

Peter Hames, The Czechoslovak New Wave, University of California, 1985.

_____, Czech and Slovak Cinema, Edinburgh University Press, 2010.

Peter Kramer, The New Hollywood-From Bonnie and Clyde to Star Wars, Wallflower, 2005.

Pierre Sorlin, Italian National Cinema 1896-1996, London and New York, 2001.

R. M. Fassbinder, Filme befreien den Kopf, Film 1992, Fischer Verlag, 1992.

R. S. Furness, Expressionism, Methuen & Co Ltd, 1973.

Randal Johnson, The Film Industry in Brazil, university of Pittsburgh Press, 1987.

Remi Fournier Lanzoni, French Cinema; From Its Beginnings to The Present, Continuum, 2002.

Richard Maltby, Hollywood Cinema(Second Edition), Oxford: Blackwell Publishing, 2003.

Richard Neupert, A History of the French New Wave Cinema, The University of Wisconsin Press, 2002.

Richard Taylor · Nancy Wood · Julian Graffy · Dina Iordanova, Eastern European and Russian Cinema, bfi, 2000.

Robert Murphy, The British Cinema Book(Second Edition), bfi publishing, 2001.

Robert Stam, Tropical multiculturalism a comparative history of race in brazilian cinema & culture, Duke University Press, 2004.

Sabine Hake, German National Cinema, Routledge, 2002.

Scott MacKenzie, Film Manifestos and Global Cinema Culture, A Critical Anthology, University of California Press, 2014.

Siegfried Kracauer, From Caligari To Hitler, Princeton University Press, 1974.

Stephen Brockmann, A Critical History of German Film, Camden House, 2010.

Steven C. Early, An Introduction to American Movies, New York, A Mentor Book, 1979.

Susan Hayward, French National Cinema, Routledge, 2001.

_____, Cinema Studies, The Key Concepts(Fourth Edition), Routledge, 2013.

Thomas Schatz, Hollywood Genres, McGraw-Hill, 1981.

Tim Bergfelder·Erica Carter and Deniz Göktürk, The German Cinema Book, bfi, 2002.

Xudong Zhang, Chinese Modernism in The Era of Reforms, Duke University Press, 1997.


В. Трояновский , Кинематограф оттепели, Материк, 1996.

М. П. Власов, Кино Дореволюционной России/Становление и Расцвет Советской Кинематографии, ВГИК, 1992.

С. Фрей лих, Теория кино: От Эй зенштей на до Тарковского, М, Искус ство, ТПО, истоки, 1992.

Лев Анинский , Шестидесятники и мы, М, Союз кинематографистов СССР, 1991.

Н. С. Хрущёв, Высокое признание литературы и искусства, М, 1963.

_____, Хрущёв о Сталине, Нью-Йорк, 1988.

С. И. Юткевич, Кино словарь, Москва, 1987.

С. Юткевич, Кино Словарь, Москва, 1987.

Р. Н. Юренев, Краткая История Советского Кино, Москва, 1979.

А. Грошев·С. Гинзбург·И. Долинский ·Н. Лебедев·Е. Смирнова· И. Туманова, Краткая история советского кино, М, искусство, 1969.

С. В. Дровашенко, Дзига Вертов, Искусство, Москва, 1966.

С. И. Юткевич, Эизенштей н Том 1, Москва, 1964.

_____, Эизенштей н Том 3, Москва, 1964.

В сб: КПСС о культуре просвещении и науке, Сборник документов, М: политич. литературы, 1963.

李道新, 『中國電影文化史』, 北京大學出版社, 2005.

羅藝軍 主編, 『20世紀中國電影理論文選 下』, 中國電影出版社, 2003.

李天鐸 編著, 『當代華語電影論述』－劉現成, 〈放開歷史視野~重新檢視八0到九0年代 偏執的臺灣電影論述〉, 時報出版社, 1996.

尉天驄 主編, 『鄉土文學討論集』, 遠流・長橋聯合發行部, 台北, 1978.

Guy Hennebelle, Quinze ans de cinéma mondial: 1960-1975, Broché, 1975.

**학위논문**

김선영, 「일본적 집단주의의 사회적 기반에 관한 연구」, 계명대학교 대학원 석사학위 논문, 1997.

김영철, 「브라질 문화의 흑인성 연구」, 한국외국어대학교 대학원 박사학위 논문, 2003.

노인화, 「독일 표현주의 영화 연구」, 중앙대학교 대학원 박사학위 논문, 1998.

박규원, 「탈식민주의 관점에서 본 브라질 신영화운동(Cinema Novo)과 사회」, 부산 외국어대학교 대학원 석사학위 논문, 2010.

서정인, 「필름 느와르를 통한 미국문화 읽기」, 이화여자대학교 대학원 석사학위 논문, 2002.

안지혜, 「시민사회의 성장과 한국영화의 역동적 관계에 관한 연구」, 중앙대학교 대학원 박사학위 논문, 2007.

임호준, 「신영화 운동 이후 라틴 아메리카 영화의 새로운 경향과 전략」, 한국예술종합 학교 영상원 예술전문사 학위논문, 2004.

장윤정, 「모더니즘의 알레고리와 비전으로서의 필름 느와르」, 중앙대학교 대학원 박사학위 논문, 2004.

전평국, 「중국 제 5세대 영화의 영상미학적 연구」, 중앙대학교 대학원 박사학위 논문, 1997.

한성철, 「빗토리니 문학의 사회성 연구」, 한국외국어대학교 대학원 석사학위 논문, 1985.

한영옥, 「사회비평으로서의 전후 폴란드 영화의 주제의식에 관한 연구」, 동국대학교 대학원 석사학위 논문, 1989.

**논문**

고가영, 「1968년 프라하의 봄과 소련의 저항운동」, 《서양사론》 Vol.106, 한국서양사
　　학회, 2010.

구견서, 「전후 일본의 민족주의의 형성과 전개」, 《한국사회학》 Vol.32, 한국사회학
　　회, 1998.

김금동, 「김기덕 영화 파란대문에 나타나는 미학적 특징과 관객의 새로운 역할」, 《영
　　화연구》 Vol.25, 한국영화학회, 2005.

김길웅, 오제명, 「68운동의 이념적 지향성과 비판이론」, 《브레히트와 현대연극》
　　Vol.12, 한국브레히트 학회, 2004.

김선미, 「뉴 저먼 시네마와 문학작품의 영화화」, 《카프카연구》 Vol.7, 한국카프카학
　　회, 1999.

김양수, 「1970년대 대만의 향토문학논전」, 《중국현대문학》 Vol.19, 한국중국현대
　　문학학회, 2000.

김연정, 「체코에서의 프란츠 카프카 수용현상」, 《독어교육》 Vol. 42, 한국독어독문
　　학교육학회, 2008.

김영재, 「노무현 정부의 대북정책」, 《국제문화연구》 Vol.24, 청주대학교 국제협력
　　연구원, 2006.

김현창, 정진영, 「브라질의 권력구조와 정치과정의 특성」, 《이베로아메리카硏究》
　　Vol.2, 서울대학교 스페인中南美硏究所, 1991.

남완석, 「뉴저먼 시네마, 신화의 해체와 재구성」, 《독일문학》 Vol.97, 한국독어독문
　　학회, 2006.

남완석, 「바이마르 공화국 시대의 영화」, 《문학과 영상》 Vol.4 No.1, 문학과 영상학
　　회, 2003.

박강배, 「타이완 사람들의 기억과 기념」, 《민주주의와 인권》 Vol.5, 전남대학교
　　5.18연구소, 2005.

박자영, 「거리와 풍경의 청년들―허우샤오셴 영화와 산업사회 타이완 청년」, 《사이
　　間 SAI》 Vol.9, 국제한국문학문화학회, 2010.

신조영, 「미국적 가치관 비판」, 《미국사연구》 Vol.13, 한국미국사학회, 2001.

안정훈, 「영화 〈비정성시〉에 나타난 대만의 역사적. 문화적 정체성에 관한 고찰」, 《中

國小說論叢》Vol.28, 한국중국소설학회, 2008.

윤시향, 「현대 영화가 받아들인 브레히트」, 《브레히트와 현대연극》 Vol.6, 한국브레
　히트학회, 1998.

윤택동, 「브라질의 불평등, 제도 그리고 경제발전의 상관관계에 대한 연구」, 《국제지
　역연구》 Vol.12 No.1, 서울대학교 국제학연구소, 2003.

_____, 「브라질사회의 갈등과 그것의 경제적 영향 그리고 해소 위한 방안」, 《중남미
　연구》 Vol.22 No.1, 한국외국어대학교 중남미연구소, 2004.

이강인, 「대만 영화의 뉴웨이브 운동과 정치성에 관한 담론」, 《한국시민윤리학회
　보》 Vol.22, 한국시민윤리학회, 2009.

이정하, 「누벨바그의 작가 정책; 문학적 행위와 영화적 행위 사이」, 《불어문화권연
　구》 Vol.14, 서울대학교 불어문화권연구소, 2004.

이주영, 「1960년대 미국 학생운동의 마르크스주의화 과정」, 《미국사연구》 Vol.9,
　한국미국사학회, 1999.

이혜승, 「해빙기 문화에 미친 반 스탈린 운동의 영향」, 《슬라보학보》 Vol.16 No.2,
　한국슬라브학회, 2001.

_____, 「해빙기 예술관의 변화」, 《슬라브연구》 Vol.18 No.2, 한국외국어대학교
　러시아연구소, 2002.

임대근, 「붉은 수수밭: 모옌과 장이머우 혹은 소설과 영화에 관한 어떤 탐구」, 《중국연
　구》 Vol.36, 한국외국어대학교 중국연구소, 2005.

_____, 「중국영화 세대론 비판」, 《중국학연구》 Vol.31, 중국학연구회, 2005.

임소라, 「브라질 영화 속 유토피아와 디스토피아의 공간 '파벨라'」, 《브라질−포르투
　칼연구》 Vol.6 No.1, 한국포르투칼−브라질 학회, 2009.

장동천, 「대만의 향토문학 서사와 신전영 운동」, 《中國語文論叢》 Vol.31, 中國語文
　研究會, 2006.

전기순, 「중남미영화: 뉴라틴아메리카 시네마(NLAC)를 중심으로」, 《라틴아메리카
　연구》 Vol.13 No.1, 한국라틴아메리카학회, 2000.

정경희, 「초기 신좌파의 성격」, 《미국사연구》 Vol.13, 한국미국사학회, 2001.

조길예, 「파스빈더의 영화 속에 그려진 독일 현대사와 부정의 미학」, 《브레히트와
　현대연극》 Vol.7, 한국브레히트학회, 1999.

조원옥, 「바이마르 공화국 시기(1918-1933) 상업영화의 정치적 성격」, 《역사와 경계》 Vol.58, 부산경남사학회, 2006.

조창섭, 「표현주의 생성 역사에 대한 연구」, 《독어교육》 Vol.7 No.1, 한국독어독문학회, 1989.

최　성, 「김대중 정부의 포괄적 대북포용정책」, 《세계지역연구논총》 Vol.13, 한국세계지역연구협의회, 1999.

최영수, 「브라질 군부정치체제에 관한 연구」, 《중남미연구》 Vol.28 No.2, 한국외국어대학교 중남미연구소, 2010.

피종호, 「파스빈더 영화와 혼합된 매체현실」, 《뷔히너와 현대문학》 Vol.20, 한국뷔히너학회, 2003.

함충범, 「뉴 아메리카와 뉴 시네마, 1960년대 미국영화사 연구」, 《현대영화연구》 Vol.4, 현대영화연구소, 2007.

황경숙, 「IMF사태와 한국사회변화」, 《市民教育研究》 Vol.30, 韓國社會科教育學會, 2000.


**저널**

김대중 대통령 취임사, 1998.

노무현 대통령 취임사, 2003.

박길성, 〈IMF 10년, 그 후 한국은—어떤 가치도 돈 앞에 무릎 꿇다〉, 《이코노미스트 (통권 880호)》, 2007.03.27.

David Robinson, 〈Polish Young Generation〉, 《Sight and Sound》, Winter, 1979/1980.

Julianne Burton, 〈Individual Fulfillment and Collective Achievement, an Interview with T. G. Alea〉, 《Cineaste》 8:1, 1977.

Julio Garcia Espinosa, 1969. trans. Julianne Burton, 《Jump Cut》 No.20, 1979.

Marta Alvear, 〈Interview with Humberto Solás〉, 《Jump Cut》 No.19, 1978.

Tomasz Warchol, 〈The End of a Beginning〉, 《Sight and Sound》, Summer, 1986.

Иенсен, Четыре дня без войны, 《искусство кино》 N.5, 1995.

В. Н. Столович, О двух концепциях эстетического, 《Вопросы философии》 N.2, 1962.

Б. А. Назаров и О. В. Гриднева, К вопросу об отставании драматургии и театра, 《Вопросы философии》 N.5, 1956.

В. М. Померанцев, Об искренности в литературе, 《Новый Мир》 N.12, 1953.

**잡지**

〈대만뉴웨이브영화제 마스터클래스, 허우샤오시엔〉,《씨네21》, 2005.09.13.

〈The Shock of Freedom in Films〉,《Time》, 1967.12.08.

# 찾아보기

## 작품명

**[ㅈ]**